新租赁准则理论与实务

天职国际会计师事务所（特殊普通合伙）专业技术委员会　编著

中国财经出版传媒集团
中国财政经济出版社
北京

图书在版编目（CIP）数据

新租赁准则理论与实务／天职国际会计师事务所（特殊普通合伙）专业技术委员会编著．－－北京：中国财政经济出版社，2024.1

ISBN 978－7－5223－2654－2

Ⅰ．①新… Ⅱ．①天… Ⅲ．①租赁－会计准则－研究－中国 Ⅳ．①F233.2

中国国家版本馆 CIP 数据核字（2024）第 012537 号

责任编辑：王 飏　　　　　责任印制：张　健
责任校对：张　凡

新租赁准则理论与实务

XINZULIN ZHUNZE LILUN YU SHIWU

中国财政经济出版社 出版

URL：http：//www.cfeph.cn

E－mail：cfeph@cfeph.cn

（版权所有　翻印必究）

社址：北京市海淀区阜成路甲 28 号　邮政编码：100142

营销中心电话：010－88191522

天猫网店：中国财政经济出版社旗舰店

网址：https：//zgczjjcbs.tmall.com

北京密兴印刷有限公司印刷　各地新华书店经销

成品尺寸：175mm×250mm　16 开　55.5 印张　966 000 字

2024 年 1 月第 1 版　2024 年 1 月北京第 1 次印刷

定价：148.00 元

ISBN 978－7－5223－2654－2

（图书出现印装问题，本社负责调换，电话：010－88190548）

本社质量投诉电话：010－88190744

打击盗版举报热线：010－88191661　QQ：2242791300

编委会

主　任：邱靖之

副主任：向芳芸　闫　磊　夏自李

委　员：赵伟君　傅　婧　欧阳莹晓
　　　　　孙玉凤　王宇擎　刘莎莎　程　辉

本书索引说明

准则索引：

CAS：企业会计准则；例如，CAS 21（2018）——《企业会计准则第 21 号》（2018 年修订）

IAS：国际会计准则；例如，IAS 1——《国际会计准则第 1 号》

IFRS：国际财务报告准则；例如，IFRS 16——《国际财务报告准则第 16 号》

段落索引：

Para X：正文段落；例如，IFRS 16 para. 16——《国际财务报告准则第 16 号》第 16 段

B：应用指南；例如，IFRS 16 para. B16——《国际财务报告准则第 16 号》应用指南第 B16 段

BC：结论基础；例如，IFRS 16 para. BC16——《国际财务报告准则第 16 号》结论基础第 BC16 段

前　言

国际会计准则理事会前主席大卫·泰迪爵士曾戏言："我去世前最大的愿望之一，就是乘坐一架体现在航空公司资产负债表上的飞机。"大卫·泰迪爵士意指传统租赁会计下，承租人未将大部分与经营租赁相关的资产和负债纳入报表，从而形成"表外融资"问题。2016年，国际会计准则理事会和美国财务会计准则委员会联合完成了新租赁准则制定工作，我国财政部也于2018年颁布了与国际准则实质趋同的新租赁准则。双方理事会达成共识，所有租赁均产生了符合定义的资产和负债。特别是，《国际财务报告准则第16号》对承租人采用了完整的"使用权模型"，承租人应对所有租赁（短期租赁和低价值资产租赁除外）确认使用权资产和租赁负债。新租赁准则解决了传统租赁会计的"表外融资"问题，也完成了大卫·泰迪爵士的"小小心愿"。

除解决租赁"表外融资"问题外，新租赁准则在理论上具有以下几项重大突破：（1）以权利为基础来定义资产。新租赁准则提出，承租人拥有对标的资产的使用权，该使用权符合资产定义，从而应予以确认。该理论实质上将单项实物资产按照不同权利拆分为多项资产，分别针对不同权利进行确认和计量。该理论解决了传统租赁会计下无法针对同一标的资产进行拆分，从而可能造成同一资产同时在出租人和承租人报表中确认的问题。新租赁准则根据权利来拆分实物资产的理论，也写入了国际会计准则理事会于2018年修订完成的《财务报告的概念框架（2018）》中，成为新资产和负债定义的一项重要的理论基础。（2）以新控制概念来区分租赁合同与服务合同。新租赁准则以客户是否拥有控制标的资产使用的权利来区分租赁合同和服务合同。控制标的资产使用的权利，是指有权获得资产使用的几乎全部经济利益（"经济利益因素"），且有权主导资产的使用（"权力因素"）。该控制概念突破了原租赁准则下以风险报酬模型为基础的租赁判断原则，与合并财务报表准则、新收入准则中的控制概念保持一致，从而为租赁合同划定了一条更为明确、合理的界线。

但是，新租赁准则也并不完美。出于实务应用的可操作性及成本效益原则等考虑，双方理事会对租赁的多个方面采用了实务可接受的处理，而不是完全按照理论上"最正确"的方法进行处理。例如：(1) 出租人未采用与承租人对称的会计模型。虽然双方理事会在概念上达成共识，出租人与承租人形成了互为镜像的资产和负债，但是，最终新租赁准则对出租人并未采用与承租人对称的会计模型，而是仍然采用了原租赁准则下两分类的会计模型。(2) 对于租赁合同中的选择权（包括续租选择权、终止租赁选择权及购买选择权等），虽然双方理事会在概念上达成共识，此类选择权均满足单独的资产或负债定义，但最终并未对此类选择权单独确认和计量。(3) 对于租赁合同中的可变租赁付款，包括基于指数或比率、基于经营业绩或基于使用情况等可变租赁付款额，同样，虽然在概念上也可能认定，此类可变对价同样满足资产或负债定义，但最终并未对全部此类可变租赁付款额进行处理，而是仅对基于指数或比率的可变租赁付款额进行初始确认和计量。此外，新租赁准则在解决了承租人"表外融资"问题，并解决了租赁合同与服务合同的区分问题后，似乎面临进一步区分租赁与实质购买或销售的问题，如本书理论篇"第六章 租赁与实质购买或销售"所述，该问题可能影响整个租赁准则的适用范围，还需要进一步讨论完善。

如本书理论篇所介绍，国际会计准则理事会与美国财务会计准则委员会自2006年提出租赁会计联合项目，直至2016年完成新租赁准则制定，经过近十年的修订历程，本书编写者深感全球准则制定的艰辛，也在编写过程中颇为受益！

我所专业技术委员会根据对新租赁准则制定过程的学习、研究，以及执行过程中遇到的实务问题编写了本书。本书共分以下三篇。

第一篇 准则篇——知其所在。本篇基于《国际财务报告准则第16号》准则正文、应用指南及结论基础编写，并包括了国际财务报告准则解释委员会有关新租赁准则的最新议程决议。为兼顾国际国内新租赁准则细微差异，本篇还包括了财政部会计司发布的新租赁准则相关应用案例、实施问答，以及证监会有关新租赁准则执行讨论意见等。事实上，国际国内新租赁准则仅在承租人转租建筑物类使用权资产的计量模式，以出让、划拨或转让方式取得土地使用权的适用范围等方面存在细微差异，因此，本书对采用国际财务报告准则和企业会计准则的主体均可适用。本篇旨在为了解国际国内新租赁准则规定及基本应用提供参考。

第二篇 理论篇——知其所来。本篇简要介绍了租赁会计发展历史，梳理了新租赁准则重要议题的形成过程，重点关注制定过程中曾考虑的不同理论、方法和示例，最终决议的理由和考虑。本篇旨在为租赁会计理论研究提供参考。

第三篇 行业篇——知其所往。本篇根据上市公司执行新租赁准则情况分析，选取受影响较大的五大行业：房地产行业、电力行业、运输行业、采矿行业及电信行业，分析各行业典型业务模式及合同，详解新租赁准则下典型业务的具体应用。本篇旨在为新租赁准则实务应用提供参考。

本书的三个篇章也体现了本书编写者对新租赁准则的学习、理解和研究过程，希望本书能对理论和实务界理解和研究新租赁准则有所裨益。

天职国际会计师事务所（特殊普通合伙）专业技术委员会
2023 年 12 月于北京

目 录

第一篇 准则篇

第一章 目标及范围 ……………………………………………（ 3 ）
  第一节 目标及范围 ……………………………………………（ 4 ）
  第二节 确认豁免 ………………………………………………（ 16 ）

第二章 识别租赁 ………………………………………………（ 28 ）
  第一节 基本原则 ………………………………………………（ 28 ）
  第二节 已识别资产 ……………………………………………（ 34 ）
  第三节 让渡控制已识别资产使用的权利 ……………………（ 48 ）
  第四节 租赁的分拆与合并 ……………………………………（ 72 ）

第三章 租赁期 …………………………………………………（ 78 ）
  第一节 租赁期相关定义 ………………………………………（ 78 ）
  第二节 不可撤销期间 …………………………………………（ 81 ）
  第三节 续租选择权和终止选择权 ……………………………（ 87 ）
  第四节 对租赁期和购买选择权的重新评估 …………………（ 92 ）
  第五节 修改租赁期 ……………………………………………（ 94 ）

第四章 承租人会计处理 ………………………………………（ 96 ）
  第一节 使用权资产的初始计量 ………………………………（ 96 ）

第二节　租赁负债的初始计量 ……………………………………………… （112）
　　第三节　使用权资产的后续计量 …………………………………………… （132）
　　第四节　租赁负债的后续计量 ……………………………………………… （136）
　　第五节　租赁变更 …………………………………………………………… （149）

第五章　出租人会计处理 ……………………………………………………… （158）
　　第一节　租赁分类 …………………………………………………………… （158）
　　第二节　融资租赁 …………………………………………………………… （163）
　　第三节　经营租赁 …………………………………………………………… （171）

第六章　特殊租赁交易 ………………………………………………………… （179）
　　第一节　转租赁 ……………………………………………………………… （179）
　　第二节　售后租回 …………………………………………………………… （183）
　　第三节　生产商或经销商出租人的融资租赁 ……………………………… （203）

第七章　新冠肺炎疫情相关租金减让 ………………………………………… （210）
　　第一节　国际准则相关规定 ………………………………………………… （210）
　　第二节　国内准则相关规定 ………………………………………………… （213）

第八章　列报和披露 …………………………………………………………… （241）
　　第一节　承租人 ……………………………………………………………… （241）
　　第二节　出租人 ……………………………………………………………… （255）
　　第三节　账务处理及报表列报科目 ………………………………………… （259）

第九章　生效日期与衔接规定 ………………………………………………… （265）
　　第一节　生效日期 …………………………………………………………… （265）
　　第二节　衔接规定 …………………………………………………………… （268）

第十章　国际准则与美国准则差异分析 ……………………………………… （289）

第二篇 理论篇

第一章 租赁会计发展历史 …………………………………………（301）
 第一节 美国租赁会计发展历史 ……………………………………（301）
 第二节 国际准则租赁会计发展历史 ………………………………（318）

第二章 新租赁准则修订历程 ………………………………………（326）
 第一节 国际准则修订历程 …………………………………………（326）
 第二节 我国准则修订历程 …………………………………………（336）

第三章 承租人会计模型 ……………………………………………（340）
 第一节 承租人会计模型概述 ………………………………………（340）
 第二节 "使用权模型"的理论分析 ………………………………（344）
 第三节 承租人后续处理模式 ………………………………………（348）

第四章 出租人会计模型 ……………………………………………（354）

第五章 识别租赁 ……………………………………………………（362）
 第一节 识别租赁修订概述 …………………………………………（362）
 第二节 基于原准则修订阶段 ………………………………………（364）
 第三节 基于新控制概念修订阶段 …………………………………（369）
 第四节 完善具体规定阶段 …………………………………………（406）

第六章 租赁与实质购买或销售 ……………………………………（428）
 第一节 文献综述 ……………………………………………………（429）
 第二节 租赁会计与购买或销售会计差异比较 ……………………（436）
 第三节 租赁与实质购买或销售区分原则探析 ……………………（446）
 第四节 结论与建议 …………………………………………………（464）

第七章 确认豁免 ·· (467)
第一节 非核心资产租赁 ··· (467)
第二节 短期租赁 ·· (469)
第三节 低价值资产租赁 ··· (492)

第八章 租赁期 ··· (507)

第九章 选择权 ··· (526)
第一节 选择权概念辨析 ··· (527)
第二节 选择权的确认和计量 ······································ (535)

第十章 初始直接费用 ·· (559)

第十一章 使用权资产 ·· (575)
第一节 使用权资产的初始计量 ··································· (575)
第二节 使用权资产的摊销 ··· (579)
第三节 使用权资产的重估 ··· (590)
第四节 使用权资产的减值 ··· (595)

第十二章 租赁付款额 ·· (601)
第一节 租赁负债的计量 ··· (601)
第二节 可变租赁付款额 ··· (607)
第三节 实质固定租赁付款额 ······································ (641)
第四节 承租人归还、维护及维持租赁物的义务 ············ (648)

第十三章 转租赁会计处理 ·· (661)

第十四章 售后租回会计处理 ·· (679)
第一节 新准则售后租回制定过程 ······························· (679)
第二节 售后租回租赁负债修订过程 ··························· (709)

第三篇　行 业 篇

第一章　房地产行业影响及应用 …………………………………………（727）

第二章　电力行业影响及应用 ……………………………………………（761）

第三章　运输行业影响及应用 ……………………………………………（779）
　　第一节　运输业及影响概述 …………………………………………（779）
　　第二节　水上运输业 …………………………………………………（782）
　　第三节　航空运输业 …………………………………………………（804）
　　第四节　陆路运输业 …………………………………………………（820）

第四章　采矿行业影响及应用 ……………………………………………（835）

第五章　电信行业影响及应用 ……………………………………………（858）

后　记 ………………………………………………………………………（871）

第一篇　准则篇

——知其所在

本篇基于《国际财务报告准则第16号》准则正文、应用指南及结论基础编写，并包括了国际财务报告准则解释委员会（以下简称"解释委员会"）有关新租赁准则的最新议程决议。为兼顾国际国内新租赁准则，本篇还包括了我国财政部会计司发布的新租赁准则相关应用案例、实施问答，以及证监会有关新租赁准则执行讨论意见等。事实上，国际国内新租赁准则仅在承租人转租建筑物类使用权资产的计量模式，以出让、划拨或转让方式取得土地使用权的适用范围等方面存在细微差异，因此，本书对采用国际财务报告准则和企业会计准则的主体均可适用。本篇旨在为读者了解国际国内新租赁准则规定及基本应用提供参考。

第一章 目标及范围

2016年,国际会计准则理事会和美国财务会计准则委员会(除单独注明外,本书统称双方理事会)完成其租赁准则改进项目。其中,国际会计准则理事会(除单独注明外,本书统称理事会)发布了《国际财务报告准则第16号——租赁》(以下简称《国际财务报告准则第16号》),美国财务会计准则委员会发布了《主题842——租赁》(以下简称《主题842》)。《国际财务报告准则第16号》的生效日期为2019年1月1日或之后期间开始的年度报告期间,对于已采用《国际财务报告准则第15号——客户合同收入》(以下简称《国际财务报告准则第15号》)的主体,允许提前采用。《国际财务报告准则第16号》将取代原《国际会计准则第17号——租赁》(以下简称《国际财务报告第17号》)《国际财务报告解释公告第4号——确定一项协议是否包含租赁》(以下简称《国际财务报告解释公告第4号》)《解释公告第15号——经营租赁:激励措施》(以下简称《解释公告第15号》)和《解释公告第27号——评价涉及租赁法律形式的交易的实质》(以下简称《解释公告第27号》)。

2018年12月7日,财政部修订发布了《企业会计准则第21号——租赁》(以下简称《企业会计准则第21号》)(2018年修订),其中,在境内外同时上市的企业以及在境外上市并采用国际财务报告准则或企业会计准则编制财务报表的企业,自2019年1月1日起执行该准则;其他执行企业会计准则的企业自2021年1月1日起执行该准则。同时,母公司或子公司在境外上市且按照国际财务报告准则或企业会计准则编制其境外财务报表的企业,可以提前执行该准则,但不应早于同时执行的新收入准则和新金融工具准则。《企业会计准则第21号》(2018年修订)与《国际财务报告准则第16号》实质趋同〔除单独注明外,本书将《国际财务报告准则第16号》及《企业会计准则第21号》(2018年修订)统称为新租赁准则〕。

第一节 目标及范围

一、目标

新租赁准则规定了租赁确认、计量、列报和披露的原则［IFRS 16 para.1；CAS 21（2018）第一条］。新租赁准则的目标是确保承租人和出租人按照如实反映租赁交易的方式提供相关信息，从而为财务报表使用者评估租赁对企业的财务状况、财务业绩和现金流量的影响提供依据［IFRS 16 para.1］。

在应用新租赁准则时，企业根据所有相关事实和情况，考虑合同的条款和条件。企业应始终将本准则应用于具有类似特征以及类似情况的合同［IFRS 16 para.2］。

二、范围

(一) 总体范围

新租赁准则规定，企业应将该准则应用于所有租赁，包括转租赁中的使用权资产租赁，但下列项目除外［IFRS 16 para.3；CAS 21（2018）第三条］。

1. 勘探或使用矿产、石油、天然气及类似非可再生资源的租赁

在国际财务报告准则下，《国际财务报告准则第6号——矿产资源的勘查和评估》（以下简称《国际财务报告准则第6号》）对勘探和评价矿产资源的权利的会计处理作出了规定。在企业会计准则下，《企业会计准则第27号——石油天然气开采》（以下简称《企业会计准则第27号》）对石油天然气开采活动的会计处理作出了规定。

2. 承租人持有的生物资产的租赁

在国际财务报告准则下，《国际会计准则第41号——农业》（以下简称《国际会计准则第41号》）对生物资产的会计处理作出了规定。在企业会计准则下，《企业会计准则第5号——生物资产》（以下简称《企业会计准则第5

号》）对生物资产的会计处理作出了规定。

2014年6月，理事会发布了《农业：生产性植物》（对《国际会计准则第16号》和《国际会计准则第41号》的修订），将原属于《国际会计准则第41号》范围的农业活动相关生产性植物，纳入《国际会计准则第16号——不动产、厂场和设备》（以下简称《国际会计准则第16号》）范围。也就是说，在国际财务报告准则下，承租人承租的生产性植物，也适用新租赁准则。我国企业会计准则尚未引入该修订，生物资产准则仍包括生产性植物的会计处理，承租人承租的生产性植物不适用新租赁准则。因此，现行国际国内准则下，生产性植物相关租赁所适用准则存在差异。

3. 采用建造经营移交（BOT）等方式参与公共基础设施建设业务

在国际财务报告准则下，《国际财务报告解释公告第12号——特许服务安排》（以下简称《国际财务报告解释公告第12号》）规范了此类建造经营移交业务（BOT业务）的处理。相对应地，在企业会计准则下，《企业会计准则解释第14号》问题一"关于社会资本方对政府和社会资本合作（PPP）项目合同的会计处理"对此类业务进行了规范。

事实上，《国际财务报告解释公告第12号》第5段明确规定，属于该解释公告范围的特许服务安排，授予方对标的资产的使用具有控制权，经营方并不具有控制权，不满足新租赁准则下租赁的定义。鉴于各利益相关方的反馈，理事会决定在新租赁准则中单独对特许服务安排的适用范围进行澄清。

4. 出租人授予知识产权许可

对于知识产权许可授予方的处理，在国际国内准则下均属于新收入准则的范围，即《国际财务报告准则第15号》和《企业会计准则第14号——收入》（2017年修订）[以下简称《企业会计准则第14号》（2017年修订）]。

5. 承租人通过许可使用协议取得的诸如电影、录像、剧本、文稿、专利、版权等项目的权利

与知识产权出租人相对应，电影、录像、剧本、文稿、专利、版权等知识产权承租人的处理，不属于新租赁准则的范围，而是属于无形资产准则范围。

在国际财务报告准则下，对于除电影、录像、剧本、文稿、专利、版权等知识产权以外的无形资产，承租人也可选择按照新租赁准则进行会计处理，但并非强制要求[IFRS 16 para. 4]。理事会承认，对于承租人而言，将无形资产租赁排除在新租赁准则范围之外，是缺乏理论基础的。理事会强调，在选择将无形资产租赁适用新租赁准则之前，应对无形资产的会计处理进行单独复核

[IFRS 16 para. BC71]。

在企业会计准则下，新租赁准则未对上述无形资产租赁提供类似适用范围选择权。

（二）土地使用权租赁的适用范围

对于土地使用权租赁，特别是土地长期租赁，在经济实质上可能与购买土地是类似的。因此，在新租赁准则制定过程中，部分反馈意见建议将土地长期租赁明确排除在新租赁准则之外。但是，理事会并未采纳该建议，主要理由如下 [IFRS 16 para. BC78]：

（1）将土地长期租赁与其他租赁进行区分缺乏理论基础。在概念上，新租赁准则强调租赁是否转移了对标的资产使用的控制权，虽然土地租赁合同可能未将土地本身的控制权（包括所有权）转让给承租人，但是，如果合同赋予承租人在租赁期对该土地使用的控制权，则该合同本身是满足新租赁准则下租赁的定义的，应按新租赁准则进行会计处理。

（2）对于土地长期租赁，如果租赁期限足够长，租赁付款额的现值可能相当于该土地的几乎全部公允价值。此时，承租人按新租赁准则的会计处理，与购买土地的会计处理实质上是类似的。此外，如果承租人获得了对土地本身的控制权，而不仅仅是对土地使用的控制权，则该合同将作为购买土地进行处理，该土地将按《国际会计准则第16号》（对应企业会计准则下固定资产准则）被确认为承租人自身的资产（固定资产）。也就是说，对于土地长期租赁的会计处理，其适用范围是可以清晰区分的，在实质为购买土地的情况下，按租赁准则或无形资产、固定资产准则的处理结果是类似的。

因此，在国际财务报告准则下，土地长期租赁也属于新租赁准则的范围。

在企业会计准则下，新租赁准则明确，以出让、划拨或转让方式取得的土地使用权，适用无形资产准则，不适用新租赁准则 [CAS 21（2018）第三（一）条］。因此，对于以出让、划拨或转让方式取得的土地使用权的准则适用范围，国际国内准则下可能存在差异。

（三）投资性房地产租赁的适用范围

在原租赁准则下，承租人持有的作为投资性房地产核算的房地产（土地和建筑物）、出租人在经营租赁下提供的投资性房地产的计量，适用投资性房地产准则，不适用租赁准则 [IAS 17 para. 2，CAS 21（2006）第三条］。同时，原投资性房地产准则也规定,对于融资租赁或经营租赁的分类、来自投资性房地产的租赁收益的确认、承租人财务报表中作为经营租赁核算的租赁所持有房地产权益的计量、在融资租赁出租人财务报表中租赁投资净额的计量、售后租回交易的会计处理,以及融资租赁和经营租赁的披露,适用原租赁准则 [IAS 40 (2015) para. 3]。也就是说,原租赁准则和原投资性房地产准则各自规范了投资性房地产租赁的多个方面。

在新租赁准则下,并未明确将投资性房地产的租赁从租赁准则范围排除,并删除了投资性房地产准则有关租赁准则的相关索引 [IAS 40 (2015) para. 3]。因此,在新租赁准则下,原则上,投资性房地产租赁的所有方面均适用新租赁准则。但是,新租赁准则也规定,如果承租人采用公允价值计量模式计量投资性房地产,则对符合投资性房地产定义的使用权资产也采用公允价值计量模式进行计量 [IFRS 16 para. 34]。同时,在新租赁准则发布时,理事会也对投资性房地产准则中投资性房地产的定义进行了修订,将承租人以使用权资产持有的房地产也作为投资性房地产 [IAS 40 (2016) para. 5],适用该准则有关以公允价值计量模式计量投资性房地产的规定。因此,在国际财务报告准则下,对于以公允价值计量模式计量的投资性房地产,实质上仍适用投资性房地产准则的相关计量规定。

但是,在企业会计准则下,对于承租人用于转租的建筑物类使用权资产,财政部会计司强调,考虑到我国房地产市场的实际情况,为避免公允价值滥用和误导信息使用者,承租人转租建筑物类使用权资产,也应按照成本模式进行后续计量,不能参照投资性房地产的公允价值模式进行后续计量。

(四) 存货租赁的适用范围

在新租赁准则下,并未明确将存货租赁排除在其范围之外。实务中,此类存货租赁业务一般是在购买主要商品时,对某些零部件、经营材料和供应品采用租赁合同形式进行租赁。理事会认为,此类存货租赁交易,在实质上极少满足新准则下租赁的定义,因为承租人不太可能将其持有的租赁(即为其他方所有的)资产用于正常商业过程中的销售,或用于正常商业过程中所销售产品的生产 [IFRS 16 para. BC74]。因此,新租赁准则并未单独明确存货租赁不属于租赁准则的范围。

(五) 亏损性租赁合同的适用范围

对于亏损性租赁合同,新租赁准则并未明确作出规定。理事会解释了其理

由[IFRS 16 para. BC72]:

（1）对于已经开始的亏损性租赁合同，不需要单独作出规定。在租赁期开始日之后，企业将根据新租赁准则的规定恰当反映有偿租赁合同。例如，承租人需考虑确认使用权资产的减值。

（2）对于尚未开始的亏损性租赁合同，适用或有事项准则的规定。

在新租赁准则下，由于承租人需要对原认定为经营租赁的租赁合同相关使用权资产进行确认，并按资产减值准则考虑该资产减值情况。按资产减值准则考虑该资产减值情况，与原租赁准则下作为亏损合同，考虑预计负债可能存在差异，新租赁准则对此类包含租赁的亏损合同新旧衔接提供了一定的简化处理。

（六）包含嵌入衍生工具租赁合同的适用范围

新租赁准则包含了如续租或终止租赁选择权、余值担保等专门规定，这些选择权和担保可能满足衍生工具的定义。对于新租赁准则已规定的类似衍生工具，应按新租赁准则进行处理。对于其他未在新租赁准则规定范围内的衍生工具，应当与租赁合同拆分，并按金融工具准则对衍生工具进行会计处理[IFRS 16 para. BC81]。

（七）非核心资产的适用范围

在新租赁准则制定过程中，有反馈意见建议，对于企业经营不重要的资产（非核心资产）的租赁，可以豁免采用新租赁准则。例如，对于一般送货公司，送货车租赁产生的资产和负债的信息，对于评估其经营状况是重要的。但是，对于某些公司，比如使用货车向其零售银行网点派送办公用品的银行，该送货车所产生的资产和负债，对于评价该银行经营可能并不重要。反馈意见认为，财务报表使用者并不关心对于企业运营并非至关重要的资产的信息，此类资产对于企业的运营相对次要。因此，如果对非核心资产租赁产生的资产和负债按新租赁准则进行确认与计量，其核算成本可能超过其对于使用者的收益，不符合成本效益原则。

但是，理事会并未针对非核心资产适用范围作出豁免，主要理由如下[IFRS 16 para. BC76]:

（1）对"核心"与"非核心"资产进行定义极为困难。例如，银行使用的办公楼是否属于核心资产？如银行存在零售银行网点，结论是否会有所不同？企业是否会将部分办公场所或车辆视为核心资产，而将其他办公场所或车辆视为非核心资产？如果将核心资产定义为对于企业经营至关重要的资产，则是否可以认为，所有租赁均为核心资产租赁？否则，企业为何要进行租赁？

（2）不同企业或对非核心资产的定义有不同理解，从而降低财务报表对于使用者的可比性。

（3）其他准则并未对所购资产进行核心与非核心的区分。因此，将核心资产相关的使用权资产，与非核心资产相关的使用权资产进行区分，很难有正当的理由。

因此，新租赁准则并未根据标的资产是否属于企业经营的核心资产为划分基础，对资产租赁会计处理进行区分。

（八）合营安排、合作安排与租赁的区分

企业之间通常以"合作经营合同"，"合作运营合同"，甚至"租赁合同"（以下统称为"合作协议"）等名义签订合同，就相关资产或经营活动进行合作。在此类合作模式中，根据不同的合同约定和业务模式，可能涉及新租赁准则、新收入准则、合营安排准则，以及合作安排的不同会计处理模式，对财务报表造成不同的影响。

其中，在新租赁准则下，如果合同实质为租赁合同（或包含租赁），承租人可能需要在合同开始日确认相关使用权资产和租赁负债；相反，如果合同实质不是租赁（或不包含租赁），而是属于合营安排或合作安排的范围，则需要判断自身享有权利及合营安排的分类，分别进行会计处理。鉴于"合作协议"的多样性和复杂性，准确识别其经济实质存在较高的职业判断，不同会计处理模型的经济后果差异较大。

根据目前国际财务报告准则及我国企业会计准则，对于不属于合营安排准则范围内的合作协议，各参与方应适用哪些准则以及如何进行会计处理，均未明确规定，实务中仍存在不同的理解。例如，有观点认为，应类推上述合营安排下其他方的会计处理，作为金融工具核算，确认相关的投资收益。也有观点认为，应可以参照上述合营方对共同经营的处理，就自身享有权利和义务的部分分别确认相关收益和费用。

美国财务会计准则委员会于2018年发布了对《主题808——合作安排》（以下简称《主题808》）的更新。《主题808》中提出了"合作安排"的定义，并对合作安排各方如何进行会计处理提供了若干具体案例。《主题808》对合作安排的定义为：合同安排涉及共同经营活动。此类安排的两方或多方积极参与

联合经营活动,并承担取决于该活动最终商业成功的重大风险和报酬。

《主题808》规定,该主题并未规定合作安排相关的所有确认和计量问题,例如,确定适当的计量单元,给予该计量单元适当的确认要求,或何时满足确认条件。该主题范围内的合作安排,也可能部分属于其他主题,包括但不限于新收入准则。如果根据新收入准则的指引,该合作安排中的承诺商品或服务(或一揽子商品或服务)被识别为可明确区分的,且该计量单元是与客户进行的,则该部分属于新收入准则的范围。主体应当按照新收入准则的指引对属于该规定范围内的计量单元进行处理,包括确认、计量、列报和披露要求。如果可明确区分的一揽子商品或服务的部分并非与客户进行的,则该计量单元不属于新收入准则的范围。

《主题808》对符合新收入准则规定的参与者进行了规定:合作安排的参与者应当在各主体自身财务报表中按照新收入准则有关主要责任人和代理人的指引,相应报告与第三方(并未参与该安排的其他方)交易产生的成本和收入。主体不应对合作安排的活动采用权益法进行会计处理。其中,对于从第三方产生的成本和收入,根据新收入准则认定为交易主要责任人的合作安排参与者,应当在其财务报表中以总额为基础对该交易进行记录。

区分属于租赁和合营安排、合作安排的核心流程包括以下两步。

1. 判断合同是否属于租赁(或包含租赁)

应根据新租赁准则中识别租赁相关规定分析合同是否属于租赁(或包含租赁)。其中,需重点关注以下两个方面。

(1)考虑合同相关资产在物理上是否可区分,是否存在一项已识别资产。如果资产的部分产能在物理上可区分(例如,建筑物的一层),则该部分产能属于已识别资产。如果资产的某部分产能与其他部分在物理上不可区分(例如,光缆的部分容量),则该部分不属于已识别资产,除非其实质上代表该资产的全部产能,从而使客户获得因使用该资产所产生的几乎全部经济利益的权利。实务当中,存在一些共建资产、共同购买资产、共享共用资产等合作模式,在此类合作模式下,各方按比例或者共用资产的产能在物理上很可能是不可区分的。

(2)判断客户是否在一定期间内控制了已识别资产的使用,如客户能够对该资产的使用作出重要决定,而该决定的决策方式与其使用自有资产的决策方式类似,则客户控制了已识别资产的使用,该合同属于租赁合同(或包含租赁),应按新租赁准则规定处理。

2. 判断合同属于合营安排还是合作安排

在判断合同是否属于租赁(或包含租赁)之后,需进一步分析合同属于合营安排还是合作安排。其中，需重点关注以下两个方面。

（1）考虑合同是否存在共同控制。合营安排准则规定，仅在对相关活动（即对该安排的回报具有重大影响的活动）的决策要求分享控制权的参与方一致同意时才存在共同控制。在考虑是否存在一致同意的决策权时，需考虑各方协议是否存在前述需实质决策的相关活动和明确的决策机制。如果实质上不存在需要具体决策的相关活动，也无明确的需一致同意的决策机制，则合同很可能不存在共同控制权，从而不属于合营安排。

（2）考虑合同是否属于合作安排。合作安排包括两方面的条件：一是各方积极参与经营活动。如果其中某一方或多方并未实际参与经营活动，则很可能仅仅属于财务投资者，不构成合作安排。二是各方均面临取决于活动的商业成功的重大风险和报酬。如果仅有一方承担了活动成功的重大风险和报酬，另一方或多方未承担，如一方为其他方的收益保底，则很可能也不构成合作安排。

案例1-1-1：展览馆合作经营协议——包含租赁及合作安排

案例背景：

A公司是经营文化旅游业务公司，拥有一个文化展览馆。B公司是某科技产品研发销售公司。A公司与B公司就文化展览馆中×场馆签订了《合作经营协议》。协议约定由B公司对该场馆进行升级改造，并进行后续运营管理。协议主要条款如下：

1. 合作期限：2×21年1月1日至2×30年12月31日，共10年。

2. 合作期内，展馆门票价格原则上由双方根据市场需求协商确定。其中，现有售票体系内的门票（×场馆一、二楼及其他场馆的门票）按照A公司现有价格售票。同时，B公司拥有增量门票（×场馆三、四楼的门票）的自主定价权。

3. A公司的权利和义务：

（1）负责合作区域内现有及新装公共基础设施的改造、安装和维护。

（2）承担合作期内×场馆保洁人员工资。

（3）负责文化展览馆门票销售，负责策划、组织场馆对外宣传活动。

（4）对B公司运营进行监督管理。

4. B公司的权利和义务：

（1）对文化展览馆×场馆一、二楼进行升级改造，改造方案由A公司提供。一、二楼改造完成后用于展示 A 公司产品。

（2）对文化展览馆×场馆三楼、四楼改造、装修，改造方案由 B 公司自行设计、规划。三楼、四楼改造完成后用于展示 B 公司的产品。

（3）负责对×场馆整体运营管理，包括对其自有设施、设备、运营人员的管理。

（4）有权在×场馆内进行文创产品、旅游产品的销售，并以自己名义与第三方或者劳动者签订合同。

（5）合作期间内，有权根据市场运营情况对×场馆三楼、四楼进行升级改造。

（6）有义务在合作终止后 2 个月内拆除自有产品。

5. 收入的确定及结算分配方式：

×场馆运营收入包括门票收入及场馆内销售产品等二次消费收入，均由 A 公司通过专门账户统一收取。双方分别于每月 10 日前向对方提供上月运营收入的财务数据，经双方核对并确认后，于当月 15 日前按照结算比例按月进行结算并支付款项。双方应保证资金安全，不得擅自挪用、使用、伪造门票收入。

（1）×场馆一、二楼运营收入分配。×场馆一、二楼运营收入按合作年限分别按以下比例分配（见表 1-1-1）：

表 1-1-1　　　　　　　×场馆一、二楼运营收入分配

合作年限	A 公司享有分配比例	B 公司享有分配比例
第 1 年至第 4 年	20%	80%
第 5 年至第 7 年	30%	70%
第 8 年至第 10 年	40%	60%

上述分配中，以×场馆一、二楼实际运营收入结算，A 公司与 B 公司互无保底。

（2）×场馆三、四楼运营收入分配。合同约定，×场馆三、四楼运营收入中，双方首先按照 1∶1 比例进行分配结算。同时，A 公司每年获得分配应不低于 1 000 万元，若实际运营收入未达到该分配金额（即每年实际运营收入低于 2 000 万元），则 B 公司应以自有资金向 A 公司补足分配金额。

如×场馆三、四楼每年实际运营收入超过上述保底金额（即每年实际运营收入超过 2 000 万元），则超过部分按合作年限分别按以下比例分配（见表 1-1-2）。

表1-1-2　　　　　　　×场馆三、四楼运营收入分配

合作年限	A公司享有分配比例	B公司享有分配比例
第1年至第4年	10%	90%
第5年至第7年	20%	80%
第8年至第10年	30%	70%

案例问题：

合作各方应如何对该《合作经营协议》进行会计处理？

案例分析：

根据双方《合作经营协议》相关安排，合同实质上包含了租赁和合作安排等成分。其中，双方对×场馆一、二楼的安排属于合作安排；对×场馆三、四楼的安排属于租赁。

1. 关于租赁成分的分析

双方对×场馆三、四楼的安排属于租赁，具体分析如下：

（1）合同存在已识别资产。本案例中，合作协议明确指定了标的资产为×场馆三、四楼，在物理上可区分，且A公司不具有实质性替换权。因此，存在已识别资产。

（2）B公司有权独享在合作期内使用×场馆三、四楼所产生的几乎全部经济利益。合作期间，有权在×场馆内进行文创产品、旅游产品的销售（实际上主要在×场馆三、四楼销售自产产品），以自己名义与第三方签订合同，并有权通过场馆运营收入分成获得该部分销售收入。同时，合作协议约定，B公司对A公司承诺×场馆三、四楼每年保底分成1 000万元，表明B公司承担了×场馆三、四楼的经营风险。因此，B公司有权获得在合作期内使用×场馆三、四楼所产生的几乎全部经济利益。

根据合同约定，虽然展览收入由A公司收取，且B公司运营×场馆三、四楼所产生的部分现金流量（保底和部分比例分成）将归属于A公司，但这仅代表B公司为使用×场馆三、四楼而支付给A公司的对价，并不妨碍B公司拥有获得使用×场馆三、四楼所产生的几乎全部经济利益的权利。

（3）B公司具备在整个使用期间主导已识别资产（×场馆三、四楼）使用的权利。

B公司在合作开始时负责对×场馆三楼、四楼改造、装修，改造方案由B公司自行设计、规划。表明B公司已预先确定了整个使用期内该资产的使用方式和使用目的。

合作期间内，×场馆三楼、四楼用于展示B公司的产品，B公司有权在×场馆内进行文创产品、旅游产品的销售（实际上主要在×场馆三、四楼销售自产产品），表明B公司有权在整个使用期间运营资产（×场馆三楼、四楼）。同时，B公司有权根据市场运营情况对×场馆三楼、四楼进行升级改造，表明B公司可以在整个使用期间变更资产的使用方式和使用目的。

A公司仅有权监督B公司的运营，但并未赋予其主导×场馆三楼、四楼使用方式和使用目的的权利。

因此，B公司有权在整个合作期内主导×场馆三、四楼的使用方式和使用目的，从而具备在整个使用期间主导已识别资产（×场馆三、四楼）使用的权利。

综上分析，该《合作经营协议》中包含租赁合同，B公司对×场馆三、四楼应按新租赁准则相关规定进行会计处理。

对于承租方B公司，其向A公司承诺每年保底支付的1 000万元（10年1亿元）运营收入分成，属于实质固定租赁付款额，应以租赁期开始日该部分租赁付款额的现值确认租赁负债及使用权资产。每年运营收入分成超过1 000万元后，应向A公司按约定比例支付的分成，属于取决于指数或比率以外的可变租赁付款额，应在后续实现相关营运收入时计入当期损益。

2. 关于合作安排成分的分析

双方对×场馆一、二楼的安排属于合作安排，具体分析如下：

协议约定，×场馆一、二楼主要用于展示A公司产品。该场馆门票价格等原则上由A公司和B公司根据市场情况协商确定，但实质上基本按A公司原定价格执行。在该合作经营协议下，×场馆一、二楼的经营政策等实质上已由A公司预先确定，B公司仅仅负责具体运营管理，运营过程中双方实质上并不存在需要一致同意才能作出的相关活动决策。因此，对×场馆一、二楼的安排不属于合营安排。

协议约定，A公司负责×场馆一、二楼的设计，负责策划、组织场馆对外宣传活动；B公司负责×场馆的运营管理，表明双方均参与了该场馆的经营活动。同时，双方以×场馆一、二楼实际运营收入结算，A公司与B公司互无保底，表明双方共同承担了×场馆一、二楼运营成功与否的重大风险和报酬。因此，A公司与B公司就×场馆一、二楼的协议满足《主题808》中合作安排的定义。

如前所述，在现行国际财务报告准则及我国企业会计准则下，对于不属于合营安排准则范围内的合作安排，各参与方应适用哪些准则以及如何进行会计处理，均未明确规定，实务中仍存在不同的理解。我们认为，可参考美国公认会计原则下的《主题808》相关规定进行处理。本案例中，较为适当的方法是，A公司和B公司按照合同约定分成比例，分别确认归属于自身的×场馆一、二楼运营收入及相关成本。

案例1-1-2：景区合作经营协议——合营安排（共同经营）

案例背景：

A资产管理公司与B旅游公司就某景区经营签订一项《合作经营协议》。具体条款如下：

1. 合作期限：2×21年1月1日至2×50年12月31日，共30年。

2. 合作内容：实现景区和商业街（以下统称为"景区"）运营目标。运营类目标包括品牌营销效果、景区活动内容、景区人流量（门票收入）、综合活动收入、物业运营收入、成本控制等。

3. 合作经营方式：A、B公司共同经营该景区。A公司提供景区资产，负责相关景区基础的维护、门票销售等；B公司提供相关人员进行景区运营管理，负责营销策划、品牌维护等。该景区相关活动的决策，如景区的资本性支出、运营策略等，必须由A公司、B公司一致同意方可作出。

4. 成本收益分配：A、B公司设立的共同账户用于管理景区运营收支，单独核算收入成本。该景区的运营收益由A公司、B公司按照各50%的比例分配。运营费用和相关债务由A公司、B公司按照各50%的比例分担。

案例问题：

合作各方应如何对该《合作经营协议》进行会计处理？

案例分析：

本案例中的《合作经营协议》不包含租赁，属于一项合营安排，应分类为共同经营。具体分析如下：

1. 合同不包含租赁

（1）合同存在已识别资产。本案例中，合作协议明确指定了标的资产为景区，在物理上可区分，且A公司不具有实质性替换权。因此，本案例存在已识别资产。

（2）B公司无权获得在合作期内使用该景区所产生的几乎全部经济利益。此案例中，B公司不是将使用景区获取经济利益（现金流量）的一部分支付给

A 作为对价，而是 A、B 公司共同承担景区的运营成本和收益。B 公司在整个合作期间不能独家使用该景区，B 公司也不可以通过使用、持有或转租资产多种方式直接或间接获得使用景区所产生的经济利益。

（3）B 公司无权在整个合作期内主导景区的使用方式和使用目的。该景区的相关活动的决策需要 A 公司、B 公司一致同意方可作出。表明 B 公司无权主导景区的使用方式和使用目的。

因此，该《合作经营协议》不包含租赁。

2. 属于合营安排，应分类为共同经营

根据《合作经营协议》，A、B 公司共同经营该景区。A 公司提供景区资产，负责相关景区基础的维护、门票销售等；B 公司提供相关人员进行景区运营管理，负责营销策划、品牌维护等。关于该景区相关活动的决策须经 A 公司、B 公司一致同意方可作出，表明 A 公司、B 公司共同控制该安排，该安排为合营安排。由于 A 公司、B 公司只是各自负责相应的部分，并未成立一个单独主体，因此，该合营安排应分类为共同经营。

综上分析，该合作协议实质为共同经营，A、B 公司应按合营安排相关规定进行会计处理。A、B 公司作为具有共同控制权的合营方，应当确认其与共同经营中利益份额相关的下列项目，并按照相关企业会计准则的规定进行会计处理：一是确认单独所持有的资产，以及按其份额确认共同持有的资产；二是确认单独所承担的负债，以及按其份额确认共同承担的负债；三是确认出售其享有的共同经营产出份额所产生的收入；四是按其份额确认共同经营因出售产出所产生的收入；五是确认单独所发生的费用，以及按其份额确认共同经营发生的费用。

第二节　确认豁免

在新租赁准则下，在租赁期开始日，承租人应对租赁确认使用权资产和租赁负债。但是，如果承租人需要对所有租赁都进行该确认，则不符合成本效益原则。因此，新租赁准则规定，承租人可选择对短期租赁和低价值标的资产租赁进行简化处理，不需要在租赁开始日按新准则要求确认使用权资产和租赁负债［IFRS 16 para. 5；CAS 21（2018）第十四条］。

在修订新租赁准则过程中，理事会曾考虑，仅仅对短期租赁的计量进行简化。即豁免承租人计量短期租赁产生的资产和负债时，采用对租赁付款额进行折现的方法。但是，利益相关方反馈意见认为，仅仅对短期租赁采取计量豁免，所减免的核算成本仍然不够充分，因为其仍然需要追踪大量潜在的低价值资产租赁。因此，理事会最终对短期租赁提供了确认豁免，允许承租人选择对短期租赁不确认相关资产和负债。同时，根据反馈意见，理事会也对低价值资产租赁提供了确认豁免［IFRS 16 para. BC88～BC90］。

一、短期租赁

（一）基本要求

新租赁准则规定，短期租赁，是指在租赁期开始日，租赁期不超过 12 个月的租赁。包含购买选择权的租赁不属于短期租赁［IFRS 16 附录一；CAS 21（2018）第三十条］。根据上述规定，对于包含购买选择权的租赁，不能作为短期租赁，不适用确认豁免。此时，无论承租人是否打算行使该购买选择权，均不适用确认豁免。

新租赁准则规定，租赁期，是指承租人有权使用租赁资产且不可撤销的期间，包括：（1）续租选择权所涵盖的期间，前提是承租人合理确定将行使该选择权；以及（2）终止租赁选择权所涵盖的期间，前提是承租人合理确定不会行使该选择权［IFRS 16 附录一；CAS 21（2018）第十五条］。

（二）短期的定义

在制定新租赁准则过程中，理事会曾考虑，将短期租赁定义为："在租赁期开始日，最大可能租赁期不超过 12 个月的租赁。"但是，利益相关方反馈意见认为，最大可能租赁期不超过 12 个月的租赁很少见，很多按月滚动租赁也可能不符合确认豁免条件。因此，该短期租赁定义所提供的豁免范围仍然不够充分。另外，也有部分利益相关方建议将"短期"定义为不超过 5 年。但是，理事会认为，3 年期的租赁形成重大资产和负债的可能性比 12 个月租赁要大很多，将短期租赁设定为 5 年，将排除很多租赁合同，无法达到新租赁准则的修订目标。最终，理事会决定，将短期租赁期限的确定，与新租赁准则租赁期的确定保持一致，即考虑行使续租选择权或不行使终止租赁选择权的可能性。并且，将短期租赁的期限确定为不超过 12 个月 [IFRS 16 para. BC91~BC93]。

根据上述定义，评价租赁期是否超过 12 个月的，不应仅仅考虑租赁合同本身的约定，还需要考虑续租选择权和终止租赁选择权的影响。例如，不能仅仅因为租赁合同为一年一签，就认定该租赁为短期租赁。

由于新租赁准则规定，评估租赁期时，应评估承租人是否能够合理确定将行使续租选择权或将不行使终止租赁选择权。因此，新租赁准则短期租赁定义的租赁期不超过 12 个月，很可能短于"最大可能租赁期不超过 12 个月"。例如，对于 6 个月后拥有续租选择权，且承租人尚未合理确定是否行使该续租选择权的租赁，其租赁期为 6 个月，但"最大可能租赁期"很可能超过 6 个月。

事实上，理事会也考虑了企业通过构建交易，以满足短期租赁豁免条件的风险。理事会认为，在正常的商业逻辑下，出租人一般会出于自身经济利益考虑，很少同意期限较短的租赁，因为缩短租赁期限，会增加出租人标的资产剩余权益的风险。因此，出租人通常会要求承租人提高租赁付款额，以补偿剩余权益变动风险，或者拒绝缩短不可撤销的租赁期。此外，新租赁准则对租赁期的确定，采用了较为严谨的方法，可以降低仅出于会计处理目的，而将某些非实质性违约条款纳入合同的风险 [IFRS 16 para. BC94]。

案例 1-1-3：存在续租选择权的租赁

案例背景：

承租人 A 公司签订了一项设备租赁合同，该合同包括 9 个月不可撤销租赁期，以及 4 个月的续租选择权。

情形一：在租赁期开始日，A 公司认定，其合理确定将不会行使该续期选择权，因为该 4 个月续期的租金，显著高于预期市场租金。

情形二：在租赁期开始日，A 公司认定，其合理确定将行使该续期选择权，因为该设备是一项 A 公司定制设备，更换租赁合同将产生较大成本。

案例分析：

情形一：承租人可合理确定其不会行使合同续期选择权，该合同租赁期应为 9 个月。因此，该租赁合同可以作为短期租赁进行会计处理。

情形二：承租人可合理确定将行使该续期选择权，该合同租赁期应为 13 个月。因此，该租赁合同不应作为短期租赁进行会计处理。

(三) 租赁合同的变更

新租赁准则规定,如果承租人选择对短期租赁采用确认豁免处理时,则在以下情况下,承租人应将该租赁视为一项新的租赁:(1) 存在租赁变更;或者(2) 租赁期发生变化。例如,承租人行使之前确定租赁期时未考虑的选择权[IFRS 16 para. 7;CAS 21 (2018) 第三十四条]。租赁变更,是指原合同条款之外的租赁范围、租赁对价、租赁期限的变更,包括增加或终止一项或多项租赁资产的使用权,延长或缩短合同规定的租赁期等[IFRS 16 附录一;CAS 21 (2018) 第二十八条]。此外,在评估是否为短期租赁时,还需要考虑租赁变更以外的租赁期变化。因此,在评价租赁是否属于短期租赁时,租赁合同的大部分变化,都将导致该合同被视为新的租赁合同,需要重新评价其是否满足短期租赁的豁免条件。

(四) 按类别作出选择

新租赁准则规定,承租人可以根据使用权相关标的资产的类别对短期租赁豁免作出选择[IFRS 16 para. 8;CAS 21 (2018) 第三十三条]。某一类标的资产,是指在企业运营中具有类似性质和用途的一组标的资产[IFRS 16 para. 8]。

例如,企业租赁了很多办公设备,有的租赁期少于 12 个月,有的租赁期超过 12 个月,且均不具有购买选择权。假设这些办公设备被认定为同一类别,则需要同类别的所有办公设备租赁期均不超过 12 个月,承租人才可以选择按短期租赁对此类办公设备租赁进行简化处理。

(五) 短期租赁实务应用问题

1. 租赁期为 1 年且不附任何选择权合同的判断

新租赁准则规定,短期租赁,是指在租赁期开始日,租赁期不超过 12 个月的租赁。同时,包含购买选择权的租赁不属于短期租赁。此时,无论承租人是否打算行使该购买选择权,均不适用确认豁免。

根据下述财政部会计司会计准则实施问答,对于租赁期仅为 1 年,且合同不包含明确的购买选择权、续租选择权等条款,不能简单认为该租赁的租赁期为 1 年,而应当基于所有相关事实和情况判断可强制执行合同的期间以及是否存在实质续租、终止等选择权以合理确定租赁期。

> 租赁期为 1 年且不含任何选择权的租赁合同能否简单认定为短期租赁[财政部会计司会计准则实施问答——租赁准则实施问答（2021 年 6 月 10 日）]
>
> 问：承租人与出租人签订租赁期为 1 年的租赁合同，能否简单认定该租赁为短期租赁？
>
> 答：根据租赁准则第十五条并参考相关应用指南，租赁期是指承租人有权使用租赁资产且不可撤销的期间，同时还应包括合理确定承租人将行使续租选择权的期间和不行使终止租赁选择权的期间。在租赁期开始日，企业应当考虑对承租人行使续租选择权或不行使终止租赁选择权带来经济利益的所有相关事实和情况，包括自租赁期开始日至选择权行使日之间的事实和情况的预期变化。例如，承租人进行或预期进行的重大租赁资产改良在可行使相关选择权时预期能为承租人带来的重大经济利益、租赁资产对承租人运营的重要程度、与终止租赁相关的成本等。
>
> 因此，当承租人与出租人签订租赁期为 1 年的租赁合同时，不能简单认为该租赁的租赁期为 1 年，而应当基于所有相关事实和情况判断可强制执行合同的期间以及是否存在实质续租、终止等选择权以合理确定租赁期。如果历史上承租人与出租人之间存在逐年续签的惯例，或者承租人与出租人互为关联方，尤其应当谨慎确定租赁期。
>
> 企业在考虑所有相关事实和情况后确定租赁期为 1 年的，其他会计估计应与此一致。例如，与该租赁相关的租赁资产改良支出、初始直接费用等应当在 1 年内以直线法或其他系统合理的方法进行摊销。

根据上述规定，实务中，不应仅以合同形式或合同条款判断短期租赁，应结合相关实质判断租赁期以及是否存在隐含的实质续租、终止等选择权。承租人在确定租赁期限时需采用谨慎的态度，关注仅出于会计处理目的将非实质性违约条款插入合同的风险。例如考虑续租租金水平、终止租赁成本、是否涉及重大资产，以及对标的资产的依赖程度等。具体评估租赁期考虑因素包括但不限于：

（1）如果承租人对租赁资产进行了重大改良，且改良部分在物理形态或经济成本上难以移除，则很可能应将租赁期确定为租赁资产的预期可使用寿命，或者，在有确凿证据证明时，确定为承租人预期使用该资产的年限；

（2）如果标的资产是为承租人专门定制资产，承租人在物理形态或经济成本上难以移除或替换该资产，其经营活动显著依赖于该资产，则很可能应将租赁期确定为该租赁资产的预期可使用寿命，或者，在有确凿证据证明时，确定为承租人预期使用该资产的年限。

此外，企业在考虑所有相关事实和情况后确定租赁期为1年的，其他会计估计应与此一致。例如，与该租赁相关的租赁资产改良支出、初始直接费用等应当在1年内以直线法或其他系统合理的方法进行摊销。

案例1-1-4：关联方办公楼租赁合同

案例背景：

A公司是B公司的全资子公司，A公司因业务需要，从甲市搬迁到B公司所在的乙市。A公司与B公司签订房屋租赁合同，B公司将其办公大楼的15层出租给A公司作办公使用，合同约定租赁期为2×22年1月1日至2×22年12月31日。合同未约定任何续租选择权和终止租赁选择权。

B公司的该办公大楼一共18层，在装修时只装修了1~10层自用，11~18层为毛坯状态，用于对外出租。目前11~18层已经全部对外出租，除15层出租给A公司之外，11层、13层、14层出租给关联方公司，剩余楼层出租给外部公司。B公司与其他关联方公司签订的租赁合同与A公司相同，均为1年期，但在租赁期结束后均会再重新签订1年期合同。A公司于1月开始对其租赁楼层进行装修，于3月装修完毕正式搬迁。

A公司认定该合同为短期租赁，选择简化处理，未确认使用权资产和租赁负债。

案例问题：

A公司会计处理是否适当？

案例分析：

该租赁合同不属于短期租赁，不可选择简化处理。

本案例中，虽然合同约定租赁期为1年，且未约定任何续租选择权和终止租赁选择权，但由于A公司与B公司属于关联方，双方无需担心不续租的风险，合同可能存在因关联方关系而不公允的情况。A公司租赁的第15层属于毛坯房，A公司需要承担装修成本，装修成本只能通过继续租赁而收回，如果A公司仅租赁1年，将承担装修成本的亏损。承租人对租赁资产进行了重大改良，且改良部分在物理形态或经济成本上难以移除。此外，同为关联方的其他公司与B公司租赁房屋时，同样签订1年期的租赁合同，但实际在租赁期结束后均会重新签订合同进行续租。表明在历史上出租人与类似情况的承租人之间存在逐年续签的惯例。综上所述，该合同虽然未约定续租选择权，但A公司很可能在该合同租期满后继续续租，该租赁合同不属于短期租赁，不可选择简化处理。

2. 租赁期为 1 年且附续租选择权的判断

租赁期为 1 年且附续租选择权的租赁合同［财政部会计司会计准则实施问答——租赁准则实施问答（2021 年 6 月 10 日）］

问：某租赁合同约定，初始租赁期为 1 年，如有一方撤销租赁将支付重大罚金，1 年期满后，如经双方同意租赁期可再延长 2 年，如有一方不同意将不再续期，没有罚金且预计对交易双方带来的经济损失不重大。根据上述合同，企业应如何确定租赁期？

答：根据租赁准则第十五条，租赁期是指承租人有权使用租赁资产且不可撤销的期间，同时还应包括合理确定承租人将行使续租选择权的期间和不行使终止租赁选择权的期间。

按照上述租赁合同约定，租赁期开始日的第 1 年有强制的权利和义务，是不可撤销期间。对于此后 2 年的延长期，因为承租人和出租人均可单方面选择不续约而无需支付任何罚金且预计对交易双方带来的经济损失不重大，该租赁不再可强制执行，即后续 2 年延长期非不可撤销期间。因此，该租赁合同在初始确认时应将租赁期确定为 1 年。

案例 1-1-5：存在优先购买权的租赁

案例背景：

A 建筑监理公司在甲市承接建筑监理工作，该项目工期预计 2 年。A 公司有在项目当地租赁房屋供工作人员住宿的惯例，一般在项目工期内租赁，甚至更长时间，中途一般不会更换。A 公司所承接的建筑监理项目地附近空置房源较少，A 公司与 B 公司有长期合作关系，B 公司在甲市项目附近有一套空置房屋，双方签订房屋租赁合同，合同约定如下。

租赁物：坐落于甲市××路××号万丽花园 B 座 D 单元 601 号、602 号、603 号房。

租赁期限：租赁期自 2022 年 4 月 1 日至 2023 年 3 月 31 日止，共计 12 个月。租赁期满前，承租方选择继续租赁的，应当在租赁期满 1 个月前通知出租方；同时，如出租方在租赁期满后仍对外出租，承租方享有优先承租权。

其他约定：正常房屋大修理费用由出租方承担，日常房屋维修费用由承租方承担。出租方将于 2022 年 4 月 1 日将房屋钥匙交付承租方。

A公司认为，其与B公司的租赁合同仅签订1年期限，属于短期租赁，从而选择简化处理，不确认租赁相关使用权资产和租赁负债。

案例问题：

A公司的会计处理是否适当？

案例分析：

该租赁不属于短期租赁，不可选择简化处理。

本案例中，虽然合同约定租赁期为1年，但合同同时约定："租赁期满前，承租方选择继续租赁的，应当在租赁期满1个月前通知出租方，如出租方在租赁期满后仍要对外出租，承租方享有优先承租权。"说明合同存在续租选择权，需要考虑该续租选择权是否影响租赁期。本案例中，根据A公司以往的惯例，一般在项目期间租赁房屋，且中途不会更换，项目地附近空置房源较少，更换房屋较为不易。所以，A公司极有可能在租赁期满后进行续租，直至项目结束。A公司应当将续租选择权涵盖的期间包含在租赁期内，租赁期超过12个月，不符合短期租赁的条件，不可选择简化处理。

3. 因租赁合同变更导致租赁期缩短至1年以内的处理

因租赁合同变更导致租赁期缩短至1年以内的处理［财政部会计司会计准则实施问答——租赁准则实施问答（2021年4月25日）］

问：某租赁合同变更导致租赁期缩短至1年以内，承租人应当如何进行会计处理？是否允许改按短期租赁进行会计处理并追溯调整？

答：根据租赁准则第二十九条、第三十条并参照相关应用指南，租赁变更导致租赁范围缩小或租赁期缩短的，承租人应当相应调减使用权资产的账面价值，并将部分终止或完全终止租赁的相关利得或损失计入当期损益。短期租赁是指在租赁期开始日，租赁期不超过12个月的租赁。

因此，租赁变更导致租赁期缩短至1年以内的，承租人应当调减使用权资产的账面价值，部分终止租赁的相关利得或损失记入"资产处置损益"科目。企业不得改按短期租赁进行简化处理或追溯调整。

二、低价值资产租赁

（一）基本要求

新租赁准则规定，低价值资产租赁，是指单项租赁资产为全新价值时价值较低的租赁［CAS 21（2018）第三十一条］。常见的低价值标的资产包括平板电脑、个人电脑，以及办公家具和电话等小型物件［IFRS 16 para. B8］。

如前所述，出于成本效益原则考虑，新租赁准则为低价值资产租赁提供了确认豁免。但是，新租赁准则并未对"低价值"设定明确的阈值。在2015年修订新准则过程中，理事会曾考虑，以标的资产全新时价值不超过5 000美元为标准，来定义低价值资产租赁，但最终准则未采纳该标准［IFRS 16 para. BC100］。

（二）基于资产全新价值判断

新租赁准则规定，承租人在判断租赁是否属于低价值资产租赁时，应基于标的资产全新时的价值来评估其价值，不考虑其已使用年限［IFRS 16 para. B3］。

如果标的资产在全新时通常不属于低价值资产，则该标的资产的租赁不能按照低价值资产租赁进行处理。例如，由于一辆新车通常价值不低，因此，汽车租赁不能按照低价值资产租赁进行处理［IFRS16 para. B6］。

（三）基于资产绝对价值判断

新租赁准则规定，判断标的资产是否为低价值资产，应基于绝对价值。该判断不受承租人规模、性质或其他情况影响，且无需考虑这些租赁对承租人是否重大。因此，对于某一标的资产是否为低价值资产，不同的承租人应得出相同的结论［IFRS 16 para. B4；CAS 21（2018）第三十一条］。

在制定该豁免规定时，理事会试图在为报表编制者提供大量减免的同时，为财务报表使用者保留《国际财务报告准则第16号》规定的益处。理事会本意为对在全新时价值较低的标的资产的租赁（如平板电脑、个人电脑以及办公家具和电话等小型物件的租赁）豁免确认相关资产和负债。在2015年就此豁免作出决定时，理事会考虑的是在全新时价值不超过5 000美元的标的资产的租赁。如果标的资产的性质为，在其全新时价值通常不低，则此租赁不符合豁免规定。理事会还决定，评估标的资产的价值是否较低的结果不应受承租人的规模、性质或情况所影响。即，豁免应以被租赁资产全新时的价值为基础，而非租赁该资产的主体的规模和性质［IFRS 16 para. BC100］。

新租赁准则对于标的资产是否为低价值资产的判断，并未采用《财务报告概念框架》（以下简称《概念框架》）和财务报表列报准则中的"重要性水平"

概念。因此,企业按照新租赁准则认定的低价值资产,可能是低于"重要性水平"的资产,也可能是超过"重要性水平"的资产。理事会经过调研发现,大部分情况下,纳入新租赁准则确认豁免范围的租赁相关资产和负债,对于企业来说并不重大,并且,该确认豁免还免除了企业证明此类租赁总体上是否超过"重要性水平"的负担[IFRS 16 para. BC101]。

新租赁准则对低价值资产的判断未直接采用"重要性水平"概念,并不是说新租赁准则不适用"重要性水平"概念。"重要性水平"概念适用于所有具体准则,包括新租赁准则。新租赁准则对低价值资产的判断,是在"重要性水平"概念之上提供的进一步指引,仅适用于新租赁准则。因此,如果不采用新租赁准则的确认和计量规定,对企业财务报表的影响不重大,则承租人仍然可以不按新准则要求进行确认和计量。类似地,如果承租人的租赁活动对其财务报表非常重大,但采用现值对租赁负债计量的影响不重大,则承租人可以不采用现值,而是采用非折现值等计量租赁负债[IFRS 16 para. BC84–BC86]。

(四)低价值资产的区分

在某些情况下,单个低价值资产可能不重大,但多个低价值资产加总起来的价值可能是重大的。为减少低价值资产确认豁免对财务报表信息带来的影响,新租赁准则规定,当满足以下条件时,可将标的资产视为低价值资产[IFRS 16 para. B5]。

(1)承租人可从标的资产的单独使用,或将其与易于获得的其他资源一起使用中获利;并且

(2)标的资产与其他资产不存在高度依赖或关联关系。

因此,如果承租人无法从标的资产(不考虑其价值)的单独使用,或将其与易于获得的其他资源一起使用中获利,则不能对该标的资产租赁适用确认豁免。同样,如果标的资产与其他标的资产存在高度依赖或高度关联关系,则承租人不得对该项标的资产适用确认豁免。

案例1-1-6:低价值资产租赁的判断[IFRS 16 示例11]

案例背景:

药品制造和销售行业的某承租人(以下简称"承租人")持有以下租赁。

(1)房地产(包括办公楼和仓库)租赁。

(2)生产设备租赁。

（3）公司车辆（供销售人员和高级经理使用，质量、规格和价值不等）租赁。

（4）卡车或厢式货车（用于运输，大小和价值不等）租赁。

（5）IT 设备（供员工个人使用，如笔记本电脑、台式电脑、手持电脑设备、桌面打印机和手机）租赁。

（6）服务器（含增加服务器容量的单独组件，这些组件是根据承租人需要陆续添加到大型服务器以增加服务器存储容量的）租赁。

（7）办公设备租赁：办公家具（如桌椅和办公隔断）；饮水机；大功率多功能影印设备。

案例分析：

承租人基于标的资产全新时的较低单独价值，决定将下列租赁作为低价值资产租赁：

（1）供员工个人使用的 IT 设备的租赁；以及

（2）办公家具和饮水机租赁。

承租人选择按照新租赁准则的确认豁免规定对这些租赁进行会计处理。

尽管服务器中的某一组件在单独考虑时，可能属于低价值资产，但服务器中多个组件租赁不符合低价值资产租赁的条件。这是因为，每个组件都与服务器的其他部分高度相关。承租人若不租赁服务器就不会租赁这些组件。

（五）转租资产原租赁不属于低价值资产

新租赁准则规定，如果承租人转租一项资产，或者预期将转租一项资产，则原租赁不能按照低价值资产租赁进行处理［IFRS 16 para. B7；CAS 21（2018）第三十一条］。

（六）按逐项租赁选择

新租赁准则规定，对于低价值资产租赁，企业可给予每一项租赁作出选择［IFRS 16 para. 8；CAS 21（2018）第三十三条］。

理事会认为，如果与短期租赁的认定一样，根据标的资产类别对是否属于低价值资产租赁作出认定，则可能给承租人带来评估每项资产属于哪一类别的负担。如果以逐项租赁为基础，低价值资产的确认豁免更容易应用，且更有益于承租人。因此，新租赁准则采用了逐项租赁，而不是资产类别来认定低价值资产租赁。

三、会计处理

新租赁准则规定,如果承租人选择对满足条件的短期租赁和低价值租赁采用简化处理,则应在租赁期内按照直线法或其他系统性方法,将与租赁相关的租赁付款额确认为费用。如果其他系统性方法能够更好地反映承租人的受益模式,则承租人应采用该系统性方法[IFRS 16 para.6;CAS 21(2018)第三十二条]。对于短期租赁和低价值租赁简化处理,实质上类似于现行租赁准则下,承租人对经营租赁的处理。

案例 1-1-7:低价值资产租赁的简化会计处理

案例背景:

A 公司租赁了一项办公设备,租赁期为 5 年。该办公设备全新时的价值为 5 000 元,低于 A 公司设定的低价值资产标准。A 公司选择按新租赁准则确认豁免规定对该办公设备租赁进行简化处理。

租赁合同约定的租赁应付款为:

第 1 年:免租金;

第 2~3 年:1 750 元/年;

第 4~5 年:1 500 元/年。

A 公司在合同期内,通过使用该办公设备平均受益。

案例分析:

根据新租赁准则规定,在该租赁合同下,A 公司的合同租赁付款额总额为:$1\,750 \times 2 + 1\,500 \times 2 = 6\,500$ 元。合同租赁期为 5 年,包含免租期 1 年,并且,A 公司在租赁期内平均受益。因此,A 公司在租赁期内,每年应确认的租赁费用为:1 300 元(6 500/5)。

第二章 识别租赁

在很多情况下,判断一项合同是否为租赁合同(或包含租赁)是比较简单明了的,无需重大判断即可清晰地确定。但是,在某些情况下,合同是否为租赁合同(或包含租赁),可能需要重大判断才能得出。例如,有的合同以租赁的法律形式签订,但不一定满足会计上租赁的定义;有的合同则并未以租赁的法律形式签订,但却可能满足会计上租赁的定义。鉴于此,新租赁准则新增了识别租赁合同的相关规定,为企业区分各类形式的合同是否包含租赁提供了具体指引。

新租赁准则的重要修订之一,是通过识别租赁相关规定澄清了服务合同与租赁合同的关系。根据新租赁准则有关识别租赁的规定,客户是否在一定期间内控制了已识别资产的使用,是区分租赁合同与服务合同的关键。如果客户在一定期间内控制了已识别资产的使用,则合同为租赁合同或包含租赁。相反,在服务合同中,客户并未获得对标的资产使用的控制,该资产的使用是由供应商控制的,供应商通过控制标的资产的使用为客户提供一项服务,应按其他相关准则规定处理。

第一节 基本原则

一、租赁定义

关于租赁,国际国内原准则和新准则均具有明确定义,具体如表 1-2-1 所示。

表 1-2-1　　　　　国际国内新、原准则租赁定义

	原准则定义	新准则定义
国际准则租赁定义	在一个议定的期间内，出租人将某项资产的使用权让与承租人，以换取一项或一系列支付的协议 [IAS 17 para.4]	让渡在一段时间内使用资产（标的资产）的权利以换取对价的合同或合同的一部分 [IFRS 16 附录一]
国内准则租赁定义	在约定的期间内，出租人将资产使用权让与承租人，以获取租金的协议 [CAS 21（2006）第七条]	在一定期间内，出租人将资产的使用权让与承租人以获取对价的合同 [CAS 21（2018）第二条]

根据上述定义，国际国内准则的新租赁定义实质是一致的，均包含了让渡一段期间内资产使用权以获取对价的含义。

二、识别租赁基本原则

（一）租赁合同的基本条件

原《国际财务报告解释公告第 4 号》规定，确定一项协议是否属于或包含租赁应当以协议的实质为基础，并要求对下列事项进行评估：（1）协议的履行是否取决于某项特定资产或若干项资产的使用；以及（2）协议是否让渡了资产的使用权 [IFRIC 4 para.6]。

新租赁准则规定，在合同开始日，企业应当评估合同是否为租赁合同或包含租赁。如果合同让渡在一定期间内控制已识别资产使用的权利以换取对价，则合同为租赁合同或包含租赁。根据新租赁准则规定，合同为租赁合同或包含租赁，包括两个基本条件：（1）合同包括了已识别资产；（2）合同必须让渡了一定期间内控制已识别资产使用的权利。

新租赁准则对评估合同是否为租赁合同或包含租赁的基本原则，与原《国际财务报告解释公告第 4 号》的规定是一致的，均关注是否存在已识别资产（特定资产），以及是否让渡了标的资产一定期间内的使用权。新、原准则的差异主要在于，新租赁准则对评价两个基本条件的具体判断发生了变化，特别是对是否让渡标的资产使用权的判断，新租赁准则下的"控制"概念，与原《国际财务报告解释公告第 4 号》下的"控制"概念存在差异。

（二）评估合同的时点

评估合同是否为租赁合同或包含租赁，应当是在租赁开始日，而不是租赁期开始日。新租赁准则要求，出租人应当在租赁开始日将租赁分类为融资租赁和经营租赁。租赁开始日，是指租赁合同签署日与租赁各方就主要租赁条款作出承诺日中较早者［IFRS 16 附录一；CAS 21（2018）第三十五条］。相对应地，承租人应当在租赁期开始日确认使用权资产和租赁负债。租赁期开始日，是指出租人提供租赁资产使其可供承租人使用的起始日期［IFRS 16 附录一；CAS 21（2018）第十四条］。一般情况下，合同的租赁开始日早于租赁期开始日，因此，合同双方（供应商和客户）应当在租赁开始日评估合同是否为租赁合同或包含租赁，而不是到租赁期开始日才进行评估。

（三）"一定期间"的形式

前述定义中的"一定期间"，不仅可以是合同直接明确的一段时间期间，还可以采用已识别资产的使用数量来进行描述，例如，可以采用一项设备达到一定产量来定义让渡已识别资产使用权的一定期间［IFRS 16 para. 10］。

（四）评估与合营安排的合同

当获得商品或服务的合同是由合营安排或其代表签订的，则该合营安排是合同中的客户。因此，新租赁准则规定，在评估此类与合营安排签订的合同是否包含租赁时，企业应当评估该合营安排是否在整个使用期间有权控制已识别资产的使用［IFRS 16 para. B11］。

根据合营安排准则（《国际财务报告准则第 11 号——合营安排》（以下简称《国际财务报告准则第 11 号》）和《企业会计准则第 40 号——合营安排》（以下简称《企业会计准则第 40 号》）规定，合营安排是一项由两个或两个以上的参与方共同控制的安排。根据合营安排的具体事实和情况，合营安排可能分类为合营企业，也可能分类为共同经营，合营参与方对不同分类分别采用不同的会计处理方法。在合营安排自身具有法人身份，比如属于合营企业时，取得商品或服务的合同可能由合营安排自身签署。此时，合同的客户为合同安排自身。当合营安排不具有法人身份等情况下，取得商品或服务的合同可能由代表合营安排的一方或多方签署。此时，如果仅以代表合营安排签订协议的某一方作为客户评价，则合营安排中未参与协议签订的其他方可能未直接获得标的资产使用的全部经济利益或无法主导标的资产的使用,从而会误判为该合同不包含租赁。鉴于此,新租赁准则强调,在评价此类与合营安排签订的合同是否包含租赁时,应将该合营安排整体作为客户进行评价,而不是将合营安排各方分别作为客户进行评价[IFRS16 para. BC126]。

实务中,如某些石油开采行业或药品研发行业等,可能以合营安排的身份签订取得商品或服务的合同,签订合同的形式可能包括以下几种:

(1) 直接由合营安排自身签订合同。如前所述,当合营安排自身具有法人身份时,可以直接由合营安排签订合同。在此类情况下,根据合营安排准则规定,该合营安排很可能被分类为合营企业。根据新租赁准则规定,应以该合营安排为客户评价其是否为租赁合同或包含租赁。如果为租赁合同或包含租赁,则在该合营安排层面,应将该合同按新租赁准则规定,确认相关使用权资产和租赁负债。在合营安排各参与方层面,可能按权益法核算其享有的权益份额(合营方),也可能作为金融资产进行核算(其他方),但不会直接确认租赁相关使用权资产和租赁负债。

(2) 由合营安排的所有参与方分别单独签订相同的合同,合营安排的所有参与方包括对合营安排具有共同控制的合营方,以及不具有共同控制的其他方。在此类情况下,根据合营安排准则规定,该合营安排很可能被分类为共同经营。如果以该合营安排整体进行评估,认定合同为租赁合同或包含租赁,则各合营方需要按其享有该共同经营相关资产、负债的份额确认其权益,包括享有租赁合同形成的使用权资产和租赁负债份额。

(3) 由代表合营安排的一方或几方签订合同。此时,合同中通常会明确约定,合营安排的所有参与方均具有与其分别单独签订合同类似的权利和义务。此类情况下,该合营安排各合营方的处理与前述(2)类似。

(4) 由合营安排中某一合营方以其自身名义签订合同。例如,该合营方可能以其自身名义租赁一项设备,该设备可能部分用于开展合营安排的相关经营活动,部分用于该合营方自身经营活动。此时,首先需要以合营安排为客户视角,评估该合营安排是否获得了标的资产使用的全部经济利益,并能够主导标的资产的使用,以确定合营安排是否涉入了一项租赁合同。然后,再以该合营方为客户视角,评估其是否涉入了一项租赁合同。

(五) 租赁与销售或采购的区分

新租赁准则适用于转移了一定期间内标的资产使用权的合同,不适用于转移了标的资产控制权的交易。如果转移了标的资产控制权，则属于销售或采购合同，适用收入准则或固定资产准则等，不适用租赁准则［IFRS 16 para. BC140］。

在制定新租赁准则过程中，理事会曾考虑了是否应在新租赁准则中明确规定资产租赁与资产销售或采购的区别。此外，解释委员会之前也曾收到类似问题，关于不转移土地法定所有权的合同属于土地租赁还是土地购买［IFRS 16 para. BC138］。

在 2010 年发布的《租赁（征求意见稿）》（以下简称《2010 年征求意见稿》）中，理事会曾提议，以下合同代表销售或采购标的资产，不适用租赁准则。

（1）导致主体向另一主体转移了标的资产的控制，以及标的资产相关的除金额微不足道以外的全部风险和利益的合同；以及

（2）承租人行使了租赁合同约定的购买选择权后的租赁合同。当此类选择权被行使，从而成为（承租人）购买和（出租人）销售时，该合同不再属于租赁合同。

但是，最终，理事会并未在新租赁准则中提供此类明确的区分规定，也几乎没有利益相关方反馈意见支持包含此类规定。理事会不提供此类明确规定的主要理由包括［IFRS 16 para. BC139］：

（1）对实质上属于标的资产销售或采购的租赁合同，按照租赁准则的处理结果，与按照收入准则或固定资产准则的处理结果，实质上是类似的。

（2）交易的会计处理取决于交易的经济实质而不是法律形式。如果合同实质是采购资产，即转移了资产本身的控制权，则无论资产的法定所有权是否转移，会计上均应按固定资产准则处理。相反，如果合同实质并非采购资产，即仅转移了资产一定期间内的使用权，则应按租赁准则进行会计处理。

（六）租赁合同与服务合同的区分

新租赁准则制定识别租赁相关规定的主要目的，是对租赁合同与服务合同进行区分。客户是否在一定期间内控制了已识别资产的使用，是区分租赁合同与服务合同的关键。如果客户在一定期间内控制了已识别资产的使用，则合同为租赁合同或包含租赁。例如，如果客户能够对该资产的使用作出重要决定，而该决定的决策方式与其使用自有资产的决策方式类似，则客户控制了已识别资产的使用，该合同属于租赁合同，应按新租赁准则规定处理。相反，在服务合同中，客户并未获得对标的资产使用的控制，该资产的使用是由供应商控制的，供应商通过控制标的资产的使用为客户提供一项服务，应按其他相关准则规定处理［IFRS 16 para. BC105］。

（七）合同部分期间内包含租赁

新租赁准则规定，如果客户仅在合同期内的部分期间有权控制已识别资产的使用，则合同在该部分合同期间包含一项租赁［IFRS 16 para. B10］。

（八）合同的重新评估

新租赁准则规定，仅当合同的条款和条件发生变化时，才应重新评估合同是否为租赁合同或包含租赁［IFRS 16 para. 11；CAS 21（2018）第四条］。

三、识别租赁流程图

根据新租赁准则识别租赁相关规定，本章范围内识别租赁流程如图 1-2-1 所示。

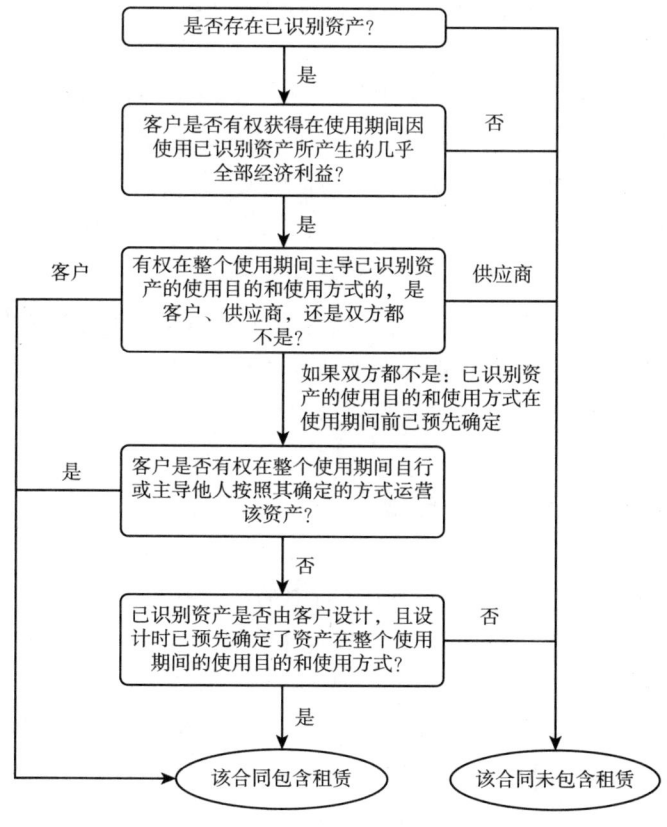

图 1-2-1　识别租赁流程图

第二节 已识别资产

只有存在已识别资产的合同,才有可能属于租赁合同或包含租赁。新租赁准则下"已识别资产"的概念,类似于原《国际财务报告解释公告第4号》中"特定资产"的概念。

原《国际财务报告解释公告第4号》规定,"确定一项协议是否属于或包含租赁应当以协议的实质为基础,并要求对下列事项进行评估:(1)协议的履行是否取决于某项特定资产或若干项资产(统称为'特定资产')的使用……[IFRIC 4 para.6]""尽管某项特定资产在协议中可以明确地认定,但是如果协议的履行不取决于该特定资产的使用,则该特定资产不是租赁的对象。(IFRIC 4 para.7)"

原《国际财务报告解释公告第4号》已提及判断是否存在特定资产时,需考虑供应商是否对特定资产具有替代权。原《国际财务报告解释公告第4号》规定:"当特定资产不能正常运转时,允许或要求以相同或类似资产替代的保证义务也视为租赁处理。此外,允许或要求供应商在规定日期或以后出于某种原因替代其他资产的合同条款(或有或其他)在替代日之前作为租赁处理"[IFRIC 4 para.7]。同时,"如果供应商仅拥有或租赁一项用于履行义务的资产,并且供应商通过使用替代资产来履行义务不具有经济可行性或不切实可行,则该项资产应作为特定资产"[IFRIC 4 para.8]。

一、对资产的明确与隐含指定

新租赁准则规定,企业通常通过合同中的明确规定来识别一项资产,也可通过在该资产可供客户使用时的隐含规定来识别 [IFRS 16 para. B13;CAS 21(2018)第六条]。

在租赁开始日评估是否存在已识别资产时,主体无需有能力识别将用于履行合同的特定资产(例如,有特定的序列编号)以得出存在已识别资产的结论。相反,主体只需了解自租赁期开始日起是否需要已识别资产来履行合同。若确实如此,则意味着一项资产已被隐含地识别。因此,新租赁准则明确,资产可在其可供客户使用时被隐含地识别［IFRS 16 para. BC111］。

案例 1-2-1：合同明确与隐含指定资产

案例背景：

A 公司（客户）与 B 公司（供应商）签订了使用一节火车车厢的 5 年期合同。合同明确约定了该车厢的规格，包括品牌、型号、颜色等。在合同开始日，该车厢尚未建造完成。

案例分析：

该车厢是一项已识别资产。尽管在合同开始日，该车厢尚不能识别（该车厢尚未建造完成）；但是，在租赁开始日，该车厢将是已识别资产。合同约定了该车厢的规格，包括品牌、型号、颜色等，当该车厢建造完成，达到客户可使用状态的时点（即租赁期开始日），合同指定了该车厢，故属于已识别资产。

二、实质性替换权

新租赁准则规定，即使已对资产作出约定，若供应商拥有在整个使用期间替换已识别资产的实质性权利，则客户没有使用已识别资产的权利［IFRS 16 para. B14；CAS 21（2018）第六条］。其中，使用期间，是指某项资产被用于履行与客户之间的合同的总期间，包括任何非连续期间［IFRS 16 附录一］。如果供应商拥有在整个使用期间替换资产的实质性权利，则合同不存在已识别资产，该合同不包含租赁。这是因为，如果供应商可在整个使用期间替换资产，则该供应商（而非客户）控制了资产的使用［IFRS 16 para. BC112］。

新租赁准则规定，仅当同时满足以下两个条件时，供应商替换资产的权利才具有实质性［IFRS 16 para. B14；CAS21（2018）第六条］。

（1）供应商拥有在整个使用期间替换资产的实际能力。例如，客户无法阻止供应商替换资产，且用于替换的资产是供应商易于取得或者可在合理期间内取得的。

（2）供应商通过行使替换资产的权利将获得经济利益。即，替换资产的预期经济利益将超过替换资产所需的成本。

上述规定重点关注供应商是否有替换资产的实际能力，以及能否从中获取经济利益。新租赁准则提供该指引的目的，是区分：（1）因供应商（而非客户）控制资产的使用而导致无已识别资产的替换权；以及（2）因供应商不可能行使该等权利,或行使该等权利在实务或经济上不可行而不改变合同实质或特征的替换［IFRS 16 para. BC113］。

如果替换条款因其不改变合同的实质而不具有实质性,则该替换条款不会影响企业评估合同是否包含租赁。在很多情况下,显而易见的是因替换资产成本较高,供应商无法从替换权的行使中受益。例如,如果资产位于客户所在地或其他位置,则替换所需成本通常高于资产位于供应商所在地时的成本,因而更可能超过替换资产所能获取的利益［IFRS 16 para. B17］。

此外,新租赁准则强调,在资产运行不佳或者可进行技术升级的情况下,供应商因修理和维护而替换资产的权利或义务,并不妨碍客户拥有使用已识别资产的权利［IFRS 16 para. B18］。

案例 1-2-2：租用空间 ［IFRS 16 示例 2；CAS 21 应用指南（2019）例 4］

案例背景：

某咖啡饮品销售企业（客户）与某机场运营商（供应商）签订了使用机场某处空间销售商品的 3 年期合同。合同规定了空间的大小,以及空间可位于机场内的任一登机区域。在使用期内,供应商有权随时变更分配给客户的空间的位置。供应商变更客户空间位置的相关成本极小：客户使用（自有的）易于移动的售货亭销售商品。机场有很多符合合同规定空间的区域可供使用。

案例分析：

该合同不包含租赁。

尽管客户使用的空间大小在合同中有具体规定,但不存在已识别资产。尽管客户控制自有的售货亭,但合同针对的是机场内的空间,且供应商可随意变更该空间。供应商有替换客户所使用空间的实质性权利,因为：

(1) 在整个使用期内,供应商有实际能力变更客户使用的空间。机场内有许多区域符合合同规定的空间,且供应商有权随时将空间的位置变更至符合规定的其他空间,而无需客户批准。

(2) 供应商将通过替换空间获得经济利益。变更客户所使用空间的相关成本极小,因为售货亭易于移动。供应商之所以能够通过替换机场内的空间获益,是因为替换使供应商能够根据情况变化最有效地利用机场登机区域的空间。

案例 1-2-3：飞机 ［IFRS 16 示例 7；CAS 21 应用指南（2019）例 5］

案例背景：

客户与飞机所有者（供应商）签订了使用被明确指定的一架飞机的 2 年期

合同。合同详细规定了飞机的内部和外部规格。

合同中存在对飞机飞行区域的合同和法律限制。客户决定飞机飞行的地点和时间以及搭载的乘客和货物，但需遵守这些限制条件。供应商负责飞机的操作并使用自己的机组人员。合同期内，客户不得雇佣其他人员操作飞机或自行操作飞机。

在2年期间内，允许供应商随时替换飞机，且在飞机出现故障时必须替换飞机。替换的飞机须符合合同中规定的内部和外部规格。在供应商的机队中配备符合客户要求规格的飞机涉及高昂的成本。

案例分析：

该合同存在已识别资产。合同明确指定了飞机，尽管供应商可替换飞机，但其替换权不具有实质性。这是因为，配备另一架符合合同要求规格的飞机涉及高昂的成本，因此，可合理预计供应商不会因替换飞机获得经济利益。

三、判断实质性替换权的特定考虑

根据新租赁准则规定，在以下各类情况下，供应商的替换权不具有实质性（或不妨碍客户拥有使用已识别资产的权利）：（1）供应商仅在特定日期或者特定事件发生当日或之后拥有替换资产的权利或义务；（2）供应商仅在合同开始时认为可能不会发生的未来事件发生时行使其权利才能获得经济利益；或者（3）在资产运行不佳或者可进行技术升级的情况下，供应商因修理和维护而替换资产的权利或义务。

（一）仅在特定日期或事项之后才拥有的替换权

替换权可能因多种原因而不具有实质性，有些替换权不具有实质性的原因是合同限制了供应商可以替换资产的时间。例如，如果供应商仅在特定日期或者特定事件发生当日或之后拥有替换资产的权利或义务，则供应商的替换权不具有实质性。这是因为，供应商没有在整个使用期间替换资产的实际能力［IFRS 16 para. B15］。

（二）基于未来事项的替换权

新租赁准则规定，企业评估供应商的替换权是否具有实质性，应根据合同开始时的具体事实和情况，不应考虑合同开始时认为可能不会发生的未来事件。此类未来事件的具体例子包括：（1）某未来客户同意支付高于市价的价格来使用该资产；（2）引入在合同开始时实质上尚未开发的新技术；（3）客户对资产的使用或资产性能与合同开始时认为可能的使用或性能之间的重大差异；以及（4）使用期间资产市价与合同开始时认为可能的市价之间的重大差异［IFRS 16 para. B16］。

还有一些替换权即使在供应商按合同约定有权在任何时间替换资产的情况下，也不具有实质性。例如，如果供应商因修理和维护而替换资产，或如果供应商仅在被视为不可能发生的情况下从替换中受益，则该等替换权不具有实质性，无论合同是否对该等情况作出规定［IFRS 16 para. BC114］。

案例 1-2-4：零售单元［IFRS 16 示例 4］

案例背景：

客户与房地产所有者（供应商）签订了一份使用零售摊位 A 的 5 年期合同。零售摊位 A 是某大型商场的一部分，其包含许多零售摊位。

客户被授予了零售摊位 A 的使用权。供应商可要求客户搬至另一零售摊位。在这种情况下，供应商应向客户提供与零售摊位 A 质量和规格类似的零售摊位，并向客户支付搬迁费用。仅当有大的新租户决定租用零售摊位，并支付足够涵盖该客户及零售摊位内其他租户的搬迁费用的有利费率时，供应商方能因客户的搬迁获得经济利益。然而，尽管这种情况有可能发生，但在合同开始时，不大可能出现这种情况。

案例分析：

本案例中的零售单元 A 是一项已识别资产，在合同中有明确规定。供应商有实际能力替换零售单元，但仅在特定情况下可因替换获得经济利益。由于在合同开始时不大可能出现这种情况，供应商的替换权不具有实质性。

（三）解释委员会议程决议——替换权

在 2023 年 4 月的会议中，解释委员会讨论了一个电动客车用电池租赁案例，该案例主要涉及两个问题：（1）当合同包含多项类似资产时，是以单个资产还是全部资产来评估是否包含租赁？（2）如何考虑在整个合同期持续具有替换权？

议题名称：租赁定义——替换权

涉及准则：《国际财务报告准则第 16 号——租赁》

决议日期：2023 年 4 月

解释委员会收到有关如何评估合同是否包含租赁的咨询。该咨询询问：

（1）当合同包含多项类似资产的使用时，应在哪个层级评估合同是否包含租赁——单独考虑各项资产或全部资产一起考虑；以及

（2）当供应商具有特定替代权时，如何根据《国际财务报告准则第 16 号》评估合同是否包含租赁——例如，供应商：

①在整个使用期间具有实际能力替代资产；但是

②可能无法通过执行其在整个使用期间替代资产的权利获得经济利益。

租赁的定义：《国际财务报告准则第 16 号》第 9 段规定，"如果合同让渡在一定期间内控制已识别资产使用的权利以换取对价，则合同为租赁合同或者包含租赁。"根据《国际财务报告准则第 16 号》第 B9 段，满足租赁定义的合同中，客户必须同时拥有：

（1）在整个使用期间获得几乎所有因使用已识别资产所产生的经济利益的权利；以及

（2）在整个使用期间主导使用已识别资产的权利。

使用期间是指"某项资产被用于履行与客户之间的合同的总期间（包括任何非连续期间）（《国际财务报告准则第 16 号》附录一）"。

《国际财务报告准则第 16 号》第 B12 段规定，"主体应对合同每个潜在的单独租赁组成部分评估是否包含租赁"，同时，第 B32 段为主体提供了单独租赁组成部分的指南。第 B32 段指出，如果同时满足下列两项条件，使用标的资产的权利为一项单独的租赁组成部分：

（1）承租人能够从单独使用标的资产，或将其与易于获得的其他资源一起使用中获益；并且

（2）标的资产与合同中的其他标的资产不存在高度依赖或关联关系。

已识别资产：满足租赁定义的合同第一个要求是客户控制了已识别资产的使用。《国际财务报告准则第 16 号》第 B13 至第 B20 段提供了已识别资产的应用指引。

第 B13 段规定，"主体通常通过合同中的明确规定来识别一项资产，也可通过在该资产可供客户使用时的隐含规定来识别"。

但是，"即使已对资产作出约定，若供应商拥有在整个使用期间替换已识别资产的实质性权利，则客户没有使用已识别资产的权利（第 B14 段）"。在这种情况下，供应商（而不是客户）控制了该资产的使用。因此，不存在已识别资产；该合同不包含租赁。

第 B14 段规定，当同时满足以下两个条件时，替换资产的权利具有实质性：

（1）供应商拥有在整个使用期间替换资产的实际能力（例如，客户无法阻止供应商替换资产，且用于替换的资产是供应商易于取得或者可在合理期间内取得的）；并且

（2）供应商通过行使替换资产的权利将获得经济利益（即，替换资产的预期经济利益将超过替换资产所需的成本）。

第 B16 段规定，"主体评估供应商的替换权是否具有实质性……不应考虑合同开始时认为可能不会发生的未来事件"。

第 B15 至第 B18 段规定，在以下各类情况下，供应商的替换权不具有实质性（或不妨碍客户拥有使用已识别资产的权利）：

（1）供应商仅在特定日期或者特定事件发生当日或之后拥有替换资产的权利或义务；

（2）供应商仅在合同开始时认为可能不会发生的未来事件发生时行使其权利才能获得经济利益；或者

（3）在资产运行不佳或者可进行技术升级的情况下，供应商因修理和维护而替换资产的权利或义务。

第 B17 段指出，如果资产位于客户所在地或其他位置，则替换所需成本更可能超过替换资产所能获取的利益。

《国际财务报告准则第 16 号》结论基础第 BC112 至第 BC115 段解释了理事会在制定替换权要求时的理由。第 BC113 段指出，"理事会提供［该指南］的目的是区分：

（1）因供应商（而非客户）控制资产的使用而导致无已识别资产的替换权；以及

（2）因供应商不可能行使该等权利或行使该等权利在实务中或经济上不可行而不改变合同实质或特征的替换权。"

第 BC113 段进一步解释了，在制定《国际财务报告准则第 16 号》时，理

事会认为，"在很多情况下，显而易见的是因替换资产成本较高，供应商无法从替换权的行使中受益"。

第 B19 段要求，如果客户无法直接确定供应商是否拥有实质性替换权，则客户应假定所有替换权均不具有实质性。第 BC115 段指出：

（1）第 B19 段的要求是为了回应利益相关方对"在某些情况下，客户很难（即使并非不可能）确定供应商的替换权是否具有实质性"的担忧。

（2）"如果替换权具有实质性，那么从事实和情况来看会是相对比较明确的。"

因此，解释委员会注意到，第 B13 至第 B19 段的要求为客户在资产已明确或隐含指定时，得出不存在已识别资产的结论设定了较高的门槛。

解释委员会也注意到，如第 B14 段所要求，确定供应商替换资产的权利在整个使用期间是否具有实质性需要判断。第 B14（1）段规定，即使供应商尚未拥有替换资产，但可在合理期间内取得该资产，供应商也拥有在整个使用期间替换资产的实际能力。该解释中的术语"整个使用期间"并不意味着该期间内的全部时点。

将《国际财务报告准则第 16 号》的要求应用于咨询所述案例情况。

咨询所述案例情况为：

（1）客户与供应商签订了 10 年的合同，可使用 100 项类似新资产（电动客车用电池）。客户将每个电池与其他可用资源一起使用（每个电池用于客户拥有或从与供应商无关的第三方租赁的公交车）。

（2）假设供应商拥有在整个合同期间替换资产的实际能力，满足第 B14（1）段的条件。

（3）如果电池被替换，供应商将需要补偿客户在替换过程中产生的任何收入损失或成本。在某个时间点，替换对供应商是否产生经济利益取决于向客户支付的补偿金额和电池的状况。

（4）在合同开始时，预计供应商将不会从替换使用不到 3 年的电池中获得经济利益，但可从替换已使用 3 年或 3 年以上的电池中获取经济利益。

评估合同是否包含租赁的层级。

咨询所述案例情况为：

（1）客户能够将各项资产（每个电池）与其他可用资源（每辆公交车）一起使用而受益；以及

> （2）每个电池与合同中其他电池既不存在高度依赖也不存在高度关联。
>
> 因此，解释委员会得出结论认为，在咨询所述案例情况中，根据第 B12 段，该客户应按各项潜在单独租赁成分（即每个电池）评估合同是否包含租赁，包括评估供应商的替换权是否具有实质性。
>
> 已识别资产：在咨询所述案例情况中，每个电池都是被指定的。虽然合同中未明确指定，但电池将在可供客户使用时隐含指定。因此，委员会注意到，除非供应商拥有在整个使用期间替换电池的实质性权利，否则，每个电池属于一项已识别资产。
>
> 在咨询所述案例情况中，假设满足第 B14（1）段的条件，即供应商拥有在整个合同期间替换资产的实际能力。但是，委员会注意到，这是因为供应商预计至少在合同前 3 年不会从行使其替换电池的权利中获得经济利益，在整个使用期间不满足第 B14（2）段的条件。因此，供应商不具有在整个合同期间替换电池的实质性权利。虽然在确定供应商在整个使用期间的替换权是否具有实质性需要判断，但委员会注意到，在本案例所述事实和情况下，供应商在整个期间的权利不具有实质性是明确的。
>
> 解释委员会的结论：解释委员会得出结论认为，在咨询所述案例情况中，每个电池均属于已识别资产。在评估合同是否包含租赁时，客户需要进一步按照《国际财务报告准则第 16 号》第 B21 至第 B30 段评估，在整个使用期间，客户是否拥有获得几乎所有使用每个电池所产生的经济利益的权利，以及主导每个电池使用的权利。如果客户得出结论认为该合同包含租赁，则需要根据《国际财务报告准则第 16 号》第 18 至第 21 段的要求确定租赁期。
>
> 解释委员会得出结论认为，《国际财务报告准则第 16 号》的原则和要求为主体在哪个层级评估合同是否包含租赁，以及咨询所述案例情况中是否存在已识别资产提供了充分的基础。因此，委员会决定不在工作计划中增加准则制定项目。

根据上述议题，对于供应商实质性替换权的判断，需要关注以下几个方面：

（1）认定合同不存在已识别资产具有较高的门槛。新租赁准则规定，即使合同已对资产作出约定，若供应商拥有在整个使用期间替换已识别资产的实质性权利，则客户没有使用已识别资产的权利。

新租赁准则下，要认定合同不存在已识别资产，从而不属于租赁（或不包含租赁），需要同时满足①供应商具有替换的实际能力；②供应商替换的经济利益大于替换成本。其中,经济利益大于替换成本需要确凿的替换经济效益分析证据。如果没有确凿证据证明替换的经济效益大于替换成本,或无法确定供应商是否具有实质性替换权,则应认定合同存在已识别资产,从而可能属于租赁(或包含租赁)。因此,解释委员会也强调,新租赁准则为认定合同不存在已识别资产设定了较高的门槛。

(2)供应商必须在整个使用期间均拥有实质性替换权。新租赁准则强调,供应商必须拥有在整个使用期间替换已识别资产的实质性权利,合同才不存在已识别资产。

根据新租赁准则规定,在以下各类情况下,供应商的替换权不具有实质性(或不妨碍客户拥有使用已识别资产的权利):①供应商仅在特定日期或者特定事件发生当日或之后拥有替换资产的权利或义务;②供应商仅在合同开始时认为可能不会发生的未来事件发生时行使其权利才能获得经济利益;或者③在资产运行不佳或者可进行技术升级的情况下,供应商因修理和维护而替换资产的权利或义务。

如本议题所述案例中,供应商预计将不会从替换使用不到 3 年的电池中获得经济利益,但可从替换已使用 3 年或 3 年以上的电池中获取经济利益,说明供应商仅在特定期间内才具有实质性替换权,不满足在整个使用期间均拥有实质性替换权的条件。

(3)评估合同是否包含租赁的层级。新租赁准则规定,主体应对合同每个潜在的单独租赁组成部分评估是否包含租赁。新租赁准则指出,如果同时满足下列两项条件,使用标的资产的权利为一项单独的租赁组成部分:①承租人能够从单独使用标的资产,或将其与易于获得的其他资源一起使用中获益;并且②标的资产与合同中的其他标的资产不存在高度依赖或关联关系。

本案例中,合同标的资产为 100 个电动客车用电池,各个电池可以单独使用,且各个电池之间不存在重大依赖和关联,因此,每个电池属于一项单独的租赁组成部分,应对每个电池分别考虑是否属于已识别资产。

四、假定不具有实质性替换权

新租赁准则规定,如果客户无法直接确定供应商是否拥有实质性替换权,则客户应假定所有替换权均不具有实质性 [IFRS 16 para. B19;CAS 21(2018)第六条]。在某些情况下,客户很难(即使并非不可能)确定供应商的替换权是否具有实质性,困难可能是由于客户通常不了解供应商因替换将发生的成本的相关信息。新租赁准则规定该假定的目的,是使客户在有合理能力进行评估时,应评估替换权是否具有实质性。即,如果替换权具有实质性,客户应能从具体事实与情况中比较明确地得出结论。该规定的另一个目的是,说明客户无需为了证明替换权不具有实质性而投入过多成本 [IFRS 16 para. BC115]。

五、物理上可区分

新租赁准则规定,如果资产的部分产能在物理上可区分,例如,建筑物的某一层,则该部分产能属于已识别资产。如果资产的某部分产能或其他部分在物理上不可区分,例如,光缆的部分容量,则该部分不属于已识别资产,除非其实质上代表该资产的全部产能,从而使客户获得几乎所有因使用资产所产生的经济利益的权利 [IFRS 16 para. B20;CAS 21(2018)第六条]。

如果较大资产的部分容量在物理上不可区分,如某管道20%的容量,则客户不太可能有权控制该部分容量的使用。客户不太可能有权控制该部分的使用,是因为有关资产使用的决策通常在较大资产整体层面作出。如果扩展已识别资产的定义,将较大资产中物理上不可区分的组成部分包括在内,可能会迫使企业考虑他们是否出租了用于履行服务合同的资产。而最后的结论可能是否定的。因此,理事会认为,扩展已识别资产的定义而将较大资产的容量组成部分包括在内,会增加复杂程度。

案例1-2-5:光缆 [IFRS 16 示例3;CAS 21 应用指南(2019)例2]

案例背景:

情形一:客户与一家公用设施公司(供应商)签订了一份为期15年的合同,取得连接香港和东京的光缆中指定的物理上可区分的三条直驳光纤的使用权。客户通过将这些光纤的两端连接至其电子设备的方式来决定光纤的使用(即客户"点亮"光纤并决定这些光纤将传输的数据内容和数据量)。若光纤损坏,供应商应负责修理和维护。供应商拥有额外的光纤,但仅可因修理、维护或故障原因替换客户的光纤(并有义务在这些情况下替换光纤)。

情形二:客户与供应商签订了一份为期15年的合同,取得连接香港和东京的光缆中指定容量的使用权。指定容量相当于客户使用光缆中三条光纤的全部容量(光缆包含15条容量相近的光纤)。供应商就数据传输作出决定(即供应商点亮光纤,对使用哪些光纤来传输该客户的数据作出决定,对将供应商拥有的哪些电子设备连接到这些光纤作出决定)。

案例分析:

情形一:该案例中存在三条被识别的光纤。合同明确指定了这些光纤,并且这些光纤与光缆中的其他光纤在物理上可区分。供应商不可因修理、维护或故障以外的原因替换光纤。

情形二:该合同不包含租赁。客户的数据传输均由供应商作出决定,每个客户仅使用光缆的部分容量。提供给客户的部分容量与光缆的其余容量在物理上不可区分,且不代表光缆的几乎全部容量。因此,客户没有已识别资产的使用权。

解释委员会议程决议——地下空间使用权

在2019年6月的会议中,解释委员会讨论了管道运营商获得的在地下空间铺设管道的权利(地下空间使用权)是否包含租赁的问题。

> **议题名称:** 地下空间使用权
>
> **涉及准则:**《国际财务报告准则第16号——租赁》
>
> **决议日期:** 2019年6月
>
> 解释委员会收到请求,询问关于地下空间使用权的特定合同。该请求中描述的合同中,管道运营商(客户)获取了在地下空间铺设输油管道20年的权利,并支付对价。合同规定了铺设管道的确切位置和地下空间的尺寸(线路、宽度和深度)。土地所有者保留使用管道上方地面的权利,但在20年的使用期内,土地所有者无权进入或以其他方式改变特定地下空间的使用方式。客户有权执行检查、修理和维修工作(包括在必要时更换管道损坏部分)。
>
> 该请求询问《国际财务报告准则第16号》《国际会计准则第38号——无形资产》(以下简称《国际会计准则第38号》)或其他准则是否适用于该合同的会计处理。
>
> 主体首先考虑哪项国际财务报告准则?
>
> 《国际财务报告准则第16号》第3段要求主体对所有租赁采用《国际财务报告准则第16号》,除少数例外情况。
>
> 《国际财务报告准则第16号》第9段规定:"在合同开始时,主体应评估合同是否为租赁还是包含租赁。"解释委员会发现,该请求中所述的合同

中,《国际财务报告准则第 16 号》第 3 段和第 4 段的任何例外情况都不适用——特别是,解释委员会指出,地下空间是有形空间。因此,如果合同包含租赁,则《国际财务报告准则第 16 号》适用于该租赁。如果合同不包含租赁,则主体将考虑适用其他哪项国际财务报告准则。

因此,解释委员会得出结论认为,主体应首先考虑合同是否包含《国际财务报告准则第 16 号》中定义的租赁。

租赁的定义

《国际财务报告准则第 16 号》第 9 段规定:"如果合同在一段期间内让渡对一项已识别资产的使用实施控制的权利以获取对价,则该合同即为租赁或包含租赁"。根据《国际财务报告准则第 16 号》第 B9 段,为符合租赁的定义,客户必须具备以下两项权利:

1. 在整个使用期间通过使用该已识别资产取得产生的几乎所有经济利益;以及

2. 在整个使用期间主导该已识别资产的使用。

已识别资产

《国际财务报告准则第 16 号》第 B13 段至第 B20 段提供了关于已识别资产的应用指南。第 B20 段指出:"如果资产的部分容量在物理上可明确区分,则该部分容量为已识别资产"。但"如果供应商在整个使用期间具有替换已识别资产的实质性权利,则客户无权使用该已识别资产"(第 B14 段)。

解释委员会注意到,该请求所述的合同中,指定的地下空间与土地的其余部分在物理上是可明确区分的。合同明确包括了管道的线路、宽度和深度,因此定义了一个物理上可明确区分的地下空间。地下空间本身并不影响它是否为一项已识别资产——与地面上的指定空间区域以相同方式进行物理区分的指定的地下空间,在物理上是可明确区分的。

土地所有者在整个使用期间无权替换地下空间。因此,解释委员会得出结论认为,如 B13 至 B20 段所述,指定的地下空间为已识别资产。

通过使用取得几乎所有经济利益的权利

《国际财务报告准则第 16 号》第 B21 段至第 B23 段提供了关于在整个使用期间通过使用已识别资产取得产生的几乎所有经济利益的权利的应用指南。第 B21 段规定,客户可以通过,例如,在整个使用期间对已识别资产享有独家使用权,拥有该权利。

解释委员会注意到，该请求所述的合同中，在整个20年的使用期间，客户享有通过使用指定地下空间取得产生的几乎所有经济利益的权利。在整个使用期间，客户对指定的地下空间享有独家使用权。

主导已识别资产的使用

《国际财务报告准则第16号》第B24段至第B30段提供了关于在整个使用期间享有主导使用已识别资产的权利的应用指南。第B24段规定，如果发生下列情况之一，客户享有该权利：

1. 客户有权在整个使用期间享有主导资产的使用方式和使用目的的权利；或

2. 资产的使用方式和使用目的的相关决策已预先确定，而且：①客户有权在整个使用期间运营该资产，而供应商无权更改这些运营指示；或②客户设计资产的方式预先确定了该资产在整个使用期间的使用方式和使用目的。

解释委员会发现，该请求所述的合同中，由于存在第B24段（2）①段规定的条件，客户在整个20年的使用期间享有主导使用指定地下空间的权利。合同中预先确定了指定地下空间的使用方式和使用目的（即，放置明确尺寸的石油输送管道）。客户通过享有检查、修理和维修工作的权利，享有运营指定地下空间的权利。客户有权在20年使用期间内决定对指定地下空间的一切使用。

因此，解释委员会得出结论认为，该请求描述的合同包含《国际财务报告准则第16号》中定义的租赁。因此，客户将在对租赁进行会计处理时应用《国际财务报告准则第16号》。

解释委员会得出结论认为，国际财务报告准则中的原则和要求为主体确定对该请求描述的合同的会计处理提供了充分的依据。因此，解释委员会决定不将此事项纳入准则制定议程。

在本议题中，咨询案例所述合同包含以下特征：（1）管道运营商（客户）支付对价获得了一项地下输油管道20年的使用权利。（2）合同指定了地下输油管道的确切位置和尺寸（路径、宽度和深度）。（3）土地所有者保留了管道之上土地表面的使用权，但是，在20年的使用期内，其没有权利访问或改变地下空间。（4）客户有权进行检查、维修和维护工作（包括必要时更换受损管道）。解释委员会认为，该地下输油管道在物理上与土地其余部分可区分，属于新租赁准则所规定的已识别资产。

根据进一步分析，解释委员会认为，该管道运营商控制了该地下输油管道的使用权利，这是因为：（1）该客户具有获得使用该输油管道20年使用期内所产生的实质上全部经济利益的权利。（2）该客户在20年使用期内具有主导该指定地下空间使用的权利。因此，解释委员会得出结论认为，咨询案例所述合同包含了新租赁准则所定义的租赁。

第三节 让渡控制已识别资产使用的权利

如果合同让渡在一定期间内控制已识别资产使用的权利以换取对价，则合同为租赁合同或包含租赁。新租赁准则规定，为评估合同是否让渡在一段时间内控制已识别资产使用的权利，主体应评估客户是否在整个使用期间拥有如下权利［IFRS 16 para. B9；CAS 21（2018）第五条］。

（1）获得几乎所有因使用已识别资产所产生的经济利益的权利，以及

（2）主导使用已识别资产的权利。

使用期间，是指某项资产被用于履行与客户之间的合同的总期间（包括任何非连续期间）［IFRS 16 附录一］。

新租赁准则规定，为了控制资产的使用，客户须有权获得在整个使用期间资产使用的几乎全部经济利益（"利益"因素），而且有能力主导该资产的使用（"权力"因素），即客户须对资产的使用拥有决策权，从而使其有能力影响整个使用期间资产的使用所产生的经济利益。若无该等决策权，则客户对资产的使用的控制将不会多于任何购买货物或服务的客户。若情况如此，则客户将不会控制资产的使用［IFRS 16 para. BC117］。

新租赁准则控制的概念，与合并财务报表准则，即《国际财务报告准则第10号——合并财务报表》（以下简称《国际财务报告准则第10号》）和《企业会计准则第33号——合并财务报表》（2014修订）［以下简称《企业会计准则第33号》（2014年修订）］、新收入准则中的控制概念一致，并且与理事会2018年发布的《概念框架》中的控制概念一致。各准则涉及的控制定义具体如表1-2-2所示。

表 1-2-2　　　　　　　　　　　　控制定义

涉及准则	控制定义
合并财务报表准则	当投资方通过参与被投资方的相关活动而承担或享有其可变回报，并且投资方有能力运用其对被投资方的权力影响其回报金额时，投资方控制被投资方［IFRS 10 附录一］
收入准则	对资产的控制，是指能够主导资产的使用并获得资产几乎所有剩余利益的能力［IFRS 15 para. 33］
《概念框架（2018）》	如果主体具有现时能力主导经济资源的使用，并获得可能自其流入的经济利益，则主体控制了该经济资源［《概念框架（2018）》para. 4.20］
新租赁准则	为评估合同是否让渡在一段时间内控制已识别资产使用的权利，主体应评估客户是否在整个使用期间拥有如下权利［IFRS 16 para. B9］： (1) 获得几乎所有因使用已识别资产所产生的经济利益的权利；以及 (2) 主导使用已识别资产的权利

一、获得使用资产所产生的经济利益的权利

新租赁准则规定，为了控制已识别资产的使用，客户需具备获得在整个使用期间使用该资产（例如，在整个使用期间独家使用该资产）所产生的几乎全部经济利益的权利。客户可通过多种方式直接或间接获得使用资产所产生的经济利益，例如，通过使用、持有或转租资产。使用资产所产生的经济利益包括资产的主要产出和副产品（包括来源于这些项目的潜在现金流量）以及通过与第三方之间的商业交易实现的其他经济利益［IFRS 16 para. B21］。

根据上述规定，在评估客户是否有权从资产的使用中获取利益时，仅应考虑资产的使用所产生的经济利益，而非该项资产的所有权所产生的经济利益。租赁仅转移标的资产的使用权，不转移标的资产的所有权。因此，理事会认为，在考虑合同是否包含租赁时，客户不得考虑与资产的所有权相关的经济利益（例如，因拥有资产而产生的税收优惠），而应考虑与资产的使用相关的利益（例如，从资产的使用中获取的可再生能源税款抵免或资产的使用所产生的副产品）［IFRS 16 para. BC118］。

在评估获得使用资产所产生的几乎全部经济利益的权利时，主体应当在客户使用资产权利的规定范围内考虑其所产生的经济利益。例如［IFRS 16 para. B22］：

(1) 如果合同规定，在使用期间，汽车仅限于在某一特定区域使用，则主

体应考虑的仅为在该区域内使用汽车所产生的经济利益，而不包括在该区域外使用汽车所产生的经济利益。

（2）如果合同规定，在使用期间，客户仅可在特定里程范围内驾驶汽车，则主体应考虑的仅为在允许的里程范围内使用汽车所产生的经济利益，而不包括超出该里程范围使用汽车所产生的经济利益。

如果合同规定客户应向供应商或另一方支付因使用资产所产生的一部分现金流量作为对价，则作为对价支付的该等现金流量应视为客户因使用资产而获得的经济利益的一部分。例如，如果客户因使用零售区域需向供应商支付零售销售收入的一定比例作为对价，则该规定并不阻止客户拥有获得使用零售区域所产生的几乎全部经济利益的权利。原因在于销售收入所产生的现金流量为客户因零售店面的使用而获得的经济利益，而支付给供应商的部分现金流量为取得使用零售区域的权利的对价［IFRS 16 para. B23］。

案例 1-2-6：零售单元［IFRS 16 示例 4］

案例背景：

续案例 1-2-4：零售单元［IFRS 16 示例 4］

案例分析：

客户有权获得在 5 年使用期内使用零售单元 A 所产生的几乎全部经济利益。在整个使用期内，客户拥有零售单元 A 的专属使用权。尽管零售单元 A 的销售所产生的部分现金流量将从客户流向供应商，但这只是代表客户为使用该零售单元而支付给供应商的对价，并不妨碍客户拥有获得通过使用零售单位 A 所产生的几乎全部经济利益的权利。

案例 1-2-7：衬衫合同［IFRS 16 示例 8；CAS 21 应用指南（2019）例 14］

案例背景：

客户与制造商（供应商）签订了购买一定数量的特定类型和质量的衬衫的 3 年期合同。衬衫的类型、质量和数量在合同中有明确规定。

供应商仅有一家工厂符合客户需求。供应商无法用另一家工厂生产的衬衫供货或从第三方供应商购买衬衫。工厂的产能超过客户所签订合同的产量（即客户未将工厂接近全部的产能都签入合同）。

由供应商作出有关工厂运营的决策，包括工厂运行的生产水平以及将工厂产量中不用于履行该客户合同的部分用以履行哪些客户合同。

案例分析：

该合同不包含租赁。

该案例中工厂是已识别资产。该工厂是被隐含指定的，因为供应商仅可通过使用该资产履行合同。

客户不控制工厂的使用，原因在于客户无权获得使用工厂所产生的几乎全部经济利益。这是因为供应商可以决定在使用期内使用工厂履行其他客户合同。

（一） 享有经济利益的非连续性

新租赁准则强调，客户需获得在整个使用期间因使用该资产所产生的几乎全部经济利益。但是，这并不代表客户需在整个使用期间每一时点均享有经济利益，因为资产只有在使用期间才能产生经济利益，未使用时不产生经济利益，客户只需在整个使用期间内资产产生经济利益时享有几乎全部经济利益。

事实上，《概念框架（2018）》也强调，主体控制了某一经济资源，则该经济资源产生的经济利益须直接或间接流入该主体，而非其他方。这并不意味着该主体能确保该经济资源在所有情况下都可以产生经济利益，而是表示如果该资源产生经济利益，该主体是可直接或间接获取该经济利益的那一方［《概念框架（2018）》para. 4.23］。

案例 1-2-8：船舶停租期是否影响其享有经济利益

案例背景：

A 公司向 B 公司租入一艘船舶，租期 3 年，按月在每月初预付租金。租赁合同约定，由出租人保障船舶处于适航状态，负责修理及相关支出。根据该船舶特征，双方预计由于故障或大修理（岁修），每年将停租 1 个月。根据租赁合同约定，承租人在停租期间无需支付租金，对于已预付租金在后续期间进行抵扣。

案例分析：

本案例中，由于船舶出现故障或大修理（岁修），导致停租 1 个月，出租人将修理期间的租金予以减免。在修理期间，虽然该使用权资产不能给承租方带来经济利益，但是，由于修理期在租期内，其他方（包括出租方）也同样不能使用该船舶获取经济利益。一旦船舶完成修理，将继续归承租方使用。因此，承租人 A 公司在整个租赁期内（包括修理期间）享有该船舶使用产生的几乎全部经济利益。

（二）解释委员会议程决议——使用风力发电厂产生的经济利益

在 2021 年 12 月的会议中，解释委员会讨论了电力零售商与风力发电厂签订的电价互换合同，是否表明电力零售商获得了使用风力发电厂产生的几乎全部经济利益。

议题名称：使用风力发电厂产生的经济利益
涉及准则：《国际财务报告准则第 16 号——租赁》
决议日期：2021 年 12 月

解释委员会收到请求，询问根据《国际财务报告准则第 16 号》第 B9（1）段，电力零售商（零售商）是否在与风力发电厂（供应商）签订的合同期限内，获得了使用风力发电厂产生的几乎全部经济利益的权利。该请求所述的案例情况为：

（1）零售商和供应商是电力市场的注册参与者，在电力市场中，客户和供应商无法直接彼此签订购电和售电合同。相反，客户和供应商通过市场化电网进行此类采购和销售，其现货价格由市场运营商设定。因此，零售商从电网购买电力。

（2）零售商与供应商签订合同。该合同：

①在合同约定的 20 年期限内，将风力发电厂向电网供应的每兆瓦电力的现货价格交换为每兆瓦的固定价格，并以现金净额结算。具体操作为，供应商在合同期间向电网提供的电力每兆瓦收取一个固定价格，零售商与供应商结算该固定价格与现货价格之间的差额。

②将使用风力发电厂产生的所有可再生能源证书转移给零售商。

《国际财务报告准则第 16 号》第 9 段规定："如果合同让渡在一定期间内控制已识别资产使用的权利以换取对价，则合同为租赁合同或包含租赁"。在一段时间内控制已识别资产的使用，客户应在整个使用期间同时拥有两项权利：获得几乎所有因使用已识别资产所产生的经济利益的权利；以及主导使用已识别资产的权利（《国际财务报告准则第 16 号》第 B9 段）。

《国际财务报告准则第 16 号》第 B21 段规定："客户可通过多种方式直接或间接获得使用资产所产生的经济利益。例如，通过使用、持有或转租资产。使用资产所产生的经济利益包括资产的主要产出和副产品（包括来源于这些项目的潜在现金流量），以及通过与第三方之间的商业交易实现的其他经济利益。"

解释委员会注意到，在咨询问题所述案例情况中，使用该风力发电厂产生的经济利益包括其生产的电力（作为主要产出）和可再生能源证书（作为使用该风力发电厂产生的副产品或其他经济利益）。

该合同导致零售商与供应商就风力发电厂在合同约定的20年期限内，向电网供应的每兆瓦电力的固定价格和现货价格之间的差额进行结算。然而，该合同既未表明零售商获得了风力发电厂生产的任何电力的权利，也未表明零售商承担了向电网供电的义务。尽管零售商有权获得可再生能源证书（代表使用风力发电厂产生的部分经济利益），但零售商无权获得使用风力发电厂产生的几乎全部经济利益，因为在整个合同期间，零售商无权获得风力发电厂产生的任何电力。

综上分析，解释委员会得出结论，在咨询问题所述案例情况中，该零售商并未获得使用该风力发电厂产生的几乎全部经济利益的权利。因此，该合同并未包含租赁。

解释委员会得出结论，国际财务报告准则会计准则中的原则和要求为签订了咨询问题所述合同的主体评估其是否获得使用已识别资产产生的几乎全部经济利益的权利提供了充分的依据。因此，解释委员会决定不在其工作计划中增加一个准则制定项目。

在审议该咨询问题时，解释委员会注意到另外两项议程决议，其中包括可能与本问题所述合同有关的解释性材料：

（1）《议程决议——交付的含义（〈国际财务报告准则第9号——金融工具〉）》（2005年8月）；以及

（2）对于采用《国际财务报告准则第9号——金融工具》（以下简称国际财务报告准则第9号）或《国际会计准则第39号——金融工具：确认和计量》中套期会计的主体，《议程决议——当特定衍生工具被指定为套期工具时极可能要求的应用（〈国际财务报告准则第9号〉和〈国际会计准则第39号〉）》（2019年3月）。

在本议题中，电力零售商与风力发电厂签订了电价互换合同。在合同约定的20年期限内，将风力发电厂向电网供应的每兆瓦电力的现货价格交换为每兆瓦的固定价格，并以现金净额结算。具体操作为，供应商在合同期间向电网提供的电力每兆瓦收取一个固定价格，零售商与供应商结算该固定价格与现货价格之间的差额。同时，将使用风力发电厂产生的所有可再生能源证书转移给零售商。

为判断客户（零售商）是否获得了使用风力发电厂产生的几乎全部经济利益，首先应识别该发电厂所产生的经济利益是哪些。解释委员会认为，使用该风力发电厂产生的经济利益包括其生产的电力（作为主要产出）和可再生能源证书（作为使用该风力发电厂产生的副产品或其他经济利益）。

根据上述电价互换合同，电力零售商仅与风电厂约定了后续电价变动相对于固定价格的差额部分，即零售商享有或承担后续电价变动的差额收益或损失。但是，合同并未明确约定零售商获得发电厂所生产的全部电力，电力由发电厂直接向电网供应。零售商获得的可再生能源证书仅属于发电厂发电的副产品。因此，本议题中，零售商并未获得使用风力发电厂产生的几乎全部经济利益。

二、主导已识别资产使用的权利

新租赁准则规定，仅在满足下列任一条件时，客户具备在整个使用期间主导已识别资产使用的权利［IFRS 16 para. B24；CSA 21（2018）第八条］。

（1）客户有权在整个使用期间主导资产的使用方式和使用目的；或者

（2）资产的使用方式和使用目的的相关决策已预先确定，并且：①客户有权在整个使用期间运营资产（或主导他人按照其确定的方式运营资产），而供应商无权更改这些运营指令；或者②客户设计资产（或资产的特定方面），设计时预先确定了整个使用期间资产的使用方式和使用目的。

（一）在整个使用期间主导资产的使用方式和使用目的

如果在合同规定的使用权利范围内，客户可以在整个使用期间变更资产的使用方式和使用目的，则客户有权主导资产的使用方式和使用目的。在进行该评估时，主体需考虑与在整个使用期间变更使用资产的方式和目的最为相关的决策权。相关决策权是指对使用资产所产生的经济利益产生影响的决策权。最为相关的决策权可能因合同而异，这取决于资产的性质以及合同的条款和条件［IFRS 16 para. B25］。

理事会认为，在确定控制资产的使用时，有关资产使用方式和使用目的的决策比有关资产使用所做的其他决策（包括运营与维护资产的相关决策）更为重要。原因在于，有关资产使用方式和使用目的的决策决定了从资产的使用中获取经济利益的方式和目的。资产的使用方式和使用目的是一个单一概念，即资产的使用"方式"和资产的使用"目的"不是分别评估的。与资产经营相关的决策通常是关于执行与资产的使用方式和使用目的相关的决策,并且依赖(并从属于)该等决策。例如,如果客户决定不得使用资产,则供应商的经营决策将不会对资产的使用所产生的经济利益造成影响。考虑资产使用方式和使用目的的决策可被视为与在评估主体控制时考虑董事会所做的决策类似。董事会所做的有关主体经营与财务活动的决策通常是控制评估中较为重要的决策,而非个人在执行该等决策时的行动［IFRS 16 para. BC120］。

根据具体情况,某些决策权在客户使用权利的规定范围内授予了变更资产使用方式和使用目的的权利,例如［IFRS 16 para. B26］:

(1) 变更资产的产出类型的权利(例如,决定将运输集装箱用于运输商品还是储存商品,或者决定在零售区域销售多种产品;

(2) 变更资产的产出时间的权利(例如,决定机器或发电厂的使用时间);

(3) 变更资产的产出地点的权利(例如,决定卡车或船舶的目的地,或者决定设备的使用地点);以及

(4) 变更资产是否产出以及产出数量的权利(例如,决定是否使用发电厂发电以及由该发电厂发电的数量)。

某些决策权并未授予变更资产的使用方式和使用目的的权利,例如,有限地运行资产或维护资产的权利。客户或供应商都可拥有这样的权利。虽然运行或维护资产的权利通常对高效利用资产是必要的,但该等权利并非主导资产使用方式和使用目的的权利,而是通常取决于资产的使用方式和使用目的的相关决策。但是,如果资产的使用方式和使用目的的相关决策已预先确定,则运行资产的权利赋予了客户主导资产使用的权利［IFRS 16 para. B27］。

合同可能包含一些条款和条件,旨在保护供应商在标的资产中的利益、保护其人员,或者确保供应商遵守法律或法规。保护性权利通常对客户使用权的范围作出限定,但单独不足以否定客户拥有主导资产使用的权利。常见的保护性权利的例子包括,合同可(1)规定资产使用的最大数量或限制客户可使用资产的地点或时间,(2)要求客户遵守特定的操作惯例,或者(3)要求客户在变更资产使用方式时通知供应商［IFRS 16 para. B30］。这些保护性权利可能影响租赁的价格(即如果承租人在使用该项资产时受到的限制越多,则可能支付的租金越少),但通常不会影响客户拥有主导资产使用的权利［IFRS 16 para. BC124］。

案例1-2-9：光缆［IFRS 16 示例3；CAS 21 应用指南（2019）例2］

案例背景：

续案例1-2-5：光缆［IFRS 16 示例3；CAS 21 应用指南（2019）例2］

案例分析：

客户在整个15年使用期内拥有控制光纤使用的权利，因为：

（1）客户有权获得在15年使用期内使用光纤所产生的几乎全部经济利益。在整个使用期内，客户拥有光纤的专属使用权。

（2）客户有权主导光纤的使用，因为其满足客户有权在整个使用期间主导资产的使用方式和使用目的的条件。客户通过以下方式就光纤的使用方式和使用目的作出相关决定：①决定何时点亮光纤和是否点亮光纤，以及②决定光纤产出的时间和数量（即光纤将传输的数据内容及数据量）。在15年使用期内，客户有权改变这些决定。

尽管供应商关于修理和维护光纤的决定对于光纤的有效使用必不可少，但这些决定并未赋予其主导光纤使用方式和使用目的的权利。因此，供应商在使用期内不能控制光纤的使用。

案例1-2-10：零售单元［IFRS 16 示例4］

案例背景：

续案例1-2-4：零售单元［IFRS 16 示例4］

案例分析：

客户有权主导零售单元A的使用，因为其满足客户有权在整个使用期间主导资产的使用方式和使用目的的条件。零售单元A可销售的商品以及零售单元A的营业时间的合同限制规定的是客户零售单元A的使用权范围。在合同规定的使用权范围内，客户可就零售单元A的使用方式和使用目的作出相关决定，例如，客户能够决定在该零售单元销售的商品组合以及这些商品的售价。在5年使用期内，客户有权改变这些决定。

尽管清洁、安保和广告服务对于零售单元A的有效使用必不可少，但供应商在这些方面的决定并未赋予其主导零售单元A使用方式和使用目的的权利。因此，供应商在使用期内不能控制零售单元A的使用，且供应商的决定不影响客户控制零售单元A的使用。

案例 1-2-11：船只 [IFRS 16 示例 6B；CAS 21 应用指南（2019）例 11]

案例背景：

客户与供应商签订了使用指定船只的 5 年期合同。船只在合同中有明确规定，且供应商没有替换权。

在整个 5 年使用期内，客户决定所运输的货物、船只是否航行以及航行的时间和目的港，但需遵守合同规定的限制条件。这些限制条件防止客户将船只驶入遭遇海盗风险较高的水域或装载危险品。

供应商负责船只的操作与维护，并负责船上货物的安全运输。合同期间，客户不得雇佣其他人员操作船只或自行操作船只。

案例分析：

该合同包含租赁。客户拥有该船只 5 年的使用权。

该案例中存在已识别资产。合同明确指定了船只，且供应商无权替换被指定的船只。

客户在整个 5 年使用期内拥有控制船只使用的权利，因为：

（1）客户有权获得在 5 年使用期内使用船只所产生的几乎全部经济利益。在整个使用期内，客户拥有船只的专属使用权。

（2）客户有权主导船只的使用。关于船只可航行区域和可运输货物的合同限制定义了客户对船只使用权的范围。这是供应商对船只的投资和供应商人员的保护性权利。在使用权范围内，客户可就整个 5 年使用期内船只的使用方式和使用目的作出相关决定，因为客户可以决定船只是否航行、航行的时间和地点以及所运输的货物。在整个 5 年使用期内，客户有权改变这些决定。

尽管船只的操作和维护对于船只的有效使用必不可少，但供应商在这些方面的决定并未赋予其主导船只使用方式和使用目的的权利。相反，供应商的决定取决于客户关于船只使用方式和使用目的的决定。

案例 1-2-12：飞机 [IFRS 16 示例 7]

案例背景：

续案例 1-2-3：飞机 [IFRS 16 示例 7；CAS 21 应用指南（2019）例 5]

案例分析：

客户在整个 2 年使用期内拥有控制飞机使用的权利，因为：

（1）客户有权获得在 2 年使用期内使用飞机所产生的几乎全部经济利益。

在整个使用期内，客户拥有飞机的专属使用权。

（2）客户有权主导飞机的使用，因为其满足客户有权在整个使用期间主导资产的使用方式和使用目的的条件。关于飞机可飞行地点的限制规定了客户的飞机使用权的范围。在使用权范围内，客户可就整个2年使用期内飞机的使用方式和使用目的作出相关决定，因为客户可以决定飞机是否飞行、飞行的时间和地点以及搭载的乘客和货物。在整个2年使用期内，客户有权改变这些决定。

尽管飞机的操作对于飞机的有效使用必不可少，但供应商在这些方面的决定并未赋予其主导飞机使用方式和使用目的的权利。因此，供应商在使用期内不能控制飞机的使用，且供应商的决定不影响客户控制飞机的使用。

案例1-2-13：衬衫合同 [IFRS 16 示例8；CAS 21 应用指南（2019）例14]

案例背景：

续案例1-2-7：衬衫合同 [IFRS 16 示例8；CAS 21 应用指南（2019）例14]

案例分析：

客户无权主导在3年使用期内工厂的使用方式和使用目的。客户的权利仅限于与供应商签订的合同中规定的工厂产出。客户对工厂的使用享有与从工厂购买衬衫的其他客户一样的权利。供应商有权主导工厂的使用，因为供应商可决定工厂的使用方式和使用目的（即供应商有权决定工厂运行的生产水平以及将所生产的产品用于履行哪些客户合同）。

案例1-2-14：电力合同 [IFRS 16 示例9C]

案例背景：

客户与供应商签订了一份合同，购买明确指定的一家电厂10年生产的全部电力。合同规定客户有权获得该电厂生产的全部电力（即供应商不能使用该电厂履行其他合同）。

客户向供应商发出关于电力交付数量和时间安排的指令。若电厂不为该客户生产电力，将停止运行。

供应商按照行业认可的运营实务负责电厂的日常运营和维护。

案例分析：

该合同包含租赁。客户拥有该电厂10年的使用权。

该案例中存在已识别资产。合同明确指定了电厂，且供应商无权替换被指定的电厂。

客户在整个 10 年使用期内拥有控制电厂使用的权利，因为：

（1）客户有权获得在 10 年使用期内使用电厂所产生的几乎全部经济利益。客户拥有电厂的专属使用权；客户有权获得该电厂在整个 10 年使用期内生产的全部电力。

（2）客户有权主导电厂的使用，因为其满足客户有权在整个使用期间主导资产的使用方式和使用目的的条件。客户就电厂的使用方式和使用目的作出相关决定，因为客户有权决定整个使用期内电厂是否发电、发电的时间和发电量（即发电的时间安排和数量）。因为已经禁止供应商将电厂用于其他用途，客户关于发电的时间安排和数量的决策实际上决定了电厂的发电时间以及是否发电。

尽管电厂的运营和维护对于电厂的有效使用必不可少，但供应商在这些方面的决定并未赋予其主导电厂使用方式和使用目的的权利。因此，供应商在使用期内不能控制电厂的使用。相反，供应商的决定取决于客户关于电厂使用方式和使用目的的决定。

案例 1-2-15：网络服务合同 [IFRS 16 示例 10；CAS 21 应用指南（2019）例 10、例 15]

案例背景：

情形一：客户与一家电信公司（供应商）签订了 2 年期的网络服务合同。合同要求供应商提供符合规定质量水平的网络服务。为提供服务，供应商在客户处安装并设置了服务器，供应商决定使用服务器在网络上传输数据的速度和质量。供应商可在需要时重新设置或更换服务器，以持续提供合同中规定的优质网络服务。客户不操作服务器或就其使用作出任何重大决定。

情形二：客户与一家信息技术公司（供应商）签订了使用一台被识别的服务器的 3 年期合同。供应商根据客户的指示在客户处交付和安装服务器，并在整个使用期内根据需要提供服务器维修服务。供应商仅在服务器发生故障时进行替换。客户决定在服务器中存储哪些数据以及如何整合服务器及其运营。在整个使用期内，客户可以改变这些决定。

案例分析：

情形一：该合同不包含租赁。该合同属于供应商使用设备以满足客户确定的网络服务水平的服务合同。

该案例中无需评估在客户处安装的服务器是否属于已识别资产。此项评估不会改变该合同是否包含租赁的分析,因为客户不拥有控制服务器使用的权利。

客户并不控制服务器的使用,因为客户唯一的决策权是在使用期开始前决定网络服务水平(服务器的输出),在使用期内,不修改合同就无法变更网络服务水平。例如,即使客户制造了需要传输的数据,但该活动并不会直接影响网络服务的配置,因而不影响服务器的使用方式和使用目的。

供应商是使用期内唯一可就服务器的使用作出相关决定的一方。供应商有权决定使用服务器传输数据的方式,是否重新配置服务器以及是否将服务器用于其他用途。因此,在向客户提供网络服务时,供应商控制服务器的使用。

情形二:该合同包含租赁。客户拥有服务器 3 年的使用权。

该案例中存在已识别资产。合同明确指定了该服务器。供应商仅在服务器发生故障时方可替换。

客户在整个 3 年使用期内拥有控制服务器使用的权利,因为:

(1)客户有权获得在 3 年使用期内使用服务器所产生的几乎全部经济利益。在整个使用期内,客户拥有服务器的专属使用权。

(2)客户有权主导服务器的使用。客户可就服务器的使用方式和使用目的作出相关决定,因为客户有权决定使用该服务器支持其运营的哪一方面以及存储哪些数据。客户是使用期内唯一可就服务器的使用作出决定的一方。

(二)在使用期间及之前所做的决策

在某些情况下,有关资产的使用方式和使用目的的决策是事先确定的,客户或供应商在使用期间均无法作出该等决策。例如,如果有关资产使用方式和使用目的的所有决策均由客户和供应商在合同谈判时共同商定且在租赁期开始日后无法更改,或者该等决策实际上已由资产的设计事先确定,就会出现该情况。一般,有关资产使用方式和使用目的的决策事先确定的情况相对较少出现。

新租赁准则规定,在评估客户是否有权主导资产的使用时,主体应仅考虑在使用期间作出资产使用决策的权利,除非客户设计了资产(或资产的特定方面)。因此,除客户设计资产的情况外,主体不应考虑在使用期之前预先确定的决策。例如,如果客户仅能够在使用期之前指定资产的产出,则客户无权主导该资产的使用。客户能够在使用期之前在合同中指定产出,而没有与资产使用相关的任何其他决策权,则该客户与购买商品或服务的客户享有的权利相同

[IFRS 16 para. B29]。

如果有关资产使用方式和使用目的的决策是事先确定的,则客户仍可主导资产使用的前提是其有权经营资产,或其设计了资产并在设计时事先确定了资产的使用方式和目的。在前述任一情况下,客户均控制了使用权,而该使用权超出典型的供应或服务合同中的客户权利(即客户所拥有的权利超出单纯订购和接收资产产出的权利)。因此,客户有权作出(或在设计时已经作出)影响在整个使用期间使用资产产生的经济利益的决策。如果客户在使用期间开始之时或之前(例如于合同条款)指定资产的产出,且在使用期间不能更改该指定,则其对资产的使用通常不具有控制。在该等情况下,其不会拥有比典型的供应或服务合同中的客户更多的决策权 [IFRS 16 para. BC122、BC123]。

案例1-2-16:船只 [IFRS 16 示例6A;CAS 21 应用指南(2019)例9]

案例背景:

客户与船只所有者(供应商)就使用指定船只将货物从鹿特丹运至悉尼签订了合同。船只在合同中有明确规定,且供应商没有替换权。货物将占据船只的几乎全部运力。合同规定了船只将运输的货物以及装卸日期。

供应商负责船只的操作与维护,并负责船上货物的安全运输。合同期间,客户不得雇佣其他人员操作船只或自行操作船只。

案例分析:

该合同不包含租赁。

该案例中存在已识别资产。合同明确指定了船只,且供应商无权替换被指定的船只。

客户有权获得在使用期内使用船只所产生的几乎全部经济利益。客户的货物将占据船只的几乎全部运力,从而防止其他方获得使用船只所产生的经济利益。

然而,客户没有控制船只使用的权利,因为客户无权主导船只的使用。客户无权主导船只的使用方式和使用目的。合同预先确定了船只的使用方式和使用目的(即在规定时间内将指定货物从鹿特丹运至悉尼)。客户无权变更使用期内船只的使用方式和使用目的。在使用期内,客户没有关于船只使用的其他决策权(例如,客户无权操作船只),也未参与该船只的设计。客户对船只使用享有与使用该船只运输货物的其他诸多客户一样的权利。

案例 1-2-17：电力合同 [IFRS 16 示例 9A；CAS 21 应用指南（2019）例 7]

案例背景：

一家公用事业公司（客户）与一家电力公司（供应商）签订了一份合同，购买某一新太阳能电厂 20 年生产的全部电力。该太阳能电厂在合同中有明确规定，且供应商没有替换权。太阳能电厂为供应商所有，不能通过其他资产向客户供应该电力。太阳能电厂是由客户在建设之前设计的，客户聘请了太阳能专家协助确定太阳能电厂的选址以及将使用设备的工程。供应商负责按照客户的规格建造太阳能电厂，并负责其运行和维护。关于是否发电以及发电的时间和发电量不存在相关决定，因为该项资产的设计已经预先确定了这些决定。供应商将获得与太阳能电厂建设和所有权相关的税款抵免，而客户将获得使用太阳能电厂产生的可再生能源税款抵免。

案例分析：

该合同包含租赁。客户拥有太阳能电厂 20 年的使用权。

该案例中存在已识别资产，因为合同明确指定了该太阳能电厂，且供应商无权替换被指定的太阳能电厂。

客户在整个 20 年使用期内拥有控制太阳能电厂使用的权利，因为：

（1）客户有权获得在 20 年使用期内使用太阳能电厂所产生的几乎全部的经济利益。客户拥有太阳能电厂的专属使用权；获得该电厂在 20 年使用期内生产的全部电力以及使用太阳能电厂的一个副产品——可再生能源税款抵免。尽管供应商将以税款抵免形式获得太阳能电厂产生的经济利益，但这些经济利益与太阳能电厂的所有权相关，而非与使用太阳能电厂相关，因此在评估时不予考虑。

（2）客户有权主导太阳能电厂的使用，因为其满足客户设计资产（或资产的特定方面），设计时预先确定了整个使用期间资产的使用方式和使用目的的条件。客户和供应商均不决定使用期内太阳能电厂的使用方式和使用目的，因为这些决定在该资产的设计中已预先确定（即太阳能电厂的设计实际上已将整个使用期内关于太阳能电厂使用方式和使用目的的相关决策权预设于该资产）。客户不负责太阳能电厂的运营；太阳能电厂的运营由供应商作出决定。然而，客户对太阳能电厂的设计赋予了客户主导电厂使用的权利。因为太阳能电厂的设计已预先确定了整个使用期内该资产的使用方式和使用目的，客户对设计的控制实质上与客户控制这些决定并无差别。

案例 1-2-18：电力合同 [IFRS 16 示例 9B；CAS 21 应用指南（2019）例 8]

案例背景：

客户与供应商签订了一份合同，购买被明确指定的一家电厂 3 年生产的全部电力。该电厂为供应商所有，并由供应商运营。供应商不能通过另一家电厂向客户供应电力。合同规定了整个使用期内该电厂的发电数量和时间安排，非特殊情况（例如紧急情况）不可变动。供应商按照行业认可的运营实务负责电厂的日常运营和维护。与客户签订合同的几年前建设电厂时，供应商对该电厂进行了设计，客户未参与该设计。

案例分析：

该合同不包含租赁。

该案例中存在已识别资产，因为合同明确指定了该电厂，且供应商无权替换被指定的电厂。

客户有权获得在 3 年使用期内使用被识别电厂所产生的几乎全部经济利益。客户将获得电厂在 3 年使用期内生产的全部电力。

然而，客户并不拥有控制电厂使用的权利，因为客户无权主导电厂的使用。客户无权主导电厂的使用方式和使用目的。电厂的使用方式和使用目的（即是否发电、发电的时间和发电量）在合同中已预先确定。客户无权变更使用期内电厂的使用方式和使用目的。在使用期内，客户没有关于电厂使用的其他决策权（例如，客户不运营电厂），且并未参与电厂的设计。供应商通过决定电厂的运营和维护方式，成为使用期内唯一可就电厂作出决定的一方。客户对电厂的使用拥有与从电厂获取电力的其他诸多客户一样的权利。

案例 1-2-19：集装箱合同 [CAS 21 应用指南（2019）例 12]

案例背景：

甲公司（客户）与乙公司（货运商）签订了一份使用 10 个指定型号集装箱的 5 年期合同。合同指定了具体的集装箱，集装箱归乙公司所有。甲公司有权决定何时何地使用这些集装箱以及用其运输什么货物。不用时，集装箱存放在甲公司处。甲公司可将集装箱用于其他目的（如用于存储）。但合同明确规定甲公司不能运输特定类型的货物（如爆炸物）。若某个集装箱需要保养或维修，乙公司应以同类型的集装箱替换。除非甲公司违约，乙公司在这合同期内不得收回集装箱。除集装箱外，合同还约定乙公司应按照甲公司的要求提供运输集装箱的卡车和司机。卡车存放在乙公司处，乙公司向司机发出指示详细说明甲公司的货物运输要求。乙公司可使用任一卡车满足甲公司的需求，卡车既可以用于运输甲公司的货物，也可以运输其他客户的货物，即，如果其他客户要求运输货物的目的地与甲公司要求的目的地距离不远且时间接近，乙公司可以用同一卡车运送甲公司使用的集装箱及其他客户的货物。

案例分析：

本例中，合同明确指定了 10 个集装箱，乙公司一旦交付集装箱给甲公司，仅在集装箱需要保养和维修时方可替换，因此，这 10 个集装箱是已识别资产。合同既未明确也未隐性指定卡车，因此运输集装箱的卡车不属于已识别资产。甲公司在整个 5 年使用期内控制 10 个集装箱的使用，原因如下：（1）甲公司有权获得在 5 年使用期使用集装箱所产生的几乎全部经济利益。本例中甲公司在整个使用期间（包括不使用集装箱运输货物的期间）拥有这些集装箱的独家使用权。（2）合同中关于集装箱可运输货物的限制并未赋予乙公司主导集装箱使用目的和使用方式的权利。在合同约定的使用权范围内，甲公司可以主导集装箱的使用目的和使用方式，决定何时何地使用集装箱以及使用集装箱运输什么货物。当集装箱不用于运输货物时，甲公司还可决定是否使用以及如何使用集装箱（如，用于存储）。甲公司在 5 年使用期内有权改变这些决定，因此甲公司有权主导集装箱的使用。尽管乙公司控制了运输集装箱的卡车和司机，但乙公司在这方面的决策并未赋予其主导集装箱使用目的和使用方式的权利。因此，乙公司在使用期间不能主导集装箱的使用。

基于以上分析可以得出结论，该合同包含集装箱的租赁，甲公司拥有 10 个集装箱的 5 年使用权。关于卡车的合同条款并不构成一项租赁，而是一项服务。

案例 1-2-20：商铺合同 ［CAS 21 应用指南（2019）例 13］

案例背景：

甲公司（客户）与乙公司（某商场物业所有者）签订了一份使用商铺 A 的 5 年期合同。商铺 A 是某商场的一部分，该商场包含许多商铺。合同授予了甲公司商铺 A 的使用权。乙公司可以要求甲公司搬至另一商铺，在这种情况下，乙公司应向甲公司提供与商铺A面积和位置类似的商铺，并支付搬迁费用。仅当有新的重要租户决定租用较大零售区域，并支付至少足够涵盖甲公司及零售区域内其他租户搬迁费用的租赁费时，乙公司才能因甲公司搬迁而获得经济利益。尽管这种情形不完全排除发生的可能性，但根据合同开始日情况来看，企业认为属于不可能发生的情况。合同要求甲公司在商场的营业时间内使用商铺A经营其知名店铺品牌以销售商品。甲公司在使用期间就商铺A的使用作出决定。例如，甲公司决定该商铺所销售的商品组合、商品价格和存货量。合同要求甲公司向乙公司支付固定付款额，并按商铺A销售额的一定比例支付可变付款额。作为合同的一部分，乙公司提供清洁、安保及广告服务。

案例分析：

本例中商铺A在合同中明确指定乙公司有替换商铺的实际能力，但仅在特定情况下才能获益，根据合同开始日的情形分析不太可能出现这种情况，因此，乙公司的替换权不具有实质性，商铺A属于已识别资产。甲公司在整个5年使用期控制商铺A的使用，原因如下：（1）甲公司有权获得在5年使用期使用商铺A所产生的几乎全部经济利益。本例中，甲公司在整个使用期间拥有商铺A的独家使用权。尽管商铺A销售所产生的部分现金流量将从甲公司流向乙公司，但这仅代表甲公司为使用商铺A而支付给乙公司的对价，并不妨碍甲公司拥有获得使用商铺A所产生的几乎全部经济利益的权利。（2）合同关于商铺A销售的商品以及营业时间的限制限定了甲公司使用商铺A的权利的范围。在合同界定的使用权范围内，甲公司可以决定商铺A的使用目的和使用方式，例如，甲公司能够决定在商铺A销售的商品组合以及商品售价。甲公司在5年使用期有权改变这些决定。因此甲公司有权主导商铺A的使用。尽管清洁、安保和广告服务对于商铺A的有效使用必不可少，但乙公司在这些方面的决定并未赋予其主导商铺A使用目的和使用方式的权利。

基于上述分析可以得出结论，该合同包含商铺A的租赁，甲公司拥有商铺A 5年的使用权。

（三）解释委员会议程决议——决策权

在2020年1月的会议中，解释委员会讨论船舶使用合同中，合同预先约定了船舶部分使用方式和使用目的的决策，但不是全部的决策，如何判断客户是否有权在整个使用期间主导该船舶的使用方式和使用目的。

议题名称：租赁的定义——决策权

涉及准则：《国际财务报告准则第 16 号——租赁》

决议日期：2020 年 1 月

解释委员会收到请求，询问通过 5 年期合同，客户是否有权主导一艘船舶的使用。在咨询案例背景中：

（1）根据《国际财务报告准则第 16 号》第 B13 至第 B20 段，存在一项已识别资产，即船舶。

（2）根据《国际财务报告准则第 16 号》第 B21 至第 B23 段，客户有权获得在 5 年合同期内使用该船舶所产生的几乎全部经济利益。

（3）合同预先约定了很多有关该船舶使用方式和使用目的的决策，但不是全部的决策。客户有权在整个使用期内作出有关该船舶使用方式和使用目的的其余决策。在咨询案例背景中，客户认为这些决策权是相关的，因为它们对使用船舶产生的经济利益具有影响。

（4）供应商在整个使用期内运行和维护该船舶。

主导使用已识别资产的权利

《国际财务报告准则第 16 号》第 B24 段规定了客户在什么情况下有权在整个使用期间主导已识别资产的使用。至第 B27 段有关主导已识别资产使用的权利的规定。第 B24（2）段仅适用于资产的使用方式和使用目的的相关决策已预先确定。

理事会在《国际财务报告准则第 16 号》结论基础第 BC121 段强调，"有关资产使用方式和使用目的的决策事先确定的情况相对较少出现"。

解释委员会注意到，在咨询案例所述情况中，由于并非有关该船舶使用方式和使用目的的全部相关决策都已预先确定，该客户在评估其是否有权主导该船舶的使用时，应当考虑《国际财务报告准则第 16 号》第 B24（1）段的要求。

主导资产的使用方式和使用目的的权利

第 24（1）段规定，如果"客户有权在整个使用期间主导资产的使用方式和使用目的"（如第 B25 段至第 B30 段所述），则该客户有权在整个使用期间内主导已识别资产的使用。为有权主导资产的使用方式和使用目的，在合同规定的使用权利范围内，客户必须能够在整个使用期间变更资产的使用方式和使用目的（第 B25 段）。在进行该评估时，主体需考虑与在整个使用期间变更使用资产的方式和目的最为相关的决策权。相关决策权是指对使用资产所产生的经济利益产生影响的决策权（第B25段）。除满足第B24（2）②段中的条件外，主体不应考虑在使用期之前预先确定的决策（第B29段）。

第B26段包含了根据具体情况，授予了变更资产使用方式和使用目的的权利的决策权的例子。有限地运行资产或维护资产的权利并未授予变更资产使用方式和使用目的的权利（第B27段）。

解释委员会注意到，在咨询案例所述情况下，客户有权在整个使用期间主导该船舶的使用方式和使用目的。

该客户有权在整个使用期间作出有关该船舶使用的决策，且影响由其使用产生的经济利益。因此，在合同规定的使用权利范围内，该客户能够变更该船舶的使用方式和使用目的。在合同中预先确定的有关该船舶的使用方式和使用目的很多决策，是为了指定客户使用权的范围——在该范围内，客户有权对变更该船舶的使用方式和使用目的作出最相关的决策。

解释委员会还注意到，虽然案例中该船舶的运行和维护对其有效使用是必要的，但供应商的该决策并不能赋予其主导该船舶的使用方式和使用目的的权利。

解释委员会得出结论，在咨询案例所述情况下，该客户有权在整个使用期间内主导该船舶的使用。因此，该合同包含租赁。

解释委员会得出结论认为，《国际财务报告准则第16号》中的原则和要求为主体确定对该请求描述的合同是否包含租赁提供了充分的依据。因此，解释委员会决定不将此事项纳入准则制定议程。

在本议题最初提交的案例背景中，合同预先约定的部分决策包括，将船舶的装货港预先确定为"X""Y"和"Z"三个港口，卸货港预先确定为"S"港口。同时，合同未预先确定每次航行的时间，但要求船舶应在装卸完成后立即出发。此外，根据客户与第三方采购货物的合同安排，由客户制定年度和季度货物装运计划，指定每个航次的货物装运地点，并通知供应商。供应商提供装运服务，即根据通知的装运计划，从装货港（"X""Y"或"Z"）装载货物，并在卸货港（"S"）卸货。

在该案例背景中，争议的焦点在于，合同明确规定了三个装货港和一个卸货港，客户在合同期内不能变更为其他港口。有观点认为，该限制类似于本章"案例1-2-16：船只"的情况，该案例也预先确定了货物的装卸港，客户在合同期内不具有变更船舶使用方式和使用目的的权利，从而认定该合同不包含租赁。但是，另一观点认为，在合同约定的范围内，客户可以在整个合同期内为每一航次指定装货港（"X""Y"或"Z"），可以认定客户在合同期内具有变更船舶使用方式和使用目的的权利。

解释委员会认为，在咨询案例中，在合同中预先确定的有关该船舶的使用方式和使用目的很多决策，是为了指定客户使用权的范围——在该范围内，客户有权对变更该船舶的使用方式和使用目的作出最相关的决策。该客户有权在整个使用期间作出有关该船舶使用的决策，且影响由其使用产生的经济利益。因此，在合同规定的使用权利范围内，该客户能够变更该船舶的使用方式和使用目的，该合同包含租赁。

（四）地役权合同

根据《民法典》，地役权，是按照合同约定利用他人的不动产，以提高自己不动产效益的权利。在地役权法律关系中，为自己不动产的便利而供用他人不动产的一方当事人称为地役权人，也叫需役地人，将自己的不动产提供给他人使用的一方当事人称为供役地人。因使用他人不动产而获得便利的不动产为需役地，为他人不动产的便利而供使用的不动产为供役地，即他人的不动产为供役地，自己的不动产为需役地。地役权的基本内容是，地役人有权按照合同约定，利用供役地人的土地或者建筑物，以提高自己的需役地即土地或者建筑物的效益。

实务中，存在因向其他方让渡地役权而收取一定款项的情况，但由于法律所称地役权范围较为广泛，让渡地役权具体经济含义各有不同，从而可能适用不同的会计准则和处理模型，有的情况下甚至可能无法找到适用的准则和规定，实务中存在不同处理方法。

案例1-2-21：让渡区域通行权利

案例背景：

A公司拥有位于甲地××段至××段的道路，B公司是一家工程公司，其主要物料地位于该道路一侧。为便于通行，B公司与A公司签订合同，合同约定如下：

A公司名下具有合法权利的位于甲地××段至××段道路（附图）的地役权提供给B公司使用，B公司可以在该段道路内自由通行，但不影响A公司自身在该区域的通行和活动。使用时间自 2×12 年 1 月 1 日至 2×22 年 12 月 31 日，共 10 年。使用费为 10 万元/年，共计 100 万元。B 公司应于合同签订之日起 10 个工作日内支付 3 年使用费共 30 万元给 A 公司，此后使用费按照预付的形式在使用期开始前 1 个月内支付。

A 公司有权对 B 公司使用供役地的行为进行监督，并要求 B 公司按照合同约定的用途和方式使用供役地；A 公司有权对供役地进行转让、租赁、抵押等处分行为；A 公司应当保证其对设定地役权的土地享有合法权利。

B 公司使用供役地应当向有关部门办理手续。使用供役地应当采取有效措施，确保该道路设施设备和行车安全。B 公司当谨慎使用土地，并在本合同期限届满时将土地恢复原貌。按照本合同约定的数额、支付方式，足额及时向 A 公司支付费用。B 公司不得将该地役权进行转让、抵押。B 公司应当按照约定的使用用途和方式使用供役地。B 公司增加地上或地下添附物应当经过 A 公司同意，并定期对其增加的地上或地下添附物进行维修养护，确保设施设备良好，不得给 A 公司或第三方造成损害。

案例问题：

该合同是否包含租赁？如何确认收入？

案例分析：

该合同不包含租赁。本案例中，合同存在一定期间"自 2×12 年 1 月 1 日至 2×22 年 12 月 31 日，共 10 年"；合同对标的资产的区域进行了明确且附有图纸，表明资产被指定、物理上可区分且 A 公司不具有实质替换权。因此存在已识别资产。然而，B 公司取得的只是从该道路的部分通行权，A 公司自身也可以从该道路继续通行，B 公司并未取得该指定区域几乎所有的经济利益。因此，B 公司不能控制已识别资产的使用权。

该合同是 A 公司提供给 B 公司一项在该区域通行使用的权利，但 B 公司并不具有独占权，其不能单独控制该区域的使用，因此该合同实质是 A 公司为 B 公司提供了一项通行服务，应属于收入准则范围。因该项服务是在一段时间内陆续产生的，是 B 公司履约的同时即取得并消耗 A 公司履约所带来的经济利益，因此属于在某一时段内履行履约义务，应分期确认收入。

案例 1-2-22：放弃兴建高层建筑的权利

案例背景：

A 公司为一家房地产开发公司，其以销售高档住宅并长期提供高质量物业管理一体化而闻名。A公司拍得一块位于甲市湖畔的土地，计划以"观景"为设计理念建造一个高层观景商品住宅楼的高档小区，准备以"湖畔景观"为卖点销售。但该地块前有一平房制衣厂，为了保证其销售卖点以及确保该住宅楼业主能在房间内欣赏河畔风景，A公司能够长期提供高质量物业管理，A公司与制衣厂签订地役权合同。

合同约定：为保证A公司××小区住宅的景观性，制衣厂不得在其土地上建造或放置三层楼以上的建筑物，期限为合同签订之日起30年内。作为补偿，A公司在合同签订之日起30个工作日内一次性支付给制衣厂600万元。若制衣厂违反约定建造三层楼以上的建筑物，将退回已经收取的款项并支付罚金。

案例问题：

该合同是否包含租赁？如何确认收入？

案例分析：

该合同不包含租赁。新租赁准则规定，如果合同中一方让渡了在一定期间内控制一项或多项已识别资产使用的权利以换取对价，则该合同为租赁或者包含租赁。本案例中，A公司并未承诺让渡任何已识别资产，因此，合同不存在租赁，不适用租赁准则。

该合同的实质是，制衣厂放弃了"30年内在该区域建造或放置三层楼以上建筑物"的权利以获取A公司的补偿。制衣厂并不需要向A公司转移任何可明确区分的商品或服务，其放弃该权利也不需要制衣厂进行任何活动，而是不进行某项活动。因此，不适用收入准则。

本案例中，虽然制衣厂并不需要向客户交付任何可明确区分的商品或服务，也未让渡任何已识别资产的使用权，但是，制衣厂必须保证30年内在该区域不建造或放置三层楼以上建筑物。该承诺是获得600万元的前提，是一项合同义务。换言之，制衣厂只有在履行了该合同义务的前提下，才能确认相关合同收入。因此，该制衣厂应在合同履行期间，各年均未在该区域建造或放置三层楼以上建筑的前提下，将600万元对价按30年分期确认为收入。

案例1-2-23：让渡道路上方空间

案例背景：

A公司为一家采矿企业，其位于某地的矿区在山区中，山区的部分地区属于自然保护区，同时也还存在着一些村落，所以A公司在开采和运输方面受到的限制较多，A 公司只能在山脚建设厂区进行加工。为提高运输效率，A 公司的矿石从山顶开采出之后运输到山脚结合传送带与车辆的方式进行运输。但部分传送带需通过村落自有的内部道路，为不影响村民通行，A 公司与村委会签署了地役权合同。

A 公司与 B 村委会的合同约定：A 公司因其运输矿石需要，建设传送带需通过 B 村子的内部×处的××道路，为不影响村民日常通行，A 公司在该道路上方建设加高桥梁，使其传送带通过××道路上方空间（附图）。使用期限为 10 年，到期后 A 公司视其该矿区的开采量剩余情况可选择续期。已知 A 公司预计该矿区目前的开采量能够再开采 10 年，传送带在矿石开采完之后就失去使用价值。A 公司承诺，在其不再继续使用该道路上方空间时，须拆除所有设施。作为补偿，A 公司需支付 B 村委会 10 万元/年的补偿费，A 公司需在合同签署后 30 日内一次性支付 B 村委会 10 年费用共计 100 万元；若 10 年后 A 公司需要续期再另行商议使用费，续期的使用费浮动程度不得高于现有使用费的 15%。

案例问题：

该合同是否包含租赁？

案例分析：

该合同包含租赁。具体分析如下。

（1）该合同存在一定期限。本案例中，合同约定 A 公司的使用期限为 10 年，虽然合同同时约定了 A 公司"到期后 A 公司视其该矿区的开采量剩余情况可选择续期"的续租选择权，但该期限是基于 A 公司矿石开采量而决定，开采量是有限的，且 A 公司预计该矿区目前的开采量能够开采 10 年。因此，合同具有一定期限。

（2）该合同存在已识别资产。本案例中，A 公司使用的是 B 村子内部×处的××道路上方的一段空间，并附有图纸，表明该区域是指定的，物理上可区分。在 A 公司建设桥梁之后就占用了该段空间，合同中也并未明示或暗示在使用期到期前，B 村委会会让 A 公司拆除或挪动到其他区域。因此，B 村委会不具有实质替换权。

（3）客户控制了已识别资产的使用。本案例中，A 公司可自行在该道路上方搭建桥梁并后续使用，其在搭建了桥梁之后即享有指定区域在使用期间内的独占权利，该桥梁也仅是 A 公司用于运输矿石。因此，A 公司有权获得使用该指定区域产生的几乎全部经济利益，并有权主导已识别资产的使用。

第四节 租赁的分拆与合并

一、租赁的分拆

某些合同可能同时包含租赁组成部分和非租赁（服务）组成部分。例如，汽车合同可能包含租赁和维修服务。此外，许多合同包含两个或两个以上租赁组成部分。例如，一份单独的合同可能包含土地租赁、建筑物租赁和设备租赁。

新租赁准则规定，如果合同为租赁或包含租赁，则主体应将合同中的各租赁组成部分与非租赁组成部分进行拆分，并将各租赁组成部分单独作为一项租赁进行会计处理，除非承租人采用实务变通处理［IFRS 16 para. 12；CAS 21（2018）第九条］。

如果同时满足下列两项条件，使用标的资产的权利为一项单独的租赁组成部分［IFRS 16 para. B32；CAS 21（2018）第十条］。

（1）承租人能够从单独使用标的资产，或将其与易于获得的其他资源一起使用中获益。易于获得的资源是指（出租人或其他供应商）单独销售或租赁的商品或服务，或者承租人已（从出租人或从其他交易或事件）获得的资源；并且

（2）标的资产与合同中的其他标的资产不存在高度依赖或关联关系。例如，承租人不租赁标的资产的决定不会对承租人使用合同中的其他标的资产的权利产生重大影响，这一事实表明标的资产与该等其他标的资产不存在高度依赖或关联关系。

识别租赁合同中的单独租赁组成部分与识别收入合同中的履约义务类似。在两种情况下，主体均尝试识别客户或承租人是就多项单独交付订立合同，还是就可能包含多项资产的一项交付订立合同。因此，上述区分租赁的单独组成部分条件，类似于新收入准则中区分向客户承诺的商品或服务是否可明确区分（识别履约义务）的条件。

新收入准则规定，向客户承诺的商品或服务如果同时满足下列两项条件，则是可明确区分的：（1）客户能够从单独使用该商品或服务，或将其与客户易

于获得的其他资源一起使用中获益;以及(2)主体向客户转让该商品或服务的承诺与合同中的其他承诺可单独区分开来。其中,可能表明向客户转让商品或服务的两项或多项承诺不可明确区分的因素包括但不限于:(1)主体提供重大的服务,将这些商品或服务与合同所承诺的其他商品或服务整合为商品或服务组合;(2)合同所承诺的商品或服务对其他商品或服务作出重大修改或定制,或因其他商品或服务而作出重大修改或定制;(3)这些商品或服务相互之间高度依赖或高度关联。

从上述规定可见,区分租赁合同中单独组成部分,与区分商品或服务合同中单独履约义务,均需要考虑两个层次:(1)商品或服务自身可明确区分(单独受益);(2)合同范围内商品或服务可明确区分。其中,对于合同范围内是否可以区分,租赁准则提供了较为原则化的标准,即资产之间不存在高度依赖或关联。收入准则中增加了提供重大整合服务、存在重大修改或定制两项具体标准。实际上,高度依赖或关联是一项总体原则,其他两项很可能是该原则的具体体现。因此,对于资产(商品或服务)是否可明确区分,采用租赁准则和收入准则的区分规定,得出的结论一般应当保持一致。

合同可能包含一些因不会导致商品或服务转移至承租人的活动和成本而产生的,应由承租人承担的应付款项。例如,出租人可将管理费用或与租赁相关的其他成本计入应付总金额,但这些活动不会将商品或服务转移给承租人。该等应付金额不产生单独的合同组成部分,而应视为总对价的一部分并分摊至合同中已识别的单独组成部分[IFRS 16 para. B33]。

(一) 承租人的处理

对于包含多项租赁组成部分或包含多项租赁或非租赁组成部分的合同,承租人应基于每项租赁组成部分的相对单独价格与非租赁组成部分的单独价格之和分摊合同对价[IFRS 16 para. 13;CAS 21 (2018) 第十一条]。除非采用实务变通,否则承租人应采用其他适用的准则对非租赁组成部分进行会计处理[IFRS 16 para. 16]。

租赁组成部分和非租赁组成部分的相对单独价格应根据出租人或类似供应商就该组成部分或类似组成部分单独向主体收取的价格来确定。如果无法获得可观察的单独价格,则承租人应尽量利用可观察信息来估计组成部分的单独价格[IFRS 16 para. 14]。

理事会承认,租赁组成部分和非租赁组成部分的单独价格可能无法直接获得,因此决定允许尽量利用可观察信息来进行估计。理事会认为,若不能直接获得可观察价格,承租人可采用估计的单独价格,以解决出租人和承租人提出的关于拆分租赁组成部分与非租赁组成部分的一些最主要的担忧:出租人表示其对向承租人提供定价信息存在担忧,承租人则表示获取不能直接获得的可观察单独价格的信息可能较为繁琐且成本较高。事实上,在原租赁准则下,承租人也需要采用租赁组成部分和非租赁组成部分的相对公允价值的估计值分摊合同对价[IFRS 16 para. BC137]。

作为一项实务变通,承租人可按标的资产的类别选择不拆分租赁组成部分与非租赁组成部分,而将每项租赁组成部分和与其相关的非租赁组成部分作为一项租赁组成部分进行会计处理。但是,承租人不得对满足金融工具准则规定条件的嵌入衍生工具采用这一实务变通[IFRS 16 para. 15;CAS 21(2018)第十二条]。

理事会认为,对于部分承租人,实务变通可以降低成本和复杂程度,同时不会造成重大的可比性问题。这是因为,对于服务组成部分占较大比例的合同,承租人通常不会采用实务变通,因为这会显著增加承租人对这些合同承担的租赁负债。理事会预计,仅当合同的非租赁组成部分相对较小时,承租人才可能采用实务变通[IFRS 16 para. BC135]。

案例1-2-24:承租人将对价分摊至合同的租赁和非租赁组成部分 [IFRS 16 示例12;CAS 21 应用指南(2019)例16]

案例背景:

出租人向承租人出租1台推土机、1辆卡车和1台长臂挖掘机,用于承租人的采矿业务,租赁期为4年。出租人还同意在整个租赁期内维护各项设备。合同总对价为600 000元,按年分期支付,每年支付150 000元,另需根据维护长臂挖掘机所用的工时支付可变付款额。可变付款额的上限为长臂挖掘机更换成本的2%。对价包含了各项设备维护服务的费用。

案例分析:

承租人将非租赁组成部分(维护服务)与各项设备的租赁分开进行会计处理。承租人未采用实务变通处理。承租人认为,推土机、卡车和长臂挖掘机的租赁分别属于单独的租赁组成部分,原因在于:

(1)承租人能够从单独使用这三项设备中的每一项,或将其与易于获得的其他资源一起使用中获益(例如,承租人可以容易地租赁或购买其他卡车或挖

掘机用于其业务）；且

（2）尽管承租人租赁这三项设备只有一个目的（即从事采矿业务），但这些机器既非彼此高度依赖，也非彼此高度关联。承租人是否从出租人处租赁其他设备的决定不会对承租人从租赁的各项设备中获利的能力产生重大影响。

因此，承租人得出结论认为，合同中存在三个租赁组成部分和三个非租赁组成部分（维护服务）。承租人根据新租赁准则规定将合同对价分摊至三个租赁组成部分和非租赁组成部分。

有多家供应商为类似推土机和类似卡车提供维护服务。因此，对于这两项租赁设备的维护服务存在可观察的单独价格。承租人能够确定推土机和卡车的维护服务的可观察单独价格分别为 32 000 元和 16 000 元，假设支付条款与和出租人签订的合同条款相似。长臂挖掘机是高度专业化机械，因此，其他供应商不出租类似挖掘机或为类似挖掘机提供维护服务。然而，出租人对向其购买相似长臂挖掘机的客户提供 4 年的维护服务，4 年维护服务合同的可观察对价为固定金额 56 000 元，分 4 年支付，另需根据维护长臂挖掘机所用的工时支付可变金额。可变金额的上限为长臂挖掘机更换成本的 2%。因此，承租人估计长臂挖掘机维护服务的单独价格为 56 000 元加上可变金额。承租人能够确定推土机、卡车和长臂挖掘机的可观察单独价格分别为 170 000 元、102 000 元和 224 000 元。

承租人将合同固定对价（600 000 元）分摊至租赁和非租赁组成部分的情况如表 1-2-3 所示。

表 1-2-3　　　　　　　　　固定对价分摊　　　　　　　　　单位：元

	推土机	卡车	长臂挖掘机	合计
租赁	170 000	102 000	224 000	496 000
非租赁				104 000
固定对价总额				600 000

承租人将全部可变对价分摊至长臂挖掘机的维护，从而分摊至合同的非租赁组成部分。随后，承租人按照新租赁准则对各租赁组成部分进行会计处理，将分摊的对价作为各租赁组成部分的租赁付款额。

（二）出租人的处理

新租赁准则规定，出租人应将合同的租赁组成部分与非租赁组成部分分开，出租人不存在承租人可选择的实务变通处理。理事会认为，出租人应当能够将为租赁组成部分和非租赁组成部分支付的款项拆分开来。这是因为在给合同定价时，出租人需要了解各组成部分的价值，或对其进行合理估计［IFRS 16 para. BC135］。

对于包含多项租赁组成部分及多项租赁或非租赁组成部分的合同，出租人应根据收入准则关于将交易价格分摊至履约义务的规定分配合同对价［IFRS 16 para. 17；CAS 21（2018）第十一条］。理事会认为，对于主体在同一份合同中既是出租人也是商品和服务提供方的情况，这种方法将确保其对价分摊保持一致。出租人采用的方法与卖方对包含多项履约义务的收入合同进行对价分摊时采用的方法不应有所不同［IFRS 16 para. BC136］。

二、租赁的合并

如果满足下列一项或多项条件，主体应将与同一交易对方（或交易对方的关联方）在同一时间或相近时间订立的两个或多个合同合并，作为一项单独的合同进行会计处理：［IFRS 16 para. B2；CAS 21（2018）第十三条］

（1）这些合同基于总体商业目的作为一揽子交易而订立，若不将其作为整体考虑就无法理解该总体商业目的；

（2）其中某项合同的支付对价取决于其他合同的价格或履行情况；或者

（3）这些合同赋予的使用标的资产的权利（或者各项合同赋予的使用标的资产的多项权利）构成单独的租赁组成部分。

上述合同合并条件与收入准则中合同合并的规定类似。理事会认为，尽管对合同单独进行会计处理通常较为妥当，但也有必要评估相互依存的多份合同的合并影响。主体可能在订立多份合同时考虑彼此的相互影响，使得这些交易实质上构成一项单一安排，如果不将这些合同作为整体考虑，则无法理解这种安排实现的总体商业目标。例如，假设承租人就某项具有特定特征的资产订立一份一年期租赁合同，并就具有相同特征的资产订立自一年后开始的另一份一年期租赁合同，以及自2年后和3年后开始的类似远期合同。协商这四份合同的条款和条件时，是将彼此均纳入考虑的，因此，如果不将这一系列交易作为一个整体看待，则无法理解这些合同的总体经济影响。实际上，承租人达成了一项4年期的租赁。在该情况下，对每份合同独立进行会计处理可能无法如实反映整个交易［IFRS 16 para. BC130 - BC132］。

三、应用于租赁组合

新租赁准则主要对单项租赁的会计处理作出规定。作为实务变通，如果主体合理预期将新租赁准则应用于具有类似特征的租赁组合与应用于该租赁组合内的单项租赁对财务报表的影响不存在重大差异，则主体可将新租赁准则应用于该租赁组合。如果对租赁组合进行会计处理，则主体应采用能反映该租赁组合规模和构成的估计和假设［IFRS 16 para. B1］。

《2010年征求意见稿》与2013年5月发布的《租赁（征求意见稿）》（以下简称《2013年二次征求意见稿》）未禁止主体在组合层面应用租赁的各项规定。但是，很多主体指出，新收入准则提出了在组合层面应用其规定的指南。这些利益相关方询问，征求意见稿未对此方面提供指引，是否意味着不允许主体在组合层面应用《国际财务报告准则第16号》［IFRS 16 para. BC82］。

为回应此类担忧，理事会决定在《国际财务报告准则第16号》中增加对于组合的应用指引。该指引明确允许主体将《国际财务报告准则第16号》应用于具有类似特征的租赁组合，前提是主体合理预期将该准则应用于具有类似特征的租赁组合与应用于该租赁组合内的单项租赁对财务报表的影响不存在重大差异。此方法对于拥有大量相似租赁的承租人将尤为有用［IFRS 16 para. BC83］。

第三章 租赁期

第一节 租赁期相关定义

一、租赁定义

关于租赁期,国际国内原准则和新准则均具有明确定义,具体如表 1-3-1 所示。

表 1-3-1　　　　　　国际国内新、原准则租赁期定义

	原准则定义	新准则定义
国际准则租赁定义	租赁期,是指承租人签约租赁资产的不可撤销期间;如承租人有权选择继续租赁该资产,而且在租赁开始日就可以合理确定承租人将会行使这种选择权,则不论是否再支付租金,续租期也算在租赁期内〔IAS 17 para. 4〕	承租人有权使用标的资产的不可撤销的期间,以及:(1)续租选择权所涵盖的期间,前提是承租人合理确定将行使该选择权;以及(2)终止租赁选择权所涵盖的期间,如承租人合理确定不会行使该选择权〔IFRS 16 附录一〕
国内准则租赁定义	租赁期,是指租赁合同规定的不可撤销的租赁期间。租赁合同签订后一般不可撤销,但下列情况除外:(一)出租人同意。(二)承租人与原出租人就同一资产或同类资产签订了新的租赁合同。(三)承租人支付一笔足够大的额外款项。(四)发生某些很少会出现的或有事项。承租人有权选择续租该资产,并且在租赁开始日就可以合理确定承租人将会行使这种选择权,不论是否再支付租金,续租期也包括在租赁期之内〔CAS 21(2006)第七条〕	租赁期,是指承租人有权使用租赁资产且不可撤销的期间。承租人有续租选择权,即有权选择续租该资产,且合理确定将行使该选择权的,租赁期还应当包含续租选择权涵盖的期间。承租人有终止租赁选择权,即有权选择终止租赁该资产,但合理确定将不会行使该选择权的,租赁期应当包含终止租赁选择权涵盖的期间〔CAS 21(2018)第十五条〕

根据上述定义，国内国际新租赁准则对租赁期的定义实质一致。同时，无论是新准则还是原准则，均包含了"合理确定"和"不可撤销期间"的概念。相对于原准则下仅提及续租选择权，新租赁准则增加了在存在终止租赁选择权情况下的判断原则。

在新租赁准则下，确定合同租赁期涉及不可撤销期间、租赁期、可强制执行期间等几个概念：

（1）租赁的不可撤销期间，是承租人不能终止合同的期间。不可撤销期间，是租赁的最短期间。

（2）租赁期，是租赁的不可撤销期间，加上承租人可合理确定将行权（或不行权）的可选择期间。例如，承租人合理确定将行权的续租选择权所涵盖的期间，以及承租人合理确定将不行权的终止租赁选择权所涵盖的期间。

（3）可强制执行期间，是承租人和出租人之间存在可强制执行的权利和义务的期间。作为租赁合同的一部分，包含在租赁期内的可选择期间必须是可强制执行的。因此，可强制执行期间是租赁的最长期间。

不可撤销期间、租赁期及可强制执行期间之间的关系如图 1 - 3 - 1 所示。

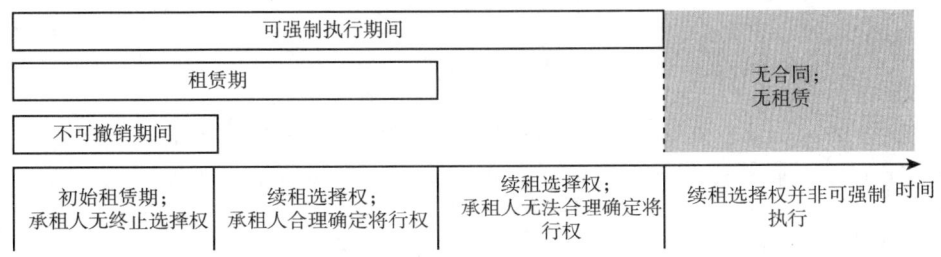

图 1 - 3 - 1 不可撤销期间、租赁期及可强制执行期关系图

根据图 1 - 3 - 1，在确定租赁期时，首先需要确定租赁合同的可强制执行期间和不可撤销期间；然后再根据承租人可合理确定行权（或不行权）期间，确定租赁期是落在不可撤销期间（最短期间）和可强制执行期间（最长期间）之间的哪一点。若合同不存在选择权，则不可撤销期间、租赁期，以及可强制执行期间是相同的。

二、租赁期开始日

租赁期开始日，是指出租人提供租赁资产使其可供承租人使用的起始日期

[CAS 21（2018）第十四条；IFRS 16 附录一］。这是承租人对使用权资产和租赁负债进行初始确认和计量的日期［CAS 21（2018）第十四条；IFRS 16 para. 22］。同时，也是出租人在其资产负债表内确认融资租赁的应收融资租赁款，并终止确认融资租赁资产的日期［CAS 21（2018）第三十八条；IFRS 16 para. 67］。租赁期自租赁期开始日起计算，包括出租人为承租人提供的免租期［IFRS 16 para. B36］。

从上述定义可见，租赁期开始日是出租人将控制已识别资产使用的权利转移给承租人的时点，合同是否包含免租期不会影响其判断。租赁期开始日强调的是控制已识别资产使用权利的转移，在该权利转移给承租人之后，承租人是否实际开始使用该租赁资产也不影响租赁期开始日的判断。

案例 1-3-1：租赁期开始日［CAS 21 应用指南（2019）例 17］

案例背景：

在某商铺的租赁安排中，出租人于 2×18 年 1 月 1 日将房屋钥匙交付承租人，承租人在收到钥匙后，就可以自主安排对商铺的装修布置，并安排搬迁。合同约定有 3 个月的免租期，起租日为 2×18 年 4 月 1 日，承租人自起租日开始支付租金。

案例分析：

此交易中，由于承租人自 2×18 年 1 月 1 日起就已拥有对商铺使用权的控制，因此租赁期开始日为 2×18 年 1 月 1 日，即租赁期包含出租人给予承租人的免租期。

三、租赁开始日

租赁开始日，是指租赁协议日与租赁各方就主要租赁条款和条件作出承诺日中的较早者［IFRS 16 附录一；CAS 21（2018）第三十五条］。租赁开始日是主体评价合同以确定其是否为一项租赁或包含一项租赁的日期；对于出租人，这同时是确定租赁分类的日期。

在租赁期开始日之前，承租人未获得和控制使用标的资产的权利，出租人也尚未履行合同。尽管承租人自租赁开始日起可能有以支付租赁付款额换取使用权资产的权利和义务，但在资产可供其使用之前，承租人不太可能有义务支付租赁付款额［IFRS 16 para. BC142］。因此，租赁开始日一般在租赁期开始日之前。虽然主体需要在租赁开始日作出重要评估,但租赁所产生的资产、负债、收益和费用直至租赁期开始日才在财务报表内确认或予以计量。

第二节 不可撤销期间

新租赁准则规定,在确定租赁期和评估不可撤销的租赁期间时,主体应采用合同的定义,并确定可强制执行合同的期间[IFRS 16 para. B34]。合同,是指双方或多方之间达成的产生强制可执行的权利和义务的协议[IFRS 16 附录一]。新租赁准则中合同的定义与收入准则、金融工具准则中合同的定义一致,均强调合同必须产生了法律上可强制执行的权利和义务,并以此类可强制执行的合同期间为基础确定租赁期。

出于界定新租赁准则范围的目的,理事会决定,仅当合同产生强制性权利和义务时才视合同是存在的。租赁中的任何不可撤销期间或通知期均符合合同的定义,因此将作为租赁期的一部分被包括在内。要构成合同的一部分,租赁期中包含的所有续租选择权或终止租赁选择权也必须可强制执行。例如,承租人须能在不可撤销期间结束后强制行使续租的权利。若选择权期间不可强制执行,例如,若承租人未经出租人同意不能强制续租,则承租人无权在不可撤销期间结束后使用资产。因此,根据定义,若在超出不可撤销期间(加上通知期)以外的期间,承租人与出租人之间不存在强制性权利和义务,则在超出不可撤销期间(加上通知期)的期间不存在合同。评估合同的可强制性时,主体应考虑出租人能否拒绝同意承租人的续租要求[IFRS 16 para. BC127]。

新租赁准则下,在确定合同是否存在可强制执行的权利和义务时,需要考虑以下三种情况:

(1)承租人和出租人均可单方面终止租赁;
(2)只有承租人有权终止租赁;
(3)只有出租人有权终止租赁。

一、承租人和出租人均可单方面终止租赁

新租赁准则规定,如果承租人和出租人双方均有权在未经另一方许可的情

况下终止租赁，且罚款金额不大，则该租赁不再可被强制执行［IFRS 16 para. B34］。

由于双方任何一方在初始不可撤销期间结束后均可提出终止租赁，且不会面临重大损失，因此，对承租人而言，在初始不可撤销期间结束后，无论出租人如何选择，均不存在强制性权利和义务。

案例 1-3-2：不可撤销期间的判断［CAS 21 应用指南（2019）例 18］

案例背景：

承租人与出租人签订了一份租赁合同，约定自租赁期开始日 1 年内不可撤销，如果撤销，双方将支付重大罚金，1 年期满后，经双方同意可再延长 1 年，如有一方不同意，将不再续期，且没有罚款。假设承租人对于租赁资产并不具有重大依赖。

案例分析：

在此情况下，自租赁期开始日起的第 1 年有强制的权利和义务，是不可撤销期间。而此后 1 年的延长期并非不可撤销期间，因为承租人或出租人均可单方面选择不续约而无需支付任何罚款。

二、解释委员会议程决议——租赁期和租赁资产改良的使用寿命

新租赁准则规定强调，在承租人和出租人均可单方面终止租赁的情况下，需要考虑终止租赁时的罚款金额是否重大。如果罚款金额不重大，则不属于可强制执行期间；如果罚款金额重大，则属于可强制执行期间。在 2019 年 11 月的议程决议中，解释委员会强调，在确定可强制执行期间时，除终止租赁罚款外，需要考虑更加广泛的经济因素。

议题名称： 租赁期和租赁资产改良的使用寿命

涉及准则：《国际财务报告准则第 16 号——租赁》及《国际会计准则第 16 号——不动产、厂场和设备》

决议日期： 2019 年 11 月

解释委员会收到请求，询问关于可撤销或可续租租赁的问题。

该请求所描述的可撤销租赁，是指未明确特定合同期限，但可无限续租直到合同一方提出终止通知的租赁。合同包含一个通知期，例如少于 12 个月，

且合同不要求任何一方支付终止罚款。该请求所描述的可续租租赁是指,明确了初始期间,并在初始期间结束时可无限续租,直到合同任意一方终止的租赁。

该请求询问了两个问题。

(1)如何确定可撤销或可续租租赁的租赁期。具体而言,该请求询问,主体根据《国际财务报告准则第 16 号》第 B34 段评估"不超过不重大惩罚"时,是否不仅考虑合同终止罚款,还要考虑合同更广泛的经济因素。例如,这些经济因素可能包括,弃置或拆除租赁资产改良的成本。

……

租赁期

《国际财务报告准则第 16 号》第 18 段要求主体将租赁期确定为不可撤销期间,并包括(1)续租选择权所涵盖的期间里确定将行使该选择权;以及(2)终止租赁选择权所涵盖的期间如承租人合理确定不会行使该选择权。

在确定租赁期和评估租赁的不可撤销期间时,《国际财务报告准则第 16 号》第 B34 段要求主体确定合同可强制执行的期间。《国际财务报告准则第 16 号》第 34 段指出,"如果承租人和出租人双方均有权在未经另一方许可的情况下终止租赁,且罚款金额不重大,则该租赁不再可强制执行。"

结论基础的第 BC156 段列出了理事会的观点,"租赁期应反映主体对标的资产将被使用的期间的合理预期,因为该方法提供了最有用的信息。"

解释委员会注意到,在应用第 B34 段确定该请求所描述的可强制执行期间时,主体考虑:

(1)合同更广泛的经济因素而不仅是合同终止罚款。例如,如果任何一方有不终止租赁的经济激励,因为一旦终止租赁将面临超过不重大的惩罚,则合同在其可被终止之日后仍为可强制执行的;以及

(2)是否各方均有权在未经另一方允许的情况下终止租赁,且不会因此面临超过不重大的惩罚。根据第 B34 段,只有当双方均有此类权利,合同才不再可强制执行。因此,如果仅有一方有权在未经另一方允许的情况下终止租赁,且不会因此面临超过不重大的惩罚,则合同在该方可终止合同之日后仍可强制执行。

如果主体得出结论认为,合同在可撤销租赁的通知期(或可续租赁的起始期)之后仍可强制执行,则要根据《国际财务报告准则第 16 号》第 19 段和第 B37 段至第 B40 段评估承租人是否合理确定将不会行使终止租赁选择权。

> ……
>
> 另外，如上文所述，主体在确定该请求所描述的租赁的可强制执行期间时考虑了更广泛的经济因素。这包括弃置或拆卸不可拆除租赁资产改良的成本。如果主体预期在合同可终止日之后使用不可拆除租赁资产改良，这些租赁资产改良的存在表明，主体如果终止租赁，可能面临超过不重大的惩罚。因此，根据《国际财务报告准则第 16 号》的第 B34 段，主体考虑合同是否至少在租赁资产改良的预计使用期间是可强制执行的。
>
> ……
>
> 解释委员会认为，《国际财务报告准则第 16 号》中的原则和要求为实体确定可取消和可续租租赁的租期提供了充分的基础。解释委员会还认为，《国际会计准则第 16 号》和《国际财务报告准则第 16 号》中的原则和要求为实体确定与此类租赁有关的任何不可拆除租赁资产改良的使用寿命提供了充分的基础。因此，解释委员会决定不将此事项纳入准则制定议程。

在上述议题中，确定可强制执行期间时，主体应考虑：

（1）合同更广泛的经济因素而不仅是合同终止罚款，这些经济因素包括上述议题所讨论的弃置或拆卸租赁资产改良的成本。例如，如果任何一方有不终止租赁的经济激励，因为一旦终止租赁将面临超过不重大的惩罚，则合同在其可被终止之日后仍为可强制执行的；解释委员会也强调，这些经济因素可能包括，弃置或拆卸租赁资产改良的成本。以及

（2）是否各方均有权在未经另一方允许的情况下终止租赁，且不会因此面临超过不重大的惩罚。只有当双方均有此类权利，合同才不再可强制执行。因此，如果仅有一方有权在未经另一方允许的情况下终止租赁，且不会因此面临超过不重大的惩罚，则合同在该方可终止合同之日后仍可强制执行。

三、只有承租人有权终止租赁

新租赁准则规定，如果只有承租人有权终止租赁，则在确定租赁期时，主体将该项权利视为承租人可行使的终止租赁选择权予以考虑［IFRS 16 para. B35］。

只有承租人有权终止租赁的情况下，该终止租赁的权利是承租人的一项选择权，无论承租人选择如何，该权利是赋予承租人的一项可强制执行的权利。

因此，若只有承租人有权终止租赁，则在初始不可撤销期间结束后仍存在强制性权利和义务。

此外，该期间虽然是可强制执行的，但对于承租人而言是"可撤销的"，因为行权与否是由承租人自行决定，无需考虑出租人的意见。因此，在此类情况下，对租赁期的评估应考虑承租人是否可以合理确定会行使该终止租赁选择权。若会，则租赁期仅包含初始不可撤销期间，不包含该选择权覆盖的期间；若不会，则租赁期应包含初始不可撤销期间及该选择权覆盖的期间。

四、只有出租人有权终止租赁

新租赁准则规定，如果只有出租人有权终止租赁，则不可撤销的租赁期包括终止租赁选择权所涵盖的期间［IFRS 16 para. B35］。

若只有出租人有权终止租赁，在确定租赁期时，不应考虑出租人终止租赁的权利。原因是在该情况下，除非且直至出租人决定终止租赁，承租人有无条件的义务为租赁期内使用资产的权利支付租赁付款额［IFRS 16 para. BC128］。

换言之，若只有出租人可以终止租赁，终止租赁仅是赋予出租人一项可行使的权利，在其作出终止租赁这一决定之前，承租人需要无条件支付租赁付款额，对于承租人而言，其义务并没有因出租人拥有这一项权利但没有行使而减少。因此，即使出租人拥有终止租赁选择权，但该终止租赁选择权所涵盖的期间在出租人行使该权利之前仍然是不可撤销的。承租人在判断不可撤销期间时应包含该期间。

五、不可撤销期间分析思路

根据以上分析，在确定租赁合同不可撤销期间时，主要分析思路可归纳为：

（1）无论出租人的观点如何，均不会影响租赁期的判断。

（2）若承租人不能在罚金不重大的情况下终止租赁，无论出租人观点如何，合同都是可强制执行的。此时，承租人需进一步评估其是否可合理确定会行使终止租赁选择权，相应确定租赁期；

（3）若承租人可以在罚金不重大的情况下终止租赁，无论出租人观点如何,租赁期等于初始不可撤销期间。因为在罚金不重大的情况下,并不能合理确定承租人会续期。

具体如图1-3-2所示。

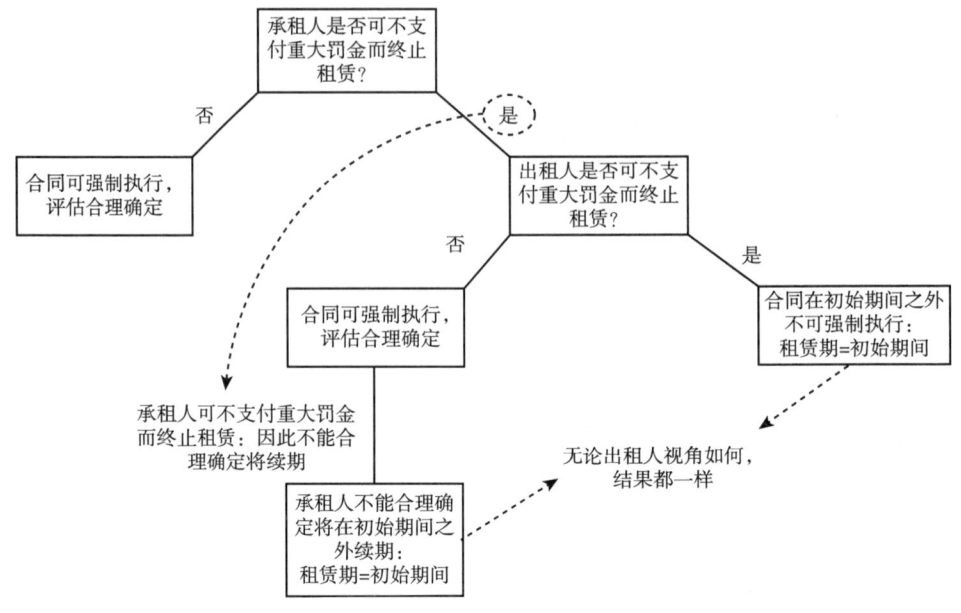

图1-3-2 不可撤销期间分析思路图

此外,关于终止租赁的时点问题,是否会因条款的设置不存在初始不可撤销期间。例如,在已知实际上不会撤销租赁的情况下,规定租赁可在任意时点撤销。理事会认为增加此类条款的可能性不大,因为加入此类条款对出租人或承租人往往存在不利的经济激励。例如,若出租人给合同定价时假设承租人不会撤销合同,加入此类条款将使出租人面临的风险超出给合同定价时所预计的剩余资产的风险,这对出租人是一种不利的经济激励。反之,若出租人给合同定价时假设承租人将会或者有可能撤销合同,则承租人可能需要支付更高的租金,作为出租人承担更高剩余资产风险的补偿。若承租人不打算撤销合同,更高的租金对其是一种不利的经济激励[IFRS 16 para. BC129]。因此,在已知实际上不会撤销租赁的情况下,"任意时点撤销"的条款不具有商业合理性,实务中出现的可能性不大。

第三节 续租选择权和终止选择权

根据新租赁准则规定，如果承租人具有可合理确定将行使的续租选择权，或具有可合理确定不会行使的终止租赁选择权，则租赁期应当包括续租选择权或终止租赁选择权涵盖的期间。在这种情况下，租赁期应是超过不可撤销期间的，且超过部分也仍然必须是可强制执行的。因此，在确定不可撤销期间后，为确定合同租赁期，还需要进一步考虑合同包含的续租选择权和终止租赁选择权。

关于选择权纳入租赁期的考虑以及用什么方法来评估租赁期的原因，许多利益相关方认为，鉴于续租选择权或终止租赁选择权会影响租赁的经济实质，在确定租赁期时，有必要包括某些选择权。有些利益相关方认为，若承租人预计将行使续租选择权，将包含续租选择权期间在内的租赁期纳入使用权资产和租赁负债的计量将更忠实地反映租赁的经济实质。将部分续租选择权包含在内对于降低承租人不恰当地将租赁负债排除在资产负债表之外（例如，在承租人有明确经济激励行使选择权的情况下，将选择权期间的租赁付款额排除在外）的风险也很有必要［IFRS 16 para. BC155］。理事会认为，租赁期应反映主体对标的资产将被使用的期间的合理预期，因为该方法提供了最有用的信息［IFRS 16 para. BC156］。因此，新租赁准则最终形成了对是否行使续租选择权或终止租赁选择权的评估方法，将在以下展开。

一、评估承租人是否行使续租选择权或终止租赁选择权

（一）"合理确定"是否行使选择权考虑因素

新租赁准则规定，在租赁期开始日，主体应评估承租人是否合理确定将行使续租或购买标的资产的选择权，或者将不行使终止租赁选择权。主体考虑对承租人行使或者不行使这些选择权产生经济激励的所有相关事实和情况，包括自租赁期开始日至选择权行使日之间的事实和情况的预期变动［IFRS 16 para. B37］。

如果合理确定承租人将行使续租选择权（或不终止租赁），则用以计量租赁负债的租赁期应包括该选择权期间，该概念承接于原《国际会计准则第17号》。新租赁准则为评估是否"合理确定"承租人将行使续期选择权（或不终止租赁）应考虑的事实与情况提供了进一步指南。

新租赁准则规定，是否"合理确定"承租人将行使续租或购买标的资产的选择权，或者将不行使终止租赁选择权需考虑的因素包括但不限于以下几个方面［IFRS 16 para. B37］。

（1）选择权期间的合同条款和条件（与市价相比），例如：

①选择权期间的租金金额；

②可变付款额或其他或有款项的金额，如因终止租赁罚款和余值担保导致的应付款项；以及

③初始选择权期间后可行使选择权的条款和条件（例如，续租期结束时可按低于市价的价格行使购买选择权）。

（2）在合同期内进行（或预期进行）的重大的租赁资产改良，在可行使续租选择权、终止租赁选择权或者购买标的资产选择权时，预期能为承租人带来重大经济利益；

（3）终止租赁相关的成本，例如，谈判成本、迁移成本、鉴别适合承租人需求的其他标的资产所发生的成本、将新资产融入承租人运营所发生的整合成本以及终止租赁罚款和类似成本（包括与将标的资产恢复至合同规定的状态或将其归还至合同规定的地点相关的成本）；

（4）该标的资产对承租人运营的重要程度，例如，考虑标的资产是否为一项专门资产，标的资产位于何地以及是否可获得合适的替换资产等；以及

（5）与行使选择权相关的条件（即，仅在满足一项或多项条件时方可行使选择权），以及满足这些条件的可能性。

案例1-3-3：市价续租的续租选择权［CAS 21应用指南（2019）例19］

承租人签订了一份设备租赁合同，包括4年不可撤销期限和2年期固定价格续租选择权，续租选择权期间的合同条款和条件与市价接近，没有终止罚款或其他因素表明承租人合理确定将行使续租选择权。因此，在租赁期开始日，确定租赁期为4年。

案例1-3-4：重大租赁资产改良、终止租赁成本较大的续租选择权 [CAS 21应用指南（2019）例20]

案例背景：

承租人签订了一份建筑租赁合同，包括4年不可撤销期限和2年按照市价行使的续租选择权。在搬入该建筑之前，承租人花费了大量资金对租赁建筑进行了改良，预计在4年结束时租赁资产改良仍将具有重大价值，且该价值仅可通过继续使用租赁资产实现。

案例分析：

在此情况下，承租人合理确定将行使续租选择权，因为如果在4年结束时放弃该租赁资产改良，将蒙受重大经济损失。因此，在租赁开始时，承租人确定租赁期为6年。

（二）解释委员会议程决议——租赁期和租赁资产改良的使用寿命

在2019年11月的议程决议中，解释委员会讨论了在评估承租人是否合理确定续租（或不终止租赁）时，不可拆除租赁资产改良对该评估的影响。

> *议题名称*：租赁期和租赁资产改良的使用寿命
>
> *涉及准则*：《国际财务报告准则第16号——租赁》及《国际会计准则第16号——不动产、厂场和设备》
>
> *决议日期*：2019年11月
>
> 解释委员会收到请求，询问关于可撤销或可续租租赁的问题。
>
> 该请求所描述的可撤销租赁是指，未明确特定合同期限，但可无限续租直到合同一方提出终止通知的租赁。合同包含一个通知期，例如少于12个月，且合同不要求任何一方支付终止罚款。该请求所描述的可续租租赁是指，明确了初始期间，并在初始期间结束时可无限续租，直到合同任意一方终止的租赁。
>
> 该请求询问了两个问题。
>
> ……
>
> （2）任何相关的不可拆除租赁资产改良的使用寿命是否限于按照《国际财务报告准则第16号》确定的租赁期。例如，不可拆除租赁资产改良是承租人购买并建造于可撤销或可续租租赁标的资产上的固定装置和器具。承租人只有在使用标的资产的同时才能使用租赁资产改良并从中受益。

……

不可拆除的租赁资产改善的使用寿命

《国际会计准则第 16 号》第 50 段要求一项不动产、厂场和设备（资产）应当在其使用寿命内摊销。

《国际会计准则第 16 号》将资产的使用寿命定义为（强调）"主体使用资产的预期期间；或主体预期能从该资产使用中获取的产量或类似计量单位的数量"。

《国际会计准则第 16 号》第 56 至第 57 段对资产的使用寿命提出了进一步的要求。特别是，第 56（2）段规定，在确定资产的使用寿命时，主体应考虑"关于资产使用的法律或类似限制，如与租赁有关的到期日"。第 57 段规定，资产的使用寿命"根据资产对主体的预期效用来定义"，以及"可能比其经济寿命短"。

主体在应用《国际会计准则第 16 号》第 56 至第 57 段确定不可移除租赁资产改良的使用寿命时，如果相关租赁合同租赁期短于租赁资产改良的经济寿命，则需要考虑其是否预期使用此类资产改良期限将超过相关租赁期。如果预期此类资产改良使用期不超过相关租赁期，则适用《国际会计准则第 16 号》第 57 段，不可移除租赁资产改良的使用寿命等于租赁期。委员会注意到，在应用《国际会计准则第 16 号》第 56 至第 57 段时，主体可能只有在继续使用该租赁标的资产时，才会继续使用这些租赁资产改良并受益。

租赁期与使用寿命的相互作用

在评估承租人是否合理确定续租（或不终止租赁）时，《国际财务报告准则第 16 号》的第 B37 段要求主体考虑对承租人产生经济激励的所有相关事实和情况。这包括主体在合同期内进行（或预计进行）的，在可行使续租选择权或终止租赁选择权时，预计会对承租人产生重大经济利益的重大租赁资产改良（第 B37（2）段）。

……

解释委员会认为，《国际财务报告准则第 16 号》中的原则和要求为实体确定可取消和可续租租赁的租期提供了充分的基础。解释委员会还认为，《国际会计准则第 16 号》和《国际财务报告准则第 16 号》中的原则和要求为实体确定与此类租赁有关的任何不可拆除租赁资产改良的使用寿命提供了充分的基础。因此，解释委员会决定不将此事项纳入准则制定议程。

根据解释委员会的讨论，不可拆除租赁资产改良的使用寿命与租赁期是相互影响的。如果相关租赁合同租赁期短于租赁资产改良的经济寿命，在合同存在续租选择权或终止租赁选择权时，需要考虑主体实际使用租赁资产的期间是否会超过合同租赁期，即实际评估租赁期是否会因租赁资产改良的经济寿命的延长包括弃置或拆卸不可拆除租赁资产改良的成本而选择续租或不选择终止租赁（超过合同租赁期）。如果预期租赁资产改良使用期不超过相关租赁期，则不存在以上顾虑，即不可移除租赁资产改良的使用寿命等于租赁期。

（三）不可撤销期间长短对行使选择权的影响

租赁的不可撤销期间的长短会影响对承租人是否合理确定将行使或不行使选择权的评估。租赁的不可撤销期限越短，承租人行使续租选择权或不行使终止租赁选择权的可能性就越大。因为不可撤销期限越短，获取替代资产的相关成本就相应地越高［IFRS 16 para. B39］。

反之，租赁的不可撤销期间越长，承租人行使续租选择权或不行使终止租赁选择权的可能性并不一定越小，而是更难以"合理确定"。因为不可撤销期间越长，意味着行使选择权的时点越晚，需要对未来预计的期间越长，某些情况下，承租人对租赁资产未来的需求的准确性是越低的。例如，根据前述"合理确定"需要考虑的因素，承租人需要结合租赁资产的市价即未来的公允价来进行考虑，而某些资产（如涉及技术的资产）在未来的公允价值预测难度较大。因此，可行使选择权的时点越晚，用于判断是否行权的因素考虑可能更为复杂，需要更多地结合其他因素进行考虑，比如租赁资产对承租人运营的重要程度。

评估承租人是否合理确定行使或不行使选择权时，承租人以往使用特定类型资产（租赁或自有）的通常期限及其相关经济原因可提供有用信息。例如，如果承租人通常在特定时期内使用特定类型的资产，或承租人时常对特定类型标的资产的租赁行使选择权，则承租人应考虑以往做法的经济原因，以评估是否合理确定对此类资产的租赁行使选择权［IFRS 16 para. B40］。

（四）选择权与租赁其他条款相结合的影响

有时，续租选择权或终止租赁选择权可能与租赁的其他条款相结合。这些条款可能会对是否行使选择权的判断存在影响。

续租或终止租赁的选择权可与一个或多个合同特征（如余值担保）相结合。例如，承租人无论是否行使选择权，均保证向出租人支付基本相等的最低或固定现金。如果续租选择权与余值担保或终止租赁罚款相关联,出租人根据担保将收到不少于承租人将在选择权期间支付的租赁付款额的经济流入,这种情况就可能发生[IFRS 16 para. BC158(2)]。在此情况下,尽管新租赁准则中对实质固定付款额提供了指引,主体仍应假设承租人可合理确定将行使续租选择权或不行使终止租赁选择权[IFRS 16 para. B38]。理事会认为,此类安排会产生承租人行使续租(或不终止租赁)选择权的经济激励[IFRS 16 para. BC158(2)]。在此类情形下,选择继续租赁(或不终止租赁)对于承租人来说是最有利的,除非有其他情况表明该续租选择权或终止租赁选择权并非可强制执行的。

(五)购买选择权对租赁期的评估影响

当租赁合同赋予承租人购买选择权时,该购买选择权同样会影响租赁期的判断。

理事会认为,购买选择权应视为实际上的最终续租选择权。如果承租人的续租选择权期间为标的资产的全部剩余经济寿命,则其所处的经济状况与具有购买标的资产选择权的承租人相似[IFRS 16 para. BC173]。因此,购买选择权的评估方式应与续租选择权或终止租赁选择权的评估方式相同。

二、对出租人选择权的考虑

关于续租选择权和终止租赁选择权对租赁期的影响,新租赁准则主要针对承租人的规定,并未对出租人选择权作出专门规定。此外,根据前文分析,出租人的选择并不会对租赁期产生影响,因此,租赁期的判断主要涉及承租人的选择。对于出租人而言,由于获取的信息和判断性与承租人不对等,可能就承租人是否会行使续租选择权或终止租赁选择权与承租人判断得出不同的结论。

第四节 对租赁期和购买选择权的重新评估

一、重新评估选择权的情形

新租赁准则规定,发生下列重大事件或重大变化时,承租人应重新评估是否合理确定将行使续租选择权或将不行使终止租赁选择权［IFRS 16 para. 20；CAS 21（2018）第十五条］。

（1）重大事件或重大变化在承租人控制范围内；以及

（2）重大事件或重大变化影响承租人是否合理确定将行使之前在确定租赁期时未包含的选择权，或者将不行使之前在确定租赁期时已包含的选择权。

值得注意的是，新租赁准则强调的是在承租人控制范围内的重大事件或变化，例如，环境变化并不属于承租人控制范围，并不会触发选择权重估，但承租人因应对这些变化而采取行动，而这些行动同时也影响到租赁合同，承租人可能需要重新评估选择权，以确定租赁期是否因其采取的这些行动而发生变化。换言之，环境变化本身并不会触发重估，但承租人为应对环境采取的行动可能会。

关于对选择权的重估的原因，理事会认为，重估反映出目前的经济情况，且在整个租赁中采用租赁期开始日确定的租赁期可能造成误导。因此，如果承租人定期对续租选择权、终止租赁选择权和购买选择权进行重估，财务报表使用者将获得更具相关性的信息［IFRS 16 para. BC184］。

然而，若企业拥有多项包含选择权的租赁，要求其在每个报告日进行重估的成本较高。为此，理事会决定仅在《国际财务报告准则第 16 号》第 20 段中规定的两种情形才要求进行重估。对于第一项，理事会认为通过这种方式对重估要求进行限制，意味着承租人无需针对单纯基于市场的事件或情况变化重估选择权。对于第二项，理事会注意到，该要求在某些方面与《国际会计准则第 36 号——资产减值》（以下简称《国际会计准则第 36 号》）中对长期资产（不包括商誉和使用寿命不确定的无形资产）减值采用的方法类似。《国际会计准则第 36 号》未要求在每个报告日进行减值测试，但主体应当在存在资产可能发生减值的迹象时进行减值测试。［IFRS 16 para. BC185］。

二、可控范围内的重大事件或变化的判断

租赁期和购买选择权的重新评估，触发重估的条件之一是可控范围内的重大事件或变化。识别重大事件或变化时需要应用判断，包括但不限于以下各项［IFRS 16 para. B41］。

（1）在租赁期开始日未预计到的重大租赁资产改良，在可行使续租选择权、终止租赁选择权或购买标的资产选择权时，预期将为承租人带来重大经济

利益；

（2）在租赁期开始日未预计到的标的资产重大改动或定制化调整；

（3）转租赁开始日，标的资产的转租期超出之前确定的租赁期；以及

（4）承租人作出的与行使或不行使选择权直接相关的经营决策（例如，决定续租互补性资产、处置可替代的资产或处置包含使用权资产的业务部门）。

上述情形中，国内准则及其应用指南未在租赁期重新评估中明确提及情形（3），但在选择权与租赁其他条款相结合中提到转租赁的例子："同时存在原租赁和转租赁时，转租赁期限超过原租赁期限，如原租赁包含5年的不可撤销期间和2年的续租选择权，而转租赁的不可撤销期限为7年，此时应考虑转租赁期限及相关租赁条款对续租选择权评估的可能影响。"这是初始评估续租选择权和终止租赁选择权时考虑的事项，即此类情形下，若合同存在续租选择权，承租人（转租赁的出租人）只有行使续租选择权的情况下才能保证转租赁的不可撤销期间。在不考虑其他因素的情况下，承租人选择继续租赁才符合商业逻辑。

第五节　修改租赁期

新租赁准则规定，如果不可撤销的租赁期间发生变化，则主体应修改租赁期。例如，在下列情况下，不可撤销的租赁期间将发生变化［IFRS 16 para. 21］。

（1）承租人行使选择权，该选择权在之前主体确定租赁期时未包含；

（2）承租人不行使选择权，该选择权在之前主体确定租赁期时已包含；

（3）发生某些事件，根据合同规定承租人有义务行使选择权，而该选择权在之前主体确定租赁期时未包含；或者

（4）发生某些事件，根据合同规定禁止承租人行使选择权，而该选择权在之前主体确定租赁期时已包含。

在对是否可合理确定将行使续租选择权，或是否可合理确定不会行使终止租赁选择权进行重新评估后，租赁期也可能会作出修正。尽管该重新评估不会影响不可撤销的期间，但将影响包含不可撤销期间以及合理确定将续租的期间的总租赁期。

需要注意的是，在不可撤销期间发生变化时，承租人与出租人均需重新评

估租赁期，但在发生承租人可控范围内的重大事件或变化，且影响承租人是否合理确定将行使相应选择权时，只是承租人需要重新评估租赁期。

由于承租人需要在发生其可控范围内的重大事件或变化，且影响其是否合理确定将行使相应选择权时重新评估租赁期。因此，在此类情况下，租赁期的修改通常在实际执行选择权之前进行。如果重新评估租赁期或行使购买选择权导致发生变化，承租人将在重新评估日根据修改后的输入值（例如，折现率）重新计量租赁负债，并调整使用权资产。然而，如果使用权资产减少至零，承租人应将剩余金额计入当期损益。

第四章 承租人会计处理

在租赁期开始日,承租人应当对租赁确认使用权资产和租赁负债,即就其在租赁期内使用租赁资产的权利确认一项资产,同时就其支付租赁付款额的义务确认一项负债,承租人选择对短期租赁和低价值资产租赁适用确认豁免的情形除外[IFRS 16 para.22;CAS 21(2018)第十四条]。

使用权资产和租赁负债的计量应采用成本法,成本的计量参照租赁付款额的现值。用成本法计量将为财务报表使用者提供有用的信息。因为其他类似资产和负债也按成本法计量,因此,成本法产生的信息相比其他方法将更具可比性。对于财务报表编制者而言,采用成本法比其他方法成本更低[IFRS 16 para. BC145]。

但是,新租赁准则也未直接引用其他准则中的成本法,而是单独规定了使用权资产和租赁负债的初始和后续计量。主要原因如下[IFRS 16 para. BC146]。

(1)其他准则的计量方法与理事会不对租赁会计处理采用组成部分法的决定不一致。例如,如果承租人采用其他准则对租赁的所有特征进行会计处理,则金融工具相关的规定通常会要求对租赁中的选择权单独进行会计处理。

(2)其他准则计量方法的应用可能较为复杂,尤其是当租赁包括续租选择权、可变租赁付款额和余值担保等相对常见的特征时。

第一节 使用权资产的初始计量

一、基本原则

使用权资产,是指承租人可在租赁期内使用租赁资产的权利。新租赁准则规定,在租赁期开始日,承租人应当按照成本对使用权资产进行初始计量。该成本包括〔CAS 21（2018）第十六条；IFRS 16 para. 24〕：

（1）租赁负债的初始计量金额；

（2）在租赁期开始日或之前支付的租赁付款额；存在租赁激励的，扣除已享受的租赁激励相关金额；

（3）承租人发生的初始直接费用；

（4）承租人为拆卸及移除租赁资产、复原租赁资产所在场地或将租赁资产恢复至租赁条款约定状态预计将发生的成本，为生产存货而发生的成本除外。

关于上述第（2）项成本涉及的"租赁激励"，是指出租人为达成租赁向承租人提供的优惠，包括出租人向承租人支付的与租赁有关的款项、出租人为承租人偿付或承担的成本等〔CAS 21（2018）第十六条〕。

关于上述第（3）项成本"初始直接费用"，是指为达成租赁所发生的增量成本。增量成本是指若企业不取得该租赁，则不会发生的成本〔CAS 21（2018）第十六条〕。

关于上述第（4）项成本，承租人有可能在租赁期开始日就承担了上述成本的支付义务，也可能在特定期间内因使用租赁资产而承担了相关义务。承租人应在其有义务承担上述成本时，将这些成本确认为使用权资产成本的一部分。承租人由于在特定期间内将使用权资产用于生产存货而发生的上述成本，应按照存货准则进行会计处理。承租人应当按照或有事项准则对第（4）项所述支付义务进行确认和计量〔IFRS 16 para. 25〕。

此外需注意的是，保证金不包括在使用权资产的初始计量中，因为它们不符合租赁付款额的定义。

理事会也考虑过承租人是否应按公允价值对使用权资产进行初始计量，这可能会提供有关使用租赁资产将产生的经济利益的更多信息。然而，按照成本对使用权资产进行初始计量与许多其他非金融资产（如固定资产、无形资产）的计量一致。理事会认为，按照与租赁资产计量基础类似的基础对使用权资产进行计量，保持了租赁资产和自有资产列报金额的可比性，有助于为财务报表使用者提供有用的信息。此外，与按公允价值计量使用权资产相比，按成本计量使用权资产对于承租人而言更为简便和经济。因为使用权资产往往不存在活跃市场。理事会也认为，对很多租赁而言，成本计量基础也提供了租赁期开始日使用权资产公允价值的近似值〔IFRS 16 para. BC148〕。

二、租赁资产拆除、复原和维护支出

新租赁准则规定,承租人为拆卸及移除租赁资产、复原租赁资产所在场地或将租赁资产恢复至租赁条款约定状态预计将发生的成本,为生产存货而发生的成本除外。同时,承租人应在其有义务承担相关成本时,将这些成本确认为使用权资产成本的一部分。因此,对于租赁期间承租人预计将发生的租赁资产拆除、复原和维护等支出,需要考虑承租人承担义务的时点,以及所发生的成本性质分别进行处理。

(一)无法避免的维护义务

在某些租赁合同中,可能明确要求承租人在租赁期内维护标的资产并将资产复原至合同约定状态,此类维护、复原义务可能是无法避免的。此时,在租赁期开始日,承租人须要根据或有事项准则相关规定,确认相应的预计负债,并增加使用权资产等初始入账成本。

案例1-4-1:无法避免的维护义务

案例背景:

承租人A公司租入一架新飞机,租期9年。根据租赁协议,A公司在租赁结束,将飞机归还给出租人之前,必须对飞机进行各种检查。

无论A公司在租赁期内使用飞机的程度如何,也无论飞机在租赁期结束时是否有损坏,A公司都必须执行其中的某些检查。即使在A公司完全不使用飞机的极端情况下,A公司仍然需要执行这些检查。也就是说,A公司不能通过自己的行为来避免这些检查的成本。这些检查的预期费用为50 000元。

案例分析:

由于这些必须执行的检查义务无法避免,在租赁期开始时就已经产生,因此,A公司在租赁期开始日时确认:

(1) 50 000元的负债(按履行现时义务所需成本的最佳估计数计算);

(2) 50 000元的使用权资产。

(二)租赁资产改良支出及其导致的预计复原支出

在某些租赁合同中,承租人可能对租赁进行装修改良,合同约定,在租赁结束时，承租人拆除或移除此类装修改良设施，并将标的资产恢复至原状。此时，在租赁期开始日，承租人须将拆除和移除标的资产、恢复标的资产所在场地或将标的资产恢复到租赁条款要求的条件所发生的费用作为使用权资产的一部分。

在国际准则下，准则本身并未明确资产改良的未来移除修复产生的资产具体如何列报，故实务中可能有两种观点：一种观点认为应将其计入租赁装修成本（独立于使用权资产的单项资产，类似于长期待摊费用），因为租赁装修成本本身不属于使用权资产成本，拆除该装修的预计支出也不应计入使用权资产；另一种观点认为应将其计入使用权资产成本，因为其属于承租人为拆卸及移除租赁资产、复原租赁资产所在场地或将租赁资产恢复至租赁条款约定状态预计将发生的成本。

在国内准则下，财政部会计司通过 2021 年 4 月 25 日发布的"会计准则实施问答——租赁准则实施问答——承租人发生的租赁资产改良支出及其导致的预计复原支出应当如何进行会计处理？"明确："承租人发生的租赁资产改良支出不属于使用权资产，应当记入'长期待摊费用'科目。对于由租赁资产改良导致的预计复原支出，承租人应当按照租赁准则第十六条处理。"即，属于该条款所述的"承租人为拆卸及移除租赁资产、复原租赁资产所在场地或将租赁资产恢复至租赁条款约定状态预计将发生的成本"，故计入使用权资产成本。

案例 1-4-2：租赁资产改良支出及其导致的预计复原支出

案例背景：

承租人 A 公司签订了一家商店 9 年的租赁合同。合同约定，A 公司必须在租赁结束时将商店恢复原状，包括拆除所有租赁装修设施等。

租期开始时，A 公司拆除了一堵墙，安装了展示架、照明设备和楼梯，总共花费装修费 250 000 元。此时，A 公司预计未来需要 50 000 元来拆除装修设施和重建墙壁，从而在租赁结束时将资产恢复至原来的状态。

案例分析：

不考虑折现的影响，A 公司在租赁期开始日时应确认：

（1）50 000 元的修复费用产生的负债（按未来修复费用的最佳估计计算）；

（2）50 000 元的资产。在国际准则下，实务中可能有两种观点：一种观点认为应将其计入租赁装修成本（独立于使用权资产的单项资产，类似于长期待摊费用）；另一种观点认为应将其计入使用权资产成本。在国内准则下，财政部会计司通过前述租赁准则实施问答明确应计入使用权资产成本。

(三) 租赁期日常损耗

在租赁期间发生的日常损耗可能会增加承租人的返还租赁资产义务的金额，但通常不会增加使用权资产或形成另一项资产。因此，此类租赁期日常损耗应在发生当期费用化计入当期损益或计入存货成本。

案例 1-4-3：租赁资产状态的保持——日常损耗

案例背景：

续案例 1-4-2，由于 A 公司使用该商店时，花岗岩地板会受到磨损，故需要在租赁结束时翻新花岗岩地板。

A 公司预计，在租赁期内，损坏和翻新费用将与商店的使用成比例。A 对租期结束后的翻新费用的最佳估计数是 9 000 元。

案例分析：

由于损耗的性质属于连续使用该商店产生的日常损耗，因此 A 公司仅在发生损耗时才确认一项预计负债和相应的翻新费用，A 公司在租赁开始时不需要确认该预计负债。

因此，不考虑折现影响，在租赁期开始后的第 1 年年底，A 公司需确认预计负债 1 000 元 (9 000÷9)，并计入当期费用。

三、租赁期开始日之前涉入租赁资产

(一) 与租赁资产的建造或设计相关的承租人成本

承租人可能在租赁资产可供承租人使用之前进行租赁协商。对于部分租赁，租赁资产或需经建造或重新设计后方可供承租人使用。根据合同的条款与条件，可能要求承租人支付与资产建造或设计相关的成本。承租人如发生与租赁资产建造或设计相关的成本，应采用其他适用准则，如固定资产准则等对此类成本进行会计处理。与租赁资产建造或设计相关的成本不包括承租人为获取租赁资产使用权而支付的款项。为获取租赁资产使用权而支付的款项，无论在何时支付，均为租金 [IFRS 16 para. B43、B44]。

(二) 租赁资产的法定所有权

在租赁资产的法定所有权转移给出租人并将资产租赁移交承租人之前，承租人可能会先获得租赁资产的法定所有权。获得法定所有权本身不能决定该交易的会计处理方式 [IFRS 16 para. B45]。

如果承租人在资产转移给出租人之前即控制租赁资产（或取得对租赁资产的控制），则该交易属于售后租回交易 [IFRS 16 para. B46]。然而，如果承租人未能在资产转移给出租人之前取得对租赁资产的控制，则该交易不属于售后租回交易。例如，如果生产商、出租人与承租人进行协商，由出租人从生产商处购买资产，转而出租给承租人，则该交易不属于售后租回交易。承租人可在法定所有权转移至出租人之前获得标的资产的法定所有权。在此情况下，如果承租人在资产转移给出租人之前获得了标的资产的法定所有权，但未获得对资产的控制，则该交易应作为租赁，而不是售后租回交易进行会计处理 [IFRS16 para. B47]。

四、初始直接费用

(一) 初始直接费用定义

新租赁准则要求承租人将初始直接费用纳入使用权资产的初始计量，并在租赁期内对这些成本计提折旧。将初始直接费用纳入使用权资产的计量与其他非金融资产（如不动产、厂场和设备以及无形资产）相关购置成本的处理一致。

根据新租赁准则，初始直接费用是指为获取租赁发生的增量成本，即若不获取该租赁，则不会发生该成本。承租人和出租人应采用相同的初始直接费用定义。其中，出租人的初始直接费用定义与收入准则中"增量成本"定义一致。理事会曾考虑过是否应在租赁期开始日将承租人发生的初始直接费用在使用权资产和租赁负债之间分摊，然而，采用这种方法成本较高，对财务报表使用者却无甚裨益 [IFRS 16 para. BC149 - BC151]。

直接或间接归因于租赁谈判和安排的费用（例如，起草或谈判租赁的外部或内部法律费用）不属于初始直接费用。表 1-4-1 为常见初始直接费用示例。

表 1-4-1 常见初始直接费用示例

初始直接费用	非初始直接费用
基于租赁激励的佣金（包括作为租赁代理员工的报酬）	正常职工工资（包括租赁代理员工的正常工资）
取决于租赁合同成功签订的法律费用	不取决于租赁合同成功签订的法律费用
向现有租户支付的迁出费用	广告宣传费
第三方资产余值担保费	其他初始活动相关费用
	其他资产折旧、摊销费用
	闲置资产相关成本
	标的资产装修改良支出

案例 1-4-4：使用权资产和租赁负债的初始计量
[IFRS 16 示例 13；CAS 21 应用指南（2019）例 30]

案例背景：

承租人就某栋建筑物的某一层楼签订了为期 10 年的租赁，具有 5 年的续租选择权。初始租赁期内租赁付款额为每年 50 000 元，选择权期间为每年 55 000 元，所有款项应在每年年初支付。为获得该项租赁，承租人发生的初始直接费用为 20 000 元，其中，15 000 元为向该楼层前任租户支付的款项，5 000 元为向安排此租赁的房地产中介支付的佣金。此外，作为对签署此项租赁的承租人的激励，出租人同意为承租人报销 5 000 元的佣金，以及 7 000 元的装修费补贴。

在租赁期开始日，承租人得出结论认为不能合理确定将行使续租选择权，因此，将租赁期确定为 10 年。

租赁内含利率无法直接确定。承租人的增量借款利率为每年 5%，该利率反映的是承租人以类似抵押条件借入期限为 10 年、与使用权资产等值的相同币种的借款而必须支付的固定利率。

案例分析：

第一步，计算租赁期开始日租赁付款额的现值，并确认租赁负债和使用权资产。

在租赁期开始日，承租人支付第 1 年的租金 50 000 元，并以剩余 9 年租金（每年 50 000 元）按 5% 的年利率折现后的现值计量租赁负债。计算租赁付款额现值的过程如下：

剩余 9 期租赁付款额 = 50 000 × 9 = 450 000（元）

租赁负债 = 剩余 9 期租赁付款额的现值 = 50 000 ×（P/A，5%，9）
　　　　　　　　　　　　　　　　　 = 355 391（元）

未确认融资费用 = 剩余 9 期租赁付款额 − 剩余 9 期租赁付款额的现值
　　　　　　　 = 450 000 − 355 391 = 94 609（元）

借：使用权资产　　　　　　　　　　　　　　　　　405 391
　　租赁负债——未确认融资费用　　　　　　　　　　94 609
　　贷：租赁负债——租赁付款额　　　　　　　　　　450 000
　　　　银行存款（第 1 年的租赁付款额）　　　　　　 50 000

第二步，将初始直接费用计入使用权资产的初始成本。

借：使用权资产　　　　　　　　　　　　　　　　　 20 000
　　贷：银行存款　　　　　　　　　　　　　　　　　20 000

第三步，将已收的租赁激励相关金额从使用权资产入账价值中扣除。

借：银行存款　　　　　　　　　　　　　　　　　　 5 000
　　贷：使用权资产　　　　　　　　　　　　　　　　 5 000

综上，承租人使用权资产的初始成本 = 405 391 + 20 000 − 5 000
　　　　　　　　　　　　　　　　= 42 391（元）

对于从出租人取得的装修费补贴，由于装修费本身不属于使用权资产的成本，故装修费补贴也不属于租赁激励，不应冲减使用权资产，承租人可将该装修补贴冲减装修成本（长期待摊费用）。

（二）承租人为使租赁资产达到计划用途所发生的支出

为使租赁资产达到计划用途，承租人可能需要将租赁资产自行运输到其指定地点，并负责安装，从而所发生租赁资产相关的运输、安装费用等。对于此类承租人为使租赁资产达到企业计划用途所发生的运输、安装费用的处理，证监会通过 2023 年 2 月发布的《监管规则适用指引——会计类第 3 号》（以下称《会计类第 3 号》）"3-7 承租人为使租赁资产达到企业计划用途所发生的运输、安装费用相关会计处理"明确，"承租人为使租赁资产达到企业计划用途所发生的运输、安装费用，与达成租赁无关，不属于承租人的初始直接费用，不应计入使用权资产成本。上述费用支出如果形成了其他准则所规定的资产，企业应按照相关准则进行处理；如果未形成其他准则所规定的资产，企业应进一步判断其是否符合资产的一般定义，以确定是否将其计入长期待摊费用。"

案例1-4-5：承租人为使租赁资产达到企业计划用途所发生的支出

案例背景：

承租人A公司与出租人B公司签订了一份机器设备租赁合同，合同约定租期为5年。另外，租赁合同还约定，出租人B公司应在约定日期将机器设备全部运抵A公司指定厂区，由A公司进行验收。验收完成后，A公司自行负责机器设备的安装调试并承担相关支出。

2×22年3月1日，租赁设备运抵A公司厂区并经A公司验收，验收次日，A公司组织人员进行设备的安装调试。2×22年5月31日，该机器设备安装调试完成并投入生产。A公司使租赁资产达到计划用途过程中发生设备运输费50万元、安装费150万元、购买辅助设备成本50万元。

案例问题：

A公司使租赁资产达到计划用途过程中发生的运输费、安装费及辅助设备等支出，应如何进行会计处理？

案例分析：

根据《会计类第3号》的处理原则，对于承租人发生的使租赁资产达到企业计划用途所发生的运输、安装费用等支出，不属于租赁准则规定允许资本化的初始直接费用，不应资本化到使用权资产。企业应当判断这些支出是否属于其他准则规定的资产定义范围，如果属于，按照相关准则进行核算；如果不属于，企业判断其是否符合资产的定义以决定资本化还是费用化，如果资本化，可计入"长期待摊费用"科目。

本案例中，A公司在使租赁资产达到计划用途过程中发生的运输费、安装费及辅助设备支出不属于使用权资产的初始直接费用，不应计入使用权资产初始成本。对于该过程中购入的辅助设备，A公司需根据固定资产准则相关规定，考虑将此类辅助设备确认为固定资产。对于未形成单项资产的运输费、安装费，A公司应考虑此类支出是否符合基本准则中资产的定义，特别是预期能够给企业带来经济利益。资产预期带来经济利益的形式可以是现金或者现金等价物形式，也可以是能转化为现金或者现金等价物的形式，或者是可以减少现金或者现金等价物流出的形式。如果A公司发生的运输费、安装费支出预期会给企业带来经济利益，且企业受益期间很可能超过一年，则A公司可将发生的此类支出计入长期待摊费用，并按受益期间合理摊销。

(三) 租赁负债相关利息费用

对于租赁负债相关利息费用是否可资本化计入使用权资产，证监会通过《会计类第3号》"3-6 租赁资产利息费用相关会计处理"明确，"企业应当将租赁负债视同为获取使用权资产而发生的专门借款。使用权资产作为一项权利资产，租赁期开始日即可供承租人使用，因而无论租赁资产本身是否达到企业计划用途，使用权资产于租赁期开始日便达到预定可使用状态，租赁负债相关利息费用不应资本化计入使用权资产。租赁期开始日后，租赁负债可视同企业的一般借款。"

租赁负债属于借款费用准则适用范围。新租赁准则将承租人会计处理修改为单一模型，该模型以所有租赁均为承租人提供了融资的假设为基础，因此，租赁负债应视为获取使用权资产而发生的专门借款。根据借款费用准则规定，符合资本化条件的资产，是指需要经过相当长时间的购建或者生产活动才能达到预定可使用或者可销售状态的固定资产、投资性房地产和存货等资产。使用权资产作为一项权利资产，租赁期开始日即可供承租人使用，因而无论租赁资产本身是否达到企业计划用途，使用权资产于租赁期开始日便达到预定可使用状态，不需要经过相当长时间的购建。因此，使用权资产不满足借款费用准则要求的"符合资本化条件的资产"定义，租赁负债对应的利息支出不应资本化计入使用权资产。

2017年12月，理事会通过《国际财务报告准则年度改进 (2015—2017)》修订了《国际会计准则第23号——借款费用》(以下简称《国际会计准则第23号》)，澄清"如果专门借入资金在相关符合条件的资产达到预定可使用或可销售状态后仍未偿付，该特定借款成为主体借入的一般借款的一部分。[IAS 23 para. BC14D]"同时，对《国际会计准则第23号》第14段修订明确："主体在该计算中不应包括为获取符合条件的资产而专门借入资金的借款费用，直至为使那项资产达到其预定可使用或可销售状态的所有必要活动已实质上完成。"根据该修订，租赁负债在企业获得使用权资产时属于为取得使用权资产的专门借款，在获得使用权资产后，该专门借款仍未偿付，则租赁负债成为企业的一般借款。此时，需要根据一般借款的处理规定分析是否可将租赁负债相关利息支出予以资本化。

根据借款费用准则规定，企业发生的借款费用，可直接归属于符合资本化条件的资产的购建或者生产的，应当予以资本化，计入相关资产成本；其他借款费用，应当在发生时根据其发生额确认为费用，计入当期损益。可直接归属于符合资本化条件的资产的购建或者生产的借款费用，指那些如果符合条件的资产上的支出不发生就可以避免的借款费用。借款费用开始资本化时点应同时满足下列条件：（1）资产支出已经发生，资产支出包括为购建或者生产符合资本化条件的资产而以支付现金、转移非现金资产或者承担带息债务形式发生的支出；（2）借款费用已经发生；（3）为使资产达到预定可使用或者可销售状态所必要的购建或者生产活动已经开始。对于一般借款资本化利息的计算，企业应当根据累计资产支出超过专门借款部分的资产支出加权平均数乘以所占用一般借款的资本化率，计算确定一般借款应予资本化的利息金额。资本化率应当根据一般借款加权平均利率计算确定。

案例1-4-6：租入厂房改扩建期间对应的租赁负债产生的利息费用是否可以资本化？

案例背景：

A公司为产品制造企业，为扩大生产规模，A公司向B公司租入一间厂房，租赁期为10年。租赁期开始日，A公司根据新租赁准则相关规定分别确认了使用权资产及租赁负债。该厂房尚处于毛坯状态，A公司在租入后需进行装修改造，并在厂房内安装新建生产线，包括租入厂房的暖通、排水等也需要根据生产线的布局进行改造。整个厂房装修改造及生产线建设预计将超过12个月，装修改造部分预计受益年限超过3年，未来生产线的预计可使用寿命约为9年。

案例问题：

A公司租入的厂房在改扩建期间相关租赁负债产生的利息费用是否可以资本化？

案例分析：

根据《会计类第3号》的处理原则，本案例中，租入厂房作为使用权资产，租赁期开始日即可供承租人A公司使用，已达到预定可使用状态，租赁负债相关利息费用不应资本化计入使用权资产。在租赁期开始日后，租赁负债转为A公司一般借款的一部分，A公司应按一般借款相关规定确定应资本化还是费用化处理。本案例中，整个厂房装修改造及生产线建设预计将超过12个月，装修改造部分预计受益年限超过3年，未来生产线的预计可使用寿命约为9年，故厂房改扩建过程中可能存在符合资本化条件的资产。A公司需进一步识别及论证租赁负债相关利息可直接归属于哪些符合资本化条件的资产的购建，并相应计算和区分资本化金额及费用化金额。

(四) 承租人支付的增值税

在很多国家和地区，增值税（VAT），又称作"商品和消费税"（GST），是在销售时点就商品和服务征收的一种税项。租赁业务中约定的租金通常也包含增值税。具体的增值税计算和征收规则可能因不同国家和地区而异，但通常适用以下一般原则：（1）卖方向买方收取增值税，并将收到的税款向政府缴纳。（2）如果买方不是最终用户，且将采购的商品或服务作为其业务的成本，则买方通常可通过抵扣向政府缴纳税款的方式收回已支付的增值税。（3）在某些情形中，商品或服务不符合退税条件或买方自身状况可能导致买方无法收回已付增值税。例如在某些国家，银行和保险公司并不满足增值税退税的条件，因此无法收回（部分或全部）增值税。

在我国税法环境下，增值税一般计税方法是按照销项税额抵扣进项税额后的余额计算应纳税额。一般计税方法的应纳税额计算公式为：应纳税额 = 当期销项税额 – 当期进项税额。其中，销售额，是指纳税人发生应税交易取得的与之相关的对价，包括全部货币或者非货币形式的经济利益，不包括按照一般计税方法计算的销项税额和按照简易计税方法计算的应纳税额。销项税额，是指纳税人发生应税交易，按照销售额乘以适用税率计算的增值税额。进项税额，是指纳税人购进的与应税交易相关的货物、服务、无形资产、不动产和金融商品支付或者负担的增值税额。在我国税法下，对有形动产租赁服务、不动产租赁服务分别规定了不同的增值税适用税率。

此外，我国税法规定，下列进项税额不得从销项税额中抵扣：（1）用于简易计税方法计税项目、免征增值税项目、集体福利或者个人消费的购进货物、服务、无形资产、不动产和金融商品对应的进项税额，其中涉及的固定资产、无形资产和不动产，仅指专用于上述项目的固定资产、无形资产和不动产；（2）非正常损失项目对应的进项税额；（3）购进并直接用于消费的餐饮服务、居民日常服务和娱乐服务对应的进项税额；（4）购进贷款服务对应的进项税额；（5）国务院规定的其他进项税额。

1. 关于可抵扣增值税

新租赁准则规定，在租赁期开始日，承租人应以成本计量使用权资产。成本包含四项内容：租赁负债的初始计量金额、租赁期开始日或之前支付的租赁付款额、初始直接费用以及拆卸、移除、租赁资产、复原场地或恢复到预定状态所发生的成本。即，使用权资产的初始成本中不包含可以抵扣的增值税进项税额。

增值税是一种流转税，也是价外税。根据增值税的特点，出租人实质上将代表税务机关向承租人收取增值税，并将所收取的款项向税务机关缴纳。对于承租人，在出租人于每次收款时开具增值税发票时，承担了付款义务。在这种情况下，出租人向承租人收取的增值税并非其向承租人让渡资产使用权而收取的交易对价的一部分，出租人本身并不享有这部分增值税，而是相应承担了对应的增值税纳税义务。与之对应，承租人支付的增值税也不是为了获取租赁资产在租赁期内的使用权而向出租人支付的价款，因此，也就不属于租赁付款额。

2022年12月，财政部、国务院国资委、银保监会、证监会联合发布的《关于严格执行企业会计准则 切实做好企业2022年年报工作的通知》（财会〔2022〕32号）中明确，承租人向出租人支付的租金等款项中包含应缴纳的增值税的，相关增值税税额不属于租赁付款额的范畴，不应纳入租赁负债和使用权资产的计量。

2. 关于不可抵扣增值税

如前所述，在某些情况下，承租人支付的增值税进项税额可能无法抵扣。在2021年10月的会议中，解释委员会对就承租人不可抵扣增值税进项税额如何进行处理进行了讨论。然而，解释委员会最终未得出明确结论，且认为未获得证据表明该事项对主体产生了广泛影响或实质性影响，未将该议题纳入其准则制定议程。

在2021年10月的会议中，一种观点认为，不可抵扣的增值税应从租赁付款额中扣除，该观点主要理由是，承租人支付的增值税不是支付给出租人，而是支付给税务机关。出租人仅作为税务机关的税收代理人，因此，承租人并没有向出租人支付该等款项以换取相关资产的使用权。因此，不可抵扣的增值税不符合租赁付款额的定义。另一种观点认为，应参考《国际会计准则第16号》，将"不可抵扣的购置税"作为不动产、工厂和设备成本的一部分。以下为解释委员会议程决议。

> **议题名称**：租赁付款额中不可抵扣的增值税
> **涉及准则**：《国际财务报告准则第16号——租赁》
> **决议日期**：2021年10月
> 解释委员会收到了一份关于承租人如何核算租赁付款额中不可抵扣增值税的问题咨询。问题描述如下。

1. 承租人在销售货物和提供服务征收增值税的管辖区内经营。卖方在开具给买方的销售发票中包含增值税。就租赁而言，增值税是在出租人向承租人开具租赁发票时征收的。

2. 适用法规

（1）要求卖方收取增值税汇款给政府；

（2）一般允许买方从政府征收的支付货物或服务（包括租赁）的增值税中抵扣。

3. 由于其经营性质，承租人只能抵扣对购买的货物或服务征收的增值税的一部分。这包括对租赁支付的增值税。因此，承租人支付的部分增值税是不可抵扣的。

4. 租赁协议要求承租人向出租人支付的款项包括根据适用法律收取的增值税。

该问题询问，在应用《国际财务报告准则第16号》时，承租人是否将不可抵扣的增值税作为租赁付款额的一部分。

解释委员会进行的外联活动，以及对解释委员会暂定议程决定的反馈意见提供了有限的证据：

1. 不可抵扣的租赁费增值税对受影响的承租人来说是重大的；

2. 在类似情况下，承租人对租赁付款额的不可抵扣增值税的核算方式存在差异。

因此，解释委员会没有收到证据表明这一事项具有广泛的影响，并对受影响方产生或预期产生重大影响。因此，解释委员会决定不将该问题纳入其准则制定项目。

综上所述，对于承租人支付的不可抵扣增值税，主要存在两种观点。一种观点认为，不可抵扣增值税应与可抵扣增值税保持一致，均认定为不是租赁付款额的一部分，从而不影响使用权资产和租赁负债的账面价值，故不可抵扣增值税应计入当期损益。另一种观点认为，不可能抵扣增值税应与固定资产等不可抵扣增值税的处理保持一致，认定为购买资产的直接相关成本，故不可抵扣增值税应计入使用权资产账面价值。我们认为，两种观点体现了新租赁准则、新收入准则对增值税的新认定，与传统固定资产等准则对增值税的认定之间的差异。因此，为保持新租赁准则下对增值税认定的一致性，我们倾向于将承租人支付的不可抵扣增值税计入当期损益。

五、涉及非现金对价的租赁

新租赁准则并未针对涉及非现金对价的租赁中，承租人如何对支付（或应付）的非现金对价进行确认和计量，以及出租人如何对收到（或应收）的非现金对价进行确认和计量提供明确指引。实务中，涉及非现金对价的租赁合同很常见，例如，承租人为出租人提供建造服务，并以低于市场价格自出租人租入相关资产；承租人自出租人租赁房产、厂房，并以低价或免费向出租人转让自产商品；承租人向出租人发行权益工具，并以低价或免费取得房产、设备等使用权等。实务处理难点在于，此类租赁合同涉及的非现金对价（特别是涉及服务时），是否应将非现金对价作为使用权资产的组成部分确认；非现金对价如何计量，是否能够可靠计量。

在现行会计准则下，对涉及非现金对价的处理可分为"出售交易模式"和"购买交易模式"。"出售交易模式"是以收到（或应收）非现金对价的公允价值为基础确认相关损益。例如，新收入准则采用的是"出售交易模式"，即收到客户的非现金对价，应以所收到非现金对价公允价值为基础确认收入。相对应的"购买交易模式"，则是以支付（或应付）非现金对价的公允价值为基础确认相关资产成本。例如，购买固定资产、无形资产时，一般以支付非现金对价的公允价值加上直接相关费用确认。对于租赁合同，如前所述，理事会也强调，按照成本（而不是公允价值）对使用权资产进行初始计量与许多其他非金融资产（如固定资产、无形资产）的计量一致。

我们认为，对于涉及非现金对价的租赁初始确认和计量，可参照前述两种交易模式的处理原则进行处理。具体而言，当租赁相关非现金对价公允价值能够可靠计量时，对于承租人，可采用"购买交易模式"，以租赁开始日支付（或应付）非现金对价的公允价值为基础确认相关使用权资产初始成本；对于出租人，则采用"销售交易模式"，以租赁开始日收到（或应收）非现金对价的公允价值为基础确认相关租赁收益。同时，根据非货币性资产交换的处理原则，当租赁相关非现金对价公允价值无法可靠计量（如涉及某些未单独出售的服务），且有确凿证据表明对应资产（使用权资产）的公允价值更加可靠的，则应以对应资产（使用权资产）的公允价值为基础确认使用权资产（对于承租人）和租赁收益（对于出租人）。

案例 1-4-7：租赁涉及非现金对价的处理

案例背景：

A 公司与 B 公司签订合作协议，A 公司在 B 公司的土地上建设两间仓库，并租入其中一间仓库使用。合同约定，A 公司负责仓库的设计及建设，并承担相关建设成本，仓库建成后所有权归属于 B 公司；两间仓库建成后，A 公司租入其中一间仓库使用，租赁期为 10 年。

合同约定，仓库建设完成须经 B 公司验收，B 公司验收后向 A 公司正式移交其租赁的一间仓库，并开始计算租金。租金按占用仓库面积及标准租金计算，标准租金为 0.7 元/平方米/天。A 公司按合同约定计算应承担的租金可以经审价的工程建造成本加合理利润抵扣，且每平方米建造成本经审价决算不得低于 3 000 元/平方米。工程建造成本不足抵扣租金，在租赁期内每年末以现金支付。假设双方约定租金计算标准、工程建造成本加合理利润均与市场价格相当。

案例问题：

承租人（A 公司）及出租人（B 公司）如何对上述交易安排进行会计处理？

案例分析：

本案例中，交易实质为 A 公司以建造服务为部分对价，换取了相关仓库一定期间内的使用权，属于涉及非现金对价的租赁合同。根据前述原则，承租人（A 公司）及出租人（B 公司）的主要会计处理如下。

（1）对于承租人（A 公司），采用"购买交易模式"确定使用权资产及租赁负债。在租赁期开始日（仓库建设完成并验收后），A 公司应以提供建造服务的公允价值（建造成本加合理利润）及后续应付现金租金的现值为基础确认使用权资产初始成本。

（2）对于出租人（B 公司），采用"销售交易模式"进行会计处理。在租赁期开始日（仓库建设完成并验收后），B 公司应将 A 公司提供的建造服务公允价值（建造成本加合理利润）作为租赁付款额的一部分，并区分该租赁属于融资租赁或经营租赁，分别确认租赁相关收益。

第二节 租赁负债的初始计量

一、基本原则

新租赁准则规定,在租赁期开始日,承租人应以租赁期开始日尚未支付的租赁付款额的现值计量租赁负债。如果能够直接确定租赁内含利率,则应采用该利率对租赁付款额进行折现。如果无法直接确定该利率,则应采用承租人的增量借款利率。识别应纳入租赁负债的相关付款项目是计量租赁负债的关键[CAS 21(2018)第十七条;IFRS 16 para. 26]。

二、折现率

租赁负债应当按照租赁期开始日尚未支付的租赁付款额的现值进行初始计量。在计算租赁付款额的现值时,承租人应当采用租赁内含利率作为折现率;无法确定租赁内含利率的,应当采用承租人增量借款利率作为折现率[IFRS 16 para. 26]。

租赁内含利率,是指使出租人的租赁收款额的现值与未担保余值的现值之和等于租赁资产公允价值与出租人的初始直接费用之和的利率。承租人增量借款利率,是指承租人在类似经济环境下为获得与使用权资产价值接近的资产,在类似期间以类似抵押条件借入资金须支付的利率。其中,未担保余值,是指租赁资产余值中,出租人无法保证能够实现或仅由与出租人有关的一方予以担保的部分[IFRS 16 附录一]。

初始直接费用,是指为达成租赁所发生的增量成本。增量成本是指若企业不取得该租赁,则不会发生的成本[IFRS 16 附录一],如佣金、印花税等。无论是否实际取得租赁都会发生的支出,不属于初始直接费用,例如为评估是否签订租赁而发生的差旅费、法律费用等,此类费用应当在发生时计入当期损益。

(一)租赁内含利率

新准则并未单独从承租人的角度定义租赁中的内含利率。也就是说,对于承租人和出租人，租赁中的内含利率均是指：使租赁付款额与未担保余值两者的现值之和等于标的资产的公允价值与出租人的所有初始直接费用之和的折现率。然而，由于承租人缺乏可供使用的信息，因此通常会难以确定租赁中的内含利率。

1. 承租人难以确定租赁中的内含利率的原因

在许多情况下，租赁内含利率可能与承租人的增量借款利率相近。这是因为这两个利率均考虑了承租人的信用情况、租赁期长度、所提供担保物的性质和质量以及交易发生的经济环境。然而，租赁内含利率通常还会受出租人对标的资产租赁期结束时余值的估计影响，并可能受税收或只有出租人知晓的其他因素（如出租人的初始直接费用）影响。因此，对于许多租赁（尤其是标的资产在租赁期结束时有重大余值的租赁），承租人确定租赁内含利率可能较为困难。因此，新租赁准则要求，若可直接确定租赁内含利率，承租人应采用该利率将租赁负债折现。若不能直接确定租赁内含利率，承租人应采用其增量借款利率[IFRS 16 para. BC160~BC162]。

租赁的内含利率是与特定企业有关的计量指标，即与出租人特定相关。最直观的例子是出租人的初始直接费用。这些成本是指由出租人承担的、如果没有形成租赁就不会产生的成本。例如，若不论租赁是否达成，出租人都会支付租赁团队报酬，在这种情况下，出租人将没有初始直接费用。相反，如果出租人支付给团队（不论内部或外部团队）的费用取决于租赁是否达成，那么该或有金额将属于初始直接费用。一般而言，承租人不会知道出租人在租赁协商时所产生的成本，也不知道某一成本是否能够满足初始直接费用的条件。

此外，租赁中的内含利率取决于标的资产的初始公允价值，以及出租人预计的在租赁结束时资产的余值。承租人通常不具有可以确定上述两项金额的信息，除非该标的资产是由出租人在租赁开始时购入，并且将在租赁期结束时让渡于承租人，即租赁包含所有权的自动转让或廉价购买选择权。

2. 确定标的资产的初始公允价值、标的资产的余值和出租人的初始直接费用时应考虑的因素

在某些情况下，承租人可能能够确定标的资产的初始公允价值。例如，在具有广泛的市场报价且该报价不易受到单个交易各方谈判影响的情况下。

同样，在某些情况下，承租人可能能够确定标的资产的余值。例如，当存在广泛的市场报价，且出租人为了租赁定价目的而预期该报价会随着时间推移在标准化的基础上变动，或者当具有特定寿命和条件的二手资产（如某些机动

车辆）存在普遍接受的交易价格。

承租人可能还能够经评估后认为，出租人的初始直接成本并不重大，在这种情况下，出租人初始直接费用的任何合理估计都不会对折现率产生影响。

在某些行业，如飞机租赁，承租人可能会通过租赁谈判过程或通过尽职调查程序获取有关出租人初始直接费用的信息。

3. 可能较容易地确定内含利率的情形

承租人很可能难以确定大多数租赁的内含利率。然而，在某些情况下，承租人也有可能较容易地确定内含利率。

承租人使用内含利率的前提是该利率必须能够易于确定。承租人可以通过考虑以下因素来证明内含利率能够易于确定：

（1）承租人可以获取可靠信息以确定标的资产的初始公允价值、标的资产的余值和出租人的初始直接费用。

（2）在某些情况下，承租人可以获取有关内含利率的信息披露——例如，在集团内部交易、某些关联方交易及各方都做了广泛尽职调查的某些高度结构化的交易中。

此外，从出租人处获得的信息可能构成承租人在确定租赁内含利率时的一个重要输入值。然而，这一利率很可能属于商业敏感数据。有些出租人不愿意透露，或者更愿意仅披露有关定价安排的一般信息。

即便出租人向承租方披露了相对具体的定价信息，承租人在评估该信息时也应采取适当的专业怀疑态度。在实际操作中，承租人在根据出租人提供的信息确定折现率之前，可能需要执行尽职调查程序。

综上，承租人几乎很少能够较容易地确定内含利率。在任何情况下，当内含利率能够易于确定时，承租人所使用的假设和信息必须与出租人使用的一致。

（二）增量借款利率

1. 确定增量借款利率考虑因素

承租人的增量借款利率，是指假设承租人为在类似经济环境下获得与使用权资产类似价值的资产，以类似期限按类似抵押条件借入资金而必须支付的利率［IFRS 16 附录一］。该利率与下列事项特定相关：（1）承租人自身情况，即承租人的偿债能力和信用状况；（2）"借款"的期限，即租赁期；（3）"借入"资金的金额，即租赁负债的金额；（4）"抵押条件"，即租赁资产的性质和质量；（5）经济环境，包括承租人所处的司法管辖区、计价货币、合同签订时间等。

增量借款利率的定义表明，其假设承租人为了借入资金而必须支付的利率，即与承租人特定相关的利率。这类似于企业通过资产抵押或担保借入资金。在实务中，信用评级是出借人在确定向企业出借资金的金额和适用利率时考虑的众多因素之一。信用评级越高，出借人（或出租人）越不担心借款人/承租人会发生付款违约，因此利率较低。一家企业的信用评级是基于其借款和偿还到期债务的历史记录、信用记录的长短、违约的迹象、当前的偿债能力及未来的经济前景而确定。因此，企业的信用评级会随时间发生变化，且在每项租赁订立时可能并不相同。增量借款利率还受到其他因素的影响，这可能导致每项租赁的利率均不相同。新准则中定义的增量借款利率是在合同或个别租赁层面确定的利率。

2. 是否可采用加权平均资本成本率确定增量借款利率

加权平均资本成本（WACC）是从市场角度考虑企业如何在长期优化通过债务和股权进行融资的资本结构，其中每一种融资方式的收益率各不相同。加权平均资本成本涵盖所有融资来源，包括股权融资，而增量借款利率仅考虑借款。

一家企业的加权平均资本成本不与某项租赁合同特定相关，也不考虑租赁中的期限、抵押条件和标的资产的价值。因此，它不符合新租赁准则对承租人增量借款利率的定义。

在某些情况下，企业的加权平均资本成本可能是确定增量借款利率时一个有用的输入值。然而，在实际操作中，企业可能会经常发现，使用无担保借款利率作为输入值会更有效，因为仅需较少的调整。

3. 外币计价租赁合同中增量借款利率的确定

承租人应当在假设以租赁的计价货币进行借款的条件下确定增量借款利率。增量借款利率的定义指出，该利率是假设承租人为在类似经济环境下获得与使用权资产类似价值的资产，以类似期限按类似抵押条件借入资金而必须支付的利率。

在某些情况下，租赁合同使用的计价货币与该企业的记账本位币（即企业经营所处的主要经济环境中的货币）不同，例如，一项飞机租赁的计价货币是美元，而企业的记账本位币为欧元。在这种情况下，增量借款利率应使用假设承租人为取得与使用权资产类似价值的资产而需借入资金的货币（即美元）确定。

案例1-4-8：折现率的选取——增量借款利率

案例背景：

B公司有一项船舶租赁，情形一：适用的贷款与价值比率为船舶价值的80%（即出借人提供的资金仅为船舶价值的80%），剩余价值的20%是以股权提供融资；情形二：出借人可能为100%的船舶成本提供融资，但是收取含溢价的利率。以上两种情形，增量借款利率应如何确定？

案例分析：

情形一：20%的股权融资被排除在增量借款利率的计算之外，因为它不能反映B为获取该资产所必须借入资金的利率。相应地，B将会考虑以其他债务融资方式（如银行贷款、透支等）对剩余的20%进行融资。然后，B将确定一个"混合"或"加权"利率，计算如下：

混合/加权利率 =（80%×担保借款利率）+（20%×一般借款利率）

情形二：B看来会考虑将如何在实务中安排借款来确定其增量借款利率。也就是说，增量借款利率将是以下两个利率的较低者：

（1）上述"混合"或"加权"利率：即（80%×担保借款利率）+（20%×一般借款利率）；或者

（2）如果为购买船舶提供100%的融资，出借人将收取的含溢价的利率。

在上述任何一种情况下，该利率都将需要根据其他因素进行调整（如适用）——例如，租赁期与贷款存续期间的比较、抵押品的使用寿命和质量以及承租人的信用评级。

4. 集团内子公司折现率的确定

某些承租人仅在合并后的集团层面从事融资活动，另有一些承租人除母公司外再无其他融资来源。新准则对于在这些情况下如何确定适当的增量借款利率未提供明确的指引。

原则上，子公司不能自动默认在其单独财务报表内使用母公司或集团的利率。但在某些情况下，子公司可能可以在确定适当的租赁折现率时，将母公司或集团的增量借款利率作为一项输入值，并视情况所需对其加以调整。例如，当子公司未设立自身的资金部门，所有集团的资金往来均由母公司集中管理，并因此由母公司向出租人提供租赁付款的担保时，这么做可能是恰当的。在这种情况下，租赁的定价可能在更大程度上受母公司（而非子公司）信用状况的影响。

案例 1-4-9：折现率的选取——租赁内含利率
[CAS21 应用指南（2019）例 28]

案例背景：

承租人 A 公司与出租人 B 公司签订了一份车辆租赁合同，租赁期为 5 年。在租赁开始日，该车辆的公允价值为 100 000 元，B 公司预计在租赁结束时其公允价值（即未担保余值）将为 10 000 元。租赁付款额为每年 23 000 元，于年末支付。B 公司发生的初始直接费用为 5 000 元。B 公司计算租赁内含利率 r 的方法如下：

$23\,000 \times (P/A, r, 5) + 10\,000 \times (P/F, r, 5) = 100\,000 + 5\,000$

本例中，计算得出的租赁内含利率 r 为 5.79%。

案例分析：

承租人增量借款利率，是指承租人在类似经济环境下为获得与使用权资产价值接近的资产，在类似期间以类似抵押条件借入资金须支付的利率。该利率与下列事项相关：（1）承租人自身情况，即承租人的偿债能力和信用状况；（2）"借款"的期限，即租赁期；（3）"借入"资金的金额，即租赁负债的金额；（4）"抵押条件"，即租赁资产的性质和质量；（5）经济环境，包括承租人所处的司法管辖区、计价货币、合同签订时间等。

在具体操作时，承租人可以先根据所处经济环境，以可观察的利率作为确定增量借款利率的参考基础，然后根据承租人自身情况、标的资产情况、租赁期和租赁负债金额等租赁业务具体情况对参考基础进行调整，得出适用的承租人增量借款利率。企业应当对确定承租人增量借款利率的依据和过程做好记录。

实务中，承租人增量借款利率常见的参考基础包括承租人同期银行贷款利率、相关租赁合同利率、承租人最近一期类似资产抵押贷款利率、与承租人信用状况相似的企业发行的同期债券利率等，但承租人还需根据上述事项在参考基础上相应进行调整。

案例 1-4-10：折现率的选取——增量借款利率
[CAS21 应用指南（2019）例 29]

案例背景：

2×19 年 1 月 1 日，承租人 A 公司签订了一份为期 10 年的不动产租赁协议，并拥有 5 年的续租选择权。每年的租赁付款额固定为人民币 900 000 元，于每年年末支付。

在租赁期开始日，A 公司评估后认为，不能合理确定将行使续租选择权，因此将租赁期确定为 10 年。A 公司无法确定租赁内含利率，常采用增量借款利率作为折现率来计算租赁付款额的现值。

A 公司现有的借款包括：

（1）一笔为期 6 个月的短期借款，金额为 500 000 元，借款起始日为 2×18 年 10 月 1 日，到期日为 2×19 年 3 月 31 日，利率为 4.0%，每季末支付利息，到期时一次性偿还本金，无任何抵押。

（2）一笔为期 15 年的债券、金额为 50 000 000 元，发行日为 2×17 年 1 月 1 日，到期日为 2×31 年 12 月 31 日，票面利率为 9.0%，每年末支付利息、到期时一次性偿还本金，无任何抵押。

案例分析：

为确定该租赁的增量借款利率，A 公司需要找到类似期限（即租赁期 10 年）、类似抵押条件（即以租赁资产作为抵押）、类似经济环境下（例如，借入时点是租赁期开始日，偿付方式是每年等额偿付 900 000 元，10 年后拥有与续租选择权类似的借款选择权），借入与使用权资产价值接近的资金（即人民币 9 000 000 元）须支付的固定利率。由于无法直接获取满足上述全部条件的利率，A 公司以其现有的借款利率以及市场可参考信息（如相同期限的国债利率等）作为基础，估计该租赁的增量借款利率。

以可观察的借款利率作为参考基础确定增量借款利率时，通常需要考虑的调整事项包括但不限于：

- 本息偿付方式不同，例如，作为参考基础的借款是每年付息且到期一次性偿还本金，而不是每年等额偿付本息；
- 借款金额不同，例如，作为参考基础的借款金额远高于租赁负债；
- 借款期限不同，例如，作为参考基础的借款短于或长于租赁期；
- 抵押、担保情况不同，例如，作为参考基础的借款为无抵押借款；
- 资金借入时间的不同，例如，作为参考基础的债券是 2 年前发行的，而市场利率水平在 2 年内发生了较大变化；
- 提前偿付或其他选择权的影响；
- 借款币种不同，例如，作为参考基础的借款为人民币借款，但租赁付款额的币种为美元。

情形一：A 公司发行的债券有公开市场

当 A 公司发行的债券有公开市场时，通常需考虑该债券的市场价格及市场利率，因为其反映了 A 公司的现有信用状况以及债权投资者所要求的现时回报率。A 公司结合其自身情况判断后认为，以自己发行的 15 年期债券利率作为估计增量借款利率的起点最为恰当。

A 公司在 15 年期债券利率的基础上，执行了如下步骤，以确定该租赁的增量借款利率：

第一步，确定 15 年期债券的市场利率。A 公司根据该债券的市场价格和剩余 13 年的还款情况（即，每年末根据票面利率支付利息、到期一次性偿还本金），计算该债券的市场利率。该市场利率反映了 A 公司的现有信用状况以及债权投资者所要求的现时回报率，A 公司无需因该债券的发行时间（即 2 年前）而进行额外调整。

第二步，调整借款金额的不同。15 年期债券的金额为 50 000 000 元，租赁付款总额为 9 000 000 元。A 公司根据估计日市场情况考虑上述借款金额的不同是否影响借款利率并相应进行调整。

第三步，调整本息偿付方式的不同。该租赁是每年支付固定的租赁付款额，而 15 年期债券是每年末付息并到期一次性偿还本金。A 公司应考虑该事项对借款利率的影响并作相应调整。

第四步，调整借款期间的不同。该租赁的租赁期为 10 年，而 15 年期债券的剩余期间为 13 年。A 公司应考虑该事项对借款利率的影响并作相应调整。

第五步，调整抵押情况的不同。在确定增量借款利率时，租赁合同视为以租赁资产作为抵押而获得借款，而 15 年期债券无任何抵押。A 公司应考虑该事项对借款利率的影响并作相应调整。

情形二：A 公司发行的债券没有公开市场

当 A 公司发行的债券没有公开市场、但 A 公司存在可观察的信用评级时，可考虑以与 A 公司信用评级相同的企业所发行的公开交易的债券利率为基础，确定上述第一步的参考利率。

当 A 公司发行的债券没有公开市场且 A 公司没有可观察的信用评级时，在市场利率水平和 A 公司信用状况在债券发行日至增量借款利率估计日期间没有发生重大变化的情况下，可考虑以该 15 年期债券发行时的实际利率为基础，作为估计增量借款利率的起点。

确定参考利率后，将其调整为增量借款利率的步骤与情形一基本相同。

情形三：A 公司没有任何借款

当 A 公司没有任何借款时，可考虑通过银行询价的方式获取同期借款利率，并进行适当调整后确定其增量借款利率；或者，可考虑聘用第三方评级机构获取其信用评级，参考情形一下的方法确定其增量借款利率。

（三）解释委员会议程决议——承租人增量借款利率

在 2019 年 9 月的议程决议中，解释委员会讨论了确定承租人增量借款利率是否需要考虑类似贷款的到期日及付款方式的问题。

议题名称：承租人增量借款利率

涉及准则：《国际财务报告准则第 16 号——租赁》

决议日期：2019 年 9 月

解释委员会收到请求，询问关于《国际财务报告准则第 16 号》中承租人增量借款利率的定义。该请求询问承租人增量借款利率是否需要反映租赁到期日和租赁付款情况均类似的贷款利率。

在采用《国际财务报告准则第 16 号》时，当租赁中隐含的利率无法轻易确定时，承租人使用其增量借款利率来计量租赁负债（《国际财务报告准则第 16 号》第 26 段）。《国际财务报告准则第 16 号》附录一将承租人的增量借款利率定义为"承租人在类似经济环境下为获得与使用权资产价值接近的资产，在类似期间以类似保障条件借入资金须支付的利率。"因此，承租人增量借款利率是理事会定义的"考虑到租赁期和租赁条件"的特定租赁利率（结论基础第 BC162 段）。

在确定增量借款利率时，理事会在结论基础的第 BC162 段中解释道，根据出租资产的性质、租赁期和租赁条件，承租人可能可以参考易于观察的利率为起点。承租人随后将根据确定《国际财务报告准则第 16 号》中定义的增量借款利率的需要，调整可观察利率。

解释委员会指出，承租人增量借款利率的定义要求承租人结合租赁期和租赁条件来确定特定租赁的增量借款利率，并确定反映满足下列条件时借入资金须支付的利率：

1. 与租赁期类似的期间内；
2. 与租赁中的保证条件（抵押物）类似的保证条件；
3. 获取与租赁产生的使用权资产价值接近的资产所需的金额；以及
4. 在与租赁的经济环境类似的经济环境下。

> 《国际财务报告准则第 16 号》中的承租人增量借款利率的定义并未明确要求承租人确定其增量借款利率,以反映与租赁付款情况类似的贷款利率。尽管如此,解释委员会指出,在运用判断确定《国际财务报告准则第 16 号》中定义的增量借款利率时,参考支付情况与租赁类似的贷款的易于观察的利率作为起点,与理事会制定承租人增量借款利率的定义时的目的一致。
>
> 解释委员会得出结论认为,《国际财务报告准则第 16 号》中的原则和要求为承租人确定其增量借款利率提供了充分的依据。因此,解释委员会决定不将此事项纳入准则制定议程。

新租赁准则本身并未明确要求承租人确定其增量借款利率时需反映与租赁应付款类似的付款方式的贷款利率。在上述议程决议中,解释委员会强调,承租人的增量借款利率需要反映类似贷款的利率,该贷款的到期日与该租赁相似,付款方式与其租赁应付款相似。此外,解释委员会补充,承租人增量借款率的定义要求承租人考虑到租赁的条款和条件,以确定其特定租赁增量借款利率,并确定反映以下借款所需支付的利率:(1)与租赁期类似的期限;(2)与租赁担保物(抵押物)有类似担保的;(3)取得与租赁产生的使用权资产价值相当的资产所需的金额;(4)在与租约类似的经济环境中。

三、租赁付款额

新租赁准则规定,租赁负债应当按照租赁期开始日尚未支付的租赁付款额的现值进行初始计量。识别应纳入租赁负债的相关付款项目是计量租赁负债的关键。租赁付款额,是指承租人向出租人支付的与在租赁期内使用租赁资产的权利相关的款项,包括[CAS 21(2018)第十八条;IFRS 16 para. 27]:

(1)固定付款额及实质固定付款额,存在租赁激励的,扣除租赁激励相关金额;

(2)取决于指数或比率的可变租赁付款额,该款项在初始计量时根据租赁期开始日的指数或比率确定;

(3)购买选择权的行权价格,前提是承租人合理确定将行使该选择权;

(4)行使终止租赁选择权需支付的款项,前提是租赁期反映出承租人将行使终止租赁选择权;

(5)根据承租人提供的担保余值预计应支付的款项。

根据前文租赁期所述，如果承租人具有可合理确定将行使的续租选择权，或者可合理确定不会行使的终止租赁选择权，则租赁期应被视为延伸出不可撤销的期间。因此，如果可合理确定租赁期将延伸到不可撤销的期间，则租赁付款额应包括在不可撤销期间之后的可选租赁付款额。

租赁付款额不包括：与相关资产的未来业绩或使用情况挂钩的可变租赁付款额，及在不可撤销期间之后的可选租赁付款额，如果不能合理确定承租人的续租期将延伸到不可撤销的期间。

对于包含租赁成分与非租赁成分的合同，企业通常必须分拆合同中的租赁成分与非租赁成分。

对于承租人，租赁付款额不包括分摊至合同中非租赁成分的付款额，除非承租人按照准则允许采用的便于实务操作的方法，选择将非租赁成分与租赁成分合并，作为一项单独的租赁进行会计处理。

对于出租人，租赁付款额不包括分摊至非租赁成分的付款额。且对于出租人，不存在允许将非租赁成分与租赁成分合并在一起进行会计处理的便于实务操作的方法。

（一）固定付款额

固定付款额的定义为：承租人就在租赁期内相关资产的使用权向出租人支付的款项，不包括可变租赁付款额［IFRS16 附录一］。新租赁准则特别要求租赁付款额包括实质固定的租赁付款额；实质固定付款额，是指在形式上可能包含变量但实质上无法避免的付款额［CAS 21（2018）第十八条；IFRS 16 para. B42］。

如果存在下列情形，则存在实质固定租赁付款额［IFRS 16 para. B42］。

1. 付款额设定为可变租赁付款额，但该可变条款几乎不可能发生，没有真正的经济实质。此类例子包括：

（1）付款额仅需在租赁资产经证实能够在租赁期间正常运行时支付，或者仅需在不可能不发生的事件发生时支付。

（2）付款额初始设定为与租赁资产使用情况相关的可变租赁付款额，但其潜在可变性将于租赁期开始日之后的某个时点消除，在可变性消除时，该类付款额成为实质固定付款额。

2. 承租人有多套付款额方案，但其中仅有一套是可行的。在此情况下承租人应采用该可行的付款额方案作为租赁付款额。

3. 承租人有多套可行的付款额方案，但必须选择其中一套。在此情况下，承租人应采用总折现金额最低的一套作为租赁付款额。

案例 1-4-11：实质固定租赁付款额的判断
［CAS 21 应用指南（2019）例 21］

案例背景：

A 公司是一家知名零售商，从 B 公司处租入已成熟开发的零售场所开设一家商店。根据租赁合同，A 公司在正常工作时间内必须经营该商店，且 A 公司不得将商店闲置或进行分租。合同中关于租赁付款额的条款为：如果 A 公司开设的这家商店没有发生销售，则 A 公司应付的年租金为 100 元；如果这家商店发生了任何销售，则 A 公司应付的年租金为 1 000 000 元。

案例分析：

本例中，该租赁包含每年 1 000 000 元的实质固定付款额。该金额不是取决于销售额的可变付款额。因为 A 公司是一家知名零售商，根据租赁合同，A 公司应在正常工作时间内经营该商店，所以 A 公司开设的这家商店不可能不发生销售。

案例 1-4-12：实质固定租赁付款额的判断
［CAS 21 应用指南（2019）例 22］

案例背景：

承租人 A 公司签订了一份为期 5 年的卡车租赁合同。合同中关于租赁付款额的条款为：如果该卡车在某月份的行驶里程不超过 1 万公里，则该月应付的租金为 10 000 元；如果该卡车在某月份的行驶里程超过 1 万公里但不超过 2 万公里，则该月应付的租金为 16 000 元；该卡车 1 个月内的行驶里程最高不能超过 2 万公里，否则承租人须支付巨额罚款。

案例分析：

本例中，租赁付款额包含基于使用情况的可变性，且在某些月份里确实可避免支付较高租金，然而，月付款额 10 000 元是不可避免的。因此，月付款额 10 000 元属于实质固定付款额，应被纳入租赁负债的初始计量中。

案例 1-4-13：实质固定租赁付款额的判断
［CAS 21 应用指南（2019）例 23］

案例背景：

承租人 A 公司租入一台预计使用寿命为 5 年的机器。不可撤销的租赁期为

3年。在第3年末，A公司必须以20 000元购买该机器，或者必须将租赁期延长2年，如延长，则在续租期内每年末支付10 500元。

案例分析：

A公司在租赁期开始时评估认为，不能合理确定在第3年末将是购买该机器，还是将租赁期延长2年。如果A公司单独考虑购买选择权或续租选择权，那么在租赁期开始时，购买选择权的行权价格与续租期内的应付租金都不会纳入到租赁负债中。然而，该安排在第3年末包含一项实质固定付款额。这是因为，A公司必须行使上述两种选择权中的其中一个，且不论在哪种选择权下，A公司都必须进行付款。因而在该安排下，实质固定付款额的金额是下述两项金额中的较低者：购买选择权的行权价格（20 000元）的现值与续租期内付款额（每年末支付10 500元）的现值。

（二）租赁激励

租赁激励，是指出租人为达成租赁向承租人提供的优惠，包括出租人向承租人支付的与租赁有关的款项、出租人为承租人偿付或承担的成本等［IFRS 16附录一］。

与出租人的租赁协议可能包含针对承租人的签约激励，如给承租人的现金预付款，针对承租人成本（如搬迁费用）的付款额或出租人对承租人与第三方的已有租赁的假定。

对于承租人而言，已付或应付租赁激励从租赁付款额中扣除，从而减少承租人使用权资产的初始计量［CAS 21（2018）第十六条；IFRS 16 para. 24］。租赁开始时应向承租人支付的租赁激励抵减了承租人的租赁负债［CAS 21（2018）第十六条；IFRS 16 para. 27（a）］。

对于出租人而言，向承租人已付或应付的租赁激励亦从租赁付款额中扣除，且会影响租赁分类测试。对于融资租赁，应向承租人支付的租赁激励抵减租赁期开始日的预期租赁应收款，从而抵减出租人对租赁投资净额的初始计量。因此，销售损益不受影响［CAS 21（2018）第三十六条；IFRS 16 para. 70（a）］。对于经营租赁，出租人应递延向承租人的已付或应付租赁激励成本，并将该成本确认为该租赁期租赁收入的抵减。

（三）可变租赁付款额

可变租赁付款额，是指承租人为取得在租赁期内使用租赁资产的权利，向出租人支付的因租赁期开始日后的事实或情况发生变化（而非时间推移）而变动的款项［CAS 21（2018）第十八条；IFRS 16 附录一］。未纳入租赁负债计量的可变租赁付款额应当在实际发生时计入当期损益。按照存货等其他准则规定应当计入相关资产成本的，从其规定［CAS 21（2018）第二十四条］。

如果租赁付款额与以下各项挂钩，则会产生可变性：[IFRS 16 para. BC163]

（1）由于市场比率或指数数值变动导致的价格变动。例如，基准利率或消费者价格指数变动可能导致租赁付款额调整。

（2）承租人源自租赁资产的绩效。例如，零售业不动产租赁可能会要求基于使用该不动产取得的销售收入的一定比例确定租赁付款额。

（3）租赁资产的使用。例如，车辆租赁可能要求承租人在超过特定里程数时支付额外的租赁付款额。

1. 与比率或指数挂钩的可变租赁付款额

可变租赁付款额中，仅取决于指数或比率的可变租赁付款额纳入租赁负债的初始计量中，包括与消费者价格指数（CPI）挂钩的款项、与基准利率挂钩（如，伦敦银行同业拆借利率（LIBOR））的款项和为反映市场租金费率变化而变动的款项等［IFRS 16 para. 28］。此类可变租赁付款额应当根据租赁期开始日的指数或比率确定。

理事会指出，与指数或费率挂钩的可变租赁付款额应当纳入租赁付款额。对于承租人而言，该等付款额符合负债的定义，因为其不可避免且并非取决于承租人的任何未来活动。因此，任何不确定性均与源自该等付款额的负债的计量相关，而非与该付款的存在相关［IFRS 16 para. BC165］。

在初始确认时，此类付款额应使用在租赁开始日的指数或比率计量，无需估计该指数或比率在剩余租赁期内的变动。理事会认为，使用预测技术或远期价格来估计指数或比率的变动将产生较高的成本，并且可能导致计量不确定性并降低各主体之间的可比性［IFRS 16 para. BC166］。

案例 1-4-14：与指数挂钩的可变租赁付款额
［CAS 21 应用指南（2019）例 24］

案例背景：

承租人 A 公司签订了一项为期 10 年的不动产租赁合同，每年的租赁付款额为 50 000 元，于每年年初支付。合同规定，租赁付款额在租赁期开始日后每 2 年基于过去 24 个月消费者价格指数的上涨进行上调。租赁期开始日的消费者价格指数为 125。

案例分析：

A 公司在初始计量租赁负债时，应基于租赁期开始日的消费者物价指数确定租赁付款额，无需对后续年度因消费者物价指数而导致的租金变动作出估计。因此，在租赁期开始日，A 公司应以每年 50 000 元的租赁付款额为基础计量租赁负债。

案例 1-4-15：与费率挂钩的可变租赁付款额

案例背景：

承租人 A 公司签订了一项为期 10 年的租赁，并在每年年初支付一笔租赁付款额。初始租赁付款额为 1 000 元。租赁付款额将每年按照上海银行间拆借利率（Shibor）作为上调。在租赁期开始日，Shibor 为 2%。假设租赁内含利率为 5%。

案例分析：

根据新租赁准则第十八条，租赁付款额应使用在租赁期开始日的费率（即，Shibor）进行初始计量。该日的 Shibor 为 2%；因此，在计量租赁负债时，应假设租赁付款额将每年上调 2%，具体如表 1-4-2 所示。

表 1-4-2　　　　　　　　　租赁负债的计量

年度	租赁付款额（元）	折现率	租赁付款额的现值（元）
1	1 000	1	1 000
2	1 020	0.952	971
3	1 040	0.907	943
4	1 061	0.863	916
5	1 082	0.822	889
6	1 104	0.784	866
7	1 126	0.746	840
8	1 149	0.711	817
9	1 172	0.677	793
10	1 195	0.645	771
合计			8 806

因此，租赁负债应按 8 806 元进行初始计量。

2. 与标的资产的未来业绩或使用情况挂钩的可变租赁付款额

根据新租赁准则规定,除了取决于指数或比率的可变租赁付款额之外,其他可变租赁付款额均不纳入租赁负债的初始计量中。如与标的资产的未来业绩或使用情况挂钩的可变租赁付款额不应纳入租赁负债的计量,此类付款额应在触发此类付款额的事件或情况发生的期间内计入损益。

在新租赁准则制定过程中,各方对于标的资产的未来绩效或使用挂钩的可变租赁付款额是否符合负债的定义存在不同意见。一些人认为,在要求支付租赁付款额的未来事件发生后(如使用标的资产或者销售发生时)才产生了支付可变租赁付款额的负债。还有一些人认为,按照租赁合同,承租人在租赁期开始日获得使用权资产时即具有支付可变租赁付款额的义务。因此,他们认为,不确定的是可变租赁付款额的金额,而非其存在性,因此,对于承租人,所有可变租赁付款额均符合负债的定义[IFRS 16 para. BC168]。

理事会决定不将与标的资产的未来绩效或使用挂钩的可变租赁付款额纳入租赁负债计量。部分理事会成员认为,作出这一决定的唯一原因是成本效益考虑。对于承租人,所有可变租赁付款额均符合负债的定义。然而,据利益相关方反馈,包含与未来绩效或使用挂钩的可变租赁付款额的成本将超过收益,尤其对因其导致的计量的高度不确定性以及一些承租人持有大量租赁存在担忧,因此,这些理事改变了他们的意见。其他理事会成员认为,对于承租人,与未来绩效或使用挂钩的可变租赁付款额在该绩效完成或使用发生后才符合负债的定义。他们将这些付款额视为承租人可避免的付款额,因此,承租人在租赁期开始日并无支付这些付款额的现时义务。此外,与未来绩效或使用挂钩的可变租赁付款额可被视为承租人和出租人分享源于使用该资产的未来经济利益的一种手段[IFRS 16 para. BC169]。

新租赁准则将众多可变租赁付款额排除在租赁负债之外,这导致有人猜测,承租人将试图重新商定租赁以将租赁付款额从固定改为可变,并由此降低列报的负债。例如,假设承租人目前每年支付固定的金额10万元,并预计未来5年的年销售额为1 000万元/年。从理论上讲,如果承租人修改租赁合同的条款,使未来的租赁付款额转变为可变,并以销售额的1%确定,那么承租人预计会支付相同的租赁付款额,但无需确认租赁负债。

在实务中,重新商定租赁合同条款的过程可能并不简单直接。租赁付款额从固定改为可变将同时改变租赁的风险状况,并可能是重大改变。在上例中,出租人将承担与承租人的经营业绩波动有关的更大风险。出租人可能至少会向承租人寻求更高的回报才愿意接受该风险。某些出租人可能完全拒绝接受这一风险。

如果承租人和出租人属于同一集团，则修订租赁条款的余地可能较大。在此情况下，适当修改租赁条款可能会极大简化集团内租赁的会计处理，且对合并业绩没有影响。

案例1-4-16：不直接与销售成比例的可变付款额

案例背景：

A公司租入一家商店销售商品。合同约定，新店的月租赁付款额参考表1-4-3阶梯式销售目标而确定。

表1-4-3　　　　　　　　月租赁付款额　　　　　　　　　单位：元

每月收入	租赁付款额
500 000	-
800 000	20 000
210 000	30 000
5 000 000	30 000

根据A公司以往的销售数据，A公司同类商店平均每月产生收入90万元。

案例分析：

A公司在评估上述可变租赁付款是否为实质固定付款额时，考虑以下事项：

（1）租赁付款额存在真实的可变性。

（2）租赁付款额可能每月不同的情况现实存在。

（3）该付款结构安排为可变付款额，且后续不会转变为固定付款额。

（4）如果收入低于500 000元，则无需支付租赁款项。

A公司得出结论，尽管租赁付款额不直接与销售成比例（即不是按照销售额的百分比来确定），但租赁付款额仍然是可变的（即不存在实质固定的最低付款额）并取决于销售情况。即便存在历史平均值或类似基准，也不会产生固定的最低付款额。因此，A将每月的租赁付款额排除在租赁负债的计量外，并在租赁期开始时将租赁负债计量为零。

案例1-4-17：租赁付款额取决于经营业绩［财政部会计司会计准则实施问答——租赁准则实施问答（2021年3月2日）］

案例背景：

某租赁合同约定，承租人租赁设备用于生产A产品，租赁期为5年，每年的租赁付款额按照设备当年运营收入的 80% 计算，于每年末支付给出租人。假定不考虑其他因素，承租人应当如何基于该租赁合同对租赁负债进行初始计量和后续计量？

案例分析：

根据租赁准则第十七条、第十八条、第二十四条并参照相关应用指南，租赁负债应当按照租赁期开始日尚未支付的租赁付款额的现值进行初始计量。取决于指数或比率的可变租赁付款额是租赁付款额的组成部分。未纳入租赁负债计量的可变租赁付款额，即并非取决于指数或者比率的可变租赁付款额，应当在实际发生时计入当期损益，但按照《企业会计准则第 1 号——存货》等其他准则规定应当计入相关资产成本的，从其规定。

按照上述租赁合同约定，租赁付款额按照设备年运营收入的一定比例计算，属于可变租赁付款额，但该可变租赁付款额取决于设备的未来绩效而不是指数或比率，因而不纳入租赁负债的初始计量。在不存在其他租赁付款额的情况下，该租赁合同的租赁负债初始计量金额为 0。后续计量时，承租人应将按照设备运营收入 80% 计算的可变租赁付款额计入 A 产品成本。

3. 租赁合同中的嵌入衍生工具

当租赁付款额随某些变量的变动而变动时，则租赁合同中嵌入了衍生工具。但是，对于按照金融工具准则应分拆的嵌入衍生工具，承租人不应将其与租赁部分合并进行会计处理〔CAS 21（2018）第十二条；IFRS 16 para. 15〕。

准则及应用指南均未进一步解释哪些嵌入衍生工具需要进行分拆，理事会在结论基础中指出，如果租赁中包含被视为与主租赁合同不紧密相关的嵌入衍生工具，则该嵌入衍生工具必须按照金融工具准则的要求进行分拆与核算。这是因为，尽管新租赁准则对可能满足衍生工具定义的期权及余值担保等作出了专门规定，但是，新租赁准则的租赁会计模型并未具体考虑衍生工具。因此，如果嵌入租赁的衍生工具不单独进行会计处理，则不相关的衍生工具合同可能被捆绑至租赁中以避免按照公允价值计量衍生工具〔IFRS 16 para. BC81〕。

例如，如果一份租赁协议包含随 CPI 变动的双倍数值进行调整的可变租赁付款额，则应按照金融工具准则进行分拆与核算，因为该条款带有杠杆作用。反之，如果符合以下条件，则嵌入在租赁合同中与通货膨胀指数有关的衍生工具可被认为与租赁紧密相关：该指数与租赁资产运营所在国家的通货膨胀率有关并且该特征不带有杠杆作用。在此情况下，该特征不予分拆，而是将全部付款额按照新租赁准则进行核算。

（四）购买选择权

新租赁准则规定，在租赁开始日，承租人应评估是否合理确定将行使购买标的资产的选择权。这是因为购买选择权是实际上的最终续租选择权。如果承租人的续租选择权期间为标的资产的全部剩余经济寿命，则其所处的经济状况与具有购买标的资产选择权的承租人相似。因此，出于与纳入续租选择权的决定相同的原因，在承租人合理确定将行使该选择权的情况下，将行权价纳入租赁负债计量将为财务报表使用者提供最有用的信息。所以，购买选择权应按照与续租选择权相同的方式纳入租赁负债计量（即，如果承租人合理确定将行使该选择权，则购买选择权的行权价应纳入租赁负债计量）[IFRS16 para. BC173]。

在评估时，承租人应考虑对其行使或不行使购买选择权产生经济激励的所有相关事实和情况。有关经济激励的分析可参见租赁期部分。

案例 1-4-18：购买选择权 [CAS 21 应用指南（2019）例 25]

案例背景：

承租人 A 公司与出租人 B 公司签订了一份不可撤销的 5 年期设备租赁合同。合同规定，A 公司可以选择在租赁期结束时以 5 000 元购买这台设备。已知该设备应用于不断更新、迅速变化的科技领域，租赁期结束时其公允价值可能出现大幅波动，估计在 4 000 元至 9 000 元之间，在 5 年租赁期内可能会有更好的替代产品出现。

案例分析：

在租赁期开始日，A 公司对于其是否将行使购买选择权的经济动机作出全面评估，并最终认为不能合理确定将行使购买选择权。该评估包括：租赁期结束时该设备公允价值的重大波动性，以及在租赁期间内可能出现更好替代产品的可能性等。评估 A 公司是否合理确定将行使购买选择权可能涉及重大判断。假设 A 公司设备租赁时，约定更短的租赁期限（例如，1 年或 2 年）或设备所处环境不同（例如，租赁设备并非应用于不断更新的科技领域，而是应用于相对稳定的行业，并且其未来的公允价值能够可靠预测和估计），则 A 公司是否行使购买选择权的判断可能不同。

（五）终止租赁选择权

在租赁期开始日，承租人应评估是否合理确定将行使终止租赁的选择权。

在评估时,承租人应考虑对其行使或不行使终止租赁选择权产生经济激励的所有相关事实和情况。如果承租人合理确定将行使终止租赁选择权,则租赁付款额中应包含行使终止租赁选择权需支付的款项,并且租赁期不应包含终止租赁选择权涵盖的期间。

案例 1-4-19:终止租赁选择权〔CAS 21 应用指南(2019)例 26〕

案例背景:

承租人 A 公司租入某办公楼的一层楼,为期 10 年。A 公司有权选择在第 5 年提前终止租赁,并以相当于 6 个月的租金作为罚金。每年的租赁付款额为固定金额 120 000 元。该办公楼是全新的,并且在周边商业园区的办公楼中处于技术领先水平。上述租赁付款额与市场租赁水平相符。

案例分析:

在租赁期开始日,A 公司评估后认为,6 个月的租金对于 A 公司而言金额重大,同等条件下,也难以按更优惠的价格租入其他办公楼,可以合理确定不会选择提前终止租赁,因此其租赁负债不应包括提前终止租赁时需支付的罚金,租赁期确定为 10 年。

(六)余值担保

担保余值,是指与出租人无关的一方向出租人提供担保,保证在租赁结束时租赁资产的价值至少为某指定的金额〔CAS 21(2018)第十九条;IFRS 16 附录一〕如果承租人提供了对余值的担保,则租赁付款额应包含该担保下预计应支付的款项,它反映了承租人预计将支付的金额,而不是承租人担保余值下的最大敞口〔IFRS 16 para. 27(c)〕。

在作出这一决定时,理事会注意到,承租人不能避免支付因余值担保导致的付款额,如果标的资产的价值以特定的方式发生变动,则承租人具有向出租人无条件进行支付的义务。因此,与余值担保支付相关的任何不确定性均与承租人是否承担义务无关,而与承租人必须支付的金额有关。承租人必须支付的金额可随标的资产价值的变动而发生变动,在这一方面,对于承租人余值担保与取决于指数或比率的可变租赁付款额类似〔IFRS 16 para. BC170〕。

由上述规定我们可以看到,与原租赁准则相比,余值担保的会计处理有两个重要差异。

承租人纳入租赁负债中的金额不同。新租赁准则下,承租人最低租赁付款额包含余值担保下预计应支付的款项。但在原租赁准则下该金额是余值担保下的最大值，并非预计应付的金额。

重估的规定。新租赁准则下，承租人根据余值担保预计应付的金额发生变动时，应对租赁负债进行重新计量。但原租赁准则下未要求重新计量，因为承租人的租赁负债始终包含应付金额的最大值。

综上，新租赁准则下租赁付款额所包含的与余值担保有关的金额通常低于原租赁准则下的金额，但是，余值担保的存在会为承租人列报的总资产和总负债引入新的波动性。承租人应审慎考虑还需要哪些额外流程，以确定和记录对预计应付金额所作的估计。承租人应在租赁期开始日和后续进行重新计量时考虑该事项。

案例 1-4-20：余值担保〔CAS 21 应用指南（2019）例 27〕

案例背景：

承租人 A 公司与出租人 B 公司签订了汽车租赁合同，租赁期为 5 年。合同中对担保余值的规定为：如果标的汽车在租赁期结束时的公允价值低于 40 000 元，则 A 公司需向 B 公司支付 40 000 元与汽车公允价值之间的差额，因此，A 公司在该担保余值下的最大敞口为 40 000 元。

案例分析：

在租赁期开始日，A 公司预计标的汽车在租赁期结束时的公允价值为 40 000 元，即，A 公司预计在担保余值下将支付的金额为零。因此，A 公司在计算租赁负债时，与担保余值相关的付款额为零。

第三节　使用权资产的后续计量

一、基本原则

对于使用权资产的后续计量，基本的后续计量模式是成本模式，即以成本减累计减值损失计量使用权资产。

在企业会计准则下，使用权资产后续计量仅采用成本模式，不存在其他模式。其中，对于承租人用于转租的建筑物类使用权资产，财政部会计司强调，考虑到我国房地产市场的实际情况，为避免公允价值滥用和误导信息使用者，承租人转租建筑物类使用权资产，也应按照成本模式进行后续计量，不能参照投资性房地产的公允价值模式进行后续计量。

在国际财务报告准则下，除成本模式外，还可以采用《国际会计准则第40号》针对投资性房地产的公允价值模式，以及《国际会计准则第16号》针对不动产、厂场和设备的重估价模式。

（一）成本模式

新租赁准则规定，采用成本模式的，承租人应按照成本计量使用权资产，并（1）减去累计折旧和累计减值损失；以及（2）在按照相关规定对租赁负债重新计量时进行调整。承租人应采用固定资产准则有关折旧的规定对使用权资产计提折旧［IFRS 16 para. 30、31；CAS 21（2018）第二十条、第二十一条］。

新租赁准则规定，承租人应当按照资产减值相关规定，确定使用权资产是否发生减值，并对已识别的减值损失进行会计处理［CAS 21（2018）第二十二条；IFRS 16 para. 33］。此外，承租人在重新计量租赁负债时，应当相应调整使用权资产的账面价值。使用权资产的账面价值已调减至零，但租赁负债仍需进一步调减的，承租人应当将剩余金额计入当期损益［CAS 21（2018）第二十七条；IFRS 16 para. 30］。

（二）其他模式

在国际财务报告准则下，对于使用权资产的后续计量，除采用成本模式外，还存在以下两种计量模式。

（1）公允价值计量模式。如果承租人采用《国际会计准则第40号》中的公允价值模式计量投资性房地产，则对符合《国际会计准则第40号》中投资性房地产定义的使用权资产，也应采用公允价值模式进行计量［IFRS 16 para. 34］。事实上，在制定《国际财务报告准则第16号》后，理事会也对《国际会计准则第40号》的范围作出了修订，将投资性房地产定义为既包括自有的投资性房地产，也包括承租人以使用权资产持有的投资性房地产。理事会认为，该方法将为财务报表使用者提供关于承租人以使用权资产持有的投资性房地产的公允价值的有用信息。所提供的信息也与有关自有投资性房地产的信息一致［IFRS 16 para. BC178］。

(2)重估价模式。如果承租人采用《国际会计准则第16号》中的重估价模式计量某类不动产、厂场和设备,且使用权资产与该类不动产、厂场和设备相关,则承租人可选择对所有与该类不动产、厂场和设备相关的使用权资产采用重估价模式进行计量［IFRS 16 para. 35］。理事会认为,没有理由不允许承租人对使用权资产使用重估价模式,即使仅限于当承租人对相似类别的自有资产也采用重估价模式［IFRS 16 para. BC177］。

二、使用权资产的折旧

新租赁准则规定,承租人应当参照固定资产准则有关折旧规定,自租赁期开始日起对使用权资产计提折旧。使用权资产通常应自租赁期开始的当月计提折旧,当月计提确有困难的,为便于实务操作,企业也可以选择自租赁期开始的下月计提折旧,但应对同类使用权资产采取相同的折旧政策。计提的折旧金额应根据使用权资产的用途,计入相关资产的成本或者当期损益。

承租人在确定使用权资产的折旧方法时,应当根据与使用权资产有关的经济利益的预期实现方式作出决定。通常,承租人按直线法对使用权资产计提折旧,其他折旧方法更能反映使用权资产有关经济利益预期实现方式的,应采用其他折旧方法。

承租人在确定使用权资产的折旧年限时,应遵循以下原则:承租人能够合理确定租赁期届满时取得租赁资产所有权的,应当在租赁资产剩余使用寿命内计提折旧。无法合理确定租赁期届满时能够取得租赁资产所有权的,应当在租赁期与租赁资产剩余使用寿命两者孰短的期间内计提折旧［IFRS 16 para. 30、31、32；CAS 21（2018）第二十条、第二十一条］。

值得注意的是,《企业会计准则解释第10号——关于以使用固定资产产生的收入为基础的折旧方法》(以下简称《企业会计准则解释第10号》)强调,企业在选择固定资产折旧方法时,应当根据与固定资产有关的经济利益的预期消耗方式作出决定。由于收入可能受到投入、生产过程、销售等因素的影响,这些因素与固定资产有关经济利益的预期消耗方式无关,因此,企业不应以包括使用固定资产在内的经济活动所产生的收入为基础进行折旧(该解释对应国际准则下2014年5月对《国际会计准则第16号》的修订,禁止使用以收入为基础的折旧方法)。因此,在确定使用权资产的折旧方法时,也应遵循该解释的规定,不应以使用权资产所实现收入(如转租赁收入、使用权资产相关经营收入等）为基础计提折旧。同时，承租人应当自租赁期开始日起对使用权资产计提折旧，而不是以使用权资产实际实现收入的时点才开始计提折旧。

案例1-4-21：装修期间使用权资产折旧的处理

案例背景：

A公司是一家医疗服务企业。A公司租入一整栋5层楼的不动产，计划用于经营专科医院，租赁期为10年。该不动产在租入前作为办公楼使用，因此需要进行重大的装修改造才能满足承租人A公司的使用需求。A公司对该办公楼的改造装修工期约为10个月。A公司将发生的装修支出确认为资产并计入"长期待摊费用—装修支出"。

案例问题：

装修期间使用权资产计提的折旧如何进行会计处理？

案例分析：

在国际财务报告准则下，理事会在发布新租赁准则后，相应修订了《国际会计准则第16号》，明确不动产、厂场和设备项目的成本可能包括用于建造、增添、部分替换或维修不动产、厂场和设备项目的租赁资产发生的相关成本，例如，使用权资产的折旧［IAS 16 para. 10］。

本案例中，使用权资产在装修改良期间，装修改良支出形成一项新的归属于承租人的资产，计入长期待摊费用科目。根据前述《国际会计准则第16号》的修订，本案例中，使用权资产（5层楼的房产）在装修期间的折旧属于建造装修资产（长期待摊费用）的必要支出之一，可资本化计入长期待摊费用。

三、使用权资产的减值

在租赁期开始日后，承租人应当按照资产减值准则的规定，确定使用权资产是否发生减值，并对已识别的减值损失进行会计处理。使用权资产发生减值的，按应减记的金额，借记"资产减值损失"科目，贷记"使用权资产减值准备"科目。承租人应当按照扣除减值损失之后的使用权资产的账面价值，进行后续折旧。

在企业会计准则下，与其他长期资产减值一致，使用权资产减值准备一旦计提，不得转回。在国际财务报告准则下，除商誉以外的长期资产，在满足特定条件的情况下允许转回，包括使用权资产的减值。即，在有迹象表明以前年度确认的除商誉以外资产的减值损失不再存在或已减少的情况下,当且仅当用于确定资产可收回金额的估计在上次确认减值损失后发生了变化,才应转回以前年度确认的除商誉以外的资产的减值损失 [IAS 36 para.114]。

企业执行新租赁准则后,或有事项准则有关亏损合同的规定仅适用于采用短期租赁和低价值资产租赁简化处理方法的租赁合同,以及在租赁开始日前已是亏损合同的租赁合同,不再适用于其他租赁合同。

案例1-4-22:使用权资产的减值[CAS 21 应用指南(2019)例40]

案例背景:

承租人 A 公司签订了一份为期10年的机器租赁合同,用于 A 公司生产经营。相关使用权资产的初始账面价值为100 000元,按直线法在10年内计提折旧,年折旧费为10 000元。在第5年年末,确认该使用权资产发生的减值损失20 000元,计入当期损益。

案例问题:

自第5年后,计提减值后的使用权资产应如何计提折旧?

案例分析:

该使用权资产在减值前账面价值为50 000元(即,100 000×5/10)。计提减值损失之后,该使用权资产的账面价值减至30 000元(即,50 000 - 20 000),之后每年的折旧费也相应减至6 000元(即,30 000/5)。

第四节 租赁负债的后续计量

一、基本原则

在租赁期开始日后,承租人应当按以下原则对租赁负债进行后续计量[IFRS 16 para.36]。

(1)确认租赁负债的利息时,增加租赁负债的账面金额;

(2)支付租赁付款额时,减少租赁负债的账面金额;

(3)因重估或租赁变更等原因导致租赁付款额发生变动时,重新计量租赁负债的账面价值。

承租人应当按照固定的周期性利率计算租赁负债在租赁期内各期间的利息费用，并计入当期损益。按照借款费用准则等其他准则规定应当计入相关资产成本的，从其规定。此处的周期性利率，是指承租人对租赁负债进行初始计量时所采用的折现率，或者因租赁付款额发生变动或因租赁变更而需按照修订后的折现率对租赁负债进行重新计量时，承租人所采用的修订后的折现率［IFRS 16 para. 37］。

案例 1-4-23：租赁负债利息的确认［CAS 21 应用指南（2019）例 31］

案例背景：

承租人 A 公司与出租人 B 公司签订了为期 7 年的商铺租赁合同。每年的租赁付款额为 450 000 元，在每年年末支付。A 公司无法确定租赁内含利率，其增量借款利率为 5.04%。

案例分析：

在租赁期开始日，A 公司按租赁付款额的现值所确认的租赁负债为 2 600 000 元。在第 1 年年末，A 公司向 B 公司支付第一年的租赁付款额 450 000 元，其中，131 040 元（即，2 600 000 × 5.04%）是当年的利息，318 960 元（即，450 000 - 131 040）是本金，即租赁负债的账面价值减少 318 960 元。A 公司的账务处理为：

借：租赁负债——租赁付款额　　　　　　　　　　　450 000
　　贷：银行存款　　　　　　　　　　　　　　　　450 000
借：财务费用——利息费用　　　　　　　　　　　　131 040
　　贷：租赁负债——未确认融资费用　　　　　　　131 040

未纳入租赁负债计量的可变租赁付款额，即，并非取决于指数或比率的可变租赁付款额，应当在实际发生时计入当期损益，但按照存货准则等其他准则规定应当计入相关资产成本的，从其规定。

案例 1-4-24：租赁负债利息的确认［CAS 21 应用指南（2019）例 32］

案例背景：

沿用案例 1-4-23，除固定付款额外，合同还规定租赁期间 A 公司商铺当年销售额超过 1 000 000 元的，当年应再支付按销售额的 2% 计算的租金，于当年年末支付。

案例分析：

由于该可变租赁付款额与未来的销售额挂钩，而并非取决于指数或比率的，因此不应被纳入租赁负债的初始计量中。假设在租赁的第 3 年，该商铺的销售额为 1 500 000 元。A 公司第 3 年年末应支付的可变租赁付款额为 30 000 元（即，1 500 000×2%），在实际发生时计入当期损益，A 公司的账务处理为

借：营业成本（或销售费用）　　　　　　　　　　　30 000
　　贷：银行存款等　　　　　　　　　　　　　　　　　　30 000

案例 1-4-25：租入厂房改扩建期间对应的租赁负债产生的利息费用是否可以资本化

案例背景：

A 公司为生产型企业，为扩大生产规模，向 B 公司租入一间已建设完成可交付使用的厂房用于新建生产线，待建设完成后投入生产，厂房租赁期为 10 年。租赁期开始日后，A 公司在租入的厂房内建设新的生产线，同时为配合生产线所需要的运行环境对租入厂房进行了相应的改造，租入厂房的暖通、排水等也都为配合生产线的布局进行了改造。整个生产线建设过程预计约耗时 12 个月。未来生产线的预计可使用寿命为 9 年。A 公司租入的厂房在改扩建期间对应的租赁负债产生的利息费用是否可以资本化？

案例分析：

使用权资产在租赁期开始日已经达到可使用状态，不满足借款费用准则要求的"符合资本化条件的资产"定义，即"需要经过相对长时间的购建或者生产活动才能达到预计可使用状态的资产"，因此租赁负债对应的利息支出不应资本化计入使用权资产。当租赁负债视为企业获取使用权资产发生的专项借款，参考《国际会计准则第 23 号》第 BC14D 段的解释，理事会达成观点认为企业为购建符合资本化条件的资产所借入的专项借款在相关资产达到预计可使用状态之后尚未偿还的，转为企业的一般借款。因此，租赁负债可作为企业的一般借款处理，如果企业存在其他符合资本化条件的资产（如在建工程），其利息费用将资本化计入该资产。

案例 1-4-26：相关支出在现金流量表的列报［财政部会计司会计准则实施问答——租赁准则实施问答（2021 年 4 月 25 日）］

案例背景：

承租人偿还租赁负债本金和利息、支付预付租金以及租赁保证金所支付的现金在现金流量表中应当如何列报？

案例分析：

根据租赁准则第五十三条，企业应当将偿还租赁负债本金和利息所支付的现金计入筹资活动现金流出，支付的按租赁准则简化处理的短期租赁付款额和低价值资产租赁付款额以及未纳入租赁负债的可变租赁付款额计入经营活动现金流出。

企业支付的预付租金和租赁保证金应当计入筹资活动现金流出，支付的按租赁准则简化处理的短期租赁和低价值资产租赁相关的预付租金和租赁保证金应当计入经营活动现金流出。

二、租赁负债的重估

在租赁期开始日后，当发生下列几种情形时，承租人应当按照变动后的租赁付款额的现值重新计量租赁负债，并相应调整使用权资产的账面价值。使用权资产的账面价值已调减至零，但租赁负债仍需进一步调减的，承租人应当将剩余金额计入当期损益。

理事会曾考虑是否应将租赁负债计量的部分变动计入损益，比如选择权的重估或者指数或比率的变动可视为与当期相关的事件。然而，理事会最终决定，承租人应将重新计量金额确认为对使用权资产的调整，原因如下：[IFRS 16 para. BC192]

（1）续租选择权、终止租赁选择权或购买选择权的评估发生的变动，反映出承租人确定其已多获得或少获得使用标的资产的权利，因此，对使用权资产成本进行调整可以恰当反映这一变动。

（2）未来租赁付款额估计的变动是对使用权资产成本初始估计的修改，应按照与初始估计成本相同的方式进行会计处理。

（3）使用权资产成本修正要求与《国际财务报告解释公告第1号——现有退役、复原和类似负债的变动》（以下简称《国际财务报告解释公告第1号》）中的要求相似。《国际财务报告解释公告第1号》要求主体根据与现有退役、复原或类似负债计量变动相关的资源流出的预计时间或金额变动调整相关资产的成本。

（一）实质固定付款额发生变动

如果租赁付款额最初是可变的，但在租赁期开始日后的某一时点转为固定，那么，在潜在可变性消除时，该付款额成为实质固定付款额，应纳入租赁负债的计量中。承租人应当按照变动后租赁付款额的现值重新计量租赁负债。在该情形下，承租人采用的折现率不变，即，采用租赁期开始日确定的折现率。

案例1-4-27：可变租赁付款额变为实质租赁付款额
[CAS 21应用指南（2019）例33]

案例背景：

承租人A公司签订了一份为期10年的机器租赁合同。租金于每年年末支付，并按以下方式确定：第1年，租金是可变的，根据该机器在第1年下半年的实际产能确定；第2至第10年，每年的租金根据该机器在第1年下半年的实际产能确定，即，租金将在第1年年末转变为固定付款额。在租赁期开始日，A公司无法确定租赁内含利率，其增量借款利率为5%。假设在第1年年末，根据该机器在第1年下半年的实际产能所确定的租赁付款额为每年20 000元。

案例分析：

本例中，在租赁期开始时，由于未来的租金尚不确定，因此A公司的租赁负债为零。在第1年年末，租金的潜在可变性消除，成为实质固定付款额（和每年20 000元），因此A公司应基于变动后的租赁付款额重新计量租赁负债，并采用不变的折现率（即5%）进行折现。在支付第1年的租金之后，A公司后续年度需支付的租赁付款额为180 000元（即，20 000×9），租赁付款额在第1年末的现值为142 156元［即，20 000×(P/A，5%，9)］，未确认融资费用为37 844元（即，180 000-142 156）。A公司在第1年年末的相关账务处理如下：

支付第1年租金：

借：制造费用等	20 000
贷：银行存款	20 000

确认使用权资产和租赁负债：

第2年年末，在剩余租赁期内确认使用权资产的折旧：

借：使用权资产	142 156
租赁负债——未确认融资费用	37 844
贷：租赁负债——租赁付款额	180 000

（二）余值担保的重估

在租赁期开始日后，承租人应对其在担保余值下预计支付的金额进行估计。

该金额发生变动的,承租人应当按照变动后租赁付款额的现值重新计量租赁负债。在该情形下,承租人采用的折现率不变[CAS 21(2018)第二十六条;IFRS 16 para.42]。

案例1-4-28:余值担保[CAS 21 应用指南(2019)例 34]

案例背景:

沿用案例1-4-20,在租赁期开始日后,承租人 A 公司对该汽车在租赁期结束时的公允价值进行监测。假设在第1年年末,A 公司预计该汽车在租赁期结束时的公允价值为 30 000 元。

案例分析:

A 公司应将该担保余值下预计应付的金额 10 000 元(即,40 000 - 30 000)纳入租赁付款额,并使用不变的折现率来重新计量租赁负债。

(三) 取决于指数或比率的可变租赁付款额的重估

用于确定未来租赁付款额的指数或比率发生变动,导致未来租赁付款额发生变动,例如随市场租金率变动而发生的租赁付款额变动。仅当现金流量发生变动时,即租赁付款额的调整生效时,承租人才应重新计量租赁负债,以反映修改后的租赁付款额。承租人应基于修改后的合同款项确定剩余租赁期内修改后的租赁付款额。在该情形下承租人采用的折现率不变。除非租赁付款额的变动源自浮动利率变动,在这种情况下,承租人应采用反映利率变动的修改后折现率[IFRS 16 para.42;CAS 21(2018)第二十六条]。

理事会指出,如果承租人更新对其负债的计量,以反映用于确定租赁付款额的指数或比率发生的变动(包括跟随市场租金费率变动而发生的变动等),则财务报表使用者将就承租人租赁负债获得更具相关性的信息。例如,在未进行重新计量的情况下,对租赁付款额与通货膨胀指数挂钩的 20 年期房地产租赁进行的租赁负债计量不可能为财务报表使用者提供主体在整个租赁期内与该租赁有关的未来现金流出的有用信息。

此外,考虑到每次发生比率或指数变动时进行重估的成本,理事会决定仅当基准指数或比率的变动导致现金流量发生变动时,即,对租赁付款额的调整生效时,承租人应对参照指数或比率确定的可变租赁付款额进行重估[IFRS 16 para. BC190]。

案例 1-4-29：租赁付款额的指数或比率发生变动
[CAS 21 应用指南（2019）例 35]

案例背景：

沿用案例 1-4-14，假设在租赁第 3 年年初的消费者价格指数为 135，A 公司在租赁期开始日采用的折现率为 5%。在第 3 年年初，在对因消费者价格指数变化而导致未来租赁付款额的变动进行会计处理以及支付第 3 年的租赁付款额之前，租赁负债为 339 320 元［即，50 000 + 50 000 × (P/A, 5%, 7)］。经消费者价格指数调整后的第 3 年租赁付款额为 54 000 元（即，50 000 × 135 × 25）。

案例分析：

本例中，因用于确定租赁付款额的消费者价格指数的变动，而导致未来租赁付款额发生变动，A 公司应当于第 3 年年初重新计量租赁负债，以反映变动后的租赁付款额，即租赁负债应当以每年 54 000 元的租赁付款额（剩余 8 笔）为基础进行重新计量。在第 3 年年初，A 公司按以下金额重新计量租赁负债：每年 54 000 元的租赁付款额按不变的折现率（即 5%）进行折现，为 366 466 元［即，54 000 + 54 000 × (P/A, 5%, 7)］。因此，A 公司的租赁负债将增加 27 146 元，即重新计量后的租赁负债（366 466 元）与重新计量前的租赁负债（339 320 元）之间的差额。不考虑其他因素，A 公司相关账务处理如下：

借：使用权资产　　　　　　　　　　　　　　　　27 146
　　租赁负债——未确认融资费用　　　　　　　　 4 854
　　贷：租赁负债——租赁付款额　　　　　　　　32 000

（四）选择权的重估

租赁期开始日后，发生下列情形的，承租人应采用修订后的折现率对变动后的租赁付款额进行折现，以重新计量租赁负债［CAS 21（2018）第二十五条；IFRS 16 para. 40］。

（1）发生承租人可控范围内的重大事件或变化，且影响承租人是否合理确定将行使续租选择权或终止租赁选择权的，承租人应当对其是否合理确定将行使相应选择权进行重新评估。上述选择权的评估结果发生变化的，承租人应当根据新的评估结果重新确定租赁期和租赁付款额。前述选择权的实际行使情况与原评估结果不一致等导致租赁期变化的,也应当根据新的租赁期重新确定租赁付款额。

(2) 发生承租人可控范围内的重大事件或变化,且影响承租人是否合理确定将行使购买选择权的,承租人应当对其是否合理确定将行使购买选择权进行重新评估。评估结果发生变化的,承租人应根据新的评估结果重新确定租赁付款额。

上述两种情形下,承租人在计算变动后租赁付款额的现值时,应当采用剩余租赁期间的租赁内含利率作为折现率;无法确定剩余租赁期间的租赁内含利率的,应当采用重估日的承租人增量借款利率作为折现率〔IFRS 16 para.41;CAS 21 (2018) 第二十五条〕。

以上涉及重估的情形,均强调"重大"事件或变化,理事会解释了采用该原则的原因,对于拥有多项包含选择权的租赁的主体而言,要求其在每个报告日进行重估的成本较高,因此仅在发生重大事件或重大情况变化,且影响了承租人是否合理确定将行使或者不行使续租选择权、终止租赁选择权或购买标的资产选择权时要求进行重估。

理事会还注意到,主体在识别触发重估的重大事件或重大情况变化时需要应用判断,同时列出所有可能发生的触发事件也是不可能的。但理事会仍然决定提供一些可能发生的触发事件的示例,以帮助主体应用该判断。

案例 1-4-30:购买选择权的重估〔CAS 21 应用指南 (2019) 例 36〕

案例背景:

承租人 A 公司与出租人 B 公司签订了一份为期 5 年的设备租赁合同。A 公司计划开发自有设备以替代租赁资产,自有设备计划在 5 年内投入使用。A 公司拥有在租赁期结束时以 5 000 元购买该设备的选择权。每年的租赁付款额固定为 10 000 元,于每年年末支付。A 公司无法确定租赁内含利率、其增量借款利率为 5%。在租赁期开始日,A 公司对行使购买选择权的可能性进行评估后认为,不能合理确定将行使购买选择权。这是因为,A 公司计划开发自有设备,继而在租赁期结束时替代租赁资产。

案例分析:

在租赁期开始日,A 公司确认的租赁负债为 43 300 元,即 43 300 = 10 000 × (P/A, 5%, 5)。租赁负债将按以下方法摊销(见表 1-4-4)。

表 1-4-4　　　　　　　　　租赁负债后续计量　　　　　　　　单位：元

年度	租赁负债年初余额 ①	利息 ②=①×5%	租赁付款额 ③	租赁负债年末余额 ④=①+②-③
1	43 300	2 165	10 000	35 465
2	35 465	1 773	10 000	27 238
3	27 238	1 362	10 000	18 600
4	18 600	930	10 000	9 530
5	9 530	470	10 000	—

第 5 年的利息费用 = 10 000 - 9 530 = 470（元）

假设在第 3 年年末，A 公司作出削减开发项目的战略决定，包括上述替代设备的开发。该决定在 A 公司的可控范围内，并影响其是否合理将行使购买选择权。A 公司预计该设备在租赁结束时的公允价值为 20 000 元。A 公司重新评估其行使购买选择权的可能性认为，其合理确定将行使该购买选择权。原因是：在租赁期结束时不大可能有可用的替代设备，并且该设备在租赁期结束时的预计市场价值（20 000 元）远高于行权价格（5 000 元）。因此，A 公司应在第 3 年年末将购买选择权的行权价格纳入租赁付款额中。假设 A 公司无法确定剩余租赁期间的租赁内含利率，其第 3 年年末的增量借款利率为 5.5%。在第 3 年年末，A 公司重新计量租赁负债以涵盖购买选择权的行权价格，并采用修订后的折现率 5.5% 进行折现。重新计量后的租赁负债（支付前 3 年的付款额后）为 22 960 元，即 22 960 = 10 000 ×（P/F，5.5%，1）+（10 000 + 5 000）×（P/F，5.5%，2）此后，租赁负债将按表 1-4-5 所述方法进行后续计量：

表 1-4-5　　　　　　　　　租赁负债后续计量　　　　　　　　单位：元

年度	租赁负债年初余额 ①	利息 ②=⑥×5.5%	租赁付款额 ③	租赁负债年末余额 ④=①+②-③
4	22 960	1 263	10 000	14 223
5	14 223	777*	15 000	—

第 5 年的利息费用 = 10 000 + 5 000 - 14 223（行权价格）= 777（元）

案例 1-4-31：续租选择权的重估 [CAS 21 应用指南（2019）例 37]

案例背景：

承租人 A 公司租入一层办公楼，为期 10 年，并拥有可续租 5 年的选择权。

初始租赁期间（即 10 年）的租赁付款额为每年 50 000 元，可选续租期间（即 5 年）的租赁付款额为每年 55 000 元，均在每年年初支付。在租赁期开始日，A 公司评估后认为，不能合理确定将会行使续租选择权，因此确定租赁期为 10 年。A 公司无法确定租赁内含利率，其增量借款利率为 5%。在租赁期开始日，A 公司支付第 1 年的租赁付款额 50 000 元，并确认租赁负债 355 390 元，即 355 390 = 50 000 ×（P/A，5%，9）。在第 5 年至第 6 年，A 公司的业务显著增长，其日益壮大的人员规模意味着需要扩租办公楼。为了最大限度降低成本，A 公司额外签订了一份为期 8 年、在同一办公楼内其他楼层的租赁合同，在第 7 年年初起租。

案例分析：

将扩张的人员安置到在同一办公楼内其他楼层的决定，在 A 公司的可控范围内，并影响其是否合理确定将行使现有租赁合同下的续租选择权。如果在其他办公楼中租入一个类似的楼层，A 公司可能会产生额外的费用，因为其人员将处于两栋不同办公楼中，而将全部人员搬迁到其他办公楼的费用可能会更高。在第 6 年年末，A 公司重新评估认为，其合理确定将行使现有租赁合同下的续租选择权，因此该租赁的租赁期由 10 年变为 15 年，在对租赁期的变化进行会计处理前，即基于 10 年租赁期时，A 公司在第 6 年年末的租赁负债（支付前 6 年的付款额后）为 186 160 元，即 186 160 = 50 000 + 50 000 ×（P/A，5%，3）。

在第 6 年年末，A 公司重新评估后的租赁期为 15 年，因此应将剩余租赁期（第 7 至第 15 年）内的租赁付款额（共 9 笔）纳入租赁负债，并采用修订后的折现率进行折现。假设 A 公司无法确定剩余租赁期间的租赁内含利率，其第 6 年年末的增量借款利率为 4.5%。因此，A 公司重新计量后的租赁负债为 399 030 元，即 399 030 = 50 000 + 50 000 ×（P/A，4.5%，3）+ 55 000 ×（P/A，4.5%，5）×（P/F，4.5%，3）。

案例 1-4-32：不在其控制范围内的事件或情况变化对重估的影响
［CAS 21 应用指南（2019）例 38］

案例背景：

承租人 A 公司与出租人 B 公司签订为期 5 年的库房租赁合同，每年年末支付固定租金 10 000 元。A 公司拥有在租赁期结束时以 300 000 元购买该库房的选择权。在租赁期开始日，A 公司评估后认为，不能合理确定将行使该购买选择权。

第 3 年年末，该库房所在地房价显著上涨，A 公司预计租赁期结束时该库房的市价为 600 000 元，A 公司重新评估后认为，能够合理确定将行使该购买选择权。

案例分析：

该库房所在地区的房价上涨属于市场情况发生的变化，不在 A 公司的可控范围内。因此，虽然该事项导致购买选择权的评估结果发生变化，但 A 公司不应在第 3 年年末重新计量租赁负债。

然而，如果 A 公司在第 3 年年末不可撤销地通知 B 公司，其将在第 5 年年末行使购买选择权，则属于购买选择权实际行使情况发生了变化，A 公司需要在第 3 年年末按修订后的折现率对变动后的租赁付款额进行折现，重新计量租赁负债。

案例 1－4－33：续租选择权的重估［CAS 21 应用指南（2019）例 39］

案例背景：

承租人 A 公司与出租人 B 公司签订了一份办公楼租赁合同，每年的租赁付款额为 50 000 元，于每年年末支付。A 公司无法确定租赁内含利率，其增量借款利率为 5%。

不可撤销租赁期为 5 年，并且合同约定在第 5 年年末，A 公司有权选择以每年 50 000 元续租 5 年，也有权选择以 1 000 000 元购买该房产。A 公司在租赁期开始时评估认为，可以合理确定将行使续租选择权，而不会行使购买选择权，因此将租赁期确定为 10 年。

案例分析：

在租赁期开始日，A 公司确认的租赁负债和使用权资产为 386 000 元，即，$50\ 000 \times (P/A, 5\%, 10) = 386\ 000$（元）。租赁负债将按表 1－4－6 所述方法进行后续计量。

表 1－4－6　　　　　　租赁负债后续计量　　　　　　　　单位：元

年度	租赁负债年初余额 ①	利息 ② = ① × 5%	租赁付款额 ③	租赁负债年末金额 ④ = ① + ② － ③
1	386 000*	19 300	50 000	355 300
2	355 300	17 765	50 000	323 065
3	323 065	16 155	50 000	289 255

续表

年度	租赁负债年初余额 ①	利息 ② = ① × 5%	租赁付款额 ③	租赁负债年末金额 ④ = ① + ② - ③
4	289 255	14 465	50 000	253 765
5	253 765	12 690	50 000	216 490
6	216 490	10 825	50 000	177 325
7	177 325	8 865	50 000	136 165
8	136 165	6 810	50 000	93 010
9	93 010	4 650	50 000	47 650
10	47 650	2 350	50 000	—

注：*为便于计算，本例中年金现值系数取两位小数。

在租赁期开始日，A公司的账务处理为：

借：使用权资产　　　　　　　　　　　　　　　386 000
　　租赁负债——未确认融资费用（500 000 - 386 000）　114 000
　　贷：租赁负债——租赁付款额　　　　　　　　　　500 000

在第4年，该房产所在地房价显著上涨，A公司预计租赁期结束时该房产的市价为2 000 000元，A公司在第4年年末重新评估后认为，能够合理确定将行使上述购买选择权，而不会行使上述续租选择权；该房产所在地区的房价上涨属于市场情况发生的变化，不在A公司的可控范围内。因此，虽然该事项导致购买选择权及续租选择权的评估结果发生变化，但A公司不需重新计量租赁负债。

在第5年末，A公司实际行使了购买选择权。截至该时点，使用权资产的原值为386 000元，累计折旧为193 000元（即，386 000 × 5/10）；支付了第5年租赁付款额之后，租赁负债的账面价值为216 490元，其中，租赁付款额为250 000元，未确认融资费用为33 510元（即，250 000 - 216 490）。A公司行使购买选择权的会计分录为：

借：固定资产——办公楼　　　　　　　　　　　976 510
　　使用权资产累计折旧　　　　　　　　　　　193 000
　　租赁负债——租赁付款额　　　　　　　　　250 000
　　贷：使用权资产　　　　　　　　　　　　　　386 000
　　　　租赁负债——未确认融资费用　　　　　　33 510
　　　　银行存款　　　　　　　　　　　　　　1 000 000

(五) 折现率的重估

在大多数情况下，主体不应在租赁期内重估折现率。该方法通常与采用实际利率法进行会计处理的金融工具适用的方法一致，理事会注意到，在其他准则中要求重估折现率，通常是由于与折现率有关的负债是以现值计量基础进行计量 [IFRS 16 para. BC193]。

但是，理事会认为，在某些情况下，主体应重估折现率。因此，新租赁准则要求承租人在租赁期发生变化或者关于承租人能否合理确定将行使购买标的资产选择权的评估发生变动时，采用修改后的付款额和修改后的折现率对租赁负债进行重新计量。理事会认为，在这些情况下，租赁的经济实质发生了变化，与纳入租赁负债（和使用权资产）计量的租赁付款额的变动保持一致而重估折现率是恰当的 [IFRS 16 para. BC194]。

在浮动利率租赁中，如果浮动利率变动导致租赁付款额发生变动，则承租人应采用修改后的折现率对租赁负债进行重新计量。该方法与金融工具准则中关于浮动利率金融负债按照摊余成本进行后续计量的规定是一致的 [IFRS 16 para. BC195]。

(六) 外币折算的影响

新租赁准则并未规范以外币计价的使用权资产和租赁负债相关外币汇兑差额应当如何处理。但是，在制定新租赁准则后，理事会对《国际会计准则第21号——汇率变动的影响》（以下简称《国际会计准则第21号》）进行了修订。修订后的《国际会计准则第21号》明确，租赁负债属于货币性项目，报告期末应按期末汇率折算；使用权资产属于非货币性项目，报告期末应按交易发生日汇率折算 [IAS 21 para. 16、23；IFRS 16 para. BC196]。

对于外币计价的租赁负债，理事会认为，其外币汇兑差额应计入损益，原因如下：(1) 该方法与其他金融负债导致的外币汇兑差额的要求一致。(2) 具有外币计价负债的承租人面临外汇风险。因此，计入损益的外币汇兑损益忠实反映了承租人目前的外汇风险敞口的经济效果。(3) 如果承租人订立衍生工具以规避其外汇经济风险敞口，则将与租赁负债相关的外币汇兑差额作为对使用权资产成本的调整会妨碍在损益中正常抵销经济风险敞口。这是因为主体将衍生工具外汇风险的变动计入损益，而将租赁负债的相应变动计入资产负债表，从而因降低外汇风险敞口而导致波动。这种错配可能扭曲所报告的承租人的经济状况［IFRS 16 para. BC198］。

对于外币计价的使用权资产，在新租赁准则制定过程中，一些利益相关方曾建议，承租人应将所有外币汇兑差额作为对使用权资产账面金额的调整。这一方法将折算调整视为对使用权资产成本（其初始计量以租赁负债的初始计量为基础）的修正。这些利益相关方认为，以外币计价的租赁付款额实际上是可变租赁付款额的另一种形式，应按照与取决于指数或利率的可变租赁付款额类似的方式进行会计处理。最终，理事会认为，汇率的后续变动不应对非货币性项目的成本产生任何影响。因此，将该等变动纳入使用权资产的重新计量是不恰当的［IFRS 16 para. BC197、BC198］。

第五节　租赁变更

一、基本原则

租赁变更，是指原合同条款之外的租赁范围、租赁对价、租赁期限的变更，包括增加或终止一项或多项租赁资产的使用权，延长或缩短合同规定的租赁期等［CAS 21（2018）第二十八条；IFRS 16 附录一］。

租赁变更不等同于租赁重估，在定义租赁变更时，理事会对导致重新计量现有租赁资产和租赁负债但不属于租赁变更的情形（如行使续租选择权导致租赁期变化，而该续租选择权并未纳入原始租赁期）与导致租赁变更的情形（如原始租赁条款和条件的变化导致租赁期变化）进行了区分［IFRS 16 para. BC201］。

租赁变更区分为两类：一类是实质上代表形成了一项与原始租赁相分离的新租赁的租赁变更，即构成一项单独的租赁，作为新租赁进行会计处理，对初始租赁不作调整；另一类是实质上代表现有租赁范围或对价变动的租赁变更，不构成一项单独的租赁，对初始租赁作重新计量［IFRS 16 para. BC202］。

二、作为一项单独的租赁

如果同时符合以下条件，承租人应将租赁变更作为一项单独的租赁进行会计处理：(1) 该变更通过增加使用一项或多项标的资产的权利扩大了租赁范围，并且 (2) 租赁对价的增加额与所扩大范围部分的单独价格按特定合同情况进行适当调整后的金额相当［IFRS 16 para.44；CAS 21（2018）第二十八条］。

承租人按照与核算一项新租赁相同的方法，对该项单独的租赁进行会计处理，不对原租赁进行调整。

案例 1-4-34：租赁变更作为一项单独的租赁
［CAS 21 应用指南（2019）例 41］

案例背景：

承租人 A 公司与出租人 B 公司就 2 000 平方米的办公场所签订了一项为期 10 年的租赁合同。在第 6 年年初，A 公司和 B 公司同意对原租赁合同进行变更，以扩租同一办公楼内 3 000 平方米的办公场所。扩租的场所于第 6 年第二季度末可供 A 公司使用。增加的租赁对价与新增 3 000 平方米办公场所的当前市价（根据 A 公司获取的扩租折扣进行调整后的金额）相当。扩租折扣反映了 B 公司节约的成本，即，若将相同场所租赁给新租户，B 公司将会发生的额外成本（如营销成本）。

案例分析：

在本例中，A 公司应当将该变更作为一项单独的租赁，与原来的 10 年期租赁分别进行会计处理：原因在于，该租赁变更通过增加 3 000 平方米办公场所的使用权而扩大了租赁范围，并且增加的租赁对价与新增使用权的单独价格按该合同情况调整后的金额相当。据此，在新租赁的租赁期开始日（即第 6 年第二季度末），A 公司确认与新增 3 000 平方米办公场所租赁相关的使用权资产和租赁负债。A 公司对原有 2 000 平方米办公场所租赁的会计处理不会因为该租赁变更而进行任何调整。

三、未作为一项单独的租赁

租赁变更未作为一项单独租赁进行会计处理的，在租赁变更生效日，承租人应当按照有关租赁分拆的规定，对变更后合同的对价进行分摊；按照有关租赁期的规定确定变更后的租赁期；并采用变更后的折现率对变更后的租赁付款额进行折现，以重新计量租赁负债。在计算变更后租赁付款额的现值时，承租人应当采用剩余租赁期间的租赁内含利率作为折现率；无法确定剩余租赁期间的租赁内含利率的,应当采用租赁变更生效日的承租人增量借款利率作为折现率。租赁变更生效日,是指双方就某项租赁变更达成一致的日期[IFRS 16 para. 45;CAS 21(2018)第二十九条]。

对上述租赁负债调整的影响,承租人应区分以下情形进行会计处理[IFRS 16 para. 46;CAS 21(2018)第二十九条]。

(1)租赁变更导致租赁范围缩小或租赁期缩短的,承租人应当调减使用权资产的账面价值,以反映租赁的部分终止或完全终止。承租人应将部分终止或完全终止租赁的相关利得或损失计入当期损益。

(2)其他租赁变更,承租人应当相应调整使用权资产的账面价值。

对于上述第(2)种情形,由于未缩小租赁范围,原始租赁并未终止。承租人仍拥有使用原始租赁中识别的标的资产的权利。对于扩大租赁范围的租赁变更,对使用权资产账面金额的调整实际上代表由于变更而获得的额外使用权的成本。对于变更租赁对价的租赁变更,对使用权资产账面金额的调整实际上代表由于变更而导致的使用权资产成本的变动。在变更租赁时,采用变更后的折现率重新计量租赁负债反映了租赁内含利率(折现率为其近似值)的变动[IFRS 16 para. BC203]。

案例1-4-35:缩小租赁范围的变更[CAS 21应用指南(2019)例42]

案例背景:

承租人A公司与出租人B公司就5 000平方米的办公场所签订了10年期的租赁合同。年租赁付款额为100 000元,在每年年末支付。A公司无法确定租赁内含利率。在租赁期开始日,A公司的增量借款利率为6%,相应的租赁负债和使用权资产的初始确认金额均为736 000元,即736 000 = 100 000 × (P/A, 6%, 10)。在第6年年初、A公司和B公司同意对原租赁合同进行变更,即自第6年年初起,将原租赁场所缩减至2 500平方米。每年的租赁付款额(自第6年至第10年)调整为60 000元。承租人在第6年年初的增量借款利率为5%。

案例分析:

在租赁变更生效日(即第6年年初),A公司基于以下情况对租赁负债进行重新计量:①剩余租赁期为5年;②年付款额为60 000元;③采用修订后的折现率5%进行折现。据此,计算得出租赁变更后的租赁负债为259 770元,即259 770 = 60 000 × (P/A, 5%, 5)。

A公司应基于原使用权资产部分终止的比例(即缩减的2 500平方米占原

使用权资产的50%），来确定使用权资产账面价值的调减金额。在租赁变更之前，原使用权资产的账面价值为368 000元（即，736 000×5/10），50%的账面价值为184 000元；原租赁负债的账面价值为421 240元［即，100 000×(P/A，6%，5)］，50%的账面价值为210 620元。因此，在租赁变更生效日（第6年年初），A公司终止确认50%的原使用权资产和原租赁负债，并将租赁负债减少额与使用权资产减少额之间的差额26 620元（即，210 620 - 184 000），作为利得计入当期损益。其中，租赁负债的减少额（210 620元）包括：租赁付款额的减少额250 000元（即，100 000×50%×5），以及未确认融资费用的减少额39 380元（即，250 000 - 210 620）。A公司终止确认50%的原使用权资产和原租赁负债的账务处理为：

借：租赁负债——租赁付款额　　　　　　　　　　　　　250 000
　　贷：租赁负债——未确认融资费用　　　　　　　　　　　39 380
　　　　使用权资产　　　　　　　　　　　　　　　　　　184 000
　　　　资产处置损益　　　　　　　　　　　　　　　　　　26 620

此外，A公司将剩余租赁负债（210 620元）与变更后重新计量的租赁负债（259 770元）之间的差额49 150元，相应调整使用权资产的账面价值。其中，租赁负债的增加额（49 150元）包括两部分：租赁付款额的增加额50 000元［即，(60 000 - 100 000×50%)×5］，以及未确认融资费用的增加额850元（即，50 000 - 49 150）。A公司调整现使用权资产价值的账务处理为：

借：使用权资产　　　　　　　　　　　　　　　　　　　　49 150
　　租赁负债——未确认融资费用　　　　　　　　　　　　　　850
　　贷：租赁负债——租赁付款额　　　　　　　　　　　　　50 000

注：100 000×(P/A，6%，10) = 736 010（元），为便于计算，本案例中，作尾数调整，取736 000元。

案例1-4-36：通过延长合同租赁期而扩大租赁范围的变更
［CAS 21 应用指南（2019）例43］

案例背景：

承租人A公司与出租人B公司就5 000平方米的办公场所签订了一项为期10年的租赁。年租赁付款额为100 000元，在每年年末支付。A公司无法确定租赁内含利率。A公司在租赁期开始日的增量借款利率为6%。在第7年年初，A公司和B公司同意对原租赁合同进行变更，即，将租赁期延长4年。每年的租赁付款额不变（即在第7年至第14年的每年年末支付100 000元）。A公司在第7年年初的增量借款利率为7%。

案例分析：

在租赁变更生效日（即第7年年初），A公司基于下列情况对租赁负债进行重新计量：①剩余租赁期为8年；②年付款额为100 000元；③采用修订后的折现率7%进行折现。据此，计算得出租赁变更后的租赁负债为597 130元，即597 130 = 100 000 × (P/A, 7%, 8)。租赁变更前的租赁负债为346 510元，即346 510 = 100 000 × (P/A, 6%, 4)。A公司将变更后租赁负债的账面价值与变更前的账面价值之间的差额250 620元（即，597 130 - 346 510），相应调整使用权资产的账面价值。

案例1-4-37：租赁范围有增有减的变更 [IFRS 16 示例18]

案例背景：

承租人就2 000平方米的办公场所签订了一项为期10年的租赁。年租赁付款额为100 000元，于每年年末支付。租赁内含利率无法直接确定。承租人在租赁期开始日的年增量借款利率为6%。第6年年初，承租人和出租人同意对原租赁进行变更，即自第6年年初起，扩租同一建筑物内1 500平方米的场所，同时将租赁期由10年缩减至8年。3 500平方米场所的年固定付款额为150 000元，于每年年末支付（自第6年至第8年）。承租人在第6年年初的年增量借款利率为7%。

案例分析：

为扩租的1 500平方米场所支付的对价与新增场所的单独价格并为反映合同情况进行调整后的金额并不相当。因此，承租人不会将增加1 500平方米场所使用权的扩租作为一项单独的租赁进行会计处理。

与租赁相关的变更前使用权资产和变更前租赁负债如表1-4-7、表1-4-8所示。

表1-4-7　　　　　　　　　租赁负债　　　　　　　　　单位：元

年度	租赁负债年初余额 ①	利息 ② = ① × 6%	租赁付款额 ③	租赁负债年末金额 ④ = ① + ② - ③
1	736 009	44 160	100 000	680 169
2	680 169	40 810	100 000	620 979
3	620 979	37 259	100 000	558 238

续表

年度	租赁负债年初余额 ①	利息 ② = ① × 6%	租赁付款额 ③	租赁负债年末金额 ④ = ① + ② - ③
4	558 238	33 494	100 000	491 732
5	491 732	29 504	100 000	421 236
6	421 236			

表 1-4-8　　　　　　　　　使用权资产　　　　　　　　　单位：元

年度	使用权资产年初余额 ①	折旧费用 ②	使用权资产年末余额 ③ = ① - ②
1	736 009	73 601	662 408
2	662 408	73 601	588 807
3	588 807	73 601	515 206
4	515 206	73 601	441 605
5	441 605	73 601	368 004
6	368 004		

在变更生效日（第6年年初），承租人基于下列情况对租赁负债进行重新计量：（1）剩余租赁期为3年；（2）年付款额为150 000元；以及（3）承租人的年增量借款利率为7%。变更后的负债为393 647元，其中131 216元与第6年至第8年的年租赁付款额增加50 000元相关，262 431元与第6年至第8年的剩余三期年租赁付款额100 000元相关。

租赁期的缩短：

在变更生效日（第6年年初），变更前的使用权资产为368 004元，承租人基于原2 000平方米办公场所的剩余使用权资产（即，剩余3年租赁期而非原来的5年租赁期）确定使用权资产账面金额的调减额。原2 000平方米办公场所的剩余使用权资产为220 802元（即，368 004÷5×3年）。

在变更生效日（第6年年初），变更前的租赁负债为421 236元。原2 000平方米办公场所的剩余租赁负债为267 301元（即，三期年租赁付款额100 000元按原折现率6%折现的现值）。

因此，承租人将使用权资产的账面金额减少147 202元（368 004 - 220 802），将租赁负债的账面金额减少153 935元（421 236 - 267 301）。承租人在变更生效日（第6年年初），将租赁负债减少额与使用权资产减少额之间的差额（153 935 -

147 202 = 6 733）确认为利得计入损益。

  借：租赁负债——租赁付款额   153 935
    贷：使用权资产   147 202
      资产处置损益   6 733

在变更生效日（第 6 年年初），承租人将为反映年折现率变更为 7% 而对剩余租赁负债进行重新计量的影响 4 870 元（267 301 − 262 431）确认为对使用权资产的调整。

  借：租赁负债——租赁付款额   4 870
    贷：使用权资产   4 870

租赁场所的扩大：

在新增 1 500 平方米场所的租赁期开始日（第 6 年年初），承租人将因扩大租赁范围而确认的租赁负债的增加额 131 216 元（即三期年租赁付款额 50 000 元按年利率 7% 折现的现值）作为对使用权资产的调整。

  借：使用权资产   131 216
    贷：租赁负债——租赁付款额   131 216

案例 1－4－38：仅变更对价的变更［IFRS 16 示例 19］

案例背景：

承租人就 5 000 平方米办公场所签订了一项为期 10 年的租赁。在第 6 年年初，承租人与出租人同意对原租赁剩余的 5 年租赁进行变更，将租赁付款额从每年 100 000 元降至每年 95 000 元。租赁内含利率无法直接确定。承租人在租赁期开始日的增量借款年利率为 6%，在第 6 年年初的增量借款年利率 7%，每年的租赁付款额在每年年末支付。

案例分析：

在变更生效日（第 6 年年初），承租人基于下列情况对租赁负债进行重新计量：（1）剩余租赁期为 5 年；（2）年付款额 95 000 元；以及（3）承租人的增量借款年利率为 7%。承租人将变更后负债的账面金额 389 519 元与变更前一刻的租赁负债 421 236 元的差额 31 717 元确认为对使用权资产的调整。

案例 1－4－39：租赁变更导致租期缩短至 1 年内［财政部会计司会计准则实施问答——租赁准则实施问答（2021 年 3 月 2 日）］

案例背景：

某租赁合同变更导致租赁期缩短至 1 年以内，承租人应当如何进行会计处理？是否允许改按短期租赁进行会计处理并追溯调整？

案例分析：

根据《租赁准则》第二十九条、第三十条并参照相关应用指南，租赁变更导致租赁范围缩小或租赁期缩短的，承租人应当相应调减使用权资产的账面价值，并将部分终止或完全终止租赁的相关利得或损失计入当期损益。短期租赁是指在租赁期开始日，租赁期不超过12个月的租赁。

因此，租赁变更导致租赁期缩短至1年以内的，承租人应当调减使用权资产的账面价值，部分终止租赁的相关利得或损失记入"资产处置损益"科目。企业不得改按短期租赁进行简化处理或追溯调整。

案例1-4-40：变更租赁付款时间

案例背景：

A公司于2×21年1月租入一栋办公楼，租赁期10年，合同约定每年年初支付当年租金，A公司于租赁期开始日，按照合同约定的相关条款确认了使用权资产和租赁负债，2×22年3月，出租人与A公司就付款时间重新达成约定，付款时间由"每年年初支付当年租金"改为"每季度初支付季度租赁款"，针对该付款条款的变更，A公司按照季度支付重新计量了租赁负债。

按照季度支付条款重新计量的租赁负债与变更前租赁负债的账面价值之间差额如何处理？是适用租赁准则视同租赁变更调整使用权资产，还是适用金融工具准则中金融负债的后续计量计入投资收益？

案例分析：

对于租金支付频率的变化（由按年付改为按季付）是合同双方对于租赁合同条款进行修订而产生的，并非合同原条款原有的约定由于时间流逝等执行原条款所导致的结果，当租金支付频率缩短，经济实质是承租人向出租人让渡了时间价值，因此从广义上属于合同对价的变更，应当按照租赁变更中的其他租赁变更进行核算，采用变更后的折现率对剩余租赁期内的租赁付款额进行折现重新计量租赁负债，和原租赁负债账面价值的差异，调整使用权资产。

案例1-4-41：租赁到期前购买租赁资产导致租赁终止的处理

案例背景：

A上市公司与B公司为同属某集团的两家关联公司，A公司租赁B公司所持有港口及其相关的固定资产及无形资产（包括房屋建筑物、机器设备、土地使用权等）进行港口运营，该港口运营为 A 公司主要经营业务。A 公司与 B 公司的租赁协议为排他性租赁协议，按年续签，约定租赁期内，如 A 公司获得租赁物所有权的，经双方协商一致，租赁终止。A 公司综合考虑合作历史及经营需要等因素，在实施新租赁准则时将租赁期确定为该等资产的剩余使用年限，并据此确认使用权资产及租赁负债。

2021 年基于解决同业竞争的需要，A 公司拟按照评估作价购买 B 公司该等资产，A 公司与 B 公司的原租赁合同因购买资产而终止。

A 公司于 2019 年适用新租赁准则，购买时点，租赁使用权资产与租赁负债账面价值差异为 × 亿元。

A 公司因购买 B 公司相关资产导致原租赁合同终止，A 公司原按照租赁准则确认的使用权资产与租赁负债终止确认，因折现及摊销产生的使用权资产与租赁负债的差额如何处理？

案例分析：

由租赁改为购买，不管是采取终止原有的租赁合同、直接购买标的资产还是采取对租赁协议先进行修订，增加购买选择权，然后再执行该购买选择权的形式，两者经济效果是一致的，因此会计处理的结果也不应当有差异，两种形式下均应当将终止确认使用权资产、租赁负债的差异作为取得固定资产的对价组成部分，不影响损益。

第五章 出租人会计处理

对于出租人的会计处理，新租赁准则实质上沿用原租赁准则中的出租人会计模型。新租赁准则并未改变出租人会计模型的具体会计处理，但在新租赁准则下，要求出租人增加披露相关租赁收入及未折现租赁收款额等信息。此外，出租人还应当根据理解财务报表的需要，披露有关租赁活动的其他定性和定量信息。

第一节 租赁分类

出租人应当在租赁开始日将租赁分类为经营租赁或融资租赁［IFRS 16 para.61；CAS 21（2018）第三十五条］。如果一项租赁实质上转移了与标的资产所有权相关的全部风险和报酬，那么该项租赁应分类为融资租赁。如果一项租赁实质上没有转移与标的资产所有权相关的全部风险和报酬，那么该项租赁应分类为经营租赁［IFRS 16 para.62；CAS 21（2018）第三十五条］。

一、租赁分类的标准

一项租赁属于融资租赁还是经营租赁，取决于交易的实质，而不是合同的形式，以下某一情形或几种情形的结合通常会导致租赁被分类为融资租赁［IFRS 16 para.63；CAS 21（2018）第三十六条］。

（1）租赁期结束时，标的资产的所有权转让给承租人。即，如果在租赁协议中已经约定，或者根据其他条件，在租赁开始日就可以合理地判断、租赁期届满时出租人会将资产的所有权转移给承租人，那么该项租赁通常分类为融资租赁；

（2）承租人有购买标的资产的选择权。其购买价格预计将远远低于行使选择权时的公允价值，因而在租赁开始日就可合理确定承租人将行使该选择权；

（3）即使标的资产的所有权不转让，但租赁期占标的资产经济寿命的大部分。实务中，这里的"大部分"一般指租赁期占租赁开始日租赁资产使用寿命的75%以上（含75%）。需要说明的是，这里的量化标准只是指导性标准，企业在具体运用时，必须以准则规定的相关条件进行综合判断，这条标准强调的是租赁期占租赁资产使用寿命的比例，而非租赁期占该项资产全部可使用年限的比例。如果租赁资产是旧资产，在租赁前已使用年限超过资产自全新时起算可使用年限的75%以上时，则这条判断标准不适用，不能使用这条标准确定租赁的分类；

（4）在租赁开始日，租赁付款额的现值几乎相当于标的资产的公允价值。实务中，这里的"几乎相当于"，通常掌握在90%以上。需要说明的是，这里的量化标准只是指导性标准，企业在具体运用时，必须以准则规定的相关条件进行综合判断；以及

（5）标的资产性质特殊，如果不作较大改动，只有承租人才能够使用。租赁资产由出租人根据承租人对资产型号、规格等方面的特殊要求专门购买或建造的，具有专购、专用性质。这些租赁资产如果不作较大的重新改造，其他企业通常难以使用。这种情况下，通常也分类为融资租赁。

以下某一迹象或几种迹象的结合也可导致租赁被分类为融资租赁［IFRS 16 para. 64；CAS 21（2018）第三十六条］。

（1）若承租人撤销该租赁，则撤销所导致的出租人的损失由承租人承担；

（2）资产余值的公允价值波动所产生的利得或损失归属于承租人（例如，以相当于租赁结束时资产销售收益的绝大部分金额作为租金退还，说明承租人承担了租赁资产余值的几乎所有风险和报酬）；以及

（3）承租人有能力以远低于市场租金的租金继续租赁至下一期间。此经济激励政策与购买选择权类似，如果续租选择权行权价远低于市场水平，可以合理确定承租人将继续租赁至下一期间。

在新租赁准则下，出租人的租赁分类是以租赁转移与标的资产所有权相关的风险和报酬的程度为依据的。风险包括由于生产能力的闲置或技术陈旧可能造成的损失，以及由于经济状况的改变可能造成的回报变动。报酬可以表现为预期在标的资产的经济寿命期间经营的盈利以及因增值或残值变现可能产生的

利得［IFRS 16 para. B53］。

前述的情形和迹象并非总是决定性的，若有其他特征清楚地表明，租赁实质上没有转移与标的资产所有权相关的全部风险和报酬，则该租赁应被分类为经营租赁，例如，若标的资产的所有权在租赁期结束时是以等于其当时公允价值的可变付款额转让，或者因存在可变租赁付款额导致出租人实质上没有转移全部风险和报酬，就可能属于这种情况［IFRS 16 para. 65］。

二、租赁分类的重新评估

租赁分类应当在租赁开始日进行，且仅在租赁变更时进行重新评估，出于会计处理目的，估计的变更（如标的资产预计经济寿命或预计余值的变动）或情况的变化（如承租人违约）不会导致租赁的重新分类［IFRS 16 para.66；CAS 21（2018）第三十五条］。

租赁合同可能包括因租赁开始日与租赁期开始日之间发生的特定变化而需对租赁付款额进行调整的条款与条件（例如，出租人标的资产的成本发生变动，或出租人对该租赁的融资成本发生变动）。在此情况下，出于租赁分类目的，此类变动的影响均视为在租赁开始日已发生［IFRS 16 para. B54］。

三、土地和建筑物的租赁

（一）长期租赁中的土地部分

当一项租赁同时包括土地和建筑物时，出租人应根据前述的租赁分类标准分别评估土地和建筑物应分类为融资租赁还是经营租赁。在判断土地属于经营租赁还是融资租赁时，一个重要考虑因素是土地通常具有不确定的经济寿命［IFRS 16 para. B55］。

2009年，理事会修改了原租赁准则中有关长期租赁中的土地部分的规定。原租赁准则之前规定，具有不确定的经济寿命的土地租赁通常应分类为经营租赁。然而，2009年，理事会从原租赁准则中删除了这一表述，因为这可能导致土地的分类无法反映交易的实质［IFRS 16 para. BCZ241］。为得出这一结论，理事会考虑了一项租赁期长达999年的土地和建筑物租赁的例子。理事会注意到，对于该租赁，虽然未转让土地的所有权，但出租人已经转让了租赁期内与土地相关的重大风险和报酬［IFRS 16 para. BCZ242］。

理事会还注意到，在这类租赁中，出租人与出售土地和建筑物的主体的经济状况是类似的。在一项租赁期长达几十年的租赁中，不动产余值的现值微乎其微。理事会得出结论认为，在该情况下对将土地部分作为融资租赁进行会计处理与出租人的经济状况一致［IFRS 16 para. BCZ243］。因此，理事会将之前的指引替换为：在确定土地部分是属于经营租赁还是融资租赁时，一个重要的考虑因素是土地通常具有不确定的经济寿命［IFRS 16 para. BCZ244］。

（二）在土地与建筑物之间分摊租赁付款额

为对土地和建筑物租赁进行分类和会计处理，必要时，出租人应按照土地部分的租赁权益与建筑物部分的租赁权益在租赁开始日的公允价值的相对比例，将租赁付款额（含一次性支付的预付款）在土地与建筑物之间进行分配［IFRS 16 para. B56］。

2003年，理事会在原租赁准则中引入了一项规定，要求出租人分别评估租赁中土地部分和建筑物部分的分类。2003年修订的征求意见稿曾进一步建议，为进行分类，必要时应按照租赁开始日的公允价值的相对比例，在土地与建筑物部分之间分摊租赁付款额。然而，征求意见稿的反馈意见者提出以下疑问：相对公允价值是指土地和建筑物的公允价值还是土地和建筑物租赁权益的公允价值［IFRS 16 para. BCZ245］。在重新审议征求意见稿的过程中，理事会注意到，根据标的土地和建筑物的相对公允价值分摊租赁付款额，不能反映土地通常具有不确定的经济寿命因而预期在租赁期满仍保持其价值的这一事实。相反，建筑物的未来经济寿命，至少在某种程度上，很可能在租赁期内耗尽。因此，可作出如下合理预计：与建筑物相关的租赁付款额将被设置为能够使出租人取得初始投资回报并补偿租赁期内消耗的建筑物价值的水平。对于土地，出租人通常无需为土地价值消耗进行补偿［IFRS 16 para. BCZ246］。

因此，理事会决定在2003年的修订中澄清，租赁付款额的分摊侧重于反映其对于补偿出租人的作用，而不是根据土地和建筑物的相对公允价值。换言之，应侧重于反映租赁开始日的土地部分和建筑物部分的租赁权益。在建筑物在租赁期内已全额计提折旧的极端情况下，租赁付款额需侧重于提供投资回报以及对租赁开始日的建筑物价值计提的全部折旧。假设余值等于租赁开始日的价值，土地的租赁权益应侧重于仅反映初始投资的回报［IFRS 16para. BCZ247］。

（三）拆分土地与建筑物的不可行性

在2003年修订原租赁准则时，理事会考虑了如何处理无法可靠计量土地部分和建筑物部分的租赁（例如，由于类似土地和建筑物不单独出售或出租）。一种可能的方法是将整个租赁分类为融资租赁。然而，理事会注意到，将整个租赁分类为融资租赁不能够忠实反映的情形是显而易见的。因此，理事会决定，如果无法可靠计量这两个部分，则应将整个租赁分类为融资租赁，除非这两部分都明显是经营租赁［IFRS 16 para. BCZ248］。

因此，新租赁准则要求，如果租赁付款额无法可靠地在两个部分之间进行分配，则应将整个租赁分类为融资租赁，除非这两部分均明显属于经营租赁，在此情况下，应将整个租赁分类为经营租赁［IFRS 16 para. B56］。

（四）拆分土地和建筑物要求的例外

对于同时涉及土地和建筑物的租赁，若土地部分的金额相对于租赁是不重要的，则出于租赁分类目的，出租人可将土地与建筑物作为一个单项租赁，并根据前述的租赁分类标准将其分类为融资租赁或经营租赁。在此情况下，出租人应将建筑物的经济寿命视作整个标的资产的经济寿命［IFRS 16 para. B57］。

在2003年修订原租赁准则时，理事会讨论了是否允许或要求对拆分土地和建筑物的要求作出例外规定，以防止出现合同开始日土地部分的现值相对于整个租赁的价值很小的情况。在该情况下，将租赁分为两部分单独进行会计处理所需的成本可能会超过其带来的效益。理事会注意到，澳大利亚、加拿大和美国的公认会计原则，允许或要求将该等租赁作为一个单项租赁进行分类和会计处理，并在符合相关条件时采用融资租赁处理方法。理事会决定，当土地部分的金额不重大时，允许将土地和建筑物并为一项租赁进行处理［IFRS 16 para. BCZ249］。一些利益相关方要求，就与租赁的总价值相比土地部分的相对价值需要多少提供指南。理事会决定，不提供诸如具体百分比门槛的明线标准，而应适用重要性水平的常规概念［IFRS 16 para. BCZ250］。

第二节 融资租赁

一、初始计量

新租赁准则规定，在租赁期开始日，出租人应当对融资租赁确认应收融资租赁款，并终止确认融资租赁资产。出租人对应收融资租赁款进行初始计量时，应当以租赁投资净额作为应收融资租赁款的入账价值［IFRS 16 para.67；CAS 21（2018）第三十八条］。

租赁投资净额为未担保余值和租赁期开始日尚未收到的租赁收款额按照租赁内含利率折现的现值之和［IFRS 16 附录一；CAS 21（2018）第三十八条］。租赁内含利率，是指使出租人的租赁收款额的现值与未担保余值的现值之和（即租赁投资净额）等于租赁资产公允价值与出租人的初始直接费用之和的利率［IFRS 16 附录一；CAS 21（2018）第十七条］。因此，出租人发生的初始直接费用包括在租赁投资净额中，也即包括在应收融资租赁款的初始入账价值中。新租赁准则中初始直接费用的定义与新收入准则中获得合同的增量成本的定义一致。按照该方式定义初始直接费用意味着，出租人为获得租赁发生的成本应按照与为获取其他客户合同而发生的成本一致的方法进行会计处理［IFRS 16 para. BC237］。

其中，在租赁期开始日，纳入租赁投资净额计量的租赁付款额包括下列因让渡在租赁期内使用标的资产的权利而应收取但在租赁期开始日尚未收到的款项［IFRS 16 para.70；CAS 21（2018）第三十八条］。

（1）固定付款额，包括实质固定付款额，扣除应付的租赁激励；

（2）取决于指数或比率的可变租赁付款额，采用租赁期开始日的指数或比率进行初始计量；

（3）由承租人、与承租人有关联的一方或与出租人无关但在经济上有能力履行担保义务的第三方向出租人提供的余值担保；

（4）购买选择权的行权价，前提是承租人合理确定将行使购买选择权；以及

（5）终止租赁的罚款金额，前提是租赁期反映出承租人将行使终止租赁选择权。

二、后续计量

出租人应按照反映出租人租赁投资净额能在每个期间获得固定回报率的模式确认租赁期内的融资收益［IFRS 16 para. 75］。出租人应按系统合理的基础在租赁期内分配融资收益，出租人应将与该期间有关的租赁付款额冲减租赁投资总额，以减少本金和未实现融资收益［IFRS 16 para. 76］。出租人取得的未纳入租赁投资净额计量的可变租赁付款额，如与资产的未来绩效或使用情况挂钩的可变租赁付款额，应当在实际发生时计入当期损益［CAS 21（2018）第四十一条］。

出租人应对租赁投资净额适用金融工具准则中的终止确认和减值规定，出租人应定期复核计算租赁投资总额时所使用的预计未担保余值，若预计未担保余值降低，出租人应修改租赁期内的收益分配，并立即确认预计的减少额［IFRS 16 para. 77；CAS 21（2018）第四十条］。

融资租赁下的某项资产，如按照持有待售准则被分类为持有待售资产（或包含在被分类为持有待售的处置组中），出租人应按照该准则对该项资产进行会计处理［IFRS 16 para. 78；CAS 21（2018）第四十条］。

案例 1-5-1：融资租赁会计处理［CAS 21 应用指南（2019）例 46-49］

案例背景：

2×19 年 12 月 1 日，甲公司与乙公司签订了一份租赁合同，从乙公司租入塑钢机一台。租赁合同主要条款如下。

（1）租赁资产：全新塑钢机。

（2）租赁期开始日：2×20 年 1 月 1 日。

（3）租赁期：2×20 年 1 月 1 日至 2×25 年 12 月 31 日，共 72 个月。

（4）固定租金支付：自 2×20 年 1 月 1 日，每年年末支付租金 160 000 元。如果甲公司能够在每年年末的最后一天及时付款，则给予减少租金 10 000 元的激励。

（5）取决于指数或比率的可变租赁付款额：租赁期限内，如遇中国人民银行贷款基准利率调整时，出租人将对租赁利率作出同方向、同幅度的调整。基准利率调整日之前各期和调整日当期租金不变,从下一期租金开始按调整后的租金金额收取。

(6) 租赁开始日租赁资产的公允价值:该机器在2×19年12月31日的公允价值为700 000元,账面价值为600 000元。

(7) 初始直接费用:签订租赁合同过程中乙公司发生可归属于租赁项目的手续费、佣金10 000元。

(8) 承租人的购买选择权:租赁期届满时,甲公司享有优惠购买该机器的选择权,购买价为20 000元,估计该日租赁资产的公允价值为80 000元。

(9) 取决于租赁资产绩效的可变租赁付款额:2×21年和2×22年2年,甲公司每年按该机器所生产的产品——塑钢窗户的年销售收入的5%向乙公司支付。

(10) 承租人的终止租赁选择权:甲公司享有终止租赁选择权。在租赁期间,如果甲公司终止租赁,需支付的款项为剩余租赁期间的固定租金支付金额。

(11) 担保余值和未担保余值均为0。

(12) 全新塑钢机的使用寿命为7年。

案例分析:

出租人乙公司的会计处理如下:

第一步,判断租赁类型。本例存在优惠购买选择权,优惠购买价20 000元远低于行使选择权日租赁资产的公允价值80 000元,因此在2×19年12月31日就可合理确定甲公司将会行使这种选择权。另外,在本例中,租赁期6年,占租赁开始日租赁资产使用寿命的86%(占租赁资产使用寿命的大部分)。同时,乙公司综合考虑其他各种情形和迹象,认为该租赁实质上转移了与该项设备所有权有关的几乎全部风险和报酬,因此将这项租赁认定为融资租赁。

第二步,确定租赁收款额。

(1) 承租人的固定付款额为考虑扣除租赁激励后的金额。

$(160\ 000 - 10\ 000) \times 6 = 900\ 000$(元)

(2) 取决于指数或比率的可变租赁付款额。该款项在初始计量时根据租赁期开始日的指数或比率确定,因此本例题在租赁期开始日不做考虑。

(3) 承租人购买选择权的行权价格。租赁期届满时,甲公司享有优惠购买该机器的选择权,购买价为20 000元,估计该日租赁资产的公允价值为80 000元。优惠购买价20 000元远低于行使选择权日租赁资产的公允价值,因此在

2×19年12月31日就合理确定甲公司将会行使这种选择权。

结论：租赁付款额中包括承租人购买选择权的行权价格20 000元。

（4）终止租赁的罚款。虽然甲公司享有终止租赁选择权，但若终止租赁，甲公司需支付的款项为剩余租赁期间的固定租金支付金额。

结论：根据上述条款，可以合理确定甲公司不会行使终止租赁选择权。

（5）由承租人向出租人提供的担保余值：甲公司向乙公司提供的担保余值为0元。

综上所述，租赁收款额 = 900 000 + 20 000 = 920 000（元）

第三步，确认租赁投资总额。

租赁投资总额 = 在融资租赁下出租人应收的租赁收款额 + 未担保余值

本例中租赁投资总额 = 920 000 + 0 = 920 000（元）

第四步，确认租赁投资净额的金额和未实现融资收益。

租赁投资净额 = 租赁资产在租赁期开始日公允价值700 000 + 出租人发生的租赁初始直接费用10 000 = 710 000（元）

未实现融资收益 = 租赁投资总额 - 租赁投资净额 = 920 000 - 710 000 = 210 000（元）

第五步，计算租赁内含利率。租赁内含利率是使租赁投资总额的现值（即租赁投资净额）等于租赁资产在租赁开始日的公允价值与出租人的初始直接费用之和的利率。

本例中列出公式 $150\,000 \times (P/A, r, 6) + 20\,000 \times (P/F, r, 6) = 710\,000$（元），计算得到租赁的内含利率为7.82%。

第六步，账务处理。

2×20年1月1日：

借：应收融资租赁款——租赁收款额　　　　　　　　　920 000

　　贷：银行存款　　　　　　　　　　　　　　　　　　10 000

　　　　融资租赁资产　　　　　　　　　　　　　　　　600 000

　　　　资产处置损益　　　　　　　　　　　　　　　　100 000

　　　　应收融资租赁款——未实现融资收益　　　　　　210 000

出租人应确认计量租赁期内各期间的利息收入：

第一步，计算租赁期内各期的利息收入（见表1-5-1）。

表 1-5-1　　　　　　　　　租赁期内各期的利息收入　　　　　　　　单位：元

日期	租金	确认的利息收入	租赁投资净额余额
①	②	③ = 期初④×7.82%	期末④ = 期初④-②+③
2×20年1月1日	150 000		710 000
2×20年12月31日	150 000	55 522	615 522
2×21年12月31日	150 000	48 134	513 656
2×22年12月31日	150 000	40 168	403 824
2×23年12月31日	150 000	31 579	285 403
2×24年12月31日	150 000	22 319	157 722
2×25年12月31日	150 000	12 278*	20 000
2×25年12月31日	20 000		
合计	920 000	210 000	

注：*作尾数调整 12 278 = 150 000 + 20 000 - 157 722。

第二步，会计分录：

2×20年12月31日收到第一期租金时：

借：银行存款　　　　　　　　　　　　　　　　　　　150 000
　　贷：应收融资租赁款——租赁收款额　　　　　　　　　　　150 000
借：应收融资租赁款——未实现融资收益　　　　　　　55 522
　　贷：租赁收入　　　　　　　　　　　　　　　　　　　　　55 522

2×21年12月31日收到第二期租金时：

借：银行存款　　　　　　　　　　　　　　　　　　　150 000
　　贷：应收融资租赁款——租赁收款额　　　　　　　　　　　150 000
借：应收融资租赁款——未实现融资收益　　　　　　　48 134
　　贷：租赁收入　　　　　　　　　　　　　　　　　　　　　48 134

假设 2×21 年和 2×22 年，甲公司分别实现塑钢窗户年销售收入 1 000 000 和 1 500 000 元。根据租赁合同，乙公司 2×21 年和 2×22 年应向甲公司收取的与销售收入挂钩的租金分别为 50 000 元和 75 000 元。会计分录为：

2×21年：

借：银行存款（或应收账款）　　　　　　　　　　　　50 000
　　贷：租赁收入　　　　　　　　　　　　　　　　　　　　　50 000

2×22年：

借：银行存款（或应收账款）　　　　　　　　　　　　75 000

贷：租赁收入　　　　　　　　　　　　　　　　　75 000
租赁期届满时的处理——承租人行使购买权：
借：银行存款　　　　　　　　　　　　　　　　　　50 000
　　贷：应收融资租赁款——租赁收款额　　　　　　50 000

三、租赁变更

新租赁准则规定，如果符合以下情况，则出租人应与承租人一样，将融资租赁变更作为一项单独的租赁进行会计处理［IFRS 16 para. 79；CAS 21（2018）第四十三条］。

（1）变更通过增加承租人使用一项或多项标的资产的权利扩大了租赁范围；并且

（2）租赁对价的增加额与所扩大范围的单独价格相当。

作出该修订的原因在于，理事会认为，该等变更实质上表示产生了一项独立于原租赁的新租赁。该要求实质上与新收入准则中的相关要求一致。新收入准则规定，如果增加可明确区分的商品或服务的相关变更以相当于其单独售价的价格进行定价，则卖方应将该等变更作为单独的合同进行会计处理［IFRS 16 para. BC238］。

（一）确定一项融资租赁的租赁变更是否会导致一项单独的租赁

新租赁准则规定，如果同时符合以下条件，出租人应将融资租赁变更作为一项单独的租赁进行会计处理［IFRS 16 para. 79；CAS 21（2018）第四十三条］。

（1）该变更通过增加使用一项或多项标的资产的权利扩大了租赁范围；并且

（2）租赁对价的增加额与所扩大范围部分的单独价格按特定合同情况进行适当调整后的金额相当。

案例 1-5-2：租赁变更构成一项单独租赁
［CAS 21 应用指南（2019）例 50］

案例背景：

承租人就某套机器设备与出租人签订了一项为期 5 年的租赁，构成融资租赁。在第 2 年年初，承租人和出租人同意对原租赁进行变更，再增加 1 套机器设备用于租赁,租赁期也为 5 年。扩租的设备从第 2 年第二季度末时可供承租人使用。租赁总对价的增加额与新增的该套机器设备的当前出租市价扣减相关折扣相当。其中,折扣反映了出租人节约的成本,即若将同样设备租赁给新租户出租人会发生的成本,如营销成本等。

案例分析:

此情况下,该变更通过增加一项或多项租赁资产的使用权而扩大了租赁范围,增加的对价与租赁范围扩大部分的单独价格按该合同情况调整后的金额相当,应将该变更作为一项新的租赁。

案例 1-5-3:租赁变更导致融资租赁变更为经营租赁
[CAS 21 应用指南(2019)例 51]

案例背景:

承租人就某套机器设备与出租人签订了一项为期 5 年的租赁,构成融资租赁。合同规定,每年末承租人向出租人支付租金 10 000 元,租赁期开始日,出租资产公允价值为 37 908 元。按照公式 $10\,000 \times (P/A, r, 5) = 37\,908$(元),计算得出租赁内含利率 10%,租赁收款额为 50 000 元,未确认融资收益为 12 092 元。在第 2 年年初,承租人和出租人同意对原租赁进行变更,缩短租赁期限到第 3 年年末,每年支付租金时点不变,租金总额从 50 000 元变更到 33 000 元。假设本例中不涉及未担保余值、担保余值、终止租赁罚款等。

案例分析:

本例中,如果原租赁期限设定为 3 年,在租赁开始日,租赁类别被分类为经营租赁,那么,在租赁变更生效日,即第 2 年年初,出租人将租赁投资净额余额 31 699(37 908 + 37 908 × 10% - 10 000)作为该套机器设备的入账价值,并从第 2 年年初开始,作为一项新的经营租赁(2 年租赁期,每年末收取租金 11 500 元)进行会计处理。

第 2 年年初会计分录如下:

借:固定资产　　　　　　　　　　　　　　　　　　　　31 699
　　应收融资租赁款——未确认融资收益(12 092 - 37 908 × 10%)
　　　　　　　　　　　　　　　　　　　　　　　　　　8 301
　　贷:应收融资租赁款——租赁收款额(50 000 - 10 000)　40 000

(二)对未导致一项单独的租赁变更的出租人会计处理

如果融资租赁变更未作为一项单独的租赁进行会计处理,出租人应作出如

下会计处理 [IFRS 16 para. 80；CAS 21（2018）第四十四条]。

(1) 若变更在租赁开始日生效租赁会被分类为经营租赁，则出租人应：

①自变更生效日开始将租赁变更作为一项新的租赁进行会计处理；并且

②将租赁投资净额在租赁变更生效日前一刻的价值作为标的资产的账面金额。

(2) 否则，出租人应适用金融工具准则相关规定进行处理。

对于未作为一项单独的租赁进行会计处理的融资租赁变更，新租赁准则要求出租人采用金融工具准则关于变更或重新议定合同的规定进行会计处理（除非该租赁变更在租赁开始日已生效而被分类为经营租赁）[IFRS 16 para. BC239]，即，变更或重新议定租赁合同，未导致应收融资租赁款终止确认，但导致未来现金流量发生变化的，应当重新计算该应收融资租赁款的账面余额，并将相关利得或损失计入当期损益。重新计算应收融资租赁款账面余额时，应当根据重新议定或变更的租赁合同现金流量按照应收融资租赁款的原折现率或按照套期会计准则规定重新计算的折现率（如适用）折现的现值确定。对于变更或重新议定租赁合同所产生的所有成本和费用，企业应当调整变更后的应收融资租赁款的账面价值，并在变更后应收融资租赁款的剩余期限内进行摊销。

理事会希望，该方法不会导致出租人对融资租赁变更的会计处理较之前发生任何实质性变化。原因在于，尽管原租赁准则中不包含租赁变更的相关规定，但理事会了解到，出租人对融资租赁的投资净额通常采用与金融工具准则规定一致的方法 [IFRS 16 para. BC239]。

案例1-5-4：租赁变更未导致一项单独租赁
[CAS 21 应用指南（2019）例52]

案例背景：

承租人就某套机器设备与出租人签订了一项为期5年的租赁，构成融资租赁。合同规定，每年年末承租人向出租人支付租金10 000元，租赁期开始日租赁资产公允价值为37 908元，按照公式 $10\,000 \times (P/A, r, 5) = 37\,908$（元），计算得出租赁内含利率10%。在第2年年初，承租人和出租人因为设备适用性等原因同意对原租赁进行变更，从第2年开始，每年支付租金额变成9 500元，租金总额从50 000元变更到48 000元。

案例分析：

如果此付款变更在租赁开始日生效，租赁类别仍被分类为融资租赁，那么在租赁变更生效日——第 2 年年初,按 10% 原租赁内含利率重新计算租赁投资净额为 30 114 元 [9 500×(P/A,10%,4)],与原租赁投资净额账面余额 31 699 元的差额 1 585 元(其中"应收融资租赁款——租赁收款额"减少 2 000 元,"应收融资租赁款——未确认融资收益"减少 415 元)计入当期损益。

第 2 年年初会计分录如下:
借:租赁收入　　　　　　　　　　　　　　　　　　　　　1 585
　　应收融资租赁款——未确认融资收益　　　　　　　　　　415
　　贷:应收融资租赁款——租赁收款额　　　　　　　　　　　2 000

第三节　经营租赁

一、确认与计量

(一)租金的处理

出租人应按照直线法或其他系统性方法将经营租赁的租赁付款额确认为收入。如果其他系统性方法能够更好地反映从标的资产的使用中获得利益递减的模式,则出租人应采用该系统性方法 [IFRS 16 para. 81;CAS 21(2018)第四十五条]。

出租人应将为获取租赁收入所发生的成本(包括折旧)确认为费用 [IFRS 16 para. 82]。

(二)出租人对经营租赁提供激励措施

出租人提供免租期的,整个租赁期内,按直线法或其他合理的方法进行分配,免租期内应当确认租金收入。出租人承担了承租人某些费用的,出租人应将该费用自租金收入总额中扣除,按扣除后的租金收入余额在租赁期内进行分配。

(三)初始直接费用

出租人应将为获取经营租赁所发生的初始直接费用计入标的资产的账面金

额，并在租赁期内按照与租赁收入确认相同的方法确认为费用［IFRS 16 para. 83；CAS 21（2018）第四十六条］。

（四）折旧和减值

对于应折旧经营租赁资产的折旧，应采用与出租人对类似资产通常所采用折旧政策相一致的政策，折旧费应根据该资产适用的企业会计准则，采用系统合理的方法进行摊销［IFRS 16 para. 84；CAS 21（2018）第四十七条］。

出租人应按照《企业会计准则第 8 号——资产减值》（以下简称《企业会计准则第 8 号》）的规定确定经营租赁下的标的资产是否减值，并对已识别的减值损失进行会计处理［IFRS 16 para. 85；CAS 21（2018）第四十七条］。

（五）可变租赁付款额

出租人取得的与经营租赁有关的可变租赁付款额，如果是与指数或比率挂钩的，应在租赁期开始日计入租赁收款额；除此之外的，应当在实际发生时计入当期损益［CAS 21（2018）第四十八条］。

二、租赁变更

新租赁准则规定，经营租赁发生变更的，出租人应自变更生效日开始，将其作为一项新的租赁进行会计处理，与变更前租赁有关的预收或应收租赁收款额视为新租赁的收款额。

新租赁准则要求出租人应自变更生效日开始将经营租赁变更作为一项新租赁进行会计处理，将与原租赁有关的预付或预提租赁付款额视为新租赁的租赁付款额的一部分。该方法与新收入准则在合同变更（视为单独合同进行会计处理）时，待转让的剩余商品或服务能够与已转让商品或服务明确区分的情况下所要求采用的方法相一致。此外，理事会预期该方法不会对出租人会计处理较之前发生任何实质性变化［IFRS 16 para. BC240］。

解释委员会议程决议——出租人租赁付款额减免

在 2022 年 10 月的会议中，解释委员会对出租人的租金减免如何进行会计处理作出了决议。

议题名称：出租人租赁付款额减免

涉及准则：《国际财务报告准则第 9 号——金融工具》和《国际财务报告准则第 16 号——租赁》

决议日期：2022 年 10 月

解释委员会收到请求，关于出租人在对某项租金减免进行会计处理时，是适用《国际财务报告准则第 9 号——金融工具》（以下简称《国际财务报告准则第 9 号》）还是《国际财务报告准则第 16 号》。该租金减免是指，租赁合同的唯一变更是出租人免除了承租人在该合同下应支付的租金。

案例情况

该请求描述了出租人和承租人在租赁变更日商定的租金减免。该租金减免改变了出租人根据《国际财务报告准则第 16 号》分类为经营租赁的租赁合同中的原始条款和条件。出租人从法律上免除了承租人支付特定可区分租赁付款额的义务：

（1）一部分租赁付款额在合同上已到期但尚未支付。《国际会计准则第 32 号——金融工具：揭示和呈报》（以下简称《国际会计准则第 32 号》）第 AG9 段规定，"出租人不将经营租赁视为一种金融工具，除非涉及承租人当前已到期应付的款项"。因此，出租人已将这些金额确认为应收经营租赁款项，根据《国际财务报告准则第 16 号》第 81 段，出租人也已将这些金额确认为收益。

（2）一部分租赁付款额在合同上尚未到期。

出租人和承租人之间既未对租赁合同进行其他变更，也未进行任何可能影响租金减免会计处理的其他协商。在进行租金减免前，出租人对应收经营租赁款应用《国际财务报告准则第 9 号》中的预期信用损失模型。

问题

该请求询问：

（1）如果出租人预期将免除承租人在租赁合同下的应付款项，则在进行租金减免之前，出租人如何对该应收经营租赁款项应用《国际财务报告准则第 9 号》中的预期信用损失模型；以及

（2）出租人在对租金减免进行会计处理时，是适用《国际财务报告准则第 9 号》中终止确认的要求还是《国际财务报告准则第 16 号》中租赁变更的要求。

对应收经营租赁款应用《国际财务报告准则第 9 号》中的预期信用损失模型

《国际财务报告准则第 9 号》第 2.1（2）①段规定，"出租人确认的应收融资租赁款（即融资租赁投资净额）及应收经营租赁款，适用本准则的终止确认和减值规定"。因此，出租人需要从确认应收经营租赁款的日期起，对该应收款项的账面总金额适用《国际财务报告准则第 9 号》中的减值要求，同时考虑适用《国际财务报告准则第 9 号》中的终止确认要求。

《国际财务报告准则第 9 号》将信用损失定义为"主体按原实际利率折现的、根据合同应收的所有合同现金流量与主体预期收取的所有现金流量之间的差额，即所有现金短缺的现值"。《国际财务报告准则第 9 号》第 5.5.17 段规定，"主体计量金融工具预期信用损失的方式应当反映：（1）通过评价一系列可能的结果而确定的无偏概率加权平均金额；（2）货币时间价值；以及（3）在无需付出过度成本或努力的情况下可获得的有关过去事项、当前状况及未来经济状况预测的合理及可支持的信息。"

因此，在请求所述案例情况中，出租人应对应收经营租赁款适用《国际财务报告准则第 9 号》中的减值要求。出租人通过计量反映"所有现金短缺"的任何信用损失来估计应收经营租赁款的预期信用损失。这些短缺是以下两者之差：

（1）根据租赁合同应支付给出租人的所有合同现金流量（并包括在应收经营租赁款的账面总金额中）；以及

（2）根据有关"过去事项、当前状况及未来经济状况预测"的"合理及可支持的信息"确定的，出租人预期将收到的所有现金流量。

因此，解释委员会得出结论，在给予租金减免之前，对于出租人已确认的应收经营租赁款，出租人应通过反映"无偏概率加权的金额……""货币的时间价值"以及"合理及可支持的信息……"的方式计量应收经营租赁款的预期信用损失（按照《国际财务报告准则第 9 号》第 5.5.17 段的要求）。所计量的预期信用损失包括出租人考虑的预期将对已作为应收款项确认的租金减免。

对租金减免的会计处理——《国际财务报告准则第 9 号》和《国际财务报告准则第 16 号》

对应收经营租赁款应用《国际财务报告准则第 9 号》的终止确认要求

《国际财务报告准则第9号》第2.1(2)①规定，出租人已确认的应收经营租赁款应遵循《国际财务报告准则第9号》的终止确认要求。因此，在给予租金减免时，出租人应考虑是否满足《国际财务报告准则第9号》第3.2.3段的终止确认要求。

在请求所述租金减免中，出租人从法律上免除了承租人支付特定可区分租赁付款额的义务，出租人已将其中部分确认为应收经营租赁款。因此，在给予租金减免时，出租人得出结论认为已满足《国际财务报告准则第9号》第3.2.3(1)段的要求，即收取金融资产所产生的现金流量的合同权利已到期，因为其已同意从法律上免除承租人的义务，从而放弃了其对特定可区分现金流量的合同权利。因此，在给予租金减免日，出租人应重新计量应收经营租赁款的预期信用损失（并将预期信用损失准备的变动确认为损益）并终止确认应收经营租赁款（及相关的预期信用损失准备）。

对租赁合同下的未来租赁付款额应用《国际财务报告准则第16号》的租赁变更要求

请求中所述租金减免符合《国际财务报告准则第16号》中租赁变更的定义。该租金减免是"……租赁对价的变更，但不构成原始租赁条款和条件的一部分"。因此，出租人应适用《国际财务报告准则第16号》第87段规定，即从给予租金减免之日起，将变更后的租赁作为一项新的租赁进行会计处理。

《国际财务报告准则第16号》第87段要求出租人将与原租赁有关的预付或预提的租赁付款额视为新租赁的付款额的一部分。解释委员会注意到，承租人根据租赁合同应支付的租赁付款额，出租人已确认为应收经营租赁款（适用《国际财务报告准则第9号》的终止确认和减值要求）不属于预提租赁付款额。因此，这些租赁付款额或其减免都不应按照《国际财务报告准则第16号》第87段的要求将其视为新租赁的付款额的一部分。

在租赁变更作为一项新的租赁进行会计处理时，出租人应根据《国际财务报告准则第16号》第81段，按照直线法或其他系统方法将租赁付款额（包括与原始租赁有关的预付或预提的租赁付款额）确认为收益。

解释委员会得出结论认为，出租人在给予日对请求所述租金减免进行会计处理时，(1)对于出租人已确认为应收经营租赁款的租赁付款额减免，适用《国际财务报告准则第9号》的终止确认要求；以及(2)对于出租人尚未确认为应收经营租赁款的租赁付款额减免，适用《国际财务报告准则第16号》

的租赁变更要求。

结论

解释委员会得出结论认为，国际财务报告准则会计准则的原则和要求为出租人确定如何将《国际财务报告准则第9号》的预期信用损失模型应用于应收经营租赁款，并对请求所述的租金减免进行会计处理提供了充分的基础。因此，解释委员会决定不在其工作计划中增加一项准则制定项目。

本议题中，出租人预期将从法律上免除承租人租金，该租金减免包括两部分：（1）一部分租赁付款额在合同上已到期但尚未支付，出租人已将该部分确认为应收经营租赁款。（2）一部分租赁付款额在合同上尚未到期。

针对上述案例情况，咨询涉及两个问题：（1）出租人预期将给予承租人租金减免，在实际减免租金之前，出租人应如何对应收经营租赁款应用预期信用减值模型。（2）在实际减免租金时，出租人应如何进行会计处理，是按照金融工具准则作为金融资产的终止确认处理，还是按照新租赁准则作为租赁变更处理。

对于问题（1），解释委员会认为，出租人应通过计量反映"所有现金短缺"的信用损失来估计应收经营租赁款的预期信用损失。因此，在给予租金减免之前，对于出租人已确认的应收经营租赁款，出租人应通过反映"无偏概率加权的金额……""货币的时间价值"以及"合理及可支持的信息……"的方式计量应收经营租赁款的预期信用损失。其中，出租人预期将对已到期租赁款给予的租金减免属于"现金短缺"，故预计的预期信用损失应包括出租人预期将对已到期租赁款（应收经营租赁款）给予的租金减免（不包括对尚未到期租赁款给予的租金减免）。

对于问题（2），解释委员会认为，出租人在给予日对租金减免进行会计处理时，应区分已到期租赁款和未到期租赁款分别适用不同的准则处理：（1）对于出租人已确认为应收经营租赁款的租赁付款额减免，适用金融工具准则的终止确认要求；（2）对于出租人尚未确认为应收经营租赁款的租赁付款额减免，适用新租赁准则的租赁变更要求。

根据本议题的讨论，对于出租人应收租赁款和承租人应付租赁款的本质及适用准则范围，理论上可能存在以下思考。

1. 关于出租人应收租赁款的适用范围

对于出租人，由于新租赁准则仍然采用"融资租赁"和"经营租赁"双分类处理模型，对应收租赁付款额何时属于新租赁准则范围，何时属于金融工具准则范围的区分较为清晰：

（1）对于融资租赁，在租赁期开始日，出租人应当对融资租赁确认应收融资租赁款，并终止确认融资租赁资产。此时，出租人是对融资租赁下投资按照应收款项进行核算，而不是对融资租赁的标的资产本身进行核算。因此，出租人将融资租赁视为一种金融工具。

（2）对于经营租赁，在租赁期开始日，出租人不会确认应收经营租赁款，而是到合同约定收款日才确认应收租赁付款额。此时，出租人继续核算其租赁资产，而不是根据合同确认在未来应收取租赁款。因此，在合同约定租赁款到期前，出租人不存在一项金融工具；在合同约定租赁款到期后，出租人确认一项应收经营租赁款，则属于金融工具。

2. 关于承租人应付租赁款的适用范围

对于承租人，由于新租赁准则采用了"使用权模型"，承租人在租赁期开始日即确认一项租赁负债，该租赁负债是否属于金融工具，是否完全按照金融工具准则相关规定进行处理并不清晰。

在新租赁准则修改过程中，对于租赁负债的性质也存在不同理解，例如，有观点认为，在合同约定付款日（或已使用租赁资产）前，承租人尚未承担无条件支付租赁对价的义务，故该部分已确认的租赁负债不属于金融负债；相反，也有观点认为，按照"使用权模型"，承租人在租赁期开始日即承担了支付义务，应将已确认的租赁负债整体作为金融负债。事实上，新租赁准则对于租赁负债既有类似金融负债的处理（如以摊余成本计量），又未将租赁负债完全按照金融工具处理（如租赁变更导致的租赁负债变动处理），从而导致某些情况下对租赁负债的处理存在不同理解。

在本议题案例背景中，由于在租赁期开始日即确认了一项租赁负债，承租人对于出租人给予的租金减免，可能很难直观地区分哪一部分减免适用金融工具准则的终止确认规定，哪一部分减免适用租赁准则的租赁变更规定。解释委员会并未讨论本议题案例背景中承租人如何进行会计处理，对于承租人是否需要与出租人的处理相对称，即区分租金减免中针对已到期应支付和未到期应支付部分分别进行会计处理，可能存在不同理解。

再如，在本书"案例1-4-40：变更租赁付款时间"中，该合同的唯一变更是将付款时间由"每年年初支付当年租金"改为"每季度初支付季度租赁款"。该合同变更实质上并未导致租赁范围、租赁对价（总额）、租赁期限发生变动，但会导致租赁对价折现值的变动。此时，如果将租赁负债整体视为一项金融工具，则该合同变更可能适用金融工具准则；如果将租赁负债整体适用新租赁准则，不适用金融工具准则，则该合同变更可能适用新租赁准则的租赁变更。如本议程决议所讨论，如果对应出租人的处理原则，承租人需要区分租赁负债中哪些是已到期应支付部分，哪些是未到期应支付部分，分别适用不同的准则规定，这将增加承租人会计处理的复杂性。

第六章 特殊租赁交易

新租赁准则下,特殊租赁交易主要包含转租赁、售后租回交易,以及生产商或经销商出租人的融资租赁。转租赁和售后租回等特殊租赁交易相比一般租赁具有一定的特殊性,相关的会计处理与租赁会计的一般原则也存在些许差异。

第一节 转租赁

原租赁准则未明确规范转租赁的会计处理,新租赁准则对转租赁的会计处理提供了明确的指引。

一、定义

转租赁,是指在原租赁出租人与原租赁承租人之间的租赁(原租赁)仍然有效的情况下,原租赁承租人(转租出租人)将标的资产转租给第三方(转租承租人)的交易[IFRS 16 附录一]。转租赁中各方关系如图 1-6-1 所示。

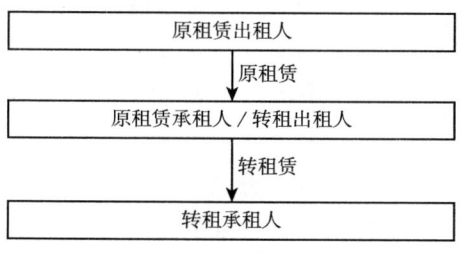

图 1-6-1 转租赁定义图

二、转租赁的分类及处理

在转租赁中,原租赁合同和转租赁合同通常都是分别议定的,且转租赁与原租赁均涉及不同的交易对手方,对于转租出租人,转租赁的条款和条件通常不会消除原租赁所产生的义务。因此,新租赁准则要求,转租出租人对原租赁和转租赁分别根据承租人和出租人会计处理要求,将原租赁和转租赁作为两项单独的合同进行会计处理[IFRS 16 para. BC232]。

在对转租赁进行分类时,转租出租人应根据下列情况将转租赁分类为融资租赁或经营租赁:(1) 如原租赁为短期租赁,且企业作为承租人已采用简化会计处理方法的,则应将转租赁分类为经营租赁;(2) 否则,转租赁应基于原租赁中产生的使用权资产,而不是标的资产(如作为租赁对象的不动产、厂场或设备)进行分类[IFRS 16 para. B58、CAS 21(2018)第三十七条]。

转租赁属于融资租赁还是经营租赁的具体判断原则,与单独租赁合同中出租人的判断原则一致,即本书准则篇"第五章 出租人会计处理"中的分类条件。

在对转租赁进行分类时,转租出租人应根据原租赁形成的使用权资产而非标的资产对其进行评估,原因在于:(1) 标的资产不归转租出租人所有,该标的资产也未计入其资产负债表。转租出租人应基于其控制的资产(即使用权资产),而非原租赁出租人控制的标的资产进行会计处理。(2) 转租出租人的使用权资产相关风险可通过签订转租赁合同转化为信用风险,转租赁的租赁期涵盖了原租赁的大部分或整个租赁期。将该等转租赁作为融资租赁进行会计处理(根据使用权资产对其分类)将反映该风险,因为转租出租人将确认对转租赁的净投资(应收款)而非使用权资产。(3) 如果转租赁针对的是相应原租赁的全部剩余期限,则转租出租人不再拥有标的资产的使用权。在这种情况下,转租出租人终止确认使用权资产并确认对转租赁的净投资是适当的[IFRS 16 para. BC233]。

理事会注意到,与根据标的资产分类相比,根据原租赁形成的使用权资产对转租赁进行分类,将导致转租出租人将更多的转租赁分类为融资租赁。因此,出租人对相似租赁(如标的资产和租赁期限均相似的租赁)的分类可能因标的资产为自有还是租入而有所不同。然而,理事会认为,分类的差异反映了实际的经济差异。转租出租人仅有权在一段时间内使用标的资产。如果转租赁涵盖了原租赁的全部剩余期限,则转租出租人事实上已经将该权利转移给其他方。与此相反,在自有资产的经营租赁中,出租人将预期在租赁期结束时从标的资产中获取经济利益[IFRS 16 para. BC234]。

根据对转租赁的不同分类,转租出租人对转租赁的会计处理如下。

(1) 如果转租赁被分类为融资租赁,转租出租人将在转租期开始日终止确认原租赁的使用权资产,并根据承租人会计模型继续对原租赁负债进行会计处理,具体详见"第四章 承租人会计处理"。转租出租人确认转租赁投资净额,并对其进行减值评估。在转租赁的情况下,若转租赁的内含利率无法直接确定,则转租出租人可采用原租赁所使用的折现率(根据与转租赁有关的初始直接费用进行调整)计量转租赁投资净额。

(2) 如果转租赁被分类为经营租赁,转租出租人继续对原租赁(如同其他租赁)的租赁负债和使用权资产进行会计处理,详见本篇"第四章 承租人会计处理"。如果原租赁的使用权资产的剩余账面总额超过预期转租收入,这可能表明与原租赁相关的使用权资产发生减值。根据资产减值准则相关规定,对使用权资产进行减值评估。

转租赁或预期转租资产的转租出租人不能将原租赁作为低值资产的租赁进行会计处理,即使满足第一章第二节中"低值资产租赁"的条件。

案例1-6-1:分类为融资租赁的转租赁
[IFRS 16 示例20;CAS 21 应用指南(2019)例53]

案例背景:

A公司(原租赁承租人)与B公司(原租赁出租人)就5 000平方米办公场所签订了一项为期5年的租赁(原租赁)。在第3年年初,A公司将该5 000平方米办公场所转租给C公司,期限为原租赁的剩余3年时间(转租赁)。假设不考虑初始直接费用。

案例分析:

A公司应基于原租赁形成的使用权资产对转租赁进行分类。本例中,转租赁的期限覆盖了原租赁的所有剩余期限,综合考虑其他因素,A公司判断其实质上转移了与该项使用权资产有关的几乎全部风险和报酬,A公司将该项转租赁分类为融资租赁。

在转租出租人转租时,转租出租人A公司应当:(1) 终止确认与原租赁相关且转给C公司(转租承租人)的使用权资产,并确认转租赁投资净额;(2) 将使用权资产与转租赁投资净额之间的差额确认为损益;(3)在资产负债表中保留原租赁的租赁负债,该负债代表应付原租赁出租人的租赁付款额。

在转租期间,转租出租人既要确认转租赁的融资收益,也要确认原租赁的利息费用。

案例1-6-2:分类为经营租赁的转租赁
[IFRS 16 示例21;CAS 21 应用指南(2019)例54]

案例背景:

A公司(原租赁承租人)与B公司(原租赁出租人)就5 000平方米办公场所签订了一份为期5年的租赁(原租赁)。在原租赁的租赁期开始日,A公司将该5 000平方米办公场所转租给C公司,期限为2年(转租赁)。

案例分析:

A公司基于原租赁形成的使用权资产对转租赁进行分类,考虑各种因素后,将其分类为经营租赁。在转租出租人转租时,转租出租人A公司在其资产负债表中继续保留与原租赁相关的租赁负债和使用权资产。

在转租期间,A公司应当:(1)确认使用权资产的折旧费用和租赁负债的利息;(2)确认转租赁的租赁收入。

实务中,对于转租赁业务,常见的业务是转租出租人通常就其原租赁的使用权资产的一部分进行转租,如果对其中一部分的转租分类判断为融资租赁,则应减少对应使用权资产的金额。通常情况下,对于转租出租人,不同地理位置的承租价格和转租价格是不一样的,对于原租赁时一般是承租一项整体资产,从合同的约定条款来看,并没有区分不同楼层的价格,而是整个楼栋的打包租赁价格,采用何种方式进行分摊减少的使用权资产部分的金额比较合理?

租赁准则并未提供具体的指引,我们理解可以选择合理系统的分摊方式确认即可,如面积占比(转租面积占总租赁面积比),或租金占比(转租赁部分租金占全部原租赁租金比),一旦确定分摊的方法和原则,就不应随意变更。

例如,A公司与出租方B公司签订租赁期为10年的一栋办公楼租赁合同,同时,将其中的一层转租给C公司使用,且租赁期同样为10年,按照应基于原租赁形成的使用权资产对转租赁进行分类,A公司其实质上转移了这一层使用权资产有关的几乎全部风险和报酬,这一层的转租赁应分类为融资租赁,应将转租的部分终止确认。A公司可以采用面积占比或租金占比的方式分摊应终止确认使用权资产部分的金额,后续存在其他转租赁时应采用一致的分摊方式,不得随意变更。

第二节 售后租回

在原租赁准则下,售后租回交易的会计处理取决于对回租的分类。如果售后回租形成经营租赁,且满足其他特定条件,则售价与资产账面价值的差额可立即确认为损益。如果售后回租形成融资租赁,则售价与资产账面价值的差额应递延确认为损益。

在新租赁准则下,因承租人会计不再区分融资租赁或经营租赁,对售后回租交易的处理取决于资产转让是否属于销售。并且,对于是否属于销售的判断,直接索引了新收入准则有关控制权转移的判断条件。

一、售后租回交易定义

如果主体(卖方兼承租人)将资产转让给其他主体(买方兼出租人),并从买方兼出租人处租回该项资产,则卖方兼承租人和买方兼出租人应按照售后租回交易对转让和租赁合同进行会计处理[IFRS 16 para. 98]。

在确定交易是否应作为售后租回交易进行会计处理时,主体不仅应考虑以法定售后租回形式构建的交易,还应考虑具有与法定售后租回相同经济效果的其他形式的交易(例如,一笔售后租回交易可能被安排为租出和租回的形式)[IFRS 16 para. BC261]。

在某些交易中,在标的资产的法定所有权转移给出租人并将资产租赁给承租人之前,承租人可能会先获得标的资产的法定所有权。获得法定所有权本身不能决定该交易的会计处理方式[IFRS 16 para. B45]。如果承租人在资产转移给出租人之前即控制标的资产(或取得对标的资产的控制),则该交易属于售后租回交易[IFRS 16 para. B46]。如果承租人未能在资产转移给出租人之前取得对标的资产的控制,则该交易不属于售后租回交易。例如,如果生产商、出租人与承租人达成交易,由出租人从生产商处购买资产,然后出租给承租人,承租人可能先于出租人获得标的资产的法定所有权。在此情况下,如果承租人获得了标的资产的法定所有权,但在资产转移给出租人之前,承租人并未取得对资产的控制权,则该交易应作为租赁,而不是售后租回交易进行会计处理

[IFRS 16 para. B47]。

根据新租赁准则,卖方兼承租人和买方兼出租人应当按照新收入准则中关于确定何时满足履约义务的规定,以确定资产转让是否属于销售该项资产,分别进行会计处理。[IFRS 16 para.99;CAS 21(2018)第五十条]。根据对转让资产是否属于销售的判断,卖方兼承租人和买方兼出租人的会计处理如图1-6-2所示。

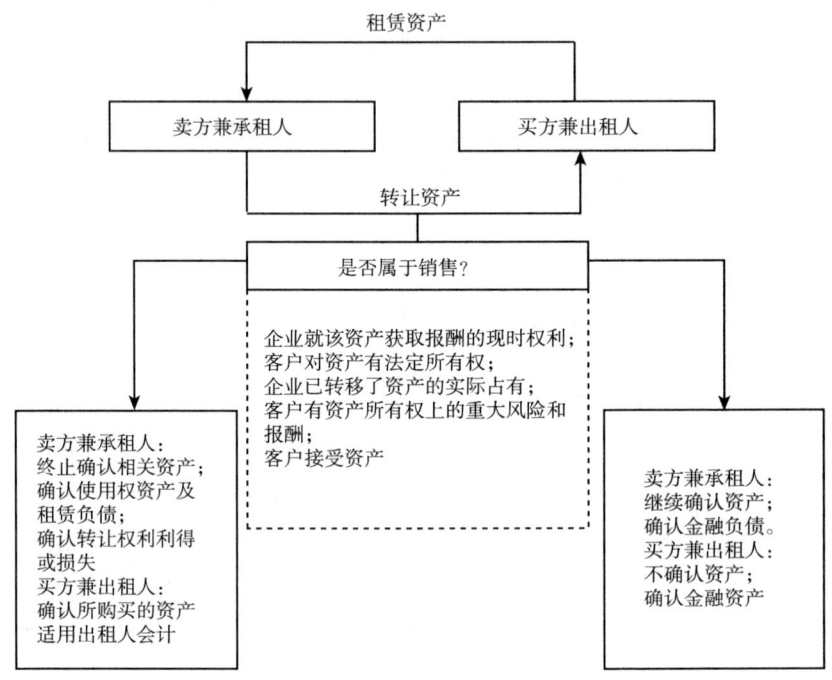

图1-6-2 售后租回会计处理流程图

二、评估资产转让是否属于销售

新租赁准则要求按照新收入准则判断售后回租中转让资产是否满足销售条件,分别进行会计处理。

根据新收入准则规定,主体应当在其向客户转让已承诺的商品或服务(即,一项资产)来履行履约义务时(或履约过程中)确认收入。一项资产是在客户获得对该资产的控制时(或过程中)被转让的[IFRS 15 para.31]。对资产的控制是指能够主导资产的使用并获得资产几乎所有剩余利益的能力[IFRS 15 para.33]。对商品或服务的控制权可能在一段时间内转移，也可能在某一时点转移。

其中，如果满足下列条件之一，则主体是在一段时间内转移对商品或服务的控制，从而在一段时间内履行履约义务及确认收入：（1）客户在主体履约的同时取得并消耗主体履约所带来的利益；（2）主体的履约创造或改良了资产（例如，在产品），在创造或改良资产时客户就控制该项资产；（3）主体的履约行为并未创造一项可被主体用于其他替代用途的资产，并且主体具有就累计至今已完成的履约部分收取客户款项的可执行权利 [IFRS 15 para.35]。

对于在某一时点转移控制的商品或服务，主体在考虑控制的基本定义外，还应考虑控制转移的指标，包括但不限于 [IFRS 15 para.38；CAS 14（2017）第十三条]：

（1）主体就资产享有现时收款权利——如果客户就该资产负有现时付款义务，这可能表明客户已取得主导交易资产的使用并获得其产生的几乎所有剩余利益的能力。

（2）客户已拥有资产的法定所有权——法定所有权可能显示合同的哪一方具有主导资产的使用并获得资产几乎所有剩余利益，或者使其他主体无法获得这些利益的能力。因此，资产法定所有权的转移可能表明客户已取得对资产的控制。如果主体仅出于防止客户不付款的原因而保留资产的法定所有权，主体的此类权利并不妨碍客户取得对资产的控制。

（3）主体已转移了对资产的实物占有——客户对资产的实物占有可能表明客户已具有主导资产的使用并获得资产几乎所有剩余利益，或者使其他主体无法获得这些利益的能力。然而，对资产的实物占有可能不一定等同于对资产的控制。

（4）客户已承担和拥有资产所有权上的重大风险和报酬——向客户转移资产所有权上的重大风险和报酬可能表明客户已取得主导资产的使用并获得资产几乎所有剩余利益的能力。但是，在评价已承诺资产的所有权上的风险和报酬时，主体不应考虑导致产生除转让资产之履约义务外的单项履约义务的风险。例如，主体可能已向客户转移了对资产的控制，但尚未履行提供涉及已转让资产的维护服务的额外履约义务。

（5）客户已接受资产——客户已接受资产，可能表明其已取得主导资产的使用并获得资产几乎所有剩余利益的能力。

对于售后回租交易中可用于出租的资产，一般属于在某一时点转移控制的商品，应综合考虑上述因素判断转移资产是否属于销售。相对于一般商品销售，在考虑是否满足上述条件时，需要注意售后回租交易转移资产的特殊性，关注以下几个方面［IFRS 16 para. BC262］。

（1）存在租回（即卖方兼承租人取得在一段时间内使用标的资产的权利）单独不足以阻碍卖方兼承租人得出已将标的资产转让给买方兼出租人的结论。这是因为租赁与标的资产的购买或销售不同，租赁不会将标的资产的控制转移至承租人，而只转移租赁期内控制标的资产使用的权利。因此，如果售后租回交易不存在阻碍销售会计处理的特征，则买方兼出租人被视为获得标的资产的控制，并立即将租赁期内控制标的资产使用的权利转移至卖方兼承租人。买方兼出租人从企业（即随后的租回交易中的承租人）购买标的资产这一事实并不会改变买方兼出租人获得控制标的资产的能力。

（2）许多出租人仅当租赁条款和条件已经商定时才会从第三方购买作为租赁对象的资产。出租人在租赁期结束之前可能都不实际占有该资产（例如，车辆可直接由制造商交付给承租人，即使是出租人从制造商购买的车辆）。类似地，买方兼出租人在租赁期结束之前可能都不实际占有售后租回交易中的标的资产。理事会认为，这些情况单独不足以阻碍卖方兼承租人得出已将标的资产转让给买方兼出租人的结论。在这两种情况下，如果标的资产的销售满足新收入准则下的资产转让规定，出租人被视为在租赁期开始日前即控制该资产是恰当的。

（3）新收入准则规定，如果企业具有回购资产的权利（购买选择权），则客户未取得资产的控制，因为即使客户可能实际占有该资产，但其主导资产使用以及获得源自该资产的几乎全部剩余利益的能力受限。因此，如果卖方兼承租人具有针对标的资产的实质性回购选择权，则未发生销售。

三、资产转让属于销售

（一）销售会计处理

若卖方兼承租人转让资产符合新收入准则作为资产销售［IFRS 16 para. 99；CAS 21（2018）第五十一条］：

（1）卖方兼承租人应按卖方兼承租人保留的与使用权有关的资产的原账面

金额的比例计量售后租回所形成的使用权资产。因此，卖方兼承租人应仅对转让至买方兼出租人的权利确认相关的利得或损失金额。

（2）买方兼出租人应根据适用准则对资产的购买进行会计处理，并根据本准则的要求对租赁进行出租人会计处理。

理事会决定，卖方兼承租人就售后租回交易中已完成的销售确认的利得或损失应反映与已转移至买方兼出租人的权利有关的金额。理事会认为，需要将交易中的销售部分（即销售标的资产）按照新收入准则进行会计处理，因为从法律的角度来看，卖方兼承租人往往将整个标的资产出售给买方兼出租人。然而，从经济角度来看，卖方兼承租人仅出售了在租回结束时其在标的资产价值中的权益，而保留了其在租回期间使用该资产的权利。卖方兼承租人在购买资产时已经取得该资产的使用权，使用权是主体购买资产（如某项不动产、厂场和设备）时所取得的权利的一部分。因此，仅确认与转让给买方兼出租人的权利相关的利得恰当地反映了交易的经济实质［IFRS 16 para. BC266］。

（二）租回会计处理

当租回发生时，卖方兼承租人和买方兼出租人都以与任何其他租赁相同的方式对售后租回进行会计处理，并根据任何市场外条款进行调整。具体而言，卖方兼承租人确认售后租回的租赁负债和使用权资产（取决于短期租赁和低价值资产租赁的可选简化处理）。

（三）针对超过市场价格的调整

销售交易和随后发生的租赁一般是相互依赖的，并作为一揽子协议进行协商。因此，售后租回交易中的租赁付款额和售价通常是相互依存的，例如，由于售后租回租金高于市场水平，售价可能高于资产的公允价值；相反，由于售后租回租金低于市场水平，售价可能低于资产的公允价值。采用这些市场外条款金额对交易进行会计处理可能会导致卖方兼承租人的资产处置利得或损失以及买方兼出租人的资产账面金额产生错报。因此，新租赁准则要求对任何售后租回交易市场外条款进行调整，任何偏离市场的条款将在计量销售的利得或损失时得以进行有效的会计处理［IFRS 16 para. BC267］。

（1）调整的金额是该销售对价的公允价值与该资产的公允价值之间的差额；以及

（2）该租赁合同付款额的现值与按市场租金率计算的该租赁付款额的现值

之间的差额两者中更易于确定的金额。

若资产出售对价的公允价值与资产的公允价值不等，或未按市场价格收取租赁付款额，则卖方兼承租人应作出如下调整以按公允价值计量销售收益[IFRS 16 para. 101；CAS 21（2018）第五十一条]。

（1）低于市价的款项应作为预付租金进行会计处理；并且

（2）高于市价的款项应作为买方兼出租人向卖方兼承租人提供的额外融资进行会计处理。

售后租回属于销售的案例参见案例1-6-4。

四、资产转让不属于销售

若卖方兼承租人转让资产不符合新收入准则作为资产销售进行会计处理的要求[IFRS 16 para. 103；CAS 21（2018）第五十二条]：

（1）卖方兼承租人应继续确认被转让的资产，且应确认与转让收入等额的金融负债。按照金融工具准则对金融负债进行会计处理。

（2）买方兼出租人不应确认被转让的资产，且应确认与转让收入等额的金融资产。按照金融工具准则对金融资产进行会计处理。

案例1-6-3：售后租回交易——不属于销售
[CAS 21应用指南（2019）例57]

案例背景：

甲公司（卖方兼承租人）以货币资金24 000 000元的价格向乙公司（买方兼出租人）出售一栋建筑物，交易前该建筑物的账面原值是24 000 000元，累计折旧是4 000 000元。与此同时，甲公司与乙公司签订了合同，取得了该建筑物18年的使用权（全部剩余使用年限为40年），年租金为2 000 000元，于每年年末支付，租赁期满时，甲公司将以100元购买该建筑物。根据交易的条款和条件，甲公司转让建筑物不满足新收入准则关于销售成立的条件。假设不考虑初始直接费用和各项税费的影响。该建筑物在销售当日的公允价值为36 000 000元。

案例分析：

在租赁期开始日，甲公司对该交易的会计处理如下：

借：货币资金　　　　　　　　　　　　　　　　　　24 000 000
　　贷：长期应付款　　　　　　　　　　　　　　　　　　24 000 000

在租赁期开始日，乙公司对该交易的会计处理下：

借：长期应收款 24 000 000

　　贷：货币资金 24 000 000

五、具有可变租赁付款额的售后回租

（一）解释委员会议程决议——具有可变付款额的售后租回

在 2020 年 3 月、6 月的会议中，解释委员会讨论了具有可变租赁付款额售后租回交易的会计处理问题。在 2020 年 6 月的会议中，解释委员会对该议题作出了最终决议。

> **议题名称：** 具有可变付款额的售后租回
>
> **涉及准则：**《国际财务报告准则第 16 号——租赁》
>
> **决议日期：** 2020 年 6 月
>
> 解释委员会收到请求，询问有关具有可变付款额的售后租回交易。在该请求描述的交易中：
>
> 1. 某主体（卖方兼承租人）订立了一项售后租回交易，将一项不动产、厂场和设备转移给另一主体（买方兼出租人），然后租回 5 年。
>
> 2. 不动产、厂场和设备的转移满足《国际财务报告准则第 15 号》中作为不动产、厂场和设备出售进行会计处理的要求。买方兼出租人支付给卖方兼承租人以换取不动产、厂场和设备的金额等于交易日不动产、厂场和设备的公允价值。
>
> 3. 租赁付款额（按市场费率）包括可变付款额，按 5 年租赁期内使用不动产、厂场和设备产生的卖方兼承租人收入的百分比计算。卖方兼承租人确定，可变付款额不是《国际财务报告准则第 16 号》中所述的实质固定付款额。
>
> 该请求询问，在上述交易中，卖方兼承租人如何计量由租回形成的使用权资产，从而确定交易日确认的任何利得或损失金额。
>
> 解释委员会注意到，适用于请求所述的交易的规定为《国际财务报告准则第 16 号》第 100 段。第 100 段指出，"若卖方兼承租人转让资产符合《国际财务报告准则第 15 号》作为资产销售进行会计处理的要求，则：（1）卖方

兼承租人应按其保留的与使用权有关的资产的原账面金额的比例计量售后租回所形成的使用权资产。因此，卖方兼承租人应仅对转让至买方兼出租人的权利确认相关的利得或损失金额……"

因此，为计量由租回形成的使用权资产，卖方兼承租人确定转让至买方兼出租人的不动产、厂场和设备与保留的使用权有关的比例——通过比较交易日经由租回保留的使用权与构成整个不动产、厂场和设备的权利进行确定。《国际财务报告准则第16号》未规定确定该比例的方法。在请求所述的交易中，卖方兼承租人可以通过比较例如（1）租赁的预期付款额（包括可变付款额）的现值与（2）交易日不动产、厂场和设备的公允价值来确定比例。

交易日卖方兼承租人确认的利得或损失是其对租回形成的使用权资产进行计量的结果。由于卖方兼承租人保留的使用权不会因交易而重新计量（以不动产、厂场和设备原账面金额的比例计量），因此，确认的利得或损失金额仅与转让至买方兼出租人的权利有关。卖方兼承租人采用《国际财务报告准则第16号》第53（1）段的规定，披露售后租回交易形成的利得或损失。

卖方兼承租人在交易日也要确认负债，即使租赁的所有付款额均为可变的且不取决于指数或费率。负债的初始计量是采用《国际财务报告准则第16号》第100（1）段计量使用权资产以及确定售后租回交易利得或损失的结果。

应用示例

卖方兼承租人订立了一项售后租回交易，将一项资产（不动产、厂场和设备）转让至买方兼出租人，然后租回5年。不动产、厂场和设备的转让满足《国际财务报告准则第15号》作为不动产、厂场和设备出售进行会计处理的要求。

交易日，卖方兼承租人的财务报表中该不动产、厂场和设备的账面金额为CU1 000 000，买方兼出租人为该不动产、厂场和设备支付的金额为CU1 800 000（该日期不动产、厂场和设备的公允价值）。租赁的所有付款额（按市场费率）均为可变的，按5年租期内使用不动产、厂场和设备产生的卖方兼承租人收入的百分比计算。在交易日，预期租赁付款额的现值为CU450 000。未发生初始直接费用。

卖方兼承租人确定使用预期租赁付款额的现值计算与保留的使用权相关的不动产、厂场和设备的比例是适当的。在此基础上，与保留的使用权相关的不动产、厂场和设备的比例为25%，计算方式为：CU450 000（预期租赁付款额的现值）÷CU1 800 000（不动产、厂场和设备的公允价值）。因此，与转让至买方兼出租人的权利相关的不动产、厂场和设备比例为75%，计算方式为（CU1 800 000－CU450 000）÷CU1 800 000。

根据第100（1）段，卖方兼承租人：

1. 按CU1 000 000（不动产、厂场和设备的原账面金额）×25%（与保留的使用权相关的不动产、厂场和设备比例）计算得出使用权资产为CU250 000；

2. 确认交易日的利得CU600 000，为转让至买方兼出租人的权利有关的利得，计算方式为：CU800 000（出售不动产、厂场和设备的总利得（CU1 800 000－CU1 000 000））×75%（与转让至买方兼出租人的权利有关的不动产、厂场和设备的比例）。

根据第100（1）段，使用权资产在交易日将不会以零计量，因为零无法反映与卖方兼承租人保留的使用权相关的不动产、厂场和设备的原账面金额（CU1 000 000）的比例。

在交易日，卖方兼承租人按以下对交易进行会计处理：

借：现金　　　　　　　　　　　　　　　　　CU1 800 000
　　使用权资产　　　　　　　　　　　　　　CU250 000
　贷：不动产、厂场和设备　　　　　　　　　　CU1 000 000
　　　负债　　　　　　　　　　　　　　　　　CU450 000
　　　转移权利的利得　　　　　　　　　　　　CU600 000

解释委员会得出结论认为，《国际财务报告准则第16号》中的原则和要求为主体在交易日确定请求中所述的售后租回交易的会计处理提供了充分的基础。因此，解释委员会决定不将该事项纳入准则制定议程。

在本议题的售后租回交易中，销售阶段满足收入确认条件；租赁阶段中，租赁付款额按照未来使用租赁资产所产生收入的一定比例计算（可变租赁付款额）。在该议题讨论过程中，各方反馈意见关注的重点在于是否应当确认售后租回形成的负债，以及如何确认和计量该负债。

（1）单独租赁合同中可变租赁付款额的处理模型

根据新租赁准则规定，在租赁期开始日，仅对取决于指数或比率的可变租赁付款进行确认和计量；对于基于资产未来绩效或使用的可变租赁付款额，在租赁期开始日是不需要确认的。

理事会在《国际财务报告准则第16号》结论基础解释了，对于承租人，与未来绩效或使用挂钩的可变租赁付款额在该绩效完成或使用发生后才符合负债的定义，因此，承租人在租赁期开始日并无支付这些付款额的现时义务。与未来绩效或使用挂钩的可变租赁付款额，可被视为承租人和出租人分享源于使用该资产的未来经济利益的一种手段〔IFRS 16 para. BC168、BC169〕。

类似地，在《国际财务报告准则第15号》下，对于基于销售或使用的特许使用费，在发生后续销售或使用之前，也不应针对该可变金额确认任何收入。理事会在制定《国际财务报告准则第15号》时，主要考虑的是在发生后续销售或使用之前，此类基于销售或使用的可变对价，在不确定性消除时很可能发生转回，从而不符合新收入准则下有关可变对价估计限制的规定。确认此类具有重大不确定性的可变对价，所提供信息不具有相关性〔IFRS 15 para. BC415 - BC421〕。

综上所述，在租赁期开始日，承租人不需要确认与资产未来绩效或使用挂钩的可变租赁付款额。因此，在解释委员会就本议题的讨论过程中，很多反馈意见反对就案例所述售后租回交易中的可变租赁付款额，在交易日确认一项负债。也有反馈意见认为，如果解释委员会决议需要在交易日确认该负债，则有可能超越了新租赁准则的原则，需要对准则本身进行修订。

（2）售后租回交易中可变租赁付款额的处理模型

解释委员会认为，本议题所述案例属于售后租回交易，首先应考虑适用新租赁准则有关售后租回交易的处理规定。在本议题所述的售后租回交易中，销售阶段满足收入确认条件，对于卖方兼承租人，具体适用第100（1）段的规定。根据该段规定，卖方兼承租人应按其保留的与使用权有关的资产的原账面金额的比例计量售后租回所形成的使用权资产，而对使用权资产进行确认和计量的结果，将产生一项负债。理事会在《国际财务报告准则第16号》结论基础阐述了该条规定的原因，对于售后租回交易（销售满足收入确认条件），从经济角度来看，卖方兼承租人仅出售了在租回结束时其在标的资产价值中的权益，而保留了其在租回期间使用该资产的权利。因此，仅确认与转让给买方兼出租人的权利相关的利得恰当地反映了交易的经济实质〔IFRS 16 para. BC266〕。

对于应确认使用权资产而产生的负债，解释委员会也讨论了是否有可能以零对其进行计量。有反馈意见认为，如果按照《国际财务报告准则第16号》第27段的规定，该负债是有可能以零进行计量的。这也意味着，卖方兼承租人所保留的使用权资产金额为零。但是，解释委员会认为，如果以零计量保留的使用权资产及对应负债,将无法反映"卖方兼承租人保留的与使用权有关的资产的原账面金额的比例",也就无法反映售后租回交易的经济实质。因此,解释委员会在议程决议中强调了,交易日不应将使用权资产以零计量,相应地,其产生负债也不应为零。

根据上述分析,解释委员会认为,对于可变租赁付款额的确认和计量,在单项租赁合同中产生的可变租赁付款额,与售后租回交易中产生的可变租赁付款额,实际上适用不同的处理模型。

(3)售后租回交易形成负债的性质、初始计量和后续计量

在本议题讨论过程中,很多反馈意见也讨论了案例所述交易形成负债的性质。这些反馈意见认为,准则对售后租回交易形成负债所适用的准则不太清晰。例如,此类负债是适用新租赁准则,还是适用金融工具准则,甚至有可能适用新收入准则。有反馈意见指出,《国际财务报告准则第16号》应用示例IE24将售后租回交易形成负债作为金融负债,是否证明此类负债应适用金融工具准则范围,包括初始计量和后续计量。

解释委员会倾向于此类售后租回交易形成负债属于租赁负债,适用新租赁准则。但同时也承认,适用新租赁准则的租赁负债本身可能满足金融负债的定义。但是,解释委员会认为,对该负债的定性可能需要从准则层面进行明确,这超过了其权限,故建议由理事会对此类负债的性质进行澄清。因此,本议题决议中,解释委员会并未将案例形成负债表述为"租赁负债"或"金融负债",而是仅表述为"负债"。

根据前述讨论,解释委员会向理事会提议对《国际财务报告准则第16号》进行补充修订,增加此类售后租回交易形成负债如何进行计量的相关指引。理事会接受了解释委员会的建议,并发起了一项名为"售后租回中的租赁负债"修订项目。

(二)对售后租回交易会计处理的修订

1. 修订背景

根据解释委员会的提议,2020年11月27日,理事会发布了《售后租回中的租赁负债(征求意见稿)》,拟对《国际财务报告准则第16号》进行修订,征求意见截止日期为2021年3月29日。2022年9月22日,理事会正式发布了《售后租回中的租赁负债(对〈国际会计准则第16号〉的修订)》。该修订明确了主体在具有可变租赁付款额的售后租回中的会计处理模式,即明确了卖方兼

承租人如何对使用权资产和租赁负债进行初始计量和后续计量，并为其提供了相关应用指引。新修订将于2024年1月1日开始生效，允许提前采用，并要求卖方兼承租人对新租赁准则首次执行日后签订的售后租回进行追溯调整。

2023年10月25日，财政部通过《企业会计准则解释第17号》问题"三、关于售后租回交易的会计处理"，引入了《售后租回中的租赁负债（对〈国际会计准则第16号〉的修订）》相关内容。与国际准则一致，新修订将于2024年1月1日开始生效，允许提前采用，并要求卖方兼承租人对新租赁准则首次执行日后签订的售后租回进行追溯调整。

2. 准则修订内容

新修订强调，在租赁期开始日后，卖方兼承租人应对售后租回产生的使用权资产适用有关使用权资产后续计量的规定〔即《国际财务报告准则第16号》第29段至第35段、《企业会计准则第21号》（2018年修订）第二十条〕，对租回产生的租赁负债适用有关租赁负债后续计量的规定〔即《国际财务报告准则第16号》第36－46段、《企业会计准则第21号》（2018年修订）第二十三条至第二十九条〕。在适用租赁负债后续计量规定时，卖方兼承租人应以适当方法确定"租赁付款额"或"修正后租赁付款额（revised lease payments）"，该方法应使卖方兼承租人不确认与卖方兼承租人保留的使用权相关的任何利得或损失金额。新修订的规定并不妨碍卖方兼承租人在缩小租赁范围的租赁变更中，将部分终止或完全终止租赁的相关利得或损失计入损益〔即《国际财务报告准则第16号》第46（1）段、《企业会计准则第21号》（2018年修订）第二十九条〕。

新修订主要明确了以下事项：（1）明确售后租回交易产生的使用权资产和租赁负债，适用单独租赁合同中使用权资产和租赁负债的后续计量原则。也就是说，售后租回交易产生的租赁负债也属于新租赁准则范围，不属于金融工具准则范围。（2）强调售后租回交易中，卖方兼承租人必须估计一项租赁负债，从而不确认与所保留使用权相关的任何利得或损失。该租赁负债包括取决于指数或比率以外的可变租赁付款额，从而可能与单独租赁合同中的租赁付款额定义不同，故新修订将此类估计的付款额称为"租赁付款额"或"修正后租赁付款额"。（3）强调新修订不影响缩小租赁范围的租赁变更中，对部分终止或完全终止租赁确认相关利得或损失。

新修订并未明确规定卖方兼承租人估计"租赁付款额"或"修正后租赁付款额"的具体方法，在国际财务报告准则下，根据《国际会计准则第8号——会计政策、会计估计变更和差错》（以下简称《国际会计准则第8号》）规定，在缺乏专门适用于某种交易、其他事项或事件的国际财务报告准则时,管理层应当运用其判断来制定和应用一项会计政策[IAS 8 para.10]。即,卖方兼承租人估计"租赁付款额"或"修正后租赁付款额"的具体方法是一项可选择的会计政策。

3. 应用示例

新修订为售后租回交易的会计处理提供了以下两个应用示例,其中,"具有固定租赁付款额和高于市场条款的售后租回(IFRS 16 示例 24)"是对原示例的修订,"具有不取决于指数或比率的可变租赁付款额的售后租回中的使用权资产和租赁负债的后续计量(IFRS 16 示例 25)"为新增示例。我国财政部会计司于 2023 年 12 月 7 日发布了"租赁准则应用案例——卖方兼承租人对包含非取决于指数或比率的可变租赁付款额的售后租回交易的会计处理",该案例与国际准则新增示例类似。

案例 1-6-4:具有固定租赁付款额和高于市场条款的售后租回[IFRS 16 示例 24]

案例背景:

主体(卖方兼承租人)以现金 2 000 000 元的价格向另一主体(买方兼出租人)出售一栋建筑物。交易前一刻,该建筑物的账面成本是 1 000 000 元。同时,卖方兼承租人与买方兼出租人签订了合同,取得了该建筑物 18 年的使用权,年付款额为 120 000 元,于每年年末支付。根据交易条款和条件,卖方兼承租人转让建筑物满足新收入准则中作为销售建筑物进行会计处理的要求。因此,卖方兼承租人与买方兼出租人将交易作为售后租回进行会计处理。

该建筑物在销售当日的公允价值为 1 800 000 元。由于该建筑物的销售对价并非公允价值,卖方兼承租人与买方兼出租人进行了调整,以按照公允价值计量销售收益。根据新租赁准则的规定,超额售价 200 000 元(2 000 000 - 1 800 000)作为买方兼出租人向卖方兼承租人提供的额外融资进行确认。

卖方兼承租人可直接确定租赁内含年利率为 4.5%。年付款额现值(18 期付款额 120 000 元,按每年 4.5% 进行折现)为 1 459 200 元,其中 200 000 元、1 259 200 元与租赁相关(分别对应 18 期付款额 16 447 元和 103 553 元)。

买方兼出租人将该建筑物的租赁分类为经营租赁。

案例分析:

(1)卖方兼承租人的会计处理。在租赁期开始日,卖方兼承租人按其保留的与使用权有关的该建筑物的原账面金额的比例计量售后租回所形成的使用权资产，即 699 555 元。卖方兼承租人的计算方法为：1 000 000（该建筑物的账面金额）×1 259 200（18 年使用权资产的租赁付款额现值）÷1 800 000（该建筑物的公允价值）。

卖方兼承租人仅对转让至买方兼出租人的权利确认相关的利得，即 240 355 元，计算方法如下。

出售该建筑物的利得为 800 000 元（1 800 000 - 1 000 000），其中：

① 559 645 元（800 000×1 259 200÷1 800 000）与卖方兼承租人保留的该建筑物使用权相关；

② 240 355 元 [800 000×(1 800 000 - 1 259 200)÷1 800 000] 与转让至买方兼出租人的权利相关。

在租赁期开始日，卖方兼承租人对该交易进行如下会计处理：

借：现金　　　　　　　　　　　　　　　　　2 000 000
　　使用权资产　　　　　　　　　　　　　　　699 555
　贷：建筑物　　　　　　　　　　　　　　　1 000 000
　　　租赁负债　　　　　　　　　　　　　　1 259 200
　　　金融负债　　　　　　　　　　　　　　　200 000
　　　转让权利利得　　　　　　　　　　　　　240 355

（2）买方兼出租人的会计处理。在租赁期开始日，买方兼出租人对该交易进行如下会计处理：

借：建筑物　　　　　　　　　　　　　　　　1 800 000
　　金融资产　　　　　　　　　　　　　　　　200 000
　　　　（18 期付款额 16 447 按每年 4.5% 折现）
　贷：现金　　　　　　　　　　　　　　　　2 000 000

租赁期开始日之后，买方兼出租人将年付款额 120 000 元中的 103 553 元作为租赁付款额进行会计处理。从卖方兼承租人处收到的年付款额中的其余 16 447 元作为以下两项进行会计处理：（1）结算金融资产 200 000 元而收到的款项，以及（2）利息收入。

案例 1-6-5：卖方兼承租人对包含非取决于指数或比率的可变租赁付款额的售后租回交易的会计处理
[财政部会计司租赁准则应用案例（2023 年 12 月 7 日）]

案例背景：

2×23 年 1 月 1 日，A 公司（卖方兼承租人）以 1 800 000 元的价格向 B 公司(买方兼出租人)转让一栋建筑物,转让前该建筑物的账面原值为 2 100 000 元,累计折旧为 1 100 000 元,未计提减值准备。同日,A 公司与 B 公司签订合同,取得该建筑物 5 年的使用权(全部剩余使用年限为 20 年),作为其总部管理人员的办公场所,年租金包括 50 000 元的固定租赁付款额和非取决于指数或比率的可变租赁付款额,均于每年年末支付。根据交易的条款和条件,A 公司转让该建筑物符合《企业会计准则第 14 号——收入》(以下简称《企业会计准则第 14 号》)关于销售成立的条件。该建筑物转让当日的公允价值为 1 800 000 元。A 公司无法确定租赁内含利率,在租赁期开始日,A 公司的增量借款年利率为 3%。2×23 年 12 月 31 日实际支付租金 99 321 元。

A 公司按照《企业会计准则第 21 号》(2018 年修订)和《企业会计准则解释第 17 号》"三、关于售后租回交易的会计处理"等规定制定了相关会计政策:对于包含非取决于指数或比率的可变租赁付款额的售后租回交易,可以采用在租赁期开始日合理估计的各期预期租赁付款额(包含固定和可变租赁付款额,下同)的现值占转让当日该资产公允价值的比例或者其他合理方法(如按市场租金、租回建筑面积占比、租回期间占比等)确定租回所保留的权利占比。

情形一:A 公司在租赁期开始日能够合理估计上述售后租回交易租赁期内各期预期租赁付款额,具体情况如表 1-6-1 所示。

表 1-6-1　　　　　　预期租赁付款额　　　　　　单位:元

支付日期	预期租赁付款额
2×23 年 12 月 31 日	95 902
2×24 年 12 月 31 日	98 124
2×25 年 12 月 31 日	99 243
2×26 年 12 月 31 日	100 101
2×27 年 12 月 31 日	98 121
合计	491 491

情形二:A 公司在租赁期开始日不能合理估计上述售后租回交易租赁期内各期预期租赁付款额,但能采用其他合理方法确定租回所保留的权利占比为 25%。

A 公司采用直线法对使用权资产计提折旧。假设不考虑相关税费和其他因素。

案例分析:

本例中,A 公司(卖方兼承租人)转让该建筑物符合《企业会计准则第 14

号》（2017年修订）关于销售成立的条件。初始计量时，根据《企业会计准则第21号》（2018年修订）第五十一条，售后租回交易中的资产转让属于销售的，承租人应当按原资产账面价值中与租回获得的使用权有关的部分，计量售后租回所形成的使用权资产，并仅就转让至出租人的权利确认相关利得或损失。后续计量时，根据《企业会计准则解释第17号》，在租赁期开始日后，承租人应当按照《企业会计准则第21号》（2018年修订）第二十条的规定对售后租回所形成的使用权资产进行后续计量，并按照《企业会计准则第21号》（2018年修订）第二十三条至第二十九条的规定对售后租回所形成的租赁负债进行后续计量。承租人在对售后租回所形成的租赁负债进行后续计量时，确定租赁付款额或变更后租赁付款额的方式不得导致其确认与租回所获得的使用权有关的利得或损失（因租赁变更导致租赁范围缩小或租赁期缩短而部分终止或完全终止租赁的相关利得或损失除外）。

按照上述要求，A公司在初始计量和后续计量中不得确认与租回所获得的使用权有关的利得或损失。为此，A公司需以租赁期开始日合理估计的各期租赁付款额的现值占转让当日该资产公允价值的比例或其他合理方法确定租回所保留的权利占比。对于本例中的两种情形，A公司应分别进行如下会计处理：

情形一：A公司以在租赁期开始日合理估计的各期预期租赁付款额的现值占转让当日该资产公允价值的比例确定租回所保留的权利占比。

在该情形下，A公司根据估计的预期租赁付款额确定各期租赁付款额如表1-6-2所示。

表1-6-2　　　　　　　　预期租赁付款额　　　　　　　　单位：元

支付日期	预期租赁付款额
2×23年12月31日	95 902
2×24年12月31日	98 124
2×25年12月31日	99 243
2×26年12月31日	100 101
2×27年12月31日	98 121
合计	491 491

1. 2×23年1月1日，A公司的账务处理如下：

第一步，计算租赁付款额的现值。

租赁付款额的现值 = 95 902 × (P/F, 3%, 1) + 98 124 × (P/F, 3%, 2) +

$99\ 243 \times (P/F, 3\%, 3) + 100\ 101 \times (P/F, 3\%, 4) + 98\ 121 \times (P/F, 3\%, 5) = 450\ 000$（元）

第二步，确定售后租回所形成的使用权资产的初始计量金额。

租回所保留的权利占比＝租赁付款额的现值/转让当日该建筑物的公允价值＝$450\ 000 \div 1\ 800\ 000 \times 100\% = 25\%$

转让当日该建筑物的账面价值＝$2\ 100\ 000 - 1\ 100\ 000 = 1\ 000\ 000$（元）

使用权资产＝转让当日该建筑物的账面价值×租回所保留的权利占比＝$1\ 000\ 000 \times 25\% = 250\ 000$（元）

第三步，计算与转让至 B 公司的权利相关的利得。

与转让至 B 公司的权利相关的利得＝转让该建筑物的全部利得－与该建筑物使用权相关的利得＝$(1\ 800\ 000 - 1\ 000\ 000) - (1\ 800\ 000 - 1\ 000\ 000) \times 25\% = 600\ 000$（元）

第四步，计算未确认融资费用。

未确认融资费用＝5 年租赁付款额－5 年租赁付款额的现值＝$491\ 491 - 450\ 000 = 41\ 491$（元）

第五步，会计分录：

借：固定资产清理	1 000 000
累计折旧	1 100 000
贷：固定资产	2 100 000
借：银行存款	1 800 000
使用权资产	250 000
租赁负债——未确认融资费用	41 491
贷：固定资产清理	1 000 000
租赁负债——租赁付款额	491 491
资产处置损益	600 000

2. 2×23 年 12 月 31 日，A 公司的账务处理如下：

（1）计提使用权资产折旧。

使用权资产本期折旧额＝$250\ 000 \div 5 = 50\ 000$（元）

借：管理费用	50 000
贷：使用权资产累计折旧	50 000

（2）确认租赁负债的利息。

租赁负债的利息＝$450\ 000 \times 3\% = 13\ 500$（元）

借：财务费用——利息费用　　　　　　　　　　　　　　13 500
　　贷：租赁负债——未确认融资费用　　　　　　　　　　　　13 500

（3）确认本期实际支付的租金，并按租赁期开始日已纳入租赁负债初始计量的当期租赁付款额减少租赁负债的账面金额，两者的差额计入当期损益。

2×23年12月31日，A公司实际支付租金99 321元，与已纳入租赁负债初始计量的当期租赁付款额（即租赁期开始日估计的当期预期租赁付款额）95 902元的差额为3 419元，计入当期损益。

借：租赁负债——租赁付款额　　　　　　　　　　　　　95 902
　　管理费用　　　　　　　　　　　　　　　　　　　　 3 419
　　贷：银行存款　　　　　　　　　　　　　　　　　　　　99 321

2×24年1月1日以后的账务处理比照2×23年进行。

租赁负债按表1-6-3所述方法进行后续计量。

表1-6-3　　　　　　　　租赁负债后续计量　　　　　　　　单位：元

年度	租赁负债期初余额	利息费用	租赁付款额	租赁负债期末余额
	①	② = ① × 3%	③	④ = ① + ② - ③
2×23年	450 000	13 500	95 902	367 598
2×24年	367 598	11 028	98 124	280 502
2×25年	280 502	8 415	99 243	189 674
2×26年	189 674	5 690	100 101	95 263
2×27年	95 263	2 858	98 121	—

情形二：A公司在租赁期开始日不能合理估计该售后租回交易租赁期内各期预期租赁付款额，但能采用其他合理方法确定租回所保留的权利占比为25%。

在该情形下，A公司根据租回所保留的权利占比确定相关使用权资产和租赁负债的初始计量金额，并结合折现率确定等额的各期租赁付款额。

1. 2×23年1月1日，A公司的账务处理如下：

第一步，根据租回所保留的权利占比确定售后租回所形成的使用权资产的初始计量金额。

转让当日该建筑物的账面价值 = 2 100 000 - 1 100 000 = 1 000 000（元）

使用权资产 = 转让当日该建筑物的账面价值 × 租回所保留的权利占比 =

1 000 000 × 25% = 250 000（元）

第二步，计算与转让至 B 公司的权利相关的利得。

与转让至 B 公司的权利相关的利得 = 转让该建筑物的全部利得 − 与该建筑物使用权相关的利得 = (1 800 000 − 1 000 000) − (1 800 000 − 1 000 000) × 25% = 600 000（元）

第三步，根据租回所保留的权利占比确定售后租回所形成的租赁负债的初始计量金额。

租赁付款额的现值 = 1 800 000 × 25% = 450 000（元）

第四步，根据租赁付款额的现值和增量借款利率确定售后租回租赁期内各期等额的租赁付款额（见表 1−6−4）。各期租赁付款额 = 450 000/(P/A, 3%, 5) = 98 260（元）

表 1−6−4　　　　　　　　租赁付款额　　　　　　　　单位：元

支付日期	租赁付款额
2×23 年 12 月 31 日	98 260
2×24 年 12 月 31 日	98 260
2×25 年 12 月 31 日	98 260
2×26 年 12 月 31 日	98 260
2×27 年 12 月 31 日	98 260
合计	491 300

第五步，计算未确认融资费用。

未确认融资费用 = 5 年租赁付款额 − 5 年租赁付款额的现值 = 491 300 − 450 000 = 41 300（元）

第六步，会计分录：

借：固定资产清理　　　　　　　　　　　　　1 000 000
　　累计折旧　　　　　　　　　　　　　　　 1 100 000
　　贷：固定资产　　　　　　　　　　　　　 2 100 000
借：银行存款　　　　　　　　　　　　　　　 1 800 000
　　使用权资产　　　　　　　　　　　　　　　 250 000
　　租赁负债——未确认融资费用　　　　　　　　41 300
　　贷：固定资产清理　　　　　　　　　　　 1 000 000
　　　　租赁负债——租赁付款额　　　　　　　 491 300

资产处置损益　　　　　　　　　　　　　　　　　　600 000

2. 2×23年12月31日，A公司的账务处理如下：

(1) 计提使用权资产折旧。

使用权资产本期折旧额 = 250 000 ÷ 5 = 50 000（元）

借：管理费用　　　　　　　　　　　　　　　　　　50 000

　　贷：使用权资产累计折旧　　　　　　　　　　　　50 000

(2) 确认租赁负债的利息。

租赁负债的利息 = 450 000 × 3% = 13 500（元）

借：财务费用——利息费用　　　　　　　　　　　　13 500

　　贷：租赁负债——未确认融资费用　　　　　　　　13 500

(3) 确认本期实际支付的租金，并按租赁期开始日已纳入租赁负债初始计量的当期租赁付款额减少租赁负债的账面金额，两者的差额计入当期损益。

2×23年12月31日，A公司实际支付租金99 321元，与前期已纳入租赁负债初始计量的本期租赁付款额（即租赁期开始日确定的等额的各期租赁付款额）98 260元的差额为1 061元，计入当期损益。

借：租赁负债——租赁付款额　　　　　　　　　　　98 260

　　管理费用　　　　　　　　　　　　　　　　　　1 061

　　贷：银行存款　　　　　　　　　　　　　　　　99 321

2×24年1月1日以后的账务处理比照2×23年进行。

租赁负债按表1-6-5所述方法进行后续计量。

表1-6-5　　　　　　　　租赁负债后续计量　　　　　　　　单位：元

年度	租赁负债期初余额 ①	利息费用 ② = ① × 3%	租赁付款额 ③	租赁负债期末余额 ④ = ① + ② - ③
2×23年	450 000	13 500	98 260	365 240
2×24年	365 240	10 957	98 260	277 937
2×25年	277 937	8 338	98 260	188 015
2×26年	188 015	5 640	98 260	95 395
2×27年	95 395	2 865	98 260	—

第三节 生产商或经销商出租人的融资租赁

生产商或经销商通常为客户提供购买或租赁其产品或商品的选择。如果生产商或经销商出租其产品或商品构成融资租赁，则该交易产生的损益应相当于按照考虑适用的交易量或商业折扣后的正常售价直接销售标的资产所产生的损益。生产商或经销商出租人不对经营租赁确认销售利润，因为经营租赁不等同于销售［IFRS 16 para. 72、86］。

在租赁期开始日，生产商或经销商出租人应对融资租赁确认［IFRS 16 para. 71；CAS 21（2018）第四十二条］。

（1）收入，即标的资产的公允价值，或者如果出租人应收取的租赁付款额采用市场利率折现的现值比标的资产的公允价值低，则为该现值；

（2）销售成本，即标的资产的成本（如成本不同于账面金额时，则为账面金额）减去未担保余值的现值后的金额；以及

（3）销售利润或损失（即收入和销售成本的差额），应按照采用新收入准则的直接销售政策确认。生产商或经销商出租人应在租赁期开始日确认融资租赁的销售利润或损失，无论其是否如新收入准则所述转让标的资产。

由于获得融资租赁所发生的成本主要与生产商或经销商赚取的销售利润有关，生产商或经销商出租人应在租赁期开始日将获得融资租赁所发生的成本确认为费用。生产商或经销商出租人为获取融资租赁发生的成本不属于初始直接费用的定义范围，因此，不计入租赁投资净额［IFRS 16 para. 74；CAS 21 (2018)第四十二条］。

为了吸引客户，生产商或经销商出租人有时人为采用较低利率进行报价。采用该利率会导致出租人将该交易总收入的过多部分确认于租赁期开始日。如果人为采用较低利率进行报价，则生产商或经销商出租人应将销售利润限制为采用市场利率的情况下所能取得的销售利润［IFRS 16 para. 73］。

案例1-6-6：生产商或经销商出租——融资租赁
［CAS 21应用指南（2019）例55］

案例背景：

甲公司是一家设备生产商，与乙公司（生产型企业）签订了一份租赁合

同,向乙公司出租所生产的设备,合同主要条款如下:(1)租赁资产:设备A;(2)租赁期:2×19年1月1日至2×21年12月31日,共3年;(3)租金支付:自2×19年起每年年末支付年租金1 000 000元;(4)租赁合同规定的利率:5%(年利率),与市场利率相同;(5)该设备于2×19年1月1日的公允价值为2 700 000元,账面价值为2 000 000元;(6)甲公司取得该租赁发生的相关成本为5 000元;(7)该设备于2×19年1月1日交付乙公司,预计使用寿命为8年,无残值;租赁期届满时,乙公司可以100元购买该设备,预计租赁到期日该设备的公允价值不低于1 500 000元,乙公司对此金额提供担保;租赁期内该设备的保险、维修等费用均由乙公司自行承担。假设不考虑其他因素和各项税费影响。

案例分析:

第一步,判断租赁类型。本例中租赁期满乙公司可以远低于租赁到期日租赁资产公允价值的金额购买租赁资产,甲公司认为其可以合理确定乙公司将行使购买选择权,综合考虑其他因素,与该项资产所有权有关的几乎所有风险和报酬已实质转移给乙公司,因此甲公司将该租赁认定为融资租赁。

第二步,计算租赁期开始日租赁收款额按市场利率折现的现值,确定收入金额。

租赁收款额 = 租金 × 期数 + 购买价格 = 1 000 000 × 3 + 100 = 3 000 100(元)

租赁收款额按市场利率折现的现值 = 1 000 000 × (P/A, 5%, 3) + 100 × (P/F, 5%, 3) = 2 723 286(元)

按照租赁资产公允价值与租赁收款额按市场利率折现的现值两者孰低的原则,确认收入为2 700 000元。

第三步,计算租赁资产账面价值扣除未担保余值的现值后的余额,确定销售成本金额。

销售成本 = 账面价值 - 未担保余值的现值 = 2 000 000 - 0 = 2 000 000(元)

第四步,会计分录:

2×19年1月1日(租赁期开始日)

借:应收融资租赁款——租赁收款额	3 000 100
贷:营业收入	2 700 000
应收融资租赁款——未实现融资收益	300 100
借:营业成本	2 000 000
贷:存货	2 000 000

借：销售费用　　　　　　　　　　　　　　　　　　　　　　　5 000
　　贷：银行存款　　　　　　　　　　　　　　　　　　　　　　5 000

由于甲公司在确定营业收入和租赁投资净额（即应收融资租赁款）时，是基于租赁资产的公允价值，因此，甲公司需要根据租赁收款额、未担保余值和租赁资产公允价值重新计算租赁内含利率。

即，$1\,000\,000 \times (P/A, r, 3) + 100 \times (P/F, r, 3) = 2\,700\,000$（元），$r = 5.4606\% \approx 5.46\%$，计算租赁期内各期分摊的融资租赁收益如表1-6-6所示。

表1-6-6　　　　　租赁期内各期分摊的融资租赁收益　　　　　单位：元

日期	收取租赁收款	确认的融资收入	应收租赁款减少额	应收租赁款净额
	①	② = 期初④ × 5.4606%	③ = ① - ②	期末④ = 期初④ - ③
2×19年1月1日				2 700 000
2×19年12月31日	1 000 000	147 436	852 564	1 847 436
2×20年12月31日	1 000 000	100 881	899 119	948 317
2×21年12月31日	1 000 000	51 783*	948 217*	100
2×21年12月31日	100		100	
合计	3 000 100	300 100	2 700 000	

注：*作尾数调整　51 783 = 1 000 000 - 948 217；948 217 = 948 317 - 100。

2×19年12月31日会计分录：

借：应收融资租赁款——未实现融资收益　　　　　　　　　　147 436
　　贷：租赁收入　　　　　　　　　　　　　　　　　　　　　147 436
借：银行存款　　　　　　　　　　　　　　　　　　　　　　1 000 000
　　贷：应收融资租赁款——租赁收款额　　　　　　　　　　1 000 000

2×20年12月31日和2×21年12月31日会计分录略。

案例1-6-7：生产商或经销商出租—融资租赁
[CAS 21应用指南（2019）例56]

案例背景：

甲公司是一家设备生产商，与乙公司（生产型企业）签订了一份租赁合同，向乙公司出租所生产的设备，合同主要条款如下：（1）租赁资产：设备A；（2）租赁期：2×19年1月1日至2×25年12月31日，共7年；（3）租金支付：自2×19年起每年年末支付年租金475 000元；（4）租赁合同规定的利率：6%（年利率），与市场利率相同；(5) 该设备于2×19年1月1日的公允价值为2 700 000元，账面价值为2 000 000元，甲公司认为租赁到期时该设备余值为72 800元，乙公司及其关联方未对余值提供担保；(6) 甲公司取得该租赁发生的相关成本为5 000元；(7) 该设备于2×19年1月1日交付乙公司，预计使用寿命为7年，租赁期内该设备的保险、维修等费用均由乙公司自行承担。假设不考虑其他因素和各项税费影响。

案例分析：

第一步，判断租赁类型。本例中租赁期与租赁资产预计使用寿命一致，另外租赁收款额的现值为2 651 000元（计算过程见后），约为租赁资产公允价值的98%，综合考虑其他因素，甲公司认为与该项资产所有权有关的几乎所有风险和报酬已实质转移给乙公司，所以将该租赁认定为融资租赁。

第二步，计算租赁期开始日租赁收款额按市场利率折现的现值，确定收入金额。

租赁收款额 = 租金 × 期数 = 475 000 × 7 = 3 325 000（元）

租赁收款额按市场利率折现的现值 = 475 000 × (P/A, 6%, 7) = 2 651 600（元）

按照租赁资产公允价值与租赁收款额按市场利率折现的现值两者孰低的原则，确认收入为2 651 600元。

注：475 000 × (P/A, 6%, 7) = 2 651 640（元），为便于计算，作尾数调整，取2 651 600元。

第三步，计算租赁资产账面价值扣除未担保余值的现值后的余额，确定销售成本金额。未担保余值的现值 = 72 800 × (P/F, 6%, 7) = 48 400（元）

注：72 800 × (P/F, 6%, 7) = 48 412，为便于计算，作尾数调整，取48 400元。

销售成本 = 账面价值 − 未担保余值的现值 = 2 000 000 − 48 400 = 1 951 600（元）

第四步，会计分录：

2×19年1月1日（租赁期开始日）

借：应收融资租赁款——租赁收款额　　　　　　　3 325 000
　　贷：营业收入　　　　　　　　　　　　　　　2 651 600
　　　　应收融资租赁款——未实现融资收益　　　　673 400
借：营业成本　　　　　　　　　　　　　　　　　1 951 600
　　应收融资租赁款——未担保余值　　　　　　　　72 800
　　贷：存货　　　　　　　　　　　　　　　　　2 000 000

　　　　应收融资租赁款——未实现融资收益　　　　　　　　　　24 400
　　借：销售费用　　　　　　　　　　　　　　　　　　　　　　5 000
　　　　贷：银行存款　　　　　　　　　　　　　　　　　　　　　　　5 000

由于甲公司在确定营业收入和租赁投资净额（即应收融资租赁款）时，是基于租赁收款额按市场利率折现的现值，因此，甲公司无需重新计算租赁内含利率。甲公司按上述折现率6%计算租赁期内各期分摊的融资收益如表1-6-7所示。

表1-6-7　　　　　　租赁期内各期分摊的融资收益　　　　　　　单位：元

日期	收取租赁收款	确认的融资收入*	应收租赁款减少额	应收租赁款净额
	①	②＝期初④×6%	③＝①-②	期末④＝期初④-③
2×19年1月1日				2 700 000
2×19年12月31日	475 000	162 000	313 000	2 387 000
2×20年12月31日	475 000	143 220	331 780	2 055 220
2×21年12月31日	475 000	123 313	351 687	1 703 533
2×22年12月31日	475 000	102 212	372 788	1 330 745
2×23年12月31日	475 000	79 845	395 155	935 590
2×24年12月31日	475 000	56 135	418 865	516 725
2×25年12月31日	475 000	31 075**	443 925**	72 800
2×25年12月31日			72 800	
合计	3 000 100	697 800	2 700 000	

注：*包含未实现融资收益的摊销和未担保余值产生的利息两部分。
　　**作尾数调整：31 075＝475 000-443 925；443 925＝516 725-72 800（假定租赁资产余值估计一直未变）。

2×19年12月31日会计分录：
　　借：应收融资租赁款——未实现融资收益　　　　　　　　　　159 096
　　　　应收融资租赁款——未担保余值　　　　　　　　　　　　 2 904
　　　　贷：租赁收入　　　　　　　　　　　　　　　　　　　　　　162 000
　　借：银行存款　　　　　　　　　　　　　　　　　　　　　　475 000
　　　　贷：应收融资租赁款——租赁收款额　　　　　　　　　　　　475 000

2×20—2×24 年会计分录略。

假设 2×25 年 12 月 31 日，乙公司到期归还租赁资产甲公司将该资产处置，取得处置款 72 800 元，会计分录如下：

借：应收融资租赁款——未实现融资收益　　　　　　26 931
　　应收融资租赁款——未担保余值　　　　　　　　 4 144
　　贷：租赁收入　　　　　　　　　　　　　　　　　31 075
借：银行存款　　　　　　　　　　　　　　　　　　475 000
　　贷：应收融资租赁款——租赁收款额　　　　　　475 000
借：融资租赁资产　　　　　　　　　　　　　　　　 72 800
　　贷：应收融资租赁款——未担保余值　　　　　　 72 800
借：银行存款　　　　　　　　　　　　　　　　　　 72 800
　　贷：融资租赁资产　　　　　　　　　　　　　　 72 800

案例 1-6-8：生产商或经销商——以租赁形式销售

案例背景：

情形一：某设备公司与客户签订租赁合同，向客户提供设备租赁服务，同时签订补充协议，约定租赁期结束后将设备销售给客户。协议约定：客户将设备用于工程施工，租期一般为 6~12 个月，合同总租金为设备价款 70% 以上；设备运抵现场后，客户按照设备价款 30%~40% 预付 3~6 个月的租金，剩余租金在剩余租赁期间内分月付清；如客户在付款期内未按约定付清全部租金，公司有权解除合同并收回设备。租赁期满后，客户以设备的销售价格扣除已支付租金后余值购买租赁设备，全部价款支付完毕，设备所有权转让给客户。

情形二：某房地产公司与客户签订租赁合同，向客户提供房屋的租赁服务，同时签订认购协议，约定租赁期结束后将房屋销售给客户。协议约定：房屋的租期一般 5 年，合同总租金为房产的全部售价；客户签订租赁合同时一次性支付 25% 的租金，剩余租金在客户在付款期内未按约定付清全部租金，公司有权解除合同并收回房产。租赁期满后，在客户付清该房屋的全部租赁费用后，自该房屋交付或视为交付之日起取得该房屋的所有权。

上述案例适用收入准则还是租赁准则？

案例分析：

以租赁方式销售商品模式，是尽管交易的法律形式是租赁合同，但是该交易主要目的是销售商品，交易的实质是分期收款销售，租金仅是分期收款的一种方式。

上述两项交易的租金安排分析，一项设备通常使用寿命在 5 年以上，6~12 个月收取设备价款的 70% 作为租金，明显不是常规租赁交易下租金的公允价值；一项房产通常产权在 50 年以上，5 年的租金收取了全部的房产价款，且租赁期满即取得房产的所有权；通常这种情形下应当按照实质重于形式的原则，作为分期收款销售商品处理更能反映交易的本质。

值得注意的是，新收入准则并明确分期收款销售的会计处理，而新租赁准则明确了对于生产商或经销商作为出租人的融资租赁，在租赁期开始日，该出租人应当按照租赁资产公允价值与租赁收款额按市场利率折现的现值两者孰低确认收入，并按照租赁资产账面价值扣除未担保余值的现值后的余额结转销售成本。

上述分期收款销售商品处理方法和新租赁准则的要求一致。因此，新收入准则将租赁准则所规范的合同排除在其范围外，而新租赁准则中新增了对于生产商或经销商作为出租人的融资租赁的规定，处理结果是一致的，体现了准则之间的协调。

第七章 新冠肺炎疫情相关租金减让

第一节 国际准则相关规定

2020年,新型冠状病毒肺炎疫情(以下简称"新冠肺炎疫情")在全球多个国家和地区蔓延。新冠肺炎疫情下,部分国家或地区出台了一系列措施,鼓励出租人给予承租人租金减让,此类减免在零售行业及服务业中尤为普遍。不少承租人已获得了包括免租、租金减免或延期支付租金等减让优惠。

新租赁准则对包括租金减免情况在内的租赁付款额变动的会计处理进行了规范。根据新租赁准则规定,承租人应基于租赁合同评估确定租赁付款额的变动是否属于租赁变更。如果属于租赁变更,且不满足作为一项单独租赁处理的条件,承租人须按照变动后租赁付款额和修订后的折现率计算的现值重新计量租赁负债,并相应调整使用权资产的账面价值。在新租赁准则下,绝大多数承租人不仅无法将其获得的租金减让的利好立刻体现在当期业绩中,且在评估潜在的大量与新冠肺炎疫情相关的租金减让是否属于租赁变更时,可能会给承租人带来巨大的实务挑战。因此各利益相关方向理事会提出了简化租金减让的会计处理的诉求。

作为对相关利益方诉求的回应,理事会于2020年5月发布了《新冠肺炎疫情相关租金减免(对〈国际财务报告准则第16号〉的修订)》,对承租人获得的符合条件的租金减让允许采用简化方法进行处理。作为一项实务豁免,该修订允许承租人可以不评估直接因新冠肺炎疫情影响发生的,且满足特定条件的租金减让是否属于租赁变更。相反,承租人可以按照该等租金减让不属于租赁变更,选择视为"可变租赁付款额"进行简化处理。

一、准则相关规定

在新修订发布前,根据新租赁准则规定,租赁变更,是指原合同条款之外的租赁范围、租赁对价、租赁期限的变更,包括增加或终止一项或多项租赁资产的使用权,延长或缩短合同规定的租赁期等[CAS 21(2018)第二十八条;IFRS 16 附录一]。租赁变更区分为两类:一类是实质上代表形成了一项与原始租赁相分离的新租赁的租赁变更,即构成一项单独的租赁,作为新租赁进行会计处理,对初始租赁不作调整;另一类是实质上代表现有租赁范围或对价变动的租赁变更,不构成一项单独的租赁,对初始租赁作重新计量。对于新冠肺炎疫情相关租金减让,一般属于第二类,即减让不构成单独的租赁。因此,承租人应在变更生效日,采用变更后的折现率对变更后的租赁付款额进行折现,以重新计量租赁负债。如果能够直接确定变更后的折现率,则将该折现率确定为剩余租赁期内的租赁内含利率,如果无法直接确定租赁内含利率,则采用租赁变更生效日承租人的增量借款利率。

根据新租赁准则上述规定,对于承租人获得的租金减让,首先应判断其是否属于租赁变更,即对于类似情形下给予租金减让的约定是否是原租赁合同条款和条件的一部分。如果不是原租赁合同的一部分,则相关租金减让属于对原合同的租赁变更,应采用变更后的折现率对变更后的租赁付款额进行折现,以重新计量租赁负债,并相应调整使用权资产的账面价值。租赁负债和使用权资产改变的影响,将随着后续计提利息和折旧逐渐释放到损益表中。对于属于租赁变更的情形,重新计量资产和负债会产生额外的核算工作,而且对于长期的租赁合同而言,当期财务报表中几乎体现不出租金减让对业绩的贡献。

二、新规定的适用范围

新修订规定,对于符合一定条件的租金减让,允许承租人选择不评估是否为租赁变更,而直接按照准则中关于非租赁变更的情况下租赁付款额变动的相关规定进行会计处理。承租人应将该简化方法一致地应用于所有具有类似特征以及类似情况的合同。

由新冠肺炎疫情直接引发的租金减让,只有同时满足下列条件时,才适用该实务豁免。

（1）租赁付款额变动导致的租赁对价变更较变动前一刻的租赁对价减少或基本不变。理事会认为，不应将导致租赁付款总额增加的租金减让视为由新冠肺炎疫情直接引起的后果，除非增加仅反映了货币的时间价值。

（2）租赁付款额的减少仅影响原本于 2021 年 6 月 30 日及之前到期的付款额。例如，如果租金减让导致 2021 年 6 月 30 日或之前的租赁付款额减少，2021 年 6 月 30 日之后的租赁付款额增加，则满足本条件。之后，理事会将新修订的适用范围延长到 2022 年 6 月 30 日之前到期的付款额。

（3）租赁的其他条款和条件无实质变化。因此，如果租赁变更包含其他重大变化（除了由新冠肺炎疫情直接引起的租金减让），则变更整体不满足运用实务豁免的条件。

三、疫情相关租金减让的确认和计量

采用上述实务豁免的承租人，可以分别采用以下方式对不同形式的租金减免进行会计处理。

（1）对于免租或减租的，按照《国际财务报告准则第 16 号》的规定，减少的租赁付款额作为一项可变租赁付款额（负值）计入当期损益，并相应减少租赁负债的账面价值。实际上，出租人通过免除或放弃租赁付款解除了承租人对部分租赁负债的义务，承租人应终止确认该部分租赁负债。

（2）对于延期支付租金的（包括约定推迟支付时间，但减免租金的同时约定后续增加租金，合同总租金的名义金额未改变的情形），承租人将继续按照《国际财务报告准则第 16 号》第 36 段的规定，确认租赁负债的利息，并在实际支付租赁付款额时相应减少租赁负债的账面价值。实际上，减少一段期间内的租赁付款额但相应增加未来期间的租赁付款额，这种安排仅改变了部分租赁付款额现金流出的时间，而不会消除承租人的租赁负债或改变租赁对价。

（3）如果租金减免的形式同时包括上述两种形式的，例如减少一段期间内的租赁付款额但按低于减少额的金额增加未来期间的租赁付款额（总体减少了租赁对价），则承租人区分两种形式及其对应金额分别按照上述方法进行会计处理。

四、披露要求

承租人需要披露对采用简化处理的情况,包括是否对所有符合适用条件的租金减让采用了简化处理,以及未采用简化处理的合同的性质等;采用简化处理下,租金减让对当期损益的影响。

无论是否采用简化处理,都建议披露租金减让对现金流的影响。对于调整租赁负债账面价值的减让,承租人应按照《国际会计准则第7号——现金流量表》(以下简称《国际会计准则第7号》)第44A段的规定,将此影响披露为租赁负债的非现金变动。

五、出租人不适用简化处理

是否应为出租人提供简化处理的选择,是在该准则修订过程中讨论较多的焦点,最终理事会未增加出租人的简化处理规定,其中最主要的考虑是:

对于出租人的会计处理,《国际财务报告准则第16号》基本上沿袭了原《国际会计准则第17号》的规定,并未改变原有的计量模式。准则并未明确出租人在非租赁变更情形下,对于租金的变化应如何处理。因此,如果要增加出租人的简化处理,需要先对非租赁变更情形下,出租人对租金变化的处理作出规定,这将影响该项修订的时效性,且不一定能有效地应对出租人在实务中面临的所有挑战。

《国际财务报告准则第16号》下出租人的会计处理与其他准则之间存在原则上的协同,提供简化处理将影响准则之间的协同性。例如,融资租赁业务中,融资租赁变更导致的应收融资租赁款的变动处理适用《国际财务报告准则第9号》的相关规定;出租人经营租赁业务中,经营租赁变更处理的结果与《国际财务报告准则第15号》中服务合同变更的处理类似。

第二节 国内准则相关规定

为规范新冠肺炎疫情相关租金减让的会计处理,回应我国企业的诉求并保持与《国际财务报告准则第 16 号》的持续趋同，财政部于 2020 年 6 月 19 日发布《新冠肺炎疫情相关租金减让会计处理规定》（财会〔2020〕10 号，以下简称《租金减让规定》），对承租人和出租人均提供了可供选择的简化处理方法。

一、新修订的适用范围

由新冠肺炎疫情直接引发的、承租人与出租人就现有租赁合同达成的租金减免、延期支付等租金减让，同时满足下列条件的，企业可以按照《企业会计准则第 21 号》（2018 年修订）进行会计处理，也可以选择采用新规定的简化方法。

（1）减让后的租赁对价较减让前减少或基本不变，其中，租赁对价未折现或按减让前折现率折现均可；

（2）减让仅针对 2021 年 6 月 30 日前的应付租赁付款额，2021 年 6 月 30 日后应付租赁付款额增加不影响满足该条件，2021 年 6 月 30 日后应付租赁付款额减少不满足该条件；

（3）综合考虑定性和定量因素后认定租赁的其他条款和条件无重大变化。

企业选择采用简化方法的，不需要评估是否发生租赁变更，也不需要重新评估租赁分类。企业应当将该选择一致地应用于类似租赁合同，不得随意变更。

租金减让导致租赁对价基本不变但支付时点延迟的，包括在减免一定期间租金的同时等量调增后续租赁期间租金，或者在减免一定期间租金的同时将租赁期延长不超过减免期的期间并收取等量租金等情形，应当视为延期支付租金进行会计处理。

租金减让导致租赁对价减少且支付时点延迟的，包括在减免一定期间租金的同时减量调增后续租赁期间租金，或者在减免一定期间租金的同时将租赁期延长不超过减免期的期间并收取减量租金等情形，应当视为租金减免和延期支付租金的组合进行会计处理。

此外，2021 年 5 月 26 日，财政部发布《关于调整〈新冠肺炎疫情相关租金减让会计处理规定〉适用范围的通知》（财会〔2021〕9 号），将减让应付租赁付款额的时间调整至 2022 年 6 月 30 日前。2022 年 5 月 19 日，财政部又发文（财会〔2022〕13 号）表示，对 2022 年 6 月 30 日之后应付租赁付款额的减让，也可以选择采用《新冠肺炎疫情相关租金减让会计处理规定》规范的简化方法进行会计处理。

二、疫情相关租金减让的确认和计量

由于我国新租赁准则分批执行，其中，包括境内上市公司等大部分企业于2021年1月1日才开始执行新租赁准则。2020年6月发布《租金减让规定》时，国内企业既有已执行新租赁准则的，也有仍然执行原租赁准则的。因此，财政部分别为执行原租赁准则和新租赁准则的企业如何适用新冠肺炎疫情相关租金减让简化方法提供了指引。

（一）执行原租赁准则的企业

1. 经营租赁

对于经营租赁，承租人应当继续按照与减让前一致的方法将原合同租金计入相关资产成本或费用。发生租金减免的，承租人应当将减免的租金作为或有租金，在减免期间冲减"制造费用""管理费用""销售费用"等科目；延期支付租金的，承租人应当在原支付期间将应支付的租金确认为应付款项，在实际支付时冲减前期确认的应付款项。

对于经营租赁，出租人应当继续按照与减让前一致的方法将原合同租金确认为租赁收入。发生租金减免的，出租人应当将减免的租金作为或有租金，在减免期间冲减租赁收入；延期收取租金的，出租人应当在原收取期间将应收取的租金确认为应收款项，并在实际收到时冲减前期确认的应收款项。

上述处理规定可归纳为表1-7-1。

表1-7-1　　执行原租赁准则——经营租赁的简化处理

经营租赁		承租人	出租人
一般原则		应当继续按照与减让前一致的方法将原合同租金计入相关资产成本或费用	应当继续按照与减让前一致的方法将原合同租金确认为租赁收入
租金减免	处理原则	应当将减免的租金作为或有租金，在减免期间冲减"制造费用""管理费用""销售费用"等科目	应当将减免的租金作为或有租金，在减免期间冲减租赁收入
	相关影响	影响减免期间损益	
延期支付	处理原则	应当在原支付期间将应支付的租金确认为应付款项，在实际支付时冲减前期确认的应付款项	应当在原收取期间将应收取的租金确认为应收款项，并在实际收到时冲减前期确认的应收款项
	相关影响	各期损益减免前后无变化	

案例1-7-1：新冠肺炎疫情相关租金减让会计处理应用案例
——租赁准则（财会〔2006〕3号）（经营租赁）
［财政部会计司应用案例（2021年6月10日）］

案例背景：

2019年1月1日，承租人A公司与出租人B公司就100平方米写字楼签订了3年期的经营租赁合同，每月租金为10 000元，于每季度初支付。A公司租入该写字楼作为管理部门办公场所。A公司与B公司按季度进行账务处理。2020年3月25日，受新冠肺炎疫情影响，A公司与B公司达成了租金减让补充协议，假定分以下五种情形：

情形一：免除A公司2020年第二季度的租金，其他合同条款不变。

情形二：将A公司2020年第二季度的租金递延至第三季度支付，其他合同条款不变。

情形三：将A公司2020年第二季度每月租金减少50%，2021年1月至租赁期届满每月租金增加10%，其他合同条款不变。

情形四：免除A公司2020年第二季度的租金，租赁期延长3个月至2022年3月31日，延长租赁期间每月租金为10 000元，于2022年初支付。

情形五：将A公司剩余租赁期内每季度租金减少10%，其他合同条款不变。

假设不考虑其他因素和相关税费。

案例分析：

上述情形一至情形四的补充协议达成的租金减让属于《新冠肺炎疫情相关租金减让会计处理规定》的适用范围，假定A公司和B公司均选择采用简化方法进行会计处理。情形五的租金减让不仅针对2021年6月30日之前的应付租赁付款额，也包括对2021年6月30日之后的应付租赁付款额的减让，因此，不适用《新冠肺炎疫情相关租金减让会计处理规定》，承租人和出租人均不能采用简化方法进行会计处理［具体账务处理要求参见《企业会计准则第21号》（2018年修订）］（之后，财政部发布财会〔2021〕9号和财会〔2022〕13号文，对于减让新冠肺炎疫情相关的应付租赁付款额已无时间限制）。

（一）承租人A公司账务处理。

1. 2019年1月至2020年3月，每季度确认租赁费用，支付租金。

借：管理费用 30 000
　　贷：银行存款 30 000

2. 情形一：

（1）2020年第二季度，将原合同租金计入管理费用，同时按减免的租金金额冲减管理费用。

借：管理费 30 000
　　贷：其他应付款 30 000
借：其他应付款 30 000
　　贷：管理费用 30 000

实务中，对于当期租金全部豁免的情形，也可不作账务处理。

（2）2020年7月至租赁期届满，每季度确认租赁费用，支付租金。

借：管理费用 30 000
　　贷：银行存款 30 000

3. 情形二：

（1）2020年第二季度，确认租赁费用。

借：管理费用 30 000
　　贷：其他应付款 30 000

（2）2020年第三季度，确认租赁费用，支付当期租金及第二季度递延至本季度的租金。

借：管理费 30 000
　　其他应付款 30 000
　　贷：银行存款 60 000

（3）2020年10月至租赁期届满，每季度确认租赁费用支付租金。

借：管理费用 30 000
　　贷：银行存款 30 000

4. 情形三：根据《新冠肺炎疫情相关租金减让会计处理规定》，2021年第一季度至租赁期届满增加的租金视为延期支付进行会计处理，2020年第二季度实际减少的租金 = 10 000×50%×3 − 10 000×10%×12 = 3 000元。

（1）2020年第二季度，将原合同租金计入管理费用同时按实际减少的租金金额冲减管理费用。

借：管理费用 30 000
　　贷：其他应付款 30 000

借：其他应付款　　　　　　　　　　　　　　　　　　　　　18 000
　　贷：管理费用　　　　　　　　　　　　　　　　　　　　　3 000
　　　　银行存款　　　　　　　　　　　　　　　　　　　　　15 000

实务中，也可将上述账务处理进行合并。

（2）2020年7月至2020年12月，每季度确认租赁费用并支付租金。

借：管理费用　　　　　　　　　　　　　　　　　　　　　　30 000
　　贷：银行存款　　　　　　　　　　　　　　　　　　　　　30 000

（3）2021年1月至租赁期届满，每季度确认租赁费用，支付当期租金和2020年第二季度递延至本季度支付的租金。

借：管理费用　　　　　　　　　　　　　　　　　　　　　　30 000
　　其他应付款　　　　　　　　　　　　　　　　　　　　　3 000
　　贷：银行存款　　　　　　　　　　　　　　　　　　　　　33 000

5. 情形四：根据《新冠肺炎疫情相关租金减让会计处理规定》，在减免2020年第二季度租金的同时将租赁期延长一个季度且收取等量租金视为延期支付进行会计处理。

（1）2020年第二季度，将原合同租金计入管理费用。

借：管理费用　　　　　　　　　　　　　　　　　　　　　　30 000
　　贷：其他应付款　　　　　　　　　　　　　　　　　　　　30 000

（2）2020年7月至2021年12月，每季度确认租赁费用，支付租金。

借：管理费用　　　　　　　　　　　　　　　　　　　　　　30 000
　　贷：银行存款　　　　　　　　　　　　　　　　　　　　　30 000

（3）2022年第一季度，支付租金。

借：其他应付款　　　　　　　　　　　　　　　　　　　　　30 000
　　贷：银行存款　　　　　　　　　　　　　　　　　　　　　30 000

（二）出租人B公司账务处理。

1. B公司租赁期间计提折旧等相关会计分录略。

2. 2019年1月至2020年3月，每季度确认租赁收入，收取租金。

借：银行存款　　　　　　　　　　　　　　　　　　　　　　30 000
　　贷：租赁收入　　　　　　　　　　　　　　　　　　　　　30 000

3. 情形一：

（1）2020年第二季度，将原合同租金确认为租赁收入，
同时按减免的租金金额冲减租赁收入。

借：其他应收款 30 000
　　贷：租赁收入 30 000
借：租赁收入 30 000
　　贷：其他应收款 30 000

实务中，对于当期租金全部豁免的情形，也可不作账务处理。

（2）2020年7月至租赁期届满，每季度确认租赁收入，收取租金。

借：银行存款 30 000
　　贷：租赁收入 30 000

4. 情形二：

（1）2020年第二季度，确认租赁收入。

借：其他应收款 30 000
　　贷：租赁收入 30 000

（2）2020年第三季度，确认租赁收入，收取本期租金和第二季度递延至本季度的租金。

借：银行存款 60 000
　　贷：其他应收款 30 000
　　　　租赁收入 30 000

（3）2020年10月至租赁期届满，每季度确认租赁收入，收取租金。

借：银行存款 30 000
　　贷：租赁收入 30 000

5. 情形三：

根据《新冠肺炎疫情相关租金减让会计处理规定》，2021年第一季度至租赁期届满增加的租金视为延期支付进行会计处理，2020年第二季度实际减少的租金 = 10 000 × 50% × 3 − 10 000 × 10% × 12 = 3 000 元。

（1）2020年第二季度，将原合同租金确认为租赁收入，同时按实际减少的租金金额冲减租赁收入。

借：银行存款 15 000
　　其他应收款 15 000
　　贷：租赁收入 30 000
借：租赁收入 3 000
　　贷：其他应收款 3 000

实务中，也可将上述账务处理进行合并。

(2) 2020年7月至2020年12月，每季度确认租赁收入，收取租金。

借：银行存款 30 000
　　贷：租赁收入 30 000

(3) 2021年1月至租赁期届满，每季度确认租赁收入，收取本期租金和2020年第二季度递延至本季度收取的租金。

借：银行存款 33 000
　　贷：租赁收入 30 000
　　　　其他应收款 3 000

6. 情形四：

根据《新冠肺炎疫情相关租金减让会计处理规定》，在减免2020年第二季度租金的同时将租赁期延长一个季度且收取等量租金视为延期支付进行会计处理。

(1) 2020年第二季度，将原合同租金确认为租赁收入。

借：其他应收款 30 000
　　贷：租赁收入 30 000

(2) 2020年7月至2021年12月，每季度确认租赁收入，收取租金。

借：银行存款 30 000
　　贷：租赁收入 30 000

(3) 2022年第一季度，收取租金。

借：银行存款 30 000
　　贷：其他应收款 30 000

2. 融资租赁

对于融资租赁，承租人应当继续按照与减让前一致的折现率将未确认融资费用确认为当期融资费用，继续按照与减让前一致的方法对融资租入资产进行计提折旧等后续计量。发生租金减免的，承租人应当将减免的租金作为或有租金，在达成减让协议等解除原租金支付义务时，冲减"制造费用""管理费用""销售费用"等科目，并相应调整长期应付款，按照减让前折现率折现计入当期损益的，还应调整未确认融资费用；延期支付租金的，承租人应当在实际支付时冲减前期确认的长期应付款。

对于融资租赁，出租人应当继续按照与减让前一致的租赁内含利率将未实现融资收益确认为租赁收入。发生租金减免的，出租人应当将减免的租金作为或有租金，在达成减让协议等放弃原租金收取权利时，冲减原确认的租赁收入，不足冲减的部分计入投资收益，同时相应调整长期应收款，按照减让前折现率折现计入当期损益的，还应调整未实现融资收益；延期收取租金的，出租人应当在实际收到时冲减前期确认的长期应收款。

上述处理规定可归纳为表1-7-2。

表1-7-2　　　　　执行原租赁准则——融资租赁的简化处理

融资租赁		承租人	出租人
一般原则		应当继续按照与减让前一致的折现率将未确认融资费用确认为当期融资费用，继续按照与减让前一致的方法对融资租入资产进行计提折旧等后续计量	应当继续按照与减让前一致的租赁内含利率将未实现融资收益确认为租赁收入
租金减免	处理原则	应当将减免的租金作为或有租金，在达成减让协议等解除原租金支付义务时，冲减"制造费用""管理费用""销售费用"等科目，并相应调整长期应付款，按照减让前折现率折现计入当期损益的，还应调整未确认融资费用	应当将减免的租金作为或有租金，在达成减让协议等放弃原租金收取权利时，冲减原确认的租赁收入，不足冲减的部分计入投资收益，同时相应调整长期应收款，按照减让前折现率折现计入当期损益的，还应调整未实现融资收益
租金减免	相关影响	1. 影响达成减让协议所属期间相关成本费用； 2. 按照实际情况调整长期应收/长期应付余额； 3. 无需对未确认融资费用/未实现融资收益分摊情况进行调整，仍按原分摊情况进行确认	
延期支付	处理原则	应当在实际支付时冲减前期确认的长期应付款	应当在实际收到时冲减前期确认的长期应收款
延期支付	相关影响	1. 各期损益减免前后无变化； 2. 按照实际情况调整长期应收/长期应付余额； 3. 无需对未确认融资费用/未实现融资收益分摊情况进行调整，仍按原分摊情况进行确认	

案例1-7-2：新冠肺炎疫情相关租金减让会计处理应用案例
——租赁准则（财会〔2006〕3号）（融资租赁）
［财政部会计司应用案例（2021年6月10日）］

案例背景：

2019年1月1日，承租人A公司与出租人B公司就一台设备签订了3年期的融资租赁合同，未发生初始直接费用，每季度租金为75 000元，于每季度末支付，租赁期届满该设备所有权转移至A公司。A公司租入该设备用于产品生产，采用年限平均法计提折旧。该设备预计使用年限为8年，已使用3年，期满无残值，2019 年 1 月 1 日的公允价值为 793 148 元（与 B 公司账面价值一致）。A 公司按季度计算利息和计提折旧。B 公司按季度计算利息和确认租赁收入。B 公司租赁内含利率为 8%（年利率，A 公司已知）。

受新冠肺炎疫情影响，A 公司与 B 公司于 2020 年 3 月 25 日达成租金减让补充协议，假定分以下五种情形：

情形一：免除 A 公司 2020 年第二季度的租金，其他合同条款不变；

情形二：将 A 公司 2020 年第二季度的租金递延至第三季度末支付，其他合同条款不变；

情形三：将 A 公司 2020 年第二季度的租金减少 50%，2021 年第一季度至租赁期届满每季度租金增加 10%，于每季度末支付，其他合同条款不变。

情形四：免除 A 公司 2020 年第二季度的租金，租赁期延长一个季度至 2022 年 3 月 31 日，延长租赁季度的租金为 75 000 元，于季度末支付。

情形五：将 A 公司剩余租赁期内每季度租金减少 10%，其他合同条款不变。

假设不考虑其他因素和相关税费。

案例分析：

上述情形一至情形四的补充协议达成的租金减让属于《新冠肺炎疫情相关租金减让会计处理规定》的适用范围，假定 A 公司和 B 公司均选择采用简化方法进行会计处理情形五的租金减让不仅针对 2021 年 6 月 30 日之前的应付租金，也包括对 2021 年 6 月 30 日之后的应付租赁付款额的减让，因此，不适用《新冠肺炎疫情相关租金减让会计处理规定》，承租人和出租人均不能采用简化方法进行会计处理［具体账务处理要求参见《企业会计准则第 21 号》（2018 年修订）］（之后，财政部发布财会〔2021〕9 号和财会〔2022〕13 号文，对于减让新冠肺炎疫情相关的应付租赁付款额已无时间限制）。

（一）承租人 A 公司的账务处理。

1. 2019 年 1 月，确认融资租入资产。

最低租赁付款额的现值 = 75 000 × (P/A, 2%, 12) = 793 148 元，等于该设备当日的公允价值，因此，融资租入资产的入账价值为 793 148 元。未确认融资费用 = 75 000 × 12 - 793 148 = 106 852 元。

借：固定资产——融资租入固定资产　　　　　　　　793 148
　　未确认融资费用　　　　　　　　　　　　　　　106 852
　　贷：长期应付款——应付融资租赁　　　　　　　　　　900 000

2. 2019 年 3 月，确认融资费用和计提折旧，支付租金。其中，未确认融资费用分摊情况见表（下同）。

由于租赁期届满该设备所有权转移至 A 公司，A 公司按照剩余使用年限计提折旧。

折旧费用 = 793 148/(12 × 5) × 3 = 39 657（元）

借：财务费用   15 863

    贷：未确认融资费用   15 863

借：制造费用——折旧费   39 657

    贷：累计折旧   39 657

借：长期应付款——应付融资租   75 000

    贷：银行存款   75 000

未确认融资费用分摊如表 1 - 7 - 3 所示。

表 1 - 7 - 3   未确认融资费用分摊   单位：元

日期 ①	租金 ②	确认的融资费用 ③ = 期初⑤×2%	应付本金减少额 ④ = ② - ③	应付本金余额 期末⑤ = 期初⑤ - ④
2019 年 1 月 1 日	—	—	—	793 148
2019 年 3 月 31 日	75 000	15 863	59 137	734 010
2019 年 6 月 30 日	75 000	14 680	60 320	673 691
2019 年 9 月 30 日	75 000	13 474	61 526	612 164
2019 年 12 月 31 日	75 000	12 243	62 757	549 408
2020 年 3 月 31 日	75 000	10 988	64 012	485 396
2020 年 6 月 30 日	75 000	9 708	65 292	420 104
2020 年 9 月 30 日	75 000	8 402	66 598	353 506
2020 年 12 月 31 日	75 000	7 070	67 930	285 576
2021 年 3 月 31 日	75 000	5 712	69 288	216 288
2021 年 6 月 30 日	75 000	4 326	70 674	145 613
2021 年 9 月 30 日	75 000	2 912	72 088	73 526
2021 年 12 月 31 日	75 000	1 474	73 526	—
合计	900 000	106 852	793 148	

2019 年 4 月至 2020 年 3 月，每季度比照 2019 年 3 月的会计分录进行账务处理。

3. 情形一：

（1）2020 年 3 月 25 日，按减免的租金金额冲减制造费用，同时相应调整长期应付款。

借：长期应付款——应付融资租赁款　　　　　　　　　　75 000
　　贷：制造费用　　　　　　　　　　　　　　　　　　75 000

（2）2020年6月，确认融资费用和计提折旧。
借：财务费用　　　　　　　　　　　　　　　　　　　9 708
　　贷：未确认融资费用　　　　　　　　　　　　　　　9 708
借：制造费用——折旧　　　　　　　　　　　　　　　39 657
　　贷：累计折旧　　　　　　　　　　　　　　　　　　39 657

（3）2020年9月，确认融资费用和计提折旧，支付租金。
借：财务费用　　　　　　　　　　　　　　　　　　　8 402
　　贷：未确认融资费用　　　　　　　　　　　　　　　8 402
借：制造费用——折旧费　　　　　　　　　　　　　　39 657
　　贷：累计折旧　　　　　　　　　　　　　　　　　　39 657
借：长期应付款——应付融资租赁　　　　　　　　　　75 000
　　贷：银行存款　　　　　　　　　　　　　　　　　　75 000

2020年10月至租赁期届满，每季度比照2020年9月的会计分录进行账务处理。

4. 情形二：

（1）2020年6月，确认融资费用和计提折旧
借：财务费用　　　　　　　　　　　　　　　　　　　9 708
　　贷：未确认融资费用　　　　　　　　　　　　　　　9 708
借：制造费用——折旧费　　　　　　　　　　　　　　39 657
　　贷：累计折旧　　　　　　　　　　　　　　　　　　39 657

（2）2020年9月，确认融资费用和计提折旧，支付租金和第二季度递延至本季度的租金。
借：财务费用　　　　　　　　　　　　　　　　　　　8 402
　　贷：未确认融资费用　　　　　　　　　　　　　　　8 402
借：制造费用——折旧费　　　　　　　　　　　　　　39 657
　　贷：累计折旧　　　　　　　　　　　　　　　　　　39 657
借：长期应付款——应付融资租赁　　　　　　　　　150 000
　　贷：银行存款　　　　　　　　　　　　　　　　　150 000

（3）2020年12月，确认融资费用和计提折旧，支付租金。
借：财务费用　　　　　　　　　　　　　　　　　　　7 070

  贷：未确认融资费用 7 070
  借：制造费用——折旧费 39 657
    贷：累计折旧 39 657
  借：长期应付款——应付融资租赁款 75 000
    贷：银行存款 75 000

2021 年 1 月至租赁期届满，每季度比照 2020 年 12 月的会计分录进行账务处理。

5. 情形三：根据《新冠肺炎疫情相关租金减让会计处理规定》，2021 年第一季度至租赁期届满增加的租金视为延期支付进行会计处理，2020 年第二季度实际减少的租金 = 75 000 × 50% − 75 000 × 10% × 4 = 7 500 元。

（1）2020 年 3 月 25 日，按实际减少的租金金额冲减制造费用，同时相应调整长期应付款。

  借：长期应付款——应付融资租赁款 7 500
    贷：制造费用 7 500

（2）2020 年 6 月，确认融资费用和计提折旧，支付 50% 的租金。

  借：财务费用 9 708
    贷：未确认融资费用 9 708
  借：制造费用——折旧费 39 657
    贷：累计折旧 39 657
  借：长期应付款——应付融资租赁款 37 500
    贷：银行存款 37 500

（3）2020 年 9 月，确认融资费用和计提折旧，支付租金。

  借：财务费用 8 402
    贷：未确认融资费用 8 402
  借：制造费用——折旧费 39 657
    贷：累计折旧 39 657
  借：长期应付款——应付融资租赁款 75 000
    贷：银行存款 75 000

2020 年 12 月，比照 2020 年 9 月的会计分录进行账务处理。

（4）2021 年 3 月，确认融资费用和计提折旧，支付当期租金和 2020 年第二季度递延至本季度支付的租金。

  借：财务费用 5 712

贷：未确认融资费用　　　　　　　　　　　　　　　　5 712
　借：制造费用——折旧费　　　　　　　　　　　　　　39 657
　　贷：累计折旧　　　　　　　　　　　　　　　　　　39 657
　借：长期应付款——应付融资租赁款　　　　　　　　　82 500
　　贷：银行存款　　　　　　　　　　　　　　　　　　82 500

2021年4月至租赁期届满，比照2021年3月的会计分录进行账务处理。

6. 情形四：

根据《新冠肺炎疫情相关租金减让会计处理规定》，在减免2020年第二季度租金的同时将租赁期延长一个季度且收取等量租金视为延期支付进行会计处理。

（1）2020年6月，确认融资费用和计提折旧。

　借：财务费用　　　　　　　　　　　　　　　　　　9 708
　　贷：未确认融资费用　　　　　　　　　　　　　　　9 708
　借：制造费用——折旧费　　　　　　　　　　　　　　39 657
　　贷：累计折旧　　　　　　　　　　　　　　　　　　39 657

（2）2020年9月，确认融资费用和计提折旧，支付租金。

　借：财务费用　　　　　　　　　　　　　　　　　　8 402
　　贷：未确认融资费用　　　　　　　　　　　　　　　8 402
　借：制造费用——折旧费　　　　　　　　　　　　　　39 657
　　贷：累计折旧　　　　　　　　　　　　　　　　　　39 657
　借：长期应付款——应付融资租赁款　　　　　　　　　75 000
　　贷：银行存款　　　　　　　　　　　　　　　　　　75 000

2020年12月至2021年12月，每季度比照2020年9月的会计分录进行账务处理。

（3）2022年3月，支付租金。

　借：长期应付款——应付融资租赁款　　　　　　　　　75 000
　　贷：银行存款　　　　　　　　　　　　　　　　　　75 000

（二）出租人B公司的账务处理。

1. 2019年1月，确认应收融资租赁款。

最低租赁收款额的现值＝租赁开始日租赁资产的公允价值793 148元，未实现融资收益＝应收融资租赁款入账价值－最低租赁收款额的现值＝75 000×12－793 148＝106 852元。

借：长期应收款——应收融资租赁款　　　　　　　　900 000
　　贷：融资租赁资产　　　　　　　　　　　　　　　　793 148
　　　　未实现融资收益　　　　　　　　　　　　　　　106 852

2. 2019年3月，确认租赁收入和收取租金。其中，未实现融资收益分配情况见表1－7－4（下同）。

借：未实现融资收益　　　　　　　　　　　　　　　15 863
　　贷：租赁收入　　　　　　　　　　　　　　　　　　15 863
借：银行存款　　　　　　　　　　　　　　　　　　75 000
　　贷：长期应收款——应收融资租赁款　　　　　　　　75 000

表1－7－4　　　　　　　未实现融资收益分配表　　　　　　　单位：元

日期 ①	租金 ②	确认的融资收入 ③=期初⑤×2%	租赁投资净额减少 ④=②－③	租赁投资净额余额 期末⑤=期初⑤－④
2019年1月1日	—	—	—	793 148
2019年3月31日	75 000	15 863	59 137	734 010
2019年6月30日	75 000	14 680	60 320	673 691
2019年9月30日	75 000	13 474	61 526	612 164
2019年12月31日	75 000	12 243	62 757	549 408
2020年3月31日	75 000	10 988	64 012	485 396
2020年6月30日	75 000	9 708	65 292	420 104
2020年9月30日	75 000	8 402	66 598	353 506
2020年12月31日	75 000	7 070	67 930	285 576
2021年3月31日	75 000	5 712	69 288	216 288
2021年6月30日	75 000	4 326	70 674	145 613
2021年9月30日	75 000	2 912	72 088	73 526
2021年12月31日	75 000	1 474	73 526	—
合计	900 000	106 852	793 148	

2019年4月至2020年3月，每季度比照2019年3月的会计分录进行账务处理。

3. 情形一：

(1) 2020年3月25日，按减免的租金金额冲减当期已确认的租赁收入，不足冲减的部分计入投资收益，同时相应调整长期应收款。

借：租赁收入　　　　　　　　　　　　　　　　　10 988
　　投资收益　　　　　　　　　　　　　　　　　64 012
　　贷：长期应收款——应收融资租赁款　　　　　　75 000

(2) 2020年6月，将未实现融资收益确认为租赁收入。

借：未实现融资收益　　　　　　　　　　　　　　9 708
　　贷：租赁收入　　　　　　　　　　　　　　　　 9 708

(3) 2020年9月，将未实现融资收益确认为租赁收入收取租金。

借：未实现融资收益　　　　　　　　　　　　　　8 402
　　贷：租赁收入　　　　　　　　　　　　　　　　 8 402
借：银行存款　　　　　　　　　　　　　　　　　75 000
　　贷：长期应收款——应收融资租赁款　　　　　　75 000

2020年12月至租赁期届满，每季度比照2020年9月的会计分录进行账务处理。

4. 情形二：

(1) 2020年6月，将未实现融资收益确认为租赁收入。

借：未实现融资收益　　　　　　　　　　　　　　9 708
　　贷：租赁收入　　　　　　　　　　　　　　　　 9 708

(2) 2020年9月，将未实现融资收益确认为租赁收入，收取当期租金和第二季度递延至本季度的租金。

借：未实现融资收益　　　　　　　　　　　　　　8 402
　　贷：租赁收入　　　　　　　　　　　　　　　　 8 402
借：银行存款　　　　　　　　　　　　　　　　 150 000
　　贷：长期应收款——应收融资租赁款　　　　　 150 000

(3) 2020年12月，将未实现融资收益确认为租赁收入收取租金。

借：未实现融资收益　　　　　　　　　　　　　　7 070
　　贷：租赁收入　　　　　　　　　　　　　　　　 7 070
借：银行存款　　　　　　　　　　　　　　　　　75 000
　　贷：长期应收款——应收融资租赁款　　　　　　75 000

2021年3月至租赁期届满，每季度比照2020年12月的会计分录进行账务处理。

5. 情形三：

根据《新冠肺炎疫情相关租金减让会计处理规定》，2021年第一季度至租赁期届满增加的租金视为延期支付进行会计处理，2020年第二季度实际减少的租金 = 75 000 × 50% - 75 000 × 10% × 4 = 7 500 元。

（1）2020年3月25日，按实际减少的租金金额冲减当期已确认的租赁收入，同时相应调整长期应收款。

借：租赁收入　　　　　　　　　　　　　　　　　　　7 500
　　贷：长期应收款——应收融资租赁款　　　　　　　　7 500

（2）2020年6月，将未实现融资收益确认为租赁收入收取租金、将减少的租金计入当期损益并调整长期应收款。

借：未实现融资收益　　　　　　　　　　　　　　　　9 708
　　贷：租赁收入　　　　　　　　　　　　　　　　　　9 708
借：银行存款　　　　　　　　　　　　　　　　　　　37 500
　　贷：长期应收款——应收融资租赁款　　　　　　　37 500

（3）2020年9月，将未实现融资收益确认为租赁收入收取租金。

借：未实现融资收益　　　　　　　　　　　　　　　　8 402
　　贷：租赁收入　　　　　　　　　　　　　　　　　　8 402
借：银行存款　　　　　　　　　　　　　　　　　　　75 000
　　贷：长期应收款——应收融资租赁款　　　　　　　75 000

2020年12月，比照2020年9月的会计分录进行账务处理。

（4）2021年3月，将未实现融资收益确认为租赁收入，收取本期租金和2020年第二季度递延至本季度收取的租金。

借：未实现融资收益　　　　　　　　　　　　　　　　5 712
　　贷：租赁收入　　　　　　　　　　　　　　　　　　5 712
借：银行存款　　　　　　　　　　　　　　　　　　　82 500
　　贷：长期应收款——应收融资租赁款　　　　　　　82 500

2021年4月至租赁期届满，每季度比照2021年3月的会计分录进行账务处理。

6. 情形四：

根据《新冠肺炎疫情相关租金减让会计处理规定》，在减免2020年第二季度租金的同时将租赁期延长一个季度且收取等量租金视为延期支付进行会计处理。

(1) 2020年6月，将未实现融资收益确认为租赁收入。

借：未实现融资收益　　　　　　　　　　　　　　9 708
　　贷：租赁收入　　　　　　　　　　　　　　　　　9 708

(2) 2020年9月，将未实现融资收益确认为租赁收入，收取租金。

借：未实现融资收益　　　　　　　　　　　　　　8 402
　　贷：租赁收入　　　　　　　　　　　　　　　　　8 402
借：银行存款　　　　　　　　　　　　　　　　　75 000
　　贷：长期应收款——应收融资租赁款　　　　　　75 000

2020年12月至租赁期届满，每季度比照2020年9月的会计分录进行账务处理。

(3) 2022年3月，收取租金。

借：银行存款　　　　　　　　　　　　　　　　　75 000
　　贷：长期应收款——应收融资租赁款　　　　　　75 000

(二) 执行新租赁准则的企业

1. 承租人会计处理

承租人应当继续按照与减让前一致的折现率计算租赁负债的利息费用并计入当期损益，继续按照与减让前一致的方法对使用权资产进行计提折旧等后续计量。发生租金减免的，承租人应当将减免的租金作为可变租赁付款额，在达成减让协议等解除原租金支付义务时，按未折现或减让前折现率折现金额冲减相关资产成本或费用，同时相应调整租赁负债；延期支付租金的，承租人应当在实际支付时冲减前期确认的租赁负债。

对于按照准则第三十二条采用简化处理的短期租赁和低价值资产租赁，承租人应当继续按照与减让前一致的方法将原合同租金计入相关资产成本或费用。发生租金减免的，承租人应当将减免的租金作为可变租赁付款额，在减免期间冲减相关资产成本或费用；延期支付租金的，承租人应当在原支付期间将应支付的租金确认为应付款项，在实际支付时冲减前期确认的应付款项。

2. 出租人会计处理

对于经营租赁，出租人应当继续按照与减让前一致的方法将原合同租金确认为租赁收入。发生租金减免的，出租人应当将减免的租金作为可变租赁付款额，在减免期间冲减租赁收入；延期收取租金的，出租人应当在原收取期间将应收取的租金确认为应收款项,并在实际收到时冲减前期确认的应收款项。

对于融资租赁,出租人应当继续按照与减让前一致的折现率计算利息并确认为租赁收入。发生租金减免的,出租人应当将减免的租金作为可变租赁付款额,在达成减让协议等放弃原租金收取权利时,按未折现或减让前折现率折现金额冲减原确认的租赁收入,不足冲减的部分计入投资收益,同时相应调整应收融资租赁款;延期收取租金的,出租人应当在实际收到时冲减前期确认的应收融资租赁款。

上述处理规定可归纳为表1-7-5。

表1-7-5　　　　　　　　执行新租赁准则的简化处理

		承租人		出租人	
		一般处理	短期租赁&低价值租赁(简化处理)	经营租赁	融资租赁
一般原则		继续按照与减让前一致的折现率计算租赁负债的利息费用并计入当期损益,继续按照与减让前一致的方法对使用权资产进行计提折旧等后续计量	与原租赁准则下经营租赁的简化处理原则基本相同	与原租赁准则下出租人简化处理原则相同	
租金减免	处理原则	将减免的租金作为可变租赁付款额,在达成减让协议等解除原租金支付义务时,按未折现或减让前折现率折现金额冲减相关资产成本或费用,同时相应调整租赁负债			
	相关影响	1. 影响达成减让协议所属期间相关成本费用; 2. 按照实际情况调整长期应收/长期应付余额; 3. 无需对未确认融资费用/未实现融资收益进行调整,仍按原分摊情况进行确认			
延期支付	处理原则	在实际支付时冲减前期确认的租赁负债			
	相关影响	1. 各期损益减免前后无变化; 2. 按照实际情况调整长期应收/长期应付余额; 3. 无需对未确认融资费用/未实现融资收益进行调整,仍按原分摊情况进行确认			

案例 1-7-3：新冠肺炎疫情相关租金减让会计处理应用案例
——租赁准则（财会〔2018〕35 号）
[财政部会计司应用案例（2021 年 6 月 10 日）]

案例背景：

2019 年 1 月 1 日，承租人 A 公司与出租人 B 公司就 100 平方米写字楼签订了 3 年期的租赁合同，未发生初始直接费用，每季度租金为 30 000 元，于每季度末支付，无延期或终止租赁选择权。A 公司租入该写字楼作为管理部门办公场所，采用年限平均法计提使用权资产折旧。A 公司无法确定租赁内含利率，在租赁期开始时，A 公司的增量借款利率为 8%（年利率）。A 公司按季度计算利息和计提折旧。B 公司将该商铺租赁分类为经营租赁，按季度计算利息和确认租赁收入。B 公司不以从事租赁业务为主。2020 年 3 月 25 日，受新冠肺炎疫情影响，A 公司与 B 公司达成租金减让补充协议，假定分以下五种情形：

情形一：免除 A 公司 2020 年第二季度的租金，其他合同条款不变。

情形二：将 A 公司 2020 年第二季度的租金递延至第三季度末支付，其他合同条款不变。

情形三：将 A 公司 2020 年第二季度租金减少 50%，2021 年第一季度至租赁期届满每季度租金增加 10%，于每季度末支付，其他合同条款不变。

情形四：免除 A 公司 2020 年第二季度的租金，租赁期延长一个季度至 2022 年 3 月 31 日，延长租赁季度的租金为 30 000 元，于季度末支付。

情形五：将 A 公司剩余租赁期内每季度租金减少 10%，其他合同条款不变。

假设不考虑其他因素和相关税费。

案例分析：

上述情形一至情形四的补充协议达成的租金减让属于《新冠肺炎疫情相关租金减让会计处理规定》的适用范围，假定 A 公司和 B 公司均选择采用简化方法进行会计处理。情形五的租金减让不仅针对 2021 年 6 月 30 日之前的应付租金，也包括对 2021 年 6 月 30 日之后的应付租赁付款额的减让，因此，不适用《新冠肺炎疫情相关租金减让会计处理规定》，承租人和出租人均不能采用简化方法进行会计处理〔具体账务处理要求参见《企业会计准则第 21 号》（2018 年修订）〕（之后，财政部发布财会〔2021〕9 号和财会〔2022〕13 号文，对于减让新冠肺炎疫情相关的应付租赁付款额已无时间限制）。

(一) 承租人 A 公司的账务处理

1. 2019 年 1 月,确认租赁负债和使用权资产。

使用权资产的入账价值 = 30 000 × (P/A,2%,12) = 317 259 元,未确认融资费用 = 30 000 × 12 - 317 259 = 42 741 元。

借:使用权资产　　　　　　　　　　　　　　　　　317 259
　　租赁负债——未确认融资费用　　　　　　　　　　42 741
　　贷:租赁负债——租赁付款额　　　　　　　　　　　　　360 000

2. 2019 年 3 月,确认租赁负债利息和计提折旧,支付租金。租赁负债按表 1-7-6 所述方法进行后续计量(下同)。

表 1-7-6　　　　　　　　租赁负债后续计量　　　　　　　　单位:元

日期	租赁负债期初余额 ①	利息 ② = ① × 2%	租赁付款额 ③	租赁负债期末余额 ④ = ① + ② - ③
2019 年 1 月 1 日	—	—	—	317 259
2019 年 3 月 31 日	317 259	6 345	30 000	293 604
2019 年 6 月 30 日	293 604	5 872	30 000	269 476
2019 年 9 月 30 日	269 476	5 390	30 000	244 866
2019 年 12 月 31 日	244 866	4 897	30 000	219 763
2020 年 3 月 31 日	219 763	4 395	30 000	194 158
2020 年 6 月 30 日	194 158	3 883	30 000	168 042
2020 年 9 月 30 日	168 042	3 361	30 000	141 402
2020 年 12 月 31 日	141 402	2 828	30 000	114 230
2021 年 3 月 31 日	114 230	2 285	30 000	86 515
2021 年 6 月 30 日	86 515	1 730	30 000	58 245
2021 年 9 月 30 日	58 245	1 165	30 000	29 410
2021 年 12 月 31 日	29 410	590	30 000	—
合计		42 741	360 000	

使用权资产折旧额 = 317 259/36 × 3 = 26 438(元)

借:财务费用　　　　　　　　　　　　　　　　　　6 345
　　贷:租赁负债——未确认融资费用　　　　　　　　　　6 345
借:管理费用　　　　　　　　　　　　　　　　　　26 438
　　贷:使用权资产累计折旧　　　　　　　　　　　　　26 438
借:租赁负债——租赁付款额　　　　　　　　　　　30 000

　　　　贷：银行存款　　　　　　　　　　　　　　　　　30 000

2019 年 4 月至 2020 年 3 月，每季度比照 2019 年 3 月的会计分录进行账务处理。

　　3. 情形一：

　　（1）2020 年 3 月 25 日，按减免的租金金额冲减管理费用，同时相应调整租赁负债。

　　　　借：租赁负债——租赁付款额　　　　　　　　　　30 000
　　　　　　贷：管理费用　　　　　　　　　　　　　　　30 000

　　（2）2020 年 6 月，确认租赁负债利息和计提折旧。

　　　　借：财务费用　　　　　　　　　　　　　　　　　3 883
　　　　　　贷：租赁负债——未确认融资费用　　　　　　3 883
　　　　借：管理费用　　　　　　　　　　　　　　　　　26 438
　　　　　　贷：使用权资产累计折旧　　　　　　　　　　26 438

　　（3）2020 年 9 月，确认租赁负债利息和计提折旧支付租金。

　　　　借：财务费用　　　　　　　　　　　　　　　　　3 361
　　　　　　贷：租赁负债——未确认融资费用　　　　　　3 361
　　　　借：管理费用　　　　　　　　　　　　　　　　　26 438
　　　　　　贷：使用权资产累计折旧　　　　　　　　　　26 438
　　　　借：租赁负债——租赁付款额　　　　　　　　　　30 000
　　　　　　贷：银行存款　　　　　　　　　　　　　　　30 000

2020 年 10 月至租赁期届满，每季度比照 2020 年 9 月的会计分录进行账务处理。

　　4. 情形二：

　　（1）2020 年 6 月，确认租赁负债利息和计提折旧。

　　　　借：财务费用　　　　　　　　　　　　　　　　　3 883
　　　　　　贷：租赁负债——未确认融资费用　　　　　　3 883
　　　　借：管理费用　　　　　　　　　　　　　　　　　26 438
　　　　　　贷：使用权资产累计折旧　　　　　　　　　　26 438

　　（2）2020 年 9 月，确认租赁负债利息和计提折旧，支付当期租金和第二季度递延至本季度的租金。

　　　　借：财务费用　　　　　　　　　　　　　　　　　3 361
　　　　　　贷：租赁负债——未确认融资费用　　　　　　3 361

借：管理费用 26 438
　　贷：使用权资产累计折旧 26 438
借：租赁负债——租赁付款额 60 000
　　贷：银行存款 60 000

（3）2020年12月，确认租赁负债利息和计提折旧，支付租金。

借：财务费用 2 828
　　贷：租赁负债——未确认融资费用 2 828
借：管理费用 26 438
　　贷：使用权资产累计折旧 26 438
借：租赁负债——租赁付款额 30 000
　　贷：银行存款 30 000

2021年1月至租赁期届满，每季度比照2020年12月的会计分录进行账务处理。

5. 情形三：

根据《新冠肺炎疫情相关租金减让会计处理规定》，2021年第一季度至租赁期届满增加的租金视为延期支付进行会计处理，2020年第二季度实际减少的租金 = 30 000 × 50% − 30 000 × 10% × 4 = 3 000 元。

（1）2020年3月25日，按实际减少的租金金额冲减管理费用，同时相应调整租赁负债。

借：租赁负债——租赁付款额 3 000
　　贷：管理费用 3 000

（2）2020年6月，确认租赁负债利息和计提折旧，支付50%的租金。

借：财务费用 3 883
　　贷：租赁负债——未确认融资费用 3 883
借：管理费用 26 438
　　贷：使用权资产累计折旧 26 438
借：租赁负债——租赁付款额 15 000
　　贷：银行存款 15 000

（3）2020年9月，确认租赁负债利息和计提折旧，支付租金。

借：财务费用 3 361
　　贷：租赁负债——未确认融资费用 3 361
借：管理费用 26 438

贷：使用权资产累计折旧　　　　　　　　　　　　　　26 438
　　借：租赁负债——租赁付款额　　　　　　　　　　　　30 000
　　　　贷：银行存款　　　　　　　　　　　　　　　　　30 000

2020年12月，比照2020年9月的会计分录进行账务处理。

（4）2021年3月，确认租赁负债利息和计提折旧，支付当期租金和2020年第二季度递延至本季度支付的租金。

　　借：财务费用　　　　　　　　　　　　　　　　　　　2 285
　　　　贷：租赁负债——未确认融资费用　　　　　　　　2 285
　　借：管理费用　　　　　　　　　　　　　　　　　　　26 438
　　　　贷：使用权资产累计折旧　　　　　　　　　　　　26 438
　　借：租赁负债——租赁付款额　　　　　　　　　　　　33 000
　　　　贷：银行存款　　　　　　　　　　　　　　　　　33 000

2021年4月至租赁期届满，比照2021年3月的会计分录进行账务处理。

6. 情形四：

根据《新冠肺炎疫情相关租金减让会计处理规定》，在减免2020年第二季度租金的同时将租赁期延长一个季度且收取等量租金视为延期支付进行会计处理。

（1）2020年6月，确认租赁负债利息和计提折旧。

　　借：财务费用　　　　　　　　　　　　　　　　　　　3 883
　　　　贷：租赁负债——未确认融资费用　　　　　　　　3 883
　　借：管理费用　　　　　　　　　　　　　　　　　　　26 438
　　　　贷：使用权资产累计折旧　　　　　　　　　　　　2 638

（2）2020年9月，确认租赁负债利息和计提折旧，支付租金。

　　借：财务费用　　　　　　　　　　　　　　　　　　　3 361
　　　　贷：租赁负债——未确认融资费用　　　　　　　　3 361
　　借：管理费用　　　　　　　　　　　　　　　　　　　26 438
　　　　贷：使用权资产累计折旧　　　　　　　　　　　　26 438
　　借：租赁负债——租赁付款额　　　　　　　　　　　　30 000
　　　　贷：银行存款　　　　　　　　　　　　　　　　　30 000

2020年12月至2021年12月，每季度比照2020年9月的会计分录进行账务处理。

（3）2022 年 3 月，支付租金。

借：租赁负债——租赁付款额　　　　　　　　　　　30 000
　　贷：银行存款　　　　　　　　　　　　　　　　　　　　30 000

（二）出租人 B 公司的账务处理

1. B 公司租赁期间计提折旧等相关会计分录略。

2. 2019 年 1 月至 2020 年 3 月，每季度确认租赁收入，收取租金。

借：银行存款　　　　　　　　　　　　　　　　　　30 000
　　贷：租赁收入　　　　　　　　　　　　　　　　　　　　30 000

3. 情形一：

（1）2020 年 6 月，将原合同租金确认为租赁收入，同时按减免的租金金额冲减租赁收入。

借：其他应收款　　　　　　　　　　　　　　　　　30 000
　　贷：租赁收入　　　　　　　　　　　　　　　　　　　　30 000
借：租赁收入　　　　　　　　　　　　　　　　　　30 000
　　贷：其他应收款　　　　　　　　　　　　　　　　　　　30 000

实务中，对于当期租金全部豁免的情形，也可不作账务处理。

（2）2020 年 7 月至租赁期届满，每季度确认租赁收入，收取租金。

借：银行存款　　　　　　　　　　　　　　　　　　30 000
　　贷：租赁收入　　　　　　　　　　　　　　　　　　　　30 000

4. 情形二：

（1）2020 年 6 月，确认租赁收入。

借：其他应收款　　　　　　　　　　　　　　　　　30 000
　　贷：租赁收入　　　　　　　　　　　　　　　　　　　　30 000

（2）2020 年 9 月，确认租赁收入，收取当期租金及第二季度递延至本季度的租金。

借：银行存款　　　　　　　　　　　　　　　　　　60 000
　　贷：其他应收款　　　　　　　　　　　　　　　　　　　30 000
　　　　租赁收入　　　　　　　　　　　　　　　　　　　　30 000

（3）2020 年 10 月至租赁期届满，每季度确认租赁收入，收取租金。

借：银行存款　　　　　　　　　　　　　　　　　　30 000
　　贷：租赁收入　　　　　　　　　　　　　　　　　　　　30 000

5. 情形三：

根据《新冠肺炎疫情相关租金减让会计处理规定》，2021年第一季度至租赁期届满增加的租金视为延期支付进行会计处理，2020年第二季度实际减少租金 = 30 000 × 50% − 30 000 × 10% × 4 = 3 000 元。

（1）2020年6月，将原合同租金确认为租赁收入，同时按实际减少的租金金额冲减租赁收入。

  借：银行存款   15 000
    其他应收款   15 000
   贷：租赁收入   30 000
  借：租赁收入   3 000
   贷：其他应收款   3 000

实务中，也可将上述账务处理进行合并。

（2）2020年7月至2020年12月，每季度确认租赁收入，收取租金。

  借：银行存款   30 000
   贷：租赁收入   30 000

（3）2021年1月至租赁期届满，每季度确认租赁收入，收取本期租金和2020年第二季度递延至本季度收取的租金。

  借：银行存款   33 000
   贷：租赁收入   30 000
     其他应收款   3 000

6. 情形四：

根据《新冠肺炎疫情相关租金减让会计处理规定》，在减免2020年第二季度租金的同时将租赁期延长一个季度且收取等量租金的，视为延期支付进行会计处理。

（1）2020年6月，将原合同租金确认为租赁收入。

  借：其他应收款   30 000
   贷：租赁收入   30 000

（2）2020年7月至2021年12月，每季度确认租赁收入，收取租金。

  借：银行存款   30 000
   贷：租赁收入   30 000

（3）2022年3月，收取租金。

  借：银行存款   30 000
   贷：其他应收款   30 000

三、披露要求

企业按照新规定采用简化方法的，应当披露下列信息：

（1）是否对属于适用范围的租金减让全部采用简化方法。如果不是，还应当披露采用简化方法处理的租赁合同的性质。

（2）采用简化方法处理的相关租金减让对当期损益的影响金额。

企业首次执行新规定，无需按照《企业会计准则第28号——会计政策、会计估计变更和差错更正》第十五条的规定披露当期和各个列报前期财务报表中受影响的项目名称和调整金额。

四、其他具体执行问题

在《租金减让规定》发布后，财政部会计司通过实施问答明确了该规定执行过程中存在的几项典型问题。

财政部会计司会计准则实施问答——租赁准则实施问答（2021年3月2日）

问：承租人于新冠肺炎疫情期间欠付租金，出租人应当如何进行会计处理？

答：根据租赁准则第四十条，出租人应当按照《企业会计准则第22号——金融工具确认和计量》（财会〔2017〕7号）和《企业会计准则第23号——金融资产转移》（财会〔2017〕8号）的规定，对应收融资租赁款的终止确认和减值进行会计处理。

因此，如果承租人欠付租金，但租赁合同未发生变更，出租人应继续按原租赁合同的条款进行相关会计处理。出租人可作出会计政策选择，对租赁应收款按照相当于整个存续期内预期信用损失的金额计量损失准备，也可将其发生信用减值的过程分为三个阶段，对不同阶段的预期信用损失采用相应的会计处理方法。

如果承租人与出租人就租金减让达成新的约定，并满足《新冠肺炎疫情相关租金减让会计处理规定》（财会〔2020〕10号）中关于简化处理的条件，出租人（在境内外同时上市的企业以及在境外上市并采用国际财务报告准则或企业会计准则编制财务报表的企业除外）可以选择采用简化方法进行会计处理。

《新冠肺炎疫情相关租金减让会计处理规定》简化处理方法适用问答[财政部会计司会计准则实施问答——租赁准则实施问答（2022年5月27日）]

问：2019年1月1日，承租人甲企业与出租人乙企业签订一项租赁期为4年的房屋租赁合同。2020年3月31日，受新冠肺炎疫情影响，甲企业与乙企业达成租金减让补充协议，将剩余租赁期内每季度租金减少10%，其他合同条款不变。该减让能否适用《新冠肺炎疫情相关租金减让会计处理规定》（财会〔2020〕10号）的简化处理方法？

答：根据《财政部关于适用〈新冠肺炎疫情相关租金减让会计处理规定〉相关问题的通知》（财会〔2022〕13号），由新冠肺炎疫情直接引发的、承租人与出租人就现有租赁合同达成的租金减免、延期支付等租金减让，减让后的租赁对价较减让前减少或基本不变，且综合考虑定性和定量因素后认定租赁的其他条款和条件无重大变化的，对于2022年6月30日之后应付租赁付款额的减让，承租人和出租人可以继续选择采用《新冠肺炎疫情相关租金减让会计处理规定》规范的简化方法进行会计处理，但在境内外同时上市的企业以及在境外上市并采用国际财务报告准则或企业会计准则编制财务报表的企业除外。

甲企业给予乙企业的减让不仅针对2022年6月30日之前的应付租赁付款额，也针对2022年6月30日之后的应付租赁付款额，如果甲企业和乙企业不属于境内外同时上市的企业或在境外上市并采用国际财务报告准则或企业会计准则编制财务报表的企业，则可以选择采用《新冠肺炎疫情相关租金减让会计处理规定》规范的简化方法进行会计处理。由此导致的衔接会计处理及相关披露，应当遵循《财政部关于调整〈新冠肺炎疫情相关租金减让会计处理规定〉适用范围的通知》（财会〔2021〕9号）的有关规定。

第八章 列报和披露

第一节 承租人

一、列报

（一）资产负债表

《国际财务报告准则第16号》规定，承租人应按如下要求在资产负债表中列报或在财务报表附注中披露［IFRS 16 para. 47］。

（1）将使用权资产与其他资产分开。若承租人未在资产负债表中单独列报使用权资产，则应：①基于相关标的资产如为自有时的列报项目，将使用权资产计入该资产项目中；并且 ②披露资产负债表中包括该等使用权资产的项目。

（2）将租赁负债与其他负债分开。若承租人未在财务状况表中单独列报租赁负债，则应披露资产负债表中包括该等负债的项目。

国内准则下，要求承租人在资产负债表中单独列示使用权资产和租赁负债。其中，租赁负债通常分为非流动负债和一年内到期的非流动负债（即，资产负债表日后12个月内租赁负债预期减少的金额）列示［CAS 21（2018）第五十三条］。

可以看出，由于国际国内准则对资产负债表科目的设置不同，其列报也存在不同，但均要求使用权资产和租赁负债要与其他资产和负债分开。国际准则下，承租人可以选择单独列报使用权资产和租赁负债，也可以不单独列报，若不单独列报,则需将其与其他资产和负债区分开并进行披露。国内准则下,专门设置了两项新的资产负债表科目"使用权资产"和"租赁负债",并要求承租人单独列报。

国际准则并未明确要求承租人将使用权资产单独列报。因为理事会认为,承租人往往出于同一目的使用自有资产和租赁资产,并从其使用中获得类似的经济利益。如果使用权资产未作为单独行项目列报,则将同类的租赁资产和自有资产一并列报将为财务报表使用者提供比其他方法更有用的信息[IFRS 16 para. BC206]。然而,使用权资产与自有资产之间存在差异,财务报表使用者可能希望单独了解使用权资产和自有资产的账面金额。例如,使用权资产可能被认为风险比自有资产小,原因是使用权资产可能不包含剩余资产风险;或者风险比自有资产大,原因是承租人可能需要在租赁期结束时替换使用权资产,但是可能无法取得类似价格的替换租赁。因此,《国际财务报告准则第16号》要求承租人在资产负债表或附注中分别提供使用权资产与自有资产的账面金额信息[IFRS 16 para. BC207]。

同样,国际准则也并未明确要求承租人将租赁负债在资产负债表中单独列报,但要求承租人将租赁负债与其他负债分开,可选择在资产负债表或附注中单独列报。理事会指出,对于许多承租人而言,租赁是一项重要的活动。虽然租赁负债与其他金融负债具有许多共同特征,但是租赁负债与相应资产存在合同上的关联,其特征(如选择权和可变租赁付款额)往往与其他负债的特征有所不同。因此,将租赁负债与其他金融负债分开单独列报(连同承租人的披露要求)为财务报表使用者提供了对理解主体源自租赁安排的义务的有用信息。理事会还指出,《国际会计准则第1号》第55段要求承租人在资产负债表中进一步分解行项目,若该列报与理解承租人的经济状况相关[IFRS 16 para. BC208]。

此外,《国际财务报告准则第16号》强调,以上列报的规定[第(1)项]不适用于符合投资性房地产定义的使用权资产,该等资产应在财务状况表(资产负债表)中作为投资性房地产列报[IFRS 16 para. 48]。

案例 1-8-1:租赁负债的列报[CAS 21 应用指南(2019)例 59]

案例背景:

沿用案例 1-4-30,在租赁期开始日,A 公司确认的租赁负债为 43 300 元,租赁负债将按以下方法进行后续计量(见表 1-8-1):

表1-8-1　　　　　　　　　　租赁负债后续计量　　　　　　　　　　单位：元

年度	租赁负债年初金额 ①	利息 ②=①×5%	租赁付款额 ③	租赁负债年末金额 ④=①+②-③
1	43 300	2 165	10 000	35 465
2	35 465	1 773	10 000	27 238
3	27 238	1 362	10 000	18 600
4	18 600	930	10 000	9 530
5	9 530	470	10 000	

案例分析：

在第一年年末，A公司的租赁负债为35 465元，其中，应列示为非流动负债的金额为27 238元，应列示为一年内到期的非流动负债的金额为8 227元（即，35 465-27 238），该金额是资产负债表日后12个月内租赁负债预期减少的金额。

（二）利润表

新租赁准则规定，在损益及其他综合收益表（利润表）中，承租人应分别列报租赁负债的利息费用与使用权资产的折旧费用。租赁负债的利息费用在财务费用项目列示 [IFRS 16 para.49；CAS 21（2018）第五十三条]。

理事会决定将租赁负债的利息费用与使用权资产的折旧费用分开，并在利润表中单独列报。是因为其认为，承租人将租赁负债的利息与其他金融负债的利息作为整体列报，并将使用权资产折旧与其他类似费用（如不动产、厂场和设备折旧）作为整体列报，将为财务报表使用者提供更加有用的信息 [IFRS 16 para.BC209]。

此外，在国内准则下，由于金融企业的财务报表格式中没有财务费用项目，因此使用权资产的折旧费用和利息费用可以在"业务及管理费用"列示，并在附注中进一步披露。

（三）现金流量表

《国际财务报告准则第16号》规定，在现金流量表中，承租人应进行以下分类 [IFRS 16 para.50]。

（1）租赁负债本金部分的现金支付属于筹资活动；

（2）租赁负债利息部分的现金支付，适用《国际会计准则第7号》中关于

利息支付的规定；以及

（3）未计入租赁负债计量的短期租赁付款额、低价值资产租赁付款额和可变租赁付款额属于经营活动。

国内准则与国际准则除关于租赁负债利息部分的现金支付，其余规定与国际准则一致。国内准则明确了租赁负债利息部分的现金支付应当计入筹资活动现金流出［CAS 21（2018）第五十三条］。国际准则要求承租人参照《国际会计准则第 7 号》相关规定进一步分析列报，而《国际会计准则第 7 号》对利息支出的列报，并未全部作为筹资活动，而是需要根据不同行业不同业务分析列报。因此，在国际准则下，租赁负债产生的利息可能分类为经营活动或投资活动。

理事会关于租赁现金流出列报的决定与使用权资产和租赁负债的性质以及在利润表中列报的租赁产生的费用有关。理事会认为，在利润表和现金流量表上按两种不同的方式列报租赁付款额将引起误导［IFRS 16 para. BC210］。因此，理事会决定，承租人应在现金流量表中将租赁负债现金偿还的本金部分分类为融资活动，并采取与其他利息支付一致的方式对利息相关现金付款进行分类。该方法与《国际会计准则第 7 号》中关于金融负债相关现金流量的规定一致，并保持了租赁利息与其他金融负债利息之间的可比性。该方法还导致承租人在资产负债表、利润表和现金流量表中采取一致的方式对租赁进行会计处理。例如，承租人按照与其他金融负债类似的方式对租赁负债进行计量和列报，按照与其他金融负债的利息类似的方式对该项负债相关利息进行确认和列报，并且按照与其他金融负债的利息类似的方式对与租赁负债利息相关的现金付款进行列报［IFRS 16 para. BC211］。

二、披露

（一）披露目标

承租人披露的目标是，承租人在财务报表附注中披露的信息与其在资产负债表、损益表和现金流量表中提供的信息为财务报表使用者评估租赁对承租人财务状况、财务业绩和现金流量的影响提供依据［IFRS 16 para. 51］。

理事会认为，清晰的目标可加强披露要求的解释和实施。原因在于，承租人会被要求评估其租赁披露的总体质量和信息价值是否足以满足所规定的目标

[IFRS 16 para. BC215]。理事会也考虑过在《国际财务报告准则第 16 号》的披露要求中纳入重要性水平的说明。但他们认为,其他准则不包含该等说明。《概念框架》和《国际会计准则第 1 号——财务报表的列报》(以下简称《国际会计准则第 1 号》)中的重要性水平概念普遍应用于国际财务报告准则,其在《国际财务报告准则第 16 号》中的应用方式与所有其他准则并无不同。在《国际财务报告准则第 16 号》的披露要求中纳入对重要性水平的说明可能被解读为,暗示重要性水平不适用于其他准则中的披露要求,因为其他准则未明确提及重要性水平。总体披露目标中隐含的观点是,披露的详细程度应反映承租人的租赁活动对其财务报表的重要性。因此,理事会得出结论认为,应用总体披露目标的指南将对承租人有所帮助,但其指出《国际会计准则第 1 号》第 30A 段和第 31 段已提供了该等指南 [IFRS 16 para. BC216]。

(二) 披露规定

1. 基本披露要求

(1) 项目金额披露规定

《国际财务报告准则第 16 号》规定,承租人应披露报告期间的如下项目金额 [IFRS 16 para. 53]。

①按照标的资产类别披露使用权资产的折旧费用;

②租赁负债的利息费用;

③与按照新租赁准则相关简化处理进行会计处理的短期租赁相关的费用。此费用无需包含租赁期为一个月或以下的租赁的相关费用;若承租人在报告期末承诺的短期租赁组合与按照本项披露的短期租赁费用所对应的短期租赁组合不同,则承租人应披露按照简化处理进行会计处理的短期租赁的租赁承诺金额 [IFRS 16 para. 55];

④与按照新租赁准则相关简化处理进行会计处理的低价值资产租赁相关的费用。此费用不应包含已包括在上述第③项中的低价值资产短期租赁的相关费用;

⑤与未计入租赁负债的可变租赁付款额相关的费用;

⑥转租使用权资产的收益;

⑦租赁现金流出总额;

⑧使用权资产的增加;

⑨售后租回交易产生的利得或损失;以及

⑩报告期末按照标的资产类别分类的使用权资产的账面金额。

承租人应以列表格式提供以上规定的披露信息,其他格式更为适当的除外。披露的金额应包含承租人在报告期间已计入其他资产账面金额的成本〔IFRS 16 para. 54〕。

关于以上 10 项披露的规定,理事会指出,该披露要求与财务报表使用者认定最有助于其分析的信息,并因而希望获取主体所有重要租赁组合的该等信息相关:(1)按照标的资产类别披露使用权资产的账面金额及其折旧费用(第 1 和 10 项),有助于了解承租人租赁活动的性质,以及对采取租赁方式和购买方式获取其资产的主体进行比较。(2)披露租赁负债的利息费用(第 2 项),与独立于其他负债的租赁负债的账面金额披露一起提供了关于承租人的租赁负债和筹资成本的信息。(3)披露与按照《国际财务报告准则第 16 号》简化处理进行会计处理的短期租赁和低价值资产租赁相关的费用,以及与未纳入租赁负债计量的可变租赁付款额相关的费用。(第 3、第 4、第 5 项)提供了未计入资产负债表的资产和负债的相关租赁付款额的信息。(4)披露租赁的现金流出总额(第 7 项),财务报表使用者认定其可提供最有用的租赁现金流量信息,且有助于预测未来租赁付款额。(5)披露使用权资产的增加(第 8 项),提供了关于租赁资产和自有资产的资本支出的可比信息。(6)披露售后回租交易所产生的利得和损失(第 9 项),有助于更好地了解售后回租交易的特质以及该等交易对承租人财务业绩的影响。(7)披露转租使用权资产的收益(第 6 项),该披露与上文讨论的租赁资产相关费用的信息一道完整描述了主体的租赁活动对其利润表的总体影响〔IFRS 16 para. BC217〕。

《国际财务报告准则第 16 号》要求承租人在财务报表的单独附注或单独章节中披露关于租赁的信息,并以列表格式列报定量信息,除非其他格式更为适当。根据财务报表使用者的反馈,理事会认为该列报方式能最好地传达对承租人租赁组合的整体理解,而且提高了信息的透明度。理事会认为,在单独附注或单独章节中列报所有租赁披露通常是根据《国际会计准则第 1 号》第 113 段的要求系统性列报租赁相关信息的最有效方式〔IFRS 16 para. BC228〕。

对于以上披露规定,国内准则对承租人的披露要求与国际准则基本一致,但存在略微区别。对于使用权资产的金额,国际准则要求披露使用权资产的折旧费用、增加金额、报告期末按照标的资产类别分类的使用权资产的账面金额。国内准则要求出租人应当在附注中披露各类使用权资产的期初余额、本期增加额、期末余额以及累计折旧额和减值金额,进一步明确要求披露使用权资产的期初金额和减值金额。

（2）到期分析

承租人应按照《国际财务报告准则第7号——金融工具：披露》（以下简称《国际财务报告准则第7号》）第39段和B11段［《企业会计准则第37号——金融工具列报》（2017）］单独披露租赁负债的到期分析，并与其他金融负债的到期分析分开［IFRS 16 para.58；CAS 21（2018）第五十四条（八）］。

《国际财务报告准则第7号》第39段规定："主体应当披露：①对非衍生金融负债（包括签发的财务担保合同），列示其剩余合同到期期限的到期期限分析；②对衍生金融负债的到期期限分析。如果剩余到期期限对于理解现金流的时间分布至关重要，到期期限分析应包括衍生金融负债的剩余合同到期期限；③对主体如何管理①和②中固有流动性风险所作的描述。"B11段规定："准备第39①段和第39②段所要求的到期期限分析时，主体使用自身判断确定适当的时间段，例如，主体可能决定下述时间段是合适的：①一个月以内；②一个月至三个月；③三个月至一年；以及④一年至5年。"

到期分析的主要目标是帮助财务报表使用者了解流动性风险和估计未来现金流量。理事会认为，《国际财务报告准则第7号》的要求实现了该目标，同时，也允许承租人灵活列报与特定租赁组合最为相关的到期分析［IFRS 16 para.BC219］。

理事会考虑了《国际财务报告准则第16号》是否应该对类似于《国际会计准则第17号》要求的到期分析作出更多的描述性规定（例如，要求承租人披露前5年每年的未折现租赁付款额以及之后期间的总额）。财务报表使用者对《国际会计准则第17号》到期分析规定的反馈普遍持肯定态度。特别是，要求的规范性确保了不同承租人提供可比信息［IFRS 16 para.BC220］。对租赁负债应用《国际财务报告准则第7号》要求承租人在选择到期分析的时间段时运用判断。理事会认为，如果披露前5年每年的未折现现金流量以及之后期间的现金流量总额能够为财务报表使用者提供最有用的信息，那么《国际财务报告准则第7号》的要求应引导承租人按照这一详细程度进行披露。相反，如果其他（可能更为详细）的时间段能够为财务报表使用者提供最有用的信息，那么《国际财务报告准则第7号》的要求应引导承租人按照这种替代方案以及更有用的时间段组合披露。例如，对于15～20年的租赁组合，《国际财务报告准则第7号》的要求应引导承租人对第5年后的期间提供更详细的到期分析，而不是只披露5年后的单一金额［IFRS 16 para.BC221］。

此外，理事会认为，对租赁负债应用与其他金融负债到期分析披露相同的要求是适当的。原因在于，《国际财务报告准则第 16 号》中的承租人会计模型是以租赁负债是金融负债这一前提为基础的 [IFRS 16 para. BC222]。

关于非租赁部分的到期分析，理事会决定不要求披露。因为他们认为，财务报表使用者会发现主体的任何合同承诺的到期信息都是有用的，无论主体在该合同下权利的性质是什么。但是，要求披露针对租赁合同中的服务的合同承诺，而未同时要求披露针对作为其他合同一部分的服务的合同承诺可能会造成误导。理事会决定，加入该等披露要求超出了租赁项目的范围 [IFRS 16 para. BC223]。

（3）其他规定

①符合投资性房地产定义的使用权资产

若使用权资产符合投资性房地产的定义，则承租人应采用《国际会计准则第 40 号》中的披露要求。在此情况下，承租人无需对该使用权资产提供上述按标的资产类别披露使用权资产的折旧费用、转租使用权资产的收益、使用权资产的增加，以及报告期末按照标的资产类别分类的使用权资产的账面金额的披露信息 [IFRS 16 para. 56]。

对于该项规定，国内准则尚未进行明确。在《国际财务报告准则第 16 号》发布时，《国际会计准则第 40 号》也进行了修订，规定承租人以使用权资产持有的房地产也作为投资性房地产（对于承租人关于资产的列报规定）。国内准则未单独对转租赁符合投资性房地产定义的使用权资产作出特别的披露要求，如前所述，在国内准则下，对转租赁建筑物符合投资性房地产定义的，不允许使用公允价值计量模式。因此，国内准则下对转租赁符合投资性房产定义的披露内容可能与国际准则有所不同。

②重估使用权资产金额

若承租人根据《国际会计准则第 16 号》按重估金额计量使用权资产，则应对该使用权资产按照《国际会计准则第 16 号》第 77 段的规定披露信息 [IFRS 16 para. 57]。

该规定是国际准则特有。因为在国际准则下，不动产、厂场和设备可以选择成本模式和重估模式进行后续计量，而国内准则下没有重估模式，无需考虑该重估模式下的披露信息。

③短期租赁和低价值资产租赁

如果承租人按照简化处理对短期租赁或低价值资产租赁进行会计处理，则应进行相关披露［IFRS 16 para.60；CAS 21（2018）第五十四条］。

④交叉引用

承租人应在财务报表的单独附注或单独章节中披露其作为承租人的信息，但无需重复已在财务报表其他部分列报的信息，只要在关于租赁的单独附注或单独章节中通过交叉引用融入该信息［IFRS 16 para.52］。

2. 额外披露要求

除上述规定的披露信息之外，为实现披露目标，承租人还应披露必要的关于租赁活动的额外定性和定量信息。额外信息有助于财务报表使用者评估的事项包括但不限于［IFRS 16 para.59；CAS 21（2018）第五十五条］：

（1）承租人租赁活动的性质；

（2）承租人可能发生但未纳入租赁负债计量的未来现金流出，包括源自下列项目的风险敞口：

① 可变租赁付款额；

② 续租选择权与终止租赁选择权；

③ 余值担保；以及

④ 承租人已承诺但尚未开始的租赁。

（3）租赁导致的限制或承诺；以及

（4）售后租回交易。

为实现披露目标，在确定租赁活动的额外信息是否属于必要的信息时，承租人应考虑以下方面［IFRS 16 para.B48］。

（1）该信息是否与财务报表使用者相关。承租人应仅在预期以上规定的额外信息与财务报表使用者相关的情况下才提供这些信息。如果这些信息可帮助使用者了解以下事项，则可能属于此情形：

①租赁带来的灵活性。租赁可提供一定的灵活性，例如，承租人可通过行使终止选择权或以有利条款和条件续租的方式降低风险敞口；

② 租赁施加的限制。租赁可施加多种限制，例如，要求承租人维持特定的财务比率；

③报告信息对关键变量的敏感性。例如，报告信息可能对未来可变租赁付款额较为敏感；

④租赁产生的其他风险敞口；

⑤偏离行业惯例。例如，此类偏离可能包括一些罕见或特殊的租赁条款与条件，从而影响承租人的租赁组合。

（2）该信息是否可以从财务报表主表列报或附注中披露的信息直观得出。承租人无需重复已在财务报表其他部分列报的信息。

许多租赁包含更复杂的特征，可能包括可变付款额、终止租赁选择权和续租选择权以及余值担保。租赁的这些特征通常由合同各方的个别情况决定，在某些情况下尤其复杂或为个别合同的独有特征。利益相关方的反馈意见表明，对于承租人租赁组合中的这些特征，适用于所有主体的标准披露要求可能无法满足财务报表使用者的需求［IFRS 16 para. BC224］。针对这些更复杂的特征，《国际财务报告准则第16号》要求承租人披露为满足披露目标所必要的且未在财务报表其他部分反映的主体特有重大信息。《国际财务报告准则第16号》对该要求进行了补充，增加了额外披露应解决的使用者信息需求清单，以及承租人为满足额外披露要求可能提供披露的示例。理事会指出，这些示例并不能穷尽所有，但是其有助于说明在确定最有用和最相关的披露时应运用判断，这些判断将依赖于承租人的个别情况。理事会认为，该方法通过以下方式协助主体提供更相关、更有用的披露：（1）通用或"样板性"的披露；以及（2）协助承租人运用判断识别与财务报表使用者相关的信息并专注于提供该等信息［IFRS 16 para. BC225］。

理事会承认，对于具有众多复杂、独特或重大租赁安排的承租人，满足《国际财务报告准则第16号》中的额外披露要求很可能产生增量成本。然而，理事会认为：（1）《国际财务报告准则第16号》中的计量要求在某些方面进行了简化，以期降低承租人在应用《国际财务报告准则第16号》时产生的成本，但同时也意味着财务报表使用者需要额外信息以了解被排除在租赁负债计量之外的重大特征。例如，除非能合理确定该等付款额会发生，承租人无需将选择期间产生的付款额包含在内。同样地，除非付款额取决于指数或比率且未来租赁付款额会因为基准指数或比率的变动而发生变动，承租人无需重新评估可变租赁付款额。（2）很多承租人将无需因该等要求而进行任何额外的披露。原因在于，预计《国际财务报告准则第16号》第53段和第58段（本文所述的"项目金额规定"和"到期分析"）所要求的披露将对不具有复杂或独特特征的租赁提供足够的信息。理事会认为，租赁活动特别复杂或独特的主体在编制租赁披露时将产生更高的成本是合理的［IFRS 16 para. BC226］。

此外，理事会考虑过要求披露关于更复杂特征的具体信息。例如，该等信息本可包括确定可变租赁付款额和选择权的基础以及条款和条件。然而，承租人告知理事会，该等信息将很难以有意义的方式获取，对于大型或多样化的租赁组合尤其如此。一些财务报告使用者也表达了担忧，即该等方法可能会导致"样板性"的合规性披露，而这种披露一般不会提供有用的信息。目前所采用的方法使承租人可以在同时考虑提供信息的成本和财务报表使用者的信息需求的情况下，确定提供信息的最佳方式［IFRS 16 para. BC227］。

（1）承租人可能发生但未纳入租赁负债计量的未来现金流出

①可变租赁付款额

为实现披露目标，根据具体情况可能需要提供与可变租赁付款额相关的额外信息，以帮助财务报表使用者进行评估，例如［IFRS 16 para. B49］：

A. 承租人使用可变租赁付款额的原因，以及使用此类付款额的普遍性；

B. 可变租赁付款额相对于固定付款额的大小；

C. 可变租赁付款额所依据的主要变量，以及付款额预期将如何随着主要变量的变化而发生变动；以及

D. 可变租赁付款额的其他经营及财务影响。

案例 1-8-2：承租人拥有大量付款额条款一致的租赁
［CAS 21 应用指南（2019）例 60；IFRS 16 示例 22B］

零售商甲公司租入了大量零售店铺，其中许多租赁包含与店铺销售额挂钩的可变付款额条款。甲公司的政策规定，可变租赁付款额条款的使用情形以及所有租赁商洽均须集中审批。租赁付款额受到集中监督。甲公司认为，关于可变租赁付款额的信息对财务报表使用者有重大意义，且无法从财务报表的其他部分获得。此外，甲公司认为，下列信息对财务报表使用者也有重大意义：甲公司就可变租赁付款额所用的不同类型的合同条款，这些条款对其财务状况的影响，以及可变租赁付款额对销售额变化的敏感度等，这些信息与向甲公司的高级管理层报告时所用的有关可变租赁付款额的信息类似。因此，甲公司在其财务报表附注中对租赁进行如下披露：

本集团的许多房地产租赁包含与租入店铺的销售额挂钩的可变租赁付款额条款。在可能的情况下，本集团使用该等条款的目的是将租赁的付款额与产生较多现金流的店铺相匹配。对于单独的店铺，最高可有 100% 的付款额是基于可变租赁付款额的，并且，用于确定付款额的销售额比例范围较大。在某些情况下，可变租赁付款额条款还包含年度付款额的下限或上限。

在 2×07 年度，租赁付款额及条款汇总如表 1-8-2 所示。

表 1-8-2　　　　　　　　　　租赁付款额及条款

	店铺数量（个）	固定付款额（元）	可变付款额（元）	付款额总额（元）
仅有固定付款额	1 490	1 153 000		1 153 000
有可变付款额且无最低标准	986		562 000	562 000
有可变付款额且有最低标准	3 089	1 091 000	1 435 000	2 526 000
合计	5 565	2 244 000	1 997 000	4 241 000

若本集团全部店铺的销售额增长 1%，租赁付款总额预期将增长约 0.6% 至 0.7%；若本集团全部店铺的销售额增长 5%，租赁付款总额预期将增长约 2.6% 至 2.8%。

案例 1-8-3：承租人拥有大量付款额条款差异较大的租赁
［CAS 21 应用指南（2019）例 61；IFRS 16 示例 22C］

零售商甲公司租入了大量零售店铺。这些租赁包含差异较大的可变租赁付款额条款。租赁条款由当地管理层商洽和监督。甲公司认为，关于可变租赁付款额的信息对财务报表使用者有重大意义，且无法从财务报表的其他部分获得。并且，甲公司认为，关于如何管理房地产租赁组合的信息对财务报表使用者有重大意义。此外，甲公司认为，关于以后年度的可变租赁付款额预计水平的信息（与向甲公司的高级管理层报告时所用的信息类似）对财务报表使用者也有重大意义。因此，甲公司在其财务报表附注中对租赁进行如下披露：

本集团的许多房地产租赁包含可变租赁付款额条款。当地管理层对店铺的利润率负责，因此，租赁条款由当地管理层商洽确定，付款额条款类型多样。使用可变租赁付款额条款有多种原因，包括最小化新开店固定成本额、管理利润率以及保持经营灵活性等。本集团的可变租赁付额条款差异较大：

——大部分可变租赁付款额条款是基于店铺销售额的一定比例；

——基于可变条款的付款额占单个房地产租赁付款总额的比例为 0~20%；

——部分可变租赁付款额条款包含下限或上限条款。

使用可变租赁付款额条款的总体财务影响是：店铺的销售额越高，租金成本越高。这将有利于本集团的利润管理。预计未来几年可变租赁付款额相关的租赁费用占店铺销售额的比例将保持类似水平。

②续租选择权与终止租赁选择权

为实现披露目标，根据具体情况可能需要提供与续租选择权或终止选择权相关的额外信息，以帮助财务报表使用者进行评估，例如［IFRS 16 para. B50］：

A. 承租人使用续租选择权或终止选择权的原因，以及此类选择权的普遍性；

B. 选择权期间租金相对于租赁付款额的大小；

C. 行使未纳入租赁负债计量的选择权的普遍性；以及

D. 此类选择权的其他经营及财务影响。

案例 1-8-4：承租人拥有大量租赁，这些租赁条款和条件差异较大且管理不集中 [CAS 21 应用指南（2019）例 62；IFRS 16 示例 23A]

承租人甲公司有大量设备租赁，这些租赁的条款和条件差异较大。租赁条款由当地管理层商洽和监督。甲公司认为，如何对终止租赁选择权和续租选择权的使用进行管理的信息对财务报表使用者有重大意义，且无法从财务报表的其他部分获得。此外，甲公司认为，下列信息对财务报表使用者也有重大意义：重新评估上述选择权的财务影响，以及在其短期租赁组合中，包含无罚金年度解约条款的租赁所占的比例。因此，甲公司在其财务报表附注中对租赁进行如下披露：

本集团有大量设备租赁包含续租选择权和终止租赁选择权。当地管理层负责管理其租赁。因此，租赁条款是以逐项租赁为基础进行商洽的，并且这些租赁的条款和条件差异较大。在可能的情况下，租赁会使用续租选择权和终止租赁选择权条款，以便当地管理层在取得所需设备与履行客户合同的一致性方面拥有更大的灵活性。本集团所用的租赁具体条款和条件不尽相同。

大部分续租选择权和终止租赁选择权仅可由本集团行使，而非由相应的出租人行使。若本集团不能合理确定将行使续租选择权，则续租期间的相关付款额不纳入租赁负债的计量。

2×07 年，因续租选择权或终止租赁选择权的评估结果或实际行使情况发生变化导致租赁期变化，本集团确认的租赁负债增加 489 000 元。

此外，本集团有大量租赁安排包含无罚金的年度解约条款。这些租赁被分类为短期租赁，且未包含在租赁负债中。本集团在 2×07 年确认的短期租赁费用为 30 000 元，其中包含年度解约条款的租赁发生的租赁费用为 27 000 元。

案例 1-8-5：承租人拥有大量部分条款和选择权一致的租赁 [CAS 21 应用指南（2019）例 63；IFRS 16 示例 23C]

承租人甲公司有大量大型设备租赁，这些租赁包含可由甲公司行使的续租选择权。甲公司的政策是，在可能的情况下使用续租选择权，从而使得已承诺的大型设备的租赁期与相关客户合同的初始合同期限一致，同时保留管理大型设备以及在不同合同间重新分配资产的灵活性。甲公司认为，关于续租选择权的信息对财务报表使用者有重大意义，且无法从财务报表的其他部分获得。此外，甲公司认为，下列信息对财务报表使用者也有重大意义：未纳入租赁负债计量的未来租赁付款额的潜在风险敞口，以及过去已行使的续租选择权所占比例。这与向甲公司的高级管理层报告时所用的有关续租选择权的信息类似。因此，甲公司在其财务报表附注中对租赁进行如下披露：

本集团的许多大型设备租赁包含续租选择权。这些条款可最大化合同管理的灵活性。在许多情况下，这些条款并未纳入租赁负债的计量，因为本集团无法合理确定是否将行使这些选择权。表1-8-3汇总了与续租选择权可行权之后期间相关的潜在未来付款额。

表1-8-3　续租选择权可行权之后期间相关的潜在未来付款额

业务分部	已确认的租赁负债（已折现）（元）	未纳入租赁负债的潜在未来付款额（未折现）（元）	以往行使续租选择权的比例（%）
分部A	569 000	799 000	52
分部B	2 455 000	269 000	69
分部C	269 000	99 000	75
分部D	1 002 000	111 000	41
分部E	914 090	312 000	76
合计	5 209 000	1590 000	67

③余值担保

为实现披露目标，根据具体情况可能需要提供与余值担保相关的额外信息，以帮助财务报表使用者进行评估，例如［IFRS 16 para. B51］：

A. 承租人提供余值担保的原因，以及此类担保的普遍性；

B. 承租人余值风险敞口的相对大小；

C. 此类担保针对的标的资产的性质；以及

D. 此类担保的其他经营及财务影响。

（2）售后租回交易。为实现披露目标，根据具体情况可能需要提供与售后租回交易相关的额外信息，以帮助财务报表使用者进行评估，例如［IFRS 16 para. B52］：

A. 承租人进行售后租回交易的原因,以及此类交易的普遍性;

B. 各项售后租回交易的主要条款与条件;

C. 未纳入租赁负债计量的付款额;以及

D. 报告期内售后租回交易对现金流的影响。

3. 针对承租人披露曾考虑的其他方法

相对于为租赁披露制定具体要求,理事会考虑过一种备选方法,即承租人根据《国际会计准则第16号》对不动产、厂场和设备的披露要求披露使用权资产的相关信息,并根据《国际财务报告准则第7号》中对金融负债的披露要求披露租赁负债的相关信息。支持该方法的人认为,该方法与《国际财务报告准则第16号》中的承租人会计模型保持了一致性[IFRS 16 para. BC229]。尽管注意到使用权资产和其他资产以及租赁负债和其他金融负债均存在重要相似性,理事会未采用该方法,原因在于:(1)该方法不能向财务报表使用者提供承租人租赁安排中常见的某些租赁组合的特征(如可变付款额、续租或终止租赁选择权和余值担保)的信息。同样地,该方法不能提供某些由于《国际财务报告准则第16号》中的简化处理而未计入资产负债表的使用权资产和租赁负债(如由于短期租赁和低价值资产租赁形成的资产和负债)的信息。(2)关于承租人租赁组合的信息可能会因为被纳入不同类别资产和负债的披露中而被掩盖。因此,该方法可能会损害为财务报表使用者提供的租赁信息的透明度和有用性[IFRS 16 para. BC230]。

第二节　出租人

一、列报

新租赁准则规定,出租人应根据标的资产的性质在资产负债表中列报经营租赁下的标的资产[IFRS 16 para. 88;CAS 21(2018)第五十六条]。

对于出租人的列报,仅要求出租人根据资产性质在资产负债表中列报经营租赁下的标的资产。《国际财务报告准则第16号》不包括与转租赁列报相关的要求。因为理事会认为,其他国际财务报告准则已提供了充足的指南,没有必要制定专门规定。具体而言，根据《国际会计准则第 1 号》中的抵销规定，除非满足金融工具抵销要求，中间出租人不得抵销由于原租赁以及转租同一标的资产而形成的资产和负债。理事会考虑了是否作出例外规定以允许或要求中间出租人抵销由于原租赁以及转租同一标的资产而形成的资产和负债。然而，理事会指出，该等资产和负债所产生的风险敞口不同于由于单一租赁应收款净额或租赁负债所产生的风险敞口，并得出结论认为，以净额为基础进行列报会对中间出租人的财务状况提供误导信息，因为该列报可能会掩盖某些交易的存在〔IFRS 16 para. BC235〕。理事会亦决定，除非满足《国际会计准则第 1 号》中的金融工具抵销要求，中间出租人不应抵销与原租赁以及转租同一标的资产相关的租赁收益和租赁费用〔IFRS 16 para. BC236〕。

二、披露

《国际财务报告准则第 16 号》对《国际会计准则第 17 号》的出租人披露要求作出了改进，从而使财务报表使用者能够更好地评估出租人租赁活动产生的现金流量的金额、时间和不确定性。该项改进是对部分利益相关方观点的回应，他们认为《国际会计准则第 17 号》中的出租人会计模型未能提供有关出租人租赁活动的足够信息。特别是，部分投资者和分析师要求提供有关出租人剩余资产风险敞口的额外信息〔IFRS 16 para. BC251〕。

（一）披露目标

出租人披露的目标是使出租人在财务报表附注中披露的信息与其在资产负债表、损益表和现金流量表中提供的信息一道为财务报表使用者评估租赁对出租人财务状况、财务业绩和现金流量的影响提供依据〔IFRS 16 para. 89〕。

（二）披露规定

1. 基本披露要求

新租赁准则对出租人租赁的披露区分融资租赁和经营租赁进行规定：
（1）融资租赁
①项目金额披露规定
对于融资租赁，新租赁准则规定出租人应披露报告期间的以下项目金额〔IFRS 16 para. 90；CAS 21（2018）第五十七条（一）〕。

A. 销售利润或损失
B. 租赁投资净额的融资收益；以及
C. 与未纳入租赁投资净额计量的可变租赁付款额相关的收入。

出租人应以列表格式提供以上规定的披露信息，其他格式更为适当的除外［IFRS 16 para. 91］。

《国际财务报告准则第 16 号》要求出租人披露在报告期间已确认租赁收入的不同组成部分的相关信息。该规定类似于《国际财务报告准则第 15 号》中要求主体披露对报告期间已确认收入按类别分解的信息的规定［IFRS 16 para. BC252］。

②到期分析

出租人应披露租赁应收款的到期分析，列示至少未来 5 年每年将收取的未折现租赁付款额，以及剩余年度的租赁付款额总额。出租人应编制租赁投资净额与未折现租赁付款额调节表。该调节表应明确与租赁应收款相关的未实现融资收益以及未担保余值的现值［IFRS 16 para. 94；CAS 21（2018）第五十七条（二）（三）］。

理事会指出，与先前《国际会计准则第 17 号》的规定（要求进行到期分析并按一年内、第 2 年至第 5 年和 5 年后的三个时间段显示到期租赁付款额）相比，要求出租人披露报告日后至少 5 年每年将收取的未折现租赁付款额以及此后剩余年度的租赁付款额总额的到期分析，将提供更多有关出租人流动性风险的信息。理事会认为，更详细的到期分析将使财务报表使用者能够更准确地预测未来的租赁现金流量以及估计流动性风险。理事会预期，与《国际会计准则第 17 号》的规定相比，不会产生重大增量成本，因为出租人通常需要相同的信息以进行《国际会计准则第 17 号》要求的披露。理事会还指出，一些出租人已经对应收租赁款披露了比《国际会计准则第 17 号》要求更为详细的到期分析［IFRS 16 para. BC258］。

③其他规定

出租人应对融资租赁投资净额账面金额的重大变动提供定性和定量说明［IFRS 16 para. 93］。

理事会认为，该规定可以使财务报表使用者了解这些重大变化，且基于收到的反馈意见，该信息对财务报表使用者是有用的，且无法以其他方式获得［IFRS 16 para. BC259］。

(2) 经营租赁

①项目金额披露规定

对于经营租赁，新租赁准则规定出租人应披露租赁收入，并单独披露不取决于指数或比率的可变租赁付款额的相关收入 [IFRS 16 para.90；CAS 21 (2018) 第五十八条（一）]。

与融资租赁类似，出租人应以列表格式提供以上规定的披露信息，其他格式更为适当的除外 [IFRS 16 para.91]。

②到期分析

与融资租赁类似，对于经营租赁，出租人应披露租赁付款额的到期分析，显示至少未来 5 年每年将收取的未折现租赁付款额，以及剩余年度的租赁付款额总额 [IFRS 16 para.97；CAS 21 (2018) 第五十八条（三）]。

③其他规定

新租赁准则规定，对于经营租赁下的不动产、厂场和设备，出租人应采用《国际会计准则第 16 号》(《企业会计准则第 4 号——固定资产》) 的披露要求。在采用《国际会计准则第 16 号》规定的披露要求时，出租人应将各类不动产、厂场和设备分为经营租赁资产和非经营租赁资产。因此，出租人应将经营租赁资产与出租人持有和使用的自有资产分开，并对经营租赁资产（按标的资产类别）提供《国际会计准则第 16 号》规定的披露信息 [IFRS 16 para.95；CAS 21 (2018) 第五十八条（二）]。

理事会注意到，出租人对经营租赁下租赁的资产采用与持有和使用的自有资产（例如，在出租人的经营中）相似的方式进行会计处理。然而，租赁资产与自有资产通常被用于不同的目的，即租赁资产产生租赁收入，而不是对出租人的其他营收活动作出贡献。因此，理事会得出结论认为，若将出租人持有和使用的自有资产与产生租赁收入的租赁资产分开，财务报表使用者将从获得该信息中受益。因此，《国际财务报告准则第 16 号》要求出租人将各类不动产、厂场和设备分为经营租赁资产和非经营租赁资产 [IFRS 16 para.BC256]。

此外，《国际财务报告准则第 16 号》强调，对于经营租赁资产，出租人应适用《国际会计准则第 36 号》《国际会计准则第 38 号》《国际会计准则第 40 号》和《国际会计准则第 41 号》的披露要求 [IFRS 16 para.96]。

2. 额外披露要求

为实现披露目标，出租人应披露必要的关于租赁活动的额外定性和定量信息。额外信息可帮助财务报表使用者评估的事项包含但不限于 [IFRS 16 para. 92；CAS 21（2018）第五十九］：

（1）出租人租赁活动的性质；以及

（2）出租人如何管理与其在标的资产中保留的权利相关的风险。出租人应特别披露其在标的资产中保留的权利的风险管理策略，包括出租人降低风险的方式。该等方式可包括回购协议、余值担保或因超出规定限制使用资产而支付的可变租赁付款额等。

租赁会计准则修订项目期间开展的学术研究和外部调研以及所收到的反馈意见，强调《国际会计准则第17号》中有关出租人披露的主要问题是缺少有关出租人信用风险（与应向承租人收取的租赁付款额有关）和资产风险（与出租人在标的资产中的剩余权益有关）敞口的信息。特别是对于经营租赁，出租人可能保留了重大剩余资产风险，但从财务报表中可获得的有关该风险敞口的信息往往很少（如有）［IFRS 16 para. BC253］。例如，如果租赁设备和车辆的市场价值的下降幅度超过出租人在为租赁定价时的预计幅度，则将对该项租赁的收益能力产生不利影响。租赁期结束时标的资产余值的不确定性往往是出租人面临的首要风险。因此，《国际财务报告准则第16号》要求出租人披露其如何管理与其在标的资产中保留的权利相关的风险。理事会还指出，披露有关剩余资产风险的信息还为财务报表使用者提供有用信息，即出租人与应收租赁付款额相关的信用风险和与标的资产权益相关的剩余资产风险之间的风险分配［IFRS 16 para. BC254］。

此外，理事会还考虑过要求出租人在每个报告日披露剩余资产的公允价值。然而，理事会得出结论认为，该要求对于出租人而言可能过于繁重。尽管如何管理剩余资产风险对于出租人的业务而言十分重要，但必须披露和审计剩余资产公允价值信息产生的成本可能会高于此举对财务报表使用者带来的收益［IFRS 16 para. BC255］。

第三节　账务处理及报表列报科目

本节是以国内报表和核算为前提，介绍核算科目说明和主要账务处理。本节仅介绍适用于新租赁准则进行会计处理时涉及的主要会计科目、相关会计科目的核算内容和账务处理，不涉及可自行设置的明细科目。

一、核算科目说明

对于承租人而言,新租赁准则引入 2 项目新报表科目:"使用权资产"和"租赁负债",其中"使用权资产"包含 3 项会计科目:"使用权资产""使用权资产累计折旧"和"使用权资产减值准备"。具体如表 1-8-4 所示。

表 1-8-4　　　　　　　　核算科目说明(承租人)

科目名称	报表科目	科目说明
使用权资产	使用权资产	(1) 本科目核算承租人持有的使用权资产的原价 (2) 本科目可按租赁资产的类别和项目进行明细核算 (3) 本科目期末借方余额,反映承租人使用权资产的原价 (4) 承租人应当在资产负债表中单独列示"使用权资产"项目
使用权资产累计折旧	使用权资产	(1) 本科目核算使用权资产的累计折旧 (2) 本科目可按租赁资产的类别和项目进行明细核算 (3) 本科目期末贷方余额,反映使用权资产的累计折旧额
使用权资产减值准备	使用权资产	(1) 本科目核算使用权资产的减值准备 (2) 本科目可按租赁资产的类别和项目进行明细核算 (3) 使用权资产减值准备一旦计提,不得转回 (4) 本科目期末贷方余额,反映使用权资产的累计减值准备金额
租赁负债	租赁负债	(1) 本科目核算承租人尚未支付的租赁付款额的现值 (2) 本科目可分别设置"租赁付款额""未确认融资费用"等进行明细核算 (3) 本科目期末贷方余额,反映承租人尚未支付的租赁付款额的现值

对于出租人而言,新租赁准则并未引入新报表科目,主要会计科目为"融资租赁资产""应收融资租赁款""应收融资租赁款减值准备"和"租赁收入"。具体如表 1-8-5 所示。

表 1-8-5　　　　　　　　核算科目说明（出租人）

科目名称	报表科目	科目说明
融资租赁资产	固定资产等	（1）本科目核算租赁企业作为出租人为开展融资租赁业务取得资产的成本。租赁业务不多的企业，也可通过"固定资产"等科目核算。租赁企业和其他企业对于融资租赁资产在未融资租赁期间的会计处理遵循固定资产准则或其他适用的会计准则。 （2）本科目可按租赁资产类别和项目进行明细核算。 （3）本科目期末借方余额，反映企业融资租赁资产的成本
应收融资租赁款	长期应收款、一年内到期的非流动资产	（1）本科目核算出租人融资租赁产生的租赁投资净额。 （2）本科目可分别设置"租赁收款额""未实现融资收益""未担保余值"等进行明细核算。租赁业务较多的，出租人还可以在"租赁收款额"明细科目下进一步设置明细科目核算。 （3）本科目的期末借方余额，反映未担保余值和尚未收到的租赁收款额的现值之和。 （4）本科目余额在"长期应收款"项目中填列，其中，资产负债表日起一年内（含一年）到期的，在"一年内到期的非流动资产"中填列。出租业务较多的出租人，也可在"长期应收款"项目下单独列示为"其中：应收融资租赁款"
应收融资租赁款减值准备	长期应收款	（1）本科目核算应收融资租赁款的减值准备。 （2）本科目期末贷方余额，反映应收融资租赁款的累计减值准备金额
租赁收入	营业收入	（1）本科目核算租赁企业作为出租人确认的融资租赁和经营租赁的租赁收入。一般企业根据自身业务特点确定租赁收入的核算科目，例如"其他业务收入"等。 （2）本科目可按租赁资产类别和项目进行明细核算。 （3）期末，应将本科目余额转入"本年利润"科目，结转后本科目无余额。对于日常经营活动为租赁的企业，其利息收入和租赁收入可以作为营业收入列报

二、主要账务处理

新租赁准则涉及的相关会计科目主要账务处理如下。

（一）使用权资产

（1）在租赁期开始日，承租人应当按成本借记本科目，按尚未支付的租赁付款额的现值贷记"租赁负债"科目；对于租赁期开始日之前支付租赁付款额的（扣除已享受的租赁激励），贷记"预付款项"等科目；按发生的初始直接费用，贷记"银行存款"等科目；按预计将发生的为拆卸及移除租赁资产、复原租赁资产所在场地或将租赁资产恢复至租赁条款约定状态等成本的现值，贷记"预计负债"科目。

（2）在租赁期开始日后，承租人按变动后的租赁付款额的现值重新计量租赁负债的，当租赁负债增加时，应当按增加额借记本科目，贷记"租赁负债"科目；除下述（3）中的情形外，当租赁负债减少时，应当按减少额借记"租赁负债"科目，贷记本科目；若使用权资产的账面价值已调减至零，应当按仍需进一步调减的租赁负债金额，借记"租赁负债"科目，贷记"制造费用""销售费用""管理费用""研发支出"等科目。

（3）租赁变更导致租赁范围缩小或租赁期缩短的，承租人应当按缩小或缩短的相应比例，借记"租赁负债""使用权资产累计折旧""使用权资产减值准备"科目，贷记本科目，差额借记或贷记"资产处置损益"科目。

（4）企业转租使用权资产形成融资租赁的，应当借记"应收融资租赁款""使用权资产累计折旧""使用权资产减值准备"科目，贷记本科目，差额借记或贷记"资产处置损益"科目。

（二）使用权资产累计折旧

（1）承租人通常应当自租赁期开始日起按月计提使用权资产的折旧，借记"营业成本""制造费用""销售费用""管理费用""研发支出"等科目，贷记本科目。当月计提确有困难的，也可从下月起计提折旧，并在附注中予以披露。

（2）因租赁范围缩小、租赁期缩短或转租等原因减记或终止确认使用权资产时，承租人应同时结转相应的使用权资产累计折旧。

（三）使用权资产减值准备

（1）使用权资产发生减值的，按应减记的金额，借记"资产减值损失"科目，贷记本科目。

（2）因租赁范围缩小、租赁期缩短或转租等原因减记或终止确认使用权资产时，承租人应同时结转相应的使用权资产累计减值准备。

（四）租赁负债

（1）在租赁期开始日，承租人应当按尚未支付的租赁付款额，贷记"租赁负债——租赁付款额"科目；按尚未支付的租赁付款额的现值，借记"使用权资产"科目；按尚未支付的租赁付款额与其现值的差额，借记"租赁负债——未确认融资费用"科目。

（2）承租人在确认租赁期内各个期间的利息时，应当借记"财务费用——

利息费用""在建工程"等科目,贷记"租赁负债——未确认融资费用"科目。

(3) 承租人支付租赁付款额时,应当借记"租赁负债——租赁付款额"等科目,贷记"银行存款"等科目。

(4) 在租赁期开始日后,承租人按变动后的租赁付款额的现值重新计量租赁负债的,当租赁负债增加时,应当按租赁付款额现值的增加额,借记"使用权资产"科目,按租赁付款额的增加额,贷记"租赁负债——租赁付款额"科目,按其差额,借记"租赁负债——未确认融资费用"科目;除下述(5)中的情形外,当租赁负债减少时,应当按租赁付款额的减少额,借记"租赁负债——租赁付款额"科目,按租赁付款额现值的减少额,贷记"使用权资产"科目,按其差额,贷记"租赁负债——未确认融资费用"科目;若使用权资产的账面价值已调减至零,应当按仍需进一步调减的租赁付款额借记"租赁负债——租赁付款额"科目,按仍需进一步调减的租赁付款额现值贷记"营业成本""制造费用""销售费用""管理费用""研发支出"等科目,按其差额,贷记"租赁负债——未确认融资费用"科目。

(5) 租赁变更导致租赁范围缩小或租赁期缩短的,承租人应当按缩小或缩短的相应比例,借记"租赁负债——租赁付款额""使用权资产累计折旧""使用权资产减值准备"科目,贷记"租赁负债——未确认融资费用""使用权资产"科目,差额借记或贷记"资产处置损益"科目。

(五) 融资租赁资产

(1) 出租人购入和以其他方式取得融资租赁资产的,借记本科目,贷记"银行存款"等科目。

(2) 在租赁期开始日,出租人应当按尚未收到的租赁收款额,借记"应收融资租赁款——租赁收款额"科目,按预计租赁期结束时的未担保余值,借记"应收融资租赁款——未担保余值"科目,按已经收取的租赁款,借记"银行存款"等科目,按融资租赁方式租出资产的账面价值,贷记本科目;融资租赁方式租出资产的公允价值与账面价值的差额,借记或贷记"资产处置损益"科目;按发生的初始直接费用,贷记"银行存款"等科目;差额贷记"应收融资租赁款——未实现融资收益"科目。

(六) 应收融资租赁款

(1) 在租赁期开始日,出租人应当按尚未收到的租赁收款额,借记"应收融资租赁款——租赁收款额"科目,按预计租赁期结束时的未担保余值,借记"应收融资租赁款——未担保余值"科目,按已经收取的租赁款,借记"银行存款"等科目,按融资租赁方式租出资产的账面价值,贷记"融资租赁资产"等科目,按融资租赁方式租出资产的公允价值与其账面价值的差额,借记或贷记"资产处置损益"科目,按发生的初始直接费用,贷记"银行存款"等科目,差额贷记"应收融资租赁款——未实现融资收益"科目。

企业认为有必要对发生的初始直接费用进行单独核算的,也可以按照发生的初始直接费用的金额,借记"应收融资租赁款——初始直接费用"科目,贷记"银行存款"等科目;然后借记"应收融资租赁款——未实现融资收益"科目,贷记"应收融资租赁款——初始直接费用"科目。

(2)出租人在确认租赁期内各个期间的利息收入时,应当借记"应收融资租赁款——未实现融资收益"科目,贷记"租赁收入——利息收入""其他业务收入"等科目。

(3)出租人收到租赁收款额时,应当借记"银行存款"科目,贷记"应收融资租赁款——租赁收款额"科目。

(七)应收融资租赁款减值准备

应收融资租赁款的预期信用损失,按应减记的金额,借记"信用减值损失"科目,贷记本科目。转回已计提的减值准备时,做相反的会计分录。

(八)租赁收入

(1)出租人在经营租赁下,将租赁收款额采用直线法或其他系统合理的方法在租赁期内进行分摊确认时,应当借记"银行存款""应收账款"等科目,贷记"租赁收入——经营租赁收入"科目。

出租人在融资租赁下,在确认租赁期内各个期间的利息收入时,应当借记"应收融资租赁款——未实现融资收益"科目,贷记"租赁收入——利息收入""其他业务收入"等科目。出租人为金融企业的,在融资租赁下,在确认租赁期内各个期间的利息收入时,应当借记"应收融资租赁款——未实现融资收益"科目,贷记"利息收入"等科目。

(2)出租人确认未计入租赁收款额的可变租赁付款额时,应当借记"银行存款""应收账款"等科目,贷记"租赁收入——可变租赁付款额"科目。

第九章 生效日期与衔接规定

第一节 生效日期

一、国际财务报告准则相关修订生效日期

(一)《国际财务报告准则第16号》生效日期

2016年1月,理事会发布了《国际财务报告准则第16号》。根据《国际财务报告准则第16号》生效日期规定,主体应于自2019年1月1日或之后开始的年度报告期间采用本准则。对于在本准则首次执行日或之前已采用《国际财务报告准则第15号》的主体,允许提前采用。如主体提前采用本准则,应披露这一事实[IFRS 16 para. C1]。

《国际财务报告准则第16号》于2016年发布,但生效日与发布日间隔了3年。事实上,在准则制定过程中,财务报表使用者普遍希望新租赁准则的生效日期为2018年1月1日,他们认为,新租赁准则将使财务报告得到重大改进,其生效日期应尽早,倾向于新租赁准则与新金融工具准则、新收入准则的生效日期保持一致,从而避免主体在多年间实施新准则引发的会计不确定性[IFRS 16 para. BC269]。然而,几乎所有报告编制者均反馈指出,若生效日期为2018年1月1日,将导致其没有足够时间以同时实施新租赁准则、新金融工具准则和新收入准则。多数报告编制者称,他们大致需要在发布日期与生效日期之间间隔3年时间以执行新租赁准则的规定[IFRS 16 para. BC270]。因此,考虑到

同时实施三项新准则难以实现，理事会将新租赁准则生效日期定在新租赁准则发布后的3年，即2019年1月1日［IFRS 16 para. BC271］。

（二）其他修订生效日期

2020年5月，理事会发布了《新冠肺炎疫情相关租金减让——对〈国际财务报告准则第16号〉的修订》），对承租人获得的符合条件的租金减让允许采用简化方法进行处理。作为一项实务简化方法，该修订允许承租人对直接因新冠肺炎疫情影响发生的且满足特定条件的租金减让不评估是否属于租赁变更。相反，承租人可以不将此类租金减让按照租赁变更处理，而是作为"可变租赁付款额"进行简化处理。承租人应于自2020年6月1日或之后开始的年度报告期间采用该修订。允许提前采用，包括2020年5月28日尚未批准报出的财务报表［IFRS 16 para. C1A］。

2020年8月，理事会发布了《利率基准改革——第二阶段（对〈国际财务报告准则第9号〉、〈国际会计准则第39号〉、〈国际财务报告准则第7号〉、〈国际财务报告准则第4号〉及〈国际财务报告准则第16号〉的修订》。其中，该修订为承租人因利率基准改革导致的租赁变更提供了暂时性简化处理。主体应于自2021年1月1日或之后开始的年度报告期间采用该修订。允许提前采用。如果主体提前采用该修订，应披露这一事实［IFRS 16 para. C1B］。

2021年3月，理事会发布了《2021年6月30日之后的新冠肺炎疫情相关租金减让》，将新冠肺炎疫情相关租金减让简化方法延长一年。承租人应于自2021年4月1日或之后开始的年度报告期间采用该修订。允许提前采用，包括2020年3月31日尚未批准报出的财务报表［IFRS 16 para. C1C］。

2022年9月22日，理事会发布了《售后租回中的租赁负债（对〈国际会计准则第16号〉的修订》。该修订明确了主体在具有可变租赁付款额的售后租回中的会计处理模式，即明确了卖方兼承租人如何对使用权资产和租赁负债进行初始计量和后续计量，并为其提供了相关应用指引。根据该修订规定，卖方兼承租人应于自2024年1月1日或之后开始的年度报告期间采用该修订。允许提前采用。如果卖方兼承租人提前采用该修订，应披露这一事实［IFRS 16 para. C1D］。

二、企业会计准则相关修订生效日期

(一)《企业会计准则第 21 号》(2018 年修订) 生效日期

2018 年 12 月,我国财政部修订并发布了《企业会计准则第 21 号》(2018 年修订)。根据我国市场环境和企业实际情况,《企业会计准则第 21 号》(2018 年修订)在实施范围和实施时间上采取分批执行:(1) 在境内外同时上市的企业以及在境外上市并采用国际财务报告准则或企业会计准则编制财务报表的企业,自 2019 年 1 月 1 日起施行;(2) 其他执行企业会计准则的企业自 2021 年 1 月 1 日起施行。同时,母公司或子公司在境外上市且按照国际财务报告准则或企业会计准则编制其境外财务报表的企业,可以提前执行本准则,但不应早于其同时执行财政部于 2017 年 3 月 31 日印发的《企业会计准则第 22 号——金融工具确认和计量》和 2017 年 7 月 5 日印发的《企业会计准则第 14 号——收入》的日期。

《企业会计准则第 21 号》(2018 年修订) 具体执行范围及执行时间如图 1-9-1 所示。

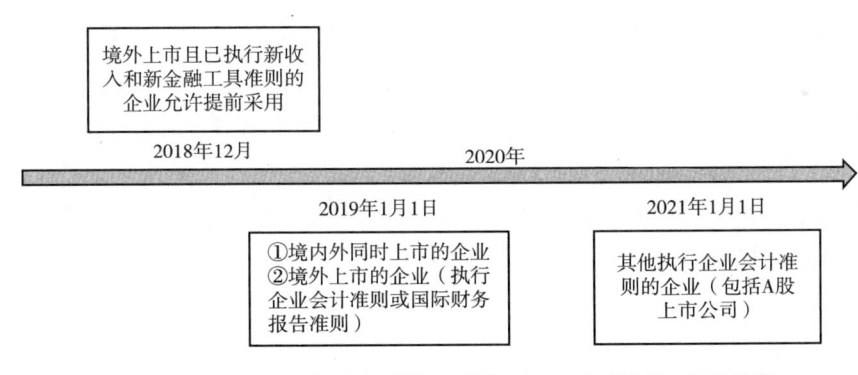

图 1-9-1 《企业会计准则第 21 号》(2018 年修订) 执行日期

(二) 其他修订生效日期

2020 年 6 月 19 日,财政部发布了《新冠肺炎疫情相关租金减让会计处理规定》,为由新冠肺炎疫情直接引发的、承租人与出租人就现有租赁合同达成的租金减免、延期支付等租金减让提供了可选择的简化处理。该规定自发布之日起施行。企业按照该规定采用简化方法的,可以对 2020 年 1 月 1 日至该规定施行日之间发生的相关租金减让根据该规定进行调整。

2021年1月26日，财政部发布《企业会计准则解释14号》，并通过问题"二、关于基准利率改革导致相关合同现金流量的确定基础发生变更的会计处理"，引入了国际准则下《利率基准改革——第二阶段》对承租人因利率基准改革导致的租赁变更的简化会计处理。该规定自公布之日起施行，并规定2021年1月1日至《企业会计准则解释14号》施行日新增的业务，企业应当根据该规定进行调整。

2021年5月26日，财政部发布了《关于调整〈新冠肺炎疫情相关租金减让会计处理规定〉适用范围的通知》（财会〔2021〕9号），将适用《新冠肺炎疫情相关租金减让会计处理规定》简化方法的租金减让期间延长至2022年6月30日。该规定自发布之日起施行。

2022年5月19日，财政部发布《关于适用〈新冠肺炎疫情相关租金减让会计处理规定〉相关问题的通知》（财会〔2022〕13号），表示由新冠肺炎疫情直接引发的、承租人与出租人就现有租赁合同达成的租金减免、延期支付等租金减让，减让后的租赁对价较减让前减少或基本不变，且综合考虑定性和定量因素后认定租赁的其他条款和条件无重大变化的，对于2022年6月30日之后应付租赁付款额的减让，承租人和出租人可以继续选择采用《新冠肺炎疫情相关租金减让会计处理规定》规范的简化方法进行会计处理。该规定自发布之日起施行。

2023年10月25日，财政部发布《企业会计准则解释17号》，并通过问题"三、关于售后租回交易的会计处理"，引入了国际准则下《售后租回中的租赁负债》对售后租回交易的相关修订。该规定自2024年1月1日起施行，同时允许企业自发布年度提前执行，若提前执行还应当在财务报表附注中披露相关情况。

第二节 衔接规定

一、租赁定义的实务豁免

首次执行日，是指主体首次执行新租赁准则的年度报告期间的开始日［IFRS 16 para. C2］。例如，根据财政部规定，A股上市公司于2021年1月1日开始执行新租赁准则,其首次执行日为 2021 年 1 月 1 日。

新租赁准则为首次执行日应用租赁定义(识别租赁)相关规定提供了一项实务豁免,即主体在首次执行日无需重新评估合同是否为租赁合同或者包含租赁。若采用该规定,应披露此事实,并对所有合同采用此实务豁免[CAS 21 (2018) 第六十条;IFRS 16 para. C3、C4]。

选择不重新评估合同是否为租赁合同或者包含租赁。主体可以[IFRS 16 para. C3]:

(1) 对之前根据原租赁准则识别为租赁的合同采用新租赁准则。主体应对此类租赁采用新租赁准则规定的过渡性规定。

(2) 对之前根据原租赁准则识别为不包含租赁的合同不采用该新租赁准则。

因此,对于首次执行日前已存在的合同,企业可以选择继续沿用原准则下对合同是否属于租赁的评估。该选择属于一项会计政策的选择,且同时适用于出租人和承租人。

对于租赁定义的实务豁免规定,理事会注意到,采用《国际财务报告解释公告第 4 号》中的租赁定义与采用《国际财务报告准则第 16 号》中的租赁定义导致结果不同的情形较为有限,仅有少量在《国际财务报告解释公告第 4 号》下属于租赁的合同,根据《国际财务报告准则第 16 号》应被分类为服务合同,而没有发现相反的情况。理事会预计,主体不采用《国际财务报告准则第 16 号》的租赁定义重估其现有合同将导致其在过渡至《国际财务报告准则第 16 号》时,比采用《国际财务报告准则第 16 号》的租赁定义重估其现有合同确认更多的租赁。因此,理事会得出结论认为,要求主体采用《国际财务报告准则第 16 号》的租赁定义指南重估现有合同所需付出的成本是不合理的[IFRS 16 para. BC274]。最终,理事会主要基于成本效益原则考虑,为首次执行日应用租赁定义提供了上述实务豁免。

二、承租人衔接规定

对于承租人而言,可选择以下两种方法中的任一方法对其租赁进行追溯调整,并且需一致应用于其作为承租人的所有租赁[CAS 21 (2018) 第六十一条;IFRS 16 para. C5、C7]:

(1) 完全追溯法:按照会计政策、会计估计变更和差错更正准则追溯调整

所列报的以前各期信息;

(2) 简化追溯法:根据首次执行新租赁准则的累积影响数,调整首次执行新租赁准则当年年初留存收益及财务报表其他相关项目金额,不调整可比期间信息。

承租人应对其所有租赁应用一致的方法 [IFRS 16 para. C6]。即,承租人一旦选择应用以上两种追溯法的一种,须对其所有的租赁均适用该种方法进行追溯调整,不得对不同租赁合同采用不同的追溯法。

(一) 完全追溯法

根据会计政策、会计估计变更和差错更正准则,追溯调整法,是指对某项交易或事项变更会计政策,视同该项交易或事项初次发生时即采用变更后的会计政策,并以此对财务报表相关项目进行调整的方法。

若承租人选择完全追溯法进行调整,承租人应当:(1) 将新租赁准则规定应用于其作为承租人的全部租赁;(2) 视同一直采用新租赁准则;(3) 将累积影响数调整列报的最早期间的期初留存收益,以及调整其他相关项目的最早期间的期初余额;(4) 重述比较期间财务报表相关信息;(5) 对会计政策变更进行披露。

例如,A股上市的企业于2021年1月1日开始执行新租赁准则,企业的年度财务报表需披露一年的比较数据。其在出具2021年财务报表时,应当将累积影响数调整到2020年期初(即2020年1月1日),并重述2020年的报表数据。

完全追溯法要求主体对最早比较期间存在的所有租赁,如同这些租赁一直采用新租赁准则进行会计处理,确定账面金额并重述比较信息。对于拥有数以千计租赁的主体而言,此方法成本很高,可行度不高。但由于完全追溯法比其他方法将为财务报表使用者提供更好的信息,所以理事会决定,将完全追溯法作为两种可选择的方法之一,允许主体选择完全追溯法,并重述比较信息 [IFRS 16 para. BC276]。

此外,在新租赁准则的制定过程中,理事会还讨论过未来适用法,最终驳回了该方法,尽管此方法是对编制者适用准则成本最低的方法,但其提供的信息对财务报表使用者益处不大,尤其是对签订长期经营租赁的主体而言。例如,部分主体签订的经营租赁的租赁期为20年至30年。对于这类主体,在其在原租赁的存续期内,需按照原租赁准则进行处理,无需按新租赁准则分类为经营租赁的租赁确认使用权资产和租赁负债,导致该期间的租赁会计处理不一致,使用者在实施新规定 30 年后才能获得新租赁准则的全部益处或租赁会计处理的完全可比性〔IFRS 16 para. BC277〕。

(二) 简化追溯法

若承租人选择简化追溯法进行调整，应当：(1) 将该准则应用于其作为承租人所有的租赁中；(3) 将累积影响数调整首次执行新租赁当年年初留存收益及财务报表其他相关项目金额；(4) 不重述比较信息；(5) 对会计政策变更进行披露。

例如，A 股上市的企业于 2021 年 1 月 1 日开始执行新租赁准则，企业的年度财务报表需披露一年的比较数据，其在出具 2021 年财务报表时，应当将累积影响数调整到 2021 年期初 (即 2021 年 1 月 1 日)，无需重述 2020 年的报表数据。

在新租赁准则的制定过程中，理事会在 2010 年和 2013 年的征求意见稿中提出通过引入一系列实务豁免 (部分实务豁免已纳入新租赁准则) 以简化完全追溯法，但是编制者提供的反馈显示，这些实务豁免仅可轻微缓解追溯过渡法的执行挑战〔IFRS 16 para. BC278〕。鉴于此，理事会引入了"累计追加过渡法"(即本文所称"简化追溯法")，允许主体追溯适用新租赁准则 (采用部分实务豁免)，并在首次采用日确认首次采用新租赁准则的累计影响。由于实施新租赁准则影响财务报表中的诸多因素，重述比较数据的成本可能很高，累计追加过渡法通过取消过渡时重述比较期间财务信息的要求降低了成本〔IFRS 16 para. BC279〕。

(三) 简化追溯法具体应用

对于承租人而言，在首次执行日前的租赁区分融资租赁和经营租赁，简化追溯法对于二者的处理有所不同。新租赁准则中的承租人会计模型与原租赁准则中的融资租赁的会计规定相似。因此，如果承租人选择采用简化追溯法，则新租赁准则不包含之前被分类为融资租赁的详细过渡规定〔IFRS 16 para. BC288〕，处理较为简单。对于首次执行日前的经营租赁，需要对租赁负债与使用权资产分别进行计算。此外，新租赁准则还针对首次执行日前的经营租赁提供了一系列实务豁免可选择进行处理。

1. 首次执行日前的经营租赁

(1) 租赁负债的计量

对于之前根据原租赁准则分类为经营租赁的租赁，承租人如选择按照简化追溯法进行调整,承租人在首次执行日应当根据剩余租赁付款额按首次执行日承租人增量借款利率折现的现值计量租赁负债[CAS 21(2018)第六十一条;IFRS 16 para. C8]。

具体而言,在经营租赁的简化追溯法下,承租人对租赁负债的计量应当:(1)在首次执行日估计剩余的租赁期限,并根据剩余的租赁付款额计量租赁负债。剩余的租赁付款额是指合同约定的总付款额减去实际已经支付的金额。(2)根据每一项租赁首次执行日的增量借款利率折现的现值计算。增量借款利率对于每一项租赁而言可能存在差别,因为每一项租赁的期限、租金金额以及所处的经济环境等不同。

(2)使用权资产的计量

对于之前根据原租赁准则被分类为经营租赁的租赁,承租人如选择按照简化追溯法进行调整,承租人在首次执行日应当根据每项租赁选择按照下列两者之一计量使用权资产:(1)假设自租赁期开始日即采用本准则的账面价值,并采用首次执行日的承租人增量借款利率作为折现率(方法一);(2)与租赁负债相等的金额,并根据预付租金进行必要调整(方法二)。在首次执行日,承租人应当按照资产减值准则相关规定,对使用权资产进行减值测试并进行相应会计处理[CAS 21(2018)第六十一条;IFRS 16 para. C8]。

具体而言,承租人在简化追溯法下使用权资产的计量有两种方法可供选择。方法一为假设自租赁期开始日即开始采用新租赁准则,使用当时的账面价值进行折现,但折现率是使用首次执行日时的增量借款利率(并不是租赁期开始日时的利率)。方法一对使用权资产账面价值需考虑租赁负债、预付租金、租赁激励、初始直接费用、资产拆卸或移除、复原等估计成本。方法二为使用权资产直接等于租赁负债的金额,并根据预付租金进行调整。方法二对使用权资产账面价值仅需要租赁负债和预付租金,所确认使用权资产一般小于方法一。

此外,因为使用权资产的摊销一般是按直线法进行摊销,摊销金额是均匀的。租赁负债是按实际利率法进行摊销,摊销金额呈下降趋势,即前期金额大,后期金额小。即,使用权资产摊销(折旧)金额小于租赁负债的摊销金额。因此,采用方法一确认的首次执行日使用权资产和租赁负债,将导致首次执行日净资产减少,而采用方法二对首次执行日净资产无影响。

综上所述,承租人在简化追溯法下使用权资产的计量的两种方法中,方法一相对复杂,实质上采用了与"完全追溯法"类似的处理原则,仅仅是折现率未采用租赁期开始日的折现率;方法一将减少首次执行日的净资产,但将会给企业在之后的期间带来较少的租赁费用摊销。方法二相比于方法一而言，信息易于获得且操作简单，不会减少在首次执行日的净资产，但在之后的期间会带来较高的租赁费用摊销。

方法二是在《2010年征求意见稿》中提出的。在完全追溯法下，承租人需要对新租赁准则之前可能已开始多年的租赁确定其租赁负债和使用权资产的初始确认金额，计量比较繁琐。然而，有很多利益相关方认为，方法二导致过渡期后人为增加折旧费用，这将扭曲财务信息［IFRS 16 para. BC283］。

方法一是为回应《2010年征求意见稿》的反馈，在《2013年征求意见稿》中提出。然而，依然有很多编制者认为，获取历史信息的成本依然较高，尤其是对拥有大量租赁的主体而言［IFRS 16 para. BC284］。

理事会认为，不可能提供一种计量使用权资产的过渡方法，既能避免在首次执行新租赁准则后人为增加租赁相关费用，又能解决编制者对成本的担忧。因此，理事会决定允许承租人在过渡至新租赁准则时按每项租赁自行选择两种方法之一计量使用权资产［IFRS 16 para. BC285］。尽管选择不同方法会降低可比性，但过渡至新租赁准则时允许选择使用权资产的计量方法，在应用时很大程度上属于"政策自定"。因为成本较低的方法（方法二）会增加剩余租赁期的经营费用（即较高的折旧费）。同时，方法一在某些情况下可能不符合成本效益原则。理事会预期主体会对数量大但价值低的租赁，而不是诸如不动产或大型设备长期租赁的租赁采用方法二［IFRS 16 para. BC286］。

案例1-9-1：首次执行日租赁负债与使用权资产的确认和计量
［CAS 21 应用指南（2019）例64 租赁B］

案例背景：

甲公司于2×17年1月1日（亦为该租赁的租赁期开始日）订立了一项5年期通用设备租赁，约定在每年的第2天支付1 000 000元，该设备在2×17年1月1日的公允价值为8 000 000元，预计剩余使用年限为10年，甲公司发生租赁初始直接费用1 000元，租赁期届满时，甲公司须将该设备归还出租人。

案例分析：

2×19年1月1日（即首次执行日），甲公司选择不重新评估该此前已存在的合同是否为租赁或者是否包含租赁，并将此方法一致应用于所有合同，因此仅对原租赁准则下识别为租赁的合同采用新租赁准则衔接规定。此外，甲公司对该租赁合同采用简化的追溯调整法进行衔接会计处理。

对于该租赁,原租赁准则下认定为经营租赁。甲公司确定适用于该租赁的首次执行日承租人增量借款利率为9%,选择假设自租赁期开始日即采用本准则的账面价值(采用首次执行日的承租人增量借款利率9%作为折现)计量使用权资产,计量时不包含初始直接费用。不采用其他简化处理。甲公司认为该使用权资产按直线法计提折旧是适当的,并按照《企业会计准则第8号——资产减值》的规定对使用权资产进行减值测试后确定其无减值。假定甲公司法定盈余公积提取比例为10%,不考虑其他事项。

甲公司衔接处理如下:

于首次执行日:租赁负债=剩余租赁付款额按首次执行日承租人增量借款利率折现的现值=1 000 000+1 000 000×(P/A,9%,2)=2 759 100(元)

使用权资产原值=1 000 000+1 000 000×(P/A,9%,4)=4 239 700(元)

使用权资产累计折旧=使用权资产原值/5×2=1 695 880(元)

会计分录如下:

借:使用权资产——原值　　　　　　　　　　　　　　4 239 700
　　未分配利润　　　　　　　　　　　　　　　　　　193 752
　　盈余公积　　　　　　　　　　　　　　　　　　　 21 528
　　租赁负债——未确认融资费用(3 000 000-2 759 100)
　　　　　　　　　　　　　　　　　　　　　　　　　240 900
　贷:使用权资产——累计折旧　　　　　　　　　　　1 695 880
　　　租赁负债——租赁付款额　　　　　　　　　　　3 000 000

假设上述情况下,甲公司选择按与租赁负债相等的金额并根据预付租金进行调整的方法计量使用权资产,则使用权资产账面价值为2 759 100元(即与租赁负债相等)。

(3) 经营租赁可选择的实务豁免

对于之前根据原租赁准则被分类为经营租赁的租赁,承租人可在按照简化追溯法采用新租赁准则时,使用下列一项或多项实务豁免。该实务豁免允许承租人以每一项租赁为基础采用这些实务豁免 [IFRS 16 para. C10;CAS 21 (2018) 第六十三条]。具体而言,承租人可以在每一单项租赁上使用下列一项或多项实务豁免进行处理。

①组合采用统一折现率

承租人可对具有合理相似特征的租赁组合(例如,经济环境、标的资产类别、剩余租赁期均相似的租赁)采用同一折现率 [IFRS 16 para. C10(1);CAS

21（2018）第六十三条2]。

对于简化追溯法下的经营租赁，新租赁准则规定根据剩余租赁付款额按首次执行日承租人增量借款利率折现的现值计量租赁负债。原则上，该规定是针对每一项租赁而言，即每一项租赁需单独判断其折现率，如前所述，每一项租赁的增量借款利率可能不同。作为实务豁免，承租人可对具有合理相似特征的租赁组合采用同一折现率。相似特征，包括经济环境、标的资产类别、剩余租赁期均相似的租赁。

衔接规定的该实务豁免，仅需具有相似特征即可以作为租赁组合采用同一折现率，这与新租赁准则中对可组成租赁组合进行处理的一般规定（即如果企业能够合理预计，将新租赁准则规定应用于具有类似特征的租赁组合，与应用于该组合中的各单项租赁相比，不会对财务报表产生显著不同的影响，则企业可将新租赁准则应用于该租赁组合）相比，并未要求评估与单项租赁相比对财务报表产生的影响。

此外，在新租赁准则制定的过程中，理事会也预计，允许承租人在过渡期对相似租赁组合采用单一折现率将节约承租人的成本，并且不会对报告信息产生重大影响。对于在首次执行日按照等于租赁负债（根据之前确认的预付或预提金额进行调整）的金额计量使用权资产的租赁，此实务豁免将允许承租人对相似经济环境下具有相同到期日的相似资产的租赁组合统一运用过渡规定 [IFRS 16 para BC287]。

案例1-9-2：首次执行日租赁负债的确认和计量（组合采用统一折现率）[CAS 21 应用指南（2019）例64"汽车租赁"]

案例背景：

甲公司于2×18年1月1日（亦为该租赁的租赁期开始日）与某机车公司分别订立了一项3年期的2辆公务车租赁和一项3年期的2辆轿车租赁，约定自2×18年1月1日起，于每年年末分别支付租金35 000元和25 000元（即第一次支付日为2×18年12月31日），这些车辆于租赁期开始日的预计剩余使用年限为8年，未发生租赁初始直接费用，租赁到期归还车辆。

案例分析：

2×19年1月1日（即首次执行日），甲公司选择不重新评估该此前已存在的合同是否为租赁或者是否包含租赁，并将此方法一致应用于所有合同，因此仅对原租赁准则下识别为租赁的合同采用新租赁准则衔接规定。此外，甲公司对该租赁合同采用简化的追溯调整法进行衔接会计处理。

对于该租赁，甲公司计量租赁负债时，认为公务车租赁和轿车租赁具有相似特征，采用前述简化处理《企业会计准则第21号》（2018年修订）第六十三条第二项，即针对各公务车租赁和轿车租赁适用的承租人增量借款利率采用同一折现率（确定适用于该情况的承租人增量借款利率为8%），对于使用权资产，选择按与租赁负债相等的金额并根据预付租金进行必要调整的方法计量，不采用其他简化处理。同时，甲公司认为上述各项汽车租赁符合组合处理的条件，因此就该组合进行相关会计处理。

甲公司的衔接处理如下：

于首次执行日：汽车租赁负债 = 公务车和轿车剩余租赁付款额之和按首次执行日承租人增量借款利率折现的现值 = （350 00 + 25 000）×（P/A，8%，2）= 106 998（元）

汽车租赁使用权资产原值 = 租赁负债 = 106 998（元）

会计分录如下：

借：使用权资产——原值——汽车租赁　　　　　　　　106 998
　　租赁负债——未确认融资费用——汽车租赁　　　　 13 002
　　贷：租赁负债——租赁付款额——汽车租赁　　　　　　　120 000

②使用后见之明

存在续租选择权或终止租赁选择权的，承租人可根据首次执行日前选择权的实际行使及其他最新情况确定租赁期，无需对首次执行日前各期间是否合理确定行使续租选择权或终止租赁选择权进行估计［CAS 21（2018）第六十三条3；IFRS 16 para. C10（5）］。

首次执行新租赁准则当年年初之前发生租赁变更的，承租人无需按照新租赁准则关于租赁变更规定进行追溯调整，而是根据租赁变更的最终安排，按照新租赁准则进行会计处理［CAS 21（2018）第六十三条5］。

所谓使用后见之明，意为承租人仅需使用首次执行日的信息（租赁开始日之后的信息）对原先的经营租赁等进行估计，而无需考虑首次执行日之前（租赁开始日的信息）的情况进行估计。利益相关方认为，允许承租人在过渡至新租赁准则时使用后见之明，将使承租人首次运用新租赁准则稍简单一些。运用后见之明将产生有用信息，尤其是在与判断有关的领域［IFRS 16 para. BC287］。

关于使用后见之明，国际准则采用举例的方式说明了包含续租或终止租赁选择权的情况，未明确提及在首次执行新准则之前发生的租赁变更。由于该实务豁免旨在为承租人在简化追溯法下处理执行日之前的经营租赁时可采用后见之明的方式,并未逐一列举可能使用后见之明的情形,故我们认为对于之前的经营租赁中涉及判断的领域,包括租赁变更等,均可适用后见之明的实务豁免。

案例1-9-3:首次执行日租赁负债的确认和计量(使用后见之明) [CAS 21应用指南(2019)例64租赁E]

案例背景:

甲公司于2×16年1月1日(亦为该租赁的租赁期开始日)订立了一项3年期通用设备租赁,约定自2×16年1月1日起,于每年年末支付100 000元(即第一次支付日为2×16年12月31日),并可选择在租赁期满时延长一次2年租赁期,租金不变,该选择最迟须在租赁到期前6个月书面通知出租人,否则视为放弃该选择权,该设备于租赁期开始日的预计剩余使用年限为10年,未发生租赁初始直接费用。于2×18年6月30日,甲公司书面通知出租人选择延长,延长的租赁期届满时归还设备。

案例分析:

2×19年1月1日(即首次执行日),甲公司选择不重新评估该此前已存在的合同是否为租赁或者是否包含租赁,并将此方法一致应用于所有合同,因此仅对原租赁准则下识别为租赁的合同采用新租赁准则衔接规定。此外,甲公司对该租赁合同采用简化的追溯调整法进行衔接会计处理。

对于该租赁,甲公司采用前述简化处理《企业会计准则第21号》(2018年修订)第六十三条第三项,即根据首次执行前选择权的实际行使情况确定租赁期,因此剩余租赁期为2年,剩余租赁付款额为200 000元,确定适用于该租赁的首次执行日承租人增量借款利率为8%;对于使用权资产,选择按与租赁负债相等的金额并根据预付租金进行必要调整的方法计量,不采用其他简化处理。

甲公司的衔接处理如下:

于首次执行日:租赁负债=剩余租赁付款额按首次执行日承租人增量借款利率折现的现值=100 000×(P/A,8%,2)=178 330(元)

使用权资产原值=租赁负债=178 330(元)

会计分录如下:

借:使用权资产——原值——设备租赁　　　　　　　　178 330
　　租赁负债——未确认融资费用——设备租赁　　　　 21 670
　　贷:租赁负债——租赁付款额——设备租赁　　　　　　　 200 000

③以前确认的租赁亏损准备

作为使用权资产减值测试的替代,承租人可根据或有事项准则评估包含租赁的合同在首次执行日前是否为亏损合同,并根据首次执行日前计入资产负债表的亏损准备金额调整使用权资产〔CAS 21(2018)第六十三条4;IFRS 16 para. C10(2)〕。

具体而言,承租人可以根据或有事项准则对租赁是否为亏损性合同所作的评估,替代在首次执行日对使用权资产应用资产减值准则进行减值测试。若根据或有事项准则评估为亏损的经营租赁合同,并计提亏损准备的,在首次执行日,可将确认的亏损准备直接调整使用权资产。

新租赁准则规定,承租人应在首次执行日对使用权资产进行减值测试并进行相应的处理,考虑到运用原租赁准则识别的亏损经营租赁负债很可能反映了使用权资产的减值,理事会认为,此实务豁免将为首次运用新租赁准则的承租人节约成本,而不会对报告信息产生任何重大影响〔IFRS 16 para. BC287〕。

需要注意的是,该方法只是在首次执行日,新租赁准则衔接时作为对使用权资产减值测试的替代,后续仍应根据资产减值准则进行处理。此外,作为新租赁准则衔接时的特殊实务豁免,也应遵循资产减值准则的规定,所计提的减值准备后续期间不得转回。

案例1-9-4:首次执行日使用权资产的确认和计量(减值测试替代)
〔CAS 21应用指南(2019)例64 租赁C〕

案例背景:

甲公司于2×17年1月1日(亦为该租赁的租赁期开始日)以经营租赁方式租入一条生产线生产仅销售给客户乙的A产品,租赁期4年,约定在每年的第2天支付500 000元,未发生租赁初始直接费用;该租赁合同不可撤销。2×18年,客户乙因自身原因不再向甲公司购买A产品,甲公司预计租入的生产线大部分时间将闲置,该租赁合同成为亏损合同。在考虑可能的现金净流入后,甲公司就该亏损合同确认了预计负债。于2×18年12月31日(即首次执行日前),相关预计负债金额为694 215元(计算采用的折现率为10%)。

案例分析:

2×19年1月1日(即首次执行日),甲公司选择不重新评估该此前已存在的合同是否为租赁或者是否包含租赁,并将此方法一致应用于所有合同,因此仅对原租赁准则下识别为租赁的合同采用新租赁准则衔接规定。此外，甲公司对该租赁合同采用简化的追溯调整法进行衔接会计处理。

对于该租赁，甲公司确定适用于该租赁的首次执行日承租人增量借款利率为10%（与2×18年12月31日确定亏损合同准备金额折现率相等），选择按与租赁负债相等的金额并根据预付租金进行必要调整的方法计量使用权资产，采用《企业会计准则第21号》（2018年修订）第六十三条第四项，即作为使用权资产减值测试的替代，根据首次执行日前亏损准备金额调整使用权资产，不采用其他简化处理。

甲公司衔接处理如下：

于首次执行日：租赁负债 = 剩余租赁付款额按首次执行日承租人增量借款利率折现的现值 = 500 000 + 500 000 × (P/A, 10%, 1) = 954 545（元）

使用权资产原值 = 租赁负债 = 954 545（元）

使用权资产减值准备 = 相关预计负债金额 = 694 215（元）

会计分录如下：

借：使用权资产——原值——生产线　　　　　　　954 545
　　预计负债　　　　　　　　　　　　　　　　　694 215
　　租赁负债——未确认融资费用——生产线　　　 45 455
　　贷：使用权资产减值准备——生产线　　　　　694 215
　　　　租赁负债——租赁付款额——生产线　　1 000 000

④初始直接费用

作为实务豁免，承租人在首次执行日计量使用权资产时可不包括初始直接费用［CAS 21 (2018) 第六十三条2；IFRS 16 para. C10 (4)］。

如前所述，在简化追溯法下，承租人对使用权资产的计量有两种方法。其中，方法二是将首次执行日的使用权资产账面价值等于租赁负债，并根据预付或预提租赁付款额进行调整。该种方法并不会将如初始直接费用等作为首次执行日使用权资产的账面价值之一。因此，"可不包括初始直接费用"的实务豁免仅适用于承租人对使用权资产的计量的方法一，即按照与完全追溯法类似的方式计算使用权资产时，可不包括初始直接费用。

理事会认为，在报告信息方面，要求承租人识别初始直接费用并将其纳入使用权资产的计量的成本将高于收益。将初始直接费用纳入使用权资产计量不会对报告信息产生重大影响。[IFRS 16 para. BC287]。

⑤租赁期将于12个月内结束的租赁

对于租赁期于首次执行日 12 个月内结束的租赁，承租人可选择不采用简化追溯法下关于使用权资产与租赁负债的一般计量规定。在这种情况下，承租人应当：（1）以短期租赁相同的方式对该等租赁进行会计处理［CAS 21（2018）第六十三条 1；IFRS 16 para. C10（3）］；并且（2）在包含首次执行日的年度报告期间有关短期租赁费用的披露中包含与该等租赁有关的成本［IFRS 16 para. C10（3）］。

具体而言，在简化追溯法下，承租人可将在首次执行日 12 个月内结束的租赁视为短期租赁进行处理，即无需确认使用权资产和租赁负债。这里将短期租赁的范围进行了扩大，仅需考虑自首次执行日起的期间，无需考虑自租赁期开始日估计的租赁期。例如，A 股上市的 A 公司作为承租人于 2019 年签订租赁合同，租赁期自 2019 年 1 月开始，不可撤销期间为 3 年，拥有 1 年的续租选择权，A 公司 2019 年评估其会行使续租选择权，因此租赁期为 4 年。2021 年 1 月 1 日，A 公司当日评估其不会行使续租选择权，且该租赁为经营租赁，因此该租赁剩余租赁期仅为 1 年。A 公司在 2021 年 1 月 1 日首次执行新租赁准则时，可选择该实务豁免，将该租赁作为短期租赁，不确认使用权资产和租赁负债。

关于该项实务豁免的考虑，理事会认为，对于不重述比较信息的承租人，租赁期将在首次执行日后 12 个月内结束的租赁在影响上与短期租赁豁免范围内的租赁非常相似，因此适用相似的考虑。此外，承租人的反馈意见表明，此实务豁免将大幅节约首次运用新租赁准则的成本［IFRS 16 para. BC287］。

需要注意的是，此处"首次执行日 12 个月内结束的经营租赁可视为短期租赁处理"的实务豁免是基于单项租赁的原则，而在首次执行日后续期间的短期租赁，是基于"一类标的资产"的原则（某一类标的资产是指在主体运营中具有类似性质和用途的一组标的资产），且该选择是一项会计政策的选择，如果承租人对某类租赁资产作出了简化会计处理的选择，未来该类资产下所有的短期租赁都应采用简化会计处理。例如，在首次执行日之后，企业选择运输设备采用短期租赁的豁免，则在之后的期间，该类别的资产均需一致采用短期租赁的豁免进行处理。但衔接时，对于首次执行日 12 个月内结束的经营租赁，若运输设备相同类别分属于不同的单项租赁，承租人可选择对租赁 A 采用"短期租赁实务豁免"，即按短期租赁不确认使用权资产和租赁负债，后续在租赁期内各个期间按照直线法或其他系统合理的方法计入相关资产成本或当期损益；对租赁 B 不采用"短期租赁实务豁免"，即按一般原则确认使用权资产和租赁负债，后续根据新租赁准则进行摊销。

案例 1-9-5：首次执行日后 12 个月内结束的租赁
[CAS 21 应用指南（2019）例 64 租赁 D]

案例背景：

甲公司于 2×16 年 6 月 30 日（亦为该租赁的租赁期开始日）订立了一项 3 年期办公设备租赁，约定自 2×16 年 6 月 30 日起，每 12 个月于月末支付租金 20 000 元（即第一次支付日为 2×17 年 6 月 30 日），该设备于租赁期开始日的预计剩余使用年限为 6 年，未发生租赁初始直接费用，租赁到期归还设备。

案例分析：

2×19 年 1 月 1 日（即首次执行日），甲公司选择不重新评估该此前已存在的合同是否为租赁或者是否包含租赁，并将此方法一致应用于所有合同，因此仅对原租赁准则下识别为租赁的合同采用新租赁准则衔接规定。此外，甲公司对该租赁合同采用简化的追溯调整法进行衔接会计处理。

对于该租赁，甲公司仅采用简化处理《企业会计准则第 21 号》（2018 年修订）第六十三条第一项，不采用其他简化处理，即将于首次执行日后 12 个月内执行完毕的租赁，作为短期租赁处理，并按照租赁资产类别将租赁付款额在租赁期内按直线法计入当期损益，不确认使用权资产和租赁负债，因此于首次执行日无需进行会计处理。

（4）经营租赁的其他简化处理

①低价值租赁

首次执行日前的经营租赁中，租赁资产属于低价值资产且根据规定选择不确认使用权资产和租赁负债的，承租人无需对该经营租赁按照衔接规定进行调整，应当自首次执行日起按照新租赁准则对此类租赁进行会计处理[CAS 21 (2018) 第六十二条；IFRS 16 para. C9（1）]。

该项简化处理与"租赁期将于 12 个月内结束的经营租赁"类似，均是作为新租赁准则中对首次执行日之后的租赁的特殊豁免规定的扩展。二者不同之处在于，在首次执行日后续期间对低价值标的资产租赁的会计处理选择，是基于每一项租赁的具体情况作出，这与在衔接阶段采用的简化处理一致，均是基于"单项租赁"原则。然而，如前文所述，短期租赁在两个阶段作出选择的原则是不同的。

②公允价值模式的投资性房地产

如本文中对新租赁准则适用范围中所述，对于符合投资性房地产定义的使用权资产,国际准则下可采用公允价值模式进行后续计量,而国内准则下仅有成本模式,没有公允价值模式。国际准则中对公允价值模式的投资性房地产制定了相应的衔接规定简化处理:

对于之前采用《国际会计准则第 40 号》中公允价值模式作为投资性房地产进行会计处理的租赁,无需按过渡性规定进行调整。承租人应自首次执行日起按照《国际会计准则第 40 号》和新租赁准则对该等租赁所产生的使用权资产和租赁负债进行会计处理 [IFRS 16 para. C9 (2)]。

对于之前按照《国际会计准则第 17 号》作为经营租赁进行会计处理,但自首次执行日起将采用《国际会计准则第 40 号》中的公允价值模式作为投资性房地产进行会计处理的租赁,使用权资产应按首次执行日的公允价值计量。承租人应自首次执行日起按照《国际会计准则第 40 号》和新租赁准则对该等租赁所产生的使用权资产和租赁负债进行会计处理 [IFRS 16 para. C9 (3)]。

因此,在国际准则下,承租人在进行新租赁准则衔接时,应评估其租赁房产是否符合投资性房地产的定义,对于符合投资性房地产的定义的使用权资产,承租人应适用《国际会计准则第 40 号》进行计量,即根据其会计政策选择使用成本模式或公允价值模式进行计量。

2. 首次执行日前的融资租赁

对于之前根据原租赁准则被分类为融资租赁的租赁,承租人如选择按照简化追溯法进行调整,则承租人在首次执行日应当按照融资租入资产和应付融资租赁款的原账面价值,分别计量使用权资产和租赁负债。对于该等租赁,承租人应自首次执行日起按照新租赁准则对使用权资产和租赁负债进行会计处理 [CAS 21 (2018) 第六十一条;IFRS 16 para. C11]。换言之,在首次执行日,承租人可对原租赁下被分类为融资租赁的租赁按原租赁准则计量的"固定资产"及"长期应付款"账面金额直接调整到"使用权资产"和"租赁负债"。

案例 1-9-6:首次执行日前的融资租赁衔接处理
[CAS 21 应用指南(2019)例 64 租赁 A]

案例背景:

甲公司于 2×16 年 1 月 1 日(亦为该租赁的租赁期开始日)订立了一项 5 年期机器租赁,约定自 2×16 年 1 月 1 日起,每 6 个月于月末支付租金 1 000 000 元,该机器的保险、维护等费用均由甲公司负担,该机器在 2×16 年 1 月 1 日的公允价值为 7 000 000 元,租赁合同规定的利率为 7%(出租人租赁内含利率未知），甲公司发生租赁初始直接费用10 000元，该机器于租赁期开始日的预计剩余使用年限为7年，无残值，租赁期届满时，甲公司将以100元购买该机器。于2×18年12月31日（即首次执行日前），该机器原值为7 010 000元，累计折旧3 004 286元，应付融资租赁款余额为4 000 100元，未确认融资费用为617 398元。

案例分析：

2×19年1月1日（即首次执行日），甲公司选择不重新评估该此前已存在的合同是否为租赁或者是否包含租赁，并将此方法一致应用于所有合同，因此仅对原租赁准则下识别为租赁的合同采用新租赁准则衔接规定。此外，甲公司对该租赁合同采用简化的追溯调整法进行衔接会计处理。

对于该租赁，原租赁准则下认定为融资租赁，按照融资租入资产和应付融资租赁款首次执行日前的账面价值，分别计量使用权资产和租赁负债，进行衔接会计处理，会计分录为：

借：使用权资产——原值——机器　　　　　　　　　7 010 000
　　融资租入固定资产——累计折旧——机器　　　　3 004 286
　贷：融资租入固定资产——原值——机器　　　　　7 010 000
　　　使用权资产——累计折旧——机器　　　　　　3 004 286
借：长期应付款——应付融资租赁款　　　　　　　　4 000 100
　　租赁负债——未确认融资费用　　　　　　　　　617 398
　贷：未确认融资费用　　　　　　　　　　　　　　617 398
　　　租赁负债——租赁付款额　　　　　　　　　　4 000 100

3. 披露

（1）简化追溯法下承租人披露规定

承租人选择简化的追溯调整法对租赁进行衔接会计处理的，应当在首次执行日披露以下信息［CAS 21（2018）第六十七条；IFRS 16 para. C12］。

①首次执行日计入资产负债表的租赁负债所采用的承租人增量借款利率的加权平均值；

②首次执行日前一年度报告期末披露的重大经营租赁的尚未支付的最低租赁付款额按首次执行日承租人增量借款利率折现的现值，与计入首次执行日资产负债表的租赁负债的差额。

因为累积追加过渡法（简化追溯法）不重述比较信息，为帮助财务报表使用者了解首次采用新租赁准则的影响，新租赁准则要求企业在采用简化追溯法时，披露有关之前被分类为经营租赁的过渡信息。此披露规定替代了《国际会计准则第 8 号》第 28 (6) 段的规定。即采用累计追加过渡法的承租人无需按照《国际会计准则第 8 号》在首次采用新准则时的通常要求对每个财务报表项目的调整金额进行披露 [IFRS 16 para. BC280]。

(2) 简化追溯法下承租人采用实务豁免的披露规定

承租人采用简化追溯法下首次执行日前经营租赁可选择的实务豁免进行处理的，应当在财务报表附注中披露所采用的简化处理方法，以及在合理可能的范围内对采用每项简化处理方法的估计影响所作的定性分析 [CAS 21 (2018) 第六十四条；IFRS 16 para. C13]。

三、出租人衔接规定

新租赁准则下，出租人仅需要对转租出租人的租赁作出过渡调整，应自首次执行日起按照新租赁准则对该等租赁进行会计处理 [CAS 21 (2018) 第六十五条；IFRS 16 para. C14]。这是因为新租赁准则中的出租人会计规定与原租赁准则基本相同。理事会认为，出租人在过渡时无需作任何调整 [IFRS 16 para. BC289]。

对于转租的出租人 [CAS 21 (2018) 第六十五条；IFRS 16 para. C15]：

(1) 对之前根据原租赁准则被分类为经营租赁且于首次执行日仍处于持续租赁的转租赁进行重新评估，以确定每项转租赁根据新租赁准则应被分类为经营租赁还是融资租赁。转租出租人应于首次执行日基于当日的原租赁和转租赁的剩余合同期限和条款进行评估。

(2) 对之前根据原租赁准则被分类为经营租赁但根据本准则被分类为融资租赁的转租赁，作为首次执行日订立的新的融资租赁进行会计处理。

因为新租赁准则要求中间出租人基于原租赁形成的使用权资产评估转租赁的分类，而不是基于原租赁准则所要求的标的资产，所以根据原租赁准则被中间出租人分类为经营租赁的转租赁，按照新租赁准则可能被分类为融资租赁。如果中间出租人继续对该类转租赁采用之前的经营租赁会计规定，则该中间出租人将确认原租赁形成的使用权资产，尽管其实际上已不再拥有标的资产的使用权。理事会认为，这会误导财务报表使用者 [IFRS 16 para. BC290]。因此，新租赁准则要求中间出租人对首次执行日根据原租赁准则被分类为经营租赁的转租赁进行重估，以确定该转租赁根据新租赁准则应被分类为经营租赁还是融资租赁，并对其进行相应的会计处理 [IFRS 16 para. BC291]。

四、其他衔接规定

(一) 首次执行日之前的售后租回交易

对于首次执行日前已存在的售后租回交易,企业在首次执行日不重新评估资产转让是否符合新收入准则作为销售进行会计处理的规定[CAS 21 (2018)第六十六条;IFRS 16 para. C16]。需要注意的是,对资产转让作为销售不进行重新评估并不是一项可选择的处理,而是强制性的。这项规定同时适用于承租人和出租人。

对于不重新评估资产转让是否属于销售,理事会主要是考虑执行重估的成本合理性[IFRS 16 para. BC293]。在报告信息方面,采用追溯法的成本将高于收益。此外,理事会还决定,卖方兼承租人应仅对首次采用新租赁准则日后签订的售后租回交易,采用新租赁准则规定的售后租回交易利得或损失确认方法[IFRS 16 para. BC294]。

对于首次执行日前应当作为销售和融资租赁进行会计处理的售后租回交易,卖方兼承租人应当:(1) 按照与首次执行日存在的其他融资租赁相同的方法对租回进行会计处理;并且(2) 继续在租赁期内摊销销售利得[IFRS 16 para. C17;CAS 21 (2018) 第六十六条]。

对于首次执行日前应当作为销售和经营租赁进行会计处理的售后租回交易,卖方兼承租人应当:(1) 按照与首次执行日存在的其他经营租赁相同的方法对租回进行会计处理;并且(2) 根据首次执行日前一刻计入资产负债表的与非市场条款相关的递延收益或损失调整租回的使用权资产[IFRS 16 para. C18]。

对于首次执行日前应当作为销售和经营租赁进行会计处理的售后租回交易,国际国内准则在此处的规定有略微区别。国际准则强调卖方兼承租人应当根据首次执行日前一刻计入资产负债表的"与非市场条款相关的"递延收益或损失调整租回的使用权资产;而国内准则第六十六条规定中,并未明确指出调整使用权资产的递延收益或损失必须是"与非市场条款相关的"。

(二)《售后租回中的租赁负债》的衔接规定

对于理事会于2022年发布的《售后租回中的租赁负债(对〈国际会计

准则第 16 号〉的修订)》和财政部于 2023 年发布的《企业会计准则解释第 17 号》问题"三、关于售后租回交易的会计处理",均采用了相同的衔接方法,即卖方兼承租人应当针对新租赁准则首次执行日之后发生的售后租回交易进行追溯调整〔IFRS 16 para. C20E;《企业会计准则解释第 17 号》问题三 新旧衔接〕。

(三) 之前确认的有关企业合并的金额

承租人如果之前根据企业合并准则,作为企业合并的一部分,对收购的经营租赁的有利或不利条款确认了资产或负债,则应终止确认该资产或负债,并根据首次执行日的相应金额调整使用权资产的账面金额〔IFRS 16 para. C19〕。

在原《国际财务报告准则第 3 号——企业合并》(以下简称《国际财务报告准则第 3 号》)和原租赁准则下,如果企业合并中的被购买方是作为经营租赁中的承租人,则按原租赁准则的承租人会计模型,购买日也不应确认与经营租赁相关的资产和负债。但是,在购买日,购买方需要进一步确定被购买方作为承租人的各项经营租赁条款相对于市场条款是有利还是不利的。如果是有利条款则确认一项资产;如果是不利条款则确认一项负债〔原 IFRS 3 para. B28-30〕。

在新租赁准则下,由于承租人采用了"使用权模型",不再区分融资租赁和经营租赁,均应确认使用权资产和租赁负债。因此,新租赁准则发布后,理事会相应删除了上述《国际财务报告准则第 3 号》中有关企业合并中被收购方作为经营租赁的承租人的处理规定,并在新租赁准则中对此类企业合并中承租人的处理单独提供了衔接规定。

根据上述衔接规定,如果企业合并中的被购买方为经营租赁的承租人,且在合并时就有利或不利的经营租赁确认了资产或负债,则在首次执行新租赁准则时,无论其采取完全追溯法还是简化追溯法,均应终止确认该资产或负债,并对使用权资产进行相应调整。

其中,完全追溯法下,购买方应视同在购买日获得一项新租赁,以剩余租赁付款额现值计量租赁负债,相关使用权资产应基于租赁负债的金额,并对租赁中存在的任何偏离市场的条款进行调整。

简化追溯法下,在选择方法 1 的情况下,对于使用权资产,应视同在购买日获得一项新租赁,但使用首次执行日的折现率进行计量,并对租赁中存在的任何偏离市场的条款进行调整。

理事会曾考虑是否应要求收购方遵循《国际财务报告准则第 3 号》中的一

般原则，并按照收购日的公允价值计量被收购方的使用权资产和租赁负债。然而，理事会认为，以公允价值计量租赁资产和租赁负债有关的成本可能高于收益，因为获取公允价值信息可能较为困难，因而成本较高。理事会还指出，若被收购方是承租人，则原《国际财务报告准则第3号》中计量租赁资产和租赁负债的规定将要求在收购日确认租赁的账面净额，该金额接近租赁的当日公允价值［IFRS 16 para. BC297］。

理事会还考虑了，如果被收购方是运用短期租赁或低价值资产租赁豁免规定的承租人，是否应要求收购方确认与任何偏离市场条款有关的资产和负债。根据《国际财务报告准则第3号》的一般原则，与包含偏离市场条款的合同有关的资产和负债需在资产负债表中单独确认，在收购时不归入商誉。然而，理事会注意到，该等偏离市场的条款几乎不会对短期租赁和低价值资产租赁产生重大影响。因此，决定不将此规定纳入《国际财务报告准则第3号》［IFRS 16 para. BC297］。即，在企业合并中，如果被收购方作为承租人采用了短期租赁或低价值资产租赁的简化处理，在收购日不需要针对租赁合同相对于市场条款的有利和不利部分确认单独的资产和负债。

（四）《新冠肺炎疫情相关租金减让》的衔接规定

1. 国际准则衔接规定

承租人应追溯采用《新冠肺炎疫情相关租金减让》（参见C1A段），将首次应用该修订的累计影响确认为对承租人首次应用该修订的年度报告期间开始时的留存收益（或权益的其他组成部分，如适当）期初余额调整［IFRS 16 para. C20A］。

在承租人首次采用《新冠肺炎疫情相关租金减让》的报告期间，承租人无需披露会计政策变更要求的信息［IFRS 16 para. C20B］。

2. 国内准则衔接规定

与国际准则衔接方法一致，企业首次执行《新冠肺炎疫情相关租金减让会计处理规定》时，无需作为会计政策变更披露当期和各个列报前期财务报表中受影响的项目名称和调整金额。

（五）《利率基准改革——第二阶段》的衔接规定

1. 国际准则衔接规定

除下述情况外，主体应根据《国际会计准则第8号》追溯适用新修订［IF-

RS 16 para. C20C]。

主体无需重述以前期间以反映这些修订的适用情况。当且仅当可以不使用后见之明时,主体才能重述以前期间。如果主体未重述以前期间,主体应在包括新修订首次执行日的年度报告期期初留存收益(或权益的其他组成部分,如适用)中确认先前账面金额与年度报告期初账面金额之间的任何差额[IFRS 16 para. C20D]。

2. 国内准则衔接规定

《企业会计准则解释第 14 号》规定,2020 年 12 月 31 日前发生的基准利率改革相关业务,未按照该解释中"关于基准利率改革导致相关合同现金流量的确定基础发生变更的会计处理"规定处理的,应当进行追溯调整,追溯调整不切实可行的除外。企业无需调整前期比较财务报表数据。在该解释施行日,金融资产、金融负债等原账面价值与新账面价值之间的差额,应当计入该解释施行日所在年度报告期间的期初留存收益或其他综合收益。

第十章 国际准则与美国准则差异分析

《国际财务报告准则第 16 号》与《主题 842》在很多方面是一致的。最重要的是，双方理事会达成共识，所有租赁均产生了资产和负债，承租人应在资产负债表中予以确认。但是，双方的准则仍然存在很多差异。《国际财务报告准则第 16 号》与《主题 842》最重要差异是承租人会计模型不同，双方的很多准则差异均来源于此。其他重要差异还包括售后租回交易的利得或损失确认，以及出租人在融资租赁中确认销售利润等。两项准则还存在一些细微差异，包括对外币折算、嵌入衍生工具、披露、业务合并及对已担保应收租赁款的转让或转移等。此外，由于美国公认会计原则与国际财务报告准则其他准则的差异，也影响了租赁的会计处理，包括减值要求、投资性房地产及资产重估等。

一、承租人会计模型

《国际财务报告准则第 16 号》与《主题 842》包括不同的承租人会计模型。在整个租赁准则制定过程中，新租赁准则的重要变动是确认了原租赁准则下经营租赁相关的使用权资产和租赁负债。但是，双方理事会的利益相关方都表示担心，理事会早期的提议（即《2010 年征求意见稿》和《2013 年二次征求意见稿》）实施成本高昂，应用起来也很复杂。双方理事会都对之前的提议进行了重大修改，以回应利益相关方对应用新租赁准则的成本担忧，但这些变化有所不同，因为双方理事会的利益相关方对早期提议中成本和复杂性的驱动因素，以及理事会应作出哪些修改来解决成本和复杂性问题提供了截然不同的反馈。

《主题 842》根据与原租赁准则基本类似的租赁分类方法，将租赁分类为融资租赁或经营租赁。这一点，再加上《主题 842》中适用于每种租赁类型的承租人的确认和后续计量指引，意味着租赁在综合收益表和现金流量表中的影响将与原美国公认会计原则基本相同，大多数承租人将不必实施重要的新系统或流程来采用新准则。美国财务会计准则委员会关于租赁分类的决定，以及两种租赁类型的确认和计量，都受到美国财务会计准则委员会利益相关方的以下反馈的重大影响：（1）以与原美国公认会计原则基本一致的方式确定租赁分类并不困难，在原美国公认会计原则下也不是一个需要耗费成本或复杂性的领域。（2）与之前的提议相比，保留与原美国公认会计原则基本一致的租赁分类标准，以及《主题842》中包含的性质的确认条款，将大大降低美国编报者的成本，因为这将保持之前美国公认会计原则中与税务或监管报告之间的一致性。很多美国利益相关方表示，双方理事会早期的提议会打破这种一致性，因此，可能要求编报者保留多套账簿和记录。（3）在双方理事会原提议的基础上采用新租赁准则的最大成本是实施新的会计处理制度（例如，跟踪和会计处理大量新的金融负债）和程序。很多美国利益相关方表示，《主题842》中包含的承租人会计模型将显著降低或消除这些成本，因为承租人将能够大幅保留其现有的跟踪融资租赁和经营租赁的系统和流程。即，因为租赁分类指引基本相同，而且租赁在综合收益表和现金流量表中的影响最小。

《国际财务报告准则第16号》以与融资租赁相同的方式对所有租赁进行会计处理，除短期租赁的承租人确认和计量豁免外，它包括类似的承租人对"低价值资产"租赁的豁免（即，单独金额较小的标的资产租赁，包括低价值标的资产，《国际财务报告准则第16号》的结论基础表明，所有主体的低价值资产金额约为5000美元或以下）。《主题842》不包括低价值资产租赁的任何确认和计量豁免。与适用美国公认会计原则的美国利益相关方收到的反馈相反，以下反馈对国际会计准则理事会在《国际财务报告准则第16号》中颁布的决定产生了重大影响：（1）国际财务报告准则利益相关方普遍认为，取消租赁分类将简化租赁会计，因为这将消除一个关键的判断领域，并消除确定租赁分类程序的必要性。（2）国际财务报告准则的很多利益相关方表示，与其保留租赁分类评估，不如通过豁免大量、低价值租赁的确认和计量要求，来解决对实施新系统和流程的担忧。这样，所有重要租赁都将以相同的方式进行会计处理，但承租人的系统和流程实际上不需要包括承租人的所有租赁。承租人将继续以与原国际财务报告准则中对经营租赁的会计处理方式相同的方式对大量、低价值租赁进行会计处理。（3）国际财务报告准则的利益相关方通常不对租赁会计对税务或监管报告的影响发表评论。这在很大程度上是因为国际财务报告准则的利益相关方清楚，国际财务报告准则适用于很多具有不同税务和监管报告要求的国家和地区，因此，不可能要求国际财务报告准则与这些不同法律法规保持一致。

《国际财务报告准则第 16 号》与《主题 842》之间还有其他差异，这些差异直接与承租人会计模型的不同决策有关。

二、出租人会计模型

《国际财务报告准则第 16 号》与《主题 842》中的出租人会计模型基本一致。但是，也存在一些差异。由于双方理事会都决定分别其准则中大幅保留出租人会计模型，因此，在原美国公认会计原则和国际财务报告准则之间存在的很多相对较小的差异，继续存在于《国际财务报告准则第 16 号》与《主题 842》之间。除了这些差异之外，一些额外的差异是由于美国财务会计准则委员会决定将出租人会计与《主题 606——客户合同收入》（以下简称《主题 606》）中的收入确认原则保持一致，而国际会计准则理事会则决定尽可能少地修改原国际财务报告准则下的出租人会计，即使这意味着《国际财务报告准则第 16 号》中的出租人会计与《国际财务报告准则第 15 号》中的收入确认原则存在潜在差异。

三、可变租赁付款额的重新评估

《国际财务报告准则第 16 号》要求承租人重新评估取决于指数或比率的可变租赁付款额。因此，当指数或比率发生变动而导致合同现金流量发生变动时（例如，当消费者价格指数的变动根据合同生效时），承租人都要重新计量租赁负债。《主题 842》未包括该要求；仅当租赁负债因指数或比率变动以外的其他原因（例如，由于租赁期变动）重新计量时，承租人才会重新评估取决于指数或比率的可变租赁付款额。国际会计准则理事会认为《国际财务报告准则第 16 号》的要求将更准确地反映承租人在整个租赁期内的租赁负债；而美国财务会计准则委员会则认为，重新评估取决于指数或比率的可变租赁付款额并重新计量租赁负债的收益，并不能证明其成本是合理的。

四、直接融资租赁销售利润的确认

《主题 842》排除了直接融资租赁的任何销售利润的确认。销售利润（如有）在租赁期开始日递延，并在租赁期内确认为利息收入。《国际财务报告准则第 16 号》未区分销售型租赁和直接融资租赁；所有此类租赁均分类为融资租赁。因此，根据《主题 842》分类为直接融资租赁的租赁销售利润，在《国际财务报告准则第 16 号》下将在租赁期开始日一次确认。美国财务会计准则委员会认为，在租赁期开始日确认直接融资租赁的销售利润与《主题 606》中的销售指引不一致。由于直接融资租赁中很少有销售利润，《国际财务报告准则第 16 号》与《主题 842》之间的差异预计不会显著影响适用美国公认会计原则的出租人，以及适用国际财务报告准则的出租人的可比性。

五、可收回性

《主题 842》包括在租赁付款额不可能收回的情况下，对出租人租赁会计影响的明确指引。该指引影响确认和租赁分类。《国际财务报告准则第 16 号》不包括明确的可收回性指引。美国财务会计准则委员会决定，《主题 842》中应包括关于可收回性的明确指引，主要原因是：（1）使销售型租赁的可收回性指引与《主题 606》中的直接销售可收回性指引保持一致；（2）原美国准则下出租人会计包括与《主题 842》类似的可收回性指引。相比之下，原国际财务报告准则并未包括对出租人的可收回性指引。因此，国际会计准则理事会决定，没有必要在《国际财务报告准则第 16 号》中纳入专门针对出租人的可收回性指引。

六、销售型和直接融资租赁的变更

原美国公认会计原则和国际财务报告准则对租赁变更的会计处理有很大不同。原国际财务报告准则依赖于金融工具准则来解释融资租赁的变更（即，在《主题 842》中通常被分类为销售型或直接融资租赁的租赁），因为出租人在此类租赁中的应收租赁款是一项金融资产。根据国际会计准则理事会不改变原出租人会计的决定，国际会计准则理事会决定保留出租人对融资租赁变更的处理要求。相反，美国财务会计准则委员会决定，适用于出租人的变更指引，无论原始租赁的分类如何，都应与《主题 606》中的收入确认指引类似。美国财务会计准则委员会决定，（1）针对出租人和销售方提供商品或服务类似的变更指引，因为很多租赁合同也包括非租赁成分；（2）针对租赁变更提供类似指引，无论原始租赁的分类如何。此外，美国财务会计准则委员会认为，美国公认会计原则中的金融工具准则比《主题842》中的变更指引应用起来更复杂，而且无论如何都不会导致与国际财务报告准则的结果趋同，因为美国公认会计原则中金融工具准则与国际财务报告准则中的金融工具准则不同。

七、转租赁

《主题842》要求在对转租赁进行分类时，转租出租人应当依据标的资产而不是原租赁产生的使用权资产来确定转租赁的分类。例如，在对转租赁进行分类时，转租出租人将评估转租赁是否占用标的资产剩余经济寿命的主要部分，而不是原租赁的剩余期限。《国际财务报告准则第16号》要求转租出租人依据原租赁产生的资产使用权确定转租赁的分类。理事会在这方面的不同决定主要源于承租人会计模式的差异。即，双方理事会在对原租赁进行会计处理时，均考虑了转租赁产生的会计影响。但是，双方理事会在出租人是否仅因同一租赁是转租赁或不是转租赁而对其进行不同分类的问题上也存在分歧。根据《国际财务报告准则第16号》的方法，出租人可能将租赁作为经营租赁进行会计处理，但签订同一租赁的转租出租人可能会将租赁作为融资租赁进行会计处理。

八、售后租回交易

在售后租回交易中，《主题842》要求卖方兼承租人按照适用于标的资产的其他销售相关指引，对资产销售的利得或损失进行确认。这与国际会计准则理事会的观点一致，即在租赁中转让给承租人的资产使用权与标的资产本身是独立和不同的（即，卖方兼承租人出售整个标的资产，然后因租赁而获得独立和独特的使用权）。相比之下，《国际财务报告准则第16号》要求卖方兼承租人在租回结束时仅确认与相关资产中保留的权利相关的销售利得的金额。国际会计准则理事会认为，从经济角度来看，卖方兼承租人只出售了标的资产的一部分（即其在租回结束时对标的资产剩余价值的权益）；其在租回期间保留了资产使用权中包含的标的资产部分。

九、列报、披露和过渡规定

《国际财务报告准则第16号》与《主题842》的列报、披露和过渡规定存在很多差异,主要是由于承租人会计模型之间的差异所导致的。

十、非公众利益主体

《主题842》允许非公众利益主体(如非上市公司)选择会计政策,使用无风险利率对租赁负债折现。《国际财务报告准则第16号》未针对非公众受托责任公司(如非上市公司)提供任何会计政策选择。中小主体国际财务报告准则针对非公众受托责任公司(如非上市公司)提供了指引。但是,中小主体国际财务报告准则尚未与《国际财务报告准则第16号》保持协调一致,因此,国际财务报告准则尚未针对中小主体的租赁会计提出特别规定。

十一、差异汇总表

除上述差异外,《国际财务报告准则第16号》与《主题842》还存在一些细微差异,详见表1-10-1。

表1-10-1 《国际财务报告准则第16号》与《主题842》差异汇总表

差异项目		《国际财务报告准则第16号》	《主题842》
租赁适用范围	无形资产租赁	将两项无形资产租赁排除于租赁适用范围之外(一项是承租人通过许可使用协议取得的属于《国际会计准则第38号——无形资产》范围内诸如电影、录像、戏剧、文稿、专利、版权等项目的权利;另一项是出租人授予的属于《国际财务报告准则第15号——客户合同收入》范围内的知识产权许可),但对于其他类型的无形资产租赁不进行强制要求,可适用于租赁准则	排除了整个无形资产租赁
	服务特许权协议	特别规定将属于《国际财务报告解释公告第12号——服务特许权协议》范围内的服务特许权协议租赁排除于租赁适用范围之外	未规定
	存货租赁和在建工程租赁	未规定	特别规定将存货租赁(属于〈主题330——存货〉)和在建工程的租赁(属于〈议题360——不动产、厂场和设备〉)排除于租赁适用范围之外

续表

差异项目		《国际财务报告准则第 16 号》	《主题 842》
租赁的确认豁免	短期租赁和低价值资产租赁	承租人可对短期租赁和低价值资产租赁选择确认豁免	承租人可对短期租赁进行确认豁免，但不存在对低价值资产（小于 5 000 美元）租赁的确认豁免
短期租赁	短期租赁的定义	包含购买选择权的租赁不属于短期租赁	包含合理确定将行使购买选择权的租赁不属于短期租赁
拆分租赁组成部分	土地租赁	对所有资产租赁判断是否满足以下两个条件（1）承租人能够从单独使用标的资产，或将其与易于获得的其他资源一起使用中获益；（2）标的资产与合同中的其他标的资产不存在高度依赖关系或关联关系。从而确定是否作为一项单独租赁进行会计处理，并未针对土地租赁进行特殊考虑	特别提出了对土地租赁的规定：主体应将对土地的使用权利作为一项单独租赁进行核算，除非这样做的会计后果不显著，例如，分离土地部分对租赁分类没有影响或土地部分的金额不显著
拆分租赁组成部分与非租赁组成部分	出租人的实务变通选择权	出租人不具有拆分或不拆分的选择权	当非租赁组成部分应按照《主题 606》进行会计处理，且满足以下条件时：（1）非租赁部分和相关租赁部分的转让时间和模式相同；（2）租赁部分如果单独核算，将被归类为经营租赁，出租人可根据标的资产类别，不对租赁组成部分和非租赁组成部分进行拆分
租赁负债	重新计量	当租赁负债因其他原因（如租赁期变更）重新计量时，变更后的租赁付款额将根据租赁开始时租赁和非租赁部分的单独售价进行分配	当租赁发生变更或租赁负债被重新计量时，合同对价被重新分配，变更后的租赁付款额根据重新计量日（或变更生效日）租赁和非租赁部分的单独售价进行分配
租赁分类	总体分类情况	承租人不再要求租赁分类；出租人将租赁分类为融资租赁和经营租赁	承租人分类为融资租赁和经营租赁；出租人分类为销售型融资租赁、直接融资租赁和经营租赁
租赁分类	融资租赁和经营租赁分类标准	未考虑租赁付款额和余值担保金额的可收回性	考虑了租赁付款额和余值担保金额的可收回性
租赁分类	重分类情况	要求在租赁发生变更且未作为一项单独租赁进行会计处理时对租赁进行重分类	要求在三种情况下对租赁进行重分类：（1）合同变更且变更部分纳入单独部分进行核算；（2）租赁期发生变更；（3）合理确定承租人将行使购买选择权

续表

差异项目		《国际财务报告准则第 16 号》	《主题842》
承租人会计模型	费用确认模型	承租人将所有租赁作为提供融资进行会计处理，即在资产负债表中对所有租赁分别列报折旧和利息	采用双重承租人费用确认模型，保留对于融资租赁和经营租赁的分类。对融资租赁，按照类似于使用权模型进行会计处理。对经营租赁按下列要求进行会计处理：（1）确认使用权资产和租赁负债；（2）按与《国际财务报告准则第 16 号》规定相同的方式对租赁负债进行计量，但无需重估可变租赁付款额；（3）在租赁期内通常按直线法确认单一的租赁费用，直线费用反映租赁负债的利息支出（实际利率法）和使用权资产的摊销，摊销额为总直线费用和租赁负债利息费用之间的差额，在现金流量表中将支付的现金总额归入经营活动列报
出租人会计模型	使用权资产计量模式的选择	允许承租人对使用权资产的计量模式进行选择，可以采用成本模式，也可以采用重估模式	不允许承租人在初始计量后以公允价值重估使用权资产
	可变租赁付款额的重估	（1）可变租赁付款额的重估取决于两方面，一是初始计量时确定可变租赁付款额的指数或比率发生了变动，二是对现金流量造成了实际影响；（2）不会因为租赁负债的重新计量，而重估可变租赁付款额	（1）仅当承租人能够确定未来租金的增长是源于指数或比率的变动，且承租人能够提供：每期的可变租赁费用和支付每期可变租赁付款额的条款和条件时，才能对可变租赁付款额进行重估。（2）当承租人因为其他原因（如租赁期变动）重新计量租赁负债时，承租人也应根据最新指数或比率重新计量租赁付款额，相应调整租赁负债
	折现率的选择	没有为非公众公司提供此项会计政策选择	非公众公司承租人可以使用租赁的无风险利率折现，使用与租赁期相当的期限确定
	使用权资产的初始计量	包括承租人在拆卸及移除标的资产、复原标的资产所在场地或将标的资产恢复至租赁条款和条件规定的状态时估计将发生的成本，为生产存货而发生的成本除外	未包括此项

续表

差异项目		《国际财务报告准则第16号》	《主题842》
出租人会计模型	销售利润或损失的确认	融资租赁：生产商或经销商出租人应在租赁期开始日确认融资租赁的销售利润或损失	销售型融资租赁：当出租人很有可能收到租金及担保余值时，应在租赁期开始日确认销售利润或损失；当出租人不确定是否能收到租金及担保余值时，在租赁期开始日不确认销售利润或损失，且不终止确认相关资产，收到的租金和可变租赁付款额也应被确认为负债
	初始直接费用	融资租赁：出租人（生产商或经销商出租人除外）发生的初始直接费用计入租赁投资净额的初始计量金额	销售型融资租赁：如果租赁期开始日标的资产的公允价值与其账面价值不一致，出租人应将销售型融资租赁的初始直接成本计入费用；如果标的资产的公允价值等于其账面价值，则处理方式与国际财务报告准则相同
	直接融资租赁中销售利得的确认	不区分销售型的融资租赁和直接融资租赁，且任何销售利得均会在租赁开始时一次确认	禁止出租人在直接融资租赁中立即确认任何销售利得；如有销售利得，在租赁期内递延确认为利息收入
	可收回性	不包括任何明确的可收回性指引	包括出租人不能收租回赁付款额将该如何进行会计处理的明确指引，该指引同时影响租赁的确认和分类
租赁变更	缩短合同租赁期未形成单独合同的会计处理	导致租赁负债减少与使用权资产按比例减少之间的差额确认利得或损失	不产生单独合同和缩短合同租赁期的租赁变更不会导致利得或损失的确认。承租人在不影响损益的情况下，将租赁负债的重新计量金额确认为对相应使用权资产的调整。然而，如果使用权资产减至零，承租人将在损益中确认任何剩余金额
	融资租赁和销售型融资租赁变更未作为一项单独租赁的会计处理	融资租赁：如果变更是在租赁开始日生效，那么该租赁会被分类为经营租赁，相应进行如下会计处理：（1）自变更生效日起将租赁变更作为一项新的租赁进行会计处理；以及（2）将租赁在租赁变更生效日前一刻的投资净额作为标的资产的账面价值	销售型融资租赁：在租赁变更生效日对租赁进行重分类，不同分类对应不同会计处理

续表

差异项目		《国际财务报告准则第16号》	《主题842》
转租赁	转租赁的分类	要求转租出租人基于原租赁形成的使用权资产将转租赁分类为经营租赁或融资租赁,而不是基于标的资产	要求转租出租人基于标的资产确定转租赁的分类,而不是基于原租赁形成的使用权资产
售后租回交易	评估资产转让是否属于销售	为了确定资产转让是否属于销售,卖方兼承租人和买方兼出租人应考虑以下事项:(1)转让是否符合新收入准则中的销售条件;(2)售后租回的分类,当售后租回被买方兼出租人分类为销售型融资租赁或卖方兼承租人分类为融资租赁时,此时,资产转让不属于销售	不包括关于评估售后租回交易中资产转让是否属于销售的应用指引,只是排除了如果卖方兼承租人对标的资产具有实质性的回购选择,则未发生资产销售
	资产转让属于销售	卖方兼承租人应仅确认与转移至买方兼出租人的权利有关的销售利得或损失的金额	卖方兼承租人按与适用于其他资产销售的指引相一致的方式,对销售利得或损失进行会计处理
	资产转让不属于销售	卖方兼承租人应继续确认被转让资产,同时确认一项与转让收入等额的金融负债,买方兼出租人不应确认被转让的资产,而应确认一项与转让收入等额的金融资产,金融资产和金融负债按照《国际财务报告准则第9号》进行会计处理	卖方兼承租人没有出售资产,买方兼出租人也不用考虑购买资产,对该资产支付的任何对价均由卖方兼承租人和买方兼出租人作为融资交易入账

第二篇 理论篇
——知其所来

本篇简要介绍了租赁会计发展历史，梳理了新租赁准则重要议题的形成过程，重点关注制定过程中曾考虑的不同理论、方法和示例，最终决议的理由和考虑。本篇旨在为租赁会计理论研究提供参考。

第一章 租赁会计发展历史

在会计准则发展历史上,租赁会计一直是争论较多的议题。其中,基于"购买模型",将租赁区分为"融资租赁(资本租赁)"和"经营租赁"分别处理的租赁会计,在很长一段时期内占据主导地位,包括原美国公认会计原则和原国际财务报告准则下的租赁相关准则规定,均以"购买模型"为基础。原准则下的租赁会计存在较大争议的缺陷在于,承租人对于"经营租赁"不确认相关资产和负债,从而可能存在"表外融资"的问题。

在新租赁准则下,租赁会计转为以"使用权模型"为基础。该模型认定,在满足定义的租赁合同中,承租人获得了使用标的资产的权利,该权利满足资产的定义;承租人按合同约定支付租金的相关义务,满足负债的定义。因此,在新租赁准则下,承租人不再区分"融资租赁"和"经营租赁",而是对满足租赁定义的所有合同(短期租赁和低价值资产租赁除外)均确认相关资产和负债,从而达到了将所有租赁"入表"的目标,弥补了传统租赁会计的缺陷。新租赁准则下的"使用权模型",实质上类似于约翰·迈尔斯(John H. Myers)于1962年在《会计研究论文集第4号》中提出的"财产权模型",并在其基础之上进行了多方面的完善。

了解租赁会计历史上出现的不同理论及其内涵,可以更加深刻地理解新租赁准则的具体规定。本章简要介绍了新租赁准则发布之前,美国和国际准则下租赁会计的发展历史,并选取具有代表性的研究文献及准则,关注于其对租赁会计基本模型的讨论,概括了其提出的基本理论和具体原则,旨在为理解租赁会计基本理论发展提供参考。

第一节 美国租赁会计发展历史

美国租赁会计发展较早,对租赁会计基本理论讨论得较为完善。自美国注册会计师协会于 1949 年发表的《会计研究公报第 38 号》开始,到美国财务会计准则委员会于 1976 年正式发布美国《财务会计准则第 13 号》为止,美国各会计研究及监管组织对租赁会计提出过多种基本模型。其中,典型的模型包括对原租赁准则影响较为深远的"购买模型",对新租赁准则影响较大的"财产权模型",其他具有代表性的模型还包括"法定债务模型""负债模型""待执行合同模型"等。

表 2-1-1 为美国租赁会计发展历史上的主要文献,后文对文献主要内容进行了概述。

表 2-1-1　　　　　　　　　美国租赁会计主要文献

序号	年度	发布机构	文件号	文件名称	主要内容
1	1949	美国注册会计师协会	《会计研究公报第 38 号》	在承租人财务报表中披露长期租赁	提出"购买模型"("所有权和抵押借款模型"),认为长期租赁通常只是变相的所有权转让和抵押借款,要求披露重大长期租赁相关信息
2	1962	美国注册会计师协会	《会计研究论文集第 4 号》	在财务报表中报告租赁	约翰·迈尔斯提出"财产权模型"("资产模型")。迈尔斯认为,租赁的实质是转移了资产的使用权,所有租赁都应以为该财产权支付的现金流量折现值在资产负债表中进行确认
3	1964	美国会计原则委员会	《会计原则委员会意见书第 5 号》	在承租人财务报表总报告租赁	认为区分租赁分类的关键在于租赁是否实质上属于购买财产,而不是是否存在财产权。提出如果租赁条款导致在财产中产生重大权益,则该财产和相关义务应作为资产和负债纳入资产负债表。分别针对承租人和出租人列示了表明转移了财产"重大权益"的情况
4	1966	美国会计原则委员会	《会计原则委员会意见书第 7 号》	在出租人财务报表中对租赁会计处理	第一项清晰解决出租人会计处理的准则。提出出租人会计的重点是对出租人在租赁期内的期间收益进行公允计量。对出租人会计采用"融资法"和"经营法"分别进行处理。提出以出租人是否向承租人转移了租赁活动有关的所有权通常风险或回报来区分适用二者的租赁,并列举了区分"融资法"或"经营法"需考虑的因素
5	1972	美国会计原则委员会	《会计原则委员会意见书第 27 号》	制造商或经销商出租人租赁交易的会计处理	第一次提供了明确条件来确定是否发生了实质上的销售/购买。这些条件所支持的"购买模型"与早期准则所识别的"购买模型"类似

续表

序号	年度	发布机构	文件号	文件名称	主要内容
6	1972	美国证券交易委员会	《会计系列公告第132号》	在承租人财务报表中报告租赁	特别关注了出租人是由承租人直接或间接设立的，其经营实质上取决于承租人的关联方租赁
7	1973	美国证券交易委员会	《会计系列公告第141号》	对《财务信息披露内容与格式条例》特定修订适用的解释和细微修订	澄清不可撤销租赁的披露，以及以合并目的而定性为融资或非融资子公司活动的类型
8	1973	美国会计原则委员会	《会计原则委员会意见书第31号》	承租人对租赁承诺的披露	寻求更加广泛和更加统一的披露非资本化租赁的租金承诺。要求披露以下最低租金承诺：（1）未来五个会计年度中的每一年；（2）未来三个5年期间的每一个；（3）剩余的单个金额。还要求披露计算租金支付的基础，续租条款或购买选择权，承诺和义务的性质和金额，以及其他各类信息
9	1973	美国证券交易委员会	《会计系列公告第147号》	关于通过修订《财务信息披露内容与格式条例》中要求改进租赁披露的通知	认定《会计原则委员会意见书第31号》实质上降低了美国证券交易委员会原先所识别的投资者所需的信息披露。因此，对租赁会计提出了更加广泛的确认和披露要求
10	1974	美国财务会计准则委员会	《1974年讨论备忘录》	租赁会计相关问题分析	讨论了租赁会计的五种具体模型。归纳区分资本化和费用化的具体条件。讨论了出租人会计及认定为实质出售的条件
11	1975	美国财务会计准则委员会	《1975年征求意见稿》	租赁会计	提出基于"财产权模型"和"购买模型"制定租赁会计。承认了"财产权模型"在概念上的合理性，但所提出的具体判断条件实质上仍然主要依赖于"购买模型"。提出了承租人资本化的具体条件，但并未对原有会计文献作出重大颠覆
12	1976	美国财务会计准则委员会	《1976年征求意见稿》	租赁会计	基于"购买模型"，对《1975年征求意见稿》提出的资本化条件进行了修订
13	1976	美国财务会计准则委员会	美国《财务会计准则第13号》	租赁会计	将租赁分类为资本租赁和经营租赁。其中，资本租赁类似于通常所称的融资租赁。采纳了《1976年征求意见稿》提出的资本化条件

一、《会计研究公报第 38 号——在承租人财务报表中披露长期租赁》

1949 年 10 月,美国注册会计师协会(AICPA)下设的美国会计学会会计程序委员会(CAP)发布了《会计研究公报第 38 号——在承租人财务报表中披露长期租赁》(ARB 38)(以下简称《会计研究公报第 38 号》)。1953 年,《会计研究公报第 38 号》几乎原封不动地纳入《会计研究公报第 43 号——对会计研究公报的重述和修订》(ARB 43)中(以下简称《会计研究公报第 43 号》)。

在《会计研究公报第 38 号》中,会计程序委员会认为,长期租赁通常只是变相的所有权转让和抵押借款,其实质就是分期付款购买资产。因此,会计程序委员会担心,公司可能利用此类长期租赁安排,不将租赁相关的资产和负债纳入资产负债表中。其中,会计程序委员会尤其担心相关负债未被纳入,委员会指出,长期租赁下未来几年到期的固定租金和其他负债的重大金额是影响基于公司财务报表作出判断的重大事实 [ARB 38 para. 5]。

在《会计研究公报第 38 号》中,会计程序委员会认为,某些租赁协议实质上属于分期付款购买财产。其识别出实质属于分期付款购买财产的情况包括:(1) 以名义金额或远低于财产预期公允价值的金额购买财产;(2) 协议约定租赁付款额可以作为分期付款购买价格的一部分;(3) 租金明显与类似财产的租金不一致,从而否定了租赁付款额是用于财产的当前使用,并假设此类租金是购买计划下的部分付款 [ARB 38 para. 6]。

有不同意见认为,在此类情况下,承租人并未获得相关财产的法定所有权,也不一定承担任何直接抵押义务。因此,将此类财产和相关负债纳入资产负债表是错误的。但是,会计程序委员会认为,如果有明显证据证明交易实质上属于购买交易,则应将"租赁"财产和相关负债纳入资产负债表,并在利润表中反映相关费用 [ARB 38 para. 7]。

鉴于上述担忧,会计程序委员会要求在财务报表或附注中披露重大长期租赁(未明确定义)的以下相关信息:(1) 应付年租金;(2) 应付租金的期间;(3) 租赁相关的承担或担保义务。这些信息需要在整个租赁期内持续披露,而不仅仅是在租赁开始时披露。

会计程序委员会并不要求对短期租赁进行这些披露,因为其认为,短期租赁并未使承租人承担租赁资产所有权上的成本和义务。会计程序委员会明确拒绝了因承租人并未拥有租赁资产法律所有权,而不记录租赁资产及相关义务的理由。相反，会计程序委员会强调，如果有明确证据证明，租赁实质上属于购买资产，则主体应当确认租赁资产及相关负债。

《会计研究公报第38号》并未引用一般资产和负债的定义，也未提出新的此类定义。

二、《会计研究论文集第4号》

1962年，美国注册会计师协会发布了《会计研究论文集第4号——在财务报表中报告租赁》（以下简称《会计研究论文集第4号》），重新考虑了自20世纪40年代以后租赁会计的相关研究成果。该研究论文作者约翰·迈尔斯指出，自《会计研究公报第38号》（及《会计研究公报第43号》）发布后，租赁变得愈发重要，但《会计研究公报第43号》的信息披露却很难达到要求，投资者在进行财务分析时，往往需要更多的信息，公司也会在资产负债表中，将某些租赁作为实质上的购买进行列报。

约翰·迈尔斯在该研究论文中引入了一种新的租赁会计模型。相对于原《会计研究公报第38号》将长期租赁视为所有权转让和抵押借款的观点，迈尔斯认为，租赁的实质是转移了资产的使用权，尽管这些权利与所有权并不完全或几乎一致。因此，通过租赁所获得的权利，也可以被视为一项资产，即使相对较短的租赁期。

迈尔斯认为，将租赁定义为转移了并不等同于所有权的权利，仍然可以满足现有的资产定义。例如，迈尔斯引述了《科勒会计词典》（第二版）中的以下定义：具有货币价值的任何所拥有的实物（有形）或权利（无形）……资产"所有权"的会计含义通常是指法律所有权，但也有例外；一项财产的权益，包括占有和使用，对于权益所有者来说是一项资产［ARS 4 para. 39］。迈尔斯解释到，尽管《科勒会计词典》以术语所有权来定义一项资产，但他确认，在某些情况下，一项资产可以用少于通常意义的所有权的权利来表示［ARS 4 para. 39］。

基于上述租赁的财产权概念，迈尔斯建议，所有租赁都应以为该财产权支付的现金流量折现值在资产负债表中进行确认。所支付的一般执行费用不计算在内。尽管迈尔斯相信，要区分这两种支付（确定租金支付的哪一部分是用于出租人支付财产税）有时候存在困难，但这些估计数字是会计师可以合理预期的。

迈尔斯认为，如果租赁合同包含以下所有条款，则支付（或应付）租金全部是为"财产权"支付，从而应确认较大金额的"财产权"：（1）租期条款——租赁期实质上涵盖租赁财产的整个使用寿命；（2）合同终止时的选择权——承租人可以在租赁终止时以名义价格购买该财产；（3）撤销条款——该合同不可撤销；（4）租金条款——承租人支付的固定金额（区别于可变金额）足以向出租人返还其在租赁财产中的投资加上公允回报；（5）税费、保险费、维护费及其他类似费用由承租人支付。

相反，以下租赁合同中的支付（或应付）租金则可能只有少部分是为"财产权"支付，从而仅确认很少金额的"财产权"：（1）租期条款——租赁期限很短；（2）合同终止时的选择权——承租人在合同终止时，没有合同约定向其明确开放的选择权；（3）撤销条款——该合同可能包含也可能不包含撤销条款；（4）租金条款——租赁合同规定，租金水平应与可比财产和服务的租金相当；（5）税费、保险费、维护费以及其他类似费用由出租人支付（6）其他服务——出租人提供其他服务［ARS 4 P4、P5］。

迈尔斯也建议，出租人转移财产权的会计处理为，将资产负债表中固定资产的一部分转移到应收款项中［ARS 4 para.64］。该建议的理论依据是，承租人取得了一项财产权，必然导致出租人处置了一项财产权。

三、《会计原则委员会意见书第 5 号》

1964 年 9 月，美国会计原则委员会（APB）发布了《会计原则委员会意见书第 5 号——在承租人财务报表总报告租赁》（APB Opinion 5）（以下简称《会计原则委员会意见书第 5 号》），该文件之后也被《会计研究公报第 43 号》取代。《会计原则委员会意见书第 5 号》指出，在租赁披露方面没有出现一致的模型，将租赁财产资本化并确认相关义务的证据也相对较少。《会计原则委员会意见书第 5 号》得出结论认为，确定一项租赁何时属于实质上的购买条件，还需要进一步澄清［APB Opinion 5 para.3］。

会计原则委员会审议了《会计研究论文集第 4 号》提出的建议和观点。会计原则委员会赞同，某些租赁协议的实质是分期购买财产，资产和相关负债应在资产负债表中列示，且应将此类租赁与其他租赁区分开来。但是，会计原则委员会认为，区分的关键在于租赁是否实质上属于购买财产，而不是是否存在财产权。会计原则委员会认为，应澄清如何确定实质上属于分期购买财产的租

赁的具体标准 [APB Opinion 5 para. 5]。

会计原则委员会认为，其需要解决的核心问题是，如果承租人对财产不具有权益，则转移财产使用权的租赁是否产生了资产和负债 [APB Opinion 5 para. 6]。会计原则委员会认为，仅转移财产使用权以换取未来租金支付的租赁，属于待执行合同，并未为承租人创造租赁财产的权益。由于待执行合同的未履行部分相关的权利和义务不会在财务报表中确认为资产和负债，会计原则委员会得出结论认为，未产生权益的租赁也不会导致确认资产或负债。相反，此类租赁应当在附注中披露。

会计原则委员会建议，如果租赁条款导致在财产中产生重大权益，则该财产和相关义务应作为资产和负债纳入资产负债表。会计原则委员会认为，租赁双方有权在发生某些遥远的意外事件以外单方面撤销租赁的合同，不太可能产生此类重大权益。在不可撤销的租赁或仅在发生某些遥远的意外事件时才可撤销的租赁中，对于承租人，以下两种情况之一通常表明租赁应视为实质购买：(1) 初始租赁期实质上少于财产的使用寿命，承租人有权选择以远低于租赁公允价值的价格续租财产的剩余使用寿命；或者 (2) 承租人有权在租赁期间或租赁期结束时，以显著低于允许承租人收购时点财产的预计公允价值的价格收购财产 [APB Opinion 5 para. 10]。

会计原则委员会强调，在确定租赁付款额是否产生了对财产的权益，需要根据具体事实和情况详细分析。除非有证据明确表明租赁不会产生对财产的重大权益，否则，在不可撤销的租赁或仅在发生某些遥远的意外事件时才可撤销的租赁中，对于出租人，可能表明该租赁实质上属于销售的因素包括：(1) 出租人取得该财产是为了满足承租人的特殊需求，从而很可能仅可用于该目的，且仅可由承租人使用。(2) 租赁期限基本上与财产的预计使用寿命相对应，承租人有义务支付税费、保险和维护费等费用，这些费用通常被视为与所有权相关的附加费用。(3) 承租人已对出租人租赁财产的义务提供担保。(4) 出于税务目的，承租人将租赁视为购买 [APB Opinion 5 para. 11]。

此外，会计原则委员会还讨论了关联方之间租赁的特殊考虑。会计原则委员会认为，在承租人和出租人属于关联方的情况下，即使租赁不符合前述条件，即承租人并未产生对财产的重大权益，也应将租赁视为购买 [APB Opinion 5 para. 12]。

伦纳德·史派克（Leonard Spacek）对《会计原则委员会意见书第 5 号》持有不同意见，但也进一步澄清了会计原则委员会想表达的权益的含义。史派克先生认为，仅当由于提前支付租金而产生的预付租金因素（在本意见中称为"权益"），该租赁才被解释为购买协议［APB Opinion 5 para.23］，此时，确认租赁负债是不适当的。《会计原则委员会意见书第5号》进一步解释了史派克先生的不同意见，他认为仅当租赁费用在前期被认定为过高时，才将未来支付结果记录为义务是不正确的，这将导致不合理的结论，即预付租金产生了负债，而不存在预付租金则消除了负债［APB Opinion 5 para.23］。

四、《会计原则委员会意见书第7号》

1966年5月，会计原则委员会发布了《会计原则委员会意见书第7号——在出租人财务报表中对租赁会计处理》（APB Opinion 7）（以下简称《会计原则委员会意见书第7号》），这是第一项清晰地解决出租人会计处理的准则。

《会计原则委员会意见书第7号》阐述的主要问题是，出租人如何将收入和费用向租赁所覆盖的会计期间进行分摊。尽管租赁合同通常规定了出租人应收租金的时间表，但在收到租金期间将租金作为收入处理并不一定能公允计量出租人在租赁期间的定期收益。租赁财产的购置和运营成本、谈判和结束租赁的成本在会计期间的分摊需要系统、合理，并与确认收入的方法一致。在资产负债表中对租赁活动投资的描述和分类也很重要［APB Opinion 7 para.2］。

《会计原则委员会意见书第7号》赞同对出租人会计采用"融资法（Financing Method）"和"经营法（Operating Method）"分别进行处理。根据"融资法"，总租金超过租赁财产成本（减去租赁终止时的估计残值）的部分通常是对使用出租人投资资金的补偿。这一超额属于利息性质，因此在租赁期内分期确认利息收入。根据"经营法"，总租金在租赁期内报告为收入［APB Opinion 7 para.5、6］。

《会计原则委员会意见书第7号》提出，公允列报出租人在租赁活动所涵盖的每个期间的净收入是区分"融资法"或"经营法"使用的最重要考虑因素。选择两种方法需考虑的因素包括：出租人商业活动的性质；其租赁活动的具体目标，包括与出租人其他业务活动的关系（如有）；与财产的估计使用寿命有关的租赁期限；是否存在续租或购买选择权，以及承租人行使这些选择权的可能性；租赁条款表明通常的所有权风险（例如，过时、无利可图的经营、不令人满意的业绩、闲置能力、可疑的剩余价值）或所有权回报（例如，盈利的经营、租赁结束时价值增值的收益）在多大程度上由出租人或承租人承担［APB

Opinion 7 para. 7]。

《会计原则委员会意见书第 7 号》提出以出租人是否向承租人转移了租赁活动有关的所有权通常风险或回报来区分适用"融资法"和"经营法"的租赁。例如，融资租赁公司、银行、保险公司或养老基金的某些符合前述考虑因素，包含了有息贷款的租赁可能采用"融资法"；办公楼的业主兼经营者，短期租赁汽车设备的出租人（按日、周或月出租）则可能采用"经营法"［APB Opinion 7 para. 8、9］。但是，《会计原则委员会意见书第 7 号》并未明确提出如何判断是否转移了租赁活动有关的所有权通常风险或回报的具体条件。

《会计原则委员会意见书第 7 号》简要地考虑了租赁在出租人资产负债表中的列报，但未提供合理的理由或模型。《会计原则委员会意见书第 7 号》要求租赁资产与其他资产分开报告，因为租赁活动中的投资，既不是常规贷款或应收款项，也不属于与典型制造或商业经营中使用的设施相同的类别［APB Opinion 7 para. 13］。《会计原则委员会意见书第 7 号》并未提及资产或负债的特定定义。但是，它对所有权风险和报酬的关注暗示了资产的定义，该定义包含了获得或控制所有权风险和报酬的概念。

《会计原则委员会意见书第 7 号》实质上未采用《会计原则委员会意见书第 5 号》提出的承租人在其资产负债表中报告租赁资产及对应负债的基本条件，不认为出租人将租赁作为出售处理取决于承租人产生了对租赁资产的权益。《会计原则委员会意见书第 7 号》认为，出租人会计的重点是对出租人在租赁期内的期间收益进行公允计量。将实质上不属于购买的其他租赁资本化，以达到公允地反映净收益，对承租人是不必要的，因为租金金额已代表了收益的相对费用［APB Opinion 7 para. 18］。该观点并未解释，出租人未将实质上的出售作为融资租赁处理可能影响的净收益，与承租人未将实质上的购买作为融资租赁处理可能影响的净收益之间有什么不同。因此，该观点并未解决《会计原则委员会意见书第 5 号》和《会计原则委员会意见书第 7 号》中的很多问题。

五、《会计原则委员会意见书第 27 号》

1972 年 11 月，会计原则委员会发布《会计原则委员会意见书第 27 号——制造商或经销商出租人租赁交易的会计处理》（以下简称《会计原则委员会意见书第 27 号》），对《会计原则委员会意见书第 7 号》所产生的问题进行了澄清。

《会计原则委员会意见书第 27 号》继续采用了"购买模型",会计准则委员会提出,对于两方租赁交易,如果同时满足下列条件,则出租人应当将租赁作为出售处理:(1)承租人所需付款的可收回性得到合理保证;(2)未来成本不具有重大不确定性;以及(3)符合以下四个条件中的任意条件:①租赁约定在固定的、不可撤销的租期结束时向承租人转移所有权;②租赁赋予承租人在固定的、不可撤销的租期结束时以无成本或名义成本购买财产所有权的选择权;③租赁财产或类似财产已可用于出售,且固定的、不可撤销的租期内所支付租金,加上出租人保留的相关投资税收抵免的折现值,等于或大于租赁财产的正常出售价格或公允价值;④固定的、不可撤销的租期几乎等于该财产的剩余经济寿命[APB Opinion 27 para.4]。

《会计原则委员会意见书第 27 号》第一次提供了明确条件来确定是否发生了实质上的销售/购买。尽管如此,这些条件所支持的"购买模型"与早期准则所识别的"购买模型"仍然是相同的,但《会计研究论文集第 4 号》除外,它提出了"财产权模型"。

与大部分前述准则一样,《会计原则委员会意见书第 27 号》并未明确引用资产和负债的定义。但是,它所关注的证明转移了所有权风险和报酬的条件,仍然表明资产定义包含了获得或控制了所有权上的风险和报酬。

六、《会计系列公告第 132 号》

1972 年 11 月,美国证券交易委员会(SEC)发布了《会计系列公告第 132 号——在承租人财务报表中报告租赁》(ASR 132)(以下简称《会计系列公告第 132 号》)。在该公告中,美国证券交易委员会阐述了,当出租人除充当"承租人"获得债务融资渠道以外,不具有真实经济实质,出租人应当如何对该租赁进行会计处理。

美国证券交易委员会特别关注于《会计原则委员会意见书第 5 号》所述的情况,即,出租人是由承租人直接或间接设立的,其经营实质上取决于承租人。美国证券交易委员会澄清,该段落所述的关系,不需要是对另一方的所有者权益。如果出租人按照承租人的主导成立,并且由于与承租人签订的租赁协议而作为经济主体存在[ASR 132 para.6],则该承租人和出租人应视为关联方。因此,美国证券交易委员会得出结论,此类安排应当视为承租人的购买安排,该租赁应当资本化。

该公告并未引入任何新的租赁合同会计处理模型。它仍然依赖于《会计原则委员会意见书第 5 号》中的"购买模型",并提出了一项证明承租人应视为自出租人实质上购买了租赁财产的证据。关于租赁会计出现的很多其他问题,美国证券交易委员会强调,会敦促新成立的美国财务会计准则委员会将这些问题纳入其议程,并在 1973 年初重点考虑。

七、《会计系列公告第 141 号》

1973 年 2 月,美国证券交易委员会发布了《会计系列公告第 141 号——对〈财务信息披露内容与格式条例〉特定修订适用的解释和细微修订》(以下简称《会计系列公告第 141 号》)。在该公告中,美国证券交易委员会澄清了不可撤销租赁的披露,即,可限于具有一年或以上不可撤销租期的租赁。该规则并未给出适当理由,即使是有关其可操作性和成本效益的解释也没有。

《会计系列公告第 141 号》还澄清了以合并目的而定性为融资或非融资子公司活动的类型。美国证券交易委员会认定,与子公司之间的融资和非融资类型的租赁均属于融资活动。同样的,该观点也未给出适当理由。很难从这份公告判断其对租赁会计模型有什么影响。

八、《会计原则委员会意见书第 31 号》

1973 年 6 月,会计原则委员会发布了《会计原则委员会意见书第 31 号——承租人对租赁承诺的披露》(APB Opinion 31)(以下简称《会计原则委员会意见书第 31 号》)。《会计原则委员会意见书第 31 号》寻求更加广泛和更加统一地披露非资本化租赁的租金承诺。特别是,《会计原则委员会意见书第 31 号》要求披露以下最低租金承诺:(1)未来五个会计年度中的每一年;(2)未来三个 5 年期间的每一个;(3)剩余的单个金额[APB Opinion 31 para.9]。《会计原则委员会意见书第 31 号》还要求披露计算租金支付的基础,续租条款或购买选择权,承诺和义务的性质和金额,以及其他各类信息。

当时的部分成员对委员会要求披露非资本化租赁的现值存在疑问。部分成员认为,该披露要求将不恰当地暗示此类租赁承诺应当作为负债记录,并导致相关资产资本化[APB Opinion 31 para.4]。最终,会计原则委员会鼓励披露这些内容,而不是强制要求披露。

《会计原则委员会意见书第 31 号》并未引入任何新的租赁会计模型，或者与之前准则有所不同的结论基础。同时，也未引入或澄清任何现有的资产或负债的定义。

九、《会计系列公告第 147 号》

1973 年 10 月，美国证券交易委员会发布了《会计系列公告第 147 号——关于通过修订〈财务信息披露内容与格式条例〉中要求改进租赁披露的通知》（以下简称《会计系列公告第 147 号》）。在该公告中，美国证券交易委员会批评了会计原则委员会的《会计原则委员会意见书第 31 号》，认定其实质上降低了美国证券交易委员会原先所识别的投资者所需的信息披露。因此，美国证券交易委员会对租赁会计提出了更加广泛的确认和披露要求。与《会计原则委员会意见书第 31 号》相反，美国证券交易委员会要求披露融资租赁的现值，以及此类租赁的资本化对净收益的影响［ASR 147 Sec. A］。美国证券交易委员会还提供了一些租赁会计指引，包括续租选择权的处理，确定出租人的投资是否收回，租赁资产的公允市场价值，最低租金，租赁净支付，内含利率，以及重要性。

《会计系列公告第 147 号》并未提供任何新的租赁会计模型。但是，它将融资租赁定义为：在不可撤销租赁期间，该租赁（1）涵盖了财产 75% 或以上的经济寿命；且（2）有条款保证出租人在租赁开始时完全收回财产的公允市场价值［ASR 147 Sec. C］。这些条件大致相当于《会计原则委员会意见书第 27 号》中的条件，但美国证券交易委员会以"75% 测试"取代了之前的"几乎相当于剩余使用寿命测试"。该公告并未提出新的租赁协议确认或披露的合理理由或模型。

十、《1974 年讨论备忘录》

1974 年 7 月，美国财务会计准则委员会发布了《讨论备忘录——租赁会计相关问题分析》（以下简称《1974 年讨论备忘录》）。

（一）租赁会计的五种基本模型

美国财务会计准则委员会在该备忘录中讨论了租赁会计的五种具体模型。

1. "购买模型"

美国财务会计准则委员会首先讨论了分期付款购买（或简单购买）模型，

但并未详细阐述先前准则的概念基础。相反，委员会指出，即使反对将其他租赁资本化的人士，也普遍同意，实质上属于分期付款购买的租赁应按这种方式进行会计处理[DM para.35]。虽然该模型在概念上似乎是合理的，并得到广泛接受，但委员会注意到，真正的困难在于确定表明租赁实质上属于分期付款购买的条件。

2."法定债务模型"

美国财务会计准则委员会接着讨论了"法定债务模型"。在该模型下，只有当租赁在严格法律意义上产生债务时，租赁才会资本化。该模型资本化的很多租赁协议，在"购买模型"下也同样将资本化。但是，在某些情况下，这两种模型的结果可能存在分歧。这两种模型的关键概念区别在于，"购买模型"关注于向承租人转移所有权风险和报酬的程度，而"法定债务模型"仅关注于租赁协议是否产生了法律意义上的债务。委员会并未明确法律意义上的债务的含义。

3."财产权（资产）模型"

美国财务会计准则委员会接着讨论了"财产权模型"（或"资产模型"）。在该模型下，租赁应当在通过租赁取得了一项无形财产权，从而产生了可记录资产的前提下，才进行资本化[DM para.38]。该模型与迈尔斯在《会计研究论文集第4号》中的提议相同。由于租赁协议转移了一项经济资源的权利（例如，在一段期间内使用财产），其产生了一项资产。该模型并未讨论负债的产生是否导致租赁资本化。它只是关注满足资本化条件的资产的存在性。

4."负债模型"

美国财务会计准则委员会接着讨论了"负债模型"。在该模型下，租赁应当在租赁义务产生了可记录的负债时进行资本化，即使该负债并非法定债务[DM para.38]。与"财产权模型"相反，该模型关注于租赁协议是否产生了一项可记录的负债，并将其作为资本化的原则性条件。该模型与"法定债务模型"的区别在于，它考虑的是一项义务是否满足会计上负债的定义，而不是法律上负债的定义。通常，这两种模型会得出相同的结论。

5."待执行合同模型"

美国财务会计准则委员会最后讨论了"待执行合同模型"。在该模型下，租赁协议在授予时点，被视为待执行合同，即合同双方均同比例的未履行合同。由于公认会计通常将待执行合同作为非交易事项，不在财务报表中进行确认，该模型也建议，正常租赁也不应当进行确认（不资本化），正常租赁是指显而易见不属于实质购买协议或未产生法定负债的租赁。委员会强调,该观点的反对意见认为,出租人一旦将财产向承租人转移,就已经履行了其义务。反对意见认为,出租人一旦交付财产或提供了获取财产的权利,租赁协议就不再是待执行合同,应当确认一项资产。

(二)区分资本化和费用化的具体条件

在该备忘录中,委员会讨论了租赁会计的基本模型,即"资本化租赁模型"与"费用化租赁模型"。美国财务会计准则委员会概括了在早期讨论中考虑过的承租人作为购买资产(资本化)的条件:(1)承租人建立了对于租赁财产的重大权益;(2)租赁财产是出于承租人的特殊用途;(3)租赁期几乎相当于财产的估计使用寿命;(4)承租人支付通常与所有权相当的成本;(5)承租人为出租人有关租赁财产的债务进行担保;(6)承租人将租赁作为税务目的的购买处理;(7)租赁发生在关联方之间;(8)租赁向承租人转移了通常的风险和报酬;(9)承租人承担了租赁租金的无条件负债;(10)出租人缺少独立的经济实质;(11)租赁结束的剩余价值预期仅仅是名义上的;(12)租赁协议约定,出租人可收回其投资并加上公允回报;(13)承租人在任意时点可选择以出租人未收回投资金额购买该资产;(14)租赁协议具有长期租期且不可撤销。

(三)出租人会计及认定为实质出售的条件

美国财务会计准则委员会在该备忘录中还讨论了出租人的会计处理。除前述基本模型外,委员会还考虑了出租人的收入确认,出租人和承租人会计处理的对称性,以及关联方之间的租赁交易。委员会也考虑了应用问题,包括以下确定出租人是否将租赁作为出售处理的条件:(1)租赁约定在其固定不可撤销期间结束时向承租人转移财产所有权;(2)租赁期几乎相当于财产的剩余经济寿命;(3)租赁授予廉价购买或以低利率续租的选择权;(4)租赁向承租人转移了所有权风险;(5)租金已全额支付;(6)租赁财产是出于承租人的特殊用途;(7)租赁作为税务目的的购买处理;(8)租赁要求的租金可收回性已得到合理保证。

十一、《1975 年征求意见稿》

1975 年 8 月,美国财务会计准则委员会发布了《租赁会计(征求意见稿)》

（以下简称《1975年征求意见稿》，1975 ED）。委员会强调，征求意见稿的结论主要基于两个基本模型。

第一个模型是前述《讨论备忘录》中"财产权模型"和"负债模型"的合并。根据该模型，当承租人获得了一项资源，它代表可以从使用财产所取得的潜在服务。承租人已同意通过定期支付为该资源支付。财务报表中应将可用于商业使用的资源确认为资产，并将相关支付确认为负债。出租人已放弃了财产内含的潜在服务，以一定价格处置了该资源。财务报表应包括将一项资源替换为另一项的结果［1975 ED para. 50］。

该模型相当于迈尔斯在《会计研究论文集第4号》中所提议的模型。通过引入该模型，委员会承认了其概念基础。委员会指出，这是在财务报表中确认承租人和出租人资源的基本性质和承租人义务方面的实务进展［1975 ED para. 51］。

第二个模型是"购买模型"或"简单购买模型"，它影响了先前的全部租赁会计准则。委员会指出，当转移了财产所有权上几乎全部风险和报酬的租赁，应当作为承租人购买有形资产，以及出租人出售或融资进行处理。所有其他租赁，通常称为经营租赁，实质上属于待执行合同，应当与其他待执行合同采用相同的会计处理。它确认了所有转移了财产所有权上某部分收益和风险的不可撤销租赁。但是，只有那些转让了全部或足够大的利益和风险的租赁，对各方的经济影响才会接近分期付款购买的经济影响。正是这种经济效果，使得将一些租赁分类为承租人的资本租赁和出租人的销售型或直接融资租赁是合理的［1975 ED para. 52、53］。

从上述两个模型可见，《1975年征求意见稿》并未明显排斥"财产权模型"而倾向于"购买模型"。相反，委员会注意到"财产权模型"的说服力，并认为采用《1975年征求意见稿》的条件，将使财务报表更接近于"财产权模型"。在新条件下，更多的租赁将被资本化，因为"财产权模型"提倡以租赁付款额的现值来资本化几乎所有不可撤销的租赁。尽管"财产权模型"在概念上的合理性得到了认可，但委员会在《1975年征求意见稿》中实质上仍然主要依赖于"购买模型"。

一些成员主张在严格法律意义上产生了债务的租赁进行资本化。但是，委员会注意到，债务合法性的确定取决于法院，通常由涉及破产、重组或税收的案件决定。委员会得出的结论是，这种性质的法律区别，在适用租赁资本化会计问题时，既不相关，也不具有实务可操作性［1975 ED para. 61］。

《1975年征求意见稿》提出，满足以下任一条件，则承租人应当资本化：（1）该租赁在租赁期结束时向承租人转移财产所有权；（2）该租赁包含了廉价购买选择权；（3）该租赁期等于或大于租赁财产估计经济寿命的75%；（4）租赁资产的估计剩余价值小于该财产在租赁开始日公允价值的25%；（5）该租赁财产作为整体是出于承租人的特殊用途。同时，如果满足上述任一条件，且同时满足以下条件，则出租人应当采用资本化租赁会计：（1）承租人支付款项的可回收性可合理预计；且（2）出租人在该租赁下将发生的成本金额不存在重大不确定性。

在先前的会计准则或美国证券交易委员会指引中，上述条件都以某种形式提出过。因此，《1975年征求意见稿》并未对原有会计文献作出重大颠覆。然而，委员会特别排除了《会计原则委员会意见书第5号》提出的重大权益条件，因为它太有限，无法代表承租人进行租赁资本化的核心基础［1975 ED para.63］。委员会认为，提议的条件将涵盖产生了重大权益的租赁，同时也涵盖许多其他租赁协议，这些协议实际上是分期付款购买协议。通过排除重大权益条件，委员会预计租赁会计在出租人和承租人之间将变得更加对称。

十二、《1976年征求意见稿》

1976年7月，美国财务会计准则委员会发布了修订后的《租赁会计（征求意见稿）》（以下简称《1976年征求意见稿》，1976 ED）。

《1976年征求意见稿》仍然主要依赖于"购买模型"作为其理论基础。但是，也有意见认为，无论所有权的几乎全部风险和报酬是否已经转移，租赁，在转移财产的占有权和使用权时，都会导致承租人获得资产并承担义务，二者均应反映在财务报表中。实质上，委员会在基于"购买模型"或"财产权模型"的决定上也存在分歧。然而，支持"财产权模型"的成员也仍然支持该征求意见稿的提议，因为该公告澄清和改进了先前基于"购买模型"的指引，并且它可能要求对现有租赁的大部分进行确认［1976 ED para.62］。

在《1976年征求意见稿》中，委员会继续强调了一个基本概念，即出租人和承租人对租赁的分类应当对称，但出租人的可收回性和剩余成本的不确定性条件除外。

《1976年征求意见稿》提出，满足任一条件，承租人应当资本化：（1）该租赁在租赁期结束时向承租人转移财产所有权；（2）该租赁包含了廉价购买选择权；(3) 该租赁期等于或大于租赁财产估计经济寿命的75%；(4) 最低租赁付款额现值等于或超过租赁财产公允价值扣除出租人保留的相关投资税收抵免后金额的90%。

上述条件(4)取代了《1975年征求意见稿》中"租赁资产的估计剩余价值少于该财产在租赁开始日公允价值的25%"的条件。委员会认为，忽略剩余价值的时间价值是不适当的，因为这可能无法对不同租期的租赁进行区分。但是，委员会并不是比较剩余价值的现值与租赁财产的公允价值，而是采用了90%的公允价值条件，这基本上是剩余价值测试的补充。90%的条件是对可收回条件回应，该条件要求，是否转移了所有权的风险和报酬，由出租人收回租赁财产的公允价值，或承租人支付最低租赁付款额的程度来确定。

委员会还删除了《1975年征求意见稿》中的特殊用途条件。委员会解释了"特殊用途财产"难以客观界定。委员会还注意到，仅仅因为财产是出于承租人的特殊用途，并不意味着所有权的所有风险和报酬都向承租人转移了。最终，委员会认为，特殊用途设备的出租人往往会构建租赁合同，以转移所有权的大部分风险和报酬，并且这种构建可能符合《1976年征求意见稿》资本化的一个或多个条件。

委员会要求，出租人将租赁作为资本化租赁，仍然需要满足额外的两个条件。这两个条件与《1975年征求意见稿》所提议的两个条件相同，即可收回性可合理预计，剩余成本不存在不确定性。

除上述变动以外，委员会也决定，承租人应当采用出租人的内含利率和出租人增量借款利率较低者，来对最低租赁付款额进行折现。出租人可以采用其自身内含利率。在《1975年征求意见稿》中，委员会要求出租人和承租人均采用承租人的增量借款利率。委员会解释了，让出租人确定承租人的增量借款利率通常是困难的，即使他可以做到，它将产生与租赁资产已知公允价值不一致的现值［1976 ED P6］。

委员会还就租赁摊销期、经营租赁资产负债表的列报及相关承租人附注的披露、销售型租赁的毛利、出租人附注披露、涉及不动产的租赁、仅有部分建筑物或综合楼的租赁、售后租回交易、转租，以及用于识别出租人杠杆租赁的条件等达成了新的决议。

十三、美国《财务会计准则第13号》

1976年11月，美国财务会计准则委员会正式发布了美国《财务会计准则第 13 号——租赁会计》（以下简称"美国《财务会计准则第 13 号》"），对《1976 年征求意见稿》仅有微小修订。

美国《财务会计准则第 13 号》将租赁分类为资本租赁（Capital leases）和经营租赁（Operating leases）。其中，资本租赁类似于通常所称的融资租赁。美国《财务会计准则第 13 号》采纳了《1976 年征求意见稿》的提议，满足以下任一条件，承租人应当资本化：（1）该租赁在租赁期结束时向承租人转移财产所有权；（2）该租赁包含了廉价购买选择权；（3）该租赁期等于或大于租赁财产估计经济寿命的 75%；（4）最低租赁付款额现值等于或超过租赁财产公允价值扣除出租人保留的相关投资税收抵免后金额的 90%。同样，美国财务会计准则委员会认为，出租人将租赁作为资本租赁，仍然需要满足额外的两个条件，即可收回性可合理预计，剩余成本不存在不确定性。

第二节　国际准则租赁会计发展历史

在国际财务报告准则下，自 1980 年国际会计准则委员会发布第一份租赁会计征求意见稿开始，即采用了美国准则下的"购买模型"，即将租赁区分为"融资租赁"和"经营租赁"分别进行处理。1996 年，国际证券委员会组织（IOSCO）曾建议国际会计准则委员会对租赁会计进行根本性修订，将包括经营租赁的所有租赁均确认相关资产和负债，但委员会最终未对租赁会计进行根本性修订。2001 年改组后的国际会计准则理事会及解释委员会陆续发布了几项租赁相关的解释公告，澄清了如何识别租赁等具体应用问题，但未对租赁会计的基本模型进行修订。

表 2-1-2 为国际准则租赁会计发展历史上的主要文献，后文对文献主要内容进行了概述。

表 2-1-2　　　　　　　　国际准则租赁会计主要文献

年度	发布机构	文件号	文件名称	主要内容
1980	国际会计准则委员会	《征求意见稿第 19 号》	租赁会计	与美国《财务会计准则第 13 号》非常接近，提出四个条件来区分融资租赁，包括与美国准则一致的规则性比例限制
1982	国际会计准则委员会	《国际会计准则第 17 号》	租赁会计	删除了《征求意见稿第 19 号》融资租赁条件中规则性的比例限制

续表

年度	发布机构	文件号	文件名称	主要内容
1997	国际会计准则委员会	《国际会计准则第17号》（1997年修订）	租赁	根据国际证券委员会组织（IOSCO）的要求，增加了租赁分类相关指引，但对租赁会计并未进行根本性修订
1998	国际会计准则委员会常设解释委员会	《解释公告第15号》	经营租赁：激励措施	规范了经营租赁中出租人向承租人提供的激励措施，如何在出租人和承租人报表中进行确认
2001	国际会计准则理事会	《解释公告第27号》	评价涉及租赁法律形式的交易的实质	确定涉及租赁法律形式的安排是否符合租赁定义提供了指引
2003	国际会计准则理事会	《国际会计准则第17号》（2003年修订）	租赁	对《国际会计准则第17号》进行有限的修订，澄清土地和建筑物租赁合同的分类，并删除在出租人财务报表中对于初始直接费用可选择的会计处理方法。并未重新考虑租赁会计的基本方法
2004	国际财务报告准则解释委员会	《国际财务报告解释公告第4号》	确定一项协议是否包含租赁	提出了确定一项协议是否属于或包含租赁的判断条件，即（1）协议的履行是否取决于某项特定资产或若干项资产的使用；（2）协议是否让渡了资产的使用权。该条件成为新租赁准则识别租赁的基础

一、《征求意见稿第19号》

1980年10月，国际会计准则委员会发布了《征求意见稿第19号——租赁会计》（以下简称《征求意见稿第19号》）（E19）。该征求意见稿与美国《财务会计准则第13号》非常接近，仍然以出租人或承租人承担租赁资产所有权风险和报酬的程度为基础的来区分融资租赁和经营租赁，并分别进行会计处理。

《征求意见稿第19号》提供了以下四个条件来区分融资租赁：（1）该租赁在租赁期结束时向承租人转移资产所有权。（2）承租人具有以显著低于可行权日资产公允价值的价格购买该资产的选择权；从而，在租赁开始日，该选择权可合理确定将被行权。（3）该租赁期占据了资产经济寿命的绝大部分（通常为等于或大于75%）。所有权最后可能转移也可能不转移。（4）该租赁的最低租赁付款额现值高于或几乎相当于（通常为等于或大于90%）租赁资产公允价值扣除出租人在租赁开始日的税收抵免后的净额。所有权最后可能转移也可能不转移。

二、《国际会计准则第 17 号》（1982）

1982 年 9 月，国际会计准则委员会发布了《国际会计准则第 17 号——租赁会计》[以下简称《国际会计准则第 17 号》（1982）]，该准则于 1984 年 1 月 1 日开始生效。相对于《征求意见稿第 19 号》，《国际会计准则第 17 号》（1982）删除了前述融资租赁条件（3）和（4）中规则性的比例限制。

1994 年，国际会计准则委员会对《国际会计准则第 17 号》（1982）的格式进行了重排，但未实质修订原准则的内容。

三、《国际会计准则第 17 号》（1997 年修订）

1996 年 6 月，国际会计准则委员会发起了一项修订《国际会计准则第 17 号》的项目，以解决国际证券委员会组织向其提出的某些问题。国际证券委员会组织建议，作为长期项目，国际会计准则委员会应当考虑一种新的租赁资本化方法，例如，将所有超过一年租期的租赁均资本化，包括原准则分类为经营租赁的租赁。当时，委员会认为，与《编报财务报表的框架》[以下简称《框架》（1989）]中资产和负债定义一致的方法，将导致大部分租赁合同所产生的资产和负债都被确认，而不仅仅是满足融资租赁定义的合同。但是，委员会指出，当时的准则制定机构普遍采用的资产和负债确认方法，是基于出租人或承租人所承担租赁资产所有权上的风险和报酬的程度，将租赁分类为融资租赁或经营租赁。在该修订项目中，委员会决定将新的租赁资本化方法放到后期再考虑。

1997 年，国际会计准则委员会发布了《征求意见稿第 56 号——租赁》（E56），以解决国际证券委员会组织提出的问题。1997 年 12 月，国际会计准则委员会发布《国际会计准则第 17 号——租赁》，取代了 1994 年版《国际会计准则第 17 号》，新准则生效日期为 1999 年 1 月 1 日。《国际会计准则第 17 号》（1997 年修订）增加了租赁分类相关指引，但对租赁会计并未进行根本性修订。

四、《解释公告第 15 号》

1998 年 12 月，原国际会计准则委员会常设解释委员会发布《解释公告第

15 号》，该解释公告于 1999 年 1 月 1 日开始生效。

《解释公告第 15 号》指出，实务中，在就新的经营租赁业务或续租业务进行谈判时，为了达成租赁协议，出租人可能会向承租人提出一些激励措施。这些措施包括由出租人先给予承租人一笔现金，以补偿或承担承租人的某些费用（例如，重新安置费用、租赁物改良费用或与承租人已存在的租赁协议有关的费用）。也有可能是在租赁期的期初期间给予减免租金。《解释公告第 15 号》规范了经营租赁中出租人向承租人提供的激励措施，如何在出租人和承租人报表中进行确认。它规定，所有新的经营租赁协议或续租协议中的激励措施都应作为同意使用租赁资产净对价的组成部分，不论激励措施的性质、形式或支付时间。

2001 年 4 月，改组后的国际会计准则理事会继续采用了 1997 年版《国际会计准则第 17 号》，以及 1998 年版《解释公告第 15 号》。

五、《解释公告第 27 号》

2001 年 12 月，国际会计准则理事会发布了由原常设解释委员会制定的《解释公告第 27 号》，该解释公告于 2001 年 12 月 31 日开始生效。《解释公告第 27 号》为确定涉及租赁法律形式的安排是否符合租赁定义提供了指引。

《解释公告第 27 号》规定，单独表明一项租赁安排实质上并未涉及租赁的标志有：（1）主体保留了与标的资产所有权相关的全部风险和报酬，并且实质上在租赁安排之前享有完全相同的使用权；（2）租赁安排的主要原因是获得一个特定的税收结果，而不是转让某项资产的使用权；以及（3）在条款中包含的选择权的行使几乎是肯定的（例如，一项出售选择权，在可行使时，能够按照远远高于预计公允价值的价格行使）[SIC-27 para.5]。

此外，《解释公告第 27 号》提出了判断未产生租赁资产或负债的具体标志。综合考虑表明实质上一项单独的投资账户和租赁付款义务没有满足资产和负债的定义，主体不应予以确认的标志有：[SIC-27 para.6]

（1）主体不能根据自己所追求的目标控制单独的投资账户，并且没有义务支付租赁付款额。例如，为保护投资者，在单独的投资账户中预付了款项并且可能只用于支付投资者，投资者同意用单独的投资账户中的资金支付租赁付款义务，并且主体没有能力从投资账户中拒付投资者，此时就会出现这种情况。

（2）主体全额偿还从投资者取得的服务费的风险以及可能支付其他款项的风

险非常小,或在没有收到服务费时,为其他义务而支付款项的风险非常小(例如,担保)。例如,租赁安排的条款要求将预付款项投资于无风险资产,该无风险资产预计产生的现金流量足以偿还租赁付款义务,则存在的付款风险也非常小。

(3)除租赁安排的开始日的初始现金流量外,根据租赁安排预计的现金流量是仅用从单独的投资账户中提取的资金偿还的租赁付款额,该单独的投资账户是用初始现金流量建立的。

六、《国际会计准则第17号》(2003年修订)

2003年12月,作为"国际会计准则改进项目"的一部分,理事会重新修订发布了《国际会计准则第17号——租赁》[以下简称《国际会计准则第17号》(2003年修订)],新修订准则于2005年1月1日生效,鼓励提前采用。

在《国际会计准则第17号》(2003年修订)中,理事会的主要目标是对该准则进行有限的修订,以澄清土地和建筑物租赁合同的分类,并删除在出租人财务报表中对于初始直接费用可选择的会计处理方法。理事会并未重新考虑租赁会计的基本方法。

七、《国际财务报告解释公告第4号》

2004年12月,理事会发布了由解释委员会制定的《国际财务报告解释公告第4号》,对未采用租赁法律形式,但让渡了一项资产使用权,以获取支付的交易,是否属于或包含租赁提供了指引。国际财务报告解释委员会强调,《国际财务报告解释公告第4号》的目标仅是确定一项协议是否包含租赁,而非改变《国际会计准则第17号》的要求。相应的,如果已经确认了一项租赁,主体应按《国际会计准则第17号》对该租赁进行会计处理,包括如何对租赁进行分类的规定。

《国际财务报告解释公告第4号》规定,确定一项协议是否属于或包含租赁应当以协议的实质为基础,并要求对下列事项进行评估[IFRIC 4 para.6-9]。

1. 协议的履行是否取决于某项特定资产或若干项资产(统称为"资产")的使用

尽管某项特定资产在协议中可以明确地认定,但是如果协议的履行不取决于该特定资产的使用,则该特定资产不是租赁的对象。例如,如果供应商有义务交付规定数量的商品或服务,并拥有使用协议中未指明的利用其他资产提供这些商品或服务的权利和能力,则该协议的履行不取决于特定资产的使用,从而该协议不包含租赁。

当特定资产不能正常运转时,允许或要求以相同或类似资产替代的保证义务也视为租赁处理。此外,允许或要求供应商在规定日期或以后出于某种原因替代其他资产的合同条款(或有或其他)在替代日之前作为租赁处理。

如果供应商仅拥有或租赁一项用于履行义务的资产,并且供应商通过使用替代资产来履行义务不具有经济可行性或不切实可行,则该项资产应作为特定资产。

2. 协议是否让渡了资产的使用权

如果协议向购买方(承租人)让渡了标的资产的控制权,则该协议让渡了资产的使用权。如果满足下列条件之一,则向购买方让渡了使用标的资产的控制权:(1)购买方在获得或控制了资产多于不重大数量的产出或其他效用的同时,有能力或有权按自己确定的方式使用该资产或指挥他人使用该资产。(2)购买方在获得或控制了资产多于不重大数量的产出或其他效用的同时,有能力或有权控制使用标的资产的途径。(3)具体事实和情况表明,在协议期内,除购买方之外的一方或多方将获得由该资产生产或产生的多于不重大数量的产出或其他效用的可能性极小,并且购买方为获得产出而支付的价格既不是合同约定的固定单价,也不等于交付产出时的当前市场单价。

【参考文献】

[1] Committee on Accounting Procedure, American Institute of Accountants. Disclosure of long-term leases in financial statements of lessees [J]. Accounting Research Bulletin, 1949, (38): 291-293.

[2] John H. Myers. Reporting of leases in financial statements [J]. Accounting Research Study, 1962, (4).

[3] American Institute of Certified Public Accountants, Accounting Principles Board. Reporting of leases in financial statements of lessee [J]. Opinions of the Accounting Principles Board, 1964, (5): 27-35.

[4] American Institute of Certified Public Accountants, Accounting Principles Board. Accounting for lease transactions by manufacturer or dealer lessors [J]. Opinions of the Accounting Principles Board, 1972, (27): 508-518.

[5] Financial Accounting Standards Board. An Analysis of Issues Related to Accounting for

Leases [J]. FASB Discussion Memorandum, 1974.

[6] Financial Accounting Standards Board. Exposure Draft, Accounting for Leases [S]. 1975.

[7] Financial Accounting Standards Board. Exposure Draft, Accounting for Leases [S]. 1976.

[8] Financial Accounting Standards Board. Statement of Financial Accounting Standards no. 13: Accounting for Leases [S]. 1976.

[9] International Accounting Standards Committee. Exposure Draft 19, Accounting for Leases [S]. 1980.

[10] International Accounting Standards Committee. International Accounting Standard 17 Accounting for Leases [S]. 1982.

[11] International Accounting Standards Committee. International Accounting Standard 17 Leases [S]. 1997.

[12] International Accounting Standards Board. Discussion Paper: Leases—Preliminary Views [S]. March 2009. https://www.ifrs.org/content/dam/ifrs/project/leases/discussion-paper/published-documents/dp-leases-preliminary-views-march-2009.pdf.

[13] IASB/FASB. History of lease accounting. Joint International Working Group on Leasing 15 February 2007, London. https://www.ifrs.org/content/dam/ifrs/meetings/2007/february/lease-accounting-working-group/leases/ap2-history-lease-accounting.pdf.

[14] IASB/FASB. In-substance purchases/sales. IASB/FASB Meeting, October 2009. https://www.ifrs.org/content/dam/ifrs/meetings/2009/october/joint-IASB-fasb/leases-1009jb10bobs.pdf.

[15] IASB/FASB. Scope-Purchases and sales of the underlying asset. IASB/FASB Meeting, December 2009. https://www.ifrs.org/content/dam/ifrs/meetings/2009/december/joint-IASB-fasb/leases-1209b04dobs.pdf.

[16] IASB/FASB. Scope-Purchase or sale of the underlying asset. Joint IASB/FASB Meeting, February 2010. https://www.ifrs.org/content/dam/ifrs/meetings/2010/february/IASB/leases-0210b10bobs.pdf.

[17] IASB/FASB. Revisited: Scope—Purchases/sales of the underlying asset. IASB/FASB Joint Meeting, July 2010. https://www.ifrs.org/content/dam/ifrs/meetings/2010/july/IASB/leases-0710b02bobs.pdf.

[18] International Accounting Standards Board. Exposure Draft Leasess [S]. August 2010. https://www.ifrs.org/content/dam/ifrs/project/leases/exposure-draft/published-documents/ed-leases-august-2010.pdf.

[19] IASB/FASB. Distinguishing between a lease and a purchase or sale. IASB/FASB Meeting, March 2011. https://www.ifrs.org/content/dam/ifrs/meetings/2011/march/joint-IASB-fasb-2/leases-0311b05cobs.pdf.

[20] International Financial Reporting Standard. International Financial Reporting Standard 16

Leasess［S］. January 2016.

［21］财政部会计司. 企业会计准则第 21 号——租赁［S］. 财会〔2018〕35 号, 2018.

［22］财政部会计司编写组.《企业会计准则第 21 号——租赁》应用指南（2019）［M］. 北京：中国财政经济出版社, 2019.

［23］财政部会计司编写组. 企业会计准则讲解 2010［M］. 北京：人民出版社, 2010.

［24］天职国际会计师事务所（特殊普通合伙）专业技术委员会. 会计准则内在逻辑［M］. 北京：中国财政经济出版社, 2016.

第二章 新租赁准则修订历程

2006年7月,国际会计准则理事会和美国财务会计准则委员会在双方签订的《2006年谅解备忘录》中,正式将租赁会计联合项目纳入其准则制定议程。最终,国际会计准则理事会于2016年1月发布了《国际财务报告准则第16号》;美国财务会计准则委员会于2016年2月发布了《主题842》。在近十年的修订历程中,双方理事会共发布了一份讨论稿,两份征求意见稿,针对承租人会计、出租人会计、租赁定义等多项重要议题进行了反复讨论,最终形成了突破传统租赁会计的新准则。

在国际新租赁准则修订过程中,我国财政部全程参与了国际新租赁准则的修订,并于2018年1月发布了《企业会计准则第21号——租赁(修订)(征求意见稿)》。经过多方调研讨论,财政部于2018年12月7日正式发布了《企业会计准则第21号》(2018年修订)。

本章介绍了国际国内新租赁准则修订历程,并简要介绍了修订过程中涉及的重要议题及其不同观点。

第一节 国际准则修订历程

一、修订原租赁准则的原因

在原租赁准则下,租赁被分类为融资租赁和经营租赁,出租人和承租人根据不同租赁类型采用不同的会计处理。其中,承租人并不需要确认经营租赁相关的资产和负债,仅需要确认融资租赁形成的资产和负债,从而可能造成"表外融资"。因此,原租赁会计模型受到诸多质疑,主要包括以下几个方面[IF-

RS 16 para. BC3]。

（1）所报告的经营租赁信息缺乏透明度，未能满足财务报表使用者的需求。许多财务报表使用者认为，租赁提供的融资和资产应反映在财务状况表（"资产负债表"）中，为此，有些报表使用者自行对承租人的财务报表进行调整（Non – GAAP 调整），将经营租赁资本化。有些财务报表使用者试图估计未来租赁付款额的现值。然而，由于可获得的信息有限，许多财务报表使用者采用诸如 8 倍年租赁付款额等方法，来估计经营活动中运用的总杠杆和资本等。还有其他一些财务报表使用者未进行调整，他们在审查潜在投资或作出投资决策时主要依赖数据汇总工具等数据源。这些不同的方法导致了市场上的信息不对称。

（2）存在两个迥异的租赁会计模型。其中，与经营租赁相关的资产和负债不予确认，与融资租赁相关的资产和负债则要求确认。这意味着经济意义相似的交易，会计处理差异较大。对财务报表使用者而言，这些差异降低了财务报表的可比性，并提供了构建交易以实现特定会计结果的机会。

（3）以前的出租人会计处理未要求提供有关（租赁导致的）出租人信用风险敞口，以及（出租人在标的资产中的留存权益导致的）资产风险敞口的足够信息，特别是对于设备和车辆经营租赁。

鉴于上述诸多原因，全球各准则制定机构多年来都在考虑对租赁会计进行修订。

二、双方理事会联合修订历程

（一）发起租赁会计联合项目

2006 年 7 月，双方理事会将租赁会计联合项目纳入其准则制定议程。该项目是双方理事会签订的《2006 年谅解备忘录》中的一部分。该项目的目标是制定一项显著改进的租赁会计准则。

（二）成立租赁会计联合工作组

在正式发起租赁会计联合项目后，双方理事会为该项目成立了租赁会计联合工作组［Lease Accounting Working Group（LAWG），以下简称租赁工作组］，旨在该项目进行过程中征求财务报表使用者和编制者的意见。租赁工作组第一次会议于2007年2月举行。

由于租赁会计项目是双方理事会发起的联合项目，故租赁工作组是为两个理事会服务的国际小组。租赁工作组由来自不同背景的人员组成，包括财务报表编制者、使用者、审计师和行业专家等。

租赁工作组在新租赁准则制定过程中为双方理事会提供了持续支持，发挥了重要作用，该工作组在双方理事会发布正式准则后也完成使命。

（三）发布《2009年讨论稿》

2009年3月19日，双方理事会发布《讨论稿：租赁初步意见》（以下简称《2009年讨论稿》），公开征询意见。该讨论稿征求意见截止日为2009年7月17日。

双方理事会在发起租赁会计联合项目时，双方赞同该项目应当同时考虑承租人和出租人的会计处理。但是，在2008年7月的会议中，双方理事会初步决议，推迟考虑出租人会计处理，重点关注于改进承租人会计模型。因此，在《2009年讨论稿》中，主要关注于承租人的会计处理。

1. 《2009年讨论稿》主要内容及提议

《2009年讨论稿》共分十个章节，各章节主要讨论内容及提议如下。

"第1章——背景"，解释了双方理事会将租赁会计项目纳入其议程的原因，并阐述了租赁会计项目的历史。

"第2章——租赁会计准则的范围"，讨论了新租赁准则的适用范围。双方理事会初步决议，新准则的范围应当基于原租赁会计准则的范围。

"第3章——承租人会计处理方法"，阐述了双方理事会提议的承租人会计处理方法。双方理事会初步决议，在简单租赁中，承租人获得了使用租赁项目的权利，该权利满足资产的定义；支付租金的相关义务满足负债的定义。因此，双方理事会初步决议，采用新的租赁会计处理模型，承租人应确认：（1）一项资产，代表其在租赁期内使用租赁项目的权利（"使用权资产"）；（2）一项负债，代表其支付租金的义务。

理事会同时初步决议，不将租赁合同的各个组成部分分别进行确认，比如续租选择权，购买选择权，或有租金安排，或者余值担保。相反，双方理事会初步决议，承租人应当确认：（1）一项单独的使用权资产，包含因选择权所获得的权利；（2）一项单独的租赁负债，包含或有租金安排和余值担保所产生的义务。

"第4章——初始计量"和"第5章——后续计量",阐述了双方理事会对简单租赁中,承租人使用权资产及其租赁负债的计量的初步意见。双方理事会初步决议,承租人支付租金的义务,应当以租赁付款额的现值进行初始计量,并采用承租人增量借款利率进行折现。后续计量应当以摊余成本计量。同时,双方理事会初步决议,承租人的使用权资产应当以成本进行初始计量。成本等于采用承租人增量借款利率进行折现的租赁付款额现值。双方理事会初步决议,承租人应当以租赁期和租赁项目经济寿命孰短者对使用权资产进行摊销。

"第6章——具有选择权的租赁",讨论了包含选择权的租赁的会计处理,选择权包括授予承租人延长租期,终止租赁,或购买租赁项目的选择权。双方理事会初步决议,承租人所确认的资产和负债,应当基于最可能租赁期。双方理事会初步决议,租赁期应当在每个报告日重新评估。重新评估所产生的租赁负债的变动,应当作为使用权资产账面价值的调整进行确认。

双方理事会初步决议,购买选择权的会计处理,应当与续租和终止租赁选择权的处理一致。因此:(1)在确认租赁负债时,承租人应当确定,购买选择权是否很可能行权。如果承租人确定购买选择权很可能行权,则租赁负债应当包括该选择权的行权价格。该评估应当基于承租人所确定的最可能结果。(2)购买选择权是否将行权应当在每个报告日进行重新评估。重新评估所产生的租赁负债的变动,应当作为使用权资产账面价值的调整进行确认。

"第7章——或有租金和余值担保",阐述了双方理事会对包含或有租金安排和余值担保租赁的确认和计量的初步意见。双方理事会初步决议,承租人支付租金的义务,应当反映承租人或有租金安排下的支付义务。

国际会计准则理事会初步决议,承租人租赁负债的计量,应当包括或有应付租金的概率加权估计金额。租赁负债应当于每个报告日重新计量,以反映或有支付租金估计数的变动。重新估计所产生的租赁负债变动,应当作为使用权资产账面价值的调整确认。

美国财务会计准则委员会则初步决议,承租人支付租金应当以最可能租金支付额为基础进行计量。但是,该计量金额并不一定等于可能结果的概率加权。美国财务会计准则委员会初步决议,如果租金是基于某些指数或比率而变动,比如消费者价格指数或基准利率,则承租人在对租赁负债进行初始计量时,应当采用租赁开始日的指数或比率。指数变动所产生的支付金额的变动,应当计入损益。其他形式的或有租金支付义务,也应当在每个报告日重新计量,以反映或有租金支付估计数的变动。重新估计所产生的租赁负债的变动,应当计入损益。

双方理事会初步决议，不将余值担保与租赁负债分别进行确认。双方理事会初步决议，包含余值担保的租赁，应当与包含或有租金安排的租赁采用相同的基础进行计量。

"第 8 章——列报"，阐述了双方理事会对如何在财务报表中列报租赁合同所产生的资产、负债、费用和现金流量的初步意见。这些初步意见基于原准则的列报要求。理事会也讨论了财务报表列报提议变动所带来的影响。

"第 9 章——其他承租人问题"，概述了双方理事会尚未充分讨论并得出初步意见的其他承租人会计处理问题。双方理事会将在发布征求意见稿之前解决这些问题。

"第 10 章——出租人会计处理"，阐述了部分可能需要在新准则中解决的出租人会计处理问题。

2. 针对《2009 年讨论稿》的反馈意见

在发布《2009 年讨论稿》后，双方理事会开展了广泛的征询意见活动，使利益相关方了解项目进展情况，并就双方理事会的持续审议寻求反馈。作为这一过程的一部分，双方理事会与租赁工作组进行了磋商。理事会还与来自不同行业和地区的财务报表使用者、监管者、编制者、审计师和其他方进行了多次面对面的小组会议。

针对《2009 年讨论稿》的反馈意见中，主要对有关"使用权模型"存在以下疑虑。

（1）只有在《概念框架》项目进一步推进后，才有可能实现租赁会计模型与双方理事会目前正在制定的《概念框架》之间的一致性。双方理事会认为，个别项目的进展不应等到《概念框架》项目完成。《概念框架》项目的目标，特别是关于要素的定义和确认，是为了改进和澄清现有概念。此外，这些提议与现有的《概念框架》一致，《概念框架》项目的未来发展不太可能导致双方理事会改变其关于租赁及其确认的资产和负债的基本结论。

（2）"使用权模型"将导致确认所有待执行合同的资产和负债，包括采购订单，长期销售和供应协议。持这种观点的人认为，使用权模型的应用将不适当地虚增财务状况表。但是，双方理事会认为，简单租赁在租赁期开始日之后就不再是一个待执行合同。当出租人提供标的资产的使用权时，承租人有无条件使用标的资产的权利，因此有无条件支付租赁款项的负债。此时，出租人不能阻止承租人使用标的资产，承租人也不能在不构成违约的情况下避免付款。

（3）财务报表编报者和使用者都很好地理解了原有指引，双方理事会应解决原有模型的实施问题，而不是放弃一个没有根本性缺陷的模型。双方理事会认为，原有模式存在根本性缺陷。当承租人订立租赁合同时，其获得的有价值的权利符合资产的定义。同样，承租人承担的义务符合负债的定义。如果租赁被分类为经营租赁，承租人不在财务状况表中确认使用标的资产的权利，以及支付租赁付款额的负债。此外，存在两种非常不同的租赁会计模型（融资租赁模型和经营租赁模型），导致类似交易的会计处理不同，并带来重大的构造交易的机会。

（4）"使用权模型"过于复杂，其效益不会超过成本。双方理事会认为，该模型带来的改进信息的效益将超过应用该模型的成本。

（四）发布《2010 年征求意见稿》

2010 年 8 月 17 日，双方理事会发布了《2010 年征求意见稿》，公开征询意见。该征求意见稿征求意见截止日为 2010 年 12 月 15 日。双方理事会是在考虑了所收到的针对《2009 年讨论稿》的反馈意见，以及从其租赁工作组及其他对租赁财务报告感兴趣的有关各方意见的基础上，制定了《2010 年征求意见稿》。

1. 《2010 年征求意见稿》主要提议

《2010 年征求意见稿》主要提议包括以下几个方面。

完善《2009 年讨论稿》提出的承租人"使用权模型"。承租人应确认代表其在租赁期内使用租赁项目的权利的资产（"使用权资产"），以及代表其支付租金义务的负债（"租赁负债"）。使用权资产应按租赁期与标的资产可使用寿命孰短者进行摊销，承租人就支付租赁付款额负债计算利息费用。

增加出租人会计模型。双方理事会根据讨论稿的意见，并结合当时新收入准则项目的最新成果，在《2010 年征求意见稿》中新增了出租人会计模型。《2010 年征求意见稿》对出租人提出了双重会计处理模型：

（1）当出租人在预期租赁期内或之后保留了与标的资产相关的重大风险或利益敞口时，出租人将采用"履约义务法"。在履约义务法下，出租人将在租赁期开始日继续确认标的资产，同时确认代表向承租人收取租赁付款额的资产，以及代表允许承租人使用标的资产的租赁负债（"履约义务"）。

（2）当出租人在预期租赁期内或之后未保留与标的资产相关的重大风险或利益敞口时，出租人将采用"终止确认法"。在终止确认法下，出租人将在租赁期开始日确认代表向承租人收取租赁付款额的资产。终止确认代表在租赁期内向承租人转移权利成本的标的资产的组成部分。确认标的资产的剩余部分，它代表出租人在租赁期结束时对标的资产的剩余权益（"剩余资产"）。

此外，《2010年征求意见稿》提议，允许承租人和出租人对短期租赁采用简化方法进行处理。短期租赁，是指在租赁期开始日，最长可能租赁期限等于或少于12个月。

2. 针对《2010年征求意见稿》的反馈意见

双方理事会一共收到了786份针对《2010年征求意见稿》的反馈意见，反馈来自不同行业的不同主体和组织，包括非公众公司。双方理事会也积极组织了针对《2010年征求意见稿》的讨论。例如，在中国香港、英国和美国举行了圆桌会议讨论，在澳大利亚、巴西、加拿大、日本、韩国、英国和美国举行了专题研讨会。双方理事会成员还参加了主要地区的讨论会、工作组会议、讨论论坛，以及"一对一讨论"等。在2011年至2012年间，双方理事会与超过100个组织就《2010年征求意见稿》的特定问题进行了宣传，这些宣传旨在获得更多的反馈意见。这些宣传会议涉及工作组成员、会计师事务所代表、准则制定机构代表、财务报表使用者和编制者，特别是受租赁会计影响最大的行业代表。

针对2010年征求意见稿的反馈意见主要集中在以下几个方面。

（1）普遍支持承租人对租赁产生的资产和负债进行确认，这与针对《2009年讨论稿》的反馈意见一致。

（2）部分反馈意见者支持提议的承租人"使用权模型"对损益的影响，即，承租人应分别确认使用权资产的摊销和租赁负债的利息。该部分反馈意见者认为，对于承租人来说，租赁是一项融资来源，应当对其进行处理。但是，其他反馈意见者不赞同该提议，他们认为，该方法并未适当反映所有租赁交易的经济实质。特别是，在短期租赁中，无论对于承租人还是出租人，都不是一项融资交易。

（3）很多反馈意见者不赞同提议的出租人会计模型：

①部分反馈意见者质疑，针对出租人所提议的双重会计处理模型，与针对承租人的单一会计处理模型不一致；

②部分反馈意见者不支持"履约义务法"。根据该方法，出租人将在租赁期开始日确认租赁应收款和负债，并同时继续确认标的资产。这些反馈意见者认为，该方法将人为虚增出租人的资产和负债。

③部分反馈意见者支持针对所有租赁采用"终止确认法"。在该方法下，

出租人将在租赁期开始日终止确认标的资产，并确认租赁应收款和标的资产的剩余权益（"剩余资产"）。但是，很多反馈意见者不赞同禁止出租人对剩余资产资金时间价值的影响进行会计处理的提议。

④其他反馈意见者认为，原出租人会计处理在实务中运行良好，支持保留原有规定。

（4）几乎所有反馈意见者均对提议的成本和复杂性表示担忧，特别是对承租人租赁负债和出租人租赁应收款的计量提议。《2010年征求意见稿》提议，主体应当对所有可变租赁付款额进行估计，不仅包括不可撤销租赁期，也包括主体认为很可能发生的可选择续租期。部分反馈意见者质疑，可选择续租期的租赁付款额，是否满足资产（对于出租人）和负债（对于出租人）的定义。其他反馈意见者指出，当租赁付款额是依据标的资产的未来销售或使用时，对该可变租赁付款额进行可靠估计是很困难的。由于对估计金额涉及重大判断，很多反馈意见者指出，对可选择续租期租赁付款额的估计，不符合成本效益原则。

（5）很多反馈意见者也对提议的准则适用范围表示担忧，提议的租赁定义可能将某些服务合同也纳入范围。

（五）发布《2013年二次征求意见稿》

双方理事会考虑了其收到的有关《2010年征求意见稿》的反馈意见，并注意到，由于各利益相关方对租赁的经济实质看法不一，故不可能反映所有利益相关方的意见。作为对租赁的经济实质可能不同这一意见的回应，双方理事会决定改变模型，以识别两类租赁并分别制定不同的会计处理规定。因此，双方理事会于2013年5月联合发布了《2013年二次征求意见稿》，征求意见截止日为2013年9月13日。

1.《2013年二次征求意见稿》主要提议

《2013年二次征求意见稿》的核心原则仍然是，主体应当确认租赁产生的资产和负债。根据该核心原则，承租人应当对最小可能租赁期超过12个月的租赁确认相关资产和负债。

《2013年二次征求意见稿》根据承租人是否预期将消耗标的资产包含经济利益的重大部分，将租赁分类为两类分别进行处理。出于实务操作目的，该分类评价通常依赖于标的资产的性质。

对于大部分除不动产之外的资产租赁（例如，设备、飞机、汽车、卡车），承租人应将该租赁分类为"A型租赁"，并按以下处理：（1）确认一项使用权资产和一项租赁负债，并以租赁付款额现值进行初始计量；（2）将租赁负债折现利息费用与使用权资产摊销费用分别进行确认。

对于大部分不动产租赁（例如，土地或建筑物，或建筑物的组成部分），承租人应将该租赁分类为"B型租赁"，并按以下处理：（1）确认一项使用权资产和一项租赁负债，并以租赁付款额现值进行初始计量；（2）确认一项租赁费用，将租赁负债折现利息与使用权摊销合并，以直线法摊销确认。

类似地，出租人的会计处理，也根据承租人是否预期将消耗标的资产包含经济利益的重大部分，将租赁分类为两类分别进行处理。出于实务操作目的，该分类评价通常依赖于标的资产的性质。

对于大部分除不动产之外的资产租赁，出租人应将该租赁分类为"A型租赁"，并按以下处理：（1）终止确认标的资产，并确认一项应收租赁款的权利（租赁应收款）及剩余资产（代表出租人保留的标的资产相关权利）；（2）同时将租赁应收款及剩余资产折现利息确认为租赁期内利息收益；（3）在租赁期开始日确认租赁相关损益。

对于大部分不动产租赁，出租人应将该租赁分类为"B型租赁"，并采用与原经营租赁会计类似的方法，按以下处理：（1）继续确认标的资产；（2）在租赁期内确认租赁收益，并以直线法为基础。

在计量租赁产生的资产和负债时，承租人和出租人应扣除大部分可变租赁付款额。此外，承租人和出租人仅在承租人具有重大经济驱动行使续租选择权，或不行使终止租赁选择权时，才应纳入租赁付款额。

对于最长期限（包括任何延期选择）不超过12个月的租赁，允许承租人和出租人按标的资产类别进行会计政策选择，以适用与原有经营租赁会计类似的简化要求。

2. 针对《2013年二次征求意见稿》的反馈意见

双方理事会收到了641份对《2013年二次征求意见稿》的反馈意见。此外，双方理事会还就《2013年二次征求意见稿》开展了广泛的征询意见活动。包括：（1）咨询了来自澳大利亚、比利时、加拿大、法国、中国香港、日本、荷兰、新西兰、瑞典、瑞士、英国和美国的270多名财务报表使用者。（2）在巴西、法国、德国、日本、西班牙、英国和美国与消费品、零售、航空、石油和天然气、通信和汽车等不同行业的财务报告编制者召开现场会议，详细讨论这些主体的实施成本。（3）在伦敦、洛杉矶、诺沃克、圣保罗和新加坡进行圆桌讨论，约100名利益相关方代表参与了讨论。（4）与双方理事会的咨询机构——资本市场咨询委员会、全球编制者论坛、国际财务报告准则咨询委员会和会计准则咨询论坛召开会议。(5) 与其他的财务报告编制者个人和团体、会计准则制定机构和监管机构召开征询意见会议。(6) 召开项目网络会议，吸引了 2000 多名参与者。

有关《2013 年二次征求意见稿》的反馈意见表明：

(1) 与《2010 年征求意见稿》的意见一致，许多利益相关方支持承租人对租赁期超过 12 个月的租赁确认使用权资产和租赁负债。这些利益相关方包括大多数财务报表使用者，他们认为，承租人确认相关资产和负债将为其进行分析提供更好的起点。

(2) 但也有许多利益相关方对提议的承租人会计模型存在较大担忧。部分利益相关方认为，无需改变原准则的承租人会计模型，或者可通过修改披露要求而非改变确认和计量规定来纠正原模型的缺陷。其他一些利益相关方对提议的承租人会计模型的某个或多个特定方面持不同意见，例如，双重方法、定期重估租赁资产和租赁负债等。

(3) 许多利益相关方认为，《2013 年二次征求意见稿》中关于计量的提议，是对《2010 年征求意见稿》的重大完善，尤其是在与可变租赁付款额以及续租和购买选择权下的租赁付款额相关的简化处理。然而，大多数利益相关方仍对《2013 年二次征求意见稿》的实施成本和复杂程度存在担忧。利益相关方强调，成本尤为高昂或复杂程度很高的特定领域，包括承租人和出租人双重会计模型（含租赁分类和租赁会计处理）、重估、披露和适用交易的范围等。

(4) 大多数利益相关方对出租人会计模型持不同意见，其中，大部分利益相关方认为原准则的出租人会计模型不存在根本性的缺陷，不应修改。

（六）完成新租赁准则制定

最终，双方理事会于 2016 年完成了新租赁会计准则的制定工作。

国际会计准则理事会于 2016 年 1 月发布了《国际财务报告准则第 16 号》。《国际财务报告准则第 16 号》的生效日期为 2019 年 1 月 1 日或之后期间开始的年度报告期间，对于已采用《国际财务报告准则第 15 号》的主体，允许提前采用。《国际财务报告准则第 16 号》取代了原《国际会计准则第 17 号》《国际财务报告解释公告第 4 号》《解释公告第 15 号》和《解释公告第 27 号》。

美国财务会计准则委员会于 2016 年 2 月发布了《主题 842》。《主题 842》规定，对于以下主体，更新修订于 2018 年 12 月 15 日之后开始的财政年度（包括该财政年度的中期报告）开始生效：（1）公共商业主体；（2）在交易所或场外交易市场上交易、上市或报价的，证券已发行或作为渠道债券债务人的非营利主体。向美国证券交易委员会提交财务报表的员工福利计划。对于其他主体，更新修订于2019年12月15日之后开始的财政年度，以及2020年12月15日之后开始的财政年度内的中期报告生效。所有主体均允许提前采用。

虽然双方理事会联合完成了新租赁准则的制定，但双方最终发布的新租赁准则之间仍然存在诸多差异，详见本书准则篇"第十章 国际准则与美国准则差异分析"。

第二节 我国准则修订历程

一、主要修订历程

在《国际财务报告准则第16号》修订过程中，我国财政部及时成立了项目组，跟进研究国际新租赁准则修订进程和变化，并结合我国实务积极反馈意见和建议。

《国际财务报告准则第16号》发布后，财政部即启动了我国租赁准则修订项目，先后开展了以下工作：

一是全面研究我国新形势下修订租赁会计准则的需要和预计修订的主要内容，并组织翻译了《国际财务报告准则第16号——租赁》；

二是在充分听取国内部分承租人、出租人、会计师事务所以及学术界代表意见的基础上，结合我国实际起草了修订初稿，并就修订初稿采取多种方式内部征求意见和开展研讨；

三是在汇总整理和深入分析各方面意见的基础上，形成征求意见稿，于2018年1月印发《企业会计准则第21号——租赁（修订）（征求意见稿）》，公开征求意见；

四是通过与准则咨询专家、相关企业和专业机构深入探讨、与有关监管部门座谈沟通、实地调研等方式认真分析研究收到的反馈意见，在此基础上，对征求意见稿作了进一步修改完善，履行财政部审核批准程序后，形成终稿，并于2018

年 12 月 7 日正式发布了新修订的《企业会计准则第 21 号》（2018 年修订）。

二、主要反馈意见

征求意见稿印发后，财政部收到来自国务院有关部委、财政部驻地方财政监察专员办事处、地方财政部门、行业协会、相关企业、会计师事务所、个人的反馈意见 70 余份，共提出具体意见 400 余条。总体上，大多数反馈意见认为租赁准则修订内容符合我国企业会计准则国际趋同要求，也有助于承租人全面反映租赁资产负债，避免构造交易，具有积极意义和重要作用，同时希望尽快配套制定准则应用指南，提供信息披露范例，为实务操作提供更多指引。少部分反馈意见对新准则实施成本和影响表示担忧，因为新准则下承租人会计处理更为复杂，且会引起基于资产负债表计算的部分关键财务指标发生变动。

此外，较多反馈意见提出鉴于准则变动较大，希望结合中国国情就新准则实施留出足够的过渡期。

三、主要修订内容

（一）完善了租赁的定义，增加了租赁识别、分拆、合并等内容

新准则将租赁定义为"在一定期间内，出租人将资产的使用权让予承租人以获取对价的合同"，并进一步说明如果合同中一方让渡了在一定期间内控制一项或多项已识别资产使用的权利以换取对价，则该合同为租赁或者包含租赁。同时，新准则还对包含租赁和非租赁成分的合同如何分拆，以及何种情形下应将多份合同合并为一项租赁合同进行会计处理作了规定。

（二）取消承租人经营租赁和融资租赁的分类，要求对所有租赁（短期租赁和低价值资产租赁除外）确认使用权资产和租赁负债

新准则下，承租人不再将租赁区分为经营租赁或融资租赁，而是采用统一的会计处理模型，对短期租赁和低价值资产租赁以外的所有其他租赁均确认使用权资产和租赁负债，并分别计提折旧和利息费用。

短期租赁，是指在租赁期开始日，租赁期不超过 12 个月的租赁。低价值资产租赁，是指单项租赁资产为全新资产时价值较低的租赁。承租人对于短期租

赁和低价值资产租赁可以选择不确认使用权资产和租赁负债，而是采用与原经营租赁相似的方式进行会计处理。

（三）改进承租人后续计量，增加选择权重估和租赁变更情形下的会计处理

原准则未对租赁期开始日后选择权重估或合同变更等情形下的会计处理作出明确规范，导致实务中多有争议且会计处理不统一。新准则明确规定发生承租人可控范围内的重大事件或变化，且影响承租人是否合理确定将行使相应选择权的，承租人应当对其是否合理确定将行使续租选择权、购买选择权或不行使终止租赁选择权进行重新评估。租赁变更，是指原合同条款之外的租赁范围、租赁对价、租赁期限的变更。企业应视其变更情况将其作为一项单独租赁进行会计处理或重新计量租赁负债。

（四）丰富出租人披露内容，为报表使用者提供更多有用信息

关于出租人发生的经营租赁，原准则仅要求出租人披露各类租出资产的账面价值。新准则要求出租人增加披露相关租赁收入及未折现租赁收款额等信息。此外，出租人还应当根据理解财务报表的需要，披露有关租赁活动的其他定性和定量信息。

四、与国际准则的主要差异

《企业会计准则第21号》（2018年修订）兼顾了与国际准则的趋同和我国市场环境的特点，在全面采用国际准则基本原则的基础之上，在多个方面也采用了符合我国市场的特别规定。根据财政部相关解释，《企业会计准则第21号》（2018年修订）与《国际财务报告准则第16号》主要差异包括以下几个方面。

（一）关于承租人转租建筑物类使用权资产

在《企业会计准则第21号》（2018年修订）下，考虑到我国房地产市场的实际情况，为避免公允价值滥用和误导信息使用者，承租人转租建筑物类使用权资产按照新租赁准则使用权资产的有关规定进行会计处理。即，在《企业会计准则第21号》（2018年修订）下，转租建筑类使用权资产（包括投资性房地产）仅能采用成本法进行后续计量。在《国际财务报告准则第16号》下，承租人转租建筑类使用权资产符合投资性房地产定义的，可采用成本模式或公允

价值模式进行后续计量。

（二）关于以出让、划拨或转让方式取得的土地使用权

在《企业会计准则第 21 号》（2018 年修订）下，考虑到我国城市土地国有等实际情况，以出让、划拨或转让方式取得的土地使用权继续适用《企业会准则第 6 号——无形资产》（以下简称《企业会计准则第 6 号》），不确认为使用权资产。在《国际财务报告准则第 16 号》下，所有满足租赁定义的土地使用权转移均属于新租赁准则范围。

（三）关于准则的实施范围和时间安排

《国际财务报告准则第 16 号》自 2019 年 1 月 1 日起实施。为兼顾我国市场环境和企业实际情况，《企业会计准则第 21 号》（2018 年修订）在实施范围和实施时间上采取分步到位的办法。具体如下。

（1）在境内外同时上市的企业以及在境外上市并采用国际财务报告准则或企业会计准则编制财务报表的企业自 2019 年 1 月 1 日起实施，以避免出现境内外报表会计准则适用差异。

（2）其他执行企业会计准则的企业（包括 A 股上市公司）自 2021 年 1 月 1 日起实施，以为其留出充足准备时间，总结借鉴境外上市企业执行新租赁准则的经验，确保准则实施质量。同时，考虑到企业编制合并财务报表实际需要，允许母公司或子公司在境外上市且按照国际财务报告准则或企业会计准则编制其境外财务报表的企业提前实施，但不应早于其同时执行《企业会计准则第 22 号》（2017 年修订）相关四项新金融工具准则和《企业会计准则第 14 号》（2017 年修订）的日期。

（四）关于准则实施的衔接规定

鉴于租赁准则新旧变动较大，为帮助相关企业顺利过渡至新租赁准则，新准则提供两种方法：一是允许企业采用追溯调整，二是根据首次执行新租赁准则的累积影响数，调整首次执行新租赁准则当年年初留存收益及财务报表其他相关项目金额，不调整可比期间信息。同时，在第二种方法下提供了多项简化处理安排。

除上述主要差异外，国际国内新租赁准则在包括列报和披露等方面还存在细微差异，具体详见本书准则篇相关内容。

第三章 承租人会计模型

新租赁准则下的重要修订之一是将承租人会计模型,从原租赁准则下区分融资租赁和经营租赁的混合模型统一为"使用权模型"。在新租赁准则制定过程中,双方理事会对"使用权模型"的理论基础进行了充分讨论,特别是"使用权模型"下所确认的使用权资产和租赁负债是否满足《概念框架》中资产和负债的基本定义、二者后续计量的费用应单独列报还是合并列报等进行了充分讨论。

第一节 承租人会计模型概述

一、历史上曾出现的模型

如本书理论篇"第一章 租赁会计发展历史"所述,在租赁会计发展历史上,对承租人的会计处理曾出现了多种模型。其中,较有代表性的处理模型包括"购买模型""财产权模型"及"待执行合同模型"等。

(一)"购买模型"

《会计研究公报第38号》《会计原则委员会意见书第5号》《会计原则委员会意见书第7号》及《会计原则委员会意见书第27号》等研究报告曾讨论,对于长期租赁合同中的承租人,可能采用"购买模型"("所有权和抵押借款模型")。

在"购买模型"下,长期租赁合同被视为变相的所有权转让加抵押借款,其实质就是分期付款购买资产。因此，在该模型下，承租人应将租赁标的资产确认为一项资产，同时，应将租赁应付款确认为一项负债。经过不断的修订补充，比如是否实质上属于"购买"的具体判断，相关资产和负债的确认时点等，以"购买模型"为基础，逐步形成了原租赁准则下"融资租赁"的处理方法。

在"购买模型"下，短期租赁合同很可能被排除在外，承租人不会确认短期租赁相关的资产和负债。虽然在《会计研究公报第38号》中，会计程序委员会曾强调，如果有明确证据证明，租赁实质上属于购买资产，则主体应当确认租赁资产及相关负债。但是，在后续的讨论中，短期租赁一般被认为并未使承租人承担租赁资产所有权上的成本和义务，也未转移租赁资产相关重大风险和报酬，从而不满足资产和负债的确认。

（二）"财产权模型"

在《会计研究论文集第4号》中，迈尔斯最早提出了"财产权模型"（"资产模型"）。

迈尔斯认为，租赁的实质是转移了资产的使用权，主体通过租赁所获得的权利，也属于一项资产，包括短期租赁合同。迈尔斯以《科勒会计词典》为基础提出，一项实物资产可以包含多个权利，虽然租赁合同可能未转移资产所有权，但可能转移了资产占有权和使用权等权利，这些权利也满足资产定义。基于租赁财产权概念，迈尔斯建议，所有租赁都应以为该财产权支付的现金流量折现值在资产负债表中进行确认。

迈尔斯在1962年提出的"财产权模型"，是最接近新租赁准则"使用权模型"的理论。他提出了即使是在短期租赁中，也产生了一项符合资产定义的"财产权"，从而可以弥补前述"购买模型"的缺陷。迈尔斯也提到，所有权并不是确认一项资产的必要条件，这与国际会计准则理事会在其《概念框架》中有关资产定义的阐述类似。

（三）"待执行合同模型"

"待执行合同模型"也是租赁会计历史占据很长时间主导地位的理论。

"待执行合同模型"将所有租赁均作为待执行合同处理。其理论基础是，承租人使用租赁项目的权利，是以作出支付为条件的。类似地，承租人作出支付的义务，是以出租人允许承租人在租赁期内使用该项目为条件的。因此，承租人不确认租赁相关的资产或负债,"待执行合同模型"与原准则下的"经营租赁模型"类似。

此外,如本书理论篇"第一章 租赁会计发展历史"所述,在《1974年讨论备忘录》中,美国财务会计准则委员会讨论了"法定债务模型""负债模型"等,但这些模型在租赁会计历史上影响较小。

二、新准则修订过程中考虑的模型

(一)"使用权模型"

在《2009年讨论稿》中,双方理事会提议采用新的承租人会计模型,即"使用权模型"。双方理事会初步决议,在简单租赁中,承租人获得了使用租赁项目的权利,该权利满足资产的定义;支付租金的相关义务满足负债的定义。双方理事会提出的"使用权模型",与前述迈尔斯提出的"财产权模型",在对租赁资产的认定上是类似的。

双方理事会初步决议,采用新的租赁会计处理模型,承租人应确认:(1)一项资产,代表其在租赁期内使用租赁项目的权利("使用权资产");(2)一项负债,代表其支付租金的义务。

双方理事会指出,新模型可以解决有关原准则的很多质疑。特别是:(1)原准则作为经营租赁的合同所产生的资产和负债,将在财务状况表中予以确认。因此,财务报表使用者不需要再对这部分缺失的资产和负债进行恢复调整。(2)新模型适用于所有类似租赁合同的会计处理。因此,类似交易不再采用不同的会计处理,可以增加可比性。(3)通过设计交易从而回避未确认融资的机会将减少。这将使财务报表更具可比性,使用者也更易于理解。(4)新模型更符合双方理事会的《概念框架》及原准则。

(二)"整体资产模型"

"整体资产模型"是以租赁期内,租赁项目处于承租人的控制之下为假设前提。因此,该模型将租赁项目确认为承租人的资产——包括享有租赁期内经济利益的权利,以及租赁期结束的资产所有权——事实上,即确认了该资产的全部经济价值。

与所确认资产对应,承租人需要确认两项负债——在租赁期内支付租金的负债,以及代表承租人在租赁期结束归还资产的义务的负债。如果租赁涵盖了租赁项目的几乎全部预计使用寿命,则在租赁期结束归还项目的义务相对来说不重要。但是,对于短期租赁,该归还义务则是重要的。

部分财务报表使用者认为,该模型增强了不同公司之间的可比性。例如,在该模型下,租赁飞机的航空公司,应当确认与航空公司自己购买飞机类似的资产。双方航空公司应当同时在其财务状况表中确认该飞机。此外,如果航空公司通过债券筹集购买飞机的资金,则双方航空公司应在损益中确认可比金额。

双方理事会基于以下原因,否决了"整体资产模型":(1)租赁资产的主体与购买资产的主体具有非常不同的经济地位。短期租赁资产的主体相对于购买资产的主体,在降低资本基础方面更具灵活性。"整体资产模型"未反映该灵活性。(2)少数该模型支持者认为,其适用于较短期租赁。此外,有人认为该模型不适用于"非核心资产"。因此,对采用"整体资产模型"的租赁进行定义很可能较为困难。(3)它虚增了承租人的资产。承租人所确认的资产(实物项目的全部价值),包含了因使用项目而收到,但在租赁期结束之后需要移交的经济利益——承租人并未获得一项权利。(4)它虚增了承租人的负债,因为它确认了承租人归还实物项目的义务。由于承租人对租赁期结束之后的租赁资产不具有权利,在归还该租赁项目时,也未产生经济利益流出。

(三)"待执行合同模型"

双方理事会也讨论了前述"待执行合同模型",最终,双方理事会否决了"待执行合同模型",因为其未确认承租人已识别的资产和负债,即,承租人使用租赁项目的权利,以及为该权利支付的义务。这是原租赁会计模型被质疑最多的问题。财务报表使用者通常会调整承租人财务报表,试图将在原"经营租赁会计模型"下未确认的资产和负债进行确认。

(四)原租赁会计模型

原租赁准则采用了混合模型。根据是否向承租人转移了实物项目所有权上几乎所有风险和报酬,租赁被分类为融资租赁或经营租赁。承租人对融资租赁的处理实质上相当于购买了实物项目。因此,承租人确认资产的同时,也确认租赁期内应付租金负债。分类为经营租赁的租赁按待执行合同处理。

双方理事会基于以下原因否决了该模型:(1)当租赁分类为经营租赁时,承租人未确认已识别的资产和负债。即使是短期租赁,承租人也取得了使用租赁项目的权利,并承担了为该权利支付的义务。(2)两种模型混合,意味着经济实质相同的交易,可能采用不同的会计处理。(3)融资租赁和经营租赁的界限,很难原则性地进行定义。

最终,双方理事会选择了"使用权模型"作为新租赁准则中承租人的基本会计处理模型,否决了其他模型,因为双方理事会认为,这些模型无法解决原准则的很多问题。

第二节 "使用权模型"的理论分析

在"使用权模型"下,关注租赁合同所产生的权利和义务。在一般租赁合同中,承租人拥有在租赁期内使用标的资产的权利,并承担因获得使用该项资产的权利而向出租人支付租金的义务。此外,承租人承担在租赁期结束时将标的资产以指定的状态归还给出租人的义务,出租人有权就提供使用标的资产的权利向承租人收取租金。

一、使用标的资产的权利

(一)原资产定义分析

《概念框架(2010)》将资产定义为:由于过去事项而由主体控制的、预期会导致未来经济利益流入主体的资源[《概念框架(2010)》para. 4.4]。该定义与我国现行《企业会计准则——基本准则》中资产的定义实质一致。

根据该资产定义,承租人拥有的使用标的资产的权利,符合资产的定义。理由如下[IFRS 16 para. BC22]。

(1)承租人在整个租赁期间对使用标的资产的权利实施控制。尽管出租人是标的资产的法定所有人,但一旦出租人将资产提供给承租人使用,则其不可在租赁期内收回标的资产或以其他方式将标的资产用于自身目的。

(2)承租人有能力确定如何使用标的资产,从而确定如何通过该项使用权产生未来经济利益。该能力表明承租人对使用权实施控制。例如,假设承租人租赁一辆卡车,租赁期为4年,租赁期内的最大里程为160 000英里。在承租人驾驶卡车的期间耗用的特定数量的经济利益或服务潜能内含在使用卡车的权利中。在卡车可供承租人使用后,承租人可决定在合同规定的参数范围内如何用完或消耗其使用权内含的经济利益。承租人可决定在租赁期内的前3年持续驾驶卡车,消耗前3年内的所有经济利益,也可仅在每年的特定月份使用卡车,或者在4年租赁期内平均使用卡车。

(3)即使对承租人使用资产的权利存在一些使用上的限制,控制和使用资产的权利仍然存在。这些限制可能影响承租人使用资产权利的价值和范围(进而影响为使用权支付的付款额),但不影响使用权资产的存在。对自有资产和租赁资产的使用施加限制并不罕见。例如,从竞争对手收购的资产可能存在使用地点、使用方式或可出售对象等限制;贷款人可能对用作特定借款担保的资产施加使用限制;或者政府可出于环保或安全原因对特定地区资产的使用或转让施加限制。这些限制未必会导致资产所有人无法控制这些资产,而可能仅影响源自该资产的未来经济利益流入,并且这将反映在主体愿意为该资产支付的对价中。类似地,该等限制并不妨碍承租人控制使用权资产。

(4)承租人对使用权的控制源自过去的事项,该事项既包括对租赁合同作出承诺,也包括将标的资产提供给承租人在不可撤销的租赁期间使用。部分承租人注意到,承租人使用资产的权利取决于在租赁期间承租人是否支付租金,即,如果承租人未支付租金,则可能丧失使用资产的权利。然而,除非承租人违约,否则承租人拥有使用标的资产的无条件权利。承租人的这一情况与已分期购买但尚未分期支付款项的主体的情况相似。

(二)新资产定义分析

2018年,国际会计准则理事会发布了新修订的《概念框架(2018)》。《概念框架(2018)》将资产定义为:因过去事项形成的,由主体控制的现时经济资源。经济资源,是指有潜力产生经济利益的权利[《概念框架2018》para.4.3、4.4]。

《概念框架(2018)》的新资产定义的主要变动体现在两个方面。

(1)明确资产是一项经济资源,而经济资源是一项有潜力产生经济利益的权利。该修订是为了澄清原定义中,资产到底是"经济资源"本身,还是其产生的"经济利益"的实务疑问。《概念框架(2018)》强调,资产(或负债)是一项经济资源(或义务),而不是该经济资源(或义务)可能产生的经济利益最终流入(或流出)[《概念框架(2018)》para.BC4.7]。

（2）删除了原定义中"预期"产生未来经济利益流入的表述，并提出新的术语——"有潜力"产生经济利益。删除该表述意味着，在确定是否满足资产定义时，不需要考虑未来经济利益流入的可能性，而是关注其是否"有潜力"产生经济利益。《概念框架（2018）》也强调，"有潜力"产生经济利益，该权利将产生经济利益不需要是确定的，甚至可能的。它只需要该权利已经存在，并且，至少在一种情况下，它将为主体产生超过所有其他方可获得的经济利益［《概念框架（2018）》para. 4.14］。

如前述分析，对于租赁合同中承租人使用标的资产的权利，在新资产定义下，仍然属于一项承租人在租赁期开始日控制的，有潜力产生经济利益的权利，上述修订不会对使用标的资产的权利产生影响。

值得注意的是，《概念框架（2018）》还强调，一项物理实物的法律所有权可能包含多种权利，包括使用该实物的权利，因此，经济资源是指一系列权利，而不是物理实物本身［《概念框架（2018）》para. 4.11、4.12］。

如前所述，在租赁会计历史上，由于租赁合同并未转移标的资产所有权，承租人是否应确认一项资产可能存在争议，例如，由于缺少同一实物资产可拆分为多项权利（资产）的理论基础，可能导致出租人和承租人均对同一实物资产进行了确认。《概念框架（2018）》明确一项实物资产可能包含多项权利，每项权利都可能单独作为一项资产确认，并且，明确提到使用实物资产的权利也是一项可能单独确认为资产的权利。在该理论基础下，出租人和承租人可针对标的资产的不同权利（资产）分别进行确认，而不是对同一资产同时进行确认。《概念框架（2018）》的表述实质上为承租人将使用标的资产的权利单独确认为一项资产，提供了更加明确清晰的理论基础。

综上所述，在《概念框架（2018）》的新资产定义下，租赁合同中，承租人使用标的资产的权利，仍然满足资产的定义。

二、支付租赁付款额的义务

（一）原负债定义分析

《概念框架（2010）》将负债定义为：主体由于过去事项而承担的现时义务，该义务的履行预期会导致包含经济利益的资源流出主体［《概念框架（2010）》para. 4.4］。该定义与我国现行《企业会计准则——基本准则》中负债的定义实质一致。根据该定义,承租人支付租赁付款额的义务符合负债的定义。原因如下:[IFRS 16 para. BC25]

(1) 一旦标的资产可供承租人使用,承租人即承担了支付租赁付款额的现时义务。该项义务源自过去的事项,该事项既包括对租赁合同作出承诺,也包括将标的资产提供给承租人在不可撤销的租赁期间使用。除非承租人对租赁进行重新协商,否则无权在租赁期结束前撤销租赁和避免支付合同规定的租赁付款额(或终止租赁罚款)。

(2) 该项义务导致经济利益未来从承租人流出,流出金额通常为根据租赁的条款和条件确定的合同付款额。

(二) 新负债定义分析

《概念框架(2018)》将负债定义为:因过去事项导致的,主体转移经济资源的现时义务[《概念框架(2018)》para. 4.26]。

与新资产定义相对应,新负债定义相对于原定义的主要变动也包括两方面:(1) 以新术语"经济资源"替代了原术语"包含经济利益的资源";(2) 删除"预期"导致经济利益流出的表述。并强调,转移经济资源的义务必须"有潜力"要求主体向另一方转移经济资源。

同样的,在《概念框架(2018)》的新负债定义下,租赁合同中,承租人支付租赁付款额的义务,仍然满足负债的定义。

三、将标的资产归还给出租人的义务

在租赁合同中,特别是最终不能转移标的资产的租赁合同,承租人有义务在租赁期结束时将标的资产归还给出租人。承租人是否应将该义务作为一项负债进行确认呢?

有观点认为,将标的资产归还出租人的义务,是一项由过去事项(租赁合同)形成的现时义务。在租赁期结束时,承租人必须交付标的资产,而该资产很可能仍可产生经济利益。因此,该义务将导致未来经济利益流出,满足负债定义。但是,双方理事会认为,承租人在归还租赁标的时,不存在经济利益(附带成本除外)流出,原因是承租人并未控制与其归还给出租人的资产相关的经济利益[IFRS 16 para. BC29]。也就是说,标的资产应归还出租人的部分,在租赁期开始日就不是承租人的资产,承租人不享有其经济利益。在租赁期结束时，承租人向出租人归还标的资产剩余部分，也就不会导致一项经济利益流出。因此，将标的资产归还出租人的义务，不满足负债定义。

事实上，对于标的资产应归还出租人部分，承租人仅仅是占有其实物，实质上仅仅是该实物的代管人。主体占有一项实物资产，并不一定拥有该实物资产的控制权，从而不一定能将该占有权确认为一项资产。根据《概念框架（2018）》的澄清，资产应当是主体"控制"的一项经济资源。如果主体具有现时能力，以主导经济资源的使用，并获得可能自其流入的经济利益，则主体控制了该经济资源。控制，包括阻止其他方主导该经济资源的使用，以及获得可能自其流入的经济利益的现时能力［《概念框架（2018）》para. 4.20］。对于标的资产应归还出租人部分，承租人无法主导其使用（在租赁结束必须归还），也不能获得自其流入的经济利益（不能通过使用、出售获得剩余部分的经济利益）。因此，应归还出租人的剩余部分，即使其本身还可能产生经济利益，也不属于承租人的资产。由于该部分不是承租人的资产，向出租人归还该部分也没有导致承租人自身经济利益的流出，也就不满足负债的定义。

第三节 承租人后续处理模式

在确定租赁合同对资产负债表的影响问题后，还需要考虑承租人后续处理对利润表的影响。承租人后续处理对利润表的影响，主要涉及两方面的问题：（1）租赁相关资产的折旧费用，以及租赁相关负债所产生利息费用，在利润表中如何列报的问题。即，两项费用应当分别列报，还是合并列报？（2）租赁相关后续费用的处理，应当对所有租赁均采用相同的处理方式，还是对不同类型的租赁采用不同的处理方式？如本书准则篇"第十章 国际准则与美国准则差异分析"，双方理事会最终对该问题采用了不同的意见，以下仅阐述国际会计准则理事会的意见。

一、分别列报还是合并列报

在《2009年讨论稿》中，国际会计准则理事会首先考虑了租赁相关资产的折旧费用，以及租赁相关负债所产生利息费用，在利润表中应当分别列报还是合并列报问题。

有观点提出,在租赁合同中,应付租金的义务与使用权资产之间是存在关联的。它们都产生于同一个租赁合同,且通常无法各自独立存在。因此,该观点建议,对应付租金的义务和使用权资产采用"关联法"(Linked Approach)进行后续处理。

在"关联法"下,对于目前被分类为融资租赁的合同,作为购买资产处理。因此,承租人应确认应付租金义务产生的利息费用,对所购买资产进行摊销,并将所支付的租金扣减应付租金义务。

但是,对于目前被分类为经营租赁的合同,"关联法"则采用不同的处理方法。在经营租赁中,承租人的处理方法为:(1)采用"基于抵押摊销法"(Mortgage – based Amortisation)对支付租金的义务进行摊销。不对该义务计提利息。"基于抵押摊销法"将导致义务在租赁后期较前期增长更大。(2)采用"基于抵押摊销法"对使用权资产进行摊销。这将导致租赁期内定期摊销费用的增长。(3)资产和负债的摊销基于承租人的增量借款利率进行摊销。资产和负债的摊销可能导致对利润表的净影响为零。(4)将租赁期内按直线法支付的租金作为费用计入利润表。

上述处理将导致原准则下被分类为经营租赁的租赁会计处理结果为:(1)使用权资产和租赁负债在整个租赁期内保持相等(假设支付租金相等且不存在减值)。(2)对损益表的影响与原租赁准则下对经营租赁的处理结果一致。

"关联法"的支持者认为,该方法具有以下几个方面的优点:(1)它反映了承租人对源于租赁合同的经济利益的消耗模式。在直接租赁中,承租人为使用租赁项目的权利进行支付,并在收到该权利时同时消耗了其经济利益。(2)它反映了某些租赁合同的定价方式。经营租赁定价方式是为了在租赁期内达到均匀的租赁费用。该方法导致承租人在租赁期内将均匀租金计入损益表。其他方法可能导致租赁前后期的费用不同。(3)这种方法较不将使用权资产和租赁负债相关联的方法更加简单,在某些法律环境下,该方法还可以协调与租赁税收处理的关系。

但是,国际会计准则理事会并未采纳上述"关联法",主要理由如下:(1)该方法对租赁负债的处理,与其他金融负债的处理不一致,从而降低了可比性。非衍生金融负债(以公允价值计量的金融负债除外)会产生利息费用,而在"关联法"下则不确认利息费用。租赁合同中租赁负债很显然包含利息成分。如果承租人选择预付租金,则其预付金额应等于以市场利率计算的未来租金折现值。不确认利息成分无法如实反映该交易的经济实质。(2) 该方法导致承租人对融资租赁和经营租赁采用不同的处理方法。这将导致租赁会计处理更为复杂，且对类似租赁合同采用了不同的会计处理。(3) 尽管使用权资产和租赁负债在租赁合同开始时是相互关联的，但在租赁开始后则不然。例如，使用权资产在后续期间可能发生了减值，但租金仍然需要按相同金额进行支付。相反，使用权资产的价值上升，也并不必然导致应付租金的变动。

此外，包括几乎全部对工业、航空、交通和电信行业进行分析的报表使用者认为，将租赁负债的利息与使用权资产的折旧分开并单独确认有益于分析，特别是在对主体的经营业绩进行评估时。分别确认利息与折旧费用，对于采用未经调整的报告信息进行分析的使用者来说尤其有益，因为分别确认利息与折旧，将使通过借款购买资产的主体，与租赁类似资产的主体的利润表具有更强的可比性。分别确认利息与折旧，还可使承租人的资产负债表与利润表关联起来，即，利息费用将与列报为金融负债的租赁负债相对应，折旧将与列报为非金融资产的使用权资产相对应。该关联性对某些分析十分重要，如计算所用资本的回报率以及某些杠杆率。

某些信用分析师还认为，分别确认租赁负债的利息与使用权资产的折旧是有益的。事实上，有很多分析师已对承租人的利润表进行调整，对其经营租赁的相关费用采用估计值拆分为折旧和利息。

综上所述，国际会计准则理事会拒绝了"关联法"，采用了将使用权资产和租赁负债分别列报的"非关联法"。经过《2010 年征求意见稿》《2013 年二次征求意见稿》的讨论，国际会计准则理事会最终得出结论，对所有租赁分别列报折旧和利息的承租人模型，可最大范围地为财务报表使用者提供有用信息。

二、采用单一模型还是双重模型

在《2010 年征求意见稿》和《2013 年二次征求意见稿》中，对承租人后续费用的处理模式有所不同。其中，《2010 年征求意见稿》提议对所有租赁采用单一的费用确认模型（单一模型），该模型以所有租赁均为承租人提供了融资的假设为基础。《2013 年二次征求意见稿》则对不同类型的租赁采用不同的会计处理模式（双重模型），该模型以承租人预计在标的资产中耗费的经济利益为基础，将租赁分为两类，即"A 型租赁"和"B 型租赁"，采用不同的费用确认方法。

在整个租赁准则修订项目过程中,各方对上述"单一模型"和"双重模型"的意见不一。其中,支持采用"单一模型"的主要理由如下。

(1) 包括大部分财务报表使用者在内的利益相关方认为,所有租赁均为承租人提供了融资,因而形成了资产以及"类债务"负债。因此,他们支持单一的承租人费用确认模型,即对所有租赁分别确认"类债务"负债的利息和租赁资产的折旧。

(2) 部分利益相关方认为,承租人各期间从标的资产的使用中获取的利益以及为该利益支付的金额相同。因此,他们支持单一的承租人费用确认模型,即按直线法将租赁的总成本分摊至各个期间,以反映承租人耗费使用标的资产产生的经济利益的模式。这些利益相关方还指出,决定租赁而非购买资产通常是为了获得经营的灵活性(而非融资)。因此,他们认为,在利润表中按直线法确认单一的租赁费用更能如实反映租赁交易。

(3) 部分利益相关方支持单一承租人费用确认模型,是因为他们对双重费用确认模型的成本和复杂程度表示担忧。他们认为,取消租赁分类测试并采用一种方法对所有租赁进行会计处理,具有管理优势。同时,他们对多个费用确认模型能否为财务报表使用者提供有用信息表示怀疑。

(4) 还有一部分人出于概念性原因支持单一承租人费用确认模型。他们认为,如果所有租赁均计入承租人的资产负债表,在利润表上对其作出区分具有主观性,并将导致资产负债表中非金融资产和金融负债的会计处理不一致。许多利益相关方也对双重模型要求在确认资产和负债的同时,按单一直线法确认租赁费用的会计处理(如《2013年二次征求意见稿》"B型租赁"的提议)提出了批评。原因在于,在该模型下,使用权资产将根据轧差金额计提折旧。

(5) 部分利益相关方指出,所有双重模型均包含构建交易以获取特定会计处理结果的风险。

此外,大部分零售、酒店和餐饮业,即通常拥有大量不动产租赁的主体的财务报表使用者,支持对不动产租赁采用确认单一租赁费用的模型。其中,部分使用者视不动产租赁为待执行合同。对他们来说,计入经营费用的单一租赁费用最能满足其需求。然而,零售、酒店和餐饮业的其他一些财务报表使用者已在其分析中按照之前的承租人会计处理要求,对经营租赁费用在折旧和利息之间的拆分进行了估计。因此,他们认为,要求承租人将租赁负债的利息与使用权资产的折旧分开并单独确认,可为其分析提供有用的信息。

同时,也有部分反馈意见支持采用"双重模型",主要理由包括:

（1）部分利益相关方认为，不同租赁之间存在实际的经济实质差异，尤其是不动产租赁和其他资产租赁。这些利益相关方建议采用双重费用确认模型，对大多数不动产租赁按直线法确认单一租赁费用。原因在于，不动产租赁费用为经营费用的重要组成部分，特别是对于零售、酒店和餐饮行业的主体而言。

（2）部分利益相关方建议保留按照原租赁准则的分类原则划分租赁的双重模型。他们认为，对所有原来分类为经营租赁的租赁交易按照直线法确认单一租赁费用，可恰当地反映承租人在租赁期内均匀获得的利益。该会计处理方法使租赁费用与租金支付的关联性更强，部分利益相关方更偏重这一点。

国际会计准则理事会注意到，所有要求在资产负债表中确认使用权资产和租赁负债，并在利润表中按直线法确认单一租赁费用的模型（如《2013年二次征求意见稿》对"B型租赁"的提议），都将导致财务报表主表之间缺乏一致性。具体而言：

（1）这些模型将导致承租人在资产负债表中确认金融负债，而没有在利润表中列报相应的利息费用。与之相对应，承租人在资产负债表中确认非金融资产，而没有在利润表中确认相应的折旧。这些不一致将导致按照财务报表主表金额进行的比率分析发生扭曲。

（2）这些模型要求将使用权资产或租赁负债以轧差金额计量。这是因为，以成本减去累计折旧和减值为基础计量使用权资产，并采用实际利率法计量租赁负债，通常不会导致各年平均的租赁费用。

因此，国际会计准则理事会得出结论：（1）对资产负债表中确认的所有租赁采用相同的方式进行会计处理，恰当地反映出这一事实：不管标的资产的性质或剩余寿命如何，所有租赁均使承租人获得了使用资产的权利。（2）单一模型降低了成本和复杂性，因为无需进行租赁分类，也不需要能够处理两种承租人会计模型的信息系统。

在作出有关承租人费用确认模型的决定时，国际会计准则理事会认为，针对《2010年征求意见稿》单一模型的多数负面反馈，与提议的租赁资产和租赁负债的计量相关，特别是在要求承租人估计未来可变租赁付款额，以及基于很可能发生的最长可能期限确定租赁期方面。《2013年二次征求意见稿》对可变租赁付款额和可选租赁期的计量进行了简化，这些简化在新租赁准则最终稿中得以保留。在考虑了针对《2010年征求意见稿》的反馈意见后，国际会计准则理事会理事会引入了一系列进一步简化与豁免的规定。理事会希望新租赁准则更简单的计量要求和豁免规定，能够减轻对《2010年征求意见稿》提议的单一模型的诸多担忧。

综上所述,国际会计准则理事会决定,要求在承租人对资产负债表中确认的所有租赁采用单一的承租人会计模型。该模型要求承租人按照与其他非金融资产相似的方式对使用权资产计提折旧,同时按照与其他金融负债相似的方式对租赁负债进行会计处理。

第四章 出租人会计模型

新租赁准则最终未改变出租人会计模型,仍然采用了原准则下区分"融资租赁"和"经营租赁"分别进行会计处理的模型。但是,在新租赁准则修订过程中,双方理事会也曾讨论了多种出租人会计模型,并对出租人在租赁合同中相关的资产和负债定义进行了讨论。

一、出租人会计模型辨析

如本书理论篇"第二章 新租赁准则修订历程"所述,在租赁准则修订历程中,对于出租人的会计处理,曾出现过多种不同处理意见。其中,《2010年征求意见稿》提出了"履约义务法"与"终止确认法",《2013年二次征求意见稿》提出了"A型租赁"与"B型租赁"。

(一)"履约义务法"与"终止确认法"

在《2009年讨论稿》中,主要关注于承租人的会计处理,对出租人会计未详细讨论。在《2010年征求意见稿》中,双方理事会根据《2009年讨论稿》的意见,并结合当时收入确认准则项目的研究成果,提出了"履约义务法"与"终止确认法"两种方法。

1."履约义务法"

《2010年征求意见稿》提议,对于出租人在预期租赁期内或之后保留了与标的资产相关的重大风险或利益敞口的租赁,出租人应采用"履约义务法"。在"履约义务法"下,标的资产被视为出租人的经济资源。租赁产生一项新的资产(即收取租赁款项的权利),一项新的负债(即允许承租人在租赁期内使用标的资产的履约义务)。同时,当出租人在租赁期内授予承租人使用标的资产的权利,以换取从承租人收取租赁款项的权利时,出租人对标的资产并未丧失控制权,应继续确认标的资产。

"履约义务法"的理念实质上来源于双方理事会当时正在开展的新收入准则修订项目。根据当时的新收入准则征求意见稿,企业应当在履行合同约定的履约义务时确认收入。与该理念相对应,根据租赁合同约定,出租人允许承租人在整个租赁期内使用标的资产,其履约义务即在租赁期内向承租人提供标的资产的使用权。也就是说,租赁合同中出租人的履约义务是在租赁期内持续履行的。因此,出租人将在租赁期内持续确认租赁收入。

2. "终止确认法"

《2010年征求意见稿》提议,对于出租人在预期租赁期内或之后未保留与标的资产相关的重大风险或利益敞口的租赁,出租人应采用"终止确认法"。在"终止确认法"下,出租人在租赁期开始日已将预期租赁期间或之后,与标的资产相关的经济利益转移给承租人,同时,出租人取得无条件收取租赁款项的权利。出租人在转让这些权利时,应对其已转让给承租人的标的资产进行终止确认,并将标的资产中留存的权利继续确认为一项剩余资产。在终止确认法下,租赁合同约定的履约义务,是向承租人交付使用权资产,该履约义务在租赁期开始日已满足,与新收入准则征求意见稿一致,出租人在租赁期开始日即确认所交付使用权资产相关的收入。

针对终止确认法,理事会还讨论了"完全终止确认法"和"部分终止确认法"两种具体方法。在"完全终止确认法"下,出租人将终止确认全部标的资产,同时确认所取得的收取租赁款项的权利,以及租赁期结束后,出租人在标的资产中留存的权利。在完全终止确认法下,出租人确认的资产转移收入金额为,标的资产的整体账面价值与其公允价值之间的差额。此时,如果租赁交易中出租人只是将标的资产的部分权利转移给承租人,将导致该部分收入被高估。因此,理事会考虑了采用"部分终止确认法",在"部分终止确认法"下,出租人仅对已向承租人转移的标的资产部分权利终止确认,并仅确认该部分标的资产所产生的收入。

3. 如何采用两种会计处理模型

国际会计准则理事会还讨论了是否要求出租人将单一会计模型应用于所有租赁。例如,除了有限情况外,对所有租赁采用"履约义务法",或者,除了部分建筑物及短期租赁外,均采用"终止确认法"。部分反馈意见者支持使用"终止确认法"对出租人的大多数租赁进行会计处理。他们认为,"履约义务法"与理事会所提议的承租人会计处理不一致。如果出租人仍然确认允许承租人使用标的资产的履约义务，就意味着承租人没有无条件支付应付租赁款的义务。此外，也有部分反馈意见者认为，"履约义务法"会导致出租人在租赁期开始日确认租赁应收款和负债，同时继续确认标的资产，这将虚增出租人的资产和负债。然而，理事会认为，由于不同出租人的业务模式存在差异，出租人单一的会计处理模型可能并不适用于所有租赁。在某些情况下，出租人适用"履约义务法"，而在其他情况下，出租人可能适用"终止确认法"。

因此，在《2010年征求意见稿》中，理事会建议，出租人应在租赁期开始日考虑在预期租赁期内或之后，是否保留了与标的资产相关的重大风险或利益敞口，分别采用"履约义务法"或"终止确认法"进行处理。如果出租人保留了与标的资产相关的重大风险或利益敞口，出租人应采用"履约义务法"；如果出租人未保留与标的资产相关的重大风险或利益敞口，则出租人应采用"终止确认法"。在大多数情况下，可依据企业的商业模式考虑其适用的方法，当业务模式主要是提供融资时，该业务的利润来自利息收入，与业务相关的主要风险是信用风险，因此，采用"终止确认法"可能是适当的；当业务模式主要是通过对资产的管理产生相关利益，如在资产的使用寿命期内将其出租给多数不同承租人，或在租赁结束时通过使用或出售获得相关经济利益，与该业务模式相关的主要风险是资产风险，则采用"履约义务法"可能是适当的。

（二）"A型租赁"与"B型租赁"

在《2013年二次征求意见稿》中，对于出租人的会计处理方法，采用了与承租人相同的分类要求。出租人应根据承租人预期消耗标的资产内含经济利益的程度即是否重大，将租赁分类为"A型租赁"与"B型租赁"两类，分别进行处理。出于实务操作目的，该分类评价通常依赖于标的资产的性质。

1. "A型租赁"

对于大部分除不动产之外的资产租赁（例如，设备、飞机、汽车、卡车），若租赁期占标的资产剩余经济寿命的大部分，或者，在租赁期开始日，应付租金的现值几乎相当于标的资产的全部公允价值，应将该租赁分类为"A型租赁"。针对A型租赁，出租人应终止确认标的资产，并确认一项应收承租人租赁款的权利，以及出租人在标的资产中留存的权利（剩余资产）。同时，出租人应将租赁应收款及剩余资产折现利息确认为租赁期内的利息收益。

A型租赁的会计处理与前述"终止确认法"类似，但又存在些许不同，其中，"终止确认法"下的剩余资产要求按照历史成本进行计量，除非对租赁期进行重估或剩余资产发生减值，否则不得对剩余资产进行后续折旧或摊销。针对该规定，各利益相关方认为，以历史成本对剩余资产进行后续计量，不能正确反映租赁定价的方式，很可能导致剩余资产在租赁期内被低估。因此，《2013年二次征求意见稿》对"A型租赁"的剩余资产考虑了货币时间价值的影响，采用现值进行计量，并采用实际利率法进行摊销，确认相关利息收入。在这种处理方式下，如果租赁标的资产账面价值低于其公允价值，则出租人在租赁期开始日同时确认与应收租赁款相关的损益及与剩余资产相关的损益，可以如实反映出租人对其租赁业务的定价模式，同时也可以为财务报告使用者提供更有用的剩余资产信息。

2. "B型租赁"

对于大部分不动产租赁（例如，土地或建筑物，或建筑物的组成部分），若租赁期相对于标的资产的经济寿命来说不重大，或者，在租赁期开始日，应付租金的现值相对于标的资产公允价值来说不重大，应将该租赁分类为"B型租赁"。对于"B型租赁"，出租人应采用与原准则中经营租赁相似的处理方法，即继续确认标的资产，并将租赁收入在租赁期内按照直线法或其他合理方法分摊确认。

理事会认为，当承租人预期消耗标的资产内含经济利益不重大时，转让给承租人的使用权资产并不代表出售标的资产的任何重要部分，继续确认标的资产与确认应收租赁款及剩余资产相比，能够提供更多有用的信息。出租人应按原租赁准则经营租赁类似的会计处理模式对租赁进行会计处理，以如实反映交易实质。

（三）最终选定的出租人会计模型

从两次征求意见稿中对租赁分类的相关提议，我们可以看到新租赁准则改革的进步与妥协。与原租赁准则相比，虽然征求意见稿删除了融资租赁经营租赁的分类，但其就出租人角度的租赁分类仍然有较强的主观性，仍然有可能导致经济实质相同的交易，其会计处理不同，依然存在交易主体出于特定目的而构建租赁交易的机会。

对于《2010年征求意见稿》中提到的"履约义务法"，如前所述，大部分反馈意见者认为，"履约义务法"与理事会提议的承租人会计模型不一致。此外，也有部分反馈意见者认为，"履约义务法"会导致出租人高估资产和负债。基于上述考虑，理事会在《2013年征求意见稿》中未保留履约义务法，只保留了与"终止确认法"类似的会计处理模型,对"A 型租赁"进行处理。此外,理事会考虑到出租人的租赁活动存在两种不同的业务模式,即可能为承租人提供融资,也可能通过管理资产获取相关经济利益,出租人应对不同的业务模式采用不同的会计处理模型。

在两次征求意见稿讨论得出,出租人租赁应收款与在标的资产中留存的权利均满足资产的定义结论后,理事会还考虑了要求出租人对所有租赁中的该类资产进行确认,能否符合成本效益原则。从反馈意见来看,大部分反馈意见者不赞同修改原租赁准则中出租人会计模型。他们认为,准则在制定的过程中不能仅考虑想要达到的会计结果,还需要考虑推广的成本效益等一系列实务问题。原准则中出租人会计模型已获得较好的理解,与承租人会计相比,原出租人会计模型不存在基础性的缺陷,投资者通常只针对单个主体的财务报表进行分析,承租人和出租人的会计模型对称并不是必须的,不应仅因为承租人会计发生变化而修改出租人会计。

综合考虑,理事会决定在新租赁准则中,维持原租赁准则中出租人会计处理模式基本不变,仅根据承租人会计模型的有关决定,对转租赁的会计处理、租赁的定义、初始直接费用和出租人披露等方面进行了一定的修改。

二、出租人会计处理的理论分析

所有合同均导致合同各方获得一项权利并承担一项义务,如承租人会计模型辨析中所述,在租赁合同中,承租人拥有在租赁期内使用标的资产的权利,并承担因获得使用该项资产的权利而向出租人支付租金的义务,此外,承租人承担在租赁期结束时将标的资产以指定的状态归还给出租人的义务。对应的,出租人有权就提供使用标的资产的权利向承租人收取租金,同时,出租人也保留与标的资产所有权相关的权利。

(一) 租赁应收款

1. 原资产定义分析

《概念框架(2010)》将资产定义为:由于过去事项而由主体控制的、预期会导致未来经济利益流入主体的资源[《概念框架(2010)》para. 4.4]。该定义与我国现行《企业会计准则——基本准则》中资产的定义实质一致。

在租赁合同中,出租人承诺,即使类似资产的价格或其他相关经济因素发生变化，也允许承租人在租赁期内使用标的资产，在当出租人将标的资产提供给承租人使用时，出租人已履行其义务，将使用该项资产的权利转移给承租人，承租人控制了标的资产的使用权，因此，出租人有权无条件地向承租人收取其转让标的资产使用权产生的租金（即，租赁应收款）。该无条件收款权为出租人控制的一项资源（出租人可将其出售或资产证券化等），是由过去的事项产生的（不仅包括对租赁合同作出承诺，还包括将标的资产提供给承租人使用），预计未来能够为出租人带来经济利益。

因此，出租人的租赁应收款满足《概念框架（2010）》中对资产的定义。

2. 新资产定义分析

《概念框架（2018）》将资产定义为：因过去事项形成的，由主体控制的现时经济资源。经济资源，是指有潜力产生经济利益的权利［《概念框架（2018）》para. 4.3、4.4］。

如前述分析，在《概念框架（2018）》的新资产定义下，租赁合同中，出租人的租赁应收款仍然满足资产的定义。

（二）标的资产的留存权利

尽管出租人在租赁期开始日已将使用标的资产的权利转移给承租人，但出租人在租赁期结束时对标的资产享有权利（同时在租赁期间保留了对标的资产部分权利，如资产所有权）。因此，出租人保留了标的资产的部分潜在经济利益。

出租人可以控制其在标的资产中的留存权利（例如，出租人通常可以出售标的资产或在初始租赁期同意在租赁期结束时出售或再租赁标的资产），出租人对标的资产的权利产生于过去发生的交易事项（购买标的资产或对原租赁作出承诺），当租赁期未涵盖标的资产的全部经济寿命时，出租人可以于租赁期结束时出售、再租赁或使用标的资产以获取其剩余经济利益，标的资产的留存权利预计未来能够为出租人带来经济利益。

因此，出租人在标的资产中留存的权利在《概念框架（2010）》及《概念框架（2018）》中，均满足资产的定义。

（三）允许承租人在租赁期使用标的资产的承诺

在租赁准则的修订过程中，也曾考虑过出租人允许承租人在租赁期内使用标的资产的承诺是否满足负债的定义，出租人是否应对其确认为一项负债。

1. 原负债定义分析

《概念框架（2010）》将负债定义为：主体由于过去事项而承担的现时义务，该义务的履行预期会导致包含经济利益的资源流出主体［《概念框架（2010）》para. 4.4］。该定义与我国现行《企业会计准则——基本准则》中负债的定义实质一致。

根据该定义，出租人允许承租人在租赁期内使用标的资产的承诺不满足负债的定义。在租赁期开始日，出租人将标的资产的使用权转移给承租人之后，除了遵守合同条款允许承租人使用标的资产外，出租人无需做任何额外的履约行为。出租人仅仅遵守租赁合同条款并不会导致出租人承担一项现时义务，预计未来不会给出租人带来任何经济利益流出。因此，在《概念框架（2010）》下，该承诺不满足负债的定义，出租人无需针对该承诺确认一项负债。

2. 新负债定义分析

《概念框架（2018）》将负债定义为：因过去事项导致的，主体转移经济资源的现时义务［《概念框架（2018）》para. 4.26］。

同样的，在《概念框架（2018）》的新负债定义下，租赁合同中，出租人允许承租人在租赁期内使用标的资产的承诺也不满足负债的定义。

（四）结论

综上分析，理论上，出租人应确认或终止确认的租赁相关资产和负债，应与承租人相对应，且应适用于所有满足定义的租赁。即，对应于承租人确认的租赁负债，出租人应在租赁期开始日确认一项租赁应收款资产；对应于承租人确认的使用权资产，出租人应在租赁期开始日终止确认标的资产"使用权"相关的部分资产；对应于承租人未确认为资产的标的资产留存权利，出租人仍应保留该部分资产。

但是，如前所述理由，新租赁准则并未对出租人采用与承租人对应的会计处理模型，而是仍然采用了原租赁准则下区分融资租赁和经营租赁分别进行处理的模型，造成新租赁准则下承租人与出租人会计处理不对称的问题。其中，特别是在经营租赁下，出租人既未确认满足资产定义的租赁应收款，也未终止确认不再满足资产定义的"使用权"相关部分资产。

事实上，在新租赁准则制定过程中，国际会计准则理事会前中方理事张为国先生也对理事会最终采用的出租人会计模型提出了反对意见。他认为，出租人应对承租人确认了租赁负债和使用权资产的所有租赁确认租赁应收款和剩余资产。要求承租人采用单一的会计模型,却要求出租人保留双重会计模型从概念上相矛盾。此外,张为国先生对于出租人双重会计模型的复杂性和错误应用该模型的潜在可能表示担忧。张为国先生指出,对《国际会计准则第17号》最大的批评之一就是双重模式固有的复杂性和构建交易的潜在可能。经济性质相同的两笔交易可以某种方式进行构建,从而导致其在出租人双重会计模型下被进行不同的会计处理[IFRS 16 para. DO2 – DO4]。

第五章 识别租赁

在原租赁准则下,原《国际会计准则第 17 号》和原美国《财务会计准则公告第 13 号》规定了租赁准则适用范围。此外,原《国际财务报告准则解释公告第 4 号》和原《解释公告第 27 号》,以及原美国《新兴问题工作组问题第 01-8 号——确定一项合同是否包含租赁》(以下简称《新兴问题工作组问题第 01-8 号》)针对如何区分合同是否包含租赁提供了具体指引。原租赁准则下识别租赁主要考虑两项条件:(1) 合同履行是否取决于提供特定资产;(2) 合同是否让渡了资产使用权。

识别租赁是新租赁准则的重要修订之一。根据新租赁准则识别租赁相关规定,如果客户在一定期间内控制了已识别资产的使用,则合同包含租赁。符合租赁定义的合同需满足两项条件(1) 存在已识别资产;(2) 客户控制已识别资产的使用。虽然新租赁准则下也仍然主要关注租赁的两项基本条件,但其为区分租赁合同与其他合同(如服务合同)提供了更加清晰的理论基础和实务指引。例如,针对"存在已识别资产"条件,提出了供应商是否具有"实质性替换权"的概念;针对"客户控制已识别资产使用"条件,提出了与其他准则(如《概念框架》、新收入准则及合并报表准则)更加协调一致的控制概念等。

本章根据新租赁准则制定过程中,双方理事会公开发布的讨论稿、征求意见稿及会议纪要等文献,整理介绍了识别租赁新规定相关讨论意见,包括在制定过程中提出的相关原则、指引及示例,旨在为了解新租赁准则识别租赁制定过程提供参考。

第一节 识别租赁修订概述

在制定新租赁准则过程中,双方理事会针对识别租赁经过了多次讨论。其中，较为重要的会议议题如表 2-5-1 所示。

表 2-5-1 识别租赁主要会议议题汇总表

序号	日期	文件名	主要内容及建议
一、基于原准则修订阶段			
1	2009 年 3 月	《讨论稿：租赁初步意见》（《2009 年讨论稿》）	讨论了有关租赁会计准则的范围，双方理事会考虑了两种定义租赁的方法：（1）基于原准则范围进行修订；（2）对租赁定义进行根本性复核
2	2010 年 8 月	《租赁（征求意见稿）》（《2010 年征求意见稿》）	以原租赁准则为基础，为识别租赁提出了具体原则
3	2011 年 1 月	《租赁定义——部分初步意见》	讨论了针对《2010 年征求意见稿》有关识别租赁提议的反馈意见及可能采取的修订方法。本次会议仍然倾向于基于原租赁准则进行修订
二、基于新控制概念修订阶段			
4	2011 年 2 月	《租赁定义相关原则》	对所收到的反馈意见进一步分析，具体讨论了有关特定资产、大型资产的一部分、提供服务附属资产、控制特定资产使用的权利等问题。其中，在控制特定资产使用的权利问题上，首次提出了将租赁的控制概念与新收入准则控制概念保持一致的意见
5	2011 年 4 月	《租赁定义》	对外联活动收到的意见进行了分析梳理，提出了基于原控制概念和新控制概念识别租赁的两种方法，并以七个应用示例对两种方法的具体应用进行了讨论
6	2013 年 5 月	《租赁（征求意见稿）》（《2013 年二次征求意见稿》）	基于与新收入准则一致的控制概念及相关反馈意见，对《2010 年征求意见稿》提议的识别租赁规定进行了整体修订，并提供了五个典型应用示例
三、完善具体规定阶段			
7	2013 年 11 月	《2013 年二次征求意见稿》反馈概要	分析了针对《2013 年二次征求意见稿》的反馈意见
8	2014 年 5 月	《租赁定义》	重申了《2013 年二次征求意见稿》基本原则的合理性，提议对某些具体应用问题进一步完善，包括对实质性替换权、经济利益、主导资产使用的决策权、对资产使用的限制、提供服务附属资产等概念进一步完善
9	2014 年 10 月	《租赁定义》	对前次会议的分析和建议进行了重新梳理，并针对是否增加"获得经济利益的能力"的要求进行了详细讨论，并提出了两种修订方案
10	2014 年 12 月	《租赁定义——从主导已识别资产使用获得利益的能力》	继续讨论了"获得经济利益的能力"要求，并在前次会议基础上提出了三种修订方案。理事会最终决议不增加该要求

在上述会议议题中，对于识别租赁的发展过程，基本可以分为以下几个阶段。

（1）基于原准则修订阶段。自《2009年讨论稿》至《2010年征求意见稿》，双方理事会针对识别租赁的主要修订方向是，基于原准则下的相关规定进行细节修订。

（2）基于新控制概念修订阶段。自2011年2月联合会议至《2013年二次征求意见稿》，双方理事会进入了对识别租赁基于新控制概念修订阶段。

（3）完善具体规定阶段。自《2013年二次征求意见稿》发布之后，双方理事会确定了识别租赁的基本原则，后续根据各方反馈意见，针对具体应用问题对识别租赁具体规定进行了修订完善。

第二节 基于原准则修订阶段

一、《2009年讨论稿》

在《2009年讨论稿》有关租赁会计准则范围的讨论中，双方理事会考虑了两种定义租赁的方法：方法1：基于原准则范围进行修订；方法2：对租赁定义进行根本性复核。

（一）方法1：基于原准则范围进行修订

双方理事会考虑的方法1是基于原租赁准则的适用范围进行修订。方法1的结果是，所有按原租赁准则处理的合同，在新租赁准则下也仍然适用新租赁会计处理。

原租赁准则包含了大部分转移了一定期间内资产使用权的合同。但是，原美国和国际租赁准则的适用范围也存在差异。例如，美国《财务会计准则公告第13号》仅适用于转移了不动产、厂场和设备使用权的合同。《国际会计准则第17号》则适用于所有资产的使用权，包括部分无形资产的租赁。新租赁准则需要协调此类差异。

双方理事会认为，方法1的缺点是：（1）原准则下可能将部分合同不适当的分类为租赁的问题,在新准则下将仍然存在。(2)具有类似特征的类似合同可能未采用一致的会计处理。例如,部分待执行合同、服务合同、维护合同,以及具有类似特征但采用不同会计处理的租赁合同。(3)要求承租人确认所有租赁合同产生的资产和负债,可能导致对合同进行构造,这将给原准则适用范围规定带来更大压力。(4)需要增加如何区分服务付款额与使用资产付款额相关指引。在原租赁准则下,如果租赁分类为经营租赁,则承租人的服务付款额和租赁付款额均计入损益,且通常以直线法为基础。新租赁准则要求将租赁付款额资本化,则原区分付款额的指引可能不够充分。

(二)方法2:对租赁定义进行根本性复核

双方理事会考虑的方法2是对租赁定义进行根本性复核。该方法可能使新租赁准则的适用范围产生较大变动。该方法很可能导致某些新合同被纳入新准则范围,也可能使某些原有合同从新准则范围内排除。

若采用方法2,双方理事会首先需要确定以下几个方面的问题:(1)如何区分向承租人转移使用权的合同(租赁合同)与未转移使用权的合同(服务合同);(2)租赁何时转移重大资产组成部分的使用权;(3)某些无形资产许可是否属于租赁。

(三)初步意见

双方理事会的初步意见是采用方法1,采用该方法的理由是:(1)原准则中的适用范围已被广泛理解。(2)尽管原准则的规定有部分存在应用困难,但大部分情况下,租赁合同是否属于该准则适用范围是清晰的;(3)在确定是否有必要改变适用范围之前,专注于新的租赁会计处理方法将更为有效。

二、《2010年征求意见稿》

《2010年征求意见稿》有关识别租赁的提议,基本采用了原《国际财务报告解释公告第4号》和《新兴问题工作组问题第01-8号》中识别租赁的基本原则。

《2010年征求意见稿》提议,在合同开始日,主体应以合同的实质为基础,通过评估以下事项,确定一项合同是否属于或包含租赁:(1)合同的履行是否取决于提供某项特定资产或资产组("标的资产");(2)合同是否让渡了在商定期间内控制特定资产使用的权利。同时,《2010年征求意见稿》也为如何判断两个条件提供了具体指引。

《2010年征求意见稿》提议的租赁定义具体规定如下。

> **"租赁定义**
>
> B1 在合同开始日,主体应以合同的实质为基础,通过评估以下事项,确定一项合同是否属于或包含租赁:
>
> (1) 合同的履行是否取决于提供某项特定资产或资产组("标的资产");以及
>
> (2) 合同是否让渡了在商定期间内控制特定资产使用的权利。
>
> **合同履行取决于提供特定资产**
>
> B2 在评估合同履行是否取决于向承租人提供某项特定资产或资产组("标的资产")时,有必要考虑该项资产或资产组是否被隐含或明确指定。以下情况表明资产被隐含指定:(1) 出租人在租赁期内通过提供替代资产来替换标的资产是不可行或不切实可行的;或者 (2) 出租人可以另一资产来替换标的资产,但实际几乎不会这么做。例如,在飞机租赁中,如果承租人对标的资产(飞机)进行了大量更改以适应承租人的形象、品牌和要求,那么,更换另一架飞机可能是不现实的。
>
> B3 如果合同允许主体在租赁开始日后以类似资产替换制定资产,则该合同不属于租赁,因为标的资产未被指定,即使该合同已明确指定特定资产。例如,如果供应商有义务交付规定数量的商品或服务,并拥有使用合同中未指明的其他资产来提供这些商品或服务的权利和现时能力,则标的资产未被指定,该合同不包含租赁。但是,如果仅当特定资产不能正常运转时,合同允许或要求供应商以其他资产替代,则可能属于租赁。此外,合同条款(或有或其他)允许或要求供应商在规定日期或以后出于某种原因替代其他资产,则不妨碍该合同在替代日之前作为租赁处理。
>
> **合同让渡了控制特定资产使用的权利**
>
> B4 如果合同让渡了租赁期内使用标的资产的控制权,则该合同让渡了资产的使用权。如果满足下列条件之一,则让渡了使用标的资产的控制权:
>
> (1) 主体有能力或有权利以其确定的方式运营资产或主导其他方运营资产,同时获得或控制使用该资产产生的超过不重大金额的产出或其他效用;
>
> (2) 主体有能力或有权利控制使用标的资产的途径,同时获得或控制该资产超过不重大金额的产出或其他效用;

（3）在租赁期内，主体将获得使用该资产的除不重大金额外的全部产出或其他效用，并且为获得产出而支付的价格既不是合同约定的固定产出单价，也不等于交付产出时的当前市场单价。如果主体将支付的价格是合同约定的固定单价，则该主体是为产品或服务而支付，而不是为使用标的资产的权利而支付。

三、2011 年 1 月联合会议

在 2011 年 1 月的联合会议[①]中，双方理事会讨论了针对《2010 年征求意见稿》有关识别租赁提议的反馈意见，可能采取的修订方法，以及双方理事会的初步意见。

（一）主要反馈意见

在《2010 年征求意见稿》发布后，针对有关识别租赁提议的反馈意见主要包括以下几个方面（见表 2－5－2）。

表 2－5－2　《2010 年征求意见稿》识别租赁主要反馈意见汇总表

修订提议	反馈意见
合同的履行取决于提供某项特定资产或资产组（"标的资产"）	（1）难以确定或评估什么是"特定资产"。应在什么层次上进行评估。是在资产组合层次，如租赁的一组货车层次；还是资产组成部分层次，如租赁电信公司电缆 50% 的产能？ （2）什么是"特定资产"？例如，在 IT 外包业务中，合同可能包含数据存储空间的大小；特定服务器；或数据库设施所处位置，哪一项是特定资产？ （3）增加标的资产的"可替换性"或"可互换性"相关指引，是否有助于确定什么是"特定资产"？
让渡了在商定期间内控制特定资产使用的权利	（1）什么是"固定产出单价"？例如，供应商使用特定设备为特定客户生产产品合同中，客户根据不同采购量分别采用不同层级的产品定价，如何认定此类定价是否属于固定产出单价？ （2）什么是"产出"？例如，在风力发电合同中，合同约定发电厂将 100% 电力向某大型公共事业公司供应。同时，该发电厂在发电过程中还取得了可再生能源证书（Renewable energy credits，RECs，又称绿色电力证书），该可再生能源证书可通过转让等产生经济利益。该发电厂的产出是否包含可再生能源证书？ （3）什么是"不重大金额"？例如，如果承租人控制了特定资产 100% 产量，如输油管道的 50%，这是否超过了资产不重大的金额？

---

① IASB/FASB. IASB/FASB Meeting January 2011. IASB Agenda Reference 4/FASB Memo No 125. Project: Leases. Topic: Definition of a Lease: Some Preliminary Thoughts.

(二) 可能采取的修订方法

根据对收到的反馈意见的初步评估，理事会职员提出了以下三种修订方法。

方法1：制定原准则区分租赁和服务的替代方法。该方法可能考虑：（1）重新修订原准则的基本原则。（2）是否将主体在合同中承诺的所有现金流资本化，包括与待执行合同相关的现金流。

方法2：承接原准则的原则，但就关键要素以及如何应用这些要素提供进一步指引。例如，制定关于"固定价格""产出"和"特定资产"的应用指引。

方法3：保留原准则的大部分原则。重新考虑存在实务应用问题的领域，考虑这些原则是否正确。例如，考虑是否删除关于"固定产出单价"条件。该方法也并不排除对运行有效的部分原则提供进一步指引。

理事会职员分析了上述三种修订方法的优缺点，具体如表2-5-3所示。

表2-5-3　　　　　　　　三种修订方法优缺点

优点	缺点
方法1的优缺点	
可以得出一致结论	这会很耗费时间。这可能导致二次征求意见，或需要进行影响测试
可能使服务和租赁合同的区分界线更加清晰	"使用权模型"也可能适用于某些服务成分不可区分/分割的租赁合同，这可能导致适用范围显著扩大该方法可能存在未预料后果的风险，因为实务中如何应用新租赁定义存在不确定性
方法2的优缺点	
原有规定已被实务熟悉	原准则下识别服务合同和租赁合同的困难可能仍然继续存在
理事会调研已识别出很多实务问题，这些问题有助于聚焦于定义租赁所存在的具体问题	原有规定是基于原租赁会计模型，大部分针对经营租赁，在新租赁会计模型下，还需要进一步分析租赁和服务的区分原则
租赁定义是最新复核的成果，与征求意见稿的基本原则保持一致	
方法3的优缺点	
方法3的优缺点与方法2的优缺点类似，但可能对如何定义租赁存在挑战	

理事会职员认为，新修订的租赁定义应当同时反映承租人和出租人的视角。同时，双方理事会对租赁定义的意见，将影响如何制定承租人会计模型和出租人会计模型。基于前述三种方法优缺点的分析，理事会职员倾向于采用前述方

法 2 或方法 3。

第三节 基于新控制概念修订阶段

一、2011 年 2 月联合会议

在 2011 年 2 月的会议[①]中,双方理事会根据前期讨论,针对《2010 年征求意见稿》有关识别租赁提议的反馈意见,可能采取的修订方法,以及双方理事会的初步意见。

(一)主要反馈意见分析

理事会职员对所收到的针对《2010 年征求意见稿》中租赁定义的反馈意见进行了分析(见表 2-5-4)。

表 2-5-4 《2010 年征求意见稿》租赁定义主要反馈意见汇总表

反馈质疑	反馈建议
关于"特定资产"条件的反馈	
(1)部分反馈者指出,《2010 年征求意见稿》的条件不必要地过于关注合同明确指定的资产(如资产编号等),而不是关注对资产的控制。 (2)部分反馈者要求针对可替换条件提供进一步指引,包括"实际几乎不会这么做"条件的应用。 (3)部分反馈者要求增加有关计量单元的指引。例如,特定资产是否可以为实物标的资产的组成部分,如电信电缆的部分空间或产能,一组火车车厢的一部分。或者,特定资产必须是实物资产整体	重点关注租赁合同中标的资产的构成,以及标的资产是否具有以下特征: (1)是否可单独购买。例如,承租人可能无法单独购买某些资产组成部分。 (2)是否可替代或可互换。如出租人是否有能力替换资产并继续履行合同,无论替换是否"实际几乎不会这么做"。 (3)是否在租赁期内仅供承租人使用。 (4)是否可在不提供合同包含的服务的情况下向承租人让渡经济利益。例如,用于提供电视频道、互联网服务的数字电视机顶盒、调制解调器。 (5)租赁期相对于其使用寿命是否重大。如新飞机的 2 年租赁期。 (6)承租人是否在租赁期内消耗。例如,在租赁期内不会贬值的投资性房地产

[①] IASB/FASB. IASB/FASB Meeting Week beginning 14 February 2011. IASB Agenda reference 5D / FASB Agenda reference 132. Project:Leases. Topic:Principles relating to the definition of a lease:Specified asset.

续表

反馈质疑	反馈建议
关于"控制特定资产使用的权利"条件	
反馈意见希望对以下事项增加进一步指引： (1) 在承租人主导但依赖出租人或第三方运营使用权资产的情况下，如何适用"有能力或有权力运营"条件？ (2) "产出"应基于实物产出还是经济产出？ (3) 如何区分"合同约定的固定产出单价"？ (4) 如何理解"当期市场价格"？	澄清对以下情况尤其有用： (1) 履约取决于出租方所提供的人员；如船舶运输业中的定期租船或航空运输业中的湿租。 (2) 具有重大经济价值的产出；如除电力外，可再生能源证书是风力发电厂的重要产出。 (3) 随产量或指数变动的可变付款额；例如，由于季节性、高峰时段/非高峰时段的价格或商品价格指数而变动的价格。 (4) "当前市场价格"的判断是否需要具有流动性强的现货市场

此外，反馈意见认为，评估某些合同属于租赁合同还是服务合同存在挑战，《2010年征求意见稿》的结论可能并不直观。典型例子包括：（1）船舶运输业的定期租船；（2）外包合同的多重要素；（3）"非核心"资产，如复印机和计算机；（4）体育赛事季票；（5）为接收电视或卫星服务而租赁的机顶盒；（6）航空运输业的湿租；（7）能源行业的石油钻井平台；（8）购电合同。

（二）关于"特定资产"

针对前述有关"特定资产"的反馈意见，理事会职员认为，可以采取以下两种方法进行修订完善：（1）方法1：将"特定资产"定义为唯一标识的或可识别的。（2）方法2：将"特定资产"定义为更广泛的特定规格资产。

1. 方法1：将"特定资产"定义为唯一标识的或可识别的

方法1的支持者支持将"特定资产"定义为唯一标识的或可识别的资产。该方法与原租赁准则下的租赁定义保持一致。方法1认为，租赁应适用于单个资产层次，而不是资产组合层次。这是因为，租赁让渡了特定资产的使用权，而不是让渡了特定规格资产的使用权。如果客户确认一项使用资产的权利，则该权利相关的资产应当是唯一标识的资产，而不仅仅是一系列相同规格的资产。

更重要的是，如果双方理事会旨在针对承租人（客户）和出租人（供应商）采用相同的租赁定义，则只有唯一标识的或可识别的资产，才能满足《2010年征求意见稿》中出租人采用的"终止确认法"。这是因为，只有唯一标识的或可识别的资产，出租人才能单独予以终止确认。相反，如果将特定资产定义为相同规格的资产，出租人则无法区分应终止确认哪项资产。

方法 1 的优点是与原实务中对"特定资产"的理解一致,可以相对直接地应用。方法 1 的缺点是容易构建合同以作为租赁处理。

理事会职员以方法 1 为基础,对《2010 年征求意见稿》中有关"特定资产"的规定草拟了修订稿。

合同履行取决于提供特定资产

在评估合同履行是否取决于向承租人提供某项特定资产或资产组("标的资产")时,有必要考虑该项资产或资产组是否被隐含或明确指定。以下情况表明资产被隐含指定:(1)出租人在租赁期内通过提供替代资产来替换标的资产<u>不具有现实或经济可行性</u><u>是不可行或不切实可行的</u>;或者(2)出租人可以另一资产来替换标的资产,<u>但实际几乎不会这么做</u>。例如,在飞机租赁中,如果承租人对标的资产(飞机)进行了大量更改以适应承租人的形象、品牌和要求,那么,更换另一架飞机可能是不现实的。

尽管合同已明确指定了特定资产,但是,<u>如果合同履行不取决于使用该特定资产,则该合同不属于租赁</u>。<u>如果合同允许主体在租赁开始日后以类似资产替换制定资产,则该合同不属于租赁,因为标的资产未被指定,即使该合同已明确指定的特定资产</u>。例如,如果供应商有义务交付规定数量的商品或服务,并拥有使用合同中未指明的其他资产来提供这些商品或服务的权利和现时能力,则标的资产未被指定,该合同不包含租赁。但是,如果仅当特定资产不能正常运转时,合同允许或要求供应商以其他资产替代,则可能属于租赁。此外,合同条款(或有或其他)允许或要求供应商在规定日期或以后出于某种原因替代其他资产,则不妨碍该合同在替代日之前作为租赁处理。

对于某些合同,标的资产是大型资产的一部分。<u>大型资产(如建筑物的一层)的物理上不同的部分可以是特定资产</u>。

---

2. 方法 2:将"特定资产"定义为更广泛的特定规格资产

方法 2 的支持者支持将"特定资产"定义为更广泛的特定规格的资产。该方法对"特定资产"的解释比原实务应用得更加广泛。

方法 2 的内在原理是,由于客户有权在整个租赁期内使用特定资产或具有相同功能的资产,从而使客户可从使用其他类似或同等资产中获得相同的利益。此时,无论使用哪种资产来履行该合同,客户从该资产使用权中获得的利益都不会受到影响。在这种情况下,客户应在其财务状况表中确认这一权利。以火车车厢为例，只要火车车厢提供相同的功能，客户就可以从使用与合同约定编号不同的火车车厢获得相同的利益。根据方法2，如果供应商可以另一相同规格的资产来替换标的资产，则供应商替换资产的权利将不再影响"特定资产"是否存在。在方法2下，合同需要同时从定量角度（如大小、产能）和定性角度（如设计、功能和位置）指定资产。

理事会职员以方法2为基础，对《2010年征求意见稿》中有关"特定资产"的规定草拟了修订稿。

> **合同履行取决于提供特定资产**
>
> 在评估合同履行是否取决于向客户承租人提供某项特定资产或资产组（"标的资产"）时，客户和供应商应当必要考虑标的资产该项资产或资产组是否被明确或隐含指定。以下情况表明资产被隐含指定：（1）如果供应商出租人在租赁期内通过提供替代资产来替换标的资产不具有现实或经济可行性，则资产被隐含指定。是不可行或不切实可行的；或者（2）出租人可以另一资产来替换标的资产，但实际几乎不会这么做。例如，在让渡飞机使用权的合同中租赁中，如果合同要求承租人对标的资产（飞机）进行大量更改以适应客户承租人的形象、品牌和要求，那么，更换另一架飞机可能是不现实的。
>
> 合同对标的资产的指定应同时针对特定资产或存在资产的定量（如大小、产能）及定性（如设计、功能、位置）进行指定。标的资产的指定应当确保，如果使用不同规格的资产或资产组，则客户所获得的利益不会发生变化。
>
> 如果合同履行不取决于特定资产或具有相同规格资产的使用，则合同不属于租赁。如果合同允许主体在租赁开始日后以类似资产替换制定资产，则该合同不属于租赁，因为标的资产未被指定，即使该合同已明确指定的特定资产。例如，如果供应商有义务交付规定数量的商品或服务，并拥有使用合同中未指明的其他资产来提供这些商品或服务的权利和现时能力，则标的资产未被指定，该合同不包含租赁。但是，供应商替换特定资产的权利并不必然妨碍客户控制特定资产的使用。例如，如果供应商有权以相同规格的资产替换特定资产，该合同可能仍然包含租赁，前提是客户保留了使用特定资产或相同规格替代资产的控制权。如果仅当特定资产不能正常运转时，合同允许或要求供应商以其他资产替代，则可能属于租赁。此外，合同条款（或有或其他）允许或要求供应商在规定日期或以后出于某种原因替代其他资产，则不妨碍该合同在替代日之前作为租赁处理。

> 如果资产部分被明确或隐含指定，则标的资产可能是大型资产的一部分，如光纤数据电缆中的部分线束或产能。如果因供应商或其他方对大型资产的使用而导致客户从使用该大型资产的一部分所获得的利益不同，则该大型资产的一部分不属于特定资产。

（三）关于大型资产的一部分

《2010年征求意见稿》并未提及特定资产是否可以为大型资产的一部分。原《国际财务报告解释公告第4号》和《主题840——租赁》（以下简称《主题840》）虽然提及了大型资产的组成部分，但并未提供具体的判断指引。很多反馈意见建议对大型资产的一部分是否可以成为租赁中的特定资产进行澄清。针对该问题，理事会职员考虑了三种可选择的方法。

方法1：继续不涉及大型资产的一部分。理事会职员不赞同采用该方法。

方法2：延续原准则的规定，不增加进一步指引。

方法2赞同，可以明确大型资产物理上可区分的部分（如建筑物的一层）可以是特定资产。但是，方法2不赞同针对大型资产物理上不可区分部分（如光纤数据电缆50%的产能）是否可以为特定资产提供进一步指引。

方法2认为，《概念框架》（2018年以前版本）并未明确使用大型资产物理上不可区分部分的权利是否满足资产的定义。该问题应当由《概念框架》项目考虑，而不是由新租赁准则项目考虑。

理事会职员根据方法2的原则，提议在《2010年征求意见稿》基础上明确："对于某些合同，标的资产是大型资产的一部分。大型资产物理上可区分的部分（如建筑物的一层）可以是特定资产。"

方法3：澄清大型资产的物理上可区分或不可区分部分是否可以作为特定资产。

方法3认为，新租赁准则应当澄清大型资产的物理上可区分或不可区分部分（如产能）是否可以作为特定资产。

以之前会议讨论的光纤数据电缆50%的产能为例，享有光纤数据物理上不可区分部分的使用权是否可以作为特定资产？理论上，如果大型资产物理上可区分的一部分（如建筑物的一层）可以作为特定资产，那么，也没有理由否定大型资产物理上不可区分部分不能作为特定资产，因为物理上不可区分部分也可以为客户提供与物理部分类似的经济利益。例如，两个客户各自享有一条光缆100%的使用权应作为租赁处理。但是，如果两个客户分别享有一条光缆50%的使用权，该条光缆的大小是前述光缆的两倍，两个客户实际上享有与前述各自一条光缆相同的大小和产能。那么，为什么后一种情况不能作为租赁处理？

理事会职员认为，如果澄清大型资产的物理上可区分或不可区分部分均可能作为特定资产，则需要对控制特定资产的使用条件同时进行修订。这是因为，如果认定大型资产的物理上不可区分部分也可能作为特定资产，则仅需要满足单独获得产出或利益即可满足控制使用的条件，这将显著扩大租赁的范围。

如果澄清大型资产的物理上不可区分部分不可以作为特定资产，则需要说明，该认定是基于成本效益原则，而不是基于严格的概念基础，因为概念上无法否定资产的物理上不可区分部分不能满足资产定义。

理事会职员根据方法3的原则，提议在《2010年征求意见稿》基础上明确："如果资产部分被明确或隐含指定，则标的资产可能是大型资产的一部分，如光纤数据电缆中的部分线束或产能。如果因供应商或其他方对大型资产的使用而导致客户从使用该大型资产的一部分所获得的利益不同，则该大型资产的一部分不属于特定资产。"

（四）关于提供服务附属资产

《2010年征求意见稿》并未讨论提供服务附属资产概念。

反馈意见指出，某些合同可能属于租赁，但其实质可能是提供服务。例如，某些体育场的季票，客户可能获得了球场特定座位的使用权，但其实质是为了获得观看体育赛事的服务。在季票合同中，使用特定座位的权利可能是客户购买整体服务的一个微不足道的组成部分——如果没有使用该座位附带的所有服务（观看球赛），客户将无法获得使用该座位的权利。

再如，客户为观看特定电视频道而使用的数字机顶盒，实质也是为了取得观看特定电视频道的服务。在数字电视卫星服务合同中，客户在合同中指定其想要观看的电视频道，但供应商确定并可以在合同中规定要提供的有线电视机顶盒的类型，以允许客户观看特定频道。只要客户拥有特定电视频道的观看权，客户就不太可能关心供应商提供了哪个有线电视机顶盒，也不太可能在乎是否提供了有线电视机顶盒。

理事会职员赞同在上述情况下，将合同作为租赁的收益不会超过其应用成本。鉴于此，理事会职员提议在《2010年征求意见稿》基础上明确以下内容。

> **提供服务附属资产**
>
> 合同可能明确或隐含指定标的资产,但是,如果该资产附属于服务条款,则该合同不包含租赁。以下情况很可能表明资产附属于服务条款:
>
> (1) 根据客户在合同中要求特定服务的机制,资产的规格由供应商确定;或者
>
> (2) 相对于合同的服务组成成分,合同的资产组成部分对客户的利益是微不足道的。
>
> 例如,客户可以与数字电视卫星服务的供应商签订合同,观看特定电视频道。在合同中,客户指定了想要观看的电视频道,但供应商确定并指定了要提供的有线电视机顶盒的类型,以允许客户观看特定频道。

(五) 关于控制特定资产使用的权利

根据前述反馈意见分析,理事会职员认为,对于《2010年征求意见稿》中"控制特定资产使用的权利"条件,可以考虑以下几种方法进一步修订。

方法1:保留原准则的控制概念,但对《2010年征求意见稿》的部分措辞进行修订;

方法2:在方法1的修订基础上,增加澄清如何应用"有能力或有权利运营"概念;

方法3:修改租赁准则的控制概念,与新收入准则征求意见稿的控制概念保持一致。

1. 方法1:保留原控制概念但对部分措辞进行修订

根据前述反馈意见,《2010年征求意见稿》中对控制特定资产使用的权利的判断条件,存在很多难以理解的部分,特别是条件(3)。方法1建议对征求意见稿上述条件的措辞进行修订,以帮助实务应用。

根据方法1,理事会职员提议针对《2010年征求意见稿》的条件进行以下修订。

> **合同让渡了控制特定资产使用的权利**
>
> 如果合同让渡了租赁期内使用标的资产的控制权,则该合同让渡了资产的使用权。如果满足下列条件之一,则让渡了使用标的资产的控制权:

> （1）主体有能力或有权利以其确定的方式运营资产或主导其他方运营资产，同时获得或控制使用该资产产生的超过不重大金额的潜在现金流量产出或其他效用；
>
> （2）主体有能力或有权利控制使用标的资产的途径，同时获得或控制该资产超过不重大金额的潜在现金流量产出或其他效用；
>
> （3）在整个租赁期内，主体有权将获得使用该资产产生的几乎全部潜在现金流量的除不重大金额外的全部产出或其他效用，并且是为使用该资产的权利而支付，而不是为根据使用该资产而流入主体的利益金额而支付为获得产出而支付的价格既不是合同约定的固定产出单价（fixed per unit of output），也不等于交付产出时的当前市场单价。如果主体将支付的价格是合同约定的固定单价，则该主体是为产品或服务而支付，而不是为使用标的资产的权利而支付。

相对于《2010年征求意见稿》，上述提议主要进行了以下几个方面的修订：（1）以"几乎全部潜在现金流量"取代了"产出"；（2）以更加清晰的措辞强调，满足控制使用权条件的基本原则是，客户为使用权而支付，而不是为使用产生的利益而支付；（3）删除反馈意见认为难以应用的"合同约定固定单价""当前市场单价"等措辞。

2. 方法2：修改措辞并增加"有能力或有权利运营"的应用指引

方法2建议，在方法1的修订基础上，增加澄清如何应用"有能力或有权利运营"概念。根据该方法意见，理事会职员提议增加评估客户是否有能力主导特定资产的使用相关指引，具体详见后述方法3下理事会职员重新编写的控制判断指引。

3. 方法3：修改控制概念与新收入准则保持一致

方法3认为，原准则的控制概念与其他新准则的控制概念不一致，包括制定中的新收入准则及已执行的合并报表准则。因为原租赁准则的控制概念仅基于"利益"因素，而其他新准则的控制概念同时基于"权力"和"利益"两个因素。方法3建议将新租赁准则中控制的定义与制定中的新收入准则保持一致。

理事会职员分析了方法3的后果，主要包括以下几个方面。

（1）相对于《2010年征求意见稿》，符合方法3下租赁定义的合同更少，其控制定义将缩小适用范围，主要原因如下：①客户不会仅仅基于其独家使用资产而控制该资产的使用。因此，如果客户不具有主导特定资产使用的能力，则某些"照付不议合同"可能不属于租赁。②客户必须有能力从资产的使用中获得"几乎全部的潜在现金流量",并有能力主导该资产的使用,才能控制该资产的使用。因此,有权使用资产部分时间(如每天5小时)的合同可能不包含租赁。

(2)如果双方理事会扩大"特定资产"的含义,或澄清大型资产的一部分可以为特定资产,那么,方法3有助于减少修订将扩大租赁准则范围的疑虑。一般,当合同属于服务合同时,客户不具有主导特定资产使用的能力,即使客户获得了使用大型资产组成部分的全部利益。因此,理事会职员认为,如果双方理事会将扩大特定资产的定义,修订控制概念可以减少作为租赁的合同范围。

根据方法3,理事会职员重新编写了判断合同是否让渡了控制特定资产使用的权利的规定。

合同让渡了控制特定资产使用的权利

如果合同向客户让渡了在整个租赁期内控制标的资产使用的权利,则合同让渡了使用特定资产的权利。如果客户有能力在整个租赁期内主导特定资产的使用并从使用获得利益,则让渡了控制标的资产使用的权利。

当评估客户是否有能力主导特定资产的使用时,客户和供应商应当考虑所有可获得的证据。主导特定资产使用的能力可以由以下证据证明:

(1)通过有能力就使用特定资产作出决策,且这些决策对客户在整个租赁期内从该使用获得的利益产生重大影响。根据具体情况,可能对客户获得利益产生重大影响的例子包括但不限于:

①确定特定资产如何、何时及以何种方式运营;
②确定特定资产是否使用及其使用目的;
③确定特定资产何时及以什么数量产生利益;或
④确定特定资产如何与其他资产或资源一起使用,以将其使用产生的利益让渡予客户。

(2)在租赁开始后,无需对资产或资源的使用作出任何实质性决策或其他指示,则特定资产可以将其使用产生的利益让渡予客户。在这种情况下,客户在合同开始时获得了主导特定资产使用的能力。

客户有能力从特定资产的使用获得利益是指,其在整个租赁期内获得了该特定资产的使用产生的几乎全部潜在现金流量的现时权利。客户可以通过多种方式直接或间接使用特定资产而获得现金流量,如使用、消耗或持有特

> 定资产，或转租特定资产的使用权。
>
> **表明拥有控制特定资产使用的权利的情况**
>
> 对于某些合同，虽然客户有能力从特定资产的使用获得利益，但该客户是否有权控制该资产的使用并不清晰。如果在考虑了第 B9 和第 B10 段中的因素后，仍不清楚合同是否包含租赁，则表明客户拥有或不具有控制使用权的其他事实和情况可能有助于作出这一决策。例如，以下情况可能表明客户已获得控制特定资产使用的权利：
>
> （1）客户控制对特定资产的实物访问。
>
> （2）资产的设计或功能是客户定制化的，客户参与了特定资产的设计。
>
> （3）客户有权在整个租赁期内从特定资产的使用获得几乎全部潜在的现金流量，并且是为使用该资产的权利而支付，而不是为根据使用该资产而流入主体的利益金额而支付。

二、2011 年 4 月联合教育会议

在 2011 年 2 月的联合会议后，双方理事会开展了有针对性的外联活动，活动参与人员包括不同国家和地区的报表编报者、会计师事务所、工作组成员和其他人员，涉及行业包括零售、金融服务、房地产、运输、电力和公用事业、石油和天然气、电信、技术、外包、航运、航空、医疗保健和酒店等。外联活动讨论的内容包括理事会职员在前次会议中形成的租赁定义相关修订文件。

在 2011 年 4 月的联合教育会议[①]中，双方理事会根据外联活动所收到的反馈意见，继续讨论修订了租赁定义相关规定。

（一）外联活动主要反馈意见

1. 总体意见

总体上，外联活动各参与方基本不支持将"特定资产"的定义扩大到特定规格的资产，也不支持将其扩大到大型资产物理上不可区分部分。报表编报者和工作组成员基本赞同将"控制资产使用的权利"与其他项目的控制概念协调

---

① IASB/FASB. IASB Education session 6 April 2011 IASB Agenda reference 1D/ FASB Education Session April 7, 2011 FASB memo 158. Project：Leases. Topic：Definition of a lease.

统一。会计师事务所存在不同意见。报表编报者和工作组成员基本赞同加入提供服务附属资产概念。但是，大部分参与方要求进一步地应用指引，并澄清该指引意图包含的合同。部分报表编报者要求，无论采用哪种方法，双方理事会都应当具体说明哪些合同属于租赁，哪些不属于租赁，以便一致应用。

2. 关于特定资产——已识别资产与特定规格资产

大部分参与方不支持将"特定资产"修改为特定规格的资产。他们认为，能够识别一项资产（而不是一系列特定规格的资产）是租赁定义的根本。部分赞同缩小"特定资产"范围的意见主要出于实务操作考虑。部分报表编报者也不太确定如何具体应用"特定规格资产法"。

也有部分参与方支持扩大租赁定义，从而使特定规格的资产也可以属于租赁。他们认为，使用特定类型资产的权利也是租赁。他们也承认，该方法需要更多的职业判断，但通过提议的指引也具有一定的可操作性。

很多参与方也赞同对资产的替换权是很重要的。如果供应商拥有资产的实质性替换权，则客户将无法控制该资产的使用。他们认为，针对实质性替换权提供更加清晰的指引，有助于识别特定资产，并避免构建合同以调整是否作为唯一标识资产。

3. 关于特定资产——大型资产的一部分

大部分参与方支持对大型资产的一部分进行澄清。但是，大部分参与者不支持将使用资产的物理上不可区分部分纳入新租赁准则范围。包含资产的产能和物理上不可区分部分将过分扩大租赁定义，可能意味着几乎所有类似交易都包含租赁。

很多参与者还认为，包含物理上不可区分部分可能过于复杂，不符合成本效益原则。在大部分情况下，仅包含部分产能的合同都不可能属于租赁，因为客户很可能无法控制大型资产的部分产能。如果扩大包含物理上不可区分部分，需要对合同进行更多的分析评估，但结果很可能是不包含租赁，从而增加了很多不必要的应用成本。

4. 关于控制特定资产使用的权利

很多参与方赞同控制是租赁定义的核心，也指出资产的指定与控制资产使用的权利之间具有紧密关系，资产被指定得越具体，客户越可能控制该资产的使用。

大部分参与方支持将"控制资产使用的权利"与其他项目的控制概念协调一致。但是，部分参与方要求对如何评估客户是否"有能力主导资产使用"，以及提议列举的表明拥有控制特定资产使用的权利的情况与"有能力主导使用"的关系进一步澄清。此外,很多参与方也支持在租赁定义中加入"排他性"的条件。

部分参与方建议保留《2010年征求意见稿》的控制定义,该方法更易于应用,也可以更好地定义"控制资产的使用"。他们指出,新收入准则中的控制模型主要站在客户的视角,是否可以直接扩展到租赁准则提议的承租人和出租人视角,是否仅应适用于承租人视角,可能存在疑问。

部分参与方支持将"产出或其他效用"修改为"使用产生的经济利益"。部分参与方也要求澄清所得税或其他非现金利益是否属于该经济利益的组成部分。也有参与方支持保留"产出和其他效用",因为在某些合同中,标的资产可能不会直接产生经济利益,或者事实上不会产生现金流量。例如,对尚未探明的油井进行钻井可能不会产生石油。

部分参与方建议,控制应考虑资产的风险,即谁承担了与资产产出或其他效用变动相关的运营风险。如果客户并未承担资产本身的大部分风险敞口,则合同属于服务合同,客户仅仅是购买该资产的产出。

5. 关于提供服务附属资产

很多参与方基本支持提供服务附属资产的提议。但是,很多参与方也要求对此类资产提供具体的案例或指引。例如,澄清复印机合同、外包合同、定期租船合同和飞机湿租合同等是否属于此类资产范围。没有具体指引,则难以解释"附属"和"不重大"。此外,也有意见认为,有必要对"服务附属于资产"和"资产附属于服务"之间的区别进一步澄清。

(二)理事会职员提议的方法

根据外联活动相关反馈意见,理事会职员在2011年2月提议修订的基础上,进一步修订整合了定义租赁的两种方法。

方法1

租赁定义

A1 在合同开始日,主体应以合同的实质为基础,通过评估以下事项,确定一项合同是否属于或包含租赁:

(1) 合同的履行是否取决于提供某项特定资产或资产组("标的资产");以及

（2）合同是否让渡了一定期间内控制特定资产使用的权利。

合同履行取决于提供特定资产

A2 在评估合同履行是否取决于特定资产的使用时，客户和供应商应考虑标的资产是否被明确或隐含指定。如果供应商在租赁期内通过提供替代资产来替换标的资产不具有现实或经济可行性，则资产被隐含指定。例如，在让渡飞机使用权的合同中，如果合同对标的资产（飞机）进行大量更改以适应客户的形象、品牌和要求，那么，替换另一架飞机可能是不现实的。

A3 如果合同履行不取决于使用特定资产，则该合同不属于租赁。例如，如果供应商有义务交付规定数量的商品或服务，并拥有使用合同中未指明的其他资产来提供这些商品或服务的权利和现时能力（即供应商对标的资产的替换权是实质性的），则标的资产未被指定，该合同不包含租赁。满足以下条件时，供应商对标的资产的替换权是实质性的：（1）供应商替换资产在实际和经济上可行；且（2）供应商可以随时替换资产而无需征得客户同意。

A4 但是，仅当特定资产不能正常运转时，供应商以其他资产替代的权利或义务并不妨碍客户控制资产的使用。此外，供应商在规定日期或之后以其他资产替代的权利或义务，也不妨碍客户在替代日之前控制资产的使用。

A5 如果大型资产的组成部分被明确或隐含指定，则该资产物理上可区分的部分（如建筑物的一层）可以是标的资产。大型资产物理上不可区分的部分产能（如管道容量的50%）不属于特定资产。

合同让渡了控制特定资产使用的权利

A6 如果客户有能力在整个租赁期内主导特定资产的使用，并从使用获得利益，则合同让渡了控制标的资产使用的权利。

A7 客户有能力从特定资产的使用获得利益是指，其在整个租赁期内获得了该特定资产的使用产生的几乎全部潜在经济利益的现时权利。客户可以通过多种方式直接或间接使用特定资产而获得现金流量，如使用、消耗或持有特定资产，或转租特定资产的使用权。使用特定资产产生的经济利益包括使用该资产直接产生的经济利益（如可再生能源证书、实物产出），不包括所得税利益（如资本补贴）。

A8 当评估客户是否有能力主导特定资产的使用时，客户和供应商应当考虑所有可获得的证据。主导特定资产使用的能力可以由以下证据证明：有能力就使用特定资产作出决策，该决策对客户在整个租赁期内从该使用获得的利益产生重大影响。对客户获得利益产生重大影响的决策例子包括但不限于：

（1）确定特定资产如何、何时及以何种方式使用特定资产；

（2）确定特定资产如何与其他资产或资源一起使用，从而向客户交付其使用利益。

A9 如果客户可以指定产出或从资产的使用受益，但无法对产生该产出的投入或过程作出决定，则指定产出的能力本身并不能决定客户是否有能力主导资产的使用。例如，客户指定货物交付数量和时间的能力本身并不能决定客户是否有能力主导用于制造货物的资产的使用，即使客户获得了资产生产的几乎全部货物。相反，如果供应商根据客户的指示运营资产，则客户有能力主导资产的使用。

A10 以下情况可能表明客户获得了控制特定资产使用的权利。但是，若单独考虑，这些情况均不能决定客户是否具有该权利：

（1）客户控制对特定资产的实物访问。

（2）资产的设计或功能是客户定制化的，客户参与了特定资产的设计。

（3）客户在整个租赁期内有权获得从特定资产使用产生的几乎全部经济利益。

A11 对于某些合同，供应商主导用于履行客户要求服务的资产的使用。在这种情况下，如果资产被明确或隐含指定，客户和供应商应评估属于以下哪种情况：

（1）资产的使用是为客户所要求的服务不可区分的一部分。这种情况下，合同属于服务合同，因为客户并未获得控制资产使用的权利；或

（2）资产与所提供的服务是可区分的。这种情况下，客户获得了控制资产使用的权利，并将该使用的主导权委托（外包）给供应商。

A12 以下情况之一表明资产是可区分的：

（1）客户可以单独使用资产，也可以与客户随时可用的其他资源一起使用资产。

（2）资产由供应商单独出售或租赁。

（3）资产使用权和服务由供应商和客户单独协商。

包含高度关联的一揽子资产和服务的合同中，供应商实质上提供了将资产和服务整合为客户合同指定项目的重大服务，从而表明资产是不可区分的。

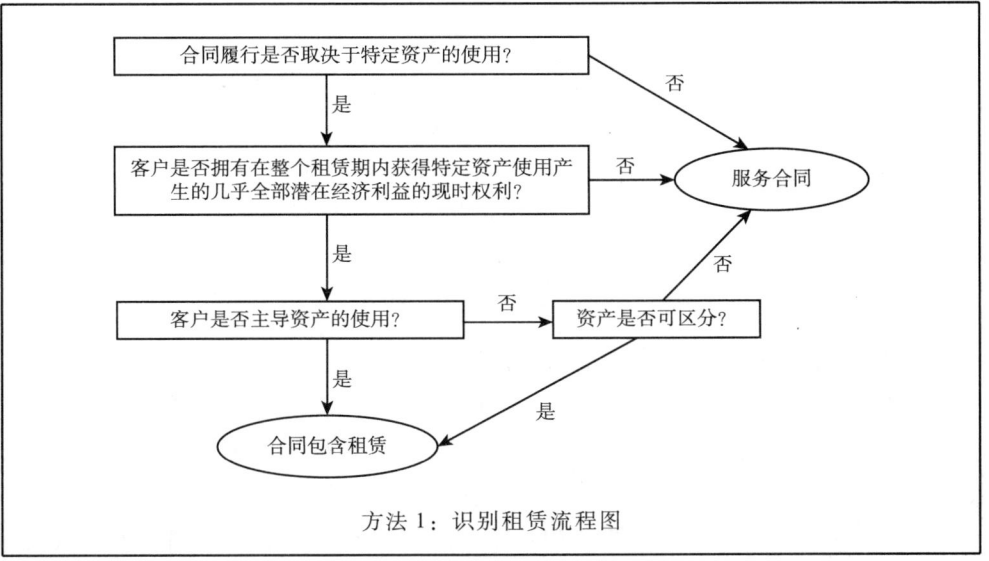

方法1：识别租赁流程图

方法2

租赁定义

A1 在合同开始日，主体应以合同的实质为基础，通过评估以下事项，确定一项合同是否属于或包含租赁：

（1）合同的履行是否取决于某项特定资产或资产组的使用（"标的资产"）；以及

（2）合同是否让渡了一定期间内控制特定资产或资产组使用的权利。

合同履行取决于特定资产的使用

B2 在评估合同履行是否取决于特定资产的使用时，客户和供应商应考虑标的资产是否被明确或隐含指定。如果供应商在租赁期内通过提供替代资产来替换标的资产不具有现实或经济可行性，则资产被隐含指定。例如，在让渡飞机使用权的合同中，如果合同对标的资产（飞机）进行大量更改以适应客户的形象、品牌和要求，那么，替换另一架飞机可能是不现实的。

B3 如果合同履行不取决于使用特定资产，则该合同不属于租赁。例如，如果供应商有义务交付规定数量的商品或服务，并拥有使用合同中未指明的其他资产来提供这些商品或服务的权利和现时能力（即供应商对标的资产的替换权是实质性的），则标的资产未被指定，该合同不包含租赁。满足以下条件时，供应商对标的资产的替换权是实质性的：（1）供应商替换资产在实际和经济上可行；且（2）供应商可以随时替换资产而无需征得客户同意。

B4 但是，仅当特定资产不能正常运转时，供应商以其他资产替代的权利或义务并不妨碍客户控制资产的使用。此外，供应商在规定日期或之后以其他资产替代的权利或义务，也不妨碍客户在替代日之前控制资产的使用。

B5 如果大型资产的组成部分被明确或隐含指定，则该资产物理上可区分的部分（如建筑物的一层）可以是标的资产。大型资产物理上不可区分的部分产能（如管道容量的 50%）不属于特定资产。

合同让渡了控制特定资产使用的权利

B6 如果满足下列条件之一，则合同让渡了标的资产使用的控制权：

（1）客户有能力或有权利以其确定的方式运营资产或主导其他方运营资产，同时获得或控制该资产超过不重大金额的产出或其他效用；

（2）客户有能力或有权利控制使用标的资产的实物访问，同时获得或控制该资产超过不重大金额的产出或其他效用；

（3）在整个租赁期内，客户将获得使用该资产的超过不重大金额的全部产出或其他效用，并且是为该资产的使用权而支付，而不是为产出的单位价格而支付。

B7 资产的产出或其他效用包括如可再生能源证书等非实物产出，但不包括所得税收益（如资本补贴）。

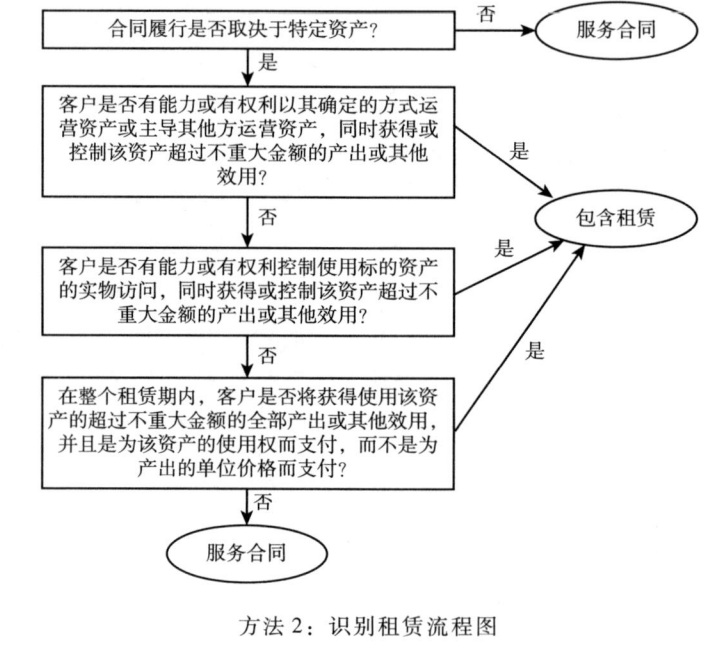

方法 2：识别租赁流程图

(三) 应用示例讨论

在 2011 年 4 月的会议中，理事会职员基于上述两种修订方法，讨论了以下 7 个示例的具体应用。

> **示例 2-5-1：火车车厢**
>
> 示例 2-5-1（a）
>
> 客户和货运供应商的合同允许客户在 5 年内使用所有权归货运供应商的 10 节火车车厢（货车）。客户需运输的货物应由合同中指定类型的火车车厢完成。
>
> 每节火车车厢都有一个合同指定的唯一标识号。当特定火车车厢需要维修或保养时，货运供应商需要用相同类型的同等火车车厢替换特定的火车车厢。
>
> 客户决定在整个 5 年期限内如何使用火车车厢（例如，何时何地运输货物）。如果火车车厢不用于运输目的，则将其存放在客户的场所——如果客户愿意，可以将火车车厢用于其他目的（如储存）。
>
> 客户每年为每辆车支付 50 000 元。

案例分析：

方法 1：合同包含租赁

特定资产

合同的履行取决于 10 节火车车厢的使用——合同中明确指定了火车车厢，只有当火车车厢运行不正常时，这些火车车厢才会被替换。

控制火车车厢使用的权利

客户拥有控制 10 节火车车厢使用的权利，因为：

（1）客户在整个 5 年合同期内有权获得使用该批火车车厢产生的几乎全部潜在经济利益——该批火车车厢在整个合同期内可供客户使用，包括不用于运输客户货物时。

（2）客户有能力主导该批火车车厢的使用——客户在整个合同期内决定如何、何时及以何种方式使用该批火车车厢，而不仅仅是在用于运输货物时。

方法 2：合同包含租赁

特定资产

与方法 1 分析结论一致。

控制火车车厢使用的权利

客户拥有控制 10 节火车车厢使用的权利，因为其有能力以其确定的方式运营该批火车车厢，并获得超过不重要金额火车车厢的产出或其他效用。

示例 2-5-1（b）

客户和货运供应商的合同约定，货运供应商在 5 年期间内根据指定的时间表运输指定数量的商品。合同约定的时间表和货物数量相当于客户在 5 年内使用 10 节火车车厢。

作为合同的一部分，货运供应商提供火车车厢、司机和火车头（含发动机）。合同规定了需运输货物的性质和数量，但没有提供用于运输货物的火车车厢的任何细节。火车车厢在不用于运输客户货物时存放在货运供应商的场所。货运供应商向火车车厢司机提供指示，并决定是否将其他火车车厢也连接到该火车头上，以及货物的装卸和交付顺序。

合同确定的货物运输需要与客户在示例 2-5-1（a）中相同类型的火车车厢来完成。货运供应商在 5 年内可以使用同类火车车厢中的任何火车车厢来运输货物。

客户每年支付 500 000 元的固定费用。

案例分析：

方法 1 和方法 2：合同不包含租赁

特定资产

合同的履行不取决于 10 节可识别火车车厢的使用——合同并未明确指定火车车厢，货运供应商可以使用任意 10 节特定规格的火车车厢来为客户提供运输服务。

不需要再分析"控制火车车厢使用的权利"。此外，在方法 1 下，即使进一步分析，客户也不具有控制该批火车车厢使用的权利，具体分析见后述示例 2-5-1（c）。

示例 2-5-1（c）

与示例 2-5-1（b）背景相同，除了货运供应商只有 10 节该类型的火车车厢可用，且由于客户货运的特殊性，无法使用其仓库中可用的 10 节火车车厢以外的火车车厢来履行合同。[即货运供应商从另一资源获得可用于履行合同的火车车厢不具有现实或经济可行性。]

案例分析：

方法1：合同不包含租赁

特定资产

合同的履行取决于特定资产的使用。该批火车车厢并未在合同中明确指定。但是，10节火车车厢被隐含指定，因为货运供应商没有能力使用其他火车车厢来交付合同约定的服务。[注：客户是否具有足够的可用信息来评估该批火车车厢是否被隐含指定，可能存在疑问。]

控制火车车厢使用的权利

客户不具有控制该批火车车厢使用的权利，因为其不具有主导该批火车车厢使用的能力——货运供应商拥有该能力。该批火车车厢的使用取决于另一资产的使用——即火车头的使用。货运供应商通过决定火车头的使用，来决定如何、何时及以何种方式使用该批火车车厢的使用。虽然客户指定了提供运输服务的数量和时间，但客户不具有主导火车头使用的能力，从而不具有主导火车车厢使用的能力。当该批火车车厢不用于运输客户货物时，供应商可以将其用于其他目的；在整个合同期内，该批火车车厢不可供客户独家使用。

由于客户货运（及火车车厢）的专业性，以及火车车厢只有在与火车头一起运行时才能为客户带来利益，客户不太可能单独使用火车车厢或与客户随时可用的其他资源一起使用火车车厢。火车车厢的使用是客户要求的运输服务不可分割的一部分。因此，客户并未获得火车车厢的使用权，该合同不包含租赁。

方法2：该合同可能包含租赁（取决于合同价格）

特定资产

与前述方法1的分析一致。

控制火车车厢使用的权利

客户不具有运营该批火车车厢，或主导货运供应商以其确定的方式来运营该资产的能力——如前述方法1的分析，货运供应商拥有该权利。

客户不具有控制该批火车车厢实物访问的能力——该批火车车厢实物放置于货运供应商的经营场所，且当该批火车车厢不用于运输客户货物时，合同对货运供应商使用该批火车车厢没有限制。

客户可能有权获得火车车厢的全部产出或其他效用，但金额不重大，因为合同约定，在整个合同期内，客户的货物运输预计需要使用10节火车车厢。因此，如果合同价格属于客户为资产的使用权而支付，则合同包含租赁。如果合同价格属于客户为运输服务的单价而支付，则合同不包含租赁。

示例 2-5-2：复印机

承租人从供应商处租用复印机，为期 3 年，并将为每台复印机支付 11 元。复印机的注册编码包含在与供应商签订的合同中。供应商可以替换复印机，但必须征得出租人的同意。实际上，只有当复印机不能正常工作时，它才会被替换。

承租人指定复印机必须能够彩色打印、装订和分类纸张。合同是不可撤销的。复印机的预期寿命为 5 年。复印机放置于承租人的经营场所。

(1) 合同包含租赁还是服务？

(2) 如果合同要求承租人只能使用供应商的服务来维护复印机，那么结论会改变吗？每复印 10 000 份后就会提供维护服务。复印费用包括维修服务。

(3) 如果要求承租人每月至少支付 500 元，且对于复印 100 000 份后的复印机，承租人每增加一张就支付 1 元，那么结论会改变吗？

(4) 如果复印机位于供应商的经营场所，但专门用于承租人，结论会改变吗？

案例分析：

(1) 合同包含租赁还是服务？

方法 1：合同包含租赁

特定资产

合同的履行取决于该批复印机的使用——合同明确指定了该批复印机，且未征得承租人同意不得替换复印机。

控制复印机使用的权利

承租人具有控制该批复印机使用的权利，因为：

(1) 承租人在 3 年合同期内有权获得该批复印机使用产生的几乎全部潜在经济利益——该批复印机在整个合同期内可供承租人使用，无论其是否使用。

(2) 承租人具有主导该批复印机使用的能力——承租人决定如何、何时及以何种方式使用该批复印机。承租人控制该批复印机的实物访问，其可决定谁访问该机器，是否需要移动，例如，移至另一场所，以及其用于何种目的。

方法 2：合同包含租赁

特定资产

与方法 1 的分析一致。

控制复印机使用的权利

承租人具有控制该批复印机使用的权利,因为其有能力以其确定的方式操作该批复印机,同时获得该批复印机超过不重大金额的产出或其他效用。承租人也有能力控制该批复印机的实物访问。

(2) 如果合同要求承租人只能使用供应商的服务来维护复印机,那么结论会改变吗?每复印10 000份后就会提供维护服务。复印费用包括维修服务。

(3) 如果要求承租人每月至少支付500元,且对于复印100 000份后的复印机,承租人每增加一张就支付1元,那么结论会改变吗?

方法1和方法2:合同包含租赁

无论是购买维护服务的要求还是价格的变化,都不影响承租人主导复印机使用的能力(方法1),也不影响承租人以其确定的方式操作复印机的能力。

(4) 如果复印机位于供应商的经营场所,但专门用于承租人,结论会改变吗?

方法1和方法2:合同包含租赁

方法1:虽然该批复印机不再放置于承租人的经营场所,但承租人仍然保留了主导该批复印机使用的能力。指定了复印机的金额、性质和时间,实质上赋予承租人决定如何、何时及以何种方式使用复印机的能力——不存在可能显著影响承租人所获得的利益的其他决策。供应商根据承租人的指令操作复印机,且不具有主导该资产以满足承租人需求以外的目的而使用的能力。

方法2:虽然该批复印机不再放置于承租人的经营场所,但承租人具有主导供应商以其确定的方式操作复印机的能力,同时获得复印机超过不重要金额的产出或其他效用。因为承租人在整个合同期内具有独家使用复印机的权利,供应商不能将复印机用于其他目的。

示例2-5-3:定期租船

"定期租船人"与船东签订一份为期一段时间(如5年)的"定期租船"合同,以指定船舶提供运输货物服务。

承租人可以租用船舶运载自己的货物或第三方所有的货物。根据标准定期租船合同,承租人根据合同签订之日的市场价格,为船舶的使用、导航和货物管理服务(包括船长、船员及船舶起重机和装载设备等设备的使用)支付每日或每月租金。船东仍然对船舶的航行和状况负责。船东承担船舶的所有运营费用,而承租人支付船舶使用的燃料,但船舶停租时除外。承租人还需支付港口费用。

根据定期租船合同，船东负责维护和检修、与货舱有关的清洁服务及遵守船舶安全方面的法规。此外，船东在船上对货物负责，并在货物由船东照管和保管期间对货物的安全管理负责。

定期租船人决定需运输的货物及交货的时间和地点（即，定期租船人确定船舶航行的时间和航线）。船舶停租时，定期租船人不支付租金。由于无船员可用、安全原因（天气状况）等原因，船舶可能因维护或维修而停租。如果符合定期租船合同约定的停租条件，定期租船人可以决定船舶何时停租。当船停租时，船东支付费用。

案例分析：

方法1：合同包含租赁

特定资产

合同的履行取决于船舶的使用，船舶已在合同中明确指定。船东以其他船舶替换合同指定船舶很可能不具有现实或经济可行性。

控制船舶使用的权利

定期租船人具有控制该船舶使用的权利，因为：

（1）定期租船人在整个合同期内有权获得使用船舶产生的几乎全部潜在经济利益——船舶在整个合同期内可供定期租船人使用，除非处于停租期。由于船舶停租期内船东无法获得支付，船东应确保船舶在合同有效期内可供定期租船人使用的最长时间。

（2）定期租船人具有主导船舶使用的能力。虽然船长是船东的雇员，但船长是根据定期租船人的指令操作船舶。定期租船人指定船舶的航行时间表和航线，表明其确定了如何、何时及以何种方式使用船舶。船长在操作船舶时有主导权。但是，该主导权一般仅限于确保该船舶运行安全和适当（如在恶劣的天气条件下；船舶损坏；遵守特定法律；等等）。因此，定期租船人关于船舶时间和航线的决定是对其从船舶使用获得的利益产生重大影响的决定——例如，定期租船人的指示间接决定了船舶的速度和方向，这意味着，即使船长积极操作船舶，也是根据定期租船人的指示做的。船东保留与船舶所有权相关的绝大部分风险，并运营船舶，但在合同期限内不控制船舶的使用。

方法2：合同包含租赁

特定资产

与方法1的分析一致。

控制船舶使用的权利

定期租船人具有控制船舶使用的权利，因为其有能力以其确定的方式主导船东的船长操作船舶，同时获得船舶超过不重大金额的产出或其他效用。

注意事项：理事会职员承认，目前实务中通常并未将定期租船作为租赁，与本案例结论存在差异。

示例 2-5-4：钻井设备

石油公司与钻井公司签订合同，按照石油公司确定的油井设计规范建造海上油井。合同约定了油井的位置，以及用于建造油井的钻井设备。

钻井公司以每日租金与船员及其钻井设备签订合同，并聘请经过认证的船长和海上安装管理人员。这些船长和管理人员对钻井设备的移动或维护负有最终责任，并对操作拥有最终决策权（例如，如果出于安全原因需要关闭操作）。钻井公司的雇员操作钻井设备，并保留与该操作相关的所有风险。

情形（1）：钻井设备通常不会在没有船长和其他船员服务的情况下出租给客户，因为施工工作具有专业性质，从钻井公司的角度来看，这是为了确保设备的磨损不会过大。

情形（2）：钻井设备可以在没有船长和其他船员服务的情况下租用。其他供应商可提供运营服务，提供操作此类钻井设备的认证船长和船员。

案例分析：

方法1：情形（1）合同不包含租赁；情形（2）合并包含租赁

特定资产

合同的履行取决于特定资产的使用。钻井设备在合同中明确指定。钻井公司以其他钻井设备替换合同已识别的设备很可能不具有现实或经济可行性。

控制钻井设备使用的权利

石油公司不具有控制钻井设备使用的权利，因为其不具有主导该设备使用的能力——钻井公司具有该能力。钻井公司通过对设备的操作和使用作出决定，来决定如何、何时及以何种方式使用钻井设备。尽管石油公司指定了油井的设计和规格（设备使用的产出），但其不具有主导钻井设备本身如何使用的能力。

情形（1）：由于合同包含的设备和服务的性质，石油公司不太可能单独使用或与其他可用资源一起使用该设备。钻井设备的使用是石油公司要求的油井施工服务不可分割的一部分。因此，石油公司并未获得钻井设备的使用权，合同不包含租赁。

理事会职员认为,钻井设备的例子类似于一个建筑合同,如一栋办公楼的建设。建造人员在建造大楼时可能会使用起重机和其他大型设备。根据建筑的大小和性质,这些起重机可能会在现场使用数年。理事会职员不认为客户的建筑设计和规范本身就赋予了客户使用起重机和其他设备的权利,因此,不应导致施工合同被视为包含起重机和其他设备的租赁。相反,它是一份建筑服务合同。

情形(2):由于钻井设备可以由石油公司自行使用(即石油公司可单独雇佣经过认证的船长和船员),因此,钻井设备与合同中提供的其他服务是可区分的。因此,石油公司获得了钻井设备的使用权,合同包含租赁。在这种情况下,合同有两个成分——使用钻井设备的权利和与该钻井设备操作相关的服务。

方法2:合同很可能包含租赁(取决于合同价格)

特定资产

与方法1的分析一致。

控制钻井设备使用的权利

石油公司不具有以其确定的方式操作钻井设备,或主导钻井公司操作设备的能力——如前所述,钻井公司具有该能力。

石油公司不具有控制钻井设备实物访问的能力——钻井公司最终决定设备的使用,其员工操作设备。石油公司无法阻止钻井公司或其他方使用该设备。

在油井施工期间,客户可能会获得全部产出或设备的其他效用,但金额不重大——该设备仅用于石油公司的油井施工。因此,如果合同的价格是石油公司为设备使用权而支付,则合同包含租赁。如果合同的价格是石油公司为建筑服务单价而支付,则合同不包含租赁。理事会职员认为,按日收费不太可能被视为"单位价格",因为它是基于时间而非已完成的建筑工程量。

在方法2下,从情形(1)到情形(2)关于钻井设备是否可区分的变动不会影响结论。

示例2-5-5:海外制造商

一家大型服装公司(客户)与一家海外制造商(供应商)签订了一份为期3年的运动衫采购合同。采购衬衫的数量和质量使得供应商只能使用一家工厂来满足客户的需求。合同约定也使得客户将从该工厂获得其全部产出。

客户指定了生产衬衫的时间和数量,但未参与生产衬衫工厂的运营。

> 供应商对工厂的运营作出全部决策,包括如何使用工厂内的机器,工厂是否昼夜轮班以满足客户的订单,以及雇佣谁来操作机器。
>
> 客户为购买的每件运动衫支付10美元,并约定每年至少购买100 000件运动衫。

案例分析:

方法1:合同不包含租赁

特定资产

合同的履行取决于特定资产。合同并未明确指定生产工厂。但是,该工厂被隐含指定,因为供应商不能以其他工厂来交付合同约定数量和质量的衬衫。

控制工厂机器使用的权利

客户不具有控制该工厂机器使用的权利,因为其不具有主导这些机器使用的能力——供应商具有该能力。供应商通过作出机器运营相关决策来决定如何、何时及以何种方式使用机器。虽然客户指定了衬衫(使用机器的产出)的设计和规格,但不具有主导衬衫生产过程的能力。

客户不太可能有能力单独或与其他可用资源一起使用该工厂的机器。机器的使用是购买运动衫合同不可区分的部分。因此,客户并未获得机器的使用权,该合同不包含租赁。

合同价格不影响客户控制该工厂使用的能力。

方法2:合同很可能包含租赁

特定资产

与方法1的分析一致。

控制工厂机器使用的权利

客户不具有运营该工厂机器,或主导供应商以其确定的方式运营该机器的能力——如前所述,供应商具有该能力。

客户不具有控制该工厂实务访问的能力。

由于预计订购的衬衫数量(并考虑到合同约定每年订购的最低数量),客户将获得工厂的全部产出,但金额不重大。此外,由于每年必须购买的最少数量,合同价格使得客户可能是为工厂机器的使用权而不是衬衫的单价而支付。因此,合同包含租赁。

工厂机器与运营服务是否可区分不影响该结论。

> **示例 2-5-6：购电合同——燃煤发电设施**
>
> 电力供应商（客户）与生产电力的燃煤发电设施的所有者（供应商）签订合同，购买该设施内五个发电机组中两个发电机组生产的全部电力，为期5年。
>
> 合同指定了发电机组，供应商使用其他发电机组来履行合同义务是不现实的。
>
> 客户决定何时发电，如预计发电机组将主要在电力需求最大的夏季运行。客户支付的价格包括容量费、运营和维护费，以及煤炭费。该价格包含与客户收到的电量无关的固定因素。
>
> 供应商在生产产出时对发电机组的投入和运行作出全部决策，如其员工以供应商确定的方式操作发电机组，并进行维修和维护或其他必要程序，以确保发电机组正常运行。
>
> 情形（1）该合同包含租赁还是服务？
>
> 情形（2）假设客户提供该电站设施使用的煤炭，且在一定程度上参与了发电机组运行决策，结论是否不同？

案例分析：

方法1：情形（1）合同不包含租赁；情形（2）合并包含租赁

特定资产

合同的履行取决于特定资产的使用。合同明确指定了发电机组，供应商使用其他电力资源来履行合同是不现实的。

控制发电机组使用的权利

客户不具有控制发电机组使用的权利，因为其不具有主导机组使用的能力——供应商具有该能力。供应商通过作出该机组投入和运行相关的决策来决定如何、何时及以何种方式使用发电机组。虽然客户指定了发电（使用机组的产出）的时间和数量，但不具有主导发电过程的能力。

客户不太可能有能力单独或与其他可用资源一起使用该发电机组。机组的使用是购买电力合同不可区分的部分。因此，客户并未获得发电机组的使用权，该合同不包含租赁。

理事会职员认为，示例2-5-6与示例2-5-5类似，客户虽然有能力决定产出的时间、数量和规格，但不具有参与使用资产生产的投入或过程的能力。

在情形（2）下，如果客户提供发电机组所用的煤炭，并在一定程度上参与这些机组的运营,则客户有能力主导发电机组的使用,合同包含租赁。在这种情况下,客户不仅仅涉及指定机组使用的产出。相反,客户具有对投入和过程作出决策的能力。因此,客户在整个合同期内控制发电机组的使用,同时有权获得使用机组产生的几乎全部潜在经济利益。

方法2:情形(1)和(2)合同均包含租赁

特定资产

与方法1的分析一致。

控制发电机组使用的权利

客户不具有运营该发电机组,或主导供应商以其确定的方式运营该机组的能力——如前所述,供应商具有该能力。

客户不具有控制该发电机组实物访问的能力。

客户有权获得两组发电机组全部产出。此外,合同价格是客户为使用发电机组的权利而支付,而不仅仅是为电力单价而支付。因此,该合同包含租赁。

情形(2)背景的改变不影响上述分析结论。

示例2-5-7:购电合同——太阳能发电厂

电力供应商(客户)与生产电力的太阳能发电厂的所有者(供应商)签订合同,购买太阳能发电厂生产的全部电力,为期10年。合同指定了太阳能发电厂。

供应商负责必要的维修和维护或其他程序,以确保太阳能发电厂正常运行。

客户为生产的电力支付固定单价,但电力单价因生产年份和月份而有所不同。

供应商在生产电力时获得可再生能源生产奖励(以可再生能源证书的形式)。可再生能源证书具有重大价值,客户也按单价购买。

情形(1)合同中包含租赁还是服务?

情形(2)如果可再生能源证书由供应商保留并出售给另一个客户,结论是否不同?

案例分析：

方法1：情形（1）和情形（2）合同均不包含租赁

特定资产

合同的履行取决于特定资产的使用。合同明确指定了太阳能发电厂，供应商使用其他电力资源来履行合同是不现实的。

控制太阳能发电厂使用的权利

客户不具有控制太阳能发电厂使用的权利，因为其不具有主导发电厂使用的能力——供应商具有该能力。太阳能发电厂建成后需要的干预或操作相对较少——最重要的投入，即太阳，超出了供应商或客户的控制范围。尽管如此，需要就太阳能发电厂的使用作出的任何决策都由供应商决定（如持续维护）。客户不具有影响或参与太阳能发电厂使用的能力——在整个租赁期内，客户有权使用该发电厂生产的任何电力。

在情形（2）下，客户也无权获得使用该太阳能发电厂产生的几乎全部潜在经济利益，因为由其他方购买的可再生能源证书被视为使用该发电厂产生的经济利益。

方法2：情形（1）和情形（2）合同均不包含租赁

特定资产

与方法1的分析一致。

控制太阳能发电厂使用的权利

客户不具有运营该太阳能发电厂，或主导供应商以其确定的方式运营该发电厂的能力——如前所述，供应商具有该能力。

客户不具有控制该发电厂实物访问的能力。

情形（1）客户有权获得该太阳能发电厂的全部产出，因为其同时购买了电力和可再生能源证书。但是，客户仅仅是为电力单价而支付。因此，该合同不包含租赁。

情形（2）：客户不能获得该太阳能发电厂超过不重大金额的产出或其他效用，因为可再生能源证书（向其他方出售）被视为该太阳能发电厂的产出和其他效用的一部分，尽管是非实物产出。

与现行实务及对征求意见稿反馈的比较

理事会职员从反馈意见了解到，以下两方面可能存在实务分歧。

针对情形（1）：有观点认为该合同的价格属于"合同约定的固定单价"，该合同不包含租赁。其他观点则认为，该合同的价格不属于"合同约定的固定单价",该合同包含租赁。

针对情形（2）：有观点将可再生能源证书视为资产"产出和其他效用"的一部分，与方法2类似，将得出合同不包含租赁的结论。其他观点则将"产出和其他效用"解释为将此类非实物产出排除。因此，得出的结论是合同包含租赁。

三、《2013年二次征求意见稿》

经过前期多次讨论，双方理事会决定保留原准则中租赁的定义。双方理事会再次确认，考虑客户（承租人）是否获得控制标的资产使用的权利是确定合同是否包含租赁的适当方式。但是，双方理事会也决定修订支持该定义的应用指引，以使控制权的概念与新收入准则项目和合并准则的控制原则协调一致，并解决原准则下产生的关于租赁定义的实务问题。

1. 修订识别租赁判断指引

根据前期讨论意见，双方理事会在《2013年二次征求意见稿》中提出了识别租赁的具体指引。

> **识别租赁**
>
> 6. 租赁是指让渡在一段期间内使用资产（标的资产）的权利以换取对价的合同。
>
> 7. 在合同开始时，主体应通过评估以下两个方面，确定合同是否属于租赁或包含租赁：
>
> （1）合同履行是否取决于已识别资产的使用；以及
>
> （2）合同是否让渡了在一段期间内控制已识别资产使用的权利以换取对价。
>
> **合同履行取决于已识别资产的使用**
>
> 8. 资产通常在合同中明确指定来识别。但是，如果供应商（即提供合同商品或服务的主体）在整个合同期内具有替换资产的实质性权利，则即使明确指定资产，合同履行也不取决于已识别资产的使用。相反，如果供应商不具有替换资产的实质性权利，即使合同未明确指定资产，合同履行也取决于已识别资产的使用。
>
> 9. 如果同时满足以下条件，则供应商替换资产的权利是实质性的：

（1）供应商可以在不需要客户（即获得合同商品或服务的主体）同意的情况下以替代资产替换该资产；以及

（2）在整个合同期内不存在任何障碍（经济或其他）阻止供应商以替代资产替换该资产。此类障碍的例子包括但不限于：

①与替换资产相关的成本过高，以至于在合同期限内对替换替代资产产生经济抑制作用；

②阻止或制止供应商替代资产的运营障碍（例如，供应商既未获得可用的替代资产，也无法在合理时间内或在不产生重大成本的情况下获得替代资产）。

10. 即使供应商有权利或义务在资产运行不正常，或在技术升级可用的情况下用其他资产替换标的资产，合同履行也仍可能取决于已识别资产的使用。此外，即使供应商有权利或义务仅在特定日期或之后以任何理由替换其他资产，合同履行也仍可能取决于已识别资产的使用。在这种情况下，在替换的权利或义务生效之前，合同履行仍可能取决于已识别资产的使用。

11. 资产的物理上可区分的部分（如建筑物的楼层）可以是已识别资产。然而，资产的产能部分（例如，少于电缆几乎全部容量的光纤电缆的容量部分）不能作为已识别资产，因为其在物理上与资产的剩余产能不可区分。

合同让渡了控制已识别资产使用的权利

12. 如果客户在整个合同期内同时具有以下能力，则合同让渡了控制已识别资产使用的权利：

（1）主导已识别资产的使用；

（2）从已识别资产的使用获得利益。

主导使用的能力

13. 当合同让渡的权利使客户有能力就资产的使用作出决策，从而在整个合同期内对使用资产产生的经济利益产生最重大影响时，客户有能力主导资产的使用。

14. 可能对资产使用产生的经济利益产生最重大影响的决策例子包括但不限于，确定或能够改变以下任何一项：

（1）合同期内资产的使用方式和使用目的；

（2）合同期内资产的运营方式；以及

（3）资产的运营方。

15. 在某些合同中，如果在合同开始日后对资产的使用几乎没有实质性决策，则客户可能在该日期或之前获得了主导资产使用的能力。例如，客户可能参与设计资产以供其使用，或确定合同的条款和条件，从而预先确定对使用产生的经济利益影响最大的资产使用决策。在这些情况下，由于客户在合同开始日或之前作出的决定，客户有能力在整个合同期内主导资产的使用。

16. 合同可能包含限制客户使用资产的条款；例如，合同可以规定资产的最高使用量，以保护供应商在资产中的利益。单独考虑，这种限制客户使用资产的保护性权利，不会妨碍客户具有主导资产使用的能力。

17. 单独考虑，赋予客户指定资产产出能力的权利（例如，资产生产的商品或服务的数量和描述），并不意味着客户有能力主导该资产的使用。在不具有其他与资产使用相关的决策权的情况下，指定产出的能力赋予了客户与购买服务的客户相同的权利。

从使用获得利益的能力

18. 客户从资产的使用获得利益的能力是指，在整个合同期内，客户获得从该资产使用产生的几乎全部潜在经济利益的权利。客户可以通过多种方式直接或间接获得资产使用产生的经济利益，如使用、消耗、持有或转租资产。资产使用产生的经济利益包括其主要产出，以及产品和服务形式的副产品。这些经济利益还包括可能通过与第三方的商业交易实现的使用资产的其他经济利益。

19. 如果出现以下两种情况，则客户不具有从资产的使用获得利益的能力：

（1）客户只能将资产与供应商提供的额外商品或服务一起使用，而不是由供应商或其他供应商单独出售的资产单独使用，才能获得利益；以及

（2）该资产是提供服务附属资产，因为该资产被设计为仅与供应商提供的额外商品或服务一起使用。在这种情况下，客户获得一揽子商品或服务，这些商品或服务作为组合提供客户合同约定的一项整体服务。

2. 相对于规定的主要变动

在上述提议规定中，相对于原准则及《2010年征求意见稿》的规定，主要变动体现在以下几个方面。

（1）保留合同履行必须取决于特定或已识别资产的要求。在前期讨论过程中，双方理事会曾考虑过将特定资产的范围扩大到特定规格资产，但是，根据外联活动及相关反馈意见，双方理事会在《2013年二次征求意见稿》中未采用该方法。

（2）进一步澄清实质性替换权的判断指引。《2013年二次征求意见稿》澄

清,实质性替换权不仅需要考虑合同本身(客户)是否限制供应商替换资产,还需要考虑替换是否具有实质性。实质性替换权需考虑替换成本效益、替换的实际能力(如运营能力)。双方理事会承认,加入实质性替换权的要求,旨在防止构建交易和合同,如在合同中加入替换的限制或非限制性条款,从而改变合同的性质,达到不同的会计处理结果。

(3)澄清标的资产必须在物理上可区分。如前期讨论,双方理事会认为,标的资产可以是较大资产的物理上可区分的部分,但不能是资产产能的一部分,因为产能在物理上不可区分。客户不太可能有权控制较大资产的产能部分(如管道20%的产能部分)的使用,因为有关资产使用的决策通常是在资产整体级别作出的。例如,一个只占资产产能20%的客户不太可能有能力作出决策。如果将定义扩大到资产物理上不可区分的部分,可能增加主体识别租赁的复杂性,且得出的结论很可能又不属于租赁。

(4)修改"控制资产使用的权利"判断指引。如前期讨论,该修订旨在与其他准则(如新收入准则和合并财务报表准则)中的控制概念保持一致。《2010年征求意见稿》基于原准则下的控制概念,强调有权获得资产使用的全部产出,仅关注了控制的"利益"要素,新收入准则(征求意见稿)和合并财务报表准则的控制概念均同时包含"权力"和"利益"要素。鉴于此,《2013年二次征求意见稿》的控制判断指引要求,客户在整个租赁期内不仅有权获得从该资产使用产生的几乎全部潜在经济利益("利益"要素),而且有权主导资产的使用("权力"要素)。由于强调需要同时满足两个要素,新控制定义较原准则规定的范围可能进一步缩小,原准则下某些属于租赁的合同,在新定义下可能不再属于租赁。此外,《2013年二次征求意见稿》也删除了原规定下"合同约定的固定单价"的表述,经过前期讨论,双方理事会承认该表述在实务中难以应用。

(5)澄清在评估客户是否有能力从使用资产中获得利益时,只应考虑使用权资产产生的利益,而不应考虑资产所有权产生的利益。这是因为,租赁仅让渡了标的资产的使用权,并未让渡标的资产的所有权。具体地,如前期讨论,双方理事会认为,如因资产所有权而产生的税收优惠等属于与资产所有权相关的利益,如可再生能源证书等属于与资产使用权相关的利益。

(6)增加提供服务附属资产的规定。如前期讨论,很多反馈意见担心,某些基于特定资产提供服务的合同,例如,体育场馆的季票和有线电视服务合同等,实质主要是为客户提供服务,相关资产(如体育场馆的固定座位、有线电视机顶盒)仅仅是附属资产,如果作为包含租赁合同处理可能不适当。鉴于此,

《2013年二次征求意见稿》也澄清，当资产的使用是向客户提供的整体服务中不可区分的一部分，则客户无权控制资产的使用，即如果没有合同中的其他可交付成果，客户无法从资产的使用中获得利益。相反，客户是在合同期内接受需要使用资产的服务。该提议与新收入准则（征求意见稿）中识别可明确区分的履约义务相关规定类似。

3. 识别租赁具体示例

根据前期讨论，双方理事会在《2013年二次征求意见稿》中提供了五个识别租赁的具体示例，以帮助实务应用。

> **示例 2-5-8：火车车厢合同**
>
> 示例 2-5-8（a）：
>
> 客户与货运承运人（承运人）签订合同约定，客户可在 5 年内使用承运人拥有所有权的 10 节特定规格的火车车厢。合同指定了火车车厢的型号。客户决定何时、何地以及使用火车车厢运输什么货物。当火车车厢不使用时，存放在客户的经营场所。如果客户愿意，可以将火车车厢用于其他用途（如用于存储）。如果某节火车车厢需要保养或维修，承运人应以相同型号的同等火车车厢替换。否则，除客户违约外，承运人在 5 年内不能取回火车车厢。
>
> 合同还要求承运人在客户要求时提供火车头（发动机）和司机，如果承运人无法提供，客户有权从其他供应商处雇佣火车头和司机。承运人将火车头存放在其经营场所，并向司机提供客户运输货物的详细要求。承运人可以选择使用多种火车头来履行客户的各项要求，并且，火车头不仅可以用于运输客户的货物，也包括其他客户的货物（即，如果其他客户要求将货物运输到客户要求的目的地附近，且时间相近，则承运人可以选择将最多 100 节火车车厢连接到该火车头上）。

该合同包含火车车厢租赁。客户有权在 5 年内使用 10 节火车车厢。

合同的履行取决于 10 节已识别火车车厢的使用。一旦火车车厢向客户交付，承运人只能在火车车厢运行不正常时替换火车车厢。

基于以下两个条件，客户具有控制火车车厢使用的权利：

（1）客户有能力主导火车车厢的使用。客户确定火车车厢如何、何时及以何种目的使用，不仅在运输客户货物时，而且在整个合同期内。

（2）客户有能力从使用火车车厢中获得利益。这些火车车厢在整个合同期内可供客户使用，包括不用于运输客户货物时。

该合同还包含与火车头和司机的使用有关的非租赁（服务）部分。该合同未让渡使用已识别火车头的权利（具体分析参见示例2-5-8（b））。

> 示例2-5-8（b）：
> 客户和承运人之间的合同要求承运人在5年内按照指定的时间表运输指定数量的货物。规定的时间表和货物数量相当于客户在5年内使用10节火车车厢。作为合同的一部分，承运人提供火车车厢、司机和火车头。合同约定了可运输货物的性质和数量，但不包括用于运输客户货物的火车车厢或火车头的具体细节。虽然运输合同中确定的货物需要类似于示例2-5-8（a）中确定的火车车厢，但承运人有大量类似的火车车厢可用于运输客户的货物。同样，承运人可以选择使用多个火车头中的任何一个来满足客户的要求，并且一个火车头不仅可以用于运输该客户的货物，还可以用于运输其他客户的货物。火车车厢和火车头在不用于运输货物时，存放在承运人的经营场所。

该合同不包含租赁。

合同的履行不取决于使用10节已识别的火车车厢或一台已确定的火车头，因为承运人拥有实质性的替代权。承运人可以在未经客户同意的情况下选择火车车厢和火车头。也没有任何经济障碍阻止承运人在每次交付客户货物时使用特定规格的火车车厢库中的任何火车车厢，以及多个火车头中的任何一个。

> 示例2-5-8（c）：
> 假设与示例2-5-8（b）中相同的事实，只是承运人只有10节符合运输客户货物所需规格的火车车厢。如果这些火车车厢不用于运输客户的货物，承运人也可以使用这些火车车厢来履行其他合同，且承运人可以决定在合同期内扩大其车队。运输客户货物所需规格的车厢可从火车车厢供应商处购买，承运人可随时获得。

该合同不包含租赁。

虽然承运人拥有的10节火车车厢是在合同开始时指定的，但客户不具有在整个合同期内控制其使用的权利。承运人控制火车车厢的使用。承运人对如何使用火车车厢运送货物作出实质性决策，例如，是否使用火车车厢来履行其他合同。例如，如果承运人决定在合同期限内扩大其火车车厢车队，承运人可以使用合同开始时拥有的火车车厢以外的火车车厢来履行与客户的合同。

指定运输的货物数量和交付时间表，实际上意味着客户指定了使用火车车厢的产量，但并未赋予客户在 5 年内使用 10 节火车车厢的权利。

> **示例 2-5-9：咖啡服务合同**
>
> 客户签订了一份为期 2 年的咖啡服务合同。供应商在客户的场所放置了 25 台咖啡机，这些咖啡机是为配合供应商提供的咖啡耗材而定制的。咖啡机仅与供应商提供的耗材配合使用，除与耗材配合使用外，对客户没有任何用处。供应商负责咖啡机的维修和保养。客户的工作人员操作机器（即选择其想喝的咖啡，机器提供咖啡）。

该合同不包含租赁。

虽然合同的履行可能取决于机器的使用，但合同并不赋予客户控制这些机器使用的权利。这是因为客户没有能力从自己使用机器中获得利益；机器只能使用供应商提供的耗材。因此，如果没有耗材，机器对客户没有任何用处或价值。这些机器是提供咖啡服务的附属设备。机器和耗材结合在一起，在 2 年的合同期内向客户提供咖啡服务。

> **示例 2-5-10：医疗设备合同**
>
> 客户签订了一份为期 3 年的医疗设备合同。供应商在客户的场所放置了 10 套患者监测设备，这些设备需要使用将监测设备连接到患者的一次性耗材。虽然合同要求客户从供应商处购买耗材，但其也可从其他供应商获得与监控设备配合使用的耗材。供应商在必要时对监控设备进行维修和维护，且可在未经客户同意的情况下更换设备（鉴于更换设备的相关费用，供应商只有在设备运行不正常的情况下才会更换设备）。客户决定设备的使用方式和时间，并操作设备对患者进行监测。

合同中包含患者监护设备的租赁。

虽然合同条款要求客户使用供应商的耗材，但其也可从其他供应商处获得与患者监护设备配合使用的耗材。因此，客户可以在没有供应商耗材的情况下自行使用监控设备，从而获得利益。此外，虽然合同条款要求客户使用供应商进行维修和维护，但这是合同的非租赁（服务）部分，不会改变客户有权使用设备的结论。因此，合同有 3 项单独组成部分：设备使用权、耗材供应和设备维护。

合同将患者监护设备的使用权让渡予客户，理由如下：

（1）合同履行取决于该设备的使用。供应商的替换权不是实质性的，因为更换设备的成本造成了经济障碍，阻止了供应商在除设备运行不正常的其他情况下更换设备。

（2）客户具有控制设备使用的权利，理由如下：

①客户有能力主导设备的使用。客户决定如何及何时使用设备，并操作设备。因此，在整个合同期内，客户对设备使用作出的决策对使用产生的经济利益影响最大。

②客户有能力从设备的使用中获得利益。在整个3年合同期内，该设备仅供客户使用。

> **示例 2-5-11：光纤电缆合同**
>
> 示例 2-5-11（a）：
>
> 客户签订了一份为期15年的合同，有权在连接香港和东京的大型电缆中使用3根指定的、物理上可区分的深色光纤电缆。
>
> 客户通过将光纤电缆的每一端连接到其电子设备（即客户"点亮"光纤电缆）来决定光纤电缆的使用。如果光纤电缆受损，供应商负责维修和维护。

该合同包含租赁。客户有权使用3根深色光纤电缆15年。

合同的履行取决于光纤电缆的使用。光纤电缆被合同明确指定，在物理上与其他光纤电缆可区分。

客户具有控制深色光纤电缆使用的权利，理由如下：

（1）客户有能力主导深色光纤电缆的使用。客户决定光纤电缆的使用方式、时间和使用目的。因此，在整个合同期限内，客户对光纤电缆的使用作出的决策对使用产生的经济利益影响最大。

（2）客户有能力从使用深色光纤电缆中获得利益。在整个15年的合同期内，光纤电缆可供客户使用；除非客户同意，否则其他方不能使用该光纤电缆。

该合同还包含了光纤电缆维修和维护的非租赁（服务）部分。

> 示例 2-5-11（b）：
>
> 客户签订了一份为期15年的合同，有权在连接香港和东京的光纤电缆内使用指定容量。指定的容量相当于客户在该光纤电缆中使用3根全容量光纤电缆（电缆包含15根类似容量的光纤电缆）。供应商决定数据传输（即供应商点亮光纤电缆，并决定使用哪根光纤电缆传输客户的流量）。

该合同不包含租赁。

供应商对客户数据的传输作出所有决策,只需要使用光纤电缆的一部分容量。该部分容量在物理上与光纤电缆的其余容量不可区分。客户实质上签订了使用光纤电缆容量的合同。客户无权使用已识别资产。

> **示例 2-5-12:能源/电力合同**
>
> 示例 2-5-12 (a):
>
> 客户签订了一份合同,购买新发电厂生产的几乎所有能源,为期 20 年。发电厂归供应商所有,其不能从其他发电厂提供能源。在工厂建成之前,供应商和客户都参与了发电厂的设计。客户有权按照行业批准的操作规程自行操作和维护发电厂,或指定另一方操作和维护设备。

该合同包含租赁。客户有权使用发电厂 20 年。

合同的履行取决于发电厂的使用。其他发电厂无法提供能源。

客户具有控制发电厂使用的权利,理由如下:

(1) 客户有能力主导发电厂的使用。客户已通过参与发电厂设计,并指定运营和维护发电厂的其他方,来确定发电厂的运营方式。客户在发电厂设计和维护方面的决策权使其能够就发电厂的使用作出决策,这对整个合同期内使用产生的经济利益影响最大。虽然另一方可能每天都在运营发电厂,但其仅为执行客户关于发电厂使用的决策。

(2) 客户有能力从发电厂的使用中获得利益。在合同的 20 年期限内,客户有权获得发电厂生产的几乎所有能源。

> 示例 2-5-12 (b):
>
> 电力供应商(客户)签订合同,购买发电厂生产的几乎全部电力,为期 3 年。发电厂由公用事业公司(供应商)所有和运营。供应商不能从其他发电厂提供电力。供应商在与客户签订合同前几年,设计并建了发电厂——客户未参与该设计。客户向供应商发出送电指示。指令详细说明了向客户送电的数量和时间。供应商每天按照行业批准的操作规程操作和维护发电厂。客户和供应商在合同开始时商定了发电厂的维护计划。客户的唯一决策权与送电指令相关。供应商可将客户未购买的电力出售予其他客户。

该合同不包含租赁。

虽然合同的履行取决于发电厂的使用，但客户不具有控制其使用的权利，因为其不具有能力主导发电厂的使用。供应商具有该能力。供应商作出发电厂如何运营的所有决策。

实际上，客户确定何时发电的能力，仅使其能够指定发电厂的产出。但是，在不具有其他决策权的情况下，客户不具有能力主导发电厂的使用。

第四节 完善具体规定阶段

一、2013年11月联合会议

在2013年11月的联合会议[①]中，理事会职员分析了针对《2013年二次征求意见稿》的反馈意见。

（一）支持意见

大多数反馈意见表示，与《2010年征求意见稿》和原规定相比，《2013年二次征求意见稿》的租赁定义有所改进。许多反馈意见认为，《2013年二次征求意见稿》新增的要求，包括识别租赁的规定和具体应用示例，对实务应用都是有益的。一些反馈意见认为，评估合同是否包含租赁的结果将与交易的经济实质相一致。许多反馈意见支持将识别租赁的控制概念与其他准则中的控制概念更紧密地结合起来。一些反馈意见赞同，资产的产能部分不应作为已识别资产。

（二）存在质疑

尽管大多数反馈意见总体上支持《2013年二次征求意见稿》的提议，但大多数反馈意见也认为双方理事会没有提供充分的指引来始终如一地应用该定义。大多数质疑涉及以下方面：(1) 确定承租人何时主导使用标的资产；(2) 评估

---

① IASB/FASB. FASB/IASB Meeting. November 2013. IASB Agenda ref 3A/ FASB Agenda ref 259. Project: Leases. Paper topic: Summary of Feedback on the 2013 ED.

以其他方式确定的资产相关的替代权是否具有实质性。

许多反馈意见指出，主体还需要额外的指引，以适当和一致地确定承租人是否主导已识别资产的使用。一些反馈意见认为，对于某些类型的合同应用仍然存在较大困难，包括船舶运输业中的租船合同、石油和天然气行业、购电协议和分包制造服务协议等。他们认为，《2013年二次征求意见稿》中提供的示例并不完全有用，因为：（1）示例并未解决更加复杂的情况。（2）示例中的分析与提议指引没有充分联系，无法解释应如何应用所提议的指引。

反馈意见对主导资产的使用存在以下疑问：（1）哪些决策属于"对资产使用产生的经济利益产生最重大影响的决策"？（2）客户在资产设计中的参与达到何种程度才能足以认定其有能力主导资产的使用？（3）主导标的资产实际运营的权利具有多大的影响？例如，在资产的运营已由其设计预先确定的情况下。

其他反馈意见认为，"附属"一词涉及确定一项资产是否是提供服务所附属的，该定义不明确，在实务中可能难以一致地解释和应用。

针对确定供应商的替换权是否具有实质性的反馈意见主要包括：（1）实质性替换权应以供应商拥有替换的权利为基础，还是应以替换的发生为基础。（2）其他反馈意见对实质性定义的使用存在疑问。一些反馈意见表示，即使需要客户同意，供应商的替换权也可能是实质性的。此外，还需进一步的指引来解释什么是"阻止供应商以替代资产替换该资产的障碍（经济或其他）"。这些反馈意见主要质疑这些障碍的重要性。

综上，一些反馈意见质疑提议的租赁定义是否过于主观，难以在实务中应用。一些反馈意见也担心应用该定义所需的成本和判断水平。这些反馈意见认为，在没有进一步指引的情况下，可能存在构建交易的机会，以达到合同包含或不包含租赁的结果。

一些反馈意见还对实质购买合同的处理存在疑问。特别是，这些反馈意见要求提供区分实质购买或销售与租赁的相关指引。

（三）其他建议

大多数报表编制者要求提供进一步指引，以澄清以下事项：（1）如何区分合同包含租赁还是仅包含提供服务；（2）替换权何时具有实质性；（3）承租人何时主导标的资产的使用。

大多数报表编制者认为，双方理事会可以进一步调整措辞，使其与其他准则更加一致,或者提供更多的示例和实施指南,以进一步解释双方理事会对如何应用该定义的意图。

许多反馈意见建议双方理事会进一步界定什么是服务。这些反馈意见指出,为服务和租赁提供一个定义将有助于消除这两种交易之间的混淆。

一些反馈者建议保留原准则的租赁定义,要么不做改动,要么改动极小。

二、2014 年 5 月联合会议

在 2014 年 5 月的联合会议[①]中,理事会职员认为,《2013 年二次征求意见稿》提议的租赁定义及其相关原则是适当的,但需要改进相关的应用指引。

理事会职员再次确认了控制概念在租赁定义中的重要性。租赁与服务的区别在于确定客户或供应商在使用期间是否控制标的资产的使用。如果供应商在使用期间控制资产的使用,则合同属于服务合同。相反,如果客户在使用期间控制资产的使用,则合同包含租赁。

理事会职员不建议在新租赁准则中引入服务的定义。双方理事会曾在新收入准则制定中考虑过对服务进行定义,但得出的结论是,很难明确定义服务。如果新租赁准则同时包含租赁和服务的定义,则可能存在合同既不符合服务定义也不符合租赁定义的风险。

(一) 澄清"已识别资产"相关概念

根据收到的关于《2013 年二次征求意见稿》的反馈意见,理事会职员建议进一步澄清供应商是否具有实质性替换权的相关指引。

首先,理事会职员建议澄清,供应商必须具有替换资产的实际能力,其替换权才具有实质性。如果客户可能阻止供应商行使替换权,或者替代资产预期不易获得且无法在合理时间内购买,则供应商不具有替换资产的实际能力。实质性替换权必须有实际能力行使,该原则与《国际财务报告准则第 10 号》中控制三要素的"权力"判断原则一致,该准则也强调,投资方在评估自身是否拥有权力时,只应考虑由投资方或其他方享有的与被投资方相关的实质性权利。

---

① IASB/FASB. REG FASB/IASB Meeting. May 2014. IASB Agenda ref 3A/ FASB Agenda ref 282. Project: Leases. Paper topic: Definition of a Lease.

权利要具有实质性，持有人必须有实际能力去行使该权利［IFRS 10 para. B22］。

其次，理事会职员建议澄清，为使替换权具有实质性，供应商必须有能力从行使替换权中获得利益（即替换的利益预期将超过替换的成本）。该原则也与《国际财务报告准则第10号》有关实质性权利的判断类似，该准则也将权利持有人能否从行使权利中获得利益作为确定权利是否为实质性权利的因素之一［IFRS 10 para. B23（3）］。

理事会职员认为，澄清实质性替换权必须使供应商从行使该权利获得利益，优点在于：

（1）可以客观清晰地说明评估实质性替换权的方法。相对于《2013年二次征求意见稿》将"替换成本过高，以至于对替换资产产生经济抑制作用"作为表明存在替换"障碍"的因素之一，该澄清提供了更加客观的方式来评估实质性替换权。有反馈意见指出，征求意见稿的表述可能意味着需要评估替换成本需达到多大程度，才能导致经济抑制作用，这需要提供进一步判断指引。澄清供应商必须有能力从行使替换权中获得利益，是指替换的利益预期将超过替换的成本，可以更加清晰地说明如何评估。也就是说，供应商一般不会行使不经济的替换权，从而不具有实质性。

（2）可以简化《2013年二次征求意见稿》所提议的评估过程。很明显，因为替换的成本高于收益，供应商不会从行使替换权中获得利益。

（3）可以减少构建交易或合同的机会。合同双方可能很难为了将合同设定为服务合同，而将不具有实质性的替换权写入合同，因为客户必须支持供应商从行使替换权获得利益的诉求，才可能同意签订含有实质性替换权的条款。

此外，很多反馈意见也指出，当客户对供应商替换资产的成本相关信息知之甚少时，则客户很难评估供应商的替换权是否具有实质性。为解决该问题，理事会职员建议增加一项规定，即如果客户无法确定供应商的替换权是否具有实质性，则应假设该替换权不具有实质性。理事会职员认为，大部分情况下，特别是替换将为供应商带来重大利益时，客户应该很清楚该事实。在少数情况下，如果客户确实很难客观评估供应商替换的成本和收益，该规定可以解决客户的评估问题。同时，如果客户有能力进行评估，该规定也允许进行评估。

（二）澄清"控制已识别资产使用的权利"相关概念

根据所收到的反馈意见，理事会职员建议对"控制已识别资产使用的权利"相关概念进一步澄清，主要包括以下几个方面：（1）对反馈意见提出的问题进一步澄清；（2）强调租赁的评估应基于整个使用期内标的资产使用相关的决策和利益；（3）如果适当，考虑引入合并财务报表准则和即将完成的新收入准则中控制权相关的具体指引。

1. 关于经济利益

《2013 年二次征求意见稿》提议，客户从资产的使用获得利益的能力是指，在整个合同期内，客户获得从该资产使用产生的几乎全部潜在经济利益的权利。根据所收到的反馈意见，理事会职员建议，将"经济利益"的概念和指引与即将发布的新收入准则相关概念和表述进一步协调一致。

在 2011 年 11 月发布的《客户合同收入（二次征求意见稿）》中，将资产产生的利益定义为"可以多种方式直接或间接获得的潜在现金流量"。同时列举了获得潜在现金流量的方式，包括（1）使用资产以生产商品或提供服务；（2）使用资产以提升其他资产的价值；（3）使用资产以清偿负债或减少费用；（4）出售或交换资产；（5）将资产作为贷款的抵押担保品；（6）持有资产等。

理事会职员认为，上述列举的方式中并非全部均适用于租赁合同，因为承租人并未获得标的资产的所有权。但是，部分方式对于租赁也是适用的，例如，承租人可以通过以下方式获得潜在现金流量：（1）使用资产以生产商品或提供服务；（2）使用资产以提升其他资产的价值；（3）将资产转租赁。

此外，理事会职员认为，以使用标的资产产生的潜在现金流量来定义利益，并在考虑对使用产生的经济利益影响最大的决策时更加强调此类现金流量是有益的。

2. 关于主导资产使用的决策权

《2013 年二次征求意见稿》提议，当合同让渡的权利使客户有能力就资产的使用作出决策，从而在整个合同期内对使用资产产生的经济利益产生最重大影响时，客户有能力主导资产的使用。同时列举了可能对资产使用产生的经济利益产生最重大影响的决策例子。但是，《2013 年二次征求意见稿》并未对客户和供应商同时具有决策权时，如何确定哪一方有能力主导资产的使用提供具体指引。

理事会职员赞同《2013 年二次征求意见稿》提议的基本原则。理事会职员注意到，《国际财务报告准则第 10 号》和《主题 810——合并》（以下简称《主题 810》）包含了确定哪一方对被投资方拥有权力的指引，但是，并未包含在多方拥有决策权的情况下，如何考虑各项决策权的影响相关指引。

理事会职员认为，在新租赁准则下，也不可能针对所有事实和情况提供详细的判断指引,但是,新租赁准则中可以包括以下方面的指引:(1)某些决策权是否以及何时可能比其他决策权对使用产生的潜在现金流量产生更大的影响。(2)决策的时点是否影响评估这些决策对资产使用产生的潜在现金流量的影响。

(1) 对潜在现金流量产生最大影响的决策

理事会职员建议澄清,在大多数情况下,有关资产在使用期间的使用方式和使用目的的决策,是对使用产生的潜在现金流量产生最大影响的决策。例如,决定卡车在何时何地行驶及运输什么货物,决定零售店销售什么产品,建筑工程项目使用什么施工设备等。"使用权模型"的前提是,承租人通过签订租赁合同从资产使用中获得经济利益(现金流量)。因此,有关资产使用目的的决策通常对资产使用产生的潜在现金流量影响最大。如果客户有权决定资产在使用期内的使用目的和使用方式,则在大多数情况下都属于租赁。

理事会职员认为,虽然有关如何运营(操作)资产的决策也很重要,但此类决策对现金流量的影响不会超过对资产使用方式和使用目的的决策的影响。在大多数情况下,有关资产运营的决策取决于资产使用方式和使用目的的决策。资产使用目的的决策为资产运营的决策设定了参数,决定资产使用目的的参数通常会限制资产运营决策的自由裁量权。因此,有关资产运营的决策对现金流量的影响要小于对资产使用方式和使用目的的决策。例如,有关船舶运营(操作)的决策取决于有关船舶使用目的、船舶航线和航行时间的决策。操作船舶有一定的自由裁量权,但是,对使用船舶产生的现金流量影响最大的决策是有关该船舶何时何地行驶、运输什么货物(通常是指以什么价格运输货物)的决策。

> **示例 2-5-13:船舶合同(定期租船)**
>
> 客户与供应商签订了一份为期5年的指定船舶租赁合同。
>
> 客户确定是否运输及运输什么货物,交货的时间和地点,并在合同期内作出此类决策,即客户决定船舶何时驶向哪个港口。
>
> 供应商操作和维护该船舶,并对船上货物负责。客户不能雇佣其他船舶操作方。

该合同包含租赁。客户有能力通过作出对资产使用产生的现金流量产生最大影响的决策来主导该船舶的使用。这是因为,在5年租赁期内的每一天,客户可以确定或变更该船舶的使用方式和使用目的,即船舶航行的地点和时间,运输的货物类型。供应商对船舶的操作具有自由裁量权,这些操作决策可能影响使用产生的现金流量。但是,这些操作决策取决于客户对船舶航程的指示。例如,供应商可以决定船舶行驶的确切路线和每天行驶的确切速度。但是,这些决策的自由裁量权可能是有限的,从而对使用产生的整体现金流量影响较小,因为船长必须确保船舶按照客户的指示到达目的地。间接地,客户可能通过指定船舶何时必须到达指定目的地,对船舶必须行驶的路线和速度产生了相当大的影响。客户应对合同中的租赁部分和非租赁部分分别进行会计处理。

理事会职员认为,在大多数情况下,确定有能力对资产的使用方式和使用目的作出决策的一方是评估是否存在租赁的决定性因素。但是,某些情况下,对资产使用方式和使用目的的决策可能不是决定性因素。此时,可以进一步澄清,在少数情况下,其他决策,如有关资产运营的决策,或客户是否参与设计资产,将对使用资产产生的潜在现金流产生最大的影响。

其中一种情况是,当客户确定了资产的使用方式和使用目的(客户随后不能更改这些决策)是作为确定合同的一部分时,控制使用方式和使用目的的决策不会成为评估租赁的决定性因素。在这种情况下,客户对资产的使用方式和使用目的的决策权使其只能指定资产的产出。在没有任何其他与资产使用相关的决策权的情况下,指定资产产出的能力赋予了客户与其他购买服务的客户相同的权利。因此,单独指定资产的产出(如资产生产的商品或服务的数量和规格)并不意味着客户有能力主导该资产的使用。然而,作为确定合同的一部分,仅仅确定资产的使用方式和使用目的并不意味着不存在租赁。如果客户保留了对资产使用产生的潜在现金流影响最大的其他决策权,则合同仍可能包含租赁。

> **示例 2-5-14:船舶合同(航次租船)**
>
> 客户与供应商签订了一份以指定船舶从伦敦到悉尼运输货物的合同,货物将占据该船舶全部的载重量。
>
> 合同约定,客户决定要运输的货物,以及在悉尼交货的时间和地点。客户对资产的使用没有进一步的决策权,即客户不能在不改变合同条款的情况下变更其指令。
>
> 供应商操作和维护该船舶,并对船上货物负责。

该合同不包含租赁。实际上，在协商合同条款时，客户已经决定了在运输期间船舶的使用方式和使用目的。但是，由于客户在合同生效后没有任何关于船舶使用的决策权，供应商是唯一一方，通过其有关船舶操作的决策，可以显著影响船舶使用产生的现金流量。

在本例中，客户的决策权仅限于指定船舶使用的产出。如果客户只是 10 个客户中的一个，其货物占据了船舶载重量的十分之一，则客户不具有主导船舶使用的能力。

> **示例 2-5-15：卡车租赁合同**
>
> 客户与供应商签订了一份以指定卡车从纽约到旧金山运输货物的合同，该卡车仅运输该客户的货物。
>
> 合同约定，客户决定要运输的货物，以及在纽约装货和旧金山交货的时间和地点。
>
> 客户对卡车从纽约到旧金山的运输负责。

该合同包含租赁。客户在协商合同条款时，实质上确定了卡车在运输期间的使用方式和使用目的。单独考虑，该决策权仅仅赋予客户指定使用该卡车的产出的能力。但是，由于仅有客户有能力对使用期间该卡车的运营作出决策，客户是能够对该卡车在使用期间使用产生的潜在现金流量产生重大影响的唯一一方。

理事会职员认为，在极少数情况下，即使在合同期内可以对资产使用方式和使用目的作出决策，但该决策可能不会对资产使用产生的潜在现金流量产生最大影响。这类情况包括：（1）资产的运营方式对资产使用产生的潜在现金流量具有重大影响；（2）在运营资产时具有重大自由裁量权，且对资产使用产生的潜在现金流量产生重大影响；（3）在使用期间很少作出或变更有关资产使用方式和使用目的的决策。

> **示例 2-5-16：钻井服务合同**
>
> 客户与供应商签订了一份为期 3 年的海上油井开采合同。
>
> 合同指定了所使用的钻井设备。客户负责钻井的位置，并主导何时何地重新安置钻机；但是，客户预期在合同期内不会移动钻井平台，因为移动钻

井平台的成本非常高。只有在原始位置出现不可预见的问题时,客户才会变更钻机的位置。

供应商负责钻机的维护和操作,并确定钻井计划。钻井平台的操作是高度专业化的,需要受过专门训练的员工。客户不得为该钻机雇佣其他操作人员,也不得参与钻机的操作。

该合同不包含租赁。供应商对钻井平台运营的决策权预期将对钻井平台的现金流产生重大影响。由于钻井平台的操作是高度专业化的,涉及较大范围的自由裁量权,因此,钻井平台的运营方式预期将对使用钻井平台产生的现金流量(本案例中,是生产、销售或使用了多少石油)产生最重大的影响。虽然客户有能力在使用期间通过变更钻机的位置来决定钻机的使用方式和使用目的,但如非必要,这些决策预期不会经常变更。因此,这些决策权预期不会如供应商的经营决策权一样对使用钻井平台产生的潜在现金流量产生重大影响。

示例 2-5-16(a)

假设客户与供应商签订了一份为期3年的海上油井开采合同。

合同指定了用于钻井的钻探设备。客户负责钻井的位置,并主导何时何地重新安置钻机;由于这些钻井将用于勘探目的,客户预期将在使用期间多次变更钻机的位置。

供应商负责维护和操作钻井平台,鉴于勘探和使用的钻井平台的性质,合同使用的特定钻井平台操作不像示例 2-5-16 那么复杂,因此,在操作中涉及的自由裁量权比示例 2-5-16 要少。合同禁止客户为钻机雇用其他操作人员。

该合同包含租赁。客户有能力主导钻机的使用,并作出最能影响钻机使用的经济利益的决策。这是因为客户可决定钻机的位置。

尽管供应商负责钻井平台的操作,但考虑到这些钻井平台的复杂性较低(与示例 2-5-16 相比),在该勘探方案中,操作决策对经济利益的影响不如对位置的决策那么大。客户对钻机位置的决策权(使用方式和使用目的)导致客户的决策对使用产生的现金流产生最重大的影响。客户应将合同中的租赁部分与非租赁部分分别进行会计处理。

(2)租赁开始前作出的决策

理事会职员建议澄清,通常情况下,评估租赁应考虑的决策是在使用期间作出的决策，而不是租赁开始日之前作出的决策（关于标的资产的设计决策除外）。该原则与《国际财务报告准则第 10 号》和《主题 810》的原则一致，即投资者通常必须具备主导相关活动的现时能力才能拥有控制权。该澄清可以减少需要考虑的决策数量，把重点放在使用期间作出的决策上。

《2013 年二次征求意见稿》建议，对于在合同开始日后几乎没有实质性决策（如果有）的合同，客户可以通过参与设计标的资产，或确定合同条款和条件来主导资产的使用。理事会职员认为，如果客户设计标的资产（或主导设计标的资产）以对潜在现金流量产生重大影响的方式使用，则可以得出存在租赁的结论。

此外，理事会职员建议澄清，即使在使用期间需要作出实质性决策，在评估租赁时也应考虑客户就标的资产的设计作出的决策。

示例 2-5-17：太阳能发电厂

客户与供应商签订了一份为期 15 年的合同，从一个尚未建成的太阳能发电厂购买电力。合同要求客户购买该太阳能发电厂产生的所有电力。

客户负责设计太阳能发电厂——客户聘请太阳能专家协助确定发电厂的位置和使用的设备。

供应商负责太阳能发电厂的运营和维护，在太阳能发电厂建成后，运营或维护过程几乎不涉及影响其使用产生的现金流量的决策。

该合同包含租赁。客户有能力通过作出对使用产生的潜在现金流量影响最大的决策来主导太阳能发电厂的使用。通过对太阳能发电厂的设计作出决策，客户确定了太阳能发电厂在整个使用期内的使用方式和使用目的，以及太阳能发电厂如何运营。由于在合同开始日后，不存在就太阳能发电厂的使用或运营作出实质性决策，供应商对太阳能发电厂进行的运营和维护不会对太阳能发电厂的使用产生的现金流量产生重大影响，客户在设计太阳能发电厂时的决策对其使用产生的潜在现金流量影响最大。

3. 关于对资产使用的限制

《2013 年二次征求意见稿》指出，限制客户使用资产的保护性权利，单独考虑，不会妨碍客户具有主导资产使用的能力。部分反馈意见询问，此类限制达到什么程度可能妨碍客户主导资产使用的能力。

理事会职员认为，根据《国际财务报告准则第 10 号》和《主题 810》相关指引，加入一些关于保护性权利的额外措辞是有用的。可以进一步解释，在大多数租赁中，出租人希望保护其对资产的剩余权益，从而可能在租赁期内对标的资产的使用方式有一定限制。例如，对资产使用量或资产运营时间的限制，类似于对作为借款担保的自有资产的限制，旨在保护出租人的利益，而不是剥夺承租人在租赁期内直接使用标的资产的能力。这些限制从根本上缩小了承租人使用资产的权利范围，可能影响租赁价格，因此，这些限制可能影响使用权的计量金额，但不会影响使用权的存在性。

但是，理事会职员也建议澄清，如果限制非常严格，则客户实质上：（1）不具有作出对潜在现金流量产生重大影响的决策的能力；或（2）对现金流量不享有权利。在这种情况下，对资产使用的限制可能妨碍客户主导使用该资产的能力。

4. 关于提供服务附属资产

《2013 年二次征求意见稿》提议，如果客户只能将资产与供应商提供的其他商品或服务一起使用才能获益，或者该资产是提供服务附属资产，则客户不具有从资产的使用获得利益的能力。

反馈意见对上述提议基本持反对意见，主要存在以下问题：（1）该提议不够清晰，反馈意见要求澄清"附属"的含义。（2）很难具体应用。例如，客户可能并不知晓商品或服务是否由其他供应商单独销售，且评估可能随时间推移而发生变化。（3）可能无法涵盖理事会意图涵盖的合同。例如，在某些国家和地区，有线电视机顶盒可能是单独出售的，从而可能不满足提供服务附属资产的条件。（4）可能无法涵盖该概念意图涵盖的合同。例如，某些合同的服务成分是主要成分，或者供应商必须通过提供服务来履行合同，但是，该合同可能同时赋予客户控制标的资产使用的权利。

根据上述反馈意见，理事会职员不建议继续保留提供服务附属资产相关指引。

理事会职员认为，在大多数情况下，不需要单独规定提供服务附属资产相关指引，以控制的一般指引也能得出同样的结论。例如，在电视服务合同中，电视机顶盒需放置于客户家中。机顶盒除用于接收电视信号外，对于客户无其他用处。此时，客户并未控制机顶盒的使用，因为客户无法作出任何影响使用机顶盒产生的潜在现金流量的决策。供应商已对机顶盒进行编程来提供指定的电视服务，并控制了向机顶盒提供的电视内容。此外，客户通常也不能使用机顶盒来接收其他电视服务。在这种情况下，客户实质上只是在服务提供商提供的电视节目范围内选择电视节目，不能主导机顶盒的使用。因此，无论是以提供服务附属资产的规定判断，还是以控制资产使用的规定判断，此类电视服务合同均不存在租赁。

此外，理事会职员认为，如果不对上述指引进一步修订和澄清，将可能导致：（1）鼓励人为构建交易；（2）与收入确认原则不一致；（3）最重要的是，可能与控制基本原则相冲突。即，即使客户控制了已识别资产的使用，也可能导致合同被整体认定为服务合同。

综合上述各方反馈意见，理事会职员建议删除有关服务附属资产的指引，仅依据租赁的核心定义进行判断即可。

（三）职员建议

根据前述分析，理事会职员就租赁定义提出以下建议。

（1）保留《2013年二次征求意见稿》中支持租赁定义的原则，该原则要求主体评估：①合同履行是否取决于已识别资产的使用；②合同是否让渡了在一段期间内控制已识别资产使用的权利以换取对价。

（2）澄清关于"合同履行是否取决于已识别资产的使用"条件的以下方面：①当供应商没有实际能力替换资产，或供应商不会从替换资产中受益时，合同履行取决于已识别资产的使用；②如果客户无法确定供应商是否有实际能力替换资产，或供应商是否会从替换受益，则客户应认定合同履行取决于已识别资产的使用。

（3）澄清关于"控制已识别资产使用的权利"条件的以下方面：①评估的重点在于使用期间影响资产使用产生的潜在现金流量的能力；②增加关于哪些决策属于对资产使用产生的潜在现金流量产生最重大影响的决策；③删除《2013年二次征求意见稿》中关于提供服务附属资产的指引。

三、2014年10月联合会议

在2014年10月的联合会议[①]上，理事会职员对2014年5月会议的分析和建议进行了重新梳理，并针对是否增加"获得经济利益的能力"的要求进行了详细讨论。

[①] IASB/FASB. FASB/IASB Meeting. October 2014. IASB Agenda ref 3A/ FASB Agenda ref 299. Project：Leases. Paper topic：Definition of a Lease.

(一) 关于已识别资产

根据前期会议讨论,在本次会议中,理事会职员建议,租赁定义应明确租赁涉及明确或隐含指定的已识别资产的使用。如果供应商有实质性权利替换用于履行合同的资产,则合同不涉及已识别资产的使用。在以下情况下,供应商具有替换资产的实质性权利:(1)具有替代资产的实际能力;(2)可以从行使替换权受益(即与替换资产相关的经济利益预期将超过相关成本)。

(二) 关于主导已识别资产使用的权利

相对于前期会议意见,在本次会议中,理事会职员建议进一步澄清,客户在整个使用期的"任何时点"均有能力决定资产使用方式和使用目的,则客户能够主导资产的使用。理事会职员认为,这样可以简化租赁定义的评估,客户不需要在有关资产使用的所有决策中权衡孰重。

(三) 关于获得经济利益的能力

在本次会议中,理事会职员建议讨论确定是否需要在最终准则中增加一项要求:"客户必须有能力通过单独或与客户随时可用的资源一起使用已识别资产来获得经济利益,才能控制已识别资产的使用"。该概念与《2013年二次征求意见稿》中的"服务附属资产"类似。理事会职员提出了以下两种解决方案。

1. 方案 A:在最终准则中包含该要求

方案 A 是在最终准则中包含该要求。该要求表明,供应商在租赁开始时的履约必须能够为客户带来可能的未来经济利益,即与供应商的后续履约可明确区分。

随时可用资源,是指由供应商或其他主体单独出售的商品或服务,或可由客户在合理时间内采购的资源。举例来说,随时可用资源通常包括但不限于以下资源:(1)供应商或第三方单独出售的服务。例如,主体可从其他公司雇佣机组人员来驾驶飞机。(2)供应商或第三方为运营和维护标的资产而单独出售的服务。例如,为使用租入的办公楼,主体可从其他方获得的物业管理和其他服务。(3)可直接从供应商或第三方雇佣的受过培训的人员,或在市场上随时可用的人员。如市场上随时可雇佣的卡车司机或叉车操作员。(4)由供应商或第三方单独出售的其他耗材。

相反,如果主体需要在较长时间内从市场上汇集所需的专业知识,从而主导资产使用并获得经济利益,则资源不属于"随时可用"。例如,假设客户签订了使用高度专业化资产和专业化运营服务的合同。客户不具备操作资产的专业知识,客户也不容易获得此类专业知识。此时,如果没有供应商的服务,资产将处于闲置状态,在供应商提供专业化运营服务之前,客户将无法作出有关资产使用方式和使用目的的任何决策,也无法获得任何经济利益。

根据方案 A,客户需要考虑其从主导资产使用中获得所有类型的经济利益的能力,如转租资产的利益。在该方法下,如果客户只能从合同中获得附带或少量的利益,则客户不属于可通过单独或与其他随时可用资源一起使用资产来获得利益。例如,客户仅通过使用设备进行储存(如使用专用火车车厢或施工车辆的车厢来储存),则仅能从使用该设备获得很少的经济利益。

根据方案 A,主体在评估客户是否有能力通过单独或与其随时可用的其他资源一起使用已识别资产来获得经济利益时,应考虑以下因素。

(1) 主体应忽略合同中的某些条款或条件。例如,应忽略禁止转租或从另一方获得服务的合同限制。此类合同限制不会影响资产是否在合同开始时被转移给客户;如果考虑此类限制,还可能导致构建交易。

(2) 主体应考虑合同中个别客户的特有资源。例如,设备租赁是客户拥有类似资产,从而能够独立运营资产的租赁,而不是客户不具有随时可用的第三方资源,不具有受过类似培训的员工的租赁。

方案 A 的主要优点是,对于供应商在租赁期开始日的履约未向客户交付资产的合同,不需要确认租赁资产和租赁负债。当客户无法通过单独或与其随时可用的资源一起使用已识别资产来获得经济利益,则客户实现未来经济利益的能力取决于供应商的后续履约。因此,在此类情况下,如果将合同作为租赁进行处理,将造成虚增资产和负债。

"单独或与客户随时可用的资源一起使用并获得经济利益"概念,与新收入准则项目中的概念类似。在 2013 年制定新收入准则时,双方理事会曾提议:"当同时发生以下事项时,客户不具有从资产使用获得经济利益的能力:(1)客户仅能将资产与供应商提供的额外商品或服务一并使用才能获得利益,且该额外商品或服务并非供应商或其他供应商单独出售的;(2)该资产附属于提供的服务,因为该资产被设计为仅与供应商提供的额外商品或服务一起使用。在此类情况下,客户获得了一揽子商品或服务,这些商品或服务组合起来提供了客户合同中的整体服务。"

2. 方案 B:不在最终准则中包含该要求

方案 B 提议,评估租赁不需要进行方案 A 所述的"获得经济利益的能力"

测试。方案 B 认为，通过测试客户是否有能力主导资产使用，并获得使用资产几乎全部经济利益，足以确定客户是否控制已识别资产的使用。

理事会职员指出，方案 A 和方案 B 在大多数情况下得出的结论是相同的。理事会职员希望两种方案得出不同结论的合同是，如使用专用设备的合同，其中：（1）供应商还需要提供专业运营服务，这些服务是客户无法自行履行或从其他方单独购买的；（2）客户也无法以其自身将该资产转租。即，除了与该供应商的服务以外，不存在单独转租该资产的市场。

3. 职员意见

总体上，理事会职员建议采用方案 B，不在最终准则中包含该要求。理事会职员认为，虽然方案 A 可能带来一些好处，但其收益不会超过其成本。主要理由如下：

（1）方案 A 增加的判断和复杂性将适用于所有租赁的评估，但很可能仅有少部分合同将得出不同的结论。增加方案 A 的规定不符合成本效益原则；

（2）方案 A 可能产生预料之外的后果。根据方案 A 的指引，实务中可能将某些理事会认为应当作为租赁的合同，按照非租赁合同进行处理。

（3）方案 A 可能导致投资者和分析师可获得的信息减少。根据方案 A，主体可能将某些合同作为非租赁合同处理，但投资者或分析师可能将此类合同视为租赁，从而导致主体提供的信息减少。

（4）部分职员认为，评估控制资产使用的一般原则足以认定是否存在租赁，即，评估租赁仅需要考虑客户是否有权主导资产使用，并获得使用资产几乎全部经济利益。

4. 方案 A 应用示例

在本次会议中，理事会职员讨论了 8 个典型案例，其中涉及方案 A 的影响分析（见表 2-5-5）。

表 2-5-5   应用示例清单

示例	主要内容
示例 1：零售单元	该示例与最终版《国际财务报告准则第 16 号》"示例 4：零售单元"基本一致
示例 2：百货专卖店 （本书示例 2-5-18）	该示例未纳入最终版《国际财务报告准则第 16 号》
示例 3：酒店房间 （本书示例 2-5-19）	该示例未纳入最终版《国际财务报告准则第 16 号》

续表

示例	主要内容
示例4：专用设备 （本书示例2-5-20）	该示例未纳入最终版《国际财务报告准则第16号》
示例5：卡车租赁	该示例与最终版《国际财务报告准则第16号》"示例5：卡车租赁"基本一致
示例6：自卸卡车 （本书示例2-5-21）	该示例未纳入最终版《国际财务报告准则第16号》
示例7：衬衫合同	该示例与最终版《国际财务报告准则第16号》"示例8：衬衫合同"基本一致
示例8：飞机"湿租"	该示例与最终版《国际财务报告准则第16号》"示例7：飞机"基本一致

上述示例中，纳入最终版《国际财务报告准则第16号》的示例不再详细赘述。以下为本次会议讨论，但未纳入最终版准则的示例。

示例2-5-18：百货专卖店

客户与供应商签订了一份合同，在一家大型百货公司内提供指定数量的空间。客户后续可使用该空间销售其品牌商品。

合同指定了确切的空间大小，且空间必须位于百货公司的二楼。但是，供应商有权在合同期限内任何时点变更分配给客户的空间位置，且不产生任何相关费用。供应商还向客户提供其他服务。

该合同不包含租赁，因为其不涉及已识别资产的使用。尽管合同指定了专卖店空间的大小，但实际空间并未明确或隐含指定。供应商可以随时变更分配给客户的空间，且假设供应商可以从替换空间受益，因为替换无任何成本。因此，客户未控制已识别资产的使用。

示例2-5-19：酒店房间

航空公司与某酒店签订了一份合同，在该酒店预订50间客房，为期2年，供其员工在航班之间使用。

合同未指定履行合同需使用的房间，但指定了房间的特定尺寸，应配备的特定数量和类型的床。

该酒店有多个房间可以满足这些规格。

该合同不包含租赁,因为其不涉及已识别资产的使用。尽管合同要求特定规格的酒店房间,但合同没有明确或隐含地指定用于履行合同且只能由航空公司使用的特定酒店房间。该酒店拥有多个可用于履行合同的酒店房间。

因此,航空公司并未主导任何特定酒店房间,也无权获得主导其使用产生的几乎全部经济利益。对于特定夜晚的特定酒店房间,入住者(可能是也可能不是航空公司的人员)将主导房间的使用,并有权从主导夜晚使用该房间获得经济利益。

> **示例 2-5-20:专用设备**
>
> 客户与供应商就设备 B 的使用签订了一份为期 5 年的合同。
>
> 设备 B 在合同中明确指定。除非设备 B 无法工作,否则供应商不能用另一台设备替换设备 B。
>
> 设备 B 是由供应商操作的专用设备。尽管如此,合同赋予客户在整个 5 年合同期内决定是否、何时、何地使用设备 B,以及执行什么任务(例如,生产什么或运输什么)的权利。

该合同包含租赁。

该合同涉及已识别资产。设备 B 在合同中明确指定,除非无法工作,否则供应商无权替换该资产。

客户具有主导该资产使用的权利。这是因为可作出有关设备 B 的使用方式和使用目的的决策。客户在整个使用期间决定是否、何时、何地使用设备 B,以及执行什么任务。这些决策权赋予客户主导已识别资产使用的权利,无论供应商是否根据合同条款运行该资产。

客户也有权从主导已识别资产的使用获得几乎全部的经济利益。在整个合同期内,任何其他方都不能使用该设备。

客户应将合同的租赁部分与服务部分(供应商提供的运营服务)分别进行会计处理,仅针对租赁付款额确认租赁资产和负债。

进一步分析——获得经济利益的能力(方案 A)

如果满足以下条件则不存在租赁:

(1)客户无法单独或与其他随时可用资源一起操作该专用资产。供应商对其在市场上不易获得的设备具有专业知识(即,运营服务不是由供应商或其他第三方单独提供的,并且无法在合理的时间内获得)。

(2) 客户无法从主导已识别资产的使用获得较大部分的经济利益（例如，没有市场可将资产与供应商提供的运营服务分别转租）。

> **示例 2-5-21：自卸卡车**
>
> 客户签订了使用指定自卸车 3 年的合同。合同指定由持证操作员操作卡车。合同指定，客户将使用自卸卡车将煤炭从加拿大阿尔伯塔省的一个矿场运输到附近的铁路堆场。客户将操作资产并确定是否及何时使用自卸卡车。假设供应商不具有实际能力替换自卸卡车。

该合同包含租赁。

自卸卡车已明确指定，供应商不具有实际能力替换卡车。

客户主导卡车的使用。尽管自卸卡车的使用目的已在合同中预先确定（故由供应商和客户共同商定），但客户在整个使用期间仍保留了与自卸卡车使用方式有关的决策权（例如，是否及何时使用自卸卡车），并控制资产的运营方式。

在整个使用期间，客户有权从主导卡车使用获得几乎全部经济利益，因为客户始终控制卡车的使用，其他方无法使用卡车。

进一步分析——获得经济利益的能力（方案 A）

该合同包含租赁。

客户可以独立于供应商从主导自卸卡车的使用获得经济利益（即，从其自身的卡车操作及随时可用的燃料和其他供应中获得）。

四、2014 年 12 月联合会议

在 2014 年 12 月的会议[①]中，双方理事会继续讨论了是否在最终准则中要求客户必须有能力通过单独或与客户随时可用的资源一起使用已识别资产来获得经济利益，才能控制已识别资产的使用（"获得经济利益的能力"）。

---

① IASB/FASB. FASB/IASB Meeting. December 2014. IASB Agenda ref 3A/ FASB Agenda ref 301. Project：Leases. Paper topic：Definition of a Lease – Ability to Derive the Benefits from Directing the Use of an Identified Asset.

(一) 理事会成员的反馈意见

在 2014 年 10 月的会议中，理事会成员详细讨论了本问题。

部分理事会成员支持该提议。这些理事会成员表示，如果客户在没有供应商持续参与的情况下，无法从主导资产使用获得利益，则在使用期开始时可能不存在资产。

部分理事会成员对包含"获得经济利益的能力"和不包含该要求的实际区别是什么存在疑问。讨论表明，是否包含该要求导致合同是否存在租赁的不同结论影响可能很小。事实上，讨论也并未明确识别出哪些具体合同将得出不同结论。部分原因可能是无法确定哪些类型的服务能够单独出售，哪些不能。部分理事会成员指出，实际上，几乎任何商品或服务都可能外包给第三方，从而可以单独出售。

部分理事会成员对引入该要求的后果表示担忧。其关注的主要问题包括：

（1）在租赁中引入了一项在购买资产时不会考虑的额外要求。部分理事会成员指出，在确定何时确认所购买的不动产、厂场和设备或无形资产时，并没有类似"获得经济利益的能力"的要求。当不动产、厂场和设备等项目的控制权已转移给客户，客户可以确认该资产（并单独对专业服务进行处理）；但是，当使用权资产的控制权已转移给客户，客户却可能不能确认使用权资产，这样的结果难以理解。

（2）由于个别客户的资源和地理位置不同，对具有相同权利的不同合同，其是否包含租赁的结论可能不同。

（3）由于供应商的商业模式不同，即供应商是单独销售商品或服务，还是作为一揽子产品销售，对是否包含租赁的结论可能不同；该结论还可能随时间推移因供应商商业模式的变化而发生变化。

（4）引入一项依赖主观判断的要求可能带来预料之外的后果，从而可能导致构建合同从而仍然采取表外核算。此外，部分理事会成员对方案 A 中的某些术语存在疑问，包括"随时可用""较大部分"和"合理时间内"等。

相反，部分理事会成员在一定程度上支持引入该要求，其主要理由为：

（1）资产的定义包含主体控制的由过去事项形成的经济资源或利益的要求。在租赁中，经济利益来自供应商的履约能够使标的资产可供客户使用。客户不能通过单独或与客户随时可用的资源一起使用已识别资产来获得经济利益，则不满足资产定义。

（2）虽然上述其他理事会成员就购买不动产、厂场和设备提出的观点具有一定道理，但是，在实务中，如果主体无法单独或与其他单独出售的资源一起从不动产、厂场和设备获得未来经济利益，则主体不会购买该不动产、厂场和设备。

（3）主体可能根据不同资源或商业模式对类似合同得出不同结论，这并不是问题。在此类情况下，不同的结论可能更加能够如实反映经济实质的不同。

（二）职员分析

根据理事会成员的反馈意见，理事会职员在2014年10月会议讨论的基础上进一步提出了三个备选方案。

（1）方案1：与2014年10月讨论的方案A一致。本次讨论的方案1将在租赁定义中包含"获得经济利益的能力"要求，但根据理事会成员的反馈意见进行重新表述。

（2）方案2：2014年10月的讨论未提出该方案。本次讨论的方案2提议，根据"获得经济利益的能力"要求，进一步完善"提供服务附属资产"概念。

（3）方案3：与2014年10月讨论的方案B一致。本次讨论的方案3建议不在租赁定义中包含"获得经济利益的能力"要求。

1. 方案1：包含"获得经济利益的能力"要求

本次会议的方案1基于2014年10月会议讨论的方案A，但根据理事会成员的反馈意见进行重新表述。本次会议提出的方案1旨在解决两方面的问题：（1）重新审议原方案A的表述方式；（2）明确之前未明确的关键因素。

部分理事会成员对原方案A使用的"随时可用"等术语存在疑虑。他们担心"随时可用"可能会被解释得比预期的更狭窄。例如，有观点可能认为，在一个地区有多个供应商单独销售的服务，对于在另一地区的客户，可能应认定为不是"随时可用"。这不是原方案A的本意。

理事会职员认为，如果考虑单独销售的商品或服务所处的地理位置，则意味着"随时可用"概念需要考虑成本因素，这将增加分析的主观性。事实上，几乎任何可单独出售的商品或服务，均可以合适的价格获得。因此，问题将变为获得成本达到什么水平就意味着单独出售资源对客户来说不是"随时可用"，而确定获得成本的水平将有很大的主观性。

为解决对于"随时可用"的担忧，理事会职员建议不再使用该术语，改为完全依据该术语的核心含义进行表述。理事会职员建议澄清，为满足租赁定义，客户必须有能力单独或与其他资源一起使用已识别资产,这些资源(由供应商或其他方)单独出售,或可在合理期限内以其他方式获得(如雇佣员工或承包商)。根据该澄清,只要有任何供应商单独提供了所需资源,则交易就不是一揽子销售,无论供应商位于何地,或者供应商的成本是否高于其他供应商。

2. 方案2:完善"提供服务附属资产"概念

本次会议讨论的方案2提议,当客户控制了使用已识别资产的权利,仅当资产属于提供服务附属资产时,合同整体属于服务合同。在以下情况下,资产属于提供服务附属资产:(1)客户不具有从主导已识别资产的使用获得经济利益的能力(与方案1一致);(2)合同的资产成分重要性显著低于服务成分。在评估资产成分的重要性是否显著低于服务成分时,方案2要求主体排除供应商或任何其他方单独出售的商品或服务。这将防止仅仅为了达到服务合同而在合同中增加单独的服务成分。

方案2保留了方案1"获得经济利益的能力"的基本原则,但通过增加条件(2),一定程度上减少了可能整体作为服务合同的范围。方案2也保留了《2013年二次征求意见稿》中"提供服务附属资产"的概念,但从规模的重要性(资产占整个合同的比例),服务与资产的整合程度两方面定义了"附属"概念。

通过增加"资产成分重要性显著低于服务成分"条件,方案2一定程度上可以解决理事会成员对预料之外的后果的担忧。相较于方案1,主体更难以服务和资产的专业化来认定整个合同属于服务合同。主体还需要提供证据证明,合同的资产成分重要性显著低于服务成分。

但是,方案2也可能存在以下问题:(1)方案2增加的条件进一步缩小了受影响的合同范围,从而可能更不符合成本效益原则。(2)方案2可能被质疑创造了与资产概念无关的额外要求。在概念上,合同中服务和资产成分的相对比例并不影响客户是否有能力从已识别资产的使用获得经济利益。(3)方案2也会被质疑判断过于复杂。方案2需要判断资产成分相对于服务成分的重要性从而认定是否属于附属资产。对于出租人,通常可以根据其对合同的定价方法进行判断。但是,对于承租人,其获得的信息可能相对较少,从而可能更加依赖主观判断。

3. 方案3:不在最终准则中包含该要求

本次会议讨论的方案3与2014年10月会议中讨论的方案B一致,即不建议在最终准则中包含"获得经济利益的能力"要求。方案3认为,根据控制已识别资产使用的权利的一般原则即可判断是否存在租赁。即，当客户能够主导已识别资产的使用，并获得已识别资产使用几乎全部经济利益，则存在租赁。

最终，在 2014 年 12 月的会议中，双方理事会决议，不在最终准则中包含"获得经济利益的能力"要求。

五、最终准则主要规定

最终，新租赁准则将租赁的定义为："如果合同让渡在一定期间内控制被识别资产使用的权利以换取对价，则合同为租赁合同或包含租赁。"为评估合同是否让渡在一段时间内控制被识别资产使用的权利主体应评估客户是否在整个使用期间拥有如下权利：（1）获得几乎所有因使用被识别资产所产生的经济利益的权利；以及（2）主导使用被识别资产的权利。即采用了上述 2014 年 10 月会议讨论的方案 3，未包含"获得经济利益的能力"要求，也未保留《2013 年二次征求意见稿》中提议的"提供服务附属资产"的概念。

第六章 租赁与实质购买或销售

在租赁会计发展历史上,讨论焦点多关注于租赁合同的"入表"或"出表"问题,即,哪些租赁合同将导致承租人将标的资产和负债纳入资产负债表确认和计量。为此,租赁会计逐步发展出了"融资租赁"和"经营租赁"两种处理模式,承租人对前者需要作"入表"处理,对后者则不需要"入表"。在新租赁准则下,对承租人采用了"使用权模型",不再区分"融资租赁"和"经营租赁",将所有满足租赁定义的合同均确认相关"使用权资产"和"租赁负债",从而统一并解决了租赁合同"入表"问题。

然而,在新租赁准则下可能出现的新问题是,如何区分哪些合同属于实质购买或销售,从而应从新租赁准则范围内排除。由于新租赁准则下的会计处理原则,与实质购买或销售相关会计准则(如固定资产准则、收入准则等)的处理原则仍然存在部分差异,可能导致采用不同处理原则的会计处理结果有所不同,影响报告主体的资产状况和经营业绩。虽然理事会在新租赁准则结论基础部分承认,新租赁准则适用于转移了在一段时间内使用标的资产的权利的合同(租赁合同),不适用于转移了标的资产控制权的合同(实质购买或销售合同),但新租赁准则并未明确提供如何区分租赁合同与实质购买或销售合同的具体指引。实务中,可能对某些合同所适用的准则及会计处理原则存在不同理解,从而影响类似合同会计处理的可比性;同时,不同主体也可能主观选择不同会计政策,从而存在构建交易和调节会计处理结果的机会。

本章对美国准则、国际准则租赁会计发展历史上,以及新租赁准则制定过程中涉及区分租赁与实质购买或销售的相关讨论文献进行了梳理,基于新租赁准则对租赁会计与购买或销售会计处理差异进行了比较,对区分租赁与实质购买或销售的理论原则进行了归纳,并对可能表明属于实质购买或销售的常见合同条款进行了分析,旨在为实务应用提供参考。

第一节 文献综述

一、美国租赁会计相关文献综述

如本书理论篇"第一章 租赁会计发展历史"所述,在美国租赁会计发展历史中,曾多次讨论了如何区分租赁与实质购买或销售,表 2-6-1 中列举了其中较有代表性的主要文献。

表 2-6-1 美国有关区分租赁与实质购买或销售的主要文献

序号	发布年度	发布机构	文件	讨论方向
1	1949	美国会计程序委员会	《会计研究公报第 38 号——在承租人财务报表中披露长期租赁》	租赁与分期购买或销售的区分
2	1962	美国注册会计师协会	《会计研究论文集第 4 号——在财务报表中报告租赁》	租赁与分期购买或销售的区分（基于"财产权"概念）
3	1964	美国会计原则委员会	《会计原则委员会意见书第 5 号——在承租人财务报表中报告租赁》	租赁与分期购买或销售的区分
4	1972	美国会计原则委员会	《会计原则委员会意见书第 27 号——制造商或经销商出租人租赁交易的会计处理》	租赁与分期购买或销售的区分
5	1974	美国财务会计准则委员会	《讨论备忘录——租赁会计相关问题分析》	资本化与费用化的区分
6	1975	美国财务会计准则委员会	租赁会计（征求意见稿）	资本化与费用化的区分
7	1976	美国财务会计准则委员会	租赁会计（征求意见稿）	资本化与费用化的区分
8	1976	美国财务会计准则委员会	美国《财务会计准则第 13 号——租赁会计》	资本化与费用化的区分

美国租赁会计有关租赁与实质购买或销售的区分理论发展,可以分为以下两个阶段。

（1）区分租赁与分期购买或销售阶段。在美国租赁会计发展早期，主要讨论如何区分租赁与分期购买或销售。这一阶段讨论的主要方向是将属于分期购买或销售的交易确认相关资产和负债，而不是仅在支付（或应付）租金时确认相关费用。这一阶段提出了如何区分实质购买或销售交易的若干具体条件，这些具体条件影响了后续美国准则对租赁会计处理模型的分类。

（2）区分资本化租赁与费用化租赁阶段。从美国财务会计准则委员会着手制定租赁会计准则开始，讨论转变为如何区分"资本化租赁"和"费用化租赁"。这一阶段讨论的主要方向是在租赁会计范围内区分出不同的会计处理模型。即，在租赁会计下，如何区分哪些租赁应当"资本化"，从而确认（或终止确认）租赁相关资产和负债；哪些租赁则应当"费用化"，从而不确认（或终止确认）租赁相关资产或负债，仅确认租赁相关费用（或收益）。这一阶段的讨论吸收了之前讨论的成果，将区分实质购买或销售和租赁的部分条件作为区分资本化和费用化的条件。这一阶段的成果体现在最终发布的美国《财务会计准则第 13 号》中，该准则将租赁分类为"资本租赁"和"经营租赁"，该分类构成了此后数十年租赁会计的基础。

二、原国际财务报告准则相关文献综述

如本书理论篇"第一章 租赁会计发展历史"所述，在原国际财务报告准则下，从国际会计准则委员会于 1980 年 10 月发布的第一份租赁准则征求意见稿开始，即受到美国《财务会计准则第 13 号》的影响，主要关注租赁准则范围内的不同处理模型。原国际财务报告准则下的租赁会计采用了与美国《财务会计准则第 13 号》类似的处理模型，将租赁分类为"融资租赁"（对应美国准则的"资本租赁"）和经营租赁分别进行处理。其中，对于区分融资租赁的具体条件，也与美国《财务会计准则第 13 号》的条件类似，仅存在细微差异，如删除了 75%、90% 等规则性的条件。

三、新租赁准则制定相关讨论综述

在新租赁准则制定过程中，双方理事会曾多次讨论了如何区分租赁与实质购买或销售，甚至在《2010 年征求意见稿》中明确提出了区分原则和条件。但是，双方理事会最终决定不在新租赁准则中提供如何区分租赁与实质购买或销

售的规定。主要原因包括两方面：一方面是几乎没有利益相关方支持新租赁准则提供此类规定；另一方面是双方理事会认为，对于属于实质购买或销售的交易，采用新租赁准则与采用购买会计（如固定资产准则）或销售会计（如新收入准则）的处理结果是类似的。同时，双方理事会也承认，新租赁准则适用于转移了在一段时间内使用标的资产的权利的合同，不适用于转移了标的资产控制权的合同［IFRS 16 BC139、BC140］。

表2-6-2列示了新租赁准则制定过程中，涉及如何区分租赁与实质购买或销售的主要会议及讨论内容。

表2-6-2　　　　　新租赁准则制定过程中相关会议及内容

序号	会议日期	文件名	主要议题及建议
1	2009年3月	《租赁——初步意见（讨论稿）》（《2009年讨论稿》）	暂时决定不将属于实质购买的租赁排除在新租赁准则的范围之外
2	2009年10月	《租赁——实质购买或销售》	初步决议将实质购买或销售合同排除新租赁准则范围。倾向于单独对实质购买或销售进行定义，并识别出可能属于实质购买或销售的三种情形
3	2009年12月	《租赁——范围：标的资产的购买和销售》	完整考虑了区分实质购买或销售的原则和条件，包括提出新租赁准则中转移资产控制权的定义、倾向于以"控制模型"判断控制权转移，并讨论了若干可能表明转移资产控制权的情形
4	2010年2月	《租赁——范围：标的资产的购买和销售》	提出了区分实质购买或销售的新方法，以总体原则和解释性段落来替代原先讨论的控制定义和具体条件，并识别出可能属于实质购买或销售的五种情形
5	2010年7月	《租赁——范围：标的资产的购买和销售（已修订）》	删除了之前讨论的属于标的资产购买或销售五种情形中的两种
6	2010年8月	《租赁（征求意见稿）》（《2010年征求意见稿》）	建议将属于实质购买或销售的交易排除新租赁准则范围，并提出可能属于实质购买或销售的两种情形
7	2011年3月	《租赁——区分租赁与购买或销售》	根据针对《2010年征求意见稿》反馈意见，决议不在新租赁准则中提供区分租赁和实质购买或销售相关指引

(一)《2009 年讨论稿》

2009 年 3 月,双方理事会联合发布了《2009 年讨论稿》。

在《2009 年讨论稿》中,双方理事会承认,属于实质购买的租赁也可能包含在原租赁准则范围内。但是,双方理事会暂时决定不将属于实质购买的租赁排除在新租赁准则的范围之外。主要原因是:(1)讨论稿针对承租人提出的会计处理与购买资产的会计处理类似。(2)对实质购买进行定义可能很困难。一些观点可能将实质购买理解为在租赁期结束自动将所有权转让予承租人的情形。另一些观点则可能会扩大范围,如将租赁期涵盖资产整个使用寿命的租赁也包括在内。(3)如果实质购买的定义扩展到包括除转让所有权以外的租赁,区分实质购买和非实质购买的租赁,可能需要制定类似于原租赁准则的具体规则。

(二) 2009 年 10 月联合会议

在 2009 年 10 月的联合会议①中,双方理事会讨论了新租赁准则的范围是否应当明确,代表标的资产的实质购买(承租人)或销售(出租人)的合同不属于该准则范围。双方理事会初步决议,应将此类合同排除新租赁准则的范围,并着手制定如何区分实质购买或销售合同的具体条件。

在 2009 年 10 月的会议中,双方理事会讨论了区分实质购买或销售交易可能采取的两种方法:(1)交叉引用新收入准则相关确认条件。即,如果满足新收入准则中收入确认条件,则该交易不属于新租赁准则范围。(2)在新租赁准则中单独对实质购买或销售进行定义,并排除该准则范围。双方理事会分析了两种方法的优缺点,认为交叉引用当时正在修订中的新收入准则并不是很直接,从而倾向于在新租赁准则中单独对实质购买或销售进行定义。

如果在新租赁准则中对实质购买或销售进行定义,双方理事会初步考虑,将以下情形从新租赁准则范围排除:(1)所有权自动转移的租赁;(2)预期将转移所有权的租赁。例如,将行使廉价购买选择权的租赁;(3)转移了所有权相关的几乎全部风险和报酬的租赁(即,融资租赁与经营租赁的区分条件)。

---

① IASB/FASB. IASB/FASB Meeting October 2009. IASB agenda reference 10B/FASB memo reference 42. Project:Leases. Topic:In – substance purchases/sales.

(三) 2009 年 12 月联合会议

在 2009 年 12 月的联合会议[①]中，双方理事会再次确认，将在新租赁准则中单独对实质购买或销售进行定义，并将其排除新租赁准则范围。

在 2009 年 10 月的会议中，双方理事会建议将转移了标的资产控制权的交易从新租赁准则范围排除。理事会拟在新租赁准则中将对标的资产的控制定义为："报告主体拥有现时能力主导标的资产的使用，并获得标的资产的利益。"在与当时正在制定的新收入准则比较后，理事会认为，由于租赁合同一般只涉及资产转移，不涉及服务，因此，与新收入准则站在客户的角度考虑控制权是否转移不同，新租赁准则下考虑主体是否转移或获得标的资产控制权，应站在报告主体自身角度考虑。

对于如何确定实质上转移或获得标的资产控制权，双方理事会考虑了两种模式：(1) 合同转移了标的资产几乎全部风险和报酬，即传统的"风险报酬模型"；(2) 合同转移了标的资产的控制权，即合并财务报表准则、新收入准则等所采用的"控制模型"。在分析了两种模型的优缺点后，双方理事会倾向于采用最新的"控制模型"。

双方理事会建议，通常表明转移或获得标的资产控制权的情形包括：(1) 租赁期结束，标的资产所有权将自动转让给承租人的合同；(2) 包含廉价购买选择权的合同。此外，部分意见认为，以下情形通常也表明转移或获得了标的资产的控制权：(1) 租赁期涵盖标的资产整个预期使用寿命的合同；(2) 由于包含廉价续期选择权，预期租期将涵盖标的资产整个预期使用寿命的合同；(3) 出租人获得固定回报的合同。但是，双方理事会不认为以下因素表明转移或获得了标的资产的控制权：(1) 租赁付款额等于或预计等于标的资产的公允价值；(2) 标的资产是定制化资产（即仅可供当前承租人使用）；(3) 承租人向出租人提供了余值担保。

(四) 2010 年 2 月联合会议

在 2010 年 2 月的联合会议[②]中，双方理事会提出了区分实质购买或销售的

[①] IASB/FASB. IASB/FASB Meeting 16 December 2009 IASB agenda reference 4D/ FASB Education Session 9 December 2009 FASB memo reference 56. Project：Leases. Topic：Scope – Purchases and sales of the underlying asset.

[②] IASB/FASB. Joint IASB/FASB meeting 17/18 February 2010 IASB agenda reference 10B/ FASB Education Session 10 February 2010 FASB memo reference 67. Project：Leases. Topic：Scope – Purchase or sale of the underlying asset.

新方法。即以总体原则和解释性段落来替代原先讨论的控制定义和具体条件。

在之前的会议中，双方理事会将对标的资产的控制定义为："报告主体拥有现时能力主导标的资产的使用，并获得标的资产的利益。"经过讨论，部分理事会成员对该定义提出以下质疑：（1）承租人可能不具有控制标的资产的现时能力。例如，如果合同包含了廉价购买选择权，则在实际行使该购买选择权之前，承租人是否具有现时能力控制该标的资产是存在疑问的。（2）该定义并未提及在合同结束时谁获得标的资产的利益（即谁享有剩余权益）。（3）该定义仅提及利益，但并未提及哪一方承担了风险（包括合同期内或合同结束以后）。

鉴于重新制定新的控制定义存在难度，双方理事会转而建议，在新租赁准则中明确以下基本原则：属于标的资产购买或销售的合同不属于租赁合同，不应按照租赁准则相关要求进行会计处理。同时，双方理事会建议在上述基本原则下增加以下解释性段落：卖方（出租人）不应将这些要求适用于合同结束后将转让标的资产相关的全部［或重大］利益的合同。这是因为此类合同属于标的资产的销售。买方（承租人）不应将这些要求适用于合同结束后买方（承租人）将获得标的资产相关的全部［或重大］利益的合同。这是因为此类合同属于标的资产的购买。

双方理事会建议，在上述解释性段落下提供具体例子，说明属于标的资产购买或销售的情形。双方理事会建议，以下情况可能表明交易属于标的资产购买或销售：（1）标的资产所有权将自动转让的合同；（2）包含廉价购买选择权的合同；（3）出租人获得固定回报的合同；（4）租赁期涵盖标的资产整个预期使用寿命的合同；（5）由于包含廉价续期选择权，预计租期将涵盖标的资产整个预期使用寿命的合同。其中，情形（1）（2）可以概括为：在合同开始时可合理确定将转移标的资产所有权的合同。情况（4）（5）可以概括为：在合同开始时可合理确定合同将涵盖标的资产预期使用寿命的合同。

（五）2010年7月联合会议

在2010年7月的联合会议[①]中，双方理事会初步决议，在新租赁准则中保留将实质购买或销售合同排除范围的要求。同时，对于之前讨论的属于标的资产购买或销售五种情形，双方理事会决议删除其中两种情况，即：租赁期涵盖

---

① IASB/FASB. IASB/FASB Joint Meeting – week beginning 19 July 2010 IASB agenda reference 2B/ FASB ED Session – July 14, 2010 FASB agenda reference 113. Project: Leases. Topic: Revisited: Scope—Purchases/sales of the underlying asset.

标的资产整个预期使用寿命的合同；出租人获得固定回报的合同。这两种情况并不能证明已转移了标的资产的控制权。

（六）《2010年征求意见稿》

2010年8月，双方理事会联合发布了《2010年征求意见稿》。

在《2010年征求意见稿》中，双方理事会提议，主体不应将以下合同适用新租赁准则，它们代表了标的资产的购买或销售：（1）导致主体向另一主体转移了标的资产的控制，以及标的资产相关的除金额微不足道以外的全部风险和利益的合同；以及（2）承租人行使了租赁合同约定的购买选择权后的租赁合同。当此类选择权被行使，从而成为（承租人）购买和（出租人）销售时，该合同不再属于租赁合同。

同时，征求意见稿举例说明，以下合同通常转移了标的资产的控制权：（1）合同期结束将标的资产所有权自动转让予受让人；（2）包含廉价购买选择权。

（七）2011年3月联合会议

在针对2010年8月征求意见稿的反馈意见中，很少有人支持在新租赁准则中提供区分租赁与实质购买或销售相关指引。相反，大部分反馈意见认为，如果新租赁准则中可以很好地对租赁进行定义，则没有必要增加该区分指引（当时新租赁准则有关"识别租赁"的相关要求尚在制定中）。也就是说，如果合同不包含租赁，则应按照其他相关准则（如不动产、厂场和设备准则或收入准则）进行处理。因此，大部分反馈意见建议，不需要在新租赁准则中增加区分租赁与实质购买或销售相关指引，而应该制定好识别租赁相关指引。

最终，在2011年3月联合会议[①]中，双方理事会作出决议，不在新租赁准则中提供区分租赁和实质购买或销售相关指引。在就该决议表决时，国际会计准则理事会成员有11票赞同，4票反对；美国财务会计准则委员会成员一致投票赞同。根据表决情况，双方理事会停止了区分租赁和实质购买或销售的讨论，直至最终发布的新租赁准则中也未明确规定相关区分原则和指引。

---

① IASB/FASB. IASB/FASB Meeting Week beginning 14 March 2011 IASB Agenda reference 5C/ FASB Education Session March 9, 2011 FASB Agenda reference 142. Project：Leases. Topic：Distinguishing between a lease and a purchase or sale.

第二节 租赁会计与购买或销售会计差异比较

一、理事会的分析意见

在新租赁准则制定早期,双方理事会曾对比分析了适用租赁会计与实质购买或销售会计对承租人和出租人的影响。鉴于双方理事会早期提议对出租人采用的"终止确认法"和"履约义务法",与正常销售资产会计处理存在较大差异,而对承租人采用的"使用权模型"与正常购买资产会计处理类似,因此,双方理事会认为,将实质购买或销售适用新租赁准则对出租人的影响较承租人更大。

在新租赁准则制定后期,双方理事会删除了出租人会计的"终止确认法"和"履约义务法"处理模型,转而采用了原租赁准则下"融资租赁"和"经营租赁"的处理模型。同时,对承租人继续采用"使用权模型"。因此,在后续讨论中,双方理事会认为,在最终确定的处理模型下,作为租赁与作为实质购买或销售,对于出租人和承租人的影响均较小,从而不再单独规定如何区分租赁与实质购买或销售。

二、租赁会计与购买或销售会计差异

虽然双方理事会最终得出结论认为,租赁会计与实质购买或销售会计的差异较小,在最终发布的新租赁准则中也并未明确规定区分租赁与实质购买或销售的具体条件。然而,鉴于二者在对计量对象的性质认定、基本会计处理模型等方面均存在差异,我们认为,采用不同会计处理模型仍然可能对出租人和承租人资产状况、经营业绩造成不同影响,且某些情况下可能影响较大。

以下分别站在承租人角度和出租人角度,对租赁会计与购买或销售会计具体处理存在的主要差异进行比较分析。

(一)租赁会计与购买会计的差异分析:承租人角度

对于承租人(客户),如果交易认定为租赁,需要按照新租赁准则有关承租人的相关规定进行会计处理(租赁会计);如果交易认定为实质购买(分期

付款购买资产），则需要按照现行固定资产准则等相关规定进行会计处理（购买会计）。两种处理模式的具体差异比较如表 2-6-3 所示。

表 2-6-3　　租赁会计与购买会计的差异分析：承租人角度

议题	租赁会计	购买会计	影响分析
资产			
初始确认和计量			
核算及报表科目	使用权资产	固定资产、投资性房地产等	使用权资产属于无形资产，固定资产、投资性房地产等属于有形资产，二者定性不同
或有对价或可变对价	除取决于指数或比率以外的可变租赁付款额不确认。对于取决于指数或比率的或有对价或可变对价，先考虑是否属于单独分拆的嵌入衍生工具。在不单独分拆的情况下，取决于指数或比率的可变租赁付款额，采用租赁期开始日的指数或比率进行初始计量，并确认为使用权资产初始成本	购买资产初始成本一般不含或有对价或可变对价。对于取决于指数或比率的或有对价，先考虑是否属于单独分拆的嵌入衍生工具。在不单独分拆的情况下，取决于指数或比率的可变对价初始计量金额与租赁会计类似	初始确认金额差异不大
购买选择权、终止租赁选择权行权价（或罚金）	合理确定将行使选择权，则资产初始成本应包含行权价（或罚金）	购买资产初始成本一般不含此类行权价（或罚金）	租赁会计初始确认的资产价值可能高于购买会计确认的资产价值
资产建造或改良支出	不计入使用权资产初始成本，单独作为资产（如长期待摊费用）列报	属于必要支出可计入资产初始成本	建造和改良支出列报项目不同，摊销或折旧期限应相同，对资产状况和经营业绩无实质影响
借款费用	使用权资产是一项权利，不是标的资产本身，不需要长期构建，不属于符合资本化条件的资产，故相关借款费用（如果有）不能资本化计入使用权资产	固定资产、投资性房地产等属于符合资本化条件的资产，满足条件的借款费用可资本化计入该资产成本	租赁本身已包含融资目的，一般不需要再从第三方借款，不存在第三方借款费用，且向承租人借款本金及利息已按折现值计入使用权资产。因此，本条实际造成影响很小

续表

议题	租赁会计	购买会计	影响分析
资产			
后续计量			
计量方法	成本模式（遵循固定资产折旧规定）。其他计量模式（国际准则下）：公允价值计量模式（投资性房地产）；重估价模式（固定资产）	成本模式：固定资产折旧模式。其他计量模式（国际准则下）：公允价值计量模式（投资性房地产）；重估价模式（固定资产）	后续计量模式基本一致
开始计提折旧时点	租赁期开始日（出租人提供标的资产使其可供承租人使用的日期）	资产达到预定可使用状态时点（实务简化自下月开始计提）	租赁会计下开始计提折旧时点可能早于购买会计下开始计提折旧时点
预计净残值	使用权资产计提折旧时无预计净残值，除非承租人提供了余值担保	应估计预计净残值	租赁会计确认资产无预计净残值。不同特性资产净残值不同，造成的影响也可能不同
减值测试	可收回金额假设包括预计使用价值（预计未来现金流量现值，有可能反映预计转租赁价值），无预计出售价值（资产公允价值减去处置费用）	可收回金额假设包括预计使用价值（预计未来现金流量现值）和预计出售价值（资产公允价值减去处置费用）	估计假设及输入值不同，对计提资产减值损失可能造成不同影响
负债			
初始确认和计量			
核算及报表科目	租赁负债	长期应付款、以公允价值计量且其变动计入当期损益的金融负债等	
或有对价或可变对价	除取决于指数或比率以外的可变租赁付款额不确认。对于取决于指数或比率的或有对价或可变对价，先考虑是否属于单独分拆的嵌入衍生工具。在不单独分拆的情况下，取决于指数或比率的可变租赁付款额，采用租赁期开始日的指数或比率进行初始计量	购买资产相关负债不含或有对价或可变对价。对于取决于指数或比率的或有对价或可变对价，先考虑是否属于单独分拆的嵌入衍生工具。在不单独分拆的情况下，需要考虑取决于指数或比率的或有对价或可变对价的具体条款，相应分类为以摊余成本计量的金融负债或以公允价值计量且其变动计入当期损益的金融负债	负债初始分类可能不同

续表

议题	租赁会计	购买会计	影响分析
购买选择权、终止租赁选择权行权价（或罚金）	合理确定将行使选择权，则租赁负债应包含行权价（或罚金）	负债不含此类行权价（或罚金）	租赁会计初始确认负债可能高于购买会计初始确认负债

负债

后续计量

计量方法	摊余成本	摊余成本	后续计量模式基本一致
负债重估	后续根据续期选择权或终止租赁选择权重估或行使情况、余值担保预计应付金额、相关指数或比率等变化，对租赁负债进行重估	采用摊余成本计量情况下，除非合同条款发生变更，否则不应对负债进行重分类或重估	租赁会计相关负债后续可能存在较多重估情况
取决于指数或比率的可变租赁付款额	在不单独分拆的情况下，用于确定未来租赁付款额的指数或比率发生变动，仅当现金流量发生变动时（即租赁付款额的调整生效时），承租人才应重新计算租赁负债	在相关负债分类为以摊余成本计量的金融负债时，后续处理与租赁会计类似。在相关负债分类为以公允价值计量且其变动计入当期损益的金融负债时，后续反映公允价值的全部变动，不仅仅是导致现金流量发生实际变动	相关负债分类为以公允价值计量且其变动计入当期损益的金融负债的情况下，购买会计的后续处理对损益影响较大
折现率	如果能够取得租赁内含利率，则采用该利率；如果无法取得租赁内含利率，则采用承租人增量借款利率。承租人增量借款利率，是指承租人在类似经济环境下为获得与使用权资产价值接近的资产，在类似期间以类似抵押条件借入资金须支付的利率。后续根据续期选择权或终止租赁选择权重估或行使情况变化，可能对折现率进行修改	超过了正常信用条件分期付款取得固定资产购买价款的现值，应当按照各期支付的购买价款选择恰当的折现率进行折现后的金额加以确定。折现率是反映当前市场货币时间价值和延期付款债务特定风险的利率。该折现率实质上是供货企业的必要报酬率。除非合同条款发生变更，否则不应对折现率进行调整	租赁会计折现率规定较为完整，可选利率较多，后续修改折现率情况较多

根据上述比较，对于承租人，采用租赁会计与购买会计可能影响较大的差异主要体现在以下几个方面。

（1）资产初始确认成本可能不同

两种会计处理模型下资产初始确认成本可能存在较大差异的主要是以下合同：

①存在续期选择权和终止租赁选择权的合同。在新租赁准则下，承租人需要在租赁开始时即考虑对此类条款进行评估，并将相关对价确认为使用权资产初始成本；在传统购买资产（如固定资产、投资性房地产等）会计处理模型下，相关准则尚未明确要求在合同开始时对此类条款进行统一评估和确认。因此，存在此类条款的合同，采用租赁会计确认的资产（使用权资产）成本可能高于采用购买会计所确认的资产（如固定资产、投资性房地产等）成本。

②存在标的资产建造或改良支出的合同。在新租赁准则下，租赁取得的资产是一项使用权资产，而不是标的资产本身。使用权资产作为一项无形资产（权利），在取得其控制权时即以确定状态，对标的资产本身的建造或改良，并不影响使用权资产的价值。因此，采用租赁会计进行处理时，对标的资产本身的建造或改良支出，不应计入使用权资产成本，应单独作为资产（长期待摊费用）进行确认。相反，在购买会计下，取得的资产是标的资产本身，标的资产的建造或改良支出，如果属于该资产达成可使用状态的必要支出，则可以计入该资产成本。也就是说，存在资产建造或改良支出的合同，采用租赁会计将确认两项不同资产，采用购买会计则可能仅确认一项资产。

（2）资产后续计提折旧期间及金额可能不同

除由于前述资产初始确认成本不同导致的后续折旧金额不同外，后续计提折旧期间和金额还可能存在以下差异。

①开始计提折旧时点不同。租赁会计确认的是一项使用权资产（无形资产），承租人在获得该权利时即达到可使用状态，应立即开始计提折旧。承租人在取得使用权资产后，即使需要进一步改良，如装修、安装等，也不影响使用权资产开始计提折旧，因为改良支出已属于另一项资产（长期待摊费用）。相反，购买会计确认的是标的资产本身，该资产在从供应商取得后，后续改良可能影响其可使用状态，从而影响其开始计提折旧的时点。因此，租赁会计下开始计提折旧时点可能早于购买会计下的时点。

②预计净残值可能不同。在概念上，使用权资产是在一定期间内使用标的资产的权利，租赁期到期后需要将标的资产剩余价值交还出租方。也就是说，承租人对标的资产剩余资产并不享有控制权，所确认的使用权资产价值一般并不包含资产剩余价值。因此在对使用权资产计提折旧时，不应包含标的资产的

预计净残值。除非承租人对标的资产提供了余值担保,即保证在租赁结束时租赁资产的价值至少为某指定的金额,则租赁付款额应包含该担保下预计应支付的款项,使用权资产初始成本中也包含该部分款项金额,从而在使用权资产计提折旧金额中包含了该部分担保余值。相反,购买会计确认的是标的资产本身,该资产的剩余资产属于购买方,在对该资产计提折旧时应预计该资产的净残值。

(3) 负债初始确认金额可能不同

与资产的确认相对应,当存在续期选择权和终止租赁选择权时,租赁会计下确认的负债可能高于传统购买会计下确认的负债。

(4) 取决于指数或比率的或有对价或可变对价后续计量不同

在租赁会计下,对于取决于指数或比率的或有对价或可变对价,先考虑取决于指数或比率的或有对价或可变对价是否属于单独分拆的嵌入衍生工具。在不单独分拆的情况下,取决于指数或比率的可变租赁付款额,采用租赁期开始日的指数或比率进行初始计量。后续仅在相关指数或比率发生变动,导致现金流量发生实际变动时才对应收款进行重新计量,并非在相关指数或比率发生变动时即重新计量。在购买会计下,对于取决于指数或比率等金融变量的或有对价或可变对价,也应考虑取决于指数或比率的或有对价或可变对价是否属于单独分拆的嵌入衍生工具。在不单独分拆的情况下,需要考虑取决于指数或比率的或有对价或可变对价的具体条款,相应分类为以摊余成本计量的金融负债或以公允价值计量且其变动计入当期损益的金融负债。在相关资产分类为以摊余成本计量的金融负债时,后续处理与租赁会计类似。在相关资产分类为以公允价值计量且其变动计入当期损益的金融负债时,后续反映公允价值的全部变动,不仅仅是导致现金流量发生实际变动。因此,在相关资产分类为以公允价值计量且其变动计入当期损益的金融负债的情况下,购买会计的后续处理对损益波动影响较大。

(5) 负债折现率可能不同

在租赁会计下,承租人可选择的负债折现率为租赁内含利率和承租人增量借款利率。一般,非关联方之间租赁很难取得租赁内含利率,从而需要采用承租人增量借款利率。承租人增量借款利率旨在反映承租人在类似经济环境下为获得与使用权资产价值接近的资产,在类似期间以类似抵押条件借入资金须支付的利率。该利率是站在承租人自身视角,反映其特定融资能力的利率。因此,在确定其增量借款利率时,承租人需要根据自身情况、标的资产情况、租赁期和租赁负债金额等具体情况对可观察的参考利率进行调整。在购买会计下,现行准则（如固定资产准则）对分期付款购买资产的折现率规定较为原则化，要求所选择的折现率为反映当前市场货币时间价值和延期付款债务特定风险的利率。同时强调，该折现率实质上是供货企业的必要报酬率，即该利率是站在供应商的角度（与租赁内含利率类似），而不是购买方角度。此外，现行购买会计下相关准则并未提供取得折现率的具体指引。鉴于现行租赁会计和购买会计对折现率的规定差异，实务中对两种会计模型下负债的折现率取值可能不同，从而导致负债初始计量及后续计量金额不同，从而影响承租人的负债状况及损益。

（二）租赁会计与销售会计的差异分析：出租人角度

对于出租人（供应商），如果交易认定为融资租赁，需要按照新租赁准则有关出租人对融资租赁的相关规定进行会计处理（租赁会计）；如果交易认定为实质销售（分期收款销售资产），则需要按照新收入准则等相关规定进行会计处理（销售会计）。两种处理模式的具体差异比较如表2－6－4所示。

表2－6－4　　　　租赁会计与销售会计的差异分析：出租人角度

议题	租赁会计	销售会计	影响分析
资产			
初始确认和计量			
核算及报表科目	核算科目 应收融资租赁款 ——租赁收款额 ——未担保余值 ——未实现融资收益 报表科目：长期应收款	核算科目：长期应收款、未实现融资收益 报表科目：长期应收款、以公允价值计量且其变动计入当期损益的金融资产等	无实质差异
应收款的确认和计量	出租人以租赁投资净额作为应收融资租赁款的入账价值。租赁投资净额为未担保余值和租赁期开始日尚未收到的租赁收款额按照租赁内含利率折现的现值之和。 租赁内含利率，是指使出租人的租赁收款额的现值与未担保余值的现值之和等于租赁资产公允价值与出租人的初始直接费用之和的利率	合同中存在企业为客户提供重大融资利益的，企业应按照假定客户在取得商品控制权时即以现金支付而需支付的金额（即现销价格）确定的交易价格。 企业在确定该重大融资成分的金额时，应使用将合同对价的名义金额折现为商品现销价格的折现率。企业确定的交易价格与合同承诺的对价金额之间的差额，应当在合同期间内采用实际利率法摊销	租赁会计在确定租赁内含利率时，折现值需考虑未担保余值现值；同时，当前价值考虑资产公允价值与初始直接费用。销售会计在确定实际利率法利率时，折现值一般不存在未担保余值；当前价值考虑资产现销价格（不一定为资产公允价值），未明确考虑初始直接费用。两种模式下应收款的初始确认金额可能不同

续表

议题	租赁会计	销售会计	影响分析
或有对价或可变对价	除取决于指数或比率以外的可变租赁付款额不确认。对于取决于指数或比率的或有对价或可变对价，先考虑是否属于单独分拆的嵌入衍生工具。在不单独分拆的情况下，取决于指数或比率的可变租赁付款额应作为租赁投资净额的一部分，采用租赁期开始日的指数或比率进行初始计量。	在确定交易价格时，应对所有可变对价进行估计并考虑其限制，可变对价范围包括决于指数或比率及其他所有可变对价。对于取决于指数或比率的或有对价或可变对价，先考虑是否属于单独分拆的嵌入衍生工具。在不单独分拆的情况下，需要考虑取决于指数或比率的或有对价或可变对价的具体条款，相应分类为以摊余成本计量的金融资产或以公允价值计量且其变动计入当期损益的金融资产。	销售会计需要估计的或有对价或可变对价范围更广，所确认的应收款可能高于租赁会计。取决于指数或比率的或有对价或可变对价初始计量金额差异不重大。
购买选择权、终止租赁选择权行权价，回购选择权行权价（或罚金）	合理确定将行使选择权，则租赁投资净额应包含行权价（或罚金）。在评估是否可合理确定将行使选择权时，应当考虑对承租人行使续租选择权或不行使终止租赁选择权带来经济利益的所有相关事实和情况，包括自租赁期开始日至选择权行使日之间的事实和情况的预期变化。例如，初始选择权期间后可行使的其他选择权的条款和条件，如续租期结束可按低于市价的价格行使购买选择权。	企业负有应客户要求回购商品义务的，应当在合同开始日评估客户是否具有行使该要求权的"重大经济动因"。在判断客户是否具有行权的"重大经济动因"时，企业应当综合考虑各种相关因素，包括回购价格与预计回购时市场价格之间的比较以及权利的到期日等。当回购价格明显高于该资产回购时的市场价值时，通常表明客户有行权的重大经济动因。	对选择权的确认和计量基本一致。对是否行使选择权的评估在概念上有所不同，但实质评估结果可能基本一致。

收益和费用

初始确认和计量

核算及报表科目	资产处置收益	资产处置收益	核算及列报科目一致
资产处置收益的计量	按融资租赁方式租出资产的公允价值与其账面价值的差额，借记或贷记"资产处置收益"	按照资产现销价格与资产账面价值差额，借记或贷记"资产处置收益"	资产现销价格不一定为资产公允价值，确认收益金额可能存在差异

续表

议题	租赁会计	销售会计	影响分析
收益和费用			
后续计量			
核算及报表科目	非金融企业：在"租赁收入——利息收入""其他业务收入"等科目核算。在"营业收入"列报。 金融企业："利息收入"等科目核算及列报	财务费用——利息收入	非金融企业后续利息收入核算及列报科目存在差异
利息收入后续计量方法	摊余成本	摊余成本	后续计量模式基本一致
取决于指数或比率的可变租赁付款额	在不单独分拆的情况下，用于确定未来租赁付款额的指数或比率发生变动，仅当现金流量发生变动时（即租赁付款额的调整生效时），承租人才应重新计量租赁负债	在相关负债分类为以摊余成本计量的金融负债时，后续处理与租赁会计类似。在相关负债分类为以公允价值计量且其变动计入当期损益的金融负债时，后续反映公允价值的全部变动，不仅仅是导致现金流量发生实际变动	相关负债分类为以公允价值计量且其变动计入当期损益的金融负债的情况下，购买会计的后续处理对损益影响较大
折现率	如果能够取得租赁内含利率，则采用该利率；如果无法取得租赁内含利率，则采用承租人增量借款利率。承租人增量借款利率，是指承租人在类似经济环境下为获得与使用权资产价值接近的资产，在类似期间以类似抵押条件借入资金须支付的利率。 后续根据续期选择权或终止租赁选择权重估或行使情况变化，可能对折现率进行修改	超过了正常信用条件分期付款取得固定资产购买价款的现值，应当按照各期支付的购买价款选择恰当的折现率进行折现后的金额加以确定。折现率是反映当前市场货币时间价值和延期付款债务特定风险的利率。该折现率实质上是供货企业的必要报酬率。 除非合同条款发生变更，否则不应对折现率进行调整	租赁会计折现率规定较为完整，可选利率较多，后续修改折现率情况较多
取决于指数或比率以外的或有对价或可变对价	在实际发生时计入当期损益	与初始估计数的差额调整当期收入	对收入、费用单项指标可能有影响，对净利润影响不重大

续表

议题	租赁会计	销售会计	影响分析
取决于指数或比率的可变租赁付款额	在不单独分拆的情况下,用于确定未来租赁付款额的指数或比率发生变动,仅当现金流量发生变动时(即租赁付款额的调整生效时),出租人才应重新计量租赁负债	在相关资产分类为以摊余成本计量的金融资产时,后续处理与租赁会计类似。在相关资产分类为以公允价值计量且其变动计入当期损益的金融资产时,后续反映公允价值的全部变动,不仅仅是导致现金流量发生实际变动	相关资产分类为以公允价值计量且其变动计入当期损益的金融资产的情况下,销售会计的后续处理对损益波动影响较大
折现率	后续根据续期选择权或终止租赁选择权重估或行使情况变化,可能对折现率进行修改	除非合同条款发生变更,否则不应对折现率进行调整	租赁会计后续修改折现率情况较多

根据上述比较,对于出租人,采用租赁会计与销售会计可能影响较大的差异主要体现在以下几个方面。

(1) 应收款初始确认金额可能不同,导致初始确认收益可能不同

可能对应收款初始确认金额造成差异,从而导致初始确认资产处置收益不同,主要来源于以下几方面原因。

①对或有对价或可变对价的估计范围不同。在租赁会计下,仅要求对取决于指数或比率的或有对价或可变对价进行初始确认,如取决于后续资产使用和业绩的或有对价或可变对价等不进行确认。在销售会计下,在确定交易价格时,应对所有可变对价进行估计并考虑其限制,可变对价范围包括决于指数或比率及其他所有可变对价,如取决于后续资产使用和业绩的可变对价等。销售会计需要估计的或有对价或可变对价范围更广,所确认的应收款可能高于租赁会计。

在租赁会计下,对于取决于指数或比率的或有对价或可变对价,先考虑取决于指数或比率的或有对价或可变对价是否属于单独分拆的嵌入衍生工具。在不单独分拆的情况下,取决于指数或比率的可变租赁付款额,采用租赁期开始日的指数或比率进行初始计量。后续仅在相关指数或比率发生变动,导致现金流量发生实际变动时才对应收款进行重新计量,并非在相关指数或比率发生变动时即重新计量。在销售会计下,对于取决于指数或比率等金融变量的或有对价或可变对价,也应考虑取决于指数或比率的或有对价或可变对价是否属于单独分拆的嵌入衍生工具。在不单独分拆的情况下,需要考虑取决于指数或比率

的或有对价或可变对价的具体条款,相应分类为以摊余成本计量的金融资产或以公允价值计量且其变动计入当期损益的金融资产。在相关资产分类为以摊余成本计量的金融资产时,后续处理与租赁会计类似。在相关资产分类为以公允价值计量且其变动计入当期损益的金融资产时,后续反映公允价值的全部变动,不仅仅是导致现金流量发生实际变动。因此,在相关资产分类为以公允价值计量且其变动计入当期损益的金融资产的情况下,销售会计的后续处理对损益波动影响较大。

②应收款折现率可能不同。在租赁会计下,出租人采用租赁内含利率确定应收款现值。租赁内含利率,是指使出租人的租赁收款额的现值与未担保余值的现值之和等于租赁资产公允价值与出租人的初始直接费用之和的利率。在确定租赁内含利率时,折现值需考虑未担保余值现值;同时,当前价值考虑资产公允价值与初始直接费用。在销售会计下,采用实际利率确定应收款现值,该利率应使用将合同对价的名义金额折现为商品现销价格的折现率。在确定实际利率法利率时,折现值一般不存在未担保余值;当前价值考虑资产现销价格(不一定为资产公允价值),且未明确考虑初始直接费用。

(2)后续利息收入列报可能不同

在租赁会计下,根据《〈企业会计准则第 21 号——租赁〉应用指南(2019)》,出租人融资租赁形成的利息收入,可在"租赁收入——利息收入""其他业务收入"等科目核算,意味着此类利息收入在报表列报时也可能计入"其他业务收入",属于"营业收入"的一部分。在销售会计下,具有重大融资成分分期收款销售的利息收入,应作为"财务费用——利息收入"列报。二者对利息收入的性质认定及列报存在差异,可能影响相关财务指标。

第三节 租赁与实质购买或销售区分原则探析

一、区分租赁与实质购买或销售的目的

区分租赁与实质购买或销售的目的,是将实质上转移了标的资产控制权的合同,从租赁准则范围中排除。相反,租赁准则范围内的合同则转移了租赁期

内控制标的资产使用的权利,并未转移标的资产整体控制权。

新租赁准则对承租人采用了"使用权模型",不再区分"融资租赁"和"经营租赁";对于出租人,则仍然区分"融资租赁"和"经营租赁"。对于是否属于融资租赁,仍然考虑是否已转移标的资产所有权相关全部风险和报酬。因此,根据上述目标,新租赁准则与购买或销售相关准则的边界可能形成如图2-6-1所示关系。

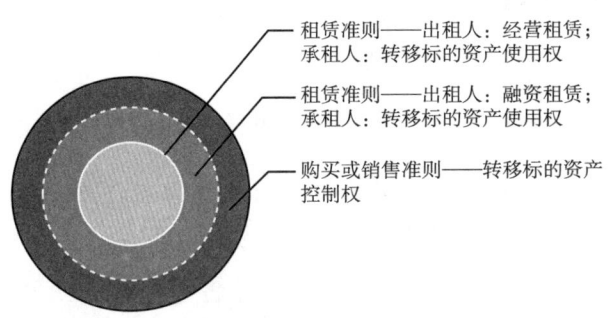

图2-6-1 租赁准则与购买或销售准则的范围边界

根据图2-6-1,租赁会计准则适用范围,对于出租人,包括(1)未转移标的资产所有权相关全部风险和报酬(经营租赁);(2)已转移标的资产所有权相关全部风险和报酬(融资租赁)。对于承租人,包括转移标的资产使用权的合同。购买或销售会计准则适用范围包括:已转移标的资产控制权。其中,"已转移标的资产所有权相关全部风险和报酬(融资租赁)"与"已转移标的资产控制权"之间还可能存在部分重合,故二者区分是其中难点。

二、租赁会计与购买或销售会计的计量单元

在国际财务报告准则下,《概念框架(2018)》阐述了资产相关权利在会计处理时的拆分原则。一般来说,资产所有权上的各项权利整体属于单项资产。但是,作为会计处理目的,资产所包含的各项权利可能拆分为不同的会计计量单元(单项资产)进行处理。例如,一项物理实物的法律所有权可能包含多种权利,包括:(1)使用该实物的权利;(2)出售该实物的权利;(3)将该实物用于担保的权利;(4)其他权利[《概念框架(2018)》第4.11段]。

根据上述原则,一项实物资产所有权包含的法定权利,以及租赁会计和购买或销售会计的计量单元如图2-6-2所示。

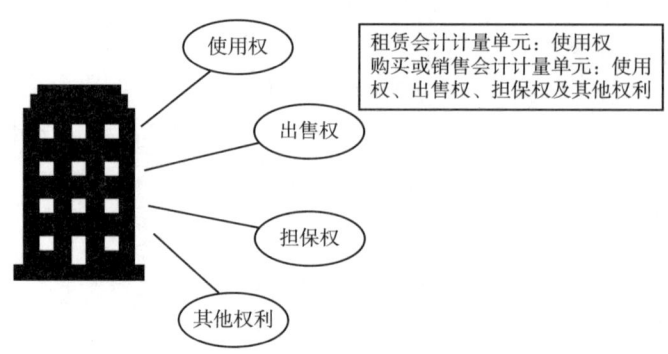

图 2-6-2 租赁会计与购买或销售会计的计量单元

在新租赁准则下,承租人的处理模型通常称为"使用权模型",该模型认为,承租人拥有的使用标的资产的权利符合资产的定义,应对该权利进行确认和计量。因此,在新租赁准则下,租赁会计(承租人)的计量单元是标的资产的使用权。相对应地,购买或销售会计是对标的资产本身的确认(终止确认),其计量单元包括该资产所有权上的所有权利,即使用权、出售权、担保权及其他权利。

通常,从法律形式上即已转移了标的资产的使用权、出售权、担保权及其他权利时,交易适用购买或销售会计是显而易见的。但是,出于会计处理目的,是否转移了标的资产的控制权不仅需要考虑法律形式,还需要从经济实质角度考虑。从法律角度,实物资产的出售权、担保权及其他权利等属于明确的法定权利,未转移此类权利则表明资产的所有权并未转移,不属于购买或销售交易。但是,从经济实质角度,此类权利有时可能仅仅是保护性权利(如为了保证收款);有时,此类权利实质上可能并不具有很高的经济价值。因此,此类法定权利是否转移可能不影响会计上认定为实质购买或销售交易。这样,就出现了区分租赁与实质购买或销售的问题,即,虽然法律上尚未转移标的资产所有权相关的所有权利,但从经济上已实质转移了几乎全部权利。

三、判断资产转移模型:"控制模型"与"风险报酬模型"

在新租赁准则制定过程中,双方理事会曾讨论了租赁准则中判断标的资产控制权是否转移可以采用的具体模型,即,采用传统的"风险报酬模型",还是最新的"控制模型",并倾向于采用后者。

"控制模型",是以控制为基础,来定义资产和负债的确认和终止确认,即获得资产或负债的控制时,确认资产或负债;丧失控制资产或负债的控制时,终止确认资产或负债。收益和费用是由资产和负债的确认或终止确认产生。因此,"控制模型"是"资产负债表观"的体现。在"控制模型"下,控制包含两个基本要素:主导资产(或主体)使用的权利("权力"要素),获得该资产(或主体)相关的经济利益("经济利益"要素)。"控制模型"要求同时具备"权力"和"经济利益"要素,对"经济利益"的评价以定性分析为主。

在现行国际国内准则下,涉及"控制模型"的主要准则包括以下几项。

(1)《概念框架(2018)》中的"控制模型"。《概念框架(2018)》将资产定义为:"资产,是因过去事项形成的,由主体控制的现时经济资源。"其中,"如果主体拥有主导经济资源的使用并获得该资源可能产生的经济利益的现时能力,则主体控制了该经济资源。"

(2)新收入准则中的"控制模型"。新收入准则(包括《国际财务报告准则第15号》和《企业会计准则第14号》(2017年修订)规定,企业应当在履行了合同中的履约义务,即在客户取得相关商品或服务控制权时确认收入。取得相关商品或服务控制权,是指能够主导该商品或服务的使用并从中获得几乎全部的经济利益。

(3)新租赁准则中的"控制模型"。新租赁准则规定,如果合同中一方让渡了在一定期间内控制一项或多项已识别资产使用的权利以换取对价,则该合同为租赁或者包含租赁。为确定合同是否让渡了在一定期间内控制已识别资产使用的权利,企业应当评估合同中的客户是否有权获得在使用期间内因使用已识别资产所产生的几乎全部经济利益,并有权在该使用期间主导已识别资产的使用。

"风险报酬模型",是以风险和报酬为基础,来判断收益和费用是否已实现;风险和报酬的获得或转移,导致资产或负债的确认和终止确认。因此,"风险报酬模型"是"利润表观"的体现。"风险报酬模型"更关注与资产和负债相关的"风险报酬(经济利益)",对"权力"的关注相对较少,且以定量分析为基础。新租赁准则对出租人的会计处理基本沿用了原租赁准则的处理模型,即区分"融资租赁"和"经营租赁"分别进行处理。其中,新租赁准则同样将实质上转移了与标的资产所有权相关的全部风险和报酬的租赁分类为融资租赁,该定义体现了传统"风险报酬模型"的影响。

四、区分租赁与实质购买或销售的基本原则

(一) 理事会的讨论意见

在新租赁准则制定过程中,双方理事会曾考虑为区分租赁与实质购买或销售提供基本原则。在 2010 年 1 月的会议中,双方理事会曾提议在新租赁准则中对标的资产的控制进行明确定义:"对标的资产的控制,是指报告主体拥有现时能力主导标的资产的使用,并获得标的资产的利益。"该定义与《概念框架 (2018)》中的控制定义基本一致,强调主导资产的"权力"要素和"经济利益"要素,并强调权力应是"现时能力"。该定义的主要争议在于,一般租赁合同中包含的购买选择权或续租选择权,在实际行权之前是否能够享有"现时能力"是存在疑问的,包含此类选择权的租赁可能很难满足该定义。在后续讨论中,双方理事会认为,在区分租赁与实质购买或销售时,应当考虑尚未行权的廉价购买选择权(即考虑行权后享有的权利和经济利益);但是,在进行会计处理时,廉价购买选择权只有在实际行权后才能进行处理。

在《2010 年征求意见稿》中,双方理事会提议,属于标的资产的购买或销售的合同是指:(1) 在导致主体向另一主体转移了标的资产的控制,以及标的资产相关的除金额微不足道以外的全部风险和利益的合同。该定义仍然强调转移标的资产的控制,并考虑"除金额微不足道以外"的风险和利益,但双方理事会并未对"微不足道"的含义及标准进行明确。

因直接定义"对标的资产的控制"存在较大困难,在 2010 年 2 月的会议中,双方理事会转而建议,在新租赁准则中明确以下基本原则:属于标的资产购买或销售的合同不属于租赁合同,不应按照租赁准则相关要求进行会计处理。同时,双方理事会建议在基本原则下增加解释性段落:卖方(出租人)不应将这些要求适用于合同结束后将转让标的资产相关的全部[或重大]利益的合同,因为此类合同属于标的资产的销售。买方(承租人)不应将这些要求适用于合同结束后买方/承租人将获得标的资产相关的全部[或重大]利益的合同,因为此类合同属于标的资产的购买。我们认为,该解释性段落并未完全体现"控制模型"的要求,其主要关注是否转移了标的资产相关的"全部[或重大]利益",即"经济利益"要素,但未明确提及"权力"要素。同时,上述解释性段落与传统"风险报酬模型"也存在差异:传统"风险报酬模型"既关注资

产相关的"风险"(成本),也关注资产相关的"报酬"(利益);上述解释性段落则主要关注资产相关的"利益"(报酬),未提及资产相关的"风险"(成本),该理念与《概念框架(2018)》的资产定义一致。

(二) 区分的基本原则及核心原则

经过多年讨论,特别是新租赁准则制定过程中的讨论,各方实际上已基本达成一致,区分租赁与实质购买或销售的基本原则,是区分合同是否实质上转移了标的资产的控制权。该基本原则具体可以理解为:租赁合同,是转移了租赁期内控制标的资产使用的权利的合同;实质购买或销售合同,是实质上转移了标的资产控制权的合同。

对于控制的定义,基本共识也是满足"控制模型"下"权力"和"经济利益"双要素。

根据新租赁准则识别租赁相关规定,租赁合同是指转移了在租赁期内控制标的资产使用的权利的合同,未转移控制标的资产使用的权利的合同,属于以标的资产提供服务的合同。属于实质购买或销售的合同首先应属于租赁合同(或包含租赁),以标的资产提供服务的合同不可能属于实质购买或销售合同。因此,在满足租赁合同的前提下,我们认为,区分租赁与实质购买或销售的核心原则是:区分合同是否转移了租赁期结束后对标的资产剩余权益的控制权。即,客户(承租人)是否拥有租赁期结束后主导标的资产使用的权利,是否获得了租赁期结束后标的资产产生的几乎全部经济利益。该核心原则如图2-6-3所示。

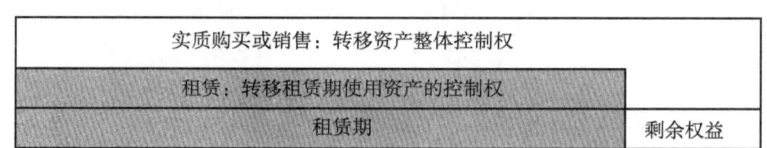

图2-6-3 区分租赁与实质购买或销售的核心原则

五、区分租赁与实质购买或销售具体条件

(一) 理事会的讨论意见

在新租赁准则制定过程中,双方理事会曾讨论了区分租赁与实质购买或销

售的多种具体条件。这些条件主要包括两类，一类是传统租赁会计中可能表明属于融资租赁的几种情形；另一类是实务中常见的其他情形。

新原租赁准则规定，一项租赁属于融资租赁还是经营租赁，取决于交易的实质，而不是合同的形式。以下某一情形或几种情形的结合通常会导致租赁被分类为融资租赁：（1）租赁期结束时，标的资产的所有权转让给承租人；（2）承租人具有购买标的资产的选择权：其购买价格预计将远远低于行使选择权时的公允价值，因而在租赁开始日就可合理确定承租人将行使该选择权；（3）即使标的资产的所有权不转让，但租赁期占标的资产经济寿命的大部分；（4）在租赁开始日，租赁付款额的现值几乎相当于标的资产的公允价值；以及（5）标的资产性质特殊，如果不作较大改动，只有承租人才能够使用。

此外，以下某一迹象或几种迹象的结合也可导致租赁被分类为融资租赁：（1）若承租人撤销该租赁，则撤销所导致的出租人的损失由承租人承担；（2）资产余值的公允价值波动所产生的利得或损失归属于承租人（例如，以相当于租赁结束时资产销售收益的绝大部分金额作为租金退还）；以及（3）承租人有能力以远低于市场租金的租金继续租赁至下一期间。同时，新原租赁准则强调，上述情形和迹象并非总是决定性的。若有其他特征清楚地表明，租赁实质上没有转移与标的资产所有权相关的全部风险和报酬，则该租赁应被分类为经营租赁。

双方理事会除对上述判断融资租赁列举的情形和迹象进行了逐项讨论以外，还针对实务中常见的条款进行了讨论，如出租人获得固定回报、承租人向出租人提供了余值担保等。经过多次讨论，双方理事会曾在《2010 年征求意见稿》中提议，可能表明交易属于实质购买或销售的情况仅包括两种：（1）合同期结束将标的资产所有权自动转让给受让人；（2）包含廉价购买选择权。但该意见最终未纳入新租赁准则。

（二）常见合同情形分析

根据前述区分租赁与实质购买或销售的基本原则和核心原则，以下按照"控制模型"的"权力"和"经济利益"双要素，针对新原租赁准则列举的融资租赁分类情形、实务常见其他情形逐条进行分析，考虑相关情形是否转移了标的资产整体控制权，从而可能作为实质购买或销售处理。具体分析详见表 2-6-5。

我们认为，针对具体合同情形的分析，应基于以下前提条件：（1）合同为不可撤销合同。如果合同双方均有权在未经另一方许可的情况下撤销（终止）合同，且罚款金额不大，该合同不可强制执行，合同尚不存在。（2）合同对价很可能收回。如果承租人（客户）的财务能力和付款意愿存在较大问题，则合同对价可收回性存在较大不确定性。此时，以下情形的有效性也存在疑问。相应地，在考虑以下情形时，也不应考虑承租人（客户）违约的情况。（3）合同其他条款已满足新租赁准则识别租赁相关条件，合同属于租赁合同（或包含租赁）。（4）不存在其他相反的条款或条件证明合同未转移标的资产整体控制权。如果存在此类反证，则以下情形不足以证明合同转移了标的资产整体控制权。

表 2-6-5　　　　　常见合同情形在"控制模型"下的分析

常见情形	以"控制模型"分析	购买或销售	租赁
可能属于融资租赁的情形			
租赁期结束后租赁资产的所有权将自动转移给承租人	（1）很可能表明承租人拥有主导标的资产整体使用的权利。租赁期结束后租赁资产的所有权将自动转移给承租人，表明承租人在合同开始时已实质上拥有在租赁期结束后主导标的资产剩余权益的权利。 （2）很可能表明承租人将获得标的资产产生的几乎全部经济利益。租赁期结束后租赁资产的所有权将自动转移给承租人，表明承租人将获得租赁期结束后标的资产的全部剩余经济利益。 综上分析，该情形很可能表明合同转移了标的资产整体控制权，属于实质购买或销售合同	√	
承租人具有廉价购买选择权	（1）很可能表明承租人拥有主导标的资产整体使用的权利。承租人具有廉价购买选择权，可合理确定其将行使选择权，从而获得租赁期结束后主导标的资产剩余权益的权利。 （2）可能表明承租人将获得标的资产产生的几乎全部经济利益。承租人具有廉价购买选择权，可合理确定其将行使选择权，从而获得租赁期结束后标的资产的全部剩余经济利益	√	
租赁期占租赁资产使用寿命的大部分	（1）不能表明承租人拥有主导标的资产整体使用的权利。承租人可能在整个使用期内拥有主导标的资产使用的权利，但是，出租人仍可能通过所有权保留了主导标的资产使用的剩余权益，且不能排除剩余权益是重大的。 （2）不能表明承租人将获得标的资产产生的几乎全部经济利益。承租人可能获得在整个使用期使用标的资产产生的几乎全部经济利益，但是，出租人仍可能通过所有权获得标的资产剩余权益产生的经济利益，且不能排除标的资产剩余价值较高。 综上分析，该情形不能表明合同转移了标的资产整体控制权，属于租赁合同		√

续表

常见情形	以"控制模型"分析	购买或销售	租赁
租赁收款额的现值几乎相当于租赁资产的公允价值	（1）不能表明承租人在整个使用寿命内拥有主导标的资产使用的权利。租赁收款额现值相当于资产公允价值，仅与承租人付出成本相关，与是否拥有主导资产使用的权利无必然联系。 （2）不能表明承租人将获得标的资产产生的几乎全部经济利益。租赁收款额现值相当于资产公允价值，仅与承租人付出成本相关，并不一定能够获得标的资产产生的几乎全部经济利益。例如，在某些短期租赁中，承租人可能由于急需使用某项特定标的资产，从整体经济效益考虑，愿意支付较高的租金，但不一定获得标的资产产生的几乎全部经济利益。 综上分析，该情形不能表明合同转移了标的资产整体控制权，属于租赁合同		√
租赁资产性质特殊，如果不作较大改造，只有承租人才能使用	（1）不能表明承租人拥有主导标的资产整体使用的权利。性质特殊的专用资产仅表明合同双方相互承担了风险，与是否拥有主导资产整体使用的权利无必然联系。 （2）不能表明承租人将获得标的资产产生的几乎全部经济利益。性质特殊的专用资产仅表明出租人为承租人专门构建，承担了无法向其他方出租或出售的风险。承租人也承担了可能无法从其他方租入或购入专用资产的风险。为减少风险，出租人和承租人可能采取某些措施来保障自身权益，如设定续租选择权或购买选择权、设定相当于资产价值或构建成本的保底付款额等。资产性质特殊与某些保障条款结合可能表明实质转移了标的资产产生的几乎全部经济利益，但仅仅是资产性质特殊本身并不能认定转移了标的资产产生的几乎全部经济利益。 综上分析，该情形不能表明合同转移了标的资产整体控制权，属于租赁合同		√
撤销租赁对出租人造成的损失由承租人承担	（1）不能表明承租人拥有主导标的资产整体使用的权利。撤销租赁对出租人造成的损失由承租人承担，仅与承租人承担的风险相关，与是否拥有主导资产整体使用的权利无必然联系。 （2）不能表明承租人将获得标的资产产生的几乎全部经济利益。承租人仅对撤销造成的损失进行了担保，仅与承租人承担的风险相关，并不一定获得合同期结束后资产的全部剩余收益。 综上分析，该情形不能表明合同转移了标的资产整体控制权，属于租赁合同		√

续表

常见情形	以"控制模型"分析	购买或销售	租赁
资产余值的公允价值波动所产生的利得或损失归属于承租人	（1）很可能表明承租人拥有主导标的资产整体使用的权利。资产余值公允价值波动所产生的利得或损失归属于承租人，出租人已不存在主导剩余资产使用的经济驱动，该情形很可能表明承租人拥有在租赁期结束后主导标的资产剩余权益的权利。 （2）很可能表明承租人将获得标的资产产生的几乎全部经济利益。资产余值公允价值波动产生的利得或损失归属于承租人，很可能表明承租人将获得租赁期结束后标的资产的全部剩余经济利益。 例如，合同约定，以相当于租赁结束时资产销售收益的绝大部分金额作为租金退还。此时，即使出租人保留了剩余资产的所有权等权利，出租人也很可能仅仅属于剩余资产的代理人，承租人属于剩余资产的主要责任人，剩余资产实质是由承租人控制。 综上分析，该情形很可能表明合同转移了标的资产整体控制权，属于实质购买或销售合同	√	
承租人有廉价续期选择权	廉价续期选择权与租赁期占租赁资产使用寿命的大部分类似： （1）不能表明承租人拥有主导标的资产整体使用的权利。承租人可能在整个使用寿命内拥有主导标的资产使用的权利。但是，出租人仍可能通过所有权保留了主导标的资产使用的剩余权益，且不能排除剩余权益是重大的。 （2）不能表明承租人将获得标的资产产生的几乎全部经济利益。承租人可能获得在整个使用寿命内使用标的资产产生的几乎全部经济利益。但是，出租人仍可能通过所有权获得标的资产剩余权益产生的经济利益，且不能排除标的资产剩余价值较高。 综上分析，该情形不能表明合同转移了标的资产整体控制权，属于租赁合同		√
其他常见情形			
出租人获得固定回报	（1）不能表明承租人拥有主导标的资产整体使用的权利。出租人获得固定回报，仅表明出租人拥有最低回报保障，与承租人是否拥有主导资产整体使用的权利无必然联系。 （2）不能表明承租人将获得标的资产产生的几乎全部经济利益。出租人获得固定回报，仅表明出租人拥有最低回报保障，承租人相应承担了支付最低金额的风险，但并不代表承租人能够获得标的资产产生的几乎全部经济利益，出租人在获得承租人担保同时仍然可能享有标的资产的剩余经济利益。 综上分析，该情形不能表明合同转移了标的资产整体控制权，属于租赁合同		√

续表

常见情形	以"控制模型"分析	购买或销售	租赁
承租人向出租人提供了余值担保	(1) 不能表明承租人拥有主导标的资产整体使用的权利。承租人余值担保是对价值的担保，与承租人是否拥有主导资产整体使用的权利无必然联系。 (2) 不能表明承租人将获得标的资产产生的几乎全部经济利益。与出租人获得固定回报类似，余值担保表明承租人相应承担了支付最低金额的风险，但并不代表承租人能够获得标的资产产生的几乎全部经济利益，出租人在获得承租人担保同时仍然可能享有标的资产的剩余经济利益。 综上分析，该情形不能表明合同转移了标的资产整体控制权，属于租赁合同		√

根据上述分析，我们认为，实务常见合同条款中，可能表明合同属于实质购买或销售合同，即实质上转移了标的资产整体控制权的合同，主要包括以下三种情形：（1）租赁期结束后租赁资产的所有权将自动转移给承租人；（2）承租人拥有廉价购买选择权；（3）资产余值的公允价值波动所产生的利得或损失归属于承租人。

(三)"控制模型"与"风险报酬模型"影响分析

上述"控制模型"下的分析结论，与传统"风险报酬模型"下的结论差异较大，这些差异来源于两种模型在某些基本理念上的差异。这些理念差异主要体现在以下几个方面：

（1）对"单项条件"和"组合条件"的考虑角度不同。传统"风险报酬模型"下列举的多项条件是作为"组合条件"来考虑的。新租赁准则和原租赁准则在列举上述情形和迹象时均强调，这些情形和迹象单项看可能都不是决定性的，有时候需要将几种情形和迹象综合考虑才能得出结论，且可能存在其他反证。相反，上述"控制模型"下的分析，则试图将列举条件作为"单项条件"分别考虑。上述分析假设，在满足前提条件下，"单项条件"是否足以证明合同转移了标的资产整体控制权，而不是将几种情形综合考虑。例如，对于"租赁资产性质特殊"的情形，在"风险报酬模型"下，与购买选择权或续期选择权等组合考虑，可能表明合同属于融资租赁；在"控制模型"下，单独考虑租赁资产性质特殊，则不足以证明合同属于实质购买或销售。

（2）对"权力"要素和"经济利益"要素侧重点不同。传统"风险报酬模型"主要关注资产的风险和报酬("经济利益"要素)是否转移,未特别关注主导资产的权利("权力"要素),或者说,认为获得风险报酬即意味着获得了"权力"。相反,上述"控制模型"下的分析,则同时关注"权力"要素和"经济利益"要素,且不认为享有"经济利益"就必然拥有"权力",这将导致"风险报酬模型"下考虑的很多情形都无法直接得出转移了"权力"的结论。例如,对于"租赁收款额的现值几乎相当于租赁资产的公允价值"等情形,在"风险报酬模型"下可能表明合同转移了标的资产几乎全部的风险和报酬,从而属于融资租赁;但在"控制模型"下,转移了几乎全部风险和报酬,并不能直接得出转移了所有"权力",不能排除出租人保留了对剩余资产的"权力"。

(3)对"风险"和"报酬"的关系理解不同。传统"风险报酬模型"既关注资产产生的报酬(经济利益),也关注资产产生的风险,并认为二者是相辅相成的,承担了风险就可能意味着获得了报酬。相反,近年不断发展改进的"控制模型"则关注于资产产生的经济利益,且越来越倾向于承担风险并不必然获得经济利益。典型的例子包括,《概念框架(2018)》有关资产和控制的定义,新租赁准则有关转移使用已识别资产控制权的判断,均强调获得经济利益,而未提及承担风险。例如,对于"出租人获得固定回报""承租人承担撤销合同造成损失""承租人向出租人提供了余值担保"等情形,在"控制模型"下,仅能表明承租人承担了一定风险,但并不能证明承租人必然获得资产产生的几乎全部经济利益。

(4)对"定量分析"和"定性分析"的侧重不同。传统"风险报酬模型"关注资产相关的风险和报酬,相对侧重于"定量分析"。在"风险报酬模型"下,判断转移的风险报酬是否"重大"、是否为"几乎全部",剩余资产的风险报酬是否"重大""重要"等,均可能涉及对具体金额、数量、可能性的估计和判断。在定量分析下,不同事实和情况得出的结论可能不同。相反,在"控制模型"下关注对资产的"权力"和"经济利益",虽然有时也可能涉及定量分析,但相对来说,"控制模型"更侧重于定性分析。在"控制模型"下,考虑是否拥有"权力",主要考虑是否拥有相关权利,不会考虑拥有权利的份额是否重大、可能性有多大;考虑是否获得"经济利益",主要考虑是否有权享有相关经济利益,很少考虑享有经济利益份额是否重大、可能性有多大。例如,对于"租赁期占租赁资产使用寿命的大部分(或全部)""承租人有廉价续期选择权"等情形,在"风险报酬模型"下可能需要考虑剩余资产的价值是否重大,重大的比重、可能性是多少;在"控制模型"下,则需要考虑是否存在剩余资产,只要在一种情况下存在剩余权利,就不能排除剩余资产金额重大,就可能认为尚未转移剩余资产的"权力"和"经济利益"。

综上所述,在"控制模型"下能够足以证明属于实质购买或销售的"单项条件",可能远远少于"风险报酬模型"下综合考虑的"组合条件"。

六、典型案例应用分析

如前分析,在"控制模型"下,单独考虑合同条款,不满足"融资租赁"的合同,很难属于实质购买或销售;属于"融资租赁"的合同,也不一定完全属于实质购买或销售。因此,可能属于实质购买或销售的交易,主要集中在传统融资租赁合同中,故以下以实务中较为典型的"融资租赁"合同为例,对区分租赁与实质购买或销售的具体应用进行分析。

案例2-15-1:租赁与实质购买或销售的区分

案例背景:

A公司主要从事基础工程投资、建设和经营管理业务。在基础工程建设期间,为减轻工程资金压力,享受融资租赁公司优惠资金利率,A公司与融资租赁公司B公司签订《融资租赁合同》,以B公司代付设备款的形式融资租入一系列大型设备,安装在基础工程中配套使用。这些大型设备作为工程的一部分,不能单独使用,须整体工程达到预定可使用状态后才能正式投入使用。此类设备安装到主体工程后,成为主体工程不可分割的部分,难以拆除、替换。此类设备使用寿命一般在5~10年。

A公司与B公司签订的《融资租赁合同》主要条款如下。

1. 双方的基本权利义务

A公司有权选定设备生产商、租赁物;A公司享有除租赁物所有权以外的买受人权利;设备生产商不履行货物买卖合同义务的,A公司有权向设备生产商行使赔索权;A公司有权在约定场所安装和使用租赁物;A公司应当履行占有租赁物期间的维修义务。

在租赁期间,租赁物的所有权归B公司所有;B公司享有按本合同约定向A公司收取租金的权利;B公司应当保证A公司对租赁物的占有和使用;B公司应根据A公司对设备生产商、租赁物的选择,签订买卖合同或就已签订的货物买卖合同签署相应变更协议;A公司行使索赔权利、扣款权利或办理保险理赔的，B公司应当协助。

2. 租赁物的所有权

A公司收到设备生产商交付货物之日，即视为B公司已将租赁物交付给A公司，A公司应在货物买卖合同约定时间内完成验收。设备生产商交付货物时，A公司与B公司是否亲临交付现场均不影响租赁物的交付和所有权的转移。

如因第三方原因导致A公司无法使用租赁物，A公司在本合同项下的义务（包括但不限于支付本合同项下的任何款项）均不得被豁免，B公司无需向A公司或第三方承担责任（包括但不限于违约赔偿和其他民事责任）。

本合同项下租赁物的所有权属于B公司，A公司在租赁期内只享有租赁物使用权。A公司不得将租赁物予以销售、转让、转租、抵（质）押、投资或采取其他侵犯B公司所有权的行为。

3. 租赁期、起租日、租赁本金、租赁利率、租金支付日

租赁期：5年。

起租日为A公司收到设备生产商交付货物验收合格并通知B公司支付货款之日。具体日期以B公司支付后向A公司发送核对的"租金支付表"为准。

租赁本金为B公司为购买租赁设备向生产商支付的全部价款，包括货款及相关税费。具体金额以B公司支付后向A公司发送核对的"租金支付表"为准。

租赁利率以B公司向生产商付款日银行间同业拆借中心公布的5年期以上贷款市场报价利率（LPR）为基准并上浮20%。双方于租赁期内每年1月1日对租赁利率调整，以当日5年期以上贷款市场报价利率（LPR）为基准并上浮20%进行调整。

租金支付日：A公司应于租赁期内每季度末月21日向B公司支付当期租赁本金和利息。

4. 租赁物的交付和验收

租赁物的交付在A公司和设备生产商之间直接进行。

因设备生产商不履行货物买卖合同的或因设备生产商过错给B公司造成损失的，由A公司根据货物买卖合同的约定向设备生产商行使索赔的权利，并承担索赔费用，B公司应予以必要协助。前述行为不影响A公司按本合同约定向B公司支付租金。

租赁物不符合货物买卖合同约定，或不符合使用目的的，或存在质量瑕疵的，B公司不承担任何责任，但有义务配合A公司向设备生产商主张赔偿。A

公司仍应按照合同约定向 B 公司支付租金。

5. 租赁物的维护及事故处理

在本合同履行完毕前，A 公司应当妥善保管、使用租赁物，并应当履行维修、保养义务，承担由此产生的全部费用。在本合同履行期间，租赁物或使用租赁物导致的人身伤害或财产损失，由 A 公司承担责任。

6. 租赁物毁损或灭失的风险及发生风险后的处理

A 公司占有租赁期期间，租赁物毁损或灭失的风险由 A 公司承担。租赁物的毁损或灭失均不影响 A 公司对 B 公司所负债务。

7. 租赁合同期满租赁物的处理

租赁期结束，在 A 公司已完全履行本合同中的义务后，由 B 公司向 A 公司出具"所有权转移证明书"，无偿将租赁物的所有权转移给 A 公司。

案例分析：

（一）区分租赁与实质购买或销售分析

1. 合同属于租赁（包含租赁）

本案例中，合同属于租赁合同，具体分析如下。

（1）合同存在已识别资产。本案例中，A 公司有权选定设备生产商、租赁物，租入设备安装后成为主体工程不可分割的部分，难以拆除、替换，B 公司无实质性替换权。因此，合同存在已识别资产。

（2）客户获得因使用资产所产生的几乎全部经济利益。本案例中，在租赁期内，A 公司享有除租赁物所有权以外的买受人权利，A 公司有权在约定场所安装和使用租赁物，表明 A 公司将获得因使用租入设备所产生的几乎全部经济利益。

（3）客户有权主导对资产在整个使用期间的使用。本案例中，在租赁期内，A 公司享有除租赁物所有权以外的买受人权利；A 公司有权在约定场所安装和使用租赁物。合同约定，A 公司有权选定设备生产商、租赁物，租赁物不符合货物买卖合同约定，或不符合使用目的的，或存在质量瑕疵的，B 公司不承担任何责任，表明 A 公司预先决定了标的资产的设计。A 公司在租赁期内享有租赁物使用权，合同约定"A 公司不得将租赁物予以销售、转让、转租、抵（质）押、投资或采取其他侵犯 B 公司所有权的行为"，属于保护 B 公司利益的保护性条款，不影响 A 公司享有的使用权。因此，A 公司有权在整个使用期间主导租入设备的使用目的和使用方式，在整个租赁期内有权主导设备的使用。

综上分析，本案例中，A 公司与 B 公司的《融资租赁合同》让渡了在一段时间内使用相关设备的权利,合同属于租赁合同。

2. 对于出租人,合同属于融资租赁

本案例中,根据相关合同条款约定,可能涉及融资租赁分类条件的以下情形(见表2-6-6)。

表2-6-6　　　　　　　　融资租赁分类条件分析

融资租赁情形	是否符合
租赁期结束后租赁资产的所有权将自动转移给承租人	√
承租人拥有廉价购买选择权	×
租赁期占租赁资产使用寿命的大部分	×
租赁收款额的现值几乎相当于租赁资产的公允价值	×
租赁资产性质特殊,如果不作较大改造,只有承租人才能使用	部分设备可能符合
撤销租赁对出租人造成的损失由承租人承担	√
资产余值的公允价值波动所产生的利得或损失归属于承租人	×
承租人有廉价续期选择权	×

根据上述分析,本案例中,合同存在融资租赁分类情形中的多项情形,表明合同实质上转移了与标的资产所有权相关的全部风险和报酬,对于出租人B公司,该合同应分类为融资租赁。

3. 合同属于实质购买或销售

本案例中,合同约定租赁期结束,B公司无偿将租赁物的所有权转移给A公司(自动转移所有权条款),按照"控制模型"分析,合同很可能属于实质购买或销售。具体分析如下。

(1) 自动转移所有权条款表明承租人拥有主导标的资产整体使用的权利。租赁期结束后租赁资产的所有权将自动转移给承租人,表明承租人在合同开始时已实质上拥有在租赁期结束后主导标的资产剩余权益的权利。除拥有前述租赁期内主导标的资产使用的权利外,A公司有权向设备生产商行使赔索权,表明A公司享有设备所有权相关的权利。

(2) 很可能表明承租人将获得标的资产产生的几乎全部经济利益。租赁期结束后租赁资产的所有权将自动转移给承租人,表明承租人将获得租赁期结束后标的资产的全部剩余经济利益。除享有前述租赁期内使用标的资产产生的相关经济利益外,合同约定,设备生产商不履行货物买卖合同义务的,A公司有权向设备生产商行使赔索权,表明A公司享有设备所有权相关赔偿的经济利益;

租赁物或使用租赁物导致的人身伤害或财产损失,由 A 公司承担责任,表明 A 公司承担了租赁设备所有权相关的风险。

综上分析,本案例中,A 公司与 B 公司的《融资租赁合同》很可能转移了标的资产整体控制权,属于实质购买或销售合同。

(二) 租赁会计与购买或销售会计处理差异

1. 租赁会计与购买会计处理差异:承租人角度

根据前述分析,本案例中,对于承租人,如果分别采用租赁会计和购买会计,处理结果可能存在的主要差异包括:

(1) 资产开始计提折旧时点不同。在租赁会计下,A 公司收到设备生产商交付货物验收合格当日即取得了使用权资产,该使用权资产应于当日开始计提折旧。在购买会计下,该大型设备作为工程的一部分,不能单独使用,须整体工程达到预定可使用状态后才能正式投入使用。因此,该设备可能需要在整体工程达到预定可使用状态时才开始计提折旧。租赁会计下开始计提折旧时点可能早于购买会计。

(2) 资产预计净残值可能不同。在租赁会计下,使用权资产计提折旧不存在预计净残值。在购买会计下,需要预计该大型设备的预计净残值。本案例中,由于合同实质上已转移了租赁期结束后的剩余资产,A 公司享有标的资产的剩余价值,A 公司应确认资产的剩余价值,并在计提折旧时考虑净残值。但是,在租赁会计下,由于确认的是资产使用权,而不是资产本身,在计提折旧时考虑净残值,在理论上可能存在逻辑矛盾。

(3) 对于取决于指数或比率的或有对价或可变对价处理不同。本案例中,租赁利率以 5 年期以上贷款市场报价利率(LPR)为基准并上浮 20%,并于每年 1 月 1 日调整一次。假设不对该取决于指数或比率的或有对价或可变对价分拆处理。在租赁会计下,取决于指数或比率的可变租赁付款额,承租人采用租赁期开始日的指数或比率进行初始计量。后续用于确定未来租赁付款额的指数或比率发生变动,仅当现金流量发生变动时(即租赁付款额的调整生效时),才需要重新计量租赁负债。在购买会计下,由于本案例利率是以贷款市场报价利率(LPR)为基准并上浮 20% 为基础每年调整,利率调整存在杠杆,不符合合同现金流量特征测试(即相关金融资产在特定日期产生的合同现金流量仅为对本金和以未偿付本金金额为基础的利息的支付),应分类为以公允价值计量且其变动计入当期损益的金融负债,后续公允价值变动应计入当期损益。

(4) 负债折现率可能不同。在租赁会计下,承租人可选择的负债折现率为租赁内含利率和承租人增量借款利率。一般，非关联方之间租赁很难取得租赁内含利率，从而需要采用承租人增量借款利率。购买会计下相关准则并未提供类似的折现率具体指引，一般可能采用同期银行贷款利率，两种会计模型下负债的折现率取值可能不同，从而导致负债初始计量及后续计量金额不同。

2. 租赁会计与销售会计处理差异：出租人角度

本案例中，对于出租人，如果分别采用租赁会计和销售会计，处理结果可能存在的主要差异包括：

（1）对于取决于指数或比率的或有对价或可变对价处理不同。本案例中，租赁利率以5年期以上贷款市场报价利率（LPR）为基准并上浮20%，并于每年1月1日调整一次。假设不对该取决于指数或比率的或有对价或可变对价分拆处理。

在租赁会计下，取决于指数或比率的可变租赁付款额，采用租赁期开始日的指数或比率进行初始计量。后续用于确定未来租赁付款额的指数或比率发生变动，仅当现金流量发生变动时（即租赁付款额的调整生效时），才需要重新计量租赁负债。

在销售会计下，由于本案例利率是以贷款市场报价利率（LPR）为基准并上浮20%为基础每年调整，利率调整存在杠杆，不符合合同现金流量特征测试（即相关金融资产在特定日期产生的合同现金流量仅为对本金和以未偿付本金金额为基础的利息的支付），应分类为以公允价值计量且其变动计入当期损益的金融资产，后续公允价值变动应计入当期损益。

（2）负债折现率可能不同。在租赁会计下，出租人采用租赁内含利率确定应收款现值。租赁内含利率，是指使出租人的租赁收款额的现值与未担保余值的现值之和等于租赁资产公允价值与出租人的初始直接费用之和的利率。在确定租赁内含利率时，折现值需考虑未担保余值现值；同时，当前价值考虑资产公允价值与初始直接费用。在销售会计下，采用实际利率确定应收款现值，该利率应使用将合同对价的名义金额折现为商品现销价格的折现率。在确定实际利率法利率时，折现值一般不存在未担保余值；当前价值考虑资产现销价格（不一定为资产公允价值），且未明确考虑初始直接费用。

（3）后续利息收入列报不同。在租赁会计下，出租人融资租赁形成的利息收入，可在"租赁收入——利息收入""其他业务收入"等科目核算，意味着此类利息收入在报表列报时也可能计入"其他业务收入"，属于"营业收入"的一部分。在销售会计下，具有重大融资成分分期收款销售的利息收入，应作为"财务费用——利息收入"列报。

(三)分析结论

在本案例中,合同存在租赁,且满足融资租赁分类条件,合同首先可以适用租赁准则相关处理规定。同时,合同实质上转移了标的资产整体控制权,属于实质购买或销售,适用购买会计或销售会计相关准则处理规定。经比较,合同在租赁会计下的处理结果,与购买会计或销售会计下的处理结果可能存在细微差异。为如实反映交易属于购买或销售交易的实质,本案例合同按照购买会计或销售会计处理可能更为适当。

第四节 结论与建议

新租赁准则解决了承租人"入表"和"出表"的问题,将所有转移租赁期内控制标的资产使用的权利的合同均进行"入表"处理。新租赁准则下承租人会计处理基于"使用权模型",其会计计量单元是标的资产的"使用权",购买会计或销售会计的计量单元是标的资产所有权相关的全部权利,租赁会计与购买或销售会计在计量单元上存在根本差异。在新租赁准则、新收入准则及固定资产准则下,租赁会计与购买会计或销售会计的具体处理原则仍然存在部分差异,如对或有对价或可变对价的初始确认及后续计量、折现率的选取和估计,资产折旧摊销等方面仍然存在差异。因此,在新租赁准则下,采用租赁会计与购买会计或销售会计仍然可能对出租人和承租人资产状况和经营业绩产生不同后果。鉴于此,我们认为,在新租赁准则下,仍然有必要对租赁合同和实质购买或销售合同进行明确区分,以采用适当的会计处理方法,如实反映交易的实质及经济影响。

一、区分租赁与实质购买或销售的基本原则

如前所述,区分租赁与实质购买或销售的基本原则,是区分合同是否实质上转移了标的资产的控制权。在该原则下,属于新租赁准则的合同,是转移了租赁期内对标的资产使用权的控制的合同;实质购买或销售合同,则是实质上转移了标的资产整体控制权的合同。

对于控制权转移的判断,应基于"控制模型"下的"权力"和"经济利益"双要素。对于租赁合同,承租人获得标的资产使用权的控制,是指承租人在租赁期内拥有主导标的资产使用的权利,并获得在租赁期内使用标的资产所产生的几乎全部经济利益。对于实质购买或销售合同,客户(承租人)获得了标的资产整体控制权,是指客户(承租人)拥有主导标的资产使用的权利,并获得标的资产所产生的几乎全部经济利益。

在新租赁准则下,属于实质购买或销售的合同首先应属于租赁合同(或包含租赁),以标的资产提供服务的合同不可能属于实质购买或销售合同。因此,在满足租赁合同的前提下,区分租赁与实质购买或销售的核心原则是:区分合同是否转移了租赁期结束后对标的资产剩余权益的控制权。即,客户(承租人)是否拥有租赁期结束后主导标的资产使用的权利,是否获得了租赁期结束后标的资产产生的几乎全部经济利益。

二、属于实质购买或销售的具体情形

对于实质购买或销售具体情形的判断,应基于以下前提条件。
(1)合同为不可撤销合同。
(2)合同对价很可能收回。
(3)合同其他条款已满足新租赁准则识别租赁相关条件,合同属于租赁合同(或包含租赁)。
(4)不存在其他相反条款或条件可以证明合同未转移标的资产整体控制权。如果存在此类反证,则以下情形不足以证明合同转移了标的资产整体控制权。

如前述分析,我们认为,实务常见合同条款中,可能表明合同属于实质购买或销售合同,即实质上转移了标的资产整体控制权的合同,主要包括以下三种情形。

(1)租赁期结束后租赁资产的所有权将自动转移给承租人;该条款表明合同转移了租赁期结束后对标的资产的"权力"和"经济利益",加上合同属于租赁的前提,即转移了租赁期内对标的资产的"权力"和"经济利益",从而表明合同实质上转移了标的资产整体控制权。

(2)承租人拥有廉价购买选择权;廉价购买选择权,是指购买价格预计将远远低于行使选择权时的公允价值的购买选择权。由于存在廉价购买选择权,在租赁开始日可合理确定承租人将行使该选择权,从而合同将形成与情形一类似的结果,表明实质上转移了标的资产整体控制权。

(3) 资产余值的公允价值波动所产生的利得或损失归属于承租人。例如,合同约定,以相当于租赁结束时资产销售收益的绝大部分金额作为租金退还。此时,即使出租人保留了剩余资产的所有权等权利,出租人也已不存在主导剩余资产使用的经济驱动,已不存在主导剩余资产使用的经济驱动,出租人很可能仅仅属于剩余资产的代理人,而承租人属于剩余资产的主要责任人,剩余资产实质由承租人控制,从而表明实质上转移了标的资产整体控制权。

三、逐步消除租赁会计、购买会计及销售会计之间的差异

如前分析,由于新租赁准则、新收入准则对或有对价、可变对价、折现率等会计处理采用了新的处理理念,与传统购买或销售会计的处理原则可能存在重大差异,从而导致采用租赁会计与购买或销售会计存在不同的处理结果。

在现行准则下,对购买金融工具和非金融工具相关的可变对价及或有对价存在两种不同的处理模式。对于金融工具(包括对子公司、联营企业的长期股权投资)相关的可变对价及或有对价适用金融工具模式,在合同开始日即可能需要对可变对价及或有对价进行确认和计量;对于取得存货、无形资产、固定资产等非金融项目相关的或有对价,则可能适用或有事项模式,在合同开始日可能不需要对可变对价及或有对价进行确认和计量,只有满足或有资产和或有负债相关确认条件时才需要确认和计量。例如,在国际财务报告准则下,包括理事会和解释委员会多年来也曾多次讨论了购买固定资产、无形资产涉及的或有对价或可变对价,以及服务特许权协议(BOT 业务)中运营方支付的可变对价的会计处理,但至今未得出统一结论。

为消除不同准则和不同会计处理模型的影响,除明确区分租赁与实质购买或销售以外,我们认为,有必要对现行购买会计进一步进行梳理、修订,逐步消除租赁会计、购买会计及销售会计之间的差异,减少选择不同准则和不同会计处理模型的经济动因。

第七章 确认豁免

新租赁准则规定,承租人可以选择不对短期租赁和低价值资产租赁按照有关承租人的一般规定进行会计处理,即在租赁期开始日不需要确认使用权资产和租赁负债(确认豁免),而是采用与原租赁准则下经营租赁类似的方法进行处理。新租赁准则的确认豁免一定程度上可以减少承租人对租赁合同的核算成本,符合成本效益原则。在新租赁准则制定过程中,双方理事会对确认豁免也经过了多次讨论,理事会最初曾提议了非核心资产租赁的概念,但最终被否决;在确定以短期租赁和低价值资产租赁为豁免范围后,理事会对二者的定义和界限也进行了反复讨论。

本章根据新租赁准则制定过程中,双方理事会公开发布的讨论稿、征求意见稿及会议纪要等文献,整理介绍了确认豁免新规定相关讨论意见,旨在为了解新租赁准则确认豁免制定过程提供参考。

第一节 非核心资产租赁

在新租赁准则制定初期,双方理事会曾讨论过是否将非核心资产租赁从租赁准则适用范围豁免,但很快便否决了议题,最终准则也未引入非核心资产租赁概念。双方理事会关于非核心资产租赁的会议文献主要包括以下两份(见表2-7-1)。

表2-7-1　　　　　　非核心资产租赁主要会议文献

序号	会议日期	议题	主要内容及建议
1	2009年3月	《讨论稿:租赁初步意见》(《2009年讨论稿》)	讨论了将非核心资产租赁排除租赁准则适用范围豁免的提议,考虑了为二者制定豁免规定可能存在的挑战

续表

序号	会议日期	议题	主要内容及建议
2	2009年12月	《范围——非核心资产租赁和短期租赁》	根据所收集的反馈意见,分析了引入非核心资产租赁存在的困难,并决议不引入非核心资产租赁的豁免规定

一、《2009 年讨论稿》

在《2009 年讨论稿》中,双方理事会曾讨论是否将非核心资产租赁从新准则范围豁免。

《2009 年讨论稿》提出,有观点认为,财务报表使用者对不属于主体经营必不可少的资产(非核心资产)租赁可能不会关注。例如,对于航空公司财务报表使用者,对飞机租赁产生的资产和负债进行确认和计量提供了重要信息。但是,对于消费品公司租赁一架飞机产生的资产和负债,其财务报表使用者可能并不关注。这些参与方认为,对非核心资产租赁相关资产和负债进行确认和计量,不符合成本效益原则。因此,他们认为,非核心资产租赁应当作为经营租赁处理。

《2009 年讨论稿》也指出,要制定非核心资产租赁相关豁免规定,可能存在以下问题:(1)很难定义非核心资产;(2)不同主体对非核心资产含义的解释可能不同,从而降低财务报表的可比性;(3)非核心资产租赁也可能产生重要资产和负债。报表使用者很可能关注重要资产和负债,无论该资产和负债是来自核心资产还是非核心资产;(4)所有资产对主体的业务经营可能都是必不可少的,否则主体为什么要购买该资产?

在《2009 年讨论稿》中,双方理事会未就上述问题达成初步意见。

二、2009 年 12 月联合会议

根据针对《2009 年讨论稿》的反馈意见,双方理事会在 2009 年 12 月的联合会议[①]中详细讨论了非核心资产租赁。

---

① IASB/FASB. IASB/FASB Joint Meeting 16 December 2009 IASB agenda reference 4F/FASB ED Session 9 December 2009 FASB memo reference 58. Project: Leases. Topic: ScopeNon‐core and short‐term leases.

（一）关于非核心资产租赁的反馈意见

大部分反馈者都不支持将非核心资产租赁排除在租赁准则的适用范围之外。其反对理由与短期租赁类似，包括可能导致架构交易和合同，非核心资产的金额也可能是重要的，可能增加准则的复杂性，降低准则透明度等。此外，对于非核心资产租赁，反对的主要理由还包括：（1）没有概念基础支撑；（2）非核心资产很难定义；（3）报告主体可以不同方式解释"非核心"术语。

支持将非核心资产租赁排除范围的反馈者认为，使用者对非核心资产租赁的信息需求与核心资产租赁的信息需求不同，故应予以排除。

（二）理事会职员分析和建议

理事会职员赞同，报表使用者可能对非核心资产租赁的处理不同。但是，如果非核心资产是重要的，使用者可能仍然会关注此类租赁对主体业绩的影响。例如，总部大楼的租赁可以被视为非核心资产租赁。然而，这样的租赁可能是重要的，并可能引起使用者的关注。若以不同的方式对其继续会计处理，可能令人困惑，况且，也没有不确认其他非核心资产和负债先例。购买的资产即使用于非核心活动，也仍会被确认。

理事会职员认为，相对于对非核心资产租赁采用不同的会计处理，对非核心资产租赁单独列报可能是更好的方法。这不仅适用于租赁，也适用于主体的全部非核心活动。

因此，理事会职员认为没有任何理由对核心资产和非核心资产租赁采用不同的会计处理，非核心资产租赁仍属于新租赁准则范围。

最终，新租赁准则未涉及非核心资产租赁概念，未对其提供单独的豁免。

第二节　短期租赁

在原租赁准则下，承租人和出租人均按照融资租赁和经营租赁两种模式进行会计处理，其中，在经营租赁下均不需要确认租赁相关资产和负债。因此，在原租赁准则下没有必要就短期租赁单独提供确认豁免。在新租赁准则下，承租人不再区分融资租赁和经营租赁，对所有租赁均需确认租赁相关资产和负债。

因此，为减少承租人的编报成本，新租赁准则为承租人的短期租赁提供了一项可选择的简化处理。

在新租赁准则制定过程中，理事会就短期租赁确认豁免也经过了多次讨论。其中，较为重要的会议文献如表2-7-2所示。

表2-7-2　　　　　　　　短期租赁确认豁免主要文献

序号	会议日期	议题	主要内容及建议
1	2009年3月	《讨论稿：租赁初步意见》（《2009年讨论稿》）	讨论了对非核心资产租赁和短期租赁提供确认豁免的提议，考虑了为二者制定豁免规定可能存在的挑战
2	2009年12月	《范围——非核心资产租赁和短期租赁》	分析了针对《2009年讨论稿》短期租赁的反馈意见；分析了是否引入短期租赁确认豁免，以报告期还是年度、以最低合同租赁期还是预期租赁期来确定短期租赁的租赁期；讨论了是否为出租人提供豁免
3	2010年1月	《范围——排除短期租赁》	分析了短期租赁确认豁免与重要性原则的关系，考虑了如何定义短期租赁，如何确定租赁期限，是否将豁免范围扩大到出租人
4	2010年8月	《租赁（征求意见稿）》（《2010年征求意见稿》）	对短期租赁进行了定义，并对出租人和承租人采用了不对称的简化方法
5	2011年3月	《短期租赁的会计处理》	分析了针对《2010年征求意见稿》短期租赁确认豁免提议的反馈意见，并就短期租赁定义、具体简化方法、选择范围、损益确认模式、列报和披露等提出了修订建议
6	2011年6月	《短期租赁的会计处理》	分析了短期租赁三种简化方法的优缺点，并就是否扩大短期租赁定义进行了分析
7	2011年7月	《承租人的披露——短期租赁》	讨论了是否就短期租赁单独规定披露要求，以及需单独披露的主要信息
8	2013年5月	《租赁（征求意见稿）》（《2013年二次征求意见稿》）	采用了与租赁期定义并未完全协调的短期租赁定义；为出租人和承租人提供了对称的简化方法
9	2014年3月	《承租人会计——短期租赁》	分析了针对《2013年二次征求意见稿》短期租赁提议的反馈意见；讨论了是否需要扩大短期租赁范围及具体方法；建议针对短期租赁单独提供披露要求

一、《2009 年讨论稿》

《2009 年讨论稿》提出,有观点认为,对短期租赁(通常指短于一年的租赁)产生的资产和负债进行确认和计量,其成本可能超过收益。因此,新租赁准则应将短期租赁排除范围。并且,短期租赁应继续作为经营租赁进行会计处理。

但是,理事会也指出,若将短期租赁从新准则范围豁免,很可能无法满足财务报表使用者的以下信息需求:(1)很多短期租赁可能会产生重要资产和负债;(2)排除短期租赁可能会导致构建交易的机会,从而使租赁期限低于规定门槛;(3)对短期租赁的定义难免是主观随意的,可能导致类似合同采用不同的会计处理,从而降低财务报表的可比性。

在《2009 年讨论稿》中,双方理事会未就上述问题达成初步意见。

二、2009 年 12 月联合会议

在 2009 年 12 月的联合会议[①]中,理事会职员分析了针对《2009 年讨论稿》有关短期租赁提议的反馈意见,并对是否引入短期租赁确认豁免,如何定义和划分短期租赁,是否为出租人提供同样豁免进行了分析。

(一) 关于短期租赁的反馈意见

在针对《2009 年讨论稿》的反馈意见中,对于是否将短期租赁从新准则范围豁免的意见存在较大分歧。大部分财务报表使用者和编报者支持排除,而大部分会计师事务所、专业组织和准则制机构则反对排除。

支持者认为:(1)将短期租赁资本化的复杂性和成本超过了收益;(2)租赁的短期性质使其更类似于待执行合同;(3)如果预计租赁是长期的,双方都将避免将合同构建为短期租赁,因为短期租赁会使双方都承担风险。

反对者认为:(1)排除概念基础支撑;(2)可能导致主体构建短期租赁合同,以避免确认租赁资产和租赁负债;(3)短期租赁也可能具有重要性;(4)这

[①] IASB/FASB. IASB/FASB Joint Meeting 16 December 2009 IASB agenda reference 4F/FASB ED Session 9 December 2009 FASB memo reference 58. Project:Leases. Topic:Scope – Non – core and short – term leases.

将增加准则的复杂性;(5)这将降低准则透明度。

部分反对者认为,应用重要性原则足以解决该问题,不需要单独对短期租赁进行规定。

(二) 理事会职员分析

1. 关于是否引入短期租赁确认豁免的考虑

理事会职员从以下几个方面考虑了是否在新租赁准则中引入短期租赁确认豁免。

首先,从重要性原则角度考虑。理事会职员指出,新租赁准则也应像其他准则一样适用重要性原则。问题在于是否需要在重要性原则之外单独提供一项豁免。

其次,从待执行合同角度考虑。理事会职员并不认为短期租赁与待执行合同类似,每一项租赁都会产生相同类型的资产和负债。因此,从概念上看,排除短期租赁是不合理的,只是可以减少财务报告的复杂性。

最后,从成本收益角度考虑。理事会职员赞同将短期租赁资本化的复杂性和成本超过了收益。在资产负债表日为使用者提供有关短期租赁的资产和负债信息,只能获得有限的额外收益,但编报者却需要耗费重大成本。

2. 以"一个报告期或更短"还是"一年或更短"来定义短期租赁?

双方理事会考虑了是否以租赁期为一个报告期或更短来定义短期租赁。理事会注意到,如不动产、厂场和设备等其他准则也规定了在一个报告期内消耗的资产不需要资本化。一个报告期通常是指一年。不过,对于发布中期报告的主体来说,一个报告期将短于一年。如果将租赁期为一个报告期或更短的租赁排除,发布中期报告的主体必须根据新租赁准则,对预期租赁期小于一年但长于其报告期,且具有重要性的短期租赁进行会计处理。

双方理事会考虑的另一种方法是,可以预期租赁期为一年或更短来定义短期租赁,而不提及报告期。但是,这意味着主体可以发布很多中期财务报告,这些报告不显示期限超过一个报告期的租赁合同可能产生的重要资产和负债。这将向使用者提供误导性信息。

3. 以"最低合同租赁期"还是"预期租赁期"来界定租赁期?

理事会职员分析,短期租赁的租赁期有两种方法来确定,一个是最低合同租赁期,另一个是预期租赁期。

使用最低合同租赁期与包含选择权的租赁合同租赁期确定方法不一致,且可能创造建构交易的机会。使用预期租赁期与包含选择权的租赁期确定方法更加一致,且可降低复杂性。

另一种方法是,出于范围豁免的目的,预期租赁期可以包括对隐含续租选择权的评估,其他包含选择权租赁不会评估隐含选择权。这种方法将确保所有期限可能超过一个报告期的租赁相关资产和负债得到确认,无论该选择权是否包含在合同中。然而,这将增加复杂性,且很难证明其合理性。

最后,可以只允许简单租赁合同适用范围豁免,这可以进一步简化评估。简单租赁合同是指不包含选择权或余值担保的合同。然而,这种方法将要求签署包含续租选择权合同的承租人确认租赁资产和负债,无论该选择权是否可能被行使。

上述方法均需要在双方理事会对包含选择权的租赁会计处理作出决议后再进一步考虑。理事会职员认为,没有理由为短期租赁选择一种与包含选择权租赁会计不同的评估方法。

4. 是否为出租人提供豁免?

理事会职员也考虑了为出租人提供短期租赁确认豁免。理事会职员认为,出租人通常同时拥有短期和长期租赁,若两者有不同的会计处理,报表使用者可能不得不对出租人报表作出调整,而调整可能会扭曲出租人的财务业绩。

(三) 理事会职员建议

理事会职员建议,短期租赁应从新准则提议的承租人会计处理范围内排除。短期租赁应定义为预期租赁期为一个报告期或更短的租赁。预期租赁期应按照与包含选择权租赁会计相同的方式进行评估(即最可能发生的最长租赁期),评估应在租赁开始日进行。对于是否为出租人提供短期租赁确认豁免,理事会职员持不赞同见。

三、2010 年 1 月联合会议

在 2010 年 1 月联合会议[①]中,理事会职员基于 2009 年 12 月联合会议讨论内容,进一步分析了短期租赁确认豁免与重要性原则的关系,考虑了如何定义

---

① IASB/FASB. IASB/FASB Joint Meeting 20 January 2010 IASB agenda reference 9C/FASB ED Session January 13, 2010 FASB memo reference 62. Project: Leases. Topic: Scope – Exclusion of short – term leases.

短期租赁，如何确定租赁期限，是否将豁免范围扩大到出租人。

（一）短期租赁确认豁免与重要性原则的关系

对于短期租赁确认豁免与重要性原则的关系，理事会职员重申了2009年12月联合会议中的基本意见。此外，一位反对引入短期租赁确认豁免的理事会职员认为，短期租赁确认豁免将增加新租赁准则的复杂性，因为其引入了一条"直线"规则，该规则仅依赖于期间长短来决定租赁资产和负债的处理。

在本次会议中，理事会职员指出，降低短期租赁会计处理复杂性和成本的另一个办法是简化此类租赁的会计处理。例如，使用权资产和租赁负债可在资产负债表上按报告期末剩余租赁付款额的现值确认。报告期内应付租金费用化处理；已确认的资产和负债在租赁期结束时终止确认。

（二）如何定义短期租赁

如2009年12月联合会议讨论所述，理事会职员重申，如果理事会决定为短期租赁提供范围豁免，就需要定义短期租赁，且对短期的定义可能是随意的。

如2009年12月联合会议讨论所述，定义短期租赁可能有两种方法，即以"租赁期为一个报告期或更短"，或"租赁期为一年（12个月）或更短"来定义。本次会议中，理事会职员更倾向于以"租赁期为12个月或更短"来定义短期租赁。

（三）如何确定租赁期限

在2009年12月联合会议中，对于租赁期限的确定，理事会职员考虑了最低租赁期和预期租赁期两种方法。本次会议中，理事会职员在前次会议基础上提出了三种方法：（1）方法1——最长可能租赁期；（2）方法2——预期租赁期，仅包含明确的选择权；（3）方法3——预期租赁期，包括明确和隐含的选择权。理事会职员以下述案例说明了三种方法的具体应用。

> **示例2-7-1：**
> 一台机器的租赁期为9个月（基本租赁期）。此外，租赁合同包括承租人可选择再租赁6个月（第二期）。

根据方法1，考虑最长可能租赁期，该合同的租赁期限为15个月。该方法是最保守的方法，能够减少建构交易的机会。但是，如果承租人不太可能行使选择权,则可能无法反映租赁合同的"真实"经济实质。

根据方法 2,在估计预期租赁期时仅考虑明确的选择权。承租人或出租人将有 9 个月至 15 个月的租赁期,最终结果取决于是否可能行使续租选择权。该方法与理事会关于包含选择权租赁会计的初步意见一致,能够提供一致性并降低复杂性。

根据方法 3,在估计预期租赁期时需要考虑明确和隐含的选择权。该方法主要的争议点是隐含选择权的评估。通常情况下,在租赁结束时,承租人和出租人将协商一份新的合同,允许承租人继续使用租赁项目。有观点认为,这种重新协商的能力构成了在确定租赁期时需考虑的隐含选择权。在租赁期结束时很可能重新协商租赁的承租人,其经济地位与具有合同选择权以市场租金续租的承租人类似。如果仅考虑合同约定的选择权,具有隐含选择权的承租人将不会确认超过合同约定期限的租赁期限。但是,有合同选择权的承租人可以在确定的租赁期内包括可选期间。

也有观点指出,有续租选择权的承租人与没有续租选择权的承租人的合同地位不同。因此,他们不赞同,有权选择以市场租金续租的承租人与没有该选择权的承租人处于相同的经济地位。需要在合同期后使用资产的主体更有可能要求续租,因为出租人可能收回该资产或要求更高的租金。

理事会职员认为,方法 3 与理事会对包含选择权租赁的处理方法不一致,且将增加复杂性。因此,理事会职员建议采用方法 2,短期租赁的租赁期应基于预期租赁期,且仅考虑合同明确的选择权。

(四) 是否将范围豁免扩展到出租人

对于是否将范围豁免扩展到出租人,本次议题所提及论点与 2009 年 12 月联合会议相同,理事会职员未给出进一步的分析与建议。

四、《2010 年征求意见稿》

(一) 关于短期租赁定义

在《2010 年征求意见稿》中,将租赁期定义为:"很可能发生的最长可能期限。"并且,"主体在确定租赁期时,应考虑合同包含且在成文法律上有效的所有明确和隐含的选择权。"确定租赁期是否包括选择权涵盖期间需要综合考虑多项因素。相应地，短期租赁定义为："在租赁期开始日，最长可能租赁期（包括续期或展期选择权）为 12 个月或更短的租赁。"不同于租赁期的确定，短期租赁对续期或展期选择权不需要判断，应直接将其涵盖期间计入期限。

（二）关于短期租赁简化方法

《2010 年征求意见稿》对承租人和出租人的短期租赁采用不同的会计处理。

《2010 年征求意见稿》提议，在租赁期开始日，持有短期租赁的承租人可基于每一项租赁选择以下方式进行初始和后续计量：（1）以租赁付款额的未折现金额计量租赁负债；（2）以租赁付款额的未折现金额加上初始直接成本计量使用权资产。选择该处理的承租人应在租赁期内将租赁付款额计入损益。

《2010 年征求意见稿》提议，在租赁期开始日，持有短期租赁的出租人可基于每一项租赁选择：不在资产负债表中确认短期租赁产生的资产或负债，也不终止确认标的资产的任何部分。选择该处理的出租人应继续按照其他准则确认相关资产，并在租赁期内将租赁付款额计入损益。

上述承租人和出租人对于短期租赁会计处理的主要区别在于，承租人必须始终在其资产负债表上确认使用权资产和租赁负债（尽管以未折现金额计量），而出租人可以选择不确认任何资产（即应收租赁款）、负债（即履约义务），也不终止确认标的资产的任何部分。

五、2011 年 3 月联合会议

在 2011 年 3 月联合会议[①]中，理事会职员分析了针对《2010 年征求意见稿》短期租赁确认豁免提议的反馈意见，并就短期租赁定义、具体简化方法、选择范围、损益确认模式、列报和披露等提出了修订建议。

（一）反馈意见概述

针对《2010 年征求意见稿》中有关短期租赁的反馈意见，主要包括以下几个方面。

---

① IASB/FASB. IASB/FASB Joint Meeting Week commencing March 14, 2011 IASB Agenda reference 5A/FASB ED Session March 9, 2011 FASB Agenda reference 140. Project: Leases. Topic: Accounting for short-term leases.

1. 总体反馈意见

很多反馈者，包括审计师、报表编报者和行业组织均支持理事会引入短期租赁简化会计处理的提议。这些反馈者指出，简化的会计方法在很大程度上可以减轻编报的成本，并提高可操作性。

反馈者尤其支持《2010年征求意见稿》提议的针对出租人的豁免选择，其避免了出租人对短期租赁确认任何资产或负债。但是，大部分反馈者不赞同针对承租人提议豁免选择，主要原因是该简化的会计处理所实现的成本豁免并不充分。事实上，该豁免仅仅是简化了折现的处理，但并未豁免短期租赁相关资产和负债的确认。很多反馈者建议，对承租人豁免更有效的方法是允许他像出租人一样的选择。此外，有其他反馈者提议，可以通过修订短期租赁定义来改变短期租赁的会计处理方法。例如，可参照相关资产的使用寿命，如占使用寿命的一定比例。

还有反馈者注意到，《2010年征求意见稿》提议可基于每一项租赁选择采用的简化方法，因此，主体可对相同的租赁采用不同的会计处理，反馈者建议完善准则，转而规定相关的会计政策选择。

此外，反馈者要求澄清征求意见稿中所说的损益确认模式，"在租赁期内将租赁付款额计入损益"，应采用以下哪种方法来确认：（1）以直线法为基础；（2）以系统和合理方法为基础；（3）在租赁付款额变为应付或应收时。

2. 报表使用者反馈意见

财务报表使用者对简化短期租赁会计处理的提议有不同的看法。部分使用者倾向于《2010年征求意见稿》提议的范围豁免，而另一部分使用者则认为不应给予短期租赁确认豁免。

使用者也赞同前述总体反馈意见有关可基于每一项租赁选择简化处理存在的问题。

3. 非公众主体反馈意见

私营公司和非营利组织反馈者支持对短期租赁采用简化会计处理，这些规定可以减轻会计处理成本。然而，很多反馈者认为，这些规定，特别是承租人对短期租赁的会计处理，在平衡成本效益方面做得不够。

（二）短期租赁的会计处理

对于短期租赁的会计处理，理事会职员提出了三种修订方法：方法1：保留征求意见稿对短期租赁的简化处理；方法2：统一承租人和出租人的简化方法；方法3：删除短期租赁确认豁免。

1. 方法1：保留征求意见稿的简化方法

根据方法1，出租人可选择不在资产负债表中确认短期租赁产生的资产和负债，也不终止确认标的资产的任何部分。承租人可选择在其资产负债表中确认使用权资产和租赁负债，并以未折现金额计量。

方法1的支持者指出，对于出租人，租赁的短期性质可能使确认的租赁资产和负债相对于其资产负债表而言不重大。

方法1的支持者指出，对于承租人，由于短期租赁的定义为12个月或更短的租赁期，导致使用权资产和负债的折现影响不太可能是重要的。例如，在美国公认会计原则下，对于正常账期不超过约一年，在日常业务中与客户或供应商的交易产生的应收账款和应付账款，不要求进行折现［ASC 835 para. 835-30-15-3a］。同时，在国际财务报告准则下，如果货币时间价值的影响重要，准备的金额应是履行义务预期所需支出的现值［IAS 37 para. 45］。而货币时间价值影响不重要的不需要折现。这些反馈者赞同，鉴于短期租赁的短期性质，也不应要求折现。

反对方法1的主要理由是：（1）该简化处理没有为承租人提供足够的豁免以减轻其成本负担；（2）承租人与出租人对短期租赁的会计处理未协调一致；（3）对出租人和承租人均不应提供短期租赁确认豁免。

2. 方法2：统一承租人和出租人的简化方法

方法2支持《2010年征求意见稿》提议的出租人简化方法，并允许承租人也采用与出租人对称的方法，从而统一承租人和出租人的简化方法。方法2实际上与原经营租赁的处理一致。

除与方法1相同的理由外，方法2的支持者还认为，方法1的简化方法不足以解决编报者的编制成本问题。他们认为，应用新租赁准则的最大成本和复杂性并非来自折现，而是来自获得应用新租赁准则所需的信息。因此，方法1的支持者质疑《2010年征求意见稿》对出租人的短期租赁确认豁免，是否为财务报表编报者提供了真正的成本豁免，并为财务报表使用者带来了实际收益，尤其是短期租赁的折现影响原本就不重要。

反对方法2的理由与之前讨论意见类似。首先，短期租赁也可能产生重要的资产和负债，如果承租人不确认，则不能如实反映短期租赁。其次，短期租赁的范围豁免将引入一项随意的标准，故不应提供任何豁免。此外，方法2也未向使用者提供对未来12个月潜在现金流量决策有用的信息。反对方法2的意见也认为，现有的重要性原则足以减轻短期租赁的成本问题。

3. 方法 3：删除短期租赁确认豁免

根据方法 3，应删除短期租赁的概念，所有租赁均应适用新租赁准则的会计处理，但须遵守重要性原则。租赁不应以租赁期长短来区分，租赁期长短也不应决定其会计处理。

支持方法 3 的主要理由是，为短期租赁提供豁免没有概念基础支撑，并认为按新租赁准则对短期租赁进行会计处理符合成本效益原则。并且，根据重要性原则足以为短期租赁提供豁免，从而最大限度地降低编报成本。

相反，反对方法 3 主要理由是按照新租赁准则对短期租赁进行会计处理，不符合成本效益原则。

4. 职员建议

综合三种方法的分析，大部分理事会职员认为，承租人和出租人对短期租赁确认租赁资产和负债不符合成本效益原则。大部分理事会职员建议采用方法 2，即承租人和出租人都可以选择以与当前经营租赁一致的方式对短期租赁进行会计处理。其他理事会职员建议采用方法 1，该方法能够向使用者提供有关未来 12 个月现金流量决策有用的信息。

（三）短期租赁的定义

在 2011 年 2 月的联合会议中，双方理事会对《2010 年征求意见稿》中基于"最长可能租赁期"的租赁期定义进行了修订。修订的租赁期是指，承租人与出租人租赁标的资产合同约定的不可撤销期限，以及存在重大经济激励促使主体将行使展期选择权，或不行使终止租赁选择权所涵盖的期间。

鉴于租赁期定义的修订，在本次议题中，理事会职员对短期租赁提出了两个修订的定义。

定义 1：不与新修订的租赁期定义一致，仍然以《2010 年征求意见稿》的定义为基础，将短期租赁定义修订为，在租赁期开始日，最长可能期限（包括任何续租选择权）约为 12 个月或更短的租赁。

定义 2：与新修订的租赁期定义一致，将短期租赁定义修订为，在租赁期开始日，租赁期为 12 个月或更短的租赁。

除上述两个定义外，理事会职员也考虑了前期反馈意见中曾提到的替代方案：参照相关资产使用寿命的比例来定义短期租赁。但是，理事会职员不赞同该方法来定义短期租赁，主要理由是：（1）可能造成主体自身、行业自身和不同行业之间对租赁合同的处理不一致。例如，若将使用寿命的 10% 作为短期租赁的门槛，对于使用寿命为35年的办公室租赁，3年租赁期满足短期租赁定义；但对于同一办公室，4年租赁期却不满足短期租赁定义。（2）可能导致使用寿命长和价值较高的标的资产租赁可以采用简化处理，但使用寿命短和低价值标的资产租赁却可能无法采用简化处理。例如，仍然将使用寿命的10%作为短期租赁的门槛，对于使用寿命为35年的办公室租赁，3年租赁期满足短期租赁定义；但是，对于使用寿命为3年的复印机租赁，6个月租赁期却不满足短期租赁定义。

理事会职员通过以下示例，进一步分析了定义1和定义2的应用。

> **示例2－7－2：**
> 租赁合同包含364天的不可撤销租赁期，同时包含在未来9年可以市场价格行权的1年续租选择权。

定义1的分析

在定义1下，短期租赁定义与修订后租赁期定义没有联系。因此，不需要评估是否具有"重大经济激励"来确定租赁期是否包括续租选择权涵盖期间。定义1的租赁期默认包括任何续租选择权涵盖的期间，这可能导致短期租赁的范围相对更小。

在定义1下，本示例的租赁不作为短期租赁，因为其最长可能期限为10年。理事会职员也指出，虽然本示例的租赁不是短期租赁，但其修订后的租赁期只有364天，因为没有重大经济激励（行权价为市场价格）来促使行使选择权。此外，在定义1下，对短期租赁的初始和后续评估均会得出相同的结论。

定义2的分析

在定义2下，短期租赁定义与修订后租赁期定义存在联系。续租选择权仅在存在"重大经济激励"促使行权时才会纳入租赁期。因此，短期租赁的租赁期与修订后租赁期相同，这可能导致短期租赁的范围相对更广。

在定义2下，如果确定没有重大经济激励，则本示例的租赁期为364天，满足短期租赁定义。

综上分析，理事会职员建议采用定义1，不将短期租赁定义与修订后租赁期定义联系起来，而是与《2010年征求意见稿》的短期租赁定义保持一致。

理事会职员承认，定义1可能导致短期租赁的范围相对更小。但是，理事会职员认为，定义2可能通过对经济激励的评估，为主体创造更多构建交易的机会，从而避免将租赁资产和负债资本化。此外，理事会职员认为定义1更符合成本效益原则。

（四）如何选择简化方法

如果理事会对短期租赁的会计处理选择方法1或方法2，那么理事会必须决定一个主体如何选择适用简化方法，理事会职员提出了如下方法。

方法3：基于每一项租赁选择。即保留《2010年征求意见稿》的提议。

方法4：作为一项会计政策的选择。即基于主体整体作为一项会计政策选择，可选择短期租赁简化方法。

方法5：不是作为一种选择，而是作为一项要求，即短期租赁指南在任何时候都适用于所有主体的所有短期租赁。

方法3的支持者认为，应在逐个租赁的基础上进行选择，因为短期租赁的性质应根据该租赁特有的单独情况进行评估。

方法4的支持者认为，主体对性质相同或相似的短期租赁应以相同方式进行会计处理，因此，主体应按整体作为会计政策选择对短期租赁简化方法。

方法5的支持者认为，如果符合短期租赁定义，就应强制要求适用短期租赁简化方法，不应有选择，这可以增强主体内部和不同主体之间的可比性。方法5的反对者认为，强制要求可能不必要地限制了不希望使用短期租赁简化方法的主体。

综合以上各方法的优缺点，理事会职员建议采用方法4。理事会职员认为，与方法3相比，方法4可以改进短期租赁简化方法，不同主体的资产负债表和损益表更具可比性，从而增加了短期租赁信息的决策有用性。理事会职员也指出，如果理事会选择短期租赁会计处理的方法2（统一承租人和出租人的简化方法），则方法4将同时适用于出租人和承租人。

（五）短期租赁损益确认模式

针对《2010年征求意见稿》的反馈意见要求澄清短期租赁简化方法的损益确认模式，即"在租赁期内将租赁付款额计入损益"具体应采用哪种方法来确认。为此，理事会职员提出了解决该问题两种方法。

方法6：直接保留征求意见稿中的说法不做澄清。

方法7：采用原准则下经营租赁的处理来澄清短期租赁简化方法的损益确认模式。即租赁付款额应在租赁期内以直线法确认为损益，除非有其他系统合理的基础更能代表标的资产的使用模式。

理事会职员建议采用方法 7，其真正解决了反馈者对损益确认模式的担忧，并澄清允许以直线法或其他更具代表性的损益确认模式。

（六）短期租赁列报方式

在 2011 年 3 月的会议①中，理事会职员还讨论短期租赁的列报方式。由于《2010 年征求意见稿》并未具体说明短期租赁如何在损益表和现金流量表中列报，根据反馈意见，本次会议讨论了该议题。

1. 短期租赁在损益表中的列报

对于短期租赁在损益表中的列报，理事会职员提出了以下两种方法。

方法 1：将短期租赁损益列报为摊销费用（承租人）或租赁收益（出租人）。

方法 2：按照经营租赁的处理，将承租人和出租人的短期租赁损益均列报为租赁收益/费用。

此外，理事会职员还考虑了第三种方法，将承租人和出租人的短期租赁损益列报为利息收入/费用。但理事会职员否决了该方法，主要理由是：（1）货币时间价值对于短期租赁是不重要的，将其损益列报为利息收益/费用以反映货币时间价值，该信息不具有决策有用性；（2）与前述短期租赁损益确认模式不一致；（3）该列报方式，将对美国政府合同下的短期租赁的影响重大，显著减少此类合同的收益和现金流量。

方法 1 的支持者认为，短期租赁在损益表的列报基本原则应当为，从概念上讲，承租人持有一项使用权资产，出租人持有收取租赁付款额的权利，虽然在简化方法下该资产可能未确认。因此，将承租人短期租赁的费用列报为资产摊销费用是适当的。此外，这将增强不同公司之间的可比性。例如，无论租赁是否作为短期租赁简化处理，所有租赁摊销费用都在息税折旧摊销前利润（EBITDA）指标中扣除。方法 1 的反对者则认为，既然对短期租赁采用简化处理，不确认使用权资产，则列报为摊销费用可能误导报表使用者。

方法 2 的支持者认为，如果对承租人和出租人均不确认短期租赁的资产和负债，则短期租赁应采用与其他待执行合同一致列报，并应与其他确认摊销费用、利息费用/收益的租赁合同分别列报和披露。方法 2 的反对者大多因可比性

---

① IASB/FASB. IASB/FASB Joint Meeting Week commencing March 14, 2011 IASB Agenda reference 5B/FASB Education Session March 9, 2011 FASB Agenda reference 141. Project: Leases. Topic: Supplement: presentation of short – term leases.

问题而反对该方法。

综上分析,理事会职员建议采用方法2,将出租人和承租人的短期租赁损益均列报为租赁收益或租赁费用。

2. 短期租赁在现金流量表中的列报

理事会职员建议将短期租赁产生的现金流量在现金流量表中作为经营活动现金流量列报。理事会职员曾考虑是否将短期租赁产生的现金流量作为融资活动现金流量列报。因为对短期租赁采用简化方法时,资产负债表中不会确认任何金融资产或负债。此外,理事会职员认为,将短期租赁现金流量列报为经营活动现金流量,与上述在损益表的列报提议一致,也与原准则下对经营租赁的处理一致。

六、2011年6月联合会议

在2011年6月联合会议会[①]中,理事会职员分析了在2011年3月会议中提出的短期租赁三种简化方法的优缺点,并就是否扩大短期租赁定义进行了分析。

(一) 短期租赁简化方法的优缺点

对于承租人短期租赁的会计处理,本次会议仍然考虑了2011年3月会议(短期租赁的会计处理)所提出的三种会计处理方法,并进一步分析了三种方法的优缺点。

1. 方法1的优缺点

方法1是保留《2010年征求意见稿》的简化方法,即出租人不需要确认短期租赁相关资产和负债,承租人需要确认短期租赁相关资产和负债,只是不需要折现处理。

方法1的主要优点为:(1) 可以减轻承租人采用"使用权模型"的成本负担(不必折现);(2) 在资产负债表中确认使用权资产和租赁负债,符合新租赁准则的目标,且为财务报表使用者提供了关于承租人短期租赁潜在未来现金流量决策有用的信息。

方法1的主要缺点为:(1) 并未显著减轻承租人的成本负担;(2) 要求承

---

① IASB/FASB. IASB/FASB Meeting Week commencing June 13th, 2011 IASB Agenda reference 2C/FASB Education session for week commencing June 6th, 2011 FASB Agenda reference 183. Project:Leases. Topic:Accounting for short – term leases.

租人根据随意的、规则性的界线对不同租赁进行不同处理；（3）方法1实质上为租赁创造了另一种会计处理方法，从而增加了租赁准则的复杂性。

2. 方法2的优缺点

方法2是统一承租人和出租人的简化方法，即承租人和出租人均采用原经营租赁的方法，不需要确认短期租赁相关资产和负债。

理事会职员指出，该方法对于承租人最大的成本豁免来源于不需要追踪和识别合同以确定（1）合同是否属于或包含租赁；以及（2）是否需要将捆绑服务合同进行拆分。

方法2的主要优点为：（1）可以显著减轻短期租赁的成本负担；（2）与《2010年征求意见稿》提议相比，更加简化了短期租赁的会计处理。

方法2的主要缺点为：（1）对特定租赁进行不同的会计处理，可能创造构建租赁合同的机会；（2）未向报表使用者提供有关承租人短期租赁潜在现金流量决策有用的信息；（3）实质上为租赁创造了另一种会计处理方法，从而增加了租赁准则的复杂性。

3. 方法3的优缺点

方法3是不对短期租赁单独提供范围豁免。

方法3的主要优点为：（1）对短期租赁相关资产和负债进行确认，可以为承租人的报表使用者提供决策有用的信息，且符合新租赁准则的目标；（2）承租人对所有租赁采用相同的处理方法，避免了采用随意的、规则性的界线来分割和定义短期租赁；（3）通过统一承租人租赁的会计处理，降低了新租赁准则的复杂性。短期租赁的会计处理遵循重要性原则，如果对财务报表不重要，承租人无需单独确定租赁是否符合短期租赁的定义。

方法3的主要缺点：（1）未对承租人提供实质的成本豁免，也未充分考虑编报者和审计师的反馈意见；（2）可能导致重要性原则应用的不确定性，包括对于不重要租赁应如何在财务报表中反映，在对承租人采用单一的使用权模型的决议下，承租人需要同时考虑资产负债表和损益表中的重要性等，从而无法确定方法3的会计处理是否可能较方法1和方法2带来更大的成本负担。

综上分析，理事会职员对上述方法2和方法3中应采用哪种方法未达成统一意见。

（二）短期租赁的定义

在本次会议中，理事会职员再次确定了短期租赁的定义，即采用2011年3

月联合会议中提议的定义 1：短期租赁，是指在租赁期开始日，最长可能期限（包括任何续租选择权）约为 12 个月或更短的租赁。

在上述短期租赁定义下，理事会职员讨论了进一步扩大定义或缩小定义两种方法。

1. 扩大定义

理事会职员认为，如果理事会决定扩大短期租赁定义，最可能扩大短期租赁定义的方法是，允许期限少于一个经营周期的租赁适用简化方法，一个经营周期的具体时间可能是少于 3 年，也可能是少于 5 年。但是，这需要同时扩大短期租赁的定义，包括删除对续租选择权的考虑，或者与理事会在 2011 年 2 月修订后的租赁期定义一致。

扩大短期租赁定义的主要优点是，可以进一步减轻编报成本，更多的租赁合同，包括某些长期租赁合同将可以简化处理。

扩大短期租赁定义的主要缺点是，进一步提高了承租人构建租赁合同的机会，承租人可以更容易地签订一系列重复的短期租赁合同，而不是签订一项长期合同来避免按照承租人会计处理。此外，更多租赁合同将无法向财务报表使用者提供有关未来潜在现金流量决策有用的信息。

2. 缩小定义

理事会职员认为，如果理事会决定缩小短期租赁定义，则可能考虑几种方法：（1）进一步将定义的期限缩短到 12 个月以下，如 9 个月或 6 个月，或缩短到"不重大"或"不重要"等范围；（2）限制某些特定情况适用简化方法，如不适用于包含购买选择权的租赁、售后租回交易等情况；（3）基于原则导向适用简化方法，澄清仅当单独合同，或实质上应视为单独合同的多个合同，满足交易实质为少于 12 个月（或 9 个月等）的租赁，从而属于短期租赁性质，才能适用简化方法。

缩小短期租赁定义的主要优点为：（1）降低承租人构建租赁合同的机会；（2）符合短期租赁条件的租赁将减少，更符合新租赁准则的目标；（3）为使用者提供更多关于承租人未来潜在现金流量决策有用的信息。

缩小短期租赁定义的主要缺点为：（1）减少了短期租赁的成本豁免；（2）增加了新租赁准则的复杂性，并使短期租赁定义过于狭窄。承租人需要考虑更加广泛的事项，可能不符合成本效益原则。

综上分析，理事会职员未就上述方法达成一致意见。

3. 出租人短期租赁的会计处理

在 2011 年 3 月联合会议上，理事会初步决议允许出租人对短期租赁采用经营租赁的会计处理。自初步决定以来，理事会职员认为没有任何新的证据证明初步决议是不恰当的。但是，理事会职员注意到，使用权模式下出租人的会计处理尚待理事会决定，它将影响出租人短期租赁的会计处理。如果理事会决定采用与原准则类似的出租人会计处理，则没有必要再单独允许出租人采用短期租赁简化方法。

七、2011 年 7 月联合会议

在 2011 年 6 月联合会议[①]上，理事会暂时决定，对于短期租赁，承租人无需确认租赁资产或租赁负债。该决议直接影响着后续的披露要求，在本次会议中，理事会职员讨论了以下三种承租人对短期租赁的披露方法。

(1) 方法 1：在截至报告日的到期分析中披露短期租赁合同的承诺金额。

(2) 方法 2：披露短期租赁的当年费用，同时，当存在表明短期租赁活动与当期存在重大差异的情况或预期时，要求进行定性分析。

(3) 方法 3：将短期租赁从租赁披露要求中排除。

(一) 方法 1：披露短期租赁的承诺金额

方法 1 要求在截至报告日的到期分析中披露短期租赁合同的承诺金额。理事会职员认为，方法 1 与其他国际财务报告准则一致，但在美国公认会计原则下可能需要增加额外的披露。由于理事会已暂时决定对短期租赁不确认租赁负债，租赁负债的日常账务核算不会反映短期租赁的承诺金额，方法 1 将增加承租人的披露成本。

(二) 方法 2：披露短期租赁当年费用及定性分析

理事会职员认为，短期租赁的当年费用通常可以反映下一年短期租赁的现金流出情况。理事会职员承认，某些主体按性质对短期租赁费用进行分类归集可能产生一定成本，这是由于其对各部门的组织结构和费用核算设置造成的。

在某些情况下，由于主体对短期租赁的承诺或计划，主体的费用可能无法反映下一年的现金流量，因此，如果存在短期租赁活动变化的情况或预期，建

---

① IASB/FASB. IASB/FASB Meeting Week commencing 18 July 2011 IASB Agenda reference 5C/ IASB/FASB Education Session Week commencing 11 July 2011 FASB Agenda reference 189. Project：Leases. Topic：Leases Disclosure – Short Term Leases.

议对此进行定性分析。

(三) 方法3：将短期租赁从租赁披露要求中排除

方法3将短期租赁从租赁披露要求中排除，即不再需要对短期租赁进行单独披露。该方法将使报告编报者从披露要求中获得最大的成本豁免。

部分编报者认为，既然对短期租赁的会计处理都采用了简化方法，这样的理念也应延续到披露中。理事会职员认为，财务报表使用者可能希望了解租赁的所有影响，包括短期租赁。因此，大部分理事会职员不建议采用方法3，尽管出于成本效益原因，有少部分人支持方法3。

(四) 职员分析

理事会职员就方法1和方法2调研了大量的财务报表编报者，从成本角度出发，编报者反馈报告费用（方法2）将是两种选择中成本较低的一种。大部分理事会职员也建议采用方法2，他们认为，在很多情况下，报告本年度短期租赁费用的金额比报告截止日短期租赁合同下的承诺金额，更能反映下一年的现金流量（从而反映营运资金需求）。

八、《2013年二次征求意见稿》

(一) 关于短期租赁定义

在《2013年二次征求意见稿》中，理事会将短期租赁定义为，"在租赁期开始日，合同具有最长可能租赁期（包括续租选择权）为12个月或更短的租赁。包含购买选择权的租赁不属于短期租赁。"

鉴于《2013年二次征求意见稿》对租赁期的定义中，采用了是否具有"重大经济激励"来确定租赁期是否包含续期选择权和终止租赁选择权期间，而短期租赁将续租选择权直接纳入范围，不需要判断，故《2013年二次征求意见稿》中短期租赁定义与租赁期定义并未完全协调一致。理事会的主要理由是，采用租赁期定义类似的方法来定义短期租赁，可能产生构造交易的机会。如主体可以将实际上可续期10年或更多的租赁合同，拆分为一系列1年期的合同。此外，按租赁期定义来确定短期租赁，需要更多判断，从而增加了短期租赁确认豁免的复杂性。

(二) 关于短期租赁简化方法

《2013 年二次征求意见稿》对承租人和出租人的短期租赁采用类似的会计处理。

《2013 年二次征求意见稿》提议，作为一项会计政策，承租人可选择对短期租赁不按承租人一般会计处理规定进行处理。相反，承租人可以在租赁期内以直线法将租赁付款额确认为损益。

《2013 年二次征求意见稿》提议，作为一项会计政策，出租人可选择对短期租赁不按出租人一般会计处理规定进行处理。相反，出租人可以在租赁期内以直线法或其他系统方法将租赁付款额确认为损益，如果其他系统方法更能反映从标的资产赚取收益的模式。

《2013 年二次征求意见稿》强调，对短期租赁的会计政策选择应基于使用权相关标的资产的类别作出。如果对短期租赁选择上述简化处理，应披露该事实。

在《2013 年二次征求意见稿》中，理事会并未采纳之前扩大租赁定义到一个经营周期（3 年或 5 年）的提议，主要理由是 2 年或 3 年以上的租赁很可能产生具有重要性的资产和负债，且不符合新租赁准则提高租赁活动透明度的目标。

(三) 关于短期租赁的披露

《2013 年二次征求意见稿》为单独对短期租赁规定披露要求，仅在出租人和承租人的总额披露要求中提到，出租人需要披露短期租赁的收益，承租人需要披露短期租赁的租赁付款额。因此，《2013 年二次征求意见稿》实质上并未要求对短期租赁披露更为详细的信息，包括之前会议讨论的短期租赁承诺金额、租赁活动变化时的定性分析等。

九、2014 年 3 月联合会议

在 2014 年 3 月联合会议[①]中，理事会职员分析了针对《2013 年二次征求意

[①] IASB/FASB. REG FASB/IASB Meeting. March 2014. IASB Agenda ref 3H/ FASB Agenda ref 275. Project: Leases. Paper topic: Lessee accounting: short-term leases.

见稿》中的短期租赁确认豁免的主要反馈意见,讨论了是否需要扩大短期租赁范围及具体方法,并建议针对短期租赁单独提供披露要求。

(一)反馈意见概述

很多反馈者支持针对短期租赁提供确认和计量豁免。支持者认为,该豁免是一种实用的方式,可以帮助承租人降低成本,同时为使用者提供相关信息。

但是,很多其他反馈者认为,该豁免并未为编报者提供足够的成本豁免,特别是对低价值资产租赁。这些反馈者指出,租赁租为 12 个月或更短的租赁很少见,并提供了很多具有更长的最长可能期限的低价值资产租赁案例。

部分反馈者建议扩大短期租赁确认豁免范围,可将短期租赁的界限扩大到 18 个月到 5 年不等。部分反馈者建议短期租赁的定义应与《2013 年二次征求意见稿》的租赁期定义保持一致,即不可撤销租赁期加上具有重大经济激励行使的选择权涵盖的期间,使用相同的定义对承租人是有益的。

其他反馈者建议,短期的定义应取决于标的资产的经济寿命(例如,短期租赁的租赁期小于标的资产经济寿命的 5%),或承租人的经营周期(例如,短期租赁的租赁期少于一个经营周期)。

最后,部分反馈者也反对提供短期租赁确认豁免处理,主要理由是,提供短期租赁信息符合成本效益原则,且豁免可能创造建构交易的机会。

针对短期租赁披露的反馈意见相对较少,特别是对于是否将短期租赁纳入一般质量披露要求存在不同的意见。反对者认为,如果遵循一般质量披露要求,则不符合降低承租人编报成本的初衷。除此之外,有反馈者建议单独披露短期租赁信息,特别是与短期租赁有关的费用确认金额,以弥补因确认和计量豁免导致的信息缺失。

(二)职员分析

1. 确认对短期租赁的豁免

理事会职员重申了对《2013 年二次征求意见稿》的短期租赁简化方法,包括应按标的资产类别进行会计政策选择,允许承租人不对短期租赁适用租赁的确认和计量要求等。

2. 考虑是否要扩大短期租赁确认豁免范围

根据有关低价值资产租赁的反馈意见,理事会职员提议考虑两种方法来修订短期租赁的确认和计量豁免，从而为低价值资产租赁提供进一步豁免：①将短期租赁门槛提高到一年以上；或②修订短期租赁定义，与租赁期定义协调一致。

（1）提高短期租赁期限门槛

《2013年二次征求意见稿》的反馈者提到，通过提高短期租赁的期限门槛，可以为低价值资产租赁提供进一步的成本豁免。

理事会职员分析了上述意见，如果将短期租赁期限门槛提高，将会有很多低价值资产租赁被排除。大部分低价值资产租赁的租赁期在3~5年，若通过该方法达到扩大豁免范围的目的，则短期租赁期限的上限至少应提高到3年。但是，如此一来，被排除的不仅有低价值资产租赁，也有很多非低价值资产租赁。此外，理事会职员认为，将短期租赁门槛提高到1年以上，可能促使主体改变其租赁活动以实现短期租赁分类；如果将短期租赁门槛保持在1年以内，则类似激励作用就相对有限。因为签订1年和5年的租赁合同存在着显著的经济差异，签订3年和5年的租赁合同经济差异就要小得多。

基于上述原因，理事会职员认为不应将短期租赁期限门槛提高到12个月以上。

（2）修订短期租赁定义

修订短期租赁定义，与租赁期定义协调一致的优点在于，可以解决某些日租、月租和永续租赁因不满足提议的短期租赁定义而被排除的问题。这些租赁很难确定最长可能期限和租赁的终止日期。统一定义有助于提高租赁准则的一致性，主体对于租赁期和短期租赁也只需要进行一次评估。此外，修订短期租赁定义也不会导致任何增量信息。

修改短期租赁定义的缺点在于，与提高短期租赁期限门槛的缺点相同，将短期租赁的定义修订为包括选择权涵盖期间，可能将更多的非低价值资产租赁被排除，特别是那些通常不包括明确的最长租赁期的短期租赁。此外，修订短期租赁定义也可能创造建构交易的机会。但是，理事会职员也注意到，经济上往往会阻碍出租人授予短期租赁，因为缩短租赁期将会增加出租人对剩余资产的风险。

3. 明确披露要求

根据反馈意见，理事会职员认为，应单独考虑短期租赁的披露要求，因为并不是所有的租赁披露要求都适用于短期租赁。理事会职员建议具体考虑披露以下信息：

(1) 定性披露。理事会职员建议，关于租赁的一般定性披露要求中应包括短期租赁，提供该项披露不会增加额外成本。

(2) 当期与短期租赁有关的费用金额。理事会职员认为，这一披露将为使用者提供关于短期租赁的有用信息，特别是如果使用者希望估计短期租赁的资产和负债，或对其进行趋势分析。提供该项披露也不会增加额外成本。

十、最终准则主要规定

（一）关于短期租赁定义

最终发布的新租赁准则将短期租赁定义为："租赁期开始日，租赁期为12个月或更短期间的租赁。包含购买选择权的租赁不属于短期租赁。"［IFRS 16 附录一］最终定义直接索引了租赁期概念，与租赁期定义协调一致。根据新租赁准则租赁期定义，在确定短期租赁的租赁期时，需要考虑承租人是否合理确定将行使续租选择权，相应将续租选择权所涵盖的期间纳入租赁期。对于短期租赁的期限门槛，理事会最终确定为12个月或更短，未采用之前讨论的扩大或缩小定义的意见。此外，最终定义也强调，包含购买选择权的租赁不属于短期租赁。

（二）关于短期租赁简化方法

新租赁准则规定，承租人可选择对短期租赁采用简化方法，但未对出租人提供该简化方法（没有必要提供）。承租人应基于与使用权相关的标的资产的类别对短期租赁的会计处理作出选择。某一类标的资产是指在主体运营中具有类似性质和用途的一组标的资产［IFRS 16 para.8］。最终，理事会采用了按照标的资产类别，作为一项会计政策选择来采用短期租赁确认豁免的意见，未采用之前讨论的基于每一项租赁来分别选择的意见。

对于短期租赁的具体简化处理方法，新租赁准则规定，承租人应在租赁期内按照直线法或其他系统性方法将与租赁相关的租赁付款额确认为费用。如果其他系统性方法能够更好地反映承租人的受益模式，则承租人应采用该系统性方法［IFRS 16 para.6］。最终，理事会采用了类似于原准则下经营租赁的处理方法，并明确了费用分摊方式可采用直线法或其他系统性方法。

第三节 低价值资产租赁

低价值资产租赁豁免是在《2013年二次征求意见稿》之后提出的议题,经过几次讨论,理事会最终为低价值资产提供了确认豁免。表2-7-3中是有关低价值资产租赁的主要会议文献。

表2-7-3 低价值资产租赁确认豁免主要文献

序号	日期	文件名	主要内容及建议
1	2014年1月	《承租人小额租赁》	分析了《2013年二次征求意见稿》反馈意见中有关小额租赁豁免的提议,并提出了区分小额租赁的"小额、非核心资产法"
2	2014年3月	《承租人小额租赁》	提出区分小额租赁的另一种方法,即"小额、非专用资产法"
3	2015年2月	《小额资产租赁》	总结了有关小额资产租赁豁免外联活动的成果,并为最终准则规定提供了多项建议,其中包括对小额资产建议的定量门槛(5 000美元)

一、2014年1月联合会议

在2014年1月的联合会议[①]中,理事会职员分析了《2013年二次征求意见稿》反馈意见中有关小额租赁豁免的提议,并提出了区分小额租赁的"小额、非核心资产法"。

(一)《2013年二次征求意见稿》反馈意见

《2013年二次征求意见稿》仅对短期租赁提供了确认豁免,未涉及小额租赁的豁免。针对《2013年二次征求意见稿》的很多反馈意见提出,征求意见稿提议的会计处理模型,对于"小额租赁"(small-ticket leases)可能需要花费

---

① IASB/FASB. REG FASB/IASB Meeting. January 2014. IASB Agenda ref 3C/FASB Agenda ref 264. Project:Leases. Paper topic:Lessee small-ticket leases.

过高的编报成本。这些反馈者所称的"小额租赁"是指，数量较大、但价值较低的租赁，其对于承租人整体业务来说是次要的。反馈者列举的小额租赁涉及的标的资产包括：（1）信息技术设备，如计算机、打印机、复印机、手机和平板电脑；（2）办公设备和家具；（3）汽车。也有少部分反馈者将不动产（如房地产）和建筑设备也作为相对于整体业务是次要的。这些反馈者指出，将这些小额租赁适用《2013年二次征求意见稿》需要耗费很多的时间并付出很大的努力，特别是将租赁的计量单元设定为单独租赁层次。因此，对小额租赁适用《2013年二次征求意见稿》提议不符合成本效益原则。

1. 小额与重要性原则

部分反馈者指出，虽然小额租赁单独层次通常是不重要的，但国际和美国准则有关重要性的规定不足以为其提供豁免，主要原因是：（1）《2013年二次征求意见稿》提议包含了新的概念，这些概念在现行重要性规定下存在困难且耗费时间；（2）小额租赁单独层次可能不重要，但汇总层次可能是重要的；（3）虽然理事会确认了租赁也适用重要性原则，但监管机构和审计师要求证明租赁不重要的举证责任抵销了重要性规定可能带来的收益。

这些反馈者建议理事会为租赁准则增加明确的重要性要求，例如，明确规定低于一定金额，总资产的一定比例，或总费用的一定比例的租赁，可以从租赁准则的范围排除。其他反馈者要求针对租赁如何适用重要性原则进行澄清。

2. 小额租赁与短期租赁

很多反馈者支持针对短期租赁提供确认和计量豁免。支持者认为，该豁免是一种实用的方式，可以帮助承租人降低成本，并可将很多"小额租赁"也排除在租赁范围之外，同时为使用者提供相关信息。

但是，很多其他反馈者认为，该豁免并未为编报者提供足够的成本豁免，特别是对小额租赁。这些反馈者指出，租赁租为12个月或更短的租赁很少见，并提供了很多具有更长的最长可能期限的小额租赁案例。

3. 小额租赁与《2013年二次征求意见稿》提议

部分反馈者建议，应允许主体在租赁合同组合层次而不是单独层次适用《2013年二次征求意见稿》提议，类似于新收入准则草案中提议的按合同组合层次应用的实务简化方法。很多反馈者指出，小额租赁通常是主合同的组成部分，或者可捆绑到类似合同组合中。

这些反馈者认为，允许在组合层次适用租赁准则，可以显著减少：（1）对大量租赁适用《2013年二次征求意见稿》提议的成本；（2）涉及新准则某些特定方面的适用成本，包括确定租赁期和折现率，拆分租赁和非租赁组成部分，过渡规定及重新评估等。

其他反馈者建议，《2013年二次征求意见稿》提议的简化方法应该适用于小额租赁，并包括多方面的实务简化。

4. 小额租赁与非核心资产

很多反馈者建议，理事会应通过将"非核心"标的资产租赁从租赁准则范围排除，来解决小额租赁问题。这些反馈者认为，将租赁准则仅适用于核心资产租赁，将为使用者提供有关主体重要租赁的相关和有用的信息，同时大大减轻编报者的负担，特别是在过渡期间。

（二）职员分析和建议

根据反馈意见，理事会职员分析了以下几个修订方案的优缺点。

1. 小额租赁与重要性原则的关系

理事会职员认为，理事会不应为租赁单独提供明确的重要性指引，国际财务报告准则和美国公认会计原则均未在具体准则层面提供重要性指引，而是统一适用财务报告准则的重要性原则。理事会职员与会计师事务所代表进行了讨论，这些代表也赞同不需要在租赁准则中单独规定重要性指引，现有的重要性原则也适用于租赁。

此外，理事会职员认为，现有的重要性规定实际上可以将很多小额租赁认定为不重要，也不需要按照新租赁准则进行会计处理。根据理事会职员与编报者的访谈，他们也确认，预计大部分（甚至全部）小额租赁都可能认定为不重要，如小型IT设备、复印机和打印机租赁最有可能被认定为是不重要的。

但是，理事会职员并不认为，根据重要性原则可将所有小额租赁排除范围，很多主体拥有的小额租赁，对于该主体本身可能是重要的。因此，如果没有进一步指引，此类主体将必须根据租赁准则对这些租赁业务进行处理。

综上所述，理事会职员认为，不应在租赁准则中单独提供重要性指引。

2. 在合同组合层次适用租赁准则

针对前述反馈意见建议允许在合同组合层次适用租赁准则，理事会职员分析了该方法的优缺点。

（1）允许组合适用的优点

理事会职员认为，允许在合同组合层次适用租赁准则的优点是显著的。小额租赁适用租赁准则最大的成本问题在于其数量太多，在合同组合层次适用租赁准则将显著减少承租人适用租赁准则的合同数量。对于租赁准则的某些方面，如确定折现率、分拆租赁和非租赁组成部分，成本豁免的效果可能更高。

理事会职员承认，很多小额租赁，特别是IT设备租赁和车辆租赁，一般都属于主租赁合同的一部分（如，包含多达1 000个单独租赁合同的总合同）。理事会职员访谈了从事主租赁合同的主体，这些主体希望将计量单元认定为主租赁合同层次。理事会职员认为，此类主租赁合同代表了可在组合层次适用租赁准则的例子。但是，主体也需要对主合同中多个合同进行区分识别，包括是否存在不同标的资产，合同期限是否与主合同显著不同等。

此外，理事会职员认为，按组合层次适用租赁准则也适用于具有大量类似单独租赁合同的组合。虽然确定合同组合涉及判断，但理事会职员认为，各主体能够确定适当的合同组合，针对编报者和审计师的调研也证实了该观点。

理事会职员也承认，《2013年二次征求意见稿》并未明确禁止从合同组合层次适用租赁准则。但是，反馈者认为，新收入准则征求意见稿明确指出了可以从合同组合层次适用，如果理事会允许租赁准则也同样适用，则租赁准则应明确规定可从合同组合层次适用准则。

（2）允许组合适用的缺点

理事会职员认为，实务中可能将提议的组合层次应用解释为，要求主体按单独合同层次与按合同组合层次应用准则应合理预期不会产生重大差异。这将抵销允许按合同组合层次应用可能带来的简化效果。

理事会职员注意到，在新收入准则修订项目中，也考虑了按合同组合层次和单独合同层次是否产生重大差异的问题。新收入准则项目拟在结论基础明确，虽然按合同组合层次应用准则需要判断，但主体不需要明确地证明按合同组合层次和按单独合同层次应用准则预期不存在重大差异。理事会职员建议在新租赁准则中也明确该原则。

理事会职员还指出，如果租赁准则适用于合同组合层次，后续合同组合的组成部分发生变动时，重新评估可能存在挑战。

理事会职员进一步指出，允许在合同组合层次应用准则，并不能对所有的小额租赁均提供成本豁免，主要原因是：（1）大部分成本在于应用准则时对信息的初步收集。即使是在合同组合层次应用准则，这些信息收集仍然是必要的；（2）可能存在与将合同分组为合同组合相关的成本；（3）在合同组合层次上应用准则对经营比较分散的主体可能没有帮助，这是因为将不同报告单元中的合同分组到合同组合，可能无法反映主体运营的业务模式；（4）如果各单独合同都显著不同，则很难将其归类为同一合同组合。

最后，部分主体询问，如果在合同组合层次应用准则，应如何评估减值。如果按照美国公认会计原则或国际财务报告准则的指引，当有证据表明，租赁组合中的部分但不是全部使用权资产可能减值时，则继续将准则应用于同一租赁组合可能是不适当的。在这种情况下，主体需要确定在原始合同组合层次和在单独合同层次应用准则是否存在合理预期的重大差异。如果存在，则主体可能需要将原始合同组合分割为较小的合同组合，或在单独合同层次应用准则以消除该差异，确保合同组合汇总的减值不高于该现金产出单元（或资产组）的减值金额。

综上分析，理事会职员认为，新租赁准则也应与新收入准则一致，为大量类似合同或小额租赁合同提供豁免，可按合同组合层次应用准则。

3. "小额、非核心资产法"分析

理事会职员认为，虽然重要性规定、短期租赁确认豁免和在合同组合层次应用准则可为小额租赁提供了部分成本豁免，但其应用成本仍然存在。如果理事会希望几乎消除与小额租赁相关的所有成本，则还需要提供一个明确的范围豁免。

理事会职员认为，明确的范围豁免应包括两个要素：（1）小额要素。该范围豁免仅适用于①存在大量类似标的资产的组合；且②各项租赁单独看均不重大。（2）非核心资产要素。该范围豁免仅适用于相对主体运营"非核心"资产的租赁（"小额、非核心资产法"）。理事会职员认为，区分核心和非核心资产最适当和最具可操作性的方法是，区分用于产生收入的资产和用于管理目的的资产。理事会职员讨论了以下示例（见表2-7-4）。

表2-7-4 小额租赁范围豁免应用示例

示例	是否满足豁免条件？	理由
供服装零售商的IT部门、财务部门和后台管理人员使用的复印机	是	小额要素：这些复印机组合全部为类似资产，且单独看均不重大。 非核心资产要素：这些复印机用于管理目的。该零售商的产生收入活动是销售服装。这些复印机并不直接参与服装的销售
航空公司使用的飞机	否	小额要素：这些飞机单独看是重大的。 非核心资产要素：该航空公司的产生收入活动是提供飞行服务。这些飞机直接参与提供飞行服务

续表

示例	是否满足豁免条件？	理由
食品零售商使用的卡车	否	小额要素：这些卡车组合全部为类似资产，且单独看均不重大。 非核心资产要素：该零售商的产生收入活动是销售食品。这些卡车直接参与销售食品，需将食品运输到客户指定地点
服装零售商用于从分部仓库向总部仓库提交订单的 IT 设备	否	小额要素：这些 IT 设备组合全部为类似资产，且单独看均不重大。 非核心资产要素：该零售商的产生收入活动是销售服装。这些 IT 设备不直接参与服装的销售，促进了订单生成过程
集团首席财务官（CFO）使用的公务飞机	否	小额要素：该公务飞机单独看是重大的。 非核心资产要素：该公务飞机并不直接参与产生收入活动；相反，其用于管理目的，供与产生收入活动不直接相关的雇员使用
建筑和制造公司使用的汽车	部分属于，部分不属于	小额要素：这些汽车组合全部为类似资产，且单独看均不重大。 非核心资产要素：部分汽车由公司销售部门使用，其他由财务部门使用。销售部门使用的汽车直接参与了公司产生收入活动，但财务部门使用的汽车用于管理活动。是否满足范围豁免条件，取决于单独汽车（或汽车组合）如何使用
工程公司使用的笔记本电脑	部分属于，部分不属于	小额要素：这些笔记本电脑组合全部为类似资产，且单独看均不重大。 非核心资产要素：该工程公司使用的笔记本电脑，部分用于产生收入目的（开发向客户销售的技术），另一部分用于管理目的（完成时间或费用报告）

理事会职员认为，在范围豁免中包括小额要素是很重要的，其设计目的是解决大量租赁合同应用不符合成本效益原则的问题。但是，范围豁免也不能完全依赖小额要素，因为它可能将很多具有重要性的租赁排除。因此，理事会职员认为，在范围豁免中包括非核心资产要素也是很重要的，因为它并不会将与主体产生收入业务相关的租赁排除。如前所述，非核心资产通常是用于管理或支持目的。

此外，理事会职员认为，可以在范围豁免中增加一个时间要素。即，该范围豁免应当仅适用于租赁期不超过 5 年的租赁，增加该要素可以使该范围豁免更加严谨。此外，理事会职员了解到，大部分小额租赁的租期为 5 年以下，因此,该时间要素不会导致某些租赁被不适当的排除在该范围豁免之外。

理事会职员注意到,部分主体要求将某些房地产租赁视为非核心资产租赁,并将其排除在租赁适用范围之外。理事会职员不赞同该意见。理事会职员认为,在很多情况下,房地产租赁是用于产生收入目的的(如商店租赁),即使其不用于产生收入目的(如总部大楼),但这样的情况并不多见,即使有,房地产租赁组合也不太可能被描述为"类似标的资产的组合"。因为房地产租赁的位置是独特的,并且对标的资产的价值有很大影响,房地产租赁具有租赁所特有的条款和条件。

理事会职员认为,提供明确范围豁免的优点是可以直接解决对小额租赁会计处理成本问题,且使用者所获的信息并不会大幅减少。但是,理事会职员也承认将非核心资产租赁引入范围豁免存在以下缺点:(1)任何基于小额和非核心资产概念的范围豁免判断都很难一致地应用,因为它们的判断主要基于部分定性概念,相对应的是部分主观术语,如上文提到的"不重要""管理目的"和"产生收入目的"。如果一项资产被同时用于产生收入和管理目的,或者一个主体有两个类似的标的资产被用于两个不同目的,则上述提议的范围豁免判断很难一致地应用。(2)任何范围豁免都可能激励主体修改其租赁合同,以达到表外处理目的。(3)任何范围豁免都将进一步使租赁准则复杂化,因为其将增加需要判断评估的事项。(4)提议的范围豁免并未包括所有主体所认为的小额资产(例如,用作分销业务的叉车)。(5)非核心资产租赁将与其他类型的资产和负债资本化方式不一致。(6)非核心资产租赁仍有可能产生重要的资产和负债。

最后,理事会职员还考虑了是否提供一份符合非核心资产条件的资产清单,而不是提供非核心资产的定义,该清单可能侧重于办公设备和其他信息技术设备。但是,理事会职员担心,这样的名单可能无法涵盖所有小额,并将给此类资产定义创造建构交易机会。

综上所述,理事会职员认为,通过排除非核心资产租赁为小额租赁提供明确的范围豁免弊大于利,不宜采用。

二、2014年3月联合会议

在2014年3月联合会议[①],理事会职员在2014年1月联合会议的基础上,

---

① IASB/FASB. REG FASB/IASB Meeting. March 2014. IASB Agenda ref 3F/FASB Agenda ref 273. Project: Leases. Paper topic: Lessee small-ticket leases.

进一步分析了为小额租赁提供范围豁免的几种方法的优缺点,并建议对出租人也提供相同豁免。在本次会议中,理事会职员提出了区分小额租赁的另一种方法,即"小额、非专用资产法"。

理事会职员认为,如果理事会希望为小额租赁提供更多的成本豁免,则需要考虑对小额租赁提供明确的确认和计量豁免。理事会职员讨论了两种确认和计量豁免方法:(1)关注于小额、非专用资产租赁的确认和计量豁免(小额、非专用资产法);(2)融合小额和非核心资产租赁的确认和计量豁免(小额、非核心资产法),该方法详见2014年1月联合会议的讨论。

(一)"小额、非专用资产法"分析

理事会职员探索了另外一种豁免方法,即小额、非专用资产租赁豁免。在该方法下,适用豁免的标的资产应同时满足:(1)单独价值较小(全新时);且(2)非专用,即该资产不需要修改即可在主体各个行业分部之间使用。

该豁免方法旨在涵盖小型IT设备(如笔记本电脑、台式计算机、平板电脑、手机和个人打印机)租赁及办公家具租赁等。理事会职员认为这是适当的,因为此类租赁代表了很多主体拥有的数量较大但价值较低的租赁,为这些租赁提供豁免,可以在不损失大量有用信息的前提下实现成本豁免。

理事会职员考虑提高该豁免方法的门槛,从而涵盖汽车或大型复印机等资产的租赁,在反馈意见中通常被称为小额租赁。但是,理事会职员不建议该方法,主要理由是:(1)为此类资产租赁提供豁免,其节省的成本不会超过豁免导致的信息损失。因为此类资产通常价值较高,相应的租赁资产和负债价值也很高。(2)与个人IT设备和办公家具等资产不同,汽车和复印机等资产的价值范围很广。理事会职员认为,如果不引入具体金额门槛,就很难在实务中区分"便宜"的汽车和"昂贵"的汽车。这将增加豁免的复杂性,也降低了其整体豁免效果。

理事会职员认为,对小额、非专用资产租赁的评估应作为重要性评估之外的程序。评估是否满足"小额"应当以绝对值为基础,而不是以租赁资产占主体总资产的相对比例为基础。例如,这可能意味着,主体可能拥有不符合豁免条件的租赁,但由于这些租赁不重要,也不需要按照准则一般要求进行会计处理。相反,主体也可能有很多小额资产,这些资产汇总金额可能是重要的,但由于满足豁免条件,也不需要按照一般要求进行会计处理。

在制定这一确认和计量豁免时,理事会职员认为,重要的是要专注于制定

一种可以简单、一致应用的豁免，而主体几乎没有机会改变其租赁行为以实现其意图的会计结果。理事会职员认为，提议的小额、非专用资产租赁豁免可以实现这一目标。由于豁免是基于对标的资产价值及是否专用的直接评估，故大部分主体都可以清晰地确定某些类别的资产是否满足豁免条件。鉴于有反馈意见认为此类资产评估仍然存在困难，理事会职员也提供了一个判断示例，该示例旨在说明通常哪些资产不符合豁免条件（具体详见后述附录一应用示例）。

理事会职员指出，小额、非专用资产租赁豁免应关注于标的资产的性质，而不是租赁产生的使用权资产。这是因为：（1）可以使豁免更具可操作性。主体只需要对同类型标的资产进行一次评估，不需要针对各单独租赁合同进行评估。（2）可以避免相同标的资产因不同的租赁条款而采用不同的"出表"或"入表"处理。（3）标的资产与使用权资产价值是有关联的，低价值标的资产相关的使用权资产价值也很低。

综上所述，对于小额、非专用资产租赁的确认和计量豁免，理事会职员的意见存在分歧，部分理事会职员支持对小额、非专用资产租赁的确认和计量豁免；其他理事会职员不支持任何此类确认和计量豁免。

此外，如果理事会决定对小额、非专用资产租赁进行确认和计量豁免，理事会职员建议对这些租赁披露以下信息：（1）定性披露，包括租赁一般要求定性披露的部分；（2）当期确认的与符合豁免条件租赁相关的费用金额。但理事会职员对是否披露这些租赁相关租赁付款的到期分析存在分歧。

（二）小额租赁应用示例

在本次会议中，理事会职员提供了一个应用示例，旨在说明拥有大量小额租赁的主体，如何应用重要性原则、小额租赁确认和计量豁免、合同组合层次适用准则等概念和规定。

> **示例 2-7-3：**
> Z公司是一家药品生产和销售公司，拥有以下租赁：（1）房地产租赁，包括办公楼和仓库；（2）制造设备租赁；（3）公用汽车租赁，包括销售人员用车和高级管理人员用车；（4）用于交货目的的卡车和货车租赁；（5）员工个人使用的IT设备租赁，如笔记本电脑、台式机、手持式计算机设备和手机；（6）办公设备租赁，包括办公家具、饮水机和大容量复印机。

根据提议的确认和计量豁免规定，Z公司认定，下列租赁满足确认和计量豁免条件：（1）员工个人使用的IT设备租赁；（2）办公家具和饮水机租赁。

Z公司选择不对上述租赁适用租赁确认和计量一般要求。

Z公司认定，基于重要性原则将大容量复印机租赁从租赁确认和计量一般要求排除。

因此，Z公司将对其持有的房地产、制造设备、卡车和货车及公用汽车租赁适用租赁确认和计量一般要求。此时，Z公司将其公用汽车、卡车和货车租赁作为合同组合应用一般要求。

Z公司的公用汽车是在一系列主租赁合同中租入的。Z公司使用了8种不同类型、不同价格的公用汽车，并根据职级和地区分配给员工使用。Z公司对不同类型的公用汽车均有对应的主租赁合同。各主租赁合同中的单独租赁全部类似，但各主租赁合同之间的条款和条件不同。由于各主租赁合同中的单独租赁各自类似，Z公司可合理预期对各主租赁合同整体适用租赁要求，与分别对主租赁合同中的单独合同适用租赁要求，不会产生重大差异。因此，Z公司得出结论，可将各主租赁合同作为组合适用租赁要求。此外，Z公司还得出结论，8个主租赁合同中的2个涵盖了同类地区中基本类似的公用汽车类型。Z公司从而得出结论，2个主租赁合同之间条款和条件的差异不重大。因此，Z公司得出结论，可进一步将2个主租赁合同合并为一组租赁组合。

Z公司的卡车和货车是以单独租赁合同租入的。总共有5 000份租赁合同。所有卡车租赁具有类似的条款，所有货车租赁也是。卡车租赁一般是4年租期，且涉及类似的卡车模式。货车租赁一般是5年租期，且涉及类似的货车模式。Z公司得出结论，可以合理预期，将租赁要求应用于卡车和货车租赁组合的结果，按标的资产类型、地区和签订租赁的年度季度分组，与将租赁要求适用于各单独卡车或货车租赁相比，不会产生重大差异。因此，Z公司将租赁要求适用于总共20个不同的卡车和货车租赁组合，而不是5 000个单独租赁，组合的组成取决于标的资产、租赁开始时间和签订租赁的地区。

三、2015年2月会议

在2014年3月联合会议之后，理事会职员开展了外联活动，以更好地了解小额租赁的确认和计量豁免的潜在影响。理事会职员从全球范围内邀请了 31 名承租人和 21 名出租人。所邀请人员涉及很多不同行业，主要包括：航空运输、消费品、旅游、保险、零售、银行、电信、金融服务、科技和酒店业等。根据外联活动的调研，理事会职员在 2015 年 2 月的会议[①]中，向理事会提交了几个方面的成果：（1）豁免的操作性；（2）定量门槛；（3）豁免的潜在影响；（4）使用豁免与重要性规定相比的影响；（5）行业特定注意事项；（6）潜在的意外后果。以下为其中几项重要成果主要内容。

（一）豁免的可操作性

关于提议豁免的可操作性，大部分受访者可分为两大类：（1）部分受访者认为该指引不具有可操作性。这些受访者很难理解豁免范围，并指出无法确定某些特定资产是否属于豁免范围。例如，局域网/服务器、DSD 存储设备、电信设备、大型机、收发室设备、飞机零件、工具、集装箱和中端打印机。（2）部分受访者认为该指引具有可操作性，能够评估哪些资产被涵盖。但是，其中部分受访者对该评估所涉及的主观性表示担忧。

大约一半的承租人受访者表示，他们将计划制定一个内部的定量门槛。这些受访者提出的门槛大小从 1 000 美元到 50 万美元，甚至 100 万美元不等。

很多美国出租人受访者表示，他们将小额租赁豁免理解为涵盖价值低于美国行业指南中"小额"的标的资产。在美国设备租赁行业指南中，"小额"指 25 万美元以下，"微额（micro ticket）"指 2.5 万美元以下。

此外，很多受访者提出了一些可能更具操作性的定义方法，主要包括：（1）基于小额租赁资产占总资产的百分比，或基于租赁费用占经营业绩的百分比设定门槛；（2）基于租赁期的门槛。例如，将租赁期门槛提高到 36 个月以下的所有租赁；（3）基于租赁期是否占标的资产经济寿命重大部分设定门槛；（4）对"非核心"（即不产生收入）资产豁免；（5）基于房地产、厂房和设备现有资本化门槛豁免。

理事会职员注意到，理事会在 2014 年 3 月的会议上审议并否决了上述（1）（2）（3）和（4）的建议。对于方法（5），理事会职员注意到，现行国际财务报告准则并未对房地产、厂场和设备提供明确的资本化门槛。

---

① IASB. REG IASB Meeting. February 2015. IASB Agenda ref 3E. Project：Leases. Paper topic：Leases of Small Assets.

（二）定量门槛

外联活动受访者并未就豁免范围提供定量的反馈意见。理事会职员提出了一个定量门槛，供与会者用来确定豁免可能涉及的租赁资产。理事会职员提出的门槛约为5 000美元，并以全新资产价值计算。这是理事会职员在为2014年3月联合会议撰写议程文件时考虑的金额，也是理事会职员设想的数量多、价值低资产的粗略估计数。

（三）行业特殊考虑

1. 出租人反馈

几乎所有的出租人受访者均表示，不清楚按行业划分的小额资产租赁会有什么不同。很多出租人表示，影响小额资产租赁的因素往往是企业规模或员工数量，而不是经营所处行业。

2. 服务业和金融业

承租人受访者包括来自服务或金融机构的承租人，理事会职员认为这些承租人的租赁组合中可能有相对较高比例的小额资产租赁。代表服务或金融行业代表来自于专业服务、资产管理、投资经理、保险、银行和技术（软件或存储）等行业。

这些承租人就其小额资产租赁的意见不一。部分意见表示，他们通常购买小额资产而不是租赁。其他意见则指出，他们的小额资产租赁已经认定为不具有重要性，预计在新租赁准则下不会发生变化。

3. 海运集装箱行业

出租人和承租人都有来自海运集装箱行业的受访者。总的来说，这些与会者表示，尚不清楚集装箱是否属于小额资产租赁豁免范围。这些受访者表示，在单个集装箱层次，标的资产价值通常低于5 000美元，最大的海运公司在旺季可能一次承包超过100万个集装箱。

理事会职员注意到，集装箱供应合同有多种形式，在某些情况下可能不符合租赁定义。根据收到的反馈，理事会职员认为，大量集装箱承租人可能认定集装箱租赁属于小额资产租赁豁免范围。

（四）可能的意外后果

在外联活动中，理事会职员发现了两个范围豁免提议可能导致的意料之外的后果。

1. 豁免包含融资租赁

一位承租人反馈意见,他们现有的大部分小额资产租赁被归类为融资租赁。这些资产包括销售系统、扫描仪、其他零售设备和个人IT设备。小额资产豁免意味着这些资产将不再在资产负债表上确认。对于该受访者,资产负债表上确认的融资租赁总额不到其非流动资产和负债的0.5%。

2. IT设备

其中一位受访者是IT设备的出租人。该出租人指出,其所有租赁合同都是以租赁设备的最小组成部分为基础签订。例如,一套大型高价值存储系统可由大量零部件组成,这些零部件都是单独租赁的,并逐步添加到主系统中,所有零部件都单独满足小额资产租赁豁免条件。在这种情况下,由于各单独租赁合同的开始日或租赁期不尽相同,且不是与出租人一揽子谈判的,理事会职员认为,这些组成部分不适用合同合并或拆分的规定。因此,由零部件组成的大型IT设备可能会被认定为小额资产租赁。

(五) 职员建议

理事会职员认为,如果国际会计准则理事会决定将小额资产的确认和计量豁免纳入新租赁准则,则应考虑豁免的一些附加要素,以回应外联活动中发现的一些问题。主要包括以下方面。

(1) 要求小额资产豁免仅适用于不依赖于其他租赁资产或与其他租赁资产高度关联的资产租赁。

(2) 在结论基础中说明国际会计准则理事会在审议豁免时考虑的定量门槛。如前所述,理事会职员建议的门槛是,全新资产的价值约为5 000美元以下。理事会职员认为,在应用新租赁准则要求时,很多主体将设定一个资本化门槛,类似于目前实务中为不动产、厂场和设备设定的门槛。为小额资产租赁豁免设定门槛,与资产资本化门槛的不同之处在于,前者不属于对重要性规定的应用。理事会职员认为,该门槛的讨论应包括在结论基础中,而不是准则中。从长远来看,这个门槛本身并不具有权威性,因为随着时间的推移,通货膨胀和货币兑换等因素可能会影响该门槛。

(3) 在结论基础中说明,小额资产租赁豁免将是新准则实施后审议的一个关注重点。这将反映理事会的制定意图,即豁免效果不重要,但可以减轻"举证责任"。

四、最终准则主要规定

(一) 低价值标的资产租赁确认豁免概述

最终,新租赁准则将原讨论所称的小额资产租赁统称为低价值标的资产租赁。新租赁准则仅为承租人提供了低价值标的资产豁免,未针对出租人提供豁免(与短期租赁豁免类似,同样没有必要)。

新租赁准则明确,承租人可选择对低价值标的资产租赁采用简化方法,即采用类似原经营租赁的处理,不确认低价值标的资产租赁相关资产和负债。与短期租赁确认豁免不同,承租人对低价值标的资产租赁的会计处理选择,可基于每一项租赁的具体情况作出 [IFRS 16 para. 8]。

新租赁准则未对低价值标的资产进行明确定义,也未采用之前讨论的"小额、非核心资产法"和"小额、非专用资产法"来区分低价值标的资产租赁。新租赁准则规定,承租人应基于资产全新时的价值来评估标的资产的价值,而不考虑其已使用年限 [IFRS 16 para. B3]。新租赁准则采用了之前讨论的意见,低价值标的资产租赁的区分主要依赖于标的资产本身的价值,而不是租赁产生的使用权资产价值。

新租赁准则举例,由于一辆新车通常价值不低,因此,汽车租赁不能按照低价值资产租赁进行处理 [IFRS 16 para. B3]。常见的低价值标的资产包括平板电脑、个人电脑以及办公家具和电话等小型物件 [IFRS 16 para. B8]。

新租赁准则规定,评估标的资产是否为低价值资产基于绝对值。低价值资产租赁可以按照简化方法进行会计处理,无需考虑这些租赁对于承租人是否重大。该评估不受承租人的规模、性质或其他情况影响。因此,对于一项特定标的资产是否为低价值资产,不同的承租人应得出相同的结论 [IFRS 16 para. B4]。该规定体现了之前讨论的低价值资产租赁的认定是在重要性原则之外单独提供的一项豁免,而不是对重要性原则的应用。

此外,如之前理事会职员建议,新租赁准则也在结论基础说明,理事会考虑的低价值标的资产租赁的定量门槛是资产全新时价值不超过 5 000 美元的标的资产的租赁 [IFRS 16 para. BC100]。如之前理事会职员意见所述,该门槛并非作为准则强制要求的规定,仅仅是实务参考的金额。

（二）张为国先生对低价值标的资产租赁确认豁免的反对意见

在新租赁准则结论基础也说明了张为国先生对低价值标的资产租赁确认豁免的反对意见。张为国先生反对承租人的低价值资产租赁适用确认豁免，因为他认为不应将该等租赁与承租人的其他租赁区别对待。

张为国先生认为，低价值资产租赁的确认豁免是毫无必要的。原因在于，他认为，国际财务报告准则中的重要性指南和《国际财务报告准则第16号》中的短期租赁确认豁免应足以识别确认资产和负债的成本高于收益的租赁。当低价值资产租赁的总和重大时，张为国先生认为确认资产和负债大有裨益。张为国先生还认为，由于主体会出于内部控制之目的记录低价值资产租赁，因而可降低确认资产和负债的成本。唯一的增量成本可能是与运用折现率对租赁付款额折现相关的成本。

张为国先生认为，确认豁免可能会开设不适当的先例，因为其暗示着国际财务报告准则中的重要性指南不足以覆盖运用国际财务报告准则的成本高于收益的合同。张为国先生认为，类似论据可被用于证明免于采用国际财务报告准则的很多其他情形。

张为国先生还指出，低价值资产租赁的确认豁免可造成出租与购买低价值资产之间的紧张态势，这种紧张在采用《国际会计准则第17号》中的规定时已经存在。张为国先生担心，为了实现资产负债表表外会计处理，需要大量低价值资产的主体会受激励租赁该等资产，而不是购买。

最后，张为国先生担心确定资产是否属于"低价值"的可操作性。张为国先生认为，5 000美元的参考标准并不恰当。他指出，全新的同一项资产在不同市场可拥有不同的价值，且全新的特定资产的价值会随着时间的推移而发生变化。此外，不同国家或地区采用的货币不同，且其汇率会随着时间的推移而产生变化。张为国先生承认，豁免是可选择的，因而不要求主体必须采用此豁免。尽管如此，张为国先生的观点是，随着时间推移，基于特定货币规定一个定量金额可能会造成不同地区的主体在运用豁免时存在困难。

第八章 租赁期

原《国际会计准则第17号》中租赁期的定义为：承租人签约租赁资产的不可撤销期间；如承租人有权选择继续租赁该资产，而且在租赁开始日就可以合理确定承租人将会行使这种选择权，则不论是否再支付租金，续租赁期也算在租赁期内。原租赁准则下租赁期包含了不可撤销期间和合理确定将行使选择权涵盖期间。但是，原租赁准则对如何确定不可撤销期间，如何判断是否合理确定将行使选择权提供的具体指引很少。

在新租赁准则中，与原租赁准则的租赁期定义类似，新租赁期仍然包含不可撤销期间，以及合理确定将行使的续租选择权涵盖期间，以及合理确定不行使终止租赁选择权涵盖期间。在新租赁准则制定过程中，双方理事会曾讨论过多种替代原租赁期定义的方法，但最终准则均未采纳。新租赁准则转而为如何确定不可撤销期间，如何判断合理确定将行使选择权，提供了更加详细的指引。

本章根据新租赁准则制定过程中，双方理事会公开发布的讨论稿、征求意见稿及会议纪要等文献，整理介绍了确定租赁期的相关讨论意见，包括在制定过程中提出的相关原则、指引及示例，旨在为了解新租赁准则确定租赁期制定过程提供参考。

在新租赁准则制定过程中，有关租赁期定义讨论的主要会议文献见表2-8-1。

表2-8-1　　　　　　　　租赁期定义主要会议文献

序号	会议日期	议题	主要内容及建议（与本议题相关内容）
1	2008年7月	《续租或终止租赁选择权》	探讨评估租赁期的依据，确定租赁期的替代方法，以及是否需要就决定租赁期时应考虑的因素提供指引
2	2008年10月	《理事会征求意见稿——关于租赁的讨论文件》（第6章 续租或终止租赁选择权）	提出了确定租赁期的"概率阈值法"和"最佳估计法"（包含两种解释），并初步决定采用"最佳估计法"。会议还讨论了确定租赁期应考虑的因素

续表

序号	会议日期	议题	主要内容及建议（与本议题相关内容）
3	2009年3月	《讨论稿：租赁初步意见》（《2009年讨论稿》）	确定了三种确定租赁期的方法："概率阈值法""租赁期定性评估法"和"最可能租赁期法"，并初步决定采用"最可能租赁期法"。建议确定租赁期应考虑的因素不包含承租人的意图和历史惯例
4	2009年11月	《承租人会计——租赁选择权》	提出三种租赁期的确认标准，并建议采用"多半会发生的最长可能租赁期"。建议确定租赁期应考虑的因素包含所有相关因素
5	2010年8月	《租赁（征求意见稿）》（《2010年征求意见稿》）	延续2009年11月联合会议意见，租赁期被定义为"多半会发生的最长可能租赁期"，确定租赁期应考虑的因素包括所有相关因素。要求在相关事实和情况发生变化的情况下对租赁期重新评估
6	2011年2月	《续租或终止租赁选择权的会计处理》	对于租赁期的确认标准，除"多半会发生的最长可能租赁期"，提出另外两种替代方法：（1）以合同最短租赁期加上可合理确定将行使的选择权涵盖期间计算租赁期。（不仅考虑经济激励因素）；（2）以合同最短租赁期加上可合理确定将行使的选择权涵盖期间计算租赁期（仅考虑经济激励因素）
7	2013年5月	《租赁（征求意见稿）》（《2013年二次征求意见稿》）	租赁期被定义为：承租人有权使用标的资产的不可撤销期间，以及（1）如果承租人具有行使该选择权的重大经济激励，该续租选择权涵盖的期间；（2）如果承租人有不行使该选择权的重大经济激励，该终止租赁选择权涵盖的期间。提出确定经济激励考虑的因素，为重新评估租赁期提供进一步指引

一、《2009年讨论稿》

（一）确定租赁期

在《2009年讨论稿》中，双方理事会讨论了确定租赁期的三种方法：概率阈值法、租赁期定性评估法和最可能租赁期法。

1. "概率阈值法"

（1）讨论稿意见

"概率阈值法"（A Probability Threshold）要求承租人使用一个概率阈值，

以确定是否应在租赁期中包含一个选择权涵盖期间。根据该方法，如果承租人在选择权涵盖期间行使其使用租赁物的权利的概率超过特定的概率阈值，则可将选择权涵盖期间纳入租赁期。

该方法与原租赁准则所采用的方法类似，原租赁准则采用了合理确定（合理保证）的概率阈值来确定承租人是否行使选择权。该方法因采用了一条明确的测试线来确定租赁期而受到批评。在原租赁准则下，租赁期是否包含选择权涵盖期间，往往会决定租赁是属于经营租赁还是融资租赁，从而决定承租人是否确认资产和负债。在讨论稿中建议的承租人会计模型"使用权模型"下，租赁期是否包含选择权涵盖期间，将直接决定资产和负债的金额大小。

双方理事会讨论采用不同的概率阈值来确定租赁期，具体包括："基本确定"（Virtually certain）、"合理确定"（Reasonably certain）、"很可能"（Probable）和"多半会发生"（More likely than not）。

双方理事会认为，该方法的优点在于与原租赁准则方法类似，是编报者所熟悉的。但同时也存在不利的因素，包括：（1）没有概念上正确的概率阈值。以上所述的每一种方法都是在租赁期中包括选择权涵盖期间和不包括选择权涵盖期间之间划出界线的合理方法。因此，选择任何一个概率阈值都是随意的。（2）部分意见认为，设定概率阈值将代表规则导向而不是原则导向的方法。

（2）关于概率阈值的层级

《2009 年讨论稿》提到确定概率阈值的几个层级，即"基本确定""合理确定""很可能"和"多半会发生"，但未对其明确定义和解释。事实上，在 2008 年 7 月联合会议[①]上，双方理事会讨论了这些概率阈值的基本含义，以及采用不同层级阈值对租赁期判断的影响（见表 2-8-2）。

表 2-8-2　　　　　　不同层级阈值对租赁期判断的影响

阈值	描述	评论
基本确定	仅当承租人基本确定将行使选择权，在选择权涵盖期间使用租赁物时，选择权涵盖期间才包含在租赁期内	"基本确定"是一个非常高的门槛。很少有租赁合同包含基本确定将行使的选择权。因此，租赁期将显著缩短

---

① IASB. Board Meeting: 24 July 2008, London. Project: Leases. Subject: Options to extend or terminate a lease (Agenda Paper 13B).

续表

阈值	描述	评论
合理确定	仅当承租人合理确定将行使选择权，在选择权涵盖期间使用租赁物时，选择权涵盖期间才包含在租赁期内	"合理确定"是一个必须达到的相对较高的门槛。这可能导致租赁期被低估，例如，与最可能租赁期相比。如果采用这种方法，租赁可能被建构为短期租赁，并包含可能存在争议的无法"合理确定"将行使的续租选择权。这将有助于最大限度地减少确认资产和负债
很可能	当承租人很可能将行使选择权，在选择权涵盖期间使用租赁物时，选择权涵盖期间才包含在租赁期内	术语"很可能"似乎在不同的文件中有不同的解释[例如，《概念框架》和《国际会计准则第37号——准备、或有负债和或有资产》（以下简称《国际会计准则第37号》）的含义不同]。因此，如果选择该术语，可能需要额外的指引
多半会发生	当承租人多半会将行使选择权，在选择权涵盖期间使用租赁物时，选择权涵盖期间才包含在租赁期内	确认的资产和负债将基于最可能租赁期。但是，确定行使选择权是否多半会发生比确定行使选择权是否合理确定要困难得多

2. "租赁期定性评估法"

"租赁期定性评估法"（A Qualitative Assessment of the Lease Term）要求承租人对租赁期作出定性评估，且依赖于编报者的判断，在合理且有依据的假设基础上确定实质性租赁期。但是，对于什么构成实质性租赁期未提供量化的指引意见。

该方法的优点为：（1）简单，编报者能够做到。承租人通常在签订租赁合同时，会估计租赁资产的使用期限，也会为了预算或其他内部目的评估租赁期。（2）避免了与概率阈值相关的明确界线。

该方法的缺点为：（1）可能降低对使用者的可比性，因为该方法可以解释为允许几乎任何估计租赁期的方法。因此，处于相似经济地位的不同承租人可能会以截然不同的方式对相同的租赁进行会计处理。（2）可能需要就如何对租赁期进行定性评估提供额外指引。

3. "最可能租赁期法"

（1）讨论稿意见

"最可能租赁期法"（The Most Likely Lease Term）要求承租人基于最可能租赁期确认一项支付租金的义务。与定性评估一样，承租人将根据合理且有依据的假设确定租赁期。但与定性评估不同的是，在该方法明确要求承租人确定最可能的结果。理事会提供了以下案例解释该方法。

> **示例 2-8-1：**
> 承租人签订一份为期 5 年的不动产租赁合同。在第一个 5 年结束时，承租人可以选择以市场价（续租时）继续续租 5 年（承租人在第 10 年、第 15 年和第 20 年结束时也可以选择续租）。承租人在该不动产上建造重大改良设施，其具有 10 年寿命（见表 2-8-3）。
>
> 表 2-8-3　　　　　　　　　　租赁期概率
>
> | 租赁期 | 5 年 | 10 年 | 15 年 | 20 年 | 25 年 |
> | --- | --- | --- | --- | --- | --- |
> | 概率 | 10% | 35% | 20% | 20% | 15% |
>
> 该案例代表一个相对成熟的企业，拥有扩张到新地区的经验（例如一个成功的连锁餐厅），以上这些概率反映了：承租人一般需要 5 年以上的时间才能收回其在该地区的投资，然而，其也可能愿意承担不续租的成本。
>
> 由于租赁资产改良的存在，管理层得出结论，最可能租赁期是 10 年（即具有最高概率的租赁期）。因此，按照该方法，承租人将确定租赁期为 10 年。

（2）关于"最可能租赁期法"与"概率加权最佳估计"

上述《2009 年讨论稿》所述的最可能租赁法及案例，实质上需要说明对租赁期的估计，不能仅以概率加权计算的最高概率的租赁期，或者概率加权平均计算的租赁期来确定，还需要考虑根据合理且有依据的假设（如上述案例中的租赁资产改良因素）来确定最可能租赁期。在 2008 年 10 月的联合会议[①]上，双方理事会以类似的案例具体讨论了该关系。

> **示例 2-8-2：**
> 承租人签订为期 1 年的租赁合同。每年年末，承租人可以选择将租赁期再延长 1 年，最多可延长至 5 年。每种可能租赁期的概率如表 2-8-4 所示。

---

① IASB/FASB. Leases Working Group Meeting. Tuesday 7 October 2008. Agenda Paper – Draft IASB Invitation to Comment – IASB discussion paper on Leases.

表 2-8-4　　　　　　租赁期概率

租赁期	1年	2年	3年	4年	5年
概率	35%	5%	5%	25%	30%

解释1：概率加权最佳估计

该解释要求承租人计算预计租赁期的概率加权最佳估计数来确定租赁期。在该方法下，本案例评估的租赁期为3.1年（1×35%＋2×5%×3×5%＋4×25%＋5×30%）。

解释2：非概率加权的最佳估计

解释2要求承租人对预计租赁期作出非概率加权最佳估计。该方法下，本案例中，租赁期可能是4年或5年，承租人需要对租赁期是4年还是5年作出最佳估计。需要注意的是，租赁期的非概率加权最佳估计不一定是具有最高概率的租赁期限（在本例中最高概率为1年期）。

上述解释1所产生的资产和负债的计量接近于公允价值，财务报表将更具相关性。但是，该方法可能得出一个不可能的租赁期，即评估的租赁期不等于任何可能的实际结果。如该案例所述，租赁期可能是1年、2年、3年、4年或5年，但不可能是3.1年。因此，理事会未选择以概率加权最佳估计数来确定租赁期，而是采用了上述解释2的原则，并在《2009年讨论稿》中将该方法定义为"最可能租赁期法"。

4. 理事会初步意见

双方理事会初步决定采用最可能租赁期法，因为它可以避免与其他方法相关的很多问题。

同时，也有双方理事会成员提出其缺点是，例如，可能无法区分一份5年租赁且含可能行使的额外3年续期选择权，与一份8年租赁之间的区别。在该方法下，两份合同承租人均确认了支付8年租金的义务。但是，在含有选择权的5年租赁下，承租人可以在第二期间避免支付租金。因此，部分理事会成员不支持该提议的方法。相反，他们认为，除非续租选择权的定价给予承租人续租的重大激励，否则，承租人应基于最短合同期限确认其支付租金的义务。

(二) 确定租赁期应该考虑因素

双方理事会认为，续租或终止租赁选择权与某些金融期权（如买卖外汇的期权或买卖权益工具的期权）有很大不同。与此类金融期权不同，承租人是否行使续租或终止租赁选择权可能取决于期权行权价格以外的因素。因此，双方理事会讨论了是否就确定租赁期时应考虑的因素提供指引。影响租赁期的因素大致可归纳为表2-8-5。

表2-8-5　　　　　　　　　　影响租赁期的因素

类别	描述	示例
合同因素	可能影响承租人是否续租或终止租赁的明确合同条款	（1）任何第二期间的租金水平（廉价、折扣、市场或固定利率） （2）剩余价值保证的存在和金额 （3）终止处罚的存在和金额 （4）将租赁物按合同约定条件归还或归还到合同指定地点相关成本
非合同金融因素	合同条款未明确约定的续租或终止租赁的金融后果	（1）存在重大租赁资产改良，如果租赁终止或不续租，这些改良将会损失 （2）非合同搬迁成本 （3）生产损失成本 （4）税收后果 （5）与采购替代项目相关的成本
商业因素	可能影响租赁期的非财务商业因素	（1）资产的性质（核心与非核心，专用与非专用，允许竞争对手使用租赁资产的意愿） （2）资产的位置 （3）行业惯例
承租人特定因素	承租人特定关注事项	（1）承租人意图 （2）历史惯例

双方理事会讨论了为确定租赁期提供指引的不同方法。包括：

（1）将考虑因素限制为合同因素。这是最简单的方法，但可能会导致假定的租赁期较短。例如，对租赁资产进行重大租赁资产改良的承租人不太可能提前终止租赁，因为这样做会失去这些改良带来的收益。在该方法下，承租人在确定租赁期时可能忽略租赁资产改良的影响。

（2）要求承租人考虑合同因素和非合同金融因素。该方法忽略了租赁资产的性质可能对租赁期产生的影响。例如，租赁核心资产（如生产线）的承租人比租赁非核心资产（如首席财务官的汽车）的承租人更不可能提前终止租赁。

（3）要求承租人考虑合同、非合同金融因素和商业因素。这种方法与原准则下的实务做法是一致的。

（4）要求承租人在确定租赁期时考虑所有相关因素，包括承租人的意图和历史惯例。显然，仅根据承租人的陈述意图来确定租赁期是容易被滥用的。但是，如果承租人的意图有证据支持（如预算、计划、预测、先前的行动和行业惯例），考虑承租人的意图可能是合理的。

双方理事会初步决定就确定租赁期时应考虑的因素提供指引。双方理事会的初步意见是，该指引应明确，在确定租赁期时应考虑合同、非合同金融因素和商业因素。承租人的意图和历史惯例将不予考虑。

（三）租赁期的重新评估

理事会认为，要求承租人重新评估租赁期很可能会向财务报表使用者提供更相关的信息。租赁期，尤其是房地产租赁，可能会很长。使用基于几年前作出假设的租赁期可能会产生误导。因此理事会初步决议，要求在每个报告日基于新的事实或情况重新评估租赁期。

二、2009 年 11 月联合会议

在 2009 年 11 月联合会议[①]上，理事会职员指出，针对《2009 年讨论稿》的很多反馈意见认为，讨论稿中建议的方法"最可能租赁期法"涉及高度的主观判断。部分受访者提议了以下三种确认标准来确定租赁期。

（1）合同最短租赁期加上可合理确定将行使的选择权涵盖期间（原准则的方法）。

（2）合同最短租赁期加上选择权涵盖期间，如果租赁对价提供了激励在可选租赁期内将行使使用权。激励可能包括：廉价续租、余值担保和终止罚金。

（3）多半会发生的最长可能租赁期。

双方理事会职员以下述示例说明了"多半会发生的最长可能租赁期"与"最可能租赁期"之间的区别。

---

① IASB/FASB. IASB/FASB Joint Meeting – 18 November 2009 IASB Agenda paper 5D/ FASB ED Session – November 11, 2009 FASB memo reference 49. Project：Leases. Topic：Lessee accounting – Leases with options.

示例 2-8-3：

承租人租赁一台机器，为期 5 年，合同包含在每年年末终止租赁的选择权。每个租赁期概率评估如表 2-8-6 所示。

表 2-8-6　　　　　　　　　　租赁期概率

租赁期（×）	概率	至少是×年租赁期的概率
1 年	35%	100%
2 年	5%	65%
3 年	5%	60%
4 年	30%	55%
5 年	25%	25%

本案例中，最可能租赁期是 1 年，因为其概率最高。

多半会发生的最长可能租赁期是 4 年。[即，多半会发生（至少是×年租赁期的概率超过 50%）的几个租赁期中最长的租赁期为 4 年。]

与最可能租赁期相比，上述三种确认标准的优缺点如表 2-8-7 所示。

表 2-8-7　　　　　　　　　三种确认标准优缺点

确认标准	优点	缺点
合同最短期限+合理确定将行使选择权涵盖期间	(1) 对已确认资产和负债的重新计量没有最可能租赁期法频繁 (2) 使用者和编报者熟悉，因为它类似于原准则中的方法	(1) 所确认的资产和负债可能通过建构合同调整最小化（例如，上述示例 2-8-3 中，选择权涵盖期间可能不会被认定为可合理确定） (2) 可能不能提供最相关的信息，因为它忽略了可能（但不合理确定）行使的选择权
合同最短期限+对价激励将续租的选择权涵盖期间	对已确认资产和负债的重新计量没有最可能租赁期法频繁（可能根本不需要）	(1) 可能需要就什么构成激励给出详细的指引 (2) 可能无法提供最相关的信息，因为它忽略了因定价中未包含的因素（如租赁资产改良，或资产的专用性质）而将行使的选择权
多半会发生的最长可能租赁期	适用于含多项选择权的租赁	相对于其他标准更难描述

双方理事会职员认为，租赁期应当反映承租人对实际租赁期的合理预期，这是双方理事会在初步决定采用最可能租赁期作为确认标准时的原本意图。然而，在统计学上，"最有可能"术语指的是发生概率最大的结果。如上述示例

2-8-3，当租赁包含多项选择权时，可能导致概率最高的租赁期不能反映承租人对实际结果的合理预期。因此，双方理事会职员建议将租赁期定义为"多半会发生的最长可能租赁期"。同时，理事会职员建议在征求意见稿中澄清上述意图，即租赁期应当反映承租人对实际租赁期的合理预期。

三、《2010年征求意见稿》

（一）租赁期定义

《2010年征求意见稿》将租赁期定义为，多半会发生的最长可能租赁期。即采用了2009年11月联合会议上提出的第三种确认标准。

《2010年征求意见稿》分别针对出租人和承租人规定，承租人（或出租人）应当通过估计每项可能租赁期的概率，考虑任何续租或终止租赁选择权的影响，从而确定租赁期。主体在确定租赁期时，应考虑合同中包含的所有明确和隐含的选择权，并考虑法律的实施效果。

《2010年征求意见稿》也提供了一个示例来说明主体如何确定租赁期。

> **示例2-8-4：**
>
> 主体拥有一个不可撤销10年期的租赁，在第10年结束时可选择续租5年，在第15年结束时还可以选择续租5年。假设主体确定每项期限的概率如下：(1) 10年期限的可能性为40%；(2) 15年期限的可能性为30%；(3) 20年期限的可能性为30%。
>
> 该案例中，租赁期至少是10年，租赁期为15年或以上的概率是60%，但20年的概率只有30%。因此，15年是多半会发生的最长可能租赁期。

（二）确定租赁期考虑因素

《2010年征求意见稿》继续保留了《2009年讨论稿》中确定租赁期需考虑的因素。主体在评估每项可能租赁期的概率时，应考虑以下因素。

（1）合同因素，即可能影响承租人是否续租或终止租赁的明确合同条款；合同因素的例子包括，任何第二期间的租赁付款额水平（廉价、折扣、市场或固定利率），任何或有租金或其他或有付款额的存在和金额（如租期选择权罚金和余值担保下的付款额），任何续期选择权的存在和期限，将标的资产按合同约定条件归还或归还到合同指定地点相关成本。

（2）非合同因素，如法律或合同未明确规定的续租或终止租赁决策的金融后果。非合同因素的例子包括，影响租赁期的当地法规，如果租赁终止或不续期将放弃的重大租赁资产改良的存在，非合同搬迁成本，生产损失成本，税收后果及采购替代项目相关成本。

（3）商业因素，如标的资产对于承租人经营是否至关重要，标的资产是否为专用资产，资产的位置。

（4）其他承租人特定因素，如承租人意图及历史惯例。

上述考虑因素延续了2009年11月联合会议的意见，即考虑所有相关因素。根据《2009年讨论稿》收到的反馈意见，一些受访者表示，承租人意图和历史惯例可以提供证据，以支持有关租赁期的确定，他们认为要求确认超过承租人不打算持有的租赁期的租赁资产是没有意义的。双方理事会赞同该观点，忽略承租人意图和历史惯例可能导致确定错误的租赁期。因此，在《2010年征求意见稿》中，双方理事会将承租人意图纳入了确定租赁期应该考虑的因素。

（三）租赁期评估示例

《2010年征求意见稿》提供了一个示例，说明包含选择权和余值担保租赁的租赁期评估，以及基于《2010年征求意见稿》提议的承租人和出租人会计模型（出租人采用"履约义务法"和"终止确认法"）应如何进行会计处理。

> **示例2-8-5：**
>
> 一份租赁的期限可能为10年。在10年期结束时，合同允许承租人将相关资产归还出租人，或将租赁再续租5年。如果承租人将租赁资产归还出租人，合同约定承租人向出租人支付租赁资产10年期末的预期余值与10年期末实际余值之间的差额（余值担保）。
>
> 在租赁开始日，承租人或出租人应确定是否多半会行使续租选择权。在租赁期开始日，承租人确认支付租赁付款额的负债，出租人确认收取与该结果一致的租赁付款额的权利。因此：
>
> （1）如果承租人或出租人确定在10年期结束时归还资产多半会发生，则承租人或出租人的租赁期为10年。在这种情况下：①承租人应确认支付租赁付款额的负债，该负债等于10年租赁付款额现值加上余值担保下应付金额的估计数。②如果出租人保留了与标的资产相关重大风险或利益敞口，出租人

应将确认应收款和负债,该应收款和债务等于10年租赁付款额现值加上余值担保下应付金额的估计数。出租人应继续确认标的资产。③如果出租人未保留与标的资产相关重大风险或利益敞口,出租人应确认应收款,该应收款等于10年租赁付款额现值加上余值担保下应付金额的估计数,并终止确认部分标的资产。

(2)如果承租人或出租人确定多半会发生续租,则承租人或出租人的租赁期为15年。在这种情况下:①承租人应确认等于15年租赁付款额现值的租赁付款额负债。②如果出租人保留了与标的资产相关重大风险或利益敞口,出租人应确认应收款和负债,该应收款和负债等于15年租赁付款额的现值。出租人应继续确认标的资产。③如果出租人未保留与标的资产相关重大风险或利益敞口,出租人应确认等于15年租赁付款额现值的应收款,并终止确认部分标的资产。

(四)租赁期的重新评估

《2010年征求意见稿》也要求在相关事实和情况发生变化的情况下对租赁期重新评估。在每个报告日,承租人或出租人应根据新事实或情况重新评估最可能发生的结果,这些新事实或情况应表明,自上一报告期以来,已确认的收取租赁付款额权利或支付租赁付款额负债发生了重大变化。承租人和出租人可能具有关于行使选择权可能性的不同信息;因此,他们可能就最可能结果得出不同的决策。

四、2011年2月联合会议

在2011年2月联合会议①上,双方理事会讨论了收到的对《2010年征求意见稿》的反馈意见,以及职员建议的两种替代方法。

(一)对《2010年征求意见稿》的反馈意见

1. 反馈意见概述

很多反馈者赞同理事会意见,续租和终止租赁选择权影响租赁合同的经济

---

① IASB/FASB. IASB/FASB Joint Meeting – week beginning 14 February 2011. IASB Agenda paper 5B/FASB Memo 130. Project:Leases. Topic:Accounting for options to extend or terminate a lease.

性质，并支持对承租人和出租人适用一致的租赁期定义。

但是，几乎所有编报者和审计师均不赞同将租赁期定义为多半会发生的最长可能租赁期。绝大部分反馈者质疑将续租和终止租赁选择权纳入租赁期。这些反馈者认为：

（1）在计量承租人的应付款和出租人的应收款时，将行使选择权预计产生的现金流量包含在内，可能导致资产负债表上的应付款或应收款多报。

（2）对于出租人来说，租赁付款额的应收款只会因另一方未来采取的行动而产生，即，这些款项不在出租人控制范围内。

（3）在承租人享有选择权利益的情况下，承租人报告的负债更高，且出租人报告的应收款也更高，这会产生反直觉的结果。当可选择期间的租赁付款额基于公允市场价值时，确认资产和负债是不合适的，因为在这种情况下，选择权的价值为零或名义价值。

很多反馈者，特别是编报者和审计师，对《2010年征求意见稿》有关租赁期提议的应用成本表示担忧。他们认为，按照《2010年征求意见稿》提议方法确定的租赁期将：（1）很耗时，因为会计信息系统的当前功能和所需估计的性质将导致密集的手动操作过程，需要很多高级管理人员对估计过程进行输入。（2）导致合同层面的估计不可靠。例如，零售业指出，在一系列租赁组合中，部分商店可能表现不佳，不会续租。其他商店则表现强劲，可能续租。因此，在确定哪些商店可能表现不佳和表现强劲，从而将行使选择权时，存在重大挑战。（3）由于难以估计，可比性将降低。例如，在评估与能源行业钻机相关租赁期时，钻井成功、相关服务质量、商品价格和天气等因素都会影响对是否续租的评估。（4）使出租人承担了评估承租人行为的挑战性负担。（5）当租赁期超过主体商业计划期限时，会产生重大估计不确定性。（6）增加了复杂性，因为租赁期评估可能是一个分散的过程，涉及一系列业务单位和部门，而不是在公司财务部门集中进行。

很多反馈者承认理事会对续租和终止租赁选择权相关建构风险的担忧。但是，这些受访者不鼓励理事会纯粹为了避免建构交易而定义租赁期，他们认为：（1）后述建议的方法可灵活应对不断变化的业务情况，从而减少建构交易的风险。（2）如果预期将行使选择权，包含续租5年选择权的5年租赁，不应按10年租赁期计算，因为两个租赁的经济性质不同。（3）选择权的灵活性将反映在合同最低租赁付款上。例如，如果承租人希望以缩短租赁期的方式安排租赁合同，出租人将要求支付溢价。

很多反馈者对《2010年征求意见稿》提议的实务应用存在疑问，例如，当租赁合同包括下列情况时，应如何确定租赁期：（1）按月延期条款、无固定期限、"现收现付"合同，如脚手架等建筑材料的租赁。（2）优先取舍权，或承租人在租赁期结束时续租的法定权利，例如，一些欧洲国家的租赁协议。（3）"经久不衰（Evergreen）"的法定或隐含续租条款，例如，在某些亚洲司法管辖区，租客拥有无限续期权利，但可能超出法律或合同期限。（4）允许承租人或出租人终止合同的条款。

部分反馈者指出，由于财务报表一般是以持续经营为基础编制的，因此，对租赁期的假设应更广泛，而不应仅关注租赁合同包含的续租期间。例如，主体拥有公司总部，并且在无限期内都需要该总部，无论其是否具有以下经济性质上类似的租赁条款：（1）按市场价格租赁50年，没有续租或终止的选择。（2）按市场价格租赁30年，并可按市场价格续租20年。（3）按市场价格租赁20年，不能续租，但在目前租赁期结束后将迁往另一类似的办公楼，并继续按市场价格支付租金。

在上述三种情况下，主体将需要承诺相同的未来现金流量，以获得使用公司总部办公楼的权利。反馈者建议理事会将租赁期定义的目标关注于：（1）合同未来租赁现金流量。（2）所有未来租赁现金流量的估计。（3）实质性合同未来租赁现金流量。

2. 反馈者建议的替代方法

作为《2010年征求意见稿》提议的替代方法，很多编报者和审计师建议：

（1）将"多半会发生的最长可能租赁期"提高到：①"合理保证"（美国公认会计原则术语）或"合理确定"（原国际财务报告准则术语），反馈者指出该方法在原准则下运行良好；或②"基本确定"（类似于之前双方理事会讨论的最高层级阈值）。

（2）另一种方法是，仅当租赁合同包含承租人或出租人行使选择权的激励时，才能在计量租赁资产和负债时反映续租和终止租赁选择权。包含激励的情况包括：①标的资产的定制化和专用化；②减少可选择期间的租金；③重大租赁资产改良；或④终止租赁应支付罚金。

（二）职员建议替代方法

1. 替代方法分析

根据反馈意见，理事会职员分析了确定租赁期的三种替代方法。

（1）方法1：仍然采用《2010年征求意见稿》的提议，考虑多半会发生的最长可能租赁期。

（2）方法2：以合同最短租赁期加上可合理确定将行使的选择权涵盖期间计算租赁期。在租赁开始日，表明可合理确定将行使选择权的因素包括但不限于提供了行使选择权激励的合同条款。此外，在评估租赁期时还应考虑的其他因素包括，过去的商业惯例、一般行业惯例及管理层意图。

（3）方法3：以合同最短租赁期加上可合理确定将行使的选择权涵盖期间计算租赁期。方法3下，表明可合理确定将行使选择权的因素仅包括提供了行使选择权激励的合同条款。该方法下考虑因素包括：①存在廉价续租选择权。②承租人因未能续租而受到经济惩罚，其金额足以使续租成为可能。经济处罚包括，撤销租赁应支付的罚金，标的资产的定制或安装费用高昂。③承租人向出租人担保，与租赁财产直接或间接相关的债务预计有效。④承租人向出租人提供的与租赁财产直接或间接相关的贷款预计尚未偿还。⑤廉价购买选择权可行权日之前的普通续租选择权。

理事会职员以下述示例分析了以上三种方法的区别。

示例 2-8-6：

两名承租人拥有5年租赁，按月平均付款，并可选择以公平市场价格再续租2年。

在租赁开始日，承租人X的管理层打算在该地区从事业务7年，并得出结论认为可合理确定将行使续租选择权。承租人Y不打算在该地区从事业务7年，并得出结论认为不能合理确定将行使续租选择权。承租人X或承租人Y均没有具体的经济激励来行使续租选择权。

根据方法1和方法2，承租人X很可能得出租赁期为7年的结论，承租人Y可能得出租赁期为5年的结论。在租赁开始日，承租人X得出租赁期为7年的结论，因为管理层根据其意图和历史惯例，可合理确定将行使续租选择权。而承租人Y只能得出租赁期为5年的结论。尽管两个承租人的经济状况类似（虽不完全相同），但其确认的租赁负债将有很大差异。

根据方法3，承租人X和承租人Y的租赁义务均只包括前5年，因为没有具体的经激励促使承租人X和承租人Y行使选择权，从而不能合理确定是否会行使续租选择权。但是，根据方法3，承租人X和承租人Y不能考虑管理层意图、历史惯例和常见的行业惯例，承租人X和承租人Y均必须确认反映5年租赁期的租赁义务。

2. 职员建议

大部分理事会职员赞同方法 3。在方法 3 下，相关考虑因素是对原准则相关规定的补充，从而可合理确定租赁期。支持该方法的意见认为，历史惯例和管理层意图等因素不应影响可合理确定的租赁期。该方法比较客观，因为其不依赖于对未来经营状况或管理层意图的评估，这些状况或管理层意图很容易因外部经济环境而改变。

但是，部分理事会职员认为方法 2 更合适，因为其包括了所有可能影响潜在租赁期的因素，如历史惯例和管理层意图，其更紧密地反映了与租赁相关预期未来现金流量，从而更能反映财务报表使用者的需求。方法 2 也可以减少主观性和复杂性。

五、《2013 年二次征求意见稿》

（一）租赁期定义

《2013 年二次征求意见稿》将租赁期定义为：不可撤销期间，以及下列两项：（1）当承租人具有行使续租选择权的重大经济激励，包括该选择权涵盖的期间；（2）当承租人具有不行使终止租赁选择权的重大经济激励，包括该选择权涵盖的期间。

《2013 年二次征求意见稿》规定，在确定租赁期时，主体应确定不可撤销期间。在评估租赁的不可撤销期间时，主体应确定合同可强制执行期间。当承租人和出租人均有权在无需向对方支付超过不重大的罚金的情况下终止租赁，则该租赁不再可强制执行。如果仅承租人有权终止租赁，则该权利属于承租人在确定租赁期时应考虑的终止租赁选择权。租赁期自开始日起，包括出租人向承租人提供的任何免租期。

（二）确定经济激励考虑因素

《2013 年二次征求意见稿》指出，租赁期开始日，在评估承租人是否具有行使续租选择权或不行使终止租赁选择权的重大经济激励时，主体应考虑基于合同、资产、主体和市场的因素。这些因素应综合考虑，存在单个因素并不必然意味着承租人具有行使或不行使选择权的重大经济激励。

《2013 年二次征求意见稿》也为评估合同是否具有重大经济激励提供了指

引。主体需考虑的因素包括但不限于以下几项：（1）与当前市场价格相比，选择权期间的合同条款和条件，例如：①选择权期间租赁付款额的金额；②可变租赁付款额或其他或有付款额的金额，如终止租赁罚金和余值担保导致的应付款项；③初始选择权期间后可行使选择权的条款和条件，例如，续租期结束时可按低于市场价格行使购买选择权的条款和条件。（2）当可行使续租选择权、终止租赁选择权或购买选择权时，预期对承租人具有重大经济价值的重大租赁资产改良。（3）与终止租赁和签订新租赁相关的成本，例如，谈判成本、搬迁成本、识别适合承租人需求的其他标的资产所发生的成本，或将标的资产恢复至合同约定状态或将其归还至合同指定地点相关成本。（4）标的资产对承租人运营的重要程度，例如，考虑标的资产是否为专用资产，以及标的资产的位置。

（三）租赁期的重新评估

《2013年二次征求意见稿》规定，仅当发生以下事项之一时，主体才应重新评估租赁期。

（1）相关因素发生变化，将导致承租人具有或不再具有行使续租选择权或不行使终止租赁选择权的重大经济激励。基于市场的因素（如租赁可比资产的市场利率）的变化不应单独导致对租赁期的重新评估。

（2）承租人采取下列行动之一：①选择行使选择权，即使该主体先前已确定承租人不具有行使的重大经济激励；或②选择不行使选择权，即使该主体之前已确定承租人具有行使的重大经济激励。

六、最终准则主要规定

（一）租赁期定义

最终，新租赁准则将租赁期定义为：承租人有权使用标的资产的不可撤销的期间，以及：（1）续租选择权所涵盖的期间，前提是承租人合理确定将行使该选择权；以及（2）终止租赁选择权所涵盖的期间，如承租人合理确定不会行使该选择权［IFRS 16 附录一］。最终定义采用了合理确定的阈值来评估续租和终止租赁选择权。

新租赁准则也强调，在确定租赁期和评估不可撤销的租赁期间时，主体应采用合同的定义，并确定可强制执行合同的期间。如果承租人和出租人双方均有权在未经另一方许可的情况下终止租赁，且罚款金额不大，则该租赁不再可被强制执行［IFRS 16 para. B34］。如果只有承租人有权终止租赁，则在确定租赁期时，主体将该项权利视为承租人可行使的终止租赁选择权予以考虑。如果只有出租人有权终止租赁，则不可撤销的租赁期包括终止租赁选择权所涵盖的期间［IFRS 16 para. B35］。租赁期自租赁期开始日起计算，包括出租人为承租人提供的免租期［IFRS 16 para. B36］。

（二）确定经济激励考虑因素

新租赁准则规定，在评估承租人是否合理确定将行使续租选择权或将不行使终止租赁选择权时，主体应考虑对承租人行使续租选择权或不行使终止租赁选择权产生经济激励的所有相关事实和情况［IFRS 16 para. 19］。最终定义也以是否存在经济激励来确定是否可合理确定将行使续租选择权或不行使终止租赁选择权。

对于是否合理确定经济激励需考虑的因素，新租赁准则规定，主体考虑对承租人行使或者不行使选择权产生经济激励的所有相关事实和情况，包括自租赁期开始日至选择权行使日之间的事实和情况的预期变动。需考虑的因素包括但不限于以下方面：（1）选择权期间的合同条款和条件（与市价相比），例如：① 选择权期间的租金金额；② 可变付款额或其他或有款项的金额，如因终止租赁罚款和余值担保导致的应付款项；以及③ 初始选择权期间后可行使选择权的条款和条件（例如，续租期结束时可按低于市价的价格行使购买选择权）；（2）在合同期内进行（或预期进行）的重大的租赁资产改良，在可行使续租选择权、终止租赁选择权或者购买标的资产选择权时，预期能为承租人带来重大经济利益；（3）与终止租赁相关的成本，例如，谈判成本、迁移成本、鉴别适合承租人需求的其他标的资产所发生的成本、将新资产融入承租人运营所发生的整合成本以及终止租赁罚款和类似成本（包括与将标的资产恢复至合同规定的状态或将其归还至合同规定的地点相关的成本）；（4）该标的资产对承租人运营的重要程度，例如，考虑标的资产是否为一项专门资产，标的资产位于何地以及是否可获得合适的替换资产等；以及（5）与行使选择权相关的条件（即，仅在满足一项或多项条件时方可行使选择权），以及满足这些条件的可能性［IFRS 16 para. B37］。在最终考虑的因素中，不包括之前讨论的管理层意图和历史惯例。理事会指出，与仅依据管理层的估计或意图这一标准相比，要求有经济激励提供了更为客观的标准，因而有助于解决对采用其他方法较为复杂的担忧［IFRS

16 para. BC156]。

新租赁准则指出，续租或终止租赁的选择权可与一个或多个合同特征（如余值担保）相结合。例如，承租人无论是否行使选择权，均保证向出租人支付基本相等的最低或固定现金。在此情况下，主体应假设承租人合理确定将行使续租选择权或不行使终止租赁选择权［IFRS 16 para. B38］。

新租赁准则强调，租赁的不可撤销期限越短，承租人行使续租选择权或不行使终止租赁选择权的可能性就越大。因为不可撤销期限越短，获取替代资产的相关成本就相应地越高［IFRS 16 para. B39］。

此外，新租赁准则强调，评估承租人是否合理确定行使或不行使选择权时，承租人以往使用特定类型资产（租赁或自有）的通常期限及其相关经济原因可提供有用信息。例如，如承租人通常在特定时期内使用特定类型的资产，或承租人时常对特定类型标的资产的租赁行使选择权，则承租人应考虑以往做法的经济原因，以评估是否合理确定对此类资产的租赁行使选择权［IFRS 16 para. B40］。

（三）租赁期的重新评估

新租赁准则规定，发生下列重大事件或重大变化时，承租人应重新评估是否合理确定将行使续租选择权或将不行使终止租赁选择权：（1）重大事件或重大变化在承租人控制范围内；以及（2）重大事件或重大变化影响承租人是否合理确定将行使之前在确定租赁期时未包含的选择权，或者将不行使之前在确定租赁期时已包含的选择权［IFRS 16 para. 20］。

其中，重大事件或情况变化的示例包括：（1）在租赁期开始日未预计到的重大租赁资产改良，在可行使续租选择权、终止租赁选择权或购买标的资产选择权时，预期将为承租人带来重大经济利益；（2）在租赁期开始日未预计到的标的资产重大改动或定制化调整；（3）转租赁开始日，标的资产的转租期超出之前确定的租赁期；以及（4）承租人作出的与行使或不行使选择权直接相关的经营决策（例如，决定续租互补性资产、处置可替代的资产或处置包含使用权资产的业务部门）［IFRS 16 para. B41］。

第九章 选择权

在原《国际会计准则第17号》下,租赁被分类为融资租赁和经营租赁,出租人和承租人根据不同租赁类型采用不同的会计处理。根据《国际会计准则第17号》的模式,在租赁期开始日,如果承租人可以合理确定行使选择权,则其行使如续租选择权时应支付的额外租金将包含在融资租赁的计量中;如果该租赁被分类为经营租赁,则不需要确认该续租选择权。但是,无论租赁被分类为融资租赁还是经营租赁,续租选择权都会产生符合定义的资产和负债。原租赁准则下的方法没有如实反映该租赁合同中产生的资产和负债。因此,理事会重新对选择权的确认和计量进行了讨论,最终,实质上仍然保留了原《国际会计准则第17号》的原则。选择权的确认和计量主要会议文献如表2-9-1所示。

表2-9-1　　　　　选择权的确认和计量主要会议文献

序号	会议日期	议题	主要内容及建议(与本议题相关内容)
1	2007年2月	《对含有承租人续租选择权的租赁的不同会计模型分析》	理事会分别在"使用权模型""整体资产模型""待执行合同模型",以及"现行租赁准则会计模型"下,对包含承租人续租选择权的租赁中不同会计模型进行了分析
2	2007年2月	《终止租赁选择权》	理事会分析了终止租赁选择权与续租选择权的经济实质,以及终止租赁选择权所产生的权利和义务,并初步认为,终止租赁选择权与续租选择权应采用相同的会计处理
3	2007年5月	《终止租赁或续租选择权》	理事会对续租选择权产生的实质性权利和义务是否满足资产和负债定义进行了分析
4	2007年5月	《续租或终止租赁选择权的不同会计方法》	理事会一个具体的含有终止租赁选择权的案例下进行了进一步的讨论,初步确定了4种处理选择权的方法,并分别分析了其优缺点
5	2008年10月	《议程文件——理事会征求意见稿——理事会关于租赁的讨论文件》(第6章续租或终止租赁选择权)	双方理事会对续租和终止租赁选择权是否应单独确认和计量提出了两种方法:"租赁组成部分法"和"单一资产负债法"。并初步决定采用"单一资产负债法"来处理选择权

续表

序号	会议日期	议题	主要内容及建议（与本议题相关内容）
6	2008年11月	《租赁期、购买选择权、或有租金和余值担保》	在"单一资产负债法"下，理事会就租赁期的评估是确认还是计量的问题进行讨论。理事会考虑了两种方法，大部分理事会职员建议采用方法2：承租人确认支付租金的义务，通过确认来解决租赁期限的不确定性
7	2009年3月	《2009年讨论稿》	理事会初步决定将选择权基于租赁期进行处理，租赁期的不确定性通过确认来解决。购买选择权可以视为最终的续租选择权
8	2009年11月	《承租人会计——租赁选择权》	双方理事会结合此前的讨论，对承租人会计总结了4种处理选择权的方法："组成部分法""披露法""计量法"，以及"确认法"。理事会职员认为，并初步决定采用确认法
9	2009年11月	《出租人会计——续租或终止租赁选择权》	双方理事会结合此前的讨论，对出租人会计总结了4种处理选择权的方法："组成部分法""披露法""计量法"，以及"确认法"。理事会职员认为，并初步决定采用确认法
10	2010年6月	《购买选择权会计处理》	双方理事会讨论了承租人与出租人对具有购买选择权的租赁如何进行处理，讨论了两种方法：方法1与续租或终止租赁选择权相同处理，和方法2仅在行权时处理
11	2010年8月	《2010年征求意见稿》	延续租赁期的不确定性将通过确认来解决，并采用确认法对选择权进行计量。对于购买选择权，理事会建议只在行权时才处理购买选择权
12	2011年3月	《购买选择权的会计处理》	双方理事会继续讨论承租人和出租人对租赁合同中包含的购买期权的会计处理（此前提出的两种方法），并提供了一项示例来说明具有廉价购买选择权的租赁方法
13	2013年5月	《2013年二次征求意见稿》	对于续租或终止租赁选择权，延续基于租赁期并采用确认法来处理选择权。对于购买选择权，理事会建议将购买选择权按照与续租选择权相同的方式进行会计处理

第一节 选择权概念辨析

一、续租选择权是否满足资产和负债定义辨析

在2007年5月联合会议①上，理事会职员认为，一个租赁设备的合同，如

---

① IASB. Board Meeting: 15 May 2007, London. Project: Leases. Subject: Options to Terminate or Extend a Lease (Agenda paper 2A).

果其包含一项选择权的条款使得承租人很可能续租,承租人实际上就有无条件在初始期间和第二期间(续租期间)使用设备的权利,同时有无条件支付初始和第二期间款项的义务。理事会职员对续租选择权产生的实质性权利和义务是否满足资产和负债定义进行了分析。

鉴于新租赁准则制定时,理事会尚未修订资产和负债定义,故理事会职员以下分析均基于《框架(1989)》的资产和负债定义。《框架(1989)》将资产定义为:指由于过去事项而由主体控制的、预期会导致未来经济利益流入主体的资源。将负债定义为:主体由于过去事项而承担的现时义务,该义务的履行预期会导致含有经济利益的资源流出主体[《框架(1989)》para.49]。

(一)包含续租选择权租赁产生的权利和义务

租赁合同通常授予承租人将租赁期延长至初始租赁期间("初始期间")之后的权利(但不是义务)。第二期间的租金可能是原租赁合同约定的固定金额,也可能是第二期间开始时的公允市场租金。

理事会以下述示例分析:一台设备固定且不可撤销的租赁期为3年;该设备的预期经济寿命是10年。在前3年(初始期间)结束时,承租人有权续租2年(第二期间)。租赁付款额在第一期定期到期,如果承租人行使选择权,则在第二期间定期到期;第一期间和第二期间的应付金额在原始租赁合同中是固定的。

上述示例中租赁产生的权利和义务分析如表2-9-2所示。

表2-9-2 附续租选择权租赁产生的权利和义务

出租人	承租人
无条件	
在初始期间允许设备使用的义务 在初始期间收取付款的权利——包括期权溢价的应付金额,通常未明确约定 在第二期间后的期间内使用设备所产生经济利益的权利(该权利并非由租赁合同产生,但根据完整性已包含在内) 当承租人行使选择权时续租的义务	在初始期间使用设备的权利——享有设备使用产生经济利益的权利 在初始期间支付特定款项的义务——包括期权溢价的应付金额,通常未明确约定 选择续租的权利
以承租人不行使续租选择权为条件	
在初始期间结束时收回设备的权利 在第二期间享有设备使用产生经济利益的权利	在初始期间结束时归还设备的义务

续表

出租人	承租人
以承租人行使续租选择权为条件	
在第二期间允许使用设备的义务 在第二期间收取付款的权利 在第二期间结束时收回设备的权利	在第二期间要求使用设备的权利——享有设备使用产生经济利益的权利 在第二期间支付特定款项的义务 在第二期间结束时归还设备的义务

(二) 承租人的资产和负债

理事会职员认为,在简单租赁中,承租人在初始期间无条件使用设备的权利符合资产的定义,但在第二期间设备的使用权是一项有条件的权利。换言之,该权利是以承租人行使选择权为条件的。除非行使该选择权,否则该权利不符合资产的定义。

但是,与该有条件的权利相关联的是一项无条件的权利。承租人有无条件的权利要求在第二期间使用设备,这种权利由承租人控制,源于过去的事件(租赁合同的签订),并产生未来的经济利益(第二期间的资产使用权)。尽管在特定时间点,该选择权可能会亏损(即行使选择权的成本可能超过第二期间使用权带来的收益),但在行权日之前,它都具有时间价值,可能产生经济利益的流入。因此,承租人在第二期间拥有无条件要求使用设备的权利符合资产的定义。

上述分析不随选择权被行使的可能性而改变。即使第二期间的租金较低,承租人很可能行使选择权,但在选择权实际被行使之前,使用设备的权利和支付第二期间租金的义务仍然是有条件的(尽管这种选择权比租金较高的选择权更有价值)。

在设备交付后,承租人在租赁合同下产生的资产归纳如表 2-9-3 所示。

表 2-9-3　承租人——附续租选择权租赁产生的资产

权利说明	控制	过去事项	未来经济利益	资产?
在初始期间使用设备的无条件权利	在初始期间有法律可强制执行使用设备的权利	签订租赁合同和交付资产都是过去事项	有	是
在第二期间要求使用设备的无条件权利	要求在第二期间使用设备的法律可强制执行权利	签订租赁合同和交付资产都是过去事项	有	是
在第二期间使用设备的有条件权利	承租人控制在第二期间使用设备的权利	无过去事项。权利以行使选择权为条件	有	否

作为简单租赁，承租人具有一项在初始期间内无条件付款的义务符合负债定义。但是，承租人在租赁期结束时（无论是在初始期间结束时还是在第二期间结束时）归还设备的义务不符合负债的定义，因为承租人不需要付出任何经济利益。此外，承租人还具有一项在第二期间有条件付款的义务，但该义务不符合负债定义，因为如果承租人不行使续租选择权，经济利益的流出是可以避免的。

在设备交付后，承租人在租赁合同下产生的负债归纳如表2-9-4所示。

表2-9-4　承租人——附续租选择权租赁产生的负债

义务说明	现时义务	经济利益流出	过去事项	负债？
在初始期间支付特定款项的无条件义务	通过租赁合同建立的义务	现金	设备交付	是
在初始期间结束时归还设备的有条件义务	无现时义务，因为是以未行使选择权为条件的	无（除非决定放弃行使选择权被视为牺牲利益）	设备交付	否
在第二期间支付特定款项的有条件义务	无现时义务，因为是以行使选择权为条件的	如果承租人不行使续租选择权，可以避免经济利益流出	无	否
在第二期间结束时归还设备的有条件义务	无现时义务，因为是以行使选择权为条件的	无	无	否

（三）出租人的资产和负债

出租人将资产定义标准应用于在具有承租人选择权的租赁下的权利，总结如表2-9-5所示。

表2-9-5　出租人——附续租选择权租赁产生的资产

权利说明	控制	过去事项	未来经济利益	资产？
在初始期间无条件收取付款的权利	收取付款的法律可执行权利	签订合同和交付设备	现金	是
在第二期间后的期间内，使用设备所产生经济利益的无条件权利（剩余权利）	对设备的法定权利	设备的原始取得权	有	是

续表

权利说明	控制	过去事项	未来经济利益	资产？
在初始期间结束时收回设备的有条件权利	出租人对初始期间结束时收回设备无控制权	签订合同和交付设备	无	不是
在第二期间享有设备使用产生经济利益的有条件权利；或 在第二期间收取付款的有条件权利	出租人控制： · 若承租人不行使续租选择权，则出租人有权在第二期间享有设备产生的经济利益；或 · 若承租人行使续租选择权，则出租人有权在第二期间收取付款	设备的原始取得权	是	是
		签订合同和交付设备	是	
在第二期间结束时收回设备的有条件权利（以行使选择权为条件，否则设备将在初始期间结束时收回）	出租人无法控制承租人是否行使选择权	签订合同，交付设备	不是	不是

出租人拥有在初始期间收取付款的无条件合同权利，以及在第二期间后的期间内拥有设备使用所产生经济利益的权利，显然符合资产的定义。出租人在租赁期结束时（无论是在初始期间结束时还是在第二期间结束时）要求归还设备的权利不符合资产的定义，因为出租人已拥有了获得经济利益的权利。

在第二期间从使用设备获得经济利益的权利和在第二期间收取付款的权利是相互独立的。出租人要么拥有在第二期间使用设备的权利，要么拥有在第二期间收取租赁付款额的合同权利。如果承租人行使续租选择权，出租人将获得收取租赁付款额的无条件合同权利，而不是拥有使用设备的权利。在这两种情况下，出租人都拥有一项资产，因此，将这些权利合并考虑时符合资产定义。

作为简单租赁，出租人允许承租人使用设备的义务（无论是在初始期间还是在第二期间）不符合负债的定义，其不会导致未来的经济利益流出。这是因为，出租人在将设备交付给承租人时已履行了租赁合同下的义务。

但是，出租人具有随时准备的无条件义务。如果承租人行使续租选择权，出租人必须授予承租人在第二期间内使用设备的权利以换取租赁付款额。因此，出租人随时准备在第二期间将使用权授予承租人的无条件义务，符合负债定义。

二、终止租赁选择权的权利和义务辨析

在 2007 年 2 月联合会议[①]上,理事会职员分析了终止租赁选择权与续租选择权的经济实质,以及终止租赁选择权所产生的权利和义务,并初步认为,终止租赁选择权与续租选择权应采用相同的会计处理。

(一)终止租赁选择权与续租选择权的经济实质

理事会职员认为,简单租赁中包含的续租选择权,与向承租人提供较长期限的终止租赁选择权,在经济实质上是非常相似的。理事会举例,(1)初始期间为 5 年,并可选择以相同的租金再续租 3 年,或(2)租赁期为 8 年,但有权在 5 年后终止租赁且无罚金。这二者在经济上是一样的,即承租人承诺租赁该资产并支付前 5 年的租金,但可以选择是否继续租赁该资产 3 年。

包含终止租赁选择权的租赁通常也包含行使终止租赁选择权时需支付罚金的条款。换言之,在终止租赁选择日,承租人可以选择继续租赁资产(并支付更多租金),或终止租赁并支付终止罚金。有观点认为,这种终止惩罚意味着终止的选择不能被视为经济上等同于续租的选择。不过,理事会职员认为以下二者在经济上并无差别:(1)租赁期为 8 年,有权在 5 年后支付终止罚金而终止租赁;(2)租期为 5 年,可选择再续租 3 年,如未行使续租选择权,则需支付罚金。

一般而言,似乎总是可以将含终止租赁选择权的租赁重述为含续租选择权的租赁。因此,终止租赁选择权将产生与含续租选择权同等租赁相同的资产和负债。

上述分析忽略了不同的选择权描述可能对合同各方行为产生的影响。例如,一份租赁的结构可能是 8 年租赁期,在 5 年后有终止租赁选择权,而不是 5 年租赁期,有续租选择权,因为合同双方都希望租赁持续整整 8 年。

同样,承租人的惯例也会影响行使选择权的可能性。例如,5 年期租赁且要求承租人采取积极行动将续租 3 年(如发出续租意图的通知),相较于 8 年期租赁且 5 年后有终止租赁选择权,可能前者较后者更不可能租满 8 年。

---

① IASB/FASB. Meeting: Joint International Working Group on Leasing 15 February 2007, London. Topic: OPTIONS TO TERMINATE A LEASE (Agenda Paper 11).

但是，理事会职员认为，预期承租人是否将行使续租或终止租赁选择权，并不会改变根据租赁合同产生的合同权利和义务，因而也不会改变可能确认的资产和负债。承租人的行为可能会对这些资产和负债的计量产生影响。

（二）承租人获得了整个租赁期的使用权，还是仅为初始期间的使用权？

1. 整个租赁期的使用权

一种理解为，具有终止租赁选择权的租赁产生了整个租赁期的使用权，以及从终止租赁选择权可行权日（终止选择日）起放弃这一权利的选择权。在租赁开始日，承租人第一期的使用权（截至终止选择日）与剩余期间的使用权没有区别——两项权利都是现时使用权，且不受承租人行使选择权的限制。因此，承租人在整个租赁期内享有的权利完全符合资产的定义。这与续租选择权形成鲜明的对比，后者赋予承租人在第二期间要求租赁物使用权的权利。换言之，续租选择权所产生的资产，不同于使用租赁物自身的现时权利所产生的资产。续租选择权可确认为一项单独资产，但在选择权行使之前，不会确认第二期间的租赁物使用权。

上述分析导致承租人将在整个租赁期内使用租赁物的权利确认为资产，并将整个租赁期内的租金确认为负债，同时，确认另一项代表承租人在终止选择日选择归还租赁物的资产（并支付终止罚金），从而结算第二期应付租金。另一种方法是，承租人所承担的负债可以分拆为：（1）支付初始期间租金的义务；（2）代表第二期间的义务，该义务可以通过在第二期间支付租金或在初始期间结束时归还租赁物（并支付终止罚金）来结算。

上述分析意味着，终止租赁选择权将采用与续租选择权不同的处理方法。在前述简单租赁的例子中，经济实质相同的两项租赁会计处理为：（1）初始期间为 5 年，并可选择以相同的租金再续租 3 年。承租人应确认一项代表 5 年使用权的资产，一项代表 5 年租金的负债，以及一项代表续租选择权的单独资产。（2）租期为 8 年，但有权在 5 年后终止租赁且无罚金。承租人应确认一项代表 8 年使用权的资产，一项代表 8 年租金的负债，以及一项代表提前终止租赁权利的单独资产。

2. 仅为初始期间的使用权

另一种理解为，以权利持有人选择接受为条件的权利，在概念上与选择权没有区别。换言之，如果承租人拥有终止租赁的选择权，那么，在终止选择日之后，承租人就不再拥有使用租赁物的绝对权利，而只拥有一项取决于承租人不行使选择权的有条件权利。这与续租选择权相同；承租人在第二期间对租赁物并不拥有绝对的使用权，而是取决于承租人的选择。终止租赁选择权和续租选择权所产生的权利和义务是相同的，只是权利和义务的名称不同。

理事会职员认为，第二种理解更准确地反映了权利和义务的真实性质，因此，理事会职员认为，终止租赁选择权与续租选择权的会计处理应当一致。

3. 终止罚金

当租赁合同包含终止罚金时，分析就变得更加复杂。承租人拥有在支付终止罚金后终止租赁的权利，则承租人在租赁期开始日承担的最低义务是，支付截至终止选择日的租金和终止罚金；承租人无法避免支付该最低金额。因此，如果将终止租赁选择权视同续租选择权进行会计处理，那么，在租赁期开始日确认的义务应为初始期间的租金加上终止罚金。此外，承租人既有代表在初始期间使用租赁物权利的资产，也有代表在第二期间使用租赁物的选择权的资产。如果行使该选择权，承租人届时将有义务支付第二期间租金，但不再有义务支付终止罚金。

理事会以下述例子说明了上述方法（不考虑折现影响）。

示例 2-9-1：

一份租赁的租赁期为 10 年，年租金为 100 万元，5 年后可撤销，终止罚金为 200 万元。

承租人确认 500 万元的使用权资产，代表 5 年的无条件使用权。同时确认 700 万元的负债，即无条件租赁期 500 万元的租赁付款额，以及承租人必须支付的最低付款额 200 万元（剩余租赁租金或终止罚金孰低者）。

在租赁期开始日，选择在第 6 至第 10 年获得租赁物使用权的权利确认为单独的资产，并以 200 万元计量。在该选择权下，承租人可以选择在 6~10 年内获得租赁物的使用权。为此，承租人必须额外支付 500 万元的租金。但是，如果承租人选择在第二期间获得租赁物的使用权，则可以避免支付 200 万元的终止罚金。换言之，选择在第二期间获得租赁物使用权将使承租人的义务增加 300 万元，但第二期间额外使用权的价值为 500 万元。因此，该选择权是有价值的，实际上是一种"现价"选择权，行权价格为 300 万元，内在价值为 200 万元。

某些租赁，如复印机或类似设备的租赁，包含承租人在支付终止罚金后可随时终止合同的条款。承租人实质上拥有滚动的终止租赁选择权，或一系列单项终止选择权。此类终止条款带来了更多的困难；将承租人的最低义务反映为终止罚金可能造成误导，因为在大多数情况下，这些终止租赁选择权不会被执行。但是，这可能属于承租人承担的实际义务。

三、购买选择权的权利和义务辨析

《2009年讨论稿》提到理事会对购买选择权的初步意见。购买选择权赋予承租人在指定日期或之后购买租赁财产的选择权。该选择权的行权价格可能是折扣价格、公允价格或固定价格。理事会认为，购买选择权可以视为最终的续租选择权。提供购买选择权与提供延长至租赁物整个经济寿命的续租选择权没有区别。因此，理事会初步认为，购买选择权的会计处理应与续租或终止租赁选择权相同。

理事会初步决定：（1）购买选择权不应确认为单独资产。（2）在确认支付租金的义务时，承租人必须决定是否可能行使购买选择权。如果承租人确定可能行使购买选择权，则支付租金的义务应包括选择权的行权价格。（3）租赁期的评估将基于承租人确定的最可能结果。（4）在确定最可能结果时，承租人将考虑合同、非合同和商业因素。（5）在每个报告日重新评估是否会行使购买选择权。（6）因重新评估是否行使购买选择权而引起的支付租金义务的变动，应导致使用权资产账面价值的变动。

但是，部分理事会成员不赞同理事会提出的上述方法。他们指出，将购买选择权的行权价格包含在折现租金中可能导致对使用权资产的高估，因为租金将包含选择权溢价。这些理事会成员认为，仅当购买选择权的定价为行使选择权提供了重大激励时，才应将购买选择权的行权价格纳入支付租金的义务中。这与他们对续租或终止租赁选择权的观点是一致的。

第二节 选择权的确认和计量

一、续租选择权的确认和计量

在2007年2月联合会议[①]中，理事会职员以当时讨论的承租人会计模型

---

① IASB/FASB. Meeting: Joint International Working Group on Leasing 15 February 2007, London. Topic: ANALYSIS OF DIFFERENT ACCOUNTING MODELS FOR A LEASE WITH A LESSEE OPTION TO RENEW (Agenda Paper 10).

(即"使用权模型""整体资产模型""待执行合同模型""原租赁会计模型",具体介绍详见本书理论篇"第三章 承租人会计模型")为基础,讨论了几种模型下对续租选择权的处理。

(一)"使用权模型"下选择权的处理

针对"使用权模型"下包含续租选择权租赁合同的处理,理事会职员考虑了多种不同方法。

1. "选择权确认法"

在"选择权确认法"(Option Recognition Approach)下,承租人仅确认其在初始期间使用设备的权利。承租人的续租选择权作为一项单独的资产确认。出租人就其在租赁初始期间收取付款的权利确认应收账款。出租人因承租人选择续租而收取租金的权利包含在收取付款额的权利中。此外,出租人应确认随时准备允许承租人在第二期间使用设备的义务。该方法下,承租人和出租人确认的资产和负债如表2-9-6所示。

表2-9-6 "选择权确认法"下出租人和承租人确认的资产和负债

出租人确认的资产和负债	承租人确认的资产和负债
在初始期间收取租赁付款额的应收账款(包括选择权溢价)	在初始期间支付租赁付款额的负债(包括支付选择权溢价的义务)
	在初始期间使用设备的权利
随时准备允许承租人在第二期间使用设备的负债	在初始期间结束时的续租选择权
剩余价值	

虽然在该方法下,确认选择权时可能存在重大的计量问题,但理事会职员建议采用该方法,并进一步完善。

2. "控制法"

"控制法"(Control Approach)的出发点是,承租人因选择权的存在而有权在初始期间和第二期间控制设备的使用,即尽管其可以选择是否续租,但其本身已拥有一项选择的权利。因此,在第二期间使用资产的权利应包含在承租人确认的资产中。该方法下,承租人确认的资产和负债如表2-9-7所示。

表2-9-7	"控制法"下承租人确认的资产和负债
承租人确认的资产和负债
在初始期间支付款项的负债（包含选择权溢价）
在第二期间支付款项的负债
在初始期间使用设备的权利
在第二期间使用设备的权利

该方法下，出租人确认的资产和负债可分为两种确认方式：（1）镜像反映承租人确认的资产和负债；或（2）反映在承租人行使选择权之前，出租人无强制可执行权收取的第二期间付款额的事实（见表2-9-8）。

表2-9-8 "控制法"下出租人确认的资产和负债

镜像反映承租人的处理	非镜像反映承租人的处理
初始期间付款额对应的应收账款（包括选择权溢价）	初始期间付款额对应的应收账款（包括选择权溢价）
第二期间付款额对应的应收账款	
剩余价值	剩余价值

在"控制法"下，虽然承租人在初始期间和第二期间均有权利使用设备，但理事会职员认为，在选择权实际行使之前，承租人无权在第二期间使用设备。承租人有权要求获得使用权（为此，承租人将同意支付额外租金），但对第二期间没有绝对的使用权。此外，在承租人行使其续租选择权之前，承租人没有义务对第二期间付款。因此，这种基于控制的方法将导致承租人确认不符合资产和负债定义的权利和义务。同理，如果出租人会计镜像反映承租人会计，出租人应确认一项其在第二期间收取款项的资产。但是，在承租人行使其续租选择权之前，出租人无权收取这些款项。

3. "预期结果法"

"预期结果法"（Expected Outcome Approach），是基于预期结果确认承租人在第二期间使用资产的权利和相应义务。例如，如果承租人相信很可能（即多半会发生）行使续租选择权，则第二期间相关资产和负债将全部确认。如果认为不是很可能行，则不会确认第二期间相关的资产或负债。

但是，即使认为行使续租选择权不仅仅是很可能，而是极有可能，承租人也不具有在第二期间使用资产的无条件权利，承租人也不具有为第二期间支付租金的义务。承租人可以选择不行使选择权，并在初始期间结束时归还资产。

因此，如果基于预期结果确认与第二期间相关的权利和义务，则可能确认不符合定义的资产和负债。

与"控制法"类似，出租人会计可以镜像反映承租人会计，也可以反映在承租人行使选择权之前，出租人无强制可执行权收取的第二期间付款额的事实。同理，如果出租人会计镜像反映承租人会计，则可能确认不符合定义的资产和负债。

4．"披露法"

"披露法"（Disclosure Approach）要求不就选择权确认单独的资产和负债，仅进行披露。"披露法"认为，虽然确认和计量是在财务报表中反映资产过程的两个独立步骤，但将选择权确认为资产涉及计量问题，因为选择权通常不会作为租赁交易的一部分单独定价，而且此类选择权不存在市场。因此，不应就选择权单独确认资产或负债，但应披露承租人在选择权项下的权利和出租人的义务。

但是，理事会职员认为，承租人拥有在第二期间符合资产定义的权利，应予以确认，仅仅披露选择权的存在并不能完全体现承租人的权利。

（二）"整体资产模型"下选择权的处理

在"整体资产模型"下，当承租人具有续租选择权时，由于承租人已在其资产负债表上确认了设备的全部经济潜力，因此不会确认额外的资产或负债。但是，理事会职员认为，要求在第二期间使用设备的权利是承租人的一项资产。此外，出租人具有随时准备允许承租人在第二期间使用设备的义务。因此，该方法未能确认已识别的单独资产和负债。

在某些租赁合同下，承租人具有在租赁期结束时购买设备的选择权。有观点认为，当存在该选择权时，承租人在设备的整个使用寿命内均控制了设备。因此，承租人应将设备确认为资产，而不是确认使用该设备的权利和购买该设备的选择权。但是，在承租人行使其购买设备的选择权之前，承租人在初始期间结束后对使用设备所产生的经济利益不具有无条件权利。换言之，购买设备的选择权与设备本身不同。在行使购买设备的选择权之前，承租人的资产是选择权，而不是设备。

（三）"待执行合同模型"下选择权的处理

在"待执行合同模型"下，承租人不确认与租赁合同有关的资产或负债，也不确认与续租选择权有关的任何资产。但是，承租人在租赁合同下的权利和义务（包括续租选择权）在财务报表中披露。出租人确认与设备有关的实物资产，但不确认出租人随时准备允许承租人在第二期间使用设备的义务相关负债。同样，该模型也未能确认已识别的单独资产和负债。

(四)"原租赁会计模型"下选择权的处理

在"原租赁会计模型"下，如果承租人行使续租选择权，则在融资租赁的计量中包括应支付的额外租金，前提是在租赁开始日认为可合理确定将行使该选择权。如果租赁被分类为经营租赁，则不确认续租选择权。

无论租赁被分类为融资租赁还是经营租赁，续租选择权均产生了符合定义的资产和负债。因此，理事会职员认为，该方法无法如实反映租赁合同产生的资产和负债。

二、续租选择权和终止租赁选择的确认和计量

(一) 2008 年 10 月联合会议的讨论

2008 年 10 月联合会议[①]中，双方理事会对续租和终止租赁选择权是否应单独确认和计量提出了两种方法："租赁组成部分法"和"单一资产负债法"。并初步决定采用"单一资产负债法"来处理选择权。

1. "租赁组成部分法"

"租赁组成部分法"（Components Approach to Leases）认为，如果将租赁中产生的权利和义务分成若干部分并单独分析，则可以得出结论，续租或终止租赁选择权符合资产的定义。

理事会针对下述案例讨论了"租赁组成部分法"的具体处理。

> 示例 2-9-2：
> 一台预期使用寿命为 10 年的设备，以固定的年租金租赁 5 年（初始期间）。在初始期间结束时，承租人有权以相同的固定年租金将续租 3 年（第二期间）。在初始或第二期间，租赁不可撤销。

---

① IASB/FASB. Leases Working Group Meeting. Tuesday 7 October 2008. Agenda Paper – Draft IASB Invitation to Comment – IASB discussion paper on Leases.

租赁合同可以确定以下组成部分（单独的权利和义务）（见表 2-9-9）。

表 2-9-9　　租赁合同的组成部分（单独的权利和义务）

承租人权利	承租人义务
在初始期间使用设备的权利； 在第二期间使用设备的权利（以行使续租选择权为条件）； 续租选择权	在初始期间支付租金的义务 在第二期间支付租金的义务（以行使续租选择权为条件） 返还设备的义务（在初始或第二期间结束时）

（1）初始期间权利义务的讨论

承租人在初始期间使用设备的权利符合理事会对资产的定义。同样，在初始期间付款义务的部分也符合理事会对负债的定义。但是，归还设备的义务不符合负债的定义。

（2）第二期间权利义务的讨论

使用资产的权利及付款义务：承租人在第二期间使用资产的权利不符合资产的定义，在第二期间付款的义务也不符合负债的定义，因为在第二期间资产的使用权和在第二期间付款的义务都是以承租人行使续租选择权为条件的。在承租人行使其选择权之前，承租人没有使用设备的现时权利，也没有在第二期间支付租金的现时义务。

选择权：承租人有无条件要求在第二期间使用设备的权利（选择权），因为这项权利是由承租人所控制，它产生于过去的事项（租赁合同的签订），并会产生未来的经济利益（在第二期间使用设备的权利）。因此，承租人的续租选择权符合理事会对资产的定义。

理事会认为，如果单独分析租赁中产生的个别权利和义务，则续租或终止租赁选择权符合资产的定义。但是，他们认为单独确认存在以下问题：（1）这类选择权的公允价值难以可靠地计量。因为该类选择权通常不会与租赁合同分开定价，而且大多数租赁合同没有市场。与许多金融期权不同，续租或终止租赁的资产基础期权通常是专用的，可能要到未来很长一段时间才能行使（例如，某些房地产租赁的 20 年），这一事实使计量变得复杂。（2）该方法可能不会向使用者提供相关信息，因为看似亏损的选择权（例如，第二期间合同租金高于同一资产的市场租金的租赁）可能会因特定原因被主体行使。（3）分别确认和计量的选择权可以提供构建交易的机会。例如，如果租赁合同被调整为包含续租选择权的短期租赁，则承租人可以将确认的资产和负债最小化（出租人的回报可以通过纳入余值担保或未行使续租选择权的罚金来保护)。(4) 该方法可能产生看似反常的结果。如果承租人在支付终止罚金后可以在任何时点取消租赁,承租人将不确认其使用设备的资产。相反,承租人将其续租选择权确认为一项资产,在初始确认时,这将是一项有利条款。

2. "单一资产负债法"

"单一资产负债法"(Single Asset and Liability Approach)下,承租人将设备的使用权和续租/终止租赁选择权视为一项单一资产。支付租金的义务也被视为一项单一负债。这类似于原租赁准则,即不要求单独确认续租或终止租赁选择权。相反,承租人被要求在评估租赁期时考虑选择权的存在和行使选择权的可能性。

在该方法下,承租人有权在评估的租赁期内使用设备,并有义务在该期间内支付租金。租赁是包含终止租赁选择权的长期租赁还是包含续租选择权的短期租赁并不重要。在这两种情况下,承租人都必须评估租赁期,并确认使用权资产和在评估的租赁期内支付租金的义务。

在2008年10月的联合会议上,理事会初步决定采用"单一资产负债法"来处理选择权,因为他们认为不太可能制定一种基于"租赁组成部分法"的方法来解决以上"租赁组成部分法"所面临的问题。因此,理事会初步决定不将续租或终止租赁选择权与使用权资产分开确认。相反,理事会建议承租人确认的资产和负债应基于对租赁期的评估。

(二) 2008年11月会议的讨论

在2008年11月理事会会议[①]中,理事会基于此前的讨论(采用"单一资产负债法"并建议承租人确认的资产和负债应基于对租赁期的评估),其认为对租赁期的评估是确认还是计量的问题尚不清楚。因此,在此次会议上,讨论了评估租赁期是确认问题还是计量问题。以下为该次会议上讨论的两种方法:

1. 方法1:承租人确认支付租金的义务,通过计量来解决租赁期限的不确定性

在对于一项初始期间为10年且包含5年续租选择权的租赁中,该方法下不具体说明支付租金的义务是10年还是15年。出租人将租赁资产交付给承租人

---

① IASB. Board Meeting: 20 November 2008, London. Project: LEASE ACCOUNTING. Subject: Consideration of Lease Term, Purchase Options, Contingent Rentals and Residual Value Guarantees (Agenda Paper 8A).

是导致经济资源流出的触发事件,为确认目的,无需明确是 10 年还是 15 年的流出。关于租赁期的不确定性将通过计量支付租金的义务来解决。在计量支付租金的义务时,应采用预期结果,考虑各种可能的结果及其相对概率。

该方法的是基于所产生的支付租金的义务(因此在确认分析中没有不确定性),唯一的不确定性是与义务的计量有关。但是,部分观点认为这种方法错误地暗示了续租选择权是经过计量的。而双方理事会都拒绝采用"租赁组成部分法"来计量租赁合同中的权利和义务,部分原因就是续租选择权的公允价值难以可靠地计量。他们认为,如果续租选择权的价值可以可靠地计量,理事会就会决定采用"租赁组成部分法"来计量租赁合同中的权利和义务。

2. 方法 2:承租人确认支付租金的义务,通过确认来解决租赁期限的不确定性

在对于一项初始期间为 10 年且包含 5 年续租选择权的租赁中,方法 2 将具体规定支付租金的义务是 10 年还是 15 年。因此,它将该项目描述为"支付 10 年租金的义务"或"支付 15 年租金的义务"。出租人将租赁资产交付给承租人是导致经济资源流出的触发事件。但是,该方法将租赁期的不确定性视为确认内容的不确定性。在该方法下,如果承租人决定计量的是"10 年租赁",那么该计量不包括承租人行使续租选择权的概率。

此外,该方法将不包含与租赁期评估不一致的其他租赁要素的计量(例如,余值担保)。考虑一个类似于前述的租赁,除了在最初 10 年结束时,如果承租人不续租,其必须保证租赁资产的价值不低于 10 000 元(如果租赁期满 15 年,承租人无需保证剩余价值)。如果承租人决定确认"支付 15 年租金的义务",该义务的计量将不包含承租人在余值担保下履行的可能性(即承租人不续租的可能性)。

该方法认为续租选择的评估是一个不确定的问题,即究竟是什么过去的交易或事项产生了现时义务。换言之,承租人是仅获得了一项资产 10 年的使用权和相应的支付 10 年租金的义务,还是获得了一项资产 15 年的使用权和相应的支付 15 年租金的义务?

一部分人认为该方法更恰当地反映了确认法的决策是二元性,即承租人续租或不续租。该方法将反映在确认的义务中包含或不包含可选期间的应付租金这一事实,也反映了理事会赞同不单独确认续租选择权的事实。关于租赁期假设的变化可以通过重新评估来解决。另一部分人认为,该方法不能准确地反映支付租金的义务(因此在确认分析中没有不确定因素),唯一不确定因素是关

于义务的计量。

大部分理事会职员赞同采用方法2，并要求对租赁期进行评估，以确定承租人确认的项目是什么（例如，10年租赁或15年租赁）。

（三）纳入征求意见稿的方法

《2009年讨论稿》中初步决定将选择权基于租赁期进行处理，租赁期的不确定性通过确认来解决。讨论稿之后，在2009年11月联合会议[①]上，理事会确定了4种基于以上原则确定的具体方法："确认法""组成部分法""计量法"和"披露法"，并初步决定采用"确认法"。在《2010年征求意见稿》和《2013年二次征求意见稿》中均延续此前的决定，即采用"确认法"，并将其他3种方法作为备选方法。

1."确认法"

"确认法"（Recognition Approach）要求选择权不单独确认，租赁期的不确定性通过确认来解决。即选择一个可能的租赁期，并以该租赁期进行会计处理。理事会职员以示例说明了"确认法"的应用。

示例2-9-3：
一台设备的租赁期为10年（初始期间），合同包含承租人可选择将该设备再续租5年（第二期间）的选择权，两期年租金均为100元。

在确认法下，对于示例2-9-3，承租人与出租人应确认如下内容（见表2-9-10）。

表2-9-10　"确认法"下承租人与出租人的确认

承租人	出租人
使用10年或15年设备的权利（使用权资产）；支付10年或15年租金的义务	应收10年或15年的租赁付款额，以及相应的履约义务

该方法的优点为：（1）避免"组成部分法"或"计量法"的计量可靠性的

[①] IASB/FASB. IASB/FASB Joint Meeting – 18 November 2009 IASB Agenda paper 5D/ FASB ED Session – November 11, 2009 FASB memo reference 49. Project: Leases. Topic: Lessee accounting – Leases with options IASB/FASB. IASB/FASB Meeting November 18, 2009 IASB Agenda paper 5G/ FASB – Ed Session November 11, 2009 FASB memo reference 52. Project: Leases. Topic: Lessor accounting – Options to extend or terminate a lease.

问题；(2) 只确认和计量可能的结果；(3) 可能比"组成部分法"或"计量法"更容易应用；(4) 不需要区分续租选择权和终止租赁选择权；(5) 考虑了可能影响选择权是否被行权的主体特定因素。

该方法的缺点为：(1) 与《概念框架》不一致；(2) 如果该活动不是最可能的结果，选择权可能会被忽略；(3) 不能区分可能续租 5 年的 10 年租赁和不可撤销的 15 年租赁；(4) 难以适用于结果不确定的租赁（如行使概率为 50%），可能导致已确认的资产和负债频繁地重新计量。

理事会认为，"确认法"是解决具有选择权的租赁问题的唯一实际方法。所有考虑的其他方法或会创造重大的建构交易的机会（"披露法"），或应用起来困难和复杂（"组成部分法"和"计量法"）。因此，理事会初步决定采用该方法处理选择权。

2. "组成部分法"

组成部分法（Components Approach）要求承租人分别确认和计量租赁合同中的每项权利和义务，即将租赁中选择权作为租赁的单独组成部分进行确认和计量。

在组成部分法下，对于示例 2-9-3，承租人与出租人应确认如下内容（见表 2-9-11）。

表 2-9-11　"组成部分法"下承租人与出租人的确认

承租人	出租人
使用 10 年设备的权利（使用权资产）； 续租选择权； 支付租金的义务（包括对使用权资产和续租选择权的支付）	应收 10 年租赁付款额，以及相应的履约义务； 承租人续租选择权的价值

该方法的优点为：如果计量单元是租赁合同中不同组成部分，则与《概念框架》一致。这是最为一目了然的方法，因为选择权是单独识别的，对报表使用者而言是明显的。

该方法的缺点为：(1) 可能很难可靠计量选择权。这类选择权通常没有市场，不会与租赁合同分开定价。与许多金融期权不同，续租或终止租赁选择权所涉及的资产通常是专用的，可能要到未来很长一段时间才能行使（例如，某些房地产的 20 年租赁），该事实使计量变得复杂。(2) 对编报者而言很复杂，许多反馈者认为其成本将超过收益。(3) 忽略了每个组成部分的相互关系。例如，租赁可能包含续租选择权、购买选择权，以及余值担保，而余值担保下的款项只有在承租人不行使其他选择权的情况下才会支付。如果承租人可能会行使购买选择权或续租选择权,则确认余值担保的负债可能不会向报表使用者提供有用的信息。(4) 除非所有组成部分都以相同基础计量(如公允价值),否则可能通过建构交易使计量的资产和负债最小化。(5) 可能不能提供有用的信息,因为亏损的选择权可能会行使,而盈利的选择权可能会因主体特定原因而放弃。

理事会成员认为,"组成部分法"在概念上是正确的,因为如果将这类租赁中产生的权利和义务分成若干组成部分并单独分析,可能得出续租或终止租赁选择权符合资产的定义。但是,"组成部分法"难以应用,可能不会比其他方法向报表使用者提供更有用的信息。因此,理事会初步决定不采用该方法。

3. "计量法"

"计量法"(Measurement Approach)要求选择权不单独确认,租赁期的不确定性通过计量支付租金的义务时加以处理。"计量法"又包括"概率加权计量法""概率临界值法"和"经济激励法"。

(1) "概率加权计量法"

在"概率加权计量法"下,对于示例 2-9-3,如果有 80% 的可能性会行使续租选择权,则承租人与出租人将确认(不考虑折现影响,并假设采用预期结果方法来计量)如下内容(见表 2-9-12)。

表 2-9-12 "概率加权计量法"下承租人与出租人的确认

承租人	出租人
使用设备的权利(使用权资产),初始金额为 1 400(20% ×100×10 年 +80% ×100×15 年); 支付租金的义务,初始租金为 1 400(20% ×100×10 年 +80% ×100×15 年)	应收租赁款 1 400(20% ×100×10 年 +80% ×100×15 年)

该方法的优点为:①如果计量单元是产生单一资产和负债的租赁合同,则与《概念框架》一致;②选择权的存在反映在初始和后续计量中;③不需要区分续租选择权和终止租赁选择权;④考虑了可能影响选择权是否被行权的主体特定因素。

该方法的缺点为:①可能难以可靠地计量行使选择权的概率;②理事会需要就计量基础达成一致;③如果使用概率加权计量负债,则已确认的负债可能不能反映可能的结果。

理事会认为,"计量法"应用起来比较复杂,可能无法提供比其他可能的方法(如"确认法")更有用的信息。因此,理事会初步决定不采用该方法。

（2）"概率临界值法"

在"概率临界值法"下，若选择权行使达到特定临界值，例如"合理确定""基本确定"或"很可能"，主体会将选择权期间包含在租赁期内。

（3）"经济激励法"

在"经济激励法"下，若主体有经济激励行使选择权，则将选择权期间包含在租赁期内。

4．"披露法"

早在《2009年讨论稿》之前对选择权处理的讨论中就出现过披露法，其一直被保留到征求意见稿的备选方法中。"披露法"要求选择权不单独确认，租赁期的不确定性通过披露来解决。承租人应确认在最短的合同期限内支付租金的义务，并披露存在选择权。

在"披露法"下，对于示例2-9-3，承租人与出租人应确认如下内容（见表2-9-13）。

表2-9-13　　　　"披露法"下承租人与出租人的确认

承租人	出租人
确认使用10年设备的权利（使用权资产）； 确认支付10年租金的义务； 披露存在续租选择权	确认应收10年租赁付款额，以及相应的履约义务；披露承租人存在续租选择权

该方法的优点为：避免了其他方法的许多计量的问题，使用简单。

该方法的缺点为：(1) 选择权既不被确认也不被计量；(2) 可以通过建构交易使计量的资产和负债最小化；(3) 对于拥有大量租赁的承租人而言，披露内容可能冗长、复杂且难以理解。

理事会职员认为，以披露为基础的方法不会改善租赁会计，因为可以建构租赁交易尽量减少确认负债，有重大租赁活动的主体披露是冗长而复杂的。此外，披露并不能纠正未确认符合确认标准的资产和负债的问题。因此，理事会初步决定不采用该方法。

三、终止选择权的确认和计量

在2007年5月的理事会会议[①]中，理事会职员针对包含续租或终止租赁选

---

① IASB. Board Meeting：15 May 2007, London. Project：Leases. Subject：Different Approaches to Accounting for Options to Extend or Terminate a Lease（Agenda paper 2B）.

择权的租赁，讨论了承租人的四种会计处理方法。在四种方法下，理事会职员假设合同中的续租和终止租赁选择权可相互转换。

理事会职员考虑的四种方法为：

（1）方法1：承租人获得直至选择权行权日的使用权及续租选择权。该方法基于前述对选择权是否满足资产和负债定义的分析，即将选择权单独认定为一项资产。

（2）方法2：承租人获得整个租赁期的使用权及终止租赁选择权。该方法基于前述对终止租赁选择权权利和义务的分析。

（3）方法3：承租人获得了整个租赁期的使用权或直至选择权行权日的使用权。承租人应根据最可能租赁期确认资产和负债。选择权不单独确认。该方法并未基于选择权是否满足资产和负债定义的分析。

（4）方法4：承租人获得一项基于租赁付款额预期价值计量的使用权。选择权不单独确认。该方法也未基于选择权是否满足资产和负债定义的分析。

理事会针对下述案例讨论了四种方法的具体处理。

示例 2-9-4：

一台设备租赁的租期为8年。租金为每年预付100万元。在第5年年末，承租人可选择在支付75万元的终止罚金后终止租赁。如果承租人在第5年年末未行使该选择权，则必须完整租赁该设备8年。该设备的预期使用寿命为15年。承租人无权购买该设备，也无需在任何时点保证该设备的价值，无设备维护或其他安排。出于简化处理，本案例不考虑货币时间价值，并假设6~8年使用权的公允价值等于应付租赁付款额义务的公允价值。租赁期的前5年称为初始期间；后3年称为第二期间。租赁开始时设备的公允价值为1 400万元。

在租赁开始日，承租人可以预计将租赁设备整个期间，因为终止罚金是重大的。但是，如果设备对承租人的价值大幅下降，承租人可能希望终止租赁（设备对承租人的价值不一定与设备的公允价值相同。例如，如果承租人不再需要该设备且不能转租，则该设备对承租人可能没有价值。但是，这些设备本身仍可能具有较高的公允价值）。

如前所述，终止租赁选择权通常可以转换为续租选择权。因此，上述租赁可以描述为5年租赁，并可选择续租3年。如未行使续租选择权，则须支付罚金75万元。

(一) 方法1：承租人获得直至选择权行权日的使用权

1. 承租人的处理

在方法1下，承租人有权使用该设备5年，并有权要求在第二期间使用该设备。如果承租人在第5年末选择不终止租赁，该选择权将被行使。因此，承租人应将其在5年内使用该设备的权利，以及在第二期间要求使用该设备的选择权确认为资产。相对应地，承租人应将其在初始期间支付的义务，以及为终止租赁选择权支付的义务确认为负债。具体处理如表2-9-14所示。

表2-9-14　　　　方法1下承租人具体处理　　　　单位：万元

权利和义务	资产	负债
使用设备1~5年的权利	500	
要求使用设备的选择权（不考虑时间价值）	75	
支付1~5年租金的义务		500
为终止租赁选择权支付的义务		75

在租赁开始日，不考虑非金融因素（如承租人需求、便利性等），要求使用设备的选择权内在价值计算为：取得的使用权（第6至第8年）+避免终止罚金-支付义务（第6至第8年）=300+75-300=75万元。如前所述，终止租赁选择权实质上可以等同于续租选择权。

2. 出租人的处理

根据该方法，出租人确认的资产和负债如表2-9-15所示。

表2-9-15　　　　方法1下出租人具体处理　　　　单位：万元

权利和义务	资产	负债
应收1~5年付款额的权利	500	
应收为选择权付款的权利	75	
剩余权益	900	
以固定价格授予第二期间使用权的义务（签出选择权）		75

在该方法下，当租赁合同赋予承租人随时终止租赁的权利，则不会赋予出租人在财务报表中确认应收租金的权利。

3. 方法1的优缺点

承租人按方法1处理的主要优点为：(1) 与资产和负债定义一致。可以认为承租人在初始期间拥有无条件的设备使用权,但在第二期间使用设备的权利以承租人在第5年年末不行使终止租赁选择权为条件。(2)该方法也与看涨期权的正常处理方法一致。换言之,看涨期权通常是针对期权本身进行处理,而不是针对标的项目进行处理。但是,如果认为续租通常可视为终止租赁选择权,则终止租赁或续租选择权同样可被视为看跌期权。在该方法下,以市场价格续租的选择权视为几乎没有价值。

承租人按方法1处理的主要缺点为:(1)该方法要求承租人确认并计量(至少在初始确认时)其终止租赁选择权,此类选择权很难可靠地计量,因为其很少与主要租赁合同分开定价。根据《框架(1989)》,资产如果无法可靠计量,则即使满足定义也不会单独确认。因此,如何计量此类选择权还需要进一步讨论。(2)该方法可能导致异常结果。假设一个租赁合同可以在支付全额终止罚金后随时撤销。在方法1下,承租人未获得任何使用租赁物的权利。相反,承租人获得了以优惠条件续租的选择权。理事会职员指出,支付全额终止罚金的义务可能比租赁合同约定的预期付款额要小。该方法可能会降低财务报表的可理解性。(3)该方法可能导致建构租赁合同交易的机会,因为承租人可以通过缩短不可撤销租赁期来尽量减少确认资产和负债。在经济上,具有续租选择权的短期租赁与不可撤销的长期租赁有很大不同,定价也会有所不同。(4)对续租/终止租赁选择权的单独确认增加了会计处理的复杂性。但是,理事会职员指出,含有选择权的租赁本质上比简单租赁更复杂,因此,这种额外的复杂性可能是合理的。(5)该方法在确定所产生的资产或负债时,不考虑承租人的意图或经济激励。例如,经济激励可能使承租人极有可能选择不终止租赁,但这不会改变对租赁合同下产生的资产和负债的确认。有观点可能认为这是优点,而相反观点则认为这是缺点。

(二)方法2:承租人获得整个租赁期的使用权

1. 承租人的处理

在方法2下,承租人有权使用该设备8年,并有权在第5年年末终止租赁。因此,承租人应将其在8年内使用设备的权利确认为一项资产。此外,承租人应确认两项负债:在租赁期前5年支付租金的义务,以及在第二期间支付租金,或支付罚金并放弃其在第二期间使用权的义务。此外,承租人拥有一项资产,代表其在第5年年末终止租赁的选择权。

根据该方法,承租人确认的资产和负债如表2-9-16所示。

表 2-9-16　　　　　方法 2 下承租人具体处理　　　　　单位：万元

权利和义务	资产	负债
使用设备 1~8 年的权利	800	
终止租赁选择权	0	
支付 1~5 年租金的义务		500
支付 6~8 年租金的义务，或放弃 6~8 年的使用权的义务		300

租赁开始日，终止租赁选择权的内在价值计算为：避免支付的义务（第 6 至第 8 年）- 放弃使用权（第 6 至第 8 年）- 罚金 = 300 - 300 - 75 = -75 万元。

不考虑非金融因素（如承租人需求、便利性等），终止租赁将损失 75 万元。但是，亏损的选择权仍然符合资产的定义，因为它是由承租人控制的一项资源，且未来经济利益很可能流入。即使选择权是亏损的，也有时间价值，反映出其可以在未来的某个时点进入盈利。本案例不考虑时间价值，故选择权的价值视为零。

2. 出租人的处理

根据该方法，出租人确认的资产和负债如表 2-9-17 所示。

表 2-9-17　　　　　方法 2 下出租人具体处理　　　　　单位：万元

权利和义务	资产	负债
应收 1~5 年款项的权利	500	
应收 6~8 年款项的权利	300	
剩余权益	600	
允许终止租赁的义务（签出期权）		0

确认在第二期间获得租金的权利并不能如实反映出租人的资产。实务中，出租人有权在第二期间使用设备并接受终止罚金或获得租金，其有权收取这两项金额中较低的金额。在这种情况下，出租人有权在第 6 至第 8 年收取租金。

3. 方法 2 的优缺点

与方法 1 类似，承租人按方法 2 处理的主要优点为：（1）与资产和负债定义一致。（2）方法 2 确保了承租人确认的负债是所有潜在义务的全部金额。这意味着可以在任意时点支付罚金后终止租赁，仍然视为产生了使用权和付款义务。报表使用者可能更容易理解这一点，而不是把租赁期描述为获得使用权的选择权，以及为该选择权付款的义务（如方法 1 的情况）。但是，以市场租金续租的选择权将导致确认整个租赁期的资产和负债。(3) 由于该方法导致任何潜在负债的全部金额被确认,这也将大幅降低构建租赁交易以试图最小化确认资产和负债的能力。

与方法1类似,承租人按方法1处理的主要缺点为:(1) 该方法要求承租人确认并计量(至少在初始确认时)其终止租赁选择权,此类选择权很难可靠地计量,因为其很少与主要租赁合同分开定价。(2) 承租人的意图和经济激励不影响资产和负债的确认。有观点可能认为这是优点,而相反观点则认为这是缺点。

(三) 方法3:承租人根据最可能租期确认资产和负债

1. 承租人的处理

在方法3下,承租人终止租赁选择权不会单独确认为资产。确认的资产和负债取决于选择权是否可能被行使:如果可能行使终止租赁选择权,承租人将仅确认初始期间的使用权;如果认为不可能行使终止租赁选择权,承租人将确认初始和第二期间的使用权。

根据该方法,承租人确认的资产和负债如表2-9-18所示。

表2-9-18　　　　　方法3下承租人具体处理　　　　　单位:万元

	可能终止		不可能终止	
	资产	负债	资产	负债
使用设备的权利	575		800	
支付义务		575		800

2. 出租人的处理

根据该方法,出租人确认的资产和负债如表2-9-19所示。

表2-9-19　　　　　方法3下出租人具体处理　　　　　单位:万元

	可能终止		不可能终止	
	资产	负债	资产	负债
收取付款额的权利	575		800	
剩余资产	852		800	

3. 方法3的优缺点

承租人按方法3处理的主要优点为:(1) 续租或终止租赁选择权不会单独确

认,因此不需要单独进行计量。(2) 该方法最有可能反映租赁合同的最终结果。例如,如果承租人很可能因为资产是其业务的核心而续租(经济激励),将导致租赁期比不含经济激励的情况更长。同理,不太可能执行的选择权也会被忽略。

承租人按方法3处理的主要缺点为:(1) 该方法未确认符合资产和负债定义的选择权。例如,如果承租人认为可能行使终止租赁选择权,则承租人在第二期间使用设备的权利将不会确认。(2) 若采用该方法,理事会需要决定是否仅在租赁开始日评估行使选择权的可能性,还是在每个报告日重新评估。仅在租赁开始日进行评估比较简单,但在每个报告日重新评估会更能如实反映租赁合同的预期结果。(3) 在这种方法下,承租人确认的资产和负债将根据行使选择权的概率而有所不同。事实上,确认的资产和负债可能有很大不同。例如,当行使选择权的概率为49%时,确认的资产和负债与行使选择权的概率为51%时有很大不同。这可能降低财务报表的可比性。同时,该方法很可能提供构建租赁合同交易的机会。应当指出的是,原租赁准则要求承租人评估是否合理确定将行使续租选择权。在很多租赁中,是否行使续租选择权是很清楚的,但是,也有很多租赁的评估可能是困难的。(4) 该方法要求编报者和审计师进行重大判断,以确定是否超过了概率阈值。编报者和审计师很可能需要额外的指引,以帮助他们作出这些判断。

(四) 方法4:承租人获得一项基于租赁付款预期价值的使用权

1. 承租人的处理

在方法4下,承租人终止租赁选择权不单独确认。承租人有权使用该设备8年。但是,该权利的计量(以及为该权利支付相应义务的计量)是基于租赁的预期加权平均租赁付款额。例如,如果行使终止租赁选择权的概率为20%,不行使的概率为80%,则加权平均租赁付款额为755万元(575×20% + 800×80%)。资产和负债的计量可以在租赁开始日进行评估,也可以在每个报告日重新评估。在每个报告日重新评估将产生更具相关性的财务信息。

根据该方法,承租人确认的资产和负债如表2-9-20所示。

表2-9-20　　　　　　方法4下承租人具体处理　　　　　　单位:万元

	资产	负债
使用设备的权利	755	
支付义务		755

2. 出租人的处理

根据该方法，出租人确认的资产和负债如表 2-9-21 所示。

表 2-9-21　　　　　　　方法 4 下出租人具体处理　　　　　　单位：万元

	资产	负债
收取付款的权利	755	
剩余权益	645	

3. 方法 4 的优缺点

承租人按方法 4 处理的主要优点为：(1) 与方法 2 的特征一致，承租人获得在整个租赁期内使用设备的权利，并有义务为此支付费用。因此，在该方法下确认的使用设备的权利和付款义务符合资产和负债的定义。方法 4 和方法 2 的主要区别是对资产和负债的计量方法。根据方法 4，这些资产和负债按其预期价值计量，同时考虑到主体终止租赁的能力。终止租赁选择权不单独确认，而是纳入使用权资产的计量。(2) 方法 4 处理解决了不真实的选择权问题，这些选择权行使的概率可能非常低，从而不会纳入计量。同理，以市场租金续租的选择权也可以很容易地采用该方法。该方法将考虑到经济激励和承租人的意图。(3) 由于终止租赁或续租选择权不单独确认，不会出现无法可靠计量选择权的问题。

承租人按方法 4 处理的主要缺点为：(1) 与方法 3 类似，该方法需要重大判断，以确定行使选择权的概率。在租赁包含多个选择权的情况下，确定行使每个选择权的概率可能非常复杂。(2) 如果租赁期是具有二元性（如 8 年或 5 年），则所估计的负债可能并未反映任何结果。方法 4 最适用于可以在租赁期内任何时点终止的租赁。例如，可随时撤销的 8 年租赁所产生的资产和负债，将以使用权和付款义务的预期价值来计量。

四、购买选择权的确认和计量

(一) 2010 年 6 月联合会议的讨论

在 2010 年 6 月联合会议[①]上，理事会认为，购买选择权赋予承租人在指定

---

① IASB/FASB. IASB/FASB Joint Meeting – week beginning 14 June 2010. IASB agenda reference 3C/FASB memo reference 107. Project：Leases. Topic：Accounting for Purchase Options.

日期或之后购买租赁资产的选择权利。选择权的行权价格可以低于、高于或等于公允价值。具有廉价购买选择权并合理确定将行使该廉价购买选择权的租赁，将被视为出售标的资产，因此，不属于新租赁准则的范围。

理事会认为，承租人支付租金的义务和出租人接受租金的权利的不确定性可通过确认得到解决（与此前决定续租选择权和终止租赁选择权的方法一致）。理事会职员考虑了两种方法处理购买选择权：（1）方法1——与续租或终止租赁选择权相同处理；（2）方法2——仅在行权时处理。

1. 方法1——与续租或终止租赁选择权相同处理

方法1认为，购买选择权与可选择将租赁期延长至租赁资产整个经济寿命的续租选择权（最终续租租赁）没有实质区别。因此，购买选择权的处理应与续租或终止租赁选择权的会计处理相一致。方法1对承租人和出租人可能存在部分问题。

对于承租人，方法1可能存在的主要问题是：（1）如果不认为购买选择权是最终续租的租赁，则承租人的使用权资产和租赁负债中可能包含一项购买交易。（2）可能使承租人的资产和负债虚增，因为其包含了承租人为行使购买选择权而支付的价格。但是，该问题对续租或终止租赁选择权同样存在。（3）计入使用权资产的购买选择权行权价格将在租赁期内摊销。如果购买选择权最终未行使，则使用权资产的摊销无法如实反映使用权资产的经济实质。

对于出租人，在理事会提议的"履约义务法"和"终止确认法"下，可能存在不同问题。

在"履约义务法"下，方法1可能存在的主要问题是：（1）如果不认为购买选择权是最终续租的租赁，则承租人的使用权资产和租赁负债中可能包含一项购买交易。（2）在承租人行权之前，出租人无法确定承租人是否可能购买标的资产。（3）可能虚增出租人为购买选择权行权价格而确认的应收账款和履约义务。同样，该问题对续租或终止租赁选择权也存在。

在"终止确认法"下，出租人需考虑承租人是否可能行使购买选择权，相应对剩余资产进行确认。在方法1下，出租人的剩余资产将以零计量。但是，后续对预期结果的持续重估，将导致剩余资产的恢复或终止确认。方法1可能存在的主要问题是：（1）在租赁开始日，如果确定购买选择权更可能行使，则标的资产及其剩余资产将不会出现在出租人的账面上。（2）可能虚增应收账款，并提前确认收入。同样，该问题对续租或终止租赁选择权也存在。

2. 方法2——仅在行权时处理

方法2并不将购买选择权视为最终续租的租赁。相反，方法2将购买选择权视为终止租赁合同并购买标的资产。根据方法2，承租人和出租人只根据续租或终止租赁选择权确认应付或应收款项，不包括购买选择权。购买选择权仅在行权时确认。

对于承租人，方法2的主要优点是：（1）比方法1更容易适用。因为方法2不包括对是否行使购买选择权的主观判断。（2）避免包含不会行使的购买选择权，从而避免了虚增使用权资产和租赁负债。（3）在后续实际行使购买选择权时，避免了对使用权资产终止确认和租赁负债清算的会计处理（"解除"会计）。方法2可能存在的主要问题是：（1）初始计量未包含可能行使的购买选择权，从而低估租赁的预期现金流量。（2）与续租或终止租赁选择权的会计处理不一致。

对于出租人，在理事会提议的"履约义务法"和"终止确认法"下，可能存在不同的优点和问题。

在"履约义务法"下，方法2对出租人的优点是：（1）避免在应收账款和履约义务中包括购买选择权，从而避免虚增。（2）避免了方法1的缺点，不需要出租人确定承租人是否行使购买选择权。（3）在后续实际行使购买选择权时，避免了相应的"解除"会计。在"履约义务法"下，方法2可能存在的主要问题是：（1）在行使购买选择权之前，未考虑购买选择权对财务报表的影响，可能低估租赁的预期现金流量。（2）与续租或终止租赁选择权的会计处理不一致。

在"终止确认法"下，出租人只会确认租赁期内更可能出现的应收账款，不包括购买选择权。在"终止确认法"下，方法2对出租人的优点与在"履约义务法"下的优点相似。在"终止确认法"下，方法2对出租人的缺点也与在"履约义务法"下的缺点相似。此外，按照方法2，将很难解释包括多种选择权的租赁合同。例如，一份5年租赁合同，在初始期间结束时，包括将续租5年的选择权或购买标的资产的选择权。在方法2下：（1）如果行使续租选择权是最有可能的结果，承租人将确认支付10年租金的负债，出租人将确认应收10年租金的资产。（2）如果行使购买选择权是最有可能的结果，承租人将确认支付5年租金的负债，出租人将确认应收5年租金的资产。即使承租人将支付5年租金加上选择权的行权价格，也会出现这种情况。因此，部分理事会职员担心，方法2会导致承租人少记其支付租金义务，出租人将少记其应收账款，这可能导致建构交易的机会。例如，承租人可以持续估计购买选择权发生的可能性比不发生的可能性大，从而只确认最低的负债。

在本次会议中，部分理事会职员认为购买选择权的会计应与续租或终止租赁选择权的会计一致（方法1）。其他职员更喜欢方法2，因为它避免了应收、应付、使用权资产的虚增，并避免了确认购买选择权行权价格的履约义务。此外，在"终止确认法"下，也避免了在行使购买价格之前确认收入。

（二）征求意见稿的讨论

《2010年征求意见稿》建议，任何购买选择权的行权价格（无论是否为廉价购买）均不被视为租赁款项，因此，承租人支付租赁款项的义务和出租人收取租赁款项的权利均不包含购买选择权的行权价格。理事会建议，在行使购买选择权之前，不应对其进行处理。此外，具有廉价购买选择权的租赁，即使该选择权尚未行使，仍会被视为实质购买，因此，不属于租赁准则范围。在《2010年征求意见稿》发布后，反馈者对只有在行使所有其他非廉价购买选择权时才考虑这些选择权的提议看法不一。

在2011年3月联合会议[①]上，理事会继续对两种方法进行讨论，并提供了一项示例来说明具有廉价购买选择权的租赁方法。

在方法1下，承租人和出租人应以与续租或终止租赁选择权相同的方式考虑购买选择权。其处理结果为：（1）购买选择权不应作为单独的资产或负债确认。（2）如果有重大的经济激励促使行使购买选择权，则承租人摊销使用权资产的期限为标的资产的经济寿命；出租人采用"终止确认法"，因为出租人预期承租人将购买资产，出租人将终止确认整个资产；租赁付款额包括购买选择权的行权价格。（3）承租人和出租人仅在相关因素发生重大变化，使承租人具有或不再具有重大经济激励来行使购买选择权时，才应重新评估购买选择权的会计处理。

方法1的支持者认为，购买标的资产的选择权与续租选择权相关联，其在经济上是相似的，购买选择权是最终续租的租赁。承租人的费用化模式最能反映资产的经济使用情况，资产的摊销在承租人对资产预期使用的基础上是一致的。此外，在租赁付款额中包括购买选择权可能会导致巨大的变化，包括利润

---

① IASB/FASB. IASB/FASB Meeting Week commencing 14 March 2011 IASB Agenda paper 5D/ FASB ED Session March 9, 2011 FASB Agenda reference 143. Project：Leases. Topic：Accounting for Purchase Options.

或亏损的变化,通过将计量阈值设定在相对较高的"重大经济激励"水平,可以减轻这种担忧。一般而言,只有廉价购买选择权的名义行权价格将包括在租金中,这可以显著减少出租人虚增租赁费用的金额。

方法2的支持者认为,购买标的资产就是终止租赁。方法2不会将购买选择权作为资产和负债包括在租赁中,因为其是否会被行使(特别是对出租人)是不确定的。根据"终止确认法",与购买选择权有关的收入在行权之前不会确认。此外,方法2避免了虚增应收账款、使用权资产和购买选择权行权价格的负债。

理事会职员以如下示例说明了具有廉价购买选择权租赁的处理。

示例2-9-5:

一份年租金为100万元的5年期设备租赁合同,5年后,承租人有权以10万元的价格购买标的资产。在初始期间,标的资产在5年内的价值预计为225万元;因此,承租人认定其具有行使购买选择权的重大经济激励。承租人的增量借款利率为7%。

表2-9-22列示了方法1和方法2下的处理。

表2-9-22　　　　方法1和方法2的处理　　　　　　单位:万元

年份	租赁付款额	租赁负债	使用权资产	摊销	利息费用	租赁费用	固定资产	折旧	总费用
方法1:包含购买选择权									
			417.15	417.15					
1	100.00	346.35	375.43	41.71	29.20	70.92			70.92
2	100.00	270.59	333.72	41.71	24.24	65.96			65.96
3	100.00	189.54	292.00	41.71	18.94	60.66			60.66
4	100.00	102.80	250.29	41.71	13.27	54.98			54.98
5	110.00		208.57	41.71	7.20	48.91	208.57		48.91
6							166.86	41.71	41.71
7							125.14	41.71	41.71
8							83.43	41.71	41.71
9							41.71	41.71	41.71
10							—	41.71	41.71
	510.00			208.57	92.85	301.43		208.57	510.00

续表

年份	租赁付款额	租赁负债	使用权资产	摊销	利息费用	租赁费用	固定资产	折旧	总费用
		410.02	410.02						
1	100.00	338.72	328.02	82.00	28.70	110.71			110.71
2	100.00	262.43	246.02	82.00	23.71	105.71			105.71
3	100.00	180.80	164.01	82.00	18.37	100.37			100.37
4	100.00	93.46	82.00	82.00	12.66	94.66			94.66
5	100.00		—	82.00	6.54	88.55	10.00		88.55
6							8.00	2.00	2.00
7							6.00	2.00	2.00
8							4.00	2.00	2.00
9							2.00	2.00	2.00
10							—	2.00	2.00
	500.00			410.00	89.98	500.00		10.00	510.00

（表头说明：方法2：不包含购买选择权）

之后，在《2013年二次征求意见稿》中，理事会提议将购买选择权按照与续租选择权相同的方式进行会计处理。即，如果承租人具有显著的经济激励行使购买选择权，则购买选择权的行权价格将包括在使用权资产和租赁负债的计量中。

五、最终准则主要规定

最终发布的新租赁准则中，若能合理确定承租人将行使续租选择权（或不终止租赁），则用以计量租赁负债的租赁期应包括该选择权期间。同时，在确定租赁付款额时，（1）如果承租人合理确定将行使续租选择权，则租赁期包含续租选择权涵盖的期间，意味着续租期间的租金包含在固定付款额中，属于租赁付款额的一部分；（2）如果承租人合理确定将行使购买选择权，则租赁付款额包括购买选择权的行权价；（3）如租赁期反映出承租人将行使终止租赁选择权，则租赁付款额包括终止租赁的罚金。在该方法下，续租或终止租赁选择权、购买选择权均未单独进行确认和计量，而是依赖于对租赁期的评估，以是否可合理确定将行使相关选择权，相应进行处理。最终，新租赁准则对选择权的处理，实质上仍然保留了原《国际会计准则第17号》的原则。

第十章 初始直接费用

在原租赁准则下，初始直接费用是指可直接归属于协商和安排租赁的增量成本，但未对增量成本进行定义。在原租赁会计模型下，承租人和出租人需要区分租赁属于融资租赁还是经营租赁，对初始直接费用分别进行处理。其中，在融资租赁中，承租人和出租人均应将初始直接费用予以资本化；在经营租赁中，则均应将初始直接费用予以费用化。

在新租赁准则下，对初始直接费用基本采用了原准则的定义，并进一步明确了增量成本的定义，与新收入准则增量成本定义保持一致。在新承租人会计模型下，承租人应将符合定义的初始直接费用资本化。对于出租人，与原租赁准则基本一致，需要区分租赁属于融资租赁还是经营租赁，对初始直接费用分别进行处理。

在新租赁准则制定过程中，双方理事会曾多次讨论了租赁初始直接费用具体的会计处理，表 2－10－1 列示了主要会议及相关内容。

表 2－10－1　　　　　　　　初始直接费用主要文献

序号	会议日期	文件名	主要内容及建议
1	2009 年 6 月	《初始直接费用（讨论稿）》	会议提出了初始直接费用计量的三种：（1）在使用权资产的账面价值中增加初始直接费用；（2）在债务发行成本和资产购置成本之间分配初始直接费用；（3）在发生时将此类成本确认为费用，分别分析了优缺点
2	2010 年 2 月	《初始直接费用（征求意见稿反馈）》	会议提出对初始直接费用予以统一定义：初始直接费用是指可直接归属于协商和安排租赁的增量成本，并建议补充属于和不属于初始直接费用的例子
3	2011 年 3 月	《初始直接费用（修订征求意见稿）》	会议根据收到的反馈，进一步对初始直接费用的定义进行了讨论，并且对承租人和出租人分别资本化还是费用化初始直接费用进行了分析和建议

续表

序号	会议日期	文件名	主要内容及建议
4	2014 年 5 月	《初始直接费用（正式稿）》	会议对于初始直接费用的定义提出了两种不同方案，区别点在于内部成本是否分配；对于出租人和承租人分别对初始直接费用如何计量（资本化还是费用化）进行了进一步讨论

一、2009 年 6 月联合会议

在 2009 年 6 月联合会议①中，主要讨论了承租人在协商和安排租赁时发生的成本（初始直接费用）如何会计处理。

承租人在协商和安排租赁时往往会产生成本（例如，佣金、律师费和内部费用）。现行准则将这些成本称为初始直接费用。一般来说，初始直接费用只包括那些可直接归属于协商和安排租赁的增量成本。目前，融资租赁时产生的初始直接费用均计入承租人确认为资产的金额当中，并与该资产一起摊销。

（一）职员分析

理事会职员认为，可能有三种方法计量初始直接费用：（1）在使用权资产账面价值中增加初始直接费用；（2）在债务发行成本和资产购置成本之间分配初始直接费用；（3）在发生时将此类成本确认为费用。

1. 在使用权资产的账面价值中增加初始直接费用

第一种方法是在使用权资产的账面价值中增加初始直接费用。理事会职员指出，该方法的主要优点为：（1）与购置其他非金融资产（如不动产、厂场和设备或无形资产）相关费用的处理一致。因此，增加了非金融资产之间的可比性。（2）与提议的以摊余成本计量使用权资产的计量方法一致。一般而言，成本包括可直接归属于资产取得的增量成本。（3）因为使用权和标的资产之间存在相似之处，承租人在正常经营活动中使用拥有使用权的资产（如租赁机动车）的方式与使用自有资产（如自有机动车）的方式相同。租赁合同中所转让的权利，与在低于使用寿命的期限内拥有相关资产而获得的权利类似。（4）避

---

① IASB/FASB. IASB Meeting: 18 June 2009, agenda reference 11B/ FASB Meeting June 17, 2009, memo reference 33. Project: Leases. Topic: Initial direct costs.

免了在提议的新准则中对为什么租赁资产和自有资产之间有必要进行不同处理进行解释的需要。

2. 在债务发行成本和资产购置成本之间分配初始直接费用

第二种方法是在支付租金义务（债务发行成本）与取得资产使用权的成本之间分配初始直接费用。即，资产购置成本可以资本化或费用化，而债务发行成本可以包括在支付租金的义务的账面金额中或费用化。理事会职员指出，该方法的主要优点为：（1）将以同样的方式处理类似的成本。即，资产收购成本和债务发行成本可以按照与其他交易（如收购非金融资产或发行债务）中发生的类似成本相同的方式入账。（2）反映了支付租金的义务类似于有担保的借款。

但是，该方法也有缺点，主要包括：（1）将初始直接费用分配给两个组成部分，对报表编报者来说是更加耗费成本和复杂。（2）并非所有租赁合同都会产生债务发行成本（如很多短期租赁）。对于很多租赁来说，确定一项成本是债务发行成本还是资产收购成本可能是困难的。

3. 在发生时将此类成本确认为费用

第三种方法是在发生时将所有此类成本确认为费用。该处理方法与企业合并产生的交易成本的处理一致，这些交易成本产生于收购初始以公允价值计量的金融工具。

可以说，初始直接费用并不属于出租人和承租人之间的交换；相反，成本来自于承租人为所接受的服务付费的单独交易。从发生这些成本中获得的利益在获得服务时即消耗。因此，初始直接费用通常不符合《概念框架》中资产的定义。相反，此类交易导致在损益表中确认一项费用。

（二）职员建议

理事会职员建议采用第一种方法，即在承租人确认的使用权资产账面价值中增加初始直接费用，并将这些成本与该资产一起摊销。理事会职员认为，该方法为报表使用者提供了有用的信息，与购买其他非金融资产时类似成本采用相同的处理方式。

理事会职员不建议采用第二种方法，因为该方法会增加新租赁准则的复杂性。理事会职员承认，如果孤立地分析租赁的协商和安排费用，可能不符合资产定义。由于将所发生的初始直接费用化，与理事会采用的以摊余成本初始计量方法不一致，理事会职员不建议采用第三种方法。

二、2010年2月联合会议

在2010年2月联合会议①中,主要目标是为新租赁准则提出初始直接费用的统一定义。

(一) 现行租赁文献

1. 国际财务报告准则

根据《国际会计准则第17号》,初始直接费用是指,可直接归属于协商和安排租赁的增量成本,但制造商或经销商出租人产生的此类成本除外。

对承租人,《国际会计准则第17号》规定,初始直接费用通常发生在与特定租赁活动相关活动中,如协商和确保租赁安排。可直接归属于承租人从事的融资租赁活动成本,应增加确认为资产成本。

对于出租人,《国际会计准则第17号》规定,初始直接费用通常发生,包括佣金、法律费用和内部成本等增量金额,这些金额可直接归属于协商和安排租赁。这些成本不包括一般管理费用,如销售和营销团队产生的费用。

此外,制造商或经销商出租人因协商和安排租赁而产生的成本,不包括在初始直接费用中。因此,这些成本被排除在租赁净投资之外,并在确认销售收益时确认为费用,这通常是在融资租赁的租赁期开始时确认的。

2. 美国公认会计原则

根据美国《主题840》,初始直接费用仅包括出租人发生的成本,这些成本为:(1) 在与独立第三方交易中产生租赁的成本:直接源于该租赁并对取得该租赁至关重要;如果租赁交易没有发生,该费用就不会发生。(2) 仅与出租人为该租赁所进行的下列活动直接相关:评估未来承租人的财务状况;评估和记录担保、抵押品和其他担保安排;协商租赁条款;准备和处理租赁文件;完成交易。

《主题840》进一步澄清,与出租人开展活动直接相关成本,应仅包括与租赁活动直接相关的员工薪酬和工资及福利,以及与租赁活动相关的其他成本,如果不发生租赁,这些成本也不会发生。初始直接费用不应包括与出租人进行下列活动相关的成本:(1) 广告;(2) 寻求潜在的租赁;(3) 为现有租赁提供

---

① IASB/FASB. IASB/FASB Joint Meeting: February 17-18, 2010. IASB agenda reference 10G/ FASB memo reference 72. Project: Leases. Topic: Initial direct costs.

服务;(4) 其他与信贷政策制定、监督管理相关的辅助活动。

此外,《主题840》指出,不应作为初始直接费用的成本包括管理成本、租金和折旧等项目。

(二) 职员分析

1. 承租人

2009年11月,理事会初步决议,基于以下原因,承租人的初始直接费用应计入承租人使用权资产:(1) 这一决议与取得其他非金融资产(如不动产、厂场和设备或无形资产)相关类似成本的处理一致。因此,该决议将增加与其他非金融资产的可比性。(2) 该决议与提议的以摊余成本计量承租人使用权资产的方法一致。(3) 租赁资产和自有资产之间的不同处理可能提供构建交易的机会。因此,初始直接费用的定义应考虑现有取得非金融资产相关指引,因为承租人已经获得了一项使用权资产(无形资产)。

《国际会计准则第38号》指出,单独取得无形资产的成本包括:(1) 购买价格,包括扣除折扣、退税后的进口关税和不可抵扣购置税;(2) 为使资产达到预定用途而产生的可直接归属成本。此外,可直接归属成本的例子有:(1) 因使资产恢复到其可使用状态而直接产生的雇员福利成本;(2) 将资产恢复到可使用状态而直接产生的专业费用;(3) 测试资产是否正常运作的成本。

此外,《国际会计准则第16号》规定,一项不动产、厂场和设备的成本包括以下内容:(1) 其购买价格,包括扣除贸易折扣和退税后的进口关税和不可退还的购置税。(2) 任何可直接归属于使资产达到使其能够按照管理层预期的方式经营所必需的地点和条件的成本。(3) 拆除、移走该资产并恢复其所在地所需费用的初始估计,即主体在取得该物品或在特定期间将该资产用于除生产存货以外的其他目的时所承担的义务。

《国际会计准则第16号》还规定,直接归属成本的例子有:(1) 因建造或购置不动产、厂场和设备而直接产生的雇员福利成本;(2) 场地准备的成本;(3) 初始交付和搬运费用;(4) 安装和组装费用;(5) 测试资产是否正常运行的成本,扣除将资产达到可使用状态时所生产的任何产品的销售净收益(如测试设备时生产的样品)[①];(6) 专业费用。

---

① 已被理事会于2020年5月发布的《不动产、厂场和设备:预定使用前的收入(对〈国际会计准则第16号〉的修订)》修订,不再将不动产、厂场和设备达到预定可使用状态前试生产产品销售收入冲减资产建造成本,而是将此类收入及相关成本计入当期损益。

2. 出租人

2009年11月，理事会初步决议将出租人初始直接费用计入出租人的应收租赁款，主要原因如下：(1) 该决议将初始直接费用视为因承租人提出信贷请求（订立租赁安排）而产生的成本。因此，这些成本是为了出租人的利益，并直接与发起贷款（应收租赁款）相关。(2) 该决议与其他金融资产相关成本的处理一致。因此，初始直接费用的定义应考虑现有发起贷款和获得金融资产（应收租赁款）相关指引。

原《国际会计准则第39号》交易成本的定义为，可直接归属于金融资产或金融负债的取得、发行或处置的增量成本。增量成本是指，如果主体没有取得、发行或处置该金融工具就不会发生的成本。

此外，《国际会计准则第39号》规定，金融资产或金融负债在初始确认时，如果金融资产或金融负债不是以公允价值计量且其变动计入损益，则主体应将其计量为公允价值加上直接可归属于收购或发行该金融资产或该金融负债的交易成本。

3. 进一步分析

理事会职员认为，目前对初始直接费用的定义有两个部分应纳入新租赁准则，即与租赁协商相关的增量和直接成本。

与国际财务报告准则不同，美国会计公认原则对初始直接费用的定义并未明确提及增量成本。但是，美国会计公认原则对初始直接费用的定义也隐含了增量成本的概念。因此，理事会职员建议，在初始直接费用定义中明确包括成本是增量成本的概念。

双方理事会目前的定义似乎都表明，初始直接费用必须直接归属于租赁协商。但是，两种定义使用不同的措辞来说明这一点。国际准则的定义指出，初始直接费用是直接归属于协商和安排租赁的成本。美国准则的定义指出，初始直接费用是启动租赁的成本，并具有以下特征：(1) 该成本直接产生于该租赁，并对取得该租赁至关重要；(2) 如果没有该租赁交易，此类费用就不会发生。由于这两个定义都表明这些费用必须与租赁直接相关，理事会职员建议，在初始直接费用定义中包括这一点。此外，这些成本是协商和安排租赁所必需的。

4. 理事会职员建议

理事会职员建议，在新租赁准则中对初始直接费用制定统一的定义。根据上述分析，理事会职员建议，对初始直接费用的定义如下：初始直接费用，是指可直接归属于协商和安排租赁的增量成本。理事会职员指出，该定义并不是为了改变目前的做法。

此外，理事会职员建议，在新租赁准则中列入额外的指引，以进一步说明哪些费用可视为初始直接费用，假设这些费用是（1）增量费用，以及（2）可直接归属于协商和安排租赁。该额外指引将类似于原租赁准则中包括的例子，具体如下：（1）佣金；（2）法律费用；（3）评估和记录担保、抵押品和其他担保安排；（4）协商租赁条款；（5）准备和处理租赁文件；（6）完成交易；（7）增量的、可直接归属于协商和安排租赁的内部成本。额外的指引还可以包括不符合初始直接费用定义的例子。例如：（1）一般间接费用；（2）广告；（3）寻求潜在租赁合同；（4）为现有租赁提供服务；（5）其他辅助活动。

三、2011年3月联合会议

在2011年3月联合会议[①]中，理事会职员进一步讨论了关于初始直接费用定义及具体会计处理。

（一）《2010年征求意见稿》提议概述

《2010年征求意见稿》建议，承租人和出租人应分别将初始直接费用计入使用权资产账面价值和收取租赁款项的权利账面价值，从而资本化初始直接费用。《2010年征求意见稿》将初始直接费用定义为：直接归属于协商和安排租赁的可收回成本，若不进行租赁交易则不会发生。

《2010年征求意见稿》强调，初始直接费用直接产生于取得或发起租赁，且对取得或发起租赁至关重要，如果没有进行租赁交易，就不会发生的成本。这些成本可能包括：（1）佣金；（2）法律费用；（3）评估未来承租人的财务状况；（4）评估和记录担保、抵押品和其他担保安排；（5）协商租赁条款；（6）准备和处理租赁文件；（7）完成交易；（8）其他可直接归属于协商和安排租赁的增量成本。此外，以下项目不属于初始直接费用：（1）一般间接费用，如租金、折旧、占用和设备成本、不成功的发起和闲置时间；（2）出租人为广告、招揽潜在租赁、为现有租赁提供服务或其他附属服务的费用。

---

① IASB/FASB. IASB/FASB Meeting Week commencing：21 March，2011. IASB agenda reference 11A/FASB agenda reference 145. Project：Leases. Topic：Initial direct costs.

(二)《2010年征求意见稿》反馈概述

理事会未针对《2010年征求意见稿》初始直接费用征询具体问题。因此，很少有受访者对该问题发表反馈意见。

对初始直接费用提出反馈的受访者（约占所有受访者的5%）主要关心的是，在多个正在进行的项目中对初始直接费用的一致处理，如保险合同和新收入准则，他们建议对所有形式的合同（包括租赁、非租赁合同收入、保险合同和待执行合同）相关成本进行一致的会计处理。一些受访者对租赁激励措施提出了反馈，并要求澄清租赁激励措施是否应以类似于初始直接费用的方式处理。理事会职员将在未来讨论中解决租赁激励问题。

(三) 职员分析

1. 初始直接费用的定义

理事会职员认为，《2010年征求意见稿》初始直接费用的定义是适当的，且与《主题840》和《国际会计准则第17号》的原定义一致。理事会职员注意到，提议的定义并不打算改变如何定义初始直接费用的原有方法。因此，理事会职员建议理事会确定《2010年征求意见稿》的定义，并作出一项澄清。

理事会最初的决议中没有"可收回"一词，但在《2010年征求意见稿》将其添加到定义中。理事会职员认为，可收回性的概念在定义中是隐含的，因此是多余的。因为如果出租人和承租人认为无法收回这些成本，则不会为取得租赁合同而产生成本。理事会职员建议，取消"可收回"的概念，因为它隐含在初始直接费用的定义中。因此，该定义应修改为：直接归属于协商和安排租赁的费用，如果没有进行租赁交易，就不会发生的成本。

2. 初始直接费用的计量——承租人

理事会职员首先考虑了，承租人的初始直接费用是否应在租赁产生的资产和负债之间分配。虽然该方法在理论上是合理的，但理事会职员认为，该方法的应用将是耗费成本的，对财务报表使用者几乎没有有用信息，并将增加新租赁准则的复杂性。

因此，理事会职员考虑了以下两种方法：(1) 方法1：将承租人的初始直接费用资本化，并计入承租人的使用权资产。(2) 方法2：在发生时将初始直接费用予以费用化。

（1）方法1：将承租人的初始直接费用资本化

理事会职员认为，方法1的优点如下：（1）与收购其他非金融资产（例如，不动产、厂场和设备及无形资产）相关类似成本的处理一致。因此，该方法增加了与其他非金融资产计量的可比性。（2）与提议的基于摊余成本的承租人使用权资产计量方法一致。一般而言，成本包括可直接归属于资产取得的增量成本。（3）租赁资产与自有资产的不同处理可能提供构建交易的机会。方法1与根据《国际会计准则第17号》对融资租赁中承租人的初始直接费用的处理一致（《主题840》对融资租赁中承租人初始直接费用的处理未明确规定），承租人的初始直接费用都被纳入资产初始成本中。

有观点担心，如果承租人将使用权资产初始直接费用资本化，将增加资产价值和使用权资产减值的风险。理事会职员并不认为这是一个重大问题，因为承租人在确定签订租赁合同是否经济时，会考虑初始直接费用的影响。包括使用权资产初始计量是否应以使用权资产的公允价值为上限，也将在处理减值的议题中进一步讨论。

（2）方法2：在发生时将初始直接费用予以费用化

方法2与企业合并产生的交易成本处理一致。《主题805——企业合并》（以下简称《主题805》）和《国际财务报告准则第3号》都要求企业合并中所有与收购相关成本在发生时计入费用。可以说，初始直接费用不是出租人和承租人之间交换的一部分；相反，该成本产生于承租人为所获得的服务支付费用的单独交易。从这些成本中获得的收益在获得服务时即被消耗。虽然该方法比方法1成本更低，应用起来也更简单，但与以摊余成本初始计量使用权资产不一致。

理事会职员建议采用方法1，即应将承租人的初始直接费用资本化，并计入承租人的使用权资产。

3. 初始直接费用的计量——出租人

理事会职员考虑了以下两种方法来处理出租人的初始直接费用：（1）方法1：初始直接费用资本化，并计入出租人应收租赁款。（2）方法2：在发生时将初始直接费用予以费用化。

（1）方法1：初始直接费用资本化，并计入出租人应收租赁款

对初始直接费用的处理反馈意见建议，对正在进行的项目（例如，保险合同和新收入准则）中取得合同的成本进行一致的会计处理。

方法1与新收入准则项目作出的决议大致一致。在该项目中，新收入准

则征求意见稿中的决议被推翻，以提高与其他项目（即保险合同和金融工具）的一致性。这一决议还提高了《国际财务报告准则第9号》规定的交易成本与《国际会计准则第18号——收入》（以下简称《国际会计准则第18号》）规定的确保提供管理服务权利的成本的一致性。在新收入准则项目中，理事会初步决议，主体应确认一项资产，以计入其预期能够收回的取得合同的增量成本。取得合同增量成本是指，主体如果没有取得合同就不会发生的成本。

方法1也与最近在保险合同项目中作出的决议大体一致，在该决议中，理事会初步决议，在初始确认时，保险公司应将与保险合同组合相关的增量购置成本计入履约现金流的现值。

在方法1中，初始直接费用被视为在租赁安排协商时开始的成本，并且与出租人的应收账款直接相关。理事会职员认为，方法1的优点如下：（1）与部分金融资产相关成本的处理方法一致；因此，增加了金融资产之间的可比性。（2）与前述将承租人的初始直接费用资本化是一致的。

有受访者注意到初始直接费用资本化对出租人确认利息收入的影响。收取租赁付款的权利后续采用实际利率法按摊余成本计量，出租人将初始直接费用资本化似乎会影响租赁期内利息收入的确认。即，出租人将需要估算一个实际利率（而不是出租人向承租人收取的利率），以在利息收入和收取租赁付款的权利减少之间分配收到的付款。

理事会职员承认该事项的影响。但是，如前所述，该方法与其他金融资产相关成本的处理一致。在方法1中，初始直接费用被视为出租人对租赁净投资的一部分。出租人会在合同定价中包括初始直接费用，以收回这些成本。因此，由于初始直接费用是租赁净投资的一部分，利息收入确认的实际利率法恰当地反映了该项投资的实际利率。

（2）方法2：初始直接费用在发生时费用化

方法2与《国际会计准则第17号》和《主题840》中关于销售租赁的出租人（即制造商或经销商出租人）的处理一致，原规定要求出租人在确认销售利润时将发生的初始直接费用予以费用化。理事会职员还指出，对出租人来说，将初始直接费用化可能成本较低，也不那么复杂。

职员建议方法1，即初始直接费用资本化，并计入出租人应收租赁款。

四、2014 年 5 月联合会议

在 2014 年 5 月联合会议中[①]，理事会职员主要对哪些属于初始直接费用，以及如何计量初始直接费用进行了讨论。

(一)《2013 年二次征求意见稿》提议概述

《2013 年二次征求意见稿》将初始直接费用定义为：直接归属于协商和安排租赁的成本，如果不签订租赁合同就不会发生的成本。

《2013 年二次征求意见稿》也在应用指南中提供了初始直接费用的例子。承租人或出租人的初始直接费用可能包括：(1) 佣金；(2) 法律费用；(3) 评估未来承租人的财务状况；(4) 评估和记录担保、抵押品和其他担保合同；(5) 协商租赁条款和条件；(6) 准备和处理租赁文件；(7) 为取得租赁合同而支付给现有租户的款项。以下两项为不属于初始直接费用示例：(1) 一般间接费用，如租金、折旧、占用和设备成本、不成功的发起和闲置时间；(2) 出租人为广告、招揽潜在承租人、为现有租赁提供服务或其他辅助活动而进行的活动的相关费用。

《2013 年二次征求意见稿》建议，承租人应在初始计量使用权资产时计入所发生的初始直接费用，出租人应在初始计量"A 型租赁"的应收租赁款时计入所发生的初始直接费用。在"B 型租赁"中，出租人将在租赁期内按照与租赁收入相同的基础将初始直接费用确认为费用。

(二)《2013 年二次征求意见稿》反馈概述

很少有受访者对理事会关于初始直接费用计量的提议发表意见。部分受访者担忧：(1)《2013 年二次征求意见稿》中对初始直接费用的定义，似乎与应用指南所提供的例子相反。(2) 很难计算初始直接费用。因此，提议指引应仅适用于对租赁具有重要性的初始直接费用。(3) 初始直接费用是为开始租赁而产生的。因此，一些受访者表示，主体不应在计量使用权资产时包括初始直接费用，而应在发生时将其确认为费用。

[①] IASB/FASB. IASB/FASB Meeting：May 2014. IASB agenda reference 3C/ FASB agenda reference 284. Project：Leases. Topic：Initial direct costs.

(三) 职员分析

1. 包括在初始直接费用中的费用性质

如前所述，一些受访者指出，《2013年二次征求意见稿》提议的初始直接费用定义似乎与初始直接费用的例子不一致。例如，应用指南包括了协商租赁条款和条件的成本，以及准备和处理租赁文件的成本。但是，这些成本似乎不符合"不签订租赁合同就不会发生"的门槛。这是因为，这些活动通常是由出租人的员工进行的，无论特定的租赁是否产生（即执行），他们都将获得相同的工资。

理事会职员认为，应在最终租赁准则中澄清，只有增量成本才可以作为初始直接费用，即内部分配的成本将被排除在初始直接费用之外，从而与采用"不签订租赁合同就不会发生"这一措辞的意图一致。

关于增量成本，理事会职员认为，可以考虑两种选择：(1) 方法1：类似于即将出台的新收入准则的增量成本概念，即初始直接费用仅包括主体在未取得租赁时不会发生的增量成本，如为取得租赁而向现有租户支付的佣金或款项。(2) 方法2：符合《国际会计准则第17号》初始直接费用定义的增量成本概念，即初始直接费用仅包括如果主体没有协商和安排租赁，就不会发生的增量成本，如专业费用，以及为取得租赁而向现有租户支付的佣金和付款。

(1) 方法1——出租人

方法1将使最终租赁准则中的初始直接费用概念，与即将出台的新收入准则中增量成本概念保持一致。方法1基本原理是，在类似情况下发生的类似成本应处理一致。方法1认为，对于大多数出租人（即使主要收入来源是利息）来说，租赁交易从根本上是一种创造收入的活动。在该活动中，他们将标的资产的使用权转让给承租人。因此，根据即将出台的新收入准则，以类似的方式处理初始直接费用可能是最适当的方法。

根据即将出台新收入准则，如果主体预期能够收回与客户签订合同的增量成本，则该主体将该增量成本确认为一项资产。取得合同增量成本被定义为，主体为取得与客户的合同而发生的、如果未取得合同就不会发生的成本。

类似地，在方法1下，租赁的初始直接费用将只包括取得租赁的增量成本，例如，支付给代理（包括充当销售代理的雇员）的佣金或支付给现有租户的款项。在签订租赁合同之前发生的成本，如取得税收或法律咨询的成本，将不符合初始直接费用的标准。因此，方法1将把作为初始直接费用的成本范围限制在仅因取得租赁而产生的成本范围内。在方法1下，初始直接费用可定义为，主体为取得租赁合同而产生的，如果没有取得租赁合同就不会发生的成本。

此外，理事会职员认为，成本是否为增量的分析，应独立于成本是否与单笔租赁或多笔租赁相关。例如，主体可能会向作为销售代理的员工支付10 000元的佣金，条件是发起10次租赁合同。在本例中，总佣金将符合作为出租人的增量成本。出租人需要系统地将总佣金分配至每笔租赁或租赁组合，以便日后计量。

与原租赁准则相比，方法1对出租人而言更简单，特别是在原有美国公认会计原则下，要求主体将员工薪酬和工资及附加福利分配给特定的租赁，并将其作为初始直接费用。分配内部成本要求主体跟踪员工在协商和安排租赁上花费的时间。

（2）方法1——承租人

在方法1中，理事会职员曾考虑，将承租人初始直接费用定义与非金融资产（如不动产、厂场和设备）的其他购置成本定义相一致，但被否决。根据现行国际财务报告准则和美国公认会计原则，不动产、厂场和设备成本包括可直接归属成本，如专业费用和内部成本（如员工工资和福利），这些成本直接来自于购置该不动产、厂场和设备。因此，将租赁准则初始直接费用定义与现有其他准则对不动产、厂场和设备的取得成本定义保持一致的话，将包括一个比增量成本更广泛的成本概念。

虽然该方法可以使承租人自有资产和租赁资产的成本具有可比性，但理事会职员建议，使用为出租人提出的较窄的定义，该定义只包括取得租赁的增量成本，主要原因如下：（1）与需要分配内部成本的方法相比，增量成本概念不那么复杂，因此应用成本也更低。（2）就效益而言，对很多租赁来说，无论如何，初始直接费用可能很少。因此，狭隘地界定初始直接费用可能不会导致很多租赁的确认金额有显著差异。（3）在最终租赁准则中包括两个单独的初始直接费用定义（一个针对出租人，一个针对承租人）会令人困惑。

（3）方法2

与方法1类似，在方法2下，初始直接费用也基于增量成本概念，不需要分配内部成本。尽管如此，在方法2下，初始直接费用的定义将比方法1更广泛。除了方法1下包括的成本外，方法2还将包括取得租赁过程中的增量成本，如在协商租赁时取得法律或税务建议所支付的费用。在方法2下，初始直接费用可以定义为，主体为协商和安排租赁而产生的成本，如果租赁没有协商和安排就不会发生。

按照方法 2 建议的初始直接费用定义，将产生与《国际会计准则第 17 号》原初始直接费用定义一致的结果。《国际会计准则第 17 号》将出租人的初始直接费用描述为：佣金、法律费用和内部成本等金额是增量的，可直接归属于协商和安排租赁。《国际会计准则第 17 号》不包括增量的定义。

与方法 1 类似，理事会职员建议对承租人和出租人使用相同的初始直接费用定义。

方法 2 保留了一个概念，即与协商和安排租赁直接相关的成本，将作为初始直接费用包括在内，但不增加要求主体将一部分内部成本分配给租赁的复杂性。因此，方法 2 与《国际会计准则第 17 号》中原初始直接费用定义相同，比方法 1 更接近《主题 840》中原定义。方法 2 的定义也比方法 1 更接近于其他非金融资产的取得成本定义，主要区别与内部成本的分配相关。

理事会职员建议，在最终租赁准则中澄清，只有增量成本才能作为初始直接费用，即内部成本的分配不包括在初始直接费用中。在可能采取的两种方法中，如果对承租人和出租人的初始直接费用有不同的定义，将增加新租赁准则的复杂性。因此，理事会职员建议，承租人和出租人都应采用相同的初始直接费用定义。

2. 初始直接费用的计量

（1）出租人——"A 型租赁"

《2013 年二次征求意见稿》中提议，出租人应将发生的初始直接费用计入"A 型租赁"应收租金的初始计量。

在 2014 年 4 月的理事会会议上，理事会决议将出租人符合资本化条件的初始直接费用纳入租赁内含利率。该方法与原租赁准则保持一致。这一决议意味着出租人将在确定租赁内含利率时考虑这些成本，将初始直接费用包括在应收租赁款的初始计量中。

与国际财务报告准则和美国公认会计原则的原出租人会计一致，理事会职员认为，如果出租人在租赁开始时确认相关资产的销售收益，则不应将初始直接费用资本化。相反，出租人应将与"A 型租赁"相关的初始直接费用予以费用化，并在租赁开始时确认销售收益。这一会计结果符合即将出台的新收入准则的规定。

（2）出租人——"B型租赁"

《2013年二次征求意见稿》提议，出租人应在与租赁收入相同的基础上，将初始直接费用确认为租赁期间的费用。这与原国际财务报告准则和美国公认会计原则下的经营租赁一致。

（3）承租人

《2013年二次征求意见稿》提议，承租人应将初始直接费用包括在使用权资产的初始计量中。承租人将初始直接费用作为使用权资产的一部分，且通常以直线法摊销。这与原国际财务报告准则和美国公认会计原则对承租人在融资租赁中产生的初始直接费用处理一致。

理事会职员认为，从《2013年二次征求意见稿》收到的反馈意见来看，理事会不应重新考虑之前关于确认承租人初始直接费用的决议。因此，理事会职员建议，承租人应在初始计量使用权资产时包括初始直接费用，并将其作为"A型租赁"和"B型租赁"的使用权资产的一部分摊销。

此外，理事会职员认为，与租赁变更相关的任何符合初始直接费用定义的额外成本（如修改合同的费用），应包括在新的使用权资产计量中（如果租赁变更作为单独租赁处理）或使用权资产的调整中（如果租赁变更不作为单独租赁处理）。

3. 理事会职员建议

综上分析，理事会职员就初始直接费用的会计处理提出以下建议。

（1）"A型租赁"的出租人（在租赁开始时确认销售收益的出租人除外）应将初始直接费用计入应收租赁款的初始计量中，并在确定租赁内含利率时考虑这些成本。在租赁开始时确认销售收益的出租人，应在租赁开始时将与"A型租赁"相关初始直接费用予以费用化。

（2）"B型租赁"的出租人应在与租赁收入相同的基础上，将初始直接费用确认为租赁期间的费用。承租人应在初始计量使用权资产时包括初始直接费用，并在租赁期内摊销这些成本。

五、最终准则主要规定

最终，新租赁准则将初始直接费用定义为，为获取租赁所发生的增量成本，若不获取该租赁，则不会发生该成本，但不包括生产商或经销商出租人发生的与融资租赁有关的此类成本。承租人和出租人采用相同的初始直接费用定义，与新收入准则中取得合同增量成本的定义一致。

  同时，新租赁准则要求承租人将初始直接费用纳入使用权资产的初始计量，并在租赁期内对这些成本计提折旧。对于融资租赁，出租人发生的初始直接费用包括在租赁投资净额中，也即包括在应收融资租赁款的初始入账价值中。对于经营租赁，出租人应将为获取经营租赁所发生的初始直接费用计入标的资产的账面金额，并在租赁期内按照与租赁收入确认相同的方法确认为费用。

第十一章 使用权资产

在原租赁准则下，承租人仅对融资租赁租入的资产进行确认，并对该资产采用与固定资产等资产类似的初始计量和后续计量。原准则下，承租人本质上是对标的资产本身进行确认（实质购买），而不是对使用权的确认。

在新租赁准则下，承租人对所有租赁产生的使用权资产进行确认（短期租赁和低价值租赁除外），并采用了与固定资产、投资性房地产等非金融资产类似的初始计量和后续计量方法。在新租赁准则制定过程中，鉴于新准则对使用权资产的认定，承租人本质上是对使用权的确认，而不是对标的资产本身的确认，在概念上与原准则存在差异。因此，对于使用权资产的初始计量和后续计量，也经过了多种方法的讨论。

第一节 使用权资产的初始计量

在发布《2009年讨论稿》之前，双方理事会在2007年和2008年两次会议中，对使用权资产的初始计量进行了讨论。之后，初步决议形成于《2009年讨论稿》。在《2009年讨论稿》即确认了承租人应按成本计量其使用权资产，成本等于支付租金义务的现值。之后的两次征求意见稿也采用了《2009年讨论稿》的决议，并成为最终准则的基础。双方理事会对使用权资产初始计量讨论的主要会议文献如表2-11-1所示。

表2-11-1　　　　使用权资产初始计量的主要文献

序号	会议日期	议题	主要内容及建议（与本议题相关内容）
1	2007年6月	《承租人使用权资产的计量》	讨论使用权资产初始计量和后续计量的3种方法，理事会职员建议理事会采纳方法2："租赁物性质法"

续表

序号	会议日期	议题	主要内容及建议（与本议题相关内容）
2	2008年7月	《承租人使用权资产和支付租金义务的计量》	使用权资产和租赁负债的初始计量和后续计量讨论，理事会职员建议，使用权资产的初始计量方法应与原准则归类为融资租赁的计量方法相同，即应以支付租金义务或租赁物公允价值孰低者计量

一、2007年6月会议

在2007年6月的理事会会议[①]中，理事会职员讨论了使用权资产计量的三种方法，不过仅针对简单租赁合同下产生的使用权资产，未考虑包括多种选择权的复杂租赁合同。理事会职员讨论的三种方法为："无形资产法""租赁物性质法""单独会计模型法"。

（一）方法1："无形资产法"

"无形资产法"（Intangible Asset Approach）认为，承租人的使用权资产在性质上与企业合并以外取得的无形资产相似，无论所租赁资产形式如何（有形还是无形）。因此，使用权资产的初始和后续计量应符合企业合并以外取得的无形资产的现有会计准则（如《国际会计准则第38号》和美国《财务会计准则第142号——无形资产》）规定。该方法强调，承租人取得资产的使用权，与取得资产本身（购买）不同，资产的使用权缺乏实物形态。因此，无论资产本身的性质如何，使用权资产都是无形资产。

（二）方法2："租赁物性质法"

"租赁物性质法"（Nature of the Leased Item Approach）认为，承租人的使用权资产在性质上与承租人通过租赁合同获得使用的资产相似，租赁物的性质决定了承租人对使用权资产的初始和后续计量。换言之，承租人若因租赁不动产、厂场和设备而产生使用资产的权利，其初始和后续计量标准应与企业合并以外取得的不动产、厂场和设备的现有准则相同。承租人若因租赁无形资产而产生使用资产的权利，其初始和后续计量应与企业合并以外取得的无形资产的现有准则相同。

[①] IASB. Board Meeting: 19 June 2007, London. Project: Leases. Subject: Measurement of a Lessee's Right to Use Asset (Agenda paper 4B).

方法2强调，在租赁和购买两种情况下，主体都在为其经营取得资产的使用权，因此，无论确认的资产是通过购买还是租赁取得，都应遵循相同的初始和后续计量原则。该方法并不意味着将租赁的范围扩大，即仍然将范围限制在原租赁范围内。特别是在原租赁准则下，其范围内的大部分交易为不动产、厂场和设备的租赁。

（三）方法3："单独会计模型法"

"单独会计模型法"（Separate Accounting Model Approach）认为，承租人的使用权资产性质与前两种方法都不同，因此，应有不同的计量方法。理事会职员认为，应为承租人使用权资产的初始和后续计量制定一个单独的会计模型，该计量方法将更多地利用公允价值，该方法将产生更多决策有用信息，并且，该方法的增量收益超过增量成本。

（四）三种方法优缺点

方法1和方法2的共同优点是，承租人的使用权资产将与其类似性质的资产保持相同的计量方法，且避免了其他潜在争议问题，如不动产、厂场和设备及无形资产的重估、减值测试等，这些问题从根本上超出了租赁会计的范畴，最好通过单独的联合项目来解决。方法2的另一个优点是，防止了由于购买资产和租赁资产的会计要求不同而产生的建构交易机会。方法3的优点是，可以根据《概念框架》中的定性特征提供更多对决策有用的信息，并且灵活性更大，但是，对于很多租赁来说，潜在成本可能会超过决策有用信息带来的增量收益。

方法1和方法2的共同缺点是，国际财务报告准则与美国公认会计原则现有准则对于重估和减值测试的会计处理不同，同样会造成使用权资产的重估和减值处理不同。不过随着理事会观念的趋同，这种差异将会逐渐减少。

根据以上优缺点的综合分析，理事会职员认为，方法2优于方法1，方法2也优于方法3。建议理事会采纳方法2，按照"租赁物性质法"对使用权资产进行初始和后续计量。

二、2008年7月会议

在2008年7月的理事会会议[①]中，理事会职员进一步讨论了承租人使用权

---

① IASB. Board Meeting: 24 July 2008, London. Project: Leases. Subject: Lessee's measurement of the right of use asset and obligation to make rental payments (Agenda Paper 13D).

资产的具体计量方法，包括使用权资产公允价值与租赁物公允价值之间的区分。

理事会职员注意到，原《国际会计准则第 17 号》对承租人通过融资租赁取得资产的初始确认方法是，承租人应按等于租赁开始日确定的租赁资产公允价值和最低租赁付款额的现值两者孰低的金额，在资产负债表内将融资租赁确认为资产和负债。美国《财务会计准则第 13 号》也有类似规定。《国际会计准则第 17 号》和美国《财务会计准则第 13 号》均指租赁物的公允价值，而不是指租赁物使用权的公允价值。理事会职员认为，承租人对租赁物使用权的初始计量，应采用租赁物使用权的公允价值，而不是租赁物本身的公允价值，这可能在概念上更加合理。

但是，租赁物使用权的公允价值可能难以计量，或其成本难以确定，因为大部分租赁是在承租人和出租人之间协商的。由于每份租赁都是独立协商的个别事实和情况，且没有"可观察的"租赁市场，计量租赁物使用权的公允价值对于实务将是一项新要求。有一种可能性是，如果能够确定使用权的公允价值，该金额可能与承租人租赁负债的初始计量不同，这可能在初始计量时导致收益或损失。要求以公允价值对承租人的使用权资产进行初始计量的决议，将与承租人会计模型的基本方法不一致。

综上分析，理事会职员建议，使用权资产的初始计量方法应与原准则归类为融资租赁的计量方法相同，即应以支付租金义务或租赁物公允价值孰低者计量。

三、最终准则主要规定

最终，新租赁准则规定，在租赁期开始日，承租人应以成本计量使用权资产。使用权资产的成本应包括：（1）租赁负债的初始计量金额；（2）在租赁期开始日或之前支付的租赁付款额，扣除收到的租赁激励；（3）承租人发生的初始直接费用；以及（4）承租人在拆卸及移除标的资产、复原标的资产所在场地或将标的资产恢复至租赁条款和条件规定的状态时估计将发生的成本，为生产存货而发生的成本除外 [IFRS 16 para. 23、24]。该方法未强调区分租赁物的性质，也未对使用权资产采用单独的计量模型，实质上类似于前述讨论的"无形资产法"。此外，该方法也未包含原准则下评估租赁资产公允价值和租赁付款额现值孰低的要求，从而也避免了对租赁物公允价值和使用权资产公允价值之间的争议。

第二节 使用权资产的摊销

关于使用权资产后续计量（摊销）的讨论，早在《2009年讨论稿》初步决议发布以前，理事会就组织了一次会议（2008年7月会议），初步对使用权资产的摊销方法进行了讨论。《2010年征求意见稿》与此结论保持一致。在《2009年讨论稿》中，双方理事会建议将使用权资产的后续计量与支付租金的义务联系起来（联系法），并考虑了"公允价值法"和"摊余成本法"来对承租人使用权资产进行后续计量。后续讨论期间，理事会坚持了以摊余成本对使用权资产后续计量的意见，包括《2010年征求意见稿》《2013年二次征求意见稿》也继续采用了该方法。双方理事会对使用权资产后续计量（摊销）讨论的主要会议文献如表2-11-2所示。

表2-11-2　　　　　　　　使用权资产摊销的主要文献

序号	会议日期	议题	主要内容及建议（与本议题相关内容）
1	2008年7月	《承租人使用权资产和支付租金的义务的计量》	使用权资产和租赁负债的初始计量和后续计量讨论，建议按照融资租赁的计量方式对经营租赁进行计量，根据最低租赁付款额的现值来计量使用权资产和租赁负债
2	2009年3月	《2009年讨论稿》	双方理事会建议将使用权资产的后续计量与支付租金的义务联系起来（联系法）。考虑了"公允价值法"和"摊余成本法"。并初步决议，承租人应以摊余成本对使用权资产后续计量
3	2012年2月	《承租人会计处理方法》	针对承租人使用权资产后续计量，理事会职员讨论了三种方法：（1）方法1：理事会初步决议方法；（2）方法2："基于利息摊销法"；（3）方法3："标的资产法"

一、2008年7月会议

在2008年7月的理事会会议[①]中，理事会职员也讨论了使用权资产的后续

---

① IASB. Board Meeting: 24 July 2008, London. Project: Leases. Subject: Lessee's measurement of the right of use asset and obligation to make rental payments (Agenda Paper 13D).

计量，并介绍了美国租赁行业协会（ELFA）提议的使用权资产和租赁负债后续计量方法。

理事会职员注意到，原《国际会计准则第17号》规定，融资租赁在每一个会计期间会产生应折旧资产的折旧费以及融资费用。应折旧租赁资产的折旧政策应采用与主体本身拥有的应折旧资产一致的折旧政策。确认的折旧费用应按照《国际会计准则第16号》和《国际会计准则第38号》计算。如不能合理确定承租人在租赁期满后将取得资产的所有权，则资产应在租赁期和使用寿命两者孰短的期限内计提完折旧。美国原《财务会计准则第13号》下也有类似规定。

美国租赁行业协会在2008年5月12日向双方理事会发出意见函，提出了承租人使用权资产后续计量的另一种观点，建议使用权资产和租赁负债的具体处理为：(1) 基于初始计量的抵押物摊销模式对使用权资产摊销，并使用增量借款利率确定摊销期限。(2) 使用相同的方法摊销租赁负债，这将导致使用权资产和租赁负债余额在整个租赁期内保持相等。(3) 将使用权资产和租赁负债的摊销以净额列示。(4) 将租赁付款额确认为租赁期内的租金费用，其数额等于现金租金支付。

美国租赁行业协会的上述建议方法，将使经营租赁对损益表的影响与原经营租赁影响保持相同，美国租赁行业协会认为，该方法通常以决策有用的方式反映了潜在的经济利益。原经营租赁的租赁定价取决于租赁期内的租金水平定价，若将其以类似融资租赁的方式进行会计处理，将导致租赁早期的费用高于后期的费用。上述建议方法也将导致使用权资产和租赁负债在资产负债表中得到确认，但与原经营租赁的处理保持不变，该方法的好处是简单，且不会造成税会差异。

承租人使用权资产后续计量的第三种选择是公允价值。但是，如前所述，公允价值可能无法可靠确定，因为大部分租赁是在承租人和出租人之间协商的。并且，由于每个租赁的单独协商都基于个别事实和情况，因此，不存在租赁的"可观察"市场。利用公允价值计量使用权资产将是一项新的要求，目前在实务中尚未适用。因此，理事会职员不会建议采用该方法。

综上分析，理事会职员建议，根据承租人对自身所拥有的可折旧资产一致的折旧政策对使用权资产计提折旧，并在预计使用期内的每个会计期间，系统地分摊使用权资产的可折旧额。使用权资产将在租赁期或租赁物经济寿命孰短期间内计提折旧，对于合理确定承租人将在租赁期结束时获得所有权的资产，预计租赁期为租赁资产的使用寿命。

二、《2009 年讨论稿》

在《2009 年讨论稿》中,双方理事会建议将使用权资产的后续计量与支付租金的义务联系起来(联系法)。考虑了"公允价值法"(Fair Value Approach)和"摊余成本法"(Amortised Cost Approach)来对承租人使用权资产进行后续计量。

双方理事会认为,公允价值计量反映了当前市场条件。因此,相较于摊余成本,公允价值将为使用者提供更具相关性的财务信息。但是,双方理事会也指出,要求使用权资产以公允价值后续计量也存在以下缺点:(1)要求以公允价值后续计量可能降低财务报表的可比性,因为可能导致与其他非金融资产处理不一致。例如,对于不动产、厂场和设备及无形资产,国际准则和美国准则均未要求以公允价值进行后续计量。(2)要求以公允价值后续计量,可能与理事会对使用权资产不采用公允价值初始计量的初步决议不一致。(3)要求对使用权资产以公允价值持续的重计量,对于编报者可能存在困难且耗费成本。该缺点相较于初始计量更显著,因为后续可能并不存在相关交易以帮助编报者确定公允价值。

基于摊余成本计量要求承租人将使用权资产在租赁期和租赁资产经济寿命孰短期间内计提摊销。对于承租人预期将在租赁期结束时获得所有权的租赁物,摊销期限为租赁物的经济寿命。摊销方法应基于使用权资产内含经济利益的消耗模式。双方理事会也指出,要求使用权资产以摊余成本后续计量可能导致:(1)与其他非金融资产的处理不一致;(2)与理事会对使用权资产以成本初始计量的初步决议不一致;(3)编报者更易于应用,且编报成本较少。

双方理事会认为,以公允价值对使用权资产后续计量的缺点超过了其收益。因此,双方理事会初步决议,承租人应以摊余成本对使用权资产后续计量。

此后,双方理事会也坚持了以摊余成本对使用权资产后续计量的意见,包括《2010 年征求意见稿》也继续采用了该方法,未进行实质性讨论和修订。

三、2012 年 2 月联合会议

理事会在 2011 年 4 月和 5 月的联合会议上讨论并达成了关于承租人会计的

初步决议，在初始计量中分别确认使用权资产和租赁负债，租赁负债初始按租赁付款额现值计量，后续采用实际利率法按摊余成本计量；使用权资产，按等于租赁负债的金额初始计量，按摊余成本后续计量。该方法与《2010年征求意见稿》中的建议相同。但是，自初步决议提出后，有很多对于使用权资产后续计量采用方法1，导致租赁费用逐年减少的情况表示担忧，这无法如实反映租赁交易的经济实质。根据这些反馈意见，理事会决定对使用权资产后续计量进一步进行讨论。

2012年2月联合会议[①]中，针对承租人使用权资产后续计量，理事会职员再次提出了三种方法：(1)方法1：理事会初步决议方法；(2)方法2："基于利息摊销法"；(3)方法3："标的资产法"。

(一) 方法1：理事会初步决议方法

方法1将租赁合同视同单独融资购买无形资产。理事会已初步决议，承租人将：(1) 确认租赁负债，并以租赁付款额现值初始计量，后续采用实际利率法按摊余成本计量。(2) 确认使用权资产，并以等于租赁负债的金额初始计量，后续以摊余成本计量。使用权资产的摊销方法与其他非金融资产一致，按标的资产预期经济利益的消耗方式摊销。根据方法1，承租人的租赁总费用通常会在租赁期内逐年减少，因为(1) 利息费用基于租赁负债的余额确定，而租赁负债的余额将随着承租人付款的减少而减少，(2) 使用权资产通常会以直线法摊销。

理事会初步决议的理论依据是，通过租赁合同，承租人获得使用权资产，产生租赁负债，使用权资产是非金融资产，应与其他非金融资产一致计量；租赁负债是金融负债，应与类似金融负债一致计量。租赁合同的组成部分（即使用权资产和租赁负债）分别确认，尽管在初始计量时有关联，但后续相互独立计量。在后续以成本为基础计量使用权资产时，使用权资产的融资方式不是一个相关因素，这与其他资产的会计处理一致。摊销或折旧方式基于资产预期经济利益的消耗方式，预期经济利益的消耗方式与融资方式也没有关系。

支持理事会初步决议的主要理由是：(1) 使用权资产是非金融资产，租赁合同与购买其他非金融资产及融资购买资产的处理应相同。(2) 理事会的初步

---

① IASB/FASB. FASB education session 15 February 2012 /IASB education session 27 February 2012. IASB Agenda ref 2C/FASB Agenda ref 227. Project Leases. Paper topic Lessee accounting approaches.

决议是直截了当的,让所有租赁合同的处理方式与融资购买非金融资产方式类似,不需要再区分不同类型租赁合同,也不需要区分购买与租赁。该方法降低了复杂性。(3)理事会的初步决议包括对承租人的几项披露要求,承租人应向报表使用者提供信息,以帮助了解当期确认的租赁费用及当期和未来的现金流量。

反对理事会初步决议的意见包括:部分反馈者认为,理事会的初步决议所导致的租赁费用逐年减少的情况,并未如实反映所有租赁交易的经济实质。事实上,租赁合同并未将标的资产的控制权转让予承租人,本质上与购买非金融资产和单独融资购买资产不同。在租赁中,承租人支付对等的金额,从资产使用中获得同等的利益。因此,没有理由导致租赁的前几年比后几年确认更多的租赁总费用。部分报表使用者更喜欢直线法确认租赁费用的模式,这将提供有关租赁的更多有用信息。

(二)方法 2:"基于利息摊销法"

"基于利息摊销法"(Interest-based Amortisation Approach)认为,租赁合同不同于单独融资购买无形资产,租赁合同产生的使用权资产,是一类独特的非金融资产,其摊销方式与其他非金融资产不同。该方法建议,承租人后续将按照剩余经济利益的现值,以摊余成本计量使用权资产,并采用初始计量使用权资产的折现率进行折现。在损益表中,将使用权资产的摊销费用与租赁负债的利息费用分开列报,或者将使用权资产的摊销费用与租赁负债的利息费用作为一笔租赁费用列报。根据方法 2,单个租赁的租赁总费用在整个租赁期内通常比方法 1 更为均匀,这是因为,承租人在后续计量使用权资产和租赁负债时会考虑货币时间价值,使用权资产的摊销费用通常在租赁早期较低,抵销了租赁负债较高的利息支出。

"基于利息摊销法"的理论依据是,如果估值是合理的,则考虑货币时间价值,资产成本(即支付对价)将是该资产预期产生未来经济利益的现值。因此,当通过折旧或摊销在预计使用期内分摊成本时,各期间消耗经济利益的最佳计量方法,可能是这些利益在该期间的预期变动。"基于利息摊销法"在分摊资产成本时考虑了货币时间价值,摊销费用是根据每期预计消耗的经济利益进行调整的。由于使用权资产是在租赁开始时取得的,其在后期预期消耗的经济利益将会更大,主要是因为前期存在内含利息成本。因此,该方法将导致在租赁后期产生更高的摊销费用。

支持"基于利息摊销法"的理由是，原租赁会计准则侧重于标的资产本身，承租人是否确认使用权资产和租赁负债取决于租赁是否实质上购买了资产。而新提议的"使用权模型"有所不同，承租人需要确认所有租赁的使用权资产和租赁负债。虽然区分租赁和服务时，租赁定义侧重于标的资产，但所确认的使用权资产本身不是标的资产。在方法2下，租赁合同产生的权利和义务不同于单独融资购买非金融资产产生的权利和义务。使用权资产和租赁负债产生于同一可执行合同，具有不可分割的联系。使用权资产不同于其他非金融资产，也应允许使用不同于传统非金融资产摊销或折旧的方法。方法2解决了理事会初步决议中对前期费用较高的担忧，将为财务报表使用者提供有关使用权资产价值的更好信息。

反对"基于利息摊销法"的意见包括：在不允许对不动产、厂场和设备及无形资产采用利息摊销方法的情况下，却允许或要求对使用权资产采用该方法是不合适的。因为，美国公认会计原则对非金融资产进行后续计量时，明确禁止使用基于利息的折旧或摊销，尽管国际财务报告准则中没有明确禁止。理事会职员注意到，根据国际财务报表准则对非金融资产进行后续计量时，实务中也不使用"基于利息摊销法"。因此，允许对非金融资产使用基于利息的摊销将是财务报告的一个重大变化，而改变不动产、厂场和设备及无形资产的摊销计量要求将超出租赁项目的范围。

（三）方法3："标的资产法"

"标的资产法"（Underlying Asset Approach）将租赁合同视为单独融资购买标的资产（通常是不动产、厂场和设备）。标的资产法着眼于租赁合同如何定价，以此来证明使用权资产采用与方法1不同的摊销方法是合理的。在该方法下，承租人应按照理事会初步决议对使用权资产初始计量，后续将与使用权资产相关摊销费用分为两个部分计量：（1）承租人在租赁期内预计消耗的标的资产折旧；（2）在租赁期结束时对标的资产预期价值的折现值（采用初始计量的折现率）。根据"标的资产法"得出的租赁费用，其波动状况取决于租赁期内标的资产的消耗水平。

"标的资产法"的理论依据是，顾名思义，该方法在后续计量使用权资产时侧重于标的资产。该方法将租赁视为承租人购买预计在租赁期内消耗的标的资产，若资产在租赁期结束时出售，根据方法3，在每个期间确认的租赁总费用，与单独贷款购买该资产产生的损益影响完全相同。该方法的基本原理是，承租人在租赁期内支付的租赁费用，就是很多出租人的租赁合同定价。

出租人希望收取涵盖三个部分的租赁费用：（1）承租人在租赁期消耗资产的费用；（2）被消耗资产对应的融资费用；（3）剩余资产要求的回报。因为剩余资产在租赁期间不能被承租人使用，这是一项固定费用，类似于纯利息贷款，事实上承租人在租赁期结束归还剩余资产时并不会支付该笔费用。如果该方法适用于所有租赁，将产生一种新的费用确认模式，该方法将根据承租人在租赁期内消耗多少标的资产来描述租赁期内资产的价值变化水平，消耗百分比等于租赁期内资产价值的预计变化（初始价值减去租赁期结束时预计净残值）除以标的资产的初始价值。在租赁期内，标的资产消耗百分比越低，该方法产生的租赁费用越平滑。极端情况下，标的资产价值的预计变化与租赁开始时的价值相同（或更高）。如短期租赁，承租人支付的所有租赁付款额将代表租赁期内的直线租赁费用。相比之下，如果标的资产的价值在租赁期内降为零，"标的资产法"将产生一种租赁费用逐年减少的模式，这与理事会的初步决议相同。

支持"标的资产法"的理由是：（1）"标的资产法"将租赁视为单独融资购买标的资产，这是对租赁合同的如实反映，将为财务报表使用者，特别是为非会计专业的使用者提供有用和可理解的信息。这是因为，"标的资产法"使租赁合同的会计处理与现实交易（获得融资购买不动产、厂场和设备）具有可比性，租赁期占资产使用寿命的比例越长（租赁合同在经济上与融资购买资产越相似），所确认的总费用就越能反映单独融资购买资产的情况。（2）"标的资产法"是承租人会计特有方法，可以根据租赁期内资产价值的消耗情况，证明租赁费用直线和递减的合理性。该方法可以适用于所有租赁，而无需区分不同类型的租赁，也无需区分租赁和购买。（3）在该方法下，承租人无需确定标的资产的公允价值或估计剩余资产的未来价值，相反，承租人只需估计租赁期内标的资产的消耗百分比，再加上与租赁期、租赁付款额和折现率相关的假设，足以应用该方法。

反对"标的资产法"的主要理由是，从承租人的角度来看，"标的资产法"是三种方法中最复杂的，因为承租人必须估计标的资产的消耗百分比，并确定折现率、租赁期限和租赁付款额。因此，该方法在实务应用中可能存在以下问题：（1）当租赁涉及标的资产的大部分使用寿命时，采用方法3与采用方法1产生的会计处理结果相似，但相比而言，方法1可能更容易应用。（2）对于很多房地产租赁来说，资产的消耗可能很少。例如，在对房地产租赁合同进行定价时，如果租赁期少于5年，则标的房地产预计将保留其全部价值。即使是10

年的商业地产租赁,相关资产在租赁开始时也可能保留其价值的 90%。因此,承租人可能在特定情况下承担 0% 的消耗。(3) 标的资产消耗百分比估计的可验证性存在问题,理事会职员认为,验证估计的唯一方法是估计标的资产的公允价值,但将导致该方法的应用成本更高。

(四) 三种方法应用示例

在 2012 年 3 月的全球报表编报者论坛会议中,理事会提供了一个具体示例来说明前述三种方法的具体应用。

示例 2-11-1 是设备租赁(承租人预计消耗 50% 标的资产的租赁),示例 2-11-2 是土地租赁(承租人预计消耗 0% 标的资产的租赁)。

示例 2-11-1:设备租赁——承租人预计消耗 50% 标的资产的租赁

假设:
租赁期 5 年
利率 6%
标的资产的公允价值 1 000
预计残值 500
资产消耗部分 500
租赁付款额 149

方法 1:理事会目前的初步决议(见表 2-11-3)

表 2-11-3　　　　理事会目前的初步决议

租赁期(年)	0	1	2	3	4	5
资产负债表						
使用权资产(万元)	626	501	376	251	125	—
租赁负债(万元)	626	515	397	273	140	—
损益表						
租赁负债的利息(万元)		38	31	24	16	8
摊销费用(万元)		125	125	125	125	125
租赁费用总额(万元)		163	156	149	142	134

方法2:"基于利息摊销法"(见表2-11-4)

表2-11-4　　　　　　基于利息摊销法

租赁期（年）	0	1	2	3	4	5
资产负债表						
使用权资产（万元）	626	515	397	273	140	—
租赁负债（万元）	626	515	397	273	140	—
损益表						
租赁负债的利息（万元）		38	31	24	16	8
摊销费用（万元）		111	118	125	132	140
租赁费用总额（万元）		149	149	149	149	149

方法3:"标的资产法"(见表2-11-5)

表2-11-5　　　　　　标的资产法

租赁期（年）	0	1	2	3	4	5
资产负债表						
使用权资产（万元）	626	504	380	255	128	—
租赁负债（万元）	626	515	397	273	140	—
损益表						
租赁负债的利息（万元）		38	31	24	16	8
剩余资产的利息（未单独列报）（万元）		22	24	25	27	28
消耗资产部分的折旧（未单独列报）（万元）		100	100	100	100	100
摊销费用（万元）		122	124	125	127	128
租赁费用总额（万元）		160	155	149	143	137

各方法下的租赁费用总额(见表2-11-6)

表2-11-6　　　　　各方法下的租赁费用总额

租赁期（年）	1	2	3	4	5
理事会目前的初步决议（万元）	163	156	149	142	134
基于利息摊销法（万元）	149	149	149	149	149
标的资产法（万元）	160	155	149	143	137

示例 2-11-2：土地租赁——承租人预计消耗 0% 标的资产的租赁

假设：
租赁期 5 年
利率 6%
标的资产的公允价值 1 000
预计残值 1 000
资产消耗部分
租赁付款额 60

方法 1：理事会目前的初步决议（见表 2-11-7）

表 2-11-7　　　　理事会目前的初步决议

租赁期（年）	0	1	2	3	4	5
资产负债表						
使用权资产（万元）	253	202	152	101	51	—
租赁负债（万元）	253	208	160	110	57	—
损益表						
租赁负债的利息（万元）		15	12	10	7	3
摊销费用（万元）		51	51	51	51	51
租赁费用总额（万元）		66	63	60	57	54

方法 2："基于利息摊销法"（见表 2-11-8）

表 2-11-8　　　　基于利息摊销法

租赁期（年）	0	1	2	3	4	5
资产负债表						
使用权资产（万元）	253	208	160	110	57	—
租赁负债（万元）	253	208	160	110	57	—
损益表						
租赁负债的利息（万元）		15	12	10	7	3
摊销费用（万元）		45	48	50	53	57
租赁费用总额（万元）		60	60	60	60	60

方法3:"标的资产法"(见表2-11-9)

表2-11-9　　　　　　　　　标的资产法

租赁期（年）	0	1	2	3	4	5
资产负债表						
使用权资产（万元）	253	208	160	110	57	—
租赁负债（万元）	253	208	160	110	57	—
损益表						
租赁负债的利息（万元）		15	12	10	7	3
剩余资产的利息（未单独列报）（万元）		45	48	50	53	57
消耗资产部分的折旧（未单独列报）（万元）		—	—	—	—	—
摊销费用（万元）		45	48	50	53	57
租赁费用总额（万元）		60	60	60	60	60

各方法下的租赁费用总额（见表2-11-10）

表2-11-10　　　　　　各方法下的租赁费用总额

租赁期（年）	1	2	3	4	5
理事会目前的初步决议（万元）	66	63	60	57	54
基于利息摊销法（万元）	60	60	60	60	60
标的资产法（万元）	60	60	60	60	60

四、最终准则主要规定

最终，新租赁准则规定，采用成本模式的，承租人应按照成本计量使用权资产，并（1）减去累计折旧和累计减值损失；（2）在按照相关规定对租赁负债重新计量时进行调整。承租人应采用不动产、厂场和设备准则有关折旧的规定对使用权资产计提折旧。即采用了前述方法1，与原租赁准则下承租人对融资租赁取得资产的后续计量模式一致。

第三节 使用权资产的重估

关于使用权资产后续计量（重估）的讨论，在《2009 年讨论稿》并未就使用权资产是否可以重估具体讨论。紧接着，理事会于 2009 年 6 月和 11 月的两次会议中，对使用权资产重估展开详细讨论。两次会议为《2010 年征求意见稿》《2013 年二次征求意见稿》中使用权资产重估的提议提供了结论基础。双方理事会对使用权资产后续计量（重估）讨论的主要会议文献如表 2-11-11 所示。

表 2-11-11　　　　　　使用权资产重估的主要文献

序号	会议日期	议题	主要内容及建议（与本议题相关内容）
1	2009 年 6 月	《使用权资产的重估》	建议允许对使用权资产进行重估，并为其设置"能够可靠计量"的公允价值门槛，重估所产生的损益通过其他综合收益进行处理
2	2009 年 11 月	《承租人会计——使用权资产的后续计量》	理事会讨论了使用权资产的重估问题，初步决议允许对使用权资产进行重估，财务会计准则委员会暂时决定不允许对使用权资产进行重估
3	2010 年 8 月	《2010 年征求意见稿》	理事会提议，根据《国际会计准则第 16 号》，如果主体对同类别的全部不动产、厂场和设备进行重估，承租人可以其重估日的公允价值计量使用权资产，并减去重估日后发生的累计折旧和累计减值损失
4	2013 年 5 月	《2013 年二次征求意见稿》	理事会同样提议，根据《国际会计准则第 16 号》，如果承租人对同类别的全部不动产、厂场和设备进行重估，则承租人可以对使用权资产相关同类别的不动产、厂场和设备进行重估

一、2009 年 6 月会议

《2009 年讨论稿》并未讨论是否可以对使用权资产采用类似于国际准则下不动产、厂场和设备及无形资产的重估模式。在 2009 年 6 月理事会会议[①]中，

---

① IASB/FASB. IASB Meeting 18 June 2009 IASB agenda reference 11C/FASB Meeting June 17, 2009 FASB memo reference 32. Project Leases. Topic Revaluation of right-of-use assets.

理事会考虑了使用权资产的重估问题。

(一) 其他非金融资产的重估

《国际会计准则第 16 号》和《国际会计准则第 38 号》规定，如果不动产、厂场和设备及无形资产的公允价值能够可靠计量（无形资产须存在活跃市场），则可选择以重估模式进行后续计量。重估账面价值为该资产在重估日的公允价值减去后续发生的累计折旧和累计减值损失后的余额。重估的频率为，确保在报告期末资产的账面价值与其公允价值不会存在重大差异。此外，《国际会计准则第 40 号》也规定，初始确认后，主体可选择以公允价值模式对其投资性房地产进行后续计量。该准则还规定，对于承租人在经营租赁下持有的房地产权益，当且仅当该房地产满足投资性房地产的定义，且承租人对所确认的资产采用公允价值模式时，该项房地产权益才可归类为投资性房地产进行会计处理。即，原租赁准则下，承租人通过经营租赁持有的房地产，若分类为投资性房地产，则必须以公允价值模式后续计量，而不是可选择的。原美国《财务会计准则第 13 号》则不允许重估。

原《国际会计准则第 17 号》并未明确允许对融资租赁下持有的资产进行重估，但是，实务中可能对融资租赁持有的部分资产进行重估，例如，租赁期限可能超过 100 年的建筑物的长期租赁。

采用国际财务报告准则的主体希望使用权资产也可以选择以重估模式后续计量，以保持使用权资产与其自有资产的一致性。此类主体将使用权资产和自有资产同等对待，对于租赁土地和建筑物尤其如此，在不动产租赁很常见且其实质与购买十分相似的国家和地区（如英国和其他欧洲国家），这一点可能更为重要。有时，主体对于购买还是租赁没有选择，租赁是唯一的选择，禁止重估可能影响不同部门、不同国家和地区之间的主体和业务的可比性。

(二) 是否允许对使用权资产进行重估

对于是否允许使用权资产重估存在不同意见。

支持者认为，与基于摊余成本的计量相比，允许重估可以为财务报表使用者提供更多关于重估资产的相关信息。允许重估不会给拥有公允价值难以确定的使用权资产的编报者带来过度的成本和努力，因为其可以摊余成本计量这些资产。《国际会计准则第 16 号》通过要求对同一类别的资产采用相同的会计政策来应对此类不一致性，即如果该类别中的一项资产被重估，则该类别中所有资产都应被重估。为解决这方面的忧虑，理事会职员建议，在新租赁准则中采取类似的处理。此外，理事会职员还建议，将该方法扩展到适用于所有资产，无论其实质是购买还是租赁。

反对者认为，承租人的"使用权模型"与原租赁准则中的融资租赁不同，融资租赁代表几乎所有风险和报酬都从出租人转移到承租人（实质为购买），导致承租人在其账面上确认了实物资产。而在"使用权模型"下，承租人确认的并非实物资产本身。因此，使用权资产应视为无形资产，从而应适用《国际会计准则第38号》进行重估，即，仅当有关资产的公允价值能够参照活跃市场确定时，才能对无形资产进行重估；如果该资产不存在活跃市场，则必须以摊余成本计量。因此，即使准则允许重估，实务也不可能实现，因为在大部分情况下，使用权资产不太可能存在活跃市场。此外，不允许重新评估使用权资产将使美国公认会计原则和国际财务报告准则中关于使用权资产的规定趋于一致，报表编报者不必为其评估使用权资产的公允价值而产生成本。

综合分析使用权资产重估的优点和缺点，理事会职员认为，重估的优点大于缺点。因此，理事会职员建议允许对使用权资产进行重估，重估可提供更多相关信息，允许重估也将确保与国际财务报告准则中的其他非金融资产保持一致。

（三）如何重估使用权资产

理事会职员认为，如果允许重估，则如何对使用权资产进行重估涉及两个问题，一个是判断在什么情况下允许重估，另一个是重估所产生损益如何会计处理。

1. 判断在什么情况下允许重估

对于判断在什么情况下允许重估，理事会职员具体讨论了三种情况。

（1）不设置任何公允价值门槛。这意味着只要能够根据公允价值计量相关规定确定公允价值，就可对使用权资产进行重估。在没有任何限制便可重估的情况下，所获得的决策价值并不会超过以摊余成本计量。

（2）设置"存在活跃市场"的公允价值门槛。只有存在活跃市场价值做参考的情况下，才允许重估使用权资产。由于大部分使用权资产不太可能存在活跃的市场，因此，设置一个门槛有效禁止了对使用权资产的重估。

（3）设置"能够可靠计量"的公允价值门槛。根据最高和最佳用途，将公允价值的估计缩小到一个合理的范围内，以确定可靠的公允价值。换言之，只有通过测试的公允价值才是可靠的,也才能对使用权资产进行重估。

理事会职员更倾向于第三种方法。

2. 重估产生的损益如何会计处理

国际财务报告准则规定,对于采用重估模式的不动产、厂场和设备及无形资产,如果重估引起资产账面金额的增加,那么增加额应确认为其他综合收益,并累计计入权益中的"重估价盈余"。但是,就同一资产而言,该增加额中相当于转回以前确认为损益的重估减少额的部分,应确认为损益。如果重估引起资产账面金额的减少,那么减少额应确认为损益。但是,就同一资产而言,在现有"重估价盈余"的贷方余额范围内的减少额应确认为其他综合收益。在其他综合收益中确认的减少额,冲减在权益中归集的"重估价盈余"。当资产终止确认时,计入权益中的重估价盈余可以直接转入留存收益。

当然,对此也有很多反对观点:(1)其他综合收益在国际财务报告准则或美国公认会计原则中没有概念性定义;(2)对于部分不需要折旧的资产,整个公允价值变动计入损益。对于以公允价值计量并已折旧的资产,该变动分为三个部分:折旧、减值和重估,如果折旧和减值反映在损益中,则重估部分没有理由不计入损益。但是,通过损益确认公允价值变化将导致与国际会计准则中需要折旧的其他非金融资产不一致。

理事会职员认为,这是一个原则性问题,因此,不应因为资产是有形的、无形的还是使用权,而产生不同的处理方法。因此,理事会职员建议通过其他综合收益确认使用权资产公允价值重新计量所产生的损益。

二、2009 年 11 月会议

在 2009 年 11 月联合会议[①]上,理事会讨论了使用权资产的重估问题,初步决议允许对使用权资产进行重估,财务会计准则委员会暂时决定不允许对使用权资产进行重估。

理事会职员建议,对于根据国际财务报告准则编制财务报表的承租人,根据标的资产决定承租人是否以及如何重新评估使用权资产。例如:(1)如果标的资产是不动产、厂场和设备,承租人可以在《国际会计准则第 16 号》允许的

---

① IASB/FASB. IASB/FASB Joint Meeting – 18 November 2009 IASB agenda reference 5C/FASB ED Session – November 11, 2009 FASB memo reference 48. Project Leases. Topic Lessee accounting – Subsequent measurement of the right – of – use asset.

情况下，使用《国际会计准则第 16 号》中的重估模型对其使用权资产进行重估；（2）如果标的资产是无形资产，承租人可以在《国际会计准则第 38 号》允许的情况下，使用《国际会计准则第 38 号》中的重估模型对其使用权资产进行重估。对于适用美国公认会计原则的承租人，理事会职员建议，除非按要求确认减值损失，否则，不允许承租人按照公允价值重新计量其使用权资产。

三、《2010 年征求意见稿》

在《2010 年征求意见稿》中，理事会提议，根据《国际会计准则第 16 号》，如果主体对同类别的全部不动产、厂场和设备进行重估，承租人可以其在重估日的公允价值计量使用权资产，并减去重估日后发生的累计折旧和累计减值损失。出于重估目的，公允价值不需要参照活跃市场确定。如果承租人以重估价值计量一项使用权资产，则应对该标的资产所属的同类别不动产、厂场和设备相关的全部使用权资产进行重估。理事会认为，使用权资产极少存在活跃市场，因此，未要求按照《国际会计准则第 38 号》设置"存在活跃市场"的公允价值门槛，仅按《国际会计准则第 16 号》设置了"能够可靠计量"的公允价值门槛。

《2010 年征求意见稿》指出，如果承租人对使用权资产重估，应确保报告期末的重估价值与其公允价值不存在重大差异。同时，如果承租人对使用权资产重估，应按照《国际会计准则第 38 号》，将重估利得和损失计入综合收益表（计入损益）。

此外，《2010 年征求意见稿》对于满足投资性房地产定义的使用权资产，也允许选择采用成本模式或公允价值模式对其进行后续计量。对于以公允价值模式计量的使用权资产，公允价值变动计入损益，与《国际会计准则第 40 号》一致。

四、《2013 年二次征求意见稿》

在《2013 年二次征求意见稿》中，理事会同样提议，根据《国际会计准则第 16 号》，如果承租人对同类别的全部不动产、厂场和设备进行重估，则承租人可以对使用权资产相关同类别的不动产、厂场和设备进行重估。

此外，对于满足投资性房地产定义的使用权资产，也允许承租人作为一项会计政策选择，选择以公允价值模式对其进行后续计量。

五、最终准则主要规定

最终，在国际财务报告准则下，新租赁准则对于使用权资产的后续计量，除采用成本模式外，还存在以下两种计量模式：

（1）公允价值计量模式。如果承租人采用《国际会计准则第 40 号》中的公允价值模式计量投资性房地产，则对符合《国际会计准则第 40 号》中投资性房地产定义的使用权资产，也应采用公允价值模式进行计量。

（2）重估价模式。如果承租人采用《国际会计准则第 16 号》中的重估价模式计量某类不动产、厂场和设备，且使用权资产与该类不动产、厂场和设备相关，则承租人可选择对所有与该类不动产、厂场和设备相关的使用权资产采用重估价模式进行计量。

在美国公认会计原则和企业会计准则下，对固定资产一直未允许采用重估价模式，故对使用权资产也未采用重估价模式。同时，在企业会计准则下，对于满足投资性房地产定义的使用权资产，也不允许采用公允价值计量模式。

第四节 使用权资产的减值

关于使用权资产后续计量（减值）的讨论，《2009 年讨论稿》并未就使用权资产减值达成初步决议。于是，理事会在 2009 年 6 月和 11 月组织两次会议对使用权资产的减值展开详细讨论，这两次会议的讨论结果为《2010 年征求意见稿》《2013 年二次征求意见稿》中使用权资产减值的提议提供了基础。双方理事会对使用权资产后续计量（减值）讨论的主要会议文献如表 2 - 11 - 12 所示。

表 2 - 11 - 12　　　　使用权资产减值的主要文献

序号	会议日期	议题	主要议题及建议
1	2009 年 6 月	《使用权资产的减值》	讨论国际和美国准则资产减值规定差异，以及针对使用权资产减值的四种方法，并建议采用方法 4：要求主体分别参照国际和美国准则减值规定

一、2009 年 6 月联合会议

在《2009 年讨论稿》中,双方理事会并未就如何确定使用权资产减值达成初步意见,将在后续会议中进一步讨论。

在 2009 年 6 月联合会议[①]中,理事会初步决议以摊余成本为基础对使用权资产进行初始和后续计量,与以摊余成本为基础计量的其他资产一致,需要确定如何对使用权资产进行减值。

(一) 国际和美国准则资产减值规定差异

在国际财务报告准则下,主要是《国际会计准则第 36 号》规范了非金融资产的减值测试;在美国公认会计原则下,主要是美国《财务会计准则第 144 号——长期资产减值和处置的会计处理》(以下简称"美国《财务会计准则第 144 号》")规范了非金融资产的减值测试。双方准则有很多相似之处,但也有部分区别。主要差异如表 2-11-13 所示。

表 2-11-13   国际和美国准则资产减值规定差异

项目	国际财务报告准则	美国公认会计原则
待摊销的长期资产(商誉除外)减值确认	当资产的账面价值超过资产的可收回金额(使用价值和公允价值减去处置费用孰高者)时,即确认减值	首先进行可回收性测试(按照特定假设计算使用和最终处置产生的现金流量,对资产的账面价值与未来未折现金流量的总和进行比较),如果确定该资产不能回收,应确认减值
待摊销的长期资产(商誉除外)减值计量	基于可收回金额(使用价值和公允价值减去处置费用孰高者)	使用市场参与者假设计算,资产的账面价值超过其公允价值的部分
减值损失的后续转回	如果满足特定条件,除商誉外的所有资产都可以转回	禁止转回

---

① IASB/FASB. IASB Meeting 18 June 2009 IASB agenda reference 11B/FASB Meeting June 17, 2009 FASB memo reference 31. Project Leases. Topic Impairment of right-of-use asset.

1. 确认差异

根据美国公认会计原则，减值损失的确认门槛远高于国际财务报告准则。在国际财务报告准则中，只要资产的账面价值超过公允价值减去处置费用和资产的使用价值（资产预期未来现金流的折现现值）孰高者，就确认减值损失。在美国公认会计原则中，只有未来未折现现金流量的总和低于资产账面价值时，才确认减值。资产摊销期限越长，折现率越高，差异就越明显。

2. 计量差异

即使资产的减值损失是根据国际财务报告准则和美国公认会计原则确认的，确认的损失金额也可能不同。这两项准则都提到了公允价值，但是，如果存在出售价格，并在国际财务报告准则中用作公允价值指标，则其将扣除处置费用，而在美国公认会计原则中则不会（除非资产被归类为持有待售，这在大部分情况下不适用于使用权资产）。如果这些处置费用是重大的，国际财务报告准则报表编报者将确认更高的减值损失。此外，国际财务报告准则要求计量使用价值，如果使用价值高于资产账面价值，则意味着即使资产的公允价值低于其账面价值，也不会确认减值损失。与使用价值类似，公允价值也可以通过对预期未来现金流进行折现来得出，预期未来现金流量可以从内部预测得出，但与使用价值不同，这些预测必须根据市场假设进行调整。

3. 减值损失转回差异

美国公认会计原则认为，按照美国《财务会计准则第144号》中的确认方式，减值是永久性的，一旦确认，就不允许转回。再加上美国公认会计原则中更高的确认阈值，导致了不频繁且不可逆转的损失。国际财务报告准则允许在不超过资产原始成本的情况下转回减值损失。

（二）使用权资产的减值测试方法

在当月会议中，基于国际财务报告准则和美国公认会计原则相关资产减值规定，理事会职员讨论了针对使用权资产减值的四种方法。

1. 方法1：要求所有主体采用国际财务报告准则方法

方法1要求所有主体对使用权资产采用国际财务报告准则的减值方法。方法1认为，使用权资产是非金融资产，需要进行减值，《国际会计准则第36号》就如何评估非金融资产减值提供了指引。要求所有主体对租赁适用《国际会计准则第36号》的资产减值模型，将产生一个趋同的新租赁准则。国际财务报告准则的报表编报者很容易应用，因为他们已经熟悉该准则，该方法还将提高国际财务报告准则采用者的可比性。

如果新租赁准则要求所有主体对使用权资产减值采用《国际会计准则第36号》的方法，那么，在美国公认会计原则下，使用权资产和其他资产的减值会计模型将不同。但是，理事会职员也注意到，美国公认会计原则已经针对不同的资产制定了不同的减值会计模型。

此外，国际财务报告准则的减值方法可能不适用于一组资产（现金产出单位）的减值。例如，主体可以拥有一条生产线的一个租赁部分，而其余部分为自有资产，如果租赁组成部分没有产生独立的现金流（其使用价值无法估计），则为了测试减值，需要考虑整个生产线，通过两次单独的减值测试。该主体可以根据《国际会计准则第36号》对生产线的一个组成部分进行减值测试，并根据美国《财务会计准则第144号》对其余生产线进行减值测试。国际财务报告准则的减值方法在提高国际财务报告准则采用者可比性的同时，也将降低美国公认会计原则采用者的可比性，因为他们可能出现类似的标的资产以不同的方式进行减值测试，这取决于它们是租赁的还是购买的。

2. 方法2：要求所有主体采用美国公认会计原则方法

美国公认会计原则在各个准则中规定了不同资产的不同减值会计模型。其中，美国《财务会计准则第144号》涉及需要摊销的长期资产，如使用权资产。与国际财务报告准则的方法类似，方法2要求所有主体对租赁应用美国《财务会计准则第144号》减值模型。由于美国公认会计原则报表编报者和采用者已经熟悉该准则规定，因此遵循该准则规定很简单。该方法还将提高美国公认会计原则采用者的可比性。

可以说，美国财务会计准则委员会关于确认和转回的部分规定，也是在会计理论高速发展之前进行的，例如，根据《概念框架》的发展，禁止转回减值可能具有保守主义的属性，这不是财务报告的目标，美国财务会计准则委员会启动允许金融资产减值转回的项目可能意味着方向的改变。同样，谨慎性（较少确认减值，较多以直线方式摊销资产）也不是财务报告的目标。因此，遵循上述部分原则可能不能如实反映交易实质，并将误导财务报表采用者。与对所有租赁采用国际财务报告准则减值方法类似，对所有租赁采取美国公认会计原则减值方法将导致国际财务报告准则报表编报者的减值模型不同，并且不适用于由租赁资产和自有资产组成的资产组。

3. 方法3：为使用权资产制定特定方法

鉴于上述两种方法的局限性，可以考虑为使用权资产的减值制定特定方法。除了消除国际财务报告准则和美国公认会计原则之间的不一致性外,单一方法还可以处理租赁具体减值的特定方面。理事会职员指出,这些租赁的特定方面可以更容易地作为对现有减值标准的相应修订来进行解决。但是,理事会职员也承认,使用权资产与其他资产一样,很难证明其减值会计模型与其他资产不同的原因,这也将增加财务报告的复杂性,而理事会正在努力减少这种复杂性。

方法3至少必须解决国际财务报告准则和美国公认会计原则之间的差异,才能得出单一方法。这些讨论同样适用于其他资产的减值,而不仅仅与使用权资产有关,由于该项目是针对租赁的,讨论可能会遗漏部分与其他资产相关但与资产使用权无关的问题。因此,在确定减值会计的总体方向时会产生误导。此外,当存在由租赁资产和自有资产组成的资产组时,使用权资产的特定减值会计模型也会导致减值测试的复杂性。

4. 方法4:要求主体分别参照国际和美国准则减值规定

方法4要求适用国际财务报告准则和美国财务报告准则的编报者对使用权资产减值分别参照各自准则体系下的资产减值规定。方法4的提出,将使各自编报者更加容易理解,并将消除资产组减值测试的困难,还将提高国际财务报告准则和美国公认会计原则采用者的可比性,任何租赁减值的特定问题都可以通过分别修订加以解决。但是,由于国际财务报告准则和美国公认会计原则的减值规定不同,该方法无法形成两项准则的趋同。

在权衡4个方法的优缺点后,理事职员建议采用最后一种方法(分别参照各自的减值规定)。该方法提供了会计的一致性(即,国际财务报告准则下的减值将是一致的,美国公认会计原则下的减值也是一致的),因此提高了可比性。该方法还避免了由租赁资产和自有资产组成的资产组减值测试的复杂性,但确实存在减值会计准则和租赁会计准则存在差异的缺点。

二、最终准则主要规定

最终,新租赁准则规定,在租赁期开始日后,承租人应当按照资产减值准则(国际和美国准则采用者分别考虑相关准则)的规定,确定使用权资产是否发生减值,并对已识别的减值损失进行会计处理。

在国际财务报告准则下,除商誉以外的长期资产,在满足特定条件的情况下允许转回,包括使用权资产的减值。即,在有迹象表明以前年度确认的除商誉以外资产的减值损失不再存在或已减少的情况下,当且仅当用于确定资产可收回金额的估计在上次确认减值损失后发生了变化,才应转回以前年度确认的除商誉以外的资产的减值损失。在美国公认会计原则和企业会计准则下,与其他长期资产减值一致,使用权资产减值准备一旦计提,不得转回。

第十二章　租赁付款额

在原租赁准则下，融资租赁模式中，承租人初始确认时，应按等于租赁开始日确定的租赁资产公允价值和最低租赁付款额的现值两者孰低的金额，在资产负债表内将融资租赁确认为资产和负债。最低租赁付款额，指在租赁期内，承租人将会支付或可能被要求支付的款项（不包括或有租金、服务成本以及由出租人支付但可退还的税金），以及：（1）对承租人而言，由承租人担保或由其关联方担保的金额；（2）对出租人而言，由以下各方对出租人担保的资产残值：①承租人；②承租人的关联方；或者③在财务上能够履行担保义务的与出租人无关的第三方。或有租金，指租赁付款额的一部分，其金额不固定，而是以时间流逝以外的其他因素未来金额的变动（如未来销售额的百分比、未来使用量、未来价格指数、未来市场利率等）为依据计算的，或有租金在发生期间记为费用。

新租赁准则下，除短期租赁和低价值资产租赁豁免外，其余无论是融资租赁还是经营租赁，承租人均需要在租赁期开始日确认使用权资产和租赁负债。在规定纳入租赁负债计量的租赁付款的范围时，新增了"固定租赁付款额""可变租赁付款额"等概念，并对后续计量方式进行了规定。

本章根据新租赁准则制定过程中，双方理事会公开发布的讨论稿、征求意见稿及会议纪要等文献，整理介绍了租赁付款额新规定相关讨论意见，包括在制定过程中提出的相关原则、指引及示例，旨在为了解新租赁准则识别租赁制定过程提供参考。

第一节　租赁负债的计量

如本书理论篇"第三章 承租人会计模型"所述，承租人支付租赁付款额的义务满足负债的定义，因此，在"使用权模型"下，在租赁期开始日，承租人需针对租赁合同（短期租赁和低价值资产租赁除外）约定的租赁付款额确认租赁负债。在新租赁准则制定过程中，关于承租人对租赁负债的初始计量和后续计量，双方理事会也曾讨论了多种方法。

在新租赁准则制定过程中，理事会就租赁负债的计量方法经过了多次讨论。其中，较为重要的会议文献如表2-12-1所示。

表2-12-1　　　　　租赁负债计量主要会议文献

序号	会议日期	议题	主要议题及建议
1	2008年7月	《承租人对使用权资产和支付租金义务的计量（讨论稿）》	会议讨论了对使用权资产的初始计量以及后续计量方法，以及承租人支付租金义务的初始计量和后续计量
2	2009年3月	《讨论稿：租赁初步意见》（《2009年讨论稿》）	初步决议以租赁付款额的现值来对承租人支付租金的义务进行初始计量，并使用承租人的增量借款利率进行折现，同时要求承租人重新计量其支付租金的义务，以反映承租人增量借款利率的变动
3	2009年11月	《承租人会计——支付租金义务的后续计量（征求意见稿反馈）》	会议初步决议采用以摊余成本为基础的方法来后续计量承租人支付租金的义务，以及增量借款利率变动时是否应重新评估租赁负债

一、2008年7月会议

在2008年7月的会议[①]上，理事会职员对承租人使用权资产和支付租金义务的初始计量和后续计量进行了讨论。

（一）承租人支付租金义务的初始计量

原《国际会计准则第17号》规定，对于融资租赁，负债应以租赁物公允价值或最低租赁付款额的现值中较低者进行初始计量。原美国《财务会计准则第13号》提供了类似的指引。这确保了资产和负债在初始确认时总是相等的。对

---

① IASB. IASB Meeting: 24 July 2008, London. IASB Agenda Paper 13D. Project: Leases. Subject: Lessee's measurement of the right of use asset and obligation to make rental payments.

于分类为经营租赁的租赁，由于租赁期明显短于租赁物的经济寿命，最低租赁付款额现值将始终小于租赁物的公允价值。

另一种可能的选择是按公允价值计量承租人的义务。但是，在提议的承租人会计模式下，在承租人实质性租赁期到期支付的租金应确认为负债；此类现金流量的公允价值是按适当利率折现的现值，与按增量借款利率折现的现值不存在重大差异。相比之下，整个租赁合同的公允价值将包括行使选择权的预期，以及若行使选择权而额外支付租金的可能性。

理事会职员建议，在对承租人支付租金义务进行初始计量时，应按租赁开始日确定的租赁物公允价值或最低租赁付款额现值孰低者入账。

（二）承租人支付租金义务的后续计量

根据原《国际会计准则第 17 号》和原美国《财务会计准则第 13 号》对融资租赁的后续计量规定，最低租赁付款额应进行分配计入融资费用并减少尚未结算的负债。融资费用应分摊于租赁期的每一期间，从而使各期就负债余额承担一个固定的期间利率。

美国租赁行业协会（ELFA）在其向理事会提交的反馈意见中提出了另一项建议，租赁负债后续按根据抵押物摊销模式减少每个会计期间的债务。但是，其建议不会将租赁付款额拆分为本金及利息部分。相反，后续期间使用相同的方法摊销使用权资产和租赁负债，这将导致使用权资产和租赁负债余额在整个租赁期内保持相等。因此，美国租赁行业协会建议将每个会计期间的租金计入费用，而不是作为利息的一部分。理事会职员注意到，该观点与《国际会计准则第 39 号》对其他计息负债的处理不一致，其他计息负债的利息在损益表中计入利息费用。该观点将导致经营租赁和融资租赁的会计处理不同，从而需要保留原分类标准。理事会职员并不赞同该方法。

承租人支付租金义务后续计量的第三种方法是以公允价值计量。但是，理事会职员不建议该方法，因为其将（1）耗费成本；（2）改变惯例，后续以公允价值计量剩余最低租赁付款额。该方法与租赁物的基本计量方法不一致。

（三）折现率

原《国际会计准则第 17 号》规定，对于融资租赁，用于计算最低租赁付款额现值的折现率为租赁的内含利率（如果能够确定），否则应使用承租人的增量借款利率。原美国《财务会计准则第 13 号》要求承租人使用增量借款利率，除非确定出租人计算的内含利率是切实可行的，而且该内含利率低于增量借款利率。理事会职员注意到，采用原《国际会计准则第 17 号》的主体使用租赁内含利率比采用原美国《财务会计准则第 13 号》的主体更为普遍。

原《国际会计准则第 17 号》对租赁内含利率定义为，在租赁开始日，使（1）最低租赁付款额和（2）未担保残值之和的现值总额等于（1）租赁资产的公允价值和（2）出租人的所有初始直接费用之和的折现率。原《国际会计准则第 17 号》对承租人增量借款利率的定义为，承租人在类似的租赁中须支付的利率；或是，在不能确定这种利率时，假设承租人在租赁开始日为购买租赁资产借入同样期限和同样风险的资金所要承担的借款利率。

经营租赁比融资租赁更难以确定租赁内含利率，因为当租赁是经营租赁时，剩余价值更为重大。租赁内含利率更加主观，因为承租人很难确定出租人估计的剩余价值。因此，理事会可以决定要求所有主体使用增量借款利率。该方法得到了大部分工作组成员的支持，并将代表对原有准则的简化。但是，理事会职员不建议采用这种办法，因为如果理事会决定取消分类规定，将导致原分类为融资租赁的租赁会计处理发生变动。

与租赁物的整体做法一致，理事会职员建议保留原准则最低租赁付款额折现指引，并建议以内含利率（如果能够确定）或增量借款利率对最低租赁付款额进行折现。

二、《2009 年讨论稿》

（一）承租人支付租金义务的初始计量

在《2009 年讨论稿》中，理事会初步决议以租赁付款额的现值来对承租人支付租金的义务进行初始计量，并使用承租人的增量借款利率进行折现，同时要求承租人重新计量其支付租金的义务，以反映承租人增量借款利率的变动。美国财务会计准则委员会初步决议不要求对增量借款利率的变动进行重新计量。在《2009 年讨论稿》中，理事会也考虑了是否允许以公允价值计量支付租金的义务，即以公允价值计量负债的一种选择，而不是一项要求。

（二）承租人支付租金义务的后续计量

在《2009 年讨论稿》中，理事会考虑了是否要求承租人对支付租金的义务按摊余成本或公允价值计量进行后续计量。理事会注意到，公允价值反映了当前的市场状况。因此，公允价值计量为财务报表使用者提供了更多的相关信息。

但是，以公允价值进行后续计量的缺点为：(1) 它与很多其他非衍生金融负债的后续计量不一致，从而降低了可比性；(2) 对财务报表编报者而言，采用公允价值法比采用成本法更加复杂和耗费成本，因为它需要使用当前预期现金流量和当前市场利率；(3) 这与理事会不要求按公允价值进行初始计量的初步决议不一致。

由于上述原因，理事会初步决议对承租人支付租金的义务以摊余成本为基础进行后续计量。理事会还初步决议在新租赁准则中具体规定支付租金义务的会计处理方法。

三、2009 年 11 月联合会议

2009 年 11 月的会议[①]中，理事会初步决议采用以摊余成本为基础的方法对承租人支付租金的义务进行后续计量。

此外，理事会初步决议，承租人支付租金的义务应重新计量，以反映其增量借款利率的变动。但是，美国财务会计准则委员会初步决议不要求重新评估增量借款利率。

理事会还初步决议在新租赁准则中具体规定支付租金义务的会计处理方法。

(一) 关于摊余成本或公允价值计量

在《2009 年讨论稿》中，理事会初步决议对承租人支付租金的义务以摊余成本为基础进行后续计量。

大部分受访者赞同理事会的初步决议。他们指出，以摊余成本为基础的方法符合对非衍生金融负债的指引，从而将增加报告主体之间的可比性。但是，部分受访者指出，对支付租金义务和使用权资产的后续计量应保持关联（关联法）。在关联法下，原归类为融资租赁的租赁将作为购买入账。原分类为经营租赁的租赁将对支付租金义务和使用权资产基于抵押物摊销法的摊销。支持关联法的意见表示，其更有用地反映了大部分租赁合同的经济实质，因为其费用是

---

① IASB/FASB. IASB/FASB Joint Meeting: 18 November 2009. FASB ED Session: November 11, 2009. IASB agenda reference 5B/ FASB memo reference 47. Project: Leases. Topic: Lessee accounting – Subsequent measurement of the obligation to pay rentals.

平均分布的，租赁合同中产生的资产和负债在租赁期内是相关联的。

理事会职员不建议对承租人以公允价值对支付租金的义务进行后续计量。相反，理事会职员建议后续计量应以摊余成本为基础，因为：（1）与很多其他非衍生金融负债的后续计量方式一致。（2）对财务报表编报者来说，采用摊余成本计量比采用公允价值计量更简单，成本更低。

（二）关于后续是否重新计量

在《2009 年讨论稿》中，理事会初步决议使用承租人的增量借款利率进行折现，并要求承租人重新计量其支付租金的义务，以反映承租人增量借款利率的变动。美国财务会计准则委员会初步决议不要求对增量借款利率的变动进行重新计量。

在本次会议上，理事会职员建议，如果租赁内含利率可以确定，应优先该利率折现；如果租赁内含利率不能确定，则使用承租人的增量借款利率折现。因此，理事会职员认为，如果采用租赁内含利率，就没有必要修改折现率，因为租赁内含利率在租赁期内是不会变动的。

如果理事会不赞同前述建议，或者承租人无法确定内含利率，则需要考虑是否要求支付租金的义务因承租人增量借款利率的变动而重新计量。修订增量借款利率反映了当前市场情况，从而可能提供更多相关信息。此外，该方法与《国际会计准则第 37 号》是一致的。但是，要求重新评估增量借款利率也存在以下缺陷：（1）与很多非衍生金融负债的摊余成本后续计量不一致。（2）对财务报表编报者来说，其应用将更加复杂和耗费成本。

包括报表使用者在内的几乎所有受访者都表示，不应要求承租人修改其支付租金的义务，以反映其增量借款利率的变动。这些受访者认为，修改增量借款利率会显著增加复杂性，降低一致性和可比性。此外，修订增量借款利率似乎混合了摊余成本原则和公允价值原则。

基于上述原因，理事会职员不建议要求重新评估增量借款利率，因为：（1）与其他非衍生金融负债的处理方式不一致。（2）增加复杂性，并降低财务报表的可比性。

（三）关于公允价值计量选择

在《2009 年讨论稿》中，理事会询问是否允许以公允价值计量支付租金的义务（即以公允价值计量负债的一种选择，而不是一项要求）。

大部分受访者不支持采用公允价值对支付租金的义务进行后续计量。他们认为,该提议将增加一个不必要的选择,限制财务报表的可比性。部分受访者支持公允价值的选择。他们指出,这将提供更多的相关信息,因为租赁负债与其他金融负债类似。

理事会职员不建议允许采用公允价值对支付租金的义务进行后续计量,因为公允价值的选择将降低不同主体之间的可比性。

(四)关于是否单独提供具体指引

在《2009年讨论稿》中,理事会决定在新租赁准则中具体说明支付租金义务的会计处理方法。另一种方法是,要求承租人按照现有金融负债相关指引对支付租金的义务进行会计处理。

大部分受访者支持理事会的初步决议。这些受访者表示,在一个全面的准则中提供指引将使该准则更明确、更容易使用。部分受访者不支持提议方法。他们认为,按照现有金融工具准则对支付租金的负债进行会计处理,将增加可比性,降低复杂性。

理事会职员承认,支付租金的义务是一项金融负债。但是,它具有与金融负债不同的部分特征,例如,因为该负债与使用权资产挂钩,并包括具体的租赁条款,如选择权和或有租金。因此,理事会职员认为,租赁负债的会计处理应该在租赁准则中明确规定。该方法将确保租赁会计的一致应用,增加可比性。

四、最终准则主要规定

最终,新租赁准则规定,在租赁期开始日,承租人应以租赁期开始日尚未支付的租赁付款额的现值计量租赁负债。如果能够直接确定租赁内含利率,则应采用该利率对租赁付款额进行折现。如果无法直接确定该利率,则应采用承租人的增量借款利率。新租赁准则未采用之前讨论的公允价值计量等方法。

第二节 可变租赁付款额

在新租赁准则制定过程中,双方理事会对可变租赁付款额应包含的内容及其确认和计量，经过了多次讨论。其中，讨论较多的是三类可变租赁付款额，即基于指数或比率的可变租赁付款额，基于经营业绩的可变租赁付款额，以及基于使用情况的可变租赁付款额。此外，双方理事会还讨论了变现最低租赁付款额、余值担保、租赁期选择权罚金等可变付款额。

在新租赁准则制定过程中，理事会就可变租赁付款额是否纳入租赁负债的初始计量中经过了多次讨论。其中，较为重要的会议文献如表2-12-2所示。

表2-12-2　　　　　　可变租赁付款额主要会议文献

序号	会议日期	议题	主要议题及建议
1	2007年10月	《可变租赁付款额（讨论稿）》	会议讨论了对于三种类别的可变租赁付款额应如何认定资产和负债，以及初始和后续计量的方法，并讨论了对于出租人而言，是否确认资产
2	2010年8月	《租赁（征求意见稿）》（《2010年征求意见稿》）	征求意见稿提议，在租赁开始日，承租人应在资产负债表中确认支付租赁付款额的负债，出租人应在资产负债表中确认收取租赁付款额的权利，并指出，在部分租赁中，每笔合同租赁付款额的金额可能是可变的，而不是固定的
3	2011年2月	《可变租赁付款额的会计处理（修订征求意见稿）》	会议进一步讨论了在租赁资产/负债的计量中应包括哪些可变租赁付款额，以及可变租赁付款额应如何纳入承租人支付租赁付款额的负责和出租人应收租赁款计量的方法
4	2014年4月	《可变租赁付款额（正式稿）》	会议进一步讨论了，使用权和租赁负债中包含的可变租赁付款额的初始计量仅包括取决于某一指数或费率的可变租赁付款额，并对该类可变租赁付款额后续是否重新评估以及重新评估的三种方法进行了分析
5	2011年2月	《其他租赁付款额考虑（讨论稿）》	会议讨论了一些关于可变租赁付款额的议题中未涉及的其他租赁付款事项是否应计入承租人的租赁付款额当中

一、2007年10月会议

在2007年10月的会议[①]上，会议讨论了对于三种类别的可变租赁付款额：

---

① IASB. IASB Meeting：18 October 2007，London. IASB Agenda Paper12B. Project：Leases. Subject：Variable lease payments.

基于价格变化或指数的可变因素的租赁付款额，基于承租人的财务或经营业绩的可变因素的租赁付款额，基于承租人使用情况的可变因素的租赁付款，应如何认定资产和负债，以及初始和后续计量的方法，并讨论了对于出租人而言，是否确认资产。

（一）第一类租赁：可变租赁付款额基于价格或指数

理事会职员讨论的第一类租赁是租金根据某种基本价格、指数或其他可变因素进行调整的租赁。对于此类租赁，租赁付款额通常在指定日期根据市场租赁利率或其他指数［如 Libor、优惠利率或消费者物价指数（CPI）］的变动进行调整。承租人签订此类租赁条款，通常是为了使其用于租赁的现金流量出与来自销售的现金流量入在业务上相匹配。承租人可能预计其销售额至少因通货膨胀而增加，通过与通货膨胀挂钩的租金，可以在前期实现较低的租金，并通过预期较高的现金流量入抵销在后期支付较高的租金。理事会职员考虑了以下简单示例。

> **示例 2-12-1：**
> 承租人与出租人签订一份设备租赁合同，为期 5 年，且不可撤销。租金从每年 10 000 元开始计算，每年 12 月 31 日根据当年消费者物价指数（CPI）的变动进行调整。
>
> **示例 2-12-2：**
> 同以上租赁，仅是在调整日，租金被调整为类似新租赁的当前市场租金价格。

1. 资产和负债的认定

在上述两种情况下，在租赁开始时，承租人有权在 5 年的租赁期内使用租赁物，该权利符合资产的定义。理事会职员认为，在此类租赁中，承租人具有无条件支付可变租赁付款额的义务，该义务满足负债的定义；应付租赁付款额的金额具有不确定性，并不意味着不存在承租人很少或没有自由裁量权来避免的现时义务。该义务由过去事项（租赁合同的签订）导致，且履行该义务将导致经济利益的流出（支付租金）。仅有应付租金金额是不确定的。

理事会职员认为，上述两种情况下，承租人在租赁开始时拥有的资产和负债为：（1）一项反映承租人在 5 年租赁期内有权使用设备的资产；（2）一项代表无条件支付义务的负债,其在 5 年期内每年支付 10 000 元的固定付款额,加上或减去根据每年市场利率调整的付款额变动。

2. 确认和计量

理事会职员考虑了对上述包含可变租赁付款额确认、初始和后续计量的备选方法,总结于下表,并在下文进行了更充分的讨论。

理论上最简单的方法是方法 A1(初始和后续均以公允价值计量);但是,从实际考虑和与适用于类似负债的现行准则的一致性来看,替代方法可能更可取(见表 2 – 12 – 3)。

表 2 – 12 – 3　可变租赁付款额确认、初始和后续计量的备选方法

初始计量	后续计量
方法 A:公允价值	方法 1:公允价值
	方法 2:租赁负债的账面价值根据预期支付租金的变动进行调整。但是,预期支付租金以原折现率折现(按初始计量计算)
方法 B:假设初始应付租金将在后续所有年度支付,并使用市场利率对这些付款额进行折现	租赁负债的账面价值根据租金支付的实际变动进行调整
方法 C:假设初始应付租金将根据当前市场因素进行调整,并使用市场利率对这些付款额进行折现	租赁负债的账面价值根据当前市场因素的变动进行调整
方法 D:将其视为嵌入衍生工具(适用金融工具准则)并单独进行会计处理,除非与主合同"紧密相关"	

(1) 方法 A:公允价值

在方法 A 下,承租人的租赁负债将以公允价值初始确认和计量(包括固定和可变部分)。负债的公允价值考虑租赁期内租金的预期变动。例如,在租金每年同步增长的租赁中,对于市场租金,负债的公允价值将考虑对未来租金水平的预测,并按当前市场利率折现。

理事会已初步决议,承租人支付固定租金的义务是一项金融负债。在原租赁准则下,金融负债以公允价值初始计量。因此,支付可变租金的负债初始计量也应以公允价值计量。也可以认为,公允价值是此类负债最相关的计量标准。方法 A 体现了负债计量中租金的可变性。

但是,可能难以可靠地确定可变负债的公允价值。例如,预测未来期间的市场租金可能并不容易,特别是在市场波动或租赁期较长的情况下。此外,如

果租金因通胀等指数而变动,可能会认为,在通胀实际发生期间确认通胀调整更具相关性。

理事会职员未考虑上述公允价值应当是美国《财务会计准则第157号》所述的退出价格,还是其他类型的当前价值,尽管尚未发现实务中对该公允价值概念存在分歧。

如果负债以公允价值进行初始计量,理事会职员认为其后续计量有两种选择:方法A1:以公允价值对承租人的租赁负债进行后续计量。即,该负债将根据租赁应付金额的所有预期变动(包括市场利率和承租人信用状况的变动)进行调整。方法A2:负债的账面价值根据预期支付租金的变动进行调整。但是,预期支付租金以原折现率折现(按初始计量计算)。

上述两种方法均需要估计未来的预期租金。以公允价值进行后续计量符合理事会以公允价值计量所有金融负债的长期目标。要求公允价值计量将确保财务报表反映承租人根据租赁合同需要支付金额的当前最佳估计。在某些情况下,这可能会很困难;但是,理事会职员认为,如果初始计量是基于预测租金的公允价值,这些后续的变动预测应反映在负债的计量中。如果租金的变动仅在实际发生时才予以确认,可能导致负债被低估或高估。例如,如果第2年租金初始估计为10 050元,但由于市场租金的增长比预期要快,租金实际上是10 070元,那么,在第2年不仅需要确认额外支付的20元,还需要确认租赁期剩余期间内租金的相应增长。

虽然方法A1的公允价值计量可能导致计入损益表的金额发生重大波动(由于租金预测的变动和市场利率的变动),但可以认为,这种波动代表了在该期间影响主体市场因素的真实变动。方法A2将反映当前对未来租金的最佳估计,同时不确认市场利率变动的波动性(包括承租人的信用评级)。方法A2符合理事会关于后续以摊余成本计量固定租赁付款额的初步决议。

(2)方法B:在发生变动时予以确认

根据方法B,负债初始是根据以下假设计量的,即初始应付租金将在随后的所有年度支付,然后使用当前市场利率对这些金额进行折现。例如,在上述租赁示例中,承租人将假设,为初始计量目的,5年期租赁每年租金将为10 000元,该付款额将按当前市场利率折现。该方法应用简单,金额可以客观计算,不需要对未来租金变动进行主观估计。该方法假设承租人每年最低付款额为10 000元,后续体现初始租金的变动。即,可变租赁付款额不包含在负债的初始计量中。

但是，在很多情况下，方法 B 可能在租赁开始时高估或低估承租人的租赁负债。例如，如果市场租赁价格预计在租赁期内每年以 20% 的速度增长，则所确认负债将大大低估承租人在租赁期内将支付的金额。可以认为，方法 B 未如实反映承租人的经济状况，因为其低估了所承担义务的范围和所获得的使用权的价值。

在方法 B 下，对负债后续计量时，负债的账面价值根据租赁付款额的实际变动进行调整。例如，如果第 2 年租金增加到 11 000 元，承租人将假设第 3 年到第 5 年的年租金也将是 11 000 元。修改后租金按照原市场利率进行折现。

（3）方法 C：假设当前比率持续

该方法预测未来租金的假设是，初始应付租金将根据市场因素的当前比率（例如，当前通货膨胀率）进行调整，并使用市场利率对这些付款额进行折现。例如，如果当前市场租金利率以每年 5% 的速度增长，为了进行初始计量，承租人将假设在租赁期 5 年内每年的租金为 Y1：10 000 元，Y2：10 500 元，Y3：11 025 元等。这些金额将以当前市场利率进行折现。

方法 C 是方法 A 和方法 B 之间的折中方法。其在一定程度上考虑了付款额的可变性，但不需要完全的公允价值计量。但是，在市场因素非常不稳定的情况下，该方法可能很难应用。

在方法 C 下，对负债后续计量时，租赁负债的账面价值根据当前市场因素的变动进行调整。例如，如果市场租金的增长率从 5% 变动到 7%，负债的金额将相应增加。修改后的付款额采用原实际利率进行折现。

（4）方案 D：作为嵌入衍生工具处理

租赁合同中包含的基于价格或指数的可变租赁付款额，满足嵌入衍生工具的定义。金融工具准则要求嵌入衍生工具与主合同（租赁合同）分离，并作为衍生工具处理（如果嵌入衍生工具的经济特征和风险与主合同的经济特征和风险并不紧密相关）。

如果嵌入衍生工具单独进行会计处理，则租赁合同将分为两个要素：支付固定租金的义务和嵌入衍生工具。支付固定租金的义务将采用与简单租赁中支付固定租金的义务一致的方法进行会计处理。即，一般而言，该部分义务将以公允价值计量初始计量，后续使用实际利率法以摊余成本计量（可选择以公允价值计量）。变动部分作为一项衍生工具，初始和后续均以公允价值计量。需要注意的是，金融工具准则要求分离的嵌入衍生工具初始净投资（初始公允价值) 为零。但是，在示例 2-12-1 中，拆分不会形成 10 000 元的固定付款额，以及支付租金因指数变动而产生的衍生工具，因为该衍生工具的初始公允价值不为零。同时，在现行准则下，租赁合同中的很多嵌入衍生工具可能认定为与主合同密切相关，从而不需要分离，包括与消费者价格指数挂钩的某些租金、基于相关销售的租金，以及基于可变利率的租金。

理事会职员认为，方案 A1，即公允价值计量整个可变租赁义务，将是一个更简单，且在理论上更有用的方法，而不是适用现行嵌入衍生工具相关准则要求。

(5) 职员建议

理事会职员认为方法 A2 是最合适的方法，但将 A1 可以作为允许的备选方法，因为这与现行准则下对其他金融负债的处理最为一致。但是，如果金融工具准则被修订，要求所有金融负债以公允价值进行后续计量，则可变租赁负债应采用方法 A1。

3. 出租人的资产

关于出租人资产的确认，同样以示例 2-12-1 分析，在租赁开始时，出租人有权收取 5 年租赁期内的租赁付款额。理事会初步得出结论，该权利符合资产的定义。出租人有无条件权利在第 1 年获得 10 000 元，并在第 2 年至第 5 年每年获得 10 000 元，且每年调整一次，以反映调整时的市场价格。理事会职员认为，在此类租赁中，出租人具有无条件权利收取符合资产定义的可变租金，不确定的仅是金额。

(二) 第二类租赁：可变租赁付款额基于租赁物财务或经营业绩

理事会职员讨论的第二类租赁是租金以承租人从租赁物获得的财务或经营业绩为可变因素进行调整的租赁。例如，零售物业的租赁约定，每月收取固定租赁付款额，并根据合同确定的百分比支付或有租赁付款额，该百分比与承租人在该物业的营业额或盈利能力有关。承租人寻求以较低的固定租金与伴随现金流量入增加而增加的可变因素达成一致的协议，以提供商业保护，防止未来现金流量入低于预期。如果承租人的商业成功，出租人可能会接受较低的初始固定租金，以换取更高的未来租金。租赁的固定部分可能足以让出租人实现预期最低回报，或者，如果承租人经营稳固且历史上是盈利的，出租人可能愿意接受非常低的固定部分。根据承租人整体业绩的可变付款额的租赁（例如，公司总部的租金是根据整个主体的合并销售额计算的）更具有基于指数租金的性质。理事会职员考虑了以下示例。

> **示例 2-12-3：**
>
> 承租人签订了一份为期 5 年的不可撤销零售物业租赁合同。该租赁要求在 5 年租赁期内，每年支付 5 000 元固定租赁付款额，如果承租人当年销售额超过指定水平，则按超出部分的 15% 计算。根据租赁条款，承租人必须在整个租赁期内保持零售场所的营业状态（此类要求在购物中心等租赁中并不少见）。
>
> **示例 2-12-4：**
>
> 同示例 2-12-3，仅是尽管承租人希望在整个租赁期内使用该物业，但与出租人未通过合同明确约定承租人必须使用该物业。

1. 资产和负债的认定

理事会职员考虑了上述示例中是否产生了资产和负债的不同观点。

(1) 观点 1

观点 1 认为，承租人拥有的资产和负债包括：在租赁期内使用租赁物权利的资产；无条件支付固定金额租金的负债，包括每年 5 000 元的无条件随时准备支付额及可变租金的负债。根据该观点，出租人拥有一项金融资产，既代表固定租金，也代表可变租金的预期金额。

理事会职员认为，该观点正确地代表了示例 2-12-3 中产生的权利和义务。在示例 2-12-3 中，出租人能够强制承租人使用财产。但是，如果出租人无法强制承租人使用实物资产（如示例 2-12-4），则结论可能就不那么明确。承租人支付固定租金的义务仍然存在；但由于承租人没有义务使用租赁物，从而没有义务根据使用租赁物产生的销售额支付租金。通常，承租人仅在有重大经济激励的情况下才会使用该租赁物，但没有其他方可强制承租人使用该租赁物。

为了使观点 1 适用于示例 2-12-4，有必要说明，尽管触发随时支付义务的条件在承租人控制之下，但如果承租人决定使用该资产，则存在支付可变付款额的现时义务。也就是说，如果承租人决定使用该资产，则具有无条件义务支付额外的款项。虽然该义务产生于现有合同，但承租人仍然有能力选择是否使用租赁物，在理事会职员看来，这可能不是一项负债。

(2) 观点 2

观点 2 认为，承租人在租赁开始时具有无条件义务每年支付 5 000 元，这符合负债的定义。其他付款额不属于现时义务，因为其以承租人使用租赁物产生销售额为条件；而承租人并无义务这样做。可变租金的现时义务仅在承租人决定使用租赁物时产生，且仅在承租人承诺使用该租赁物的期间内产生。例如，如果承租人每天决定是否使用租赁物，现时义务及其负债仅为当天的使用。根据该观点，承租人还拥有一项资产，代表其对租赁物的权利；但这不能简单地描述为"使用权"，因为它仅能在产生额外义务的情况下实际使用该租赁物。

出租人拥有代表固定租金的资产，但不再拥有未来可变租金的权利，因为这些可变租金实际上可能不会出现。但是，如果承租人决定使用该资产，出租人确实有收取租金的合同权利。这种合同权利不符合金融工具的定义（因为不会同时产生资产和负债），但可以认为是一项无形资产。

认为观点2正确反映了示例2-12-4的资产和负债的理由是，承租人并无使用租赁物的承诺（因此未产生支付可变租金的义务），承租人仅仅是拥有选择使用的权利，即使该选择权很可能行使。在租赁期开始日，承租人不具有支付额外租赁付款额的义务，而是在行使使用租赁物的选择权时，才承担相应的义务。

但是，以下理由认为观点1如实反映了示例2-12-4的经济实质：承租人不太可能认为其对是否使用该租赁物拥有完全的控制权，因为不使用的经济惩罚可能是重大的（固定租金将被毫无目的地消耗，且签订租赁的整体意义将被否定）。承租人和出租人都可能认为，承租人在商业上除了继续使用租赁物外，没有其他真实的选择。假设承租人是持续经营的企业，则意味着其不会停止业务，这可能与承租人可以随时停止使用租赁物的假设相矛盾。

理事会职员认为，观点1反映了示例2-12-3中产生的资产和负债，也反映了示例2-12-4的经济实质。但是，在示例2-12-4中不太清晰的是，在租赁开始时是否确实存在对全部可变金额的负债；而观点2仅在承租人实际承诺支付这些租金的情况下，才会对这些租金确认负债，这可能是一个更正确的分析。

2. 确认和计量

根据观点1，承租人除了有支付固定租金的义务外，还有无条件随时支付可变租金的义务。理事会职员认为，对这些义务的确认和计量的分析与上述第一类租赁的可变租金相同。理事会职员注意到，当付款额取决于主体的业绩时，估计预期未来付款额可能比根据市场因素估计更难。因此，对于第二类租赁，公允价值计量往往会带来更大的实务困难。不过，理事会职员认为，原则上，第二类租赁的计量原则应与第一类租赁相同。

根据观点2，理事会职员认为，承租人仅对初始固定租金承担义务，该负债的初始和后续计量应与简单租赁下支付固定租金义务的计量相一致。即与一般金融负债的计量相一致，按公允价值进行初始计量，然后使用实际利率法以摊余成本进行后续计量，并可选择以公允价值计量。但是，承租人应考虑可变付款额构成现时义务并符合负债定义的情况。此时，承租人将对可变付款额承担额外的负债，应与第一类租赁的可变租赁付款额确认一致。

3. 出租人的资产

在示例2-12-3中，出租人有权收取固定租金和基于使用情况的可变租金，因为出租人有能力要求承租人使用租赁物，因此，承租人有义务支付额外的可变租金。

在示例2-12-4中，有观点认为，出租人对额外可变租金的权利取决于承租人是否实际使用该资产。因此，这并不代表一项资产，因为在承租人使用租赁物之前，未来经济利益不在出租人控制范围内。但是，虽然出租人不能控制支付可变租金承诺的结果，但其控制了该承诺。也就是说，未来销售结果能够产生现金流量入，这将导致租金流入出租人。

因此，理事会职员认为，在租赁期开始时，出租人对固定和可变的应收租赁款都是资产。但是，在观点2下，承租人对可变部分可能不属于负债（除非实际使用租赁物），因此，出租人收取可变租金的权利不是金融工具，可能仅是一项无形资产。

（三）第三类租赁：可变租赁付款额基于承租人使用情况

理事会职员讨论的第三类租赁是租金基于承租人使用情况为可变因素进行调整的租赁。例如，汽车租赁的租金是固定的，如果承租人超过合同约定的里程，则需要支付额外的费用；复印机租赁的租金是固定的，每复印一份超过合同约定的数量，则需要支付额外的费用。出租人通常包括使用限制，以保护资产的剩余价值；租赁的汽车或设备的转售价值往往是出租人对租赁的整体回报的重要组成部分，而承租人在租赁期内的过度使用会降低其转售价值。出租人通常会在租赁条款中对超过一定限制的使用收取额外费用，以补偿价值的下降。此类租赁为承租人提供了从租赁物中获得额外使用的能力，而无需重新协商或签订新的租赁。理事会职员考虑了以下简单示例。

示例 2-12-5：

承租人与出租人签订了一份不可撤销的租赁合同，租赁建筑设备，固定期限为 5 年，每年固定付款额为 50 000 元。如果承租人每年使用的小时数超过了合同确定的门槛（使用数每年重置），承租人需要对超出门槛的使用按预定的每小时金额支付额外费用。

1. 资产和负债的确认

在租赁开始时，承租人有权在 5 年租赁期内使用租赁物。如前所述，理事会初步得出结论，该权利符合资产的定义。关于承租人的使用权资产和支付义务有以下两种观点。

（1）观点 1

承租人有无条件支付租金的义务，包括固定和可变部分，符合负债的定义；仅有金额不确定。其拥有一项资产，代表在整个租赁期内使用租赁物的权利。

（2）观点 2

承租人有无条件义务支付固定租金（每年 50 000 元），这符合负债定义。其他付款额不属于现时义务。承租人拥有一项资产，代表租赁物在租赁期结束或使用限额（以较早发生为准）之前的使用权，以及一项单独的资产，代表一旦达到使用限额，在租赁期结束之前获得进一步使用租赁物的选择权。当达到限额时，将对额外使用产生负债，但仅限于计量日实际使用的金额（即，以"现收现付"为基础）。

在此类租赁中，承租人有权在达到使用限额后选择不使用租赁物，以避免因额外使用导致的经济利益流出。也就是说，承租人驾驶的里程数或复制的份数都是由承租人自行决定的。仅当承租人使用租赁物超过规定的门槛时，可变租赁付款额的负债才会产生。理事会职员认为，该权利类似于续租选择权，不同的是，承租人有权选择获得的额外使用权是以使用条款（例如，行驶里程或复印份数）而不是时间来衡量的。因此，理事会职员认为，在租赁期开始日，承租人对租赁付款额的可变部分不承担现时义务。因此，承租人因额外使用而产生付款额的义务，不符合负债定义。因此，理事会职员支持观点 2。

但是，理事会职员指出，不确认租赁付款额的可变部分（见观点 2）的负债可能会导致构建交易的机会。如果承租人极有可能使用该资产（例如，该资产是一项核心资产），则可以构建租赁交易，以尽量减少确认的负债。这可以通过构建租赁交易，使其具有一个较小的固定付款额来实现。在租赁开始时，双方都希望支付大量可变租金。但是，这不会反映在财务报表中。

2. 确认和计量

如果理事会认为承租人仅对固定租金承担义务（观点2），则该负债的初始计量和后续计量应与简单租赁下支付固定租金的义务的计量一致（即，以公允价值进行初始计量，使用实际利率按摊余成本进行后续计量）。仅在承租人无法避免义务时，才确认对租金可变部分的负债，而该负债一般是在承租人的使用超过合同约定限额时确认。新增负债将仅反映租赁物的实际使用情况，因此，将基于该使用的额外租金计量；在大部分情况下，该金额并不难确定。获取额外使用选择权的确认和计量将与其他选择权处理一致。理事会职员认为，与续租和终止租赁选择权一样，此类选择权的计量可能会非常困难，如果计量的实务困难被证明太大，可能有必要重新考虑确认模式。

如果理事会认为承租人有义务支付可变租金（观点1），则初始和后续计量的方法将与上述第一类租赁相同。

3. 出租人资产

与第二类租赁下示例2-12-4的分析一样，在租赁开始时，出租人有权收取固定租赁付款额，这符合资产的定义。但是，承租人超过使用限额可能收到的额外租金并不代表一项资产，因为这些租金不受出租人控制，也不代表承租人的负债。此外，出租人有一项代表承租人获得额外使用选择权的义务。

二、《2010年征求意见稿》

（一）租赁付款额定义

《2010年征求意见稿》提议，在租赁开始日，承租人应在资产负债表中确认支付租赁付款额的负债，出租人应在资产负债表中确认收取租赁付款额的权利。租赁付款额，是指租赁产生的付款额，包含固定租金和具有不确定性的租金，包括但不限于或有租金及承租人在余值担保下应付金额、租赁期选择权罚金等。或有租金，是指租赁合同条款下，由于租赁开始日后发生的事实和情况的变动，但时间流逝除外所产生的租赁付款额。

《2010年征求意见稿》在结论基础指出，在部分租赁中，每笔合同租赁付款额的金额可能是可变的，而不是固定的。这种变动可能是因为（但不限于）

或有租金、余值担保及续租或终止租赁选择权罚金等条款产生的。例如，或有租金可能基于以下一种或多种因素而变动：(1) 价格变动或外部利率/指数的变动。在此类租赁中，通过将租赁付款额与外部利率（如 Libor）或指数（如 CPI）的变动相联系，租赁付款额将根据市场租赁利率的变动进行调整。(2) 来源于标的资产承租人的业绩。例如，租赁付款额以租赁物业销售额的特定百分比为基础。(3) 标的资产的使用情况。例如，汽车租赁可能要求承租人在超出指定里程的情况下支付额外款项。

（二）初始计量

《2010 年征求意见稿》提议，在租赁开始日，承租人应以租赁付款额的现值计量租赁负债，并采用承租人增量借款利率，或者，如能可靠确定，以出租人向承租人计费的利率进行折现。在确定应付租赁付款额现值时，承租人应包括：(1) 应付或有租金的估计金额。如果或有租金取决于指数或比率，承租人应采用当前可用的远期利率或指数来确定预期租赁付款额。如果当前无可用的远期利率或指数，则承租人应采用现行利率或指数。(2) 余值担保下应付出租人的估计金额。由非关联第三方提供的余值担保不属于租赁付款额。(3) 租赁期选择权罚金下应付出租人的预期付款额估计金额。租赁包含的购买选择权行权价格不属于租赁付款额，在确定租赁付款额现值时不包括购买选择权。

《2010 年征求意见稿》提议，出租人应根据使用所有相关信息确定的预期结果，确定租赁期内应收租赁付款额的现值。该预期结果是合理数量结果的现金流量的概率加权平均值的现值。出租人在确定应收租赁付款的现值时，应当包括：(1) 出租人能够可靠计量的应收或有租金的估计数。如果或有租金取决于指数或利率，出租人应采用当前可用的远期利率或指数确定预期租赁付款额。如果当前无可用的远期利率或指数，则出租人应采用现行利率或指数。(2) 出租人能够可靠计量的余值担保下应收承租人的估计金额。由非关联第三方提供的余值担保不属于租赁付款额。(3) 租赁期选择权罚金下应收承租人的预期付款额估计金额。租赁包含的购买选择权行权价格不属于租赁付款额，在确定租赁付款额现值时不包括购买选择权。

《2010 年征求意见稿》指出，估计预期结果涉及：(1) 识别各项合理可能的结果。主体不需要评估每一项可能的结果，以识别现金流量预期现值中包含的合理可能结果。(2) 为各项合理可能的结果估计现金流量的金额和时间。(3) 确定这些现金流量的现值。(4) 估计各项结果的概率。

《2010年征求意见稿》在结论基础指出，原则上，应采用预测技术，根据某一指数或比率的变动来确定或有事项的影响。但是，根据某一指数或比率的变动预测或有事项需要获得主体可能无法随时获得的宏观经济信息。理事会认为，利用这种预测获得的额外资料是否有用，并不足以证明为获得这些资料而付出的成本是合理的。但是，如果在租赁期内可以随时获得远期利率或合同约定的价格（例如，从政府部门或公共服务机构获得），使用这种预测将限制调整现有利率或指数的成本，同时向财务报表使用者提供更有用的信息。

（三）租赁付款额的重新评估

1. 租赁付款额负债的重新评估

在租赁期开始日之后，如果事实或情况表明自上一报告期以来负债发生了重大变动，承租人应重新评估各项租赁产生的租赁付款额负债的账面价值。当存在此类迹象时，承租人应：（1）重新评估租赁期的长短，并调整使用权资产，以反映因租赁期变动而导致的租赁付款额负债的变动。（2）重新评估或有租金的预期金额，以及租赁期选择权罚金和余值担保的预期付款额。承租人应确认租赁付款额负债的变动。

承租人应区分与当前或以前期间相关的租赁期选择权罚金和余值担保的预期付款额。承租人应按照以下情况分别确认此类付款额预期金额的变动：（1）变动与当前或以前期间相关，则计入损益。（2）变动与未来期间相关，则作为对使用权资产的调整。例如，当租赁付款额取决于承租人销售额时，与当期或以前期间销售额相关的变动应计入损益，而与未来销售额预期相关的变动则作为使用权资产的调整。承租人不应变更用于预期租赁付款额折现的利率，除非在或有租金基于参考利率时反映参考利率的变动。当或有租金基于参考利率时，承租人应在损益中确认因折现率变动而产生的租赁付款额负债的变动。

2. 应收租赁付款额权利的重新评估

在租赁期开始日之后，如果事实或情况表明自上一报告期以来应收租赁付款额权利发生了重大变动，出租人应重新评估各项租赁产生的应收租赁付款额权利的账面价值。当存在此类迹象时，出租人应：（1）重新评估租赁期的长短，并调整租赁负债，以反映因租赁期变动而导致的应收租赁付款额权利的变动。（2）重新评估出租人能够可靠计量的或有租金的预期金额和余值担保的预期付款额，以及租赁期选择权罚金的预期付款额。承租人应按照以下情况分别确认应收租赁付款额权利的变动：（1）出租人已履行相关租赁负债范围内的变动，计入损益；（2）出租人尚未履行相关租赁负债范围内的变动，作为租赁负债的调整。出租人不应变更用于预期租赁付款额折现的利率，除非在或有租金基于参考利率时反映参考利率的变动。当或有租金基于参考利率时，出租人应在损益中确认因折现率变动而产生的应收租赁付款额权利的变动。

三、2011 年 2 月联合会议

在 2011 年 2 月会议①中，理事会讨论了具有可变租赁付款额的租赁中租赁应收款项和应付款额项的确认和计量，例如但不限于由或有租金和余值担保的租赁产生的租赁应收款项和应付款额项等。

（一）反馈意见概述

《2010 年征求意见稿》的很多受访者（包括编报者、报表使用者、行业组织等）对在计量承租人支付租赁付款额负债和出租人应收租赁付款额资产时纳入取决于未来业绩或使用情况的可变租赁付款额的提议表示关注。反馈意见认为：（1）与业绩相关的付款额在经济上是为了在承租人和出租人之间分担未来的风险。例如，在零售业，商场中商店租赁可能涉及最低租赁付款额加上基于未来销售额的付款额，以激励商场所有者（出租人）的业绩。（2）收入和支出之间可能会出现不匹配。例如，如果零售商的租赁付款额取决于销售额，租赁付款额通常视为类似于佣金，因此，应与标的销售额一致确认。（3）基于使用情况的可变付款额类似于续租选择权。（4）出租人对这些租赁付款额的收入确认与新收入准则征求意见稿不一致。

《2010 年征求意见稿》的很多受访者不赞同采用预期结果技术估计可变租赁付款额。这些受访者认为，估计可变租赁付款额将：（1）成本高昂，难以可靠估计；（2）造成损益的显著波动。很多受访者建议采用其他方法，例如：（1）《2010 年征求意见稿》的替代方法，该观点主张仅包含基于指数或比率的可变租赁付款额，而不包含随使用情况或业绩变动的可变租赁付款额；（2）仅包含不受

---

① IASB/FASB. IASB/FASB Joint Meeting：week beginning 14 February 2011. IASB agenda reference 5A/FASB memo 129. Project：Leases. Topic：Accounting for Variable Lease Payments.

承租人控制，因而不可避免的可变租赁付款额；（3）将估计方法从"期望值"改为替代的估算技术，即与确认续租或终止租赁选择权的门槛保持一致。

（二）关于应包含哪些可变租赁付款额

根据反馈意见，理事会职员提出了以下方法，以确定哪些可变租赁付款额应包含在承租人应付租赁付款额的负债和出租人应收租赁付款额的资产的计量中：（1）方法1：按照《2010年征求意见稿》的提议，包含对所有可变租赁付款额的估计。（2）方法2：包含"可能"或"合理保证或确定"的所有可变租赁付款额的估计。（3）方法3：仅包含依赖于某一指数或比率的可变租赁付款额的估计。（4）方法4：仅包含不受承租人控制，从而不可避免的可变租赁付款额的估计。

1. 方法1：包含对所有可变租赁付款额的估计

根据方法1，将保留《2010年征求意见稿》中关于确认可变租赁付款额的提议。应付租赁付款额的负债和应收租赁付款额的资产应包含对所有可变租赁付款额的估计，其中包括在租赁期开始日后应付或应收的变动金额。

支持方法1的意见认为，对应收租赁付款额的资产和应付租赁付款额的负债的计量应反映所有预期的现金流量，即使这些现金流量的部分可能是不确定的。例如，租赁可能指定零固定租赁付款额和高可变租赁付款额。无论固定租赁付款额与可变租赁付款额的构成如何，承租人均已获得使用权资产，并有义务支付租赁付款额。

不支持方法1的意见认为，承租人对支付租赁付款额负债的计量和出租人对应收租赁付款额的计量不应反映主体有能力避免的金额。

方法1的优缺点如表2-12-4所示。

表2-12-4　　　　　　　　方法1的优缺点

优点	缺点
如实反映承租人获得的权利和承担的义务	可能包括非常主观的可变租赁付款额估计
反映管理层对整个租赁安排的现金流入或流出的最佳估计	可能难以应用和复杂化。包含可选条款可能使基于业绩或使用情况的租赁付款额估计更加困难

此外，理事会职员注意到，方法1与理事会职员关于租赁期和续租选择权的提议不一致。

2. 方法 2：包括对所有"可能"或"合理保证或确定"的可变租赁付款额的估计

在方法 2 下，所有"可能"或"合理保证或确定"的可变租赁付款额应包含在承租人应付租赁付款额的负债和出租人应收租赁付款额的资产的计量中。方法 2 与方法 1 相同，仅是增加了识别的门槛。

支持方法 2 的意见赞同上述方法 1 所讨论的一般意见，但认为设立更高的确认门槛会使估计不那么主观，从而更有用和更具可比性。这是因为，方法 2 将排除发生可能性较低的可变租赁付款额，从而可能排除更加主观和难以估计的估计金额。

方法 2 的优缺点如表 2 – 12 – 5 所示。

表 2 – 12 – 5　　　　　　　　方法 2 的优缺点

优点	缺点
与方法 1 相比，更能如实反映出租人获得的权利和承租人承担的义务，因为更能如实反映实际现金流量	可能包括非常主观的可变租赁付款额估计
由于计量不像方法 1 主观，与方法 1 相比，资产负债表和损益表都可能产生更可靠的估计	与方法 1 相比，该方法可能导致较少反映承租人支付合同义务的负债
可能比方法 1 更容易应用	可能难以应用和复杂化。包含可选条款可能使基于业绩或使用情况的租赁付款额估计更加困难

此外，理事会职员注意到，方法 1 与理事会职员关于租赁期和续租选择权的提议不一致。但是，理事会职员认为，方法 2 比方法 1 更符合理事会职员对租赁期和选择权的提议。

3. 方法 3：仅包括取决于某一指数或比率的可变租赁付款额的估计

在方法 3 下，仅有取决于指数或比率的可变租赁付款额才会包含在承租人应付租赁付款额的负债和出租人应收租赁付款额的资产中。取决于与租赁物未来使用直接相关因素的租赁付款额，如租赁期内的机器使用小时数或销售量，将被排除在承租人应付租赁付款额的负债和出租人应收租赁付款额的资产的计量之外，并仅在不确定性消除的期间反映在损益中，例如，当机器被使用或销售。

方法 3 类似于原美国公认会计原则下《主题 840》的规定。《主题 840》指出：取决于与租赁物未来使用直接相关因素的租赁付款额，如租赁期内机器使用小时或销售量，属于或有租金，因此不包含在整体最低租赁付款额的范围内。但是，取决于现有指数或比率的租赁付款额,如消费者价格指数或最优惠利率,应根据租赁开始时存在的指数或比率,纳入最低租赁付款额;由于之后指数或比率的变动而导致的租赁付款额的增加或减少属于或有租金,从而影响收入的确认。

方法3也类似于《2010年征求意见稿》曾考虑的替代观点。该观点建议,在计量承租人应付租赁付款额的负债和出租人应收租赁付款额的资产时,包含取决于指数或比率的或有租金。该观点不赞同将因资产使用情况或业绩而变动的或有租金包含在内。

方法3的优点和缺点如表2-12-6所示。

表2-12-6　　　　　　　　　　方法3的优缺点

优点	缺点
可以避免方法1和方法2中可能存在的与计量的准确性或精密度有关的问题	可能低估承租人负债和出租人资产,因为其可能排除极有可能或承租人几乎没有现实可能性避免的现金流量(如果将可变租赁付款额视为计量问题而不是确认问题)
在出租人无法可靠估计可变租赁付款额的情况下,出租人和承租人之间的会计处理更加一致	
可能比方法1和方法2更容易应用,因为更符合原准则的原则,减少了转换成本	可能创造构建交易的机会,或至少需要提供额外的原则,以确定可变租赁付款额缺乏经济实质和代表变相的最低租赁付款额的情况
可以更有用地反映这样一个事实,即基于使用情况或业绩的可变租赁付款额为承租人提供了灵活性并降低了其业务风险	

理事会职员注意到,方法3比方法1和方法2更符合理事会职员关于租赁期和续租选择权的提议。

4. 方法4:仅包含不受承租人控制,从而不可避免的可变租赁付款额的估计

根据方法4,主体将确认不受承租人控制的,从而不可避免的可变租赁付款额。例如,基于使用情况的可变租赁付款额将被排除在可变租赁付款额之外,因为该可变租赁付款额在承租人的控制范围内。

方法4具有与现行《国际会计准则第32号》中对或有结算条款判断类似的特征,该准则规定:一项金融工具可能要求主体根据未来发生或不发生的、某种金融工具发行方和持有方均不能控制的不确定性事件(例如,股票市场指数的变动、消费者价格指数的变动,利率或税收要求的变动,发行方未来收入、净收益或债务权益比率的变动等)的情况下(或根据某种不确定性状况的结果),交付现金或其他金融资产,或者将其以金融负债的形式进行结算。这类金融工具的发行方并

不拥有无条件避免交付现金或其他金融资产（或以金融负债的形式结算合同）的权利。因此，它是发行方的一项金融负债，除非或有结算条款是不真实的，或者只有发行方清算时才能够要求发行方履行交付现金或其他金融资产的义务，或者此工具具有特殊工具的全部特点并满足其中所有情况［IAS 32 para. 25］。

当考虑基于业绩的可变租赁付款额时，将出现困难，如取决于零售商店营业额的付款额。有观点认为，基于业绩的可变租赁付款额是在承租人的控制范围内的。例如，承租人可以控制自己是否开店并产生额外的营业额。但是，也有观点认为，基于业绩的可变租赁付款额不在承租人的控制范围内，而是在其他方（如客户）的控制范围内。

方法 4 的优点和缺点如表 2 - 12 - 7 所示。

表 2 - 12 - 7　　　　　　　　　方法 4 的优缺点

优点	缺点
可以避免方法 1 和方法 2 中可能存在的与计量准确度或精度有关的问题	可能导致将基于业绩的可变租赁付款额视为可避免或不可避免的主体之间的不可比性
可能比方法 1 和方法 2 更容易应用，因为更符合原准则的原则，减少了转换成本	可能实际上很难应用。例如，根据业绩估计可变租赁付款额可能既耗费成本又不可靠
比方法 3 更注重原则，这可能降低构建交易的风险	

理事会职员注意到，方法 4 比方法 1 和方法 2 更符合理事会职员关于租赁期和续租选择权的建议。如果认定取决于业绩情况的可变租赁付款额属于承租人控制范围内，则方法 4 与方法 3 基本上相似。但是，除基于指数或比率的可变租赁付款额外，部分可变租赁付款额可能视为不在承租人控制范围内，从而可能认定为可变租赁付款额。

5. 职员建议

大部分理事会职员建议，仅在租赁付款额取决于指数或比率的情况下，在计量承租人应付租赁付款额的负债和出租人的应收租赁付款额的资产时，才应包含该项可变租赁付款额（方法 3）。可变租赁付款额包含在租赁开始后应付或应收的任何变动金额。此外，理事会职员注意到，方法 3 的结果可能与方法 4 的结果类似，虽然理事会职员认为方法 4 可能提供了更多的基于原则的解决方法，但理事会职员认为，由于需要对是否在承租人控制范围内进行判断，导致方法 4 可能很难应用。理事会职员认为，方法 3 是一种实用且成本较低的方法，可以将可变租赁付款额纳入其中。

少数理事会职员建议,在计量承租人应付租赁付款额的负债和出租人应收租赁付款额的资产时,应将所有"很可能"或"合理保证或确定"的可变租赁付款额包括在内(方法2)。推荐方法2的理事会职员认为,该方法适当地解决了财务报表编报者所表达的可操作性和可靠性问题,同时仍向财务报表使用者提供财务报表中评估现金流量的金额、时间和不确定性的有用信息。

(三)关于取决于指数或比率可变租赁付款额的计量方法

如果理事会在上述问题中选择方法1或方法2,则还需要确定应如何将可变租赁付款额纳入承租人应付租金和出租人应收租金的计量。即,理事会是否将保留《2010年征求意见稿》中建议的期望值法(称为概率加权估计法),或要求采用其他方法计量不确定的现金流量。

如果理事会在上述问题中选择方法3或方法4,理事会职员讨论了以下方法,以确定如何将可变租赁付款额纳入承租人支付租赁付款额的负债和出租人应收租赁付款额的资产的计量:(1)保留《2010年征求意见稿》的提议。即,取决于指数或比率的可变租赁付款额初始应采用当前可用的远期利率或指数进行计量。当前无可用的远期利率或指数,则承租人应采用现行利率或指数。(2)要求对取决于指数或比率的可变租赁付款额进行计量,并采用租赁开始日存在的指数或比率进行初始计量。也就是说,基于现行比率(或即期比率)。

理事会职员分析了两种方法的优缺点,这两种方法决定了如何将可变租赁付款额纳入承租人支付租赁付款额的负债和出租人应收租赁付款额的资产的计量(见表2-12-8、表2-12-9)。

表2-12-8 征求意见稿的方法优缺点

征求意见稿的方法	
优点	缺点
如果有远期比率和指数,可能会提供更有用的信息,但如果当前无可用的信息,则不要求主体作出复杂的估计	可能降低不同主体之间的可比性
	很难判断什么是"当前无可用",可能与收入确认征求意见稿不一致
	使用远期比率可能产生误导,例如,在租赁期开始日,当或有租金是根据不断增长的利率曲线来计量时,人为地创造了较高的实际比率
	如果主体认为符合"当前可用",则可能难以确定长期租赁安排的远期比率

表 2-12-9　要求使用租赁期开始日的指数或费率的优缺点

要求使用租赁期开始日的指数或费率	
优点	缺点
可能更容易应用，因为可能难以预测未来指数或比率的变动，并确定远期比率是否"当前可用"	可能导致损益的会计不匹配，而这些不匹配并不能反映经济不匹配。例如，即期比率可能与远期比率明显不同

理事会职员注意到，在《2009 年讨论稿》中，美国财务会计准则委员会初步决议，如果可变租赁付款额取决于指数或比率的变动，则使用权资产或负债的初始计量应使用租赁开始日存在的指数或比率。但是，《2009 年讨论稿》的受访者担心，如果远期比率当前可用，这些比率将为报表使用者提供更有用的信息，而不会产生额外的费用。因此，理事会决定在征求意见稿中澄清，如果远期比率当前可用，可以使用远期比率。

理事会职员建议，以现行比率（或即期比率）为基础对取决于指数或比率的可变租赁付款额进行初始计量。根据收到的反馈，理事会职员认为，使用现行比率或即期比率是《2010 年征求意见稿》提议的一种实际和可取的方法，因为很难确定什么是"当前可用"，并可能可能降低不同主体之间的可比性。

（四）关于可靠性门槛的讨论

1. 收到的反馈

《2010 年征求意见稿》建议，仅当可变租赁付款额能够可靠计量时，出租人才应在应收租赁付款额中计入可变租赁付款额。这与收入确认征求意见稿的建议类似。但是，对于承租人来说，并没有同等的"可靠计量"条件。

此外，反馈者赞同上述提议。由于其金额和时间取决于出租人的行为，出租人可能难以预测金额和时间，并且，出租人之间的估计结果可能差异很大。因此，反馈者认为，在无法可靠计量的情况下，将此类估计计入出租人的租赁资产是不合适的。

但是，反馈者认为，关于计量可靠性的认定条件不仅应该限制出租人，也应限制承租人。部分包括或有租金的合同受到各种因素的影响，包括经济环境、长期业务计划及物业的实物和经济陈旧程度。反馈者认为，出租人和承租人可能很难根据这些因素合理估计或有租金的金额和时间。

2. 理事会职员分析

根据收到的反馈，理事会职员提出了以下方法：（1）保留《2010 年征求意见稿》的提议,仅针对出租人的设定可靠性门槛。(2)保留《2010年征求意见稿》提议,但既针对出租人设定可靠性门槛,也针对承租人设定可靠性门槛。(3)针对出租人或承租人均不设定的可靠性门槛。

理事会初步决议,如果可变租赁付款额能够"可靠计量",出租人仅应确认这些可变租赁付款额,从而与新收入准则项目保持一致性。但是,新收入准则项目提出了"合理估计"的门槛,理事会职员认为,为保持一致,将新租赁准则项目的"可靠计量"也表述为"合理估计"。

理事会职员认为,承租人(不仅是出租人)在可靠计量可变租赁付款额方面可能存在困难。但是,理事会职员注意到,如果理事会不保留《2010年征求意见稿》的提议,计量可变租赁付款额的困难可能会减少,但困难可能仍然存在。因此,理事会职员认为,应针对出租人和承租人设定可靠性门槛,以便向报表使用者提供的信息和估计是有帮助的,并尽可能准确。

四、2014年4月联合会议

在2014年4月的会议[①]上,理事会进一步讨论了,使用权资产和租赁负债中包含的可变租赁付款额的初始计量仅包括取决于某一指数或费率的可变租赁付款额,并对该类可变租赁付款额后续是否重新评估以及重新评估的三种方法进行了分析。

(一)《2013年二次征求意见稿》提议概述

《2013年二次征求意见稿》提议,承租人和出租人应在包含固定租赁付款额和取决于指数或比率(如消费者价格指数或市场利率)的可变租赁付款额的基础上计量租赁资产和租赁负债,但不包其他可变租赁付款额,除非这些付款额实质上是固定付款额。承租人和出租人将使用租赁期开始日的指数或比率来计量取决于指数或利率的可变租赁付款额。主体将在发生(或赚取)时在损益中确认所有其他可变租赁付款额。《2013年二次征求意见稿》提议,如果用于确定租赁付款额的指数或比率发生变动,主体应重新评估计量。《2013年二次征求意见稿》的提议不同于《2010年征求意见稿》,后者提议主体在计量租赁

[①] IASB/FASB. IASB/FASB Joint Meeting: April 2014. IASB agenda reference 3B/ FASB agenda reference 278. Project: Leases. Paper topic: variable lease payments.

资产和租赁负债时纳入对所有可变租赁付款额的估计,并重新评估此类估计。

(二)《2013 年二次征求意见稿》反馈概述

大部分主体(包括大部分报表使用者)赞同对《2010 年征求意见稿》关于可变租赁付款额的会计处理的建议所做的修改。受访者普遍表示,可变租赁付款额取决于未来事项(如业绩或使用情况),既不代表承租人的现时义务,也不代表出租人的权利,从而不符合资产或负债的定义。这些受访者赞同,主体应在发生(或赚取)时在损益中确认可变租赁付款额(不取决于指数或比率)。此外,包括大部分报表使用者在内的很多受访者表示,不希望在租赁资产和租赁负债的计量中反映对可变租赁付款额的主观估计。

相反,部分受访者要求理事会恢复在《2010 年征求意见稿》中提出可变租赁付款额的建议。这些受访者认为:(1)不确定的是对未来可变租赁付款额的计量,而不是资产或负债的存在。部分观点指出,计量可变租赁付款额并不比确定企业合并中研发支出的公允价值更困难。排除这些付款额可能导致严重低估承租人的负债和出租人的应收账款。(2)估计是租赁会计固有的,如关于余值担保的提议。因此,主体应以与其他租赁付款额相同的方式对不取决于指数或比率的可变租赁付款额进行估计,即应在计量租赁资产和租赁负债时包含对此类付款额的估计。(3)签订可变付款额租赁额合同的承租人,必须对其预期租赁付款额有一定的可靠估计;否则,他们不会签订此类租赁合同。

很多主体从概念上支持《2013 年二次征求意见稿》中提议的包含取决于指数或比率的可变租赁付款额。但是,部分受访者认为,如果租赁条款和条件不同,该提议可能降低主体之间的可比性,但从经济实质上看这些租赁是相似的。根据《2013 年二次征求意见稿》,对于仅有可变租赁付款额(不取决于指数或比率)的租赁,承租人不需要确认租赁资产和租赁负债(即使承租人预计在每个期间支付 100 元的租赁付款额)。相比之下,对于拥有类似租赁且每个期间固定租赁付款额为 100 元的租赁,承租人则需要确认租赁资产和租赁负债。这些受访者认为,《2013 年二次征求意见稿》中提议的会计方法不能恰当地反映他们认为经济上类似的租赁。

关于重新评估取决于指数或比率的可变租赁付款额,包括报表使用者和编报者在内的部分受访者支持重新评估的提议。但是,几乎所有受访者都从成本和复杂性的角度,对可变租赁付款额的重新评估提议表示担忧。很多意见指出,预计提议的重新评估要求不会对损益表产生任何有意义的影响。因此,应用重新评估提议的成本将超过收益。

(三) 理事会职员分析

1. 可变租赁付款额：初始计量

(1) 哪些付款额应包括在内？

《2013年二次征求意见稿》提议，在租赁资产和租赁负债的初始计量中，主体将仅包含取决于指数或比率的可变租赁付款额，因为其符合负债（对于承租人而言）和资产（对于出租人而言）的定义。

对于不取决于指数或比率的可变付款额（如与未来业绩或使用情况挂钩的可变付款额）是否符合负债（对于承租人而言）和资产（对于出租人而言）的定义，存在不同的观点。

部分反馈者认为，承租人支付可变租金的义务和出租人收取可变租金的权利，在需要支付的未来事项发生之前并不存在（例如，当使用标的资产或销售时）。该部分反馈者强调，与未来业绩或使用挂钩的可变租赁付款额可视为一种手段，通过这种手段，承租人和出租人可以分享使用标的资产所产生的未来利润。因此，该部分反馈者认为，在未来事项发生之前，将此类可变租赁付款额从租赁资产和租赁负债中排除是适当的。

另一部分反馈者认为，根据租赁合同，在租赁期开始日就存在支付可变租赁付款额的义务和出租人收取可变租赁付款额的权利。该部分反馈者认为，在这种情况下，资产或负债的计量可能是不确定的，但资产或负债的存在并非不确定。尽管如此，部分支持该观点的反馈者可能也认为，出于成本效益考虑，将此类付款额排除在租赁资产和租赁负债的计量之外是适当的。

理事会职员认为，《2013年二次征求意见稿》恰当地计量了在租赁期开始日与可变租赁付款额有关的租赁资产和租赁负债。理事会职员认为，纳入不取决于指数或比率的可变租赁付款额（例如，基于业绩或使用的可变租赁付款额）的收益不会超过提供（编报者）或理解（报表使用者）该信息的成本。

对《2013年二次征求意见稿》和《2010年征求意见稿》的反馈表明，确定与未来业绩或使用相关的未来期间支付的预期可变租赁付款额通常是非常主观的。这种主观性不仅会增加应用的成本和复杂性，而且有可能降低已确认金额的可靠性，从而降低提供该信息的收益。

理事会职员还认为，排除不取决于指数或比率的可变租赁付款额，可能更有效地反映此类付款额给承租人提供的灵活性和降低的风险。理事会职员认为，基于未来业绩或使用的可变租赁付款额是承租人和出租人分享使用相关资产所获得的未来利润的一种手段。据此，理事会职员认为它在租赁资产和租赁负债的初始计量中排除此类付款额是合适的。尽管如此，理事会职员承认，对于认为基于业绩或使用的可变租赁付款额会创造一项资产（对于出租人）和一项负债（对于承租人）的观点来说，在该方法下，主体会低估租赁资产和租赁负债。

理事会职员也承认，从租赁资产和租赁负债的计量中剔除不取决于指数或比率的可变租赁付款额，可能创造对租赁付款额构建交易的机会。例如，承租人可以在未来的租赁付款中，将总租赁付款额的更大比例作为可变付款额（不取决于指数或比率），而不是固定付款额，这将减少其报告的租赁负债。但是，根据在外联会议上收到的反馈，很多出租人表示，在不对此类合同进行其他修改的情况下，他们不会赞同将固定付款额改为可变付款额。从固定付款额改为可变付款额，会显著增加出租人承受的风险水平。因此，出租人可能会提高租赁价格，以补偿风险的增加。此外，理事会职员认为，如果承租人有义务支付固定租赁付款额，与根据未来业绩或使用标的资产而支付的付款额相比，承租人处于不同的经济地位。理事会职员认为，在租赁资产和租赁负债的计量中反映这些不同的经济状况是有益的。

最后，理事会职员还认为，要求披露不取决于指数或比率的可变租赁付款额（从而不包括在租赁资产或租赁负债的计量中），对于向财务报表使用者提供相关信息至关重要。

（2）应如何计量可变租赁付款额

理事会职员还提议，如《2013年二次征求意见稿》的提议，在租赁期开始日，主体基于成本效益原因，采用租赁期开始日的指数或比率来计量取决于指数或比率的可变租赁付款额。也就是说，主体在对租赁资产和租赁负债进行初始计量时，假设在整个租赁期内未来租赁付款额不会增加或减少。原则上，应采用预测技术来确定指数或比率的变动对租赁资产和租赁负债计量的影响。但是，预测指数或利率的变动需要宏观经济信息，而主体可能没有当前可用的宏观经济信息，预测可能不可靠。因此，理事会职员认为，此类预测结果不符合成本效益原则。

此外，采用租赁期开始日的指数或比率来计量取决于指数或比率的可变租赁付款额，可视为将最低租赁付款额纳入租赁资产和租赁负债的计量中的一种手段，从而符合理事会关于在计量租赁资产和租赁负债时不包含选择权期间的大部分付款额的初步决议。虽然指数或比率可能为负,但这种情况相对较少。此外,在部分国家和地区,取决于指数或比率的可变租赁付款额有一个下限,使这些付款额永远不会减少。因此,在很多租赁中,初始的取决于指数和比率的可变租赁付款额很可能是所需的最低租赁付款额。

2. 可变租赁付款额:后续计量

《2013年二次征求意见稿》提议,如果用于确定租赁付款额的指数或比率发生变动,承租人和出租人应重新计量租赁资产和租赁负债,以反映租赁付款额的变动。重新评估将在每个报告期进行。主体将在报告期结束时采用指数或比率确定修改后的租赁付款额。

理事会职员提议,在重新评估取决于指数或比率的可变租赁额方面可以考虑三种备选方法:(1)方法1:要求在每个报告期重新评估付款额(如《2013年二次征求意见稿》所提议)。(2)方法2:仅在合同现金流量发生变动时(即在租赁付款额调整生效时)才要求重新评估付款额。例如,如果合同租赁付款额每3年才变动一次,且该变动与3年期间的CPI变动有关,根据方法2,当合同付款额每3年发生变动时,承租人才重新评估其租赁负债,而不是在每个报告期重新评估。(3)方法3:仅当租赁负债因其他原因(即重新评估租赁期或承租人是否合理确定行使购买选择权)而重新评估付款额时,才需要重新评估。

(1)是否需要重新评估

理事会职员认为,要求对取决于指数或比率的可变租赁付款额的计量进行重新评估,将提供有关租赁资产和租赁负债的及时和相关的信息。这是因为,重新评估后的价值可以反映当前的经济状况。如果理事会赞同理事会职员的提议,即,采用租赁期开始日的指数或比率作为初始计量的因素,则不需要重新评估指数或比率,从而可以在租赁资产和租赁负债的后续计量时排除因指数或比率变动而引起的租赁付款额的变动。

尽管如此,理事会收到了关于重新评估取决于指数或比率的可变租赁付款额的成本和复杂性的反馈意见。在针对《2010年征求意见稿》和《2013年二次征求意见稿》的反馈中,很多受访者指出,重新评估不符合成本效益原则。特别是,其中很多受访者指出,与不重新评估可变租赁付款额相比,重新评估可变租赁付款额通常不会导致承租人损益表中确认的金额出现重大差异。

(2)资产负债表的影响

理事会职员以如下示例说明了在比较重新评估和不重新评估取决于指数或

比率的可变租赁付款额时，承租人租赁负债计量的差异。

理事会职员假设，在两个示例中，第一年年初应付的租赁付款额为 100 000 元，折现率为 8%，租赁付款额每年增加或减少以反映 CPI 的年度变动。这两个例子的唯一区别是，一个租赁期是 5 年（见表 2-12-10），另一个租赁期是 20 年（见表 2-12-11）。

在每个例子中：（1）支付的标的租金是指在租赁期开始日假定的固定付款额；即 CPI 指数为 125 时，租赁期第一年的应付租金。（2）实际支付现金为承租人支付的款项，每年增加反映 CPI 指数的增长。（3）租赁负债是未经重新评估的租赁负债，假设租赁期内每年的租赁付款额为 100 000 元（在年初支付）。（4）重新评估的租赁负债是在每年年底末重新计量的租赁负债，反映下一年增加的租赁付款额。例如，在 5 年租赁的第 1 年结束时，假设剩余租赁期内每年的租赁付款额为 104 800 元，则重新计量租赁负债。

表 2-12-10　　　　　　　资产负债表——5 年租赁

年度	标的租金（元）	CPI	实际支付的现金（元）	租赁负债（元）	重估后的租赁负债（元）
0		125		431 213	431 213
1	100 000	131	100 000	357 710	374 880
2	100 000	132	104 800	278 326	293 913
3	100 000	138	105 600	192 593	212 622
4	100 000	140	110 400	100 000	112 000
5	100 000	143	112 000	0	0

在 5 年租赁的第 4 年，如果承租人不重新计量租赁负债，则按 100 000 元计量其租赁负债。但是，由于可变的租赁付款额增加，第 5 年的租赁付款额为 112 000 元。如果进行重新评估，第 4 年末的租赁负债将为 112 000 元，反映了第 5 年要支付的实际现金。

表 2-12-11　　　　　　　资产负债表——20 年租赁

年度	基本租金（元）	CPI	实际支付的现金（元）	租赁负债（元）	重估后的租赁负债（元）
0		125		1 060 360	1 060 360
1	100 000	131	100 000	1 037 189	1 086 974
2	100 000	132	104 800	1 012 164	1 068 845
3	100 000	138	105 600	985 137	1 087 591
4	100 000	140	110 400	955 948	1 070 662

续表

年度	基本租金（元）	CPI	实际支付的现金（元）	租赁负债（元）	重估后的租赁负债（元）
5	100 000	143	112 000	924 424	1 057 541
6	100 000	147	114 400	890 378	1 047 084
7	100 000	150	117 600	853 608	1 024 329
8	100 000	155	120 000	813 896	1 009 232
9	100 000	158	124 000	771 008	974 554
10	100 000	159	126 400	724 689	921 804
11	100 000	161	127 200	674 664	868 967
12	100 000	163	128 800	620 637	809 311
13	100 000	164	130 400	562 288	737 722
14	100 000	168	131 200	499 271	671 020
15	100 000	173	134 400	431 213	596 798
16	100 000	179	138 400	357 710	512 240
17	100 000	180	143 200	278 326	400 790
18	100 000	182	144 000	192 593	280 415
19	100 000	184	145 600	100 000	147 200
20	100 000	187	147 200	0	0

同样，在 20 年的租赁中，如果承租人不重新计量租赁负债，则其在第 19 年的租赁负债为 100 000 元，但如果重新计量租赁负债，则为 147 200 元，反映了 20 年实际需要支付的现金。

尽管如此，重新评估租赁负债不会导致计量租赁负债反映实际的未来租赁付款额（除非未来租赁付款额不再发生变动，如 20 年租赁的第 19 年的情况）。相反，它会导致在计量租赁负债时假设所有未来的租赁付款额将等于下一年度将要支付的付款额。例如，在上述 20 年租赁的示例中，第 8 年末重新评估的负债为 1 009 232 元，这是在假设第 9 至第 20 年每年要支付的租赁付款额将为 124 000 元（第 9 年要支付的付款额）的情况下进行计量的。

若要反映第 9 至第 20 年实际支付的租赁付款额，则第 8 年末的租赁负债将为 1 082 901 元。

理事会职员认为，特别是 20 年租赁的示例说明，假设这样的租赁将在 20 年租赁期内继续，不做修改，在每个报告期（或当合同付款额发生变动时）重新评估取决于指数或比率的可变租赁付款额，将提供关于承租人租赁负债更有用的信息。5 年期租赁的示例说明，对于较短期的租赁，重新评估此类可变租赁付款额并没有那么显著的收益。理事会职员还注意到，重新评估的租赁负债不太可能代表整个剩余租赁期将支付的实际租赁付款额（除非租赁即将结束，未来的租赁付款额将不再有变动）。

（3）利润表的影响

如果承租人不重新评估取决于指数或比率的可变租赁付款额，则应确认：(1) 与租赁期开始日后的指数或比率变动有关的所有可变租赁付款额，与其他租赁费用分开；(2) 指数或比率变动在该变动发生期间内的全部影响。

相反，当承租人在每个报告期内重新评估取决于指数或比率的可变租赁付款额时，将确认：(1) 取决于指数或比率的可变租赁付款额的变动的大部分影响作为摊销和利息费用的一部分（对于 A 型租赁）或单一租赁费用（对于 B 型租赁）；(2) 指数或比率的变动对未来报告期间的影响，而不是在变动发生期间全部确认这些变动的影响。

经分析，(1) 在租赁期的大部分年度，承租人在损益表中确认的 A 型租赁的总金额没有显著差异，B 型租赁也没有差异。(2) 这是因为承租人将单独列示指数或比率变动对发生变动期间的租赁付款额的影响（并将这些变动与其他可变租赁付款额的影响一致地列示）。

（4）重新评估的三种方法比较

理事会职员认为，方法 1（将根据每个报告日的指数或比率重新评估可变租赁付款额）和方法 2（仅在合同付款额发生变动时重新评估可变租赁付款额），都提供了在初始计量后可变租赁付款额变动影响的信息。理事会职员注意到，方法 1 提供了关于租赁资产和租赁负债最及时和相关的信息，因为承租人会在每个报告期重新评估租赁负债。因此，方法 1 也是三种方法中应用最复杂和成本最高的，因为需要最频繁的重新评估。

方法 2 仅在合同租赁付款额发生变动时才会重新计量租赁资产和租赁负债。有观点认为，方法 2 提供的相关信息不如方法 1，因为承租人不会总是重新计量租赁负债，以反映每个报告日的相关指数或比率。另一部分观点则认为，方法 2 是更新资产和负债的计量，反映可变租赁付款额变动的有效方法。这是因为，仅在主体已知近期应付的合同租赁付款额的实际变动时，主体才会重新评估租赁资产和负债。理事会职员认为，与方法 1 相比，方法 2 的应用将不那么复杂，成本也不高。

方法 3 认为，重新评估取决于指数或比率的可变租赁付款额的成本超过了这种重新评估的收益。除非承租人因其他原因（如租赁期的变动）重新计量租赁负债，否则不要求重新计量租赁付款额，从而最大限度地减轻了编报者的成本和复杂性。在这种情况下，承租人将采用重新计量日的指数或比率重新计量取决于指数或比率的可变租赁付款额。

出于成本效益的考虑，理事会职员提议采用方法3。

五、其他租赁付款额

在 2011 年 2 月的会议①中，理事会讨论了一些关于可变租赁付款额的议题中未涉及的其他租赁付款事项是否应计入承租人的租赁付款额当中：变相的最低租赁付款、有重大可变对价的租赁安排、担保余值、第三方担保余值、租赁期选择权罚款。

（一）变相最低租赁付款额

1. 收到的反馈

部分受访者担心，如果理事会要限制承租人支付租赁付款额的负债和出租人的应收租赁付款额的资产，则租赁的结构可能包含缺乏经济实质的可变租赁付款额，实际上是变相的最低租赁付款额。

受访者建议应包括定性考虑，以包括使用管理层的最佳估计而不是概率加权分析"伪装"为或有租金（"反滥用措施"）的标的租金。"伪装"为或有租金的最低租赁付款额的估计应予以资本化。例如，在商铺租赁中，承租人在租赁期内有义务支付的全部租金是根据销售额的百分比计算的或有租金。根据经验，完全的或有租金是罕见的。如设备出租方永远不会签订完全或有租金租赁合同，因为这将产生无法容忍的剩余风险。与其制定一条将所有或有租金资本化的规定，建议使用一条仅将基本或有租金（即变相的最低租赁租金）资本化的原则。这与原美国公认会计原则在实务中的应用方式一致。

2. 理事会职员分析

理事会职员考虑在计量租赁资产/负债时要求对变相最低租赁付款额进行估计。理事会职员认为，对变相最低租赁付款额进行的估计，可能与根据使用或

---

① IASB/FASB. IASB/FASB Joint Meeting: week beginning 14 February 2011. IASB agenda reference 5G/FASB memo 135. Project: Leases. Topic: Other Lease Payment Considerations.

性能计量可变租赁付款额有类似的缺点。也就是说，对变相最低租赁付款额所作的估计可能是主观的。但是，在计量承租人支付租赁付款额和出租人应收租赁付款额时，包括对这些租赁付款额的估计的一个优点是，可以降低对主体在租赁中建构交易，仅包括（或大部分）没有实质内容的可变租赁付款额的担忧。

在这种情况下，要求将变相最低租赁付款额的估计纳入承租人支付租赁付款额的负债和出租人应收租赁款付款额的资产计量中，将为财务报表使用者提供有关预期现金流量更有用的信息。

理事会职员还考虑了仅要求披露变相的最低租赁付款额，因为财务报表的使用者仍然可以获得这些信息。但是，理事会职员认为，披露并不能取代在财务报表上确认变相最低租赁付款额。

3. 理事会职员建议

理事会职员认为，在计量承租人支付租赁付款额的负债和出租人应收租赁付款额的资产时，忽略变相最低租赁付款额是不合适的。理事会职员建议明确，在评估租赁期开始日的租赁付款额现值时，应考虑变相最低租赁付款额。为澄清该意见，理事会职员认为，在租赁付款额定义中纳入变相最低租赁付款额的概念是合适的。

（二）重大可变对价租赁安排

1. 收到的反馈

反馈意见认为，对于具有重大可变对价的租赁安排，如果不包括可变租赁付款额，则有可能构建交易。受访者指出，当金额确定且或有租金相对于整体租金而言相对重大时，将或有租金包含在使用权资产和租赁负债中是合适的。

通过外联活动，理事会职员注意到涉及重大可变对价的租赁安排的例子，包括部分酒店和商场的安排。对这些安排感兴趣的各方解释说，这些安排的结构反映了承租人的运营灵活性，而不是预期的财务报告结果。但是，反馈也表明，很少出现一项安排仅包括可变对价：在极少数情况下，出租人会接受根本不收取租金的可能性，或者远远低于从另一承租人收取的租金。

2. 理事会职员分析

理事会职员认为，主体可能需要考虑，相对于总对价，可变对价比例较高的合同是否表明该合同不应视为租赁，而应代表服务合同。但是，如果理事会不要求所有可变租赁付款额都包含在租赁应收款和应付款额的计量中，理事会职员认为，为了尽量减少构建交易的风险，对可变对价相对于整个租赁付款额而言是重大的安排，提供适当的披露是很重要的。

3. 理事会职员建议

大部分理事会职员建议，在可变对价相对于合同中的全部对价而言是重大的安排中，应在租赁开始时对租赁付款额进行估计，并将其纳入承租人支付租赁付款额的负债和出租人应收租赁付款额的资产计量中。这是因为，这些可能都是变相的最低租赁付款额，应该按照前述"变相最低租赁付款额"的建议进行确认。

（三）余值担保

与可变租赁付款额的建议一致，《2010年征求意见稿》建议，租赁付款额的现值应包含余值担保下（并非来自非关联第三方）应付金额的估计。

1. 收到的反馈

部分受访者指出，即使不包括其他可变租赁付款额，也应将余值担保包含在使用权资产和租赁负债的计量中。

2. 理事会职员分析

理事会职员认为，余值担保的会计处理不明确。因此，理事会职员认为，应澄清余值担保是否包含在承租人支付租赁付款额的负债和出租人应收租赁付款额的资产的计量中。

原租赁准则规定，最低租赁付款额包括：承租人对租赁期届满时剩余价值的任何担保，无论支付担保是否构成对租赁物的购买。当出租人有权要求承租人以一定的或可确定的金额在租赁终止时购买该资产时，该金额应视为承租人的担保。当承租人同意在出租人对剩余价值的处置时，对低于约定金额的部分进行补偿时，应包括在最低租赁付款额中的担保应是约定的金额，而不是估计的可能补偿金额。

理事会职员注意到，余值担保下应付金额的增加是由于相关资产价值的减少。因此，部分观点认为，在使用权资产和应收租赁付款额的账面价值中增加这样的金额是违反直觉的。但是，理事会职员认为，余值担保相当于租赁期结束时的或有付款额。理事会考虑了以下观点，即主体应单独处理余值担保，因为其与标的资产的价值相关联，且可能符合衍生工具的定义。该观点认为，这种担保不应影响使用权资产的金额或收取租赁付款额的权利。但是，理事会职员认为，余值担保（并非来自非关联第三方）往往与其他租赁条款相互关联，因此，单独确认这些担保可能产生误导。

3. 理事会职员建议

根据收到的反馈和上述分析，理事会职员认为有必要澄清，在计量承租人的租赁付款额和出租人的应收租赁付款额时，应包含余值担保（并非来自非关联第三方），余值担保的全部金额将包含在该计量中。

（四）第三方余值担保

《2010 年征求意见稿》建议，租赁付款额的现值不应包含由非关联第三方提供的余值担保下应付金额的估计。因为由非关联第三方提供的余值担保不属于租赁付款额，不属于租赁合同。

1. 收到的反馈

部分反馈者指出，如果租赁付款额不包含非关联第三方余值担保，可能与原租赁准则和其他部分国家的会计准则要求不一致。如果出租人不纳入非关联第三方提供的余值担保，则出租人将低估其在租赁期内的收入。此外，尽管预估出售价格的最低金额已事先明确，但由于出租人在出售标的资产时确认了出售损失或利得，因此，对当期亏损或利得可能会有部分偏差。

2. 理事会职员分析

理事会职员注意到，原租赁准则规定，出租人的最低租赁付款额应包括以下内容："对剩余价值的任何担保……"由与承租人或出租人非关联第三方提供，前提是该第三方有能力履行该担保可能产生的义务。

理事会职员指出，由于相关资产的价值是划分租赁类别的重要因素，部分由非关联第三方提供的余值担保包含在原租赁准则的最低租赁付款额中。也就是说，该金额是租赁应作为经营租赁还是融资租赁的一个因素。但是，在"使用权模型"下，当担保来自第三方时，标的资产的担保价值本身与租赁的会计处理并不相关。

因此，理事会职员认为，由非关联第三方提供的余值担保下的付款额，不应作为租赁的一部分入账，因为其仅影响标的资产的价值，而不是承租人和出租人之间的安排。相反，非关联第三方提供的余值担保应作为其他担保。

3. 理事会职员建议

理事会职员建议理事会确认其在《2010 征求意见稿》中反映的初步决议，即承租人支付的租赁付款额和出租人的应收租赁付款额不应包含由非关联第三方提供的余值担保下付款额的估计。由非关联第三方提供的余值担保不是租赁付款额。但是，理事会职员认为，有必要在结论基础上澄清该结论的理由，即非关联第三方余值担保不是承租人和出租人之间租赁合同的一部分，应按照其他担保相关准则进行会计处理。

（五）租赁期选择权罚金

《2010 年征求意见稿》提议，租赁付款额的现值应包含根据租赁期选择权罚金条款而向出租人支付的预期付款额的估计。

1. 收到的反馈

部分反馈意见要求澄清"租赁期选择权罚金"一词。"租赁期选择权罚金"一词并未在实务中使用，假设理事会指的是，如果在固定合同期限结束前终止租赁，或因未能续租而支付的款项。

其中部分受访者也不赞同在计量承租人支付租赁付款额和出租人应收租赁付款额时包括对租赁期选择权罚金的估计。如果租赁期选择权罚金是指承租人因提前终止租赁或未能将租赁延长至第二期间而必须支付的罚金，则不赞同《2010 征求意见稿》的提议。该部分反馈者认为，租赁期选择权罚金由于承租人未来的决定而产生。因此，从承租人或出租人的角度来看，均不符合《概念框架》中的负债或资产的定义。

2. 理事会职员分析

理事会职员认为，是否包含租赁期选择权罚金，取决于对续租或终止租赁选择权的会计处理。理事会职员提议，租赁期应确定为合理确定将发生的租赁期。在评估是否合理确定将行使续租选择权时，大部分理事会职员建议，主体仅考虑为承租人续租产生经济激励的因素。因此，如果主体认为合理确定会续租，则租赁期选择权罚金不应纳入承租人租赁付款额和出租人应收租赁付款额的计量中。但是，如果主体认为无法合理确定会续租，则应将租赁期选择权罚金计入承租人租赁付款额和出租人的应收租赁付款额中。

3. 理事会职员建议

理事会职员认为，租赁期选择权罚金应与续租或终止租赁选择权的会计处理一致。如果不续租且存在租赁期选择权罚金，且续租期不包含在租赁期内，则这些租赁期选择权罚金应包含在承租人租赁付款额和出租人应收租赁付款额的计量中。

六、最终准则主要规定

最终，新租赁准则规定，租赁付款额，是指承租人向出租人支付的与在租赁期内使用租赁资产的权利相关的款项，包括：（1）固定付款额及实质固定付款额，存在租赁激励的，扣除租赁激励相关金额；（2）取决于指数或比率的可变租赁付款额，该款项在初始计量时根据租赁期开始日的指数或比率确定；（3）购买选择权的行权价格，前提是承租人合理确定将行使该选择权；（4）行使终止租赁选择权需支付的款项，前提是租赁期反映出承租人将行使终止租赁选择权；（5）根据承租人提供的担保余值预计应支付的款项。新租赁准则的租赁付款额不包括：与相关资产的未来业绩或使用情况挂钩的可变租赁付款额，及在不可撤销期间之后的可选租赁付款额，如果不能合理确定承租人的续租期将延伸到不可撤销的期间。

第三节 实质固定租赁付款额

原租赁准则未包括实质固定租赁付款额相关概念和指引。在新租赁准则制定过程中，双方理事会讨论了实质固定付款额的概念，并纳入最终的准则中。

在新租赁准则制定过程中，理事会就哪些属于实质固定租赁付款额经过了多次讨论。其中，较为重要的会议文献如表 2-12-12 所示。

表 2-12-12　　　　　　　租赁付款额主要会议文献

序号	会议日期	议题	主要议题及建议
1	2013 年 5 月	《租赁（征求意见稿）》（《2013 年二次征求意见稿》）	二次征求意见稿建议在租赁付款额中包含实质固定租赁付款额，并建议，仅将取决于指数或比率的可变租赁付款额纳入使用权资产和租赁负债的初始计量
2	2014 年 4 月	《实质固定租赁付款额（讨论稿）》	会议讨论了对于属于实质固定租赁付款额可变租赁付款额的判断

一、《2013 年二次征求意见稿》

（一）实质固定租赁付款额提议概述

《2013 年二次征求意见稿》将租赁付款额定义为，承租人就租赁期内标的资产的使用权向出租人支付的款项，包括以下各项：(1) 固定付款额，扣除从出租人收到或应收的任何租赁激励；(2) 取决于指数或比率或实质上为固定付款额的可变租赁付款额；(3) 如果承租人有重大的经济激励来行使购买选择权，则包含该选择权的行权价格；(4) 如果租赁期反映承租人行使终止租赁选择权，则包含支付终止租赁的罚金。

《2013年二次征求意见稿》建议在租赁付款额中包含实质固定租赁付款额。租赁付款额的定义将影响以下方面的计量：(1) 承租人的租赁负债和使用权资产；(2) 出租人的应收租金的计量；以及 (3) 租赁分类。如《2013年二次征求意见稿》的结论基础中所述，理事会作出该决议的主要理由是，此类付款额是不可避免的，从而在经济实质上与固定租赁付款额一致。

《2013年二次征求意见稿》建议，仅将取决于指数或比率的可变租赁付款额纳入使用权资产和租赁负债的初始计量，从而引入了实务中存在的实质固定租赁付款额的概念。该建议旨在减少构建交易的机会，如可能将合同条款修改为可变付款额，而这些付款额实质上是固定的。如果将大部分可变租赁付款额排除在使用权资产和租赁负债的计量之外，则将创造建构交易的机会。

在作出上述决议时，理事会审议了应在多大程度上包含关于实质上为固定付款额的可变租赁付款额。理事会认为，提供一项原则就足够了，而不是列出一份情况清单，因为该清单无法涵盖所有情况，且部分实务应用可能存在挑战。

理事会考虑但最终否决了在租赁付款额定义中包括针对可变租赁付款额的确认门槛（如合理保证或合理确定）。理事会作出该决议主要是出于成本效益考虑。部分理事会成员也认为，在实际履约或使用之前，与未来履约或使用挂钩的可变租赁付款额不符合资产（对出租人而言）或负债（对承租人而言）的定义。

(二) 实质固定租赁付款额示例

为帮助应用包含实质固定租赁付款额的原则，理事会在《2013年二次征求意见稿》中提出了可视为实质固定租赁付款额的可变租赁付款额的说明性示例。

示例 2-12-6：实质为固定付款额的可变租赁付款额

示例 2-12-6 (a)：

承租人签订为期5年的物业租赁，每年的付款额按承租人从租赁物业产生的销售额的2%确定。租赁期每年的租赁费不低于100 000元。

租赁期开始日，承租人以每年固定付款额 100 000 元为基础计量租赁负债。无论房产的销售水平如何，承租人每年至少应支付 100 000 元。因此，这些付款额实质上是固定租赁付款额。

示例 2-12-6（b）：

承租人签订为期 5 年的物业租赁合同，初始年付款额为 100 000 元。该合同包括一个升级条款，规定每年（不包括租赁合同的第一年）的租赁付款额将按前 12 个月消费者价格指数的年增长率或 2% 中的较高者增加。

租赁期开始日，承租人按固定租赁付款额计算租赁负债，第 1 年为 100 000 元，第 2 年为 102 000 元，第 3 年为 104 040 元，第 4 年为 106 121 元，第 5 年为 108 243 元。无论消费者价格指数如何变动，承租人都必须在租赁期内每年至少支付该金额。因此，该付款额实质上是固定租赁付款额。

示例 2-12-6（c）：

承租人签订为期 10 年的物业租赁合同，每年固定租赁金为 100 000 元，可变金额为承租人物业销售额的 3%。在 10 年期间结束时，如果该物业在 10 年内每年销售额至少为 1 000 000 元，承租人可以选择以 375 000 元的价格购买该物业（在租赁期开始日，承租人确定其没有重大经济激励行使购买选择权）。但是，如果物业销售额在 10 年的任何一年少于 1 000 000 元，承租人必须在 10 年期间结束时以 375 000 元的价格购买该物业。

在租赁期开始日，承租人按以下任一项的现值计量租赁负债：

（1）年付款额 130 000 元（假设销售额为 1 000 000 元，每年 100 000 元固定付款额加上 30 000 元可变租赁付款额）

（2）固定的年付款额为 100 000 元加上第 10 年年底应付的 375 000 元购买价格。

无论 10 年租赁期内的销售水平如何，承租人至少需要支付这两笔金额中较低的一笔，因此，375 000 元购买选择权的行权价格或 10 年 30 000 元的年付款额是实质上的固定付款额。

二、2014 年 4 月联合会议

在 2014 年 4 月的会议①中，理事会讨论了对于属于实质固定付款额可变租赁付款额的判断。

参与《2013 年二次征求意见稿》外联工作的大部分机构（包括财务报表编制人、使用者、会计师事务所等）支持在租赁付款额的定义中纳入实质固定租赁付款额的可变租赁付款额。会计师事务所和监管机构注意到定义和提供实质固定租赁付款额示例的重要性，以确保主体之间的一致应用和可比性。

（一）《2013 年二次征求意见稿》反馈意见

关于实质固定租赁付款额概念的反馈意见有限。部分受访者表示，将此类付款额纳入使用权资产和租赁负债的计量是合适的，因为其是不可避免的。很多受访者反馈，难以解释实质固定租赁付款额的含义。这些受访者表示，关于什么是实质固定租赁付款额的判断，可能导致实务应用的不一致。一名监管机构人员指出，应用不一致可能导致可执行性的问题。

几乎所有受访者都认为，《2013 年二次征求意见稿》提供的示例，如果没有其他指引，将不足以确保在实务中得到一致应用。部分受访者将《2013 年二次征求意见稿》中的例子理解为绝对的固定付款额的例子，而不是实质固定租赁付款额的可变租赁付款额。该部分受访者认为，如果理事会打算将实质固定租赁付款额包含在绝对固定付款额之外，则应引入关于是否属于以及在何种情况下属于合同上可变但实质上固定的付款额的额外指引。此外，尽管理事会作出了相反的决议，但部分受访者质疑，根据业绩或使用情况估计极有可能发生的可变租赁付款额，是否应作为实质固定租赁付款额。

部分受访者还对潜在的建构交易机会表示担忧。该部分受访者认为，将付款额建构为可变租赁付款额，可能低估使用权资产和租赁负债。该部分受访者还担心，可变租赁付款额的提议将允许部分目前视为最低租赁付款额的付款额，在新租赁准则中被排除在租赁付款额之外，从而排除在使用权资产和租赁负债的计量之外。该部分受访者认为，如果对"实质固定租赁付款额"的含义有更清晰的界定，则建构付款额就不太可能发生。

---

① IASB/FASB. IASB/FASB Joint Meeting: April 2014. IASB agenda reference 3C/ FASB agenda reference 279. Project: Leases. Topic: In – Substance Fixed Payments.

(二) 理事会职员分析

如果理事会重申租赁付款额应包含实质固定租赁付款额，理事会职员认为，应通过以下方式就此类付款额提供额外指引：(1) 在结论基础阐明，在现行实务中存在实质固定租赁付款额的概念；(2) 在最终租赁准则应用指南中包含额外的说明性示例。

理事会职员认为，实质固定租赁付款额应包括：(1) 不产生真正或真实可变性的付款额。例如，包含看似不具有经济实质条款的付款额，使得付款额容易确定（见下述示例 2-12-7 和示例 2-12-8）。相反，理事会职员认为，根据标的资产未来业绩或使用情况而变动的付款额，对具有经济实质的承租人和出租人产生了真正的可变性（见下述示例 2-12-9）。(2) 当承租人可以选择支付哪一组付款额，但必须至少支付一组付款额时，应支付的付款额中较低的一项（见下述示例 2-12-10）。

示例 2-12-7：带有升级条款的实质固定租赁付款额

承租人与出租人签订为期 15 年的零售空间租赁合同。租赁费初始为每月 3 万元。每年的消费者物价指数 (CPI) 较上年上升 0.1%（杠杆系数是 CPI 变动的 10 倍），则每年租赁费用增加 1%，每年增幅上限为 2%。任意一年的租赁付款额都不能较上年减少。在过去的 20 年里，CPI 的年增长率均超过 1%，在租赁期内，CPI 的年增长率低于 0.2% 的可能性很小。由于出租人租赁内含利率无法取得，折现率为承租人的增量借款利率 6%。

与当前实务的一般处理一致，承租人和出租人均认为，每年 2% 的调整上限是一项"实质固定租赁付款额"（见表 2-12-13）。

表 2-12-13　包含/不包含"实质租赁付款额"差异率

租赁期开始日	不含实质固定租赁付款额（元）	含实质固定租赁付款额（元）	差异率
使用权资产	3 496 410	3 945 746	13%
租赁负债	3 496 410	3 945 746	13%

对于其他情况，理事会职员指出，如果价格调整条款是针对每年 5% 或 25 倍 CPI（而不是 2% 或 10 倍 CPI）的较低涨幅，则使用权资产和租赁负债在租赁期开始日包括或不包括实质固定租赁付款额的差异率为 37%。

示例 2-12-8：变相的实质固定租赁付款额

承租人签订一份为期 10 年的零售空间租赁合同。合同约定，若年度销售额超过 10 000 元，则当年年租金为 1 000 000 元；否则，租金为每年 1 元。由于出租人租赁内含利率无法取得，折现率为承租人增量借款利率 6%。

在上述情况下，1 000 000 元是一笔实质固定租赁付款额。签订租赁合同的目的是让租赁付款额看起来是基于业绩的；但是，很明显，承租人的年付款额将是 1 000 000 元（见表 2-12-14）。

表 2-12-14　包含/不包含"实质租赁付款额"差异率

租赁期开始日	不含实质固定租赁付款额（元）	含实质固定租赁付款额（元）	差异率
使用权资产	0	7 360 087	100%
租赁负债	0	7 360 087	100%

示例 2-12-9：不属于实质固定租赁付款额的可变租赁付款额

承租人签订为期 10 年的房地产租赁，租赁付款额为承租人从租赁房地产中产生的销售额的 5%。自开业以来，承租人的年销售额已超过 100 000 元，预计在可预见的未来将继续增长。

在上述情况下，根据实质固定的可变租赁付款额原则，承租人和出租人在确定租赁付款额时不应包括基于开业后销售额估计的 5 000 元（100 000 元×5%）。虽然根据相关历史经验，其发生的概率可能很高，但在上述情况下，可变租赁付款额完全基于业绩，并直接随业绩而变动。这些付款额使承租人支付和出租人收到的款项具有真正的可变性。因此，这些付款额不属于实质固定的可变租赁付款额。

示例 2-12-10：应视为实质固定租赁付款额的可选付款额

承租人就其物业进行售后租回交易。租回是指承租人对该物业进行为期 20 年的租赁，年租金为 100 000 元，并根据 CPI 的变动逐年增加。该租赁包含承租人可在第 5 年末行使的终止租赁选择权，但前提是承租人同时行使在指定日期以市场价值回购租赁物业的选择权。

在上述情况下，承租人和出租人将（1）在第 5 至第 20 年期间应付的租赁付款额或（2）购买选择权的估计行权价格视为实质固定租赁付款额。这是因为，承租人需要至少支付两笔金额中较低的金额。

根据理事会之前的决议，案例上述示例 2-12-9 中的可变租赁付款额不属于实质固定租赁付款额，理事会的决议将基于业绩或使用的可变租赁付款额排除在使用权资产和租赁负债的计量之外，包括支付概率较高的可变租赁付款额。因此，主体不会在租赁付款额的定义中包含仅根据未来业绩或使用而变动的租赁付款额，无论发生的概率如何（除非存在如《2013 年二次征求意见稿》示例所述的保证最低付款额）。理事会职员指出，新收入准则中也存在与上述示例 2-12-9 类似的规定，即授予知识产权许可中，基于使用和销售的特许权使用费相关可变对价。根据新收入准则，在客户后续销售或使用发生之前，无论其发生的概率如何，交易价格中均不包含此类费用。

（三）理事会职员建议

综上所述，理事会职员建议，在最终租赁准则中：（1）保留实质为固定付款额的可变租赁付款额应纳入租赁付款额的原则；（2）在结论基础中阐明，在现行实务中存在实质固定租赁付款额的概念；（3）包括上述其他性质的说明性示例，以帮助澄清是否视为实质固定租赁付款额的可变租赁付款额类型。

三、最终准则主要规定

最终，新租赁准则要求租赁付款额包括实质固定的租赁付款额。实质固定付款额，是指在形式上可能包含变量但实质上无法避免的付款额。新租赁准则指出，如果存在下列情形，则存在实质固定租赁付款额：（1）付款额设定为可变租赁付款额，但该可变条款几乎不可能发生，没有真正的经济实质。此类例子包括：①付款额仅需在租赁资产经证实能够在租赁期间正常运行时支付，或者仅需在不可能不发生的事件发生时支付。②付款额初始设定为与租赁资产使用情况相关的可变租赁付款额，但其潜在可变性将于租赁期开始日之后的某个时点消除，在可变性消除时，该类付款额成为实质固定付款额。（2）承租人有多套付款额方案，但其中仅有一套是可行的。在此情况下承租人应采用该可行的付款额方案作为租赁付款额。（3）承租人有多套可行的付款额方案，但必须选择其中一套。在此情况下，承租人应采用总折现金额最低的一套作为租赁付款额。

第四节 承租人归还、维护及维持租赁物的义务

在 2007 年 3 月的会议上,理事会初步得出结论,承租人在租赁期结束时归还租赁物的义务不符合负债的定义。但是,部分理事会成员指出,租赁合同可能产生其他符合负债定义的义务。例如,在特定条件下归还租赁物的义务可能符合负债的定义。鉴于此,双方理事会讨论了承租人归还、维护及维持租赁物的义务。租赁付款额主要会议文献如表 2-12-15 所示。

表 2-12-15　　　　　　　　租赁付款额主要会议文献

序号	会议日期	议题	主要议题及建议
1	2007 年 10 月	《其他承租人义务（讨论稿）》	会议分析了承租人需要承担的几类义务,并对是否将这些义务确认负债进行了讨论

一、概念辨析

在 2007 年 10 月的会议[①]上,理事会职员分析了承租人的几种合同义务,以确定其是否符合负债的定义,并就其初始计量和后续计量提出了建议。

(一) 承租人归还租赁物承担费用的义务

租赁合同可能约定,在租赁期结束时租赁物应归还到特定地点（例如,出租人的场所）。为履行该义务,承租人可能需要承担运输费用。同样,如果承租人在其生产线中安装了一台租赁机器,承租人可能需要产生重大成本,才能将机器从生产线中拆除,以便归还。

1. 是否符合负债定义

承租人承担返还租赁物费用的义务,与返还租赁物的义务相关联。虽然归还租赁物的义务不会导致未来经济利益流出,但为归还租赁物而产生的任何费

[①] IASB. IASB Meeting: 18 October 2007, London, London. IASB Agenda Paper 12A. Project: Leases. Subject: Other Lessee Obligations.

用都可能导致未来经济利益流出。为返还租赁物而产生费用的义务与履行返还租赁物义务有关。

承租人承担归还租赁物相关费用的义务,可以在租赁合同中明确约定。例如,租赁合同可能要求承租人将租赁物归还到指定地点,并产生与归还相关的运输费用。毫无疑问,承租人承担了一项由过去事项(将租赁物交付给承租人)导致的义务(归还租赁物的义务),且履行该义务将导致经济利益的流出(归还租赁物发生的费用)。因此,承租人承担归还租赁物相关费用的义务满足负债的定义。

租赁合同可能未明确约定承租人必须承担费用。但是,租赁合同可能隐含了承担这些费用的义务。例如,如果承租人将一台机器安装到其生产线上,为了在租赁结束时归还机器,则将租赁物从生产线上拆除,可能需要发生费用。尽管此类义务在租赁合同中未明确约定,但理事会职员认为此类义务也符合负债的定义。在租赁结束时,承租人将有经济利益流出(租赁物从生产线上拆除的相关费用)。承租人在租赁期满时负有承担这些费用的现时义务。也就是说,该义务是无条件的,承租人无法避免产生这些费用。该现时义务是由于过去事项(将机器初始安装到生产线上)而产生的。

2. 义务何时产生

对于此类义务,在租赁期结束或以其他方式终止租赁之前,承租人不会有经济利益流出。但是,自租赁物交付予承租人之日起,承租人就无法避免此类经济利益的流出。仅有时间的流逝才能使履约到期;承租人有无条件承担运输费用的义务。因此,承租人有义务在租赁物交付或提供予承租人后立即承担返还租赁物的费用。因此,在该时点产生了负债。

理事会职员注意到,上述考虑仅限于"简单租赁",如果租赁合同为承租人提供了购买租赁物的选择权,承租人若打算在租赁结束时购买租赁物,则实际上可能未承担运输费用等无条件义务。购买和续租选择权(可能影响义务的履行时点)及其对负债的影响,将在未来的会议上讨论。

美国《财务会计准则第 143 号——资产弃置义务的会计处理》(以下简称"美国《财务会计准则第 143 号》")规定了与有形长期资产的弃置义务相关处理。美国《财务会计准则第 143 号》规定,主体应在资产弃置义务发生当期确认负债。美国《财务会计准则第 143 号》不包括与租赁物有关的弃置义务[FAS 143 para. 17]。但是,正如结论基础所述,该范围豁免是为了避免对租赁准则作出重大修订[FAS 143 para. B66]。《国际会计准则第 37 号》也提供了类似指引,并要求在满足负债定义且能够可靠计量时确认该负债。但是，理事会职员指出，目前尚不清楚对《国际会计准则第 37 号》的修订提议是否会改变该原则。

理事会职员建议，当承租人获得租赁物的使用权（在存在运输费用的情况下）或机器安装（在负有拆除义务的情况下）时，为归还租赁物而产生费用的义务符合承租人的负债定义。该建议既符合对义务的概念分析，也符合对类似义务的现行会计指引的分析。

3. 借方如何会计处理

如果认定租赁物交付或提供予承租人时，承租人就有承担归还租赁物费用的义务，则后续问题是如何处理确认负债时产生的借方。理事会职员考虑了确认所产生借方的两种观点。

（1）观点 1：作为损益表中的一项费用

观点 1 的支持者认为，这些费用不会产生未来经济利益，不符合资产的定义，因此，建议将此类费用在损益表中确认为费用。此类费用与交易费用类似，因为其是为获得使用权而必须发生的。该观点与采用公允价值进行初始计量的方法一致，在该方法下，交易费用通常在损益表中确认。该观点不认为此类费用与资产弃置义务相似。

部分理事会职员认为，由于经济利益流出并不一定流向出租人，此类费用应作为营业费用处理。此外，部分理事会职员表示，如果此类费用不能增加租赁物的价值，则应作为损益表中的费用处理。

（2）观点 2：作为使用权资产的一部分

观点 2 考虑了与收回租赁物相关的费用，此类费用是租赁物经营的整体或先决条件，是为租赁物达到预定用途所必要发生的，因此，在使用权资产的初始计量中应包含此类费用。观点 2 认为，此类费用在性质上与资产弃置义务相似，并将导致与美国《财务会计准则第 143 号》和《国际会计准则第 16 号》类似的会计处理，后者更倾向于采用历史成本法，并在使用权资产的初始计量时计入其成本。

理事会职员注意到，在 2007 年 6 月的会议上，理事会初步决议根据租赁物的性质对承租人的使用权资产进行会计处理。也就是说，在大部分情况下，资产使用权将作为不动产、厂场和设备。

《国际会计准则第 16 号》要求不动产、厂场和设备应按成本初始计量［IAS 16 para. 15］。不动产、厂场和设备的成本包括，主体在购置该项目时，或者在特定期间内出于生产存货以外的其他目的而使用该项目所产生的拆卸、搬运和场地清理义务的费用的初始估计金额［IAS 16 para. 16（3）］。

美国《财务会计准则第143号》同样要求主体通过增加相关长期资产的账面金额将资产弃置成本资本化［FAS 143 para. 11］。在结论基础中，美国财务会计准则委员会指出，将资产弃置义务披露为负债并相应增加资产的账面金额，与在资产估值中纳入结算负债成本的公允价值具有相同的效果。

理事会职员注意到，在2007年6月的会议上，美国财务会计准则委员会未就承租人使用权资产的初始和后续计量达成与理事会相同的初步决议。大部分美国财务会计准则委员会成员倾向于为承租人使用权资产的初始和后续计量制定一个新的模型。尽管，对于该模型应该是什么尚未达成明确的共识。

理事会职员建议，此类费用本身不符合美国《财务会计概念公告第6号——财务报表要素》（以下简称"美国《财务会计概念公告第6号》"）中资产的定义。但是，如果要对使用权资产采用成本计量，此类费用可能构成使用权资产成本的一部分。理事会职员尚未就借方的会计处理向美国财务会计准则委员会提出建议，因为美国财务会计准则委员会尚未就其对承租人使用权资产的初始和后续计量得出结论。

理事会已初步决议，使用权资产应以与相关租赁资产相同的方式进行会计处理。在这种情况下，理事会职员认为，此类费用是取得使用权资产的成本。此类费用类似于资产弃置义务，目前的公认会计原则将在确认这些负债的同时，借记为使用权资产的一部分，因为，此类费用是经营租赁物不可或缺的先决条件。这将使得以更接近反映承租人在租赁物上的总"投资"金额确认承租人的资产和负债。此类费用不是一项单独的资产，因为此类费用并不会带来具体的、单独的未来经济利益。此类费用的未来经济利益包含在租赁物的使用权中，该租赁物已用于主体的经营活动。

（二）承租人在约定条件下归还租赁物的义务

1. 是否符合负债定义

租赁合同可能约定归还租赁物的最低条件。例如，租赁合同可能要求归还一台处于可工作状态的机器，或者，房地产租赁合同可能约定租赁期结束时该房地产的预期状况。在这两个例子中，如果租赁物低于租赁合同约定条件，承租人预期将产生经济利益的流出。该经济利益流出可能涉及承租人为将租赁物恢复至合同约定条件而产生的费用，或向出租人支付赔偿金（在房地产租赁中常见的情况）。

2. 义务何时产生

关于上述转移经济利益的义务何时产生，存在以下三种观点。

（1）观点1：在租赁期结束时

租赁期结束时，承租人有按照约定条件返还租赁物的义务，则在租赁期结束之前的某个时点，将必然发生使承租人承担义务的事项。但是，如果不存在履行义务相关事项（例如，租赁物处于约定状态），则承租人未承担在租赁期结束时归还租赁物并产生费用的义务。

（2）观点2：当租赁物低于合同约定条件时

美国《财务会计概念公告第6号》和《概念框架》均规定，当报告主体很少或没有自由裁量权来避免经济利益的流出，则存在负债［CON 6 para. 36；CF 1989 para. 61］。因此，为确定负债何时产生，有必要确定报告主体是否很少或没有自由裁量权来避免未来的经济利益流出。一旦租赁物低于合同约定条件（例如，机器发生故障），承租人将无法避免经济利益的流出。因此，当租赁物低于合同约定条件时（即在租赁期结束前产生负债），承租人具有符合负债定义的现时义务。

但是，情况并不总是那么清楚。例如，考虑一个租赁汽车的报告主体。租赁合同可能约定，如果汽车的油漆有损坏，在归还之前必须重新喷漆。历史经验表明，主体租赁的车辆有10%需要重新喷漆后才能归还。如果汽车油漆受损，承租人将重新喷漆。但是，主体可能有从一开始就避免油漆受损的自由裁量权。在租赁期内，承租方控制汽车的使用。因此，承租人可以通过小心驾驶或根本不使用汽车来最大限度地降低汽车受损的风险。因此，可以认为，在损坏实际发生之前，承租人有避免经济利益流出（对汽车重新喷漆的费用）的裁量权。因此，在损坏发生之前，不产生任何负债。

上述观点遵循了对负债何时存在的概念分析，如果承租人能够避免经济利益流出，则不存在负债。理事会职员认为，忽视承租人几乎肯定会继续使用租赁物这一事实是没有意义的，尽管理论上承租人可以选择不这样做。也就是说，尽管承租人可能有能力避免经济利益的流出，但这样做与理性的经济行为是不一致的（承租人为了避免某些未来费用而停止使用租赁物可能是不理性的）。

理事会职员还质疑，在这些情况下，承租人是否与保险公司处于类似的位置。保险项目的重点是实质上的保险安排，而不是保险合同。这可能是理事会职员应该进一步探索的领域。

(3) 观点3：当租赁物交付或提供予承租人时

另一种观点认为，在租赁物低于合同约定条件之前，承租人就具有现时义务。一旦承租人取得租赁物的使用权，如果租赁物低于合同约定条件，承租人就有随时修理租赁物的义务。

考虑前述租赁汽车的例子。虽然承租人可以通过其行为尽量减少对汽车的损坏，但不能完全消除这种风险。因此，承租人很少或没有自由裁量权来避免损坏汽车的风险。承租人对汽车重新喷漆的义务是有条件的义务；它以汽车发生损坏为条件。与该有条件义务相关联的是无条件的义务，即如果油漆损坏，则随时准备对汽车重新喷漆的义务。根据该观点，当承租人使用汽车时，负债就产生了。关于汽车是否需要重新喷漆的不确定性，将在负债的计量中反映。

在某些情况下，很明显承租人很少或没有自由裁量权来避免经济利益的流出。例如，如果汽车租赁要求承租人在租赁期结束前一个月（无论其状况如何）对汽车重新喷漆，则承租人没有避免该费用的自由裁量权。因此，在其获得汽车使用权时即产生了一项负债。

实际上，承租人已向出租人提供了在取车时车辆状况的保证。该保证要求承租人在租赁期内随时准备修理汽车的任何缺陷。该方法符合美国公认会计原则有关担保人担保的会计处理和披露要求。但是，理事会职员指出，承租人保证自己未来的业绩通常不在该范围内。

此外，在特定条件下归还租赁物的义务，在某些方面类似于余值担保。在余值担保下，承租人同时担保租赁物的状况及其在租赁结束时的市场价格。在特定条件下归还租赁物的义务下，承租人仅担保租赁物的状况（并保证其自身的履约）。但是，在这两种情况下，承租人在租赁结束时为出租人提供了部分对租赁物价值的保护。理事会尚未讨论如何处理余值担保。因此，一旦理事会讨论了余值担保问题，可能需要重新审议关于以特定条件归还租赁物的义务的处理。

理事会职员注意到，承租人支付的租金可能反映承租人承担汽车受损的风险。如果承租人不承担这种风险，租赁的基本租金将更高，以补偿出租人承担该风险的损失。理事会职员质疑，出租人在承担汽车损坏风险时确认该义务，而承租人在承担风险时不确认该义务，则该财务报表可能未如实反映交易实质。

理事会职员认为，从概念上理解，至少在租赁期开始日应存在一项负债，尽管在某些情况下，该负债可能太小而难以计量。

(4) 观点4：不在租赁物范围内

部分观点质疑，在对租赁物使用权进行会计处理时，是否应考虑在特定条件下归还租赁物的费用,因为这些维修和维护费用应按照其他适用的准则进行会计处理,而不应在租赁物中讨论。该观点建议将此类维护费用从使用权资产计量中排除,并根据其他适用的准则单独进行会计处理。何时确认负债(以及是否发生费用)也将根据其他适用的准则确定。

观点 4 的支持者指出,如果承租人拥有租赁物的控制权,就不会产生此类维护费用。支持者还指出,如果承租人拥有控制权而不是使用权,维修和维护费用不会资本化。该观点的支持者认为,主体是租赁资产还是购买资产,不应该影响如何确认维修和维护义务。

观点 4 认为,仍需要考虑租赁合同约定付款额的实质内容。例如,如果租赁合同包含表面上用于维护的付款额,则仍需要考虑名为"维护"的付款额的合理性。观点 4 还要求承租人考虑,在特定条件下归还租赁资产的义务是否会产生类似于前述"承租人承担归还租赁物费用的义务"。例如,承租人可能有义务将租赁的建筑物以"清洁"的状态归还,或根据其他适用的准则进行一般维修和维护。承租人在租期结束时拆除原有地毯和内墙的义务,在租赁期开始日更类似于前述第一类义务。

观点 4 的反对者认为,由于租赁合同的性质,对修理和维护费用的会计处理可能取决于资产是租赁的还是自身拥有控制权。也就是说,承租人对他人(出租人)有义务以约定条件归还租赁物,且可能无法避免该义务,但租赁物的所有者则有更大的自由裁量权。

(5)理事会职员意见

部分理事会职员认为,当承租人获得租赁物时,在特定条件下归还租赁物的义务符合负债的定义(观点 3)。虽然可能有观点认为,承租人在美国《财务会计概念公告第 6 号》和《概念框架》下不负有义务,因为承租人有自由裁量权来避免未来经济利益的流出。但是,该部分理事会职员认为,该观点与理性的经济行为不一致,从而不具有说服力。虽然目前的维修会计处理,如计划中的重大维修,不会提前计提此类费用,但理事会职员将承租人与出租人签订合同(加上承租人不会避免使用租赁物的假设)视为有义务的事项,而不是等待租赁物低于约定条件。不同的说法是,部分理事会职员认为,在概念上,签订租赁合同将产生对另一个主体的义务,该义务符合负债的定义,应在该时点确认负债(尽管金额可能相当小)。在承租人获得租赁物时确认负债,反映了理事会目前对负债的部分观点,即,当承租人获得租赁物时存在随时准备的义务,且该义务可能符合负债的定义。其中部分理事会职员认为,从成本效益考虑可能认为，采用简化的会计处理是合理的。

其他理事会职员建议，除前述情况外，在需要经济利益流出的事项实际发生之前，不确认任何负债（观点2），原因是：（1）对承租人而言，估计租赁物发生损坏的概率可能会很困难，特别是当承租人首次租赁某一资产或该资产仅有一项时，在损坏实际发生之前计量负债可能是困难的。（2）由于承租人对租赁物的使用拥有控制权，其有一定的自由裁量权来避免租赁物低于合同约定条件。（3）除非承租人很少或没有自由裁量权来避免未来的经济利益流出，否则，根据美国《财务会计概念公告第6号》和《概念框架》不承担义务。

3. 借方如何会计处理

如果认定承租人有在特定条件下归还租赁物的义务，则后续问题是如何处理在确认负债时产生的借方。理事会职员认为，借方可以通过以下两种可能的方式确认。

（1）观点1：作为损益表中的一项费用

该观点的支持者认为，此类费用不会产生未来的经济利益，不符合资产的定义，从而建议在损益表中将此类费用确认为费用。该观点的支持者认为，在特定状态下归还租赁物的费用类似于维修和维护费用。一般来说，维修费用在发生时计入损益。无论相关资产是以公允价值计量还是以历史成本为基础计量均是如此。可以说，维护一项资产仅是为了保持其价值，但不会使其价值高于先前的水平。

（2）观点2：作为使用权资产的一部分

该观点建议将租赁物在特定条件下返还的费用予以资本化，并作为使用权资产的一部分。该观点的支持者认为，赞同在特定条件下返还租赁物，是承租人获得租赁物使用权的部分成本。该观点认为此类费用类似于资产弃置义务；但是，理事会职员指出，美国《财务会计准则第143号》和《国际会计准则第16号》均未直接涉及与维持租赁物状态义务有关的费用。

理事会职员还考虑了对资产的使用权是否应由使用权资产和维护租赁物的相关资产组成，这些资产中的各项可能在不同的使用寿命内计提折旧。

（三）维持租赁物状态的义务

1. 是否符合负债定义

租赁合同约定的维持租赁物状态的义务，与在约定条件下归还租赁物的义务非常相似。唯一的区别可能仅是承租人经济利益流出的时点问题。如果租赁合同包括承租人维持租赁物状态的义务，出租人可能有权在租赁期内，而不是在租赁结束时强制承租人承担维护或支付损坏赔偿金。但是，经济利益流出发生的时间，不应影响一项负债是否存在的判断。

在原租赁准则下，主体通常不计提与维护自有资产有关的费用。这是因为，对于自有资产，承租人可以选择不产生经济利益的流出（即，没有现时义务）。即使在所有者因法定要求维护一项资产以便继续使用的情况下（如飞机），所有者也可以停止使用该资产，从而避免支付维护资产的费用。但是，理事会职员并不认为这是不确认负债的令人信服的理由。

2. 义务何时产生

同样，问题在于转让经济利益的义务何时产生，存在以下三种观点。

（1）观点1：租赁物未达到约定维护条件时

当租赁物达不到约定的维护条件而需要维修时，承租人就有合同义务承担维修费用，或向出租人支付损坏赔偿金。无论承租人是否继续使用该租赁物，情况都将如此。因此，当租赁物低于合同约定的维护水平时，就可能存在负债。

在包含全部附加服务的租赁下，出租人在租赁期内对租赁物提供维修服务。维修服务的费用将包含在租赁合同约定的应付租金中。根据原租赁准则要求，承租人将维修部分从租赁合同中分离出来，并将维修作为待执行合同，不确认维修负债。但是，在含全部附加服务的租赁中，出租人向承租人提供维修服务。因此，在出租人履行合同约定义务之前，支付此类服务的义务可能不会产生。这与承租人维护租赁物的合同义务不同。

（2）观点2：当租赁物交付或提供予承租人时

租赁合同可能约定某些维护要求，承租人很少或没有自由裁量权来避免这些要求。例如，在租赁期内，承租人可能被要求每2年重新粉刷一幢办公楼（无论其状况如何）。同样，承租人很少或没有自由裁量权来避免此类费用。因此，可以认为在租赁开始时就产生了对此类费用的负债。

在其他情况下，承租人可以自行决定避免维修费用。例如，承租人可以通过停止使用租赁物来避免产生维修费用。在这种情况下，承租人的处境与要求在约定条件下归还租赁物的承租人相似。或者，也可以认为承租人没有自由裁量权来避免发生维修费用的风险。因此，自取得租赁物之日起，承租人就具有随时维护租赁物的义务。

(3) 观点 3：不在租赁物范围内

部分观点质疑，在对租赁物的使用权资产进行会计处理时，是否应考虑租赁物的维护费用，因为这些维护费用应在其他适用的准则范围内，而不是在租赁物中讨论。该观点建议识别这些维护费用，并根据适用的准则单独进行会计处理。

考虑到在约定条件下归还租赁物的义务和维护租赁物的义务之间的相似性，理事会职员认为，二者应以相同的方式进行会计处理。

3. 借方如何会计处理

如果认定承租人在取得租赁物使用权时负有维护租赁物的义务，则后续问题是如何处理在确认负债时产生的借方。以下两种观点与前述第 2 类义务的分析相同。

(1) 观点 1：作为损益表中的一项费用

该观点的支持者认为，维持租赁物状态的义务实质是维修费用。维修费用的一般处理方法是在发生时计入损益。无论相关资产是按公允价值计量还是按历史成本计量，都是如此。有观点认为，维持一项资产状态仅是为了保持其价值，但不能使其价值高于先前水平。如果采用该方法，在确认维持租赁物的义务时产生的借方将在损益表中予以确认。

(2) 观点 2：作为使用权资产的一部分

该观点建议将维持租赁物的费用作为使用权资产的一部分予以资本化。尽管该处理与资产弃置义务的处理类似，但《国际会计准则第 16 号》和美国《财务会计准则第 143 号》都未直接规定与维持租赁物的义务相关的成本。

考虑到在特定条件下归还租赁物的义务和维护租赁物的义务之间的相似性，理事会职员认为，二者应该以相同的方式进行会计处理。

(四) 承租人的义务是否为出租人创造了资产

租赁合同要求承租人在约定条件下将租赁物归还出租人，或维护租赁物，可能为出租人创造了有价值的权利。

要求承租人维护租赁物或在约定条件下归还租赁物，将在租赁期结束时保护出租人对租赁物的利益。承租人实际上已就租赁物的最低条件向出租人提供了担保。承租人对租赁物的维护也确保了若出租人因承租人违约而需收回该租赁物时，该租赁物处于可工作状态。要求承租人维护租赁物提高了出租人应收账款的安全性，以及租赁结束时出租人在租赁物中权益的价值。因此，可以认为这些权利符合资产的定义。与承租人的负债一样，资产是在承租人取得租赁物使用权时产生，还是在以后某个时点（例如，当租赁物低于特定的维修条件时）产生，需要进一步讨论。但是，尽管这些权利对出租人来说是有价值的，但其仅在与租赁期结束时出租人对租赁物的权益，或从承租人收取款项的权利相结合时才有价值。也就是说，这些权利提升了出租人其他资产的价值。

理事会职员认为，这些权利不是单独的资产，但会影响租赁结束时出租人对租赁物权益的计量，因此，应与租赁结束时出租人对租赁物的资产价值合并计算。

二、负债的计量

2007年10月的会议上，理事会职员也讨论了承租人归还、维护及维持租赁物的义务产生负债的初始计量和后续计量。

（一）负债的初始计量

对于前述确认的负债的初始计量，存在以下两种观点。

1. 观点1：以公允价值计量

在很多情况下，公允价值信息具有相关性。这是因为公允价值计量考虑了市场参与者在评估金融负债时将考虑的所有因素。以公允价值初始计量也符合理事会有关金融资产和金融负债计量的长期目标。但是，前述讨论的义务可能并不都是金融负债。尽管如此，理事会职员认为，以公允价值计量前述讨论的负债，为财务报表使用者提供了最具相关性的信息。

对此类负债以公允价值初始计量，与美国《财务会计准则第143号》对资产弃置义务的处理要求一致。在制定美国《财务会计准则第143号》时，美国财务会计准则委员会考虑了初始确认时公允价值计量的两种替代方案："特定主体的计量标的"和"成本归集标的"。但是，美国财务会计准则委员会否决了这两种方法，因为二者将导致相同的负债由不同主体以不同的金额计量。

美国《财务会计准则第143号》指出，现值法通常是计量负债公允价值的最佳估值技术，并指出预期现金流量法通常是计量资产弃置义务的唯一合适技术。美国《财务会计准则第143号》还规定，主体应使用信用调整后的无风险利率对估计的现金流量进行折现。

2. 观点2：以结算当前债务所需支出计量

如果理事会决定不以公允价值对此类负债初始计量，则可以考虑另一种替代办法，即以结算当前债务所需支出进行初始计量。该观点与《国际会计准则第37号》一致，该准则要求此类义务应在资产负债表日将结算现时义务所需的支出，以当前市场利率折现后的金额进行初始计量。虽然在很多情况下，公允价值和《国际会计准则第37号》所要求的计量是相同的（特别是在使用现金流量折现技术来估计公允价值的情况下），但情况并非总是如此。

理事会职员建议，应以公允价值对此类负债初始计量。

（二）负债的后续计量

关于此类负债的后续计量，存在以下几种观点。

1. 观点1：以公允价值计量

在该方法下，承租人将在每个期间以公允价值计量其对出租人的负债；该公允价值的所有变动，包括与利率相关的变动，都将在财务报表中确认。这将保持公允价值计量目标的优势；也就是说，公允价值被视为金融负债最相关的计量标准。但是，要求以公允价值后续计量，将比使用摊余成本法的成本更高，因为公允价值计量需要使用当前预期现金流量和当前市场利率。理事会职员指出，理事会目前并不要求对大部分负债以公允价值后续计量；因此，后续以公允价值计量可能导致租赁负债与类似的非租赁金融负债的计量方式不同，从而降低可比性。

2. 观点2：根据估计的时间或金额变动进行调整

根据美国《财务会计准则第143号》确认的负债，后续应根据估计的时间或金额的变动进行调整。将采用会计惯例来计量由于时间的推移和对现金流量估计的修订而导致的负债的逐期变动，而不是按公允价值进行后续计量。这些变动将被纳入负债的重新计量。该惯例将不包括市场利率的变动。在美国《财务会计准则第143号》中，概念上公允价值优于利息分配法；但是，在更多（或全部）负债需要公允价值计量之前，理事会不希望要求公允价值计量。

3. 观点3：以结算当前债务所需支出计量

根据《国际会计准则第37号》确认的负债，后续以结算当前债务所需支出计量，并使用当前市场利率（即与初始计量相同）进行折现。对结算当前债务所需支出的最佳估计是，主体为结算当前债务或将其转让给第三方而合理支付的金额。

4. 观点4：以摊余成本计量

在该方法下，承租人使用实际利率法摊销负债。实际利率法将与非公允价值计量金融负债的方法相同。实际利率法确实向使用者提供了有关负债的相关信息。但是，实际利率法并不考虑市场利率的变动。

理事会职员注意到，理事会已初步得出结论，承租人支付符合金融负债定义的租金的义务应以摊余成本进行后续计量。尽管前述义务与支付租金的义务不同，但对其以公允价值进行后续计量，将导致租赁合同产生的负债之间的计量不一致。

理事会职员的初步意见是，前述讨论的负债应以公允价值后续计量，其为财务报表使用者提供了最具相关性的信息。

三、最终准则主要规定

最终，新租赁准则规定，租赁付款额可能包括承租人为拆卸及移除租赁资产、复原租赁资产所在场地或将租赁资产恢复至租赁条款约定状态预计将发生的成本，为生产存货而发生的成本除外。同时，承租人应在其有义务承担相关成本时，将这些成本确认为使用权资产成本的一部分。因此，对于租赁期间承租人预计将发生的租赁资产拆除、复原和维护等支出，需要考虑承租人承担义务的时点，以及所发生的成本性质分别进行处理。

第十三章 转租赁会计处理

在原租赁准则下,没有明确规范转租赁的会计处理,新租赁准则对转租赁的会计处理提供了明确指引。

在新租赁准则下,对转租出租人应如何在"使用权模型"下对转租交易会计处理进行了多次讨论。理事会最终决议,对使用权资产的租赁(即转租赁)的会计处理应与其他租赁相同。转租情况下,原租赁合同和转租赁合同通常都是分别单独商定的,且转租与原租赁均涉及不同的交易对手方,对于转租出租人,转租的条款和条件通常不会消除原租赁所产生的义务。因此,新租赁准则要求转租出租人对原租赁和转租赁分别根据承租人和出租人会计处理要求,将原租赁和转租赁作为两项单独的合同进行会计处理。同时,理事会最终决议,在对转租赁进行分类时,转租出租人应根据原租赁形成的使用权资产而非标的资产进行评估。

在新租赁准则制定过程中,双方理事会曾多次讨论了转租赁交易的会计处理,曾提出转租的不同会计处理的方法。表 2–13–1 列示了新租赁准则制定过程中,涉及转租交易如何进行会计处理的主要会议及讨论内容。

表 2–13–1　　　　　　　　转租赁主要文献

序号	会议日期	议题	主要内容及建议(与本议题相关内容)
1	2008 年 11 月	《转租赁》	讨论了转租赁会计处理的可能方法,没有作出任何决议。理事会指示职员在租赁讨论文件中列入与转租赁有关的问题的说明
2	2009 年 1 月	《转租赁会计处理》	讨论了转租赁的会计处理:"使用权模型"在转租出租人中的应用;如果转租出租人的会计处理在出租人会计之前完成制定,可能存在困难
3	2009 年 3 月	《2009 年讨论稿》	双方理事会讨论了解决转租出租人应如何对转租赁进行会计处理的三种可能方法,双方理事会在《2009 年讨论稿》中对三种方法未达成初步意见

续表

序号	会议日期	议题	主要内容及建议（与本议题相关内容）
4	2010年4月	《转租赁的会计处理——履约义务模型》	双方理事会初步决议： 转租出租人作为原租赁的承租人，应当按照理事会制定的承租人会计模型处理因原租赁产生的资产和负债。同样，转租出租人作为转租赁的出租人，应按照理事会制定的出租人会计模型对其因转租而产生的资产和负债进行处理。转租出租人应在财务状况表中列示与转租合同有关的所有资产和负债，但不包括向原租赁出租人支付租金的义务。向原租赁出租人支付租金的义务应单独列示。转租出租人应当在财务报表中披露重大转租的性质和金额
5	2010年5月	《终止确认模型——转租赁的会计处理》	理事会初步决议，不对转租赁产生的资产和负债提供不同的计量指引。此外，转租出租人将在财务状况表中列出因转租赁而产生的所有资产和负债
6	2010年8月	《2010年征求意见稿》	《2010年征求意见稿》提议，所有承租人均适用提议的"使用权模型"，包括转租赁中的原租赁承租人。对于转租出租人，也根据当时提议的出租人会计，分别按照"履约义务法"和"终止确认法"相关规定进行会计处理和列报
7	2013年5月	《2013年二次征求意见稿》	《2013年二次征求意见稿》根据承租人是否预期将消耗标的资产内含经济利益的重大部分，将租赁分类为"A型租赁"和"B型租赁"，承租人和出租人均应按该分类分别进行处理。对于转租赁中的原租赁出租人（转租赁承租人），也应根据对原租赁和转租赁的分类，分别适用单项租赁中出租人和承租人的相关处理规定
8	2014年6月	《转租赁（与美国财务会计准则委员会联合）》	双方理事会初步决议，转租出租人应将原租赁和转租赁作为两个单独的合同处理（根据承租人会计处理原租赁，根据出租人会计处理转租赁），除非这些合同符合理事会在2014年4月联合会议上通过的合同组合指引
9	2015年2月	《转租赁——折现率》	理事会暂时决议，如果转租赁被分类为融资租赁，转租中内含利率无法直接确定，则允许转租出租人可使用原租赁所使用的折现率来会计处理转租

一、2008年11月会议

在2008年11月的理事会会议[①]中，理事会探讨了转租赁会计处理的不同可

---

① IASB. Board Meeting: 20 November 2008, London. Project: LEASE ACCOUNTING. Subject: Subleases (Agenda Paper 8D).

能方法。此次会议没有作出任何决议，理事会指示职员在租赁讨论文件中列入与转租赁有关问题的说明。

（一）转租赁安排

主体有时会同时担任同一标的资产的出租人和承租人。在转租安排下，转租出租人将：（1）作为承租人从原租赁出租人处租赁资产；（2）作为出租人将同一标的资产转租给转租承租人，租期相同或更短。

不同的转租安排包括：（1）原租赁和转租在同一日期开始，期限相同，租金金额基本相同（转租出租人可能保留少量租金），有时称为"全程租赁"。（2）原租赁和转租在同一日期开始，但转租的期限较短，因此，转租出租人从转租期结束到原租赁期结束都可以使用该资产（通常转租出租人会在最初的转租到期后打算进一步转租）。（3）转租赁在原租赁后的一段时间后开始，例如，转租出租人以长期租赁方式租赁房产，占用一段时间，然后不再需要该房产时，不是取消原租赁，而是将该房产转租给新租户。

（二）转租会计处理的方法

会议讨论了转租赁会计处理可能的方法，理事会职员确定了四种方法：（1）方法1：要求转租出租人对其转租赁适用《国际会计准则第17号》；（2）方法2：将原租赁排除在新租赁准则范围之外；（3）方法3：制定转租出租人"使用权模型"；（4）方法4：转租赁适用《国际会计准则第17号》的分类要求，但修改计量要求。

1. 方法1：转租出租人对转租赁适用《国际会计准则第17号》

方法1要求转租出租人对转租赁适用《国际会计准则第17号》，即要求转租出租人将转租分类为融资租赁或经营租赁，分别进行处理。理事会职员讨论了将《国际会计准则第17号》应用于转租赁可能存在的四个问题：（1）确定对哪项资产应用分类测试；（2）分类不一致；（3）转租赁被分类为融资租赁时计量不一致；（4）当转租赁被分类为经营租赁时，损益表不匹配。

（1）确定对哪项资产应用分类测试

根据《国际会计准则第17号》，融资租赁是指实质上转移了标的资产所有权相关的所有风险和报酬的租赁。问题是应该考虑哪项资产，有两种可能的方法：（1）如果转租基本上转移了转租出租人确认的使用权资产的所有风险和报酬，则满足测试；（2）只有当租赁基本上转移了作为原租赁标的资产的所有风险和报酬时，才满足测试。

例如，假设原租期为5年，而标的资产的预期寿命为10年。转租出租人确认使用权资产，为期5年。根据方法（1），如果该使用权资产的几乎所有风险和报酬都转移给转租承租人，则转租出租人将该转租分类为融资租赁。因此，如果转租条款与原租赁条款相同，则该转租属于融资租赁。根据方法（2），任何转租都属于经营租赁，因为转租出租人无法转移标的资产的大部分风险和报酬，因为其仅有权在标的资产10年预期寿命中使用5年。

如果转租出租人将转租分类为融资租赁，则终止确认其使用权资产，并确认租赁投资净额，即转租下的未来应收租金。终止确认是否适当，应根据转租出租人对使用权资产的风险和报酬保留的程度来判断。如果转租出租人未保留租赁物的重大风险和报酬，而主要风险是租赁现金流，则应终止确认在原租赁下取得的使用权。即使原租赁只转让了标的资产的部分预期使用寿命，也适用该情况。

总之，在应用《国际会计准则第17号》时，转租出租人应考虑其拥有的使用权资产，并根据使用权资产的所有风险和报酬是否基本上都通过转租转移。不应考虑标的资产，因为标的资产不是转租出租人的资产。

在实际操作中，理事会职员认为，在原租赁和转租本质相同的情况下，转租出租人对转租的会计处理应与对原租赁的会计处理紧密匹配。只有当转租被分类为融资租赁，且其条款与原租赁基本相同时，才能实现这一点。因此，理事会职员认为正确的方法是方法（1），即，如果转租实质上转移了使用权资产的所有风险和报酬，则满足测试。

（2）分类不一致

尽管《国际会计准则第17号》将融资租赁定义为实质上转移标的资产所有权相关的所有风险和报酬的租赁，但该一般原则下还补充了几个通常会导致融资租赁分类的情况。这些情况包括：租赁期占租赁资产使用寿命的大部分；应收租赁款的现值几乎相当于租赁资产的公允价值。由于根据《国际会计准则第17号》的分类和使用权模型确定租赁期和租赁付款额的方式存在差异，在补充情况下可能无法对转租赁进行适当分类。

例如，转租出租人可以签订一份为期5年的原租赁合同，并可选择再续租5年，同时也签订一份相同的转租合同。转租出租人可能认为，其行使续租原租赁是可合理确定的，但转租是否行使续租选择权则不是可合理确定的。因此，该资产的使用寿命为10年，转租期为5年。转租出租人会得出，租赁期并没有占租赁资产使用寿命的大部分的结论。由于最低租赁付款额的定义，也会出现了类似的问题。

如果新准则要求转租出租人考虑租赁分类的一般原则（而不是《国际会计准则第17号》中的补充情况），则有可能避免这些问题。例如，如果原租赁和转租赁的条款匹配或接近匹配，则转租出租人实质上已将使用权资产所有权的所有风险和报酬转移给了转租承租人。因此，该租赁应分类为融资租赁。

2. 方法2：将原租赁排除在新租赁准则范围之外

方法2将原租赁排除在新租赁准则范围之外，要求转租出租人对原租赁采用原租赁准则下的承租人会计处理，即转租出租人不确认使用权资产和租赁负债。相反，转租出租人应将原租赁分类为融资租赁或经营租赁。若分类为融资租赁，转租出租人确认资产和负债；若分类为经营租赁，转租出租人则不确认资产和负债。该方法将消除上述很多（尽管不是全部）问题，而且，正如报表编报者所熟悉的，实施起来很简单。

但是，该方法也存在以下缺点：（1）降低报表使用者的可比性，因为类似的交易将以不同的方式进行会计处理，受转租约束的租赁与不受转租约束的租赁的会计处理方式不同。（2）分类为经营租赁的原租赁下产生的资产和负债不在财务状况表中确认，低估了转租出租人的资产和负债。（3）保留经营租赁会计可能为构建交易提供机会。（4）若转租出租人首先已确认了使用权资产和租赁负债，后续再单独签订转租，则如何应用该方法可能存在问题。

3. 方法3：制定转租出租人使用权模型

方法3是针对转租出租人制定"使用权模型"。如果要求转租出租人对转租赁适用单独的"使用权模型"，则可以避免上述与《国际会计准则第17号》应用于转租赁有关的很多问题。转租赁的"使用权模型"将反映转租承租人的确认和计量要求。根据该方法，转租出租人不需要将租赁分类为融资租赁或经营租赁。相反，转租出租人应确认反映转租承租人支付租金义务的应收账款。

方法3有以下优点：（1）比较简单，因为转租出租人不需要将租赁分类为融资租赁或经营租赁；（2）同样的概念模型适用于原租赁和转租赁，这样报表使用者更容易理解。

但是，方法3也存在以下缺点：（1）类似的交易将以不同的方式会计处理。例如，汽车出租人可以选择购买部分汽车并租赁部分汽车。根据该方法，出租人购买车辆的转租赁根据《国际会计准则第17号》进行会计处理。租入车辆的转租赁按"使用权模型"进行会计处理。这将降低对报表使用者的可比性。

（2）需要确定转租出租人在进入转租时是否应终止确认使用权资产。如果认为终止确认是适当的，则需要为部分处置（即转租赁的条款与原租赁不相符）制定指引；如果认为终止确认是不适当的，则需要制定关于如何处理因确认转租应收账款而产生的贷方的处理指引。（3）如果转租出租人应收账款的计量与转租承租人支付租金的义务的计量相一致，则可包括续租期、或有租金、购买选择权和残值担保产生的现金流量。理事会需要确定这样做是否合适的结论。

4. 方法4：转租赁适用《国际会计准则第17号》分类要求，但修改计量要求

方法4认为，转租赁应适用《国际会计准则第17号》分类要求，但可修改部分计量要求。在该方法下，转租出租人仍然需要将转租赁分类为融资租赁或经营租赁。但是，对转租赁的最低租赁付款额的定义进行修订，使其与使用权资产的计量一致。这一修订定义既适用于分类，也适用于转租出租人在租赁投资净额的计量。例如，与其将或有租金排除在最低租赁付款额之外，不如将最低租赁付款额的定义修改为包括转租赁下应付或有租金的估计。

如果不加修改地应用原租赁准则，该方法将消除可能出现的很多计量不匹配。例如，如果转租赁与原租赁在同一时间以相同的条款签订，则不会产生收益或损失。但是，在签订原租赁后签订的转租赁则会产生收益或损失。通过将转租赁始终分类为融资租赁，应收账款的收入将与原租赁支付租金义务的利息支出相匹配。损益表的不匹配仍然存在（即，当转租赁被分类为经营租赁时）。但是，这种不匹配的情况将较少发生，因为在该方法下，很少的转租赁将被分类为经营租赁。

但是，该方法也存在缺点：（1）与方法3一样，类似交易将根据租赁资产是由转租出租人购买还是通过租赁获得而进行不同的会计处理。（2）如前所述，转租出租人确认的任何应收账款可包括续租期、或有租金、购买选择权和残值担保产生的现金流量。理事会需要得出这样做是否合适的结论。

5. 四种方法的分析

理事会职员认为，对于方法1，可通过制定额外的指引来解决与该方法有关的很多问题。方法1的主要优点是，其确保了以相同方式对类似业务进行会计处理。也就是说，无论租赁资产是通过购买获得还是通过原租赁获得，转租出租人都将以同样的方式对所有租赁进行会计处理。转租赁（和方法1）相关的问题出现是因为试图将不同的会计模型应用于原租赁和转租赁。如果对原租赁和转租赁采用相同的会计模型，这些问题是可以避免的，如在方法2、方法3

下的问题。方法 4 是方法 1 和方法 3 的混合。它试图通过修改其计量要求来解决与方法 1 相关的分类和计量问题。

二、2009 年 1 月会议

在发布《2009 年讨论稿》之前，在 2009 年 1 月的理事会会议①中，理事会进一步分析了前述方法 3：制定转租出租人"使用权模型"。

（一）使用权模型在转租出租人中的应用

理事会职员认为，将"使用权模型"适用于转租出租人，转租出租人不需要将租赁分类为融资租赁或经营租赁。该方法有以下优点：（1）转租出租人不需要将租赁划分为融资租赁或经营租赁。（2）同样的概念模型适用于原租赁和转租赁，这样报表使用者更容易理解。

但是，如果不改变出租人的整体会计模型，该方法也存在缺点：（1）类似的交易将以不同的方式会计处理。例如，汽车出租人可以选择购买部分汽车并租赁部分汽车。根据该方法，出租人购买的车辆租赁根据《国际会计准则第 17 号》进行会计处理。租赁车辆的租赁按使用权模型进行会计处理。这将降低对报表使用者的可比性。（2）理事会需要决议转租出租人在进入转租时是否应终止对使用权资产的确认。如果理事会认为终止确认是适当的，则需要为部分处置（即转租赁的条款与原租赁不相符）制定指引；如果理事会认为终止确认是不适当的，则需要制定关于如何处理因确认转租应收账款而产生的贷方的指引。（3）如果转租出租人应收账款的计量与转租承租人支付租金的义务的计量相一致，则可包括续租期、或有租金、购买选择权和残值担保产生的现金流量。理事会需要得出这样做是否合适的结论。（4）理事会需要讨论出租人何时以及是否确认收入。

理事会职员注意到，如果转租出租人的会计处理先于出租人的会计处理制定完成，则可能会遇到困难。考虑到可能发生的潜在会计后果，应再次确认推迟出租人会计处理的决议。如果转租出租人和出租人有两种不同的模式，则可能造成构建交易机会，并且经济上类似的交易将以不同的方式进行会计处理。

---

① IASB. Board Meeting: 19 January 2009, London. Project: LEASE ACCOUNTING. Subject: Scope, an Overview of Lessor Accounting and Consideration of Sublessor Accounting (Agenda Paper 13A), Sublessor Accounting – Alternative Staff View (Agenda Paper 13B).

(二) 理事会职员建议

由于上述困难，理事会职员不建议仅为转租出租人制定"使用权模型"。理事会职员认为，转租出租人和出租人会计处理对新租赁准则的成功至关重要。因此，这些职员建议推迟发布租赁讨论稿，直到解决出租人和转租出租人的会计问题为止。另外部分职员认为，转租赁问题的最佳解决方案是为出租人开发一个会计模型。但是，该方法与之前推迟考虑出租人会计的决议不一致。

因此，理事会职员建议，应按计划发布租赁讨论稿，该文件可包括以下内容：(1) 对与转租赁有关的问题的描述。(2) 对可能的额外指引的描述。(3) 询问受访者对提议方法的看法。作为讨论稿的一部分，可以制定关于如何按照原准则对转租赁进行会计处理的额外指引。

三、《2009 年讨论稿》

在《2009 年讨论稿》中，双方理事会讨论了解决转租出租人应如何对转租赁进行会计处理的三种可能方法：(1) 就如何将原租赁出租人会计要求应用于转租赁提供额外指引；(2) 将转租赁中的原租赁排除在新租赁准则适用范围之外；(3) 制定仅适用于转租出租人的使用权模型。理事会分析了三种方法的优缺点，与前述 2008 年 11 月和 2009 年 1 月两次会议的分析基本一致。双方理事会在《2009 年讨论稿》中对三种方法未达成初步意见。

四、2010 年 4 月联合会议

(一) 双方理事会的初步决议

在 2010 年 4 月的联合会议①中，对转租赁的会计处理，双方理事会初步决议如下。

转租出租人作为原租赁的承租人，应当按照理事会制定的承租人会计模型对原租赁产生的资产和负债进行会计处理。同样，转租出租人作为转租的出租

---

① IASB/FASB. IASB/FASB Joint Meeting. week beginning 19 April 2010/ FASB ED Session – April 15, 2010. IASB agenda reference 2D/ FASB memo reference 85. Project Leases. Topic Accounting for Subleases—Performance Obligation Model.

人，应按照理事会制定的出租人会计模型对其转租产生的资产和负债进行会计处理。转租出租人应在财务状况表中列示与转租赁有关的所有资产和负债，但不包括向原租赁出租人支付租金的义务，向原租赁出租人支付租金的义务应单独列示。同时，转租出租人应当在财务报表中披露重大转租赁的性质和金额。

此后，双方理事会得出结论，如果不制定一套完整的出租人会计模型，就不可能处理转租赁的问题。由于理事会尚未制定出一套完整的出租人会计模型，因此，本次会议基于当时提议的"履约义务法"进行分析。

（二）基于"履约义务法"分析

在转租赁安排中，转租出租人以承租人和出租人的身份签订租赁合同：（1）从原租赁出租人处租赁资产的承租人；（2）出租人将相同的标的资产以相同或更短的期限转租给转租承租人。因此，根据提议的新租赁准则规定，转租出租人需要确认以下项目：（1）原租赁：向原租赁出租人租入的使用权资产，履行向原租赁出租人支付租金的义务。（2）转租赁：从转租承租人收取租金的资产，履行向转租承租人提供资产使用权的义务。基于当时提议的"履约义务法"，理事会职员承认，承租人和出租人在租赁安排下产生的资产和负债的计量和列报可能存在差异。

从经济上讲，理事会职员预计，如果原租赁和转租赁的条款相匹配，则原租赁产生的负债将等于转租赁确认的应收账款。但是，由于在计量上作出的不同决议（特别是关于折现率和或有租金的决议），情况可能并非如此。例如，考虑一个原租赁和转租赁，其租金与资产的使用相关联，且原租赁和转租赁的条款是相同的。在计量支付租金的义务时，应包括对或有租金安排下应付租赁款的估计。但是，只有在可靠计量的情况下，才能将或有租金安排下的租赁付款额计入应收账款。

理事会职员承认，在计量转租出租人的转租赁所产生的资产和负债时存在会计错配。但是，理事会职员并不认为签订转租合同需要采用不同的计量基础，因为原租赁出租人与转租出租人之间的交易，以及转租出租人与转租承租人之间的交易是两笔独立的交易。职员不建议为转租赁所产生的资产和负债提供不同的会计计量指引。

理事会职员也考虑了转租出租人在转租赁下产生资产和负债的列报方式，包括以下三种方法：（1）列示转租赁的资产和负债总额，但没有净额。（2）列示转租赁的资产和负债总额和净额。（3）列示转租赁的资产和负债，不包括转租出租人向原租赁出租人支付租金的义务，总额加净额。（4）列示转租的资产和负债净额。双方理事会初步决议采用方法（3），转租出租人应在财务状况表中列示与转租赁有关的所有资产和负债，但不包括向原租赁出租人支付租金的义务，以总额加净额小计列示。向原租赁出租人支付租金的义务应单独列示。

五、2010 年 5 月联合会议

（一）双方理事会的初步决议

在 2010 年 5 月的联合会议①中，理事会初步决议不对转租赁产生的资产和负债提供不同的计量指引。此外，转租出租人将在财务状况表中列示因转租赁而产生的所有资产和负债总额。

（二）基于"终止确认法"分析

在本次会议中，理事会职员基于当时提议的"终止确认法"，讨论了转租赁的会计处理。根据提议的"终止确认法"，转租出租人需要确认以下项目：（1）原租赁：代表其在原租赁期间对标的资产使用的使用权资产，根据原租赁合同支付租金的义务。（2）转租赁：代表其在转租赁下有权收取租金的应收账款；在签订转租合同时，该使用权资产（或其组成部分）被终止确认部分。转租出租人要么确认剩余资产，要么确认剩余的使用权资产。在这两种情况下，该剩余资产都将代表转租出租人对原租赁下使用权资产的剩余权益。

理事会职员指出，转租出租人根据原租赁合同支付租金的义务不受转租赁的影响。因此，理事会职员指出，在"终止确认法"下不存在履约义务。此外，职员认为，两项单独的交易（原租赁和转租赁）不应按净额列示，除非符合其他准则有关抵销的规定。因此，职员建议，与关于承租人会计的总额列报相一致，转租出租人应在"终止确认法"下列报其在转租赁下产生的资产和负债的总额。如果转租赁不是融资租赁，出租人将在转租结束时确认代表其对资产使用权剩余权益的剩余资产。在转租赁下，使用权资产将成为转租出租人的"标的资产"。如上所述，在"完全终止确认法"下，转租出租人在转租结束时

---

① IASB/FASB. Week beginning 17 May 2010. IASB agenda reference 5G/ FASB memo reference 98. Project Leases. Topic Derecognition model – Accounting for Subleases.

对资产使用权的剩余权益将被列示为"剩余资产",而在"部分终止确认法"下将列示为"使用权资产"。

六、《2010 年征求意见稿》

《2010 年征求意见稿》提议,所有承租人均适用提议的"使用权模型",包括转租赁中的原租赁承租人。对于转租赁出租人,也根据当时提议的出租人会计,分别按照"履约义务法"和"终止确认法"相关规定进行会计处理和列报。两种方法下的原则与前述 2010 年 4 月、5 月两次会议的讨论分析基本一致。

七、《2013 年二次征求意见稿》

《2013 年二次征求意见稿》根据承租人是否预期将消耗标的资产内含经济利益的重大部分,将租赁分类为"A 型租赁"和"B 型租赁",承租人和出租人均按该分类分别进行处理。对于转租赁中的原租赁出租人(转租赁承租人),也应根据对原租赁和转租赁的分类,分别适用单项租赁中出租人和承租人的相关处理规定。

《2013 年二次征求意见稿》指出,在对转租赁进行分类时,转租出租人应根据标的资产(例如,作为租赁标的资产的不动产、厂场或设备)而不是根据使用权资产对其进行分类。理事会在结论基础说明,这主要是为了确保类似的交易得到类似的会计处理。理事会注意到,可能难以理解和解释出租人为何对类似的租赁采取不同的会计处理方式。如果主体在对转租进行分类时需要根据使用权资产进行评估,则可能发生这种情况。例如,如果根据使用权资产对转租进行分类,如果出租人自有一处房产并租入另一处房产,那么,以类似条款出租两处房产 5 年的出租人,可能对转租赁采用不同的会计处理。

八、2014 年 6 月联合会议

(一) 双方理事会的初步决议

在 2014 年 6 月的联合会议[①]中,双方理事会对转租赁的会计处理和列报分

---

① IASB/FASB. REG FASB/IASB Meeting. June 2014. IASB Agenda ref 3A/ FASB Agenda ref 286. Project Leases. Paper topic Subleases.

别作出了决议。

双方理事会初步决议，转租出租人（即同时是同一标的资产的承租人和出租人的主体）应将原租赁和转租赁作为两个单独的合同进行会计处理（根据承租人会计处理原租赁，根据出租人会计处理转租赁），除非这些合同符合按合同组合应用指引。所有双方理事会成员均同意。

国际会计准则理事会初步决议，在对转租赁进行分类时，转租出租人应根据原租赁产生的使用权资产来确定转租的分类。所有理事会成员均同意。

美国财务会计准则委员会初步决议，在对转租赁进行分类时，转租出租人应根据标的资产（例如，作为租赁标的资产的不动产、厂场和设备），而不是根据原租赁的使用权资产来确定转租赁的分类。5 名美国财务会计准则委员会成员表示同意。

双方理事会初步决议，转租出租人不应对不符合国际财务报告准则和美国公认会计准则金融工具要求的原租赁和转租赁产生的租赁资产和租赁负债进行抵销。所有双方理事会成员均同意。

双方理事会初步决议，转租出租人不应抵销与原租赁和转租赁有关的租赁收益和租赁费用，除非将转租收入确认为收入并作为代理人（按照最近发布的新收入准则中的"主要责任人和代理人"指引进行评估）。所有双方理事会成员均同意。

（二）《2013 年二次征求意见稿》反馈意见

虽然在《2013 年二次征求意见稿》中，理事会并没有提出关于转租赁会计的具体问题，理事会还是收到了这方面的部分反馈意见。

在转租赁下，部分反馈者对承租人的"使用权模型"与提议的出租人"B 型租赁"之间的相互作用表示担忧。这些反馈者指出，如果转租赁被分类为"B 型租赁"，则转租出租人和转租承租人都将在其资产负债表上确认使用相同标的资产的权利。这是因为，转租出租人（作为原租赁的承租人）将确认使用权资产及向原租赁出租人支付租赁付款额的租赁负债。在对转租赁进行会计处理时，转租出租人不会终止确认由原租赁产生的使用权资产，而转租承租人将确认使用权资产及向转租出租人支付租赁付款额的租赁负债。其中部分反馈建议，理事会对分类为"B 型租赁"的转租赁进行修改或豁免规定，以确保原租赁和转租赁之间的对称会计处理，例如，通过要求转租出租人终止确认由原租赁产生的使用权资产。

部分反馈者要求理事会就转租赁的会计处理和列报提供额外的指引和说明性示例。其中大多数反馈者特别质疑，如果转租出租人作为代理人，是否允许净额列示租赁资产和租赁负债以及租赁收益和租赁费用。此外，很多反馈者要求理事会在准则而不是结论基础范围内就转租赁的会计处理提供额外指引，特别是关于分类和列报的指引。

（三）职员分析

1. 转租出租人对转租赁的分类

转租出租人对转租赁的分类，需要考虑转租出租人将转租赁标的资产认定为原租赁产生的使用权资产，还是标的资产（如作为租赁标的资产的不动产、厂场或设备）。出于分类目的，如果转租出租人认为标的资产是原租赁产生的使用权资产，而不是标的资产，则转租出租人将更多将转租赁分类为"A 型租赁"。这是因为，使用权资产的公允价值和经济寿命通常低于标的资产，且很多转租赁是在原租赁的剩余期限内进行的，例如，当主体放弃其租赁的标的资产时。

在考虑转租出租人是否应根据使用权资产或标的资产对转租进行分类时需考虑的相关因素如下：

（1）与使用权资产相关分类因素

由于对承租人会计模型的变化，转租赁可视为对原租赁的使用权资产的租赁。转租出租人不拥有作为租赁标的资产，也不在其资产负债表上确认标的资产。相反，转租出租人确认其有权使用原租赁标的资产而产生的使用权资产。因此，在概念上，转租出租人的会计处理基于其控制的资产（即使用权资产），而不是由原租赁出租人控制的标的资产，这是一个强有力的论点。

与自有资产类似，出租人与使用权资产相关的风险，可以通过签订转租赁合同转化为信用风险（即有效地将非金融资产转化为金融资产）。就像自有非金融资产的租赁一样，如果转租赁支付的金额相当于使用权资产的全部公允价值，或者，转租期相当于原租赁期的大部分，那么，使用权资产的固有风险（例如，租赁对主体的现金流量是否有积极或消极的贡献）通常只与信用相关。例如，转租出租人将租入的一项原租赁期限 5 年的资产，立即转租整个 5 年期间。在这种情况下，转租出租人不再拥有使用标的资产的任何权利，已将该权利转让给了转租承租人，也不存在通过使用标的资产产生的足够现金流，以支付原租赁的租赁付款额的任何风险。进入转租赁后，其唯一剩余风险是收款风险（或信用风险）。将转租作为"A型租赁"进行会计处理（通过对使用权资产进行分类）将反映该风险（通过确认转租赁下的应收租赁款而不是使用权资产）。

（2）与标的资产相关分类因素

根据使用权资产对转租进行分类，可能导致转租出租人对类似租赁采用不同的会计处理方法。正如《2013年二次征求意见稿》结论基础所指出，可能很难理解为什么会出现这种情况：转租出租人将租入的一项原租赁期限为5年的资产，立即转租整个5年期间，转租赁的条款和条件完全相同的租赁（即在相同标的资产在经济寿命中，租赁期相同，租赁付款额相同），原租赁出租人将原租赁分类为"B型租赁"，因为5年租赁期占标的资产经济寿命相对较短。有些人可能会质疑，原租赁出租人将原租赁作为"B型租赁"（在其资产负债表上保留相关资产并直线确认租赁收入），而转租出租人将相同的转租赁作为"A型租赁"（确认应收租赁款，并可能确认损益和减少的利息收入）。根据标的资产进行分类的理由可能会进一步得到加强，因为大多数转租承租人并不关心资产使用权是通过原租赁还是转租获得的。在很多情况下，他们甚至可能不知道自己是转租承租人。

根据使用权资产对转租赁进行分类，预计将导致转租出租人对很多转租赁的原会计处理发生变化。例如，当标的资产在原租赁的大部分剩余期限内被转租，而原租赁并不占用该标的资产的大部分经济寿命时。这可能被视为与理事会不从根本上改变现有出租人会计的意图相矛盾。要求转租出租人根据使用权资产对转租进行分类，将导致这些主体发生重大变化。理事会职员预计，根据现行国际财务报告准则和美国公认会计原则，大部分分类为经营租赁的转租赁将被分类为A型转租赁。

对于转租出租人而言，按照标的资产对转租进行分类，可能比按照使用权资产对转租进行分类成本更低，也更复杂。这是因为，如果转租的标的资产是使用权资产（即很多转租涵盖相应的原租赁的剩余期限），转租出租人可能会将很多转租分类为"A型租赁"。A型出租人会计本质上比B型出租人会计更复杂。

2. 对原租赁和转租的会计处理建议

理事会职员建议，转租出租人将原租赁和转租赁作为两个单独的合同进行会计处理（根据承租人会计处理原租赁，根据出租人会计处理转租赁），除非这些合同符合组合应用合同的指引。

对于转租出租人的转租赁分类，职员意见存在分歧。部分职员建议，采用国际财务报告准则的转租出租人，应根据原租赁产生的使用权资产对转租进行分类；而采用美国公认会计原则的转租出租人，应根据标的资产对转租进行分类。这是因为，这种分类方法将导致转租出租人对转租的会计处理与其对相应的原租赁的会计处理更紧密一致。

部分职员进一步认为，特别是在承租人会计模型下：

（1）如果转租赁相对于原租赁剩余期限占全部或几乎全部，则根据"使用权模型"，转租出租人应终止确认使用权资产，并确认应收租赁款。这是因为，转租出租人不再拥有使用标的资产的权利——已出售该权利。该部分职员并不认为这是对现有出租人会计本身的改变。相反，他们认为，这是承租人会计发生重大变化的结果，转租出租人将适用原租赁准则。

（2）出租人处于不同的经济地位，取决于其是否拥有或租赁一项资产，又将该资产租赁给其他方（假设原租赁的期限短于相关资产的剩余使用寿命）。因此，这些职员认为，转租出租人对转租的会计处理，与出租人对自有资产租赁的会计处理之间的任何差异都是合理的。在转租赁中，转租出租人仅有权在一段时间内使用该资产，如果转租是在原租赁的所有剩余期限内，则转租出租人已通过转租将该权利转让给另一方。

（3）该部分职员预计，对转租采用"A型租赁"会计处理（即确定折现率并在折现基础上对应收租赁款及剩余使用权资产进行会计处理）所涉及的成本和复杂性不会过高。转租出租人已经在折现的基础上对相应的原租赁产生的租赁负债进行会计处理。但是，理事会职员也指出，在很多情况下，转租出租人必须根据转租赁内含利率确定转租赁的不同折现率。

其他职员认为，不同的承租人会计模式不应导致对转租的分类得出不同的结论。这些理事会职员认为，不论承租人会计模式如何，上述每种分类方法的优缺点都适用。他们认为，转租出租人对转租赁的分类，与在单独合同中订立的原租赁的分类是截然不同的，且与之无关。这些职员承认，任何一种分类方法（即根据使用权资产的分类和根据标的资产的分类）都是合理的。但是，总的来说，这些职员建议，转租出租人根据标的资产而不是使用权资产对转租进行分类，并且，无论转租出租人采用的是国际财务报告准则还是美国公认会计原则，都建议采用该方法。

3. 租赁资产和租赁负债、租赁收入和租赁费用的列报

很多反馈意见要求理事会澄清转租出租人在资产负债表和损益表中的列报，

是否允许抵销,或者净额确认有关原租赁和转租赁的资产。在某些情况下,转租出租人可能充当代理人,并可能打算在转租下仅赚取佣金。

(1) 租赁资产和租赁负债

根据国际财务报告准则和美国公认会计原则相关规定,主体应分别确认资产和负债。特别是,主体不能抵销非金融资产和非金融负债。根据国际财务报告准则和美国公认会计原则,如果主体具有抵销已确认的金融资产和金融负债的法律强制权利,且符合其他规定,则要求或允许主体抵销金融资产和金融负债。

即使两个协议的条款和条件几乎相同,转租出租人因原租赁产生的义务,通常也不会因转租而消失。在这种情况下,理事会职员认为,转租出租人对应收租赁款和租赁负债的风险敞口不同于单一租赁应收租赁款净额和租赁负债所产生的风险敞口。因此,抵销应收租赁款和租赁负债可能会对转租出租人的财务状况提供误导性信息。

理事会职员认为,抵销一般不符合双方理事会各自《概念框架》所规定的财务报告目标。通用目的的财务报告的目标是提供关于报告主体的、有助于现有和潜在投资者、贷款方及其他债权人作出有关向主体提供资源的决策的财务信息。以净额为基础进行列报,可能会掩盖某些交易的存在,并改变主体财务报表的规模。因此,理事会职员不建议允许转租出租人抵销不符合金融工具抵销要求的租赁资产和租赁负债。

(2) 租赁收益和租赁费用

理事会职员认为,除非国际财务报告准则或美国公认会计原则允许或要求主体这样做,否则,主体不得对收入和费用项目进行抵销。这是因为,除非抵销反映了交易的经济实质,否则,抵销会削弱投资者和分析师理解交易和评估主体未来现金流量的能力。理事会职员认为,一般来说,转租出租人不应该抵销租赁收益和租赁费用,原因与前述不应抵销租赁资产和租赁负债类似。

尽管如此,如果转租出租人将转租收益确认为收入,理事会职员认为,转租出租人应采用新收入准则中的"主要责任人和代理人"指引,确定是否按总额或净额列报转租收入。理事会职员预计,根据该指引,转租出租人通常不会被视为代理人。尽管如此,如果是代理人,将转租收入按净额列示是合适的。

同时,理事会职员指出,在某些情况下,原租赁和转租都被分类为"A型租赁",转租出租人可能充当代理人。在这些情况下,转租出租人将确认应收租赁款和租赁负债,以及相应的利息收入和利息支出。因此,转租出租人应适用金融工具抵销规定，将与转租有关利息收入和与原租赁有关利息费用分别列报，而不是适用新收入准则的"主要责任人和代理人"指引。

总之，理事会职员建议，转租出租人不应抵销与原租赁和转租赁相关的租赁收益和租赁费用，除非将转租收入确认为收入并作为代理人（按照新收入准则中的"主要责任人和代理人"指引进行评估）。

本次会议关于转租赁的会计处理形成的决议，与最终版的租赁准则中转租赁交易处理规定基本一致。但是，最终版未将"如果转租收入确认为收入并作为代理人可净额列示"纳入进来。

九、2015 年 2 月会议

在 2015 年 2 月的理事会会议①中，讨论了转租出租人在转租时应采用的折现率。理事会暂时决议，如果转租被分类为融资租赁，而转租中内含利率无法轻易确定，则允许转租出租人使用原租赁使用的折现率来处理转租。所有 14 个理事会成员均同意。

在 2014 年 6 月的理事会会议上，提出了一个关于转租出租人用于会计处理转租的折现率的问题。根据理事会的暂定决议，转租出租人将使用转租中内含利率来处理分类为融资租赁的转租。有人担心，转租出租人确定转租中内含利率成本将是高昂的。虽然在某些情况下，转租出租人会使用内含利率直接为转租定价，但在很多情况下，转租出租人不会这样做。这是因为转租出租人可能经常是一个"偶然的"出租人，而不是专门从事租赁业务。在这种情况下，转租出租人可能会进行转租，以减少与未使用的租赁资产相关的总租金成本，而无需直接使用内含利率对租赁定价（特别是在不动产租赁的情况下）。

理事会职员理解这些担忧，并建议，如果转租赁中内含利率不能轻易确定，应允许转租出租人在转租时使用原租赁的折现率进行处理。理事会职员出于成本效益的原因提出以下建议：（1）如前所述，确认转租出租人转租中内含利率将涉及成本，特别是根据《国际会计准则第 17 号》将转租视为经营租赁的转租。（2）在原租赁中使用折现率对转租赁进行处理将不涉及增量成本。这是因为，转租出租人已必须确定折现率，以对原租赁进行会计处理。（3）理事会职

---

① IASB. IASB Meeting. February 2015. IASB Agenda ref 3F. Project Lease. Paper topic Subleases sweep issue—discount rate.

员承认，用于原租赁的折现率与转租的内含利率之间可能存在差异，特别是如果从开始原租赁到开始转租之间经过了相当长的一段时间。尽管如此，理事会职员并不认为他们的建议会显著降低改善租赁信息的整体效益，因为对于大多数转租出租人来说，转租并不是一项重大活动。因此，对于这些出租人来说，使用原租赁折现率来处理其转租，预计不会导致其财务报表中确认的金额产生重大差异。

十、最终准则主要规定

在转租情况下，其业务实质是，原租赁合同和转租赁合同通常都是分别商定的，且转租与原租赁均涉及不同的交易对手方，对于转租出租人，转租的条款和条件通常不会消除原租赁所产生的义务。经过多次讨论，理事会认为，如果转租出租人和出租人有两种不同的模式，并且经济上类似的交易将以不同的方式进行会计处理，则可能产生构建交易的机会。理事会得出结论，如果不制定一套完整的出租人会计模型，就不可能解决转租会计处理问题，转租会计处理的最佳解决方案是为出租人制定一套会计模型。

在租赁准则修订历程中，对于出租人会计模型，曾出现过多种不同处理意见。其中，《2010年征求意见稿》提出了"履约义务法"与"终止确认法"，《2013年二次征求意见稿》提出了"A型租赁"与"B型租赁"。出租人会计模型在经过多次讨论后，理事会认为，与承租人会计相比，原租赁出租人会计模型不存在基础性的缺陷，承租人和出租人的会计模型对称并不是必需的，不应仅因为承租人会计发生变化而修改出租人会计。综合考虑，理事会决议在新租赁准则中，维持原租赁准则中出租人会计模型基本不变，仅根据承租人会计模型的有关决议，对转租赁的会计处理、租赁的定义、初始直接费用和出租人披露等方面进行了一定的修改。

因此，对于转租的会计处理，最终，新租赁准则要求，转租出租人对原租赁和转租赁分别根据承租人和出租人会计处理要求，将原租赁和转租赁作为两项单独的合同进行会计处理。同时对转租的分类、列报以及折现率提供了明确的指引。

第十四章 售后租回会计处理

第一节 新准则售后租回制定过程

在国际财务报告准则和美国公认会计原则下，售后租回交易的原有会计处理取决于租回的分类。如果承租人将租回分类为经营租赁，且满足其他特定条件，则立即确认出售时的收益或损失。如果租回分类为融资租赁，则承租人在租赁期内递延并摊销销售收益或损失。

在新租赁准则下，对卖方兼承租人应如何在"使用权模型"下，以及买方兼出租人应如何处理售后租回交易进行了多次讨论。理事会最终决定，售后租回交易涉及由卖方兼承租人将资产转移至买方兼出租人，以及卖方兼承租人对同一资产的租回。若卖方兼承租人将资产转让予买方兼出租人，并从买方兼出租人处租回该项资产，则卖方兼承租人和买方兼出租人均应按照规定对转让合同和租赁分别进行会计处理。因此，对于售后租回交易，首先应确定是否发生了销售，销售必须符合新收入准则中的销售规定，租回的存在并不妨碍卖方兼承租人得出已将标的资产销售给买方兼出租人的结论。新规定是对原租赁准则关于卖方兼承租人相关规定的一项重大变更。

本章对新租赁准则制定过程中涉及售后租回交易相关讨论文献进行了梳理，基于新租赁准则对售后租回会计处理，对售后租回应用收入控制权理论分析是否发生了销售进行了归纳总结。售后租回会计处理主要议题汇总如表 2-14-1 所示。

表 2-14-1　　售后租回会计处理主要议题汇总表

序号	会议日期	议题	主要内容及建议（与本议题相关内容）
1	2009年3月	《2009年讨论稿》	在《2009年讨论稿》中，双方理事会考虑了售后租回交易的几种处理方法，包括：（1）将所有售后租回交易作为融资处理（"融资法"）。卖方兼承租人不应终止确认所出售资产，并将出售对价确认为负债。（2）将所有售后租回交易作为销售处理（"销售法"）。卖方兼承租人应终止确认所出售资产，并确认使用权资产和支付租金义务。（3）采用混合方法（"混合法"）。取决于具体条件，卖方兼承租人应将售后租回作为销售或融资处理。例如，仅当满足现行美国公认会计原则和国际财务报告准则下的销售条件时，承租人才允许确认销售
2	2009年6月	《售后租回交易》	理事会初步决议，卖方兼承租人：考虑整个资产是否符合终止确认条件；应用与新收入准则一致的基于控制的方法来确定资产何时被出售并终止确认；确认符合出售条件的交易产生的收益，如果销售收入或租回条款不是按市场价值计算，则收益金额会适当调整
3	2010年4月	《售后租回交易》	双方理事会初步决议，如果确定标的资产已被出售，则售后租回交易应被视为销售和租赁交易，而不是融资。如果在合同结束时，标的资产的控制权已经转移，并且与标的资产相关的风险和报酬几乎全部转让予买方兼出租人，则标的资产已被出售。如果售后租回交易导致标的资产出售，并且如果出售和租回均以公允价值确定，则交易产生的收益或损失不应延期。如果出售或租回不是以公允价值确定的，则应调整已确认的资产、负债、收益和损失，以反映当前的市场租金
4	2010年7月	《售后租回》	双方理事会初步决议，删除两项用于确定合同是购买还是出售标的资产的标准，删除的标准主要与风险和报酬有关，保留的标准主要与控制有关。对售后租回交易处理产生了影响，根据之前的初步决议，如果一笔交易是出售或购买标的资产，则将属于销售和租赁（而不是融资）。当卖方兼承租人在合同结束时转让标的资产的控制权以及与标的资产相关的几乎全部风险和报酬时，即为出售或购买标的资产（如前所定义）
5	2010年8月	《2010年征求意见稿》	《2010年征求意见稿》关于售后租回交易的处理原则为，如果出售符合销售条件，卖方兼出租人根据适用的国际财务报告准则和美国公认会计原则对销售进行会计处理，并根据租赁准则对租回进行会计处理。否则，该合同应视为融资

续表

序号	会议日期	议题	主要内容及建议（与本议题相关内容）
6	2011年3月	《售后租回交易——备忘录》《售后租回交易——何时发生售后租回交易？》《售后租回交易——损益的确认》《售后租回交易——部分资产或整体资产终止确认法》	售后租回交易初步决议如下：（1）如果发生了销售，则该交易作为销售，然后是整个标的资产的租赁。如果未发生销售，整个交易将被视为融资安排。（2）主体应采用收入准则中提出的控制来确定是否发生了销售。（3）当销售的对价为公允价值时，该交易产生的利得或损失应在销售发生时确认。（4）当对价不是公允价值时，应调整确认的资产、负债和损益，以反映当时的市场租金
7	2013年5月	《2013年二次征求意见稿》	《2013年二次征求意见稿》提议，主体只有在交易符合新收入准则销售的条件（即，如果买方兼出租人获得了标的资产控制权）的情况下，才将售后租回交易作为标的资产的销售和该标的资产的租赁。如果交易不符合销售的条件，则应将整个交易视为融资交易。《2013年二次征求意见稿》还澄清，租回的存在本身并不妨碍交易被作为销售和租赁
8	2014年7月	《售后租回交易（与美国财务会计准则委员会联合）》	理事会初步决议售后租回交易背景下进行销售，必须符合新收入准则中的销售要求。租回的存在并不单独妨碍卖方兼租人得已将标的资产出售给买方兼出租人的结论。并决定在最终新租赁准则中不包括有关是否销售的附加应用指引。但是，理事会澄清，如果卖方兼承租人对标的资产拥有实质性回购选择权，则不存在出售 美国财务会计准则委员会初步决议，如果卖方兼承租人确定租回是A型租赁，从卖方兼承租人的角度评估，未发生销售发生。美国财务会计准则委员会初步决议进一步评估（1）是否在最终租赁准则中包含关于确定出售的额外应用指引，以及（2）回购选择权对售后租回交易的影响，特别是按公允价值行使的看涨期权

一、《2009年讨论稿》

在《2009年讨论稿》中，双方理事会考虑了售后租回交易的几种处理方法，包括：（1）将所有售后租回交易作为融资处理（"融资法"）。卖方兼承租人不应终止确认所出售资产，并将出售对价确认为负债。（2）将所有售后租回交易作为销售处理（"销售法"）。卖方兼承租人应终止确认所出售资产，并确认使用权资产和支付租金义务。(3) 采用混合方法（"混合法"）。取决于具体条件，卖方兼承租人应将售后租回作为销售或融资处理。例如，仅当满足现行美国公认会计原则和国际财务报告准则下的销售条件时，承租人才允许确认销售。双方理事会以如下示例说明了售后租回交易的"销售法"。

示例 2-14-1：

卖方兼承租人一栋办公楼，剩余使用寿命为 20 年。该办公楼的账面价值为 80 万元，公允价值为 100 万元。卖方兼承租人向买方兼出租人以其公允价值（100 万元）出售该办公楼，并租回 5 年，每年应付租金为 8 万元（公允市场租金）。该承租人的增量借款利率为 10%。租金现值为 30 万元。

作为销售办公楼，卖方兼承租人将确认：

借：现金	100	
贷：办公楼		80
利得或损失		20

从而确认办公楼销售。

借：使用权资产	30	
贷：支付租金义务		30

从而确认租回。

在租回的第一年，卖方兼承租人将确认：

借：支付租金义务	8	
贷：现金		8

从而确认支付租金。

借：利息费用	3	
贷：支付租金义务		3

从而确认利息费用。

借：折旧费用	6	
贷：使用权资产		6

从而确认使用权资产的折旧。

售后租回交易的"融资法"可能适用于部分交易，例如，当租回占该资产剩余使用寿命的重大部分。但是，当租回相对较短时，作为融资处理可能无法如实反映该交易。如果双方理事会决议采用"融资法"，则需要针对如何计算租赁付款额，以及是否确认出售产生的利得或损失制定指引。

当交易类似于融资时确认资产的销售，可能也无法如实反映交易的经济实质。但是，在上述提议方法中，即使交易作为销售处理，承租人也应确认支付租金的义务。如果双方理事会决议对所有售后租回交易采用"销售法"，则需要决定，在某些情况下，出售产生的利得或损失应当递延。

"混合法"可以解决另两种方法的部分问题，但可能难以应用。如果双方理事会决议采用"销售法"或"混合法"，则需要针对以高于或低于市场价格补偿销售对价的增减的租回交易应如何处理制定指引。

二、2009 年 6 月会议

在 2009 年 6 月的理事会会议[①]中，理事会讨论了如何对售后租回交易进行会计处理。理事会初步决议，卖方兼承租人应：（1）考虑整个资产是否符合终止确认；（2）应用与新收入准则一致的基于控制的方法来确定资产何时被出售，并终止确认；（3）确认符合销售条件的交易产生的收益，如果销售收入或租回条款不是按市场价值计算的，则收益金额将进行适当调整。

（一）识别资产

理事会职员提出了两种可能方法来确定售后租回交易中需终止确认的资产。

1. "整体资产终止确认法"

在第一种方法下，卖方兼承租人应评估整体资产是否符合终止确认条件（整体资产终止确认法）。例如，在建筑物的售后租回交易中，卖方兼承租人对建筑物采用终止确认测试。如该建筑物符合终止确认条件，则卖方兼承租人将终止确认该建筑物，确认一项使用权资产，并确认租回应支付租金的义务。

2. "部分资产终止确认法"

在第二种方法下，卖方兼承租人只考虑转让予买方兼出租人的、应终止确认的权利和义务（部分资产终止确认法）。根据租回保留的权利不会终止确认。例如，在建筑物的售后租回交易中，卖方兼承租人将在租回期间继续确认代表其对使用权的建筑物部分，而不确认转让予买方兼出租人的有关权利（如所有权、租回结束后的建筑物使用权、更改或开发资产的权利）。

---

① IASB. IASB Meeting 18 June 2009/FASB Meeting June 17, 2009. IASB agenda reference 11A/FASB memo reference 31. Project Leases. Topic Sale and Leaseback Transactions.

2009年3月，国际会计准则理事会发布了一份征求意见稿，提出了金融工具终止确认模型的建议。所提议的终止确认规定仅适用于金融资产的某些部分，而该部分必须包括明确指定的现金流量或该资产的现金流量的比例。如果不是这种情况，则终止确认适用于整体资产。

非金融资产不像金融资产那样可以直接产生现金流量。但是，非金融资产可以通过在业务或销售中使用来产生现金流量。作为租赁物的非金融资产可被视为一组可以分别识别和转让的权利。例如，可以认为建筑物5年的使用权代表了特定的权利。在售后租回交易中，在租回期间使用资产的权利被保留，根据上述提议，不应终止确认。但是，与建筑物相关的其他权利（如建筑物的销售权，租回结束后的使用权）在交易中转让。因此，代表此类已转让权利的建筑物部分应终止确认。

但是，部分理事会职员认为不可能像分割金融资产的现金流量那样分割体现在非金融资产中的权利。因此，只会考虑整体资产的终止确认。

理事会职员指出，对哪项资产适用终止确认测试的问题，与出租人会计模型时提出的问题类似。出租人会计模型取决于确定租赁合同中转让予承租人的是什么资产。标的租赁资产能否分割为可单独转让的权利和义务，或者标的租赁资产是否不可分割？理事会职员注意到，理事会暂时决议不对出租人会计采用部分终止确认法。理事会职员认为，理事会对售后租回交易的处理应与该决议一致。此外，理事会职员还注意到，使用完全终止确认法来终止确认，较使用"部分终止确认法"更简单。因此，理事会职员建议，卖方兼承租人应考虑整体资产是否符合终止确认的条件。

（二）整体资产终止确认法具体应用

理事会初步决议考虑整体资产是否符合终止确认，以下讨论如何将终止确认测试应用于整体资产。

在售后租回交易中，由于租回的存在，卖方兼承租人始终对资产有持续的参与。这种持续参与的存在导致始终不能终止确认标的资产。但是，这可能并不适用于所有的租回。例如，主体可以出售一栋使用年限为20年的建筑物，然后将其租回一年。如果卖方兼承租人不能终止确认该建筑物，则卖方兼承租人将对全部销售收益确认为负债。该负债显然被夸大，可能不符合负债的定义。因此，理事会职员不支持不会导致卖方兼承租人终止确认标的资产的方法。

相反，理事会可以采取一种方法，即完全终止确认标的资产，并确认租回产生的权利和义务。理事会职员指出，与原租赁准则不同的是，卖方兼承租人将始终确认租回应支付租金的义务。因此，售后租回交易将不再产生表外融资。这种终止确认法与理事会金融工具终止确认征求意见稿中描述的金融工具终止确认的替代方法一致。

在售后租回交易中终止确认标的资产的优点为：(1) 使正常租赁交易产生的资产和负债，与售后租回交易产生的资产和负债采用一致的会计处理。(2) 相较于要求卖方兼承租人区分符合终止确认条件的交易和不符合终止确认条件的交易的方法更简单。

但是，该方法也有缺点：(1) 在售后租回交易中始终终止确认标的资产，可能导致卖方兼承租人确认交易的销售收益，该交易在经济实质上可能是融资。例如，在资产的整个剩余使用寿命内，出售后再进行租回。可以通过延迟确认融资收益来避免该问题。但是，理事会职员指出，所确认的递延收益不满足负债定义。(2) 有很多准则相关规定（如控制或风险和报酬）来区分符合终止确认条件的交易和不符合终止确认条件的交易。因此，始终不确认标的资产将不符合这些规定。(3) 这与理事会建议使用基于控制的规定来确定一笔交易何时符合终止确认条件不一致。

(三) 终止确认的条件

会议讨论了终止确认条件的方法，讨论了基于风险和报酬的方法和基于控制的方法来终止确认，并建议理事会采用基于控制的方法。

1. "风险和报酬法"

在"风险和报酬法"下，当售后租回交易将与租赁资产相关重大风险和报酬转让予出租人时，可以终止确认租赁资产。终止确认门槛可以为，当交易基本上转移了所有风险和报酬，或当交易转移了大部分风险和报酬。基于"风险和报酬法"将与某些原准则（如原租赁准则和原收入准则）中的终止确认方法一致。

但是，理事会职员指出，该方法可能导致卖方兼承租人确认（或继续确认）不符定义的资产和负债。考虑以下例子：主体 A 同意将剩余使用寿命为 20 年的建筑物出售给主体 B，并将其租回 5 年。主体 A 同意在租赁结束时补偿主体 B，如果建筑物的价值下降到 2 000 元以下（租赁结束时的预期市场价值）。主体 B 同意在租赁结束时，如果建筑物的价值超过 2 000 元，则对主体 A 进行补偿。在本例中，主体 A 保留了在未来 5 年内使用该建筑物的权利，并在此期间面临与建筑物价值增减相关的风险和报酬。因此,可以认为主体 B 基本上保留了建筑物所有权的所有风险和报酬。但是,如果该建筑物不终止确认,承租人将在租期结束后继续确认其不具有权利的资产,并将其全部销售收益确认为负债,而该负债可能大大超过其在租回中承担的义务。

此外,基于"风险和报酬法"的终止确认,其识别应用起来可能比较复杂。基于"风险和报酬法"的识别需要进一步地应用指引,例如,原租赁准则、原金融工具准则及合并报表准则的部分内容。

2. "控制法"

在基于控制的终止确认模式("控制法")下,卖方兼承租人只有在丧失对标的资产的控制权时才会终止确认标的资产。例如,在一栋建筑物的售后租回交易中,卖方兼承租人丧失对该建筑物的控制权时,即终止确认该建筑物。

为终止确认资产,卖方兼承租人必须确定买方兼出租人是否有实际能力以自身经济利益转让资产。可以认为,租回的存在总是影响终止确认,因为即使允许买方兼出租人出售资产,通常也会对出售增加限制条件,即必须在出售资产时保留租回。理事会职员认为,在某些情况下,售后租回交易不终止确认资产是不合适的。因此,理事会职员建议,在售后租回交易中,应忽略买方兼出租人仅能销售附租赁合同资产的事实,以确定买方兼出租人是否有实际能力出售租赁物。理事会职员还建议,应忽略存在终止或续租租回的选择权,此类选择权可能影响买方兼出租人出售该资产的金额,但不应影响其出售该资产的能力。

如果采用该方法,将导致很多售后租回交易不再确认租赁资产,而是确认使用权资产和支付租金义务。因为在很多售后租回交易中,买方兼出租人具有出售资产的实际能力。但是,与租回有关的部分因素可能限制买方兼出租人出售资产的实际能力。例如,如果卖方兼承租人拥有购买选择权,买方兼出租人就不太可能具备出售资产的实际能力。因此,在这些情况下不能终止确认资产。表 2-14-2 总结了租赁中部分常见条款及其对买方兼出租人出售资产实际能力的影响。

表 2-14-2　影响买方兼出租人出售资产实际能力的常见条款

租赁条款	对出售资产实际能力的影响
购买选择权	限制出售实际能力,除非标的资产是可替代的
余值担保	买方兼出租人可以出售标的资产,并保留其在余值担保下的权利。在没有卖方兼承租人提供剩余价值担保的情况下出售标的资产可能会导致售价降低,但不应影响买方兼出租人的实际出售能力

续表

租赁条款	对出售资产实际能力的影响
买方兼出租人看跌期权	根据看跌期权的行权价格,这可能限制买方兼出租人卖出期权的实际能力。例如,如果看跌期权的行权价格显著高于资产预期公允价值,买方兼出租人可能在经济上被迫保留资产并行权

理事会职员建议采用基于"控制法"终止确认售后租回交易资产,因为该方法符合资产和负债定义,且可能较基于"风险和报酬法"更容易应用。

理事会初步决议,卖方兼承租人应采用与新收入准则一致的"控制法",以确定资产是否已出售并终止确认。

三、2010 年 4 月联合会议

在 2010 年 4 月的联合会议[①]上,双方理事会讨论了售后租回的会计处理。双方理事会初步决议,如果确定标的资产已销售,则售后租回交易应视为销售和租赁交易,而不是融资。如果在合同结束时,标的资产的控制权已转移,且与标的资产相关风险和报酬几乎全部转让予买方兼出租人,则标的资产已销售。

理事会还初步决议,如果售后租回交易导致标的资产销售,且如果出售和租回均以公允价值确定,则交易产生的收益或损失不应递延。如果出售或租回不是以公允价值确定,则主体应调整已确认的资产、负债、收益和损失,以反映当前的市场租金。

(一)确定是否发生销售的方法

会议讨论了确定是否发生销售的两种方法:(1)方法 1:应用新收入准则中的控制原则来确定是否发生了销售。(2)方法 2:确定控制权是否已转移,且与标的资产有关的几乎全部风险和报酬是否已转让予买方兼出租人。

1. 方法 1:应用新收入准则的控制原则

方法 1 是应用新收入准则的控制原则来确定售后租回交易是否发生了销售。在售后租回交易中,销售合同和租赁合同是相互依存的,即,同时或几乎同时签订,基于同一商业目的一揽子协商,同时或连续执行。因此,在将新收入准

[①] IASB/FASB. IASB/FASB Joint Meeting week beginning 19 April 2010/FASB ED Session – April 15, 2010. IASB agenda reference 2H/FASB memo reference 89. Project Leases. Topic Sale and Leaseback Transactions.

则关于控制原则应用于售后租回交易时，有必要同时考虑销售合同和租赁合同的影响：（1）买方兼出租人通常有无条件付款额的义务。在大多数售后租回交易中，销售价款是预先支付的。（2）买方兼出租人通常取得标的资产的法定所有权。但是，如果租回包括购买选择权，或者在销售或租赁合同中有约定，表明资产的所有权预计将在租赁结束时转移回卖方兼承租人，则买方兼出租人只能暂时获得标的资产的所有权。（3）买方兼出租人直到租回期结束才获得标的资产的实际所有权。但是，这本身不应影响作为销售处理，除非：销售或租赁合同中有条款表明资产的所有权预期在租赁结束时转回卖方兼承租人；可合理确定合同将涵盖资产的预期使用寿命，出租人在合同结束时保留的与标的资产相关风险和报酬，预计不会超过微不足道的程度。（4）在售后租回交易中，买方兼出租人通常不会具体指定标的资产的设计或功能。根据新收入准则控制原则，大多数售后租回交易将视为销售和租赁交易，而不是融资。

支持该方法的职员分析了售后租回交易的部分共同特征，以确定是否影响作为销售和租赁。根据分析，租回的下列特征通常影响作为销售和租赁：（1）合同预期将所有权转回卖方兼承租人（通过自动转回或远期合同）。（2）合同包含购买选择权。（3）可合理确定合同将涵盖标的资产的预期使用寿命，出租人在合同结束时保留的与标的资产相关风险和报酬预计不会超过微不足道的金额。（4）买方兼出租人从交易中获得的回报是固定的，即出租人的回报是贷款人回报。支持该方法的理事会职员认为，应用新收入准则的控制原则来确定是否发生了销售，确保了与其他销售业务处理的一致性。

2. 方法2：确定控制权是否已转移，且与标的资产有关的几乎全部风险和报酬是否已转让予买方兼出租人

方法2是通过确定控制权是否已转移，且与标的资产有关的几乎全部风险和报酬是否已转让予买方兼出租人，来确定售后租回交易是否发生了销售。

在2010年2月的会议上，理事会决定，标的资产的购买或出售通常发生在以下情况：（1）标的资产所有权自动转让予承租人的合同。（2）包含廉价购买选择权的合同，如果可合理确定将行使该选择权。（3）出租人获得固定收益的合同。（4）可合理确定合同将涵盖资产的预期使用寿命，出租人在合同结束时保留的与标的资产相关风险或报酬预计不会超过微不足道的金额。

该方法要求采用上述原则及附加条件，来确定售后租回是否导致标的资产出售给买方兼出租人。增加附加条件是必要的，因为售后租回交易的某些条款和条件可能不会出现在正常销售合同中。该方法的结果是，如果标的资产已出

售，则售后租回交易作为销售和租赁（而不是融资）处理。相反，如果租回是一项购买，则卖方兼承租人不可能出售标的资产来租回。因此，此类交易应作为融资处理。例如，在一项房地产交易中，卖方兼承租人向买方兼出租人提供担保，可能导致卖方兼承租人保留与标的资产相关风险和报酬超过微不足道的金额。在这种情况下，售后租回只是一种替代融资来源，应作为融资处理。

如果卖方兼承租人保留了与标的资产相关风险和报酬超过微不足道的金额，则下列情况通常不会视为出售标的资产：（1）卖方兼承租人有义务或有选择权回购该资产，或买方兼出租人可强制要求卖方兼承租人回购该资产。（2）卖方兼承租人向买方兼出租人保证其投资或投资回报。（3）卖方兼承租人向买方兼出租人提供余值担保。（4）卖方兼承租人向买方兼出租人提供无追索权融资。（5）卖方兼承租人保留偿还与资产有关的现有债务的义务。（6）卖方兼承租人代表买方兼出租人提供抵押物（标的资产除外），或为买方兼出租人债务提供担保。（7）卖方兼承租人的租金支付取决于买方兼出租人未来业绩达到预定或可确定的水平。（8）卖方兼承租人签订涉及资产改良或整体设备的售后租回交易，而不将涉及土地出租给买方兼出租人。（9）买方兼出租人有义务与卖方兼承租人分享资产增值的部分。（10）允许卖方兼承租人参与买方兼出租人的未来利润或租赁财产增值的其他约定或情况，如卖方兼承租人拥有或有权获得买方兼出租人的权益。

支持该方法的理事会职员认为，在很多情况下，售后租回只是另一种融资来源，应作为融资处理。事实上，由于卖方兼承租人的持续参与（即卖方兼承租人在售后租回中保留控制权），在售后租回中实现销售的门槛应该更高。大多数售后租回交易属于实物融资，只有当交易将控制权及与标的资产相关的几乎所有风险和报酬转让予买方兼出租人时，才将交易作为销售，这样才能确保大多数交易被视为融资。

支持该方法的理事会职员认为，反映交易的实质而不是形式，能够提供更有用的信息。在售后租回交易中，对于卖方兼承租人保留所有权并很可能在未来回购资产，确认融资较终止确认资产、确认收益和租赁负债更能反映售后租回交易的经济实质，为财务报表使用者提供更好的信息。

此外，支持该方法的理事会职员指出，并非所有售后租回均应作为融资处理，也并非所有售后租回均应作为销售和租赁处理。例如，无意成为资产所有者的主体可能作为销售和租赁处理。但是，如果主体希望在合同规定在租赁结束时保留所有权，该交易作为融资更适当。

双方理事会初步决议，如果在合同结束时，标的资产的控制权已转移，且与标的资产相关风险和报酬几乎全部转让予买方兼出租人，则标的资产已销售。

(二) 售后租回交易产生的收益或损失

如果将售后租回交易作为融资，则不会产生收益或损失。但是，在某些情况下，售后租回作为销售和租赁，可能对交易产生的收益或损失进行递延确认。理事会职员认为，只要销售和租回均以公允价值确定，交易产生的收益或损失就不应递延。这是因为：(1) 递延收益与《概念框架》不一致——递延收益余额都不符合负债定义。(2) 递延确认收益或损失的交易将增加复杂性。但是，理事会职员指出，在售后租回交易中，卖方兼承租人可能愿意支付高于市场租金的费用，以换取资产销售收益的增加。同样，如果未来租金低于市场价格，卖方兼承租人可能愿意接受较低的资产销售价格。

会议讨论了两种方法：(1) 方法1：对于销售或租回不是以公允价值确定的交易递延确认收益；(2) 方法2：调整确认的资产、负债、利得和损失，以反映当前的市场租金。

1. 方法1：对于销售或租回不是以公允价值确定的交易递延确认收益

根据方法1，如果出售或租回不是以公允价值确定，则卖方兼承租人应进行以下处理：(1) 交易产生的损失应立即确认，除非在租回期以低于市场价的租金予以补偿。(2) 交易产生的收益在租赁期内延期确认。该方法可确保交易产生的损失立即确认，而在销售或租回不是按市场价格时，则不会确认收益。

支持方法1理事会职员认为：(1) 比方法2更容易应用。(2) 方法2在实务中可能行不通，因为可能无法可靠地确定租回的市场价格。

2. 方法2：调整确认的资产、负债、利得和损失，以反映当前市场租金

根据方法2，新租赁准则要求确保在售后租回交易中产生的资产、负债、收益和损失既不低估也不夸大。为此，需作出下列调整：(1) 对于卖方兼承租人，其确认的使用权资产将反映该资产的当前市场租金，即使用权资产将等于该资产的市场租金现值，而不是租回时应支付的租金。同时，卖方兼承租人确认的使用权资产与预期租赁付款额现值之间的差额将确认为处置所得或损失的调整。(2) 对于买方兼出租人，以标的资产公允价值对其初始计量，标的资产公允价值与资产成本之间的差额确认为买方兼出租人履约义务的调整。

支持方法2理事会职员认为：(1) 不会导致确认可能不符合负债定义的递延收益余额。(2) 确保买方兼出租人和卖方兼承租人确认的资产、负债、收益

和损失既不低估也不夸大。

四、2010年7月联合会议

在 2010 年 7 月的联合会议①中,双方理事会初步决议,在新租赁准则保留将实质购买或销售合同排除范围的要求。同时,对于之前讨论的属于标的资产购买或销售五种情形,双方理事会决议删除其中两种情况,即:租赁期涵盖标的资产整个预期使用寿命的合同;出租人获得固定回报的合同。这两种情况并不能证明已转移了标的资产的控制权。

理事会职员认为,删除的情况主要与风险和报酬有关,而保留的情况主要与控制有关。但是,这对售后租回交易产生了影响。根据理事会之前的初步决议,如果一笔交易是销售或购买标的资产,则应确认销售和租赁(而不是融资)。当卖方兼承租人在合同结束时转让标的资产的控制权及与标的资产相关的几乎全部风险和报酬时,即为出售或购买标的资产。从"销售或购买"定义中删除与标的资产相关的几乎全部风险和报酬,将导致更多的交易被作为出售和租赁,而不是融资。这是因为,除非卖方兼承租人保留对标的资产的所有权(或由于存在廉价购买选择权而预计保留所有权),否则交易作为销售和租赁。这代表对理事会最初决定的重大改变,该决定将导致大多数交易被视为融资。

为了与理事会初步决议保持一致,理事会职员提出了以下两种方法:

方法1:(1)保留交易是否会导致标的资产的购买或销售的规定。(2)将购买或销售(仅就售后租回交易而言)定义为,将标的资产控制权及与标的资产相关的几乎全部风险和报酬转让予另一主体的交易。

方法2:(1)删除交易是否导致购买或销售标的资产的规定。(2)如果交易将标的资产的控制权转让予买方兼出租人,并将与标的资产相关的几乎全部风险和报酬转让予买方兼出租人,则主体应将交易作为销售和租赁,而不是融资进行会计处理。

理事会职员指出,方法 1 导致在同一准则内对购买或销售有两种不同的定义,这可能会令人混淆。但是,方法 2 去掉了购买或销售的概念,即只有在售后租回导致标的资产出售给买方兼出租人时,才应这样进行会计处理。

---

① IASB/FASB. IASB/FASB Meeting 21 July 2010. IASB Agenda reference 2F/FASB Agenda reference 117. Project Leases. Topic Sale and Leaseback.

五、《2010 年征求意见稿》

《2010 年征求意见稿》关于售后租回交易的处理原则为，如果出售符合销售条件，卖方兼出租人根据适用的国际财务报告准则和美国公认会计原则对销售进行会计处理，并根据租赁准则对租回进行会计处理。否则，该合同应视为融资。

《2010 年征求意见稿》指出，售后租回交易可能具有一般销售合同中不会出现的条件。例如，在房地产交易中，卖方兼承租人向买方兼出租人保证其投资和投资回报。这种情况反映出很多售后租回交易只是另一种融资来源。因此，理事会建议，实现销售并将一笔交易作为销售和租赁的门槛，应高于新收入准则规定的销售门槛。

《2010 年征求意见稿》提出了以下条件，这些条件通常会阻止卖方兼承租人在合同结束时转让与标的资产有关的几乎所有风险和报酬，故不会形成销售：（1）卖方兼承租人有义务或有权以不等于回购时公允价值的金额回购资产，或买方兼出租人可以强制要求卖方兼承租人回购资产。（2）卖方兼承租人向买方兼出租人保证其投资和投资回报。（3）卖方兼承租人向买方兼出租人提供余值担保。（4）卖方兼承租人向买方兼出租人提供无追索权融资。（5）卖方兼承租人保留偿还与资产有关的现有债务的义务。（6）卖方兼承租人代表买方兼出租人提供抵押物（标的资产除外），或为买方兼出租人债务提供担保。（7）卖方兼承租人的租金支付取决于买方兼出租人未来业绩达到预定或可确定的水平。（8）卖方兼承租人签订涉及资产增值的售后租回交易，但不向买方兼出租人出租所转让的资产。（9）买方兼出租人有义务与卖方兼承租人分享资产增值的重大部分。（10）允许卖方兼承租人参与买方兼出租人的未来利润或租赁财产增值的其他约定或情况，如卖方兼承租人拥有或有权获得买方兼出租人的权益。

《2010 年征求意见稿》建议，如果销售价格或租回的租赁付款额以公允价值确定，且交易符合销售条件，则卖方兼承租人分别按照销售和租赁进行会计处理。

《2010 年征求意见稿》也提出，如果在销售或租回不是以公允价值确定的交易中，需作出下列调整：（1）对于卖方兼承租人，其确认的使用权资产将反映该资产的当前市场租金，即使用权资产将等于该资产的市场租金现值，而不是租回时应支付的租金。同时，卖方兼承租人确认的使用权资产与预期租赁付款额现值之间的差额将确认为处置所得或损失的调整。（2）对于买方兼出租人，以标的资产公允价值对其初始计量，标的资产公允价值与资产成本之间的差额确认为买方兼出租人履约义务的调整。理事会建议进行这些调整的理由是，将确保承租人和出租人确认的资产、负债、收益和损失既不低估也不夸大。

六、2011 年 3 月联合会议

在 2011 年 3 月联合会议[①]中，双方理事会在会议上重新审议《2010 年征求意见稿》，讨论在售后租回交易中提出的问题。理事会就售后租回交易初步决议如下：（1）如果发生了销售，则该交易为出售，以及整体标的资产的租赁。如果未发生销售，整个交易将被视为融资安排。（2）主体应用新收入准则中控制原则来确定是否发生了销售。（3）当销售对价为公允价值时，该交易产生的利得或损失应在销售发生时确认。（4）当对价不是公允价值时，应调整确认的资产、负债和利得或损失，以反映市场租金。

（一）《2010 年征求意见稿》反馈概述

几乎所有受访者都赞同，首先要分析售后租回安排，以确定标的资产的转让是否符合销售条件，其次是应在新租赁准则的背景下进行分析。很多受访者还赞同，如果标的资产的转让不符合销售的条件，则卖方兼出租人应将合同视为融资。

受访者对《2010 年征求意见稿》提出的有关售后租回会计处理的三个问题表示关注：（1）关于界定为销售和租赁的条件。很多受访者担心将交易确认为售后租回的门槛设定过高，且与新收入准则不一致。部分受访者对条件的可操作性表示担忧。如果理事会要维持这些条件，就需要作出澄清或进一步指引。（2）符合销售条件时，转让资产必须是完整的租赁资产（"整体资产终止确认法"），而不是与资产相关的一系列权利和义务（"部分资产终止确认法"）。这些受访者还质疑卖方兼承租人是否可以采用"部分终止确认法"，因为在某些

---

① IASB/FASB. IASB/FASB Meeting Week beginning 21 March 2011. IASB Agenda reference 11C/FASB Agenda reference 147. Project Leases. Topic Sale and leaseback transactions：Cover memo；IASB Agenda reference 11D/FASB Agenda reference 148. Project Leases. Topic Sale and leaseback transactions：when does a sale and leaseback transaction occur？IASB Agenda reference 11E/FASB Agenda reference 149. Project Leases. Topic Sale and leaseback transactions：recognition of gains/losses；IASB Agenda reference 11F/ FASB Agenda reference 150. Project Leases. Topic Sale and leaseback transactions：partial asset or whole asset approach.

情况下可能提供更有用的信息。(3) 为何卖方兼承租人应在满足出售条件时确认售后租回交易的损益，而不是在租赁期内确认。

（二）关于何时发生售后租回交易

理事会职员提议了两种方法来确定售后租回交易中什么是销售。对于这些方法，如果交易不符合销售条件，则视为融资。如果交易符合销售条件，卖方兼承租人将确认使用权资产和支付租赁付款额的租赁负债：(1) 方法1（控制+风险报酬），即继续执行《2010年征求意见稿》的提议。这将意味着引入了较新收入准则更高门槛来确定是否发生销售。(2) 方法2（控制），要求应用新收入准则的控制原则来确定是否发生销售。

1. 方法1：控制+风险报酬

方法1要求对控制权的转移及与标的资产有关的风险和报酬同时进行评估。它延续了《2010年征求意见稿》提议的条件。

方法1承认，由于交易的租赁因素，在售后租回交易中存在正常销售交易中不存在的附加条款和条件。方法1的支持者认为，在确定是否发生销售时，应考虑到涉及租赁安排所特有的具体因素（如剩余价值担保）。由于这些因素通常不存在于正常销售交易中，考虑提供正常销售交易之外的指引可能是合适的。

方法1观点的支持者还认为，很多售后租回交易，如卖方兼承租人向买方兼出租人提供担保的房地产交易，仅仅是另一种融资来源，故应作为融资处理。因此，对售后租回交易设定的发生销售的门槛，应高于新收入准则的销售门槛，并应考虑到卖方兼承租人的持续参与。为实现该目标，方法1支持者认为，应延续美国公认会计原则下《主题840》的规定，该规定适用于涉及房地产的售后租回交易。

方法1的支持者承认，受访者提出的标准不同于新收入准则的销售规定存在担忧，但该方法更有用，能够更好地反映交易的经济实质。在包含大量持续参与的售后租回交易中，如果主体终止确认标的资产，确认收益，并确认其保留大量持续参与的负债，则可能更好地将这些交易视为融资，而不是视为销售和租赁。

2. 方法2：控制

方法2要求卖方兼承租人应用新收入准则的控制原则来确定是否销售了标的资产。如果控制权已转移（发生销售），则单独确认标的资产的租赁。如果未发生销售，则应将整个交易视为融资。

新收入准则规定，卖方（卖方兼承租人）应评估合同条款及其商业惯例，以便：（1）确定主体承诺转让予客户（买方兼出租人）的商品或服务；（2）确定各项承诺的商品或服务是否应作为单独履约义务。在将新收入准则规定应用于售后租回交易时，关于该交易是否应视为销售，取决于合同的所有事实和情况，以及标的资产控制权是否转移。

此外，《2010年征求意见稿》增加的风险和报酬条件，是基于美国公认会计原则的收入确认原则，该原则作为美国财务会计准则委员会关于收入确认的相应修订，已建议删除。如果继续采用《主题840》的原则来确定交易是否符合销售，将与新收入准则的方向不一致。

部分反馈者认为，采用方法2将意味着报表编报者将得到更少的指引。但是，方法2的支持者质疑，与在新收入准则确定的正常销售相比，为何有必要对售后租回交易确定销售的增加附加条件。例如，理事会并未对资产销售予关联方增加附加条件，但却打算在售后租回交易增加附加条件。

主体采用新收入准则的控制原则将形成：（1）一致的销售会计处理。无论卖方是否为标的资产的承租人，这都将提高可比性。（2）在获得销售控制权时，对报表编报者来说不那么复杂。（3）与理事会关于销售或购买的初步决议一致。（4）有更多类别的售后租回交易符合销售及租赁，而非作为融资处理。（5）允许主体确认销售资产的收益，亦会体现已出售资产的公允价值。

3. 理事会职员建议

大多数理事会职员建议采用方法2。此外，方法2的支持者还认为，如果理事会支持方法2，则在主体进行售后租回交易时应进行额外的披露，以确保了解该交易的收益和附加条件。

少数职员推荐方法1。他们认为，方法1更能反映交易的实质和提供更有用的信息，特别是当交易有重大的持续参与时。在结合销售和租回要素的合同中可能存在独特的条件，为了解决这些独特的条件，应提供额外指引。

（三）关于损益的确认

原国际财务报告准则和原美国公认会计原则下关于售后租回交易的处理取决于租回的分类。如果卖方兼承租人将租回分类为经营租赁，且符合其他特定条件，则交易出售部分的收益或损失将立即确认。如果租回被分类为融资租赁，卖方兼承租人在租赁期内递延并分期确认销售收益。

理事会职员考虑了卖方兼承租人是否应递延确认租赁期内的所有收益或损失，而不论交易是否以公允价值确定。具体处理方法为：（1）在租赁期内确认收益，但提前确认销售的所有损失。理事会职员否决了该方法，因为其与中立地如实反映交易的信息质量特征不一致。（2）如租回属于融资租赁，且符合原租赁准则规定，则确认租回期内的所有利得或损失。

理事会职员否决了上述方法，并建议采用《2010年征求意见稿》的提议：（1）如果售后租回交易导致标的资产销售，且租回价格是以公允价值确定的，则该交易产生的利得和损失不应递延确认。（2）若售后租回交易并非以公允价值确定，则应调整所确认的资产、负债、利得和损失，以反映当前市场租金。这是因为：（1）递延收益可能不符合负债定义，也不符合新收入准则的提议；（2）确保承租人和出租人确认的资产、负债、收益和损失既不低估也不夸大；（3）这将导致（承租人和出租人）对所有租赁采用一致的会计处理，并促进不同类型租赁之间的可比性。

（四）关于"整体资产终止确认法"与"部分资产终止确认法"

理事会职员分析了"整体资产终止确认法"和"部分资产终止确认法"的会计处理，并与融资安排进行了比较，如表2-14-3所示。

表2-14-3　　　　　　"整体资产终止确认法"和
"部分资产终止确认法"对比分析

	整体资产终止确认法	部分资产终止确认法	融资安排
卖方兼承租人	终止确认整个标的资产；确认使用权资产和租赁负债；确认销售收益或损失	终止确认与租赁有关的标的资产的部分；确认使用权资产和租赁负债；确认转让部分销售收益或损失	不终止确认租赁资产；将收到款项确认为融资借款；出售无利得或损失（利息费用将在租赁期内反映）
买方兼出租人	确认整个标的资产（整体资产）；确认应收账款和租赁负债或剩余资产	确认与尚未租回的标的资产有关的权利；确认应收账款；确认剩余资产或租赁负债；如果采用终止确认法，则为收入或费用	不确认租赁资产；确认已支付款额项的应收账款

大部分理事会职员建议采用《2010年征求意见稿》的提议，即采用"整体资产终止确认法"，因为该方法较为简单，特别是在采用非融资承租人模式进行

租回的情况下。这些理事会职员认为,"整体资产终止确认法"与卖方兼承租人如何应用新收入准则来确定是否销售了资产,如不动产、厂场和设备,与买方兼出租人如何应用不动产、厂场和设备准则来确定其是否购买了资产是一致的。此外,卖方兼承租人和买方兼出租人在应用新租赁准则前,应首先确定其是否购买或销售了标的资产。《2010年征求意见稿》要求在售后租回交易中的买方兼出租人始终采用"履约义务法"(更类似于"整体资产终止确认法"),而不是"终止确认法"。这些理事会职员也注意到,大部分售后租回交易发生在地产行业,将"部分资产终止确认法"应用于此类交易,未必能为使用者提供有用的信息。

少数理事会职员支持"部分资产终止确认法"。他们指出,由于大多数售后租回交易发生在价值较高的交易中,卖方兼承租人不太可能不知道标的资产的公允价值,否则就不会出售标的资产。此外,如果理事会认为"部分终止确认法"是出租人会计的可行模式,则应与该决议保持一致,并在售后租回中应用"部分资产终止确认法"。

七、《2013年二次征求意见稿》

《2013年二次征求意见稿》提议,主体只有在交易符合新收入准则销售的条件(即如果买方兼出租人获得了标的资产控制权)的情况下,才将售后租回交易作为标的资产的销售和该标的资产的租赁。如果交易不符合销售的条件,则应将整个交易视为融资交易。《2013年二次征求意见稿》还澄清,租回的存在本身并不妨碍交易被作为销售和租赁。

《2013年二次征求意见稿》进一步指出,如果卖方兼承租人有能力主导使用标的资产,并从标的资产中获得几乎所有经济利益,则未发生销售(即买方兼出租人未获得该资产的控制权)。如果符合以下任意条件("优先条件"),就会出现这种情况:(1)租赁期占标的资产剩余使用寿命的大部分;或(2)租赁付款额现值几乎相当于标的资产的全部公允价值。

此外,理事会澄清,如果售后租回安排包括行权价格的看涨期权(即回购选择权)或远期合同(即回购标的资产的权利),则卖方兼承租人应将合同作为融资安排,而不是作为销售和租赁,这是因为出租人无法获得标的资产的控制权。

八、2014 年 7 月会议

在 2014 年 7 月联合会议①中，重新审议了《2013 年二次征求意见稿》的建议。

（一）《2013 年二次征求意见稿》反馈概述

《2013 年二次征求意见稿》的反馈意见广泛支持将售后租回交易中的销售会计与新收入准则保持一致。在概念上没有理由将售后租回中的销售与正常销售和租赁交易区别对待。

对《2013 年二次征求意见稿》售后租回会计处理，反馈者普遍关注以下几个方面：（1）确定是否发生了销售；（2）如何确认销售收益；（3）"场外"条款的调整；（4）过渡期原售后租回交易的会计处理。

1. 确定是否发生了销售

大多数反馈者表示支持将售后租回交易中的销售与新收入准则指引相一致。但是，部分反馈者表示，该提议将使美国公认会计原则与美国税收和法律规定脱节，主要是在购买（或回购）选择权方面。这是因为，当合同中有回购选择权时，新收入准则可能不作为销售处理，（作为租赁或融资处理）。相比之下，美国的税收和法律规定通常允许作为出售处理，存在廉价购买（或回购）选择权除外。

部分反馈者不赞同《2013 年二次征求意见稿》中未发生销售的因素。即，租赁期占标的资产剩余使用寿命的大部分，或租赁付款额现值几乎相当于标的资产的全部公允价值，则转让不属于销售。反馈者普遍认为，这些因素与新收入准则的控制权转移模型不一致，而是代表了基于风险和报酬的方法。其他反馈者建议，理事会应制定详细的应用指引，以澄清如何在售后租回交易中应用新收入准则的控制权转移模型。

2. 如何确认销售收益

部分反馈者认为，在合同开始时确认与销售标的资产相关的所有损益，并不能如实反映大多数售后租回交易的经济实质。其中，部分反馈者建议，卖方

---

① IASB/FASB. REG FASB/IASB Meeting. July 2014. IASB Agenda ref 3A/FASB Agenda ref 290. Project Leases. Paper topic Sale and Leaseback Transactions.

兼承租人应确认在租回期内的损益；而另一部分反馈者建议，确认的损益金额应受到限制（例如，应以买方兼出租人在租回期结束时将获得的资产剩余权益为限）。

销售条款和租回安排通常是一揽子协商的。由于条款的相互依赖，反馈者担心《2013年二次征求意见稿》建议的销售和租赁会计可能导致夸大利润。因此，应根据新收入准则确定是否已发生出售。在很多情况下，卖方兼承租人实际上销售的是剩余权益，而不是全部标的资产，立即确认销售全部资产的损益似乎并不能如实反映交易的实质。

部分反馈者不赞同将不满足销售条件的交易视为融资交易，他们赞同这种交易不应导致卖方兼承租人确认销售损益。尽管如此，他们认为，如果买方兼出租人保留剩余资产的权益，买方兼出租人应按照出租人会计的提议对交易进行会计处理，而不是作为融资交易。这是因为，适用于融资交易的要求并未具体说明买方兼出租人将如何解释其在剩余资产中的剩余权益。此外，部分反馈者指出，与其他金融资产和负债相比，租赁往往具有独特的特点，即使在未发生销售的情况下，也应按照租赁准则对租回进行会计处理。

3. "场外"条款的调整

部分反馈者关注，售后租回交易如以非公允价值出售标的资产，或租回付款额并非以市场租金支付，则如何进行会计处理。一般认为，决定有关交易是否为"场外"交易，应以标的资产的公允价值为依据，因为资产公允价值一般较租回付款额的公允价值更容易确定。

反馈者建议，应以使用标的资产的公允价值，而不是租金的公允价值来确定销售是否以公允价值定价。销售标的资产的公允价值一般在交易时即可获得，或可根据估值模型确定，而市场租金并非估值模型的唯一信息来源。因此，资产的市场价值可以更好地反映交易价格是等于市场水平、高于市场水平还是低于市场水平。

4. 过渡期原售后租回交易的会计处理

很多反馈者对原售后租回交易的过渡规定表示关注。其特别表示关切的是：（1）必须重新评估以前完成的售后租回交易，以确定根据新收入准则，这些交易是否符合卖方兼承租人的销售条件；（2）计算以前在不符合新收入准则的销售条件的销售和租回中确认的损益；（3）在过渡日计算递延收益。部分反馈者对将递延收益确认为过渡日损益调整的提议表示担忧。这将导致这些损益永远不会在损益中得到确认。

其中很多反馈者建议免除原售后租回交易，并采用未来适用法。他们认为，《2013年二次征求意见稿》要求重新评估销售是否满足新收入准则相关规定，在操作上很难适用于以前的售后租回交易，且重新评估是否销售并不能提供有用的财务报表信息。

（二）重新审议《2013年二次征求意见稿》

1. 确定是否发生了销售

（1）理事会职员分析

理事会职员认为，理事会应重申《2013年二次征求意见稿》的原则，即卖方兼承租人不应确认标的资产的销售，除非该资产符合新收入准则中的销售条件（其合同识别、计量和确认条款适用于所有非金融资产的销售，包括非客户一方）。在租赁准则范围内，只适用于售后租回交易的单独销售要求是不适当的。为售后租回交易单独设定一套要求可能创造构建交易的机会，例如，通过与销售合同一起签订非实质性的租回，以规避新收入准则中的回购安排规定。

《2013年二次征求意见稿》中提出了租回何时排除卖方兼承租人的销售会计的两个条件，来源于《2013年二次征求意见稿》提出的租赁分类测试（"A型租赁"和"B型租赁"）。理事会职员认为，这些条件不再适用，因为理事会决定不再保留该租赁分类测试。

理事会职员认为，美国财务报告准则委员会可以澄清，如果租回是卖方兼承租人的"A型租赁"（仅适用于美国公认会计原则），则未发生销售。美国财务会计准则委员会得出结论，"A型租赁"实际上是承租人对标的资产的购买。因此，卖方兼承租人同时销售和回购同一资产是不合适的。

同样，尽管国际财务报告准则的承租人会计模型没有租赁分类测试（"A型租赁"和"B型租赁"），但理事会职员认为，国际会计准则理事会可以包括类似的指引，以澄清买方兼出租人实际上未购买标的资产的情况，因为交易的实质是卖方兼承租人立即回购标的资产的全部（或基本上全部）权利。例如，可以基于出租人租赁分类测试，或排除第三方参与租回的影响的出租人租赁分类测试。

部分反馈者要求理事会澄清在售后租回交易中存在回购选择权将如何影响是否存在销售的决定。理事会职员认为，理事会应澄清，根据新收入准则中回购相关指引，当卖方兼承租人对标的资产拥有回购选择权（且买方兼出租人有重大经济激励行使看跌期权）时，则不属于发生销售。

与理事会在新收入准则中的观点一致，理事会职员认为，非实质性回购选择权并不影响是否发生销售的判断。例如，如果主体基于相关经济因素极不可能行使该购买选择权，或者回购选择权使卖方兼承租人仅有权重新获得标的资产剩余利益的微不足道的部分（例如，如果回购选择权仅在标的资产经济寿命结束时或接近结束时可行使），则回购选择权可能不是实质性的。理事会职员认为，澄清部分回购选择权可能不是实质性的，可能避免主体建构交易以管理收益或损失确认时间的可能性。

理事会职员仍然认为，单独租回并不妨碍卖方兼承租人得出这样的结论：买方兼出租人获得了标的资产的控制权，从而发生了销售。在不具有实质性回购选择权或因租回而对标的资产进行实质回购的情况下，买方兼出租人同时获得了以下两项：（1）标的资产的几乎所有剩余收益，根据在租回期间将从卖方兼承租人处获得的现金流量和将从剩余资产中获得的收益的组合；（2）主导标的资产使用的能力。

在实务中，售后租回与金融出租人从第三方制造商购买资产，并立即将控制该资产使用的权利转让予承租人，而无需实际占有标的资产的情况并无本质区别。理事会之前的结论是，转租资产并不意味着客户不具有主导标的资产的使用（转租收入是承租人从其使用标的资产的权利中获得的潜在经济利益）。理事会职员认为，如果新收入准则中的其他要求支持客户已获得标的资产控制权的结论，则不会仅仅因为其客户从未实际占有标的资产就认为第三方制造商未完成销售。

新收入准则规定从客户的角度（买方兼出租人）评估控制权的转移。由于销售和租回被视为一种单独的安排，部分反馈者认为，直到租回期结束，买方兼出租人才获得主导使用标的资产的能力。根据该观点，买方兼出租人在该时点之前无法获得对标的资产的控制权。该观点的前提是，在大多数售后租回交易中，资产的出售取决于双方同意租回（即买方必须同意在租回期间将资产使用的控制权转让予卖方承租人），这意味着这笔交易实际上是远期销售合同，而不是售后租回合同。

理事会理解那些将售后租回交易视为远期销售的反馈者的论点。但是，理事会职员并不认为租回的存在就一定决定了出售发生的时点。新收入准则提供了具体指引，以帮助主体确定客户获得承诺资产控制权的时点。理事会职员认为，理事会可以提供额外的应用指引，以协助主体评估售后租回交易中的控制权。该应用指引可包括讨论或举例说明如何将新收入准则中的控制权原则和规定应用于售后租回交易。

部分理事会职员不建议在新租赁准则中列入适用于新收入准则的应用指引。尽管该指引将专门针对售后租回交易，但这些理事会职员担心，这可能成为适用所有收入合同的更广泛的解释性指引。

（2）理事会初步决议

理事会初步决议，保留《2013年二次征求意见稿》中的指引，即在售后租回交易中发生销售，销售必须符合新收入确认准则中的销售规定。理事会重申，租回的存在并不单独妨碍卖方兼承租人得出已将标的资产出售给买方兼出租人的结论。所有美国财务会计准则委员会和理事会成员都同意。

理事会初步决议，在最终版租赁准则中不包括有关销售的附加应用指引。但是，理事会澄清，如果卖方兼承租人对标的资产拥有实质性回购选择权，则不存在销售。理事会12名成员表示同意。

美国财务会计准则委员会初步决议，如果卖方兼承租人确定租回是A型租赁，从卖方兼承租人的角度评估，则未发生销售。所有美国财务会计准则委员会成员都同意。

美国财务会计准则委员会初步决议，进一步评估（1）是否在最终租赁准则中包含关于确定销售的额外应用指引，以及（2）回购选择权对售后租回交易的影响，特别是可按公允价值行使的看涨期权。

2. 如何确认销售损益

（1）理事会职员分析

部分理事会职员认为，理事会应重申《2013年二次征求意见稿》中提出的指引，根据美国公认会计原则和国际财务报告准则对销售（卖方兼承租人）和购买（买方兼出租人）进行会计处理。这些理事会职员指出：（1）不在美国公认会计原则和国际财务报告准则范围内的非金融资产的销售，无论销售对象是否为客户，均应遵守与新收入准则一致的原则；（2）资产的购买和双方对交易成本的会计处理将受美国公认会计原则和国际财务报告准则的约束。

部分理事会职员建议，理事会应要求根据售后租回交易（更广泛地符合原美国公认会计原则）递延确认销售收益。但是，如果发生了非金融资产的销售（基于新收入准则的规定），如果交易以公允价值确定，租回的存在不影响对销售所产生的收益或损失的确认。

其他理事会职员则认为，租回的存在影响确认因销售而产生的收益（但不包括损失）。根据国际会计准则理事会的承租人会计模式，这项建议特别相关。

在售后租回交易中，卖方兼承租人销售标的资产，并立即在租回期间将其租回。虽然从法律和会计角度来看，卖方兼承租人已经销售了标的资产，但在签订售后租回交易后，卖方兼承租人仍有权在一段时间内使用该资产。因此，从经济角度来看，卖方兼承租人在租回结束时出售了其在标的资产剩余价值中的权益，并保留了其在租回期间使用该资产的权利。

为了体现其经济实质，卖方兼承租人放弃了对剩余资产的权利（并保留了在租回期间使用该资产的权利），卖方承租人可以将出售和租回解释为：（1）出售一部分标的资产，即出售其在剩余资产中的权益；（2）资产在租赁期内的租回（不是一项新的使用权，而是保留其在出售和租回前嵌在标的资产所有权内的使用权资产）。重要的是，该方法不会将所有售后租回交易都视为部分销售。根据收入准则，只有那些符合全部标的资产销售的交易才会受到"部分收益确认法"的约束。不符合销售条件的交易（例如，包括实质性回购选择权的销售和售后租回）将被视为融资交易。

卖方兼承租人和买方兼出租人将该交易视为标的资产的出售或购买和租赁（在租赁准则范围内）。因此，卖方兼承租人将不再确认标的资产，而确认使用权资产。但是，卖方兼承租人将按标的资产先前账面金额的比例来计量使用权资产，而不是按交易日的租回付款额（根据预付租金等进行调整）现值来计量。以这种方式计量使用权资产的结果是，在交易开始时确认的收益将只与剩余利息有关。根据该方法，如果租回占资产使用寿命的很少部分，卖方兼承租人将确认资产出售收益的较大比例。这从经济上反映出，卖方兼承租人仅在短时间内保留使用该资产的权利，从而出售了较大比例的标的资产。相比之下，如果租回占资产使用寿命的较大部分，卖方兼承租人将确认出售资产所得的较小比例。在极端情况下，如果租回占标的资产的整个使用寿命，理事会职员希望在出售时不确认收益。

如前所述，部分理事会职员建议采用该方法。卖方兼承租人在所有售后租回交易中确认销售部分的全部收益是不合适的。例如，如果租回适用于标的资产的所有剩余寿命，则卖方兼承租人放弃的标的资产所含经济利益的权利很少。在这种情况下，卖方兼承租人在交易发生日提高其资产价值并确认收益并不能如实反映该交易实质。因此，理事会职员建议对卖方兼承租人采用"部分收益确认法"，因为：（1）可限制对出售收益的确认，使其在经济上反映出卖方兼承租人放弃和保留的标的资产权利。（2）应用起来相对简单，并不比只针对售后租回交易引入分类测试复杂。卖方兼承租人将已拥有计算部分出售收益所需的所有信息（即标的资产的公允价值和使用权资产的初始计量）。（3）避免将金融工具指引应用于某些售后租回交易可能产生的意外后果。例如，在一项售后租回交易中，买方兼出租人保留了预计为资产价值5%的剩余权益，买方兼出租人将在新租赁准则范围内确认该租回，对如何解释其剩余权益存在具体指引。

其他理事会职员不建议"部分收益确认法"。他们认为，没有特殊原因，如果卖方兼承租人确定发生了非金融资产销售，不应以与其他非金融资产销售相同的方式确认销售收益。这些理事会职员认为，更直接的方法是确定一个不发生销售的门槛（如实质购买），同时仍以与其他销售相同的方式计算确定为销售的所有交易。

（2）理事会初步决议

理事会初步决议，保留《2013年二次征求意见稿》中的指引，即买方兼出租人应按照适用于其他购买非金融资产（即不存在租回）的准则规定，对标的资产的购买进行会计处理。所有美国财务会计准则委员会和理事会成员都同意。

理事会初步决议，保留《2013年二次征求意见稿》中的指引，即卖方兼承租人应在售后租回交易中确认销售的损失，这与适用于其他类似销售的准则规定一致。所有美国财务会计准则委员会和理事会成员都同意。

理事会初步决议，在售后租回交易中，卖方兼承租人在销售时确认的收益应以在租回结束时与标的资产剩余权益相关的收益为限。所有理事会成员都同意。

美国财务会计准则委员会暂时决定，保留《2013年二次征求意见稿》中的指引，即卖方兼承租人应在售后租回交易中对已销售的收益进行确认，这与适用于其他类似销售的准则规定一致。所有美国财务会计准则委员会成员都同意。

3. 租回的会计处理

（1）理事会职员分析

理事会职员认为，卖方兼承租人和买方兼出租人应遵循各自的承租人和出租人会计处理规定，对租回（如发生销售）进行处理。实际上，如果销售是可分离的（即与租回可分离），则对任何一方来说，租回与其他租赁没有区别。

但是，理事会职员指出，前述讨论的"部分收益确认法"会影响租回的会计处理：（1）国际财务报告准则编报者对使用权资产的租赁期开始日进行调整；（2）美国公认会计原则编报者在整个租回期内分摊确认标的资产出售的递延收益。

（2）理事会初步决议

理事会初步决议，保留《2013年二次征求意见稿》中的指引，即如果发生销售，卖方兼承租人和买方兼出租人都以与其他租赁相同的方式对售后租回进行会计处理。所有美国财务会计准则委员会和理事会成员都同意。

4."场外"条款的调整

（1）理事会职员分析

《2013年二次征求意见稿》提议，如果销售资产的对价不是公允价值，或租赁付款额不是市场租金，卖方兼承租人和买方兼出租人将调整初始销售会计处理。部分理事会职员将该提议解读为，要求卖方兼承租人和买方兼出租人在评估是否有必要调整所述条款时，需要确定标的资产的公允价值和市场租金，以便确认场外条款的调整。这些理事会职员建议，应使用标的资产的公允价值，而不是租赁付款额的公允价值来确定销售是否以公允价值确定，并计量对场外条款的调整。这些理事会职员认为，销售标的资产的公允价值通常比市场租金更容易确定。

理事会职员认为，理事会可简化指引，澄清主体不一定需要确定标的资产和租赁付款额的市场价值。要求主体确定标的资产和租赁付款额的公允价值可能是不必要的，因为买方兼出租人对标的资产的超额付款额往往会伴随着高于市场租金的费用，反之亦然。此外，要求同时计量标的资产和市场租赁付款额公允价值增加了复杂性，并且与主体可选择最容易计量的单一指标的其他准则不一致。

在选择最合适的基准来确定交易是市场上还是市场外，以及在计算市场外条款的调整时，主体应最大限度地使用可观察价格和可观察信息。这将降低会计处理的复杂性，提高会计处理的准确性。例如，假设与标的资产相同或相似的资产定期单独销售，以便标的资产在交易时具有可观察的公允价值。如果没有可比租金，或变动很大，则损益的确定及其调整应基于标的资产的可观察的公允价值，而不是对构成市场租金的估计。

对于"场外"条款下卖方兼承租人的会计处理，理事会职员认为，如果标的资产的出售价格低于其公允价值，其差额实际上是卖方兼承租人提前支付租金。因此，主体应以与其他预付租金相同的方式确认该差异（即作为对使用权资产的调整）。这与《2013年二次征求意见稿》中的提议一致。

如果出售价格超过有关资产的公允价值，理事会职员认为，理事会可采取两种方法：（1）方法1：如《2013年二次征求意见稿》提议，将超额销售价格的金额确认为卖方兼承租人的额外融资财务费用（无论是按标的资产的公允价值与销售价格之间的差额计算，还是按租回付款额现值与市场租金之间的差额计算）。（2）方法2：确认租回付款额的租赁负债，超额销售价格的金额确认为对初始使用权资产的调整。这两种方法将导致对使用权资产相同的初始计量。但是，方法1将额外的销售价格视为卖方兼承租人的额外融资，与租回分开。方法2认为，从经济上讲，超额销售价格是对租赁付款额的调整。

理事会职员认为，卖出价格或租回付款额超过标的资产公允价值或市场租金的部分，应反映为向卖方兼承租人提供的额外融资。理事会职员进一步认为，这对于美国公认会计原则和国际财务报告准则的卖方兼承租人来说都是最合适的方法，因为这些额外的金额将对租赁相关的披露产生影响。

对于"场外"条款下买方兼出租人的会计处理，部分理事会职员建议，将标的资产的公允价值视为其收购成本，该金额与支付价格之间的差额均视为租金的调整。根据该方法，出租人应反映：（1）购买价格小于资产公允价值之间的差额（或在更容易确定的情况下，合同租赁付款额与市场租赁付款额现值之间的差额），作为卖方兼承租人预付的租金；（2）购买价格超过资产公允价值的部分，作为提供给卖方兼承租人的其他融资，标的资产将由买方兼出租人以购买价格减去场外调整后的价格确认。

该方法将与《2013年二次征求意见稿》的提议一致，只是澄清，如果标的资产公允价值更容易确定的情况下，可以根据标的资产的公允价值确认，而不是租赁付款额的公允价值。

（2）理事会初步决议

理事会初步决议，主体应根据以下两者之间的差额确定潜在的"场外"条款的调整：（1）销售价格与相关资产的公允价值，以及（2）合同约定租赁付款额现值与公平市场租赁付款额现值之间的差额，以更易于确定的金额为准。

对于以"场外"条款签订的售后租回交易，理事会初步决议，主体应确认：（1）与预付租金相同及不足的差额（即低于市价作为预付租赁款）；（2）买方兼出租人向卖方兼承租人提供的额外融资（即高于市价作为额外融资）。所有美国财务会计准则委员会和理事会成员都同意。

5. 不属于销售的售后租回交易的会计处理

（1）理事会职员分析

与《2013年二次征求意见稿》建议一致，理事会职员认为，如果未发生销售，卖方兼承租人不应终止确认标的资产，而应将收到买方兼出租人支付款额项确认为金融负债。卖方兼承租人将继续确认标的资产的折旧。

当卖方兼承租人按照合同约定支付款额项时，将在金融负债的利息支出（如果有租赁内含利率，使用租赁内含利率计算；如果没有，则使用卖方兼承租人增量借款利率计算）和金融负债的本金偿还之间分配这些款项。

在租回期结束时（或在买方兼出租人取得标的资产控制权之前的时点），卖方兼承租人应将金融负债的剩余金额确认为标的资产最终出售的收益。在该点确认的利得或损失将反映这些收益与相关资产的账面价值之间的差额。

当未发生销售时，买方兼出租人为卖方兼承租人提供融资。买方兼出租人将向卖方兼承租人支付的首付款额作为一项金融资产。当卖方兼承租人在租回期内付款额时，买方兼出租人确认一部分为金融资产的利息收入，其余部分为金融资产本金余额的减少。

在租回期结束时，或当买方兼出租人取得对标的资产的控制权时，该金融资产的余额视为买方兼出租人在该点取得的标的资产的成本。

（2）理事会初步决议

理事会初步决议，保留《2013年二次征求意见稿》中的指引，即卖方兼承租人和买方兼出租人都应将不属于销售的售后租回交易视为融资交易。所有理事会成员都同意。

美国财务会计准则委员会初步决议，对适用于不属于销售的售后租回交易的会计处理进行额外分析。

6. 过渡期原售后租回交易的会计处理

理事会职员认为，理事会可以通过不要求主体在合同开始时根据新收入准则重新评估交易是否符合销售（对于卖方兼承租人）或购买（对于买方兼出租人）的条件，为售后租回交易的主体提供重大过渡豁免。部分反馈者认为，各方重新评估这些合同的成本、时间和精力将是巨大的。

理事会职员认为，重新评估概念与新收入准则中的过渡要求一致，该准则规定，截至生效日期，未根据原美国公认会计原则或国际财务报告准则完成的合同，包括不属于销售的合同，根据主体选定的过渡方法进行重新评估和会计处理。

涉及售后租回交易（即符合作为销售或购买的交易）的买方兼出租人将该交易视为资产的购买和该资产的租赁给卖方兼承租人。因此，如果不需要重新评估是否发生了对资产的购买，买方兼出租人只需适用于所有其他出租人的过渡要求。出租人的过渡要求将由理事会在未来的联合会议上讨论。

理事会职员认为，卖方兼承租人应以以下方式处理以前售后租回产生的递延收益：（1）对于根据原美国公认会计原则和国际财务报告准则分类为资本或融资租赁的租回，该主体应继续按照与原准则相同的方式摊销收益。这与《2013年二次征求意见稿》的建议一致。理事会职员认为，理事会不应要求卖方兼承租人追溯确认售后租回款项作为融资，这将增加复杂性，但结果没有显著差异。（2）对于分类为经营租赁且按市场条款签订的租回，主体应在首次执行日的最早期间开始或出售日期的较早日期，将递延收益确认为对权益的累计调整。这实际上将调整该主体的财务报表，即历史收益是根据最终租赁准则规定计量售后租回所得收益。（3）主体应将因"场外"条款而递延确认的收益或损失：对租回使用权资产的调整（如果是递延损失）或在首次执行日的最早期间开始时作为剩余的金融负债，会计处理与上述"场外"条款的建议一致。理事会职员认为，由市场外条款产生的收益或损失不应在过渡期间冲销，因为它们反映了持续的融资，并应继续影响卖方兼承租人的持续租赁费用。

如果理事会采用前述"部分收益确认法"，用于售后租回交易中出售标的资产的收益，过渡到该方法可能是复杂的。如果要求对该方法进行追溯过渡，卖方兼承租人将需要在首次执行日的最早报告期开始时，追溯地重新评估其尚未完成的每一项售后租回交易，实施这种追溯评估的成本可能很大。

理事会职员建议，如果采用"部分收益确认法"，应允许选择采用简化的过渡方法，以上述建议的方式说明原售后租回交易的递延收益。这将意味着卖方兼承租人将只对在新租赁准则生效日期之后签订的新售后租回交易适用"部分收益确认法"。由于成本和复杂性的原因，理事会职员推荐这种简化的方法。

九、最终准则主要规定

最终，新租赁准则规定，卖方兼承租人必须依据新收入准则的规定确定是否发生了销售，分别进行会计处理。

若卖方兼承租人转让资产符合新收入准则作为资产销售：（1）卖方兼承租人应按卖方兼承租人保留的与使用权有关的资产的原账面金额的比例计量售后租回所形成的使用权资产。因此，卖方兼承租人应仅对转让至买方兼出租人的权利确认相关的利得或损失金额。（2）买方兼出租人应根据适用准则对资产的购买进行会计处理，并根据新租赁准则的要求对租赁进行出租人会计处理。

若卖方兼承租人转让资产不符合新收入准则作为资产销售：（1）卖方兼承租人应继续确认被转让的资产，且应确认与转让收入等额的金融负债。按照金融工具准则对金融负债进行会计处理。（2）买方兼出租人不应确认被转让的资产，且应确认与转让收入等额的金融资产。按照金融工具准则对金融资产进行会计处理。

第二节　售后租回租赁负债修订过程

在 2020 年 3 月和 6 月的会议中，解释委员会讨论了具有可变租赁付款额售后租回的会计处理问题。在 2020 年 6 月的会议中，解释委员会对该议题作出了最终决议（该议程决议全文详见本书准则篇"第六章　特殊租赁交易"），为具有可变租赁付款额的售后租回中卖方兼承租人在交易日的会计处理提供了充分基础和应用示例，但对确认和计量使用权资产而产生的负债的性质和后续计量问题，因超越其权限而未作出决议。

对于此类售后租回交易形成负债的初始计量，有反馈意见建议对估计此类负债时需考虑的因素提供进一步指引。解释委员会认为，对于此类负债的估计，需要基于《国际财务报告准则第 16 号》结论基础的原则进行考虑，未进一步提供相关估计指引。对于此类售后租回交易形成负债的后续计量，解释委员会向理事会提议对《国际财务报告准则第 16 号》进行补充修订，增加此类负债如何进行后续计量的相关指引。理事会接受了解释委员会的建议，并发起了一项名为"售后租回中的租赁负债"修订项目。

理事会对售后租回租赁负债如何确认计量进行了多次讨论。理事会最终决定，为明确售后租回中产生的使用权资产和租赁负债的计量，在《国际财务报告准则第 16 号租赁》中新增第 102A 段作为基础指引，从准则层面明确了售后租回的以下事项：（1）因确认使用权资产而产生负债的性质为租赁负债；（2）对租赁负债初始计量时应包括可变租赁付款额；（3）后续计量时适用租赁负债的后续计量要求。

在"售后租回中的租赁负债"项目修订过程中，理事会曾多次讨论了售后租回租赁负债的确认和计量，表 2-14-4 列示了修订过程中，涉及售后租回租赁负债主要会议及讨论内容。

表 2-14-4　　售后租回租赁负债主要议题汇总表

序号	会议日期	议题	主要内容及建议（与本议题相关内容）
1	2020年9月	《售后租回中的租赁负债：清理问题——计量使用权资产和租赁负债》	理事会初步决议，确保售后租回交易中产生的租赁负债的后续计量与其初始计量一致，即该负债的后续计量应反映所有租赁付款额，无论这些付款额是否符合《国际财务报告准则第16号》中租赁付款额的定义。旨在考虑与卖方兼承租人如何对售后租回产生使用权资产和租赁负债初始计量相关问题，并因此将《国际财务报告准则第16号》第36段至第38段的后续计量要求应用于该租赁负债
2	2020年11月	《售后租回中的租赁负债（征求意见稿）》	征求意见稿建议：(1) 规定卖方兼承租人在对售后租回交易中产生的使用权资产和租赁负债初始计量时使用的方法；(2) 卖方兼承租人如何进行对租赁负债后续计量
3	2021年5月	《售后租回中的租赁负债：反馈概述》	本文目的是向理事会提供关于征求意见稿的反馈概述，对租赁负债尤其是可变租赁付款额纳入租赁负债的方法，反馈提供了替代方案
4	2021年12月	《售后租回中的租赁负债：项目方向》	本次会议的目的是向理事会提供对如何该推进项目的分析和建议：讨论了售后租回付款额包括可变租赁付款额的交易，提出了对售后租回租赁负债后续计量的四种方法：(1) 预期付款额方法；(2) 估算付款额法；(3) 组合负债法；(4) 递延收益法

一、2020 年 9 月会议

在 2020 年 4 月的理事会会议中，理事会正式同意解释委员会关于就售后租回交易对新租赁准则进行有限修订的建议。

在 2020 年 9 月的理事会会议①中，理事会讨论了与卖方兼承租人如何对售后租回产生的使用权资产和租赁负债初始计量相关问题，并将《国际财务报告准则第 16 号》第 36 段~第 38 段的后续计量要求应用于该租赁负债。

（一）暂定提议方法

在制定售后租回交易的后续计量规定时，理事会认为重要的是，任何规定都应防止卖方兼承租人确认资产出售时的额外损益金额超过交易当日确认的损

---

① IASB. IASB Meeting. September 2020. Agenda ref 12. Project Lease Liability in a Sale and Leaseback. Paper topic Sweep issue—Measuring the ROU asset and lease liability.

益金额。这是因为，确认额外的利得或损失将：（1）违背理事会制定《国际财务报告准则第 16 号》第 100（1）段中有关售后租回要求的目标和理由；（2）在未发生导致额外利得或损失的基础交易时确认了利得或损失。

理事会初步决议，应确保售后租回交易产生的租赁负债的后续计量与其初始计量一致，即该负债的后续计量应反映所有租赁付款额，无论这些付款额是否符合《国际财务报告准则第 16 号》中租赁付款额的定义。理事会初步决议，在对售后租回交易产生的租赁负债后续计量时，卖方兼承租人应：

（1）采用《国际财务报告准则第 16 号》第 37 段的折现率，增加账面金额以反映租赁负债的利息。

（2）减少账面金额以反映在租赁负债计量中包含的付款额。包括在租赁负债计量中的付款额，应是按《国际财务报告准则第 16 号》第 37 段规定的折现率折现后与租赁负债账面金额相等的金额。

（3）按照《国际财务报告准则第 16 号》第 36（3）段的要求重新计量账面金额；但是，卖方兼承租人不会重新计量账面金额以反映对可变租赁付款额的重新评估。当将《国际财务报告准则第 16 号》第 40 段和第 45 段应用于租赁期的修订和变更时，修订后的租赁付款额应为该租赁的修订预期付款额。

（4）租赁实际支付的付款额与计入租赁负债的付款额之间的差额确认为损益。

为了进一步解释暂定提议的方法，理事会提供了以下案例。

示例 2-14-2：

卖方兼承租人签订售后租回交易，将资产转让予买方兼出租人，并将该资产租回 5 年。交易当日，该资产的账面价值为 1 000 000 元，买方兼出租人为该资产支付的金额为 1 800 000 元（资产的公允价值）。所有的租赁付款额都是固定的，每年支付 100 000 元。交易当日，买卖双方确定其保留的使用权公允价值为 450 000 元。卖方兼承租人的增量借款利率为 3.2%（租赁内含利率无法直接确定），年付款额为 5 笔 100 000 元，按每年 3.2% 的折现率计算，现值为 455 367 元。

如果卖方兼承租人通过将其保留的使用权的公允价值与出售的资产的公允价值进行比较来计量因售后租回而产生的使用权资产，则：

（1）对使用权资产初始计量为 250 000 元，计算过程为：1 000 000（该资产以前的账面金额）× 450 000（保留权利的公允价值）÷ 1 800 000（资产公允价值）。

（2）确认与转让予买方兼出租人的权利有关的销售收益 600 000 元，计算过程为：800 000（出售资产的收益）×（1 800 000 – 450 000）（转让予买卖双方的权利价值）÷1 800 000（资产公允价值）。

（3）对租赁负债初始计量为 450 000 元，即使用权资产初始计量 250 000 元，加上卖方兼承租人保留的使用权相关收益 200 000 元。

如果采用理事会初步决议的方法，则卖方兼承租人将负债初始计量中包含的付款额计算为租赁 5 年期间每年支付的 98 821 元——也就是说，假设与合同中约定的付款额线性曲线相同，98 821 元是按 3.2%（卖方兼承租人的增量借款利率）折现后的年付款额，结果为 450 000 元（初始确认时租赁负债的账面金额）。

根据上述暂定方法估算租赁付款额可能难以理解，可能要求卖方兼承租人对固定付款额的售后租回交易进行计量与可变付款额的交易一样，这将难以理解。当卖方兼承租人使用预期租赁付款额现值（按租赁内含利率或增量借款利率折现）以外的方法确定使用权资产和租赁负债初始计量时，则估算的租赁付款额可能与租赁合同的付款额不同。但是，这种结果的可能性在某种程度上使这些提议复杂化，有部分意见可能认为这是不合逻辑的。此外，可能出现的估算付款额差异可能创造构建交易机会，从而可能导致各项规定的适用不一致，将减少提议的修订对财务报表使用者的有用性。

（二）改进暂定提议方法

由于上述问题，理事会考虑了如何改进暂定提议方法。无论卖方兼承租人使用何种方法对售后租回交易产生的使用权资产和租赁负债初始计量，暂定提议方法应确保所提议的修订有效，因此，理事会考虑了以下两种解决上述问题的备选方法：（1）方法1：计算折现率而不是租赁付款额。（2）方法2：指定用于确定使用权资产和租赁负债初始计量的方法。

1. 方法1：计算折现率而不是租赁付款额

方法1要求卖方兼承租人在交易日确定租赁的预期付款额，并使用导致租赁负债账面的比率对这些付款额进行折现。换句话说，在交易发生日，该方法将（1）应用《国际财务报告准则第16号》第100（1）段确定的租赁负债的初始计量（基于卖方兼承租人选择的确定与其保留的使用权相关已出售资产比例的方法）；（2）明确包括在该初始计量中的付款额是租赁的预期付款额（按市场价格计算）；（3）要求卖方兼承租人计算折现率，该折现率将在租赁负债后续计量时使用。

在上述案例中，卖方兼承租人通过将其保留的使用权公允价值与出售的资产公允价值进行比较，初步计量使用权资产，并以 450 000 对租赁负债初始计量。然后，卖方兼承租人将确定折现率，当该折现率应用于 100 000 元的租赁预期年付款额时，结果为 450 000 元（初始确认时租赁负债的账面金额），该折现率是 3.62%。卖方兼承租人对租赁负债后续计量时将采用 3.62% 的折现率。根据方法 1，为租赁支付的年付款额（100 000 元）与租赁负债初始计量中包含的租赁预期年付款额（100 000 元）之间不存在差异。

但是，方法 1 也存在如下问题：（1）为对租赁负债后续计量而采用的折现率可能与根据《国际财务报告准则第 16 号》第 37 段确定的折现率（即租赁内含利率或增量借款利率）不同。例如，上述案例得出的估算折现率为 3.62%，而卖方兼承租人的增量借款利率为 3.2%。（2）该方法将要求卖方兼承租人确定所有售后租回交易的租赁预期付款额，即使卖方兼承租人可以使用另一方法确定使用权资产和租赁负债的初始计量。因此，该方法间接地"要求"卖方兼承租人使用预期租赁付款额现值来确定使用权资产和租赁负债的初始计量。

2. 方法 2：指定用于确定使用权资产和租赁负债初始计量的方法

方法 2 要求卖方兼承租人使用租赁预期付款额现值来对售后租回交易产生的使用权资产和租赁负债进行初始计量。也就是说，在适用《国际财务报告准则第 16 号》第 100（1）段时，卖方兼承租人将通过比较按市场利率计算的租赁预期付款额现值与出售资产公允价值来确定与其保留的使用权相关的比例。在对由此产生的租赁负债后续计量时，卖方兼承租人将减少租赁负债的账面金额，以反映租赁的预期付款额。

在上述案例中，卖方兼承租人将通过比较租赁预期付款额现值（使用卖方兼承租人的增量借款利率折现）与出售资产的公允价值，来对使用权资产初始计量。年租金 100 000 元，按 3.2% 折现，现值为 455 367 元。因此，卖方兼承租人将：

（1）以 252 982 元对使用权资产初始计量，计算过程为：1 000 000（该资产以前的账面金额）× 455 367（租赁付款额现值）÷ 1 800 000（资产公允价值）

（2）确认与转让予买方兼出租人的 597 615 元的权利有关的销售利得，计算过程为：800 000 元（出售该资产的总收益）×（1 800 000 − 455 367）（转让

予买卖双方的权利价值）÷1 800 000（资产公允价值）

（3）以455 367元对租赁负债初始计量，计算过程为，使用权资产初始计量（252 982元）加上与卖方兼承租人保留的使用权相关的收益金额（202 385元）。

在对该租赁负债后续计量时，卖方兼承租人将每年减少账面金额，以反映租赁负债初始计量（100 000元）中包含的租赁预期付款额，并采用卖方兼承租人的增量借款利率3.2%确定租赁负债的利息。根据方法2，为租赁支付的年付款额（100 000元）与租赁负债初始计量中包含的租赁预期年付款额（100 000元）之间不存在差异。

方法2将解决以下问题：（1）可理解性。在对租赁负债初始计量时所包括的租赁预期年付款额，将与租赁合同约定固定年付款额相同。无论理事会采用何种方法，卖方兼承租人在对租赁负债后续计量时都必须确定租赁的预期付款额。但是，如果理事会采用方法2，提议的修订将比上述暂定提议方法和方法1更容易起草，因此更容易让利益相关者理解。（2）一致应用。该方法不需要卖方兼承租人计算租赁付款额，从而消除了构建交易机会。此外，该方法将消除卖方兼承租人对使用权资产和租赁负债初始计量的方法之间可能存在的差异。与前述讨论的暂定提议方法和方法1相比，这将有助于在适用售后租回要求方面取得更大的一致性。

但是，方法2将扩大项目的初始范围。也就是说，除了处理后续计量之外，该方法还将处理在售后租回交易中出现的使用权资产和租赁负债的初始计量。尽管如此，理事会注意到，该方法与提议修订的目标一致，并保留了在制定《国际财务报告准则第16号》中售后租回要求时的目标和理由。

根据上述分析，理事会认为方法2指定用于确定售后租回交易产生的使用权资产和租赁负债初始计量的方法，是改进暂定提议方法存在问题的最有效方法。

根据上述分析，理事会建议：（1）明确在根据《国际财务报告准则第16号》第100（1）段对售后租回产生使用权资产和租赁负债初始计量时，卖方兼承租人通过比较以市场利率计算的租赁预期付款额现值（使用内含利率或增量借款利率进行折现）与出售资产的公允价值来确定与其保留使用权相关的比例。（2）修改关于卖方兼承租人如何对售后租回产生租赁负债后续计量的暂定提议方法，使卖方兼承租人减少租赁负债的账面金额，以反映按市场利率支付的预期租赁付款额。

二、《售后租回中的租赁负债(征求意见稿)》

2020年11月,理事会发布了《售后租回中的租赁负债(对〈国际财务报告准则第16号〉的修订提议)(征求意见稿)》。该征求意见稿建议:(1)规定卖方兼承租人在对售后租回交易中产生的使用权资产和租赁负债初始计量时使用的方法;(2)卖方兼承租人如何进行对租赁负债后续计量。

该征求意见稿提议:(1)在适用《国际财务报告准则第16号》第100(1)段时,要求卖方兼承租人通过比较预期租赁付款额现值与出售资产的公允价值,以确定与保留使用权相关的资产原账面金额的比例。因此,卖方兼承租人将以预期租赁付款额现值对售后租回租赁负债初始计量。(2)明确构成预期租赁付款额的付款额,不同于《国际财务报告准则第16号》附录一中定义的租赁付款额,并包括在租赁负债的计量中。特别是,预期租赁付款额将包括以下方面的预期:(1)标的资产的未来业绩或使用相关的可变租赁付款额;(2)取决于指数或比率的可变租赁付款额,以及因指数或比率变动而导致的未来付款额变动。

三、2021年5月会议

在2021年5月的理事会会议①上,理事会分析了针对征求意见稿的反馈意见。对可变租赁付款额纳入租赁负债的方法,反馈意见提出了以下两种替代方案。

(一)递延收益法一

递延收益法一建议,与《国际财务报告准则第16号》第100(1)段一致,卖方兼承租人按照其保留的使用权资产原账面金额的比例对使用权资产计量。因此,卖方兼承租人只确认与转让予买方兼出租人的权利有关的损益。卖方兼承租人将采用适用于其他租赁负债的计量要求(即按照《国际财务报告准则第16号》第26段至第28段)计量售后租回租赁负债。卖方兼承租人将剩余金额确认为递延收益,并在租回期内以直线法将该余额分期确认为损益(除非其他合理系统的方法能代表卖方兼承租人获得利益的模式)。

---

① IASB. IASB meeting. May 2021. Agenda ref 12D. Project Lease Liability in a Sale and Leaseback. Paper topic Feedback Summary—Main Matters.

(二) 递延收益法二

递延收益法二建议，卖方兼承租人仅确认与转让予买方兼出租人的权利有关的损益。但是，卖方兼承租人采用适用于其他使用权资产和租赁负债的计量要求（即采用《国际财务报告准则第16号》第23段至第28段）计量使用权资产和租赁负债。卖方兼承租人应将剩余金额确认为递延收益，在租回期内直线法将该余额分期确认为损益（除非其他合理系统的方法能代表卖方兼承租人获得利益的模式）。

理事会以如下说明性示例解释了上述两种方法的具体应用。

示例2－14－3：

案例背景：

主体（卖方兼承租人）以1 800元现金（该建筑物在出售日的公允价值）将建筑物出售给另一主体（买方兼出租人）。在交易之前，该建筑物的账面价值为1 000元。

同时，卖方兼承租人与买方租人签订了为期3年的建筑物使用权合同。合同约定卖方兼承租人每年支付的租赁付款额为，在3年内每年使用该建筑物产生收入的7%。租赁不包括最低付款额，租赁付款额按市场价格计算。

在租赁开始日，3年内每年预计收入和预计租赁付款额如表2－14－5所示。

表2－14－5　　3年内每年预计收入和预计租赁付款额

年	预估收入（元）	预计租赁付款额（元）
1	1 300	91
2	1 400	98
3	1 450	100

假设：(1) 根据交易条款和条件，卖方兼承租人转让建筑物满足《国际财务报告准则第15号》作为销售建筑物进行会计处理的要求。因此，卖方兼承租人与买方兼出租人将交易作为售后租回进行会计处理。(2) 租赁内含利率不能直接确定，卖方兼承租人的增量借款利率为每年3.5%。预计租赁付款额现值（以每年3.5%折现）为270元。(3) 卖方兼承租人按成本计量使用权资产，并在租赁期内按直线法计提折旧。(4) 实际租赁付款额等于开始日的预期租赁付款额。

案例分析：

在租赁期开始日，采用征求意见稿方法、递延收益法一和递延收益法二，卖方兼承租人将对该交易进行处理如表 2-14-6 所示。

表 2-14-6　　卖方兼承租人对于三种方法的处理　　　　　　　　单位：元

借/贷	征求意见稿方法	递延收益法一	递延收益法二
借：现金	1 800	1 800	1 800
借：使用权资产	150（注1）	150（注1）	—（注1）
借：建筑物	1 000	1 000	1 000
贷：租赁负债	270	—	—
贷：递延收益	—	270（注3）	120（注4）
贷：转让权利利得	680（注2）	680（注2）	680（注2）

注1：采用征求意见稿方法和递延收益法一，卖方兼承租人通过比较预期租赁付款额现值（270元）与建筑物的公允价值来计量使用权资产。卖方兼承租人按照 150 = 1 000 × 270（预期租赁付款额现值）÷ 1 800（建筑物公允价值）对使用权资产初始计量。采用递延收益法二，因为所有的租赁付款额都是可变的，且不依赖于指数或比率，因此，卖方兼承租人对使用权资产和租赁负债的初始计量均为零。

注2：出售该建筑物的利得为 800（1 800 - 1 000）。在采用上述三种方法的情况下，卖方兼承租人仅确认与转让予买方兼出租人的权利相关的利得，其计算方法：（1）卖方兼承租人保留的建筑物使用权相关的利得为 120 = 800 × 270（租赁付款额现值）÷ 1 800（建筑物的公允价值）；以及（2）转让至买方兼出租人的权利相关的利得为 680 =（800 - 120）。

注3：采用递延收益法一，卖方兼承租人以零对租赁负债初始计量，因为所有的租赁付款额都是与资产未来使用相关的可变租赁付款额。递延收益期末余额，反映了预期租赁付款额现值。

注4：采用递延收益法二，卖方兼承租人同时以零对使用权资产和租赁负债初始计量，并采用不构成售后租回交易的计量要求，因为所有付款额都是与资产未来使用相关的可变租赁付款额。递延收益代表与卖方兼承租人保留的权利相关的收益 800 元的一部分。

四、2021 年 12 月会议

在 2021 年 12 月的理事会会议[①]上，理事会提出了对售后租回租赁负债后续计量的四种方法：（1）预期付款额法，即征求意见稿提议方法。（2）估算付款额法。估算付款额是指在租回期内的定期付款额折现后产生的租赁负债在开始日的账面金额，并按《国际财务报告准则第16号》第 100（1）段计量。该方法

---

① IASB. IASB meeting. December 2021. Agenda ref 12A. Project Lease Liability in a Sale and Leaseback. Paper topic Project Direction.

有两种估算方法，一种方法是将在租回期内的定期付款额设定为等额；另一种方法是定期付款额可能因租回期内预期付款额情况的变动而有所不同。（3）组合负债法。与《国际财务报告准则第16号》第100（1）段一致，卖方兼承租人将按照与卖方兼承租人保留的使用权相关资产原账面金额的比例计量售后租回产生的使用权资产。卖方兼承租人将按照适用于其他租赁负债的计量要求对售后租回租赁负债进行计量，并将剩余金额确认为负债（称为"其他组成部分"），并在租回期内分期确认为损益。（4）递延收益法。卖方兼承租人将采用适用于其他使用权资产和租赁负债的计量要求来计量使用权资产和租回负债。根据《国际财务报告准则第16号》第100（1）段，卖方兼承租人将仅确认与转让予买方兼出租人的权利有关的利得金额。卖方兼承租人将未确认的出售利得（或损失）确认为递延收益，并在租回期内分期确认为损益。

理事会以如下说明性示例解释了上述四种方法的具体应用。

示例2－14－4：与标的资产未来使用挂钩的可变付款额的售后租回交易

主体（卖方兼承租人）以1 800元现金（该建筑物在出售日的公允价值）将建筑物出售给另主体（买方兼出租人）。在交易之前，该建筑物的账面价值是1 000元。

同时，卖方兼承租人与买方兼出租人就该建筑物的使用权签订了为期5年的合同。合同约定卖方兼承租人每年按照使用该建筑物产生的收入的7%支付租赁款，每年最低付款额为85元（按市场利率支付）。5年内每年的预期租金及实际租金如表2－14－7所示。

表2－14－7　　　　5年内每年的预期租金及实际租金

年	预计租赁付款额（元）	实际租赁付款额（元）
1	91	92
2	98	96
3	102	96
4	104	104
5	105	104

根据交易条款和条件，卖方兼承租人转让建筑物满足《国际财务报告准则第15号》作为销售建筑物进行会计处理的要求。因此，卖方兼承租人与买方兼出租人将交易作为售后租回进行会计处理。租赁内含利率不能直接确定，

卖方兼承租人的增量借款利率为每年3.5%，预计租赁付款额现值（每年以3.5%折现）为450元。卖方兼承租人保留的与使用权有关的资产原账面价值的比例（以预期租赁付款额现值或其他方法计算）为25%。

1. 表2-14-8是应用预期付款额法和估算付款额法进行会计处理的对比。

表2-14-8　　　　预期付款额法和估算付款额法会计处理对比

预期付款额法	估算付款额法
在交易开始日，卖方兼承租人对交易会计处理如下：	
借：现金　　　　　　　　　　　　1 800 　　使用权资产　　　　　　　　　 250[a] 　贷：建筑物　　　　　　　　　　1 000 　　　售后租回租赁负债　　　　　　450[b] 　　　销售利得　　　　　　　　　　600[c] 计算过程： 注a：1 000×(450÷1 800) 注b：预期支付现值，按3.5%折现 注c：(1 800-1 000)×[(1 800-450)÷1 800]	借：现金　　　　　　　　　　　　1 800 　　使用权资产　　　　　　　　　 250[a] 　贷：建筑物　　　　　　　　　　1 000 　　　售后租回租赁负债　　　　　　450[b] 　　　销售利得　　　　　　　　　　600[c] 计算过程： 注a：1 000×25%（这个比例是为了便于分析而假设的，如果使用预期租赁付款额现值以外的方法来确认与保留使用权有关的比例，它可能会有所不同） 注b：使用权资产如何计量和出售损益确定的结果 注c：(1 800-1 000)×(100%-25%)
在第1年末，卖方兼承租人对租赁负债的变动作如下处理：	
借：利息费用　　　　　　　　　　　16[d] 　贷：售后租回租赁负债　　　　　　　16 借：售后租回租赁负债　　　　　　　91[e] 　　损益　　　　　　　　　　　　　 1[f] 　贷：现金　　　　　　　　　　　　 92[g] 计算过程： 注d：负债的利息为3.5% 注e：在开始日期确定的第1年的预期付款额 注f：92-91 注g：第1年的实际支付的租金	借：利息费用　　　　　　　　　　　16[d] 　贷：售后租回租赁负债　　　　　　　16 借：售后租回租赁负债　　　　　　 100[e] 　贷：损益　　　　　　　　　　　　 8[f] 　　　现金　　　　　　　　　　　　92[g] 计算过程： 注d：负债的利息为3.5% 注e：假设变量（1）：等额定期付款额，按3.5%折现，结果为450 注f：100-92 注g：第1年的实际支付的租金

表2-14-9列示了售后租回交易应用预期付款额法和估算付款额法对卖方兼承租人在租回期间的损益的影响，第一年的影响不包括确认的销售收益600元，这两种方法的收益是相同的。

表 2-14-9　预期付款额法和估算付款额法对损益的影响　　　　单位：元

	1	2	3	4	5	合计
收入/费用						
实际支付*	(92)	(96)	(96)	(104)	(104)	(492)
确认的损益*						200
损益						
预期付款额方法						
折旧	(50)	(50)	(50)	(50)	(50)	(250)
租赁费用**	(1)	2	6	—	1	8
小计：	(51)	(48)	(44)	(50)	(49)	(242)
利息费用	(16)	(13)	(10)	(7)	(4)	(50)
总计：	(67)	(61)	(54)	(57)	(53)	(292)
估算付款额方法						
折旧	(50)	(50)	(50)	(50)	(50)	(250)
租赁费用**	8	4	4	(4)	(4)	8
小计：	(42)	(46)	(46)	(54)	(54)	(242)
利息费用	(16)	(13)	(10)	(7)	(4)	(50)
总计：	(58)	(59)	(56)	(61)	(58)	(292)

注：* 为便于参考，列示了实际租赁付款额和卖方兼承租人未确认的出售收益金额。
　　** 租赁费用是指实际租赁付款额与当期售后租回租赁负债减少的金额之间的差额。

上述两种方法是理事会职员建议可采用的方法，表 2-14-10 列示了预期付款额法和估算付款额法的两种方法对售后租回租赁负债的初始和后续计量，其中加黑倾斜字体代表如何修改征求意见稿的建议。

表 2-14-10　预期付款额法和估算付款额法的计量

	预期付款额法	估算付款额法
初始计量		
确定与保留使用权有关的比例的方法是	规定为预期租赁付款额现值相对于资产公允价值的比例 *不作规定——主体继续使用按照《国际财务报告准则第16号》第100（1）段采用的方法*	不作规定——*主体继续使用按照《国际财务报告准则第16号》第100（1）段采用的方法*
租赁负债的初始计量确定为	按照《国际财务报告准则第16号》第26段的折现率计算的预期租赁付款额现值 *如何计量使用权资产和确定出售利得或损失的结果*	如何计量使用权资产和确定出售利得和损失的结果。 该金额代表与预期租赁付款额现值相似

续表

	预期付款额法	估算付款额法
后续计量		
租赁负债增加	按照《国际财务报告准则第16号》第37段规定的贴现率计算的租赁负债利息	
租赁负债减少	在初始计量日或（如适用）重新计量日确定的报告期内的预期租赁付款额，与实际租赁付款额相比之间的差异计入损益 卖方兼承租人决定采用"租赁付款额"或"修正后租赁付款额"的付款额方式，不确认与保留的使用权有关的损益金额，该金额可以是预期租赁付款额在开始日现值	估算付款额确定为：（1）相等的定期付款额或（2）基于租赁期内租赁付款额的预期情况而确定的不同定期付款额，这些付款额在折现后导致租赁负债在初始计量日或（如适用）重新计量日的账面金额与实际租赁付款额之间的差异确认为损益
租赁负债的重新计量	仅当租赁期限发生变化或租赁变更时 当《国际财务报告准则第16号》第36段~第46段要求重新计量时	最初这方面并未考虑 建议当国际财务报告准则16第36段~第46段要求重新计量时
租赁负债重新计量为	预计支付在重新计量日现值 卖方兼承租人决定采用"租赁付款额"或"修正后租赁付款额"的付款额现值，在不确认与保留使用权有关的利得和损失的情况下，该等付款额现值可以是在重新计量日预计租赁付款额现值	最初这方面并未考虑 建议要求卖方兼承租人在适用"租赁付款额"或"修正后租赁付款额"条款时，不确认与保留使用权有关的利得和损失

2. 表2-14-11是应用负债组合方法和递延收益方法进行会计处理的对比。

表2-14-11　　负债组合方法和递延收益方法会计处理对比

负债组合法	递延收益法
在交易开始日，卖方兼承租人对交易会计处理如下：	
借：现金　　　　　　　　　　　　　1 800 　　使用权资产　　　　　　　　　　250ᵃ 　贷：建筑物　　　　　　　　　　　1 000 　　　售后租回租赁负债——租赁负债　385ᵇ 　　　　　　　　　——其他组合　　65 　　　销售利得　　　　　　　　　　600ᶜ 计算过程： 注a：1 000×25%（这个比例是为了便于分析而假设的） 注b：每年最低租金85现值，按3.5%折现 注c：(1 800-1 000)×[(1 800-450)÷1 800]	借：现金　　　　　　　　　　　　　1 800 　　使用权资产　　　　　　　　　　385ᵃ 　贷：建筑物　　　　　　　　　　　1 000 　　　租赁负债　　　　　　　　　　385ᵇ 　　　销售利得　　　　　　　　　　600ᶜ 　　　递延收益　　　　　　　　　　200ᵈ 计算过程： 注a：租赁负债的初始计量金额 注b：每年最低租金85现值，按3.5%折现 注c：(1 800-1 000)×(100%-25%) 注d：800-600

续表

负债组合法	递延收益法
在第1年末，卖方兼承租人对租赁负债的变动作如下处理：	
借：利息费用　　　　　　　　　　13^d 　　贷：售后租回租赁负债——租赁负债　13 借：售后租回租赁负债——其他负债　13^e 　　贷：损益　　　　　　　　　　13 借：售后租回租赁负债——租赁负债　85 　　损益　　　　　　　　　　　　7^f 　　贷：现金　　　　　　　　　　92^g 借：折旧　　　　　　　　　　　　50^h 　　贷：使用权资产　　　　　　　50 计算过程： 注 d：租赁负债利息为 3.5% 注 e：65÷5 注 f：未包括在租赁负债计量中的付款额 注 g：第1年的实际支付的租金 注 h：250÷5	借：利息费用　　　　　　　　　　13^d 　　贷：租赁负债　　　　　　　　13 借：递延收益　　　　　　　　　　40^e 　　贷：损益　　　　　　　　　　40 借：租赁负债　　　　　　　　　　85 　　损益　　　　　　　　　　　　7^f 　　贷：现金　　　　　　　　　　92^g 借：折旧　　　　　　　　　　　　77^h 　　贷：使用权资产　　　　　　　77 计算过程： 注 d：租赁负债利息为 3.5% 注 e：200÷5 注 f：未包括在租赁负债计量中的付款额 注 g：第1年的实际支付的租金 注 h：385÷5

表 2-14-12 列示了售后租回交易应用负债组合方法和递延收益方法对卖方兼承租人在租回期间的损益的影响，其中第一年的影响不包括销售收益 600 元，这两种方法的收益是相同的，两种方法下的余额在租回期内按直线法摊销。

表 2-14-12　负债组合方法和递延收益方法对损益的影响　　　　单位：元

	1	2	3	4	5	合计
收入/(费用)						
实际支付*	(92)	(96)	(96)	(104)	(104)	(492)
损益						
负债组合法						
折旧	(50)	(50)	(50)	(50)	(50)	(250)
租赁费用**	(7)	(11)	(11)	(19)	(19)	(67)
摊销前利润	13	13	13	13	13	65
小计：	(44)	(48)	(48)	(56)	(56)	(252)
利息费用	(13)	(11)	(8)	(6)	(2)	(40)
总计：	(57)	(59)	(56)	(62)	(58)	(292)
递延收益法						
折旧	(77)	(77)	(77)	(77)	(77)	(385)

续表

	1	2	3	4	5	合计
租赁费用**	（7）	（11）	（11）	（19）	（19）	（67）
摊销前利润	40	40	40	40	40	200
小计：	（44）	（48）	（48）	（56）	（56）	（252）
利息费用	（13）	（11）	（8）	（6）	（2）	（40）
总计	（57）	（59）	（56）	（62）	（58）	（292）

注：* 为便于参考，列示了实际租赁付款额。

** 租赁费用是指未包括在租赁负债计量中的付款额。

上述两种方法是理事会职员建议不允许采用的方法，表2-14-13描述了运用组合负债法和递延收益法对租回负债的初始计量和后续计量，以及对使用权资产的初始计量。

表2-14-13　　　　组合负债法和递延收益法的计量

	负债组合法	递延收益法
初始计量		
确定与使用权保留有关的比例的方法是	非规定主体继续按照《国际财务报告准则第16号》第100（1）段采用的方法	
使用权资产的初始计量确定为	与《国际财务报告准则第16号》第100（1）段一致的是，与卖方兼承租人保留的使用权相关的资产原账面金额的比例	租赁负债的初始计量金额和承租人将产生的退役成本估计（类似于与售后租回交易无关的租赁产生的使用权资产）
确认的出售损益确定为	与第100（1）段一致，与转让予买方兼出租人的权利有关的利得或损失的金额	
租赁负债的初始计量确定为	按照《国际财务报告准则第16号》第26段的规定，租赁付款额现值（按《国际财务报告准则第16号》附录A的定义），不确认与未来业绩或相关资产使用相关的可变付款额的负债	
余额被确认为	财务状况表中的其他负债。该金额代表或预计将类似于未包括在租赁负债计量中的租回付款额现值	财务状况表中的递延收益。该金额代表在开始日未确认的销售总利得或损失金额
后续计量		
租赁负债是	按照《国际财务报告准则第16号》第36段至第46段的规定计量	
余额是	在租回期内分期确认为损益。不同的摊销方法可能是合适的。建议采用直线法，除非其他方法能更好地反映交易的经济效益。未提供可供考虑的替代解决方案，例如，在损益表中列报摊销金额	

五、最终准则主要规定

2022 年 9 月 22 日，理事会发布了《售后租回中的租赁负债（对〈国际会计准则第 16 号〉的修订）》。明确了卖方兼承租人在售后租回中产生的使用权资产适用准则第 29 段~第 35 段（使用权资产的后续计量），产生的租赁负债适用准则第 36 段~第 46 段（租赁负债的后续计量）。在适用第 36 段~第 46 段时，卖方兼承租人应确定"租赁付款额"或"修正后租赁付款额"，使卖方兼承租人不确认与卖方兼承租人保留的与使用权有关的利得或损失金额。

理事会最终决定不对因售后租回而产生的租赁负债规定具体的计量要求。理事会认为，将有限修订的重点放在其寻求解决的主要事项上是适当的。因此，卖方兼承租人应在不确认与其保留使用权有关的利得或损失的前提下，将单项租赁的租赁负债后续计量规定应用于售后租回产生的租赁负债，但是，理事会并未规定具体的方法。通过示例 25 说明，企业可作为一项会计政策选择，采用上述两种估算付款额的方法（即固定和变动的预期付款额）来确认售后租回中的租赁负债。

第三篇 行业篇
——知其所往

本篇根据对上市公司执行新租赁准则情况的分析，选取受影响较大的五大行业：房地产行业、电力行业、运输行业、采矿行业及电信行业，分析各行业典型业务模式及合同，详解新租赁准则下典型业务的具体应用。本篇旨在为新租赁准则实务应用提供参考。

第一章 房地产行业影响及应用

一、行业概述

(一) 行业介绍

房地产行业,指以土地和建筑物为经营对象,从事房地产开发、建设、经营、管理以及维修、装饰和服务的集多种经济活动为一体的综合性产业,属于第三产业,是一个基础性、先导性、驱动性和风险性的行业。房地产行业下属分类包括两个部分:房地产开发与房地产服务,具体包括土地开发、房屋建造、维护、管理、土地使用权有偿分配、转让、房屋所有权销售、租赁、房地产抵押贷款和由此形成的房地产市场。在现实生活中,人们习惯于称从事房地产开发经营的行业为房地产行业。

(二) 上市公司情况

我国A股房地产行业上市公司主要为从事房地产开发与销售、投资性房地产、房地产经纪服务、物业管理与租赁等业务。在根据要求实施新租赁准则的对象中,目前同时在A+H股上市的房地产行业企业包括:保利发展、万科A、新城控股、信达地产、北辰实业、华侨城A、招商蛇口,还有在国内A股上市的企业,如我爱我家、保利发展、华夏幸福等。

(三) 主要租赁资产情况

A股房地产行业上市公司中作为承租人涉及的租赁主要是房屋及建筑物租赁,主要作为自用办公场所、长租公寓、产业办公、商业转租赁等。其中,住房租赁主要存在三种运营模式,第一种是分散式房屋管理,该模式是以不动产管理为核心的轻资产托管模式,即公司作为资产管理公司,与房屋业主签订资产管理服务合同,在服务期限内为业主提供代理出租、代收转付租金、房屋保洁、后期修理等服务;第二种是整栋式公寓管理,又称为合租公寓或长租公寓,这是一种重资产合租模式,即公司作为整栋式公寓承租人与业主方签订租赁合同支付租金,并与承租方签订的租赁合同收取租金;第三种是开发商自持物业为代表的重资产单间模式,即开发商自持的公寓以集中式单间为主,也叫集中式公寓。

二、A股上市公司首次执行影响分析

根据《财政部关于修订印发〈企业会计准则第21号——租赁〉的通知》(财会〔2018〕35号),在境内外同时上市的企业以及在境外上市并采用国际财务报告准则或企业会计准则编制财务报表的企业,自2019年1月1日起施行;其他执行企业会计准则的企业自2021年1月1日起施行。以下指标分析分为两部分,2019年1月1日首次执行和2021年1月1日首次执行,旨在分析首次执行新租赁准则对资产负债表的影响。

(一) 2019年1月1日首次执行

表3-1-1主要统计7家A+H股房地产行业上市企业在2019年1月1日首次执行日的情况。

表3-1-1　　2019年1月1日首次执行对房地产行业资产和负债的影响

项目	金额及比例
使用权资产(万元)	2 477 393.74
租赁负债(万元)	2 307 247.11
总资产(万元)	361 822 985.35
总负债(万元)	292 123 713.90
净资产(万元)	69 699 271.45
使用权资产/总资产(%)	0.68
租赁负债/总负债(%)	0.79
(使用权资产-租赁负债)/净资产(%)	0.24

(二) 2021 年 1 月 1 日首次执行

表 3-1-2 显示了 2021 年 1 月 1 日首次执行对房地产行业资产和负债的影响。

表 3-1-2　　2021 年 1 月 1 日首次执行对房地产行业资产和负债的影响

项目	金额及比例
使用权资产（万元）	2 652 389.70
租赁负债（万元）	2 247 233.34
总资产（万元）	569 464 921.14
总负债（万元）	441 012 410.73
净资产（万元）	127 686 450.48
使用权资产/总资产（%）	0.47
租赁负债/总负债（%）	0.51
(使用权资产-租赁负债)/净资产（%）	0.32

(三) 首次执行影响最大的行业内上市公司

表 3-1-3 选取了首次执行日使用权资产金额前 7 位的上市公司，其使用权资产金额占全行业使用权资产金额的 75.6%。根据表 3-1-3，该行业中受新租赁准则影响较大的企业比较集中。

表 3-1-3　　首次执行影响最大的行业内上市公司

序号	公司名称	使用权资产（万元）	总资产（万元）	租赁负债（万元）	总负债（万元）	使用权资产/总资产（%）	租赁负债/总负债（%）	使用权资产/行业资产（%）	租赁负债/行业负债（%）
1	万科 A	2 418 469.41	152 857 935.65	2 263 005.8	129 295 862.65	1.58	1.75	0.25	0.30
2	南国置业	371 118.43	3 368 762.64	300 339.05	2 785 855.39	11.02	10.78	0.04	0.04
3	世联行	329 533.14	1 422 413.14	368 966.26	918 639.89	23.17	40.16	0.03	0.05
4	荣盛发展	305 765.67	29 166 852.92	237 894.92	23 990 716.39	1.05	0.99	0.03	0.03
5	中南建设	207 014.84	35 925 345.27	189 010.45	31 089 028.68	0.58	0.61	0.02	0.02
6	电子城	168 898.54	1 948 757.22	147 706.21	1 222 209.70	8.67	12.09	0.02	0.02
7	我爱我家	168 793.63	2 012 374.31	115 822.04	973 992.17	8.39	11.89	0.02	0.02

三、行业应用

房地产租赁是房地产市场中的重要一环。房地产租赁常见的不动产类型包括：土地和建筑物；办公场所；零售铺位；停车场内指定车位；住宅地产、商业地产。

（一）识别租赁

一项合同要被分类为租赁，必须要满足三要素：一是存在一定期间；二是存在已识别资产；三是资产供应商向客户转移了对已识别资产使用权的控制。

1. 已识别资产：物理上可区分

如果资产的部分产能在物理上可区分（例如，建筑物的一层），则该部分产能属于已识别资产。如果资产的某部分产能与其他部分在物理上不可区分（例如，光缆的部分容量），则该部分不属于已识别资产，除非其实质上代表该资产的全部产能，从而使客户获得因使用该资产所产生的几乎全部经济利益的权利。

在房地产行业租赁业务中，通常情况下，标的资产是否在物理上可区分是比较好判断的，如办公场所的租赁，建筑物的某一层，固定的车位等。但是，也存在一些特定的空间，如停车位的一部分、电梯里特定位置、楼宇户外特定位置等，这些标的资产是否在物理上可区分，是否属于已识别资产，可能存在不同的理解，也是新租赁准则实务应用中的难点。

案例 3-1-1：停车场充电桩合作安排

案例背景：

B 公司与 A 公司签订《场地租赁合同》。协议约定，B 公司向 A 公司租赁其拥有的某超市停车场 22 个车位，用于电动汽车充电基础设施的建设运营及相关活动。协议主要条款如下。

1. 合作期限：2×20 年 9 月 1 日至 2×25 年 8 月 31 日，项目建设期为 2×20 年 9 月 1 日至 2×20 年 11 月 30 日（免租金），合作期满后可续租。

2. B 公司的权利和义务：

（1）有权在指定的 22 个车位上建设、运营相关设备（包括但不限于充电桩、限位器、地锁装置）。

（2）B公司投资建设的充电设施、配电系统及相关设备，所有权归B公司所有。

（3）B公司负责充电设施及设备的维修维护，并按照国家标准做好安全、消防、防雷工作，采取必要措施避免充电桩发生漏电、触电等安全事故。

（4）除需支付车位场地租金外，无需支付其他任何费用（物业费、保洁费、管理费等）。

（5）B公司享有22个车位产生的充电收入。

3. A公司的权利和义务：

（1）保证车位的所有权或使用权涵盖本合同合作期限，确保B公司合作期内正常使用车位。

（2）确保合作车位对社会车辆开放，确保社会车辆可正常进出停车场进行充电服务。

（3）不得干涉B公司充电桩建设运营，不得无故移动或拆除相关设备。

（4）负责车位的管理、安保及清洁工作；协调车辆停放及劝阻非充电车辆停放。

（5）A公司享有22个车位产生的停车收入。

4. 费用结算支付：B公司向A公司支付的场地使用费按照300元/月/车位计算，并按季度预付。

案例问题：

上述合同是否属于租赁合同？

案例分析：

本案例合同属于租赁合同，B公司拥有充电桩占用区域5年的使用权。具体分析如下。

（1）存在已识别资产。本案例中，《场地租赁合同》明确指定了合作标的资产为22个车位，虽然合同未明确约定B公司充电桩所占用的具体面积等，但是，当充电桩相关充电设备建设完成，充电桩无法移动或难以移动，其占用的地上地下区域即明确且固定，与停车位的其他区域在物理上可明确区分。同时，A公司也不具有以其他区域替换充电桩占用区域的实际能力。因此，本案例合同存在已识别资产。

（2）B公司有权获得充电桩占用区域产生的几乎全部经济利益。合同约定，A公司享有22个车位产生的停车收入，B公司享有22个车位上充电桩所产生的充电收入。新租赁准则规定，在评估获得使用资产所产生的几乎全部经济利益的权利时，应当在客户使用资产权利的规定范围内考虑其所产生的经济利益［IFRS 16 para. B22］。本案例中，合同约定让渡的权利是充电桩所占用区域，B公司可用于提供充电服务，合同未让渡停车位的正常停车权利。因此，B公司仅应考虑充电桩占用区域所产生的经济利益（即充电收入），不应考虑停车位正常停车所产生的经济利益（停车收入）。根据合同约定，B公司享有全部的充电收入，故B公司有权获得充电桩占用区域产生的几乎全部经济利益。

（3）B公司有权主导充电桩占用区域的使用。合同约定B公司所占用区域用于充电桩建设及运营，在总体上约定了占用区域的使用方式和使用目的。但是，A公司不参与充电桩业务的建设和运营。充电桩的建设、运营均由B公司负责，充电价格等由B公司决定，B公司有权在整个使用期间主导充电桩占用区域的使用方式和使用目的。因此，B公司有权主导充电桩占用区域的使用。

案例3-1-2：电梯中的广告牌

案例背景：

A公司是一家广告传媒公司，与某小区物业管理公司签订了3年期的电梯媒体合同，在小区指定楼栋、指定单元的电梯中安装平面媒体系统，用于广告发布。A公司负责平面媒体系统的维护保养工作，有权更换平面媒体系统信息，设备的所有权属于A公司。A公司定期向物业管理公司支付费用。合同约定，未经协商一致，双方均不得改变该平面媒体系统安装位置和具体规格，物业管理公司不得私自拆除该平面媒体系统。

案例问题：

上述合同中小区电梯特定位置是否属于已识别资产？

案例分析：

本案例中，对于电梯中特定位置物理上可明确区分，属于已识别资产。虽然合同并未约定特定位置的区域大小及占用的具体面积，但是，一旦安装平面媒体系统后，其所占用区域即已明确且固定，与电梯壁上其他区域在物理上可明确区分。因此，本案例合同包含已识别资产。

案例3-1-3：无固定位置的停车位

案例背景：

A公司自B公司租入某办公楼的一层用于办公。为方便公司员工使用办公楼停车场，A公司与B公司签订了停车场租赁协议，租入该办公楼地下停车场的 10 个停车位。

情形一：合同未明确指定具体租赁车位。A 公司员工可在任意时间、在停车场的任意位置最多停放 10 辆汽车，停车场中的单个车位未被标记，且未分配给具体的使用人。该停车场共有 50 个车位。

情形二：合同明确指定了 A 公司租入的 10 个停车位。A 公司占用停车位通过地锁、指示牌等单独标识，仅供 A 公司员工使用，除需要维修等特殊情况外，B 公司不得以其他停车位替换。

案例问题：

上述合同中停车场是否属于已识别资产？

案例分析：

情形一：

情形一中停车场不属于已识别资产。合同未明确指定停车场具体车位，该停车场共有 50 个车位，A 公司仅有权使用停车场 20% 的车位，该部分产能不能在物理上与停车场的其他区域明确区分。B 公司可以任意车位为 A 公司员工提供停车服务。因此，B 公司拥有在整个使用期间替换已识别资产的实质性权利。

情形二：

情形二中停车场属于已识别资产。合同明确指定了 A 公司租入的 10 个停车位，并通过地锁、指示牌等单独标识。A 公司占用停车位与停车场其他停车位在物理上可明确区分。同时，除需要维修等特殊情况外，B 公司不得以其他停车位替换，B 公司不具有在整个使用期间替换已识别资产的实质性权利。

2. 已识别资产：实质性替换权

新租赁准则规定，即使合同已对资产进行指定，如果资产供应方在整个使用期间拥有对该资产的实质性替换权，则该资产不属于已识别资产。同时符合下列条件时，表明资产供应方拥有资产的实质性替换权：（1）资产供应方拥有在整个使用期间替换资产的实际能力。例如，客户无法阻止供应方替换资产，且用于替换的资产对于资产供应方而言易于获得或者可以在合理期间内取得。（2）资产供应方通过行使替换资产的权利将获得经济利益。即，替换资产的预期经济利益将超过替换资产所需成本。企业难以确定资产供应方是否拥有实质性替换权的，应视为资产供应方没有对该资产的实质性替换权。

房地产行业租赁业务中，比较常见的可移动售货亭、零售商铺等租赁业务，可能会涉及实质性替换权的分析判断。

案例 3-1-4：商场自动售货机

案例背景：

A 公司是一家便利店运营企业，与某商场运营商 B 公司签订了使用商场内某处商业区域放置自动售货机销售商品的 3 年期合同。合同规定了商业区域的面积，商业区域可以位于商场内的任一区域，B 公司有权在整个使用期间随时调整分配给 A 公司的商业区域位置。A 公司使用易于移动的自动售货机销售商品。因此，商场有很多符合合同规定的区域可供 A 公司使用。

案例问题：

A 公司使用的商业区域是否属于已识别资产？

案例分析：

A 公司使用的商业区域不属于已识别资产。B 公司在整个使用期间有变更 A 公司使用的商业区域的实际能力。商场内有许多区域符合合同规定的商业区域，B 公司有权随时将 A 公司使用的商业区域变更至其他区域，且无需 A 公司批准。

B 公司通过替换商业区域将获得经济利益。由于售货机易于移动，B 公司变更 A 公司所使用商业区域的成本极小。B 公司能够根据情况变化，最有效地利用商场的各个区域，故 B 公司能够通过替换商场内的商业区域获益。因此，B 公司有替换 A 公司所使用商业区域的实质性权利。

综上分析，本案例中，尽管合同规定了 A 公司使用商业区域的具体面积，但合同不存在已识别资产。

案例 3-1-5：零售铺位租赁

案例背景：

A 公司拥有一个大型的购物中心，B 公司就该购物中心内某个零售铺位签订了 5 年的租赁合同。根据合同约定，A 公司有权要求 B 公司搬迁至购物中心内的其他面积、规格等类似的零售铺位，A 公司须支付其搬迁费用。A 公司预期，仅当有大型新租户搬入，并以高于现有承租人的租金租赁铺位，A 公司才能因搬迁获得收益。由于该购物中心租金较为稳定，A 公司预期不大可能出现此类愿意支付高额租金的新租户。

案例问题：

上述零售铺位是否属于已识别资产？

案例分析:

本案例中,零售铺位属于已识别资产,A 公司的替换权不具有实质性。尽管现实中可能出现大型的新租户搬入并以高于现有承租人租金租赁铺位的情况,但是,公司预期不大可能出现此类新租户。因此,A 公司并未拥有在整个使用期间替换已识别资产的实质性权利。

案例 3-1-6:公寓与酒店租赁

案例背景:

A 公司因为业务需要,拥有大量员工需长期异地办公,或需全国流动办公。A 公司分别向 B 公司、C 公司租入公寓及酒店,为员工提供住宿。合同约定如下:

合同一:

B 公司将位于甲地的 X 公寓共 50 个房间提供给 A 公司使用,每间房间面积约 40 平方米,格局基本相同,但合同未明确指定具体公寓房间号等。该房屋提供给 A 公司指定的居住者,具体人员名单及信息需提前向 B 公司提供确认并登记。由于该公寓是为 A 公司异地办公员工长期居住,合同约定,指定人员入住后,除非需要维护、装修等特殊情况,否则 B 公司不得以其他房间替换。合同约定,每间房屋居住者不得超过 2 人。

合同约定使用期限为:自 2×21 年 1 月 1 日至 2×24 年 12 月 31 日止。其中,自 2×21 年 1 月 1 日至 2×23 年 12 月 31 日止为固定期限,自 2×24 年 1 月 1 日起至 2×24 年 12 月 31 日止为可约定使用期限。A 公司保留在可约定使用期限前决定是否续租标的房屋,并不因不再续租而承担违约责任的权利。A 公司需在 2×23 年 9 月 1 日前出具不再续租的书面文件,并按双方约定条件将标的房屋交还给 B 公司。

B 公司应于 2×21 年 1 月 1 日前达到合同约定的所有房间交付条件,并将房间钥匙交付给 A 公司。

经双方确认,使用费起始日从 2×21 年 1 月 1 日开始计算,首年单间房屋月使用费标准为 7 000 元/月,次年使用费标准为 6 800 元/月,自第 3 年起,单间房屋月使用费按上一年度使用费标准递增 5%。A 公司应当在本合同签署后 10 日内向 B 公司支付首年 6 个月标准的使用费共 210 万元。后续使用费按照每三个月一个支付周期,A 公司应在每期使用期开始前 5 日内予以支付。

合同二：

C 公司将其位于乙地的 X 酒店客房 50 间房间提供给 A 公司使用，每间需配备两张单人床，每间房间面积不得小于 35 平方米。

合同约定使用期限为：自 2×21 年 1 月 1 日至 2×22 年 12 月 31 日止。C 公司需保证该期间内能够满足 A 公司要求的房间规格和数量，保证 A 公司人员能够正常入住。由于该酒店房间为 A 公司员工临时出差短期住宿使用，合同未明确指定具体房间号等，该酒店拥有约 100 间同类房间为 A 公司员工住宿使用。

经双方确认，单间使用费标准为 500 元/天。租金半年结算一次，根据 A 公司员工实际入住房间数及天数计算。

案例问题：

合同一和合同二是否包含租赁？

案例分析：

合同一：

合同一存在租赁。具体分析如下：

（1）存在已识别资产。虽然合同未明确指定具体公寓房间号等，但是，由于该公寓是为 A 公司异地办公员工长期居住，A 公司人员入住后，即已确定具体公寓房间，各房间在物理上可明确区分。同时，合同约定，除非有特殊情况，B 公司不得以其他房间替换。因此，B 公司不拥有实质性替换权。

（2）A 公司有权获得公寓产生的几乎全部经济利益。在 B 公司将公寓钥匙交付给 A 公司员工后，A 公司及其员工便获得了特定公寓的独家使用权，表明 A 公司有权获得因使用公寓所产生的几乎全部经济利益。

（3）A 公司有权主导公寓的使用。合同一中，A 公司持有公寓使用权的目的是为其异地办公员工长期居住，其可任意安排其员工居住，A 公司可在整个使用期间主导资产的使用方式和使用目的。

合同二：

合同二不存在租赁，因为不存在已识别资产。

合同未明确指定具体房间号等，仅约定了 50 间房间的特定规格，合同未明确或隐含指定特定资产。由于该酒店房间为 A 公司员工临时出差短期住宿使用，且该酒店拥有足够同类房间为 A 公司员工住宿使用，C 公司可根据酒店入住情况为 A 公司员工提供合适的房间。因此，B 公司在整个使用期间拥有对酒店房间的实质性替换权。

3. 是否有权获得几乎全部经济利益

新租赁准则规定，为控制已识别资产的使用，客户应当有权获得整个期间使用该资产所产生的几乎全部经济利益（例如，在整个使用期间独家使用该资产）。客户可以通过多种方式直接或间接获得使用资产所产生的经济利益，例如，通过使用、持有或转租资产。使用资产所产生的经济利益包括资产的主要产出和副产品（包括来源于这些项目的潜在现金流量）以及通过与第三方之间的商业交易实现的其他经济利益。

新租赁准则规定，如果合同规定客户应向资产供应方或另一方支付因使用资产所产生的部分现金流量作为对价，该现金流量仍应视为客户因使用资产而获得的经济利益的一部分。根据该规定，新租赁准则是将使用资产产生的现金流量和为使用资产支付的现金流量区分来看，后者一般不会影响前者的判断。在承租方和出租方收入分成的情况下，承租方应当采用收支两条线的思路，认为100%的使用资产产生收入是先归于自身，其所分给出租方的部分属于为获得资产使用权所付出的对价，理论上租金是固定的还是分成的方式不应该影响对租赁存在与否的判断。

在很多房地产行业中，常见的合作模式是业主通过"委托经营管理合同""委托运营管理合同""委托租赁管理合同"等名称和形式（以下统称"委托管理合同"），将相关房地产、物业等委托给其他方进行运营管理，管理内容可能包括对外出租、物业管理等，双方对标的资产对外出租等产生的收益分配也有不同方式。在此类合作模式中，根据不同的合同约定和业务模式，可能涉及新租赁准则、新收入准则等相关准则的不同会计处理模式，对财务报表造成不同的影响。

房地产行业中的"委托管理合同"，常见的合同安排是委托方和受托方就委托管理的房地产、物业对外出租等产生的收入约定了分成比例。一般，此类收入分成无论其比例和金额大小，通常均可能认定为是委托方为使用标的资产而支付的对价，不影响其享有标的资产产生的几乎全部经济利益的判断。但是，由于"委托管理合同"实质也可能属于提供管理服务合同（或包含服务合同），其收入分成也可能属于委托方向受托方支付的服务费。实务中，对于此类收入分成是否属于受托方享有的标的资产产生的经济利益判断可能较为复杂，主要是分成收入应当由谁先享有再支付难以区分，新租赁准则并未提供明确指引，实务存在不同理解。

对于各种形式的"委托管理合同"，判断其经济实质的核心问题也在于判断受托方是否在一定期间内控制了受托资产的使用。如果受托方在一定期间内控制了受托资产的使用，则受托方应按新租赁准则规定确认相关使用权资产和负债，如果受托方并未在一定期间内控制了受托资产的使用，则受托方实质可能是向委托方提供了一项管理服务，应按新收入准则相关规定进行处理。

案例 3-1-7：委托运营综合商业体

案例背景：

房地产开发商 A 公司开发一栋综合商业体，已全部销售完毕。A 公司非关联方 B 公司作为专业的商业运营公司，将整体运营该商业综合体，统一对外招商运营。B 公司分别与购买此商业体的业主（自然人或公司）签订了《委托管理合同》，各业主将所购买的商铺委托予 B 公司对外招租。委托合同主要条款如下。

（1）委托管理范围：业主委托 B 公司负责商业综合体的市场定位与业态规划，招商招租与卖场管理、整合商户营销。B 公司有权根据市场状态动态选择经营策略，自主确定租金调整政策、商户选择、商铺组合出租，自主开展整合商户营销。B 公司有权根据经营需要对商铺内部及市场通道、出入口等公共空间进行改造，并承诺在合同终止或解除时，将商铺复原为与原产权证分割图一致。

（2）双方权利义务：委托期间，B 公司有权以自己的名义对外签订商铺的租赁合同，直接管理市场并向承租户收取租金和委托租赁期间的其他相关费用（包括但不限于物业管理费、营销推广费、公共装修费用等）。业主有权查阅 B 公司与实际承租人之间签订的商铺租赁合同。

（3）委托期限：委托租赁期限为 10 年。10 年期满后，B 公司有权行使续约选择权，续约选择最长 5 年。

（4）委托管理租金：委托管理租金分为基本租金、增值租金以及服务费。基本租金是业主委托 B 公司对外招租的底线租金，以出租商铺建筑面积乘以固定金额确定，该部分租金由业主享有；增值租金是 B 公司对外招租超出基本租金后的部分，由业主和 B 公司按比例分享，当增值租金超过基本租金 20% 后，80% 由业主享有，20% 作为服务费由 B 公司享有。

（5）委托管理租金的支付与结算：基本租金需按月支付给业主，无论是否对外出租均需向业主支付。增值租金按年度结算，根据约定进行年度结算和增值租金收益的分配，在结算年度期满之日起 90 日内向业主支付，同时按约定扣除 B 公司服务费报酬。

案例问题：

该委托管理合同是否属于租赁（或包含租赁）？

案例分析：

按照识别租赁会计处理原则，判断的关键点是合同是否让渡了在一定期间内控制一项或多项已识别资产使用的权利。即应判断 B 公司是否有权获得在使用期间因使用各商铺所产生的几乎全部经济利益，并有权在该使用期间主导各商铺的使用。本案例中，该委托管理合同实质属于租赁合同，具体分析如下：

（1）合同存在已识别资产。本案例中，委托合同明确指定了委托标的资产为各业主购买的该商业综合体中的商铺，此类商铺在物理上可区分，且各业主不具有实质性替换权。因此，本案例存在已识别资产。

（2）B 公司有权获得在委托期内使用各商铺所产生的几乎全部经济利益。委托期间，B 公司有权以自己的名义对外签订商铺的租赁合同，直接管理市场并向承租户收取租金和委托租赁期间的其他相关费用。表明 B 公司有权获得使用各商铺产生的租金和相关收益。同时，委托合同约定，无论是否对外出租均需向业主支付基本租金，表明 B 公司承担了对外出租的风险。因此，B 公司有权获得在委托期内使用各商铺所产生的几乎全部经济利益。

根据合同约定，虽然 B 公司租赁商铺所产生的部分现金流量（基本租金和部分增值租金）将归属于各业主，但这仅代表 B 公司为使用商铺而支付给各业主的对价，并不妨碍 B 公司拥有获得使用各商铺所产生的几乎全部经济利益的权利。

（3）B 公司在整个委托期内主导各商铺的使用目的和使用方式。B 公司有权根据经营需要对商铺内部及市场通道、出入口等公共空间进行改造。B 公司在委托期间 B 公司有权根据市场状态动态选择经营策略，自主确定租金调整政策、商户选择、商铺组合出租，自主开展整合商户营销。表明 B 公司有权主导各商铺的使用目的和使用方式。业主仅有权查阅 B 公司与实际承租人之间签订的商铺租赁合同，并未赋予其主导商铺使用目的和使用方式的权利。

综上分析，B 公司与各业主签订的委托管理合同实质为租赁合同，B 公司应按新租赁准则相关规定进行会计处理，包括考虑转租赁相关处理规定。

案例 3-1-8：委托经营房产物业

案例背景：

A 公司与 B 公司签订《委托经营管理合同》，将一系列房产物业委托 B 公司经营管理。委托期限为5年。委托合同主要条款如下：

（1）委托期内，A公司有权根据市场情况调整房产物业的运营模式（包括经营范围、经营政策；对外租赁范围、租赁政策等），或终止部分资产的委托，B公司应无条件配合。

（2）委托期内，B公司代A公司履行出租人对标的资产的权利和义务，包括但不限于负责和承担标的资产的维护维修、经营管理和安全责任。B公司如根据A公司确定的经营政策对标的资产进行装修、改造等，应由A公司审核批准。

（3）B公司可以自己名义对外签订房屋租赁合同，租赁期限不得超过本协议委托期限，如确需超过期限，应由A公司审批通过。B公司与最终承租人协议中应明确，租金由最终承租人支付至A公司账户下，发票由A公司向最终承租方开具。租赁保证金由最终承租人支付至B公司账户。

（4）A公司每半年根据经审计的租金收入（含税）的30%与B公司结算委托服务费用。为保证委托服务质量，B公司应确保每年租金收益不低于2 000万元，若年度租金收益低于2 000万元，A公司有权按不同差异金额级次分别扣减1%~5%的委托服务费。

（5）B公司承担除标的资产税费以外的一切费用，包括但不限于：物业空置费、确保生产安全的维修整改费用、管理人员薪酬、主体结构及设备设施维修费、公共区域维修整改费用、日常维修维护费等全部费用。

案例问题：

该委托管理合同是否属于租赁（或包含租赁）？

案例分析：

按照识别租赁会计处理原则，判断的关键点是合同是否让渡了在一定期间内控制一项或多项已识别资产使用的权利。即应判断B公司是否有权获得在使用期间因使用该物业所产生的几乎全部经济利益，并有权在该使用期间主导该物业的使用。本案例中，该委托管理合同不包含租赁，B公司实质是提供了经营管理服务，具体分析如下：

（1）合同存在已识别资产。本案例中，委托合同明确指定了委托标的资产为一系列房产物业，此类房产物业在物理上可区分。虽然委托方A公司有权终止部分委托资产，但委托资产为价值较大的房产物业，A公司不具有替换委托资产的实际能力，替换此类资产也无法获得更高的经济利益，故A公司不具有实质性替换权。因此，本案例存在已识别资产。

（2）B公司很可能不享有在委托期内使用标的资产所产生的几乎全部经济利益。本案例中，对外出租租金由最终承租人支付至A公司账户下，租赁保证金由最终承租人支付至B公司账户，表明A公司实际占有了租金，但其仅仅是资金收取形式，并不能认定B公司无权享有标的资产的经济利益。

进一步分析，A公司每半年根据经审计的租金收入（含税）的30%与B公司结算委托服务费用，表明A公司向B公司承诺支付委托服务费（虽然极端情况下金额可能为零）。合同约定，B公司应确保每年租金收益不低于2 000万元，否则A公司有权扣减相应的委托服务费。该保底收益旨在敦促B公司提高管理服务质量，并不属于受托方向委托方承诺的保底支付。极端情况下，如委托房产物业未产生任何租金，合同也未包含B公司需向A公司支付对价的条款。也就是说，本案例中，委托方（A公司）具有向受托方（B公司）支付费用的承诺（虽然极端情况下金额可能为零），但受托方不具有向委托方支付费用的承诺，很可能表明承担标的资产对外出租风险的是委托方（A公司）而不是受托方（B公司）。

根据上述分析，B公司很可能不享有在委托期内使用标的资产所产生的几乎全部经济利益。由于双方完全采用租金分成方式，相互不存在具体的保底支付金额，实务中对此类分成方式可能存在不同理解，是否满足控制资产使用的权利中"经济利益因素"结论可能并不清晰。此时，需要进一步考虑控制资产使用的权利中"权力因素"，即哪一方有权在整个使用期间主导已识别资产的使用目的和使用方式，以"权力因素"进一步印证"经济利益因素"判断的合理性。

（3）B公司无权在整个使用期间主导已识别资产的使用目的和使用方式的。本案例中，A公司有权根据市场情况调整房产物业的运营模式（包括经营范围、经营政策；对外租赁范围、租赁政策等）；B公司如根据A公司确定的经营政策对标的资产进行装修、改造等，应由A公司审核批准。表明有权在整个使用期间主导已识别资产的使用目的和使用方式的很可能是A公司。B公司实质上是在A公司预先确定的经营政策下代为管理运营标的资产。

此外，由于B公司实质无法在整个使用期间主导标的资产的使用，也可能进一步印证，B公司很可能不享有在委托期内使用标的资产所产生的几乎全部经济利益。

综上分析，本案例的委托管理合同并未包含租赁，B公司无相关使用权资产和租赁负债确认。B公司实际上是向A公司提供了一项运营管理服务，并获得基于租金收入一定比例的可变对价,应按照收入准则进行处理。

事实上,本案例中,如果将该合同认定为租赁,由于B公司应付租赁付款额是基于租金的70%(属于取决于指数或比率以外的可变租赁付款额),没有固定付款额及实质固定付款额,因此,在租赁开始日应确认的使用权资产和租赁负债均为零,与作为提供运营管理服务的会计处理结果是类似的。

4. 主导使用方式和使用目的

新租赁准则规定,仅在满足下列任一条件时,客户具备在整个使用期间主导已识别资产使用的权利:(1)客户有权在整个使用期间主导资产的使用方式和使用目的;或者(2)资产的使用方式和使用目的的相关决策已预先确定,并且:①客户有权在整个使用期间运营资产(或主导他人按照其确定的方式运营资产),而供应商无权更改这些运营指令;或者②客户设计资产(或资产的特定方面),设计时预先确定了整个使用期间资产的使用方式和使用目的。

在房地产行业中,可能存在合作建设固定资产业务,如一方出租(提供)土地,另一方在土地上投资建设,且建设的固定资产使用目的和使用方式在使用期间前已预先确定,而固定资产的法定所有权和经营使用权不同步的情况下,是否存在已识别资产,是否存在租赁,以及合作方分别应如何处理。

案例3-1-9:合作建房是否包含租赁

案例背景:

A公司与B公司签订《合作建房协议》。合同约定,A公司将其所有的400平方米闲置土地提供给B公司建造酒店。B公司负责建设并承担相关成本,房产建成后由A公司办理不动产权证,单独享有房地产产权。

B公司负责所建造酒店的设计、总体结构等,并经A公司同意后方可实施。酒店建成后,在经营过程中对房屋的装修、改造及对外宣传等由B公司独立负责。B公司独立负责酒店运营,经营收益、费用、债权、债务等由B公司享有和承担。双方合作期限15年,酒店建成后,B公司于每年1月1日前支付A公司土地使用费20万元(显著低于当地土地租赁市场价格,其折现值也远低于该酒店公允价值)。租赁期满时,房屋建筑物无偿交还给A公司。A公司对同类房屋建筑物采用50年计提折旧。

案例问题:

A公司应如何对租出土地使用权、房屋建筑物进行处理?B公司应如何处理?

案例分析：

在本案例中，交易的实质是 B 公司通过提供建造服务，相应取得了在一段期间内使用该酒店的权利。

1. A 公司的会计处理

虽然 B 公司是酒店的投资建造者，但是，酒店建成后，A 公司拥有该酒店所有权，且享有租赁期满后该酒店的重大剩余权益。因此，A 公司实质上拥有该酒店的控制权，该酒店属于 A 公司的资产。

本案例中，B 公司负责所建造酒店的设计、总体结构等，并经 A 公司同意后方可实施，表明该酒店预先确定了在合作期间的使用方式和使用目的。酒店建成后，由 B 公司独立负责酒店运营，表明其有权在整个使用期间运营资产，从而有权在整个使用期间主导已识别资产的使用。同时，酒店经营收益、费用、债权、债务等由 B 公司享有和承担，表明其有权获得使用酒店产生的几乎全部经济利益。因此，酒店建成后，合同存在酒店租赁。

进一步分析，（1）酒店建成后，双方约定的租赁期为 15 年，租赁期并未占该酒店使用寿命（50 年）的大部分；（2）租赁期满后 B 公司无权获得该酒店的所有权；（3）B 公司 15 年内每年支付的租金折现值远低于该酒店公允价值。因此，A 公司实质上并未向 B 公司转移与该酒店所有权相关的全部风险和报酬，A 公司应将该项租赁分类为经营租赁。

2. B 公司的会计处理

与 A 公司相对应，在酒店建造期间，B 公司实质是为 A 公司提供了建造服务，该服务对价为后续以低于市场价格租入酒店 15 年使用权。因此，B 公司应按照收入准则有关非现金对价规定确认建造服务相关收入和成本。酒店建成后，B 公司应按新租赁准则规定确认使用权资产（市场租金）和租赁负债。

5. 租赁与实质购买的区分

房地产行业中，在建造过程中，出于资金压力等，可能通过融资租赁的方式租赁建筑材料等交易安排，此种情况下，通常其交易实质可能更多地属于分期购买，而非租赁。应根据交易背景从经济实质上进行分析，不应仅仅局限于合同等法律形式。

案例 3-1-10：通过租赁方式取得用于在建工程的租赁物

案例背景：

A 公司向融资租赁公司租入建筑材料（钢材等），用于办公用房的建设。合同约定租赁期为5年；租金总额100万元，每年年末支付；租赁期届满，A公司全额支付租金后，可按1元价格购买建筑材料。A公司办公用房建设周期为1年半，属于"符合资本化条件的资产"，房屋建成后的使用年限为50年。开工时间为2×21年1月1日，当日，租赁钢材运抵施工现场。

案例问题：

A公司应将该交易作为租赁还是分期付款购买资产进行处理？

案例分析：

本案例中，租赁的钢材是通用材料，用于办公用房建设，使用后构成办公用房不可分割的一部分。同时，租赁期届满，A公司全额支付租金后，可按1元价格购买建筑材料。如本书理论篇"第六章 租赁与实质购买或销售"分析，该交易很可能属于实质购买建筑材料，不属于租赁，不适用租赁准则，A公司应按分期付款购买资产处理。

（二）租赁的分拆与合并

新租赁准则规定，如果合同为租赁或包含租赁，则企业应将合同中的各租赁组成部分与非租赁组成部分进行拆分，并将各租赁组成部分单独作为一项租赁进行会计处理，除非承租人采用实务简化处理。

其中，承租人在分拆合同包含的租赁和非租赁部分时，承租人应当按照各项租赁部分单独价格及非租赁部分的单独价格之和的相对比例分摊合同对价。新租赁准则规定，出于简化处理目的，承租人可以按照租赁资产的类别选择是否分拆合同包含的租赁和非租赁部分。承租人选择不分拆的，应当将各租赁部分及其相关的非租赁部分分别合并为租赁，按照新租赁准则进行会计处理。出租人应当分拆租赁部分和非租赁部分，根据新收入准则关于交易价格分摊的规定分摊合同对价。

房地产租赁合同通常包含租赁和非租赁组成部分，常见的非租赁组成部分包括维修或维护、保洁、绿化、安保和管理服务等。例如，建筑物的租赁通常包含提供公共区域维护服务和类似服务。通常只有导致向承租人转移商品或服务的活动或成本才属于单独的非租赁组成部分。

以出租人同时提供物业管理费和水电费收取服务的房地产租赁为例，承租人选择分拆或者不分拆租赁与非租赁部分的主要影响为：

（1）如果选择不分拆，合并租赁和非租赁组成部分（物业管理费），则可能在资产负债表上会增加租赁负债金额，因为承租人需就物业管理费确认负债。

在损益表上可能增加息税折旧及摊销前利润数,因为将物业管理费计入租赁付款额将额外确认使用权资产折旧费用和租赁负债利息费用。水电费通常因取决于使用量的可变付款额,不纳入租赁负债,在发生时计入损益。

(2) 分拆非租赁组成部分(物业管理费和水电费),则不需要在租赁期开始日确认应付物业管理费等负债,而是在其发生时确认费用,并计入当期损益。因此,该会计处理结果对承租人财务报表的影响较小。

相应地,出租人应始终将非租赁组成部分与租赁组成部分分开进行会计处理,分别确认租金收入和服务收入。收取的物业管理费、水电费可能还需要分析其属于主要责任人还是代理人进行相应的会计处理。

案例 3–1–11:物业管理费的分拆与合并

案例背景:

A 公司与某写字楼物业管理公司 B 公司签订了 5 年期的租赁合同,租赁写字楼其中的一层用于办公,建筑面积约 300 平方米。每年的租金为 100 万元,于每年年初支付。同时,B 公司提供物业管理服务,主要包括公共区域的维修或维护、保洁、安保和管理服务。租赁期间,A 公司按照每年 10 万元向 B 公司支付物业管理费。

案例问题:

A 公司和 B 公司应如何对上述合同进行会计处理?

案例分析:

1. 公司的会计处理

新租赁准则规定,作为简化处理,承租人可以按照租赁资产的类别选择是否分拆合同包含的租赁和非租赁部分。因此,A 公司对于租金和物业管理费可以选择两种处理方法:(1) 选择分拆。对于写字楼租赁部分,在租赁期开始日,以合同约定租赁付款额折现值确认租赁负债及使用权资产;对于支付的物业管理费,在后续期间发生时确认为费用。(2) 选择不拆分。对于合同约定物业管理费,在租赁期开始日,应作为租赁付款额的一部分,计算并确认租赁负债及使用权资产。

2. 公司的会计处理

出租人无相应简化处理的选择权,应始终将非租赁组成部分与租赁组成部分分开进行会计处理。即,对于写字楼租赁部分,应按经营租赁相关规定处理,于每年确认租赁收入;对于物业管理服务,应按收入准则相关规定,在履行服务期间确认为提供服务收入。

(三) 租赁期

1. 免租期

新租赁准则规定，租赁期自租赁期开始日起计算。租赁期开始日，是指出租人提供租赁资产使其可供承租人使用的起始日期。如果承租人在租赁协议约定的起租日或租金起付日之前，已获得对租赁资产使用权的控制，则表明租赁期已经开始。租赁协议中对起租日或租金支付时间的约定，并不影响租赁期开始日的判断。

房地产行业租赁业务中，商业地产、商铺租赁中经常出现免租期、租前期等类似条款，给予承租人一定期间用于装修、布置、入驻准备等工作而不收取租金，即使不收取租金，通常也不影响租赁期开始日的判断。

案例 3-1-12：商铺免租期是否属于租赁期

案例背景：

在某商铺的租赁安排中，出租人于 2×20 年 1 月 1 日将房屋钥匙交付承租人，承租人在收到钥匙后，就可以自主安排对商铺的装修，并安排搬迁。合同约定有 3 个月的免租期，起租日为 2×20 年 4 月 1 日，承租人自起租日开始支付租金。承租人在搬入前花了 3 个月的时间进行租赁资产改良，以使商铺的设计和品牌与其他店铺相符，并于 2×20 年 4 月 1 日正式开业。

案例问题：

合同约定的免租期是否属于租赁期？

案例分析：

此案例中，由于承租人自 2×20 年 1 月 1 日起就已拥有对商铺使用权的控制，因此租赁期开始日为 2×20 年 1 月 1 日，即租赁期包含出租人给予承租人的免租期。同时，承租人从 2×20 年 1 月 1 日起开始对使用权资产进行折旧。

使用权资产在装修改良期间，装修改良支出会形成一项新的归属于承租人的资产，计入长期待摊费用。此外，使用权资产在装修期间折旧属于装修资产形成的必要支出之一，可资本化计入长期待摊费用。

2. 续租选择权

在租赁期开始日，企业应当评估承租人是否合理确定将行使续租或购买标的资产的选择权，或者将不行使终止租赁选择权。在评估时，企业应当考虑对承租人行使续租选择权或不行使终止租赁选择权带来经济利益的所有相关事实和情况，包括自租赁期开始日至选择权行使日之间的事实和情况的预期变化。

在房地产行业租赁业务中，无论是办公楼、商铺，还是厂房的租赁，大多数都会涉及装修改良。因此，实务中比较常见的续租选择权需考虑的因素是资产改良影响的经济动因。

对于承租人是否能够合理确定将行使续租选择权或将不行使提前终止租赁选择权，承租人和出租人可能得出不同的结论。由于信息不对称和评估的判断属性，承租人和出租人也可能对租赁期得出不同的结论。"合理确定"评估基于判断（例如，标的资产对承租人重要性的判断）和估计（例如，标的资产在未来的公允价值估计）。另外，出租人不一定十分熟悉承租人的具体事实和情况，可能导致出租人与承租人得出的结论不同。

案例 3-1-13：续租选择权的判断

案例背景：

承租人签订了一份办公楼租赁合同，包括 3 年不可撤销期限和 2 年按照市价行使的续租选择权。在搬入该办公楼之前，承租人花费了大量资金对租赁办公楼进行了改良，预计在 3 年结束时租赁资产改良仍将具有重大价值，且该价值仅可通过继续使用租赁资产实现。

案例问题：

承租人的租赁期是几年？

案例分析：

在此情况下，承租人合理确定将行使续租选择权，因为如果在 3 年结束时放弃该租赁资产改良，将蒙受重大经济损失。因此，在租赁开始日，承租人确定租赁期为 5 年。

3. 多次续签

实务中，在有些情况下，房地产租赁合同可以无限期延续，直至任一方发出终止租赁通知（即可撤销租赁），或可以无限期续签，除非任一方决定终止租赁（即可续租租赁）。例如，永续租赁是指按天、周、月、年自动续租的租赁即可撤销的租赁；或者对于固定周期、曾存在多次续签的租赁。此类租赁产生了如何确定其不可撤销期间和可强制执行期间的问题，如何确定其租赁期，可能存在不同的理解。

案例 3-1-14：多次续签租赁期的判断

案例背景：

A 公司于 2×21 年 6 月 15 日与出租人签订写字楼租赁合同，合同约定租赁期限自 2×21 年 7 月 1 日至 2×24 年 6 月 30 日（包括起租日和终止日）。租赁到期，承租人享有同等条件下的优先续租权，但对续租期及租金未做明确约定。

该租赁合同是 A 公司与出租人签订的第 3 份租赁合同，在此之前，A 公司与出租人就同一标的物已经签过两次 3 年期的租赁合同，即：首次租赁期为 2×15 年 7 月 1 日至 2×18 年 6 月 30 日，临近到期时，双方第二次签订了租赁期为 2×18 年 7 月 1 日至 2×21 年 6 月 30 日的租赁合同。假定 A 公司对租赁资产未发生重大改良、替换成本也并不高，且无其他明显经济激励因素表明 A 公司将续签。

案例问题：

对于类似固定周期、历史上存在多次续签的租赁合同，如何确定其租赁期？

案例分析：

本案例中，虽然历史上承租人与出租人之间存在逐年续签的惯例，但不存在影响承租人决定续签的其他重大经济激励。如本书理论篇"第八章 租赁期"所述，理事会在新租赁准则制定过程中，曾讨论了管理层意图和历史惯例是否影响租赁期的评估，并最终认为二者不影响租赁期评估。因此，本案例中，承租人历史上逐年续签的惯例，不足以认定其后续仍然将选择续签。对于续期期间的租金支付义务，承租人是可以无条件避免支付的，该部分尚不构成承租人的现时义务。因此，我们倾向承租人可以仅依据当前生效的合同期 3 年作为租赁期。

（四）承租人会计处理

1. 租赁负债：实质固定付款额

实质固定付款额是指在形式上可能包含变量但实质上无法避免的付款额。例如：

（1）付款额设定为可变租赁付款额，但该可变条款几乎不可能发生，没有真正的经济实质。例如，付款额仅需在租赁资产经证实能够在租赁期间正常运行时支付，或者仅需在不可能不发生的事件发生时支付。又如，付款额初始设定为与租赁资产使用情况相关的可变付款额，但其潜在可变性将于租赁期开始日之后的某个时点消除,在可变性消除时,该类付款额成为实质固定付款额。

(2) 承租人有多套付款额方案,但其中仅有一套是可行的。在此情况下,承租人应采用该可行的付款额方案作为租赁付款额。

(3) 承租人有多套可行的付款额方案,但必须选择其中一套。在此情况下,承租人应采用总折现金额最低的一套作为租赁付款额。

案例 3-1-15:实质固定付款额与可变租赁付款额的区分

案例背景:

A 公司是一家拓展训练公司,提供各种拓展训练服务。A 公司与 B 公司签订租赁合同,租赁其一块空置的场地,场地面积为 350 亩。合同约定如下。

租赁期限:2×21 年 1 月 1 日至 2×26 年 12 月 31 日。

租金计算方式:当 A 公司使用该场地取得的收入小于等于 2 000 万元/年时,租金为当年收入的 15%;当 A 公司收入大于 2 000 万元/年时,租金为固定租金 300 万元/年 + 收入的 2%。

租金支付方式:租金按年支付,A 公司需在每年 1 月 31 日前预付租金 100 万元,3 月 31 日前对上年取得的收入进行结算,将差额按合同约定比例支付给 B 公司。

终止条款:当 A 公司使用该场地取得的收入低于 1 000 万元/年时,B 公司有权立即终止合同或与 A 公司重新商定当年租金。

A 公司认为该租赁付款额取决于训练场的经营业绩,未确认租赁负债及使用权资产,在进行收入结算时将确认应付的租金直接计入当时损益。

案例问题:

A 公司的处理是否恰当?

案例分析:

本案例中,虽然合同的租金计算是以 A 公司使用该场地取得收入计算应支付的租金,即源自租赁资产的绩效。但是,终止条款中约定:"当 A 公司使用该场地取得的收入低于 1 000 万元/年时,B 公司有权立即终止合同或与 A 公司重新商定当年租金。"说明 A 公司每年至少需要支付 150 万元的 (1 000×15%) 的实质固定付款额,否则 B 公司有权单方面终止租赁。因此,A 公司应将 150 万元/年的租金纳入租赁负债的初始计量中,同时确认使用权资产。

2. 租赁负债:可变租赁付款额

可变租赁付款额,是指承租人为取得在租赁期内使用租赁资产的权利,而向出租人支付的因租赁期开始日后的事实或情况发生变化（而非时间推移）而变动的款项。可变租赁付款额中，仅取决于指数或比率的可变租赁付款额纳入租赁负债的初始计量中，包括与消费者价格指数挂钩的款项、与基准利率挂钩的款项和为反映市场租金费率变化而变动的款项等。此类可变租赁付款额应当根据租赁期开始日的指数或比率确定。除了取决于指数或比率的可变租赁付款额之外，其他可变租赁付款额均不纳入租赁负债的初始计量中。

案例3-1-16：随着绩效租赁付款额反向变动

案例背景：

政府招商引资，对引入企业，给予厂房租赁优惠。A公司与当地的一个产业园区运营管理公司签订房屋租赁合同，租赁期5年，每年固定租金为20万元。如果A公司第1年上缴税收达到1 000万元时可免租，如达不到则按合同约定支付租金；第2年上缴税收达到1 000万元时租金减半，如达不到则按合同约定支付租金。即：假设减免租金的条件能够达到，则该5年租赁期内每年的租金为：第1年0元；第2年10万元；第3年至第5年每年20万元。

案例问题：

随着承租人或标的资产的绩效提高，租金反而降低的"反向可变租赁付款额"应如何处理？

案例分析：

虽然新租赁规定的与指数或比率挂钩之外的可变租赁付款额，并非区分可变租赁付款额变动是与相关绩效或使用正相关还是负相关。但是，通常理解在正相关的情况下，由于额外的绩效或使用带来的可变租赁付款额，承租人可以通过不使用或者不产生额外绩效的方式避免该部分可变租赁付款额的支付义务，因此，该部分可变租赁付款额不符合负债的定义，无需纳入租赁负债的初始计量。但是，在负相关的可变租赁付款额安排下，额外的使用或额外的绩效可能并不受承租人自主决定，因此，很可能无法避免支付义务。

本案例中，以第1年免收租金20万元为例，可以理解为固定付款额20万元，可变租赁付款额为负的20万元。在租赁期开始日，承租人不应考虑与本公司整体绩效挂钩的可变租赁付款额，应按租赁期内每年固定付款额20万元的现值对租赁负债进行初始计量。

当达到优惠条件后（即当年上缴税收达到1 000万元时），因其减免超出了一般商业化条件下的税收优惠限度，非一般意义上双方基于正常商业谈判达成的租金调整，更多地属于政府补助无偿性的性质，即相当于政府给予的租金补贴。因此，当实际发生减免时，应当作为政府补助计入其他收益，同时冲减租赁负债。

3. 提前退租支付的违约金如何处理

实务中，在房地产行业房屋、建筑物的租赁业务中，通常对于承租人提前终止租赁会有相关的违约金约定，如约定需支付3个月租金的违约金，对于承租人提前退租支付的违约金是作为处置使用权资产损益还是营业外支出，新租赁准则并无相关的规定，实务中存在不同的处理。

案例3-1-17：承租人支付的违约金如何处理

案例背景：

A公司（承租人）于2×19年11月与B公司签订房屋租赁协议，租赁某大厦15层01至10号共10间房，租赁面积3 645平方米，租赁期限为2×20年1月1日至2×24年12月31日共5年。2×21年12月，因生产经营计划改变，A公司向B公司提出提前终止租赁合同关系。A公司已缴纳的2×22年1月1日至2×22年3月31日的房屋租金30万元，以及剩余租赁保证金10万元，合计40万元作为A公司提前退租的违约金，B公司不予退还，A公司对此予以认可。

案例问题：

承租人A公司终止租赁导致的违约金支出是作为租赁变更计入"资产处置损益"还是"营业外支出"？

案例分析：

提前终止租约，即双方缩短了原租赁合同的租赁期，因此应作为"租赁变更"来处理。根据新租赁准则规定，对于缩小租赁范围的租赁变更，应减少使用权资产的账面金额，以反映租赁的部分终止或完全终止。A公司已支付的租金30万元（支付时已经减计租赁负债）和单独作为金融资产核算的租赁保证金均属于修改后的租赁付款额的范畴，终止确认租赁负债和使用权资产的差额应作为处置使用权资产的损益（资产处置损益）。

4. 使用权资产的折旧

在租赁期开始日后，承租人应当采用成本模式对使用权资产进行后续计量，即，以成本减累计折旧及累计减值损失计量使用权资产。

实务中，房地产行业中存在一些租赁安排，如在整个租赁期中，部分年度是固定租金，部分年度是根据承租人的收入等业绩水平确定的变动租金（或者固定和变动结合的租金）。对于根据固定租金初始确认的使用权资产，如何在后续计量中计提折旧，折旧方法和折旧年限如何选择，实务中可能也存在不同的理解。

案例 3-1-18：关于使用权资产的折旧方法

案例背景：

A 公司于 2×21 年 1 月 1 日从某商场租入商铺开设门店。合同租赁期限为 2×21 年 1 月 1 日至 2×25 年 12 月 31 日，租赁期为 5 年。第 1 年为固定租金 100 万元，第 2 年至第 5 年为基于当年门店实际收入计算的可变租金。

案例问题：

（1）初始确认的 100 万元使用权资产应如何在后续计量中计提折旧？

（2）如果第 1 年至第 4 年的租金为基于门店当年收入的可变租金，第 5 年为固定租金 100 万元，使用权资产计提折旧的结论是否会不同？

案例分析：

在本案例中，关于折旧方法，根据新租赁准则中要求企业在租赁期内根据固定资产准则有关折旧规定，对使用权资产计提折旧，折旧方法应反映与资产有关的经济利益的预期消耗方式，与取得资产的融资安排无关，而使用权资产是随着时间消耗的，因此应当采用直线法在整个租赁期内计提折旧通常最能反映经济利益的预期消耗方式。

新租赁准则对使用权资产折旧已有明确规定，根据使用权资产通常随时间消耗的特征，一般应采用直线法在整个租赁期内计提折旧。实务中，租赁合同所约定的"逐年递增或每隔若干年增长一定金额的付款额""部分年度固定、部分年度变动的付款额"只是说明租金的支付方式，而并不能证明与该使用权资产相关的经济利益的预期消耗方式也是如此。因此，仅仅依据租金支付安排，并不能成为对使用权资产采用直线法（年限平均法）以外的折旧方法的恰当理由。需要说明的是，无论租金支付的安排是递增还是递减，款项的支付是为了获取一项使用权资产。使用权资产作为与固定资产类似的一项非流动资产，在现行准则体系下是采用历史成本计量，通过逐期计提折旧并考虑减值的方式将其价值结转至损益。

案例 3-1-19：关于使用权资产的折旧年限

案例背景：

A公司承租了某商铺，租期20年，第1至第5年的租金固定为100万元，之后每5年根据该商铺的前5年的实际营业额的年平均金额的10%作为下一个5年的固定租金，以此类推。承租人初始确认该租赁合同相关的使用权资产和租赁负债时，只有5年的固定租金。

案例问题：

A公司根据5年固定租金初始确认的使用权资产，按5年折旧，还是按20年折旧？

案例分析：

由于本案例中，在租赁期开始日，仅第1至第5年的租金属于固定租赁付款额，第6至第20年的租金属于与租赁资产绩效相关的可变租赁付款额，因此不纳入租赁负债的初始计量。也就是，在租赁期开始日，租赁负债是前5年租赁付款额折现计算。租赁合同的租赁期为20年，因此根据新租赁准则规定，第1至第5年的固定租赁付款额确认的使用权资产需要在20年的租赁期内进行折旧的计提。在第5年年末，该商铺第5年的营业额确定后，第6至第10年的租金由可变租赁付款额变为固定租赁付款额，此时需要对租赁负债进行重新计量，并同时调整使用权资产的账面价值，并在剩余15年的租赁期内进行折旧的计提，以此类推。

除非有充分确凿的证据证明，使用权资产的折旧呈现出阶梯式上升的情形，与使用权资产折旧方式应该按照与该资产有关的经济利益的预期消耗方式确实不符。即承租人将基于5年固定租金确认的使用权资产在20年期间折旧，首个5年的租金费用显著偏低，会计信息不能反映交易的实质，不能向报表使用人提供有用信息，则应按5年折旧。

（五）出租人会计处理

1. 关于在可回收性不确定的情形下经营租赁出租人如何确认租赁收入

根据新租赁准则相关规定，出租人应按照直线法或其他系统性方法将经营租赁的租赁付款额确认为收入。但是准则中并未考虑合同约定的租赁付款额的可收回性的评估，如果因为客户的信用风险等原因，是否应继续按照直线法确认经营租赁收入增加的"应收租赁款"，然后按照金融工具准则考虑应收款项的信用减值损失。或者是与新收入准则规定的收入确认以"企业很可能取得因向客户转让商品或服务而有权获得的对价"为前提类似，在出租人确认经营租赁收入应考虑对租赁付款额的可收回性的评估，即还需考虑对可收回性的评估，只有在满足"很可能收到"的情况下，才可以并据此按直线法或其他系统性方法确认经营租赁收入。实务中可能存在不同的理解和观点。

在房地产行业租赁业务中，尤其是在经济环境不利的影响下，出现商业地产、零售商铺等承租人因经营不善或财务状况恶化等原因致使其无法向出租人支付租金的情况，出租人如何确认收入也是房地产租赁业务中经常遇到的实务问题。

案例 3-1-20：预计无法收回的租金是否继续确认收入

案例背景：

A 公司将持有的某物业出租给 B 公司用于日常经营，该租赁为经营租赁，租赁期为 3 年。B 公司因为经营不善，财务状况恶化，已经拖欠 A 公司 3 个月的租金。鉴于 A 公司可预见的期间难以寻求其他合适的承租人，因此并未计划收回租赁资产，继续由 B 公司租赁该物业，但 A 公司预计尚未收取的租金和剩余租赁期内的租金很可能无法全部收回。

案例问题：

对于上述经营租赁期间，承租人因经营不善或财务状况恶化等原因致使其无法向出租人支付租金的情况下，出租人是否应当继续确认租赁收入？

案例分析：

新租赁准则中未明确将经济利益很可能流入作为确认租赁收入的前提条件之一，因此该案例中出租人在上述情况下应该继续确认租金收入，同时对租赁应收款计提减值准备。

2. 提前退租收取的违约金如何处理

相对于承租人提前终止租赁支付的违约金，出租人收取的违约金是作为可变对价计入租赁收入还是作为营业外收入，新租赁准则并无相关的规定，实务中存在不同的处理。

案例 3-1-21：提前退租收取的违约金如何处理

案例背景：

如前述案例 3-1-17。

案例问题：

对于出租人 B 公司，收到的退租违约金如何处理？

案例分析：

提前终止租约，在违约金金额合理且违约条款对双方是平等约束的情形下，该违约金收入源自与客户的租赁合同，属于租赁收入的一部分。因此，B 公司应当将该退租违约金计入租赁收入，而非计入营业外收入。

3. 出租人对租金减免的如何处理

在某些房地产租赁中，存在出租人对租金的减免。该租金减免是指，租赁合同的唯一修改是出租人豁免了承租人在该合同下应支付的租金。这种情况下，是适用金融工具准则还是适用租赁准则，实务中存在不同理解。

案例 3-1-22：出租人对租金减免的会计处理

案例背景：

A 公司将持有的某物业出租给 B 公司用于日常经营，该租赁为经营租赁，租赁期为 3 年。B 公司因经营资金流出现问题，暂时拖欠 A 公司 3 个月的租金尚未支付。鉴于物业周边环境及租金市场的变化，出租人 A 公司和承租人 B 公司，在租赁变更日商定了租金减免。

该租金减免改变了出租人分类为经营租赁的租赁合同中的原始条款和条件。出租人 A 从法律上解除了承租人 B 支付具体确定租赁付款额的义务：

（1）部分租赁付款额在合同上已到期但尚未支付（尚未支付的 3 个月租金）。出租人已将这些金额确认为经营租赁应收款项，也已将这些金额确认为租赁收入。

（2）租赁付款额部分在合同上尚未到期（未到期部分租金下调10%）。除此之外，没有对租赁合同进行其他修改。在租金减免前，出租人对经营租赁应收款适用金融工具准则中的预期信用损失模型。

案例问题：

出租人在租金减免日应如何进行账务处理？

案例分析：

出租人在租金减免日的处理为：

（1）对于出租人已确认为经营租赁应收款的租赁付款额的减免适用于金融工具准则中的终止确认要求。在租金减免日，出租人应重新计量经营租赁应收款的预期信用损失（并将预期信用损失准备的变化确认为利得或损失），然后终止确认经营租赁应收款（以及相关的预期信用损失准备）。

（2）对出租人尚未确认为经营租赁应收款的租赁付款额的减免适用于新租赁准则中租赁变更要求。由于该租金减免不构成原始租赁条款和条件的一部分，出租人应将变更后的租赁作为一项新的租赁进行处理。

4. 出租人为承租人提供的现金返现如何处理

在某些房地产租赁安排中，可能会存在为了激励承租人继续租赁，出租人给予承租人一定金额的现金补偿或救助。例如，假设由于经济不景气，购物中心的人流显著减少，出租人与承租人协商为承租人提供短期救济。因此，出租人同意向承租人提供一笔一次性现金付款。假定在租赁期开始日原始合同条款和条件中没有预设会发生该笔款项，并且重新协商没有导致书面合同变动，合同的条款和条件没有其他变动。该笔一次性款项虽然未包括在原始合同条款和条件中但减少了对价。因此，该笔款项属于租赁变更，而不是可变租赁付款额。出租人按照租赁变更进行会计处理，对于经营租赁发生变更的，出租人应自变更生效日开始，将其作为一项新的租赁进行会计处理，与变更前租赁有关的预收或应收租赁收款额视为新租赁的收款额。

（六）特殊租赁

1. 物业的转租赁

承租人在对转租赁进行分类时，转租出租人应基于原租赁中产生的使用权资产，而不是租赁资产（如作为租赁对象的不动产或设备）进行分类。原租赁资产不归转租出租人所有，原租赁资产也未计入其资产负债表。因此，转租出租人应基于其控制的资产（即使用权资产）进行会计处理。

在房地产行业租赁业务中，以转租赁为主业的企业，如商业地产、公寓等的转租，可能有部分转租安排在原准则下属于经营租赁，而新准则下被认定为融资租赁。这主要是由于新准则下转租赁业务类型的判断，是基于转租人获得的使用权资产的年限、价值等情况，而非租赁的实际标的资产情况，因此新租赁准则下会有更多转租赁业务被认定为融资租赁，从而产生会计处理和报表列报的变化，相关企业可能认为会计上将部分转租作为融资租赁处理很难反映其经营模式和业务实质。

我们同时注意到，理事会在结论基础指出，如果转租赁针对的是相应原租赁的全部剩余期限，则转租出租人不再拥有标的资产的使用权。理事会认为，在这种情况下，转租出租人终止确认使用权资产并确认对转租赁的净投资是适当的［IFRS16 para. BC233］。

虽然相关企业认为会计上将部分转租作为融资租赁处理很难反映其经营模式和业务实质，但实际上转租出租人已将使用权资产相关风险转化为信用风险，则转租出租人确认对转租赁的净投资（应收款）而非使用权资产将反映该风险。

案例3－1－23：转租赁业务涉及融资租赁的判断和处理

案例背景：

A公司的主业是商业地产转租，即向商业地产的所有者租入商铺或办公楼，经过简单装修后，分拆成不同面积大小的单元，转租给用户。交易过程中，A公司向所有者整租房产时，通常期限较长，例如15年，但拆分成不同面积转租时，可根据不同用户的需求灵活选择租赁期，通常为1至3年不等。

如：2×09年1月1日，A公司与B公司签订租赁协议，租入B公司写字楼的一整个楼层，租期15年（2×09年1月1日至2×23年12月31日），不存在续租选择权。A公司把租入的楼层拆分为大小不等的五个区域以不同期限转租。假设其中某个区域X自2×09年1月1日起经过若干次转租，最近一次转租的租期于2×21年6月30日已到期。2×21年7月1日，A公司与租户C公司新签订的转租协议为2年半（2×21年7月1日至2×23年12月31日）。假设上述协议均不存在续租或提前终止租赁安排，违约罚金金额重大。

案例问题：

A公司在2×21年7月1日签订的区域X转租协议是否构成融资租赁？

案例分析：

一是判断区域X转租赁的类型时，应基于原租赁租入的整层楼对应的使用权资产，还是仅基于X区域对应的使用权资产。在X区域及其他分拆区域均可单独出租使用，A公司可以单独从转租X区域获利，且该区域与其他区域不存在高度关联关系的情况下，X区域构成新租赁准则下的单独租赁，A公司应基于X区域确认使用权资产，并以此为基础判断上述转租赁的类型。

二是X区域最后一次转租是否构成融资租赁。X区域的历次转租均应当同等适用新租赁准则中有关出租人租赁分类的规定。X区域最后一次转租时，其使用年限已覆盖了该使用权资产可使用年限的100%，转租出租人已转移了与区域X使用权相关的风险和报酬，构成融资租赁。

（本案例改编自财政部会计司"会计准则技术联络小组会议"讨论议题。）

2. 转租是否考虑主要责任人代理人

在"转租赁"安排中，基于新租赁准则分析时，转租出租人主要依据和业主合同的约定进行分析，在原租赁合同没有涉及转租承租人时，作为承租人取得了标的资产在合同期内的使用权，因此构成了一项转租赁。在新租赁准则下，原租赁与转租赁的合同形式是三方协议、还是"背靠背"的两份协议，可能会导致合同是否包含转租赁的不同结果。

这一分析结果与新收入准则应用指南中"如果企业在特定商品的法定所有权转移给客户之前只是暂时性地取得该商品的法定所有权，则企业不一定控制该商品"似乎不同，新收入准则更加强调企业不应仅局限于合同的法律形式，而应当综合考虑所有相关事实和情况，评估特定商品在转让给客户之前是否控制该商品，确定其自身在该交易中的身份是主要责任人还是代理人。

在转租赁交易中，是否要参照新收入准则中"区分主要责任人和代理人"的相关规定，区分转租出租人在这一过程中是否仅为代理人角色，新租赁准则并没有相关规定。我们理解，转租出租人是否承担来源于转租承租人的信用风险不应是其影响因素，应按照转租赁的相关规定进行会计处理。

案例3-1-24："背靠背"转租的处理

案例背景：

A、B公司为关联方。A公司与出租方（业主）签订一栋办公楼租赁合同（一共三层），同时A公司将租入的其中一层转租给B公司，转租过程中没有差价，按租入的价格转租，不产生收益，租金按合理的比例进行划分（假定各自部分分摊的价格与市场租金基本一致）。A公司按全额从业主取得租赁发票，按转租的价格给B公司发票。

案例问题：

（1）A公司就其转租的一层是否确认为自身的使用权资产并立即对转租赁进行分类并进行相应的会计处理？

（2）如果该合同改为A、B公司共同组成联合体作为承租人与出租方（业主）签订，合同明确了A、B双方各自的承租的范围及应承担金额，但由A公司作为联合体代表人向业主支付全部款项后，再向B公司收取B公司应承担部分，其他条件不变，则结果是否有所不同？

案例分析：

（1）此案例中，原租赁合同和转租赁合同是两个互相独立的合同，A公司应全额确认原租赁所形成的租赁负债和全部标的资产的使用权。同时，由于标的资产的一层部分在转租后其主要风险和报酬已转移给转租承租人 B 公司（即转租赁构成融资租赁），A 公司应终止确认已转租部分对应的使用权资产，即按照转租后剩余租赁标的确认为自有使用权资产，已转租的租赁标的部分由 B 公司另行确认使用权资产。A 公司对转租赁下的租赁应收款和原租赁下的租赁负债需分别结算，尤其是向原租赁出租人支付租金的义务并不取决于在转租赁下收到 B 公司的租金，事实上也不存在将两者净额结算的可能性。故 A 公司不能将原租赁的租赁负债与转租赁所形成的租赁应收款抵销后按净额列报。相应地，A 公司应分别确认原租赁下的租赁负债对应的利息支出和转租赁下长期应收款的利息收入，分别列报于"财务费用——利息支出"和"财务费用——利息收入"。

（2）如果合同改为 A、B 公司共同与出租方（业主）签订，则 B 公司在对出租人的合同中直接明确了其承租的范围和其承担的金额，A 公司不能控制该部分在合同期内的使用，这种情况下，不存在转租赁。A 公司仅需就其自身使用的标的资产的对价部分确认使用权资产和租赁负债。对于合同约定的 B 公司承担的租金、由 A 公司先向业主支付、再向 B 公司收取的部分，A 公司按照金融工具准则进行处理。

3. 租金为非现金对价的处理

新租赁准则并未对租金如果是非现金形式的作出相关的规定，而实务中，可能存在以提供商品或者服务的形式，换取资产的一定期间的使用权，在此类情况下，应如何进行处理，可能需进一步研究或明确。

案例 3-1-25：关于与客户同时发生销售和租赁交易的会计处理

案例背景：

A 公司与 B 公司签订一份合作合同，约定 A 公司租赁 B 公司的房屋，租赁期为 10 年，租赁期内免租金。同时，A 公司对 B 公司的房屋进行改造后，专门用于生产甲商品。A 公司在租赁期内生产的甲商品优先销售给 B 公司，多余的甲商品再向其他客户销售。

A 公司每年向 B 公司销售甲商品的数量不固定，由 B 公司当年的需求决定，但是 B 公司的需求数量只是 A 公司甲产品产能的一小部分。

甲商品有公开的市场价格，A 公司向 B 公司销售甲商品的价格为市场价格的 60%。假定不考虑税费的影响。

案例问题：

A 公司对于上述交易如何进行会计处理？

案例分析：

A 公司首先应分析此项安排中是否存在 A 公司向 B 公司租赁房屋：

（1）存在已识别资产：合同明确指定了房屋，且 B 公司无权替换，因此合同存在已识别资产。

（2）A 公司有权获得在使用期间因使用该房屋所产生的几乎全部经济利益，并有权在该使用期间主导该房屋的使用。公司在租赁期内专门生产的甲商品虽然需优先销售给 B 公司，但是多余的甲商品向其他客户销售，且 B 公司的需求数量只是 A 公司甲产品产能的一小部分。不影响获得使用该房屋所产生的几乎全部经济利益。

因此，存在 A 公司向 B 公司租赁房屋。该交易安排包含 A 公司向 B 公司租赁房屋以及 A 公司向 B 公司销售产品两项业务。

从租赁角度看，B 公司向 A 公司转移未来 10 年内对房屋使用权的控制，A 公司以使用房屋取得的销售收入（向 B 公司销售甲商品的收入）的 40% 作为租赁付款额。由于 A 公司每年向 B 公司销售甲商品的数量和金额不固定，该租赁付款额属于取决于指数或比率之外的可变租赁付款额，不纳入租赁负债计量，在实际发生时计入当期损益。

从销售角度看，A 公司以市场价格向 B 公司销售甲商品，同时向 B 公司支付销售收入的 40%，用以取得可明确区分商品（当年租赁资产的使用）。因此，A 公司向 B 公司销售甲商品时，应以市场价格作为交易价格确认收入，同时将销售收入的 40% 作为可变租赁付款额，计入当期损益。应当进一步分析 B 公司是否存在保底需求量，若存在实质固定付款额，应确认相应的使用权资产和租赁负债。

（本案例改编自财政部会计司"会计准则技术联络小组会议"讨论议题。）

第二章 电力行业影响及应用

一、行业概述

(一) 行业简介及分类

电力行业作为保障国民经济发展的重要基础,主要向公众和工业生产、传输、分配和销售电力。行业参与者包括发电企业、电网企业、电力咨询设计企业、电力设备企业、施工和运维企业以及电力终端用户。最新证监会行业分类中包括在电力、热力生产和供应业大类中。电力行业的发电形式多种多样,主要包括火力、风力、水力以及核能发电四种形式。

电力行业涉及企业主要包括五类,第一类是发电企业,主要从事电能产品的初加工,把水、煤炭、石油、天然气、核能、风能、太阳能等一次能源转换成电能这种二次能源。发电行业又可细分为火力发电(火电)、水力发电(水电)、核力发电(核电)和其他电力生产(包括:风力发电、太阳能发电、生物质能发电等)。第二类是输电企业,主要从事电能输送、传输活动的企业,是从发电厂或发电中心向电能消费集中的负荷中心输送大量电力的主要通路,或者是不同电网之间相互电力供给的渠道。第三类是供电企业,主要从事电能供应、配售活动的企业,是直接面向用户。第四类是电力建设企业,从事电力项目的施工建设、电力设施的安装、调试等活动。第五类是电力修造企业,从事电力设备以及相关设施的产品开发、生产制造、维修服务等活动的企业。

我国电力行业经过数十年的发展,形成了两大 EPC 单位(中电建、中能建),设备制造集团(上海电气、东方电气、哈尔滨电气)、发电集团(五大四小以及地方发电企业[①])、两大电网公司(国家电网、南方电网)的格局。

[①] 五大电力(国能投、国电投、华能、大唐、华电)、四小豪门(华润电力、国华电力、国投电力、中广核)以及地方公司(山东鲁能、浙江浙能、上海申能、广东粤电、北京京能、深圳能源集团等)。

电力行业和其他行业相比，有其自身的特点：（1）电力行业属于资金、技术密集型产业，具有投资规模大，建设周期长，产供销即发电输电配电一体瞬间完成的特点。在市场经济中，小资金无力涉足该行业，难以形成有效的竞争，其发展在一定时期内需要国家政策的大力扶持。（2）电力行业具有一定的垄断性，受国家政策扶持较多，制约也较多。电力的供应多数通过电力总公司统一的电网全产全销，其电价按照并网合同中规定的成本加合理利润来执行，销售状况相对稳定。

（二）上市公司情况

电力、热力生产和电力供应业上市企业中作为承租人，主要涉及对输配网设备及大型工程设备的大规模经营租赁。在根据要求实施新租赁准则的对象中，目前同时在 A+H 股上市的电力企业包括：华能国际、华电国际、大唐发电及中国广核；A 股主要上市的企业包括：三峡能源、浙能电力、上海电力等。

（三）主要租赁资产情况

电力行业上市公司所涉及的业务广泛，主要包括开发、建设并运营大型燃气燃煤发电厂、新能源发电项目和配套交通、运输电网等设施。电力行业具有特殊性，其具有项目回收周期长以及项目投资金额大等特点，再加上电力行业大量的发电站以及发电设备导致的固定资产金额庞大，这就导致了电力行业的资产负债率高以及新租赁准则实施前经营租赁资产多的现象。

电力企业的租赁资产主要包括系统内和系统外两个部分，系统内业务包括输电线路、变电设备、配电线路及设备等；系统外业务主要包括租入的供电所、营业厅、仓库、办公用房等房屋建筑物、车辆及车位、通信线路及设备等。

二、A 股上市公司首次执行影响分析

根据《财政部关于修订印发〈企业会计准则第 21 号——租赁〉的通知》（财会〔2018〕35 号），在境内外同时上市的企业以及在境外上市并采用国际财务报告准则或企业会计准则编制财务报表的企业，自 2019 年 1 月 1 日起施行；其他执行企业会计准则的企业自 2021 年 1 月 1 日起施行。以下指标分析分为两部分，2019 年 1 月 1 日首次执行和 2021 年 1 月 1 日首次执行，旨在分析首次执行新租赁准则对资产负债表的影响。

(一) 2019 年 1 月 1 日首次执行

表 3-2-1 主要统计 4 家 A+H 股电力行业上市企业在 2019 年 1 月 1 日首次执行日的情况。

表 3-2-1　2019 年 1 月 1 日首次执行对电力行业资产和负债的影响

项目	金额及比例
使用权资产（万元）	965 323.82
租赁负债（万元）	621 442.18
总资产（万元）	128 744 646.60
总负债（万元）	93 531 622.66
净资产（万元）	35 213 023.94
使用权资产/总资产（％）	0.75
租赁负债/总负债（％）	0.66
（使用权资产－租赁负债）/净资产（％）	0.98

(二) 2021 年 1 月 1 日首次执行

表 3-2-2 为 2021 年 1 月 1 日首次执行对电力行业资产和负债的影响。

表 3-2-2　2021 年 1 月 1 日首次执行对电力行业资产和负债的影响

项目	金额及比例
使用权资产（万元）	4 209 505.72
租赁负债（万元）	3 593 679.52
总资产（万元）	353 016 189.83
总负债（万元）	212 094 943.34
净资产（万元）	141 177 271.85
使用权资产/总资产（％）	1.19
租赁负债/总负债（％）	1.69
（使用权资产－租赁负债）/净资产（％）	0.44

在非 A+H 股企业中，只有银星能源选择在 2020 年 1 月 1 日提前适用新租赁准则，确认使用权资产 235.06 万元，确认租赁负债 209.06 万元，占总资产和总负债比均为 0.03％。

(三) 首次执行影响最大的行业内上市公司

表 3-2-3 格中选取了首次执行新租赁准则日使用权资产金额前 11 位的公司，其使用权资产金额占全行业使用权资产金额的 67.08%。说明该行业中受新租赁准则影响较大的企业较为集中。

表 3-2-3　　　　首次执行影响最大的行业内上市公司

序号	公司名称	使用权资产（万元）	总资产（万元）	租赁负债（万元）	总负债（万元）	使用权资产/总资产（%）	租赁负债/总负债（%）	使用权资产/行业资产（%）	租赁负债/行业负债（%）
1	华电国际	498 897.70	22 642 852.00	270 571.90	15 938 666.90	2.20	1.70	0.10	0.09
2	三峡能源	442 970.86	14 339 954.75	304 194.29	9 696 407.95	3.09	3.14	0.09	0.10
3	申能股份	426 072.57	7 629 843.56	448 731.91	3 736 333.12	5.58	12.01	0.09	0.14
4	协鑫能科	404 987.68	2 969 134.96	402 725.05	2 101 616.00	13.64	19.16	0.08	0.13
5	京能电力	386 309.82	8 086 772.07	381 258.40	4 959 595.19	4.78	7.69	0.08	0.12
6	粤电力 A	371 006.67	9 947 977.32	330 323.52	5 585 104.53	3.73	5.91	0.08	0.11
7	华能国际	240 819.58	40 344 145.68	211 353.25	30 165 525.76	0.60	0.70	0.05	0.07
8	晋控电力	239 720.74	5 742 570.18	159 822.19	4 834 720.01	4.17	3.31	0.05	0.05
9	华银电力	192 842.49	1 815 000.59	131 586.19	1 518 839.98	10.62	8.66	0.04	0.04
10	浙能电力	139 339.76	11 456 989.64	115 402.68	3 818 401.86	1.22	3.02	0.03	0.04
11	上海电力	128 592.66	13 016 733.09	102 436.75	9 546 412.11	0.99	1.07	0.03	0.03

三、行业应用

(一) 识别租赁

一项合同要被分类为租赁，必须要满足三要素：一是存在一定期间；二是存在已识别资产；三是资产供应方向客户转移对已识别资产使用权的控制。

1. 升压站容量合同是否包含租赁

根据新租赁准则规定，只有存在已识别资产的情况下，合同才包含租赁。如果资产的部分产能在物理上可区分（例如，建筑物的一层），则该部分产能属于已识别资产。如果资产的某部分产能与其他部分在物理上不可区分（例如，光缆的部分容量），则该部分不属于已识别资产，除非其实质上代表该资产的全部产能，从而使客户获得因使用该资产所产生的几乎全部经济利益的权利。

在电力行业租赁业务中，部分发电厂通过租赁其他发电厂的升压站的容量进行并网输电，需分析其产能在物理上是否可区分，是否属于已识别资产。

案例3-2-1：升压站容量租赁

案例背景：

A发电公司与B发电公司签署协议，约定A公司使用B公司现有的升压站的25%的容量进行输电，使用期限25年，A公司一次性付清25年使用费。如B公司后期因风电场扩建等原因对该升压站进行改造，则B公司有权收回上述租用使用权并返还部分租金。

因A公司接入升压站产生的改扩建费用由A公司承担；若后续对现有设备升级改造的，在A公司完成改造并支付费用后，产权仍归B公司所有；后续新增与装机、电量相关的设备，A公司和B公司按照容量3:1的比例分别承担相关成本；后续维护工作，B公司负责公共部分及原有发电部分，A公司负责自建发电部分，A公司需按照容量比例承担公共部分相应份额的维护费。

案例问题：

上述升压站容量是否属于已识别资产？

案例分析：

本案例中，A公司获得的升压站容量不属于已识别资产。A公司仅有权使用升压站25%的容量，而不是该升压站的全部容量，A公司所占用的容量与其余容量在物理上不可区分。因此，该合同也不属于租赁。

2. 农户屋顶光伏发电合同是否包含租赁

《国务院关于促进光伏产业健康发展的若干意见》提出，鼓励各类电力用户按照"自发自用，余量上网，电网调节"的方式建设分布式光伏发电系统。随着乡村振兴进入新征程，分布式户用光伏在农村推广普及，拓宽了农村集体和农民的增收渠道，让全国无数乡村蜕变成绿色、环保、经济的"低碳"地区。广大的农村地区，有数以万计的闲置屋顶资源，光伏发电加速普及，农户投资建设屋顶电站蔚然成风。户用光伏盘活屋顶资产，为农村提供可持续的能源供应，并带去新的经济收入、产业发展。

在此背景下，户用光伏企业与农户合作，大力开展"屋顶分布式光伏发电"项目，不同的合作模式下，需分析是否包含租赁。

案例 3-2-2：屋顶分布式光伏电站开发合同

案例背景：

A 公司为光伏设备生产企业，主要开展"屋顶分布式光伏发电"项目。根据相关政策，一般农户作为"屋顶分布式光伏发电"项目投资者，以农户名义与电网公司结算电费收入，并享受国家光伏发电相关补贴。A 公司与农户签订《光伏电站开发合同》，以自有资金为农户提供分布式光伏发电站的设计、施工、安装和并网等服务。

合同约定，A 公司将其生产的光伏设备安装在农户屋顶，并负责光伏设备的后续运营及维护，光伏设备的所有权归属于 A 公司。农户以自身名义办理并网手续，以自身名义开设专用账户，并与电网公司结算电费收入。光伏设备发电期间，A 公司享有全部电费收入和发电补贴，A 公司按年向农户支付固定费用。双方合作期限为 10 年，自设备安装完成且并网发电之日为起始日；10 年到期后，A 公司有权选择续期 5 年。A 公司选择不再续期后，A 公司负责拆除并收回设备。

合同约定，农户应做好安装在其屋顶的光伏设备保管及安全防护，不得有在设备上晾晒衣物、遮挡设备、挪动设备或其他影响设备发电的行为。农户不得关停电站、拉闸或对电站进行操作，不得阻碍 A 公司或其指定第三方对设备进行运营及维护。

农户如需翻新、扩建房屋或搬迁，应提前通知 A 公司协商处理。如因农户原因无法在合同指定屋顶安装光伏设备，农户退还已收取未到期费用，并赔偿损失。

案例问题：

A 公司应当如何对《光伏电站开发合同》进行会计处理？

案例分析：

1. 关于光伏设备的处理

本案例中，对于光伏设备，虽安装于农户屋顶，但是，根据合同约定，光伏设备的所有权归属于 A 公司，A 公司负责光伏设备的运营和维护，并享有光伏设备的全部电费收入和发电补贴。租赁期满后，A 公司负责拆除并收回设备。因此，A 公司有能力主导光伏设备的使用，并获得光伏设备产生的几乎全部经济利益，从而拥有对光伏设备本身的控制权，应将光伏设备作为其自有固定资产进行会计处理。

同时，虽然农户以自身名义办理并网手续，以自身名义开设专用账户，并与电网公司结算电费收入，享受国家相关光伏发电补贴。但是，根据合同约定，农户收取的全部电费收入和发电补贴均由 A 公司享有，农户仅享有固定收益。并且，A 公司负责光伏设备的运营和维护，农户不得对发电设备进行操作。因此，A 公司属于光伏设备发电的主要责任人，应按电网结算的电费收入和发电补贴全额确认收入。

2. 关于光伏设备占用屋顶的处理

A 公司安装光伏设备所占用农户屋顶包含租赁。具体分析如下：

（1）存在已识别资产。当光伏设备安装完成，其在农户屋顶所占用区域即明确指定。根据合同约定，农户不得挪动发电设备，除非房屋需要翻新、扩建、搬迁等，农户对屋顶不具有实质性替换权。因此，光伏设备所占用农户屋顶属于已识别资产。

（2）A 公司有权获得占用屋顶所产生的几乎全部经济利益。A 公司享有光伏设备的全部电费收入和发电补贴，表明其有权获得使用农户屋顶发电所产生的全部经济利益。虽然 A 公司需向农户支付部分固定收益，但并不妨碍其获得使用屋顶所产生的几乎全部经济利益的权利。

（3）A 公司有权主导占用屋顶的使用。根据合同约定，A 公司占用屋顶区域用于安装发电设备，合同预先设定了占用屋顶的使用方式和使用目的。后续运营期间，A 公司负责光伏设备的运营维护，农户不得将占用屋顶用于其他目的（如晾晒衣物等），表明 A 公司有权在整个使用期间主导占用屋顶的使用方式和使用目的。

综上分析，A 公司安装光伏设备所占用农户屋顶包含租赁，且 A 公司向农户按年支付固定对价，A 公司应按新租赁准则规定确认相关租赁负债和使用权资产。

3. 储能电站业务是否包含租赁

2021 年 12 月，国家能源局印发新版《电力辅助服务管理办法》，确认了储能独立主体的身份。之后出台一系列文件支持独立储能的运营发展。独立储能电站一般是指以独立主体身份直接与电力调度机构签订并网调度协议的项目。与之相对的是依托新能源发电项目配套建设的储能项目，能够实现自发电充电。储能电站是一种利用可再生能源将电能储存起来的电站，它可以有效地利用可再生能源，提高电力的可靠性，减少对环境的影响。另外，它还可以更有效地利用可再生能源，减少对环境的影响，提高电力的可靠性。

独立储能电站具有装机容量大，可调度性高，规模效应明显的优势，受到发改委及电网系统的大力支持。在此背景下，大力开展储能项目，不同的合作模式下，需分析是否包含租赁。

案例3-2-3：新能源储能电站

案例背景：

A公司为发电公司，主要从事新能源电化学储能发电业务。A公司在甲地建设一座新能源电化学储能电站，该储能电站的选址、规划，以及电站的设计均由A公司自行负责，相关建设方案及可行性研究报告等经国家发改委审批后，由A公司自主建造，资产的所有权归属于A公司。

A公司于2×21年初建成该储能电站，并办理并网发电手续。该储能电站建成后，主要为当地电网公司提供储能电站充电（自电网输入电力，一般称"下网电量"）、放电（向电网输出电力，一般称"上网电量"）业务。A公司与当地电网公司未签订任何有关该储能电站使用或合作的协议，电网公司未承诺向A公司购买任何充电、放电数量或储能容量等，未承诺任何保底支付金额。

由于电力产品的特殊性，A公司充电、放电均需要服从当地电网公司的调控。电网公司下设的调度部门对该储能电站发送具体的调度指令，包括充电、放电的时间、电量等。A公司根据该指令安排电站具体运营，完成电网公司充电、放电任务。

A公司每月末与电网公司结算电费收入。根据当月电量数据，双方分别就充电费用（下网电量×电价）、放电费用（上网电量×电价）进行结算。即，A公司向电网公司支付充电费用，电网公司向公司支付放电费用，并分别向对方开具发票。其中，充电与放电电价相同，均按国家相关电价政策执行。此外，电网公司按照国家相关补贴政策，以当月调峰电量等因素计算，向A公司支付调峰辅助服务补偿。

截至2×22年底，当地电网公司是该储能电站唯一客户，尚未存在其他客户。根据当地用电量，该储能电站各年基本满负荷运转，当地电网公司几乎占用了其全部产能。根据其他同类储能电站业务，电站除为电网公司提供充电、放电业务外，也可为其他公司提供储能容量租赁业务。

案例问题：

A公司与电网公司上述交易是否属于租赁（或包含租赁）？

案例分析：

根据新租赁准则规定，租赁，是指让渡在一段时间内使用资产（标的资产）的权利以换取对价的合同或合同的一部分。合同，是指双方或多方之间达成的产生强制可执行的权利和义务的协议。因此，满足租赁定义的前提是存在合同，即双方存在强制可执行的权利和义务。

本案例中，A公司与电网公司未签订任何有关该储能电站使用或合作的协议，电网公司也未向A公司作出任何承诺。即，对于该储能电站，电网公司并未通过有效的合同建立任何强制可执行的权利和义务。电网公司获得储能电站几乎全部产能、有权发送调度指令等，均源于双方交易的实际后果、电力供应市场特点等因素，并非来源于合同权利。电网公司并无法律上强制可执行的权利来限制或决定A公司对该储能电站的使用，例如，如果当地电力市场扩大，出现其他客户时，A公司仍然可根据交易效益等自主决定为其他公司提供储能容量租赁业务等。因此，本案例中，不需要进一步分析即可得出结论，A公司与电网公司的交易不存在租赁。

本案例中，如果忽略满足租赁定义的前提是存在合同，直接以识别租赁相关条件进行判断，则可能得出误导性结论。例如，可能得出存在已识别资产（该储能电站相关资产），电网公司（客户）获得了使用已识别资产产生的几乎全部经济利益（占用该储能电站几乎全部产能），且有权主导已识别资产的使用（发送调度指令），从而得出存在租赁的结论。但是，在此类业务中，电网公司一般并无取得储能电站本身使用权的意图，其本质需求是获得储能电站提供的储能服务，其地位与向储能电站购买商品或服务的客户相当。如果按照租赁进行处理（电网公司确认相关使用权资产和租赁负债），所提供信息将无法如实反映双方交易的意图和实质。

本案例中，交易的实质是A公司以该储能电站为电网公司提供了储能服务，A公司应将调峰辅助服务补偿确认为提供服务收入。对于充电（"购电"）、放电（"卖电"）过程，虽然双方分别结算，但是，根据该交易情况，A公司很可能并非电力买卖交易的主要责任人，不应确认电力"买卖"相关的销售收入及成本。

4. 租赁与实质购买的区分

电力行业属于资金、技术密集型产业，具有投资规模大，建设周期长，产供销一体瞬间完成的特点。发电厂在建设期间需要大量的资金支撑，电力企业通常会采用融资租赁的方式来取得专用设备，此时，需分析交易实质是租赁还是分期付款购买资产。具体可参考本书理论篇"第六章 租赁与实质购买或销售"相关论述及典型案例。

5. 购电协议

（1）购电协议的定义

购电协议（Power Purchase Agreement）是发电商与客户（通常是公用事业、

政府或公司）之间的长期合同。购电协议可能持续 5 到 20 年，在此期间电力购买者以预先商定的价格购买能源。

购电协议，广义上可以泛指与各种类型电源签订的购电协议，但狭义上一般特指用户与风电、光伏等新能源企业签订的为期 5 到 20 年的购电协议，并伴随可再生能源证书（Renewable Energy Credits，RECs，又称绿色电力证书，简称"绿证"）的转让。

（2）购电协议的分类

购电协议属于电力市场化交易范畴，在实际操作中，购电协议分为实体购电协议（Physical Power Purchase Agreement）和虚拟购电协议（Virtual Power Purchase Agreement）两种。实体购电协议的买方和卖方需共处于同一电网或地区，买方向卖方支付固定的购电协议电价，卖方向买方提供约定数量的绿电和绿证。在虚拟购电协议中，买卖双方可以不处于同一电网，甚至可位于不同国家，买方向卖方支付固定购电协议电价，卖方向买方支付现货电价（变动的）以及绿证，因此，虚拟购电协议本质上是一种差价合约。

购电协议在可再生能源供应中被广泛应用，并持续增加。由于我国经济政策及电力行业的特殊性，购电协议在我国尚未形成及普遍应用。

（3）识别租赁基本原则

一般情况下，购电协议合同可能被作为销售协议进行会计处理。然而，根据电价机制的不同、发电量的确定性、所购电力的实际使用方式、对发电资产的控制等因素，购电协议还可能被认定为租赁或金融工具，进而对购电方的财务报表产生影响。通常，可再生风能和太阳能购电协议中的客户无权控制基础设备的使用，此类安排不包含租赁。但是，在某些情况下，需要根据购电协议相关约定具体分析是否属于租赁或包含租赁。

案例 3-2-4：实体购电协议是否包含租赁

案例背景：

A 发电厂与偏远地区 B 工厂签订购电协议。协议约定，A 发电厂在 B 工厂附近设计并建造了一个风力发电厂。该风力发电厂的电力直接提供给 B 工厂。A 发电厂没有其他的风电发电厂可以为 B 工厂提供电力。

情形一：

B 工厂能够决定是否以及何时从风电厂产生电力。即，B 工厂具有调度权，使其能够关闭部分或全部发电的涡轮机，以便管理产生的电力，以满足其需求。

情形二：

与情景一相同，但是 B 工厂没有决定何时以及产生多少电力的权利。

情形三：

和情形一相同，但是 A 风力发电厂同时为附近的许多不同的工厂提供电力。B 工厂仅仅有权获得风力发电厂产生的最高产能 20% 的电力。

案例问题：

上述三种情形，是否包含租赁？

案例分析：

情形一：

在这种情形下，该安排包含租赁。风力发电厂是一项已识别的资产，A 没有其他可提供电力的风力发电厂，其没有实质性的替换权。客户 B 有权从风电厂获得几乎全部的经济利益，且 B 具有调度权，可以主导发电厂的使用。

情形二：

在这种情形下，相关的决策是预先确定的。购电协议是否包含租赁，将取决于客户 B 是否运营资产或以确定资产在整个使用期间如何使用，以及用于何种目的的方式设计已识别资产。

情形三：

在这种情形下，由于 B 公司仅有权获得风力发电厂 20% 的电力，产能在物理上不能明确区分，不存在已识别的资产。因此，该安排不包含租赁。

案例 3-2-5：虚拟购电协议是否包含租赁

案例背景：

A 公司和 B 风力发电厂是电力市场的参与者，在电力市场中，用户 A 公司和电力供应商 B 发电厂是无法直接彼此签订购电和售电合同，即客户和供应商必须通过市场化电网进行此类采购和销售，其现货价格由市场运营商设定。因此，A 公司从电网购买电力。

A 公司和 B 发电厂签订合同。该合同约定：

(1) 合同期限为 20 年。

(2) 合同期限内，将 B 风力发电厂向电网供应的每兆瓦电力的现货价格交换为每兆瓦的固定价格，并以现金净额结算。具体操作为，B 风力发电厂在合同期间向电网提供的电力每兆瓦收取一个固定价格，A 公司与 B 结算该固定价格与现货价格之间的差额。

(3) B 风力发电厂将产生的所有可再生能源证书转移给 A 公司。

案例问题：

该安排是否包含租赁？

案例分析：

尽管 A 公司有权获得可再生能源证书，但其代表使用风力发电厂产生的部分经济利益，但 A 公司无权获得使用风力发电厂产生的几乎全部经济利益，因为在整个合同期间，A 公司无权获得风力发电厂产生的任何电力。A 公司并未获得使用该风力发电厂产生的几乎全部经济利益的权利。因此，该合同不包含租赁。

（二）租赁期

租赁期是指承租人有权使用租赁资产且不可撤销的期间。在确定租赁期和评估不可撤销租赁期间时，企业应根据租赁条款约定确定可强制执行合同的期间。

实务中，在电力行业租赁安排中，发电企业在租赁的土地或者屋顶上，建设风电、水电或光伏发电项目，因发电项目资产通常可使用寿命会超过 20 年，因此土地或屋顶租赁合同可能约定租赁期限超过 20 年，而我国法律规定的租赁期限最长是 20 年。在这种情况下，如何确定租赁期，实务中可能存在不同的观点。

案例 3-2-6：超过 20 年的租赁期的确定

问题背景：

A 公司是一家太阳能发电企业，与某村委会签订了土地租赁合同，租赁其 700 亩荒地用于建设光伏地面项目使用，租赁期限为 25 年。

案例问题：

租赁时间超出法律规定的期限（最长 20 年）时，租赁期如果超过了法律规定的 20 年该如何处理？

案例分析：

从新租赁准则的规定分析，按照合同约定，预计可能达到 25 年。应该按照合同约定的 25 年，即使相关法律规定不超过 20 年，那么根据租赁资产的实际情况企业可以在下一个期间通过续签合同，实现 25 年的租期，因而应该按照合同约定的期限 25 年作为租赁期。

当然，该问题首先是法律问题，应当根据律师的法律意见进行相关处理。

（三）实质固定付款额

实质固定付款额是指在形式上可能包含变量但实质上无法避免的付款额。

例如：

（1）付款额设定为可变租赁付款额，但该可变条款几乎不可能发生，没有真正的经济实质。例如，付款额仅需在租赁资产经证实能够在租赁期间正常运行时支付，或者仅需在不可能不发生的事件发生时支付。又如，付款额初始设定为与租赁资产使用情况相关的可变付款额，但其潜在可变性将于租赁期开始日之后的某个时点消除，在可变性消除时，该类付款额成为实质固定付款额。

（2）承租人有多套付款额方案，但其中仅有一套是可行的。在此情况下，承租人应采用该可行的付款额方案作为租赁付款额。

（3）承租人有多套可行的付款额方案，但必须选择其中一套。在此情况下，承租人应采用总折现金额最低的一套作为租赁付款额。

案例3-2-7：按照发电效益分段计量支付租金

案例背景：

A光伏发电公司与某工业园区B物业管理公司签订《分布式光伏发电节能服务合同》。合同约定，B公司向A公司提供可安装太阳能电池组件的屋顶约8.2万平方米（以实际占用面积为准）。A公司占用屋顶投资建设规模8.8MV光伏发电项目，光伏设备建成后所有权归属于A公司。同时，A公司为B公司提供节能减排服务。

合同约定合作期限为，包括光伏发电项目建设期和效益分享期共19年。建设期为合同生效日起至A公司光伏发电项目申请供电局验收之日，计划180天。建设期B公司不向A公司收取任何租金；超过该期限的，需按照租金约定向B公司缴纳租金。效益分享期为光伏发电项目经验收合规并网发电日起，至租赁期结束。

在效益分享期，B公司保证园区优先消纳A公司光伏设备所生产的电能，并按照当地供电部门实际执行的电价结算电费。

在效益分享期，A公司应向B公司支付租金按照每年节能效益计算。其中，节能效益以B公司消纳该项目光伏电量分级计算。具体如表3-2-4所示。

表3-2-4　　　　　　　　消耗电量对应租金

序号	年度消耗该项目电量（万度）	年度租金总额=节能效益分享（万元）
1	R≤300	45
2	300<R≤400	75
3	400<R≤500	108
4	500<R≤600	128
5	600<R	152

案例问题：

本案例中是否存在实质固定付款额？

案例分析：

本案例中，交易实质是 A 公司向 B 公司租入屋顶，租金以后续 B 公司使用电量（节能效益）为基础确定，租赁付款额存在可变性。根据上述计算表，当年度消耗电量为 300 万度以下时，按 45 万元收取年度租金。即，即使年度消耗电量是 0，A 公司也支付最低 45 万元的年租金。因此，最低年租金 45 万元属于实质固定付款额，应纳入租赁负债初始计量。

（四）可变租赁付款额

可变租赁付款额，是指承租人为取得在租赁期内使用租赁资产的权利，而向出租人支付的因租赁期开始日后的事实或情况发生变化（而非时间推移）而变动的款项。可变租赁付款额可能与下列各项指标或情况挂钩：

（1）由于市场比率或指数数值变动导致的价格变动。例如，基准利率或消费者价格指数变动可能导致租赁付款额调整。

（2）承租人源自租赁资产的绩效。例如，零售业不动产租赁可能会要求基于使用该不动产取得的销售收入的一定比例确定租赁付款额。

（3）租赁资产的使用。例如，车辆租赁可能要求承租人在超过特定里程数时支付额外的租赁付款额。

需要注意的是，可变租赁付款额中，仅取决于指数或比率的可变租赁付款额纳入租赁负债的初始计量中，包括与消费者价格指数挂钩的款项、与基准利率挂钩的款项和为反映市场租金费率变化而变动的款项等。此类可变租赁付款额应当根据租赁期开始日的指数或比率确定。除了取决于指数或比率的可变租赁付款额之外，其他可变租赁付款额均不纳入租赁负债的初始计量中。

实务中，发电站的建设需要占用大面积的土地，因此在发电行业租赁安排中，尤其是租用农业用地等，可能租金不是固定的，而是按照农业用地原种植农作物的收购价格等确定，此类可变租赁付款额是否为反映市场租金费率变化而变动的款项，属于取决于指数或比率的可变租赁付款额，可能存在不同的理解。

案例 3-2-8：按照农作物收购价格确定租金

案例背景：

A 公司是一家发电企业，所属水电站因水库蓄水淹没土地与土地所属单位签订土地租赁合同（包括村集体、个人、单位等多个合同），租赁主要条款如下：

（1）租赁期限：2×20年1月至2×40年1月，共20年。

（2）租金计算方式：每年的土地租金按库区占用土地的面积结合该土地原先种植的稻谷、甘蔗当年的收购价格和每亩单产确定。即：

当年土地租金＝占用原种植稻谷的土地面积×规定的每亩稻谷产量×当年稻谷收购价格＋占用原种植甘蔗的土地面积×规定的每亩甘蔗产量×当年甘蔗收购价格。

（3）租金支付：每年12月底前付清租金。

假设2×20年公司共支付土地租金2 000万元，预计以后每年租金有5%左右的波动。

案例问题：

如何确定各年度的租赁付款额？

案例分析：

本案例中，合同约定土地租金是按照水电站所淹没农田原种植农作物（稻谷、甘蔗）在租赁期内当年收购价格和合同中约定的亩产量计算，导致每年租金金额的变量是农作物的收购价格。该租赁合同的实质上是以2×20年度的2 000万元为基础，之后剩余租赁期内在2 000万元/年租金基础上根据农作物的当年收购价格对当年租金进行调整。因此，2 000万元属于实质固定的租金。对于挂钩农作物收购价格属于挂钩指数和比例的可变租金，应按照取决于指数或比率的可变租金处理。

土地租赁费用结算以当年稻谷和甘蔗收购价格计算为准。由于企业取得土地使用权是用于建水电站而非种植农作物，因此该租金支付并非取决于承租人对租赁资产的使用情况，租金由于农作物收购价格变化而变化，这个变化是由非承租人的外部因素导致的。如果收购价格是以发改委公布的最新最低收购保护价格为准，最低收购保护价格的确定主要受国家稻谷安全战略和乡村振兴战略、市场供需情况、稻谷产业上下游的产业链情况等因素影响。从广义理解角度，其属于指数或比率的可变租金。

（五）特殊交易

1. 非现金对价租赁

电力行业租赁业务中，存在一些合作安排，如发电厂或设备制造商租用第三方的屋顶（或土地）建设光伏电站等，然后通过免费使用电力以及优惠电价等非现金的形式作为补偿，即这种情况下可能需要分析是否包含租赁以及如何确认计量。

对于此类非现金资产与使用权资产交换的业务应如何确认计量，根据《企业会计准则第7号——非货币性资产交换》（以下简称《企业会计准则第7号》）准则中规定，非货币性资产交换中涉及由《企业会计准则第21号》（2018年修订）规范的使用权资产或应收融资租赁款等的，相关资产的确认终止确认和计量适用《企业会计准则第21号》（2018年修订）。但是新租赁准则并未对非现金对价的租金如何处理作出规范。

案例3-2-9：光伏屋顶合作协议

案例背景：

A发电公司与B工厂签订合作协议，B工厂提供其厂区屋顶供A公司铺设光伏发电设备，A公司向B工厂提供光伏发电节能服务。

合同约定，B公司提供其厂区内车间、停车场、办公区域等可安装太阳能发电系统屋顶面积约35万平方米。A公司负责该项目的投资建设及后续运营维护，建设规模为30MW光伏发电项目。双方合作期限是25年，包含建设期和效益分享期。其中，建设期计划270天，效益分享期为A公司光伏发电项目经验收并网发电至租赁期结束。

在效益分享期，B工厂保证优先消纳本项目所生产的电能。A公司按照实际用电量及当地电价的80%与B公司结算电费。合作期内，该项目产生的碳排放权100%归属于B工厂。

案例问题：

A公司应如何对上述合同进行会计处理？

案例分析：

本案例中，该交易安排包含A公司向B工厂租赁屋顶，以及A公司向B工厂销售电力、碳排放权两项业务。从租赁角度看，B工厂向A公司转移未来25年内对屋顶的使用权，A公司以使用屋顶取得的销售收入（向B工厂销售电力收入）的20%，以及未来形成的碳排放权作为租赁付款额。

由于A公司每年向B工厂销售电力的数量和金额不固定，该租赁付款额属于不取决于指数或比率的可变租赁付款额，不纳入租赁负债初始计量，在实际发生时计入当期损益。从销售角度看，A公司以市场价格向B公司销售电力，并给予

B公司20%的折扣，用以取得可明确区分商品（当年租赁资产的使用）。如果A公司应付B工厂的对价与取得可明确区分商品（支付当年租赁付款额）的公允价值相等，则无需冲减销售收入。因此，A公司向B工厂销售电力时，应以市场价格作为交易价格确认收入，同时将销售收入的20%作为可变租赁付款额，计入当期损益。

对于未来需交付的碳排放权，根据《碳排放权交易有关会计处理暂行规定》，重点排放企业通过政府免费分配等方式无偿取得碳排放配额的，不作账务处理。因此，A公司未来向B工厂转让该项目形成的碳排放权时，其历史成本为零，转让时也无需进行账务处理。

2. 售后租回

电力行业租赁业务中，存在一些售后租回安排，如发电厂将发电机组中价值较大的专用设备用于售后租回，通常同一设备还持续循环用于该类交易，其实质是融资安排，而非租赁。

案例3-2-10：发电专用设备的售后租回的判断

案例背景：

A公司是一家融资租赁公司。B公司是一家新能源发电企业，拥有一批光伏发电设备，账面价值为1亿元，剩余可使用寿命为40年。A公司与B公司签订《售后租回合同》，相关合同约定如下。

（1）资产的购买：A公司向B公司购买一批光伏设备，购买价款1亿元，A公司需一次性支付全部价款。

（2）资产所有权转移：A公司在支付购买价款后，视为租赁资产所有权的转移，A公司应出具《资产所有权转移确认书》。

（3）资产的交付：资产的交付地点为资产现有所在地，A公司应在收货的同时向B公司出具收货收据。

（4）租赁资产及交付：A公司同意将向B公司购买的标的资产全部出租给B公司。B公司应向A公司出具《租赁资产确认书》。B公司应于收到A公司支付的全部购买价款之日向A公司出具租赁资产验收证明书。

（5）租赁期为10年。

（6）租金及服务费：B公司向A公司支付租金总额为1.28亿元，包括租赁本金1亿元及利息2 800万元，B公司支付的金额和时间需按照租金支付表及《租金支付确认函》执行。租赁服务费450万元需要在合同签订生效后3个工作日内支付。

(7) 租赁资产的所有权和使用：租赁期内，租赁资产的所有权属于 A 公司，B 公司对租赁资产只享有使用权。非经 A 公司书面同意，B 公司在租赁期间不得将租赁资产销售、转让、转租、抵押、质押予第三方。租赁期内任何维修、保养费用由 B 公司负责处理并承担全部费用。

(8) 租赁期满后租赁资产的处理：租赁期届满，且租金及其他应付款项支付完毕后，B 公司可以 1 元回购租赁资产。

案例问题：

上述售后租回交易安排中，B 公司应如何进行会计处理？

案例分析：

新收入准则规定，如果企业具有回购资产的权利（购买选择权），则客户未取得资产的控制，因为即使客户可能实际占有该资产，其主导资产使用以及获得源自该资产的几乎全部剩余利益的能力受限。

本案例中，B 公司在租赁期届满可以 1 元回购租赁资产（廉价购买选择权），该条款显著限制了 A 公司对标的资产的控制权。根据交易的条款和条件安排，其实质为 B 公司向 A 公司进行融资借款，而用专业设备进行售后再租回的形式，实际上是为了获取融资的一种增信措施。因此，该售后租回交易未发生销售，B 公司应将收到的款项作为一项金融负债，不终止确认相关标的资产。

第三章　运输行业影响及应用

第一节　运输业及影响概述

一、行业概述

（一）行业介绍

交通运输业，是指使用运输工具将货物或者旅客送达目的地，使其空间位置得到转移的业务活动。包括陆路运输服务、水路运输服务、航空运输服务和管道运输服务。根据不同服务客体，交通运输行业可分为客运和货运。最新证监会行业分类中交通运输业包括铁路运输业、道路运输业、水上运输业、航空运输业和管道运输业。

（二）上市公司情况

交通运输业中作为承租人的主要是航空及海运企业，这些企业基本都涉及对飞机及船舶的大规模融资租赁及经营租赁。在根据要求实施新租赁准则的对象中，目前同时在 A+H 股上市的交通运输企业包括：南方航空、东方航空、中国国航、中远海控、中远海发、中远海能、秦港股份、深高速、辽港股份、中信海直、广深铁路、四川成渝、宁沪高速、青岛港等，同时还有部分仅在国内 A 股上市的企业。

（三）主要租赁资产情况

根据商务部发布的《最新中国融资租赁业发展情况报告》，中国目前的租赁主要集中在飞机租赁、船舶离岸租赁、大型设备租赁等工业领域。其中飞机租赁和船舶租赁属于交通运输业中的主要租赁资产。

作为国际贸易中最依赖的运输方式之一的航海运输，其在国际运输总量中所占比例可达到 2/3 以上。对于国内外航运企业而言，由于船舶单位价值高、造船时间长的特点，使得资金紧张的航运企业在贷款购买船舶之外，通常还会选择以融资租赁的方式来获取船舶。其中，租赁的方式包括航次租船、定期租船、包运租船、光船租船、航次期租等。除船舶外，水上运输业还涉及集装箱租赁。航空运输业是资本密集型行业，航空公司资金需求量大，飞机、发动机、大型零部件、模拟设备、航空器材及其他飞行相关设备是航空公司最重要的资产，航空公司需要持续引进飞机扩大机队规模以构建更广泛的航线网络，但飞机的成本高昂，加上投资回收期很长，难以快速折旧，因此，航空公司一般会采用租赁形式以降低成本。

二、A 股上市公司首次执行影响分析

根据《财政部关于修订印发〈企业会计准则第 21 号——租赁〉的通知》（财会〔2018〕35 号），在境内外同时上市的企业以及在境外上市并采用国际财务报告准则或企业会计准则编制财务报表的企业，自 2019 年 1 月 1 日起施行；其他执行企业会计准则的企业自 2021 年 1 月 1 日起施行。以下指标分析分为两部分，2019 年 1 月 1 日首次执行和 2021 年 1 月 1 日首次执行，旨在分析首次执行新租赁准则对资产负债表的影响。

（一）2019 年 1 月 1 日首次执行

表 3-3-1 主要统计 18 家 A+H 股交通运输业上市企业在 2019 年 1 月 1 日首次执行日的情况。

表 3-3-1　2019 年 1 月 1 日首次执行对运输业资产和负债的影响

项目	金额及比例
使用权资产（万元）	41 482 489.32
租赁负债（万元）	31 864 231.09
总资产（万元）	154 382 303.11
总负债（万元）	102 564 021.22

续表

项目	金额及比例
净资产（万元）	51 818 281.89
使用权资产/总资产（％）	26.87
租赁负债/总负债（％）	31.07
（使用权资产－租赁负债）/净资产（％）	18.56

（二）2021年1月1日首次执行

表3－3－2为2021年1月1日首次执行对运输业资产和负债的影响。

表3－3－2　2021年1月1日首次执行对运输业资产和负债的影响

项目	金额及比例
使用权资产（万元）	12 551 748.01
租赁负债（万元）	10 488 667.60
总资产（万元）	208 063 330.47
总负债（万元）	104 063 133.02
净资产（万元）	103 700 021.36
使用权资产/总资产（％）	6.03
租赁负债/总负债（％）	10.08
（使用权资产－租赁负债）/净资产（％）	2.00

（三）首次执行影响最大的行业内上市公司

表3－3－3中选取了首次执行日使用权资产金额前7位的公司，其使用权资产金额占全行业使用权资产金额的90.44％。表明该行业中受新租赁准则影响较大的企业非常集中。

表3－3－3　首次执行影响最大的行业内上市公司

序号	公司名称	使用权资产（万元）	总资产（万元）	租赁负债（万元）	总负债（万元）	使用权资产/总资产（％）	租赁负债/总负债（％）	使用权资产/行业资产（％）	租赁负债/行业负债（％）
1	南方航空	13 434 200.00	29 132 500.00	10 345 600.00	21 660 400.00	46.11	47.76	3.58	4.89
2	中国东航	12 692 500.00	23 676 500.00	9 477 700.00	17 741 300.00	53.61	53.42	3.38	4.48

续表

序号	公司名称	使用权资产（万元）	总资产（万元）	租赁负债（万元）	总负债（万元）	使用权资产/总资产（%）	租赁负债/总负债（%）	使用权资产/行业资产（%）	租赁负债/行业负债（%）
3	中国国航	10 628 140.00	24 371 600.60	81 324 048.60	14 315 907.40	43.61	568.07	2.83	38.47
4	海航控股	6 065 083.40	21 857 343.20	4 811 214.30	24 213 988.40	27.75	19.87	1.62	2.28
5	中远海控	3 836 737.74	25 262 696.82	3 041 118.55	19 860 761.02	15.19	15.31	1.02	1.44
6	上海机场	1 670 149.98	4 990 368.08	1 670 149.98	2 034 478.44	33.47	82.09	0.45	0.79
7	吉祥航空	1 289 023.32	4 027 266.72	1 087 523.85	2 968 515.54	32.01	36.64	0.34	0.51

第二节 水上运输业

一、水上运输业概述

水上运输是利用船舶、排筏和其他浮运工具，在江、河、湖泊、人工水道以及海洋上运送旅客和货物的一种运输方式。根据《国民经济行业分类》（GB/T4754-2017），水上运输业包含水上旅客运输、水上货物运输及水上运输辅助活动，其中水上旅客运输包含海上旅客运输、内河旅客运输及客运轮渡运输，水上货物运输包含远洋货物运输、沿海货物运输及内河货物运输，水上运输辅助活动包含客运港口、货运港口及其他水上运输辅助活动。

由于船舶属于价值高昂的重资产，从事水上运输行业的公司，通常为了增加运营的灵活性，弥补自有船队结构的单一性，在自有船舶运力紧张或是资金紧张无力造船的情况下，租入其他船公司的船舶；在自有运力富余的情况下，为避免船舶闲置成本，船公司通常会租出自有船舶。为合理利用船舶的运输能力，并获得最佳的营运经济效益，船舶运输采用多种运营方式，包括通常所称的程租、期租、光租等模式。

（一）运输船舶分类

船舶作为水上运输的重要载体，类型多种多样，按照运输物的类别具体分类如下：(1) 客船。客船是专门运送旅客及其携带行李的船舶。对同时运送旅客和少量货物的船舶也称为客船。(2) 货船。货船是运载货物的船舶的统称。货船上除了提供船员住宿、活动和装有各种设备的舱室外，大部分舱室均为货舱。

按照运载货物的性质不同，可将货船分类为以下几个主要类型：(1) 干货船。干货船是以运输干燥货物为主，也可运桶装液货的货船。具体又细分为①杂货船，又统称货船，是以运载成包、成捆、成桶等杂货物为主的干货船。②散货船。散货船是专门装运散装货物的干货船。主要以运输谷物、矿砂、煤炭、水泥、化肥等大宗商品为主。这种船多为单甲板，尾机型船，舱口较大，一般不配备起货设备（依靠散货船码头的专用起货设备）。(2) 液货船。液货船是用于运载散装液体货物的货船的统称。具体又细分为：①油船。油船是运载散装石油类货物的液货船，油船多为单甲板、尾机型船，甲板上无起货设备，不设大舱口，而布置有许多管系、阀门，并设有人行步桥，货油通过管道进行装卸。②液化天然气船（LNG 船）。液化天然气船是运载液化天然气的液体船。(3) 集装箱船。集装箱船是运输货物集装箱的货船。事先将货物装进集装箱内，再把集装箱装上船，装卸效率高，能减少货损货差。(4) 特种船。特种船舶是指为海上运输、海洋勘探、海上钻井及海上采油等海上作业提供服务和安全保障的工程船和工作船，包括半港船、多用途船、重吊船、木材船和纸浆船等。

(二) 水上运输业务模式

通常将国内沿海港口间的海上运输称为沿海运输，而将本国港口与外国港口之间，或外国港口与外国港口之间的海上运输称为远洋运输。之所以要将海上运输区分为沿海运输和远洋运输，就是因为不论是参与业务活动的各关系方所属的国籍，或调整各方法律关系所适用的法规，两者都不相同。但不同类型的水上运输的基本船舶营运方式基本相同。以远洋货物运输船舶为例，为了适应不同货物和不同贸易合同对运输的不同要求，也为了合理地利用远洋船舶的运输能力，并获得最佳的营运经济效益，当前国际上普遍采用的远洋船舶的营运方式可分为定期船运输与不定期船运输。

二、识别租赁

以下针对水上运输业常见的几种运营方式，以新租赁准则下识别租赁的相关原则为基础，以典型案例形式对不同运营方式下是否属于租赁（或包含租赁）进行分析。

（一）存在已识别资产

存在租赁的前提是存在一项可识别资产。判断是否存在已识别资产需考虑三个方面：（1）资产是否被指定；（2）资产在物理上是否可区分；（3）供应商是否有实质性替换权。

1. 对资产的指定

新租赁准则规定，企业通常通过合同中的明确规定来识别一项资产，也可通过在该资产可供客户使用时的隐含规定来识别。如果相关事实和情况表明供应商仅能通过使用某一项特定资产来履行其义务，则该资产被隐含指定。

由于运输航线的特殊性，在设计和建造船舶时，就需要考虑吃水、长宽、载重吨等各类参数。例如，如果想设计一艘能够通过苏伊士运河的船舶，那么该艘船舶的尺寸则需要满足无论满载还是空载的情况下都能顺利通过该运河的最深处和最浅处。鉴于此，部分船型甚至以全球主要航道命名。例如，巴拿马型船舶指可以通过巴拿马运河的最大尺寸船舶；苏伊士型船舶指可以通过苏伊士运河的最大尺寸船舶；好望角型船舶则是指体积太大而无法通过苏伊士运河，需绕过好望角的船舶。因此，在水上运输业中，虽然合同可能未指定具体船舶，但是，由于合同所经航线和船舶设计参数的特殊性，有可能仅能以特定型号的船舶来履行义务，从而可能存在隐含指定的已识别资产。

案例 3-3-1：船舶的隐含指定

案例背景：

A 公司仅有两艘船舶，一艘名为"黑珍珠号"的巴拿马型散货船，一艘名为"飞翔的荷兰人号"的苏伊士型散货船。B 公司与 A 公司签订了《租船合同》，合同起止日期为 2×21 年 1 月 1 日至 2×22 年 12 月 31 日，B 公司委托 A 公司承运其每年约 80 万吨 ±10% 的煤炭。合同未指定船舶，但是约定了装货港 X 港口，卸货港 Y 港口，航线固定，途经巴拿马运河。

案例问题：

合同对船舶是否隐含指定？

案例分析：

本案例中，虽然该租船合同未指定具体船舶，但是，由于航线需经过巴拿马运河，而 A 公司仅有两艘船舶，其中"飞翔的荷兰人号"作为一艘苏伊士型的船舶，船型超过了巴拿马运河的最大载重吨位。因此，A 公司只能用"黑珍珠号"来履行该合同，即用于履行该租船合同的资产已被隐含指定。

> **"长赐号"事件启示——船舶设计参数的重要性**
>
> 2021 年 2 月 22 日，长赐号（EverGiven）从中国台湾地区高雄市启航，装载着 1.83 万个集装箱，总货值达 35 亿美元，驶往荷兰鹿特丹港口。2021 年 3 月 23 日，长赐号北航行通过苏伊士运河时，因沙尘暴、强风、人为因素等影响，致使船头插入东岸搁浅，船身打横造成苏伊士运河航运堵塞，上百艘船只无法通行，每小时耽搁贸易量总值高达 4 亿美元，使得全球供应链吃紧状况进一步恶化。
>
> 长赐号为一艘巴拿马籍的超级货柜船即集装箱船，载重 20 000TEU（标准箱），载重吨位 199 629 吨，排水量 265 876 吨，长约 400 米，宽约 59 米，设计最大吃水为 16 米，于 2018 年下水启用。该船船东为日本公司正荣汽船株式会社，由中国台湾地区长荣海运股份有限公司以论时佣船（Time Charter，即期租）承租。船员为船东公司派遣，配置于远东—欧洲航线。
>
> 苏伊士运河是大西洋和印度洋最近的航线，联结了欧洲与亚洲之间的南北双向水运，船只不必绕过非洲南端的好望角，大大节省航程。苏伊士运河是埃及的重要外汇收入来源，每年约 25 000 艘船只通过苏伊士运河，占世界海运贸易的 14%。苏伊士运河深 24 米，宽 205 米，在某些条件下，运河允许最多吃水 20 米或 240 000 载重吨位。对比长赐号的船型，船舶航行一旦出现偏差，极有可能造成航道堵塞。
>
> 因此，在设计和建造船舶时，就要考虑吃水、长宽、载重吨等各类参数。例如，如果想设计一艘能够通过苏伊士运河的船舶，那么，该艘船舶的尺寸需要满足无论满载还是空载的情况下，都能顺利通过运河的最深处和最浅处。
>
> 虽然合同未指定具体船舶，但是由于航线需经过伊士运河，而"长赐号"作为一艘苏伊士型船舶，对于船东而言，如果仅有一艘苏伊士型船舶，则只能用"长赐号"来履行合同义务。该情形属于资产已被隐含指定。

2. 物理上可区分

新租赁准则规定，如果资产的部分产能在物理上可区分，则该部分产能属于已识别资产。如果资产的某部分产能或其他部分在物理上不可区分，则该部分不属于已识别资产，除非其实质上代表该资产的全部产能，从而使客户获得使用资产产生的几乎全部经济利益的权利。

在水上运输行业中，考虑已识别资产在物理上是否可区分，根据不同合同的具体事实和情况，不仅要考虑不同船号和型号的船舶在物理上是否可区分，还需要考虑具体舱位、集装箱等在物理上是否可区分。

案例3-3-2：集装箱舱位在物理上是否可明确区分

案例背景：

A公司拥有集装箱船"黑珍珠号"，载重20 000TEU（标准箱），为客户运输一般货物。A公司与客户的合同指定以"黑珍珠号"运输，并按运载货物量计费。合同未明确指定运载货物的具体集装箱编号及其位置，集装箱转载货物具有同质性，无特殊设计要求。"黑珍珠号"从青岛港出发，途经上海港、宁波港、深圳港等多个港口。很多情况下，单个集装箱可为多个客户运输货物，也几乎不会有单个客户占用"黑珍珠号"的全部货仓。

案例问题：

集装箱在物理上是否可区分？

案例分析：

本案例中，合同按运载货物量计费，合同未明确指定运载货物的具体集装箱编号及其位置，集装箱转载货物具有同质性，无特殊设计要求。很多情况下，单个集装箱可为多个客户运输货物，也几乎不会有单个客户占用"黑珍珠号"的全部货仓。例如，某客户（托运人）托运1TEU的货物，可能占据部分或单个集装箱，相对于20 000TEU的"黑珍珠号"，托运人并没有在船上享有明确的使用位置，仅仅只是占有集装箱船1TEU的运载量。因此，集装箱船上的舱位在物理上不可明确区分。

3. 实质性替换权

新租赁准则规定，即使已对资产作出约定，若供应商拥有在整个使用期间替换已识别资产的实质性权利，则客户没有使用已识别资产的权利。仅当同时满足以下两个条件时，供应商替换资产的权利才具有实质性：（1）供应商拥有在整个使用期间替换资产的实际能力。例如，客户无法阻止供应商替换资产，且用于替换的资产是供应商易于取得或者可在合理期间内取得的。（2）供应商通过行使替换资产的权利将获得经济利益。即，替换资产的预期经济利益将超过替换资产所需的成本。

在水上运输行业中，需要根据供应商自身的具体事实和情况，考虑其对不同船舶、舱位、集装箱等是否具有实质性替换权。例如,考虑供应商拥有的船舶、舱位、集装箱的数量、规模,判断相关资产是否易于取得;考虑相关船舶等资产所处位置(停靠港口)与合同约定航线等情况,判断替换资产的预期经济利益是否超过替换成本。

案例3-3-3:运输船舶的实质性替换权

案例背景:

A公司拥有规模较大的干散货运输船队,该船队拥有沿海运输船舶共计30艘,船型覆盖小灵便型、大灵便型、巴拿马型等,航线辐射国内各沿海城市。B公司与A公司签订了年度运输合同。A公司应根据单航次货量需求安排适航适货的船舶。B公司应于每月25日前提出下月运输计划。根据月度计划,A公司提前7天将船名、装货量、预计抵港时间等通知B公司,中途需更换船舶或船型应及时通知B公司。一般,A公司的船舶闲置成本较高,其自有船舶基本处于负载营运状态,在实际运输时,存在距离较近且空载的船舶的可能性极低。

案例问题:

A公司对运输船舶是否具有实质性替换权?

案例分析:

本案例中,虽然年度合同并未明确指定船舶,但双方在月度计划中指定了执行单次运输的船舶,A公司通常安排离港口最近的适航适货船舶。虽然A公司中途更换船舶或船型,仅需通知B公司,B公司无法阻止A公司替换船舶;但是,A公司船舶闲置成本较高,其自有船舶基本处于负载营运状态,在实际运输时,存在距离较近且空载的船舶的可能性极低,即A公司替换船舶的预期经济利益不会超过替换资产所需的成本。因此,A公司对运输船舶不具有实质性替换权。

集装箱运输的"甩柜"启示

物理上可明确区分与实质性替换权

受新冠肺炎疫情影响,2021年,"一舱难求"现象造就了集装箱运输市场的"丰收年",班轮公司及其上下游产业链企业大部分都获得大幅盈利。2022年伊始,由于欧美港口依旧拥堵,运力仍然供不应求。

集装箱出口货物的第一步便是"订舱",托运人或货运代理人应根据贸易合同或信用证条款的规定,在货物托运之前的一定时间,填写订舱单,向船公司或其代理人订舱。船公司或其代理人,接受订舱后,编制订舱清单,并分送集装箱堆场和集装箱货运站，以便安排空箱的发放和重箱的交接、保管以及装船。集装箱由船公司无偿借给托运人使用。托运人报关完成后，整箱货物装箱，然后运到码头或者集装箱堆场等待装船。码头或堆场的装卸部门根据场站接收待装的集装箱情况，制定装船计划编制船舶预配图，待船舶靠泊后装船。

在集装箱运输航运中，还有可能出现"甩柜"的情形，即船东由于舱位爆满，不再装载某个托运人的集装箱，而是将这些集装箱滞留到下一个或几个航次，从而出现"一舱难求"的情况，大量的集装箱积压在堆场或码头。产生这种情况的原因是船东为了保证满载不浪费任何一个舱位，所放出来的舱位数经常会多于实际的舱位数。例如，原本分配给某个港口只有100个舱位，但船东却放出110个舱位给货物代理方或货主，导致多出来的10个舱位的柜子无法转载，从而出现"甩柜"的情况。

"甩柜"本身有可能涉及合同违约的情况，但另一方面也说明，在集装箱运输中，合同并未明确指定或限定某个舱位的使用，客户并未控制某个舱位的使用权，船公司可以根据载货情况随时调配不同舱位。因此，供应商对舱位具有实质性替换权。

（二）获得使用资产几乎全部经济利益

根据新租赁准则规定，为确定合同是否转移了在一定期间内控制已识别资产使用的权利，企业应当评估合同中的客户是否有权获得在使用期间因使用已识别资产所产生的几乎全部经济利益（经济利益因素），并有权在该使用期间主导已识别资产的使用（权力因素）。其中，客户可以通过多种方式直接或间接获得使用资产所产生的经济利益，例如，通过使用、持有或转租资产。使用资产所产生的经济利益包括资产的主要产出和副产品（包括来源于这些项目的潜在现金流量）以及通过与第三方之间的商业交易实现的其他经济利益。

对于水上运输业，在评估客户是否有权从资产的使用中获取利益时，还需要区分相关经济利益是来源于船舶等资产的所有权，还是来源于船舶等资产的使用权。新租赁准则规定，在考虑客户是否获得了使用资产产生的经济利益时，仅应考虑资产的使用所产生的经济利益，而非该项资产的所有权所产生的经济利益。例如，对于某些出租货轮，一般就该货轮购买保险，该货轮相关保险赔偿属于与资产所有权相关的经济利益。承租人是否享有该货轮相关保险赔偿，并不影响该合同是否属于租赁（或包含租赁）的判断。相反，与运输货物相关保险赔偿，属于与资产使用相关的经济利益之一，该经济利益由哪一方享有，将影响合同是否属于租赁（或包含租赁）的判断。

案例 3－3－4：船舶运输的经济利益

案例背景：

A 公司与 B 公司于 2×21 年 5 月签订了一份《租船合同》。合同约定，由 A 公司的巴拿马型散货船"探索号"运输 55 000 吨散装煤炭，运输船舶不可替换。运输起止日为 2×21 年 6 月 2 日至 2×21 年 6 月 12 日，装货港为印尼某港口，卸货港为上海某港口，运费为 5 美元/吨。"探索号"自装货港向 B 公司交付后，由 B 公司独家使用该船舶，A 公司不得再将该船舶用于其他货物运输。

案例问题：

B 公司是否有权获得使用该船舶产生的几乎全部经济利益？

案例分析：

本案例中，"探索号"自装货港向 B 公司交付后，由 B 公司独家使用该船舶，A 公司不得再将该船舶用于其他货物运输。因此，B 公司有权获得在使用期内使用该船舶所产生的几乎全部经济利益。

案例 3－3－5：集装箱货运的经济利益

案例背景：

续前述案例 3－3－2。

案例问题：

客户是否有权获得使用该集装箱船产生的几乎全部经济利益？

案例分析：

在前述案例 3－3－2 背景下，"黑珍珠号"从青岛港出发，途经上海港、宁波港、深圳港等多个港口，通常为多个客户运输货物，几乎不会有单个客户占用"黑珍珠号"的全部货仓。假设某客户（托运人）托运整箱的集装箱（标准箱）货物，相对于 20 000TEU（标准箱）的"黑珍珠号"，托运人并没有在船上享有明确的使用位置，仅仅只是占有集装箱船 1TEU 的运载量。因此，该案例中没有客户有权获得在整个使用期间使用该船舶产生的几乎全部经济利益。

"长赐号"事件启示——区分资产所有权相关与资产使用相关经济利益

"长赐号"船东为日本公司正荣汽船,由中国台湾地区长荣海运以期租方式承租。由正荣汽船配备船员,长荣海运在约定的租期内按照约定的用途使用,并支付租金。

2021年3月23日,"长赐号"在埃及苏伊士运河搁浅,造成河道严重堵塞。3月29日,"长赐号"成功起浮脱浅,但因赔偿问题被苏伊士运河管理局扣押。

在索赔过程中,苏伊士运河管理局直接向船东正荣汽船索赔。承租人长荣海运也发出声明:"因本船为租船,故其脱困及衍生之第三人责任等相关费用以及船体等损失系由船东负责。"4月份,苏伊士运河管理局要求"长赐号"船东一次性赔付9.16亿美元,5月降为5.5亿美元,但遭到正荣汽船拒绝。7月4日,"长赐号"船东及英国保赔协会表示,与苏伊士运河管理局就赔偿问题达成协议,在英国保险协会向管理局支付约2亿美元后,该轮获准于7月7日起航离开。

在"长赐号"事件中,船东正荣汽船为该货轮购买了保险,以保障该货轮本身所造成的责任和损失。在苏伊士运河搁浅索赔中,保险方英国保赔协会对索赔谈判起到了重要作用,并将索赔金额从近10亿美元降至约2亿美元。在此过程中,英国保赔协会支付的保险赔偿与承租人正荣汽船无关,船东为该货轮购买了保险,并不等于为承租人运输的货物购买了保险。正荣汽船在"长赐号"上的货物损失,需由其自身购买的货运保险来赔偿。

新租赁准则强调,租赁仅转移标的资产的使用权,不转移标的资产的所有权。在考虑合同是否包含租赁时,不应考虑与资产所有权相关的经济利益,而应考虑与资产使用相关的经济利益。在"长赐号"事件中,因搁浅造成的损失由该货轮所有者正荣汽船来承担,货轮相关保险赔偿属于与资产所有权相关的经济利益,而不是与资产使用相关的经济利益。因此,承租人正荣汽船是否享有该货轮相关保险赔偿,并不影响该合同是否属于租赁(或包含租赁)的判断,不能仅因正荣汽船不享有该货轮相关保险赔偿而认定该合同不属于租赁(或不包含租赁)。

(三)主导已识别资产的使用

控制已识别资产使用的权利的另一个要素,是有权在该使用期间主导已识别资产的使用（权力因素）。新租赁准则规定，存在下列情形之一的，可视为客户有权主导对已识别资产在整个使用期间的使用：（1）客户有权在整个使用期间主导已识别资产的使用方式和使用目的；（2）已识别资产的使用方式和使用目的在使用期间前已预先确定，并且客户有权在整个使用期间自行或主导他人按照其确定的方式运营该资产，或者客户设计了已识别资产（或资产的特定方面）并在设计时已预先确定了该资产在整个使用期间的使用方式和使用目的。

新租赁准则规定，在评估客户是否有权在该使用期间主导已识别资产的使用时，需考虑与在整个使用期间变更使用资产的方式和目的最为相关的决策权。如果决策权对使用资产所产生的经济利益产生影响，则该决策权相关（实质性权利）。某些决策权则旨在保证资产的高效、安全及合法使用，对使用资产所产生的经济利益不产生影响，从而属于不相关的决策权（保护性权利）。

在水上运输业中，与变更船舶、舱位、集装箱等使用方式和使用目的最相关的决策主要包括：变更船舶行驶的航线、时间，变更运输的货物类型、数量，变更船舶操作人员（船长、船员）等。属于不相关的决策权（保护性权利）的例子主要包括：维修船舶的权利，限制船舶驶入海盗出没、发生战争等水域的权利，限制运输某些非法货物（如毒品）、危险货物的权利等。

案例 3-3-6：主导船舶使用的权利——无主导权

案例背景：

续前述案例 3-3-4。A 公司为"探索号"配备船长和船员，负责船舶的操作、调度、维修维护，负责航行安全和内部事务管理，承担船舶的维护和营运成本。在租赁期内，B 公司不得雇佣其他人员操作船只或自行操作船只。

案例问题：

B 公司是否能够主导该船舶的使用？

案例分析：

本案例中，B 公司并未控制"探索号"使用的权利，因为其无权主导"探索号"的使用。

合同预先确定了"探索号"的使用方式和使用目的，即在规定时间内将 55 000 吨散装煤炭从印尼某港口运至上海某港口。在租赁期内，A 公司配备的船长和船员负责船舶的操作、调度、维修维护，B 公司不得雇佣其他人员操作船只或自行操作船只。B 公司也无权变更租赁期内"探索号"的使用方式和使用目的。在租赁期内，B 公司没有关于"探索号"使用的其他决策权，也未参与该船只的设计。因此，B 公司不具有主导"探索号"使用的权利，合同不包含租赁。

案例 3-3-7：主导船舶使用的权利——有主导权

案例背景：

A 公司与 B 公司于 2×21 年 6 月签订了一份《租船合同》，租期为 18 个月。合同指定船舶为 A 公司拥有的"飞翔的荷兰人号"的苏伊士型散货船，且 A 公司没有替换权。

在租赁期内，B 公司决定所运输的货物、船只是否航行以及航行的时间和目的港，但需遵守合同规定的限制条件，这些限制条件为防止客户将船只驶入遭遇海盗风险较高的水域或装载危险品。

A 公司为"飞翔的荷兰人号"配备船长和船员，负责船舶的操作、维修维护，负责航行安全和内部事务管理，承担船舶的维护和营运成本。在租赁期内，B 公司不得雇佣其他人员操作船只或自行操作船只。

案例问题：

B 公司是否能够主导该船舶的使用？

案例分析：

本案例中，B 公司有权主导船只的使用，因为其有权在整个使用期间主导他人（A 公司配备的船长和船员）按照其确定的方式运营该资产。

合同规定的限制条件是为防止 B 公司将船只驶入遭遇海盗风险较高的水域或装载危险品，这是保障 A 公司船只及船员安全的保护性权利。在使用权范围内，B 公司有权在整个租赁期内决定所运输的货物、船只是否航行以及航行的时间和目的港，表明 B 公司可就整个使用期内"飞翔的荷兰人号"的使用方式和使用目的作出相关决定。在整个使用期内，B 公司也有权改变这些决定。

尽管 A 公司配备的船长和船员对船只的操作和维护，对于船只的有效使用必不可少，但这并未赋予 A 公司主导"飞翔的荷兰人号"使用方式和使用目的的权利。相反，A 公司的决定取决于 B 公司关于"飞翔的荷兰人号"使用方式和使用目的的决定。

（四）综合应用

1. 定期船运输

定期船运输又称班轮运输（Liner Shipping），是指船舶按事先公布的船期表,在特定的航线上,以既定的挂靠港顺序,经常地从事航线上各港间的船舶运输。班轮运输按船舶是否严格执行船期表划分,可分为定线定期班轮与定线不定期班轮。前者是指船舶严格按照预定公布的船期表运行,抵、离港口的时间固定不变,后者是指船舶虽有船期表,也有固定的始发港与目的港,但船舶抵、离港的时间可有一定的伸缩且中途挂靠港可视货源情况临时增减、随着集装箱运输的发展,班轮运输又进一步分为传统的杂货船班轮运输和集装箱班轮运输。

班轮运输主要具有以下特点:(1)适合小批量的件杂货运输;(2)托运人通过向承运人订舱,建立海上货物运输合同关系;(3)提单作为海上货物运输合同的证明、交接货物的证明和解决运输中产生争议的依据;(4)通常在码头仓库或船边交接货物;(5)承运人承担货物装卸费用;(6)承运人按公司的运价表计收运费,且运价已包括装卸费用;(7)在港时间不计算装卸时间以及滞期费或速遣费。

案例 3-3-8:班轮运输

案例背景:

A 公司拥有 1 艘名为"无畏号"的杂货船,载重吨位 10 万吨,专门用于上海至印尼雅加达的杂物干货运输。"无畏号"通常接收多个托运人的货物,按照 A 公司排定的船期表,在既定的航线上,按既定的途经港口顺序,将托运人货物运输至约定的港口。

2×21 年 5 月 30 日,A 公司与托运人 B 公司签订《班轮运输合同》,为其运输螺纹钢。合同指定运输船舶为"无畏号",且 A 公司无替换权。合同约定装货港为上海 X 港口,卸货港为印尼 Y 港口。根据 A 公司排定的船期表,B 公司货物的装船时间为 2×21 年 6 月 5 日,到港时间为 2×21 年 6 月 20 日前。合同约定运输螺纹钢重量为 3 万吨,实际重量以船舶水尺计量方法测定,A 公司以货物实际重量计费。货物装船时,B 公司可派人员监装,保证完全装货。运输过程中,A 公司的船长及船员负责船舶操作、航行安全;B 公司可派押运员押运,保障货物原装原运。

案例问题:

A 公司与 B 公司的"班轮运输合同"是否包含租赁?

案例分析:

本案例中,A 公司与 B 公司签订的"班轮运输合同"不包含租赁,实际为提供运输服务合同，A 公司应按新收入准则相关规定处理。具体分析如下：

（1）不存在已识别资产。本案例中，A 公司与 B 公司的班轮运输合同指定了运输船舶为"无畏号"，且 A 公司无替换权。但是，"无畏号"通常接收多个托运人的货物，B 公司托运螺纹钢重量（3 万吨）并未占用其全部运载量（10 万吨），合同也并未指定运载货物的具体位置及舱位号等，B 公司占用的运输舱位与其他客户的舱位在物理上不可明确区分。因此，合同不存在已识别资产。

（2）客户并未获得使用资产所产生的几乎全部经济利益。本案例中，"无畏号"通常接收多个托运人的货物，B 公司托运螺纹钢重量（3 万吨）仅占其全部载重量（10 万吨）的较少部分，A 公司仍然可将剩余舱位用于其他客户的货物托运。因此，B 公司并未获得使用"无畏号"所产生的几乎全部经济利益。

（3）客户无权主导资产在整个使用期间的使用。本案例中，合同预先确定了"无畏号"的使用方式和使用目的，即在规定时间内将 3 万吨螺纹钢从上海 X 港口运至印尼 Y 港口。运输过程中，A 公司的船长及船员负责船舶操作、航行安全，表明 A 公司主导船舶的使用；B 公司虽然可派押运员押运，但其仅仅是为保障货物的原装原运，无权主导船舶的使用。

综上分析，本案例中，A 公司与 B 公司的"班轮运输合同"并未让渡在一段时间内使用"无畏号"的权利，合同不存在租赁。

2. 不定期船运输

不定期船运输（Tramp Shipping）又称租船运输，是国际贸易运输中另一种重要的船舶经营方式。它和班轮运输不同，没有既定的船期表，也没有固定的航线及挂靠港，而是根据货源情况，安排船舶航线，组织货物运输的船舶营运方式。不定期船运输，主要是通过船舶出租人和承租人之间签订租船合同进行货物运输的。

不定期船运输具有以下特点：（1）没有固定的航线、装卸港及船期，而是按合同约定组织船舶营运；（2）船舶营运中的相关费用及其承担风险由谁承担，根据租船合同的类别及合同条款确定；（3）特别适合大宗散货的整船运输，如粮食、石油、煤炭、钢材等；（4）出租人与承租人之间通过签订租船合同明确双方的权利义务关系。

租船运输的基本营运方式包括航次租船、定期租船和光船租赁。随着国际经济与海上运输的发展变化，又派生出了包运租船和航次期租。

（1）航次租船（程租）

航次租船（Voyage Charter）又称程租船（Trip Charter），是出租人按双方事先协定的运价与条件向承租人提供船舶全部或部分舱位,在指定的港口之间进行一个或多个航次运输指定货物的租船业务。主要包括单航次租船(Single Trip Charter)、往返航次租船(Return Trip Charter)和连续单航次租船(Consecutive Single Trip Charter)或连续往返航次租船(Consecutive Return Trip Charter)几种形式。

航次租船具有以下特点:(1)出租人负责配备船长、船员并负担船员工资、补贴及伙食费等;(2)出租人负责营运调度船舶并承担燃料费、修理费、港口使费及淡水、物料费等船舶营运的固定成本及可变成本;(3)按船舶装载货物的数量及双方约定的费率计收运费;(4)明确订明货物的装卸费由出租人还是承租人负担;(5)订明可用装卸时间及计算方法,并规定滞期费与速遣费的标准及计算方法。

案例 3-3-9:航次租船(程租)

案例背景:

A公司拥有1艘名为"千年隼号"的油船,载重吨位10万吨,专门用于沿海运输,按照托运人指定的装货港口,将货物运输至指定的卸货港口。

2×21年10月,A公司与托运人B公司签订《航次租船合同》,为其运输海洋油。合同指定运输船舶为"千年隼号",且A公司无替换权。合同约定装货港为秦皇岛港口,卸货港为宁波港口。B公司指定货物的装船时间为2×21年10月5日,到港时间为2×21年10月8日。合同约定运输海洋油重量为9万吨,实际重量以船舶水尺计量方法测定,A公司以货物实际重量计费。货物装船时,B公司可派人员监装,保证完全装货。运输过程中,A公司的船长及船员负责船舶操作、航行安全;B公司可派押运员押运,保障货物原装原运。

案例问题:

A公司与B公司的《航次租船合同》是否包含租赁?

案例分析:

本案例中,A公司与托运人签订的《航次租船合同》不包含租赁,实际为提供运输服务合同,A公司应按新收入准则相关规定处理。具体分析如下:

(1)合同存在已识别资产。本案例中,A公司与B公司的《航次租船合同》指定了运输船舶为"千年隼号",且A公司无替换权。

(2)客户有权获得使用资产所产生的几乎全部经济利益。本案例中,B公司托运海洋油重量（9万吨），占"千年隼号"全部载重量（10万吨）的大部分，该航次仅有B公司一个租家，B公司有权获得使用"千年隼号"该航次所产生的几乎全部经济利益。

（3）客户无权主导资产在整个使用期间的使用。当客户确定了资产的使用方式和使用目的（客户随后不能更改这些决策）是作为确定合同的一部分时，控制使用方式和使用目的的决策不会成为评估租赁的决定性因素。在这种情况下，客户对资产的使用方式和使用目的的决策权使其只能指定资产的产出。在没有任何其他与资产使用相关的决策权的情况下，指定资产产出的能力赋予了客户与其他购买服务的客户相同的权利。因此，单独指定资产的产出并不意味着客户有能力主导该资产的使用。

本案例中，合同预先确定了"千年隼号"的使用方式和使用目的，即在规定时间内将9万吨海洋油从秦皇岛港口运至宁波港口。运输过程中，A公司的船长及船员负责船舶操作、航行安全；B公司虽然可派押运员押运，但其仅仅是为保障货物的原装原运。B公司除了决定船舶的使用方式和使用目的外，不享有任何其他与船舶相关的决策权。因此，B公司无权主导"千年隼号"在该航线上的使用。

综上分析，本案例中，A公司与B公司的《航次租船合同》并未让渡在一段时间内使用"千年隼号"的权利，合同不存在租赁。

（2）定期租船（期租）

定期租船（Time Charter）又称期租船，是出租人按租船合同的约定，将一艘特定的船舶出租给承租人使用约定的一段时间，并由承租人支付租金的租船方式。承租人可将船舶用于班轮运输，也可将船舶转租，以谋求租金差额的收益。

定期租船具有以下特点：（1）出租人负责配备船长、船员并负担船员工资、补贴及伙食费等，但船长在船舶营运方面应听从承租人的指示，否则承租人有权要求出租人予以更换；（2）承租人负责营运调度船舶并承担燃料费、港口使费、货物装卸费及运河通过费等船舶营运的可变成本，由出租人负担船舶的折旧费、维修保养费、船用物料费、润滑油费及船舶保险费等船舶维持费；（3）租船合同中需订明淡水费的分担；（4）租金按船舶的装载能力、租期长短及约定的租金率计算；（5）租船合同中通常签订有关交船与还船，以及停租的约定。

案例3-3-10：定期租船（期租）

案例背景：

2×21年10月，A公司与B公司签订《定期租船合同》，将其一艘名为"剃刀冠号"的货轮出租给B公司。租期为2×21年11月交船日起至2×22年12月31日止，共计约14个月，B公司拥有续租选择权。A公司以每日10万元向B公司收取租金，租期内船舶燃油等相关费用由B公司自行承担。合同约定，该船航行范围为中国境内适合该船舶安全漂浮的港口、锚及地点，并从事合法贸易。合同约定该船适合载运货物为煤、矿石、钢材等非危险品。A公司为"剃刀冠号"配备船长及船员，并承担船员工资等相关费用。租赁期内，船长及船员受B公司指挥，包括按照B公司指示的货物类别、航行时间、装卸港等保证安全航行。

案例问题：

A公司与B公司的《定期租船合同》是否包含租赁？

案例分析：

本案例中，A公司与B公司的《定期租船合同》包含租赁，具体分析如下：

（1）合同存在已识别资产。本案例中，A公司与B公司的《定期租船合同》指定了租赁船舶为"剃刀冠号"，A公司无实质性替换权。因此，合同存在已识别资产。

（2）客户有权获得使用资产所产生的几乎全部经济利益。本案例中，在租赁期内，B公司拥有"剃刀冠号"的独家使用权。因此，B公司获得了因使用"剃刀冠号"所产生的几乎全部经济利益。

（3）客户有权主导资产在整个使用期间的使用。本案例中，合同约定了该船舶的航行范围、运载货物范围等，旨在保证该船舶及船员的使用安全，并非指定了该船舶的使用方式和使用目的。租赁期内，在合同约定范围内，船长及船员受B公司指挥，包括按照B公司指示的货物类别、航行时间、装卸港等保证安全航行，即B公司有权在整个使用期间主导该船舶的使用方式和使用目的。因此，B公司在整个租赁期内有权主导该船舶的使用。

综上分析，本案例中，A公司与B公司的《定期租船合同》让渡了在一段时间内使用"剃刀冠号"的权利，合同包含租赁。

此外，A公司还向"剃刀冠号"配备了船员和船长，用于保证船舶适航，该项业务属于 A 公司向 B 公司提供的服务。因此，该合同包含了租赁和非租赁成分。此时，根据新租赁准则相关规定，承租人 B 公司可选择将该合同分拆或不分拆合同中的租赁和非租赁成分；出租人 A 公司则需要将该合同分拆为租赁成分和非租赁成分，分别按照新租赁准则和新收入准则进行处理。

（3）光船租赁（光租）

光船租赁（Demise Charter）又称船壳租船、光租、光船租船（Bareboat Charter），是指出租人将一艘不配备船员的空船出租给承租人使用一定时期，并由承租人支付租金的船舶营运方式。

光船租赁具有以下特点：（1）出租人仅提供一艘空船；（2）承租人负责配备船长、船员并负担其工资、奖金及伙食费等，所有船员应听从承租人的指挥；（3）承租人负责船舶营运调度工作，并承担船舶在租赁期内的时间损失；（4）除船舶保险费依合同约定外，出租人承担船舶折旧费，而由承租人承担船舶营运的固定成本及可变动成本；（5）租金按船舶的装载能力、租期长短及约定的租金率计算。

案例 3-3-11：光船租赁（光租）

案例背景：

2×21 年 8 月，A 公司与 B 公司签订《光船租赁合同》，将其一艘名为"企业号"的货轮出租给 B 公司。租期为 2×21 年 9 月交船日起至 2×23 年 12 月 31 日止，共计约 28 个月，B 公司拥有续租选择权。A 公司以每日 20 万元向 B 公司收取租金，租期内船舶燃油等相关费用由 B 公司自行承担。合同约定该船航行范围为全球航线，但联合国及相关国家禁止区域除外。合同约定该船应从事合法经营活动，不得载运易燃、易爆等危险品，不得载运任何核燃料或放射性物质及原料。A 公司不为"企业号"配备船长及船员，船长及船员由 B 公司自行聘用进行船舶操作。

案例问题：

A 公司与 B 公司的《光船租赁合同》是否包含租赁？

案例分析：

本案例中，A 公司与 B 公司的《光船租赁合同》属于租赁合同，具体分析如下：

（1）合同存在已识别资产。本案例中，A 公司与 B 公司的《光船租赁合同》指定了租赁船舶为"企业号"，A 公司无实质性替换权。因此，合同存在已识别资产。

（2）客户有权获得使用资产所产生的几乎全部经济利益。本案例中，在租赁期内，B公司拥有"企业号"的独家使用权。因此，B公司获得了因使用"企业号"所产生的几乎全部经济利益。

（3）客户有权主导资产在整个使用期间的使用。本案例中，合同约定了该船舶的航行范围、运载货物范围等，旨在保证该船舶及船员的使用安全，并非指定了该船舶的使用方式和使用目的。租赁期内，在合同约定范围内，B公司自行聘用船长及船员进行船舶操作。因此，B公司在整个租赁期内有权主导该船舶的使用。

综上分析，本案例中，A公司与B公司的《光船租赁合同》让渡了在一段时间内使用"企业号"的权利，该合同属于租赁合同。

（4）包运租船

包运租船（Contract of Affreightment），是指船舶所有人以一定的运力，在确定的港口之间，按照事先约定的时间、航次周期、每航次以较均等的运量，完成全部货运量的租船方式。

包运租船主要有以下特点：（1）只确定承运货物的数量及完成期限，不具体规定航次数和船舶艘数；（2）不确定具体的船名、国籍，仅规定船舶的船级、船龄和船舶技术规范等；（3）租期长短取决于货物的总量及船舶航次周期所需的时间；（4）所承运的货物主要是运量特别大的干散货或液体散装货物；（5）航次中的时间损失由出租人承担，而港内装卸作业中的时间损失通常由承租人承担；（6）运费按船舶实际装载数量及约定的费率计收，通常按航次结算。

案例3-3-12：包运租船

案例背景：

A公司拥有规模较大的干散货运输船队，船型覆盖小灵便型、大灵便型等，航线辐射国内各沿海城市。2×20年12月，A公司与B公司签订了《年度包运租船合同》，在2×21年度为B公司运输金属矿石。合同约定，年度货运量为500万吨±10%，A公司按实际运货数量计费。合同约定装货港为北方沿海港口：天津、黄骅、日照港，卸货港为：上海、连云港、江阴。合同未明确指定运输船舶，A公司应根据单航次货量需求安排适航适货的船舶。B公司应于每月25日前提出下月运输计划，A公司于每月月底前将船舶安排的月度初步计划通知 A 公司。根据月度计划，A 公司提前 2 天将船名、装货量、预计抵港时间等通知 B 公司，中途更换船舶或船型应及时通知 B 公司；B 公司应于船舶抵港前 1 天通知 A 公司货物备货情况。双方确定航次执行相关事项后，由 A 公司负责船舶的具体运营，保证货物的运输安全，B 公司无权对船舶进行操作。

案例问题：

A 公司与 B 公司的《年度包运租船合同》是否包含租赁？

案例分析：

本案例中，A 公司与 B 公司的《年度包运租船合同》不属于租赁合同，具体分析如下：

（1）合同不存在已识别资产。本案例中，A 公司与 B 公司的《年度包运租船合同》未明确指定租赁船舶，A 公司可根据单航次货量需求安排适航适货的船舶。在具体执行合同时，中途需更换船舶或船型应及时通知 B 公司，即合同并未限制 A 公司的替换权。同时，由于 A 公司拥有的船型较多，可适用于 B 公司指定的航线的船舶较多，A 公司很可能具有实质性替换权。因此，该合同不存在已识别资产。

（2）客户无权获得使用资产所产生的几乎全部经济利益。本案例中，合同不存在已识别资产，A 公司可根据单航次货量需求安排适航适货的船舶。因此，B 公司并未获得 A 公司特定船舶的经济利益。

（3）客户无权主导资产在整个使用期间的使用。本案例中，在具体执行合同时，A 公司与 B 公司根据月度计划等确定船名、运输货物、运输时间、装港和卸港等，即预先确定了船舶的使用方式和使用目的。双方确定航次执行相关事项后，由 A 公司负责船舶的具体运营，保证货物的运输安全，B 公司无权变更租赁期内船舶的使用方式和使用目的。在运输过程中，B 公司没有关于船舶使用的其他决策权（无权操作船只），也未参与船只的设计。因此，B 公司在租赁期内无权主导船舶的使用。

综上分析，本案例中，A 公司与 B 公司的《年度包运租船合同》并未让渡在一段时间内使用某项资产的权利，该合同不属于租赁合同。

（5）航次期租

航次期租（Time Charter on Trip Basis）又称日租船（Daily Charter），是指以完成一个或几个特定航次运输为目的，但租金按完成航次所使用的日数和约定的日租金率计算的船舶营运方式。它是定期租船的一种，兼具航次租船的特点。

航次期租主要有以下特点：(1) 由承租人承担船舶在港装卸作业时间以及在锚地等泊等其他各种风险；(2) 通常在装、卸港作业条件差，出租人难以控制航次时间的情况下采用；(3) 该方式对出租人而言，可以避免其难以预测的情况使航次延长所造成的时间损失。

案例 3-3-13：航次期租

案例背景：

2×21 年 10 月，A 公司与 B 公司签订《航次期租合同》，将其一艘名为"发现号"的货轮出租给 B 公司。合同约定，A 公司于 2×21 年 10 月 15 日在新加坡 X 港口向 B 公司交船，B 公司于 2×21 年 11 月 5 日至 10 日之间还船，还船地点为中国北部（长江口及其以北）任意适合港口。合同约定，该船舶可运载货物为铜精矿，载重量不得超过"发现号"设计总载重吨 5 万吨。A 公司按天计算租金，日租金 5 000 美元。租赁期内燃油费等由 B 公司承担。A 公司为"发现号"配备船长及船员，并承担船员工资等相关费用。租赁期内，船长及船员受 B 公司指挥，包括按照 B 公司指示的航行时间、装卸港等保证安全航行。

案例问题：

A 公司与 B 公司的《航次期租合同》是否包含租赁？

案例分析：

本案例中，A 公司与 B 公司的《航次期租合同》包含租赁，具体分析如下：

(1) 合同存在已识别资产。本案例中，A 公司与 B 公司的《航次期租合同》指定了租赁船舶为"发现号"，A 公司无实质性替换权。因此，合同存在已识别资产。

(2) 客户有权获得使用资产所产生的几乎全部经济利益。本案例中，在租赁期内，B 公司拥有"发现号"的独家使用权。因此，B 公司获得了因使用"发现号"所产生的几乎全部经济利益。

(3) 客户有权主导资产在整个使用期间的使用。本案例中，合同约定了该船舶的交船点和还船点的大致范围，B 公司可在该范围内自由选择具体航线和还船港口；合同约定了载重货物类别及载重上限，B 公司可在该范围内决定实际载重量；A 公司配备的船长及船员受 B 公司指挥，包括按照 B 公司指示的航行时间、装卸港等保证安全航行。因此，B 公司有权在整个使用期间主导该船舶的使用方式和使用目的，在整个租赁期内有权主导该船舶的使用。

综上分析，本案例中，A公司与B公司的《航次期租合同》让渡了在一段时间内使用"发现号"的权利，合同包含租赁。

虽然本案例合同包含了租赁，但对于承租人B公司，合同租赁期仅为20~25天，属于短期租赁。根据新租赁准则相关规定，B公司可选择采用简化的会计处理方法，即在租赁期内按照直线法或其他系统方法将相关租赁付款额确认为费用，不需要确认相关使用权资产和租赁负债。

此外，A公司还向"发现号"配备了船员和船长，用于保证船舶适航，该项业务属于A公司向B公司提供的服务。因此，该合同包含了租赁和非租赁成分。此时，根据新租赁准则相关规定，承租人B公司可选择将该合同分拆或不分拆合同中的租赁和非租赁成分；出租人A公司则需要将该合同分拆为租赁成分和非租赁成分，分别按照新租赁准则和新收入准则进行处理。

三、可变租赁付款额

可变租赁付款额，是指承租人为取得在租赁期内使用租赁资产的权利，向出租人支付的因租赁期开始日后的事实或情况发生变化（而非时间推移）而变动的款项。需要注意的是，可变租赁付款额中，仅取决于指数或比率的可变租赁付款额纳入租赁负债的初始计量中，包括与消费者价格指数（CPI）挂钩的款项、与基准利率挂钩〔如，伦敦银行同业拆借利率（LIBOR）〕的款项和为反映市场租金费率变化而变动的款项等。

一些租船合同可能包括一些可变对价，例如以市场租金水平为基础定价的期租合同，租金费率以公布的运价指数为基础。此类运价指数比较常见的有：克拉克森综合运价指数（Clark Sea Index），该指数由克拉克森研究公司编制，为油轮、散货船、集装箱船和气体运输船收益的加权平均值，自1990年开始发布，被视为海运业一个重要的晴雨表；波罗的海指数（BDI），该指数由波罗的海航交所发布，由几条主要航线的即期运费（Spot Rate）加权计算而成，为即期市场的行情的反映，是国际干散货运输市场走势的晴雨表。

案例3-3-14：与波罗的海指数挂钩的浮动租金

案例背景：

船公司A与船公司B签订船舶期租合同，出租人船公司B要求至少5年起租（2021—2025 年）。目前船舶市场租金水平处于高位，预计未来船舶租金水平会有较大幅度降低。合同中的租金约定，按照"固定租金+浮动租金"的方式，浮动租金与波罗的海指数挂钩。

案例问题：

承租人船公司 A 的租赁付款额应如何计算？

案例分析：

租赁付款额应包括固定租赁付款额和取决于指数或比率的可变租赁付款额。波罗的海指数是反映干散货航运市场行情的指数，属于取决于指数或比率的可变租赁付款额。因此，与波罗的海指数挂钩的变动租金也应纳入租赁负债的初始计量中。

案例 3-3-15：与使用情况相关的浮动租金

案例背景：

A 公司与船东 B 公司签订船舶期租合同，租期为 2 年，租金包含两部分：基本租金以及浮动租金，基本租金为 2 万元人民币/天，租期内维持不变，浮动租金每月调整 1 次，由承租人 A 公司在每月结束后 5 个工作日内书面通知船东 B 公司，并予以实行。浮动租金计算公式为：浮动租金=[（运费-燃油费-港口使费-其他费用）/航次标准天-基本租金]×60%，浮动租金计算公式各项参数的确定方法如下：

运费：按该轮约定的标准载货量乘以运价确定。船东和租船人双方约定该轮标准载货量按 39 000 吨计算。运价按上一月上海航运交易所公布的秦皇岛港到上海港 4 万至 5 万吨级船型煤炭的平均运价确定。

燃油费：按以下公式计算：燃油费=16.5 吨/天×航行标准天×180CST 油价+1.8 吨/天×航次标准天×0 号柴油油价。油耗为标的船舶的合同油耗。油价按上一月上海中国船舶燃料有限公司公布的上海港吴淞锚地的 180CST 及零号柴油月度平均挂牌油价（含运费）确定（如果上海中国船舶燃料有限公司发生变故，则按当时航运市场公认的上海燃油供应商挂牌公布的相应价格确定）。航次标准天为：航行标准天 5.5 天，停泊天 6 天，共 11.5 天计。

港口使费：包括引航费、拖轮费、港务费和系解缆费。双方约定按每航次 90 000 元计算；如果市场变动幅度超过 30%，则按实际数额相应调整。

其他费用：包括淡水费、港口代理费、船员相关劳务费、税金等。双方约定每航次其他费用为 10 万元人民币。

浮动租金计算结果如果为负值，则浮动租金按零确定。

案例问题：

承租人 A 公司的租赁付款额应如何计算？

案例分析：

根据浮动租金的计算公式，变量为运费、燃油费、港口使费及其他费用。这些费用与承租人 A 公司期租租入船舶后，实际的货运量及船舶的行驶里程密切相关，属于基于承租人对船舶资产具体使用情况的可变付款额。因此，此类可变付款额不应纳入租赁负债的初始计量中。

第三节　航空运输业

一、航空运输业概述

航空运输，指使用大中型客机、货机或支线飞机、直升机等航空器在国内外航线上进行的客货运输。从行业属性上来说，航空运输业属于交通运输业。根据《国民经济行业分类》（GB/T 4754-2017），航空运输业分类为航空客货运输、通用航空服务以及航空运输辅助活动。其中航空客货运输包含航空旅客运输和航空货物运输；通用航空服务包含通用航空生产服务、观光游览航空服务、体育航空运动服务；航空运输辅助活动包含机场、空中交通管理以及其他辅助活动。

由于客机、货机、客货两用机等民用航空器的售价高昂，市场主体考虑到营运资金等因素，并不会全部选择自购飞机，例如：航空公司为了扩大机队规模，通常会采用经营租赁或融资租赁的方式引进飞机；同时，航空运输业准入门槛高，需要获取相应的资质，并不是所有企业都能从事该业务，例如快递公司为了及时高效地运输远距离货物，通常会采取将货物集中托运给航空公司实际承运。

二、识别租赁

以下针对航空运输业常见的几种运营方式，以新租赁准则下识别租赁的相关原则为基础,以典型案例形式对不同运营方式下是否属于租赁(或包含租赁)进行分析。

(一) 存在已识别资产

存在租赁的前提是存在一项可识别资产。判断是否存在已识别资产需考虑三个方面:(1) 资产是否被指定;(2) 资产在物理上是否可区分;(3) 供应商是否有实质性替换权。

1. 对资产的指定

新租赁准则规定,企业通常通过合同中的明确规定来识别一项资产,也可通过在该资产可供客户使用时的隐含规定来识别。如果相关事实和情况表明供应商仅能通过使用某一项特定资产来履行其义务,则该资产被隐含指定。

机场是航空运输的关键连接点,以我国民用机场为例,机场飞行区根据拟使用该飞行区的飞机的特性按指标Ⅰ和指标Ⅱ进行分级。指标Ⅰ按拟使用该飞行区跑道的各类飞机中最长的基准飞行场地长度采用数字1、2、3、4进行划分,指标Ⅱ按拟使用该飞行区跑道的各类飞机中的最大翼展,采用字母A、B、C、D、E、F进行划分。数字越大,字母越靠后,代表机场等级越高。机场的等级决定了该机场可以最大起降的飞机类型。例如,迄今世界上最大的宽体客机A380是不能够在3C级的机场起降的。表3-3-4为部分等级机场可起降的飞机型号举例。

表3-3-4 机场等级与最大可起降飞机种类对照表

飞行区等级	最大可起降飞机种类举例
4F	空中客车A380等四发远程宽体超大客机
4E	波音747、空中客车A340等四发远程宽体客机
4D	波音767、空中客车A300等双发中程宽体客机
4C	波音737、空中客车A320等双发中程窄体客机
3C	波音733、ERJ、ARJ、CRJ等中短程支线客机

案例3-3-16:飞机的隐含指定

案例背景:

A航空公司为一家航空货邮运输公司,计划新增一条呼和浩特白塔国际机场至阿拉善左旗巴彦浩特机场的往返全货运航线。A航空公司与B航空公司签订了《货机运力湿租合同》，租期为 2×23 年 1 月 1 日至 2×23 年 12 月 31 日，每周 3 班，租赁合同未指定具体机型及飞机尾号（一般使用尾号标识不同飞机，具有唯一性）。白塔机场为 4E 级民用国际机场，左旗机场为 3C 级通勤机场，适航机型为 MA60（新舟 60 客机）、MA600（新舟 600 全货机）、CRJ900（庞巴迪 900 客机）等小型航空器。B 航空公司有 2 架波音 757-200F 全货机及 1 架新舟 600 全货机。

案例问题：

合同对飞机是否隐含指定？

案例分析：

本案例中，B 航空公司有两种全货运机型，其中，波音 757-200F 机型超过了左旗机场适航的最大机型，仅有 1 架新舟 600 全货机能够起降。因此，虽然租赁合同未具体指定飞机，但是，B 公司只能用唯一的 1 架新舟 600 全货机履行该合同，即用于履行该租赁合同的资产已被隐含指定。

2. 物理上可区分

新租赁准则规定，如果资产的部分产能在物理上可区分，则该部分产能属于已识别资产。如果资产的某部分产能或其他部分在物理上不可区分，则该部分不属于已识别资产，除非其实质上代表该资产的全部产能，从而使客户获得几乎所有因使用资产所产生的经济利益的权利。

在航空运输行业中，考虑已识别资产在物理上是否可区分，根据不同合同的具体事实和情况，不仅要考虑不同型号和尾号之间的飞机在物理上是否可区分，还需要考虑具体舱位、集装器等之间在物理上是否可区分。

案例 3-3-17：飞机腹舱舱位在物理上是否可区分

案例背景：

A 航空公司执飞一条中美航线，从上海浦东国际机场起飞，经停首尔仁川国际机场，最终抵达底特律都会韦恩县机场。该航线飞机除以客舱运输旅客外，通常也会以飞机腹舱运输货物。B 贸易公司有 1 000 件服装出口至美国，总重量 120 公斤，打包后的体积约为 2 立方米。B 贸易公司通过航空货运代理公司向 A 航空公司订舱。订舱的航班日期为 2×22 年 9 月 18 日，航班号为 TZ6666，执飞机型为空客 350 宽体客机。空客 350 腹舱可用容积约为 170 立方米，承运人 A 航空公司根据托运货物的重量及体积计费。托运人 B 公司完成订舱后，提前将需要运输的服装运送至上海浦东国际机场货站，由货站人员进行理货，将货物打包整理装至集装箱或集装板，然后装机。

案例问题：

飞机腹舱舱位在物理上是否可区分？

案例分析：

本案例中，货物装机时，一般由货站人员根据经验决定转载货物的类型、顺序以及放置的位置。托运人在订舱时并不确定自己的货物在飞机腹舱的某个固定位置，承运人 A 航空公司根据托运货物的重量及体积计费。空客 350 腹舱可用容积约为 170 立方米，B 公司托运的约 2 立方米的服装仅仅只是占有飞机腹舱的一小部分。因此，B 公司预订的舱位在物理上不可区分。

3. 实质性替换权

新租赁准则规定，即使已对资产作出约定，若供应商拥有在整个使用期间替换已识别资产的实质性权利，则客户没有使用已识别资产的权利。仅当同时满足以下两个条件时，供应商替换资产的权利才具有实质性：（1）供应商拥有在整个使用期间替换资产的实际能力。例如，客户无法阻止供应商替换资产，且用于替换的资产是供应商易于取得或者可在合理期间内取得的。（2）供应商通过行使替换资产的权利将获得经济利益。即，替换资产的预期经济利益将超过替换资产所需的成本。

在航空运输业中，需要根据供应商自身的具体事实和情况，考虑其对不同飞机、客货舱位等是否具有实质性替换权。例如，考虑供应商拥有的机队规模、适航机型、具体执飞飞机、客货舱位容量等，判断相关资产是否易于取得；考虑飞机所处位置（停靠机场）与航线等情况，判断替换资产的预期经济利益是否超过替换成本。

案例 3-3-18：航站楼商铺的实质性替换权——小吃摊

案例背景：

A 个体户经营一移动摊位，售卖凉皮、甑糕、肉夹馍等陕西小吃，A 个体户与 B 机场签订了使用机场内某处商业区域销售商品的 3 年期合同。合同规定了商业区域的面积，商业区域可以位于机场内的任一登机区域，B 机场有权在整个使用期间随时调整分配给 A 个体户的商业区域位置，A 个体户使用易于移动的小吃车销售特色食品。机场有很多符合合同规定的区域可供 A 个体户使用。

案例问题：

B 机场对分配给 A 个体户的商业区域是否具有实质性替换权？

案例分析：

（1）B机场在整个使用期间有变更A个体户使用的商业区域的实际能力，机场内有许多区域符合合同规定的商业区域，B机场有权在整个使用期间将A个体户使用的商业区域的位置变更至其他区域。（2）B机场通过替换商业区域将获得经济利益。小吃车易于移动，B机场变更A个体户所使用商业区域的成本极小。B机场能够根据情况变化最有效地利用机场登机区域，B机场能够通过替换机场内的商业区域获益。A个体户控制的是自有小吃车，而合同约定的是机场内的商业区域，B机场可随意变更该商业区域。因此，B机场拥有在整个使用期间替换A个体户所使用商业区域的实质性权利，合同不存在已识别资产。

案例3-3-19：航站楼商铺的实质性替换权——咖啡馆

案例背景：

A咖啡店为一家大型连锁品牌，在商务、公务或旅游为目的的旅客中有着良好的客户黏度，客流量较大。A咖啡店与B机场签订了使用机场T3航站楼B110号登机口边的某固定商铺，商铺面积30平方米，租期5年，A咖啡店将在装修免租期内按照连锁品牌的统一风格对店铺进行重新装修。

案例问题：

B机场对出租给A咖啡店的商铺是否具有实质性替换权？

案例分析：

A咖啡店和B机场的租赁合同中明确指定了有固定位置的商铺，与其他商铺物理上可明确区分。商铺为固定商铺，B机场不具有在整个使用期间替换资产的实际能力；因商铺建造成本较高，B经常通过行使替换资产获得的经济利益不会超过替换资产所需成本，B机场通过替换资产无法获得经济利益。因此，B机场对出租给A咖啡店的商品不具有实质性替换权，合同存在已识别资产。

（二）获得使用资产几乎全部经济利益

根据新租赁准则规定，为确定合同是否转移了在一定期间内控制已识别资产使用的权利，企业应当评估合同中的客户是否有权获得在使用期间因使用已识别资产所产生的几乎全部经济利益（经济利益因素），并有权在该使用期间主导已识别资产的使用（权力因素）。其中，客户可以通过多种方式直接或间接获得使用资产所产生的经济利益，例如，通过使用、持有或转租资产。使用资产所产生的经济利益包括资产的主要产出和副产品（包括来源于这些项目的潜在现金流量）以及通过与第三方之间的商业交易实现的其他经济利益。

对于航空运输业，在评估客户是否有权从资产的使用中获取利益时，还需要区分相关经济利益是来源于飞机等资产的所有权，还是来源于飞机等资产的使用权。新租赁准则规定，在考虑客户是否获得了使用资产产生的经济利益时，仅应考虑资产的使用所产生的经济利益，而非该项资产的所有权所产生的经济利益。例如，对于某些出租飞机，一般就该飞机购买保险，该飞机相关保险赔偿属于与资产所有权相关的经济利益。承租人是否享有该飞机相关保险赔偿，并不影响该合同是否属于租赁（或包含租赁）的判断。相反，与运输货物相关保险赔偿，属于以资产使用相关的经济利益之一，该经济利益由哪一方享有，将影响合同是否属于租赁（或包含租赁）的判断。

案例 3-3-20：航空运输的经济利益

案例背景：

续前述案例 3-3-17。

案例问题：

客户是否有权获得使用该飞机运输产生的几乎全部经济利益？

案例分析：

该空客 A350 从上海起飞，经停首尔，最终抵达底特律，航空公司为了使得该班次效益最大化，避免舱位虚耗，在起飞机场及经停机场会积极销售舱位进行揽货。同一个班次承运的货物对应多个货主，B 公司托运的服装仅占飞机腹舱总容积 172.40 立方米其中的 2 立方米。因此，该案例中没有客户有权获得在使用期内使用该飞机所产生的几乎全部经济利益。

（三）主导已识别资产的使用

控制已识别资产使用的权利的另一个要素，是有权在该使用期间主导已识别资产的使用（权力因素）。新租赁准则规定，存在下列情形之一的，可视为客户有权主导对已识别资产在整个使用期间的使用：（1）客户有权在整个使用期间主导已识别资产的使用方式和使用目的；（2）已识别资产的使用方式和使用目的在使用期间前已预先确定，并且客户有权在整个使用期间自行或主导他人按照其确定的方式运营该资产，或者客户设计了已识别资产（或资产的特定方面）并在设计时已预先确定了该资产在整个使用期间的使用方式和使用目的。

新租赁准则规定，在评估客户是否有权在该使用期间主导已识别资产的使用时，需考虑与在整个使用期间变更使用资产的方式和目的最为相关的决策权。如果决策权对使用资产所产生的经济利益产生影响，则该决策权相关（实质性权利）。某些决策权则旨在保证资产的高效、安全及合法使用，对使用资产所产生的经济利益不产生影响，从而属于不相关的决策权（保护性权利）。在航空运输业中，与变更飞机使用方式和使用目的最相关的决策主要包括：变更航线、航班、班期、班次、机型、具体执飞飞机、执飞机组，变更运输的货物类型、数量等。属于不相关的决策权（保护性权利）的例子主要包括：飞机检修的权利，因台风、战争、流行病等取消或延误航班的权利，限制运输某些非法货物（如毒品）、含锂电池的货物的权利等。

案例 3-3-21：主导飞机使用的权利

案例背景：

A 航空公司与 B 飞机租赁公司于 2×22 年 6 月签订了一份飞机租赁合同，租期为 120 个月。合同指定租赁标的为一架机型为波音 777-200LRF 的飞机，飞机尾号为 B2022，B 飞机租赁公司没有替换权。

在租赁期内，A 航空公司决定该波音飞机的航线、航班、班期、班次，并配备自己的机组人员，承担飞机的常规检修及运营成本。同时，需遵守合同规定的限制条件，这些限制条件为防止客户将飞机驶入风险较高的空域或运输危险品。

案例问题：

A 航空公司是否能够主导该飞机的使用？

案例分析：

本案例中，A 航空公司有权主导飞机的使用，因为其有权在整个使用期间自行按照其确定的方式运营该资产。合同规定的限制条件是为防止 A 公司将飞机驶入风险较高的空域或装载危险品，这是保障 B 公司飞机的保护性权利。在使用权范围内，A 公司有权在整个租赁期内决定飞机飞行的航线、航班、班期、班次以及运载的旅客及货物，表明 A 公司可就整个使用期内对 B2022 飞机的使用方式和使用目的作出相关决定。在整个使用期内，A 公司也有权改变这些决定。

（四）综合应用

1. 班机运输

班机是指定期开航的，定航线、定始发站、定目的港、定途经站的飞机。

一般航空公司都使用客货混合型飞机（Combination Carrier）。一方面搭载旅客，另一方面又运送少量货物。但一些较大的航空公司在一些航线上开辟定期的货运航班，使用全货机（All Cargo Carri-er）运输。

案例3-3-22：班机运输

案例背景：

A公司是一家客货机兼营型的航空公司，根据航班计划，每天有一班从广州白云机场飞往上海浦东机场的航班，航班号TZ8888，计划起飞时间为18:00，抵达时间为20:30。执飞机型为波音787客机，腹舱载货。B公司为一家汽车零部件制造商，有一批汽车配件需从广州紧急发往上海。B公司选择航空托运，并在A公司订舱系统下单：航班日期为2×22年6月30日，航班号TZ8888，货物类型为汽车配件，订舱重量1吨，订舱体积为5立方米，运价为10 000元。

案例问题：

B公司向A公司托运汽车配件，订舱单中是否包含租赁？

案例分析：

本案例中，A公司与B公司的订舱单中不包含租赁，实际为提供运输服务合同，A公司应按新收入准则相关规定处理。具体分析如下。

（1）不存在已识别资产。本案例中，A公司与B公司的订舱单指定了承运的航班号为TZ8888。波音787腹舱容积为130立方米，除托运上舱旅客行李外，同时也会提供货运，托运人通常是多个，B公司托运的汽车配件（5立方米）并未占用其全部腹舱容积（130立方米）。合同也并未指定托运货物的具体舱位，B公司占用的运输舱位与其他托运人的舱位在物理上不可明确区分。因此，该订舱单不存在已识别资产。

（2）客户无权获得使用资产所产生的几乎全部经济利益。本案例中，波音787通常接收多个托运人的货物，B公司托运的汽车配件（5立方米）仅占用其腹舱总容积（130立方米）的较少部分，A公司仍然可将剩余舱位用于其他客户的货物托运。因此，B公司并未获得因使用该波音787所产生的几乎全部经济利益。

（3）客户无权主导资产在整个使用期间的使用。本案例中，承运的航班日期、航班号、执飞机型已经预先确定，波音787的使用方式和使用目的已预先确定，即在固定时间将旅客和托运货物从广州白云机场运输至上海浦东国际机场。运输过程中，A公司的机组人员负责飞机的操作和客舱服务工作，表明A

公司主导飞机的使用，B公司只负责提前将需要托运的货物运送至机场，无权主导飞机的使用。

综上分析，本案例中，A公司与B公司的班机货物运输订舱单并未让渡在一段时间内使用波音787的权利，合同不存在租赁。

2. 包机运输

包机运输指航空公司按照与租机人事先约定的条件及费用，将整架飞机租给包机人，从一个或几个航空港装运货物至目的地。

在航空货运中，包机模式主要面向货运代理人和大型的发货人、专业包机中介以及政府组织、航空公司等。包机模式是为了响应随机的市场需求，合约期都较短，价格也较高，多是特殊的货物运输需求，如大型工业设备、活体动物以及政府包机等。

案例3-3-23：包机运输

案例背景：

A快递公司有一批新鲜水果需要从中国出口至法国，A快递公司和B航空公司签订了1个班次的单趟《包机运输合同》。航线为上海浦东国际机场飞往法国巴黎戴高乐机场，航班日期为2×21年4月1日，单班单趟包机费用为人民币250万元。合同约定执飞机型为波音787（客机改货机），但未明确指定具体飞机尾号。该机型飞机可供A公司使用的最大载货量为50 000公斤/班，可供使用的最大体积为200立方米/班，A公司可在该范围内决定实际载货量。除A公司货物外，B航空公司不得再将A公司包机用于其他客户或其他用途。A快递公司负责将货物交运至货站指定地点，并自行负责货物装卸、报关等。B航空公司有多架波音787飞机停靠于上海浦东机场，可根据航班时间安排适航飞机。A快递公司包机航线为临时航线，需向相关空管部门申请临时航权，航班的经营权、航班时刻和相关民航承运手续由B航空公司负责。

案例问题：

A快递公司与B航空公司的包机运输合同是否包含租赁？

案例分析：

本案例中，A快递公司与B航空公司的包机运输合同包含租赁。具体分析如下。

（1）合同存在已识别资产。本案例中，A快递公司与B航空公司的包机运输合同指定了机型，未对具体执飞的飞机编号予以指派，B航空公司会根据临时航权申请情况予以确定。但是,一旦确定哪一架飞机执飞,B航空公司并不具有实质性替换权。这是因为,在该航线飞行过程中,B航空公司并不具有替换飞机的实际能力,替换飞机也不会为B航空公司带来经济利益(替换成本高于替换收益)。值得注意的是,实质性替换权需要判断供应商是否拥有在"整个使用期间"替换资产的实际能力,而不是在使用开始前替换资产的能力。本案例中,虽然B航空公司起飞机场拥有多架波音787飞机,但只能表明B航空公司在起飞前有替换能力,不能表明B公司在整个航线飞行过程中均拥有替换资产的实际能力。

(2)客户有权获得使用资产所产生的几乎全部经济利益。本案例中,B航空公司的波音787飞机的全部200立方米的运输体积均可供A快递公司使用,B航空公司不得再将A公司包机用于其他客户或其他用途。因此,A快递公司有权获得该架波音787飞机该航线飞行所产生的几乎全部经济利益。

(3)客户有权主导资产在整个使用期间的使用。本案例中,A快递公司在合同中预先确定了机型为波音787的飞机当日班次的使用方式和使用目的,即在2×21年4月1日将A快递公司托运的新鲜水果从上海浦东国际机场运往法国戴高乐机场。飞行运输过程中,B航空公司配备机组人员负责飞机操作和航行安全,但机组人员是按照A快递公司的安排进行运输。因此,A快递公司有权主导该飞机当日班次的使用。

综上分析,本案例中,A快递公司与B航空公司的包机运输合同让渡了在一段时间内使用飞机的权利,合同存在租赁。虽然本案例合同包含了租赁,但对于承租人A快递公司,该租赁属于短期租赁,A快递公司可选择采用简化的会计处理方法。即在租赁期内按照直线法或其他系统方法将相关租赁付款额确认为费用,不需要确认相关使用权资产和租赁负债。

此外,B航空公司为该航班配备机组人员负责飞机操作和航行安全,该项业务属于B航空公司提供的服务。因此,该合同包含了租赁和非租赁成分。此时,承租人A快递公司可选择将该合同分拆或不分拆合同中的租赁和非租赁成分;出租人B航空公司则需要将该合同分拆为租赁成分和非租赁成分,分别按照新租赁准则和新收入准则进行处理。

3. 湿租

湿租是指由一家航空公司(出租人)向另一家航空公司(承租人)提供飞机、整套机组人员、维修及保险,即ACMI[飞机(Aircraft)、机组员(Crew)、维修(Maintaince)及保险(Insurance)]模式。飞机在租期中使用承租人的航班号,承租人按小时支付租金。对于承租方,通常航空公司会在季节性旺季时期采用湿租模式,需要进入一个新市场时,也会通过湿租进行前期市场试验。对于出租方,在自有飞机闲置时,通常也会采取湿租租出方式,增加收益减少闲置成本。

案例3-3-24:湿租

案例背景:

2×21年6月,A航空公司(承租方)和B航空公司(出租方)签订飞机湿租协议,用于经营国内航线或至俄罗斯和中亚国家的中短程国际航线的旅客运输。

合同约定,A航空公司向B航空公司租入一架伊尔-86客机,飞机尾号为B2016,并携带B航空公司的整套机组负责飞机操作及客舱服务。飞机的维修和保险由出租方B航空公司承担,燃油、起降费、地面操作费等运营成本由承租方A航空公司承担。租期从2×21年7月20日至2×22年12月31日,租金为每小时2 200美元。飞机不得驶入风险较高的空域或运输危险品。租期内,航线、班期、班次均由A航空公司安排,航班号使用A航空公司"TZ"予以编号。合同详细规定了飞机的内、外部规格。在B航空公司的机队中配备符合A航空公司要求规格的飞机所需成本高昂。

案例问题:

A航空公司与B航空公司的飞机湿租协议是否包含租赁?

案例分析:

本案例中,A航空公司与B航空公司的飞机湿租协议包含租赁,具体分析如下。

(1)合同存在已识别资产。本案例中,A航空公司与B航空公司的湿租协议中指定了租赁飞机为尾号B2016的伊尔-86客机,合同明确指定了飞机。尽管合同允许B航空公司替换飞机,但配备另一架符合合同要求规格的飞机会产生高昂的成本,B航空公司不会因替换飞机而获益,B航空公司无实质性替换权。因此,合同存在已识别资产。

(2)客户有权获得使用资产所产生的几乎全部经济利益。本案例中,在租赁期内,A航空公司拥有尾号B2016的伊尔-86客机的独家使用权。因此,A航空公司有权获得了使用该飞机所产生的几乎全部经济利益。

(3)客户有权主导资产在整个使用期间的使用。本案例中,合同虽然约定了飞机不得驶入风险较高的空域，不得运输危险品，但旨在保证该飞机及旅客的安全，并非指定了该飞机的使用方式和使用目的。租赁期内，飞机及机组人员受 A 航空公司安排，包括按照 A 航空公司计划的航线、班期、班次等操作飞机，保证安全航行，即 A 航空公司有权在整个使用期间主导该飞机的使用方式和使用目的。因此，A 航空公司在整个租赁期内有权主导该飞机的使用。

综上分析，本案例中，A 航空公司与 B 航空公司的湿租协议让渡了在一段时间内使用尾号 B2016 的伊尔－86 客机的权利，合同包含租赁。

此外，B 航空公司还向该飞机配备了机组人员，用于操作飞机和服务客舱，该项业务属于 B 航空公司向 A 航空公司提供的服务。因此，该合同包含了租赁和非租赁成分。此时，承租人 A 航空公司可选择将该合同分拆或不分拆合同中的租赁和非租赁成分；出租人 B 航空公司则需要将该合同分拆为租赁成分和非租赁成分，分别按照新租赁准则和新收入准则进行处理。

4. 干租

干租指由出租人（可能是航空公司、银行或租机公司）向承租人（航空运营人）仅提供航空器而不提供飞行机组人员的租赁。干租通常由承租人承担运行控制。

案例 3－3－25：干租

案例背景：

A 航空公司与 B 租赁公司签订飞机租赁协议，B 租赁公司将一架波音 777 客机干租出租给 A 航空公司，飞机尾号为 B1234，租期为交付之日之后的 144 个月，预定交付日期为 2×20 年 5 月，租金为 117 万美元/月，A 航空公司有续租选择权。租期内航空燃油、起落降费用、停机费等营运后才能交由 A 航空公司自行承担。租期内，承租方自行负责飞机的运营，但承租方如果从事违法犯罪活动或其他有损出租方飞机合法权益的活动，出租方有权收回所租飞机，承租方赔偿相应损失。B 租赁公司不为飞机提供机组人员。

案例问题：

A 航空公司与 B 租赁公司的干租合同是否包含租赁？

案例分析：

本案例中，A 航空公司与 B 租赁公司的干租合同属于租赁合同，具体分析如下。

（1）合同存在已识别资产。本案例中，A 航空公司与 B 租赁公司的干租合同指定了租赁飞机为尾号 B1234 的波音 777 科技，为物理上可区分的资产。虽然 B 租赁公司在租赁期内某些情况下可以替换飞机，但替换必须符合合同中的特定条件，替换将发生重大成本，A 公司无实质性替换权。因此，合同存在已识别资产。

（2）客户有权获得使用资产所产生的几乎全部经济利益。本案例中，在租赁期内，A 航空公司拥有飞机的独家使用权。因此，A 航空公司有权获得因使用飞机所产生的几乎全部经济利益。

（3）客户有权主导资产在整个使用期间的使用。本案例中，合同虽然限定了飞机在租期内不得从事违法犯罪活动，但旨在保证飞机及旅客的安全，并非指定了该飞机的使用方式和使用目的。租赁期内，A 航空公司安排航线、班期、班次、机组人员，控制飞机的运营，即 A 航空公司有权在整个使用期间主导该飞机的使用方式和使用目的。因此，A 航空公司在整个租赁期内有权主导该飞机的使用。

综上分析，本案例中，A 航空公司与 B 租赁公司的干租合同让渡了在一段时间内使用飞机的权利，该合同属于租赁合同。

5. 机场服务

机场作为航空运输中的重要枢纽，大量的进出港航班为机场带来了不少业务，包括地面服务、航油、配餐、安保等航空性业务，为旅客提供餐饮、服务、便利品等非航空性业务。

案例 3 - 3 - 26：嘉宾业务合作

案例背景：

A 展览公司与 B 机场签订《机场嘉宾业务合作协议》，协议有效期为 2×19 年 1 月 1 日至 2×23 年 12 月 31 日，授权 A 展览公司机场嘉宾业务。嘉宾业务包括但不限：休息室服务（包含休息室内的餐食、饮品、提醒登机服务）、会员快速安检通道、国内国际进/出港引导服务、接送机服务、大客户合作服务、展示服务。B 机场授权 A 展览公司使用机场航站楼内建筑面积 3 630 平方米的嘉宾区域资源场地，向航站楼旅客提供本协议约定的嘉宾服务。A 展览公司须向 B 机场支付：（1）保底经营费：保底经营费总计 3 亿元；（2）按营业收入提取收入：合同期内营业收入总额 5%；（3）能源费：使用的水、电、暖、空调费等；（4）管理费：机场管理人员人工成本、日常经营费用每年 200 万元。

案例问题：

A 展览公司与 B 机场的《机场嘉宾业务合作协议》是否包含租赁？

案例分析：

本案例中，A 展览公司与 B 机场的《机场嘉宾业务合作协议》包含租赁。具体分析如下。

（1）合同存在已识别资产。本案例中，A 展览公司与 B 机场的合作协议中指定了 A 公司可以使用的资产为机场航站楼内建筑面积 3 630 平方米的嘉宾区域，该区域在物理上可区分。航站楼使用面积有限，用于替换这片面积较大的嘉宾区域的资产，对机场而言很可能难以取得。并且，如果替换，则意味着需清空资产已被使用的部分，并修整至能够作为嘉宾区域的状态，替换成本高昂。因此，A 司无实质性替换权，合同存在已识别资产。

（2）客户有权获得使用资产所产生的几乎全部经济利益。本案例中，在协议期内，A 展览公司拥有 3 630 平方米的嘉宾区域的独家使用权。虽然 A 展览公司因经营嘉宾区域取得了收入，并且需要按照收入 5% 的比例缴纳给机场，但这并不妨碍 A 展览公司获得使用嘉宾区域所产生的几乎全部经济利益，因为 A 展览公司支付给机场的部分现金流量是使用该区域的权利的对价。因此，A 展览公司有权获得使用该嘉宾区域所产生的几乎全部经济利益。

（3）客户有权主导资产在整个使用期间的使用。合同虽然约定了 A 展览公司在嘉宾区域内的经营范围，但并未限定 A 展览公司具体的经营方式。A 展览公司仍拥有在该使用期间与改变资产的使用方式和使用目的最为相关的决策权，例如，销售商品的具体品种，提供的休闲娱乐的种类、品牌宣传的内容、展览的形式等，这些都是影响 A 展览公司收入的关键决策。此外，虽然其他条款里还限定了宣传内容要符合国家相关法律法规、宣传材料要符合防火安全要求等，但这些都属于保护性条款。因此，A 展览公司在整个协议期内有权主导该嘉宾区域的使用。

综上分析，本案例中，A 展览公司与 B 机场的合作协议让渡了在一段时间内使用嘉宾区域的权利，该合同包含租赁。

此外，管理费是 B 机场提供的管理服务而收取的费用，该合作协议包含了租赁和服务两部分。因此，承租人 A 展览公司可选择将该合同分拆或不分拆合同中的租赁和非租赁成分；出租人 B 机场则需要将该合同分拆为租赁成分和非租赁成分，分别按照新租赁准则和新收入准则进行处理。

案例 3-3-27：机场货站租赁

案例背景：

A 公司主营航空货运及地面货物处理业务，因经营需要在 B 机场土地上建设货站。经与B机场协商，A公司以B机场的名义，在该机场项目用地规划设计并分期建设货站，建成后货站所有权归属于B机场；同时，B机场将该货站及其占用土地出租予A公司。A公司与B机场的土地及货站租赁期为20年，A公司具有续租选择权。

情形一：

A公司建造货站完全由A公司独占，B机场不可将货站向其他方出租或用于其他用途。由于该货站由A公司按其经营需要设计建造，投入大额建造成本，故可合理确定A公司将行使续租选择权，租赁期很可能覆盖货站整个预计经济寿命。同时，A公司预计该货站经济寿命结束后剩余残值不重大。

合同约定，A公司在项目建设开始时，承担根据用地面积计算的"基本租金"，建设期内租金减半为0.5元/平方米×天。货站建成后，按标准租金1元/平方米×天计算占用土地及货站租金。

情形二：

货站建成后，A公司仅租赁其可分割的1/2，其余部分使用权由B机场享有。由于该货站为通用货站，A公司无法合理确定将行使续租选择权，租赁期不一定覆盖货站整个经济寿命。

合同约定，A公司在项目建设开始时，承担根据用地面积计算的"基本租金"，建设期内租金减半为0.5元/平方米×天。货站建成后，按标准租金1元/平方米×天计算占用土地及货站租金。同时，A公司可以货站前期建造成本抵减部分租金，且约定货站前期建造成本经审计价格不得低于3 000元/平方米，否则相应缩短租赁期。

案例问题：

A公司对上述安排应当如何进行会计处理？

案例分析：

情形一：

1. 前期建造阶段

在情形一下，A公司建造货站完全由A公司独占，且可合理确定A公司将行使续租选择权，租赁期很可能覆盖货站整个预计经济寿命。同时，A公司预计该货站经济寿命结束后剩余残值不重大。此时，A公司很可能在该货站整个经济寿命内均能够主导该货站的使用，并获得该货站产生的几乎全部经济利益，从而实质上取得了该货站整体控制权，而不仅仅是一段期间内的使用权。因此，在前期建造阶段，A公司实质为自建固定资产，应以该货站实际建造成本作为固定资产入账价值。后续应按该固定资产的预计经济寿命计提折旧。并且,A公司在前期建造阶段不存在建造服务收入。

2. 租赁成分

除建造货站以外,A公司占用B机场的土地属于租赁,具体分析如下。

(1) 合同存在已识别资产。在情形一下,A公司在B机场建造货站后,即占有了确定区域的土地,B机场不再具有实质性替换权。因此,合同存在已识别资产。

(2) 客户有权获得使用资产所产生的几乎全部经济利益。在情形一下,A公司自B机场租入土地后,在土地上建设货站并完全独占,A公司有权独家使用所占用的土地,从而有权获得使用该土地所产生的几乎全部经济利益。

(3) 客户有权主导资产在整个使用期间的使用。在情形一下,A公司自B机场租入土地后,在土地上建设货站并完全独占,A公司有权主导对所占用土地在整个使用期间的使用。

综上分析,在情形一下,该安排让渡了在一段时间内使用土地的权利,该安排包含了土地租赁。

情形二:

1. 前期建造阶段

在情形二下,货站建成后,A公司仅租赁其可分割的1/2,且A公司无法合理确定将行使续租选择权,租赁期不一定覆盖货站整个经济寿命。此时,A公司并未获得所建造货站的整体控制权,实质为A公司代B机场建造资产,A公司向其提供了建造服务。因此,在前期建造阶段,A公司应按新收入准则相关规定,确认建造服务相关收入及成本。其中,建造服务收入的对价为未来使用所占用土地及货站的部分使用权,属于非现金对价,A公司应以该非现金对价的公允价值确认收入。在本案例中,A公司需考虑B机场约定租金是否与市场租金相当,相应确定非现金对价公允价值。如果非现金对价的公允价值不能合理估计的,应参照其向客户转让服务的单独售价间接确定交易价格,包括考虑建造服务成本加合理毛利等方法合理确定。

2. 租赁成分

在情形二下,货站建成后,A公司与B机场的安排包含了土地租赁和部分货站租赁。具体分析如下。

(1) 合同存在已识别资产。在情形二下,涉及的资产有两项,土地部分,A公司在B机场建造货站后,即占有了确定区域的土地;货站部分,租赁合同中指定了 A 公司建成后货站可分割的 1/2。B 机场对土地和货站均无实质性替换权。因此，合同存在已识别资产。

（2）客户有权获得使用资产所产生的几乎全部经济利益。土地部分，A 物流公司租入后，在土地上建设货站，有权独家使用该片土地；货站部分，A 物流公司在货站建成后，有权独家使用该货站可分割的 1/2。因此，A 物流公司有权获得使用所占用土地和货站所产生的几乎全部经济利益。

（3）客户有权主导资产在整个使用期间的使用。A 公司自 B 机场租入土地后，在土地上建设货站并独占其可分割的 1/2，该部分经营由 A 公司自行决定。因此，A 公司有权主导所占用土地和货站在整个使用期间的使用。

在情形二下，该安排让渡了在一段时间内使用资产的权利，该安排包含了土地和货站租赁，应按新租赁准则对土地和货站租赁进行会计处理。其中，由于 A 公司无法合理确定将行使续租选择权，租赁期按照合同约定的 20 年确定。此外，由于前期提供建造服务实质上属于预付部分租金，在确认使用权资产时，应以前期提供服务价值（即前期确定的建造服务收入）加上后续应支付现金租金为基础，来确定使用权资产的初始入账价值。

第四节　陆路运输业

一、陆路运输业概述

陆路运输行业是道路运输和铁路运输行业的统称。根据《国民经济行业分类》（GB/T 4754-2017），道路运输包括城市公共交通运输、公路旅客运输、道路货物运输等，铁路运输包括铁路旅客运输、铁路货物运输等。

（一）铁路运输

1. 铁路客运

目前我国运行列车种类主要有普速列车、城际铁路列车、高速铁路列车，我国铁路按照速度类型划分，分为高速铁路（250 千米/小时以上）、快速铁路（200 千米/小时左右）和普速铁路（160 千米/小时以内），简称高铁、快铁和普铁。高速铁路列车设计速度一般在 250 千米/小时以上，所运行的线路都是新建的铁路，其设计速度一般在 250 千米/小时以上，属于专营线路，通常不运行普通列车，且其信号系统不与既有线兼容，高速铁路的信号控制系统比普通铁路高级，高速铁路弯道少，弯道半径大，道岔都是可动心高速道岔；大量采用高架桥梁和隧道。

2. 铁路货运

根据《铁路货物运输规程》，铁路货物运输种类分为整车、零担和集装箱。一批货物的重量、体积或形状需要以一辆以上货车运输的，应按整车托运；不够整车运输条件的，按零担托运；符合集装箱运输条件的，可以按集装箱托运。按零担托运的货物，一件体积最小不得小于 0.02 立方米（一件重量在 10 公斤以上的除外），每批不得超过 300 件。

铁路货运中，主要的货车种类有以下几种：棚车 [P]、敞车 [C]、平车 [N]、罐车 [G]、特种车等，其中特种车又分长大货车 [D]、机械冷藏 [B]、集装箱平车 [X]。

棚车 [P]：有侧壁、端壁、地板和车顶，在侧壁上有门和窗的货车图，用于运送怕日晒、雨淋、雪浸的货物，包括各种粮谷、日用工业品及贵重仪器设备等。一部分棚车还可以运送人员和马匹。中国旧有的棚车型式很多，多为载重 30t 的小型车。

敞车 [C]：敞车具有端壁、侧壁而无车顶的货车，主要供运送煤炭、矿石、矿建物资、木材、钢材等大宗货物用，也可用来运送重量不大的机械设备。若在所装运的货物上蒙盖防水帆布或其他遮篷物后，可代替棚车承运怕雨淋的货物。因此敞车具有很大通用性，在货车组成中数量最多；约占货车总数的 50% 以上。敞车按卸货方式不同可分为两类：一类是适用于人工或机械装卸作业的通用敞车；另一类是适用于大型工矿企业、站场、码头之间成列固定编组运输，用翻车机卸货的敞车。

平车 [N]：平车用于装运原木、钢材、建筑材料等长形货物和集装箱、机械设备等的货车，只有地板而没有侧墙、端墙和车顶。有些平车装有高 0.5～0.8 米可以放倒的侧板和端板，需要时可以将其立起，以便装运一些通常由敞车运输的货物。

罐车 [G]：车体呈罐形的车辆，用来装运各种液体、液化气体和粉末状货物等。这些货物包括汽油、原油、各种粘油、植物油、液氨、酒精、水、各种酸碱类液体、水泥、氧化铅粉等。

长大货车［D］：用于装载超长、超重和超限的货物，如大功率变压器、发电机定子和转子、大型机床、轧钢机牌坊、合成反应塔等。长大货物车的载重量可达数十至数百吨。按结构区分有：长大平车、凹底平车、重联平车、落下孔车、钳夹车等。

机械冷藏［B］：用于运送易腐货物。外形似棚车，周身遍装隔热材料，侧墙上有可密闭的外开式车门。车内有降温装置，可使车内保持需要的低温；有的车还有加温装置，在寒冷季节可使车内保持高于车外的温度。

集装箱平车［X］：在集装箱运输广泛发展的基础上，为降低运输费用，与公路运输相竞争而发展的专用平车，用于装运集装箱。

铁路货运班列是铁路企业竞争白货运输市场份额的重要载体，国内、国际铁路货运班列主要有以下几种：中欧班列、中亚班列、大宗直达班列、多式联运班列、特快快速班列、普快货运班列。

中欧班列：（CHINA RAILWAY Express，缩写 CR Express）是由国铁集团组织，按照固定车次、线路、班期和全程运行时刻开行，运行于中国与欧洲以及"一带一路"国家间的集装箱等铁路国际联运列车。中欧间形成了西、中、东三大铁路运输通道。西通道，在新疆阿拉山口（霍尔果斯）铁路口岸与哈萨克斯坦、俄罗斯铁路相连，途经白俄罗斯、波兰等国铁路线；中通道，在内蒙古二连浩特铁路口岸与蒙古国、俄罗斯铁路相连，途经白俄罗斯、波兰等国铁路线；东通道，在内蒙古满洲里铁路口岸、黑龙江绥芬河铁路口岸与俄罗斯铁路相连，途经白俄罗斯、波兰等国铁路线，通达欧洲其他各国。

中亚班列：是指自中国或经中国发往中亚五国以及西亚、南亚等国家的快速集装箱直达班列。目前中亚班列口岸有 5 个，分别是连接中亚、西亚的阿拉山口、霍尔果斯口岸，连接蒙古国的二连浩特口岸，以及连接南亚的山腰、凭祥口岸。中亚班列货物主要分为两类：一类是中国的进出口货物（反向亦然），一类是经日本、韩国、东南亚等国过境中国的过境货物（反向亦然）。

大宗直达班列：指国铁集团公布的，固定货物发、到站，固定发、收货人，固定车次开行的始发整列直达货物列车。大宗直达的货源以煤炭、石油、矿石、钢铁、焦炭、粮食等大宗品类物资为基础，具有稳定的流量与流向。

多式联运班列：指支持铁水联运、公铁联运等多种联运服务的货物班列，是铁路自身向其他运输方式开展延伸服务，形成具有铁路运输特点的联运系统，包括干线运输、枢纽和信息平台，为其他运输方式开展联运，以及物流服务对铁路联运服务的应用奠定基础。

特快快速班列：快运班列是指在固定发到站间，有固定车次和运行线、明确的开行周期和运行时刻，按客车化模式组织开行的货物列车。快运班列按照速度等级分为特快、快速、普快班列。特快班列：使用 25T 等专用车辆编组，最高运行速度 160 千米/小时，按不低于 2 500 千米/日标准铺画运行图；在固定发到站间，有固定车次和运行线、明确的开行周期和运行时刻，按客车化模式组织开行的货物列车；快速班列：使用专用符合技术标准的货车编组，最高运行速度 120 千米/小时，按不低于 1 500 千米/日标准铺画运行图；在固定发到站间，有固定车次和运行线、明确的开行周期和运行时刻，按客车化模式组织开行的货物列车。

普快货运班列：使用普通货车编组，按普通货车标尺运行，按不低于 1 000 千米/日标准铺画运行图；在固定发到站间，有固定车次和运行线、明确的开行周期和运行时刻，按客车化模式组织开行的货物列车。

（二）道路运输

1. 城市公共交通运输

城市公共交通运输指城市旅客运输活动，具体包括公共电汽车客运、城市轨道交通、出租车客运、公共自行车服务。其中城市轨道交通指城市地铁、轻轨、有轨电车等活动；出租车客运指出租车公司以及与出租车公司签协议的出租车驾驶员的服务，还包括网络约车公司以及承揽网络预约客运的驾驶员的服务；公共自行车服务指政府或社会机构以低价格为居民提供的自行车出行服务。

2. 公路旅客运输

公路旅客运输指城市以外道路的旅客运输活动，具体包括长途客运和旅游客运等。长途客运指由始发站至终点站定线、定站、定班运行和停靠的旅客运输；旅游客运指专门以观光消遣为目的的团体或个人提供的，或者在特定旅游线路上提供的客运服务。

3. 道路货物运输

道路货物运输所有道路的货物运输活动，根据运输的货物种类以及车辆种类分类，具体包括普通货物道路运输、冷藏车道路运输、集装箱道路运输、大型货物道路运输、危险货物道路运输、邮件包裹道路运输、城市配送、搬家运输等。其中普通货物道路运输指对运输、装卸、保管没有特殊要求的道路货物运输活动；冷藏车道路运输指农产品、食品、植物等货物始终处于适宜温度环境下，保证产品质量的配有专门运输设备的道路货物运输活动；集装箱道路运输指以集装箱为承载货物容器的道路运输活动；大型货物道路运输指具备长度超过6米、高度超过2.7米、宽度超过2.5米、质量超过4吨中一个及以上条件货物的道路运输活动；危险货物道路运输指具有燃烧、爆炸、腐蚀、有毒、放射性等物质，在运输、装卸、保管过程中可能引起人身伤亡和财产毁损而需要特别防护的货物道路运输活动；城市配送指服务于城区以及城市近郊的货物配送活动的货物临时存放地，在经济合理区域内，根据客户的要求对物品进行加工、包装、分割、组配等作业，并按时送达指定地点的物流活动。

由于运输工具如汽车、火车等价格高昂，对于主营非运输业的市场主体而言，通常选择租赁的方式，而不是购买运输工具，进行货物或者旅客运输，最终实现销售。尤其是铁路运输行业，我国铁路移动装备采购主要由国铁集团统一筹资，集中采购，集团统一装备管理、统筹配置资源、统一推进装备统型升级等。

二、识别租赁

本文针对陆路运输业常见的几种运营方式，以新租赁准则下识别租赁的相关原则为基础，以典型案例形式对不同运营方式下是否属于租赁（或包含租赁）进行分析。

（一）存在已识别资产

存在租赁的前提是存在一项可识别资产。判断是否存在已识别资产需考虑三个方面：（1）资产是否被指定；（2）资产在物理上是否可区分；（3）供应商是否有实质性替换权。

1. 对资产的指定

新租赁准则规定，企业通常通过合同中的明确规定来识别一项资产，也可通过在该资产可供客户使用时的隐含规定来识别。如果相关事实和情况表明供应商仅能通过使用某一项特定资产来履行其义务，则该资产被隐含指定。

旅客运输方面，尤其是公路旅游客运，出于对旅客人数的考虑，运输公司可能只有某一辆车辆的客座数量满足旅客要求；货运方面，由于运输货物种类的特殊性，物流公司可能只有某一种车型能够实现该类货物的运输，例如水果、蔬菜等货物，必须要求冷藏车运输，酒精、水泥等货物必须要求罐车运输。此时，资产很有可能被隐含指定。

案例 3-3-28：火车车厢租赁 [IFRS16 示例 1A]

案例背景：

客户与货运商（供应商）的合同为客户提供了 10 节特定类型火车车厢 5 年的使用权。合同指定了具体的火车车厢，车厢为供应商所有。客户决定何时何地使用这些车厢以及使用其运输什么货物。不使用时，车厢存放在客户处，客户可将车厢用于其他目的（如存储），但合同明确规定客户不能运输特定类型的货物（如爆炸物）。若某个车厢需要保养或维修，供应商应以同类型的车厢进行替换。否则，除非客户违约，供应商在这 5 年期间不得收回车厢。

合同还规定供应商在客户要求时提供火车头和司机。火车头在供应商处存放，供应商向司机发出指示，详细说明客户的货物运输要求。供应商可选择使用任一火车头履行客户的要求，并且，该火车头既可用于运输该客户的货物，也可用于运输其他客户的货物。即，如果其他客户要求运输的货物目的地与该客户要求的目的地距离不远，且时间范围接近，供应商可选择在该火车头挂多达 100 节车厢。

案例问题：

火车车厢及火车头是否已被指定？

案例分析：

该案例中存在 10 节被识别的车厢，合同明确指定了这些车厢，车厢一旦被交付给客户，仅在需要保养或维修时方可替换。用于牵引车厢的火车头不是已识别资产，因为合同中既未明确也未隐含地指定某一火车。

案例 3-3-29：火车车厢租赁——合同隐含指定资产（租赁准则应用指南【例1】）

案例背景：

A 公司（客户）与 B 公司（供应方）签订了使用 B 公司 1 节火车车厢的 5 年期合同。该车厢专为用于运输 A 公司生产过程中使用的特殊材料而设计，未经重大改造不适合其他客户使用。合同中没有明确指定轨道车辆（例如，通过序列号），但是 B 公司仅拥有 1 节适合客户 A 公司使用的火车车厢。如果车厢不能正常工作，合同要求 B 公司修理或更换车厢。

案例问题：

火车车厢是否已经被指定？

案例分析：

本案例中，具体哪节火车车厢虽未在合同中明确指定，但是被隐含指定。因为 B 公司仅拥有一节适合客户 A 使用的火车车厢，必须使用其来履行合同，B 公司无法自由替换该车厢。因此，火车车厢是一项已识别资产。

2. 物理上可区分

新租赁准则规定，如果资产的部分产能在物理上可区分，则该部分产能属于已识别资产。如果资产的某部分产能或其他部分在物理上不可区分，则该部分不属于已识别资产，除非其实质上代表该资产的全部产能，从而使客户获得几乎所有因使用资产所产生的经济利益的权利。

无论是铁路货物运输还是道路货物运输，都包含"零担"和"整车"两类运输。零担运输，是指当一批货物的重量或容积不能装满一辆货车时，可与其他几批甚至上百批货物共用一辆货车装运时。以道路运输为例，整车运输，是指一批货物依照它的净重或容积，必须独立应用一辆或超出一辆的大货车运输。即，尽管该货物无法装满一辆货车，但因货物的特性或运输标准等，必须独立应用一辆货车运输。因此，在零担运输时，需要考虑实际运输货物的重量或体积是否占用了货车的全部载货量，从而确定其占用产能在物理上是否可区分。相反，在整车运输时，即使实际运输货物的重量或体积未占用货车的全部载货量，但由于货物特性，已隐含了其必须占用单辆货车的全部产能，从而可能认定其在物理上可区分。

案例 3-3-30：零担运输

案例背景：

A 公司为位于上海的一家汽车零部件生产商，B 公司为物流公司，C 公司为位于长春的汽车整车制造商，C 公司为 A 公司的客户。A 公司向 C 公司销售的一批零部件中有一件出现质量问题，由于生产进度需要，急需 A 公司补发一件。A 公司委托 B 公司进行单件零部件的运输。B 公司选择载重 10 吨，9.6 米长普通全封闭运输车发送货物。由于该零部件重量仅为 50 公斤，长度 1.5 米，不足以装满一整辆车。B 公司同时还受托运输其他托运人的货物，运输路线为上海至长春方向。B 公司待车辆装满后，将 A 公司的汽车零部件与其他托运人的货物一同发车。

案例问题：

A 公司的汽车零部件所占运输车的空间物理上是否可区分？

案例分析：

本案例中，货物装车时，一般由物流公司工作人员根据经验决定货物放置的位置，以达到安全及车厢充分利用的效果。车厢是一个整体的空间，并不会划分出可分隔的空间，托运人在委托时并不确定自己的货物放置在车厢某个固定位置。承运人 B 公司根据托运货物的重量及体积计费，A 公司托运的汽车零部件仅仅占有整个车厢的较小的一部分。因此，A 公司汽车零部件所占用空间在物理上不可区分。

3. 实质性替换权

新租赁准则规定，即使已对资产作出约定，若供应商拥有在整个使用期间替换已识别资产的实质性权利，则客户没有使用已识别资产的权利。仅当同时满足以下两个条件时，供应商替换资产的权利才具有实质性：（1）供应商拥有在整个使用期间替换资产的实际能力。例如，客户无法阻止供应商替换资产，且用于替换的资产是供应商易于取得或者可在合理期间内取得的。（2）供应商通过行使替换资产的权利将获得经济利益。即，替换资产的预期经济利益将超过替换资产所需的成本。

铁路运输企业最为常见利用最频繁的货车类型为棚车、敞车。进行道路货运的物流企业，车队中最为常见的也是厢式车、低栏车、高栏车等，对于运输一些普通货物（对运输、装卸、保管没有特殊要求的货物），这些物流企业保有量最多的货车类型基本都可以满足其运输条件。因此，当托运人托运常见的普通货物时，物流企业往往有多个数量的货车可以提供运输。但当运输一些特种货物时，如液态的化学药品、需要冷藏的生鲜食品、整车等，就需要罐车、冷藏车等特种货车才能满足，而一般物流企业往往仅仅只有少量的特种货车。

案例 3-3-31：替换火车车厢的实际能力
[IFRS16 示例 1B、CAS21 应用指南（2019）例 3]

案例背景：

客户与供应商的合同要求，供应商在 5 年时间内按照规定的时间表使用指定类型的火车车厢，运输指定数量的货物。指定的时间表和货物数量，相当于客户在 5 年中使用 10 节火车车厢。作为合同的一部分，供应商提供火车车厢、司机和火车头。合同规定了用于运输货物的火车车厢类型，以及所运输货物的性质和数量。供应商有大量类似车厢可用于履行合同要求。同样，供应商可在众多车头中选择其一来履行客户的要求，而且该火车头既可用于运输该客户的货物，也可用于运输其他客户的货物。车厢和车头不用于运输货物时，存放在供应商处。

案例问题：

B 公司是否拥有实质性替换权？

案例分析：

该合同不存在火车车厢或车头的租赁。用于运输该客户货物的火车车厢和车头不是已识别资产。供应商有替换火车车厢和车头的实质性权利，因为：

（1）在整个使用期间，供应商有实际能力替换每节车厢和车头。用于替换的车厢和车头是供应商易于获得的，且无需客户批准即可替换每节车厢和车头。

（2）供应商可通过替换车厢和车头获得经济利益。替换每节车厢和车头的相关成本极小，即使有的话。因为车厢和车头存放在供应商处，且供应商拥有大量类似车厢和车头。供应商之所以能够通过替换此类合同中的车厢或车头获益，是因为替换使供应商能够使用已位于任务所在地的车厢或车头来执行任务，如起点附近的铁路货场的任务，或者利用因客户未使用而闲置的车厢或车头。

因此，客户不能主导被识别的车厢或车头的使用，也无权获得使用被识别的车厢或车头所产生的几乎全部经济利益。由于供应商可以选择使用哪些车厢和车头来进行每次特定运输，并可以获得使用火车车厢和车头所产生的几乎全部经济利益，故供应商主导火车车厢和车头的使用。供应商仅提供货运能力。

案例 3-3-32：汽车供应商的替换权并非贯穿于整个使用期间

案例背景：

客户 A 公司与供应商 B 公司签订合同，以获得 1 辆汽车的 5 年使用权。

情形一：B 公司有权在租赁期开始日之后 3 年替换该车辆（即，B 公司在前 3 年没有替换权）。

情形二：合同未限制 B 公司行使替换权，但 B 公司预期在车辆使用 3 年后替换方可带来经济效益。

情形三：B 公司仅可在汽车需要维修等情况下替换车辆。

案例问题：

以上三种情形，B 公司是否具有实质性替换权？

案例分析：

情形一：由于供应商 B 公司仅在特定时点之后才能行使替换权，不是在整个使用期间内均可行使替换权。因此，该替换权不具有实质性。

情形二：由于供应商 B 公司仅在特定时点后替换才可带来经济效益，不是在整个使用期间内替换均可带来经济效益。因此，该替换权不具有实质性。

情形三：由于供应商 B 公司仅在发生特定事件时才能行使替换权，不是在整个使用期间内均可行使替换权。因此，该替换权不具有实质性。

（二）获得使用资产几乎全部经济利益

根据新租赁准则规定，为确定合同是否转移了在一定期间内控制已识别资产使用的权利，企业应当评估合同中的客户是否有权获得在使用期间因使用已识别资产所产生的几乎全部经济利益（经济利益因素），并有权在该使用期间主导已识别资产的使用（权力因素）。其中，客户可以通过多种方式直接或间接获得使用资产所产生的经济利益，例如，通过使用、持有或转租资产。使用资产所产生的经济利益包括资产的主要产出和副产品（包括来源于这些项目的潜在现金流量）以及通过与第三方之间的商业交易实现的其他经济利益。

对于公路运输，在评估客户是否有权从资产的使用中获取利益时，还需要区分相关经济利益是来源于车辆等资产的所有权，还是来源于车辆等资产的使用权。新租赁准则规定，在考虑客户是否获得了使用资产产生的经济利益时，仅应考虑资产的使用所产生的经济利益，而非该项资产的所有权所产生的经济利益。例如，车辆购买的交强险、车损险等，在出事故后，该车辆相关保险赔偿属于与资产所有权相关的经济利益。承租人是否享有该车辆相关保险赔偿，并不影响该合同是否属于租赁（或包含租赁）的判断。相反，与运输货物相关保险赔偿，属于以资产使用相关的经济利益之一，该经济利益由哪一方享有，将影响合同是否属于租赁（或包含租赁）的判断。

案例 3-3-33：使用汽车的经济利益

案例背景：

A 公司（承租方）与 B 公司（出租方）签订了 2 年期的《汽车租赁合同》。合同约定，租赁车辆只能作为办公、旅游等自用车辆使用，承租方不得使用租赁车辆进行营利性运营及参加竞赛、测试、试验等活动，严禁装载违禁、易燃、易爆等危险品及不符合租赁车辆使用性质的其他物品。除上述限制外，承租人可自主使用车辆。合同明确租赁车辆为 5 辆大众迈腾（2017 款 1.8T 尊贵型），指定车牌号，每辆车月租金 8 200 元。车辆折旧、年审、车辆维修保养、保险费用、税费由出租方承担。承租方承担租赁期内发生的过路费、停车费、车辆清洁费用。因承租方原因导致车辆发生交通事故,承租方在交清已发生租费后,在保险公司确认承保后,须追加支付给出租方保险公司不予赔偿的全部款项,并承担因交通事故引发的其他责任。车辆修理时间以保险公司定点修理厂实际修复时间为准,租金仍按照合同约定价格执行。

案例问题:

A 公司是否有权获得使用该汽车产生的几乎全部经济利益?

案例分析:

本案例中,在 2 年租期内,自车辆交付予承租人 A 公司后,A 公司可在双方约定的范围内自主使用车辆资产,B 公司不得再将这些车辆出租给其他方。对于双方约定的保险条款,保险公司承保后,保险公司赔偿的款项全部支付给出租方 B 公司,由于该保险赔偿属于 B 公司购买的与车辆资产所有权有关的经济利益,该条款不影响该合同是否属于租赁(或包含租赁)的判断。因此,A 公司有权获得在整个使用期内使用该车辆所产生的几乎全部经济利益。

案例 3-3-34:铁路运输的经济利益

案例背景:

A 公司为一家物流公司,受货主委托,有一批货物要从江苏常州市发往广东东莞市厂区。A 公司综合考虑运输成本及运输时长等,选择铁路运输结合公路运输多联式货运方式,先通过铁路运输,将货物从常州发往东莞市常平镇,再由集装箱卡车由常平镇运往厂区。A 公司从中国铁路 95306 平台上预定了 20×3 年 5 月 1 日车次 8719 的普快班列 3 节集装箱车,装车站为常州站铁路货场,卸车站为常平站铁路货场。

案例问题:

A 公司是否有权获得使用该班次普快班列的几乎全部经济利益?

案例分析:

通常普快班列共 40 车左右,A 公司仅预定其中的 2 车,A 公司未获得整个班列的几乎全部经济利益。但是,A 公司对预定的其中 3 节集装箱车,有专属使用权,对于该 3 节集装箱车,A 公司有权获得其使用产生的几乎全部经济利益。

(三)主导已识别资产的使用

控制已识别资产使用的权利的另一个要素,是有权在该使用期间主导已识别资产的使用（权力因素）。新租赁准则规定，存在下列情形之一的，可视为客户有权主导对已识别资产在整个使用期间的使用：（1）客户有权在整个使用期间主导已识别资产的使用方式和使用目的；（2）已识别资产的使用方式和使用目的在使用期间前已预先确定，并且客户有权在整个使用期间自行或主导他人按照其确定的方式运营该资产，或者客户设计了已识别资产（或资产的特定方面）并在设计时已预先确定了该资产在整个使用期间的使用方式和使用目的。

新租赁准则规定，在评估客户是否有权在该使用期间主导已识别资产的使用时，需考虑与在整个使用期间变更使用资产的方式和目的最为相关的决策权。如果决策权对使用资产所产生的经济利益产生影响，则该决策权相关（实质性权利）。某些决策权则旨在保证资产的高效、安全及合法使用，对使用资产所产生的经济利益不产生影响，从而属于不相关的决策权（保护性权利）。在陆路运输中，与变更车辆使用方式和使用目的最相关的决策主要包括：变更路线、时间、司机等，变更运输的货物类型、数量等。属于不相关的决策权（保护性权利）的例子主要包括：车辆年检的权利，有权按期执行强制保养并有权指定车辆使用燃料标准的权利，限制装载违禁、易燃、易爆等危险品的权利等。

案例 3-3-35：主导车辆的使用权
〔IFRS16 示例 5、CAS21 应用指南（2019）例 6〕

案例背景：

客户与供应商就使用一辆卡车一周时间以将货物从纽约运至旧金山签订了合同。供应商没有替换权。在合同期内只允许使用该卡车运输合同中指定的货物合同规定了卡车可行驶的最大里程。客户能够在合同规定范围内选择具体的行程速度、路线、停车休息等。指定路程完成后，客户无权继续使用这辆卡车。待运输的货物以及在纽约装货和在旧金山卸货的时间和地点在合同中有明确规定。客户负责从纽约驾驶卡车至旧金山。

案例问题：

客户是否有权主导卡车的使用？

案例分析：

该合同包含卡车的租赁。客户拥有在指定路程期间使用卡车的权利。该示例中存在被识别资产。合同明确指定了一辆卡车，且供应商无权替换卡车客户在整个使用期内拥有控制该卡车使用的权利，因为：

（1）客户有权获得在使用期内使用卡车所产生的几乎全部经济利益。在整个使用期内,客户拥有该卡车的专属使用权。

(2)客户有权主导卡车的使用,因为其满足合同预先确定了卡车的使用方式和使用目的(即在规定时间内将指定货物从纽约运至旧金山)。客户主导卡车的使用,因为客户有权在整个使用期内操作卡车(例如速度、路线、停车休息)。客户通过控制卡车的操作作出在使用期内使用卡车的所有决定。

由于合同期限为一周时间,此项租赁符合短期租赁的定义。

案例3-3-36:主导车辆使用的权利

案例背景:

续前述案例3-3-33。A公司和B公司双方合同还约定,承租方应每日检查机油、刹车油、防冻液、离合器油、助力转向油等,如发现任何问题,须在24小时内通知出租方,由出租方负责维修。如因承租方按操作规程使用租赁车辆出现的故障,维修由出租方承担;如因承租方(含驾驶人员)未按操作规程使用租赁车辆造成的问题,由出租方负责维修,承租方承担全部费用。

出租方提供免费的保养服务和合理使用过程中车辆的故障维修,对承租方租赁的车辆有权指定修理、保养单位;有权按期执行强制保养,并有权指定车辆使用燃料标准。

承租方须确保承租车辆租赁期间技术状况完好,如遇车辆年检时,承租方应保证车辆整修好、干净、整洁,按出租方的通知参加车辆年检。因承租方原因造成车辆逾期年检的,承租方应负担逾期年检罚款以及由此给出租方带来的相关损失。

案例问题:

A公司是否能够主导车辆的使用?

案例分析:

本案例中,A公司有权主导车辆的使用,因为其有权在整个使用期间自行按照其确定的方式运营该资产。合同限制了车辆的使用目的,不得使用租赁车辆进行营利性运营及参加竞赛、测试、试验等活动,因为这些活动很可能会给车辆带来过度损耗,缩短其使用寿命。强制要求保养、车检,要求使用标准的燃料等,也都是对车辆使用寿命的保证,禁止装载易燃、易爆、违禁物品,是为了行车安全。以上这些都属于保护性权利。在使用权范围内,A公司有权在整个租赁期内决定车辆的行驶路线、行驶时间、驾驶司机以及运载的旅客及货物,表明A公司可就整个使用期内对车辆的使用方式和使用目的作出相关决策。

在整个使用期内，A 公司也有权改变这些决定。因此，A 公司有权主导车辆的使用。

（四）综合应用

案例 3-3-37：地铁广告牌经营权

案例背景：

A 公司为广告公司，B 公司为城市轨道交通公司。双方签订协议，A 公司取得了该城市轨道交通 2 号地铁上的平面广告资源经营权，期限为 2×23 年 1 月 1 日至 2×33 年 1 月 1 日。

合同约定，A 公司取得合同下广告位的推广、营销、运营、管理、维护及发布广告，并获取收入、支付年度定额经营权费、超额收益及其他费用等相关的权利。2 号线地铁设车站 38 座，广告位为 38 个站台及地铁车厢内的常规广告位，包括站厅墙面广告灯箱、站厅墙面滚动灯箱、站厅广告灯箱、站台轨行区广告灯箱、LCD 数码屏、LED 数码屏、梯牌以及列车车厢内两侧厢壁展板广告。合同列明了 38 座站台的所有广告位明细数量以及面积。

合同约定，A 公司需支付定额经营权费总金额为 10 000 万元。此外，A 公司每年度经营收入超过当年度定额经营权费时，A 公司需要向 B 公司支付其中 30% 的超额收益。应支付超额收益 =（A 公司广告经营收入 - 当年度定额经营权费）×30%。

参照《甲市户外广告设置管理办法》等相关规定，A 公司必须按不低于每类常规媒体总面积、总时长或总数量 30% 的比例常态发布当地政府指定公益广告，A 公司免收因发布公益广告资源占用费。公益广告具体发布广告位及时段由当地政府经 B 公司提前通知，如指定广告位或时段已出售，A 公司必须收回该广告位或时段以发布公益广告，并自行解决与广告客户的广告发布事宜，不视为 B 公司违约。

在经营期限内，A 公司负责本合同项下的广告位设施维护工作，包括但不限于提供广告位设施备件和易损耗件。负责广告设施备件和易损耗件的更换及相关操作，并自行承担因维护而产生的一切费用。广告位设施的维护效果影响地铁车站及列车的整体环境时，B 公司有权要求 A 公司按照地铁车站及列车的整体环境卫生标准重新维护。

合同期届满，A 公司必须将广告位按照良好状态返还 B 公司，改造、升级后的广告位设施所有权归 B 公司所有，B 公司无需承担任何费用。

案例问题：

A 公司与 B 公司的合同是否存在租赁？

案例分析：

本案例合同存在租赁。具体分析如下：

（1）存在已识别资产。合同明确列示了合同范围内的广告位数量清单，资产已明确指定，且在物理上可区分。合同约定用于发布政府公益广告的不少于 30% 广告位，是在 A 公司取得全部指定广告位的基础上，限制了部分广告位的使用范围，不影响 A 公司所取得广告位在物理上可区分。

（2）客户有权获得使用资产所产生的几乎全部经济利益。新租赁准则规定，在评估客户是否有权获得使用已识别资产所产生的几乎全部经济利益时，应当在约定的客户权利范围内考虑其所产生的经济利益。如前所述，合同约定用于发布政府公益广告的不少于 30% 广告位，实质是限制了部分广告位的使用范围，且发布公益广告不产生经济利益。因此，A 公司仅应考虑是否享有合同约定范围内广告位（除发布公益广告外 70% 广告位）所产生的几乎全部经济利益，用于发布政府公益广告的不少于 30% 广告位不影响该判断。

此外，新租赁准则规定，如果合同规定客户应向资产供应方或另一方支付因使用资产所产生的部分现金流量作为对价，该现金流量仍应视为客户因使用资产而获得的经济利益的一部分。合同约定，A 公司每年度经营收入超过当年度定额经营权费时，A 公司需要向 B 公司支付其中 30% 的超额收益，该部分超额收益应视为 A 公司向 B 公司支付的对价，属于 A 公司获得的经济利益的一部分。因此，A 公司有权获得在合同约定使用范围内使用广告位产生的几乎全部经济利益。

（3）客户有权主导资产的使用。本案例中，相关广告位的使用方式和使用目的已在合同中约定。广告位的具体运营由 A 公司负责，包括广告位的推广、营销、运营、管理、维护及发布广告等。A 公司可以在整个使用期间决定（包括变更）广告位的具体运营方式，且此类决策决定了从广告位使用中获取经济利益的方式和目的。因此，A 公司有权在整个使用期间主导资产的使用方式和使用目的。

综上所述，A 公司与 B 公司的合同包含租赁，A 公司应按新租赁准则相关规定确认使用权资产和租赁负债。

第四章 采矿行业影响及应用

一、行业概述

(一) 行业介绍

采矿业指对固体（如煤和矿物）、液体（如原油）或气体（如天然气）等自然产生的矿物的采掘，包括地下或地上采掘、矿井的运行，以及一般在矿址或矿址附近从事的旨在加工原材料的所有辅助性工作。根据证监会最新行业分类指引，包括煤炭开采和洗选业、石油和天然气开采业、黑色金属矿采选业、有色金属矿采选业、非金属矿采选业、开采专业及辅助性活动，以及其他采矿业。实务中的采矿业，产业链包含开采、存储、生产（冶炼）、销售和运输等。

(二) 上市公司情况

采矿业目前共有 A 股上市公司 84 家，煤矿开采和洗选业 24 家占比 29%；有色金属矿采选业 24 家占比 29%；开采辅助活动 18 家占比 21%；石油和天然气开采业 9 家占比 11%；黑色金属矿采选业 7 家占比 8%；其余为非金属矿采选业，具体分布情况如下图所示。在根据要求实施新准则的对象中，目前同时在 A+H 股上市的企业包括：中国石油化工、中国石油天然气、中海油田服务、中石化石油工程技术、兖矿能源、紫金矿业、中煤能源、洛阳栾川钼业、神华能源、山东黄金矿业 10 家股份有限公司。

(三) 主要租赁资产情况

采矿业中一般租赁资产有土地、房屋建筑等，除此之外，针对采矿环节不同，所涉及的租赁资产也不同。在开采环节中，对于地下固体矿物的开采，例如煤炭、有色金属等，可能涉及掘进机等专用设备的租赁，对于石油的开采，则涉及钻进设备等专用设备的租赁；在储存环节中，如煤炭、金属矿的储存可能涉及堆场租赁，开采矿物后尾矿排放的储存可能涉及特定的坝体租赁，石油和天然气的储存则涉及储气库、储油/气罐的租赁；在运输与销售环节中，一般涉及运输工具的租赁、管道租赁、加油站租赁等。

二、A股上市公司首次执行影响分析

根据《财政部关于修订印发〈企业会计准则第21号——租赁〉的通知》（财会〔2018〕35号），在境内外同时上市的企业以及在境外上市并采用国际财务报告准则或企业会计准则编制财务报表的企业，自2019年1月1日起施行；其他执行企业会计准则的企业自2021年1月1日起施行。以下指标分析分为两部分，2019年1月1日首次执行和2021年1月1日首次执行，旨在分析首次执行新租赁准则对资产负债表的影响。

（一）2019年1月1日首次执行

表3-4-1　2019年1月1日首次执行对采矿业资产和负债的影响

项目	金额及比例
使用权资产（万元）	39 496 879.66
租赁负债（万元）	35 220 992.70
总资产（万元）	521 321 752.04
总负债（万元）	249 448 814.97
净资产（万元）	271 872 937.07
使用权资产/总资产（%）	7.58
租赁负债/总负债（%）	14.12
（使用权资产－租赁负债）/净资产（%）	1.57

（二）2021年1月1日首次执行

从表3-4-1、表3-4-2数据可以看出，新租赁准则的首次执行导致采矿业在资产负债表中确认了大额使用权资产和租赁负债，且租赁负债与总负债的占比总是超过使用权资产与总资产的占比，这样导致资产负债率整体上升。

2019年的影响大于2021年的主要原因是，选择2019年执行的企业为多家行业巨头，包括中国石油化工股份有限公司、中国石油天然气股份有限公司、上海大屯能源股份有限公司。综合2019年和2021年的数据，选取了5家受影响较大的企业进行列示分析（见表3-4-3）。

表3-4-2　　2021年1月1日首次执行对采矿业资产和负债的影响

项目	金额及比例
使用权资产（万元）	1 435 649.95
租赁负债（万元）	1 022 594.47
总资产（万元）	127 295 380.04
总负债（万元）	70 422 228.19
净资产（万元）	56 873 151.85
使用权资产/总资产（％）	1.13
租赁负债/总负债（％）	1.45
(使用权资产－租赁负债)/净资产（％）	0.73

（三）首次执行影响最大的行业内上市公司

表3-4-3　　　　　　首次执行对采矿业中上市公司的影响

序号	公司名称	使用权资产（万元）	总资产（万元）	租赁负债（万元）	总负债（万元）	使用权资产/总资产（％）	租赁负债/总负债（％）	使用权资产/行业资产（％）	租赁负债/行业负债（％）
1	中国石油化工	20 745 500.00	113 016 700.00	18 467 000.00	59 297 100.00	18.36	31.14	3.20	5.77
2	中国石油天然气	18 178 200.00	260 400 700.00	16 319 600.00	119 483 100.00	6.98	13.66	2.80	5.10
3	平顶山天安煤业	345 514.26	5 353 477.96	196 375.20	3 576 403.89	6.45	5.49	0.05	0.06
4	西部矿业	214 225.37	4 910 386.52	160 709.33	3 304 928.75	4.36	4.86	0.03	0.05
5	上海大屯能源	47 346.45	1 536 213.82	47 820.26	574 349.49	3.08	3.08	0.01	0.01

从个体影响来看，新租赁准则的执行对中国石油化工股份有限公司报表项目

的影响甚至超过了10%，为此，它也成为行业中受新租赁准则影响最大的企业，其本期资产负债率比上期提高3.9个百分点，并且由于折旧和利息费用的增加，导致本期利息保障倍数比上期下降10.34个百分点。

三、行业应用

采矿业产业链主要包含开采、存储、生产、销售和运输等。以下将在这些环节中从新租赁准则的不同知识点展开分析可能存在的与租赁相关的交易。

（一）适用范围

新租赁准则规定，勘探或使用矿产、石油、天然气及类似不可再生资源的租赁，不适用租赁准则。该原则最早来源于美国公认会计原则下的租赁准则，排除此类租赁的主要原因是，此类不可再生资源自身是消耗性的，而不是像房屋建筑物、机器设备等可计提折旧的资产。

在有些国家，矿产归国家所有，但土地是归个人所有，租赁矿权时还需要与个人签订土地租赁合同。《国际财务报告准则第16号》并未明确上述排除范围是否包含与自然资源相关，或与属于勘探或使用资源相关的其他资产租赁。美国财务会计准则委员会《主题842》对此进一步指出，上述排除范围包含对勘探自然资源的无形权利，以及包含自然资源的土地使用权（除非这些使用权不仅包含对自然资源的勘探权）。

根据上述规定，一般理解，对于与自然资源相关或属于勘探或使用这些资源过程的一部分的其他使用权（如土地使用权），如果该使用权仅包含对勘探或使用自然资源的权利，则属于"排除范围"；如果该使用权延伸到勘探或使用自然资源的权利之外，如将矿区土地或其他资产用于其他用途，则将不适用于"排除范围"的规定。

例如，在采矿业中，开采自然矿物质需要取得相应的采矿权证，但有时取得采矿权证的企业并未自行开采，而是委托他人进行开采，常见于关联企业之间（不考虑合规性）。在委托开采协议中，若受托方将开采的全部产品提供给委托方，则一般属于一项委托加工服务；若受托方仅将开采的部分产品提供给委托方，剩余部分自行享有，使用采矿权的权利可能符合租赁定义，但不符合新租赁准则的适用范围。但是，如果在矿区范围内占用一定区域，但并非用于开采，而是用于仓库存储、旅游开发等，则相关区域的租赁应属于新准则范围。具体案例可参考本章案例3-4-7。

案例3-4-1：矿权租赁

案例背景：

A公司是一家矿业公司，拥有甲地某区域的采矿权（附有具体区域范围），B公司与A公司同是C公司的子公司。A公司与B公司签订《采矿权租赁合同》，将该地采矿权租赁予B公司开采，租赁期为5年。

合同约定，在该租赁期内，B公司自行在采矿区内进行采矿作业，A公司不得参与和干预B公司在该区域内的任何工作，A公司也不得将采矿权转让予第三方。B公司需严格遵守采矿作业相关法律法规，并在安全生产的前提下开展工作。B公司可在该区域内进行改造，但仅限于采矿作业所必需的相关改造，不可作为其他商业用途。租赁费用按年结算，B公司对该区域进行开采，并保证每年向A公司提供100吨矿石作为租赁费用。B公司预计每年能够在该区域开采出400~500吨矿石。

案例问题：

该合同是否包含租赁？

案例分析：

本案例中，B公司向A公司租赁的采矿权，属于准则规定的不可再生资源的租赁，因此不适用新租赁准则。

对于本案例，从租赁定义的角度进行分析：

（1）存在已识别资产。A公司拥有的甲地某区域的采矿权（附有具体区域范围），表明资产被指定，物理上可区分。A公司也不具有实质性替换权。

（2）客户有权获得资产使用产生的几乎全部经济利益。在租赁期内，B公司可独家开采该矿区，B公司可独享该矿区产出的矿石，从而有权获得其几乎全部经济利益。B公司需每年向A公司提供100吨矿石只是其产出矿石的一部分，属于租赁对价，不妨碍B公司获得使用该资产所产生的几乎全部经济利益的权利。

（3）客户有权主导资产的使用。在租赁期内，B公司单独负责矿山开采，A公司不得干预该区域的工作，表明B公司有权在整个使用期间主导资产的使用方式和使用目的。虽然合同约定，B公司须严格遵守采矿作业相关法律法规，并在安全生产的前提下开展工作，B公司仅可在该区域内进行改造，但仅限于采矿作业所必需的相关改造，不可作为其他商业用途。该条款仅为保护性条款，不足以否定B公司拥有主导资产使用的权利。

综上，在该合同中，从识别租赁的角度看，合同很可能满足租赁定义，但该采矿权租赁属于不可再生资源租赁，不属于新租赁准则的适用范围。因此，B 公司不需要就该合同确认相关使用权资产和租赁负债。

（二）识别租赁

新租赁准则规定，在合同开始日，企业应当评估合同是否为租赁或者包含租赁。如果合同中一方让渡了在一定期间内控制一项或多项已识别资产使用的权利以换取对价，则该合同为租赁或者包含租赁。一项合同要被分类为租赁，必须要满足三要素：存在一定期间；存在已识别资产；资产供应方向客户转移对已识别资产使用权的控制。

1. 附带大型设备的工程合同

采矿业中，对于开采的固体矿物如煤炭、有色金属等，大都存在于地下、山体内，需要建造地下矿井进行开采。在开采过程中往往伴随着掘进工程的展开，在巷道区域开展掘进作业会受到机械设备的影响，掘进作业可能需要根据巷道的尺寸结构来选择恰当的设备尺寸和型号。有时，施工方在为矿业企业提供掘进作业时包含提供相应设备的使用，所使用的掘进设备可能属于专用设备。出包方（矿业企业）是否能够控制这些合同中设备的使用，决定了合同是否包含租赁，还是仅作为一项服务。同样，对于石油的开采，钻井工程是最为重要的一个环节，钻井设备往往是大型且专用的，甚至是专门定制的。与固体矿物开采的掘进工程类似，石油企业是否能主导钻井设备的使用是决定合同是否包含租赁的关键。

在判断这些专用设备是否由谁控制其使用时，应当考虑在该使用期间与改变资产的使用方式和使用目的最为相关的决策权是谁享有。相关决策权是指对使用资产所产生的经济利益产生重大影响的决策权。一般而言，附带大型设备的工程合同中，施工方在施工过程中均会对设备的使用存在一定的决策权，在判断最相关的决策权时，应关注工程施工过程是否能够产生直接的现金流量。若工程施工过程能够产生直接的现金流量（如直接产出矿产品），则委托方及施工方均有经济驱动参与工程施工决策，工程施工过程决策可能是最为相关的决策权；相反，若工程施工过程不会产生直接的现金流量（如仅处于探矿过程），则施工方可能没有经济驱动参与工程施工决策，合同安排中出包方可能是唯一的决策者，工程施工过程决策可能并非最为相关的决策权。

此外，在采矿业的各类工程中，一般施工合同主要包含针对施工服务的约定条款，在施工过程中涉及的大型设备在合同中可能是明确的，也可能是隐含的，特别是这些设备是专用的或是需要定制的。因此,在采矿业的各类施工安排中,应结合实际关注所使用的设备是否符合新租赁准则中"已识别资产"的定义。

案例 3-4-2:矿山掘进工程

案例背景:

A 矿业公司与 B 建投矿业工程公司签订《矿山掘进工程承包施工合同》,主要约定如下:

1. 承包内容和工程量确认

(1) 掘进:按照工程设计图及施工方案实施。以工程设计图纸为依据,以验收合格的工程量为准。具体工程明细如表 3-4-4 所示。

表 3-4-4　　　　　　　　工程明细表

序号	工程名称	工程量	
		米	立方米
	×××生产区等井巷掘砌工程	3 500	30 000
1	×××A-1、B-2 矿体开拓	300	2 000
2	×××A-4 矿体 A100 中段开拓	500	3 000
3	××A500 至 A650 中段 5 线斜坡道	300	4 000
4	B400 至 B600 中段卸载巷道	600	3 000
5	××井突起 B800 中段找矿	500	5 000
6	××坑 B600 中段找矿	200	2 000
7	C-23 矿体 A700 中段加密勘探井巷工程	600	7 000
8	C-14 矿体 A700 中段加密勘探井巷工程	500	4 000

(2) 支护:依据工程需要所发生的支护工程。根据设计支护方式及参数或经 A 公司、C 监理公司同意后采取的有效支护方式,经 A 公司、B 公司、C 监理公司相关人员现场实测验收并签字认可。

(3) 配套安装:施工区域内的安装(铁道、风水管、电缆线铺设、架空线、风筒、照明线等)工程。

隐蔽工程量:经 A 公司、B 公司、C 监理公司相关人员现场实测验收并签字认可。

2. 工程定价

(1) 掘进工程(见表 3-4-5)

表 3-4-5　　　　　　　　　　掘进工程表

序号	工程名称	断面 立方米	单价 元/立方米
	×××生产区等井巷掘砌工程	72	2 930
1	×××A-1、B-2 矿体开拓	7	350
2	×××A-4 矿体 A100 中段开拓	6	330
3	××A500 至 A650 中段 5 线斜坡道	13	360
4	B400 至 B600 中段卸载巷道	13	360
5	××井突起 B800 中段找矿	6	330
6	××坑 B600 中段找矿	9	400
7	C-23 矿体 A700 中段加密勘探井巷工程	9	400
8	C-14 矿体 A700 中段加密勘探井巷工程	9	400

（2）支护工程（见表 3-4-6）

表 3-4-6　　　　　　　　　　支护工程表

工程	规格	单价
金属支架支护	2.4×2.6 坑道	150 元/架
	2.8×2.6 坑道	180 元/架
	3.8×3.5 坑道	350 元/架
	3.0×3.0 坑道	280 元/架
锚杆支护	1.5 米锚杆	35 元/根
	1.8 米锚杆	40 元/根
网支护		20 元/立方米
喷浆支护		900 元/立方米
水沟开挖	>0.4 立方米/米	460 元/立方米
砼支护	砌筑	600 元/立方米
	铺地面	350 元/立方米

3. 工程承包工期

2×21 年 1 月 1 日至 2×22 年 6 月 30 日

4. 材料供应及施工设备

（1）施工所需的直接材料、辅助材料、大宗材料、支护材料由 A 公司供应，B 公司按规定办理领用手续后领用。

（2）直接材料与辅助材料（附材料清单）每季度按定额量对B公司进行考核（附考核清单），使用量在定额量内的费用由A公司承担，超过定额量部分的费用由B公司自行承担。

（3）施工中必须按设计要求一次成巷，铁道、风管、水管、电缆、架空线、通风设施等安装必须按设计要求进行，掘进和安装都合格后才能进行验收。巷道安装所需的铁道、风管、水管、电缆、架空线、通风设施等安装配套材料由A公司按定额量无偿提供，安装费包含在单价中。

（4）领用当月所需工程材料，必须于前一个月把材料计划提交坑口和生产技术部进行审批，审批后提交供应部按计划领用。

（5）施工所需的风、水、电由A公司无偿提供。

（6）施工所需机械设备由B公司负责提供，费用包含在单价中。B公司应确保提供设备符合施工要求，并且在整个施工过程中能够按时间进度满足工程需要。

5. 工程设计或施工方案变更

B公司应严格按照设计方案和施工方案进行施工，B公司提出任何需变更设计或施工方案的意见须经A公司书面同意，A公司需变更设计或施工方案应在实施前7天书面通知B公司。设计变更增减工程量，按合同条款和预算原则增减造价，并签订补充协议。

其他信息：

本项目中所用到的掘进设备属于专用设备，使用设备的时间几乎贯通于整个工期内，不用于挖掘时放置在客户场地（矿山）。因客户场地（矿山）一般地处偏远，替换成本较高，替换预期不会带来收益。除需要维修外，预计不会替换。

案例问题：

该合同中是否包含租赁？

案例分析：

本案例中，虽然合同中并未明确设备的租赁，但该类掘进工程一般会用到如掘进设备等大型设备，合同明确了B公司将负责提供施工所需的机械设备，且费用包含在单价中。本案例分析的关键在于工程中所使用的大型设备是否属于租赁。具体分析如下。

（1）合同存在已识别资产。掘进设备属于专用设备，在整个工期内，不用于挖掘时放置在A公司场地（矿山）。因替换成本较高，B公司预计替换预期不会带来收益，除需要维修外，预期不会替换。因此，设备在开始投入使用后即已被指定，且B公司不具备实质性替换权。

（2）客户有权获得资产使用所产生的几乎全部经济利益。在整个工期内，掘进设备均只使用在该项目上，不用于挖掘时也放置在 A 公司场地。因此，在整个使用期间内，A 公司有权独家使用该设备，从而有权获得其使用所产生的几乎全部经济利益。

（3）客户有权主导已识别资产的使用。合同约定，B 公司应严格按照设计方案和施工方案进行施工，B 公司提出任何需变更设计或施工方案的意见须经 A 公司书面同意。A 公司需变更设计或施工方案应在实施前 7 天书面通知 B 公司。表明 B 公司无权单方面对设计和施工方案进行修改，但 A 公司可以。本案例中，使用掘进设备进行挖掘的过程并不产生直接的现金流量，B 公司仅按照合同约定的设计和施工方案使用掘进设备。在后续施工过程中，A 公司有权利用其决策权（改变设计方案和施工方案）改变设备的使用方式和使用目的，A 公司对设计和施工方案的决策权是对使用掘进设备的经济利益产生最重大影响的决策权。作为施工方，由 B 公司对掘进设备进行具体操作，但其有关具体操作的决策是在设计和施工方案的指导下进行的。因此，对于设备具体操作的决策，并非对使用该设备产生的经济利益产生最重大影响的决策权。

综上分析，该合同中对掘进设备的使用属于租赁。

此外，B 公司负责具体整个掘进工程的施工，该部分业务属于 B 公司向 A 公司提供的服务。因此，该合同包含了租赁和非租赁成分。此时，根据新租赁准则相关规定，承租人 A 公司可选择将该合同分拆或不分拆合同中的租赁和非租赁成分；出租人 B 公司则需要将该合同分拆为租赁成分和非租赁成分，分别按照新租赁准则和新收入准则进行处理。

案例 3-4-3：石油钻井工程

案例背景：

A 公司是一家石油公司，与一家钻井公司 B 公司签订为期 3 年的连续钻井合同。合同约定，B 公司按 A 公司确定的油井设计规范建造海上油井，并明确钻井工程需要用到的钻机型号。该钻机较为昂贵，B 公司仅有一套该型号的设备。

情形一：

合同约定，B 公司应按照 A 公司制定的具体钻井计划执行钻井任务。钻井计划包含了钻井进度计划表、钻机的钻井位置和井深、钻井的数量等内容。若 B 公司在钻井过程中遇到问题需要修改原定钻井计划，须取得 A 公司书面同意后方可进行。B 公司负责维护和操作钻井平台，保留与操作钻井平台相关的所有风险。

情形二：

合同约定，B 公司按合同约定的钻井区域、需达到的效果、符合当地安全环境等法律法规等条件下，制订具体钻井计划。钻井计划制定完成后，需交由 A 公司确认审核，A 公司审核内容主要包括钻井工程预算、工程时间进度、是否符合相关法律法规等。若 B 公司在钻井过程中遇到问题需要修改原定的钻井计划，同样需要报经 A 公司审核，A 公司审核内容与最初制定钻井计划审核内容一致。此外，钻井平台的操作高度专业化，需要受过专门训练的持证人员进行操作。A 公司不得为该钻机雇佣其他操作人员，也不得参与钻机的操作。B 公司负责维护和操作钻井平台，保留与操作钻井平台相关的所有风险。

案例问题：

情形一和情形二是否包含租赁？

案例分析：

本案例中，存在 3 年期的一定期限，并明确了钻井工程需要用到的钻机型号，B 公司仅有一套该型号的设备。表明钻机等钻井设备被指定，且物理上可区分，B 公司对指定型号的设备不具有实质替换权。因此，是否包含租赁关键在于 A 公司是否控制已识别资产使用权的判断。

情形一：

情形一中，A 公司与 B 公司签订的是连续钻井合同，在 3 年内需要不断用到该钻机，钻机属于大型设备且具有特殊性，其在 A 公司的钻井工程使用期间，无法再用于其他工程。因此 A 公司有权获得指定钻机在约定期间内所产生的几乎全部经济利益。

合同约定，B 公司应按照 A 公司制定的具体钻井计划执行钻井任务。钻井计划包含了钻井进度计划表、钻机的钻井位置和井深、钻井的数量等内容。若 B 公司在钻井过程中遇到问题需要修改原定的钻井计划，须取得 A 公司书面同意后可进行。表明 A 公司拥有钻机具体操作的决策权，该决策权是对使用钻机产生经济利益产生最重大影响的决策权。因此，A 公司有权在整个使用期间决定或更改钻机的使用方式和使用目的，B 公司仅是根据 A 公司制定的具体钻井计划执行钻井任务，A 公司有权主导已识别资产的使用。

此外，虽然 B 公司负责维护和操作钻井平台，保留与操作钻井平台相关的所有风险，但这些活动的决策本身并不影响钻机的使用方式和使用目的，这些活动的决策实质受制于 A 公司如何使用钻机的决策权。因此，B 公司对钻机的维护和操作并不影响 A 公司主导已识别资产的使用。

综上分析，客户（A 公司）控制了已识别资产（钻井设备）的使用，情形一包含租赁。

情形二：

同情形一，指定的钻机在 A 公司的钻井工程使用期间，无法再用于其他工程。A 公司有权获得指定钻机在使用期间内所产生的几乎全部经济利益。

情形二中，钻井计划是由 B 公司制定，钻机在什么位置钻探，需要钻多深，以及什么时间钻井均是包含在 B 公司制定的具体钻井计划中。并且，钻井平台的操作高度专业化，需要受过专门训练的持证人员进行操作。A 公司不得为该钻机雇佣其他操作人员，也不得参与钻机的操作。表明 B 公司的决策权是对使用钻机所产生的经济利益产生最重大影响的决策权。

虽然 B 公司需要在合同框架下制定钻井计划，且计划制订后以及后续更改都需要通过 A 公司审核，但合同框架内容仅涉及钻井区域的范围、需要达到的效果、符合当地安全环境等法律法规等条件；A 公司对 B 公司制定的钻井计划审核的内容也仅是针对钻井工程预算、工程时间进度、是否符合相关法律法规等；合同约定内容及 A 公司审核范围并不是对使用钻机所产生经济利益产生最重大影响的决策权，不属于最相关的决策权。因此，A 公司无权在整个使用期间主导钻机的使用方式和使用目的，钻机的使用方式和使用目的也并非预先确定，在整个期间主导钻机使用权的是 B 公司。

综上分析，客户（A 公司）并未控制已识别资产（钻井设备）的使用，情形二不包含租赁。

2. 储备设备租赁合同

在自然资源开采出来或运输到某地后，如何进行储存是其产业链上重要的环节。由于其存在量大且性质特殊等特点，不同的产品所使用的储存方式和工具（场地）不同。如煤炭、金属矿等固定矿产品的存储可能需要面积较大的堆场；开采矿物后尾矿排放的储存可能需要符合环境因素、地质稳定性等条件的坝体；石油和天然气的储存可能需要特定条件（如防火、防爆、防漏）的储气库或储油/气罐。对于存储工具，往往是大容量且造价是高昂的，有的企业会选择自行建造的方式建造存储工具，而有的企业会选择租赁或与其他企业合作的方式达到其存储的目的。

一种常见储气设备为储气球罐。在租赁储气罐时，提供储气罐的公司一般拥有较多数量的相同储气罐，资产供应方是否对储气罐拥有实质替换权往往是在交易中识别租赁的关键。在判断实质替换权时，需关注资产供应方是否拥有在整个使用期间内替换资产的实际能力，而不仅是在特定期间内才具有替换权；以及替换资产的预期经济利益是否超过替换资产所需成本，导致资产供应方能够拥有经济驱动去行使该替换权。

案例 3-4-4：储气球罐

案例背景：

A 公司与 B 公司签订合同，约定 A 公司以其位于某地的储配站的球罐及相关配套设施为 B 公司提供液化石油气仓储服务，合同期限为 4 年。

合同约定，A 公司各年需提供的球罐为：第 1 年合同周期内不少于 3 个球罐；第 2 年合同周期内不少于 3 个球罐；第 3 年合同周期内不少于 4 个球罐；第 4 年合同周期内不少于 5 个球罐。合同期内，A 公司以 B 公司为唯一合作方，B 公司不得将该仓储业务转租、分包给第三方。

A 公司提供的仓储服务内容主要为 B 公司货物进出气库的操作和货物在气库中的储存管理等。具体包括但不限于：安排船舶靠岸、货物检测计量、船岸接管、岸库输送货物连接，安排车辆的货物检测、过磅、停靠及接管。根据 B 公司通知和确认安排货物入库、出库、货物装车；妥善、安全保管货物，定期通报货物储存数量动态，以及为实现前述服务提供足够的人力保障、设备保障、技术保障、程序保障和安全保障并承担相应的费用。

A 公司权利义务：A 公司负责仓储设施维护保养，确保仓储设施正常运行。A 公司负责处理经营过程中与包括政府职能部门及水、电供应者的外部关系，保证仓储设施正常运营。A 公司对储配站安全管理负全责，杜绝安全事故的发生，对有关安全事故的处理承担责任，确保项目安全运营。A 公司根据 B 公司提交的作业计划，统筹安排并与 B 公司确认作业计划。A 公司根据双方确认的作业计划按时完成液化石油气接卸、外输、充装等工作。

B 公司权利义务：B 公司按协议约定支付仓储服务费及履约保证金。B 公司提前向 A 公司提交液化石油气接卸、外输、充装作业计划，经双方确认后实施。B 公司业务代表应会同 A 公司对仓储货物进行验收、计量，以及出入库的登记、统计、货物出入库单的开具、确认等管理工作。未经 B 公司业务代表对出入库单的签字确认，A 公司不得对 B 公司储存的液化石油气进行出库、入库及倒罐作业。B 公司应完全服从 A 公司关于接卸、外输、充装作业的相关安全要求。在服务期内，B 公司如需对 A 公司的仓储设备及管线等进行特殊改造，相关改造费用由 B 公司承担。改造完毕的管线等设备设施归 A 公司所有，如遇合同规定免责情形，B 公司投入的改造成本 A 公司不予返还。

其他信息：B 公司液化石油气储存于 A 公司球罐后，A 公司有权将一个或多个罐中的液化石油气迁移至不同的一个或多个罐中。但 A 公司必须承担全部迁移费用，A 公司预计迁移的收益不会超过成本。

案例问题：

该合同中是否包含租赁？

案例分析：

本案例合同存在租赁。具体分析如下。

（1）合同存在已识别资产。合同约定 A 公司以其位于某地的储配站的球罐及相关配套设施，为 B 公司提供液化石油气仓储服务。虽然各年需提供的球罐的数量需根据实际使用情况确定，但是，各年实际使用时即可确定具体球罐及数量。储配站有若干个球罐，单个球罐储与其他球罐能在物理上可区分。

本案例中，B 公司液化石油气储存于 A 公司球罐后，A 公司有权将一个或多个罐中的液化石油气迁移至不同的一个或多个罐中。但 A 公司必须承担全部迁移费用，A 公司预计迁移的收益不会超过成本。表明 A 公司通过行使替换资产的权利将不会获得经济利益。因此，A 公司（资产供应方）在整个使用期间不具有对球罐的实质性替换权。

（2）客户有权获得使用资产所产生的几乎全部经济利益。合同期内，A 公司以 B 公司为唯一合作方，B 公司不得将该仓储业务转租、分包给第三方。表明 B 公司对该储配站的球罐及相关配套设施具有独家使用权。因此，B 公司有权获得使用球罐及相关配套设施所产生的几乎全部经济利益。

（3）客户有权主导已识别资产的使用。A 公司根据 B 公司提交的作业计划，统筹安排并与 B 公司确认作业计划。B 公司业务代表应会同 A 公司对 B 公司货物进行验收、计量以及出入库的登记、统计、货物出入库单的开具、确认等管理工作。未经 B 公司业务代表对出入库单的签字确认，A 公司不得对 B 公司储存的液化石油气进行出库、入库及倒罐作业。表明该储存站的存储安排、作业计划均由 B 公司决定。虽然合同要求 B 公司服从 A 公司关于接卸、外输、充装作业的相关安全要求，但这是由于行业特殊性，为保障储存站的安全运行而设定的保护性条款，不影响 B 公司控制权的判断。因此，B 公司有权在整个使用期间主导球罐及相关配套设施的使用。

综上分析,该合同包含对储气球罐和相关配套设施的租赁。

此外,A公司向B公司提供的仓储服务内容包括B公司货物进出气库的操作和货物在气库中的储存管理等。具体包括但不限于:安排船舶靠岸、货物检测计量、船岸接管、岸库输送货物连接,安排车辆的货物检测、过磅、停靠及接管。表明A公司除提供给B公司使用储罐和相关配套设施外,还提供一系列的仓储相关服务。此时,根据新租赁准则相关规定,承租人B公司可选择将该合同分拆或不分拆合同中的租赁和非租赁成分;出租人A公司则需要将该合同分拆为租赁成分和非租赁成分,分别按照新租赁准则和新收入准则进行处理。

3. 运输设备租赁合同

矿产品的运输一般采用铁路、公路和水路的运输方式。由于其性质特殊,除常规的运输方式之外,还会通过管道(如天然气)进行运输。对于火车、汽车或轮船等运输方式,这些运输工具是可以移动的,但是,对于管道运输所使用的管道,其位置和路线固定,该管道占用了该位置后,其他管道不能再继续占用相同位置。对于使用管道进行运输,实务中存在各种合作形式。因管道造价较高且所占用固定位置和路线,一段特定路线的管道在一段时间内可能并不仅提供给一家公司使用。如可以"委托经营管理"的形式出租资产,并取得一定比例的分成。天然气公司在租赁管道时,应关注所租赁管道是否提供的是该期间内的全部产能,从而影响资产在物理上是否可区分,是否满足租赁定义。

此外,由于输油/气管道一般是埋于地下,有时对管道的租赁仅是地下空间的租赁,土地所有者仍然保留使用管道上方地面的权利。此种情形下,地下空间本身并不影响它是否为一项已识别资产,应注意关注合同是否明确包括了管道的线路、宽度和深度,判断是否在物理上可明确区分。

案例3-4-5:管道租赁

A公司为一家天然气投资平台公司,B公司是一家天然气公司。A公司与B公司签订《委托经营管理合同》,委托B公司对其拥有的天然气管道进行运营。合同具体约定如下。

标的物:A公司名下拥有的一条甲地至乙地的天然气管道,包括甲地至乙地段的全部管道、场站及其附属设施等。

标的资产的经营和使用:A公司将包括甲地至乙地的全部管道、场站及其附属设施的经营权等标的物,交付给B公司管理经营,全部经营资产的使用权、经营权、收益权等由B公司享有。B公司必须在经营范围内按行政许可审批从事经营活动。若需对标的资产进行改造,须经得 A 公司同意(满足经营范围且不违反相关法律法规)。

标的资产的维修:(1)标的资产除因建设时本身存在质量问题之外,在 B 公司接收、使用发生的任何问题及给第三人造成的损失,均由 B 公司负责维修、承担。(2)合同期内,每年相关证照的年审,设备检测、更换手续等,由 B 公司负责办理,A 公司配合,费用由 B 公司承担。(3)B 公司必须按照双方约定的用途使用标的物。B 公司应当合法使用标的物,不得利用该标的物从事违法犯罪活动,否则 A 公司有权单方面解除合同,并由此引起的所有责任和损失由 B 公司承担。(4)合同期内,标的物及所属设施的维修责任均由 B 公司负责。

标的资产的改造:委托经营管理期间,B 公司经 A 公司书面同意并满足国家、行业强制性标准和安全生产的前提下,可对标的物进行扩建改造。由 B 公司出资改造、添置或更换的设施、设备,租赁期满后所有权归 A 公司所有,B 公司不得私自拆除。

委托期限:3 年,自合同签订之日起生效。3 年后经双方友好协商,B 公司可选择续期 3 年。

管理费:B 公司需向 A 公司支付 300 万元/年的资产使用费。从第 2 年起,除固定使用费外,B 公司需将运营标的资产净收益的 10% 向 A 公司分配。

案例问题:

该合同中是否包含租赁?

案例分析:

本案例中,虽然是以"委托经营管理"的形式进行合作,但实质为租赁合同。具体分析如下。

(1)合同存在已识别资产。合同明确约定标的资产为甲地至乙地的全部管道、场站及其附属设施的经营权等标的物。该资产是合同明确指定资产,其在物理上可明确区分,并且,由于资产价值高昂、替换成本较高,委托方不具有实质性替换权。

(2)客户有权获得使用资产所产生的几乎全部经济利益。在委托期间内,全部经营资产的使用权、经营权、收益权等由 B 公司享有。表明 B 公司有权享有使用该资产产生的几乎全部经济利益。合同约定,B 公司需要向 A 公司支付固定的资产使用费 300 万元。从第 2 年起,B 公司需将运营标的资产净收益的 10% 向 A 公司分配。其中,后者仅代表 B 公司为使用标的资产而支付的对价,并不妨碍 B 公司拥有获得使用资产所产生的几乎全部经济利益的权利。

(3) 客户有权主导已识别资产的使用。在委托期间内，全部经营资产的使用权、经营权、收益权等由B公司享有，B公司自行运营资产。表明B公司有权在整个使用期间主导已识别资产的使用方式和使用目的。虽然合同约定，若需对标的资产进行改造，需经得A公司同意（满足经营范围且不违反相关法律法规），但该权利仅属于保护性权利，不影响B公司对资产使用的控制权。

综上分析，B公司与A公司签订的《委托经营协议》实质属于租赁合同，应按照新租赁准则相关规定进行会计处理。

（三）租赁负债

新租赁准则规定，租赁负债应当按照租赁期开始日尚未支付的租赁付款额的现值进行初始计量。租赁付款额，是指承租人向出租人支付的与在租赁期内使用租赁资产的权利相关的款项。

由于一些矿业企业的业务发展已涵盖整个产业链，在销售环节，除供应给下游商进行冶炼加工再销售之外，还有面向大众进行零售的，如汽油零售。矿业企业除自行建造加油站进行零售之外，因地域、成本、相关审批等原因，还存在租赁现有加油站进行运营的情况。在加油站的租赁中，一般而言资产是被指定的，对于识别租赁的关键在于客户是否能控制已识别资产的使用权，如一些"委托经营"模式的租赁。此外，在大型资产租赁中，存在租赁金额较大，期限较长，资产达到运营标准，涉及相关手续的办理、设施完善和装修等特点。租金支付条款可能包含多种因素，包括不同年份租金不同、付款期限以相关手续办理为条件等。新租赁准则规定，租赁负债应当按照租赁期开始日尚未支付的租赁付款额的现值进行初始计量。因此，应注意结合合同约定和实际情况具体识别应纳入租赁负债的相关付款项目，以及具体支付时间对其进行计量。

案例3-4-6：加油站租赁

案例背景：

A公司是位于某地的甲加油站的所有权人和经营者，B公司是一家石油企业。A公司与B公司签订合同，约定A公司将该位于某地的甲加油站出租给B公司。合同约定如下。

标的物：A公司拥有的位于某地的甲加油站，包括加油站用地的土地使用权及房屋、地上建筑物、附属和配套设施、设备。加油站拥有土地面积600平方米，土地性质为国有商业用地，房屋面积为200平方米。

交接：A 公司将加油站经营证照办理至 B 公司分支机构名下，且 B 公司装修、改扩建方案获得行政批准后 10 个工作日内，B 公司决定具体交接日期并提前五个工作日通知 A 公司，A 公司按现状将加油站交接给 B 公司。交接时，双方应共同清点验收，制作交接明细并确认。

租赁期限：租赁期为 20 年。从起租日开始，每 12 个月为一个租赁年度。自资产交接给 B 公司次日起 6 个月为免租期，免租期不包括在租赁期内，B 公司无需向 A 公司支付租金或其他费用。租赁期届满，B 公司在同等条件下具有优先承租权。

租金：租赁期内租金如表 3-4-7 所示。

表 3-4-7　　　　　　　　　租赁期内租金　　　　　　　　单位：万元

项目	年租金		
	土地租金	房屋租金	合计
1~5 年	75	15	90
6~10 年	80	20	100
11~15 年	85	25	110
16~20 年	90	30	120

支付期限如表 3-4-8 所示。

表 3-4-8　　　　　　　　　支付期限

项目	租金金额	支付时间	付款比例	付款金额
1~3 年	90 万元/年，共 270 万元	A 公司完成加油站房屋租赁设备备案登记，将加油站成品油零售审批证书及危险化学品经营许可证办理至乙方指定权利人名下，且按约定完成资产交接	40%	108 万元
		B 公司加油站正式营业	50%	135 万元
		B 公司加油站正式营业三个月	10%	27 万元
4~5 年	98	租金年付，每个租赁年度开始第一个月	100%	90 万元/年
6~10 年	108	租金年付，每个租赁年度开始第一个月	100%	100 万元/年
11~15 年	118	租金年付，每个租赁年度开始第一个月	100%	110 万元/年
16~20 年	128	租金年付，每个租赁年度开始第一个月	100%	120 万元/年

租赁期内，A 公司不得干涉 B 公司的自主经营，并应协助 B 公司处理加油站经营过程中与政府部门、相邻权人、水电供应者等外部关系。A 公司如欲转

让加油站，应提前 30 日以书面形式通知 B 公司，B 公司享有优先购买权。若 B 公司书面放弃优先购买权，A 公司应保证使受让方充分了解双方本合同下的权利义务并继续履行本合同。A 公司应负责安置或遣散加油站原有工作人员，并承担相关费用，A 公司不得干涉 B 公司自主安排用工。A 公司应协助 B 公司办理加油站工商、税务及其他经营证照的年审。

租赁期内，B 公司应正常使用并妥善管理相关租赁物，因 B 公司故意或重大过失造成租赁物损毁或灭失的，B 公司应负责修理或赔偿。B 公司负责对加油站配套设施、设备进行日常维修、保养，使其保持正常状态，并承担由此产生的费用。租赁期满、合同终止或解除时，B 公司应按照合同约定归还加油站资产。租赁期内，B 公司有权按照 B 公司标准对加油站进行维修、装修、改扩建等，但须提前书面告知 A 公司。

租赁期开始日，B 公司无法确定租赁内含利率，增量借款利率为 5%。根据 B 公司以往类似交易，以及 B 公司管理层评估，B 公司预计在资产交接后 6 个月内完成所有装修正式营业。

案例问题：

B 公司如何确定租赁负债初始金额？

案例分析：

1. 确定租赁期

租赁期是指承租人有权使用租赁资产且不可撤销的期间；承租人有续租选择权，即有权选择续租该资产，且合理确定将行使该选择权的，租赁期还应当包含续租选择权涵盖的期间；承租人有终止租赁选择权，即有权选择终止租赁该资产，但合理确定将不会行使该选择权的，租赁期应当包含终止租赁选择权涵盖的期间。

本案例中，不存在确定租赁期时需考虑的相关选择权，合同约定 B 公司拥有"优先承租权"和"优先购买权"并不属于租赁准则规定的选择权。因此，在确定租赁期时，主要考虑合同的不可撤销期间。本案例中包含"自资产交接起"6 个月的免租期。租赁期自租赁期开始日起计算，租赁期开始日，是指出租人提供租赁资产使其可供承租人使用的起始日期。因此，免租期应包含在租赁期的不可撤销期间内，该合同的租赁期为 20 年零 6 个月。

2. 确定租赁负债

根据新租赁准则，租赁负债应当按照租赁期开始日尚未支付的租赁付款额的现值进行初始计量。租赁期开始日，是指出租人提供租赁资产使其可供承租人使用的起始日期。本案例中，A 公司（出租人）将资产交接给 B 公司（承租人）时，B 公司即可开始使用标的资产，资产交接日为租赁期开始日。

首先，合同约定，在 A 公司完成加油站房屋租赁设备备案登记，将加油站成品油零售审批证书及危险化学品经营许可证办理至乙方指定权利人名下，且按约定完成资产交接时，B 公司应支付 1~3 年租金的 40%（108 万元）。换言之，B 公司在租赁期开始日需支付的 108 万元属于预付租金，不属于"尚未支付的租赁付款额"，不应包含在租赁负债中。

其次，合同约定的第二次租金支付的日期为"B 公司加油站正式营业"，并未指明具体日期，该日期将影响租赁负债的折现金额。但是，新租赁准则中并未对付款日不确定的情况下如何处理进行明确。我们认为，此时，虽然出租人与承租人在签订合同时尚未具体确定时间，但承租人可根据同类加油站办理相关手续的正常时间等因素，合理预估开始正式营业时间，相应进行处理。正常商业关系下，虽然在 3 年内何时支付第二期款项似乎由承租人决定，但承租人只有通过正常营业才能从租赁资产中获益，在无特殊事项的情况下，承租人不太可能故意延期支付，出租人也不太可能允许承租人故意延期支付。例如，本合同中存在 6 个月的免租期，根据 B 公司以往类似交易，以及 B 公司管理层评估等，B 公司可合理预计在资产交接后 6 个月内完成所有装修并正式营业。

本案例中，假设第二期租金的支付时间可合理确定为资产交接后（租赁期开始日后）6 个月，则租赁负债具体计算如表 3-4-9 所示。

表 3-4-9　　　　　　　租赁负债计算表　　　　　　单位：万元

项目	支付时间	期数	租金	租赁负债	备注
1~3 年	租赁期开始日	第 1 期	108	0	
1~3 年	第 6 个月	第 2 期	135	131.67	免租期结束
1~3 年	第 9 个月	第 3 期	27	26.01	免租期+3 个月
4~5 年	第 3 年零 6 个月	第 4 期	90	75.58	
4~5 年	第 4 年零 6 个月	第 5 期	90	71.90	
6~10 年	第 5 年零 6 个月	第 6 期	100	76.00	
6~10 年	第 6 年零 6 个月	第 7 期	100	72.30	
6~10 年	第 7 年零 6 个月	第 8 期	100	68.78	
6~10 年	第 8 年零 6 个月	第 9 期	100	65.43	
6~10 年	第 9 年零 6 个月	第 10 期	100	62.25	
11~15 年	第 10 年零 6 个月	第 11 期	110	65.14	
11~15 年	第 11 年零 6 个月	第 12 期	110	61.97	
11~15 年	第 12 年零 6 个月	第 13 期	110	58.96	
11~15 年	第 13 年零 6 个月	第 14 期	110	56.09	

续表

项目	支付时间	期数	租金	租赁负债	备注
11~15 年	第 14 年零 6 个月	第 15 期	110	53.36	
16~20 年	第 15 年零 6 个月	第 16 期	120	55.37	
16~20 年	第 16 年零 6 个月	第 17 期	120	52.68	
16~20 年	第 17 年零 6 个月	第 18 期	120	50.11	
16~20 年	第 18 年零 6 个月	第 19 期	120	47.68	
16~20 年	第 19 年零 6 个月	第 20 期	120	45.35	
合计			2 100	1 196.64	

如前所述，租赁负债以租赁期开始日尚未支付的租赁付款额现值计算，折现值采用 B 公司增量借款利率 5%。租赁期开始日，第一期款项 108 万元为预付租金，不包含在租赁负债中，B 公司应从第二期租金开始计算折现值。经上述计算，租赁负债金额为 1 196.64 万元。其中，租赁负债——租赁付款额为 1 992 万元（2 100 万元 - 108 万元），租赁负债——未确认融资费用为 795.36 万元（1 992 万元 - 1 196.64 万元）。

（四）综合案例

天然气储存主要分为液态天然气储存和气态天然气储存。气态天然气储存方式主要包括地下储气库存储、储气柜存储、管道存储和吸附存储等。其中，盐穴储气库是天然气地下存储的方式之一。为取得盐业公司的盐腔进行存储，天然气公司有时会与盐业公司形成合作关系，"租赁"盐业公司的盐腔。对于取得的盐腔，有的是已经开采过的废弃盐腔，有的是尚未进行开采的区域。对于未开采的区域，一般可通过人工溶离的方式在盐岩内形成一个空腔结构，将采集出的天然气重新注入地下该空腔结构中。在水溶过程中，会产生大量的卤水，而卤水是盐产品生产行业的主要原材料。此类合作往往是复杂的，天然气公司是否能够控制资产的使用权，资产是否能够被识别，交易是否符合新租赁准则适用范围，均影响着交易的具体处理方式。

案例 3-4-7：地下储气库合作

案例背景：

A 公司为一家盐业公司，B 公司为一家天然气公司。B 公司为执行其"西气东输"计划，需要的规划范围内设立储气设备。A 公司拥有的部分矿区在 B 公司规划范围区域内。因此，B 公司与 A 公司签订合同，双方就 A 公司拥有的该矿区盐腔展开合作。具体合作方式如下：

A公司将其拥有的10口已经开采过的老腔转让给B公司用于建造储气库，B公司同意受让并获得该老腔所在矿区的采矿权，并在受让该盐腔后自主对其进行改造施工。

A公司将其拥有的，尚未开采过的矿区中指定区域（10平方公里矿区），与B公司进行矿权与造腔合作。A公司已委托B公司对该区域内矿权进行开采，B公司可将开采后的盐腔用于设立储气库。自矿区交付之日起，B公司可在该区域内自主进行溶盐造腔活动，A公司不再对该区域进行开发。

B公司将在A公司消化处理能力范围内造腔产生卤水，B公司造腔过程中对卤水自行配采，并将造腔产生的卤水免费提供给A公司作为对采矿权利用的补偿。A公司承诺在其消化处理能力内，首先接收B公司造腔产生的卤水。双方约定，B公司能够配采的条件下，所提供给A公司的卤水浓度不得低于特定浓度，低于特定浓度的部分卤水由B公司自行处理。

合作期限：自合同签订之日起10年。在合作期限未满10年之前，如B公司按照规划将所有储气库溶盐制腔完毕，则不再向A公司供应卤水。合作期满后，如B公司继续使用该规划区域，可选择继续合同，合作价格届时协商确定。

价款约定：10口老腔采矿权转让价款为3 000万元。对于规划范围10平方公里的区域，B公司应在矿区交付时一次性支付200万元，并将后续造腔所产卤水免费提供给A公司。

案例问题：

上述合作安排是否包含租赁？

案例分析：

本案例中，合同约定涉及2个事项：10口老腔转让和10平方公里矿区合作。其中，合同明确A公司将其拥有的10口老腔转让给B公司，转让价款为3 000万元，也未对该10口老腔约定一定的期间，权利义务清晰。表明该10口老腔属于实质购买，B公司拥有其控制权，应将10口老腔确认为其自身资产。

以下主要考虑"10平方公里矿区合作"事项是否包含租赁。具体分析如下：

1. 适用范围

新租赁准则将勘探或使用矿产、石油、天然气及类似不可再生资源的租赁排除在适用范围之外。本案例的"10平方公里矿区合作"事项中，B公司因储气需要占用该区域的土地，以及该土地上的采矿权。B公司占用该区域的目的是使用该土地造腔储存天然气，使用土地权利并非仅为开采矿区产品。并且，B公司在合作过程中因使用采矿权的产出（卤水）均归还A公司。因此，使用该矿区土地的权利不适用前述范围豁免，应分析为储存目的而使用的矿区土地是否包含租赁。

2. 识别租赁

本案例中，合同约定了合作年限为30年，存在一定期间。"10平方公里矿区合作"事项存在租赁，具体分析如下：

（1）合同存在已识别资产。合同约定，合作区域为A公司拥有采矿权的，尚未开采过的矿区中指定区域（10平方公里矿区），表明资产已被指定。该10平方公里矿区与其他区域在物理上可区分。A公司不具备在整个使用期间替换资产的实际能力，也不存在可通过行使替换权利获得的经济利益。

（2）客户有权获得使用资产所产生的几乎全部经济利益。合同约定，B公司在受让该盐腔后可自主对指定矿区自主进行溶盐造腔活动，A公司不再对该区域内进行开发。虽然后续在该矿区开采的产品（卤水）均归属于A公司，B公司不享有该产品，但是，合同约定该区域的使用目的是造腔储存天然气，故应考虑储存天然气的经济利益，而不是造腔过程中产生的产品（卤水）。根据合同约定，B公司自主造腔并独占盐腔空间。因此，B公司有权获得该矿区使用所产生的几乎全部经济利益。

（3）客户有权主导已识别资产的使用。A公司将指定矿区交付给B公司后，并不再干涉B公司在该区域内的造腔活动，也不再对该矿区开发。如何开采、如何造腔、如何储气由B公司自行决定，B公司有权在整个使用期间自行运营该资产。因此，B公司有权主导该矿区的使用。

3. 合同分拆及租赁对价

合同约定，A公司已委托B公司对该矿区进行开采，所产生的产品（卤水）免费提供给A公司，部分实质属于受托加工服务。因此，合同包含了前述租赁部分及开采卤水的非租赁部分。此时，根据新租赁准则相关规定，承租人B公司可选择将该合同分拆或不分拆合同中的租赁和非租赁成分；出租人A公司则需要将该合同分拆为租赁成分和非租赁成分，分别按照新租赁准则和新收入准则进行处理。

事实上，根据合同约定，B公司后续提供的开采服务，属于租赁该矿区的对价之一，即非现金租赁对价。由于该开采服务在后续提供，该租赁对价属于取决于后续活动的可变租赁付款。因此，在租赁期开始日，该部分可变租赁付款额不纳入租赁负债的初始计量。根据合同约定，B公司应在矿区交付时一次性支付200万元，故B公司初始确认的使用权资产为200万元，无租赁负债。

第五章　电信行业影响及应用

一、行业概述

（一）行业介绍

电信、广播电视和卫星传输服务业下面含有3个小类，分别是电信业、广播电视业和卫星传输服务业。电信业指利用有线、无线的电磁系统或者光电系统，传送、发射或者接收语音、文字、数据、图像、视频以及其他任何形式信息的活动；广播电视业指利用有线广播电视网络及其信息传输分发交换接入服务和信号，以及利用无线广播电视传输覆盖网及其信息传输分发交换服务信号的传输服务；卫星传输服务业指利用卫星提供通讯传输和广播电视传输服务，以及导航、定位、测绘、气象、地质勘查、空间信息等应用服务的活动。

（二）上市公司情况

电信、广播电视和卫星传输服务业目前共有A股上市公司18家，其中包括大家熟知的三大运营商，移动、联通和电信，其中移动和电信为18家中仅有的2家A+H股企业。

（三）主要租赁资产情况

电信、广播电视和卫星传输服务业主要租赁资产有通信铁塔、房屋、场地、物业（办公室、电信设备场地）、电路及通信设施、其他通信设备、广播电视设备。

二、A股上市公司首次执行影响分析

根据《财政部关于修订印发〈企业会计准则第21号——租赁〉的通知》（财会〔2018〕35号），在境内外同时上市的企业以及在境外上市并采用国际财务报告准则或企业会计准则编制财务报表的企业，自2019年1月1日起施行；其他执行企业会计准则的企业自2021年1月1日起施行。以下指标分析分为两部分，2019年1月1日首次执行和2021年1月1日首次执行，旨在分析首次执行新租赁准则对资产负债表的影响（见表3-5-1、表3-5-2、表3-5-3）。

（一）2019年1月1日首次执行

表3-5-1　2019年1月1日首次执行对电信、广播电视和卫星传输服务业资产和负债的影响

项目	金额及比例
使用权资产（万元）	16 582 397.41
租赁负债（万元）	12 346 978.32
总资产（万元）	289 665 007.97
总负债（万元）	118 642 490.42
净资产（万元）	171 022 517.55
使用权资产/总资产（%）	5.72
租赁负债/总负债（%）	10.41
（使用权资产-租赁负债）/净资产（%）	2.48

（二）2021年1月1日首次执行

表3-5-2　2021年1月1日首次执行对电信、广播电视和卫星传输服务业资产和负债的影响

项目	金额及比例
使用权资产（万元）	172 923.57
租赁负债（万元）	132 103.21
总资产（万元）	21 003 098.59
总负债（万元）	7 956 044.35

续表

项目	金额及比例
净资产（万元）	13 047 054.24
使用权资产/总资产（%）	0.82
租赁负债/总负债（%）	1.66
（使用权资产－租赁负债）/净资产（%）	0.31

从上表数据可以看出，新租赁准则的首次执行导致电信、广播电视和卫星传输服务业在资产负债表中确认了大量使用权资产和租赁负债，且租赁负债与总负债的占比总是超过使用权资产与总资产的占比，这样将导致该行业资产负债率整体上升，这在2019年中表现得尤其明显，这是因为2019年的数据源为三大运营商，新租赁准则执行带来的影响甚至超过了行业中其余所有企业影响的总和，综合2019年和2021年的数据，选取了5家受影响较大的企业进行列示分析。

（三）首次执行影响最大的行业内上市公司

表3-5-3　首次执行对电信、广播电视和卫星传输服务业中上市公司的影响

序号	公司名称	使用权资产（万元）	总资产（万元）	租赁负债（万元）	总负债（万元）	使用权资产/总资产（%）	租赁负债/总负债（%）	使用权资产/行业资产（%）	租赁负债/行业负债（%）
1	中国移动	8 428 900.00	161 299 500.00	6 029 000.00	48 010 100.00	5.23	12.56	2.71	4.76
2	中国电信	4 346 600.00	70 648 700.00	3 560 400.00	36 483 100.00	6.15	9.76	1.40	2.81
3	中国联合网络通信	3 806 897.41	57 716 807.97	2 757 578.32	26 130 190.42	6.60	10.55	1.23	2.18
4	中国卫通集团	35 314.29	1 847 266.25	15 048.81	304 756.11	1.91	4.94	0.01	0.01
5	深圳市天威视讯	8 130.00	397 723.34	5 400.10	169 012.95	2.04	3.20	0.00	0.00

从个体来看，首次执行新租赁准则对三大运营商的影响首当其冲，中国联通确认了相对高比例的使用权资产和租赁负债，导致资产负债率由上年底的41.5%变化至42.7%，同时，受新租赁准则执行的影响，折旧及摊销费用同比增长10.5

个百分点,财务费用同比增加 8.6 亿元,但同时网络运行及支撑成本中的租赁费用同比下降 21.5%,息税折旧及摊销前利润同比增长 11.1%。

三、行业应用

电信业,是进入 21 世纪,通信与网络飞速发展给人们的学习工作和生活带来极大便利,同时还促进了社会文化的交流与进步,由此电信行业也实现了快速发展。电信业是一个重资产的行业,需要建设机房、铁塔、通信基站、监控系统等一系列基础设施。同时,为了保证移动信号的全国覆盖和通讯的清晰畅通,农村基站和固定电话网络的建设也是必不可少的。随着5G时代的到来,现有的基站规模将无法满足需求,需要继续扩大容量,铁塔的需求将继续增长,对铁塔及其相关固定资产的租赁成本也将发生显著增长。因此,在这个紧要关头,急需考虑新租赁准则对电信企业带来的影响。

(一)识别租赁

一项合同要被分类为租赁,必须要满足三要素:一是存在一定期间;二是存在已识别资产;三是资产供应方向客户转移对已识别资产使用权的控制。

1. 数字平台与集成服务

数字平台与集成服务业务是指公司独自或者与第三方合作,将信息技术与通信技术融合后向客户提供的业务,如系统集成、视频监控、VPN 等业务。实务中,数字平台与集成业务可能涉及租赁,也可能属于提供服务,因此,需按照租赁的相关定义对其进行分析。

案例 3-5-1:数字平台与集成服务收入确认

案例背景:

电信企业 A 公司与 B 公司签订《工程项目建设服务合同》,为 B 公司提供视频监控建设服务。合同主要条款如下。

(1) A 公司在 B 公司指定地点进行项目建设和服务。合同指定了用于该项目的交换机、路由设备、视频域网管平台等相关设备的规格标准,A 公司根据指定规格向供应商采购相关设备。

(2) A 公司负责项目建设所需的配置、安装、集成,运行和维护服务。

(3) 合同约定执行周期:2×22 年 1 月 20 日建设前完成本项目阶段性验收,

即通过政府关于重点民生实事考核要求；合同生效之日 9 个月内完成本项目建设内容，达到初验要求；初验 3 个月通过后开展竣工验收。本项目竣工验收合格之日进入 5 年租赁服务期。在租赁期届满后，B 公司可选择以市价购买相关设备。

（4）租金服务费支付安排：项目竣工验收合规之日支付 500 万元；后续每年支付租金服务费 500 万元。

（3）合同期内，项目资产的所有权归 A 公司所有。A 公司根据 B 公司的指令要求进行运行和维护，A 公司配备 2 名驻场运维人员。如遇到重大活动、重大节假日和其他紧急情况下需要增加人员，A 公司应按 B 公司实际要求提供支持，以确保项目的安全稳定运行。

案例问题：

A 公司应如何进行会计处理？是否包含租赁？

案例分析：

本案例中，其业务实质很可能为 A 公司自建固定资产出租，并为客户提供运行维护服务。A 公司对于此类服务合同的相关资产拥有控制权，A 公司应将相关设备的投入作为在建工程，并在项目达到预定可使用状态时转为固定资产。

A 公司需进一步分析双方就资产使用的安排是否构成租赁。本案例中，合同包含租赁。具体分析如下：

（1）存在已识别资产。合同的履行取决于特定资产的使用，特定资产达到可使用状态时已明确指定，且 A 公司没有实质替换权。

（2）客户有权获得资产使用产生的几乎全部经济利益。合同期内，B 公司具有独家使用该特定资产的权利，有权获得使用该特定资产所产生的几乎全部经济利益。

（3）客户有权主导已识别资产的使用。A 公司按照 B 公司的指令进行运行和维护，B 公司有权通过决定运营时间等主导特定资产的使用方式和使用目的。

在租赁之外，A 公司同时提供了运行维护服务。因此，该合同包含了租赁和非租赁成分。此时，根据新租赁准则相关规定，出租人 A 公司需要将该合同分拆为租赁成分和非租赁成分，分别按照新租赁准则和新收入准则进行处理。

2. 铁塔站点与综合服务

在电信行业中，电信基础设施一般由电信设施建造商投资建设。电信运营商与电信设施建造商通过签订租赁合同、综合服务合同等合作，取得相关设施的使用权及建造商的综合运营服务。此时，不应仅根据合同签订的名称和形式来进行会计处理，而是需要考虑合同的实质，根据合同具体事实和情况，分析合同是否属于租赁(或包含租赁),相应进行会计处理。

案例 3-5-2:铁塔站点租赁合同

案例背景:

A 公司为电信运营商,B 公司为电信设施建造商。A 公司与 B 公司签订《铁塔站点租赁合同》,B 公司将其拥有的基础设施租赁给 A 公司使用。租赁期为自合同签订之日起 5 年。

合同约定,租赁的铁塔站点位于甲市 M 小区。租赁标的为位于该小区区域内的铁塔及配套服务,具体包括机房、配套设施、电力引入、物业协调等。B 公司应遵循双方商定的《维护考核方案》要求对租赁设备等进行维护,在协议期间确保租赁标的全天 24 小时正常可用。

合同约定,该铁塔站点租赁费基准价格为每年 50 000 元。A 公司按半年支付,每半年服务期结束后进行支付该半年度费用。基准价格具体明细如表 3-5-4 所示。

表 3-5-4　　　　　　　　　基准价格明细表

站点名称	租赁部分(铁塔+场租费)(元/年)	非租赁部分(机房配套+维护费+电力引入费)(元/年)
M 小区站点	40 000	10 000

同时,合同约定,自第 2 年开始,A 公司按照《维护考核方案》约定指标对 B 公司上一年度的综合服务进行打分,并按考核得分相应调整当年度租赁费。具体调整如表 3-5-5 所示。

表 3-5-5　　　　　　　考核得分与租赁费调整对应表

考核得分	租赁费(占基准价格比例)
≥95	100%
60≤得分<95	85%
50≤得分<60	60%
<50	50%(需在 3 个月内完成整改,否则不支付)

合同约定,在协议履行期间,如该站点与其他电信企业共享,须事先征得 A 公司同意才可进入,否则 A 公司有权拆除站点设备。经 A 公司同意共享后,自共享设备开通次月起按照以下标准计算共享折扣优惠,并在下一年度租赁费中予以

扣减（见表 3-5-6、表 3-5-7）。

表 3-5-6　　　　　　　　塔、机房、配套、维护费

	一家独享	两家共享	三家共享
锚定租户	-	优惠 35%	优惠 45%
其他租户	-	优惠 30%	优惠 40%

表 3-5-7　　　　　　　　场地费、电力引入费

	一家独享	两家共享	三家共享
锚定租户	-	优惠 45%	优惠 55%
其他租户	-	优惠 40%	优惠 50%

案例问题：

上述合同是否包含租赁？

案例分析：

本案例合同不包含租赁。具体分析如下。

（1）合同存在已识别资产。合同明确约定租赁标的为位于甲市 M 小区区域内的铁塔及配套设施，此类设施在物理上可区分。此类设施为成套设备，B 公司可能会对其中部分零件或设备进行替换，但主要出于维修等目的，通常不会对成套设备进行替换，替换的收益不会超过成本。因此，B 公司不具有实质性替换权。

（2）客户无权获得资产使用所产生的几乎全部经济利益。合同约定，在协议履行期间，如该站点与其他电信企业共享，则 A 公司相应享有租赁费折扣优惠。合同约定，共享企业进入需征得 A 公司同意，由于此类电信设施的特性，其他方共享设施并不影响 A 公司的使用，A 公司通常不会拒绝其他方进入。同时，A 公司并不参与或决定与第三方共享设施的价格、条款和条件等，不应理解为 A 公司先享有了第三方的共享收益，再向 B 公司支付，即不属于 A 公司租入整体资产后再向第三方转租。因此，A 公司并不能独占该站点设施的使用，无权获得资产使用所产生的几乎全部经济利益。

（3）客户无权主导已识别资产的使用。合同预先确定了该站点设施的使用方式和使用目的。在资产使用期间，由 B 公司提供运营维护服务。由于此类电信设施的特性，A 公司并不需要对设施的具体操作、运营等作出具体决策，其地位与向 B 公司购买服务的客户相当。因此，B 公司无权在整个使用期间主导资产的使用方式和使用目的。

本案例中，虽然双方合同以租赁合同形式签订，且双方结算价格中也按"租赁部分"和"非租赁部分"分别定价，但是，经上述分析，该合同并不包含租赁。该交易应整体作为 B 公司利用自有资产向 A 公司提供服务，B 公司应按照收入准则相关规定进行处理。

3. 与运营商的共享共建

为统筹好行业资源实现合作共赢，促进提质增效，协调行业内资源的有效利用，实现合作共赢，提升质量和效率。电信企业与运营商开展通信网络设备、基础设施的共建共享，包括干线传输、本地传输、光缆、管道、杆路、机房、应急通信等网络资源的共建共享。合作各方按照区域和设施确定租金标准。根据可识别的最小租赁标的物来判断，标的物由多家运营商共同使用，电信企业没有独家使用权，无权获得使用标的物所产生的几乎所有经济利益，不符合租赁的定义，应作为购买服务进行处理。

案例 3-5-3：光缆杆路租赁协议

案例背景：

A 公司是一家通信公司，B 公司是一家电信网络公司。A 公司与 B 公司签订《光缆杆路租赁协议》，将 A 公司拥有的光缆杆路出租给 B 公司。合同主要约定如下：

A 公司将其产权内的自甲市××路#02 光缆杆路至乙市××路#03 光缆杆路范围内的全程所有光缆杆路（共 101 根）出租给 B 公司。租赁期为 5 年。B 公司仅可作为无线网基站传输设备和本地网 OTN 成环保护使用，不能另作为 B 公司发展宽带用户的传输干线。如发现 B 公司在其向村屯发展宽带业务，B 公司无偿撤出所有加挂光缆，不退任何租赁费用，所需费用由 B 自行承担，同时合同终止。B 公司需要在共享杆路上加挂 48 芯光缆，共计 29.3 公里，如实施中有增减按照实际发生确认单进行确认数量和计取费用。在不影响 B 公司使用的前提下，A 公司可将该光缆杆路提供给其他方加挂其他运营商的光缆，届时另行签订补充协议对价格进行调整。

案例问题：

该合同是否属于（包含）租赁？

案例分析：

该合同不存在租赁，因为 B 公司不能获得因使用资产所产生的几乎全部经济利益。

根据协议约定，A公司将其产权内的自甲市××路#02光缆杆路至乙市××路#03光缆杆路范围内的全程所有光缆杆路（共101根）出租给B公司，说明该光缆杆路是可明确区分的，存在已识别资产。

但协议同时约定，在不影响B公司使用的前提下，A公司可将该光缆杆路提供给其他方加挂其他运营商的光缆。表明B公司并未取得该光缆杆路的独占使用权，未享有标的资产（101根光缆杆路）全部的产能，B公司未获得使用该光缆杆路所产生的几乎全部的经济利益。

4. 营业厅租赁

在电信行业中，电信运营商与相关下游企业可能涉及营业厅、营业柜等租赁业务。此时，需要根据新租赁准则识别租赁相关规定，考虑合同的实质，根据合同具体事实和情况，分析合同是否属于租赁（或包含租赁），相应进行会计处理。其中，对于营业柜等资产租赁，需重点考虑供应商是否具有实质性替换权。

案例3-5-4：营业厅租赁

案例背景：

A公司为电信公司，A公司分别与B手机销售公司和C手机销售公司签订《营业厅区域承包经营协议》，具体如下。

合同一：

A公司将其共350平方米（附有图纸）的甲营业厅出租给B公司。B公司应在指定区域内从事经A公司许可或同意的通信终端/异业产品销售、通信业务代理等经营活动。除非A公司另行书面同意，B公司被授予的权利仅限于在甲营业厅由B公司自行单独行使，B公司不得以任何方式转让该权利或在其他地点或与其他方共同行使。

A公司有权根据实际情况调整B公司使用的甲营业厅及开放业务范围，B公司保证予以配合。A公司如果对甲营业厅有新的规划（包括但不限于经营区域回收、经营区域以及业务/服务代理范围调整），须提前30日告知B公司，B公司应无条件配合（包括但不限于退出经营场地、调整经营范围、销售/服务人员增补、业务培训等）。

B公司应妥善保管、维护A公司提供的店面、设施及相关物品，维护甲营业厅的统一形象并接受A公司业务和服务管理、监督和考核，不得擅自改变授权经营区域的布局结构、装修格局、门头招牌及形象墙等设施，非A公司原因或不可抗力造成的损坏或遗失B公司应予以赔偿。租赁经营场所内，因业务实施需要，

A公司向B公司提供的家具、计算机终端或其他设备设施,设备设施产权归A公司所有,B公司负责日常维护。因B公司原因造成设备设施损坏或丢失的,B公司承担相应赔偿责任。

合同二:

A公司将其乙营业厅的第5–8号柜面(约占乙营业厅面积的1/5)出租给C公司。其他约定与合同一相同。

其他信息:A公司一共拥有6个营业厅,根据A公司规划,其中3个全部自行使用(因为地理位置优越),剩余3个(甲乙丙营业厅)对外出租。在不发生重大业务改变的情况下不会进行调整。甲乙丙三个营业厅面积和条件相当,店内柜面布置和规格也基本相同(同一店内不同柜面的规格大小均相同)。其中,丙和乙营业厅都位于北城区,甲营业厅位于南城区。A公司预计调换两个城区的营业厅收益不会超过成本,但同一店内或同一城区内的营业厅进行替换成本不高。

案例问题:

合同一和合同二是否包含租赁?

案例分析:

合同一:

合同一存在租赁。具体分析如下。

(1)存在已识别资产。甲营业厅是一个独立的营业厅,并负有图纸,说明标的资产甲营业厅已被指定且在物理上可明确区分。同时,合同约定,A公司有权根据实际情况调整B公司使用的甲营业厅区域范围及开放业务范围,B公司保证予以配合。说明A公司有权因业务需要替换指定的标的资产,但A公司可用于替换的资产只有甲乙丙三个营业厅,甲营业厅位于南城区,另外两个位于北城区,A公司预计调换两个城区的营业厅收益不会超过成本,因此A公司不拥有实质性替换权。

(2)B公司有权获得甲营业厅产生的几乎全部经济利益。A公司在将甲营业厅交付给B公司使用之后,B公司便获得了整个甲营业厅的独家使用权,B公司将通过经营营业厅获得经济利益,表明B公司有权获得因使用甲营业厅所产生的几乎全部经济利益。

(3)B公司有权主导甲营业厅的使用。合同约定,B公司在指定区域内利用A公司提供的场地及设备设施从事经A公司许可或同意的通信终端/异业产品销售、通信业务代理等经营活动。说明合同已事先确定资产的使用方式和使用目的,B公司有权在既定使用方式和使用目的下自行运营(如自行决定销售商品的时间、数量和价格等），表明 A 公司有权主导资产的使用。

合同二：

合同二不存在租赁，因为不存在已识别资产。

合同约定，A 公司有权根据实际情况调整 C 公司使用的甲营业厅区域范围及开放业务范围，C 公司保证予以配合。说明 A 公司有权因业务需要替换指定的标的资产。但是，C 公司租赁的是乙营业厅中一部分柜面，同一店内不同柜面的规格均相同，与乙营业厅同在北城区的丙营业厅也有规格相当的柜面，A 公司预计同一店内或同一城区的营业厅进行替换成本不高，因此，A 公司拥有在整个使用期间替换资产的实际能力，且可以通过行使替换资产的权利将获得经济利益。A 公司拥有对标的资产的实质替换权，不存在已识别资产。

（二）租赁期

租赁期是指承租人有权使用租赁资产且不可撤销的期间。在确定租赁期和评估不可撤销租赁期间时，企业应根据租赁条款约定确定可强制执行合同的期间。如果承租人和出租人双方均有权在未经另一方许可的情况下终止租赁，且罚款金额不重大，则该租赁不再可强制执行。如果只有承租人有权终止租赁，则在确定租赁期时，企业应将该项权利视为承租人可行使的终止租赁选择权予以考虑。如果只有出租人有权终止租赁，则不可撤销的租赁期包括终止租赁选择权所涵盖的期间。

案例 3-5-5：租赁互联网数据中心机房资源中过渡期的约定

案例背景：

电信企业 A 公司为业务发展的需要互联网数据中心机房资源，2×21 年 8 月与某信息科技公司 B 公司签订租赁合同。合同约定 A 公司使用 B 公司位于甲××路 128 号 1 号楼的互联网数据中心机房定制化区域。B 公司提供给 A 公司的互联网数据中心机房区域是根据 A 公司要求定制的，且不能擅自挪作他用。

合同约定的租赁期限为自 2×22 年 1 月 1 日起至 2×31 年 12 月 31 日止（10 年）。B 公司承诺于 2×21 年 12 月 31 日互联网数据中心机房完成建设并交付给 A 公司，且通过第三方验收并具备正式生产条件。协议期满后，若双方不再续签，则 B 公司必须提供 A 公司协议期满后至少 1 年的过渡期。

案例问题：

合同约定的过渡期是否纳入租赁期？

案例分析:

本案例中,与 B 公司签订的合同约定了所租用的互联网数据中心机房位置,为专为电信企业 A 公司定制化的区域,B 公司不能擅自挪作他用,资产已经指定且物理上可明确区分,B 公司不存在实质性替换权,存在已识别资产;同时电信企业 A 公司能够主导该定制化区域的使用,并能获取该资产所产生的几乎全部的经济利益,属于租赁。

本案例中,合同约定租赁期限为自 2×22 年 1 月 1 日起至 2×31 年 12 月 31 日止(10 年),协议期满后,若双方不再续签,则 B 公司必须提供 A 公司协议期满后至少 1 年的过渡期。过渡期 1 年的约定实际上是可强制执行的期间,属于不可撤销期间,因此本合同的租赁期为 11 年。

(三)转租赁

承租人在对转租赁进行分类时,转租出租人应基于原租赁中产生的使用权资产,而不是租赁资产(如作为租赁对象的不动产或设备)进行分类。原租赁资产不归转租出租人所有,原租赁资产也未计入其资产负债表。因此,转租出租人应基于其控制的资产(即使用权资产)进行会计处理。

为了促进业务发展,电信企业积极引入代理商合作模式,这也是电信企业主要的业务渠道。从合作厅租赁的角度划分,主要分为两种情况:电信企业自有房产租赁给代理商、电信企业租赁房产提供代理商使用。

(1)电信企业自有房产租赁给代理商时,电信企业是作为出租人进行会计处理,确认相关租赁收入;

(2)电信企业租赁房产提供代理商时,电信企业基于承租人身份对标的房产需要按照租赁准则相关规定确认使用权资产和租赁负债,并在合同期间内进行分期计提折旧,确认相关利息费用,基于出租人身份对转租出去的房产需考虑是经营租赁还是融资租赁分别进行处理。

案例 3-5-6:代理商合作厅租赁

案例背景:

情形一:

电信企业 A 公司作为承租方向 B 公司租赁一座房屋作为电信营业厅。租赁期限为 10 年,自 2×21 年 1 月 31 日至 2×31 年 1 月 30 日。同时,A 公司作为出租方与代理商 C 公司签订协议,将上述租赁的营业厅转租给 C 公司,使其用于经营服务。租赁期为2年，自2×21年1月31日至2×23年1月30日。A公司合理估计其不会续租。

情形二：

电信企业A公司作为承租方向B公司租赁一座房屋用于招商联合经营电信产品、电信新业务及相关家电、数码等产业链相关产品和服务。租赁期为5年，自2×21年10月1日至2×26年9月30日。同时，A公司作为出租方与某通讯设备公司C公司签订协议，将上述租赁的房屋转租给C公司，使其用于经营电信企业相关的产品和服务。租赁期为5年，自2×21年10月1日至2×26年9月30日。

假设不考虑其他情况。

案例问题：

针对以上两种情形，电信企业应如何进行处理？

案例分析：

本案例中，电信企业A公司在期间承担两个角色，即租入房产的承租人，以及出租给代理商营业厅的出租人。

1. 对于承租人角色，A公司在案例中的情形一和情形二均应按照新租赁准则的相关规定确认相关使用权资产及租赁负债；

2. 对于出租人角色，电信企业A公司应根据使用权资产进行评估，其转租为融资租赁还是经营租赁。一项租赁属于融资租赁还是经营租赁取决于交易的实质，而不是合同的形式。如果一项租赁实质上转移了与租赁资产所有权有关的几乎全部风险和报酬，出租人应当将该项租赁分类为融资租赁。出租人应当将除融资租赁以外的其他租赁分类为经营租赁。

对于情形一，电信企业A公司在取得房屋10年使用权后，对其进行转租，根据转租协议，代理商C公司取得标的房屋2年的使用权，从租赁期上看，其租赁期未占据使用权资产寿命的大部分，也不符合其他融资租赁的判定条件，因此，电信企业A公司基于出租人角色，应将其转租赁分类为经营租赁处理。

对于情形二，电信企业A公司在取得标的房屋5年的使用权后，将其转租给通讯设备公司C公司，根据转租协议，C公司获得了标的房屋5年的使用权，从租赁期上来看，其已经占据了该使用权资产寿命的100%。因此，电信企业A公司基于出租人角色，应将该转租赁分类为融资租赁处理。

后　　记

以下人员参与了本书编写工作，为本书提供了相关素材及建议，特此感谢！

陈永宏	谭宪才	胡建军	傅成钢	屈先富	李雪琴	王清峰	申　军
王传邦	刘智清	刘宇科	黎　明	陈志刚	童文光	张　坚	叶　慧
张　嘉	张居忠	李　军	王　玥	汪吉军	周百鸣	王兴华	刘雪华
朱耿斌	解小雨	梁　军	党小安	韩雁光	肖红英	姚俭方	乔国刚
丁　杰	汤凤琴	曾　莉	王忠箴	覃继伟	倪小平	莫　伟	赵永春
谭祖沛	郭海龙	李　明	李晓阳	汪　娟	迟文洲	乐君波	唐洪春
谭　学	陈柏林	丁启新	张　磊	梁晓东	周　睿	郑　斐	付志成
张　琼	刘　佳	张　卉	周　垚	李靖豪	马　罡	王守军	钟　斌
康代安	文冬梅	王　勇	刘　丹	周春阳	颜艳飞	申　旭	王　俊
严　力	扶交亮	陈子涵	曾春卫	肖小军	王　璟	陈　智	麦剑青
杨　勇	何　航	王金峰	苏菊荣	高　兴	袁　刚	史志强	曹　阳
许春秋	陈正星	户永红	刘华凯	周　曼	程　凯	刘宗磊	徐新毅
冯飞军	贾立华	王晓蕾	何蓓蓓	李崇瑛	李　洋	徐仲明	杨　江
张定坤	顾　谦	王慕豪	杨宏浩	吴永杰	田慧先	陈奂俊	李永永
崔志月	段　姗	赵　阳	孟　双	徐兴宏	朱广超	阮铭华	王　巍
孔凡虎	陈　朋	张　磊	张利影	嵇道伟	杨　霖	冯　悦	李　丹
熊　尧	刘　学	陈　壮	李昭昭	黄芳菊	周薇英	王　军	齐春艳
王皓东	胡瑜涛	王　蕾					